NIELIT 'O' Level Revised Syllabus of Year 2020 for M4-R5

वर्ष 2020 के NIELIT 'O' लेवल का नवीनतम सिलेबस M4-R5

'O' Level *Made Simple* Module-4

IoT and its Applications

इंटरनेट ऑफ थिंगस और एप्लिकेशन्स

(Also covers syllabus for A4-R5 paper of NIELIT 'A' Level Examination)

(NIELIT 'A' लेवल की परीक्षा और A4-R5 पेपर के सिलेबस को भी कवर करता है)

Prof. Satish Jain
B.Sc., B.E.(IISc), M.E.(IISc), M.Tech.(IIT Kanpur), Wing Commander (Retd.)
Ex-Professor of Information Technology, IITM
GGS Indraprastha University, Delhi.

प्रो सतीश जैन
बी.अस सी., बी.ई. (आई.आई.अससी.), एॅम. ई. (आई.आई.अससी.), एम.टेक. (आई.आई.टी. कानपुर),
विंग कमांडर (रिटा.), सूचना प्रौद्योगिकी के पूर्व प्रोफेसर, आई आई टी एम
जीजीएस इंद्रप्रस्थ विश्वविद्यालय, दिल्ली

Shashi Singh
MCA, M.Phil

शशि सिंह
एम. सीए., एम.फिल

www.bpbonline.com

REPRINTED 2024
First Edition 2021

ISBN: 978-93-89423-8-22

Distributors:

BPB PUBLICATIONS
20, Ansari Road, Darya Ganj
New Delhi-110002
Ph: 23254990 / 23254991

DECCAN AGENCIES
4-3-329, Bank Street,
Hyderabad-500195
Ph: 24756967 / 24756400

MICRO MEDIA
Shop No. 5, Mahendra Chambers,
150 DN Rd. Next to Capital Cinema,
V.T. (C.S.T.) Station, MUMBAI-400 001
Ph: 22078296 / 22078297

NIELIT is in no way connected with this book. This book is written solely for the benefit and guidance of students appearing of NIELIT Examination

Published by Manish Jain for BPB Publications, 20 Ansari Road, Darya Ganj, New Delhi-110002 and Printed at Manipal Technologies Limited, Manipal

www.bpbonline.com

Dedicated to (समर्पित)

Lord Ganesha, Lord Murgan, Sri Raja Rajeshwari and Sri Sai Baba

whose blessings overcome all hurdles in life

भगवान गणेश, भगवान मुरगन, श्री राजा राजेश्वरी और श्री साई बाबा

जिनके आशीर्वाद से जीवन में सभी बाधाएँ दूर होती हैं

Preface (प्रीफेस)

This book is an up-to-date edition based on NIELIT 'O' Level Module-4 (M4 R5) syllabus for Internet of Things and Its Applications. This is a text book that explains this highly technical subject in very simple language. The complicated concepts for solving problems using the 'C' language in Arduino IDE are brought out in an easy-to-understand manner through various examples and diagrams.

इंटरनेट ऑफ थिंग्स और एप्लिकेशन्स पुस्तक NIELIT 'O' लेवल मॉड्यूल–4 (M4 R5) पाठ्यक्रम पर आधारित एक अप–टू–डेट एडिशन है। पुस्तक अत्यंत तकनीकी विषय की व्याख्या सरल भाषा में करती है। Arduino IDE में 'C' लैंग्वेज का उपयोग करके समस्याओं को हल करने की जटिल अवधारणाएँ हैं।

The 'O' Level Module-4 (M4 R5) course revised by NIELIT is very comprehensive and needs very thorough study of the applied knowledge of both IoT based applications and data flows between things. We have made great efforts to cover the entire syllabus so that students would get hands on experience in the writing C program in Arduino IDE.

NIELIT द्वारा संशोधित 'O' लेवल मॉड्यूल–4 (M4 R5) कोर्स बहुत व्यापक है और इसकी बहुत आवश्यकता है। IoT आधारित अनुप्रयोगों और डेटा प्रवाह के बीच के ज्ञान का अध्ययन थिंग्स के बीच होता है। पुस्तक पूरे पाठ्यक्रम को कवर करती है ताकि छात्रों को लेखन में अनुभव प्राप्त हो और वह Arduino IDE में C प्रोग्राम को समझ सके।

There are rapid changes in the field of programming and many new concepts are introduced from time to time. Accordingly, there is a major change in the syllabus for 'O' Level Module-4 (M4 R5). Hence, the scope for the questions set in the examination will cover many more new terms. This has prompted us to bring out this book by inserting prescribed topics and latest concepts. It focuses on understanding how connected devices work together to update other applications. A separate chapter is included to acquire knowledge to interface sensors and actuators with microcontroller based on Arduino platform. Security is one of the major challenges in IoT so, a separate chapter is included discussing security aspect of IoT devices. In addition chapter on Personality development is covered to enhance skills set towards better personality development and maintain a positive outlook in life. The book contains ample concise and practical example programs. Also many solved and unsolved examples are provided at the end of each chapter. An effort is made to explain all topics in layman's language with a large number of illustrations and examples. The book elucidates both basic and advanced topics in "IoT".

प्रोग्रामिंग के क्षेत्र में तेजी से बदलाव हो रहे हैं और समय–समय पर कई नई अवधारणाएं पेश की जाती हैं। 'O' लेवल मॉड्यूल–4 (M4 R5) के सिलेबस में एक बड़ा बदलाव है। इसलिए परीक्षा में कई नए प्रश्न पुछ जाएंगे, इसने हमें प्रेरित किया है, निर्धारित विषयों और नवीनतम अवधारणाओं को सम्मिलित करके इस पुस्तक को लिखने के लिए। पुस्तक यह समझती है की कैसे एक डिवाइस अन्य एप्लिकेशन को अपडेट करने के लिए एक साथ काम करते हैं। ज्ञान प्राप्त करने के लिए एक अलग अध्याय शामिल है Arduino प्लेटफॉर्म पर आधारित माइक्रोकंट्रोलर के साथ सेंसर और एक्ट्यूएटर्स को जोड़ने के लिए। IoT में प्रमुख चुनौतियाँ हैं, इसलिए एक अलग अध्याय में IoT उपकरणों के सुरक्षा पहलू पर चर्चा की गए है। पर्सनालिटी डेवलपमेंट अध्याय में बेहतर व्यक्तित्व की दिशा में निर्धारित स्किल्स को बढ़ाने के लिए कवर किया गया है। विकास और जीवन में एक पॉजिटिव ऐटिटूड बनाए रखें। पुस्तक में पर्याप्त संक्षिप्त और व्यावहारिक उदाहरण दिए गए है। प्रत्येक अध्याय के अंत में भी कई साल्व्ड और अनसाल्व्ड उदाहरण दिए गए हैं। पुस्तक में चित्र और उदाहरण के साथ सिंपल लैंग्वेज में सभी विषयों को समझाया गया है। किताब "IoT" में बुनियादी और उन्नत दोनों विषयों को स्पष्ट करता है।

We shall feel obliged if you could send us your critical opinion regarding the presentation, readability and coverage in this book and request you to mail your suggestions, if any, at Sales@bpbonline.com to improve the same.

अगर आप हमे इस पुस्तक में प्रस्तुति, पठनीयता और कवरेज के बारे में अपनी राय भेजना चाहते हैं और विषय वस्तु को बेहतर बनाने के लिए हमें सुझाव देना चाहते है तो हमे Sales@bpbonline.com पर ई–मेल करे।

16th December, 2020
(16 दिसंबर 2020)

Authors
(लेखक)

Contents (विषय-सूची)

1 Introduction to Internet of Things
इंटरनेट ऑफ थिंग्स का परिचय

1.1 Introduction (परिचय)

Internet of Things (IoT) means when things or objects are more connected to the Internet rather than people. The things in IoT is defined as objects that can be the person or machine with a built-in sensor having IP addresses with the ability to collect and transfer the data over the Internet. It is a platform where everyday devices become smarter, everyday processing becomes intelligent, and everyday communication becomes informative. It has controlled connection between digital and physical world.

इंटरनेट ऑफ थिंग्स (IoT) का अर्थ है, जब चीजें या वस्तुएं लोगों के बजाय इंटरनेट से अधिक जुड़ी होती हैं। IoT में चीजों को उन वस्तुओं के रूप में परिभाषित किया जाता है जो इंटरनेट पर डेटा एकत्र करने और स्थानांतरित करने की क्षमता वाले आईपी एड्रेस वाले एक अंतर्निहित सेंसर के साथ व्यक्ति या मशीन हो सकते हैं। यह एक ऐसा प्लेटफॉर्म है, जहां रोजमर्रा के उपकरण स्मार्ट हो जाते हैं, रोजमर्रा की प्रोसेसिंग बुद्धिमान हो जाती है और रोजमर्रा का संचार ज्ञानवर्धक हो जाता है। इसने डिजिटल और फिसिकल दुनिया के बीच कनेक्शन को नियंत्रित किया है।

Before the invention of IoT, there were only two types of communication either human-human or human-devices, but the invention of IoT made it possible to establish communication among Machines-to-Machines (M2M) without any human interference or interaction. It helps in connecting to the cloud and able to manage and collect the data.

IoT के आविष्कार से पहले, मानव–मानव या मानव–उपकरण केवल दो प्रकार के संचार थे, लेकिन IoT के आविष्कार ने मशीन–से–मशीन (M2M) के बीच संचार को बिना किसी मानवीय हस्तक्षेप या सहभागिता के स्थापित करना संभव बना दिया। यह क्लाउड से कनेक्ट करने, डेटा का प्रबंधन और संग्रह करने में सक्षम है।

IoT is being widely used in organizations of different industries. It helps them to work with more efficiency, deliver the enhanced service to a customer, improving decision making and increasing the value of the business.

विभिन्न उद्योगों के संगठनों में IoT का व्यापक रूप से उपयोग किया जा रहा है। यह उन्हें अधिक दक्षता के साथ काम करने, ग्राहक को बढ़ी हुई सेवा देने, निर्णय लेने में सुधार करने और व्यवसाय के मूल्य को बढ़ाने में मदद करता है।

M2H, M2M and IoT (M2H, M2M और IoT)

Machine-to-Human (M2H) refers to a set of technologies that enable machines to interact with human beings. Some common examples of M2H interfaces include wearables, home automation devices, and autonomous vehicles. Based on the data collected and algorithmic calculations, machines have the potential to convey suggestive actions to individuals who then exercise their discretion to take or not to take the recommended action.

मशीन–टू–ह्यूमन (M2H) उन प्रौद्योगिकियों के एक सेट को संदर्भित करता है जो मशीन को मनुष्य के साथ बातचीत करने में सक्षम बनाता है। M2H इंटरफेस के कुछ सामान्य उदाहरणों में शामिल हैं वियरब्रल्स, होम ऑटोमेशन डिवाइस और ऑटोनोमस वेहिकल। आधारित एकत्र किए गए डेटा और एल्गोरिथम गणना पर, मशीनों में उन व्यक्तियों को विचारोत्तेजक कार्रवाई करने की क्षमता होती है, जो तब अनुशंसित कार्रवाई करने के लिए या नहीं करने के लिए अपने विवेक का उपयोग करते हैं।

Machine-to Machine (M2M) refers to a set of technologies that enable machines to communicate with other machines and drive action.

मशीन–टू मशीन (M2M) ऐसी तकनीकों के एक समूह को संदर्भित करता है जो मशीन को अन्य मशीन के साथ संचार करने और कार्रवाई करने में सक्षम बनाता है।

It is a networking of machines (or devices) for the purpose of remote monitoring and control and data exchange. M2M communication aims to enable seamless integration of physical and virtual objects into larger and geographically distributed enterprises by eliminating the need for human intervention. M2M is defined as the technologies that allow machines, typically (small) computing sensors that perform specific tasks (intelligence) to communicate or relay information as needed. In IoT, things communicate themselves to its owner indicating its location and conditions. To make the IoT and M2M communication possible there is a need for fast, high-capacity networks.

यह रिमोट मॉनिटरिंग और कंट्रोल और डेटा एक्सचेंज के उद्देश्य से मशीन (या उपकरणों) की एक नेटवर्किंग है। M2M संचार का उद्देश्य मानव हस्तक्षेप की आवश्यकता को समाप्त करके फिसिकल और वर्चुअल वस्तुओं के बड़े और भौगोलिक रूप से वितरित उद्यमों में सहज एकीकरण

को सक्षम करना है। M2M को उन तकनीकों के रूप में परिभाषित किया गया है जो मशीन, आम तौर पर (छोटे) कंप्यूटिंग सेंसरों को अनुमति देती हैं जो आवश्यकतानुसार सूचना या संचार करने के लिए विशिष्ट कार्य (बुद्धिमत्ता) करते हैं। IoT में, चीजें अपने मालिक को उसके स्थान और स्थितियों का संकेत देती हैं। IoT और M2M संचार को संभव बनाने के लिए तेज, उच्च क्षमता वाले नेटवर्क की आवश्यकता है।

M2M

- M2M is about direct communication between machines.
  M2M मशीनों के बीच सीधे संचार के बारे में है।
- It supports point-to-point communication and uses non-IP protocols.
  यह पॉइंट–टू–पॉइंट संचार का समर्थन करता है और नॉन–आईपी प्रोटोकॉल का उपयोग करता है।
- Devices do not necessarily rely on an Internet connection.
  जरूरी नहीं कि डिवाइस इंटरनेट कनेक्शन पर निर्भर हों।
- Data can be stored locally.
  डेटा को स्थानीय रूप से संग्रहीत किया जा सकता है।
- M2M is mostly hardware-based technology.
  M2M ज्यादातर हार्डवेयर–आधारित तकनीक है।
- Machines normally communicate with a single machine at a time.
  मशीनें आम तौर पर एक बार में एक मशीन से संवाद करती हैं।
- A device can be connected through mobile or other network.
  एक उपकरण को मोबाइल या अन्य नेटवर्क के माध्यम से जोड़ा जा सकता है।

IoT

The IoT is a broader concept that includes Machine-to-Machine (M2M) and Machine-to-Human (M2H) interfaces, as well as support systems that facilitate the management of information in a way that creates value.

IoT एक व्यापक अवधारणा है जिसमें मशीन–टू–मशीन (M2M) और मशीन–टू–ह्यूमन (M2H) इंटरफेस, साथ ही समर्थन प्रणालियां शामिल हैं जो मूल्य बनाने वाले तरीके से सूचना के प्रबंधन की सुविधा प्रदान करती हैं।

- The IoT is about sensors automation and Internet platform.
  IoT सेंसर ऑटोमेशन और इंटरनेट प्लेटफॉर्म के बारे में है।
- It supports cloud communication and uses IP networks & protocols as the communication is multi-point.
  यह क्लाउड संचार का समर्थन करता है और संचार के बहु–बिंदु के रूप में आईपी नेटवर्क और प्रोटोकॉल का उपयोग करता है।
- Device rely on an Internet connection.
  डिवाइस इंटरनेट कनेक्शन पर निर्भर करता है।
- Data can be stored locally and also in cloud.
  डेटा स्थानीय रूप से और क्लाउड में भी संग्रहीत किया जा सकता है।
- The IoT is both hardware and software technology.
  IoT हार्डवेयर और सॉफ्टवेयर तकनीक दोनों है।
- Many users can access at one time over the Internet.
  कई उपयोगकर्ता एक समय में इंटरनेट पर पहुंच सकते हैं।
- Data delivery depends on the Internet Protocol(IP) network.
  डेटा वितरण इंटरनेट प्रोटोकॉल (IP) नेटवर्क पर निर्भर करता है।

Internet and Web (इंटरनेट और वेब)

The Internet is the physical layer or network made up of switches, routers, and other equipment. Its primary function is to transport information from one point to another quickly, reliably, and securely. The web, on the other hand, is an application layer that operates on top of the Internet. Its primary role is to provide an interface that makes the information flowing across the Internet usable.

इंटरनेट फिसिकल परत या नेटवर्क है जो स्विच, राउटर और अन्य उपकरणों से बना है। इसका प्राथमिक कार्य एक स्थान से दूसरे स्थान पर सूचनाओं को जल्दी, रेलिएबली और सुरक्षित रूप से पहुंचाना है। दूसरी ओर, वेब एक अनुप्रयोग परत है जो इंटरनेट के शीर्ष पर संचालित होती है। इसकी प्राथमिक भूमिका एक इंटरफेस प्रदान करना है जो इंटरनेट भर में सूचनाओं को प्रवाहित करता है।

IoT and Internet (IoT और इंटरनेट)

The basic idea of the IoT is that virtually every physical thing in this world can also become a computer that is connected to the Internet. In fact, the IoT is all about sensing the physical world. It provides the infrastructure that for the first time enables us to measure the world.

इंटरनेट फिसिकल परत या नेटवर्क है जो स्विच, राउटर और अन्य उपकरणों से बना है। इसका प्राथमिक कार्य एक स्थान से दूसरे स्थान पर सूचनाओं को जल्दी, रेलिएबली और सुरक्षित रूप से पहुंचाना है। दूसरी ओर, वेब एक अनुप्रयोग परत है जो इंटरनेट के शीर्ष पर संचालित होती है। इसकी प्राथमिक भूमिका एक इंटरफेस प्रदान करना है जो इंटरनेट भर में सूचनाओं को प्रवाहित करता है।

Web of Things (WoT) (वेब ऑफ थिंग्स (WoT))

Web of Things (WoT) is a computing concept that describes a future where everyday objects are fully integrated with the Web. The requirement for WoT is for the 'things' to have embedded computer systems that enable communication with the Web. Such smart devices would then be able to communicate with each other using existing Web standards. Similarly to what the Web (Application Layer) is to the Internet (Network Layer), the Web of Things provides an Application Layer that simplifies the creation of Internet of Things applications. Rather than re-inventing completely new standards, the Web of Things reuses existing and well-known Web standards.

वेब ऑफ थिंग्स (WoT) एक कंप्यूटिंग कॉन्सेप्ट है जो एक ऐसे भविष्य के बारे में बताता है जहाँ रोजमर्रा की वस्तुएँ पूरी तरह से वेब के साथ एकीकृत होती हैं। WoT के लिए आवश्यकता 'थिंग्स' के लिए एम्बेडेड कंप्यूटर सिस्टम की है जो वेब के साथ संचार को सक्षम बनाता है। ऐसे स्मार्ट डिवाइस तब मौजूदा वेब स्टैण्डर्ड का उपयोग करते हुए एक–दूसरे के साथ संवाद करने में सक्षम होंगे। इसी तरह वेब (एप्लिकेशन लेयर) इंटरनेट (नेटवर्क लेयर) के लिए क्या है, वेब ऑफ थिंग्स एक एप्लीकेशन लेयर प्रदान करता है जो इंटरनेट ऑफ थिंग्स एप्लिकेशन के निर्माण को सरल बनाता है। पूरी तरह से नए स्टैण्डर्ड का फिर से आविष्कार करने के बजाय, वेब ऑफ थिंग्स मौजूदा और प्रसिद्ध वेब स्टैण्डर्ड का पुनः उपयोग करता है।

Industrial Internet of Things (IIoT)
(इंडस्ट्रियल इंटरनेट ऑफ थिंग्स (IIoT))

The Industrial Internet of Things (IIoT) is the use of Internet of Things (IoT) technologies in manufacturing. Also known as the Industrial Internet, IIoT incorporates machine learning and big data technology, control the sensor data, Machine-to-Machine (M2M) communication and automation technologies that have existed in industrial settings for years.

इंडस्ट्रियल इंटरनेट ऑफ थिंग्स (IIoT), उत्पादन में इंटरनेट ऑफ थिंग्स (IoT) तकनीकों का उपयोग है। इंडस्ट्रियल इंटरनेट के रूप में भी जाना जाता है, IIoT में मशीन लर्निंग और बिग डेटा तकनीक शामिल है, सेंसर डेटा, मशीन–टू–मशीन (M2M) संचार और स्वचालन प्रौद्योगिकियों को नियंत्रित करता है जो वर्षों से औद्योगिक सेटिंग्स में मौजूद हैं।

Internet of Everything (IoE)
(इंटरनेट ऑफ एवरीथिंग (IoE))

IoE brings together people (humans), process (manages the way people, data, and things work together), data (rich information), and things (still objects and devices) to make networked connections more relevant and valuable than ever before-turning information into actions that create new capabilities, richer experiences, and new economic opportunity for businesses, individuals, and countries.

IoE लोगों (मनुष्यों) को एक साथ लाता है, प्रक्रिया (जिस तरह से लोग, डेटा, और चीजें एक साथ काम करती हैं), डेटा (समृद्ध जानकारी), और चीजें (स्टिल ऑब्जेक्ट और डिवाइस) नेटवर्क कनेक्शन को पहले से अधिक मोड़ने के लिए अधिक प्रासंगिक और मूल्यवान बनाती हैं। कार्यों में जानकारी जो नई क्षमताओं, समृद्ध अनुभवों और व्यवसायों, व्यक्तियों और देशों के लिए नए आर्थिक अवसर का निर्माण करती है।

1.2 Overview of Internet of Things (IoT) (इंटरनेट ऑफ थिंग्स (IoT))

IoT stands for Internet of Things which means accessing and controlling daily usable equipment and devices using Internet. The term "Things" in the Internet of Things refers to anything and everything in day to day life which is accessed or connected through the Internet (Figure 1.1). The Internet of Things potential has a lot to offer for the daily life of every human. It makes everything so efficient, productive, and advance.

IoT का अर्थ इंटरनेट ऑफ थिंग्स से है जिसका अर्थ है इंटरनेट का उपयोग करने वाले दैनिक उपयोग योग्य उपकरणों तक पहुंच और नियंत्रण। इंटरनेट ऑफ थिंग्स में "थिंग्स" शब्द का मतलब दिन भर के जीवन में किसी भी चीज से है जिसे इंटरनेट के माध्यम से एक्सेस या कनेक्ट किया जाता है (चित्र 1.1)। इंटरनेट ऑफ थिंग्स की क्षमता हर इंसान के दैनिक जीवन के लिए बहुत कुछ है। यह सब कुछ इतना कुशल, उत्पादक और अग्रिम बनाता है।

> *Internet of Things (IoT) is a system of interconnected objects, usually called smart devices, through the Internet.*
>
> इंटरनेट ऑफ थिंग्स (IoT) इंटरकनेक्टेड ऑब्जेक्ट्स की एक प्रणाली है, जिसे आमतौर पर इंटरनेट के माध्यम से स्मार्ट डिवाइस कहा जाता है।

The vision of IoT is to use smart technologies to connect things anytime, anyplace for anything. The term Internet of Things was first developed in year 1999 by Kevin Ashton, one of the founders of the Auto-ID Center at MIT. It is concept that refers to connections between physical devices like vehicles, home appliances, and other items embedded in electronics such as sensors, software which enables these things to connect, collect and exchange data (Figure 1.2). The Internet of Things idea is to connect any device to an Internet switch. These devices may include everything from coffee makers, cell phones, lamps, washing machines, wearable devices or anything one can think of.

IoT की दृष्टि किसी भी चीज के लिए कहीं भी, कभी भी चीजों को जोड़ने के लिए स्मार्ट तकनीकों का उपयोग करना है। MIT में **ऑटो–आईडी सेंटर** के संस्थापकों में से एक **केविन एश्टन** द्वारा वर्ष 1999 में इंटरनेट ऑफ थिंग्स शब्द का विकास सबसे पहले किया गया था। यह अवधारणा है जो फिजिकल उपकरणों जैसे वाहन, घरेलू उपकरण, और इलेक्ट्रॉनिक्स में एम्बेडेड अन्य वस्तुओं जैसे कि सेंसर, सॉफ्टवेयर के बीच के कनेक्शन को संदर्भित करता है जो इन चीजों को कनेक्ट करने, इकट्ठा करने और डेटा का आदान–प्रदान करने में सक्षम बनाता है (चित्र 1.2)। इंटरनेट ऑफ थिंग्स का विचार किसी भी डिवाइस को इंटरनेट स्विच से जोड़ना है। इन उपकरणों में कॉफी निर्माता, सेल फोन, लैंप, वॉशिंग मशीन, पहनने योग्य उपकरण या कुछ भी जो कोई भी सोच सकता है, सब कुछ शामिल हो सकता है।

Figure 1.1: Everything and anything connected to IoT (IoT से जुड़ी हर चीज)

Figure 1.2: Internet of Things (इंटरनेट ऑफ थिंग्स)

The minimum things required for an IoT application to function are the hardware device, the software, device unique identifier or IP (Internet Protocol) address, Internet connectivity and a cloud platform.

सॉफ्टवेयर, डिवाइस अद्वितीय पहचानकर्ता या IP (इंटरनेट प्रोटोकॉल) एड्रेस, IoT एप्लिकेशन को कार्य करने के लिए आवश्यक न्यूनतम चीजें हार्डवेयर डिवाइस, इंटरनेट कनेक्टिविटी और क्लाउड प्लेटफॉर्म हैं।

- The device hardware usually consists of sensors or embedded chips. These are very small inexpensive devices with varying CPUs, operating systems and memory. These are placed in various locations like buildings, factories and cities or even inside animals for data collection purposes.

  डिवाइस हार्डवेयर में आमतौर पर सेंसर या एम्बेडेड चिप्स होते हैं। ये अलग–अलग सीपीयू, ऑपरेटिंग सिस्टम और मेमोरी के साथ बहुत कम सस्ती डिवाइस हैं। इन्हें विभिन्न स्थानों जैसे इमारतों, कारखानों और शहरों या यहां तक कि जानवरों के अंदर डेटा संग्रह उद्देश्यों के लिए रखा गया है।

- The IP address is the most important element of the device. This unique identifier allows you to identify the device sending or receiving the information.

  IP एड्रेस; डिवाइस का सबसे महत्वपूर्ण तत्व है। यह विशिष्ट पहचानकर्ता आपको सूचना भेजने या प्राप्त करने वाले उपकरण की पहचान करने की अनुमति देता है।

- Communications or Internet connectivity allows the device to communicate with each other.

  संचार या इंटरनेट कनेक्टिविटी डिवाइस को एक दूसरे के साथ संवाद करने की अनुमति देता है।

- Since the volume of data collected is more than 100 exabytes per month, a cloud platform that offers low-cost storage is essential. Finally, the cloud applications or the data analytics software is important for converting this data into action that has a powerful impact on your business.

  चूंकि एकत्र किए गए डेटा की मात्रा प्रति माह 100 से अधिक एक्साबाइट्स है, इसलिए कम लागत के स्टोरेज की पेशकश करने वाला क्लाउड प्लेटफॉर्म आवश्यक है। अंत में, क्लाउड एप्लिकेशन या डेटा एनालिटिक्स सॉफ्टवेयर इस डेटा को एक्शन में बदलने के लिए महत्वपूर्ण है जो आपके व्यवसाय पर एक शक्तिशाली प्रभाव डालता है।

The Internet of Things has evolved due to convergence of multiple technologies, real-time analytics, machine learning, commodity sensors and embedded systems. The field of embedded systems, wireless sensor networks, control systems, automation and others all contribute to enabling the Internet of Things. IoT is an advanced automation and analytics system which deals with artificial intelligence, sensor, networking, electronic, cloud messaging etc., to deliver complete systems for the product or services. The system created by IoT has greater transparency, control and performance.

इंटरनेट ऑफ थिंग्स कई तकनीकों, रीयल–टाइम एनालिटिक्स, मशीन लर्निंग, कमोडिटी सेंसर और एम्बेडेड सिस्टम के अभिसरण के कारण विकसित हुआ है। एम्बेडेड सिस्टम, वायरलेस सेंसर नेटवर्क, नियंत्रण प्रणाली, स्वचालन और अन्य सभी का क्षेत्र इंटरनेट ऑफ थिंग्स को सक्षम

करने में योगदान देता है। IoT एक उन्नत स्वचालन और विश्लेषिकी प्रणाली है जो उत्पाद या सेवाओं के लिए पूरा सिस्टम देने के लिए कृत्रिम बुद्धिमत्ता, सेंसर, नेटवर्किंग, इलेक्ट्रॉनिक, क्लाउड मैसेजिंग आदि से संबंधित है। IoT द्वारा बनाई गई प्रणाली में अधिक पारदर्शिता, नियंत्रण और प्रदर्शन है।

1.2.1 Advantages of IoT Applications (IoT अनुप्रयोगों के लाभ)

(a) Access information: You can easily access any information sitting from any part of the globe, in real time. This makes it very convenient for people to go about their work, even if they are not physically present.

एक्सेस की जानकारी को एक्सेस करना: आप कहीं से भी किसी भी जानकारी को आसानी से एक्सेस कर सकते हैं वास्तविक समय में। यह लोगों को अपने काम के बारे में जाने के लिए बहुत सुविधाजनक बनाता है, भले ही वे फिजिकल रूप से मौजूद न हों।

(b) Communication: The biggest advantage of IoT is its communication, as it can communicate between the devices which are also known as M2M communication. IoT encourages better communication between your connected devices and the Internet, making the communication of devices more transparent, which reduces inefficiencies. It can also maintain the quality of service. You can also take necessary action in case of emergencies.

संचार: IoT का सबसे बड़ा लाभ इसका संचार है, क्योंकि यह उन उपकरणों के बीच संचार कर सकता है जिन्हें M2M संचार के रूप में भी जाना जाता है। IoT आपके जुड़े उपकरणों और इंटरनेट के बीच बेहतर संचार को प्रोत्साहित करता है, जिससे उपकरणों का संचार अधिक पारदर्शी हो जाता है, जिससे अक्षमता कम हो जाती है। यह सेवा की गुणवत्ता को भी बनाए रख सकता है। आपात स्थिति के मामले में भी आप आवश्यक कार्रवाई कर सकते हैं।

(c) Cost-effective and efficient: The biggest advantage of IoT is saving money, time and energy. IoT fundamentally proves to be very helpful to people in their daily tasks by making the appliances communicate to each other in an effective manner thereby saving and conserving energy and cost. Allowing the data to be communicated and shared between devices and then translating it into the required way, it makes our systems efficient.

लागत प्रभावी और कुशल: IoT का सबसे बड़ा लाभ पैसे, समय और ऊर्जा की बचत है। IoT मूल रूप से अपने दैनिक कार्यों में लोगों के लिए बहुत उपयोगी साबित होता है जिससे उपकरण एक दूसरे से प्रभावी तरीके से संवाद करते हैं जिससे ऊर्जा और लागत की बचत होती है। उपकरणों के बीच संचार और साझा किए जाने वाले डेटा को अनुमति देना और फिर इसे आवश्यक तरीके से अनुवाद करना, यह हमारे सिस्टम को कुशल बनाता है।

(d) Automation: Automation is the process of decreasing human intervention or involvement thereby increasing the machine intelligence to perform every tasks by itself. Due to physical objects getting connected and controlled digitally and centrally with wireless infrastructure, there is a large amount of automation and control in its working. Without human intervention, the machines are able to communicate with each other to deliver faster and timely output.

स्वचालन: स्वचालन मानव हस्तक्षेप या भागीदारी को कम करने की प्रक्रिया है, जिससे मशीन के बुद्धिमत्ता को हर कार्य को स्वयं करने में वृद्धि होती है। वायरलेस इन्फ्रास्ट्रक्चर के साथ डिजिटल ऑब्जेक्ट्स को डिजिटल और केंद्रीय रूप से कनेक्ट और नियंत्रित करने के कारण, इसके काम करने में बड़ी मात्रा में स्वचालन और नियंत्रण होता है। मानव हस्तक्षेप के बिना, मशीनें तेजी से और समय पर आउटपुट देने के लिए एक–दूसरे के साथ संवाद करने में सक्षम हैं।

(e) Minimize human effort: As the devices of IoT interact and communicate with each other and perform task without human intervention, so, they minimize the human effort.

मानवीय प्रयास को कम करें: चूंकि IoT के उपकरण आपस में बातचीत करते हैं और एक–दूसरे से संवाद करते हैं और मानवीय हस्तक्षेप के बिना कार्य करते हैं, इसलिए, वे मानव प्रयास को कम करते हैं।

(f) Saves Time: Time is the primary factor which can save through IoT platform. The Machineto-Machine interaction provides better efficiency, improved response time, thus reducing the time taken to do any job and accurate results can be obtained fast. This results in saving valuable time.

समय बचाता है: समय प्राथमिक कारक है जो IoT प्लेटफॉर्म के माध्यम से बचा सकता है। मशीन–टू–मशीन इंटरैक्शन बेहतर दक्षता प्रदान करता है, प्रतिक्रिया समय में सुधार होता है, इस प्रकार किसी भी काम को करने में लगने वाले समय को कम किया जाता है और सटीक परिणाम तेजी से प्राप्त किए जा सकते हैं। इससे बहुमूल्य समय की बचत होती है।

(g) Useful in monitoring: One of the most apparent advantages of IoT is monitoring. It provides the benefit of knowing things in advance. The computers keep a track both on the quality and the viability of things at home. Knowing the expiry date of products before one consumes them improves safety and quality of life. Also, you will never run out of anything when you need it at the last moment. It also takes necessary action in case of disasters and emergencies.

निगरानी में उपयोगी: IoT के सबसे स्पष्ट लाभों में से एक निगरानी है। यह चीजों को पहले से जानने का लाभ प्रदान करता है। कंप्यूटर घर पर चीजों की गुणवत्ता और व्यवहार्यता दोनों पर नजर रखते हैं। एक उपभोग करने से पहले उत्पादों की समाप्ति तिथि जानने से उन्हें जीवन की सुरक्षा और गुणवत्ता में सुधार होता है। यह आपदाओं और आपात स्थितियों के मामले में भी आवश्यक कार्रवाई करता है।

1.2.2 Disadvantages of IoT Applications (आईओटी अनुप्रयोगों के नुकसान)

(a) Security: IoT security is the technology area concerned with safeguarding connected devices and networks in the Internet of Things (IoT). You can monitor your home through your mobile phones, with the ability to control it. They can provide personal safety. As the IoT systems are interconnected and communicate over networks. The system offers little control which lead the various kinds of network attacks like hackers could break into the network and steal the information. So, data encryption is very much necessary for maintaining the privacy of the data shared over the Internet.

सुरक्षा: IoT सुरक्षा, इंटरनेट ऑफ थिंग्स (IoT) में जुड़े उपकरणों और नेटवर्क की सुरक्षा से संबंधित प्रौद्योगिकी क्षेत्र है। आप इसे नियंत्रित करने की क्षमता के साथ, अपने मोबाइल फोन के माध्यम से अपने घर की निगरानी कर सकते हैं। वे व्यक्तिगत सुरक्षा प्रदान कर सकते हैं। चूंकि IoT सिस्टम आपस में जुड़े हुए हैं और नेटवर्क पर संचार करते हैं। सिस्टम थोड़ा नियंत्रण प्रदान करता है जो विभिन्न प्रकार के नेटवर्क हमलों का नेतृत्व करता है जैसे हैकर्स नेटवर्क को तोड़ सकते हैं और जानकारी चुरा सकते हैं। इसलिए, इंटरनेट पर साझा किए गए डेटा की गोपनीयता बनाए रखने के लिए डेटा एन्क्रिप्शन बहुत आवश्यक है।

(b) Complexity: A diverse network that connects various devices is what you call IoT. A single loop-hole can affect the entire system. Also the designing, developing, and maintaining and enabling the large technology to IoT system is quite complicated.

जटिलता: एक विविध नेटवर्क जो विभिन्न उपकरणों को जोड़ता है जिसे आप IoT कहते हैं। एक लूप–होल पूरे सिस्टम को प्रभावित कर सकता है। आईओटी प्रणाली के लिए बड़ी तकनीक को डिजाइन करना, विकसित करना और बनाए रखना और सक्षम करना काफी जटिल है।

(c) Unemployment: With every task being automated will lead to a lower need for manpower and eventually loss of jobs. This will have a direct impact on employment.

बेरोजगारी: हर कार्य के स्वचालित होने से मानव–शक्ति की कम आवश्यकता और अंततः नौकरियों का नुकसान होगा। इसका सीधा असर रोजगार पर पड़ेगा।

(d) Dependability: There is no doubt that technology is dominating our lifestyle, reflecting a human's dependability on technology. In case of a bug in the system, there are high chances of every related device getting corrupted.

निर्भरता: इसमें कोई संदेह नहीं है कि प्रौद्योगिकी हमारी जीवन शैली पर हावी है, प्रौद्योगिकी पर मानव की निर्भरता दर्शाती है। सिस्टम में बग की स्थिति में, संबंधित डिवाइस के कर्रप्ट होने की संभावना अधिक होती है।

(e) Becoming Lazy: People are more habituated to have a click based work making them lazy to any sort of physical activity.

आलसी बनना: लोगों को एक क्लिक आधारित काम करने की अधिक आदत होती है, जो उन्हें किसी भी प्रकार की शारीरिक गतिविधि के लिए आलसी बनाता है।

> *Automation means to manage everyday tasks without human intervention.*
> ऑटोमेशन का अर्थ है बिना मानवीय हस्तक्षेप के रोजमर्रा के कार्यों का प्रबंधन करना।

1.3 Characteristics of IoT (आईओटी के करैक्टरस्ट्रिक्स)

The fundamental characteristics of the IoT are as follows: (IoT की मूलभूत विशेषताएं हैं:)

1.3.1 Connectivity (कनेक्टिविटी)

Connectivity refers to establish a proper connection between all the things of IoT to IoT platform, it may be server or cloud. Connectivity enables network accessibility and compatibility. Accessibility is getting on a network while compatibility provides the common ability to consume and produce data.

कनेक्टिविटी से तात्पर्य IoT प्लेटफॉर्म से IoT की सभी चीजों के बीच एक उचित कनेक्टिविटी स्थापित करने से है, यह सर्वर या क्लाउड हो सकता है। कनेक्टिविटी नेटवर्क एक्सेसिबिलिटी और कम्पैटिबिलिटी को सक्षम बनाती है। एक्सेसिबिलिटी नेटवर्क पर हो रही है जबकि संगतता डेटा का उपभोग और उत्पादन करने की सामान्य क्षमता प्रदान करती है।

1.3.2 Interconnectivity (इंटर कनेक्टिविटी)

Interconnectivity in IoT means anything can be interconnected with the global information and communication infrastructure. After connecting the IoT devices, it needs a high speed messaging between the devices and cloud to enable reliable, secure and bi-directional communication.

IoT में इंटर–कनेक्टिविटी का मतलब है कि ग्लोबल सूचना और संचार बुनियादी ढांचे के साथ कुछ भी जुड़ा हो सकता है। IoT उपकरणों को जोड़ने के बाद, विश्वसनीय, सुरक्षित और द्वि–दिशात्मक संचार को सक्षम करने के लिए उपकरणों और क्लाउड के बीच एक उच्च गति संदेश की आवश्यकता होती है।

1.3.3 Things-related services (थिंग्स-रिलेटेड सेवाएं)

The IoT is capable of providing thing-related services within the restriction of things, such as privacy protection and semantic consistency between physical things and their associated virtual things.

IoT थिंग्स के प्रतिबंध के भीतर थिंग्स–रिलेटेड सर्विसेज प्रदान करने में सक्षम है, जैसे कि गोपनीयता संरक्षण और फिजिकल चीजों और उनके संबंधित वर्चुअल चीजों के बीच अर्थ–संगत स्थिरता।

1.3.4 Heterogeneity (विषमता)

The devices in the IoT are heterogeneous which supports different hardware platforms and networks. They can interact with other devices or service platforms through different networks.

IoT में डिवाइस विषम हैं जो विभिन्न हार्डवेयर प्लेटफार्म और नेटवर्क का समर्थन करते हैं। वे विभिन्न उपकरणों के माध्यम से अन्य उपकरणों या सेवा प्लेटफार्मों के साथ इंटरैक्ट कर सकते हैं।

1.3.5 Interoperability (इंटरऑपरेबिलिटी)

Interoperability is the ability of two or more systems or components to exchange data and use information. Technical Interoperability is usually associated with hardware/software components, systems and platforms that enable Machine-to-Machine communication to take place. This kind of interoperability is often centered on (communication) protocols and the infrastructure needed for those protocols to operate. Syntactical Interoperability is usually associated with data formats. As for the IoT, future networks will continue to be heterogeneous, multi-vendors, multi-services and largely distributed. Consequently, the risk of noninteroperability will increase.

इंटरऑपरेबिलिटी दो या दो से अधिक प्रणालियों या घटकों की क्षमता है जो डेटा का आदान–प्रदान करते हैं और जानकारी का उपयोग करते हैं। टेक्निकल इंटरऑपरेबिलिटी आमतौर पर हार्डवेयर/ सॉफ्टवेयर कंपोनेंट सिस्टम और प्लेटफॉर्म से जुड़ी होती है जो मशीन–टू–मशीन कम्युनिकेशन को सक्षम बनाता है। इस तरह की इंटरऑपरेबिलिटी अक्सर (संचार) प्रोटोकॉल और उन प्रोटोकॉल को संचालित करने के लिए आवश्यक बुनियादी ढांचे पर केंद्रित होती है। सेंटास्टिकल–टैक्टिकल इंटरऑपरेबिलिटी आमतौर पर डेटा फॉर्मेट से जुड़ी होती है। IoT के लिए, भविष्य के नेटवर्क विषम, बहु–विक्रेताओं, बहु–सेवाओं और बड़े पैमाने पर वितरित किए जाते रहेंगे। नतीजतन, नॉन–इंटरऑपरेबिलिटी का जोखिम बढ़ जाएगा।

1.3.6 Dynamic changes (गतिशील परिवर्तन)

IoT devices and systems should change dynamically based on the context and changing conditions and take actions based on their operating conditions, user's context, or sensed environment. For example, in surveillance system, cameras can adapt their modes (normal or infra-red night modes) based on whether it is day or night.

IoT उपकरणों और प्रणालियों को संदर्भ और बदलती परिस्थितियों के आधार पर गतिशील रूप से बदलना चाहिए और उनकी परिचालन स्थितियों, उपयोगकर्ता के संदर्भ, या संवेदी वातावरण के आधार पर कार्रवाई करनी चाहिए। उदाहरण के लिए, निगरानी प्रणाली में, कैमरे दिन या रात के आधार पर अपने मोड (सामान्य या इन्फ्रा–रेड नाइट मोड) को अनुकूलित कर सकते हैं।

1.3.7 Enormous scale (विशाल पैमाने)

The number of devices that need to be managed and that communicate with each other will be at least an order of magnitude larger than the devices connected to the current Internet.

उन उपकरणों की संख्या जिन्हें प्रबंधित करने की आवश्यकता है और जो एक–दूसरे के साथ संचार करते हैं, कम से कम वर्तमान इंटरनेट से जुड़े उपकरणों की तुलना में बड़ा परिमाण का एक क्रम होगा।

1.3.8 Safety (सुरक्षा)

The number of devices that need to be managed and that communicate with each other will be at least an order of magnitude larger than the devices connected to the current Internet.

उन उपकरणों की संख्या जिन्हें प्रबंधित करने की आवश्यकता है और जो एक–दूसरे के साथ संचार करते हैं, कम से कम वर्तमान इंटरनेट से जुड़े उपकरणों की तुलना में बड़ा परिमाण का एक क्रम होगा।

1.4 IoT Applications (IoT एप्लीकेशन)

There are many applications of the Internet of Things in various sectors like consumer IoT, enterprise IoT & manufacturing, and industrial IoT (Figure 1.3). These applications can be telecom, energy, automotive, etc. Smart homes, smart appliances, connected heating, lighting can be controlled with the help of computers and mobile devices. The devices having sensor helps to collect and analyze the user data, and sending the information to other technologies for making the life of users easy. The other examples are smart health, smart city, smart farming, smart TV, wearable's, smart car, etc. Smart buildings help in reducing energy cost and helps the temperature to adjust automatically. The smart farming system can help in monitoring the instance, light, temperature, humidity and soil moisture of crops. IoT helps the smart city like street lights, smart meters, and sanitation, etc. Smart means automation the process of decreasing human intervention or involvement thereby increasing the machine intelligence to perform every tasks by itself, which could be done by IoT. IoT has great importance in the future market as everything today is based on the Internet and smart devices. The Internet helps in connecting the devices to collect and send information over the network, so it will be a very big thing in the near future. Some uses of IoT applications are discussed below:

उपभोक्ता IoT, उद्यम IoT और विनिर्माण, और औद्योगिक IoT (चित्र 1.3) जैसे विभिन्न क्षेत्रों में इंटरनेट ऑफ थिंग्स के कई अनुप्रयोग हैं। ये एप्लिकेशन टेलिकॉम, एनर्जी, ऑटोमोटिव आदि स्मार्ट होम्स, स्मार्ट इक्विपमेंट, कनेक्टेड हीटिंग, लाइटिंग को कंप्यूटर और मोबाइल डिवाइस की मदद से नियंत्रित किया जा सकता है। सेंसर वाले डिवाइस उपयोगकर्ता डेटा को इकट्ठा करने और उसका विश्लेषण करने में मदद करते हैं, और उपयोगकर्ताओं के जीवन को आसान बनाने के लिए अन्य तकनीकों को जानकारी भेजते हैं। अन्य उदाहरण हैं स्मार्ट हेल्थ, स्मार्ट सिटी, स्मार्ट फार्मिंग, स्मार्ट टीवी, वियरेबल, स्मार्ट कार आदि। स्मार्ट बिल्डिंग ऊर्जा लागत को कम करने में मदद करती हैं और तापमान को स्वचालित रूप से समायोजित करने में मदद करती हैं। स्मार्ट फार्मिंग प्रणाली फसलों की आवृत्ति, प्रकाश, तापमान, आर्द्रता और मिट्टी की नमी की निगरानी में मदद कर सकती है। IoT स्मार्ट सिटी जैसे स्ट्रीट लाइट, स्मार्ट मीटर और सैनिटेशन आदि में मदद करता है।

स्मार्ट का अर्थ है मानव हस्तक्षेप या भागीदारी को कम करने की प्रक्रिया को स्वचालित करना जिससे मशीन की बुद्धिमत्ता में वृद्धि हो सके, जिससे प्रत्येक कार्य को स्वयं किया जा सके, जो कि IoT द्वारा किया जा सकता है। IoT का भविष्य के बाजार में बहुत महत्व है क्योंकि आज सब कुछ इंटरनेट और स्मार्ट उपकरणों पर आधारित है। इंटरनेट नेटवर्क पर जानकारी एकत्र करने और भेजने के लिए उपकरणों को जोड़ने में मदद करता है, इसलिए निकट भविष्य में यह एक बहुत बड़ी बात होगी। IoT अनुप्रयोगों के कुछ उपयोग:

1.4.1 Home Automation (होम ऑटोमेशन)

In smart homes, various sensors are deployed, which provide intelligent and automated services to the user. They help in automating daily tasks and help in maintaining a routine for individuals. They help in energy conservation by turning off lights and electronic gadgets automatically. For example, an application can automatically turn on the AC when the humidity rises. Or, when there is a gas leak, it can turn all the lights off. Smart home applications are really beneficial for ill people. Their health is monitored and relatives are informed immediately in case of emergencies.

स्मार्ट होम में, विभिन्न सेंसर तैनात किए जाते हैं, जो उपयोगकर्ता को बुद्धिमान और स्वचालित सेवाएं प्रदान करते हैं। वे दैनिक कार्यों को स्वचालित करने में मदद करते हैं और व्यक्तियों के लिए एक दिनचर्या बनाए रखने में मदद करते हैं। वे स्वचालित रूप से रोशनी और

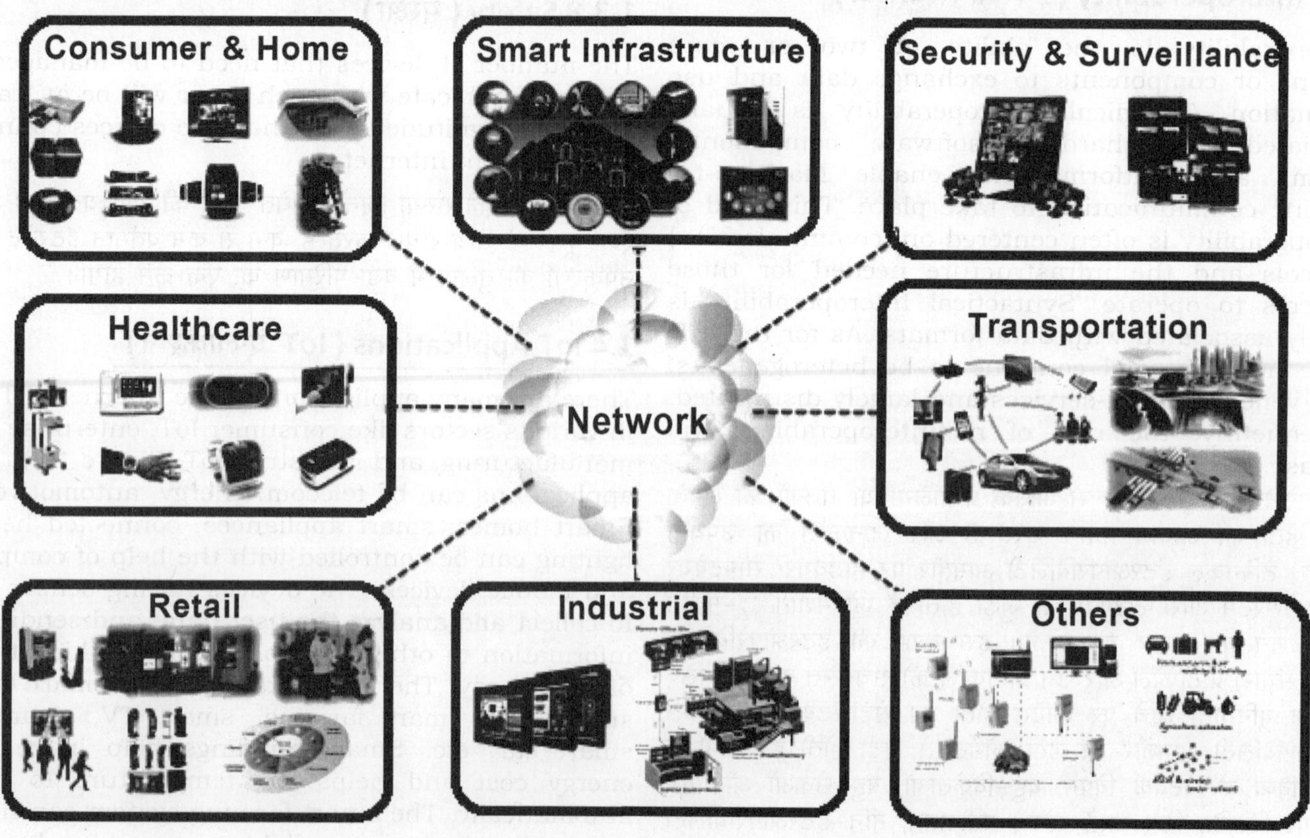

Figure 1.3 IoT Applications (IoT एप्लीकेशन)

इलेक्ट्रॉनिक उपकरणों को बंद करके ऊर्जा संरक्षण में मदद करते हैं। उदाहरण के लिए, एक अनुप्रयोग स्वचालित रूप से एसी चालू कर सकता है जब आर्द्रता बढ़ जाती है। या, जब गैस रिसाव होता है, तो यह सभी रोशनी को बंद कर सकता है। स्मार्ट होम एप्लिकेशन वास्तव में बीमार लोगों के लिए फायदेमंद हैं। उनके स्वास्थ्य की निगरानी की जाती है और आपात स्थिति के मामले में रिश्तेदारों को तुरंत सूचित किया जाता है।

1.4.2 Smart Water Systems (स्मार्ट वाटर सिस्टम)

It is very important to manage our water resources efficiently. As a result most cities are opting for smart solutions that place a lot of meters on water supply lines and storm drains. These meters can be used to measure the degree of water inflow and outflow to identify possible leaks. IoT embed smart water tap automatically open when you approach towards it as per your requirements water will flow. Smart water metering systems are also help us predict flooding.

हमारे जल संसाधनों का कुशलतापूर्वक प्रबंधन करना बहुत महत्वपूर्ण है। परिणामस्वरूप अधिकांश शहर स्मार्ट समाधानों के लिए चयन कर रहे हैं जो पानी की आपूर्ति लाइन और नालियों पर बहुत सारे मीटर लगाते हैं। इन मीटर का उपयोग संभावित रिसावों की पहचान करने के लिए पानी के प्रवाह और बहिर्वाह की डिग्री को मापने के लिए किया जा सकता है। जब आप अपनी आवश्यकताओं के अनुसार पानी प्रवाह करेंगे, तो IoT स्मार्ट वाटर टैप अपने आप खुल जाएगा। स्मार्ट वॉटर मीटरिंग सिस्टम भी बाढ़ की भविष्यवाणी करने में हमारी मदद करते हैं।

1.4.3 Smart Transport (स्मार्ट परिवहन)

Smart transport applications can manage daily traffic in cities using sensors and intelligent information processing systems. The main aim of intelligent transport systems is to minimize traffic congestion, ensure easy and hassle-free parking, and avoid accidents by properly routing traffic and spotting drunk drivers. The transportation system will highly beneficial by navigation on any route within the city, such congestion will avoid by guiding drivers to follow the alternative route, the whole traffic with real time monitored and drivers will instantly get the information regarding traffic congestion on the particular track. Also at public bus stoppage it displays the expected time of arrival of all buses on that route. As a result there will less traffic jam and hassle free journey and passenger can save the precious time. The sensor technologies governing these types of applications are GPS sensors for location, accelerometers for speed, gyroscopes for direction, RFIDs (Radio Frequency Identification) for vehicle identification, infrared sensors for counting passengers and vehicles, and cameras for recording vehicle movement and traffic.

स्मार्ट परिवहन एप्लिकेशन सेंसर और बुद्धिमान सूचना प्रसंस्करण प्रणालियों का उपयोग करके शहरों में दैनिक यातायात का प्रबंधन कर सकते हैं। स्मार्ट परिवहन प्रणालियों का मुख्य उद्देश्य यातायात की भीड़ को कम करना है, आसान और परेशानी मुक्त पार्किंग सुनिश्चित करना है, और ट्रैफिक को ठीक से रूट करके और नशे में ड्राइवरों को दुर्घटना से बचाना है। परिवहन प्रणाली शहर के भीतर किसी भी मार्ग पर नेविगेशन द्वारा अत्यधिक फायदेमंद होगी, इस तरह की भीड़ वैकल्पिक मार्ग का पालन करने के लिए ड्राइवर का मार्गदर्शन करने से बचेंगी, वास्तविक समय की निगरानी के साथ पूरे यातायात और ड्राइवर को विशेष रूप से विशेष ट्रैक पर यातायात भीड़ के बारे में जानकारी मिलेगी। सार्वजनिक बस स्टॉप पर भी यह उस रूट पर सभी बसों के आगमन के अपेक्षित समय को प्रदर्शित करता है। परिणामस्वरूप ट्रैफिक जाम और परेशानी मुक्त यात्रा कम होगी और यात्री कीमती समय बचा सकते हैं। इस प्रकार के अनुप्रयोगों को नियंत्रित करने वाली सेंसर तकनीकें स्थान के लिए जीपीएस सेंसर, गति के लिए एक्सेलेरोमीटर, डायरेक्शन की पहचान के लिए गायरोस्कोप, वाहन की पहचान के लिए RFIDs (रेडियो फ्रीक्वेंसी आइडेंटिफिकेशन), यात्रियों और वाहनों की गिनती के लिए इंफ्रारेड सेंसर और वाहन की आवाजाही और यातायात के लिए कैमरे हैं।

1.4.4 Smart Cities (स्मार्ट सिटी)

Smart city is the city with thousands of sensors for smart traffic, smart water management applications, and smart parking system etc. Smart transportation is implemented using a network of sensors, centralized analysis, and smart traffic lights. In smart parking, it is possible to easily locate parking spots nearby. Parking lots have sensors, which let a server know about their usage. Once a driver queries the server with his/her GPS location, he/she is guided to the nearest parking lot with free slots. It helps to locate parking slot faster, lesser CO2 emission from the car, and ultimately lesser traffic problems.

स्मार्ट सिटी स्मार्ट ट्रैफिक, स्मार्ट वॉटर मैनेजमेंट एप्लिकेशन और स्मार्ट पार्किंग सिस्टम आदि के लिए हजारों सेंसर वाला शहर है। स्मार्ट ट्रांसपोर्टेशन को सेंसर, सेंट्रलाइज्ड एनालिसिस और स्मार्ट ट्रैफिक लाइट के नेटवर्क का उपयोग करके लागू किया जाता है। स्मार्ट पार्किंग में, आस–पास पार्किंग स्थलों को आसानी से ढूंढना संभव है। पार्किंग स्थल में सेंसर लगे होते हैं, जो सर्वर को उनके उपयोग के बारे में बताते हैं। एक बार जब कोई चालक अपने जीपीएस स्थान के साथ सर्वर से कुछ पुछता है, तो वह निःशुल्क स्लॉट के साथ निकटतम पार्किंग के लिए निर्देशित होता है। यह तेजी से पार्किंग स्लॉट का पता लगाने में मदद करता है, कार से CO_2 उत्सर्जन कम करता है, और अंततः ट्रैफिक समस्या कम होती है।

1.4.5 Social Life and Entertainment (सामाजिक जीवन और मनोरंजन)

Social life and entertainment play an important role in an individual's life. Many applications have been developed, which keep track of such human activities. Personal devices such as tablets, wearables, and mobile phones have sensing and short range communication capabilities. People can find and interact with each other when there is a common purpose.

सामाजिक जीवन और मनोरंजन एक व्यक्ति के जीवन में महत्वपूर्ण भूमिका निभाते हैं। कई एप्लिकेशन विकसित किए गए हैं, जो इस तरह की मानवीय गतिविधियों पर नजर रखते हैं। व्यक्तिगत उपकरण जैसे टैबलेट, वीयरबेल और मोबाइल फोन में संवेदन और छोटी दूरी की संचार क्षमताएं होती हैं। सामान्य उद्देश्य होने पर लोग एक–दूसरे के साथ मिल सकते हैं और बातचीत कर सकते हैं।

Various types of social activities and the set of people participating in those activities are identified. It uses location sensors to find out where the person is and uses Bluetooth for searching people around it.

विभिन्न प्रकार की सामाजिक गतिविधियों और उन गतिविधियों में भाग लेने वाले लोगों के समूह की पहचान की जाती है। यह पता लगाने के लिए स्थान सेंसर का उपयोग करता है कि वह व्यक्ति कहां है और आसपास के लोगों की खोज के लिए ब्लूटूथ का उपयोग करता है।

There are many parameters, which are considered while dealing with human affects such as facial expressions, speech, body gestures, hand movements, and sleep patterns. These are analyzed to figure out how a person is feeling.

ऐसे कई पैरामीटर हैं, जो मानव प्रभावों से निपटने के दौरान माने जाते हैं जैसे कि चेहरे के भाव, भाषण, शरीर के हावभाव, हाथ के मूवमेंट और नींद के पैटर्न। ये पता लगाने के लिए विश्लेषण किया जाता है कि व्यक्ति कैसा महसूस कर रहा है।

1.4.6 Health and Fitness (हैल्थ और फिटनेस)

IoT appliances have proven really beneficial in the health and wellness domains. Many wearable devices are being developed, which monitor a person's health condition. Health applications make independent living possible for the elderly and patients with serious health conditions. Currently, IoT sensors are being used to continuously monitor and record their health conditions and transmit warnings in case any abnormal indicators are found. If there is a minor problem, the IoT application itself may suggest a prescription to the patient.

IoT उपकरण हेल्थ और फिटनेस डोमेन में वास्तव में फायदेमंद साबित हुए हैं। कई पहनने योग्य उपकरण विकसित किए जा रहे हैं, जो किसी व्यक्ति की स्वास्थ्य स्थिति की निगरानी करते हैं। स्वास्थ्य अनुप्रयोग बुजुर्गों और गंभीर स्वास्थ्य स्थितियों वाले रोगियों के लिए स्वतंत्र जीवन संभव बनाते हैं। वर्तमान में, IoT सेंसर का उपयोग उनकी स्वास्थ्य स्थितियों की निरंतर निगरानी और रिकॉर्ड करने और किसी भी असामान्य संकेतक पाए जाने की स्थिति में चेतावनी प्रसारित करने के लिए किया जा रहा है। यदि कोई छोटी समस्या है, तो IoT आवेदन स्वयं रोगी को सुझाव दे सकता है।

IoT applications can be used in creating an Electronic Health Record (EHR), which is a record of all the medical details of a person. It is maintained by the health system. An EHR can be used to record allergies, surges in blood sugar and blood pressure.

IoT एप्लिकेशन का उपयोग इलेक्ट्रॉनिक हेल्थ रिकॉर्ड (EHR) बनाने में किया जा सकता है, जो किसी व्यक्ति के सभी मेडिकल विवरणों का रिकॉर्ड है। इसका रखरखाव स्वास्थ्य प्रणाली द्वारा किया जाता है। EHR का उपयोग एलर्जी को रिकॉर्ड करने के लिए किया जा सकता है, रक्त शर्करा और रक्तचाप में वृद्धि।

Smartphone accelerometer data can be used for activity detection by applying complex algorithms. For example, you can measure the number of steps taken and the amount of exercise done by using fitness trackers. Fitness trackers are available in the market as wearables to monitor the fitness level of an individual. In addition, gym apparatus can be fitted with sensors to count the number of times an exercise is performed. These IoT data enables precise diagnoses and treatment plans, improves patient safety.

स्मार्टफोन एक्सेलेरोमीटर डेटा का उपयोग जटिल एल्गोरिदम को लागू करके गतिविधि का पता लगाने के लिए किया जा सकता है। उदाहरण के लिए, आप उठाए गए कदमों की संख्या और फिटनेस ट्रैकर्स का उपयोग करके किए गए व्यायाम की मात्रा को माप सकते हैं। किसी व्यक्ति के फिटनेस स्तर की निगरानी के लिए फिटनेस ट्रैकर्स बाजार में पहनने योग्य रूप में उपलब्ध हैं। इसके अलावा, व्यायाम के दौरान कितनी बार व्यायाम किया जाता है, इसकी गणना करने के लिए सेंसर के साथ जिम उपकरण को फिट किया जा सकता है। ये IoT डेटा सटीक निदान और उपचार योजनाओं को सक्षम बनाता है, रोगी की सुरक्षा में सुधार करता है।

1.4.7 Smart Environment and Agriculture (स्मार्ट पर्यावरण और एग्रीकल्चर)

Environmental parameters such as temperature and humidity are important for agricultural production. Sensors are used by farmers in the field to measure such parameters and this data can be used for efficient production. One application is automated irrigation according to weather conditions.

एग्रीकल्चर उत्पादन के लिए तापमान और आर्द्रता जैसे पर्यावरणीय पैरामीटर महत्वपूर्ण हैं। क्षेत्र में किसानों द्वारा ऐसे मापदंडों को मापने के लिए सेंसर का उपयोग किया जाता है और इस डेटा का उपयोग कुशल उत्पादन के लिए किया जा सकता है। एक आवेदन मौसम की स्थिति के अनुसार स्वचालित सिंचाई है।

Environmental parameters measured in terms of temperature, soil information, and humidity are measured in real time and sent to a server for analysis. The results are then used to improve crop quality and yield.

तापमान, मिट्टी की जानकारी और आर्द्रता के संदर्भ में मापा जाने वाले पर्यावरणीय मापदंडों को वास्तविक समय में मापा जाता है और विश्लेषण के लिए एक सर्वर पर भेजा जाता है। फिर परिणाम फसल की गुणवत्ता और उपज में सुधार करने के लिए उपयोग किया जाता है।

Pesticide left overs in crop production are detected using an Acetylcholinesterase biosensor. This data is saved and analyzed for extracting useful information such as the sample size, time, location, and amount of left overs. You can thus maintain the quality of the crop.

एसिटाइलकोलिनेस्टरेज बायोसेंसर के उपयोग से फसल उत्पादन में कीटनाशक का पता लगाया जाता है। इस डेटा को उपयोगी जानकारी जैसे कि नमूना आकार, समय, स्थान और कितना नया है, निकालने के लिए विश्लेषण किया जाता है। आप इस प्रकार फसल की गुणवत्ता बनाए रख सकते हैं।

Air pollution is an important concern today because it is changing the climate of the earth and degrading air quality. Vehicles cause a lot of air pollution on the roads. It also tracks vehicles that cause an undue amount of pollution. Electrochemical toxic gas sensors can also be used to measure air pollution.

वायु प्रदूषण आज एक महत्वपूर्ण चिंता का विषय है क्योंकि यह पृथ्वी की जलवायु को बदल रहा है और हवा की गुणवत्ता को खराब कर रहा है। वाहन सड़कों पर बहुत अधिक वायु प्रदूषण का कारण बनते हैं। यह उन वाहनों को भी ट्रैक करता है जो प्रदूषण की अनुचित मात्रा का कारण बनते हैं। वायु प्रदूषण को मापने के लिए इलेक्ट्रोकेमिकल टॉक्सिक गैस सेंसर का भी इस्तेमाल किया जा सकता है।

Agricultural drones are a very good example of IoT applications in Agriculture. Agriculture industries today, have become one of the major industries where drones can incorporate. Two types of drones, that is, ground-based and aerialbased drones are being incorporated in agriculture in many ways such as, for crop health assessment, irrigation, planting, and soil & field analysis. From the data collected by the drone, useful insights can be drawn on various factors such as plant counting and yield prediction, plant health indices, plant height measurement, canopy cover mapping, nitrogen content in wheat, drainage mapping, and so on.

एग्रीकल्चर ड्रोन एग्रीकल्चर में IoT अनुप्रयोगों का एक बहुत अच्छा उदाहरण है। एग्रीकल्चर उद्योग आज, प्रमुख उद्योगों में से एक बन गए हैं जहां ड्रोन शामिल हो सकते हैं। दो प्रकार के ड्रोन, यानी जमीन आधारित और हवाई–आधारित ड्रोन एग्रीकल्चर में शामिल किए जा रहे हैं, जैसे कि फसल स्वास्थ्य आकलन, सिंचाई, रोपण, मिट्टी और क्षेत्र विश्लेषण के लिए। ड्रोन द्वारा एकत्र किए गए आंकड़ों से, पौधे की गिनती और उपज की भविष्यवाणी, पौधे के स्वास्थ्य सूचकांकों, पौधे की ऊंचाई माप, चंदवा कवर मैपिंग, गेहूं में नाइट्रोजन कंटेट, नाली–आयु मानचित्रण, जैसे विभिन्न कारकों पर उपयोगी अंतर्दृष्टि प्राप्त की जा सकती है।

1.4.8 Livestock Monitoring (पशुधन की निगरानी)

IoT applications help farmers to collect data regarding the location, well-being, and health of their cattle. This information helps them in identifying the condition of their livestock. Such as, finding animals that are sick so that they can separate from the herd, preventing the spread of the disease to the entire cattle.

IoT एप्लिकेशन किसानों को उनके मवेशियों के स्थान, भलाई और स्वास्थ्य के संबंध में डेटा एकत्र करने में मदद करते हैं। यह जानकारी उनके पशुधन की स्थिति की पहचान करने में उनकी मदद करती है। जैसे कि, बीमार पड़ने वाले जानवरों को ढूंढना ताकि वे झुंड से अलग हो सकें, जिससे पूरे मवेशियों को बीमारी फैलने से रोका जा सके।

1.4.9 Smart Greenhouses (स्मार्ट ग्रीनहाउस)

Greenhouse farming is a technique that enhances the yield of crops, vegetables, fruits etc. Since manual intervention has disadvantages such as production loss, energy loss, and labor cost, these methods are less effective. A smart greenhouse through IoT embedded systems not only monitors intelligently but also controls the climate. Thereby eliminating any need for human intervention. The sensors in the IoT system in the greenhouse provide information on temperature, pressure, humidity, light levels. The greenhouse state and water consumption can supervise with these sensors through sending SMS alerts to the farmer with an on-line portal.

ग्रीनहाउस खेती एक ऐसी तकनीक है जो फसलों, सब्जियों, फलों आदि की पैदावार को बढ़ाती है क्योंकि मैनुअल हस्तक्षेप से उत्पादन हानि, ऊर्जा हानि और श्रम लागत जैसे नुकसान होते हैं, ये विधियां कम प्रभावी हैं। IoT एम्बेडेड सिस्टम के माध्यम से एक स्मार्ट ग्रीनहाउस न केवल बुद्धिमानी से निगरानी करता है बल्कि जलवायु को भी नियंत्रित करता है। जिससे मानवीय हस्तक्षेप की किसी भी आवश्यकता को समाप्त किया जा सके। ग्रीनहाउस में IoT सिस्टम में सेंसर तापमान, दबाव, आर्द्रता, प्रकाश स्तर की जानकारी प्रदान करते हैं। ग्रीनहाउस राज्य और पानी की खपत किसान ऑन–लाइन पोर्टल के साथ SMS अलर्ट भेजकर इन सेंसरों की देखरेख कर सकते हैं।

1.4.10 Supply Chain and Logistics (सप्लाई चैन और लोजिस्टिक्स)

IoT tries to simplify real world processes in business and information systems. IoT connects all phases of the Industrial Internet of Things (IIoT) process from supply chain to delivery for a cohesive view of production, process and product data. The goods in the supply chain can be tracked easily from the place of manufacture to the final places of distribution using sensor technologies such as RFID and NFC (Near Field

Communication). Real time information is recorded and analyzed for tracking. Information about the quality and usability of the product can also be saved in RFID tags attached with the shipments. Thus, IoT enhances safety and reduce costs by managing, tracking and monitoring connected vehicles, and other mobile assets in real time. The IoT system can also process workflow and change equipment settings to optimize performance.

IoT व्यापार और सूचना प्रणालियों में वास्तविक दुनिया की प्रक्रियाओं को सरल बनाने की कोशिश करता है। IoT उत्पादन, प्रक्रिया और उत्पाद डेटा के एक सुसंगत दृश्य के लिए आपूर्ति श्रृंखला से वितरण तक एग्रीकल्चर इंटरनेट ऑफ थिंग्स (IIoT) प्रक्रिया के सभी चरणों को जोड़ता है। आपूर्ति श्रृंखला के सामानों को निर्माण की जगह से RFID और NFC (नियर फील्ड कम्युनिकेशन) जैसे सेंसर प्रौद्योगिकियों का उपयोग करके वितरण के अंतिम स्थानों तक आसानी से ट्रैक किया जा सकता है। ट्रैकिंग के लिए वास्तविक समय की जानकारी दर्ज की जाती है और उसका विश्लेषण किया जाता है। शिपमेंट के साथ संलग्न RFID टैग में उत्पाद की गुणवत्ता और उपयोगिता की जानकारी भी बचाई जा सकती है। इस प्रकार, IoT सुरक्षा को बढ़ाता है और वास्तविक समय में जुड़े वाहनों, और अन्य मोबाइल परिसंपत्तियों के प्रबंधन, ट्रैकिंग और निगरानी करके लागत को कम करता है। IoT प्रणाली भी प्रदर्शन को अनुकूलित करने के लिए वर्कफ्लो और उपकरण सेटिंग्स को बदल सकती है।

1.4.11 Energy Conservation (ऊर्जा संरक्षण)

IoT offers sophisticated ways to analyze and optimize use of energy not only throughout the entire system of the house but also at a particular device level. This can range from very basic functions such as dimming of lights, or be switching them off or modifying multiple home settings or changing device settings to optimize energy use.

IoT घर के पूरे सिस्टम में ही नहीं, बल्कि एक विशेष उपकरण स्तर पर भी ऊर्जा के उपयोग का विश्लेषण और अनुकूलन करने के लिए परिष्कृत तरीके प्रदान करता है। यह बहुत ही बुनियादी कार्यों से लेकर हो सकता है जैसे कि रोशनी को कम करना, या उनका उपयोग बंद करना या कई घरेलू सेटिंग्स को संशोधित करना या डिवाइस के उपयोग को बदलने के लिए डिवाइस सेटिंग्स बदलना।

The smart grid is information and communication technology enabled modern electricity generation, transmission, distribution, and consumption system, to make electric power generation, transmission, and distribution smart, the concept of smart grids adds intelligence at each step and also allows the two-way flow of power (back from the consumer to the supplier). This can save a lot of energy and help consumers better understand the flow of power and dynamic pricing. In a smart grid, power generation is distributed. There are sensors deployed throughout the system to monitor everything. It is actually a distributed network of microgrids. Microgrids generate power to meet demands of local sites and transmit back the surplus energy to the central grid. Microgrids can also demand energy from the central grid in case of a shortfall. Two-way flow of power also benefits consumers, who are also using their own generated energy occasionally (say, solar, or wind power); the surplus power can be transmitted back so that it is not wasted. The user will also get paid for that power.

स्मार्ट ग्रिड सूचना और संचार प्रौद्योगिकी है जो आधुनिक बिजली उत्पादन, संचरण, वितरण और खपत प्रणाली को सक्षम बनाता है, बिजली उत्पादन, प्रसारण और वितरण को स्मार्ट बनाने के लिए, स्मार्ट ग्रिड की अवधारणा प्रत्येक चरण में जोड़ता है और फ्लो की अनुमति। बिजली का प्रवाह (उपभोक्ता से आपूर्तिकर्ता को वापस) को दो तरफा होने की अनुमति देता है। यह बहुत सारी ऊर्जा बचा सकता है और उपभोक्ताओं को बिजली के प्रवाह और गतिशील मूल्य निर्धारण को बेहतर ढंग से समझने में मदद करता है। स्मार्ट ग्रिड में, बिजली उत्पादन वितरित किया जाता है। सब कुछ पर नजर रखने के लिए पूरे सिस्टम में सेंसर तैनात हैं। यह वास्तव में माइक्रोग्रिड का एक वितरित नेटवर्क है। माइक्रोग्रिड्स स्थानीय साइट की मांगों को पूरा करने और अधिशेष ऊर्जा को केंद्रीय ग्रिड में वापस भेजने की शक्ति उत्पन्न करते हैं। माइक्रोग्रिड्स कमी के मामले में भी केंद्रीय ग्रिड से ऊर्जा की मांग कर सकते हैं। बिजली के दो–तरफा प्रवाह से भी उपभोक्ताओं को लाभ होता है, जो कभी–कभी अपनी स्वयं की उत्पन्न ऊर्जा का भी उपयोग कर रहे हैं (जैसे, सौर या पवन ऊर्जा); अधिशेष पावर को वापस प्रेषित किया जा सकता है ताकि यह व्यर्थ न हो। उपयोगकर्ता को उस पावर का भुगतान भी मिलेगा।

Some of the IoT applications in a smart grid are on-line monitoring of transmission lines for disaster prevention and efficient use of power in smart homes by having a smart meter for monitoring energy consumption.

एक स्मार्ट ग्रिड में IoT अनुप्रयोगों में से कुछ ऊर्जा की खपत की निगरानी के लिए स्मार्ट मीटर होने से आपदा की रोकथाम और स्मार्ट घरों में बिजली के कुशल उपयोग के लिए ट्रांसमिशन लाइनों की ऑन–लाइन निगरानी कर रहे हैं।

Smart meters read and analyze consumption patterns of power at regular and peak load times. This information is then sent to the server and also made available to the user. The generation is then set according to the consumption patterns. In addition, the user can adjust her/his use so as to reduce costs. Smart power appliances can control this information and operate when the prices are low.

स्मार्ट मीटर नियमित रूप से और पीक लोड समय पर बिजली की खपत–टर्न का विश्लेषण करते हैं। यह जानकारी फिर सर्वर को भेजी जाती है और उपयोगकर्ता को भी उपलब्ध कराई जाती है। तब खपत पैटर्न के अनुसार पीढ़ी निर्धारित की जाती है। इसके अलावा, उपयोगकर्ता लागत को कम करने के लिए उसका / उसके उपयोग को समायोजित कर सकता है। स्मार्ट बिजली उपकरण इस जानकारी को नियंत्रित कर सकते हैं और कीमत कम होने पर काम कर सकते हैं।

1.5 Working and Implementation of IoT (IoT की वर्किंग और इम्प्लीमेंटेशन)

The IoT basically consists of web-enabled devices that can read or collect, send and respond to the data they acquired from the environment by the use of highly functioning sensors, hardware that can communicate, network connection and processors. These devices that are connected to the IoT hub or gateway, share the data they collected and analyze it locally. These devices may connect with other devices as well and act on the information they get from another device like smartphones, smartwatches, electronic appliances like TV, Washing machine which helps you to communicate with the IOT platform. (Figure 1.4). These devices mainly work without any human interaction or intervention. The main aim of IoT is to transform the real world objects into an intelligent virtual object in order to make human's lives much safer and easier.

IoT में मूल रूप से वेब–सक्षम डिवाइस होते हैं, जो अत्यधिक कामकाजी सेंसर, हार्डवेयर जो संचार कर सकते हैं, नेटवर्क कनेक्शन और प्रोसेसर्स के उपयोग द्वारा पर्यावरण से प्राप्त डेटा को पढ़ एकत्र, भेज प्रतिक्रिया दे सकते हैं। ये उपकरण जो **IoT** हब या गेटवे से जुड़े हैं, वे जो डेटा एकत्र करते हैं, उसे साझा करते हैं और इसका स्थानीय स्तर पर विश्लेषण करते हैं। ये उपकरण अन्य उपकरणों के साथ भी जुड़ सकते हैं और स्मार्ट फोन, स्मार्टवॉच, इलेक्ट्रॉनिक उपकरण जैसे टीवी, वॉशिंग मशीन जैसी किसी अन्य डिवाइस से मिलने वाली जानकारी पर कार्य करते हैं जो आपको **IoT** प्लेटफॉर्म के साथ संवाद करने में मदद करता है। (चित्र 1.4) ये उपकरण मुख्य रूप से बिना किसी मानवीय संपर्क या हस्तक्षेप के काम करते हैं। **IoT** का मुख्य उद्देश्य वास्तविक दुनिया की वस्तुओं को मानव के जीवन को अधिक सुरक्षित और आसान बनाने के लिए एक बुद्धिमान आभासी वस्तु में बदलना है।

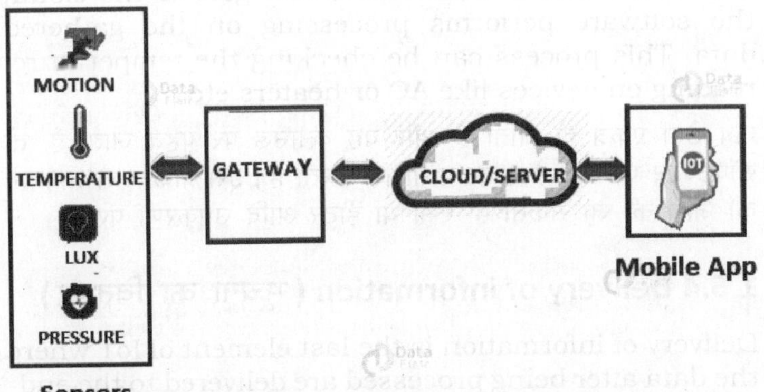

Figure 1.4 Working of IoT (IoT की वर्किंग)

Let us discuss real life example depicting working of IoT say, you have an AC in your room, now the temperature sensor installed in it in the room will be integrated with a gateway. The gateway connects the temperature sensor (inside the AC) to the Internet by making use of a cloud infrastructure. A Cloud/Server infrastructure has detailed records about each and every device connected to it such as device id, a status of the device, what time was the device last accessed, number of times the device has been accessed etc. A connection with the cloud then implement by making use of web services. Human in this system, act as end-users and through the mobile app interact with cloud (and in turn devices installed in our homes). A request will send to the cloud infrastructure with the authentication of the device and device information. It requires authentication of the device to ensure cyber security. Once the cloud has authenticated the device, it sends a request to the appropriate sensor network using gateways. After receiving the request, the temperature sensor inside the AC will read the current temperature in the room and will send the response back to the cloud. Cloud infrastructure will then identify the particular user who has requested the data and will then push the requested data to the app. So, a user will get the current information about the temperature in the room, pick up through AC's temperature sensors directly on his screen.

आइए हम वास्तविक जीवन उदाहरण पर चर्चा करते हैं जिसमें **IoT** के काम का चित्रण किया गया है, आपके कमरे में एक **AC** है, अब कमरे में इसमें स्थापित तापमान सेंसर को गेटवे के साथ एकीकृत किया जाएगा। गेटवे क्लाउड इंफ्रास्ट्रक्चर का उपयोग करके तापमान संवेदक (एसी के अंदर) को इंटरनेट से जोड़ता है। क्लाउड / सर्वर इन्फ्रास्ट्रक्चर में प्रत्येक और हर डिवाइस के बारे में विस्तृत रिकॉर्ड होते हैं जैसे डिवाइस आईडी, डिवाइस की स्थिति, डिवाइस को किस समय अंतिम एक्सेस किया गया था, कितनी बार डिवाइस एक्सेस किया गया है; आदि। फिर वेब सेवाओं का उपयोग करके लागू करें। इस प्रणाली में मानव, अंत उपयोगकर्ताओं के रूप में कार्य करता है और मोबाइल ऐप के माध्यम से क्लाउड के साथ बातचीत करता है (हमारे घरों में स्थापित उपकरणों)। डिवाइस जानकारी के प्रमाणीकरण के साथ क्लाउड इंफ्रास्ट्रक्चर के लिए एक अनुरोध भेजा जाएगा। साइबर सुरक्षा सुनिश्चित करने के लिए इसे उपकरण के प्रमाणीकरण की आवश्यकता होती है। एक बार क्लाउड ने डिवाइस को प्रमाणित कर दिया, यह गेटवे का उपयोग करके उपयुक्त सेंसर नेटवर्क को एक अनुरोध भेजता है। अनुरोध प्राप्त करने के बाद, एसी के अंदर का तापमान संवेदक कमरे में वर्तमान तापमान को पढ़ेगा और प्रतिक्रिया को क्लाउड पर भेज देगा। क्लाउड इन्फ्रास्ट्रक्चर तब उस विशेष उपयोगकर्ता की पहचान करेगा, जिसने डेटा का अनुरोध किया है और फिर अनुरोध किए गए डेटा को ऐप पर दे देगा। तो, एक उपयोगकर्ता को कमरे में तापमान के बारे में वर्तमान जानकारी मिल जाएगी, एसी के तापमान सेंसर के माध्यम से सीधे अपनी स्क्रीन पर उठाएगा।

You know that IoT refers to a network of devices that can communicate with each other through the Internet. These devices also have the ability to send and receive data. When connected with a computer or smart phone, they have the ability to automate processes and form a network of integrated applications. Some of the examples of these 'things' are smart meters, smart TVs, fitness trackers, home appliances, medical devices and even shoes or clothes using sensors. Any object embedded with a computer chip can form a system in the IoT.

आप जानते हैं कि IoT उपकरणों के एक नेटवर्क को संदर्भित करता है जो इंटरनेट के माध्यम से एक दूसरे के साथ संवाद कर सकता है। इन उपकरणों में डेटा भेजने और प्राप्त करने की क्षमता भी होती है। जब एक कंप्यूटर या स्मार्ट फोन से जुड़ा होता है, तो उनके पास प्रक्रियाओं को स्वचालित करने और एकीकृत अनुप्रयोगों का एक नेटवर्क बनाने की क्षमता होती है। इन 'चीजों' के कुछ उदाहरण हैं स्मार्ट मीटर, स्मार्ट टीवी, फिटनेस ट्रैकर, घरेलू उपकरण, चिकित्सा उपकरण और यहां तक कि जूते या सेंसर का उपयोग करना। एक कंप्यूटर चिप के साथ एम्बेडेड कोई भी वस्तु IoT में एक प्रणाली बना सकती है।

1.6 Components of an IoT System (आईओटी के कंपोनेंट्स)

IoT component includes hardware such as the sensors, communication hardware etc. Middleware such as data analytical tools and storage and presentation for delivery of the information to the end users. Here we are discussing about four fundamental components of an IoT system:

IoT कंपोनेंट्स में हार्डवेयर शामिल हैं जैसे सेंसर, संचार हार्डवेयर आदि। मिडिल–वेयर जैसे डेटा विश्लेषणात्मक उपकरण और अंतिम उपयोगकर्ताओं को सूचना के वितरण के लिए भंडारण और प्रस्तुति। यहां हम एक IoT प्रणाली के चार मूल घटकों के बारे में चर्चा कर रहे हैं:

1.6.1 Sensors/Devices (सेंसर / उपकरण)

Sensors or devices are a key component that helps you to collect live data from the surrounding environment. A device may have various types of sensors such as temperature sensor, motion sensor, air quality sensor, moisture sensor, and light sensor, etc., which performs multiple tasks apart from sensing. These sensors are automatically connected and collect or receive information from different environments or devices that help in making the correct decisions. For example, when sensors show that the soil is dry, watering systems get an automatic command to water plants.

सेंसर उपकरण एक प्रमुख घटक है जो आपको आसपास के वातावरण से लाइव डेटा एकत्र करने में मदद करता है। एक उपकरण में विभिन्न प्रकार के सेंसर हो सकते हैं जैसे कि तापमान सेंसर, मोशन सेंसर, वायु गुणवत्ता सेंसर, नमी सेंसर, और प्रकाश सेंसर, आदि, जो संवेदन के अलावा कई कार्य करता है। ये सेंसर स्वचालित रूप से जुड़े हुए हैं और विभिन्न वातावरणों या उपकरणों से जानकारी एकत्र या प्राप्त करते हैं जो सही निर्णय लेने में मदद करते हैं। उदाहरण के लिए, जब सेंसर दिखाते हैं कि मिट्टी सूखी है, तो पानी के सिस्टम को पौधों को पानी देने का एक स्वचालित कमांड मिलती है।

> *Sensing is the method of capturing information from the environment by some highly functioning hardware and respond to it.*
>
> सेंसिंग कुछ अत्यधिक कामकाजी हार्डवेयर द्वारा पर्यावरण से जानकारी कैप्चर करने और उस पर प्रतिक्रिया करने की विधि है।

1.6.2 Connectivity (कनेक्टिविटी)

Connectivity element plays a very significant task in IoT. The communication enables messaging for the devices. All the collected data is sent to a cloud infrastructure where devices connect to the cloud to perform different operations. The sensors can be connected to the cloud through various mediums of communication and transports such as cellular networks, satellite networks, Wi-Fi, Bluetooth, Wide Area Networks (WAN), Low Power Wide Area Network etc. And the information that is sensed at the machine level is further transmitted to the cloud-based service for sequential processing.

कनेक्टिविटी तत्व IoT में बहुत महत्वपूर्ण कार्य निभाता है। संचार उपकरणों के लिए संदेश भेजने में सक्षम बनाता है। सभी एकत्र किए गए डेटा को क्लाउड इंफ्रास्ट्रक्चर में भेजा जाता है, जहां डिवाइस अलग–अलग ऑपरेशन करने के लिए क्लाउड से कनेक्ट होते हैं। सेंसर को संचार के विभिन्न माध्यमों और सेलुलर नेटवर्क, उपग्रह नेटवर्क, वाई–फाई, ब्लूटूथ, वाइड एरिया नेटवर्क (WAN), लो पावर वाइड एरिया नेटवर्क आदि के माध्यम से क्लाउड से जोड़ा जा सकता है और जिस सूचना पर सनसनी होती है। मशीन स्तर को क्रमिक प्रसंस्करण के लिए क्लाउड–आधारित सेवा में प्रेषित किया जाता है।

1.6.3 Data Processing (डाटा प्रोसेसिंग)

Once that data is collected, and it gets to the cloud, the software performs processing on the gathered data. This process can be checking the temperature, reading on devices like AC or heaters etc.

जब डेटा एकत्र हो जाता है, और वह क्लाउड पर पहुंच जाता है, तो सॉफ्टवेयर एकत्रित डेटा पर प्रोसेसिंग करता है। इस प्रक्रिया से तापमान की जाँच की जा सकती है, एसी या हीटर आदि उपकरणों पर।

1.6.4 Delivery of information (सूचना का वितरण)

Delivery of information is the last element of IoT where the data after being processed are delivered to the end-users in some way which can be achieved by triggering alarms on their phones or sending them notification through email or text message. The data delivery may be a person or it may be to another device in M2M (Machine-to-Machine) workflow. The user sometimes might need an interface which actively checks their IoT system, for example, the user has a camera installed in his home, he wants to access video recording and all the feeds with the help of a web server.

सूचना का वितरण IoT का अंतिम तत्व है, जहां संसाधित होने के बाद डेटा किसी तरह से अंतिम–उपयोगकर्ताओं को वितरित किया जाता है, जिसे उनके फोन पर अलार्म ट्रिगर करने या ईमेल पाठ संदेश के माध्यम से अधिसूचना भेजने के द्वारा प्राप्त किया जा सकता है। डेटा वितरण एक व्यक्ति हो सकता है या यह M2M (मशीन–टू–मशीन) वर्कफ्लो में किसी अन्य डिवाइस के लिए हो सकता है। उपयोगकर्ता को कभी–कभी एक इंटरफेस की आवश्यकता हो सकती है जो सक्रिय रूप से अपने IoT सिस्टम की जांच करता है, उदाहरण के लिए, उपयोगकर्ता के पास अपने घर में एक कैमरा स्थापित है, वह एक वेब सर्वर की मदद से वीडियो रिकॉर्डिंग और सभी फीड का उपयोग करना चाहता है।

1.7 IoT Architecture and Levels (IoT आर्किटेक्चर और लेवल)

IoT architecture shows the building blocks of an IoT system and how they are connected to collect, store and process data. IoT architecture also contains device and user management components to provide stable and secure functioning of things and control user access issues. Developing an IoT architecture of a particular solution, it is also important to focus on consistency (giving enough attention to every element of IoT architecture and making them work together), flexibility (opportunity to add new functions and new logic) and integration with enterprise systems and delivery management systems and more.

IoT आर्किटेक्चर एक IoT सिस्टम के बिल्डिंग ब्लॉक्स है और वे डेटा को इकट्ठा, स्टोर और प्रोसेस करने के लिए कैसे जुड़े हैं; दिखता है। IoT आर्किटेक्चर में डिवाइस और उपयोगकर्ता प्रबंधन घटक शामिल हैं जो चीजों के स्थिर और सुरक्षित कामकाज प्रदान करते हैं और उपयोगकर्ता एक्सेस मुद्दों को नियंत्रित करते हैं। किसी विशेष समाधान के IoT आर्किटेक्चर का विकास करना, स्थिरता पर ध्यान देना भी महत्वपूर्ण है (IoT आर्किटेक्चर के प्रत्येक तत्व पर पर्याप्त ध्यान देना और उन्हें एक साथ काम करना), फ्लेक्सिबिलिटी (नए कार्यों और नए तर्क को जोड़ने का अवसर) और एंटरप्राइज सिस्टम के साथ एकीकरण और वितरण प्रबंधन प्रणाली और अधिक।

There is not such a unique or standard consensus on the Internet of Things (IoT) architecture which is universally defined. The IoT architecture differs from their functional area and their solutions. However, the IoT architecture technology mainly consists of four major components:

इंटरनेट ऑफ थिंग्स (IoT) आर्किटेक्चर पर इस तरह की कोई अनोखी या मानक सहमति नहीं है जो सार्वभौमिक रूप से परिभाषित है। IoT आर्किटेक्चर उनके कार्यात्मक क्षेत्र और उनके समाधानों से भिन्न होता है। हालाँकि, IoT आर्किटेक्चर तकनीक में मुख्य रूप से चार प्रमुख घटक होते हैं:

- Sensors/Devices (सेंसर/डिवाइस)
- Gateways and Networks (गेटवे और नेटवर्क)
- Cloud/Management Service Layer (क्लाउड/मैनेजमेंट सेवा लेयर)
- Application Layer (एप्लीकेशन लेयर)

1.7.1 Three and Five-Layer Architectures (तीन और पांच-लेयर आर्किटेक्चर)

There are several layers of IoT built upon the capability and performance of IoT elements that provides the optimal solution to the business enterprises and end-users. The most basic architecture is a three-layer architecture as shown in Figure 1.5. It was introduced in the early stages of research in this area. It has three layers, namely, the Perception, Network, and Application layers. The three-layer architecture defines the main idea of the Internet of Things, but it is not sufficient for research on IoT because research often focuses on finer aspects of the Internet of Things. That is why, you have many more layered architectures proposed such as five-layered architecture, which additionally includes the Processing and Business layers as shown in Figure 1.6. The layers of IoT are as follows:

IoT तत्वों की क्षमता और प्रदर्शन पर निर्मित IoT की कई लेयर हैं जो व्यावसायिक उद्यमों और अंत–उपयोगकर्ताओं को इष्टतम समाधान प्रदान करती हैं। सबसे बुनियादी वास्तुकला एक तीन–परत वास्तुकला है जैसा कि चित्र 1.5 में दिखाया गया है। इसे इस क्षेत्र में अनुसंधान के शुरुआती चरणों में पेश किया गया था। इसकी तीन परतें हैं, अर्थात, परसेप्शन, नेटवर्क और एप्लीकेशन लेयर। थ्री–लेयर आर्किटेक्चर इंटरनेट ऑफ थिंग्स के मुख्य विचार को परिभाषित करता है, लेकिन यह IoT पर शोध के लिए पर्याप्त नहीं है क्योंकि अनुसंधान अक्सर इंटरनेट ऑफ थिंग्स के महीन पहलुओं पर केंद्रित होता है। इसीलिए, आपके पास कई अधिक स्तरित आर्किटेक्चर हैं, जो प्रस्तावित हैं जैसे कि पांच–स्तरित वास्तुकला, जिसमें अतिरिक्त रूप से प्रसंस्करण और व्यावसायिक लेयर शामिल हैं; जैसा कि चित्र 1.6 में दिखाया गया है। IoT की लेयर इस प्रकार हैं:

(a) Perception (recognition) Layer: This layer is the physical layer, which has sensors for sensing and gathering information about the environment. It senses some physical parameters or identifies other smart objects in the environment. One of the important functions of this layer is that it linked and converts the information gathered by the sensors into digital signals which are further transferred to the Network layer. The most generic sensor available today is the smartphone. The smartphone itself has many types of sensors embedded in it such as the location sensor (GPS), movement sensors (accelerometer, gyroscope), camera, light sensor, microphone, proximity sensor, and magnetometer. These are being heavily used in different IoT applications.

परसेप्शन (रिक्विनशन) लेयर: यह लेयर फिजिकल लेयर है, जिसमें संवेदन और पर्यावरण के बारे में जानकारी इकट्ठा करने के लिए सेंसर हैं। यह कुछ फिजिकल मापदंडों को महसूस करता है या पर्यावरण में अन्य स्मार्ट वस्तुओं की पहचान करता है। इस लेयर का एक महत्वपूर्ण कार्य यह है कि यह सेंसर द्वारा एकत्रित की गई सूचना को डिजिटल सिग्नल से जोड़ता है और परिवर्तित करता है जिसे आगे नेटवर्क लेयर में स्थानांतरित किया जाता है। आज उपलब्ध सबसे सामान्य सेंसर स्मार्टफोन है। स्मार्ट–फोन में ही कई तरह के सेंसर लगे होते हैं जैसे कि लोकेशन सेंसर (GPS), मूवमेंट सेंसर (एक्सेलेरोमीटर, जायरोस्कोप), कैमरा, लाइट सेंसर, माइक्रोफोन, प्रॉक्सिमिटी सेंसर और मैग्नेटोमीटर। विभिन्न IoT अनुप्रयोगों में इनका भारी उपयोग किया जा रहा है।

(b) Network Layer: The Network layer is responsible for connecting to other smart things, network devices, and servers. The functions of this layer are to receive and transmit the digital data to the Processing (Middleware) layer that are received from the Perception layer for processing. Those data are transmitted onto the middleware layer over some transmission medium such as Wi-Fi, 4G, and GSM etc along with protocols like IPv4, DDS etc.

नेटवर्क लेयर: नेटवर्क लेयर अन्य स्मार्ट चीजों, नेटवर्क डिवाइस और सर्वर से कनेक्ट करने के लिए जिम्मेदार है। इस परत के कार्य डिजिटल डेटा को प्रसंस्करण (मिडलवेयर) लेयर को प्राप्त करने और प्रसारित करने के लिए हैं जो प्रसंस्करण के लिए धारणा लेयर से प्राप्त होते हैं। वे डेटा कुछ ट्रांसमिशन माध्यमों जैसे वाई–फाई, 4 जी, और जीएसएम आदि के साथ–साथ आईपीवी 4, डीडीएस आदि जैसे प्रोटोकॉल पर मिडिलवेयर परत पर प्रेषित होते हैं।

(c) Processing Layer: The data that are received from the Network layer is processed in this layer. This layer uses the technologies like cloud computing, big data processing etc. The Processing layer is also known as the Middleware layer. The middleware creates an abstraction for the programmer such that the details of the hardware can be hidden. This enhances interoperability of smart things and makes it easy to offer different kinds of services.

प्रोसेसिंग लेयर: नेटवर्क लेयर से प्राप्त डेटा को इस लेयर में प्रोसेस किया जाता है। यह लेयर क्लाउड कंप्यूटिंग, बिग डेटा प्रोसेसिंग आदि जैसी तकनीकों का उपयोग करती है। प्रोसेसिंग लेयर को मिडिलवेयर परत के रूप में भी जाना जाता है। मिडलवेयर प्रोग्रामर के लिए एक एब्स्ट्रैक्शन बनाता है जैसे कि हार्डवेयर का विवरण छिपाया जा सकता है। यह स्मार्ट चीजों की अंतर–क्षमता को बढ़ाता है और विभिन्न प्रकार की सेवाओं की पेशकश करना आसान बनाता है।

(d) Application Layer: This layer is responsible for delivering application specific services to the user. It defines various applications in which the Internet of Things can be deployed, based on the processed data, the IoT's result is finally released to the end-user for example, smart homes, smart cities, and smart health.

एप्लिकेशन लेयर: यह लेयर उपयोगकर्ता को एप्लिकेशन विशिष्ट सेवाएं प्रदान करने के लिए जिम्मेदार है। यह विभिन्न अनुप्रयोगों को परिभाषित करता है जिसमें इंटरनेट ऑफ थिंग्स को तैनात किया जा सकता है, संसाधित डेटा के आधार पर, प्वज का परिणाम अंत में एंड–यूजर के लिए जारी किया जाता है, उदाहरण के लिए, स्मार्ट होम, स्मार्ट सिटी और स्मार्ट हेल्थ।

(e) Business Layer: This layer acts as the manager for the application and services of the IoT.

बिजनेस लेयर: यह परत प्वज के अनुप्रयोग और सेवाओं के लिए प्रबंधक के रूप में कार्य करती है।

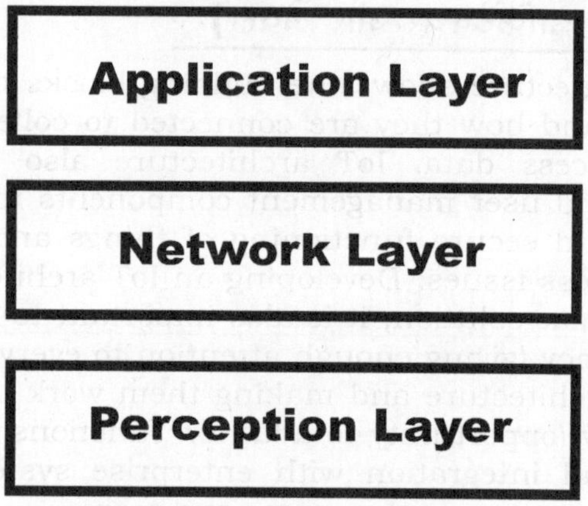

Application Layer

Network Layer

Perception Layer

Figure 1.5 Three-layer-IoT Architecture (तीन–लेयर–IoT आर्किटेक्चर)

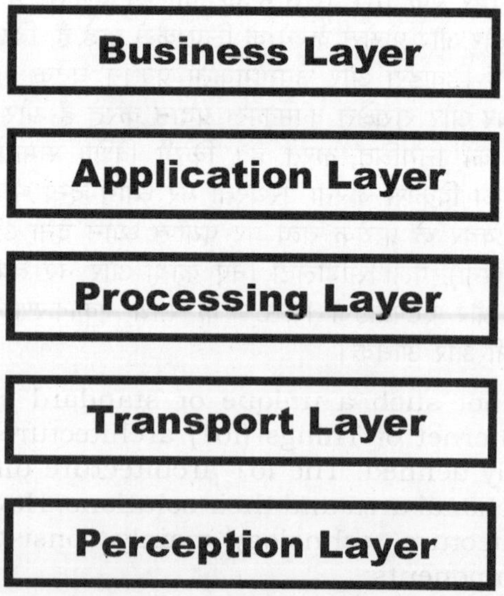

Business Layer

Application Layer

Processing Layer

Transport Layer

Perception Layer

Figure 1.6 Five-layer-IoT Architecture (पांच–लेयर–IoT आर्किटेक्चर)

1.8 IoT Ecosystem (IoT इकोसिस्टम)

The IoT ecosystem is a connection of various kind of devices that sense and analyze the data and communicates with each other over the networks. In the IoT ecosystem, the user uses smart devices such as smartphones, tablet, sensors, etc., to send the command or request to devices over the networks. The device response and execute the command to send information back to the user after it is analyzed. The IoT ecosystem uses different technologies, software and application to communicate and connect with smart devices and environment.

IoT इकोसिस्टम विभिन्न प्रकार के उपकरणों का एक कनेक्शन है जो डेटा का विश्लेषण करता है और नेटवर्क पर एक दूसरे के साथ संचार करता है। IoT इकोसिस्टम में, उपयोगकर्ता स्मार्ट डिवाइस जैसे कि स्मार्टफोन, टैबलेट, सेंसर आदि का उपयोग करता है, ताकि नेटवर्क पर उपकरणों को कमांड या अनुरोध भेजा जा सके। डिवाइस प्रतिक्रिया और विश्लेषण करने के बाद उपयोगकर्ता को जानकारी वापस भेजने के लिए कमांड निष्पादित करता है। IoT इकोसिस्टम स्मार्ट उपकरणों और पर्यावरण के साथ संवाद और कनेक्ट करने के लिए विभिन्न तकनीकों, सॉफ्टवेयर और एप्लिकेशन का उपयोग करता है।

An IoT Ecosystem is a combination of various IoT layers beginning from the user layer to the connectivity layer. This new chain of development is the best way to connect companies together. Even in future, the companies will be offering the IoT ecosystem similar to risk management and cyber security. Also, IoT ecosystem is used to make the protocols easily accessible, reasonably priced, efficient and secure.

एक IoT इकोसिस्टम उपयोगकर्ता परत से कनेक्टिविटी परत के लिए विभिन्न IoT लेयर का एक संयोजन है। विकास की यह नई श्रृंखला कंपनियों को एक साथ जोड़ने का सबसे अच्छा तरीका है। भविष्य में भी, कंपनियां जोखिम प्रबंधन और साइबर सुरक्षा के समान IoT इकोसिस्टम की पेशकश करेंगी। इसके अलावा, IoT इकोसिस्टम का उपयोग प्रोटोकॉल को आसानी से सुलभ, यथोचित मूल्य, कुशल और सुरक्षित बनाने के लिए किया जाता है।

IoT is a key part of a large IoT ecosystem, which promotes and links all elements in the scheme. It allows device management, handles communication protocols on software and hardware, collects/analyses information, improves information flow and intelligent apps functionality.

IoT एक IoT इकोसिस्टम का एक महत्वपूर्ण हिस्सा है, जो योजना में सभी तत्वों को प्रमोट करता है और जोड़ता है। यह डिवाइस प्रबंधन, सॉफ्टवेयर और हार्डवेयर पर संचार प्रोटोकॉल संभालता है, सूचनाओं का विश्लेषण करता है, सूचना प्रवाह और बुद्धिमान एप्लिकेशन कार्यक्षमता में सुधार करता है।

1.8.1 Components IoT Ecosystem (IoT इकोसिस्टम के कंपोनेंट्स)

The Internet of Things ecosystem includes all the components that enable businesses, governments, and consumers to connect to their IoT devices. IoT is not just transforming connectivity among devices and objects but it is also allowing the people to get remote access easily. The ecosystem includes remotes, dashboards, networks, gateways, analytics, data storage, and security. The main ecosystem components that IoT works on are discussed below:

इंटरनेट ऑफ थिंग्स इकोसिस्टम में वे सभी घटक शामिल हैं जो व्यवसायों, सरकारों और उपभोक्ताओं को अपने IoT उपकरणों से जुड़ने में सक्षम बनाते हैं। IoT न केवल उपकरणों और वस्तुओं के बीच कनेक्टिविटी को बदल रहा है, बल्कि यह लोगों को आसानी से रिमोट एक्सेस प्राप्त करने की अनुमति भी दे रहा है। इकोसिस्टम में रिमोट, डैशबोर्ड, नेटवर्क, गेटवे, एनालिटिक्स, डेटा स्टोरेज और सुरक्षा शामिल हैं। IoT पर काम करने वाले मुख्य इकोसिस्टम कंपोनेंट्स हैं:

Gateway (गेटवे)

Gateways are an important component to manage the Internet traffic between IoT devices and connected networks. Gateway enables easy management of data traffic flowing between protocols and networks. Different IoT device works on different kinds of network protocols. For Internet applications TCP/IP, based architecture is generally followed. It also translates the network protocols and makes sure that the devices and sensors are connected properly. It can also work to preprocess the data from sensors and send them off to next level if it is configured accordingly. It also gives proper encryption with the network flow and data transmission. It can block the particular IP addresses, protocols, even application layers components.

गेटवे IoT डिवाइस और कनेक्टेड नेटवर्क के बीच इंटरनेट ट्रैफिक को प्रबंधित करने के लिए एक महत्वपूर्ण कंपोनेंट है। गेटवे प्रोटोकॉल और नेटवर्क के बीच मूव होने वाले डेटा ट्रैफिक के आसान प्रबंधन को सक्षम करता है। विभिन्न IoT डिवाइस विभिन्न प्रकार के नेटवर्क प्रोटोकॉल पर काम करता है। इंटरनेट अनुप्रयोगों के लिए TCP/IP, आधारित वास्तुकला का आमतौर पर पालन किया जाता है। यह नेटवर्क प्रोटोकॉल का भी अनुवाद करता है और यह सुनिश्चित करता है कि उपकरण और सेंसर ठीक से जुड़े हुए हैं। यह सेंसर से डेटा को प्रीप्रोसेस करने के लिए भी काम कर सकता है और अगर यह ठीक से कॉन्फिगर किया गया है तो उन्हें अगले लेवल पर भेज सकता है। यह नेटवर्क प्रवाह और डेटा ट्रांसमिशन के साथ उचित एन्क्रिप्शन भी देता है। यह विशेष रूप से आईपी एड्रेस, प्रोटोकॉल, यहां तक कि आवेदन लेयर के घटकों को ब्लॉक कर सकता है।

Analytics (एनालिटिक्स)

Analytics software analyzes the data generated by IoT devices and stores the results in the cloud database. Analysis can be used for a variety of use-cases, most common would be predictive maintenance.

एनालिटिक्स सॉफ्टवेयर IoT उपकरणों द्वारा उत्पन्न डेटा का विश्लेषण करता है और परिणामों को क्लाउड डेटाबेस में संग्रहीत करता है।

विश्लेषण का उपयोग विभिन्न प्रकार के मामलों के लिए किया जा सकता है, जिसमें प्रिडिक्टिव होगा।

The most important function of IoT technology is that it supports real-time analysis that easily observes the irregularities and prevents any loss or scam. The big companies collect the data in bulk and analyze it to see the future opportunity so that they can easily develop more business advancement and gain something out of it. This analysis easily helps in setting future trends that have a capability to rule the market. From this analysis, they can be one step ahead of the time and easily achieve success.

IoT प्रौद्योगिकी का सबसे महत्वपूर्ण कार्य यह है कि यह वास्तविक समय विश्लेषण का समर्थन करता है जो अनियमितताओं को आसानी से देखता है और किसी भी नुकसान या घोटाले को रोकता है। बड़ी कंपनियां बल्क में डेटा एकत्र करती हैं और भविष्य के अवसर को देखने के लिए इसका विश्लेषण करती हैं ताकि वे आसानी से अधिक व्यापार उन्नति कर सकें और इससे कुछ हासिल कर सकें। यह विश्लेषण आसानी से भविष्य के रुझानों को स्थापित करने में मदद करता है जो बाजार पर शासन करने की क्षमता रखते हैं। इस विश्लेषण से, वे समय से एक कदम आगे हो सकते हैं और आसानी से सफलता प्राप्त कर सकते हैं।

Connectivity of Devices (डिवाइस की कनेक्टिविटी)

The main component that complete connectivity layer are devices and sensors. An IoT device allows identification, remote sensing, remote monitoring capabilities. Sensors collect the information and send it off to the next layer where it is being processed. For example, for automotive use cases, you use Light detection sensors along with pressure, velocity and imagery sensors. Choosing the right sensing components is a key step for a successful use case.

कनेक्टिविटी लेयर को पूरा करने वाले मुख्य घटक डिवाइस और सेंसर हैं। IoT डिवाइस पहचान, रिमोट सेंसिंग, रिमोट मॉनिटरिंग क्षमताओं की अनुमति देता है। सेंसर जानकारी एकत्र करते हैं और इसे अगली लेयर पर भेजते हैं जहां इसे संसाधित किया जा रहा है। उदाहरण के लिए, ऑटोमोटिव उपयोग के मामलों के लिए, आप प्रेशर, वेग और इमेजरी सेंसर के साथ लाइट डिटेक्शन सेंसर का उपयोग करते हैं। सही संवेदी घटकों का चयन एक सफल उपयोग के मामले के लिए एक महत्वपूर्ण कदम है।

An important aspect of the IoT environment is connectivity. Without joint connectivity between IoT sensors, end devices, and analytics or computing components, you cannot execute a use case. The modern smart sensors and devices use various ways to be connected. The wireless networks, Wi-Fi, and Bluetooth etc.

IoT पर्यावरण का एक महत्वपूर्ण पहलू कनेक्टिविटी है। IoT सेंसर, एंड डिवाइस और एनालिटिक्स या कंप्यूटिंग घटकों के बीच संयुक्त कनेक्टिविटी के बिना, आप एक उपयोग मामले को निष्पादित नहीं कर सकते। आधुनिक स्मार्ट सेंसर और डिवाइस कनेक्ट होने के लिए विभिन्न तरीकों का उपयोग करते हैं। वायरलेस नेट–वर्क्स, वाई–फाई और ब्लूटूथ आदि।

Cloud (क्लाउड)

Industry grade IoT solutions require acquiring, managing and manipulating large scale raw and processed data. Generally, cloud-based architectures are used to serve the purpose based on business needs. With the help of IoT Cloud ecosystem, companies are able to collect bulk data from the devices and applications. It is also responsible for managing the connected devices and networks, manage device to device communications and implement IOT applications by operating and synchronizing different IOT devices and communication between them. Also, there are various tools that are used for the purpose of data collection that can collect, process, handle and store the data efficiently in real time.

इंडस्ट्री ग्रेड IoT समाधानों को बड़े पैमाने पर रॉ और प्रसंस्कृत डेटा के अधिग्रहण, प्रबंधन और मैनीपुलेशन की आवश्यकता होती है। आमतौर पर, क्लाउड–आधारित आर्किटेक्चर का उपयोग व्यावसायिक आवश्यकताओं के आधार पर उद्देश्य की पूर्ति के लिए किया जाता है। IoT क्लाउड इकोसिस्टम की मदद से, कंपनी उपकरणों और एप्लिकेशन से बल्क डेटा एकत्र करने में सक्षम हैं। यह कनेक्टेड डिवाइस और नेटवर्क के प्रबंधन, डिवाइस से डिवाइस संचार के प्रबंधन और IoT अनुप्रयोगों को संचालित करने और उनके बीच विभिन्न IoT उपकरणों और संचार को सिंक्रनाइज करने के लिए भी जिम्मेदार है। इसके अलावा, विभिन्न उपकरण हैं जो डेटा संग्रह के उद्देश्य के लिए उपयोग किए जाते हैं जो वास्तविक समय में डेटा को कुशलतापूर्वक एकत्रित, संसाधित, संभाल और संग्रहीत कर सकते हैं।

It is a huge high-performance network that connects servers together to optimize the performance of data process that is being processed by many devices at once. It also helps in controlling traffic and delivering accurate data analytics results. With advanced analytics, users of IoT solutions can interrogate high volumes of data to optimise the systems being monitored, predict trends, and perform simulations.

यह एक विशाल उच्च–प्रदर्शन नेटवर्क है जो एक साथ कई उपकरणों द्वारा संसाधित की जा रही डेटा प्रक्रिया के प्रदर्शन को अनुकूलित करने के लिए सर्वर को जोड़ता है। यह ट्रैफिक को नियंत्रित करने और सटीक डेटा विश्लेषण परिणाम देने में भी मदद करता है। उन्नत एनालिटिक्स के साथ, IoT समाधान के उपयोगकर्ता मॉनिटर किए जाने वाले सिस्टम का अनुकूलन करने, रुझानों की भविष्यवाणी करने और सिमुलेशन करने के लिए डेटा के उच्च संस्करणों से पूछताछ कर सकते हैं।

With cloud-based IoT applications, business users can quickly enhance existing processes for supply chains, customer service, human resources, and financial services. There's no need to recreate entire business processes.

क्लाउड–आधारित IoT अनुप्रयोगों के साथ, व्यावसायिक उपयोगकर्ता आपूर्ति श्रृंखलाओं, ग्राहक सेवा, मानव संसाधन और वित्तीय सेवाओं के लिए मौजूदा प्रक्रियाओं को जल्दी से बढ़ा सकते हैं। संपूर्ण व्यावसायिक प्रक्रियाओं को फिर से बनाने की कोई आवश्यकता नहीं है।

User Interface (यूजर इंटरफेस)

It provides a visible and physical part that can be easily accessed by the user. It is important for the developer to create a user-friendly interface that could be accessed without putting any extra efforts in it and that can help in easy interaction.

यह एक दृश्यमान और फिजिकल हिस्सा प्रदान करता है जिसे उपयोगकर्ता द्वारा आसानी से एक्सेस किया जा सकता है। डेवलपर के लिए उपयोगकर्ता के अनुकूल इंटरफेस बनाना महत्वपूर्ण है जिसे बिना किसी अतिरिक्त प्रयास के एक्सेस किया जा सकता है और यह आसान बातचीत में मदद कर सकता है।

Dashboard (डैशबोर्ड)

Dashboard displays information about the IoT ecosystem to users and enables them to control their IoT ecosystem. It is generally housed on a remote. Remotes enable entities that utilize IoT devices to connect and control them using a dashboard, such as a mobile application. Examples of remotes would be smartphones, tablets, PCs, smartwatches, connected TVs, and nontraditional remotes.

डैशबोर्ड उपयोगकर्ताओं के लिए IoT इकोसिस्टम के बारे में जानकारी प्रदर्शित करता है और उन्हें अपने IoT इकोसिस्टम को नियंत्रित करने में सक्षम बनाता है। यह आमतौर पर एक रिमोट पर रखा जाता है। रिमोट इकाइयाँ, जैसे कि एक मोबाइल एप्लिकेशन का उपयोग करके उन्हें कनेक्ट और नियंत्रित करने के लिए IoT उपकरणों का उपयोग करने वाली संस्थाओं को सक्षम करता है। रीमोट के उदाहरण स्मार्टफोन, टैबलेट, पीसी, स्मार्टवॉच, कनेक्टेड टीवी और नॉन–पारंपरिक रीमोट होंगे।

Standards and Protocols (स्टैण्डर्ड और प्रोटोकॉल)

The webpages are now using the HTML format with the cascading style sheet. They are the most used standard protocols making it not just user friendly but easily acceptable. However, IoT doesn't have that standard. So, it is important to choose a platform for IoT that can help in determining the way your platform will interact with the system. Thus, you will be able to have an interaction with devices and networks with the same standard as yours. It is important for having the same protocol to have a successful interaction. IoT applications can be based on both the internet and intranets. For internet applications TCP/IP, based architecture is generally followed. For Intranet IoT use cases, devices are connected using LAN, RF, Wi-Fi, and Li-Fi, etc.

वेबपेज अब कैस्केडिंग स्टाइल शीट के साथ HTML प्रारूप का उपयोग कर रहे हैं। वे सबसे अधिक उपयोग किए जाने वाले स्टैण्डर्ड प्रोटोकॉल हैं जो न केवल उपयोगकर्ता के अनुकूल हैं, बल्कि आसानी से स्वीकार्य हैं। हालाँकि, IoT में वह स्टैण्डर्ड नहीं है। इसलिए, IoT के लिए एक प्लेटफॉर्म चुनना महत्वपूर्ण है जो आपके प्लेटफॉर्म को सिस्टम के साथ इंटरैक्ट करने के तरीके को निर्धारित करने में मदद कर सकता है। इस प्रकार, आप डिवाइस और नेटवर्क के साथ आपके समान स्टैण्डर्ड के साथ बातचीत करने में सक्षम होंगे। एक ही प्रोटोकॉल के लिए एक सफल इंटरैक्शन होना महत्वपूर्ण है। IoT एप्लिकेशन इंटरनेट और इंट्रानेट दोनों पर आधारित हो सकते हैं। इंटरनेट अनुप्रयोगों के लिए TCP/IP, आधारित आर्किटेक्चर का आमतौर पर पालन किया जाता है। इंट्रानेट IoT उपयोग के मामलों के लिए, डिवाइस LAN, RF, Wi&Fi और Li&Fi, आदि का उपयोग करके जुड़े हुए हैं।

Database (डेटाबेस)

It is essential to have a proper database system that can store and manage the data that is being gathered from various device and end-users. Generally, cloud-based architectures are used to serve the purpose based on business needs.

एक उचित डेटाबेस सिस्टम होना आवश्यक है जो विभिन्न डिवाइस और एंड–यूजर्स से इकट्ठा किए जा रहे डेटा को स्टोर और मैनेज कर सके। आमतौर पर, क्लाउड–आधारित आर्किटेक्चर का उपयोग व्यावसायिक आवश्यकताओं के आधार पर उद्देश्य की पूर्ति के लिए किया जाता है।

Automation (ऑटोमोशन)

The database system is using the automotive features that help in managing data and accumulating it.

डेटाबेस सिस्टम ऑटोमोटिव विशेषताओं का उपयोग कर रहा है जो डेटा को प्रबंधित करने और उसे संचित करने में मदद करते हैं।

It is now used for a much more advanced version that allows the automatic adjustment of the wireless things. For example, you can easily control light with a click of the remote. The air conditioner is now connected to your smartphone and you can switch them on and off whenever you want. Even it is possible to adjust the temperature.

यह अब बहुत अधिक उन्नत संस्करण के लिए उपयोग किया जाता है जो वायरलेस चीजों के स्वचालित समायोजन की अनुमति देता है। उदाहरण के लिए, आप रिमोट के एक क्लिक से आसानी से प्रकाश को नियंत्रित कर सकते हैं। एयर कंडीशनर अब आपके स्मार्टफोन से जुड़ा हुआ है और आप जब चाहें तब इन्हें ऑन और ऑफ कर सकते हैं। यहां तक कि तापमान को एडजस्ट करना संभव है।

Development (विकास)

Internet of Things is the latest advancement in technology. The need for the development is growing and increasing with time.

इंटरनेट ऑफ थिंग्स प्रौद्योगिकी में नवीनतम प्रगति है। विकास की आवश्यकता समय के साथ बढ़ती और बढ़ती जा रही है।

1.9 Value Chain and Global Value Chain (वैल्यू चैन और ग्लोबल वैल्यू चेन)

The value chain describes the full range of activities that firms and workers do to bring a product/ good or service from its conception to its end use and beyond. This includes activities such as design, production, marketing, distribution and support to the final consumer. A value chain can be contained within a single geographic location or even a single firm. From a technological perspective, the value chain of any IoT product includes connected assets, the network used to enable communication between devices, IoT platforms, IoT applications, and IoT solutions.

वैल्यू चैन उन गतिविधियों की पूरी सलूशन का वर्णन करती है जो फर्मों और श्रमिकों को एक उत्पाद / अच्छी या सेवा को इस्तेमाल करके, इसका अंतिम उपयोग और उससे आगे लाने के लिए करते हैं। इसमें अंतिम उपभोक्ता के लिए डिजाइन, उत्पादन, विपणन, वितरण और समर्थन जैसी गतिविधियां शामिल हैं। एक वैल्यू चैन एक एकल भौगोलिक स्थान या एक भी फर्म के भीतर समाहित की जा सकती है। तकनीकी दृष्टिकोण से, किसी भी IoT उत्पाद की वैल्यू चेन में कनेक्टेड एसेट्स, डिवाइस के बीच संचार सक्षम करने के लिए उपयोग किया जाने वाला नेटवर्क, IoT प्लेटफॉर्म, IoT एप्लिकेशन और IoT सलूशन शामिल हैं।

Following components make up the IoT value chain: **(निम्नलिखित घटक IoT मान श्रृंखला बनाते हैं:)**

IoT platform: If the IoT is the wired or wireless networks of sensors and actuators, embedded in physical objects, and the communication and data-sharing activities that they carry out via the internet, then an IoT platform, or enablement platform, is widely understood as the underlying software that allows devices to share large quantities of data, and ensures that this data can be analyzed and put to use.

IoT प्लेटफॉर्म: IoT सेंसर और एक्ट्यूएटर्स का वायर्ड या वायरलेस नेटवर्क है, जो फिजिकल वस्तुओं में एम्बेडेड है, और संचार और डेटा–साझाकरण गतिविधियाँ जो वे इंटरनेट के माध्यम से करते हैं, तो एक IoT प्लेटफॉर्म, या इनेबल प्लेटफॉर्म, व्यापक रूप से समझा जाता है। अंतर्निहित सॉफ्टवेयर के रूप में जो डिवाइस को बड़ी मात्रा में डेटा साझा करने की अनुमति देता है, और यह सुनिश्चित करता है कि इस डेटा का विश्लेषण किया जा सकता है और इसे IoT एप्लिकेशन का उपयोग करने के लिए रखा जा सकता है; IoT एप्लिकेशन एक सॉफ्टवेयर प्रोग्राम है जिसे एक IoT प्लेटफॉर्म के शीर्ष पर जोड़ा जा सकता है, और इसका उपयोग करता है।

IoT application: An IoT application is a software programme that can be added on top of an IoT platform, and uses the latter, along with data it aggregates from the connected assets and network, to produce actionable insights for specific pain-point areas.

IoT एप्लिकेशन: IoT एप्लिकेशन एक सॉफ्टवेयर प्रोग्राम है, जिसे IoT प्लेटफॉर्म के शीर्ष पर जोड़ा जा सकता है, और बाद में उपयोग कर सकते है, इसके साथ ही यह जुड़े हुए अस्सेरट्स और नेटवर्क से एकत्र करता है, विशिष्ट पैन–पॉइंट्स क्षेत्रों के लिए कार्रवाई योग्य अंतर्दृष्टि का उत्पादन करने के लिए।

IoT solution: An IoT solution is an end-to-end service which integrates all of the above elements of the IoT value chain from the connected assets to the communication network, the IoT platform and the specific business applications. IoT solutions are therefore made up of a number of parts, which can often be separated and sold on their own (for example as applications), but that together comprise a comprehensive, outcomebased IoT service that is usually adapted to individual organizations needs.

IoT सल्यूशन: एक IoT सल्यूशन एक एंड–टू–एंड सेवा है जो IoT वैल्यू चैन के सभी तत्वों को संचार नेटवर्क से जुड़े संपत्तियों से IoT प्लेटफॉर्म और विशिष्ट व्यावसायिक अनुप्रयोगों के लिए एकीकृत करता है। IoT सल्यूशन कई भागों से बने होते हैं, जिन्हें अलग किया जा सकता है। लेकिन साथ में एक व्यापक, परिणाम आधारित IoT सेवा भी शामिल है जिसे आमतौर पर व्यक्तिगत संगठनों के लिए अनुकूलित किया जाता है।

A global value chain is divided among multiple firms and geographic spaces. For example, a computer uses labor and materials from multiple suppliers in different countries, is assembled in another country, and was designed and will ultimately be sold in other places. The global value chain initiative is particularly interested in understanding value chains that are divided among multiple firms and spread across several locations.

एक ग्लोबल वैल्यू चैन कई फर्मों और भौगोलिक स्थानों के बीच विभाजित है। उदाहरण के लिए, एक कंप्यूटर विभिन्न देशों में कई आपूर्तिकर्ताओं से श्रम और सामग्रियों का उपयोग करता है, दूसरे देश में इकट्ठा किया जाता है, और डिजाइन किया गया था और अंततः अन्य स्थानों पर बेचा जाएगा। ग्लोबल वैल्यू चैन विशेष रूप से वैल्यू चैन को समझने में रुचि रखती है जो कई कंपनियों के बीच विभाजित हैं और कई स्थानों पर फैली हुई हैं।

1.10 Types of Networks (नेटवर्क के प्रकार)

Networking has been developed on all levels, from local to international, in diverse sectors of society. Before we get to the specifics of IoT connectivity protocols, let's review a few of the basic network types, as organized by the range of communication they offer. There are many types of computer networks that are described as follows:

स्थानीय से लेकर अंतर्राष्ट्रीय तक, समाज के विविध क्षेत्रों में सभी स्तरों पर नेटवर्किंग विकसित की गई है। इससे पहले कि हम IoT कनेक्टिविटी प्रोटोकॉल की बारीकियों पर जाएं, उससे पहले हम कुछ बेसिक नेटवर्क के प्रकार को देखें, जैसा कि वे संचार की सीमा द्वारा आयोजित करते हैं। कंप्यूटर नेटवर्क कई प्रकार के होते हैं जिन्हें निम्नानुसार वर्णित किया जाता है:

- **Body Area Network (BAN):** The term BAN (Body Area Networks) have been invented to refer to the wireless network technology used in combination with wearables. The main purpose of these networks is to transmit data produced by wearable devices outside to a WLAN or the Internet. Number of intelligent physiological sensor can be combined into a wearable WBAN (Wireless Body Area Network), which can be used to detect medical conditions.

  बॉडी एरिया नेटवर्क (BAN): BAN (बॉडी एरिया नेटवर्क्स) शब्द को वियरेबल्स के साथ संयोजन में उपयोग किए जाने वाले वायरलेस नेटवर्क टेक्नोलॉजी को संदर्भित करने के लिए आविष्कार किया गया है। इन नेटवर्क का मुख्य उद्देश्य एक WLAN या इंटरनेट के बाहर पहनने योग्य उपकरणों द्वारा उत्पादित डेटा को संचारित करना है। इंटेलीजेंट फिजियोलॉजिकल सेंसर की संख्या को पहनने योग्य WBAN (वायरलेस बॉडी एरिगा नेटवर्क) में जोड़ा जा सकता है, जिसका उपयोग चिकित्सा स्थितियों का पता लगाने के लिए किया जा सकता है।

- **Personal Area Network (PAN):** Starting with the smallest network type, a PAN often relies on Bluetooth or WiFi connectivity to link up a number of personal devices such as a laptop, printer, media system and so on. The radius of a PAN network may be as small as the size of a room or part of a house. The wireless variety is known as Wireless Personal Area Network (WPAN) and is based on technologies such as Bluetooth, Wireless USB, Insteon, IrDA, Zig-Bee, and Z-Wave.

  पर्सनल एरिया नेटवर्क (PAN): सबसे छोटे नेटवर्क प्रकार के साथ शुरू होता है, पैन अक्सर लैपटॉप, प्रिंटर, मीडिया सिस्टम और इतने पर जैसे कई व्यक्तिगत उपकरणों को जोड़ने के लिए ब्लूटूथ या वाईफाई कनेक्टिविटी पर निर्भर करता है। पैन नेटवर्क किसी कमरे या घर के हिस्से के आकार जितना छोटा हो सकता है। इसे वायरलेस पर्सनल एरिया नेटवर्क (WPAN) के रूप में जाना जाता है और यह ब्लूटूथ, वायरलेस यूएसबी, इंस्टोन, इरडा, जिग–बी और जेड–वेव जैसी प्रौद्योगिकियों पर आधारित है।

- **Home Area Network (HAN):** It is a network contained within a user's home that connects a person's digital devices.

  होम एरिया नेटवर्क (HAN): यह एक उपयोगकर्ता के घर में निहित नेटवर्क है जो व्यक्ति के डिजिटल उपकरणों को जोड़ता है।

- **Neighborhood Area Network (NAN):** NAN is an offshoot of Wi-Fi hotspots and Wireless Local Area Networks (WLAN), which enable users to connect to the Internet quickly and at very little expense. A NAN is generally installed by an individual to serve a family or a number of neighbors.

  नेबरहुड एरिया नेटवर्क (NAN): NAN वाई–फाई हॉटस्पॉट और वायरलेस लोकल एरिया नेटवर्क्स (WLAN) की एक ऑफशूट है, जो उपयोगकर्ताओं को इंटरनेट से जल्दी और बहुत कम खर्च में कनेक्ट करने में सक्षम बनाता है। यह आम तौर पर एक परिवार या कई पड़ोसियों की सेवा के लिए एक व्यक्ति द्वारा स्थापित किया जाता है।

- **Local Area Network (LAN):** As the name suggests, LAN is a computer network that spans a relatively small area. Most LANs are confined to a single building or group of buildings. However, one LAN can be connected to other LANs over any distance via use of cable or wireless technology such as WiFi. If a local network is implemented via radio, it is referred to as a Wireless Local Area Network (WLAN). The WLAN standard's technical basis is defined by the IEEE 802.11 family of standards.

  लोकल एरिया नेटवर्क (LAN): LAN एक कंप्यूटर नेटवर्क है जो अपेक्षाकृत छोटे क्षेत्र में फैला है। अधिकांश LAN एक ही इमारत या इमारतों के समूह तक सीमित हैं। हालाँकि, LAN केबल या वायरलेस तकनीक जैसे WiFi के माध्यम से किसी भी दूरी पर अन्य LAN से जुड़ा जा सकता है। यदि एक लोकल नेटवर्क को रेडियो के माध्यम से लागू किया जाता है, तो इसे एक वायरलेस लोकल एरिया नेटवर्क (WLAN) के रूप में जाना जाता है। WLAN स्टैण्डर्ड का तकनीकी आधार IEEE 802.11 स्टैण्डर्ड द्वारा परिभाषित किया गया है।

- **Metropolitan Area Network (MAN):** A Metropolitan Area Network (MAN) is a network that interconnects users with computer resources in a geographical area or region larger than that covered by even a large local area network but smaller than the area covered by a Wide Area Network. It is data network designed for a town or city. MANs are usually characterized by very high-speed connections using fibre optical cable or microwave transmission which is facilitated by dedicated microwave antennae. A standard for larger regional radio networks, known as Wireless Metropolitan Area Networks (WMAN), was developed with IEEE 802.16. This technology known as WiMAX (Worldwide Interoperability for Microwave Access) makes it possible to set up WiFi hotspots. These are several WiFi access points working together in different locations.

  मेट्रोपॉलिटन एरिया नेटवर्क (MAN): मेट्रोपॉलिटन एरिया नेटवर्क (MAN) एक ऐसा नेटवर्क है, जो एक भौगोलिक क्षेत्र या क्षेत्र में कंप्यूटर संसाधनों के साथ उपयोगकर्ताओं को आपस में जोड़ता है, जो कि एक बड़े लोकल क्षेत्र नेटवर्क द्वारा कवर किया गया है, लेकिन एक वाइड एरिया द्वारा कवर क्षेत्र से छोटा है। यह एक शहर के लिए डिजाइन किया गया डेटा नेटवर्क है। MAN को आमतौर पर फाइबर ऑप्टिकल केबल या माइक्रो–वेव ट्रांसमिशन का उपयोग करके बहुत उच्च गति वाले कनेक्शन की विशेषता होती है

जो कि डेडिकेटेड माइक्रोवेव एंटीना द्वारा सुगम होता है। बड़े क्षेत्रीय रेडियो नेटवर्क के लिए एक स्टैण्डर्ड, जिसे वायरलेस मेट्रोपॉलिटन एरिया नेटवर्क (WMAN) के रूप में जाना जाता है, IEEE 802.16 के साथ विकसित किया गया था। वाईमैक्स (वर्ल्डवाइड इंटरऑपरेबिलिटी फॉर माइक्रोवेव एक्सेस) के रूप में जानी जाने वाली यह तकनीक वाईफाई हॉटस्पॉट स्थापित करना संभव बनाती है। ये विभिन्न स्थानों में एक साथ काम करने वाले कई वाईफाई एक्सेस पॉइंट हैं।

- **Wide Area Network (WAN):** The term Wide Area Network (WAN) usually refers to a network which covers a large geographical area. Some WANs are very extensive, spanning the globe using satellite communications.

  वाइड एरिया नेटवर्क (WAN): वाइड एरिया नेटवर्क (WAN) शब्द आमतौर पर एक नेटवर्क को संदर्भित करता है जो एक बड़े भौगोलिक क्षेत्र को कवर करता है। कुछ WANs बहुत व्यापक हैं, जो उपग्रह संचार का उपयोग करते हुए विश्व में फैले हुए हैं।

- **Virtual Private Network (VPN):** A Virtual Private Network (VPN) is a virtual communication network that uses the infrastructure of a physical network to logically connect computer systems. It allows restrict access to your network while allowing authorized users the ability to access the network from remote locations by encrypting the connection process.

  वर्चुअल प्राइवेट नेटवर्क (VPN): वर्चुअल प्राइवेट नेटवर्क (VPN) एक वर्चुअल कम्युनिकेशन नेटवर्क है, जो कंप्यूटर नेटवर्क की बुनियादी सुविधाओं का इस्तेमाल कंप्यूटर सिस्टम को लॉजिकल रूप से करता है। यह अधिकृत उपयोगकर्ताओं को कनेक्शन प्रक्रिया को एन्क्रिप्ट करके दूरस्थ स्थानों से नेटवर्क का उपयोग करने की अनुमति देते हुए आपके नेटवर्क तक पहुंच को प्रतिबंधित करता है।

- **Campus Area Network (CAN):** The computers are within a limited geographic area, such as a campus or military base.

  कैंपस एरिया नेटवर्क (CAN): कंप्यूटर एक सीमित भौगोलिक क्षेत्र में होते हैं, जैसे कि परिसर या मिलिट्री बेस।

- **Global Area Networks (GAN):** A Global Area Network (GAN) refers to a network composed of different interconnected networks that cover an unlimited geographical area. It is a network used for supporting mobile across an arbitrary number of wireless LANs, satellite coverage areas, etc.

  ग्लोबल एरिया नेटवर्क्स (GAN): ग्लोबल एरिया नेटवर्क (GAN) से तात्पर्य ऐसे नेटवर्क से है जो विभिन्न परस्पर नेटवर्क से बना हो जो असीमित भौगोलिक क्षेत्र को कवर करता हो। यह एक नेटवर्क है जिसका उपयोग वायरलेस LANs, उपग्रह कवरेज क्षेत्रों आदि की एक अनियंत्रित संख्या में मोबाइल का समर्थन करने के लिए किया जाता है।

1.11 IoT Technologies and Protocols (IoT प्रौद्योगिकियों और प्रोटोकॉल्स)

The primary idea behind the Internet of Technology is to exchange information between realworld objects around us, with the help of leading technologies. In IoT, no one technology is involved but it consists of multiple technologies. An IoT device may consist of several interfaces for connections to other devices, both wired (such as coaxial cables, copper wires, fiber optic cables) and wireless. With respect to sending and receiving data, wired and wireless communication technologies have also improved such that nearly every type of electronic equipment can provide data connectivity.

इंटरनेट ऑफ टेक्नोलॉजी के पीछे प्राथमिक विचार प्रमुख प्रौद्योगिकियों की मदद से हमारे आसपास की वास्तविक दुनिया की वस्तुओं के बीच जानकारी का आदान–प्रदान करना है। IoT में, कोई भी तकनीक शामिल नहीं है, लेकिन इसमें कई प्रौद्योगिकियां शामिल हैं। IoT डिवाइस में अन्य उपकरणों के कनेक्शन के लिए कई इंटरफेस शामिल हो सकते हैं, दोनों वायर्ड (जैसे कोएक्सिअल केबल, फाइबर ऑप्टिक केबल) और वायरलेस। डेटा भेजने और प्राप्त करने के लिए, वायर्ड और वायरलेस संचार प्रौद्योगिकियों में भी सुधार हुआ है ताकि लगभग हर प्रकार के इलेक्ट्रॉनिक उपकरण डेटा कनेक्टिविटी प्रदान कर सकें।

Networking technologies, such as fixed, mobile, wired and wireless networks, allowing the highly available bi-directional communication on different levels. The communication between IoT devices is mainly wireless because they are generally installed at geographically dispersed locations. The typical wireless technologies used widely are Zigbee, Zwave, RFID, NFC etc. The most common communication technologies for short range low power communication protocols are RFID (Radio Frequency Identification) and NFC (Near Field Communication). For the medium range, they are Bluetooth, Zigbee, and WiFi. These technologies support the specific networking functionality needed in an IoT system in contrast to a standard uniform network of common systems.

नेटवर्किंग प्रौद्योगिकियां, जैसे कि फिक्स्ड, मोबाइल, वायर्ड और वायरलेस नेटवर्क, विभिन्न स्तरों पर अत्यधिक उपलब्ध बी–डायरेक्शनल संचार की अनुमति देते हैं। IoT उपकरणों के बीच संचार मुख्य रूप से वायरलेस है क्योंकि वे आम तौर पर भौगोलिक रूप से छितरी हुई जगहों पर स्थापित होते हैं। व्यापक रूप से उपयोग की जाने वाली विशिष्ट वायरलेस तकनीकें जिगबी, जेव, आरएफआईडी, एनएफसी आदि हैं। कम दूरी के कम बिजली संचार प्रोटोकॉल के लिए सबसे आम संचार तकनीक आरएफआईडी (रेडियो फ्रीक्वेंसी आइडेंटिफिकेशन) और एनएफसी (नियर फील्ड कम्युनिकेशन) हैं। मध्यम श्रेणी के लिए, वे ब्लूटूथ, जिगबी और वाईफाई हैं। ये प्रौद्योगिकियाँ सामान्य सिस्टम के मानक समान नेटवर्क के विपरीत IoT प्रणाली में आवश्यक विशिष्ट नेट–वर्किंग कार्यक्षमता का समर्थन करती हैं।

Like we human communicate with each other, same way IoT devices can communicate with each other through protocols which are known as IoT protocols. The protocol is defined as a set of rules and regulation guidelines having how to react for commands from another device. There are several IoT communication protocols available, and they have different capabilities, data rates, communication range, power, and memory. Communication protocols selected depends on the number of devices to be connected to this network.

जैसे हम मानव एक दूसरे के साथ संवाद करते हैं, उसी तरह प्वज डिवाइस एक दूसरे के साथ प्रोटोकॉल के माध्यम से संवाद कर सकते हैं जिन्हें IoT प्रोटोकॉल के रूप में जाना जाता है। प्रोटोकॉल को नियमों और नियमन दिशानिर्देशों के एक समूह के रूप में परिभाषित किया गया है, जो किसी अन्य डिवाइस से आदेशों के लिए प्रतिक्रिया करने के लिए है। कई IoT संचार प्रोटोकॉल उपलब्ध हैं, और उनके पास अलग–अलग क्षमताएं, डेटा दरें, संचार रेंज, पावर और मेमोरी हैं। चुने गए संचार प्रोटोकॉल इस नेटवर्क से जुड़े होने वाले उपकरणों की संख्या पर निर्भर करते हैं।

IoT has power to make the complete system automatic. There are various IOT communication protocols which are used in communication between devices in the IoT network. The wireless communication protocol is a standard set of rules with reference to which various electronic devices communicate with each other wirelessly. In Communication protocols, we will discuss popular wireless Protocols.

IoT में संपूर्ण सिस्टम को स्वचालित बनाने की पावर है। विभिन्न IOT संचार प्रोटोकॉल हैं जो IoT नेटवर्क में उपकरणों के बीच संचार में उपयोग किए जाते हैं। वायरलेस संचार प्रोटोकॉल नियमों का एक स्टैण्डर्ड सेट है जिसके संदर्भ में विभिन्न इलेक्ट्रॉनिक उपकरण एक दूसरे के साथ वायरलेस तरीके से संवाद करते हैं। संचार प्रोटोकॉल में, हम लोकप्रिय वायरलेस प्रोटोकॉल पर चर्चा करेंगे।

1.12 Technologies Used in IoT (IoT में टेक्नोलॉजी का उपयोग)

The protocols for allowing IoT sensors to relay data include wireless technologies such as RFID, NFC, Wi-Fi, Bluetooth, Bluetooth Low Energy (BLE), XBee, ZigBee, Wireless MBus and Nuel-NET, as well as satellite connections and mobile networks using GSM, GPRS, 3G, LTE, or WiMAX (Figure 1.7). Wired protocols, usable by stationary smart objects, include Ethernet, Home-Plug, HomePNA and LonWorks as well as conventional telephone lines.

IoT संसर को डेटा रिले करने की अनुमति देने के प्रोटोकॉल में RFID, NFC, वाई–फाई, ब्लूटूथ, ब्लूटूथ लो एनर्जी (BLE), XBee, ZigBee, वायरलेस MBus और Nuel–NET जैसी वायरलेस तकनीक के साथ–साथ सैटेलाइट कनेक्शन और मोबाइल नेटवर्क; जीएसएम, जीपीआरएस, 3 जी, एलटीई या वाईमैक्स का उपयोग करना आदि शामिल है। (चित्र 1.7)। वायर्ड प्रोटोकॉल, स्थिर द्वारा प्रयोग करने योग्य स्मार्ट ऑब्जेक्ट्स में ईथरनेट, होम–प्लग, होम PNA और लोनेवर्क के साथ–साथ कन्वेंशनल टेलीफोन लाइन्स शामिल हैं।

Figure 1.7 Technologies used in IoT (IoT में टेक्नोलॉजी)

Some of the most common technologies used in IoT implementation are discussed below:

सबसे आम टेक्नोलॉजी में से कुछ का इस्तेमाल किया। IoT की इम्प्लीमेंटेशन हैं:

1.12.1 Bluetooth (ब्लूटूथ)

Bluetooth is a Wireless Personal Area Network (WPAN) protocol designed by the Bluetooth Special Interest Group (SIG). It is an open standard for short-range transmission of digital voice and data. Some bluetooth applications have been used in cellphones, providing a wireless connection to a headset and to an automobile's audio system for hands-free operation (Figure 1.8). It operates in the frequency band of 2.45 GHz. Data transfer rate of bluetooth is 2.1 Mbps. Some of the features of bluetooth are:

ब्लूटूथ एक वायरलेस पर्सनल एरिया नेटवर्क (WPAN) प्रोटोकॉल है जिसे ब्लूटूथ स्पेशल इंटरेस्ट ग्रुप (SIG) द्वारा डिजाइन किया गया है। यह डिजिटल आवाज और डेटा के शॉर्ट–रेंज ट्रांसमिशन के लिए एक ओपन स्टैण्डर्ड है। कुछ ब्लूटूथ अनुप्रयोगों का उपयोग सेलफोन में किया गया है, जो हेडसेट को एक वायरलेस कनेक्शन और हाथों से मुक्त संचालन के लिए एक ऑटोमोबाइल ऑडियो सिस्टम को प्रदान करता है (चित्र 1.8)। यह 2.45 GHz की आवृत्ति बैंड में संचालित होता है। ब्लूटूथ की डाटा ट्रांसफर दर 2.1 एमबीपीएस है। **ब्लूटूथ की कुछ विशेषताएं हैं:**

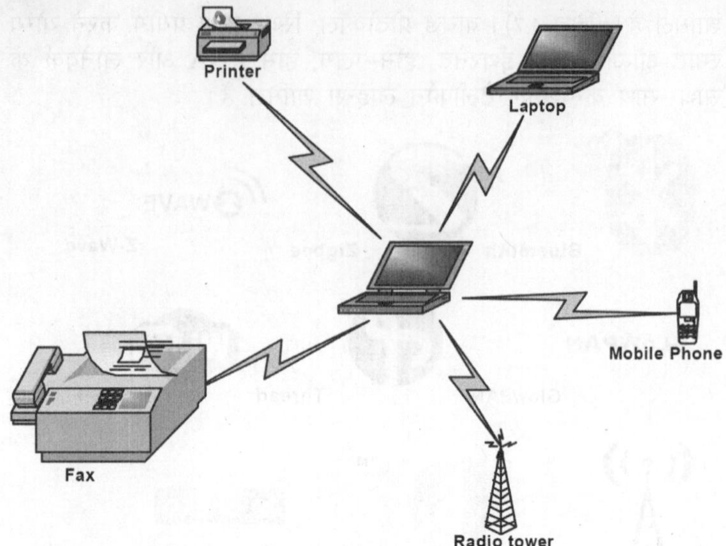

Figure 1.8 Bluetooth (ब्लूटूथ)

- Bluetooth is one of the most widely used protocols for short-range communication.
  ब्लूटूथ शॉर्ट–रेंज संचार के लिए सबसे व्यापक रूप से इस्तेमाल किए जाने वाले प्रोटोकॉल में से एक है।
- It supports point-to-point and multi-point applications.
  यह पॉइंट टू पॉइंट और मल्टीपॉइन्ट अनुप्रयोगों का समर्थन करता है।
- Replaces cables connecting many types of devices. It is a standard IoT protocol for wireless data transmission.
  कई प्रकार के उपकरणों को जोड़ने वाले केबल को रिप्लेस किया है। यह वायरलेस डेटा ट्रांसमिशन के लिए एक मानक IoT प्रोटोकॉल है।
- This communication protocol is secure and perfect for short-range, low-power, low-cost, and wireless transmission between electronic devices.
  यह संचार प्रोटोकॉल शॉर्ट–रेंज, कम–पावर, कम–लागत और इलेक्ट्रॉनिक उपकरणों के बीच वायरलेस ट्रांसमिशन के लिए सुरक्षित और परिपूर्ण है।

Advantages (लाभ)

- It has low power consumption.
  इसमें बिजली की खपत कम है।
- It has range better than Infrared communication.
  इसकी इन्फ्रारेड संचार की तुलना में बेहतर रेंज है।
- It creates adhoc connection immediately without any wires.
  यह बिना किसी तार के तुरंत एडहॉक कनेक्शन बनाता है।
- Bluetooth devices are available at very cheap cost.
  ब्लूटूथ डिवाइस बहुत सस्ती कीमत पर उपलब्ध हैं।

Disadvantages (नुकसान)

- The bandwidth is lower compare to WiFi.
  बैंडविड्थ वाईफाई की तुलना में कम है।
- Battery usage is more compare to the condition when bluetooth is powered OFF.
  ब्लूटूथ के बंद होने की स्थिति में बैटरी का उपयोग अधिक होता है।

1.12.2 Bluetooth Low Energy (BLE) (ब्लूटूथ लो एनर्जी (BLE))

The Bluetooth Low Energy is commonly known as BLE or Bluetooth 4.0 and marketed as Bluetooth Smart. It is a wireless standard and is intended to exchange data over short distances and build Personal Area Networks (PANs). Due to improved energy consumption, it is suited for sensors and other devices that require low power. Internet-enabled nodes often use BLE to act with local nodes and send collected data to the backend for more actions. The devices usually transmit a small amount of data as bursts at 1 Mbps speed. However, it is not suitable for sending data in real-time. It is used in applications such as smart building, smart transportation, smartphones, fitness trackers and wearables. Some of the features of BLE are:

ब्लूटूथ लो एनर्जी को आमतौर पर BLE या ब्लूटूथ 4.0 के रूप में जाना जाता है और इसे ब्लू–टूथ स्मार्ट के रूप में विपणन किया जाता है। यह एक वायरलेस स्टैण्डर्ड है और इसका उद्देश्य छोटी दूरी पर डेटा का आदान–प्रदान करना और पर्सनल एरिया नेटवर्क (PAN) का निर्माण करना है। एनर्जी की खपत में सुधार के कारण, यह सेंसर और अन्य उपकरणों के लिए अनुकूल है जिन्हें कम बिजली की आवश्यकता होती है। इंटरनेट–सक्षम नोड्स अक्सर स्थानीय नोड्स के साथ कार्य करने के लिए BLE का उपयोग करते हैं और एकत्रित डेटा को अधिक क्रियाओं के लिए बैक–एंड में भेजते हैं। डिवाइस आमतौर पर 1 Mbps की गति से फटने के साथ बहुत कम मात्रा में डेटा संचारित करते हैं। हालांकि, यह वास्तविक समय में डेटा भेजने के लिए उपयुक्त नहीं है। इसका उपयोग स्मार्ट बिल्डिंग, स्मार्ट ट्रांसपोर्टेशन, स्मार्ट–फोन, फिटनेस ट्रैकर और वियरबल्स जैसे अनुप्रयोगों में किया जाता है। **BLE की विशेषताएं हैं:**

- Bluetooth Low Energy provides reduced power consumption, cost and plays an impor tant role in connecting IoT devices. Unlike classic Bluetooth, BLE remains in sleep mode constantly except for when a connection is initiated. It is used in applications that do not need to exchange large amount of data and can, therefore, run on battery power and at a cheaper cost, therefore it is used as one of the means of exchanging data between the devices.
  ब्लूटूथ लो एनर्जी कम बिजली की खपत, लागत प्रदान करता है और IoT उपकरणों को जोड़ने में एक महत्वपूर्ण भूमिका निभाता है। क्लासिक ब्लूटूथ के विपरीत, BLE स्लीप मोड में रहता है,

सिवाय इसके कि जब कोई कनेक्शन शुरू किया जाए। इसका उपयोग उन अनुप्रयोगों में किया जाता है, जिन्हें बड़ी मात्रा में डेटा का आदान–प्रदान करने की आवश्यकता नहीं होती है और इसलिए, बैटरी की पावर और कम कीमत पर चलती है, इसलिए इसका उपयोग उपकरणों के बीच डेटा के आदान–प्रदान के साधनों में से एक के रूप में किया जाता है।

- BLE is used in battery-powered devices developed for industries.

  उद्योगों के लिए BLE का उपयोग बैटरी से चलने वाले उपकरणों में किया जाता है।
- Low cost, faster and secure connection.

  कम लागत, तेज और सुरक्षित कनेक्शन।
- Compatibility with a large installed base of mobile phones, tablets and computers.

  मोबाइल फोन, टैबलेट और कंप्यूटर के कम्पेटिबल।

Advantages (लाभ)

- It offers very low power consumption, thus battery life is very long.

  यह बहुत कम बिजली की खपत प्रदान करता है, इस प्रकार बैटरी का जीवन बहुत लंबा है।
- BLE are inexpensive

  BLE सस्ती हैं।
- It offers reliability and enables digital life.

  यह विश्वसनीयता प्रदान करता है और डिजिटल जीवन को सक्षम बनाता है।
- Devices from different manufacturers are compatible with the others.

  विभिन्न निर्माताओं के उपकरण एक–दूसरों के साथ कम्पेटिबल हैं।

Disadvantages (नुकसान)

- It can not be used for higher data rates as offered by WiFi and cellular technologies. It supports 1 Mbps and 2 Mbps data rates.

  इसका उपयोग उच्च डेटा दरों के लिए नहीं किया जा सकता है जैसा कि वाईफाई और सेलुलर प्रौद्योगिकियों द्वारा प्रस्तुत किया जाता है। यह 1 Mbpd और 2 Mbpd डेटा दरों का समर्थन करता है।
- It can not be used for long distance wireless communications unlike cellular and WiFi devices.

  इसका उपयोग सेलुलर और वाईफाई उपकरणों के विपरीत लंबी दूरी के वायरलेस संचार के लिए नहीं किया जा सकता है।
- It is open to interception and attack due to wireless transmission/reception.

  यह वायरलेस ट्रांसमिशन / रिसेप्शन के कारण अवरोधन और अटैक के लिए ओपन है।

Bluetooth is today commonly referred to as Classic Bluetooth, to distinguish it from Bluetooth low energy. BLE is an intelligent and low-power version of the classic Bluetooth wireless technology.

ब्लूटूथ को आमतौर पर क्लासिक ब्लूटूथ के रूप में जाना जाता है, इसे ब्लूटूथ कम ऊर्जा से अलग करने के लिए। BLE क्लासिक ब्लूटूथ वायरलेस तकनीक का एक इंटेलीजेंट और कम–शक्ति संस्करण है।

1.12.3 WiFi (Wireless Fidelity) (WiFi (वायरलेस फिडेलिटी))

WiFi is a wireless technology that allows an electronic device to exchange data wirelessly (using radio waves) over a computer network, including high-speed Internet connections (Figure 1.9). It helps in sending and receiving data packets to enable communication between IoT devices. WiFi is the preferred choice for IoT integration for many electronic designers due to its existing infrastructure, fast data transfer rates, and ability to handle large amounts of data. Some of the features of WiFi are:

वाईफाई एक वायरलेस तकनीक है जो इलेक्ट्रॉनिक डिवाइस को कंप्यूटर नेटवर्क पर वायरलेस तरीके से (रेडियो तरंगों का उपयोग करके) उच्च गति के इंटरनेट कनेक्शन (चित्र 1.9) सहित डेटा का आदान–प्रदान करने की अनुमति देता है। यह IoT उपकरणों के बीच संचार को सक्षम करने के लिए डेटा पैकेट भेजने और प्राप्त करने में मदद करता है। वाईफाई अपने मौजूदा बुनियादी ढांचे, तेजी से डेटा ट्रांसफर दरों और बड़ी मात्रा में डेटा को संभालने की क्षमता के कारण कई इलेक्ट्रॉनिक डिजाइनरों के लिए IoT एकीकरण के लिए पसंदीदा विकल्प है। **वाईपफाई की कुछ विशेषताएं हैं:**

- WiFi technology enables IoT wireless connectivity over a LAN using IEEE 802.11 standards. WiFi standard 802.11 offers transfer rates of hundreds of megabits per second, making it ideal for data transfer but too power consuming for some IoT Applications. There are different WiFi transmission standards, IEEE 802.11a, b and g. Currently, the most common WiFi standard used in homes and many businesses is 802.11n, which offers serious throughput in the range of hundreds of megabit per second, which is fine for file transfers, but may be too power-consuming for many IoT applications.

  वाईफाई तकनीक IEEE 802.11 स्टैण्डर्ड का उपयोग करके LAN पर IoT वायरलेस कनेक्टिविटी को सक्षम करती है। WiFi स्टैण्डर्ड 802.11 प्रति सेकंड सैकड़ों मेगाबिट्स की ट्रांसफर दरों की पेशकश करता है, जो डेटा ट्रांसफर के लिए आदर्श है, लेकिन कुछ IoT अनुप्रयोगों के लिए बहुत अधिक बिजली खपत करता है। विभिन्न वाईफाई ट्रांसमिशन स्टैण्डर्ड हैं, IEEE 802.11a, b और g। वर्तमान में, घरों और कई व्यवसायों में उपयोग किया जाने वाला सबसे आम वाईफाई स्टैण्डर्ड 802.11n है, जो सैकड़ों मेगाबिट प्रति

सेकंड की सीमा में थ्रूपुट प्रदान करता है, जो फाइल स्थानांतरण के लिए ठीक है, लेकिन कई IoT अनुप्रयोगों के लिए बहुत अधिक बिजली की खपत हो सकती है।

- In car radios and TV sets, broadcasts are on different channels to avoid interference. 802.11 b and g have only 3 non-overlapping channels. To avoid interference, the radio power, and therefore transmission distances are short. Much longer links can be achieved with specialized antennae and amplifiers. Note that the distance is lower for higher frequency transmission. The frequency ranges are referred to as 2.4ghz and 5ghz. IEEE 802.11n has been agreed upon and standard products are expected. Speeds will be around 300 Mbps (100 effective) and distances increased.

  कार रेडियो और टीवी सेट में, हस्तक्षेप से बचने के लिए प्रसारण विभिन्न चैनल्स पर हैं। 802.11 इ और ह में केवल 3 नॉन–ओवरलैपिंग हैं। हस्तक्षेप से बचने के लिए, रेडियो पॉवर, और इसलिए संचरण दूरी कम है। विशेष एंटीना और एम्पलीफायर के साथ बहुत लंबे लिंक प्राप्त किए जा सकते हैं। ध्यान दें कि उच्च आवृत्ति संचरण के लिए दूरी कम है। आवृत्ति रेंज को 2.4 ghz और 5 ghz के रूप में संदर्भित किया जाता है। IEEE 802.11n पर सहमति दी गई है और स्टैण्डर्ड उत्पादों की उम्मीद है। गति लगभग 300 Mbps (100 प्रभावी) होगी और इससे दूरी बढ़ेगी।

WiFi is based on the IEEE 802.11 family of standards and is primarily a local area networking (LAN) technology designed to provide in-building broadband coverage.

वाईफाई स्टैण्डर्ड के IEEE 802.11 परिवार पर आधारित है और मुख्य रूप से एक लोकल एरिया नेटवर्किंग (LAN) तकनीक है जो इन–बिल्डिंग ब्रॉडबैंड कवरेज प्रदान करने के लिए डिजाइन की गई है।

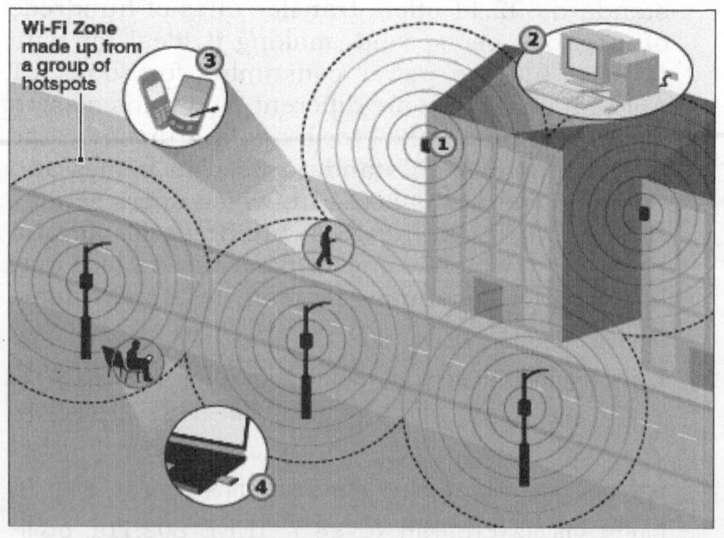

Figure 1.9 WiFi connection (वाईपफाई कनेक्शन)

Advantages (लाभ)

- The main advantages of using WiFi technology is the lack of wires. This is a wireless connection that can merge multiple devices together.

  वाईफाई तकनीक का उपयोग करने का मुख्य लाभ वायर्स की कमी है। यह एक वायरलेस कनेक्शन है जो एक साथ कई उपकरणों को मर्ज कर सकता है।

- Wi-Fi allows managing or communicating network. It can reduce the cost of cables and laying charges.

  वाई–फाई नेटवर्क का प्रबंधन या संचार करने की अनुमति देता है। यह केबल्स की लागत और लेइंग चार्ज को कम कर सकता है।

- It is easy to setup WiFi and also you can add any number of WiFi clients.

  वाईफाई सेटअप करना आसान है और आप किसी भी संख्या में वाईफाई क्लाइंट ऐड कर सकते हैं।

- You can send and receive any amount of data in the air; its completely safe and it will not interfere with any network.

  आप हवा में किसी भी मात्रा में डेटा भेज और प्राप्त कर सकते हैं, यह पूरी तरह से सुरक्षित है और यह किसी भी नेटवर्क के साथ हस्तक्षेप नहीं करेगा।

- WiFi networks are widely used to connect a variety of devices, not only between themselves but also to the Internet. And almost all modern laptops, tablets, and some mobile phones have this feature. It is very convenient and allows you to connect to the Internet almost anywhere, not just where the cables are laid.

  वाईफाई नेटवर्क व्यापक रूप से विभिन्न उपकरणों को जोड़ने के लिए उपयोग किया जाता है, न केवल उनके बीच–खुद को बल्कि इंटरनेट पर भी। लगभग सभी आधुनिक लैपटॉप, टैबलेट और कुछ मोबाइल फोन में यह सुविधा है। यह बहुत सुविधाजनक है और आपको लगभग कहीं भी इंटरनेट से कनेक्ट करने की अनुमति देता है, न कि केवल, वह जहां केबल बिछाए जाते हैं।

Disadvantages (नुकसान)

- WiFi has a limited radius of action and it is suitable for home networking, which is more dependent on the environment. For example, a typical home router with WiFi in the room has a range of up to 45 meters and up to 450 meters outside.

  वाईफाई में सीमित दायरे का एक्शन है और यह होम नेटवर्किंग के लिए उपयुक्त है, जो पर्यावरण पर अधिक निर्भर है। उदाहरण के लिए, कमरे में वाईफाई के साथ एक विशिष्ट होम राउटर की सीमा 45 मीटर तक और बाहर 450 मीटर तक होती है।

- At high density WiFi-points operating in the same or adjacent channels, they can interfere with each other. This affects the quality of the connection.

This problem is common in apartment buildings, where many residents are using this technology.

समान या आसन्न चैनल्स में सक्रिय उच्च घनत्व वाले वाईफाई–पॉइंट पर, वे एक–दूसरे के साथ हस्तक्षेप कर सकते हैं। यह कनेक्शन की गुणवत्ता को प्रभावित करता है। यह समस्या अलग–अलग इमारतों में आम है, जहां कई निवासी इस तकनीक का उपयोग कर रहे हैं।

- WiFi technology is not perfect and has many flaws that limit its use.

  वाईफाई तकनीक सही नहीं है और इसमें कई दोष हैं जो इसके उपयोग को सीमित करते हैं।

- WiFi network implementation is more costly than wired network. There are some limit to transfer the data rate, it can't send the huge data compared to wired technology.

  वाईफाई नेटवर्क इम्प्लीमेंटेशन वायर्ड नेटवर्क की तुलना में अधिक महंगा है। डेटा दर को स्थानांतरित करने के लिए कुछ सीमाएं हैं, यह वायर्ड तकनीक की तुलना में विशाल डेटा नहीं भेज सकता है।

- WiFi will generates some radiation which effects on human health. Switch off the WiFi devices or equipment when it is not in use to reduce the radiation.

  वाईफाई कुछ रेडिएशन उत्पन्न करेगा जो मानव स्वास्थ्य पर प्रभाव डालता है। रेडिएशन को कम करने के लिए वाईफाई जब उपयोग में नहीं है तो इसे बंद कर दें।

- Although WiFi is a highly suited protocol for communication between IoT devices, it consumes high power for its operations. However, it is the most powerful protocol for file transfer among most of the IoT devices at present.

  हालाँकि, IoT उपकरणों के बीच संचार के लिए WiFi एक अत्यधिक अनुकूल प्रोटोकॉल है, लेकिन यह अपने संचालन के लिए उच्च शक्ति का अनुमान लगाता है। हालाँकि, यह वर्तमान में अधिकांश IoT उपकरणों के बीच फाइल स्थानांतरण के लिए सबसे शक्तिशाली प्रोटोकॉल है।

> *WiFi has been modified to Low-power WiFi to suite the IoT power requirement.*
>
> Requirement वाईफाई को प्वज पावर की आवश्यकता के अनुरूप करने के लिए लो–पावर वाईफाई में संशोधित किया गया है।

1.12.4 Low Power WiFi (WiFi-HaLow) (लो पावर वाईफाई (WiFi-HaLow))

The original WiFi standards are not suitable for IoT applications due to their frame overhead and high power consumption. Hence, IEEE 802.11 working group initiated 802.11ah task group to develop a standard that supports low overhead, power friendly communication suitable for sensors and motes. The WiFi alliance has recently developed 'WiFi HaLow' which is based on the IEEE 802.11ah standard. 802.11ah is far more IoTcentric than many other WiFi counterparts. This protocol is suitable for Internet of Things applications.

मूल वाईफाई स्टैण्डर्ड अपने फ्रेम ओवरहेड और उच्च बिजली की खपत के कारण **IoT** अनुप्रयोगों के लिए उपयुक्त नहीं हैं। इसलिए, **IEEE 802.11** कामकाजी समूह ने **802.11ah** कार्य समूह की शुरुआत की, जिसमें एक स्टैण्डर्ड विकसित किया गया जो कि कम ओवरहेड, बिजली के अनुकूल संचार का समर्थन करता है जो सेंसर्स और मोट्स के लिए उपयुक्त है। **WiFi** अलायन्स ने हाल ही में **'WiFi HaLow'** विकसित किया है, जो **IEEE 802.11ah** स्टैण्डर्ड पर आधारित है। **802.11ah** कई अन्य वाईफाई समकक्षों की तुलना में कहीं अधिक **IoT**- केंद्रित है। यह प्रोटोकॉल इंटरनेट ऑफ थिंग्स एप्लिकेशन के लिए उपयुक्त है।

Advantages (लाभ)

- It consumes lower power than a traditional WiFi device

  यह ट्रेडिशनल वाईफाई डिवाइस की तुलना में कम बिजली की खपत करता है।

- The range of WiFi HaLow is nearly twice that of traditional WiFi.

  WiFi HaLow की रेंज ट्रेडिशनल WiFi से लगभग दोगुनी है।

- Designed specifically for low data rate, longrange sensors and controllers.

  विशेष रूप से कम डेटा दर, लंबी दूरी के सेंसर और नियंत्रकों के लिए डिजाइन किया गया।

Disadvantages (नुकसान)

- Because of the relatively lower frequency, the range is longer since higher frequency waves suffer from higher attenuation.

  अपेक्षाकृत कम आवृत्ति के कारण, रेंज लंबी होती है क्योंकि उच्च आवृत्ति तरंगें उच्च अत्टेनुअशन से पीड़ित होती हैं।

1.12.5 LiFi (Light Fidelity) (LiFi (लाइट फिडेलिटी))

It is a new wireless technology that offers high speed data transmission based on Visible Light Communication (VLC) principle. It uses two main components LiFi controller or coordinator and LiFi dongles. The technology uses LED lamps on source side and photo detector based LiFi dongles on destination side. Li-Fi can also utilize energy efficient Light-Emitting Diode (LED) lights to reduce energy costs. However, the Li-Fi scheme is limited to the line of sight and is subject to interference or failure due to objects blocking the light signals. The LiFi devices consume low power for operation and hence used in IoT applications. LiFi technology is used for various applications which include street lights, sign boards, Internet etc.

यह एक नई वायरलेस तकनीक है जो विजिबल लाइट कम्युनिकेशन (VLC) सिद्धांत पर आधारित उच्च गति डेटा ट्रांसमिशन प्रदान करती है। यह दो मुख्य घटकों LiFi नियंत्रक या समन्वयक और LiFi डोंगल का उपयोग करता है। प्रौद्योगिकी गंतव्य की ओर एलईडी लैंप और फोटो डिटेक्टर आधारित LiFi डोंगल का उपयोग करती है। ली–फाई पॉवर लागत को कम करने के लिए ऊर्जा कुशल लाइट–एमिटिंग डायोड (एलईडी) का उपयोग करता हैं। हालांकि, Li-Fi योजना दृष्टि की रेखा तक सीमित है और प्रकाश संकेतों को अवरुद्ध करने वाली वस्तुओं के कारण हस्तक्षेप या विफलता के अधीन है। LiFi उपकरण ऑपरेशन के लिए कम बिजली की खपत करते हैं और इसलिए इसका उपयोग IoT अनुप्रयोगों में किया जाता है। LiFi तकनीक का उपयोग विभिन्न अनुप्रयोगों के लिए किया जाता है जिसमें स्ट्रीट लाइट, साइन बोर्ड, इंटरनेट आदि शामिल हैं।

Advantages (लाभ)

- LiFi uses light as medium for data communication. In LiFi, light does not pass through the walls and hence will provide a much secure data transfer.

  LiFi लाइट का उपयोग माध्यम के रूप में कम्युनिकेशन के लिए करता है। LiFi में, लाइट दीवारों से होकर नहीं गुजरता है और इसलिए एक बहुत सुरक्षित डेटा ट्रांसफर प्रदान करेगा।
- It transfers data very rapidly and securely through LOS (Line of Sight) operation of optical signals.

  यह ऑप्टिकल सिग्नल के LoC (लाइन ऑफ साइट) ऑपरेशन के माध्यम से बहुत तेजी से और सुरक्षित रूप से डेटा स्थानांतरित करता है।
- The speed of data provided by these LEDs is 100 times faster than the WiFi speed.

  LED द्वारा प्रदान किए गए डेटा की गति वाईफाई की गति से 100 गुना तेज है।
- It is very efficient in terms of cost and energy.

  यह लागत और एनर्जी के मामले में बहुत कुशल है।

Disadvantages (नुकसान)

- Internet cannot be used without a light source.

  लाइट स्रोत के बिना इंटरनेट का उपयोग नहीं किया जा सकता है।
- A new infrastructure for Li-Fi is required to be constructed.

  LiFi के लिए एक नए बुनियादी ढांचे का निर्माण किया जाना आवश्यक है।

1.12.6 Cellular Networks (सेलुलर नेटवर्क)

A cellular network is a radio network distributed over land through cells where each includes a fixed location transceiver known as base station. Cellular technology is the basis of mobile phone networks. These networks exists in various generations such as 3G and 4G of cellular network standards that are often employed in smartphones but are also suitable for IoT due to their high mobility and speed. Any IoT application that requires operation over longer distances can take advantage of GSM/3G/4G/5G cellular communication capabilities.

सेल्युलर नेटवर्क एक रेडियो नेटवर्क है जो सेल्स के माध्यम से भूमि पर वितरित किया जाता है, जहां प्रत्येक में बेस स्टेशन के रूप में जाना जाने वाला एक निश्चित स्थान ट्रान्सीवर शामिल है। सेलुलर तकनीक मोबाइल फोन नेटवर्क का आधार है। ये नेटवर्क विभिन्न जनरेशन में मौजूद हैं जैसे कि 3G और 4G सेलुलर नेटवर्क स्टैन्डर्ड को अक्सर स्मार्टफोन में नियोजित किया जाता है, लेकिन अपनी उच्च गतिशीलता और गति के कारण IoT के लिए भी उपयुक्त हैं। कोई भी IoT एप्लिकेशन जिसे लंबी दूरी पर संचालन की आवश्यकता होती है, वह GSM / 3G / 4G / 5G सेलुलर का लाभ ले सकता है।

However, Narrowband-IoT (NB-IoT) along with LTE-M are newer standards that were developed especially for running IoT systems using existing cellular networks. LTE-M is an abbreviation for LTE (Long Term Evolution) Cat-M1. This technology is for Internet of Things devices that need to connect directly to a 4G mobile network. It is a subset of the LTE cellular technology that is optimized for low data rate devices running from small batteries.

हालांकि, नैरोबैंड–IoT (NB-IoT) LTE-M के साथ नए स्टैन्डर्ड हैं जो विशेष रूप से मौजूदा सेलुलर नेटवर्क का उपयोग करके IoT सिस्टम को चलाने के लिए विकसित किए गए थे। LTE-M LTE (लॉन्ग टर्म इवोल्यूशन) Cat-M1 का संक्षिप्त नाम है। यह तकनीक इंटरनेट ऑफ थिंग्स डिवाइस के लिए है जिसे सीधे 4G मोबाइल नेटवर्क से कनेक्ट करने की आवश्यकता है। यह एलटीई सेलुलर प्रौद्योगिकी का एक सबसेट है जो छोटी बैटरी से चलने वाले कम डेटा दर वाले उपकरणों के लिए अनुकूलित है।

Advantages (लाभ)

- It is used in areas where cables can not be laid out due to its wireless nature.

  इसका उपयोग उन क्षेत्रों में किया जाता है जहां इसकी वायरलेस प्रकृति के कारण केबल बिछाई नहीं जा सकती।
- It provides voice/data services even while roaming.

  यह रोमिंग के दौरान भी आवाज/डेटा सेवाएं प्रदान करता है।
- It connects both fixed and wireless telephone users.

  यह फिक्स्ड और वायरलेस टेलीफोन उपयोगकर्ताओं दोनों को जोड़ता है।

Disadvantages (नुकसान)

- The technology is able to transfer high quantities of data, but the power consumption and the expenses are high.
  टेक्नोलॉजी डेटा के उच्च क्वान्टिव को स्थानांतरित करने में सक्षम है, लेकिन बिजली की खपत और खर्च अधिक हैं।
- The wireless communication is influenced by physical obstructions, climatic conditions and interference from other wireless devices.
  वायरलेस संचार फिजिकल अवरोधों, क्लाइमेट परिस्थितियों और अन्य वायरलेस उपकरणों के हस्तक्षेप से प्रभावित होता है।
- It offers less data rate compare to wired networks such as fiber optics, DSL etc. The data rate varies based on wireless standards such as GSM, CDMA, LTE etc.
  यह वायर्ड नेटवर्क जैसे फाइबर ऑप्टिक्स, डीएसएल आदि की तुलना में कम डेटा दर प्रदान करता है। डेटा दर वायरलेस स्टैण्डर्ड जैसे जीएसएम, सीडीएमए, एलटीई आदि के आधार पर भिन्न होती है।
- It requires higher cost in order to setup cellular network infrastructure.
  सेलुलर नेटवर्क इन्फ्रास्ट्रक्चर को सेटअप करने के लिए उच्च लागत की आवश्यकता होती है।

1.12.7 Z-Wave (जेड-वेव)

Z-Wave is a wireless network standard that consumes very low power and it is widely used for connecting smart devices in the Internet of Things (IoT) like home automation, lighting controls, security systems, Energy saving etc. Z-Wave devices can be attached to home appliances, which enable them to be controlled over the Internet. Z-Wave is a complete communications solution, which consists of everything from the Physical layer to the Applications layer.

Z-Wave एक वायरलेस नेटवर्क स्टैण्डर्ड है जो बहुत कम पावर कन्जूम करता है और इसका उपयोग IoT में स्मार्ट उपकरणों को जोड़ने के लिए किया जाता है जैसे होम ऑटोमेशन, लाइटिंग कंट्रोल, सुरक्षा सिस्टम, एनर्जी की बचत आदि। घरेलू उपकरणों से जुड़ा जा सकता है, जो उन्हें इंटरनेट पर नियंत्रित करने में सक्षम बनाता है। जेड–वेव एक पूर्ण संचार समाधान है, जिसमें फिजिकल लेयर से अनुप्रयोग लेयर तक सब कुछ शामिल है।

Advantages (लाभ)

- Easy to install the system.
  सिस्टम को स्थापित करना आसान है।
- Easy to add or remove devices.
  उपकरणों को जोड़ने या हटाने में आसान।
- Interoperable with other devices.
  अन्य उपकरणों के साथ इंटरोपेराबल।
- Uses low-energy radio waves to communicate.
  संचार करने के लिए कम ऊर्जा वाली रेडियो तरंगों का उपयोग करता है।
- Uses a simpler protocol than some others, which can enable faster and simpler development.
  कुछ अन्य की तुलना में एक सरल प्रोटोकॉल का उपयोग करता है, जो तेजी और सरल विकास को सक्षम कर सकता है।

Disadvantages (नुकसान)

- Cannot be deployed over a wide area as the range is less.
  सीमा कम होने पर विस्तृत क्षेत्र पर तैनात नहीं किया जा सकता है।
- Applicable for less data speed and small data size applications.
  कम डेटा गति और छोटे डेटा आकार के अनुप्रयोगों के लिए लागू।

1.12.8 RFID (Radio Frequency Identification) (RFID (रेडियो फ्रीक्वेंसी आइडेंटिफिकेशन))

RFID stands for Radio Frequency Identification. The acronym refers to small electronic devices that consist of a small chip and an antenna. RFID tags store identifiers and data. It uses electromagnetic signals to detect chips containing electronically stored information placed within objects. RFID systems consist of a reading device called a reader, and one or more tags. The reader is a powerful device with ample memory and computational resources. The RFID tag is attached to the object to be tracked and the reader detects and records its presence when the object passes by it. In this manner, object movement can be tracked and RFID can serve as a search engine for smart things. The typical range of RFID is less than a meter. RFID used to track consumer product worldwide. RFID is an intelligent barcode that can be operated using the networked system to track the product, vehicles or any object. But unlike a traditional bar code, it does not require line of sight communication between the tag and the reader and can identify itself from a distance even without a human operator. RFID is used in indoor moving navigation, smart parking, supply chain management, and battery-less remote control devices applications. RFID tags can be of following types:

RFID का अर्थ है रेडियो फ्रीक्वेंसी आइडेंटिफिकेशन। संक्षिप्त नाम छोटे इलेक्ट्रॉनिक उपकरणों को संदर्भित करता है जिसमें एक छोटी चिप और एक एंटीना होता है। RFID टैग पहचानकर्ता और डेटा संग्रहीत करते हैं। यह इलेक्ट्रोमैग्नेटिक सिग्नल का उपयोग करता है ताकि वस्तुओं के भीतर रखी इलेक्ट्रॉनिक रूप से संग्रहीत जानकारी वाले चिप्स का पता

लगाया जा सके। RFID सिस्टम में एक रीडिंग डिवाइस होता है जिसे रीडर कहा जाता है, और एक या अधिक टैग। पाठक पर्याप्त स्मृति और कम्प्यूटेशनल संसाधनों के साथ एक शक्तिशाली उपकरण है। RFID टैग को ट्रैक की जाने वाली वस्तु से जोड़ा जाता है और जब ऑब्जेक्ट इसके पास से गुजरता है तो पाठक इसकी उपस्थिति का पता लगाता है और रिकॉर्ड करता है। इस तरीके से, ऑब्जेक्ट आंदोलन को ट्रैक किया जा सकता है और RFID स्मार्ट चीजों के लिए एक सर्च इंजन के रूप में काम कर सकता है। RFID की विशिष्ट सीमा एक मीटर से कम है। RFID दुनिया भर में उपभोक्ता उत्पाद को ट्रैक करने के लिए उपयोग किया जाता है। RFID एक बुद्धिमान बारकोड है जिसे उत्पाद, वाहन या किसी भी वस्तु को ट्रैक करने के लिए नेटवर्क सिस्टम का उपयोग करके संचालित किया जा सकता है। लेकिन एक पारंपरिक बार कोड के विपरीत, इसे टैग और रीडर के बीच दृष्टि संचार की आवश्यकता नहीं होती है और यह मानव ऑपरेटर के बिना भी दूर से ही अपनी पहचान कर सकता है। RFID का उपयोग इनडोर मूविंग नेविगेशन, स्मार्ट पार्किंग, आपूर्ति श्रृंखला प्रबंधन और बैटरी–कम रिमोट कंट्रोल डिवाइस अनुप्रयोगों में किया जाता है। आरएफआईडी टैग निम्न प्रकार के हो सकते हैं:

- **Active:** An active tag has an on-board battery i.e., power source and periodically transmits its ID signal.

  एक्टिव: एक एक्टिव टैग में एक ऑन–बोर्ड बैटरी होती है, यानी पावर स्रोत और समय–समय पर अपनी आईडी सिग्नल को प्रसारित करता है।
- **Passive:** Passive tags do not have any power source. Passive tags derive power from the electromagnetic waves emitted by the reader and are thus cheap and have a long lifetime. These tags are ideal for devices without batteries, as the ID is passively read by the reader.

  पैसिव: पैसिव टैग के पास कोई शक्ति स्रोत नहीं है। पैसिव टैग पाठक द्वारा उत्सर्जित विद्युत चुम्बकीय तरंगों से शक्ति प्राप्त करते हैं और इस प्रकार सस्ते होते हैं और उनका जीवनकाल लंबा होता है। ये टैग बैटरी के बिना उपकरणों के लिए आदर्श हैं, क्योंकि आईडी पाठक द्वारा पैसिव रूप से पढ़ी जाती है।
- **Assisted passive:** Assisted passive tags become active when RFID reader is present.

  असिस्टेड पैसिव: असिस्टेड पैसिव टैग एक्टिव हो जाते हैं जब RFID रीडर मौजूद होता है।

Advantages (लाभ)

- They work on radio frequencies and do not require a direct line of site between tag and reader.

  यह रेडियो फ्रीक्वेंसी पर काम करते हैं और उन्हें टैग और रीडर के बीच साइट की सीधी लाइन की आवश्यकता नहीं होती है।
- Some RFID devices will only use battery power in the presence of an RFID reader which makes it ideal for lower power consumption applications.

  कुछ RFID उपकरण केवल RFID रीडर की उपस्थिति में बैटरी पावर का उपयोग करेंगे जो इसे कम बिजली की खपत के अनुप्रयोगों के लिए आदर्श बनाता है।
- RFID is similar to a barcode reader based technology but the performance is more efficient

  RFID एक बारकोड रीडर आधारित तकनीक–विज्ञान के समान है, लेकिन प्रदर्शन अधिक कुशल है
- RFID is inexpensive and uses very little power.

  RFID सस्ती है और बहुत कम बिजली का उपयोग करती है।
- Established and widely used technology.

  स्थापित और व्यापक रूप से इस्तेमाल की जाने वाली तकनीक।

Disadvantages (नुकसान)

- Highly insecure. (अत्यधिक असुरक्षित।)
- Tags need to be present as identifier and be handed over before.

  टैग को पहचानकर्ता के रूप में प्रस्तुत करने की आवश्यकता है और उसे पहले सौंप दिया जाना चाहिए।
- Not compatible with smartphones.

  स्मार्टफोन के साथ कम्पेटिवल नहीं है।

1.12.9 X-10 (एक्स-10)

X-10 is a protocol for communication among IoT devices, mainly in the home automation sector. It is called as the father of modern home automation. The existing household wiring, which powers the house, acts as the physical layer to transmit and receive data. X-10 devices are connected to the plugs in the wall, like a normal electrical appliance. A remote interface could be provided so that lights and other appliances can be turned on and off. Depending on your budget, there are some very hi-tech approaches that can be adopted. For example, touch-screens to control X10 devices within the house.

X–10 IoT उपकरणों के बीच संचार के लिए एक प्रोटोकॉल है, मुख्यतः होम ऑटोमेशन क्षेत्र में। इसे आधुनिक होम ऑटोमेशन का जनक कहा जाता है। मौजूदा घरेलू वायरिंग, जो घर को पावर प्रदान करती है, डेटा को प्रसारित करने और प्राप्त करने के लिए फिजिकल लेयर के रूप में कार्य करती है। X–10 उपकरण दीवार में प्लग से जुड़े होते हैं, एक सामान्य विद्युत उपकरण की तरह। एक दूरस्थ इंटरफेस प्रदान किया जा सकता है ताकि रोशनी और अन्य उपकरणों को चालू और बंद किया जा सके। आपके बजट के आधार पर, कुछ बहुत ही उच्च तकनीक दृष्टिकोण हैं जिन्हें अपनाया जा सकता है। उदाहरण के लिए, घर के भीतर X10 उपकरणों को नियंत्रित करने के लिए टच–स्क्रीन।

> *X10 has become very popular with consumers who wish to use home automation to make life easier.*
>
> X10 उन उपभोक्ताओं में बहुत लोकप्रिय हो गया है जो जीवन को आसान बनाने के लिए होम ऑटोमेशन का उपयोग करना चाहते हैं।

Advantages (लाभ)

- The infrastructure for the medium of communication exists and thus needs less effort to set-up. And the equipment is also inexpensive.

  कम्यूनेशन के माध्यम के लिए बुनियादी ढांचा मौजूद है और इस तरह सेट–अप के लिए कम प्रयास की आवश्यकता है; और उपकरण भी सस्ती है।

- No new or specialised wiring is required.

  किसी नए या विशेष वायरिंग की आवश्यकता नहीं है।

- It is simple to install - no need for qualified engineers or professionals.

  यह स्थापित करने के लिए सरल है – योग्य इंजीनियरों या पेशेवरों की जरूरत नहीं है इन्स्टॉल करने के लिए।

Disadvantages (नुकसान)

- The data rate of signal transmission is very less, in the order of 20 bits/s. Thus, this technology facilitates for turning on and off devices only.

  20 bits/s के क्रम में सिग्नल ट्रांसमिशन की डेटा दर बहुत कम है। इस प्रकार, यह तकनीक–विज्ञान केवल उपकरणों को चालू और बंद करने की सुविधा देता है।

- Other electrical devices in the house can create interference on the power lines, which may prevent X10 signals being received by modules.

  घर में अन्य विद्युत उपकरण विद्युत लाइन्स पर व्यवधान पैदा कर सकते हैं, जो मॉडयूल्स द्वारा प्राप्त किए जा रहे X10 संकेतों को रोक सकते हैं।

- It is not suitable as a safety device.

  यह सुरक्षा उपकरण के रूप में उपयुक्त नहीं है।

- There is a time delay in sending signals - up to one second.

  सिग्नल भेजने में एक समय की देरी है – एक सेकंड तक।

1.12.10 Sigfox (सिगॉक्स)

Sigfox is a cellular style system that enables remote devices to connect using ultra-narrow band, to provide low power low data rate, and low cost communications for remote connected devices.

सिगफॉक्स एक सेलुलर शैली प्रणाली है जो दूरस्थ उपकरणों को अल्ट्रा–संकीर्ण बैंड का उपयोग करके कनेक्ट करने में सक्षम बनाता है, जिससे कम बिजली की कम दर, और दूरदराज के जुड़े उपकरणों के लिए कम लागत के संचार की सुविधा मिलती है।

It a subscription based service that offers connectivity solutions over dedicated LPWAN networks. Sigfox uses a technology called Ultra Narrow Band (UNB) and is only designed to handle low data-transfer speeds of 10 to 1,000 bits per second. The concept behind Sigfox is to provide an effective connectivity solution for low-power M2M applications requiring low levels of data transfer for which the WiFi range is too short, and cellular range is too expensive. Sigfox is ideal for IoT applications that need to send infrequent and small bursts of data, such as alarm systems, smart meters, smart street lighting, patient monitors etc.

यह एक सदस्यता आधारित सेवा है जो समर्पित LPWAN नेटवर्क पर कनेक्टिविटी समाधान प्रदान करती है। सिगफॉक्स अल्ट्रा नैरो बैंड (UNB) नामक एक तकनीक का उपयोग करता है और इसे केवल 10 से 1,000 बिट प्रति सेकंड की कम डेटा–ट्रांसफर गति को संभालने के लिए डिजाइन किया गया है। सिगफॉक्स के पीछे की अवधारणा कम–शक्ति M2M अनुप्रयोगों के लिए एक पॉवर–टाइव कनेक्टिविटी समाधान प्रदान करना है, जिसके लिए कम स्तर के डेटा ट्रांसफर की आवश्यकता होती है, जिसके लिए वाईफाई रेंज बहुत कम है, और सेल्युलर रेंज बहुत महंगी है। सिगफॉक्स आईओटी अनुप्रयोगों के लिए आदर्श है, जिसमें डेटा छोटे स्तर पर भेजने की आवश्यकता होती है, जैसे अलार्म सिस्टम, स्मार्ट मीटर, स्मार्ट स्ट्रीट लाइटिंग, रोगी मॉनिटर आदि।

Advantages (लाभ)

- Sigfox offers significant cost and battery-life.

  सिगफॉक्स महत्वपूर्ण लागत और बैटरी–जीवन प्रदान करता है।

- The Sigfox network provides very long-range wireless connectivity for the Internet of Things.

  सिगफॉक्स नेटवर्क इंटरनेट ऑफ थिंग्स के लिए बहुत लंबी दूरी की वायरलेस कनेक्टिविटी प्रदान करता है।

- It is lightweight protocol which handles smaller messages efficiently.

  यह लाइट प्रोटोकॉल है जो छोटे संदेशों को कुशलता से संभालता है।

- Due to less overhead, more space will be available for the user data to be transported.

  ओवरहेड कम होने के कारण, उपयोगकर्ता डेटा ले जाने के लिए अधिक स्थान उपलब्ध होगा।

Disadvantages (नुकसान)

- Sigfox supports one way communication without acknowledgement. This necessitates multiple transmissions if server does not receive data without errors. Due to this, power consumption will increase which depends on number of re-transmissions.

  Sigfox पावती के बिना वन–वे से संचार का समर्थन करता है। यदि सर्वर को त्रुटियों के बिना डेटा प्राप्त नहीं होता है, तो यह कई ट्रांसमिशन की आवश्यकता है। इसके कारण, बिजली की खपत बढ़ जाएगी जो पुनः प्रसारण की संख्या पर निर्भर करती है।

- Due to low data rate support, it cannot be used for high data rate applications.

  कम डेटा दर समर्थन के कारण, इसका उपयोग उच्च डेटा दर अनुप्रयोगों के लिए नहीं किया जा सकता है।

- Sigfox system works well in fixed location. There are issues such as interference and frequency inaccuracies in the mobility environments.
  सिगफॉक्स सिस्टम फिक्स्ड लोकेशन में अच्छा काम करता है। एनवायरमेंट में हस्तक्षेप और फ्री–क्वैन्सी अशुद्धि जैसे मुद्दे हैं।

1.12.11 Zigbee (जिगबी)

Zigbee is a low powered, low cost standard on a wireless mesh network designed for batterypowered devices and cheaper alternative to Bluetooth. It is based on the IEEE 802.15.4 communication protocol standard and is used for personal area networks or PANs. The range of Zigbee device communication is very small (10-100 meters). For example, if you just need to communicate inside a small building, you can use Zigbee. ZigBee devices often transmit data over longer distances by passing data through intermediate devices to reach remote ones, creating a mesh network. They can used in applications that require a low data rate, long battery life, and secure networking. Street lighting and electric meters which provides low power consumption, use the ZigBee communication protocol. It is also used with security systems, smart homes, remote controls, road map products-tracking and healthcare systems.

जिगबी एक कम शक्ति वाला, कम लागत वाला प्रोटोकॉल है जो कि बैटरी से चलने वाले उपकरणों के लिए डिजाइन किया गया और ब्लू–टूथ के लिए सस्ता विकल्प है। यह IEEE 802.15.4 संचार प्रोटोकॉल स्टैण्डर्ड पर आधारित है और इसका उपयोग पर्सनल एरिया नेटवर्क या पैन के लिए किया जाता है। जिगबी डिवाइस संचार की सीमा बहुत छोटी है (10–100 मीटर)। उदाहरण के लिए, यदि आपको किसी छोटी इमारत के अंदर संचार करने की आवश्यकता है, तो आप जिगबी का उपयोग कर सकते हैं। ZigBee डिवाइस अक्सर दूरस्थ नेटवर्क तक पहुंचने के लिए मध्यवर्ती उपकरणों के माध्यम से डेटा पास करके अधिक दूरी पर डेटा प्रसारित करते हैं, एक जाल नेटवर्क बनाते हैं। वे उन अनुप्रयोगों में उपयोग कर सकते हैं जिनके लिए कम डेटा दर, लंबी बैटरी जीवन और सुरक्षित नेटवर्किंग की आवश्यकता होती है। स्ट्रीट लाइटिंग और बिजली के मीटर जो कम बिजली की खपत प्रदान करते हैं, ZigBee संचार प्रोटोकॉल का उपयोग करें। यह सुरक्षा प्रणालियों, स्मार्ट घरों, रिमोट कंट्रोल, रोड मैप उत्पादों–ट्रैकिंग और स्वास्थ्य देखभाल प्रणालियों के साथ भी उपयोग किया जाता है।

Advantages (लाभ)

- Low-power consumption, powerful and direct communication.
  कम बिजली की खपत, शक्तिशाली और प्रत्यक्ष संचार।
- It support a large number of nodes and these nodes are capable of multi-year battery lives.
  यह बड़ी संख्या में नोड्स का समर्थन करता है और ये नोड्स बहु–वर्षीय बैटरी जीवन के लिए सक्षम हैं।
- Zigbee has a flexible network structure.
  जिगबी में एक फ्लेक्सिबल नेटवर्क संरचना है।
- It is less complex than bluetooth.
  यह ब्लूटूथ की तुलना में कम जटिल है।

Disadvantages (नुकसान)

- Working on small distance with low speed.
  कम गति के साथ छोटी दूरी पर काम करना।
- Its high maintenance cost.
  इसकी उच्च रखरखाव लागत।
- Low transmission, as well as low network stability.
  कम संचरण, साथ ही कम नेटवर्क स्टेबिलिटी।
- Zigbee is not secure like WiFi based secured system.
  Zigbee वाईफाई आधारित सिक्योर सिस्टम की तरह सुरक्षित नहीं है।

1.12.12 Low Range Wide Area Network (LoRaWAN) (लो रेंज वाइड एरिया नेटवर्क (LoRaWAN))

LoRaWAN is a newly developed Long-Range Wide-Area Network Wireless technology designed for IoT applications with power saving, low cost, mobility, security, and bi-directional communication requirements. LoRaWAN defines the communication protocol and system architecture for the network in the Medium Access Control (MAC) layer protocol. It is ideal for smart cities and industrial applications.

LoRaWAN एक नव विकसित लॉन्ग–रेंज वाइड–एरिया नेटवर्क वायरलेस तकनीक है जिसे IoT अनुप्रयोगों के लिए बिजली की बचत, कम लागत, गतिशीलता, सुरक्षा और द्वि–दिशात्मक संचार आवश्यकताओं के साथ डिजाइन किया गया है। LoRaWAN संचार प्रोटोकॉल और सिस्टम आर्किटेक्चर को नेटवर्क के लिए मीडियम एक्सेस कॉन–ट्रॉल (MAC) लेयर प्रोटोकॉल में परिभाषित करता है। यह स्मार्ट शहरों और औद्योगिक अनुप्रयोगों के लिए आदर्श है।

Advantages (लाभ)

- Low-cost, mobile, and secure bi-directional communication.
  कम लागत वाली, मोबाइल और सुरक्षित द्वि–दिशात्मक संचार।
- Low power consumption and supports large networks with millions of nodes.
  कम बिजली की खपत और लाखों नोड्स के साथ बड़े नेटवर्क का समर्थन करता है।
- Battery life for the attached node is normally very long.
  संलग्न नोड के लिए बैटरी जीवन सामान्य रूप से बहुत लंबा है।
- It is easy to deploy due to its simple architecture.
  इसकी सरल वास्तुकला के कारण इसे तैनात करना आसान है।

Disadvantages (नुकसान)

- It is not ideal to be used for real time applications.

  यह वास्तविक समय के अनुप्रयोगों के लिए उपयोग किए जाने के लिए आदर्श नहीं है।
- It can be used for applications requiring low data rate i.e., upto about 27 Kbps.

  इसका उपयोग कम डेटा दर यानि लगभग 27 Kbps तक के अनुप्रयोगों के लिए किया जा सकता है।

1.12.13 6LoWpan

6LoWPAN is an acronym of IPv6 over Low Power Wireless Personal Area Networks. It is a protocol that is primarily intended for long-range wireless battery-operated IoT devices in regional, national, or global networks. It is specifically known for its ability to communicate in longrange with the least power consumption and detects the signals below the noise level. This protocol is mainly used in smart cities, where there is a large network with millions and millions of devices connected to each other that function with less power, memory, low-cost mobile secure communication in IoT devices, and a wide range of industrial applications.

The 6LoWPAN group has defined encapsulation and header compression mechanisms that allow IPv6 packets to be sent to and received from over IEEE 802.15.4 based networks.

6LoWPAN कम पावर वायरलेस पर्सनल एरिया नेटवर्क पर IPv6 का एक संक्षिप्त रूप है। यह प्रोटोकॉल है जो मुख्य रूप से क्षेत्रीय, राष्ट्रीय या ग्लोबल नेटवर्क में लंबी दूरी की वायरलेस बैटरी चालित IoT उपकरणों के लिए अभिप्रेत है। यह विशेष रूप से कम से कम बिजली की खपत के साथ लंबी दूरी में संचार करने की क्षमता के लिए जाना जाता है और शोर स्तर के नीचे संकेतों का पता लगाता है। यह प्रोटोकॉल मुख्य रूप से स्मार्ट शहरों में उपयोग किया जाता है, जहां लाखों नेटवर्क और एक–दूसरे से जुड़े लाखों–करोड़ों उपकरणों के साथ एक बड़ा नेटवर्क होता है, जो IoT डिवाइसों में कम शक्ति, मेमोरी, कम लागत वाले मोबाइल सुरक्षित संचार और एक विस्तृत के साथ फंक्शन होता है।

6LoWPAN समूह ने IEEE 802.15.4 आधारित नेटवर्क से IPv6 पैकेट को भेजने और प्राप्त करने की अनुमति देने वाले एन्कैप्सुलेशन और हेडर कंप्रेशन तंत्र को परिभाषित किया है।

Advantages (लाभ)

- The 6LoWPAN standard enables any lowpower radio to communicate to the internet, including 804.15.4, Bluetooth Low Energy and Z-Wave for home automation applications.

  6LoWPAN स्टैंडर्ड किसी भी निम्न–शक्ति रेडियो को इंटरनेट पर संचार करने में सक्षम बनाता है, जिसमें 804.15.4, ब्लूटूथ कम ऊर्जा और होम ऑटोमेशन अनुप्रयोगों के लिए z-wave शामिल हैं।
- 6LoWPAN uses reduced transmission time (typically short time pulses) and thus saves energy.

  6LoWPAN कम संचरण समय (आमतौर पर कम समय की पल्स) त्रका उपयोग करता है और ऊर्जा बचाता है।
- 6LowPAN is a mesh network that is robust, scalable and self-healing.

  6LPPAN एक मेष नेटवर्क है जो मजबूत, स्केलेबल और सेल्फ–हीलिंग है।
- It offers one-to-many and many-to-one routing.

  यह एक–से–कई और कई–से–एक नॉन क्रेटिंग प्रदान करता है।

Disadvantages (नुकसान)

- 6LoWPAN offers a secure and non-secure mode but the overall security in 6LoWPAN is still in progress. In comparison, Zigbee has more robust and tested security protocol.

  6LoWPAN एक सिक्योर और नॉन–क्रेटिंग सिक्योर मोड प्रदान करता है, लेकिन 6LoWPAN में समग्र सुरक्षा अभी भी जारी है। इसकी तुलना में, जिगबी में अधिक मजबूत और परीक्षण किए गए सुरक्षा प्रोटोकॉल हैं।
- The greatest challenge to 6LoWPAN is the lack of application that utilizes 6LoWPAN because it require extensive training as it is complicated to work with and require extensive knowledge of IPv6 protocol.

  6LoWPAN के लिए सबसे बड़ी चुनौती 6LWPAN का उपयोग करने वाले एप्लिकेशन की कमी है क्योंकि इसे व्यापक प्रशिक्षण की आवश्यकता होती है क्योंकि इसे IPv6 प्रोटोकॉल के व्यापक ज्ञान की आवश्यकता होती है।

1.12.14 5G (5 जी)

It is the fifth generation of wireless, popularly known as 5G. The "G" stands for a generation of mobile technology, installed in phones and on cellular networks. 5G is a medium range communication that offers many improvement over 4G(called LTE-Advanced), such as increased speed and better coverage. It enable a larger number of nodes to be connected with extra mobility.

यह वायरलेस की पांचवीं पीढ़ी है, जिसे लोकप्रिय रूप से 5G के रूप में जाना जाता है। "जी" मोबाइल प्रौद्योगिकी की एक पीढ़ी के लिए है, जो फोन में स्थापित है और सेलुलर नेटवर्क पर है। 5G एक मध्यम श्रेणी का कम्युनिकेशन है जो 4G (जिसे LTE-Advanced कहा जाता है) पर कई सुधार प्रदान करता है, जैसे कि बढ़ी हुई गति और बेहतर कवरेज। यह अतिरिक्त गतिशीलता के साथ बड़ी संख्या में नोड्स को जोड़ने में सक्षम बनाता है।

Advantages (लाभ)

- Provides high data transfer rates.

  उच्च डेटा अंतरण दर प्रदान करता है।

- More effective and efficient.
  अधिक प्रभावी और कुशल।
- Easily manageable with the previous generations.
  पिछली पीढ़ी के साथ आसानी से प्रबंधनीय।
- Possible to provide uniform, uninterrupted, and consistent connectivity across the world.
  दुनिया भर में एक समान, निर्बाध और निरंतर कनेक्टिविटी प्रदान करना संभव है।

Disadvantages (नुकसान)

- Technology is still under process and research on its viability is going on.
  प्रौद्योगिकी अभी भी प्रक्रियाधीन है और इसकी व्यवहार्यता पर अनुसंधान चल रहा है।
- Developing infrastructure needs high cost.
  बुनियादी ढांचे के विकास के लिए उच्च लागत की जरूरत है।
- Many of the old devices would not be competent to 5G, hence, all of them need to be replaced with new one
  पुराने उपकरणों में से कई 5G के लिए सक्षम नहीं होंगे, इसलिए, उन सभी को नए के साथ बदलने की आवश्यकता है

1.12.15 Low Power Wide Area Networks (LPWAN) (लो पावर वाइड एरिया नेटवर्क (LPWAN))

It is a type of wireless network used for low power IoT and M2M applications. It defines Low Power Wide Area Networks (LPWAN) standard to enable IoT and can transmit data over long distances while having low power consumption. Mainly its aim is to guarantee interoperability between various operators in one open global standard.

यह एक प्रकार का वायरलेस नेटवर्क है जिसका उपयोग कम पावर IoT और M2M अनुप्रयोगों के लिए किया जाता है। यह IoT को सक्षम करने के लिए लो पावर वाइड एरिया नेटवर्क (LPWAN) स्टैण्डर्ड को परिभाषित करता है और कम बिजली की खपत होने पर लंबी दूरी पर डेटा संचारित कर सकता है। मुख्य रूप से इसका उद्देश्य एक ओपन ग्लोबल स्टैण्डर्ड में विभिन्न ऑपरेटरों के बीच अंतर की गारंटी देना है।

Advantages (लाभ)

- The LPWAN network offers longer range from 5 Km to 30 Km.
  नेटवर्क अब 5 km से लेकर 30 km तक की सीमा प्रदान करता है।
- The LPWAN devices will consume low power and hence they offer longer life time.
  LPWAN डिवाइस कम बिजली की खपत करेंगे और इसलिए वे लॉग्गर लाइफ देते हैं।
- It offers simple network installation and easy network management due to smart architecture.
  यह स्मार्ट आर्किटेक्चर के कारण सरल नेटवर्क इंस्टॉलेशन और आसान नेटवर्क प्रबंधन प्रदान करता है।
- It offers secured data communication between nodes and gateways due to use of encryption algorithms.
  यह एन्क्रिप्शन एल्गोरिदम के उपयोग के कारण नोड्स और गेटवे के बीच सुरक्षित डेटा संचार प्रदान करता है।

Disadvantages (नुकसान)

- LPWAN supports low data rate, hence LPWAN can not be used for high data rate applications.
  LPWAN निम्न डेटा दर का समर्थन करता है, इसलिए उच्च डेटा दर अनुप्रयोगों के लिए LPWAN का उपयोग नहीं किया जा सकता है।
- It offers high latency between end to end nodes. Hence, LPWAN is not ideal for low latency applications.
  यह एन्ड टूॅ एन्ड नोड्स के बीच उच्च विलंबता प्रदान करता है। इसलिए, LPWAN कम विलंबता अनुप्रयोगों के लिए आदर्श नहीं है।

1.12.16 Thread (थ्रेड)

A very new IP-based IPv6 networking protocol aimed at the home automation environment is Thread. Thread uses IPv6 for the Internet Protocol addressing and each of the devices is IPaddressable. Thread enables device-to-device and device-to-cloud communications and reliably connects hundreds (or thousands) of products and includes mandatory security features. Thread wireless connectivity has been developed specifically to support the Internet of Things, IoT, and as a result, it incorporates many features that have not been available in previous standards.

आईपी–आधारित IPv6 नेटवर्किंग प्रोटोकॉल जिसका उद्देश्य होम ऑटोमेशन वातावरण थ्रेड है। थ्रेड इंटरनेट प्रोटोकॉल एड्रेसिंग के लिए IPv6 का उपयोग करता है और प्रत्येक डिवाइस IP– एड्रेसेबल है। थ्रेड डिवाइस–टू–डिवाइस और डिवाइस–टू–क्लाउड संचार को सक्षम करता है और उत्पादों के सैकड़ों (या हजारों) को मजबूती से जोड़ता है और इसमें अनिवार्य सुरक्षा विशेषताएं शामिल हैं। थ्रेड वायरलेस कनेक्टिविटी को इंटरनेट ऑफ थिंग्स, IoT का समर्थन करने के लिए स्पेसिफिकली विकसित किया गया है, और इसके परिणामस्वरूप, इसमें कई विशेषताएं शामिल हैं जो पिछले स्टैण्डर्ड में उपलब्ध नहीं हैं।

Thread is based on the broadly supported IEEE 802.15.4 radio standard, which is designed from the ground up for extremely low power consumption and low latency.

थ्रेड IEEE 802.15.4 रेडियो स्टैण्डर्ड पर आधारित है, जो कि बहुत कम बिजली की खपत और कम विलंबता के लिए बनाया गया है।

Advantages (लाभ)

- Thread guarantees to be a 'no single point of failure system'.
  थ्रेड गारंटी देता है कि 'विफलता प्रणाली का कोई एकल बिंदु' न हो।
- Uses good security features such as proper authentication in order to join a network.
  नेटवर्क में शामिल होने के लिए उचित प्रमाणीकरण जैसी अच्छी सुरक्षा सुविधाओं का उपयोग करता है।
- IP-addressable devices.
  IP- पता करने योग्य उपकरण।
- Simple Management i.e., creating a thread, switching between threads and synchronization between threads can all be done without the intervention of the kernel.
  सरल प्रबंधन यानी, एक थ्रेड बनाना, थ्रेड्स के बीच स्विच करना और थ्रेड्स के बीच सिंक्रोनाइजेशन सभी कर्नेल के हस्तक्षेप के बिना किया जा सकता है।

Disadvantages (नुकसान)

- There is a lack of coordination between threads and operating system kernel.
  थ्रेड्स और ऑपरेटिंग सिस्टम कर्नेल के बीच समन्वय की कमी है।
- User-level threads require non-blocking systems call i.e., a multi-threaded kernel.
  उपयोगकर्ता–स्तर के थ्रेड्स के लिए नॉन–ब्लॉकिंग सिस्टम कॉल्स की आवश्यकता होती है यानी बहु–थ्रेड कर्नेल।

1.12.17 Near Field Communication (NFC) (नियर फील्ड कम्युनिकेशन (NFC))

NFC is a set of the communication-based protocol used for communication between two devices in the range of approximately 10 cm. All types of data can be transferred between two NFC enabled devices in seconds by bringing them close to each other. In this two-way, short-range communication, one of the devices must be portable for the purpose of finding a suitable location. NFC make it possible to use our phone as readers. You can extract information from certain objects just by tapping it or bringing our device close to it. The most used applications are smartphones, contactless payment systems, parking meters, E-ticket booking etc.

एनएफसी संचार आधारित प्रोटोकॉल का एक सेट है जिसका उपयोग लगभग 10 cm की सीमा में दो उपकरणों के बीच संचार के लिए किया जाता है। सभी प्रकार के डेटा को दो एनएफसी सक्षम उपकरणों के बीच एक दूसरे के करीब लाकर सेकंड में स्थानांतरित किया जा सकता है। दो–तरफा, कम दूरी के कम्युनिकेशन में, उपयुक्त स्थान खोजने के उद्देश्य से उपकरणों में से एक को पोर्टेबल होना चाहिए। NFC पाठकों के रूप में हमारे फोन का उपयोग करना संभव बनाता है। आप इसे टैप करके या हमारे डिवाइस को इसके करीब लाकर कुछ वस्तुओं से जानकारी निकाल सकते हैं। सबसे अधिक उपयोग किए जाने वाले एप्लिकेशन स्मार्टफोन, संपर्क–कम भुगतान प्रणाली, पार्किंग मीटर, ई–टिकट बुकिंग आदि हैं।

Advantages (लाभ)

- Offers a low-speed connection with extremely simple setup.
  बेहद सरल सेटअप के साथ कम गति वाला कनेक्शन प्रदान करता है।
- NFC has a short range and supports encryption.
  NFC की एक छोटी रेंज है और यह एनरीप–टियोन का समर्थन करता है।
- Very easy to used. (उपयोग में बहुत आसान है।)

Disadvantages (नुकसान)

- Only works in short ranges. Short range might not be feasible in many situations.
  केवल छोटी रेंज में काम करता है। कई स्थितियों में शॉर्ट रेंज संभव नहीं है।
- Low data transfer rate.
  कम डाटा ट्रांसफर दर।
- NFC is an expensive technology.
  एनएफसी एक महंगी तकनीक है।

1.12.18 GSM (Global System for Mobile communications) (GSM (मोबाइल संचार के लिए ग्लोबल सिस्टम))

GSM stand for Global System for Mobile communications. It is digital cellular phone technology based on TDMA that is the predominant system in Europe. Developed in the 1980s, GSM was first deployed in seven European countries in 1992. Text Messaging GSM provides a Short Messaging Service (SMS) that enables text messages up to 160 characters in length to be sent to and from a GSM phone. It also supports data transfer to packet networks, ISDN and POTS users. GSM is a fastgrowing communications technology.

मोबाइल कम्युनिकेशन के लिए ग्लोबल सिस्टम के लिए जीएसएम (GSM) हैं। यह डिजिटल सेलुलर फोन तकनीक है जो यूरोप में प्रमुख प्रणाली है। 1980 के दशक में विकसित, जीएसएम पहली बार 1992 में सात यूरोपीय देशों में तैनात किया गया था। टेक्स्ट मैसेजिंग जीएसएम; शॉर्ट मैसेजिंग सर्विस (SMS) प्रदान करता है जो 160 संदेशों तक की लंबाई वाले टेक्स्ट संदेशों को जीएसएम फोन से भेजने के लिए सक्षम बनाता है। यह पैकेट नेटवर्क, ISDN और POTS उपयोगकर्ताओं को डेटा ट्रांसफर का भी समर्थन करता है। जीएसएम एक तेजी से बढ़ती संचार तकनीक है।

The SIM Card GSM phones use a Subscriber Identity Module (SIM) smart card that contains user account information. Any GSM phone becomes immediately programmed after plugging in the SIM card, thus allowing GSM phones to be easily rented or borrowed. SIM cards can be programmed to display custom menus for personalized services.

सिम कार्ड जीएसएम फोन एक सब्सक्राइबर आइडेंटिटी मॉड्यूल (SIM) स्मार्ट कार्ड का उपयोग करते हैं जिसमें उपयोगकर्ता खाता जानकारी होती है। सिम कार्ड में प्लगिंग के बाद किसी भी जीएसएम फोन को तुरंत प्रोग्राम किया जाता है, इस प्रकार जीएसएम फोन को आसानी से किराए पर या उधार लिया जा सकता है। सिम कार्ड प्रति–पुत्रीकृत सेवाओं के लिए कस्टम मेनू प्रदर्शित करने के लिए प्रोग्राम किया जा सकता है।

> *GSM is an open, digital cellular technology used for transmitting mobile voice and data services.*
>
> जीएसएम एक ओपन, डिजिटल सेलुलर प्रौद्योगिकी है जिसका उपयोग मोबाइल वॉइस और डेटा सेवाओं को संचारित करने के लिए किया जाता है।

Advantages (लाभ)

- It provides very cost effective products and solutions.

  यह बहुत प्रभावी उत्पाद और समाधान प्रदान करता है।
- The GSM based networks (i.e. base stations) are deployed across the world and hence same mobile phone works across the globe.

  जीएसएम आधारित नेटवर्क (यानी बेस स्टेशन) दुनिया भर में तैनात हैं और इसलिए दुनिया भर में एक ही मोबाइल फोन काम करता है।
- Advanced versions of GSM with higher number of antennas will provide high speed download and upload of data.

  एंटेना के उच्च अंक के साथ जीएसएम के उन्नत संस्करण उच्च गति डाउनलोड और डेटा अपलोड प्रदान करेंगे।
- It is easy to maintain GSM networks due to availability of large number of network engineers at affordable cost.

  सस्ती कीमत पर बड़ी संख्या में नेटवर्क इंजीनियर की उपलब्धता के कारण जीएसएम नेटवर्क को बनाए रखना आसान है।
- The phone works based on SIM card and hence it is easy to change the different varieties of phones by users.

  फोन सिम कार्ड के आधार पर काम करता है और इसलिए उपयोगकर्ताओं द्वारा फोन की विभिन्न किस्मों को बदलना आसान है।

Disadvantages (नुकसान)

- GSM provides limited data rate capability, for higher data rate GSM advanced version devices are used.

  जीएसएम सीमित डेटा दर क्षमता प्रदान करता है, उच्च डेटा दर के लिए जीएसएम उन्नत संस्करण उपकरणों का उपयोग किया जाता है।
- GSM uses pulse based burst transmission technology and hence it interferes with certain electronics.

  जीएसएम पल्स आधारित फट ट्रांसमिशन तकनीक का उपयोग करता है और इसलिए यह कुछ इलेक्ट्रॉनिक्स के साथ हस्तक्षेप करता है।

1.12.19 GPRS (जीपीआरएस)

GPRS stands for General Packet Radio Service. It is the first high-speed digital data service provided by cellular carriers that used the GSM technology. GPRS works on GPRS cellphones as well as laptops and portable devices that have GPRS modems. Users have typically experienced downstream data rates up to 80 Kbps.

जीपीआरएस का मतलब जनरल पैकेट रेडियो सर्विस है। यह सेलुलर वाहक द्वारा प्रदान की जाने वाली पहली उच्च गति डिजिटल डेटा सेवा है जो जीएसएम तकनीक का उपयोग करती है। GPRS सेलफोन पर काम करता है और साथ ही लैपटॉप और पोर्टेबल डिवाइस जिनमें GPRS मॉडेम होता है। उपयोगकर्ताओं ने आमतौर पर 80 Kbps तक की डाउनस्ट्रीम डेटा दरों का अनुभव किया है।

Advantages (लाभ)

- As GPRS is available in all the mobile devices, it provides wireless internet access.

  जीपीआरएस सभी मोबाइल उपकरणों में उपलब्ध है, यह वायरलेस इंटरनेट का उपयोग प्रदान करता है।
- It allows simultaneous use of both voice and data services. Hence, user can have both voice call and data call together.

  यह वॉयस और डेटा सेवाओं दोनों का एक साथ उपयोग करने की अनुमति देता है। इसलिए, उपयोगकर्ता के पास वॉयस कॉल और डेटा कॉल दोनों हो सकते हैं।

Disadvantages (नुकसान)

- Network can be affected, when more number of GPRS users in the same area utilize the GPRS services at the same time. This leads to congestion which results into slower data connection.

  नेटवर्क प्रभावित हो सकता है, जब एक ही क्षेत्र में अधिक संख्या में जीपीआरएस उपयोगकर्ता एक ही समय में जीपीआरएस सेवाओं का उपयोग करते हैं। इससे कंजेशन होता है जिसके परिणामस्वरूप धीमी गति से डेटा कनेक्शन बनता है।

1.12.20 LTE-A

LTE-A, or LTE Advanced, delivers an important upgrade to LTE technology by increasing not only its coverage, but also reducing its latency and raising its throughput.

LTE-A, या LTE एडवांस्ड, LTE टेक्नॉलॉजी के लिए एक महत्वपूर्ण अपग्रेड है, जो न केवल इसकी कवरेज को बढ़ाता है, बल्कि इसकी विलंबता को कम करता है और इसके थरूपुट को बढ़ाता है।

Long-term Evolution Advanced (LTE-A) is a collection of cellular networking standards that is designed to meet M2M and IoT requirements in such networks. It is one of the most scalable and cost effective standards compared to other cellular protocols.

लॉन्ग टर्म एगेलुशन एडवांस्ड (LTE-A) सेलुलर नेटवर्किंग स्टैण्डर्ड का एक कलेक्शन है जो ऐसे नेटवर्क में M2M और IoT आवश्यकताओं को पूरा करने के लिए डिजाइन किया गया है। यह अन्य सेलुलर प्रोटोकॉल की तुलना में सबसे अधिक स्केलेबल और लागत प्रभावी स्टैण्डर्ड में से एक है।

Advantages (लाभ)

- LTE network uses all IP network architecture. Due to this fact, it is dedicated for packet switched operations. It supports data as well voice. The voice can be transported using voice over LTE protocols (i.e. VOIP) and fall-back to legacy networks (i.e. 2G/3G).

  LTE नेटवर्क सभी IP नेटवर्क आर्किटेक्चर का उपयोग करता है। इस तथ्य के कारण, यह पैकेट स्विच किए गए संचालन के लिए समर्पित है। यह डेटा के साथ–साथ आवाज का भी समर्थन करता है। वॉयस ओवर एलटीई प्रोटोकॉल (VOIP) और फॉल–बैक टू लीगेसी नेटवर्क (यानी 2G/3G) का उपयोग करके आवाज पहुंचाई जा सकती है।

- As LTE supports MIMO, higher data rate can be achieved.

  LTE : MIMO का समर्थन करता है, इसलिए उच्च डेटा दर प्राप्त की जा सकती है।

- LTE downloads the files faster.

  LTE फाइल्स को तेजी से डाउनलोड करता है।

Disadvantages (नुकसान)

- The existing mobile phones can not be used to access LTE network features. The user need to have mobile phone which supports LTE functionality. This will incur cost to the user to avail the LTE service.

  मौजूदा मोबाइल फोन का उपयोग LTE नेटवर्क सुविधाओं तक पहुंचने के लिए नहीं किया जा सकता है। उपयोगकर्ता के पास मोबाइल फोन होना चाहिए जो LTE का समर्थन करता है। यह एलटीई सेवा का लाभ उठाने के लिए उपयोगकर्ता को लागत देगा।

- LTE network is completely new network which requires installation of equipments and antennas to make it operational.

  LTE नेटवर्क पूरी तरह से नया नेटवर्क है जिसे इसे चालू करने के लिए उपकरणों और एंटेना की आवश्यकता होती है।

- LTE system is complex and hence requires skilled engineers to maintain and manage the system. They need to be paid higher salaries in order to retain them.

  LTE सिस्टम जटिल है और इसलिए सिस्टम को बनाए रखने और प्रबंधित करने के लिए कुशल इंजीनियरों की आवश्यकता होती है। उन्हें बनाए रखने के लिए उन्हें उच्च वेतन का भुगतान करने की आवश्यकता है।

1.12.21 WSN (Wireless Sensor Network) (WSN (वायरलेस सेंसर नेटवर्क))

A Wireless Sensor Network (WSN) is the networks that are wireless in nature which comprises of distributed devices with sensors which are used to sense or monitor the environmental and physical conditions like temperature, gyroscope, pressure, etc., and make the embedded processing using these devices. They collect data about the environment and communicate it to gateway devices that relay the information to the cloud over the Internet. These devices are connected through different devices such as GPS, WiFi, RFID, etc. ver the networks. For example Weather monitoring system, Soil moisture monitoring system, Surveillance system, Healthcare monitoring, Indoor air quality monitoring system etc.

वायरलेस सेंसर नेटवर्क (WSN) वायरलेस नेटवर्क है जिसमें सेंसर के साथ वितरित डिवाइस शामिल हैं जो पर्यावरण और फिजिकल स्थितियों जैसे तापमान, गायरोस्कोप, प्रेशर, आदि की समझ या निगरानी करने के लिए उपयोग किए जाते हैं और एम्बेडेड बनाते हैं। वे पर्यावरण के बारे में डेटा एकत्र करते हैं और इसे गेटवे डिवाइस पर संचारित करते हैं जो इंटरनेट पर क्लाउड की जानकारी को रिले करते हैं। ये उपकरण विभिन्न उपकरणों जैसे कि GPS, WiFi, RFID, आदि के नेटवर्क से जुड़े होते हैं। उदाहरण के लिए मौसम की निगरानी प्रणाली, मृदा नमी मॉनीटरिंग प्रणाली, निगरानी प्रणाली, स्वास्थ्य देखभाल निगरानी, इनडोर वायु गुणवत्ता निगरानी प्रणाली आदि।

Advantages (लाभ)

- WSN is the flexible network and it can adapt to the changes.

  WSN फ्लेक्सिबल नेटवर्क है और यह परिवर्तनों के लिए अनुकूल हो सकता है।

- WSN are used in very hard and poor environments where wired cannot be deployed.

  WSN का उपयोग बहुत कठिन है।

- WSN save a lot of wiring cost.
  WSN से तारों की लागत बहुत कम हुई।

Disadvantages (नुकसान)

- It is not fully secure.
  यह पूरी तरह से सुरक्षित नहीं है।
- In WSN communication speed is very poor, on the other hand, wired networks have good speed of communication.
  WSN में संचार की गति बहुत खराब है, दूसरी ओर, वायर्ड नेटवर्क की अच्छी गति है।
- It is distracted by other wireless devices like bluetooth.
  यह ब्लूटूथ के साथ अन्य वायरलेस उपकरणों द्वारा विचलित है।

1.13 Communication Protocols (कम्युनिकेशन प्रोटोकॉल)

Communication protocols form the backbone of IoT systems and enable network connectivity. Communication protocols allow devices to exchange data over the network.

संचार प्रोटोकॉल IoT सिस्टम की बैकबोन बनाते हैं और नेटवर्क कनेक्टिविटी को सक्षम करते हैं। संचार प्रोटोकॉल डिवाइस को नेटवर्क पर डेटा का आदान–प्रदान करने की अनुमति देता है।

By the term protocol, we mean the set of rules or standards designed to enable computers to connect with one another and to exchange information. Protocol can describe low-level details of machine-to-machine interfaces (e.g. the order in which bits and bytes are sent across a wire) or high-level exchange between allocation programs (e.g. the way in which two programs transfer a file across the Internet).

प्रोटोकॉल से, हमारा मतलब है कि नियमों या स्टैण्डर्ड का सेट जो कंप्यूटर को एक–दूसरे के साथ जुड़ने में सक्षम बनाता है और इनफॉर्मेशन का आदान–प्रदान करता है। प्रोटोकॉल मशीन–टू–मशीन इंटरफेरा के निम्न–स्तरीय विवरणों का वर्णन कर सकता है (उदाहरण के लिए ऑर्डर जिसमें बिट्स और बाइट्स एक तार के पार भेजे जाते हैं) या आवंटन कार्यक्रमों के बीच उच्च–स्तरीय विनिमय (जैसे जिस तरह से दो प्रोग्राम एक फाइल को स्थानांतरित करते हैं।

An example will be able to make the idea clear. Suppose, there are two people one speaks Hindi and the other French. Since they have no common language, they each engage a translator whose common language is English.

उदाहरण: मान लीजिए, दो लोग हैं, एक हिंदी और दूसरा फ्रेंच बोलता है। चूंकि उनके बीच में कोई कॉमन लैंग्वेज नहीं है, इसलिए वे प्रत्येक एक अनुवादक को शामिल करते हैं, जिसकी कॉमन लैंग्वेज अंग्रेजी है।

Protocols can include rules concerning any or all of the following functions:

प्रोटोकॉल में निम्नलिखित में से किसी भी या सभी कार्यों से संबंधित नियम शामिल हो सकते हैं:

- Data transmission mechanisms.
  डेटा ट्रांसमिशन कण्ट्रोल।
- Communication session initialization and termination.
  संचार सत्र आरंभीकरण और क्षेत्र–टकसाल।
- Addressing and routing.
  एड्रेसिंग और रुटिंग।
- Authentication and verification.
  ऑर्थटिंकेशन और वेरिफिकेशन।
- Encryption and compression.
  एन्क्रिप्शन और कम्प्रेशन।
- Error correction.
  एरर करेक्शन

Protocols are usually classified according to the layer they correspond to in the Open Systems Interconnection (OSI) reference model for networking. Types of protocols include the following:

प्रोटोकॉल आमतौर पर उस परत के अनुसार वर्गीकृत किए जाते हैं जो नेटवर्किंग के लिए ओपन सिस्टम इंटरकनेक्शन (OSI) संदर्भ मॉडल में अनुरूप होते हैं। प्रोटोकॉल के प्रकारों में निम्नलिखित हैं:

(a) Data-link protocols
डेटा–लिंक प्रोटोकॉल

(b) Communication or Network protocols
कम्युनिकेशन या नेटवर्क प्रोटोकॉल

(c) Transport protocols
ट्रांसपोर्ट प्रोटोकॉल

(d) Application layer protocols
एप्लीकेशन लेयर प्रोटोकॉल

Here, we discuss communication protocols in detail.
यहां, हम संचार प्रोटोकॉल पर विस्तार से चर्चा करते हैं।

1.13.1 Application Layer Protocols (एप्लीकेशन लेयर प्रोटोकॉल)

CoAP (Constrained Application Protocol) (CoAP (कन्स्ट्रैनेड एप्लीकेशन प्रोटोकॉल))

CoAP is an internet-utility protocol created specifically for connecting devices with limited (con strained) resources such as a small memory or short battery life. This protocol is primarily used for Machine-to-Machine (M2M) communication and is particularly designed for IoT systems that are based on HTTP protocols. Using this protocol, the client can send a request to the server and the server can send back the response to the client in HTTP. It makes use of UDP (User Datagram Protocol) and reduces space usage. CoAP is an application layer protocol for IoT and uses request-response model, uses client/server architecture, and supports methods such as GET, POST, PUT and DELETE. CoAP protocol is used mainly in automation, mobiles, and microcontrollers.

COAP एक इंटरनेट–उपयोगिता प्रोटोकॉल है जो सीमित उपकरणों (कम्युनिकेशन) के साथ उपकरणों को जोड़ने के लिए विशेष रूप से निर्मित है।

यह प्रोटोकॉल मुख्य रूप से मशीन–टू–मशीन (M2M) संचार के लिए उपयोग किया जाता है और विशेष रूप से IoT सिस्टम के लिए डिजाइन किया गया है जो HTTP प्रोटोकॉल पर आधारित है। इस प्रोटोकॉल का उपयोग करके, क्लाइंट सर्वर को एक अनुरोध भेज सकता है और सर्वर क्लाइंट में प्रतिक्रिया को HTTP में वापस भेज सकता है। यह UDP (यूजर डेटाग्राम प्रोटोकॉल) का उपयोग करता है और स्पेस के उपयोग को कम करता है। सीओएपी आईओटी के लिए एक एप्लीकेशन लेयर प्रोटोकॉल है और अनुरोध–प्रतिक्रिया मॉडल का उपयोग करता है, क्लाइंट / सर्वर आर्किटेक्चर का उपयोग करता है, और जीईटी, पोस्ट, पीयूटी और DELETE जैसे तरीकों का समर्थन करता है। COAP प्रोटोकॉल का उपयोग मुख्य रूप से स्वचालन, मोबाइल और माइक्रोकंट्रोलर्स में किया जाता है।

Advantages (लाभ)

- It has reduced power requirements as it operates over UDP.

  इसने बिजली की जरूरतों को कम कर दिया है क्योंकि यह UDP के ऊपर संचालित होता है।

- Has smaller packet size, leading to faster communication.

  छोटे पैकेट का आकार है, जिससे तेजी से कम्युनिकेशन होता है।

- It has lower latency and consumes less power compare to HTTP.

  इसमें विलंबता कम होती है और बिजली की खपत कम होती है HTTP से तुलना में।

Disadvantages (नुकसान)

- CoAP is unreliable protocol due to use of UDP.

  UDP के उपयोग के कारण COAP अॅन–रिलाएबल प्रोटोकॉल है।

- It acknowledges each receipt of the message and hence increases processing time.

  यह संदेश की प्रत्येक प्राप्ति को स्वीकार करता है और इसलिए प्रसंस्करण समय बढ़ाता है।

- It does not verify whether the received message has been decoded properly or not.

  यह सत्यापित नहीं करता है कि प्राप्त मेसेज को ठीक से डिकोड किया गया है या नहीं।

MQTT (Message Queue Telemetry Transport) (MQTT (मैसेज क्यू टेलीमेट्री ट्रांसपोर्ट))

Message Queue Telemetry Transport (MQTT) is an open light-weight easy-to-implement messaging protocol for M2M communications. It is based on publish-subscribe model where the system consists of three main components: Publishers, Subscribers, and a Broker. The publisher collects data and sends it to subscribers. The broker tests publishers and subscribers, checking their authorization and ensuring security.

मैसेज क्यू टेलीमेट्री ट्रांसपोर्ट (MQTT) M2G संचार के लिए एक ओपन लाइट आसान करने वाला मेसैजिंग प्रोटोकॉल है। यह प्रकाशित–सदस्यता मॉडल पर आधारित है, जहां सिस्टम में तीन मुख्य घटक होते हैं: पब्लिशर, सब्सक्राइबर और ब्रोकर। पब्लिशर डेटा एकत्र करता है और ग्राहकों को भेजता है। ब्रोकर प्रकाशकों और ग्राहकों का परीक्षण करते हैं, उनके आथोराइजेशन की जांच करते हैं और सुरक्षा सुनिश्चित करते हैं।

It is well suited for constrained environments where devices have limited processing, low memory and low bandwidth requirement particularly for sensors and mobile devices on unreliable networks. MQTT collects data from various electronic devices and supports remote device monitoring. MQTT is ISO-approved and offers low power consumption and efficient data distribution via its minimized packet system. This makes it a great option for industrial IoT and mobile applications. MQTT is mainly used in devices which are economical and requires less power and memory. For instance, fire detectors, car sensors, smart watches, and apps for textbased messaging.

यह उन संकुचित वातावरणों के लिए अच्छी तरह से अनुकूल है जहां उपकरणों में सीमित प्रसंस्करण, कम मेमोरी और कम बैंडविड्थ की आवश्यकता होती है, जो कि सेंसर और मोबाइल उपकरणों के लिए राक्षग नेटवर्क पर होते हैं। MQTT विभिन्न इलेक्ट्रॉनिक उपकरणों से डेटा एकत्र करता है और दूरस्थ उपकरण निगरानी का समर्थन करता है। MQTT ISO–अनुमोदित है और अपने कम से कम पैकेट सिस्टम के माध्यम से कम बिजली की खपत और कुशल डेटा डिस्ट्रीब्यूशन प्रदान करता है। यह औद्योगिक IoT और मोबाइल अनुप्रयोगों के लिए एक बढ़िया विकल्प है। MQTT मुख्य रूप से उन उपकरणों में उपयोग किया जाता है जो किफायती हैं और उन्हें कम शक्ति और मेमोरी की आवश्यकता होती है। उदाहरण के लिए, फायर डिटेक्टर, कार सेंसर, स्मार्ट वॉच और टेक्स्ट–आधारित मैसेजिंग ऐप।

> *MQTT-S/MQTT-SN is an extension of MQTT, which is designed for low power and low cost devices.*
>
> MQTT-S/MQTT-SN MQTT का एक विस्तार है, जो कम बिजली और कम लागत वाले उपकरणों के लिए डिजाइन किया गया है।

Advantages (लाभ)

- MQTT is bandwidth efficient, lightweigth and is best used when your internet connection is unreliable.

  MQTT बैंडविड्थ कुशल, लाइटवेट है और इसका सबसे अच्छा उपयोग तब किया जाता है जब आपका इंटरनेट कनेक्शन अविश्वसनीय हो।

- MQTT is extremely simple, offering few control options and easy-to-implement.

  MQTT बेहद सरल है, कुछ कण्ट्रोल विकल्प और आसान–से–कार्यान्वयन की पेशकश करता है।

- Low power consumption and efficient data distribution.

  कम बिजली की खपत और कुशल डेटा वितरण।

- MQTT is best used when your node sends data at irregular intervals of time.

  MQTT का सबसे अच्छा उपयोग तब किया जाता है जब आपका नोड समय के अनियमित अंतराल पर डेटा भेजता है।

- MQTT is an asynchronous messaging protocol. This is best used for real time systems.

  MQTT एक एसिंक्रोनस मैसेजिंग प्रोटोकॉल है। यह वास्तविक समय प्रणालियों के लिए सबसे अच्छा उपयोग किया जाता है।

Disadvantages (नुकसान)

- MQTT is a very light messaging protocol and cannot support heavy payloads.

  MQTT एक बहुत ही लाइट मैसेजिंग प्रोटोकॉल है और भारी पेलोड का समर्थन नहीं कर सकता है।

- MQTT is best used to send your sensor data. You cannot send photos or video clips or audio using MQTT.

  MQTT आपके सेंसर डेटा को भेजने के लिए सबसे अच्छा उपयोग किया जाता है। आप MQTT का उपयोग करके फोटो या वीडियो क्लिप या ऑडियो नहीं भेज सकते।

XMPP(Extensible Messaging and Presence Protocol) (XMPP(एक्सटेंसिबल मैसेजिंग और प्रेजेंस प्रोटोकॉल))

The Extensible Messaging and Presence Protocol (XMPP) is an open technology for real-time communication originally designed for chats and messages exchange applications. It is used for applications such as instant messaging, presence, multi-party chat, voice and video calls etc. Other than the instant messaging apps such as Google Talk and WhatsApp, XMPP is also used in on-line gaming, news websites, and Voice over Internet Protocol (VoIP).

एक्सटेंसिबल मैसेजिंग एंड प्रेजेंस प्रोटोकॉल (XMPP) वास्तविक समय के संचार के लिए एक ओपन तकनीक है, जिसे मूल रूप से चैट और संदेश विनिमय अनुप्रयोगों के लिए डिजाइन किया गया है। इसका उपयोग इंस्टेंट मैसेजिंग, उपस्थिति, मल्टी–पार्टी चैट, वॉयस और वीडियो कॉल आदि जैसे अनुप्रयोगों के लिए किया जाता है। इंस्टैंट मैसेजिंग ऐप जैसे कि गूगल टॉक और व्हाट्सएप के अलावा, XMPP का उपयोग ऑन–लाइन गेमिंग, समाचार वेबसाइट में भी किया जाता है। वॉइस ओवर इंटरनेट प्रोटोकॉल (VOIP)।

Advantages (लाभ)

- XMPP offers an easy way to address a device.

  XMOP एक डिवाइस को संबोधित करने का एक आसान तरीका प्रदान करता है।

- Like MQTT, XMPP also makes use of the publish/subscribe mechanism of data sharing.

  MQTT की तरह, XMPP भी पब्लिश/सब्सक्राइब डेटा साझाकरण का उपयोग करता है।

Disadvantages (नुकसान)

- XMPP does not have a Quality of Service (QoS), like that of MQTT.

  XMPP में MQTT की तरह क्वालिटी ऑफ सर्विस (QoS) नहीं है।

- Further, the text-based communication increases the overhead when compared to its binary based equivalent.

  इसके बाइनरी आधारित समकक्ष की तुलना में, टेक्स्ट आधारित संचार ओवरहेड को बढ़ाता है।

DDS(Data Distribution Service) (DDS(डेटा डिस्ट्रीब्यूशन सर्विस))

DDS (Data Distribution Service) is an IoT standard for real-time, scalable and high-performance machine-to-machine communication. It was developed by the Object Management Group (OMG). It uses a publish/subscribe architecture where publishers create topics to which subscribers can use. In real-time distributed applications, publish/subscribe is the most efficient communication design pattern to use. It enables delivery of data to multiple destinations without having to add a lot of code to your applications to track all of these destinations.

DDS (डेटा डिस्ट्रीब्यूशन सर्विस) वास्तविक समय, स्केलेबल और उच्च–प्रदर्शन मशीन–टू–मशीन संचार के लिए एक IoT स्टैन्डर्ड है। इसे ऑब्जेक्ट मैनेजमेंट ग्रुप (OMG) द्वारा विकसित किया गया था। यह एक पब्लिश/सब्सक्राइव वास्तुकला का उपयोग करता है जहां पब्लिशर उन विषयों को बनाते हैं जिनका ग्राहक उपयोग कर सकते हैं। वास्तविक समय में वितरित अनुप्रयोगों में, पब्लिशर/सब्सक्राइव उपयोग करने के लिए सबसे कुशल संचार डिजाइन पैटर्न है। यह इन सभी गंतव्यों को ट्रैक करने के लिए आपके एप्लिकेशन में बहुत सारे कोड जोड़ने के बिना कई गंतव्यों तक डेटा पहुंचाने में सक्षम बनाता है।

DDS first gained widespread acceptance in aerospace and defense. DDS has now emerged as a standout technology for the Industrial Internet of Things (IIoT). DDS is a core connectivity standard for the rapidly growing Industrial Internet of Things (IIoT). IIoT has completely changed the industrial automation, healthcare, transportation, energy, smart cities etc. It is used in applications like financial trading, air-traffic control, smart grid management, and other big data applications.

पहले DDS ने एयरो–स्पेस और डिफेंस में व्यापक स्वीकृति प्राप्त की। DDS अब इंडस्ट्रियल इंटरनेट ऑफ थिंग्स (IIoT) के लिए एक स्टैंडआउट तकनीक के रूप में उभरा है। DDS तेजी से बढ़ते औद्योगिक इंटरनेट ऑफ थिंग्स (IIoT) के लिए एक मुख्य कनेक्टिविटी स्टैण्डर्ड है। IIoT ने औद्योगिक स्वचालन, स्वास्थ्य सेवा, परिवहन, ऊर्जा, स्मार्ट शहरों आदि को पूरी तरह से बदल दिया है। इसका उपयोग वित्तीय व्यापार, वायु–यातायात नियंत्रण, स्मार्ट ग्रिड प्रबंधन और अन्य बड़े डेटा जैसे अनुप्रयोगों में किया जाता है।

Advantages (लाभ)

- DDS is a feature-rich standard that transparently handles much of an IoT system's data connectivity complexity, therefore, easing developer efforts.

  DDS एक सुविधा संपन्न स्टैण्डर्ड है जो पारदर्शी रूप से IoT सिस्टम के डेटा कनेक्टिविटी जटिलता के बहुत से संभालता है, इसलिए, डेवलपर के प्रयासों को आसान बनाता है।
- DDS provides low-latency, high-throughput, scalable, real-time and reliable communication.

  DDS कम–विलंबता, उच्च–थ्रूपुट, मापनीय, वास्तविक समय और विश्वसनीय संचार प्रदान करता है।
- DDS can be used in small devices which occupies less area and as well as in the cloud.

  DDS का उपयोग उन छोटे उपकरणों में किया जा सकता है जो कम क्षेत्र और साथ ही साथ क्लाउड में रहते हैं।
- DDS implementations provide highperformance data communications, suitable for real-time.

  DDS कार्यान्वयन उच्च–प्रदर्शन डेटा संचार प्रदान करता है, जो वास्तविक समय के लिए उपयुक्त है।

Disadvantages (नुकसान)

- DDS is too heavyweight to be used in embedded systems.

  एम्बेडेड सिस्टम में उपयोग किए जाने के लिए DDS बहुत भारी है।
- DDS does not interface with web services.

  DDS वेब सेवाओं के साथ इंटरफेस नहीं करता है।
- DDS always consumes approximately twice the bandwidth when compared against MQTT.

  MQTT के मुकाबले DDS हमेशा बैंडविड्थ के लगभग दोगुना खपत करता है।

AMQP(Advanced Message Queuing Protocol) (AMQP(एडवांस्ड मैसेज कुयुइंग प्रोटोकॉल))

Advanced Message Queuing Protocol (AMQP) is an open source published standard for asynchronous messaging by wire. AMQP enables encrypted and interoperable messaging between organizations and applications. The protocol is used in client/server messaging and in IoT device management. Advanced Messaging Queuing Protocol used for business messaging. AMQP doesn't require the systems to be simultaneously available and works reliably over a distance or over poor networks. Like MQTT, AMQP also supports the publish/subscribe protocol of communication. It also has the Quality of Service (QoS) implemented, ensuring the safe passage of important data.

एडवांस्ड मैसेज कुयुइंग प्रोटोकॉल (AMQP) तार द्वारा असिक्रोनस संदेश के लिए एक ओपन सोर्स पब्लिशड स्टैण्डर्ड है। AMQP संगठनों और अनुप्रयोगों के बीच एन्क्रिप्टेड और इंटरऑपरेबल मैसेजिंग को सक्षम करता है। प्रोटोकॉल क्लाइंट/सर्वर मैसेजिंग और IoT डिवाइस प्रबंधन में उपयोग किया जाता है। उन्नत मैसेजिंग क्युइंग प्रोटोकॉल का उपयोग व्यापार संदेश भेजने के लिए किया जाता है। AMQP को सिस्टम साथ उपलब्ध होने की आवश्यकता नहीं होती है और यह दूर नेटवर्क पर मजबूती से काम करता है। MQTT की तरह, AMQP भी संचार के पब्लिश/सब्सक्राइव प्रोटोकॉल का समर्थन करता है। इसमें क्वालिटी ऑफ सर्विस (QoS) भी लागू है, जो महत्वपूर्ण डेटा के सुरक्षित मार्ग को सुनिश्चित करता है।

Advantages (लाभ)

- Like MQTT, AMQP also makes use of the publish/ subscribe mechanism of data sharing.

  MQTT की तरह, AMQP भी डेटा शेयरिंग के पब्लिश/सब्सक्राइव का उपयोग करता है।
- AMQP is a wire-level protocol (data send as stream of bytes), ensuring interoperability.

  AMQP एक वायर–लेवल प्रोटोकॉल (बाइट्स के रूप में डेटा भेजना) है, जिससे इंटरऑपरेबिलिटी सुनिश्चित होती है।
- Simple peer-to-peer and communication with intermediaries possible.

  इंटरमीडिआइसस के साथ सरल पीर टू पीर और संचार।

Disadvantages (नुकसान)

- Backward compatibility with older versions is not supported.

  पुराने संस्करणों के साथ बैकवर्ड कम्पेटिबिलिटी समर्थित नहीं है।

WebSocket

WebSocket is a protocol that provides bidirectional, full-duplex communications channels, over a single Transmission Control Protocol (TCP) socket. It is designed to be implemented in web browsers and web servers, but it can be used by any client or server application. It is part of the HTML 5 specification.

WebSocket एक प्रोटोकॉल है जो एक एकल ट्रांसमिशन कंट्रोल प्रोटोकॉल (TCP) सॉकेट पर द्वि–दिशात्मक, पूर्ण–द्वैध संचार चैनल प्रदान करता है। इसे वेब ब्राउजर और वेब सर्वर में लागू करने के लिए डिजाइन किया गया है, लेकिन इसका उपयोग किसी भी क्लाइंट या सर्वर एप्लिकेशन द्वारा किया जा सकता है। यह HTML 5 विनिर्देश का हिस्सा है।

Advantages (लाभ)

- Supports Duplex communication.
  द्वैध संचार का समर्थन करता है।
- With WebSockets, you can send and receive your data immediately.
  WebSockets के साथ, आप अपना डेटा तुरंत भेज और प्राप्त कर सकते हैं।
- Faster than HTTP.
  HTTP से भी तेज।

Disadvantages (नुकसान)

- Browser must be fully HTML5 compliant.
  ब्राउजर पूरी तरह से HTML5 के अनुरूप होना चाहिए।
- Takes over the communications protocol between the client and the server for a particular connection.
  किसी विशेष कनेक्शन के लिए क्लाइंट और सर्वर के बीच संचार प्रोटोकॉल लेता है।

HTTP (HyperText Transfer Protocol)

(HTTP (हाइपर टेक्स्ट ट्रांसफर प्रोटोकॉल))

HyperText Transfer Protocol is the best example of IoT network protocol. HTTP is the foundation of the client-server model used for data communication over the web. It is the most common protocol that is used for IoT devices when there is a lot of data to be published. HTTP is common application layer protocol in the TCP/IP stack to transfer web content over the internet. HTTP works as a request-response protocol between a client and server. It defines what actions browsers and servers should take in response to certain commands or messages. A web browser may be the client, and an application on a computer that hosts a web site may be the server. For example, when you enter a URL in your browser, this actually sends an HTTP command to the web server directing it to fetch and transmit the requested web page.

हाइपरटेक्स्ट ट्रांसफर प्रोटोकॉल IoT नेटवर्क प्रोटोकॉल का सबसे अच्छा उदाहरण है। HTTP वेब पर डेटा संचार के लिए उपयोग किए जाने वाले क्लाइंट–सर्वर मॉडल की नींव है। यह सबसे आम प्रोटोकॉल है जिसका उपयोग IoT उपकरणों के लिए किया जाता है जब बहुत अधिक डेटा प्रकाशित किया जाना है। HTTP इंटरनेट पर वेब कंटेट को स्थानांतरित करने के लिए TCP/IP स्टैक में सामान्य अनुप्रयोग परत प्रोटोकॉल है। HTTP क्लाइंट और सर्वर के बीच अनुरोध–प्रतिक्रिया प्रोटोकॉल के रूप में काम करता है। यह निर्धारित करता है कि कुछ कमांड या संदेशों के जवाब में ब्राउजर और सर्वर को क्या कार्रवाई करनी चाहिए। एक वेब ब्राउजर क्लाइंट हो सकता है, और एक कंप्यूटर पर एक एप्लिकेशन जो एक वेब साइट को होस्ट करता है, सर्वर हो सकता है। उदाहरण के लिए, जब आप अपने ब्राउजर में एक URL दर्ज करते हैं, तो यह वास्तव में वेब सर्वर को एक HTTP कमांड भेजता है जो इसे अनुरोधित वेब पेज को लाने और प्रसारित करने के लिए निर्देशित करता है।

> *HTTPS is the more secure version of HTTP, where S stands for secure.*
>
> HTTP का अधिक सुरक्षित संस्करण HTTPS है, जहाँ S है।

Advantages (लाभ)

- HTTP is a TCP/IP based communication protocol, that is used to deliver data (HTML files, image files, query results, etc.) on the World Wide Web.
  HTTP एक TCP/IP आधारित संचार प्रोटोकॉल है, जिसका उपयोग वर्ल्ड वेब पर डेटा (HTML फाइल्स, इमेज फाइल्स, क्वेरी परिणाम आदि) देने के लिए किया जाता है।
- HTTP is a generic and stateless protocol which can be used for other purposes as well using extensions of its request methods, error codes, and headers.
  HTTP एक जेनेरिक और स्टेटलेस प्रोटोकॉल है जिसका उपयोग अन्य उद्देश्यों के साथ–साथ अपने अनुरोध विधियों, त्रुटि कोड और हेडर के एक्सटेंशन का उपयोग करने के लिए किया जा सकता है।

Disadvantages (नुकसान)

- HTTP protocol is not preferred because of its cost, battery-life, energy saving, and more constraints.
  इसकी लागत, बैटरी–जीवन, ऊर्जा की बचत और अधिक बाधाओं के कारण HTTP प्रोटोकॉल को पसंद नहीं किया जाता है।
- HTTP does not encrypt the data while transferring data between client and server. The data transferred over HTTPS gets encrypted.
  क्लाइंट और सर्वर के बीच डेटा ट्रांसफर करते समय HTTP डेटा को एन्क्रिप्ट नहीं करता है। HTTPS पर स्थानांतरित डेटा एन्क्रिप्टेड हो जाता है।
- HTTP saves cookies/data on the client system.
  HTTP क्लाइंट सिस्टम पर कुकीज/डेटा बचाता है।

1.13.2 Transport Layer Protocol (ट्रांसपोर्ट लेयर प्रोटोकॉल)

Transmission Control Protocol (TCP)

(ट्रांसमिशन कंट्रोल प्रोटोकॉल (TCP))

TCP is a standard that defines how to establish and maintain a network conversation via which application programs can exchange data. TCP works with the Internet Protocol (IP), which defines how computers send packets of data to each other. TCP is based on a client-server communication model by which a user (client) receives a service such as a loaded web page from a server in the same network. TCP is not suited for IoT applications as IoT devices offer a varying traffic pattern due to their limitations.

टीसीपी एक स्टैण्डर्ड है जो एक नेटवर्क वार्तालाप को स्थापित करने और बनाए रखने के लिए परिभाषित करता है जिसके माध्यम से एप्लिकेशन प्रोग्राम डेटा का आदान–प्रदान कर सकते हैं। टीसीपी इंटरनेट प्रोटोकॉल (IP) के साथ काम करता है, जो परिभाषित करता है कि कंप्यूटर एक दूसरे को डेटा के पैकेट कैसे भेजते हैं। टीसीपी एक क्लाइंट–सर्वर संचार मॉडल पर आधारित है जिसके द्वारा एक उपयोगकर्ता (क्लाइंट) उसी नेटवर्क में एक सर्वर से वेब पेज लोड जैसी सेवा प्राप्त करता है। टीसीपी IoT अनुप्रयोगों के लिए अनुकूल नहीं है क्योंकि IoT डिवाइस अपनी सीमाओं के कारण अलग–अलग ट्रैफिक पैटर्न प्रदान करते हैं।

Advantages (लाभ)

- Ensures reliable transmission and ensures that data which arrives out of sequence should put back into order.
  विश्वसनीय प्रसारण सुनिश्चित करता है कि जो डेटा अनुक्रम से बाहर आता है उसे वापस ऑर्डर में डाल दिया जाए।
- Provides Error Detection.
  एरर जांच प्रदान करता है।
- Capability to ensure no duplicacy of packets and retransmit lost packets.
  पैकेट का कोई दोहराव ना हो, पर सुनिश्चित करने की क्षमता; और खोय हुए पैकेट को दुबारा भेजना।
- It helps you to establish/set up a connection between different types of computers. It operates also independently of the operating system.
  यह आपको विभिन्न प्रकार के कंप्यूटरों के बीच कनेक्शन स्थापित करने में मदद करता है। यह ऑपरेटिंग सिस्टम का स्वतंत्र रूप से संचालन भी करता है।

Disadvantages (नुकसान)

- The speed for TCP is slower.
  टीसीपी की गति धीमी है।
- You can't use for broadcast or multicast transmission.
  आप प्रसारण या मल्टीकास्ट ट्रांसमिशन के लिए उपयोग नहीं कर सकते।
- It doesn't offer clear separation from its services, interfaces, and protocols.
  यह अपने सर्विस, इंटरफेस और प्रोटोकॉल से स्पष्ट अलगाव की पेशकश नहीं करता है।

User Datagram Protocol (UDP)

(यूजर डेटाग्राम प्रोटोकॉल (UDP))

UDP (User Datagram Protocol) is an alternative communications protocol to Transmission Control Protocol (TCP) used primarily for establishing low-latency and loss tolerating connections between applications on the Internet. With UDP, computer applications can send messages, in this case referred to as datagrams, to other hosts on an Internet Protocol (IP) network without prior communications to set up special transmission channels or data paths. UDP is also better suited for real-time data applications such as voice and video.

UDP (यूजर डेटाग्राम प्रोटोकॉल) ट्रांसमिशन कण्ट्रोल प्रोटोकॉल (टीसीपी) के लिए एक वैकल्पिक संचार प्रोटोकॉल है जो मुख्य रूप से इंटरनेट पर अनुप्रयोगों के बीच कम–विलंबता और हानि सहन करने वाले कनेक्शन के लिए उपयोग किया जाता है। UDP के साथ, कंप्यूटर अनुप्रयोग संदेश भेज सकते हैं, इस मामले में डेटाग्राम के रूप में संदर्भित, इंटरनेट प्रोटोकॉल (IP) नेटवर्क पर डेटा पथों को सेट करता है। UDP वास्तविक समय डेटा अनुप्रयोगों जैसे आवाज और वीडियो के लिए बेहतर अनुकूल है।

UDP is a connectionless protocol that works at the transport layer. UDP transports datagrams but does not acknowledge their receipt. UDP also uses a port address to achieve datagram delivery, but this port address is simply a pointer to a process, not a connection identifier, as it is with TCP. The lack of overhead makes UDP faster than TCP. Hence, a sender wishing to send a small message and does not care much about reliability can use UDP.

UDP एक कनेक्शन रहित प्रोटोकॉल है जो ट्रांसपोर्ट लेयर पर काम करता है। यूडीपी डेटा ट्रांसपोर्ट करता है लेकिन उनकी रसीद स्वीकार नहीं करता है। यूडीपी डेटाग्राम डिलीवरी को प्राप्त करने के लिए एक पोर्ट एड्रेस का भी उपयोग करता है, लेकिन यह पोर्ट एड्रेस केवल प्रोसेस के लिए एक पॉइंटर है, कनेक्शन आइडेंटिफायर नहीं, क्योंकि यह टीसीपी के साथ है। ओवरहेड की कमी टीसीपी की तुलना में यूडीपी को तेज बनाती है। इसलिए, प्रेषक एक छोटा संदेश भेजना चाहता है और विश्वसनीयता के बारे में ज्यादा परवाह नहीं करता है, जो UDP का उपयोग कर सकता है।

If UDP detects some error while transmitting a datagram, it simply drops the datagram and does not inform the sender about the same.

अगर UDP एक डेटाग्राम को प्रेषित करते समय कुछ त्रुटि का पता लगाता है, तो यह केवल डेटाग्राम को छोड़ देता है और प्रेषक को इसके बारे में सूचित नहीं करता है।

> *UDP provides no flow control or acknowledgements for received packets.*
>
> UDP प्राप्त पैकेट के लिए कोई फ्लो कण्ट्रोल या स्वीकृति नहीं करता है।

Advantages (लाभ)

- UDP method is largely used by time-sensitive applications as well as by servers that answer small queries from a larger client base.

  UDP विधि का उपयोग बड़े पैमाने पर समय–संवेदनशील अनुप्रयोगों के साथ–साथ सर्वर द्वारा किया जाता है जो बड़े ग्राहक आधार से छोटे प्रश्नों का उत्तर देते हैं।
- Broadcast and multicast transmission are also available with UDP.

  UDP के साथ प्रसारण और मल्टीकास्ट ट्रांसमिशन भी उपलब्ध हैं।
- UDP is ideal to use with multimedia like VoIP.

  UDP मल्टीमीडिया जैसे VoIP के साथ उपयोग करने के लिए आदर्श है।

Disadvantages (नुकसान)

- In UDP protocol, a packet may not be delivered or delivered twice. It may be delivered out of order, so you get no indication.

  VDP प्रोटोकॉल में, एक पैकेट को दो बार वितरित या वितरित नहीं किया जा सकता है। इसे ऑर्डर से बाहर किया जा सकता है, इसलिए आपको कोई संकेत नहीं मिलता है।
- UDP has no congestion control, and flow control.

  यूडीपी का कोई कंजेस्टिव / फ्लो कण्ट्रोल नहीं है।
- UDP mostly like to suffer from worse packet loss

  UDP में ज्यादातर खराब पैकेट नुकसान होता है।

How does UDP Work? (UDP कैसे काम करता है?)

UDP gives a connectionless service. Each user datagram sent by UDP is an independent datagram. There is no relationship between the various user datagrams even when they are coming from the same source process and going to the same destination program. The user datagrams are not numbered. Moreover, each user datagram can travel a different path.

UDP एक कनेक्शन रहित सर्विस देता है। UDP द्वारा भेजा गया प्रत्येक उपयोगकर्ता डेटाग्राम एक स्वतंत्र डेटाग्राम है। जब वे एक ही स्रोत प्रक्रिया से आ रहे हैं और एक ही गंतव्य कार्यक्रम पर जा रहे हैं, तब भी यूजर डेटाग्राम के बीच कोई रिलेशन नहीं है। उपयोगकर्ता डेटाग्राम क्रमांकित नहीं हैं। इसके अलावा, प्रत्येक यूजर डेटाग्राम एक अलग पथ की यात्रा कर सकता है।

> *Each request must be small enough to fit into one user datagram. Only those processor sending short messages need to use UDP because it cannot cut messages into small segments.*
>
> प्रत्येक अनुरोध एक यूजर डेटाग्राम में फिट होने के लिए पर्याप्त छोटा होना चाहिए। केवल छोटे संदेश भेजने वाले प्रोसेसर को UDP का उपयोग करने की आवश्यकता होती है क्योंकि यह छोटे खंडों में संदेशों को डिवाइड नहीं सकता है।

Difference between TCP and UDP
(टीसीपी और यूडीपी के बीच अंतर)

- TCP is a connection-oriented protocol, whereas UDP is a connectionless protocol.

  टीसीपी एक कनेक्शन–ओरिएंटेड प्रोटोकॉल है, जबकि यूडीपी एक कनेक्शन रहित प्रोटोकॉल है।
- The speed for TCP is slower while the speed of UDP is faster

  टीसीपी की गति धीमी है जबकि यूडीपी की गति तेज है।
- TCP does error checking and also makes error recovery. On the other hand, UDP performs error checking, but it discards erroneous packets.

  टीसीपी त्रुटि जाँच करता है और त्रुटि सुधार भी करता है। दूसरी ओर, यूडीपी त्रुटि जाँच करता है, लेकिन यह गलत पैकेट्स का खुलासा करता है।
- TCP has acknowledgment segments, but UDP does not have any acknowledgment segment.

  टीसीपी के पास स्वीकृति सेक्शन हैं, लेकिन यूडीपी के पास कोई स्वीकृति सेक्शन नहीं है।
- TCP is heavy-weight, and UDP is lightweight.

  टीसीपी हैवी वेट वाला है, और यूडीपी हल्का है।

1.13.3 Network Layer Protocol
(नेटवर्क लेयर प्रोटोकॉल)

IPv4 (Internet Protocol version 4)
(IPv4 (इंटरनेट प्रोटोकॉल वर्जन 4))

IP (Internet Protocol) is the main networking protocol. There are two version of IP (IPv4 and IPV6). IPv4 is limited to 32-bit addresses, which only provide around 4.3 billion addresses in total, which is less than the current number of IoT devices that are connected

IP (इंटरनेट प्रोटोकॉल) मुख्य नेटवर्किंग प्रो–टोल है। IP (IPv4 और IPV6) के दो वर्जन हैं। IPv4 32–बिट एड्रेस तक सीमित है, जो कुल मिलाकर लगभग 4.3 बिलियन एड्रेस को प्रदान करता है, जो कि IoT उपकरणों की वर्तमान संख्या से कम है जो जुड़े हुए हैं

Advantages (लाभ)

- IPv4 allows data to be secured with encryption.
  IPv4 डेटा को एनक्रिप्शन के साथ सुरक्षित करने की अनुमति देता है।
- IPv4 is still widely used and the world is slow to convert to IPv6.
  IPv4 अभी भी व्यापक रूप से उपयोग किया जाता है और दुनिया IPv6 में बदलने के लिए धीमी है।

Disadvantages (नुकसान)

- The most significant drawback related to IPv4 is that it is difficult to configure it.
  IPv4 कॉन्फिगर करना मुश्किल है।
- The lack of address space - the number of different devices connected to the Internet grows exponentially, and the size of the address space is quickly exhausted.
  एड्रेस स्थान की कमी – इंटरनेट से जुड़े विभिन्न–फेरांट उपकरणों की संख्या तेजी से बढ़ती है, और एड्रेस स्थान का आकार जल्दी समाप्त हो जाता है।
- Weak protocol extensibility - the insufficient size of the IPv4 header, which does not accommodate the required number of additional parameters.
  वीक प्रोटोकॉल एक्स्टेंसिबिलिटी – IPv4 हेडर का अपर्याप्त आकार, जो अतिरिक्त मापदंडों की आवश्यक संख्या को संशोधित नहीं करता है।
- The problem of security of communications - no means are provided to limit access to information hosted on the network. IPv4 has never been designed for security.
  संचार की सुरक्षा की समस्या – नेटवर्क पर होस्ट किए गए इन्फारमेशन तक पहुंच को सीमित करने के लिए कोई साधन उपलब्ध नहीं कराया गया है। IPv4 को कभी भी सुरक्षा के लिए नहीं बनाया गया है।

IPv6 (Internet Protocol version 6) (IPv6 (इंटरनेट प्रोटोकॉल वर्जन 6))

IPv6 is the latest revision of the Internet Protocol (IP), the communications protocol that provides an identification and location system for computers on networks and routes traffic across the Internet. Every device on the Internet must be assigned an IP address in order to communicate with other devices. IPv6 uses a 128-bit address. Some of the features of the IPv6 are as following:

IPv6 इंटरनेट प्रोटोकॉल (IP), संचार प्रोटोकॉल का नवीनतम संशोधन है जो इंटरनेट पर नेटवर्क और मार्गों के यातायात के लिए एक पहचान और स्थान प्रणाली प्रदान करता है। इंटरनेट पर प्रत्येक डिवाइस को अन्य उपकरणों के साथ संवाद करने के लिए एक आईपी एड्रेस सौंपा जाना चाहिए। IPv6 एक 128–bit एड्रेस का उपयोग करता है। IPv6 की कुछ विशेषताएं हैं:

(a) Options are specified in an extension to the header that is examined only at the destination. Thus, network performance are speeded up.
विकल्प हैडर के लिए एक एक्सटेंशन में निर्दिष्ट हैं जो केवल डेस्टिनेशन में जांच की जाती है। इस प्रकार, नेटवर्क प्रदर्शन को गति दी जाती है।

(b) The introduction of an "any cast" address provides the possible gateway hosts. With this idea, any one of them can manage the forwarding of the packet to others. Anycast messages can be used to update routing tables along the line.
"किसी भी कास्ट" एड्रेस की शुरूआत संभव गेटवे होस्ट प्रदान करता है। इस विचार के साथ, उनमें से कोई भी पैकेट को अग्रेषित करने का प्रबंधन दूसरों को कर सकता है। लाइन के साथ राउटिंग टैबल को अपडेट करने के लिए एनीकट संदेशों का उपयोग किया जा सकता है।

(c) Packets can be identified as belonging to a particular "flow". Thus, packets that are part of a multimedia presentation, which needs to arrive in "real-time" can provide higher quality-of-service relative to other customers.
पैकेट को एक विशेष "प्रवाह" से संबंधित के रूप में पहचाना जा सकता है। इस प्रकार, पैकेट जो एक मल्टीमीडिया प्रस्तुति का हिस्सा हैं, जिसे "वास्तविक समय" में आने की आवश्यकता है, जो अन्य ग्राहकों के सापेक्ष उच्च गुणवत्ता वाली सेवा प्रदान कर सकता है।

(d) The IPv6 header now includes extensions that allow a packet to specify a mechanism for authenticating its origin. This helps for ensuring data integrity, and privacy.
IPv6 हेडर में अब एक्सटेंशन शामिल हैं जो एक पैकेट को इसकी उत्पत्ति को प्रमाणित करने के लिए एक तंत्र निर्दिष्ट करने की अनुमति देता है। यह डेटा इंटीग्रिटी, और गोपनीयता सुनिश्चित करने में मदद करता है।

Advantages (लाभ)

- IPv6 addressing scheme is much more efficient than IPv4 and has more Unique Addresses.
  IPv6 एड्रेसिंग स्कीम IPv4 की तुलना में बहुत अधिक कुशल है और इसमें अधिक यूनिक एड्रेस हैं।
- Auto-configuration.
  ऑटो–कॉन्फिगरेशन।
- No more private address collisions.
  कोई और निजी एड्रेस नहीं।
- Built-in authentication and privacy support
  अंतर्निहित प्रमाणीकरण और गोपनीयता समर्थन

Disadvantages (नुकसान)

- The process of making the switch to IPv6 from IPv4 is slow and tedious.
  IPv4 से IPv6 पर स्विच करने की प्रक्रिया धीमी और थकाऊ है।

Differences between IPv6 and IPv4 (IPv6 और IPv4 के बीच अंतर)

IPv6	IPv4
Doesn't provide broadcast messaging. प्रसारण संदेश प्रदान नहीं करता है।	Provides broadcast messaging. प्रसारण संदेश प्रदान करें।
Addresses are the 128-bit length. एड्रेस 128–बिट लंबा है।	Addresses are 32 bit long. एड्रेस 32–बिट लंबा है।
No checksum field available in the header. हेडर में कोई चेकसम फील्ड उपलब्ध नहीं है।	Checksum field available. चेकसम फील्ड उपलब्ध है।
Binary represented in hexadecimal. बाइनरी हेक्साडेसिमल में प्रतिनिधित्व किया।	Binary represented in decimals. बाइनरी दशमलव में प्रतिनिधित्व किया।
Placket flow identification is there. पैकेट फ्लो की पहचान है।	Packet flow identification isn't there. पैकेट फ्लो की पहचान नहीं है।

6LoWpan (IPv6 Low power Wireless Personal Area Networks) (6LoWpan (IPv6 लो पावर वायरलेस पर्सनल एरिया नेटवर्क))

6LoWPAN, an acronym for IPv6 over Low power Wireless Personal Area Networks, is a very popular standard for wireless communication. It is really the first wireless connectivity standard that was created for the IoT. 6LoWPAN has also an advantage over other Personal Area Networks, because peer-to-peer communication is simpler to implement when each device has a global address. The 6LoWPAN group has defined encapsulation and header compression mechanisms that allow IPv6 packets to be sent to and received from over IEEE 802.15.4 wireless based networks. 6LoWPAN gives IoT connectivity to very small, low-power devices to directly communicate with any other IP-based (Ethernet or Wi-Fi) server or device on the internet. The main aim of the protocol is to enable the smallest devices to use the internet protocol. This takes into consideration the low-power working condition and the low bandwidth of the devices. And thus, developing a protocol which acts as a bridge between the bigger and smaller devices was very hard.

6LWPAN, लो पावर वायरलेस पर्सनल एरिया नेटवर्क्स पर IPv6 के लिए एक संक्षिप्त नाम, वायरलेस संचार के लिए एक बहुत ही पॉपुलर स्टैण्डर्ड है। यह वास्तव में पहला वायरलेस कनेक्टिविटी स्टैण्डर्ड है जो IoT के लिए बनाया गया था। 6LWPAN का अन्य पर्सनल एरिया नेटवर्क पर भी एक फायदा है, क्योंकि प्रत्येक डिवाइस का ग्लोबल एड्रेस होने पर पीर–टू–पीर का संचार सरल होता है। 6LoWPAN समूह ने IEEE 802.15.4 वायरलेस आधारित नेटवर्क पर IPv6 पैकेट भेजने और प्राप्त करने की अनुमति देने वाले एनकैप्सुलेशन और हेडर कम्प्रेशन को परिभाषित किया है। 6LoWPAN इंटरनेट पर किसी भी अन्य आईपी–आधारित (ईथरनेट या वाई–फाई) सर्वर या डिवाइस के साथ सीधे कम्यूनिकेट करने के लिए बहुत छोटे, कम–बिजली उपकरणों को IoT कनेक्टिविटी देता है। प्रोटोकॉल का मुख्य उद्देश्य इंटरनेट प्रोटोकॉल का उपयोग करने के लिए सबसे छोटे उपकरणों को सक्षम करना है। यह कम–पावर वर्किंग और उपकरणों की कम बैंडविड्थ को ध्यान में रखता है। एक प्रोटोकॉल विकसित करना जो बड़े और छोटे उपकरणों के बीच एक सेतु का काम करता है।

Advantages (लाभ)

- 6LowPAN is a mesh network that is robust and scalable.

  6LPPAN एक मेष नेटवर्क है जो मजबूत और स्केलेबल है।

Disadvantages (नुकसान)

- The greatest challenge to 6LoWPAN is the lack of application that utilizes 6LoWPAN because it require extensive training as it is complicated to work with and requires extensive knowledge of IPv6 protocol.

  6LoWPAN के लिए सबसे बड़ी चुनौती, 6LoWPAN का उपयोग करने वाले अनुप्रयोग की कमी है क्योंकि इसमें व्यापक प्रशिक्षण की आवश्यकता होती है क्योंकि इसके साथ काम करने के लिए कॉम्प्लिकेटेड और IPv6 प्रोटोकॉल के व्यापक ज्ञान की आवश्यकता होती है।

- Another challenge with 6LoWPAN is that end users could not deploy this protocol easily as it requires extensive knowledge of stack and the workability.

  6LoWPAN के साथ एक और चुनौती यह है कि एंड यूजर इस प्रोटोकॉल को आसानी से तैनात नहीं कर सकते क्योंकि इसके लिए स्टैक और व्यावहारिकता के व्यापक ज्ञान की आवश्यकता होती है।

1.13.4 Link Layer Protocols (लिंक लेयर प्रोटोकॉल)

802.3 - Ethernet (802-3 – ईथरनेट)

Ethernet is based upon the IEEE 802.3 standard and is widely used to build LANs. IoT networks do not necessarily have to be wireless and by using Ethernet, an IoT system can be built upon existing electrical cable networks. For example, sensor units installed within a building automation system can use wired networking technologies like Ethernet.

ईथरनेट IEEE 802.3 स्टैण्डर्ड पर आधारित है और इसका उपयोग LAN के निर्माण के लिए व्यापक रूप से किया जाता है। IoT नेटवर्क का वायरलेस होना जरूरी नहीं है और ईथरनेट के इस्तेमाल से मौजूदा

इलेक्ट्रिकल केबल नेटवर्क पर IoT सिस्टम बनाया जा सकता है। उदाहरण के लिए, एक बिल्डिंग ऑटोमेशन सिस्टम के भीतर स्थापित सेंसर इकाइयां ईथरनेट जैसे वायर्ड नेटवर्किंग टेक्नोलॉजी का उपयोग कर सकती हैं।

802.11 - WiFi (802-11 – वाईफाई)

IEEE 802.11 is a collection of Wireless Local Area Network (WLAN) communication standards defines the WLAN specification, which is the baseline of the Wi-Fi standard. WiFi provides communication range in the order of 20 m (indoor) to 100 m (outdoor).

IEEE 802.11 वायरलेस लोकल एरिया नेटवर्क (WLAN) संचार स्टैण्डर्ड का एक संग्रह है जो WLAN विनिर्देश को परिभाषित करता है, जो वाई–फाई मानक की आधार रेखा है। वाईफाई 20 M (इन–डोर) से 100M (आउटडोर) के क्रम में संचार रेंज प्रदान करता है।

802.16 - WiMAX

IEEE 802.16 is a collection of wireless broadband standards. WiMAX (Worldwide Interoperability for Microwave Access) standards provide data rates from 1.5 Mb/s to 1 Gb/s.

IEEE 802.16 वायरलेस ब्रॉडबैंड स्टैण्डर्ड का एक संग्रह है। वाईमैक्स (माइक्रोवेव एक्सेस के लिए वर्ल्डवाइड इंटरऑपरेबिलिटी) स्टैण्डर्ड 1.5Mb/S से 1 GB/S तक डेटा दर प्रदान करते हैं।

802.15.4 - LR-WPAN

IEEE 802.15.4 is a collection of Low-Rate Wireless Personal Area Networks (LR-WPAN) standards. These standards form the basis of specifications for high level communications protocols such as Zigbee, 6LoWPAN and Wireless Highway Addressable Transducer Protocol (HART).

IEEE 802.15.4 लो–रेट वायरलेस पर्सनल एरिया नेटवर्क (LR-WPAN) स्टैण्डर्ड का एक संग्रह है। ये स्टैण्डर्ड उच्च स्तरीय संचार प्रोटोकॉल जैसे कि Zigbee, 6LoWPAN और वायरलेस हाईवे एड्रेसेबल ट्रांसड्यूसर प्रोटोकॉल (HART) के लिए विशिष्टताओं का आधार बनाते हैं।

2G/3G/4G/5G - Mobile communication (2G/3G/4G/5G – मोबाइल कम्युनिकेशन)

There are different generations of mobile communication standards including second generation (2G including GSM and CDMA), third generation (3G-including UMTS ad CDMA2000) and fourth generation (4G-including LTE). IoT devices based on these standards can communicate over cellular networks.

दूसरी पीढ़ी (GSM और CDMA सहित 2G), तीसरी पीढ़ी (3G सहित UTMS विज्ञापन CDMA 220) और चौथी पीढ़ी (4G सहित LTE) सहित मोबाइल कम्युनिकेशन स्टैण्डर्ड की विभिन्न पीढ़ियां हैं। इन स्टैण्डर्ड के आधार पर IoT डिवाइस सेलुलर नेटवर्क पर संचार कर सकते हैं।

1.14 IoT Enabling Technologies (IoT इनेबल्ड टेक्नॉलॉजी)

IoT enabling technologies includes Sensors, Cloud computing, Big data analytics, Communication protocols, Embedded system. These technologies are discussed below:

IoT इनेबल्ड टेक्नॉलॉजी में सेंसर, क्लाउड कंप्यूटिंग, बिग डेटा एनालिटिक्स, कम्युनिकेशन प्रोटोकॉल, एंबेडेड सिस्टम शामिल हैं। इन तकनीकों की चर्चा नीचे की गई हैः

1.14.1 Sensors (सेंसर)

A sensor is a device that is used to sense a physical condition or event. A sensor works by converting a non-electrical input into an electrical signal that can be sent to an electronic circuit. A sensor does not function by itself, it is a part of a larger system that comprises microprocessors, modem chips, power sources, and other related devices. The sensors, actuators, chipsets, MEMS, etc. that are embedded into 'smart' physical assets and devices. There has been a rapid growth in the use of smaller sensors that can be embedded in smartphones and wearables. Micro-electromechanical Systems (MEMS) Sensors.

सेंसर एक उपकरण है जिसका उपयोग फिजिकल स्थिति या घटना को महसूस करने के लिए किया जाता है। सेंसर एक नॉन–इलेक्ट्रिकल इनपुट को विद्युत सिग्नल में परिवर्तित करके काम करता है जिसे इलेक्ट्रॉनिक सर्किट में भेजा जा सकता है। सेंसर खुद से काम नहीं करता है, यह एक बड़ी प्रणाली का हिस्सा है जिसमें माइक्रोप्रोसेसर, मॉडेम चिप्स, पावर स्रोत और अन्य संबंधित डिवाइस शामिल हैं। सेंसर, एक्च्यूएटर, चिपसेट, एमईएमएस आदि जो 'स्मार्ट' भौतिक संपत्ति और उपकरणों में एम्बेडेड हैं। छोटे सेंसर के उपयोग में तेजी से वृद्धि हुई है जो स्मार्टफोन और वीयरबेल में एम्बेडेड हो सकते हैं। माइक्रो–इलेक्ट्रो–मैकेनिकल सिस्टम (MEMS) सेंसर।

A sensor converts a non-electrical input into an electrical signal that can be sent to an electronic circuit. An electronic device that produces electrical, optical, or digital data derived from a physical condition or event. Data produced from sensors is then electronically transformed, by another device, into information (output) that is useful in decision making done by 'intelligent' devices or individuals (people).

एक सेंसर एक नॉन–इलेक्ट्रिकल इनपुट को एक विद्युत संकेत में परिवर्तित करता है जिसे इलेक्ट्रॉनिक सर्किट में भेजा जा सकता है। इलेक्ट्रॉनिक उपकरण जो एक भौतिक स्थिति या घटना से उत्पन्न विद्युत–ऑप्टिकल, ऑप्टिकल या डिजिटल डेटा का उत्पादन करता है। सेंसर से उत्पादित डेटा फिर इलेक्ट्रॉनिक रूप से दूसरे उपकरण द्वारा, सूचना (आउटपुट) में बदल दिया जाता है, जो बुद्धिमान 'उपकरणों या व्यक्तियों (लोगों) द्वारा किए गए निर्णय लेने में उपयोगी होता है।

1.14.2 Cloud Computing (क्लाउड कम्प्यूटिंग)

Cloud computing or on-demand computing is an Internet-based computing service which involves the use of the network of remote servers rather than local server or personal computer, which host on the Internet for storing, managing, and processing the data (Figure 1.10).

क्लाउड कंप्यूटिंग या ऑन–डिमांड कंप्यूटिंग एक इंटरनेट–आधारित कंप्यूटिंग सेवा है जिसमें स्थानीय सर्वर या व्यक्तिगत कंप्यूटर के बजाय दूरस्थ सर्वर के नेटवर्क का उपयोग शामिल है, जो डेटा को संग्रहीत करने, प्रबंधित करने और संसाधित करने के लिए इंटरनेट पर होस्ट करता है (चित्र 1.10))।

Cloud computing is a transformative computing paradigm that involves delivering applications and services over the Internet. For example a cloud based application is used for visualizing the moisture level over a period of time, which can help in making decisions about irrigation schedule.

क्लाउड कंप्यूटिंग एक परिवर्तनकारी कंप्यूटिंग प्रतिमान है जिसमें इंटरनेट पर अनुप्रयोगों और सेवाओं को वितरित करना शामिल है। उदाहरण के लिए एक क्लाउड आधारित एप्लिकेशन का उपयोग समय की अवधि में नमी के स्तर को देखने के लिए किया जाता है, जो सिंचाई के शेड्यूल के बारे में निर्णय लेने में मदद कर सकता है।

Cloud computing involves provisioning of computing, networking and storage resources on demand and providing these resources as metered services to the users in a 'pay as you go model'.

क्लाउड कंप्यूटिंग में कंप्यूटिंग, नेटवर्किंग और स्टोरेज संसाधनों का प्रावधान शामिल है और इन संसाधनों को उपयोगकर्ताओं के लिए पैसों के रूप में प्रदान किया जाता है, जैसे कि आप मॉडल पर जाते हैं।

In cloud computing, Cloud is a large group of interconnected computers, which may be personal or public.

क्लाउड कंप्यूटिंग में, क्लाउड इंटरकनेक्टेड कंप्यूटर का एक बड़ा समूह है, जो प्रति–सोनल या सार्वजनिक हो सकता है।

Figure 1.10 Cloud Computing (क्लाउड कम्प्यूटिंग)

Consider an example: If you have a Gmail or Yahoo account, then you are already using Cloud Computing. As you do not know where exactly your e-mail and contacts are stored, and you can access your account via Internet.

एक उदाहरण पर विचार करें: यदि आपके पास जीमेल या याहू अकाउंट है, तो आप पहले से ही क्लाउड कम्प्यूटिंग का उपयोग कर रहे हैं। जैसा कि आप नहीं जानते कि वास्तव में आपके ई–मेल और संपर्क कहां संग्रहीत हैं, और आप इंटरनेट के माध्यम से अपने अकाउंट तक पहुंच सकते हैं।

Cloud computing allows: (क्लाउड कंप्यूटिंग में)

- Companies to focus on only projects which differentiate their businesses instead of on infrastructure and to avoid upfront infrastructure costs.
  कंपनियां केवल उन परियोजनाओं पर ध्यान केंद्रित करती हैं जो बुनियादी ढांचे के बजाय अपने व्यवसायों को अलग करती हैं और अग्रिम अवसंरचना लागत से बचती है।
- Enterprises to get their applications up and run faster, with less maintenance.
  कम रखरखाव के साथ उद्यम अपने अनुप्रयोगों को प्राप्त करने और तेजी से चलाने के लिए।
- To rapidly adjust the resources, to meet fluctuating and unpredictable business demand.
  उतार–चढ़ाव और अप्रत्याशित व्यापारिक मांग को पूरा करने के लिए संसाधनों को तेजी से समायोजित करना।

Cloud computing is highly demanded service or utility because of its:
क्लाउड कंप्यूटिंग इसकी वजह से अत्यधिक मांग वाली सेवा या उपयोगिता है:

- High computing power and performance.
  उच्च कंप्यूटिंग शक्ति और प्रदर्शन।
- Cheap cost of services.
  सेवाओं की सस्ती लागत।
- Scalability, accessibility and availability.
  स्केलेबिलिटी, पहुंच और उपलब्धता।

Properties (गुण)

The key properties of Cloud computing are: (क्लाउड कंप्यूटिंग के प्रमुख गुण हैं:)

- **User-centric:** Once the user gets connected to cloud, any data which is present there, such as images, videos, applications, becomes his/her property.
  यूजर–केंद्रित: एक बार उपयोगकर्ता क्लाउड से कनेक्ट हो जाता है, तो कोई भी डेटा जो वहां मौजूद है, जैसे कि चित्र, वीडियो, एप्लिकेशन, उसकी प्रॉपर्टी बन जाती है।
- **Task Centric:** In this, documents are given more priority than applications from which they are created.
  टास्क सेंट्रिक: इसमें दस्तावेजों को उन अनुप्रयोगों की तुलना में अधिक प्राथमिकता दी जाती है जिनसे वे बनाए जाते हैं।

- **Powerful:** Due to its computing power and mass data storage capability.

  शक्तिशाली: इसकी कंप्यूटिंग शक्ति और बड़े पैमाने पर डेटा स्टोरेज क्षमता के कारण।

- **Self-Healing:** Backups of every document is created automatically in the cloud.

  सेल्पफ हीलिंग: हर दस्तावेज का बैकअप क्लाउड में अपने आप बन जाता है।

- **Multi-tenancy & Intelligence:** Multi-tenancy means sharing of data among a large number of users, by using data mining and analysis for accessing information in an intelligent manner.

  मल्टी–टेनेंसी एंड इंटेलिजेंस: मल्टी–टेनेंसी का अर्थ है कि बड़ी संख्या में उपयोगकर्ताओं के बीच डेटा का उपयोग करके, डेटा खनन और बुद्धिमानी से जानकारी तक पहुंचने के लिए विश्लेषण का उपयोग करना।

- **Programmable:** Programming is associated with cloud computing, as processes such as backing up of data is done automatically, which requires programming.

  प्रोग्राम करने योग्य: प्रोग्रामिंग क्लाउड कंप्यूटिंग के साथ जुड़ा हुआ है, क्योंकि डेटा का बैकअप लेने जैसी प्रक्रिया स्वचालित रूप से की जाती है, जिसके लिए प्रोग्रामिंग की आवश्यकता होती है।

- **Flexible:** It matches with the needs of user.

  फ्लेक्सिबल: यह उपयोगकर्ता की जरूरतों के साथ मेल खाता है।

Characteristics (विशेषताएँ)

Key characteristics of cloud computing are: (क्लाउड कंप्यूटिंग की मुख्य विशेषताएं हैं:)

- **Agility:** It improves with users' ability to reprovision technological infrastructure resources.

  अगिलिटी: यह तकनीकी अवसंरचना संसाधनों को फिर से प्रावधान करने की उपयोगकर्ताओं की क्षमता में सुधार करता है।

- **Cost reductions claimed by cloud providers:** The capital investment in the data centre is assumed by the cloud provider and operation costs are passed onto the cloud data centre user.

  क्लाउड प्रदाताओं द्वारा दावा किए गए लागत में कटौती: डेटा केंद्र में पूंजी निवेश क्लाउड प्रदाता द्वारा ग्रहण किया जाता है और संचालन लागत क्लाउड डेटा उपयोगकर्ता पर पारित की जाती है।

- **Device and location independence:** It enables the users to access systems through web browser irrespective of their location or the device they are using.

  डिवाइस और स्थान की स्वतंत्राता: यह उपयोगकर्ताओं को अपने स्थान या उनके द्वारा उपयोग किए जाने वाले डिवाइस के बावजूद वेब ब्राउजर के माध्यम से सिस्टम तक पहुंचने में सक्षम बनाता है।

- **Maintenance:** Cloud computing applications maintenance is easier, as it does not need to be installed on each user's computer and can be accessed from many places, provided that there must be an internet connection.

  रखरखाव: क्लाउड कंप्यूटिंग अनुप्रयोगों का रखरखाव आसान है, क्योंकि इसे प्रत्येक उपयोगकर्ता के कंप्यूटर पर स्थापित करने की आवश्यकता नहीं है और इसे कई स्थानों से एक्सेस किया जा सकता है, बशर्ते कि इंटरनेट कनेक्शन होना चाहिए।

- **Multitenancy:** It enables the sharing of resources and costs across a large number of users.

  मल्टीटेनेंसी: यह बड़ी संख्या में उपयोगकर्ताओं के संसाधनों और लागत को साझा करने में सक्षम बनाता है।

- **Productivity:** It is increased as multiple users work on the same data simultaneously than waiting for it to be saved and e-mailed.

  प्रोडक्टिविटी: इसे एक ही डेटा पर एक साथ काम करने और ई–मेल किए जाने की प्रतीक्षा करने के बजाय एक से अधिक उपयोगकर्ताओं के काम करने के लिए बढ़ाया जाता है।

- **Time:** Time is saved as information does not need to be re-entered again and again when fields are matched, nor the users need to install an application software upgrades to their computer.

  समय: समय की बचत होती है क्योंकि फील्ड के मिलान होने पर जानकारी को बार–बार पुनरू दर्ज करने की आवश्यकता नहीं होती है, और न ही उपयोगकर्ताओं को अपने कंप्यूटर पर एप्लिकेशन सॉफ्टवेयर अपग्रेड स्थापित करने की आवश्यकता होती है।

- **Reliability:** It enables the use of multiple redundant sites, which makes well-designed cloud computing suitable for business continuity.

  रिलायबिलिटी: यह कई निरर्थक साइटों का उपयोग करने में सक्षम बनाता है, जो अच्छी तरह से डिजाइन किए गए क्लाउड कंप्यूटिंग को व्यवसायी के लिए उपयुक्त बनाता है।

- **Security:** It is improved due to centralization of data, security-focused resources, etc.

  सुरक्षा: यह डेटा के केंद्रीकरण, सुरक्षा–केंद्रित संसाधनों आदि के कारण बेहतर होता है।

Service Model (सर्विस मॉडल)

Service-oriented architecture advocates "everything as a service", whereas, on the other hand, cloud-computing providers offer their "services" according to different models. The three generally accepted modes of type of service offered are:

सेवा–उन्मुख वास्तुकला "हर चीज को सेवा के रूप में" की वकालत करता है, जबकि दूसरी ओर, क्लाउड–कंप्यूटिंग प्रदाता विभिन्न मॉडलों के अनुसार अपनी "सेवाएं" प्रदान करते हैं। दी जाने वाली सेवा के प्रकार के तीन आम तौर पर स्वीकार किए जाते हैं:

IaaS - Infrastructure as a Service (Servers and storage)

IaaS – इन्फ्रास्ट्रक्चर (सर्वर और स्टोरेज)

It provides physical hardware and software required by companies on the Internet. In other terms, IaaS refers to an on-line service which abstract the user from the detail of infrastructure (Infrastructure includes physical computing resources, location, data partitioning, scaling, security, backup etc.)

यह इंटरनेट पर कंपनियों द्वारा आवश्यक फिजिकल हार्डवेयर और सॉफ्टवेयर प्रदान करता है। अन्य शब्दों में, IaaS एक ऑन–लाइन सेवा को संदर्भित करता है जो उपयोगकर्ता को अवसंरचना के विस्तार से प्रभावित करता है (Infrastructure में फिजिकल कंप्यूटिंग संसाधन, स्थान, डेटा विभाजन, स्केलिंग, सुरक्षा, बैकअप आदि शामिल हैं)।

In this basic requirement for the consumer is to send a provisioning request for the number of server with data storage requirement. The server is provisioned and the access to the server is granted by the service provider.

इसमें उपभोक्ता के लिए मूल आवश्यकता डेटा भंडारण की आवश्यकता वाले सर्वर की संख्या के लिए एक प्रावधान अनुरोध भेजने की है। सर्वर का प्रावधान किया गया है और सर्वर तक पहुंच सेवा प्रदाता द्वारा दी गई है।

IaaS provides a cloud-based platform for servers, storage, memory, bandwidth and computing power on demand. User needs a platform substantial customization of IaaS services. Vendors such as Rack space and Amazon's EC2 provides server and storage on demand. What applications to be use and how to configure the data storage are left to the client. Sub-class of IaaS is "Communications as service".

IaaS सर्वर, स्टोरेज, मेमोरी, बैंडविड्थ पर कंप्यूटिंग शक्ति के लिए क्लाउड–आधारित प्लेटफॉर्म प्रदान करता है। उपयोगकर्ता का IaaS सेवाओं के एक प्लेटफॉर्म पर्याप्त अनुकूलन की आवश्यकता है। वैंडर्स जैसे कि रैक स्पेस और अमेजॅन के EC2 प्रो–विड्स सर्वर और स्टोरेज प्रदान करते हैं। उपयोग किए जाने वाले एप्लिकेशन और डेटा संग्रहण को कॉन्फिगर करने का तरीका क्लाइंट के लिए छोड़ दिया जाता है। IaaS की उप–श्रेणी "संचार सेवा के रूप में" है।

PaaS - Platform as a Service (Development)

PaaS – प्लेटफॉर्म एस सर्विस (डेवलपमेंट)

It provides a development environment or a realtime in cloud environment. The provider mainly develops toolkit and standards for the development and channels for distribution and payment. Generally, developer use PaaS (who develop and run their software solutions on a cloud platform without the cost and complexity of buying and managing the underlying hardware and software layers) and consumer user SaaS.

यह क्लाउड वातावरण में एक विकास वातावरण या एक वास्तविक समय प्रदान करता है। प्रदाता मुख्य रूप से वितरण और भुगतान के लिए विकास और चैनलों के लिए टूलकिट और स्टैण्डर्ड विकसित करता है। आमतौर पर, डेवलपर PaaS का उपयोग करते हैं (जो क्लाउड हार्डवेयर और सॉफ्टवेयर परतों को खरीदने और प्रबंधित करने की लागत और जटिलता के बिना क्लाउड प्लेटफॉर्म पर अपने सॉफ्टवेयर समाधान विकसित और चलाते हैं) और उपभोक्ता उपयोगकर्ता।

In this, cloud providers deliver a computing platform (which includes operating system, programming-language execution environment, database, and web server), on which an application developer can develop and run their software solutions without spending much cost.

इसमें क्लाउड प्रोवाइडर एक कंप्यूटिंग प्लेटफॉर्म (ऑपरेटिंग सिस्टम, प्रोग्रामिंग–लैंग्वेज एक्जीक्यूशन एन्वायरमेंट, डेटाबेस और वेब सर्वर शामिल होते हैं) डिलीवर करते हैं, जिस पर एक ऐप–टियन डेवलपर बिना ज्यादा खर्च किए अपना सॉफ्टवेयर सॉल्यूशन डेवलप और रन कर सकता है।

Example, web-hosting platform or a collaboration program which provides access to document sharing or video archival and retrieval.

उदाहरण, वेब–होस्टिंग प्लेटफॉर्म या एक सहयोग कार्यक्रम जो दस्तावेज साझा करने या वीडियो अभिलेखीय और पुनर्प्राप्ति तक पहुंच प्रदान करता है।

SaaS- Software as a Service (Application)

SaaS – सॉफ्टवेयर एस ए सर्विस (एप्लीकेशन)

It provides software applications over the Internet, Cloud based software services such as customer resource management or enterprise resource management and user gain access to application software and database.

यह इंटरनेट, क्लाउड आधारित सॉफ्टवेयर सेवाओं जैसे ग्राहक संसाधन प्रबंधन या एंटरप्राइज संसाधन प्रबंधन और उपयोगकर्ता सॉफ्टवेयर सॉफ्टवेयर और डेटाबेस तक पहुँच प्राप्त करने के लिए सॉफ्टवेयर अनुप्रगोग प्रदान करता है।

Example: Microsoft Live, which duplicates the Microsoft office suite for free on the Internet.

उदाहरण: Microsoft Live, जो इंटरनेट पर Microsoft ऑफिस सुइट को मुफ्त में उपलब्ध करता है।

SaaS is sometimes referred to as "on-demand software" as in this cloud providers manage the platform and infrastructure, on which the applications are run. It is priced on a pay-per-use basis or using a subscription fee.

SaaS को कभी–कभी "ऑन–डिमांड सॉफ्टवेयर" के रूप में संदर्भित किया जाता है क्योंकि इस क्लाउड प्रदाता प्लेटफॉर्म और बुनियादी ढांचे का प्रबंधन करते हैं, जिस पर एप्लीकेशन चलाए जाते हैं। इसका मूल्य

भुगतान–प्रति–उपयोग के आधार पर या सदस्यता शुल्क का उपयोग करके किया जाता है।

1.14.3 Big Data Analytics (बिग डेटा एनालिटिक्स)

The data transfer or receive through smart devices and environments are communicated through cloud computing or others servers and stored as big data. Big data is a collections of data sets whose volume, velocity or variety is so large that it is difficult to store, manage, process and analyze the data using traditional databases and data processing tools. Examples of big data generated by IoT systems are Weather Monitoring Stations, Machine sensor data from industrial systems, Health and fitness data, Location and tracking systems etc.

स्मार्ट उपकरणों और वातावरणों के माध्यम से डेटा ट्रांसफर या प्राप्त होता है, क्लाउड कंप्यूटिंग या अन्य सर्वर के माध्यम से संचार किया जाता है और बड़े डेटा के रूप में संग्रहीत किया जाता है। बिग डेटा, डेटा सेट का एक संग्रह है जिसकी मात्रा, वेग या विविधता इतनी बड़ी है कि पारंपरिक डेटाबेस और डेटा प्रोसेसिंग टूल का उपयोग करके डेटा को स्टोर करना, प्रबंधित करना, संसाधित करना और विश्लेषण करना मुश्किल है। IoT सिस्टम द्वारा उत्पन्न बड़े डेटा के उदाहरण हैं मौसम निगरानी स्टेशन, औद्योगिक सिस्टम से मशीन सेंसर डेटा, स्वास्थ्य और फिटनेस डेटा, स्थान और ट्रैकिंग डेटा आदि।

Characteristics of Big Data (बिग डेटा की विशेषताएँ)

Volume: A particular data can actually be considered as a Big Data or not, is dependent upon the volume of data. Hence, 'volume' is one characteristic which needs to be considered while dealing with Big Data.

वॉल्यूमः किसी विशेष डेटा को वास्तव में बिग डेटा के रूप में माना जा सकता है या नहीं, यह डेटा की मात्रा पर निर्भर है। इसलिए, 'वॉल्यूम' एक विशेषता है जिसे बिग डेटा से काम करने के दौरान विचार करने की आवश्यकता है।

Variety: It refers to heterogeneous sources and the nature of data, both structured and unstructured. Data in the form of email, photos, videos, monitoring devices, PDFs, audio etc. are also being considered in the analysis applications.

विविधताः यह विषम स्रोतों और डेटा की प्रकृति को संदर्भित करता है, दोनों स्ट्रक्चर्ड और अनस्ट्रकचर्ड। ईमेल, फोटो, वीडियो, मॉनिटरिंग डिवाइस, पीडीएफ, ऑडियो आदि के रूप में डेटा भी विश्लेषण अनुप्रयोगों में माना जा रहा है।

Velocity: It refers to the speed of generation of data i.e., how fast the data is generated and processed to meet the demands.

वेगः यह डेटा की पीढ़ी की गति को संदर्भित करता है, यानी, डेटा कितनी तेजी से उत्पन्न होता है और मांगों को पूरा करने के लिए समर्थक होता है।

Variability: It refers to the disparity which can be shown by the data at times, thus restrict the process of being able to handle and manage the data effectively.

भिन्नताः यह उस विषमता को संदर्भित करता है जिसे कई बार डेटा द्वारा दिखाया जा सकता है, इस प्रकार डेटा को प्रभावी ढंग से संभालने और प्रबंधित करने में सक्षम होने के समर्थक उपकर को प्रतिबंधित करता है।

Big data analytics refers to the method of analyzing huge volumes of big data. It is the process of collecting, organizing and analyzing a large amount of data to uncover hidden patterns, correlations, market trends and other meaningful information. It helps an organization understand the information contained in their data and use it to provide new opportunities to improve their business, which in turn leads to more efficient operations and higher profits.

बिग डेटा एनालिटिक्स से तात्पर्य बड़े डेटा के विशाल मात्रा के विश्लेषण की विधि से है। यह छिपे हुए प्रतिमानों, राज–संबंधों, बाजार के रुझान और अन्य सार्थक जानकारी को उजागर करने के लिए बड़ी मात्रा में डेटा एकत्र करने, व्यवस्थित करने और विश्लेषण करने की प्रक्रिया है। यह एक संगठन को उनके डेटा में निहित जानकारी को समझने में मदद करता है और अपने व्यवसाय को बेहतर बनाने के लिए नए अवसर प्रदान करने के लिए इसका उपयोग करता है, जिसके परिणामस्वरूप अधिक कुशल संचालन और उच्च लाभ होता है।

Big Data Analytics refers to the process of collecting, organizing, analyzing large data sets to discover different patterns and other useful information.

बिग डेटा एनालिटिक्स में विभिन्न पैटर्न और अन्य उपयोगी जानकारियों की खोज के लिए बड़े डेटा सेट को इकट्ठा करने, व्यवस्थित करने, विश्लेषण करने की प्रक्रिया को संदर्भित किया गया है।

1.14.4 Communication Protocols (कम्यूनिकेशन प्रोटोकॉल)

Communication protocol are format descriptions of digital message formats and rules. They are required to exchange messages in or between computing systems. Many wireless technologies are available today that are being used to interconnect IoT devices and the internet, consisting of various ranges WPAN and WLAN such as Wi-Fi, Infrared, Bluetooth etc.

कम्यूनिकेशन प्रोटोकॉल डिजिटल संदेश प्रारूप और नियमों के प्रारूप विवरण हैं। उन्हें कंप्यूटिंग सिस्टम में या उसके बीच संदेशों का आदान–प्रदान करना आवश्यक है। कई वायरलेस प्रौद्योगिकियां आज उपलब्ध हैं जिनका उपयोग IoT उपकरणों और इंटरनेट को जोड़ने के लिए किया जा रहा है, जिसमें विभिन्न रेंजों WPAN और WLAN जैसे कि वाई–फाई, इन्फ्रारेड, ब्लूटूथ आदि शामिल हैं।

1.14.5 Embedded Systems (एंबेडेड सिस्टम)

An Embedded system is a system that has computer hardware and software embedded to perform specific tasks. They include a processing unit, usually a general-purpose microcontroller (i.e. CPUs with integrated memory or peripheral interfaces), along with on-board peripheral components such as I/O ports, memory (program memory, RAM and EEPROM), A/D converter, oscillators, and more. An embedded system may be connected to sensors that collect information about the environment and actuators that are used to trigger functions within the system. Embedded system range from low-cost miniaturized devices such as Digital watch, Digital cameras, Vending machines appliances etc. Embedded systems are used in a range of industrial, commercial, and residential applications that range from controlling manufacturing systems to enabling vehicle safety features to powering home security systems and smart appliances.

एंबेडेड सिस्टम एक ऐसी प्रणाली है जिसमें कॉमप्यूटर हार्डवेयर और सॉफ्टवेयर प्रति–विशिष्ट कार्य के लिए एम्बेडेड होते हैं। वे एक प्रसंस्करण इकाई, आम तौर पर एक सामान्य–उद्देश्य वाले माइक्रोकंट्रोलर (एकीकृत मेमोरी या परिधीय इंटरफेस के साथ सीपीयू), ऑन–बोर्ड परिधीय कंपोनेंट्स जैसे I/O पोर्ट्स, मेमोरी (प्रोग्राम मेमोरी, रैम और EEPROM), A/D कनवर्टर, आस्क्लिलातोर, और अधिक। एक एम्बेडेड सिस्टम सेंसर से जुड़ा हो सकता है जो सिस्टम के भीतर फंक्शन को ट्रिगर करने के लिए उपयोग किए जाने वाले पर्यावरण और एक्चुएटर्स के बारे में जानकारी एकत्र करता है। एंबेडेड सिस्टम में कम लागत वाली मिनिअथरीजड डिवाइसेस जैसे डिजिटल वॉच, डिजिटल कैमरा, वेंडिंग मशीन अप्लायंसेज आदि शामिल हैं। एंबेडेड सिस्टम का उपयोग इंडस्ट्रियल, वाणिज्यिक और आवासीय अनुप्रयोगों की एक श्रेणी में किया जाता है जो विनिर्माण सिस्टम को नियंत्रित करने से लेकर वाहन को सक्षम करने तक होता है। घर की सुरक्षा प्रणालियों और स्मार्ट उपकरणों को पावर करने के लिए सुरक्षा सुविधाएँ।

Characteristics of Embedded Systems (एंबेडेड सिस्टम)

- All Embedded Systems are task specific. They do the same task repeatedly /continuously over their lifetime.

  सभी एंबेडेड सिस्टम कार्य विशिष्ट हैं। वे अपने जीवनकाल में बार–बार / लगातार एक ही कार्य करते हैं।

- Embedded systems are created to perform the task within a certain time frame. It must therefore perform fast enough.

  एंबेडेड सिस्टम एक निश्चित समय सीमा के भीतर कार्य करने के लिए बनाए जाते हैं। यह पर्याप्त तेजी से प्रदर्शन करते हैं।

- Built to function with little or no human intervention. A fully automatic washing machine works on its own after the programme is set and stops once the task is over.

  कम या कोई मानव अंतर–विचलन के साथ कार्य करने के लिए निर्मित। एक पूरी तरह से स्वचालित वाशिंग मशीन प्रोग्राम सेट होने के बाद अपने आप काम करती है और एक बार कार्य समाप्त होने के बाद रुक जाती है।

- Some embedded systems are designed to react to external stimuli and react accordingly. For example, a GPS tracking device.

  कुछ एम्बेडेड सिस्टम बाहरी उत्तेजनाओं पर प्रतिक्रिया करने और तदनुसार प्रतिक्रिया करने के लिए डिजाइन किए गए हैं। उदाहरण के लिए, जीपीएस ट्रैकिंग डिवाइस।

- The hardware of an embedded-system is used for security and performance.

  एम्बेडेड–सिस्टम के हार्डवेयर का उपयोग सुरक्षा और प्रदर्शन के लिए किया जाता है।

> *Embedded systems are small computers that are implemented as part of a larger system or product and designed to execute a specific function or application.*
>
> एंबेडेड सिस्टम छोटे कंप्यूटर होते हैं जिन्हें एक बड़े सिस्टम या उत्पाद के हिस्से के रूप में लागू किया जाता है और एक विशिष्ट फंक्शन या एप्लिकेशन को निष्पादित करने के लिए डिजाइन किया जाता है।

Advantages (लाभ)

- These systems are highly stable and reliable.

  ये सिस्टम अत्यधिक स्थिर और विश्वसनीय हैं।

- Embedded systems are made for specific tasks.

  एंबेडेड सिस्टम विशिष्ट कार्यों के लिए बनाए जाते हैं।

- The embedded systems are very small in size, hence can be carried and loaded anywhere.

  एम्बेडेड सिस्टम आकार में बहुत छोटा है, इसलिए कहीं भी ले जाया और लोड किया जा सकता है।

- These systems are fast. They also use less power.

  ये सिस्टम तेज हैं। वे कम बिजली का उपयोग भी करते हैं।

- The embedded systems optimize the use or resources available.

  एम्बेडेड सिस्टम उपयोग या उपलब्ध संसाधनों का अनुकूलन करते हैं।

- The embedded system is highly reliable.

  एम्बेडेड सिस्टम अत्यधिक विश्वसनीय है।

Disadvantages (नुकसान)

- Once configured, these systems cannot be changed.

  एक बार कॉन्फिगर करने के बाद, इन प्रणालियों को बदला नहीं जा सकता।

- Troubleshooting is difficult for embedded systems.

  समस्या निवारण एम्बेडेड सिस्टम के लिए मुश्किल है।

- It has hard to take backup of embedded files.
  इसमें एम्बेडेड फाइल्स का बैकअप लेना मुश्किल है।

1.14.6 Fog Computing (फॉग कम्प्यूटिंग)

Fog computing also known as Edge Computing is a term created by Cisco and it extends the concept of cloud computing to the network edge, making it ideal for Internet of Things (IoT) and other applications that require real-time interactions. It refers to a decentralized computing structure, where resources, including the data and applications, get placed in logical locations between the data source and the cloud. The fog computing platform lies between the cloud servers and the users. In a fog-enabled environment, the devices at the fog layer usually perform operations related to networking such as routers, gateways, bridges, and hubs.

फॉग कंप्यूटिंग को एज कम्प्यूटिंग के रूप में भी जाना जाता है, यह सिस्को द्वारा निर्मित एक शब्द है और यह नेटवर्क कंप्यूटिंग के लिए क्लाउड कंप्यूटिंग की अवधारणा का विस्तार करता है, जो इसे इंटरनेट ऑफ थिंग्स (IoT) और अन्य अनुप्रयोगों के लिए आदर्श बनाता है, जिन्हें वास्तविक समय के इंटरैक्शन की आवश्यकता होती है। यह एक विकेन्द्रीकृत कंप्यूटिंग संरचना को संदर्भित करता है, जहां डेटा और एप्लिकेशंस सहित संसाधन, डेटा स्रोत और क्लाउड के बीच लॉजिकल स्थानों पर रखे जाते हैं। फॉग कंप्यूटिंग प्लेटफॉर्म क्लाउड सर्वर और यूजर्स के बीच स्थित है। फॉग इनेबल्ड वातावरण में, कोहरे की परत पर डिवाइस आमतौर पर राउटर, गेटवे, ब्रिज और हब जैसे नेटवर्किंग से संबंधित कार्य करते हैं।

> *Fog computing is a type of network architecture that links cloud computing to the Internet of Things (IoT). It is a medium weighted extension of cloud computing in IoT domain.*
>
> फॉग कंप्यूटिंग एक प्रकार का नेटवर्क आर्किटेक्चर है जो क्लाउड कंप्यूटिंग को इंटरनेट ऑफ थिंग्स (IoT) से जोड़ता है। यह IoT डोमेन में क्लाउड कंप्यूटिंग का एक मध्यम विस्तार है।

1.14.7 Fog Computing Applications (फॉग कम्प्यूटिंग ऍप्लिकिशन)

Fog computing has many real-world applications. Popular fog computing applications include smart grid, smart city, smart buildings, vehicle networks and software-defined networks.

फॉग कंप्यूटिंग में कई वास्तविक दुनिया के अनुप्रयोग हैं। लोकप्रिय फॉग कंप्यूटिंग अनुप्रयोगों में स्मार्ट ग्रिड, स्मार्ट सिटी, स्मार्ट होम, वाहन नेटवर्क और सॉफ्टवेयर–परिभाषित नेटवर्क शामिल हैं।

Smart traffic management (स्मार्ट ट्रैफिक मैनेजमेंट)

Traffic management systems can use edge and fog computing for real-time data analysis to alter traffic lights and intelligent road signs the moment an accident or road blockage occurs. Also, better connectivity can reduce accidents and promote safe driving.

ट्रैफिक मैनेजमेंट सिस्टम ट्रैफिक लाइट और इंटेलिजेंट रोड को बदलने के लिए रियल–टाइम डेटा एनालिसिस के लिए एज और फॉग कंप्यूटिंग का इस्तेमाल कर सकते हैं। साथ ही, बेहतर कनेक्टिविटी दुर्घटनाओं को कम कर सकती है और सुरक्षित ड्राइविंग को बढ़ावा दे सकती है।

Smart cities and grids (स्मार्ट सिटी और ग्रिड)

For utilities and systems to run smoothly and effectively in smart cities, real-time, accurate data is essential. Also to run efficiently, a smart grid relies heavily on real time data of electrical production and consumption. Real-time data processing allows fog data being collected across a city to be processed faster.

उपयोगिताओं और प्रणालियों के लिए रगार्ट रिटी गें आरानी रो और प्रभावी ढंग से चलाने के लिए, वास्तविक समय, सटीक डेटा आवश्यक है। इसके अलावा कुशलता से चलाने के लिए, एक स्मार्ट ग्रिड बिजली के प्रोडक्शन और खपत के वास्तविक समय के आंकड़ों पर बहुत निर्भर करता है। रियल–टाइम डेटा प्रोसेसिंग एक शहर भर में फॉग के डेटा को तेजी से संसाधित करने की अनुमति देता है।

Industrial IoT (IIoT) (इंडस्ट्रियल IoT (IIoT))

Fog computing has also been applied in manufacturing in the IIoT (Industrial Internet of Things). This allows connected manufacturing devices with sensors and cameras to gather and process data locally, rather than send all of this data to the cloud. This achieves higher data accuracy while decreasing the amount of data packets (i.e., units of data) that need to be transported back and forth.

IIoT (इंडस्ट्रियल इंटरनेट ऑफ थिंग्स) में मैन्युफैक्चरिंग में फॉग कंप्यूटिंग भी लागू की गई है। यह स्थानीय स्तर पर डेटा को इकट्ठा करने और संसाधित करने के लिए सेंसर और कैमरों के साथ जुड़े विनिर्माण उपकरणों को अनुमति देता है, बजाय इस डेटा के सभी को क्लाउड में भेजने के लिए। यह डेटा पैकेट (डेटा की इकाइयों) की मात्रा को कम करते हुए उच्च डेटा सटीकता प्राप्त करता है जिसे आगे और पीछे ले जाने की आवश्यकता होती है।

1.14.8 How Fog Computing Works? (फॉग कंप्यूटिंग कैसे काम करता है?)

A fog computing framework can have a variety of components and functions depending on its application. It could include computing gateways that accept data from data sources or diverse collection endpoints such as routers and switches connecting assets within a network. Data parsing and analysis occurs in a smart hub, gateway, or router, thus limiting the amount of information that needs to be sent to the cloud for processing. Data that needs to be processed at once are analyzed at the gateway (i.e., within the network), while the rest are filtered then sent directly to the cloud.

फॉग कंप्यूटिंग ढांचे में इसके अनुप्रयोग के आधार पर कई प्रकार के घटक और कार्य हो सकते हैं। इसमें कंप्यूटिंग गेटवे शामिल हो सकते हैं जो डेटा स्रोतों से डेटा स्वीकार करते हैं या एक नेटवर्क के भीतर विभिन्न कनेक्टर्स जैसे राउटर और स्विचिंग एसेट्स को जोड़ते हैं। डेटा पार्सिंग और विश्लेषण एक स्मार्ट हब, गेटवे, या राउटर में होता है, इस प्रकार प्रसंस्करण के लिए क्लाउड पर भेजे जाने वाली जानकारी की मात्रा को सीमित करता है। डेटा जिन्हें एक बार संसाधित करने की आवश्यकता होती है, वे प्रवेश द्वार पर (जैसे, नेटवर्क के भीतर) एनालाइज्ड होते हैं, जबकि बाकी को फिल्टर्ड किया जाता है, फिर सीधे क्लाउड में भेजा जाता है।

Fog Computing vs Edge Computing (फॉग कम्प्यूटिंग vs एज कम्प्यूटिंग)

The terms fog computing and edge computing are used interchangeably, as both involve bringing intelligence and processing closer to where the data is created. However, the key difference between the two is where the intelligence and compute power is placed.

फॉग की गणना और एज कंप्यूटिंग का उपयोग एक–दूसरे के लिए किया जाता है, क्योंकि इसमें खुफिया जानकारी और प्रसंस्करण शामिल होता है जहां डेटा बनाया जाता है। हालांकि, दोनों के बीच प्रमुख अंतर वह जगह है जहां खुफिया और गणना शक्ति रखी जाती है।

In a fog environment, intelligence is at the local area network. Data is transmitted from endpoints to a gateway where it is then transmitted to sources for processing and return transmission. In edge computing, intelligence and power of the edge gateway or appliance are in devices such as programmable automation controllers.

फॉग के माहौल में, खुफिया लोकल एरिया नेटवर्क पर है। डेटा को एंडपॉइंट से एक गेटवे तक प्रेषित किया जाता है जहां यह फिर प्रसंस्करण और रिटर्न ट्रांसमिशन के लिए स्रोतों में प्रेषित होता है। एज कंप्यूटिंग में, एज गेटवे या उपकरण की बुद्धिमत्ता और शक्ति प्रोग्रामेबल ऑटोमेशन कंट्रोलर्स जैसे उपकरणों में होती है।

Advantages (लाभ)

- Since fog computing is connected to various nodes and the system is very complex so it maintains high security. Fog computing has all applicable security controls and processes in place which solves the problems of security risks.

  फॉग कंप्यूटिंग विभिन्न नोड्स से जुड़ा है और सिस्टम बहुत जटिल है इसलिए यह उच्च सुरक्षा बनाए रखता है। फॉग कंप्यूटिंग में सभी लागू सुरक्षा नियंत्रण और प्रक्रियाएं होती हैं जो सुरक्षा जोखिमों की समस्याओं को हल करती हैं।

- With fog computing, manufacturers and service providers offer their services at affordable rates.

  फॉग कंप्यूटिंग के साथ, निर्माताओं और सर्विस प्रदाता सस्ती दरों पर अपनी सेवाएं प्रदान करते हैं।

- Fog computing is the physical location of the devices, which are much closer to the users than the cloud servers. Such placement of the devices reduces latency (Latency is the delay between the transfer from one point to another) requirements and hence quick decisions can be made. This helps in avoiding accidents.

  फॉग कंप्यूटिंग उपकरणों का फिजिकल स्थान है, जो क्लाउड सर्वर की तुलना में उपयोगकर्ताओं के बहुत करीब हैं। उपकरणों के इस तरह के प्लेसमेंट में विलंबता कम हो जाती है (विलंबता एक बिंदु से दूसरे बिंदु पर स्थानांतरण के बीच की दूरी) की आवश्यकताएं हैं और इसलिए त्वरित डिसशन बनाया जा सकता है। यह एक्सीडेंट से बचने में मदद करता है।

- It offers better security. Fog nodes can be protected using same procedures followed in IT environment.

  यह बेहतर सुरक्षा प्रदान करता है। आईटी वातावरण में अपनाई जाने वाली प्रक्रियाओं का उपयोग करके फॉग नोड्स को प्रोटेक्ट किया जा सकता है।

- It processes selected data locally instead of sending them to the cloud for processing. So, it offers better privacy to the users data as they are analyzed locally. By keeping the process local, the IT team can keep track and control the devices that collect, analyze and store data.

  यह चयनित डेटा को प्रसंस्करण के लिए क्लाउड पर भेजने के बजाय स्थानीय रूप से संसाधित करता है। इसलिए, यह उपयोगकर्ताओं के डेटा को बेहतर गोपनीयता प्रदान करता है क्योंकि उनका स्थानीय स्तर पर विश्लेषण किया जाता है। प्रक्रिया को स्थानीय रखकर, आईटी टीम उन उपकरणों को ट्रैक और नियंत्रित कर सकती है जो डेटा एकत्र, विश्लेषण और संग्रहित करते हैं।

- Power efficiency of fog computing is one of the important advantage. Many likes to use fog computing due to its quality of being efficient, faster performance and processes.

  फॉग कंप्यूटिंग की शक्ति दक्षता महत्वपूर्ण लाभ में से एक है। कई लोग अपने कुशल, तेज प्रदर्शन और प्रक्रियाओं की गुणवत्ता के कारण फॉग कंप्यूटिंग का उपयोग करना पसंद करते हैं।

- The fog node, which is located in a smart router or gateway device, allows fog data to be processed on this smart device, so that only the necessary data gets further transmitted to the cloud, and decreases the bandwidth used. This leads to lower operational costs.

फॉग नोड, जो एक स्मार्ट राउटर या गेटवे डिवाइस में स्थित है, फॉग डेटा को इस स्मार्ट डिवाइस पर संसाधित करने की अनुमति देता है, ताकि केवल आवश्यक डेटा क्लाउड पर और अधिक संचारित हो, और उपयोग किए गए बैंडविड्थ को कम कर सके। इससे परिचालन लागत कम होती है।

Disadvantages (नुकसान)

- To achieve high data consistency in the fog computing is challenging and requires more efforts.
  फॉग कंप्यूटिंग में उच्च डेटा स्थिरता प्राप्त करने के लिए चुनौतीपूर्ण है और अधिक प्रयासों की आवश्यकता है
- Fog computing will realize global storage concept with infinite size and speed of local storage but data management is a challenge.
  फॉग की गणना ग्लोबल स्टोरेज को–अनंत का आकार और लोकल स्टोरेज की गति के साथ महसूस करेगी लेकिन डेटा प्रबंधन एक चुनौती है।
- Scheduling is complex as tasks can be moved between client devices, fog nodes and back end cloud servers.
  शेड्यूलिंग जटिल है क्योंकि क्लाइंट डिवाइस, फॉग नोड्स और बैक एंड क्लाउड सर्वर के बीच कार्यों को ले जाया जा सकता है।
- Power consumption is high in fog nodes compare to centralized cloud architecture. Also, cloud is more scalable than fog computing.
  फॉग नोड्स से केंद्रीकृत क्लाउड वास्तुकला के लिए बिजली की खपत अधिक है। साथ ही, फॉग कंप्यूटिंग की तुलना में क्लाउड अधिक स्केलेबल है।
- Using fog computing, a large volume of data is stored on the devices themselves. These devices are often located outside the office's physical location, and many companies or business managers feel that this configuration increases the risk of a data leak or hack.
  फॉग कंप्यूटिंग का उपयोग करते हुए, उपकरणों पर बड़ी मात्रा में डेटा संग्रहीत किया जाता है। ये उपकरण अक्सर कार्यालय के फिजिकल स्थान के बाहर स्थित होते हैं, और कई कंपनियों या व्यापार प्रबंधकों को लगता है कि इस कॉन्फिगरेशन से डेटा लीक या हैक होने का खतरा बढ़ जाता है।
- Enhanced edge devices and fog nodes may be located in less secure environments than a central cloud platform in a secure data centre can provide.
  एन्हांस्ड एज डिवाइसेस और फॉग नोड्स कम सुरक्षित वातावरण में स्थित हो सकते हैं, जो कि एक सुरक्षित डाटा सेंटर प्रदान करने वाले केंद्रीय क्लाउड प्लेटफॉर्म की तुलना में कम हो सकता है।
- Fog computing is very expensive because the organization needs to buy devices like hubs, routers, gateways.
  फॉग कंप्यूटिंग बहुत महंगी है क्योंकि संगठन को हब, राउटर, गेटवे जैसे उपकरणों को खरीदने की आवश्यकता है।

1.15 Building Blocks of IoT (आईओटी के बिल्डिंग ब्लॉक्स)

Four things form basic building blocks of IoT system -sensors, processors, gateways, applications. The sensors at access layer connected to switches called processors then gateways called routers then data stored in cloud. Each of these nodes has to have their own characteristics in order to form an useful IoT system.

सिस्टम सेंसर, प्रोसेसर, गेटवे, एप्लिकेशन यह IoT के बुनियादी निर्माण चार चीजें हैं। स्विच लेयर से जुड़े सेंसर जिसे प्रोसेसर कहा जाता है फिर गेटवे को राउटर कहा जाता है फिर क्लाउड में स्टोर किया गया डेटा। एक उपयोगी IoT सिस्टम बनाने के लिए इनमें से प्रत्येक नोड की अपनी विशेषताएं हैं।

1.15.1 Sensors & Actuators (सेंसर और एक्टडूएटर्स)

These form the front end of the IoT devices. Sensors are active in nature which means that realtime information is to be collected and processed. For example, sensors help monitor the state of industrial equipment, and in case of a pre-failure situation, an IoT system generates and sends automatic notifications to field engineers.

ये IoT उपकरणों के सामने के छोर का निर्माण करते हैं। सेंसर प्रकृति में सक्रिय हैं जिसका मतलब है कि वास्तविक समय की जानकारी एकत्र और संसाधित की जानी है। उदाहरण के लिए, सेंसर औद्योगिक उपकरणों की स्थिति की निगरानी करने में मदद करते हैं, और पूर्व–विफलता की स्थिति में, एक IoT सिस्टम उत्पन्न करता है और फील्ड इंजीनियरों को स्वचालित सूचनाएं भेजता है।

You have different sensors for different applications - temperature sensor for collecting temperature data, water quality for examining water quality, moisture sensor for measuring moisture content of the atmosphere or soil etc. The main purpose of sensor is to collect static or dynamic data from the physical world and give out data to its surrounding (actuators) to act upon. An actuator is a device, which can effect a change in the environment by converting electrical energy into some form of useful energy. As an example, you can consider a smart home system, which consists of many sensors and actuators. The actuators are used to lock/unlock the doors, switch on/off the lights or other electrical appliances, alert users of any threats through alarms or notifications, and control the temperature of a home etc.

आपके पास अलग–अलग अनुप्रयोगों के लिए अलग–अलग सेंसर हैं – तापमान डेटा एकत्र करने के लिए तापमान सेंसर, पानी की गुणवत्ता

की जांच के लिए पानी की गुणवत्ता, वातावरण या मिट्टी की नमी को मापने के लिए नमी सेंसर आदि। सेंसर का मुख्य उद्देश्य भौतिक से स्थिर या गतिशील डेटा एकत्र करना है दुनिया और अपने आसपास के (एक्ट्यूएटर्स) को कार्य करने के लिए डेटा देना। एक्टुएटर एक उपकरण है, जो विद्युत ऊर्जा को किसी उपयोगी ऊर्जा के रूप में परिवर्तित करके पर्यावरण में बदलाव को प्रभावित कर सकता है। एक उदाहरण के रूप में, आप एक स्मार्ट होम सिस्टम पर विचार कर सकते हैं, जिसमें कई सेंसर और एक्चुएटर हैं। एक्ट्यूएटर्स का उपयोग दरवाजों को लॉक/अनलॉक करने, रोशनी या अन्य बिजली के उपकरणों को चालू/बंद करने, अलार्म या सूचनाओं के माध्यम से किसी भी खतरे के उपयोगकर्ताओं को सचेत करने और घर के तापमान को नियंत्रित करने आदि के लिए किया जाता है।

Sensors are devices which converts physical parameters like temperature, motion etc. into the electrical signals.
सेंसर वे उपकरण हैं जो फिजिकल संकेतों जैसे तापमान, गति आदि को विद्युत संकेतों में परिवर्तित करते हैं।

Actuators are devices which is a contrast to sensors. It transforms electrical signals into physical movements.
एक्ट्यूएटर्स डिवाइस हैं जो सेंसर्स के विपरीत हैं। यह विद्युत संकेतों को फिजिकल आंदोलनों में बदल देता है।

1.15.2 Processors (प्रोसेसर)

Processors are the brain of the IoT system. Their main function is to process the data captured by the sensors and to extract the valuable data from the enormous amount of raw data collected.

प्रोसेसर IoT सिस्टम का मस्तिष्क हैं। उनका मुख्य कार्य सेंसर द्वारा कैप्चर किए गए डेटा को संसाधित करना और एकत्र किए गए रॉ डेटा की भारी मात्रा से मूल्यवान डेटा को निकालना है।

Processors mostly work on real-time basis and can be easily controlled by applications. These are also responsible for securing the data - that is performing encryption and decryption of data.

प्रोसेसर ज्यादातर वास्तविक समय के आधार पर काम करते हैं और अनुप्रयोगों द्वारा आसानी से नियंत्रित किया जा सकता है। ये डेटा को सुरक्षित करने के लिए भी जिम्मेदार हैं – जो कि डेटा का प्रति–एन्क्रिप्शन और डिक्रिप्शन है।

1.15.3 Gateways (गेटवे)

Gateways are responsible for routing the processed data and send it to proper locations for its (data) proper utilization. It provides network connectivity to the data. Network connectivity is essential for any IoT system to communicate. LAN, WAN, PAN etc., are examples of network gateways.

गेटवे प्रोसेस्ड डाटा को रूट करने के लिए जिम्मेदार हैं और इसे इसके (डेटा) उचित उपयोग के लिए उचित स्थानों पर भेजते हैं। यह डेटा को नेटवर्क कनेक्टिविटी प्रदान करता है। संचार के लिए किसी भी IoT सिस्टम के लिए नेटवर्क कनेक्टिविटी आवश्यक है। LAN, WAN, PAN आदि, नेटवर्क गेटवे के उदाहरण हैं।

1.15.4 Applications (एप्लीकेशन)

Applications form another end of an IoT system. Applications are essential for proper utilization of all the data collected.

These cloud based applications which are responsible for rendering effective meaning to the data collected. Applications are controlled by users and are delivery point of particular services. Examples of applications are: home automation apps, security systems, industrial control hub etc.

अनुप्रयोग एक IoT सिस्टम का दूसरा छोर बनाते हैं। एकत्र किए गए सभी डेटा के उचित उपयोग के लिए आवेदन आवश्यक हैं।

ये क्लाउड आधारित अनुप्रयोग जो एकत्र किए गए डेटा के लिए प्रभावी अर्थ प्रदान करने के लिए जिम्मेदार हैं। एप्लिकेशन उपयोगकर्ताओं द्वारा नियंत्रित होते हैं और विशेष सेवाओं के वितरण बिंदु होते हैं। अनुप्रयोगों के उदाहरण हैः होम ऑटोमेशन ऐप, सुरक्षा प्रणाली, औद्योगिक नियंत्रण केंद्र आदि।

1.16 The Logical and Physical Design of IoT (IoT का लॉजिकल और फिजिकल डिजाइन)

Logical design of an IoT system refers to an abstract representation of the entities and processes without going into the low-level detail of the implementation. The logical design is more conceptual and abstract than the physical design. In the logical design, you look at the logical relationships among the objects. In the physical design, you look at the most effective way of storing and retrieving the objects. Here, physical design means more than creating connected products, but forming an overall intelligent system. Your design should be oriented toward the needs of the end users.

IoT प्रणाली का लॉजिकल डिजाइन कार्यान्वयन के निम्नस्तरीय विवरण में जाने के बिना संस्थाओं और प्रोसेस के एक अमूर्त प्रतिनिधित्व को संदर्भित करता है। लॉजिकल डिजाइन फिजिकल डिजाइन की तुलना में अधिक वैचारिक और सार है। लॉजिकल डिजाइन में, आप ऑब्जेक्ट्स के बीच लॉजिकल रीलेशनशिप को देखते हैं। फिजिकल डिजाइन में, आप वस्तुओं को संग्रहीत करने और पुनः प्राप्त करने का सबसे प्रभावी तरीका देखते हैं। यहां, फिजिकल डिजाइन का अर्थ जुड़ा उत्पादों को बनाने से अधिक है, लेकिन एक समग्र बुद्धिमान प्रणाली का निर्माण करना है। आपका डिजाइन अंतिम उपयोगकर्ताओं की आवश्यकताओं की ओर उन्मुख होना चाहिए।

Comparison of logical and physical design is given below: (लॉजिकल और फिजिकल डिजाइन की तुलना:)

Logical Design लॉजिकल डिजाइन	Physical Design पिफजिकल डिजाइन
It is a high-level design without any detail. यह बिना किसी विस्तार के एक उच्च–स्तरीय डिजाइन है।	It is very detailed. यह बहुत विस्तृत है।
Here focus is on satisfying the design factors such as requirements, assumptions, and constraints. यहां आवश्यकताओं, जोखिमों, मान्यताओं और बाधाओं जैसे डिजाइन कारकों को संतुष्ट करने पर ध्यान दिया जाता है।	Here focus is on specific solutions i.e., how they are assembled and conrisks, figured. यहां ध्यान विशिष्ट समाधानों पर है, अर्थात, उन्हें कैसे इकट्ठा और कॉन्फिगर किया गया है।
It can be graphical, textual, or both. यह ग्राफिकल, टेक्स्टुअल या दोनों हो सकता है।	It is more graphical than textual, but can be both. यह टेक्स्ट की तुलना में अधिक ग्राफिकल है, लेकिन दोनों हो सकता है।

1.17 Functional Blocks of IoT (IoT के फंक्शनल ब्लॉक)

An IoT system comprises of a number of functional blocks that provide the system the capabilities for identification, sensing, actuation, communication, and management. These functional blocks are as follows:

IoT प्रणाली में कई फंक्शनल ब्लॉक शामिल होते हैं जो सिस्टम को पहचान, संवेदन, सक्रियता, संचार और प्रबंधन के लिए कैपेबिलिटीज प्रदान करते हैं। ये कार्यात्मक ब्लॉक निम्नानुसार हैं:

1.17.1 Device (उपकरण)

An IoT devices provide sensing, actuation, monitoring and control functions.

एक IoT डिवाइस सेंसिंग, एक्टिविटी, मॉनिटरिंग और कंट्रोल फंक्शन प्रदान करते हैं।

1.17.2 Communication (कम्युनिकेशन)

It handles communication for the IoT system.

यह IoT सिस्टम के लिए संचार को संभालता है।

1.17.3 Security (सुरक्षा)

It secures the IoT system by providing authentication, authorization, message and content integrity, and data security.

यह प्रमाणीकरण, प्राधिकरण, संदेश और कंटेट अखंडता और डेटा सुरक्षा प्रदान करके IoT प्रणाली को सुरक्षित करता है।

1.17.4 Application (आवेदन)

It provides an interface that the user's can use to control and monitor various aspects of IoT system.

यह एक इंटरफेस प्रदान करता है जिसका उपयोग उपयोगकर्ता IoT सिस्टम के विभिन्न पहलुओं को नियंत्रित और मॉनिटर करने के लिए कर सकता है।

1.17.5 Services (सेवाएँ)

An IoT system uses various types of IoT services such as services for device monitoring, device control services, data publishing services and services for device discovery.

IoT सिस्टम विभिन्न प्रकार की IoT सेवाओं का उपयोग करता है जैसे डिवाइस की निगरानी के लिए सेवाएं, डिवाइस नियंत्रण सेवाएँ, डेटा प्रकाशन सेवाएं और डिवाइस खोज के लिए सर्विसेज।

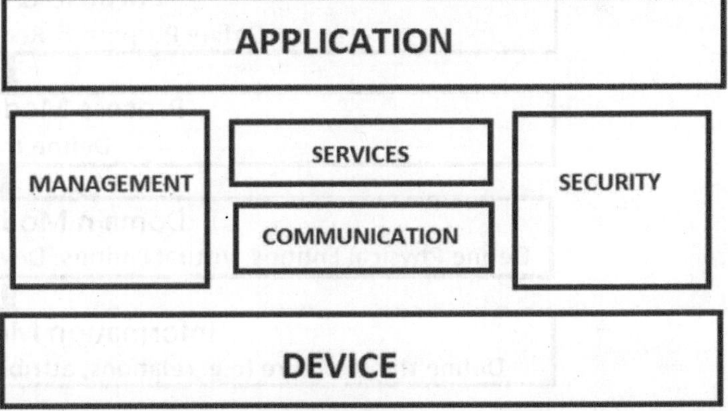

Figure 1.11 Functional blocks of IoT (IoT के फंक्शनल ब्लॉक)

1.18 IoT Design Methodology (IoT डिजाइन मेथेडोलोग्य)

Design methodology refers to the development of a system or method for a unique situation. Designing for the Internet of Things (IoT) is the designing of connected products. IoT systems combine physical and digital components that collect data from physical devices and deliver actionable, operational insights. These components include: physical devices, sensors, data extraction and secured communication, gateways, cloud servers, analytics, and dashboards. (Figure 1.12).

डिजाइन मेथेडोलोग्य एक अद्वितीय स्थिति के लिए एक प्रणाली या विधि के विकास को संदर्भित करती है। इंटरनेट ऑफ थिंग्स (IoT) के लिए डिजाइनिंग कनेक्टेड उत्पादों की डिजाइनिंग है। IoT सिस्टम फिजिकल और डिजिटल घटकों को जोड़ती है जो फिजिकल उपकरणों से डेटा एकत्र करते हैं और कार्रवाई योग्य, परिचालन अंतर्दृष्टि प्रदान करते हैं।

इन कंपोनेंट्स में शामिल हैं: फिजिकल उपकरण, सेंसर, डेटा निष्कर्षण और सुरक्षित संचार, गेटवे, क्लाउड सर्वर, एनालिटिक्स और डैशबोर्ड। (चित्र 1.12 देखें)।

Purpose & requirements specification (उद्देश्य और आवश्यकताओं के विनिर्देश)

The first step in IoT design methodology is to define the purpose and requirements of the system. In this step, the system purpose, behavior and requirements such as data collection requirements, data analysis requirement, system management requirements, data privacy and security requirements, user interface requirements are captured.

IoT डिजाइन पद्धति में पहला कदम सिस्टम के उद्देश्य और आवश्यकताओं को परिभाषित करना है। इस चरण में, सिस्टम उद्देश्य, व्यवहार और आवश्यकताएं जैसे डेटा संग्रह आवश्यकताएं, डेटा विश्लेषण आवश्यकता, सिस्टम प्रबंधन आवश्यकताएं, डेटा गोपनीयता और सुरक्षा आवश्यकताएं, उपयोगकर्ता इंटरफेस आवश्यकता–माताएं कैप्चर की जाती हैं।

Process specification (प्रक्रिया विनिर्देश)

The second step in the IoT design methodology is to define the process specification. In this step, the use cases of the IoT system are formally described based on the derived from the purpose and requirement specification.

IoT डिजाइन पद्धति का दूसरा चरण प्रक्रिया विनिर्देश को परिभाषित करना है। इस चरण में, IoT सिस्टम के उपयोग मामलों को औपचारिक रूप से वर्णित किया गया है। उद्देश्य और आवश्यकता विनिर्देश से व्युत्पन्न के आधार पर।

Domain Model Specification (डोमेन मॉडल विशिष्टता)

The third step in the IoT design methodology is to define the Domain Model. This model describes the main concepts, entities and objects in the domain of IoT system to be designed. It also defines the attributes of the objects and relationships between objects. The domain model provides an abstract representation of

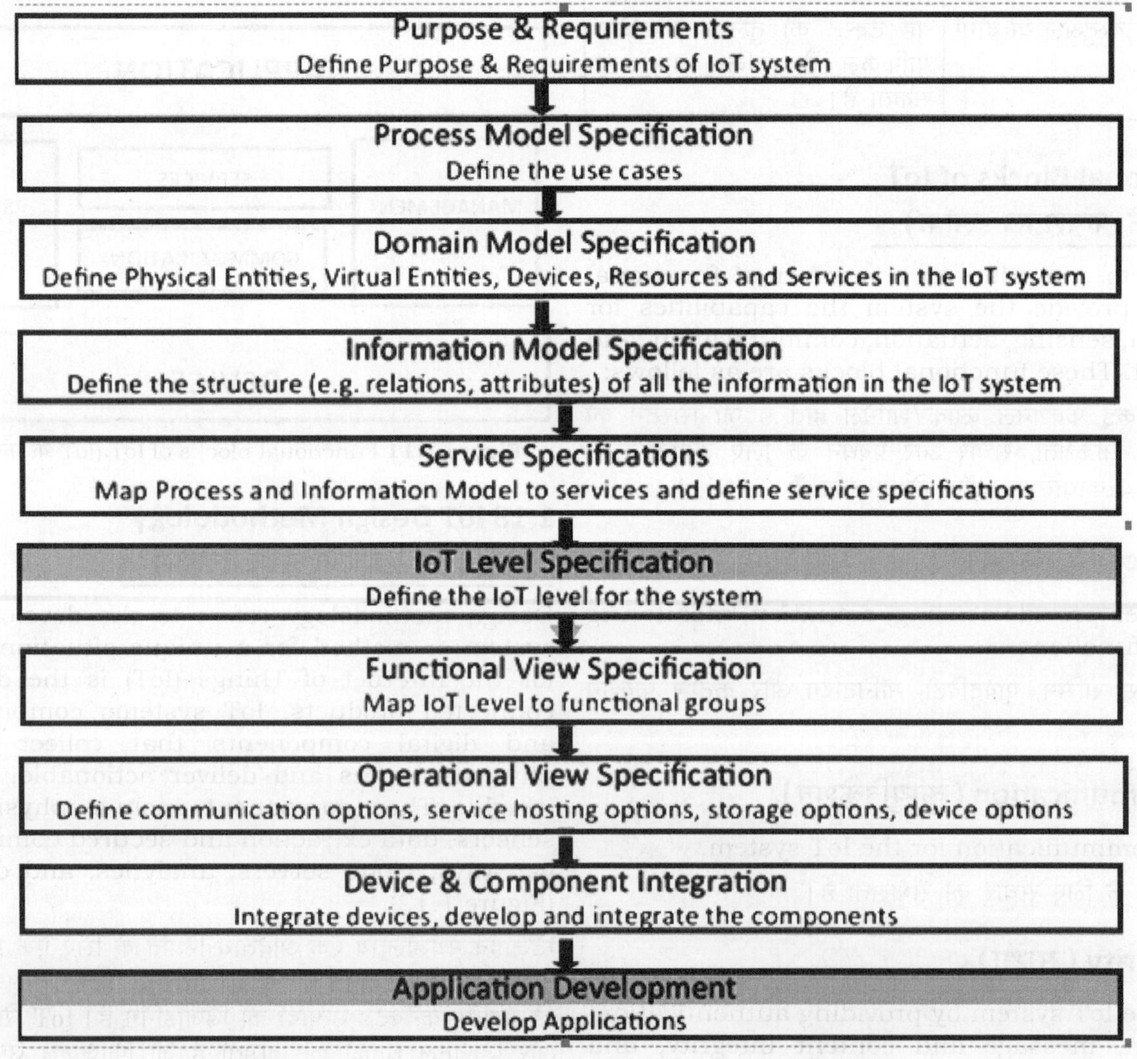

Figure 1.12 IoT Design Methodology (IoT डिजाइन मेथेडोलोजी)

the concepts, objects and entities in the IoT domain, independent of any specific technology or platform.

IoT डिजाइन पद्धति में तीसरा चरण डोमेन मॉडल को परिभाषित करना है। यह मॉडल डिजाइन किए जाने वाले IoT सिस्टम के डोमेन में मुख्य अवधारणाओं, संस्थाओं और वस्तुओं का वर्णन करता है। यह वस्तुओं की विशेषताओं और वस्तुओं के बीच रिलेशनशिप को भी परिभाषित करता है। डोमेन मॉडल आईओटी डोमेन में किसी भी विशिष्ट प्रौद्योगिकी या प्लेट–फॉर्म से स्वतंत्र, अवधारणाओं, वस्तुओं और संस्थाओं के एक अमूर्त प्रतिनिधित्व का समर्थन करता है।

Information Model Specification (सूचना मॉडल विशिष्टता)

The fourth step in the IoT design methodology is to define the Information Model. Information Model defines the structure of all the information in the IoT system, say, attributes of virtual entities, relations, etc. Information model does not describe the specifics of how the information is represented or stored.

IoT डिजाइन पद्धति में चौथा चरण सूचना मॉडल को परिभाषित करना है। सूचना मॉडल आईओटी प्रणाली में सभी सूचनाओं की संरचना को परिभाषित करता है, आभासी संस्थाओं की विशेषताएं, आदि। सूचना मॉडल इस बात की बारीकियों का वर्णन नहीं करता है कि जानकारी का प्रतिनिधित्व या संग्रह कैसे किया जाता है।

Services Specifications (सेवाएँ विनिर्देश)

The fifth step in the IoT design methodology is to define the service specifications. Service specifications define the services in the IoT system, service types, service input/output, service endpoints, service schedules, service preconditions and service effects.

IoT डिजाइन पद्धति में पांचवां चरण सेवा विनिर्देशों को परिभाषित करना है। सेवा विनिर्देश IoT प्रणाली, सेवा प्रकार, सेवा इनपुट/आउटपुट, सेवा समापन बिंदु, सेवा शेड्यूल, सेवा प्राथमिकता सेवाओं को परिभाषित करते हैं।

IoT Level Specification (IoT लेवल की विशिष्टता)

The sixth step in the IoT design methodology is to define the IoT level for the system.

IoT डिजाइन कार्यप्रणाली में छठा चरण सिस्टम के लिए IoT स्तर को परिभाषित करना है।

Functional View Specification (फंक्शनल व्यू विशिष्टता)

The seventh step in the IoT design methodology is to define the Functional view. The functional view defines the functions of the IoT systems grouped into various Functional groups. Each functional group either provides functionalities for interacting with instances of concepts defined in the Domain Model or provides information related to these concepts.

IoT डिजाइन पद्धति में सातवां चरण फंक्शनल व्यू को परिभाषित करना है। फंक्शनल व्यू विभिन्न कार्यात्मक समूहों में वर्गीकृत IoT सिस्टम के कार्यों को परिभाषित करता है। प्रत्येक कार्यात्मक समूह या तो डोमेन मॉडल में परिभाषित अवधारणाओं के उदाहरणों के साथ बातचीत करने के लिए कार्यक्षमता प्रदान करता है या इन अवधारणाओं से संबंधित जानकारी प्रदान करता है।

Operational View Specification (ऑपरेशनल व्यू स्पेसिफिकेशन)

The eighth step in the IoT design methodology is to define the Operational view specifications. In this step, various options pertaining to the IoT system deployment and operation are defined, such as, service hosting options, storage options, device options, application hoisting options, etc.

IoT डिजाइन कार्यप्रणाली में आठवां चरण ऑपरेशनल व्यू विनिर्देशों को परिभाषित करना है। इस चरण में, IoT सिस्टम परिनियोजन और ऑपरेशन से संबंधित विभिन्न विकल्पों को परिभाषित किया गया है, जैसे कि, सर्विस होस्टिंग विकल्प, स्टोरेज विकल्प, डिवाइस विकल्प, एप्लिकेशन उत्थापन विकल्प आदि।

Device and Component Integration (डिवाइस और घटक एकीकरण)

The ninth step in the IoT design methodology is the integration of the devices and components.

IoT डिजाइन कार्यप्रणाली में नौवां चरण उपकरणों और घटकों का एकीकरण है।

Application Development (एप्लीकेशन डेवलपमेंट)

The final step in the IoT design methodology is to develop the IoT application. The application has controls for the mode (auto on or auto off) and the light (on or off).

IoT डिजाइन पद्धति में अंतिम चरण IoT एप्लिकेशन को विकसित करना है। आवेदन में मोड (ऑटो पर या ऑटो बंद) और लाइट (चालू या बंद) के लिए नियंत्रण है।

1.19 Communication Models (कम्यूनिकेशन मॉडल)

1.19.1 Request-Response Communication Model (रिक्वेस्ट-रिस्पांस कम्यूनिकेशन मॉडल)

Request-Response is a communication model in which the client sends requests to the server and the server responds to the requests. When the server receives a request, it decides how to respond, fetches the data, retrieves resource representations, prepares the response and then sends the response to the client. Request-response is a stateless communication model and each request-response pair is independent of others. In stateless each request from client to server must contain all the information necessary to understand the request, and cannot take advantage of any stored context on the server. HTTP works as a request-response protocol between a client and server. (Figure 1.13).

रिक्वेस्ट–रिस्पांस एक कम्यूनिकेशन मॉडल है जिसमें क्लाइंट सर्वर को रिक्वेस्ट भेजता है और सर्वर रिक्वेस्ट का जवाब देता है। जब सर्वर को एक अनुरोध प्राप्त होता है, तो यह तय करता है कि कैसे प्रतिक्रिया दी जाए, डेटा प्राप्त किया जाए, संसाधन को फिर से लाया जा सके, प्रतिक्रिया तैयार करता है और फिर ग्राहक को प्रतिक्रिया भेजता है। अनुरोध–प्रतिक्रिया एक स्टेटलेस संचार मॉडल है और प्रत्येक अनुरोध–प्रतिक्रिया जोड़ी दूसरों से स्वतंत्र है। स्टेटलेस में क्लाइंट से सर्वर के प्रत्येक अनुरोध को कम करने के लिए आवश्यक सभी जानकारी होनी चाहिए, और सर्वर पर किसी भी संग्रहीत संदर्भ का लाभ नहीं उठा सकता है। HTTP क्लाइंट और सर्वर के बीच रिक्वेस्ट–रिस्पांस प्रोटोकॉल के रूप में काम करता है। (चित्र 1.13)।

Figure 1.13 Request-Response Communication Model
(रिक्वेस्ट–रिस्पांस कम्युनिकेशन मॉडल)

1.19.2 Publish-Subscribe Communication Model (पब्लिश सब्सक्राइव कम्यूनिकेशन मॉडल)

Publish-Subscribe is a communication model that involves publishers, brokers and consumers. Publishers are the source of data. Publishers send the data to the topics which are managed by the broker. Publishers are not aware of the consumers. Consumers subscribe to the topics which are managed by the broker. When the broker receives data for a topic from the publisher, it sends the data to all the subscribed consumers. (Figure 1.14).

पब्लिश–सब्सक्राइब एक कम्यूनिकेशन मॉडल है जिसमें पब्लिशर, ब्रोकर और कन्जूमर शामिल होते हैं। पब्लिशर डेटा का स्रोत हैं। प्रकाशक उन विषयों पर डेटा भेजते हैं जो ब्रोकर द्वारा प्रबंधित किए जाते हैं। प्रकाशकों को कन्जूमर की जानकारी नहीं है। कन्जूमर उन विषयों की सदस्यता लेते हैं जो ब्रोकर द्वारा प्रबंधित होते हैं। जब ब्रोकर प्रकाशक से किसी विषय के लिए डेटा प्राप्त करता है, तो वह सभी सब्सक्राइबर कंज्यूमर को डेटा भेजता है। (चित्र 1.14)।

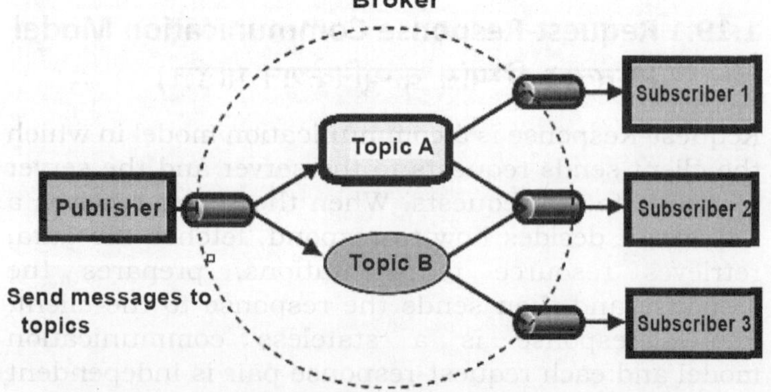

Figure 1.14 Publish-Subscribe Communication Model
(पब्लिश–सब्सक्राइव मॉडल)

1.19.3 Push-Pull Communication Model (पुश-पुल कम्यूनिकेशन मॉडल)

Push-Pull is a communication model in which the data producers push the data to queues and the consumers pull the data from the queues. In a pull-based communication model, the user issues a request for any specific information object. In contrast, in a push-based model interested parties get the information if they have previously subscribed it, and information gets distributed when it is available. Therefore, producers push information periodically or based on events to consumers.

पुश–पुल एक कम्यूनिकेशन मॉडल है जिसमें डेटा निर्माता डेटा को कतारों में पुश हैं और उपभोक्ता डेटा को कतारों से पुल हैं। पुल–आधारित संचार मॉडल में, उपयोगकर्ता किसी भी विशिष्ट सूचना ऑब्जेक्ट के लिए अनुरोध जारी करता है। इसके विपरीत, एक पुश–आधारित मॉडल में रुचि रखने दलों को यह जानकारी मिलती है कि क्या वे पहले इसे उप–स्कैन कर चुके हैं और उपलब्ध होने पर जानकारी वितरित हो जाती है। इसलिए, निर्माता समय–समय पर या उपभोक्ताओं को घटनाओं के आधार पर सूचना को पुश कर देते हैं।

Producers do not need to be aware of the consumers. Queues help in decoupling the messaging between the producers and consumers. Queues also act as a buffer which helps in situations when there is a mismatch between the rate at which the producers push data and the rate at which the consumers pull data. (Figure 1.15).

उपभोक्ताओं को जागरूक करने की आवश्यकता नहीं है। उत्पादकों और उपभोक्ताओं के बीच गड़बड़ी को कम करने में क्यू मदद करती हैं। क्यू एक बफर के रूप में भी कार्य करती हैं जो उन स्थितियों में मदद करती है जब दर उस दर के बीच एक बेमेल होती है जिस पर उत्पादक डेटा को पुश कर देते हैं और जिस दर पर उपभोक्ता डेटा पुल हैं। (चित्र 1.15)।

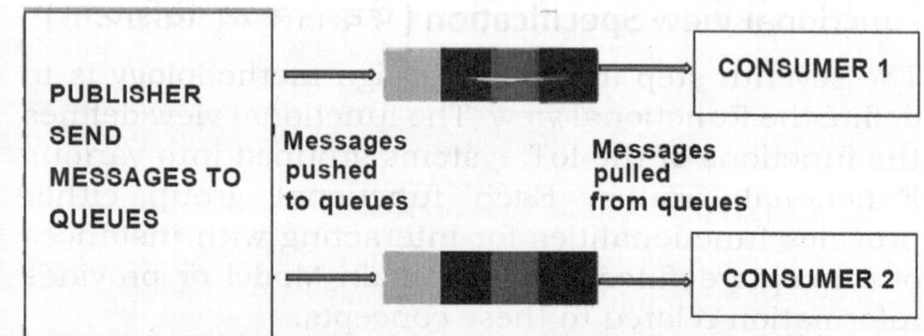

Figure 1.15 Push-Pull Communication Model
(पुश–पुल कम्यूनिकेशन मॉडल)

1.19.4 Exclusive Pair Communication Model (एक्सक्लूसिव पेयर कम्यूनिकेशन मॉडल)

Exclusive Pair is a bi-directional, fully duplex communication model that uses a persistent connection between the client and the server. Once the connection is set up it, remains open until the client sends a request to close the connection. Client and server can send messages to each other after connection setup. Exclusive pair is stateful communication model and the server is aware of all the open connections. (Figure 1.16).

एक्सक्लूसिव पेयर एक द्वि–दिशात्मक, पूरी तरह से द्वैध कम्यूनिकेशन मॉडल है जो क्लाइंट और सर्वर के बीच एक निरंतर कम्यूनिकेशन का उपयोग करता है। एक बार जब कनेक्शन सेट हो जाता है, तब तक खुला रहता है जब तक क्लाइंट कनेक्शन को बंद करने के लिए अनुरोध नहीं भेजता। कनेक्शन सेटअप के बाद क्लाइंट और सर्वर एक दूसरे को संदेश भेज सकते हैं। एक्सक्लूसिव पेयर स्टेटफुल कम्यूनिकेशन मॉडल है और सर्वर सभी ओपन कनेक्शनों से अवगत है। (चित्र 1.16)।

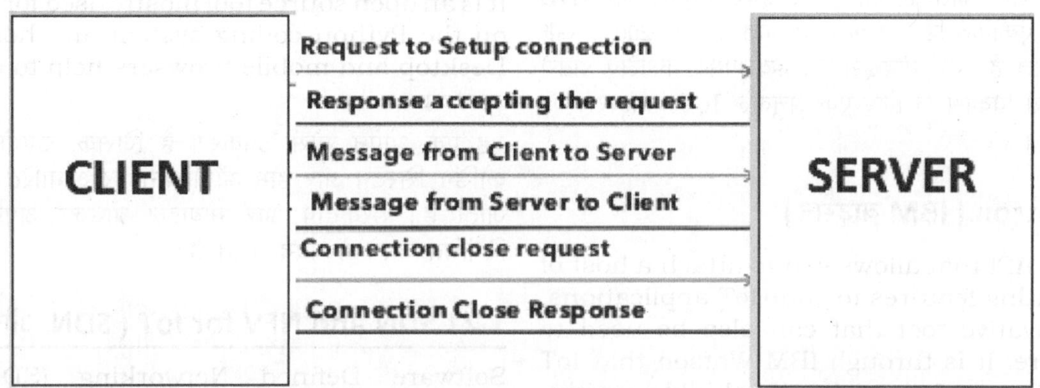

Figure 1.16 Exclusive Pair Communication Model (एक्सक्लूसिव पेयर कम्यूनिकेशन मॉडल)

1.20 Development Tools Used in IoT (डेवलपमेंट उपकरण आईओटी में उपयोग किए गए)

These tools help the developers to explore and create innovative IoT applications and devices.

ये उपकरण डेवलपर्स को अभिनव IoT अनुप्रयोगों और उपकरणों का पता लगाने और बनाने में मदद करते हैं।

1.20.1 Tessel 2 (टेसल 2)

It is used to build basic IoT prototypes and applications. Tessel 2 is a board which can hold up to a dozen modules including the RFID, camera, GPS and the accelerometer. Using Tessel 2 board, a developer can avail Ethernet connectivity, Wi-Fi connectivity, two USB ports, a micro USB port etc.

इसका उपयोग बुनियादी IoT प्रोटोटाइप और एप्लीकेशन बनाने के लिए किया जाता है। टेसल 2 एक बोर्ड है जो आरएफआईडी, कैमरा, जीपीएस और एक्सेलेरोमीटर सहित एक दर्जन से अधिक मॉड्यूल को होल्ड कर सकता है। टेसल 2 बोर्ड का उपयोग करके, एक डेवलपर ईथरनेट कनेक्टिविटी, वाई–फाई कनेक्टिविटी, दो यूएसबी पोर्ट, एक माइक्रो यूएसबी पोर्ट आदि का लाभ उठा सकता है।

1.20.2 Eclipse IoT

This tool allows the user to develop, adopt and promote open source IoT technologies. It is best suited to build IoT devices, cloud platforms, and gateways. Eclipse supports various projects related to IoT.

यह उपकरण उपयोगकर्ता को खुले स्रोत IoT प्रौद्योगिकियों को विकसित करने, अपनाने और बढ़ावा देने की अनुमति देता है। यह IoT डिवाइस, क्लाउड प्लेटफॉर्म और गेटवे बनाने के लिए सबसे उपयुक्त है। ग्रहण IoT से संबंधित विभिन्न परियोजनाओं का समर्थन करता है।

1.20.3 Arduino (अर्डिनो)

Arduino is an open-source prototyping and is easy and simple-to-use IoT platform. It is an open-source prototyping platform that offers both IoT hardware and software. Arduino operates through a set of hardware specifications that can be applied to interactive electronics. The software of Arduino comes in the form of the Arduino programming language and Integrated Development Environment (IDE). It is the most preferable IDEs in all IoT development tools.

Arduino एक ओपन–सोर्स प्रोटोटाइप है; यह आसान और सरल–से–उपयोग IoT प्लेटफॉर्म है। यह एक ओपन–सोर्स प्रोटोटाइप प्लेटफॉर्म है जो IoT हार्डवेयर और सॉफ्टवेयर दोनों प्रदान करता है। आर्डिनो हार्डवेयर विनिर्देशों के एक सेट के माध्यम से संचालित होता है जिसे इंटरैक्टिव इलेक्ट्रॉनिक्स पर लागू किया जा सकता है। आर्डिनो का सॉफ्टवेयर Arduino प्रोग्रामिंग लैंग्वेज और इंटीग्रेटेड डेवलपमेंट एनवायरमेंट (IDE) के रूप में आता है। यह सभी IoT डेवलपमेंट टूल्स में सबसे बेहतर IDE है।

1.20.4 PlatformIO (प्लेटफार्मIO)

It is a cross-platform IoT development environment. This platform comes with a build system, supported by a library manager and IDE. It comes with the integrated debugger and is compatible with more than 200 boards. It is the best for mobile app development and developers can use a friendly IoT environment for development.

यह एक क्रॉस–प्लेटफॉर्म IoT डेवलपमेंट एनवायरमेंट है। यह प्लेटफॉर्म एक बिल्ड सिस्टम के साथ आता है, जो एक लाइब्रेरी मैनेजर और IDE द्वारा समर्थित है। यह एकीकृत डिबगर के साथ आता है और 200 से अधिक बोर्ड के साथ संगत है। यह मोबाइल ऐप डेवलपमेंट के लिए सबसे अच्छा है और डेवलपर्स विकास के लिए एक अनुकूल IoT वातावरण का उपयोग कर सकते हैं।

1.20.5 IBM Watson (IBM वाटसन)

IBM Watson, an API that allows you to attach a host of cognitive computing features to your IoT applications. This is an innovative tool that can also be used to predict the future. It is through IBM Watson that IoT developers can successfully and swiftly build cognitive search and content analytics engines.

IBM वाटरान, एक API जो आपको अपने IoT अनुप्रयोगों में संज्ञानात्मक कंप्यूटिंग सुविधाओं के एक मेजबान को संलग्न करने की अनुमति देता है। यह एक अभिनव उपकरण है जिसका उपयोग भविष्यवाणी करने के लिए भी किया जा सकता है। यह IBM वाटसन के माध्यम से है कि IoT डेवलपर्स सफलतापूर्वक और तेजी से संज्ञानात्मक खोज और सामग्री विश्लेषिकी इंजन का निर्माण कर सकते हैं।

1.20.6 Raspbian

This IoT IDE is created for Raspberry Pi board. It is regarded as the best tool for Raspberry Pi for IoT app development. Another best part about this tool is that it is under constant development and has widened the reach for computing so that users can gain maximum benefits.

यह IoT IDE रास्पबेरी पाई बोर्ड के लिए बनाया गया है। यह IoT ऐप डेवलपमेंट के लिए रास्पबेरी पाई का सबसे अच्छा टूल माना जाता है। इस उपकरण के बारे में एक और सबसे अच्छी बात यह है कि यह निरंतर विकास के अधीन है और कंप्यूटिंग के लिए पहुंच को चौड़ा किया है ताकि उपयोगकर्ता अधिकतम लाभ प्राप्त कर सकें।

1.20.7 Kaax

It provides end to end support for IoT devices connected across the cloud. Due to its multipurpose middleware, it allows users to build connected applications. It helps developers to distribute firmware updates remotely, and to enable cross-platform interoperability.

यह क्लाउड पर जुड़े IoT उपकरणों के लिए एंड से एंड तक सहायता प्रदान करता है। अपने बहुउद्देश्यीय मिडलवेयर के कारण, यह उपयोगकर्ताओं को कनेक्टेड एप्लिकेशन बनाने की अनुमति देता है। यह डेवलपर्स को फर्मवेयर अपडेट को दूरस्थ रूप से वितरित करने और क्रॉस–प्लेटफॉर्म इंटरऑपरेबिलिटी को सक्षम करने में मदद करता है।

1.20.8 Home Assistant (होम असिस्टेंट)

It is an open source tool mostly used for functions based on the Python coding system and home automation. Desktop and mobile browsers help to control their IoT system.

यह एक ओपन सोर्स उपकरण है जिसका उपयोग ज्यादातर पायथन कोडिंग सिस्टम और होम ऑटोमेशन पर आधारित कार्यों के लिए किया जाता है। डेस्कटॉप और मोबाइल ब्राउजर अपने IoT सिस्टम को नियंत्रित करने में मदद करते हैं।

1.21 SDN and NFV for IoT (SDN और NFV IoT)

Software Defined Networking (SDN) is a new networking paradigm to make the current wireless and mobile networks more intelligent, efficient, secure, and scalable in order to handle the large amount of data produced in the IoT. SDN has been applied to IoT to facilitate networking applications such as heterogeneity, mobility management, QoS management and security.

सॉफ्टवेयर डिफाइंड नेटवर्किंग (SDN) IoT में उत्पादित डेटा की बड़ी मात्रा को संभालने के लिए वर्तमान तार–कम और मोबाइल नेटवर्क को अधिक बुद्धिमान, आकर्षक–सुरक्षित, सुरक्षित और स्केलेबल बनाने के लिए एक नया नेटवर्किंग प्रतिमान है। SDN को IoT के लिए लागू किया गया है ताकि विषमता, गतिशीलता मानव–आयु, QoS प्रबंधन और सुरक्षा जैसे नेटवर्किंग अनुप्रयोगों को सुविधाजनक बनाया जा सके।

A complementary approach to SDN is Network Function Virtualization (NFV). NFV separates the physical network equipment's (i.e., network address translator, firewall) from the functions that run on them. This way, numerous service providers can create several isolated virtual networks which could then share the physical network equipment's provided by the network infrastructure providers.

SDN के लिए एक पूरक दृष्टिकोण नेटवर्क फंक्शन वर्चुअलाइजेशन (NFV) है। NFV फिजिकल नेटवर्क उपकरण (यानी, नेटवर्क एड्रेस अनुवादक, फायरवॉल) को उन पर चलने वाले कार्यों से अलग करता है। इस तरह, कई सेवा प्रदाता कई अलग–अलग वर्चुअल नेटवर्क बना सकते हैं, जो तब नेटवर्क इन्फ्रास्ट्रक्चर प्रदाताओं द्वारा प्रदान किए गए फिजिकल नेटवर्क उपकरण को साझा कर सकते हैं।

REVIEW QUESTIONS WITH ANSWERS (रिव्यू प्रश्न और उत्तर)

A. Multiple Choice Questions (बहुविकल्पीय प्रश्न)

1. The ________ is the "Central Nervous System" that takes care of global services in the IoTs.
   a. Perception layer   b. Network layer
   c. Application layer   d. None of the above

   ________ "सेंट्रल नर्वस सिस्टम" है जो IoT में ग्लोबल सेवाओं का ध्यान रखता है।

   क. परसेप्शन लेयर   ख. नेटवर्क लेयर
   ग. एप्लीकेशन लेयर   घ. इनमे से कोई भी नहीं

2. Remotes enable entities that utilize IoT devices to connect and control them using a dashboard:
   a. Smartphones   b. Tablets & PCs
   c. Smartwatches   d. All of the above

   डैशबोर्ड का उपयोग करके कनेक्ट और नियंत्रित करने के लिए प्वज उपकरणों का उपयोग करने वाली संस्थाओं को सक्षम करता है:

   क. स्मार्टफोन्स   ख. टेबलेट और पीसी
   ग. स्मार्ट वॉचेस   घ. ऊपर के सभी

3. WiFi-ah (HaLow) designed specifically for:
   a. Low data rate   b. Long-range sensors
   c. Controllers   d. All of the above

   WiFi-ah (HaLow) विशेष रूप से इसके लिए डिजाइन किया गया है:

   क. कम डेटा दर   ख. लांग रेंज सेंसर
   ग. नियंत्रकों   घ. ऊपर के सभी

4. The RFID is a useful IoT architecture layer of the perception layer for:
   a. Object identifying
   b. Tracking
   c. Exchanging useful information
   d. All of the above

   RFID आर्किटेक्चर लेयर की एक उपयोगी IoT वास्तुकला परत है:

   क. वस्तु की पहचान
   ख. ट्रैकिंग
   ग. उपयोगी जानकारी का आदान प्रदान
   घ. ऊपर के सभी

5. What is the full form of HTTP?
   a. Hyphenation Text Test Program
   b. Hypertext Transfer Protocol
   c. Hypertext Transfer Package
   d. None of the above

   HTTP का पूर्ण रूप क्या है?

   क. हाइफनेशन टेक्स्ट टेस्ट प्रोग्राम
   ख. हाइपरटेक्स्ट ट्रांसफर प्रोटोकॉल
   ग. हाइपरटेक्स्ट ट्रांसफर पैकेज
   घ. इनमे से कोई भी नहीं

B. State True or False for the following: (निम्नलिखित कथन सही हैं या गलत)

1. An IoT ecosystem is a network of organizations that drives the creation and delivery of IoT products and services.
   IoT इकोसिस्टम ऑर्गनाइजेशन का एक नेटवर्क है जो IoT उत्पादों और सेवाओं के निर्माण और वितरण को संचालित करता है।
2. BLE is a low-power version of the popular Bluetooth 2.4 GHz wireless communication protocol.
   BLE लोकप्रिय ब्लूटूथ 2.4 GHz वायरलेस संचार प्रोटोकॉल का एक लो–पावर संस्करण है।
3. Bluetooth low energy is also called Bluetooth smart.
   ब्लूटूथ लो एनर्जी को ब्लूटूथ स्मार्ट भी कहा जाता है।
4. CoAP can be thought of as an alternative to HTTP.
   CoAP को HTTP के विकल्प के रूप में सोचा जा सकता है।
5. MQTT is a lightweight protocol, which makes it suitable for IoT applications.
   एमक्यूटीटी एक लाइट वेट प्रोटोकॉल है, जो इसे आईओटी अनुप्रयोगों के लिए उपयुक्त बनाता है।

C. Match the following: (निम्नलिखित का मिलान करें:)

1. Middleware मिडिलवेयर	a. Data from IoT devices is stored IoT उपकरणों से डेटा संग्रहीत किया जाता है
2. Data storage डेटा स्टोरेज	b. Data analytical tools and storage डेटा एनालिटिकल टूल उपकरण और स्टोरेज
3. BLE	c. A small chip with an antenna एक एंटीना के साथ एक छोटी सी चिप
4. RFID tag RFID टैग	d. Fitness trackers फिटनेस ट्रैकर
5. ZigBee	e. IoT protocol IoT प्रोटोकॉल

D. Fill in the blanks (रिक्त स्थान भरें)

1. Delivery of the information to the end user is known as __________.
   एन्ड यूजर को सूचना का वितरण __________ के रूप में जाना जाता है।
2. __________ is the method of capturing information by some highly functioning hardware.
   __________ कुछ अत्यधिक क्रियाशील हार्डवेयर द्वारा इन्फोरमेशन को कैप्चर करने की विधि है।
3. __________ transmits the data collected by the physical layer to different devices.
   __________ फिजिकल लेयर द्वारा एकत्रित डेटा को विभिन्न उपकरणों तक पहुंचाता है।
4. __________ protocols and interfaces that devices use to identify and communicate with each other.
   __________ प्रोटोकॉल और इंटरफेस जिनका उपयोग डिवाइस एक दूसरे के साथ पहचानने और संवाद करने के लिए करते हैं।
5. __________ software systems analyze the data generated by IoT devices.
   __________ सॉफ्टवेयर सिस्टम IoT उपकरणों द्वारा उत्पन्न डेटा का विश्लेषण करते हैं।

Answers (उत्तर)

A.	1. b	2. d	3. d	4. d	5. b
B.	1. F	2. T	3. T	4. T	5. T
C.	1. b	2. a	3. d	4. c	5. e
D.	1. Presentation 3. Network layer 5. Analytics		2. Sensing 4. Application layer		

SHORT ANSWER QUESTIONS (शॉर्ट प्रश्न और उत्तर)

1. What is Things in IoT?
IoT में थिंग्स क्या है?

Ans. Things - IoT device that individuals can use to combine sensors such as accelerometers, gyroscopes, and magnetometers with other sensors that measure temperature, humidity, pressure, and light in order to collect personally interesting data. For example, a home security system that comes with a combination of temperature, motion, light, and humidity sensors.

थिंग्स – IoT डिवाइस जिसे डेटा एकत्र करने के लिए तापमान, हुमिडीटी, प्रेशर और लाइट को मापने वाले अन्य सेंसर के साथ एक्सेलेरोमीटर, गायरोस्कोप और मैग्नेटोमीटर जैसे सेंसर का उपयोग कर सकते हैं। उदाहरण के लिए, एक घरेलू सुरक्षा प्रणाली जो तापमान, गति, लाइट और हुमिडीटी सेंसर के संयोजन के साथ आती है।

2. What do you mean by IoT?
IoT से आपका क्या अभिप्राय है?

Ans. IoT stands for Internet of Things. It is concept that refers to connections between physical devices like vehicles, home appliances, and other items embedded in electronics such as sensors, software which enables these things to connect, collect and exchange data. So, Internet of Things refers to everything in day to day life which is accessed or connected through the Internet.

IoT का अर्थ है इंटरनेट ऑफ थिंग्स। यह कॉनसेप्ट है जो फिजिकल उपकरणों जैसे वाहनों, घरेलू उपकरणों और इलेक्ट्रॉनिक्स में एम्बेडेड अन्य वस्तुओं जैसे सेंसर, सॉफ्टवेयर के बीच के कनेक्शन को संदर्भित करता है जो इन चीजों को कनेक्ट करने, इकट्ठा करने और डेटा का आदान–प्रदान करने में सक्षम बनाता है। इसलिए, इंटरनेट ऑफ थिंग्स दिन–प्रतिदिन के जीवन में हर चीज को संदर्भित करता है जो इंटरनेट के माध्यम से एक्सेस या जुड़ा हुआ है।

3. Explain any two features of IoT.
IoT की कोई दो विशेषताएँ स्पष्ट कीजिए।

Ans. The two features of IoT are:

Connectivity: It refers to establish a proper connection between all the things of IoT platform it may be server or cloud.

Analyzing: It comes to real-time analyzing the data collected and use them to build effective business intelligence.

IoT की दो विशेषताएं हैं:

कनेक्टिविटी: यह IoT प्लेटफॉर्म की सभी चीजों के बीच एक उचित कनेक्शन स्थापित करने के लिए संदर्भित करता है जो सर्वर या क्लाउड हो सकता है।

विश्लेषण: यह वास्तविक समय में एकत्र किए गए डेटा का विश्लेषण करने के लिए आता है और उनका उपयोग प्रभावी व्यापार खुफिया बनाने के लिए करता है।

4. What do you mean by Wearable devices?
पहनने योग्य उपकरणों से आपका क्या अभिप्राय है?

Ans. Wearable devices are the small electronic devices that can be worn on arms, neck, head, feet etc. These devices are not only the part of IoT system, but they enable access for improved productivity.

पहनने योग्य उपकरण छोटे इलेक्ट्रॉनिक उपकरण होते हैं जिन्हें आर्म्स, गर्दन, सिर, पैर आदि पर पहना जा सकता है। ये उपकरण न केवल IoT सिस्टम का हिस्सा हैं, बल्कि ये बेहतर उत्पादकता के लिए सक्षम बनाते हैं।

5. Differentiate between Data and Big Data.
डेटा और बिग डेटा के बीच अंतर बताएं।

Ans. Data refers to the quantities, characters, or symbols on which operations are performed by a computer, which may be stored and transmitted in the form of electrical signals and recorded on magnetic, optical or mechanical recording media.

Big Data is also data but with large size. It is a term used to describe a collection of data that is large in size and yet growing with time.

Examples of Big Data are BSE stock exchange data, Social media data such as photo and video uploads, message exchanges, putting comments etc.

डेटा उन मात्राओं, वर्णों या प्रतीकों को संदर्भित करता है, जिन पर संचालन एक कंप्यूटर द्वारा किया जाता है, जिसे विद्युत संकेतों के रूप में संग्रहीत और प्रसारित किया जा सकता है और इसे चुंबकीय, ऑप्टिकल या मैकेनिकल रिकॉर्डिंग मीडिया पर रिकॉर्ड किया जा सकता है।

बिग डेटा भी डेटा है लेकिन बड़े आकार का। यह एक शब्द है जिसका उपयोग डेटा के संग्रह का वर्णन करने के लिए किया जाता है जो आकार में बड़ा है और अभी भी समय के साथ बढ़ रहा है। बिग डेटा के उदाहरण हैं BSE स्टॉक एक्सचेंज डेटा, सोशल मीडिया डेटा जैसे फोटो और वीडियो अपलोड, मैसेज एक्सचेंज, कमेंट डालना आदि।

EXERCISE (अभ्यास)

1. Write short note on the following:
   निम्नलिखित पर संक्षिप्त नोट लिखें:
   (a) MQTT
   (b) IoT Ecosystem (IoT इकोसिस्टम)
   (c) Big Data Analytics (बिग डेटा एनालिटिक्स)
   (d) Arduino
   (e) PaaS
2. What are the key features of IoT?
   IoT की प्रमुख विशेषताएं क्या हैं?
3. What is the role of things and internet in IoT?
   IoT में थिंग्स और इंटरनेट की क्या भूमिका है?
4. What is an IOT device?
   IOT डिवाइस क्या है?
5. What is difference between IPv4 and IPv6 address?
   IPv4 और IPv6 एड्रेस के बीच अंतर क्या है?

2 Things and Connections
थिंग्स और कनेक्शन

2.1 Introduction to Control Systems (कंट्रोल सिस्टम)

Control system is a way of arranging and combining components in such a way that the desired output is obtained. In other words, a system is said to be 'controlled', if it is working in a stable mode without getting unstable in any span of time. (Figure 2.1).

कंट्रोल सिस्टम घटकों को व्यवस्थित करने और संयोजन करने का एक तरीका है जिससे वांछित आउटपुट प्राप्त होता है। दूसरे शब्दों में, किसी प्रणाली को, 'कंट्रोलड' कहा जाता है, अगर वह किसी भी समय में अस्थिर हुए बिना स्थिर मोड में काम कर रही है। (चित्र 2.1)।

2.2 Working of Controlled Systems (कंट्रोल्ड सिस्टम का काम)

A control system as a system responds to input signals from the plant (a system to be controlled) and/or an operator and causes the plant or equipment to operate in the desired manner. Control systems usually involve one or more input devices, a controller, one or more output devices, power supplies, and any associated information connections.

एक प्रणाली के रूप में एक कंट्रोल्ड सिस्टम संयंत्र से इनपुट संकेतों का जवाब देती है (एक सिस्टम को नियंत्रित किया जाता है) और / या एक ऑपरेटर और संयंत्र या उपकरण को वांछित तरीके से संचालित करने का कारण बनता है। कंट्रोल्ड सिस्टम में आमतौर पर एक या एक से अधिक इनपुट डिवाइस, एक कंट्रोलर, एक या अधिक आउटपुट डिवाइस, बिजली की आपूर्ति और किसी भी संबंधित जानकारी कनेक्शन शामिल होते हैं।

> *In the context of control systems, a plant is a system to be controlled.*
> कंट्रोल्ड सिस्टम के संदर्भ में, एक संयंत्र को नियंत्रित करने के लिए एक प्रणाली है।

A control system is a set of mechanical or electronic devices that regulates other devices or systems by way of control loops. Typically, control systems are computerized. Control systems are an important and pervasive part of modern industry. They range from simple devices, for example, a temperature sensor operating a switch that controls a heating element, to complex computercontrolled systems with many inputs and outputs.

एक कंट्रोल्ड सिस्टम मैकेनिकल या इलेक्ट्रॉनिक उपकरणों का एक सेट है जो नियंत्रण छोरों के माध्यम से अन्य उपकरणों या प्रणालियों को नियंत्रित करता है। आमतौर पर, कंट्रोल्ड सिस्टम कम्प्यूटरीकृत होती हैं। कंट्रोल्ड सिस्टम आधुनिक उद्योग का एक महत्वपूर्ण और व्यापक हिस्सा है। वे सरल उपकरणों से लेकर हैं, उदाहरण के लिए, तापमान संवेदक स्विच का संचालन करता है जो कई तत्वों और आउटपुट के साथ कंप्यूटर–कंट्रोल्ड सिस्टम को जटिल करने के लिए एक हीटिंग तत्व को नियंत्रित करता है।

Control systems today have various uses. In industry these systems are used to control the production or working of other machines. Different types of control systems work for different purposes. Control systems manage the behavior and working of a machine. The usefulness of control systems is in the precision and reliability of functions and equipment they can deliver. The field of control systems has its roots in industry and home appliances as well.

कंट्रोल्ड सिस्टम के आज विभिन्न उपयोग हैं। उद्योग में, इन प्रणालियों का उपयोग अन्य मशीनों के उत्पादन या काम को नियंत्रित करने के लिए किया जाता है। विभिन्न प्रकार के कंट्रोल्ड सिस्टम विभिन्न उद्देश्यों के लिए काम करते हैं। कंट्रोल्ड सिस्टम एक मशीन के व्यवहार और कार्य का प्रबंधन करती है। कंट्रोल्ड सिस्टम की उपयोगिता कार्यों और उपकरणों की सटीकता और विश्वसनीयता में है जो वे वितरित कर सकते हैं। कंट्रोल्ड सिस्टम के क्षेत्र की जड़ें उद्योग और घरेलू उपकरणों में भी हैं।

Control systems are used to enhance production, efficiency and safety in many areas, including Agriculture, Chemical plants, Pulp and paper mills, Quality control, Boiler controls and power plant, Nuclear power plants, Environmental control, Water treatment plants, Sewage treatment plants, Food processing, Metal and mines, Pharmaceutical manufacturing, Sugar refining plants etc.

कंट्रोल्ड सिस्टम का उपयोग कृषि, रासायनिक संयंत्रों, लुगदी और कागज मिलों, गुणवत्ता नियंत्रण, बॉयलर नियंत्रण और बिजली संयंत्र, परमाणु ऊर्जा संयंत्रों, पर्यावरण नियंत्रण, जल उपचार संयंत्रों, सीवेज उपचार संयंत्रों सहित कई क्षेत्रों में उत्पादन, दक्षता और सुरक्षा बढ़ाने के लिए, खाद्य प्रसंस्करण, धातु और खदान, औषधि निर्माण, चीनी शोधन संयंत्र आदि के लिए किया जाता है।

Programmable Logic Controllers (PLCs), Programmable Automation Controllers (PACs), Remote Terminal Units (RTUs), Control Servers, Intelligent Electronic Devices (IEDs) and sensors are some of the elements of control loops that are in turn a part of control systems.

The control loops that make up control systems are generally made themselves of a sensor, a controller and a final control element. The sensor reads the process variable or a related measurement. The controller receives the signal from the sensor and then forwards it to instrumentation, to remote terminal units and to final control elements where the process variable is adjusted, to be kept constant at what is known as a set point.

प्रोग्रामेबल लॉजिक कंट्रोलर्स (PLCs), प्रोग्रामेबल ऑटोमेशन कंट्रोलर्स (PACs), रिमोट टर्मिनल यूनिट्स (RTUs), कंट्रोल सर्वर, इंटेलिजेंट इलेक्ट्रॉनिक डिवाइसेस (IEDs) और सेंसर्स कंट्रोल लूप्स के कुछ ऐसे तत्व हैं, जो कंट्रोल सिस्टम का एक हिस्सा हैं। कंट्रोल लूप जो कंट्रोल्ड सिस्टम बनाते हैं, वे आमतौर पर एक सेंसर, कंट्रोलर और कंट्रोलर तत्व से बने होते हैं। सेंसर प्रक्रिया वेरिएबल या संबंधित माप को पढ़ता है। नियंत्रक सेंसर से संकेत प्राप्त करता है और फिर इसे इंस्ट्रूमेंटेशन के लिए, दूरस्थ टर्मिनल इकाइयों को और कंट्रोलर तत्वों को, जहां प्रक्रिया वेरिएबल को रागायोजित किया जाता है, को सेट बिंदु के रूप में ज्ञात रखने के लिए स्थिर रखा जाता है।

There are various types of control systems, but all of them are created to control outputs. The system used for controlling the position, velocity, acceleration, temperature, pressure, voltage and current etc., are examples of control systems. Systems measure, monitor and control manufacturing processes and activities. They identify and correct any abnormalities or variations from specified values, either manually or automatically. The aim is to make sure that production is consistent and that as little energy is wasted as possible.

विभिन्न प्रकार के कंट्रोल्ड सिस्टम हैं, लेकिन ये सभी आउटपुट नियंत्रित करने के लिए बनाई गई हैं। स्थिति, वेग, त्वरण, तापमान, दबाव, वोल्टेज और करंट आदि को नियंत्रित करने के लिए उपयोग की जाने वाली प्रणाली, कंट्रोल्ड सिस्टम के उदाहरण हैं। सिस्टम निर्माण प्रक्रियाओं और गतिविधियों को मापते हैं, निगरानी करते हैं और नियंत्रित करते हैं। वे निर्दिष्ट मानों से या तो मैन्युअल रूप से या स्वचालित रूप से किसी भी असामान्यताओं या विविधताओं की पहचान करते हैं और उन्हें ठीक करते हैं। उद्देश्य यह सुनिश्चित करना है कि उत्पादन सुसंगत है और जितना संभव हो उतना कम ऊर्जा बर्बाद हो।

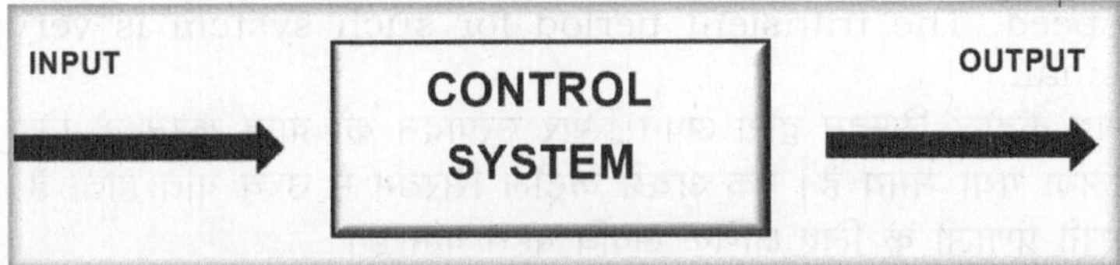

Figure 2.1: A Control System (कंट्रोल्ड सिस्टम)

2.2.1 Manual Control System (मैनुअल कंट्रोल सिस्टम)

Let us take an example of the simple temperature controller of the room, to clear the concept. Suppose there is a simple heating element, which is heated up as long as the electric power supply is switched on. The temperature of the room rises and after achieving the desired temperature of the room, the power supply is switched off. Again due to ambient temperature, the room temperature falls and then manually the heater element is switched on to achieve the desired room temperature again. In this way, one can manually control the room temperature at the desired level. This is an example of manual control system.

हम कमरे के सरल तापमान नियंत्रक का एक उदाहरण लेते हैं। मान लीजिए कि एक साधारण हीटिंग तत्व है, जिसे तब तक गर्म किया जाता है जब तक कि बिजली की आपूर्ति चालू न हो जाए। कमरे का तापमान बढ़ जाता है और कमरे के वांछित तापमान को प्राप्त करने के बाद, बिजली की आपूर्ति बंद हो जाती है। परिवेश के तापमान के कारण फिर से, कमरे का तापमान गिर जाता है और फिर मैन्युअल रूप से वांछित कमरे के तापमान को प्राप्त करने के लिए हीटर तत्व पर स्विच किया जाता है। इस तरह, कोई भी वांछित स्तर पर कमरे के तापमान को मैन्युअल रूप से नियंत्रित कर सकता है। यह मैनुअल कंट्रोल्ड सिस्टम का एक उदाहरण है।

2.2.2 Automatic Control System (स्वचालित कंट्रोल्ड सिस्टम)

An automatic control system is defined as one in which the value of a controlled condition is compared with a desired value and corrective action is taken dependent on the deviation, without the inclusion of a human element. From above example temperature controller system can further be improved by using timer switching arrangement of the power supply where the supply to the heating element is switched on and off in a predetermined interval to achieve desired temperature level of the room.

एक स्वचालित कंट्रोल्ड सिस्टम को एक के रूप में परिभाषित किया गया है जिसमें एक नियंत्रित स्थिति के मूल्य की तुलना एक वांछित मूल्य के साथ की जाती है और सुधारात्मक कार्रवाई को मानवीय तत्व के समावेश के बिना विचलन पर निर्भर किया जाता है। 2.2.1 में दिए गए उदाहरण से तापमान नियंत्रक प्रणाली को बिजली की आपूर्ति की टाइमर स्विचिंग व्यवस्था का उपयोग करके सुधार किया जा सकता है जहां कमरे के वांछित तापमान स्तर को प्राप्त करने के लिए हीटिंग तत्व को आपूर्ति पूर्व निर्धारित अंतराल पर चालू और बंद है।

There is another improved way of controlling the temperature of the room. Here, one sensor measures the difference between actual temperature and desired temperature. If there is difference between them, the heating element functions to reduce the difference and when the difference becomes lower than a pre-determined level, the heating elements stop functioning. Both forms of the system are automatic control system. Thus, an automatic control system includes the plant, the detecting or sensing element, the measuring or indicating element, the controller.

कमरे के तापमान को नियंत्रित करने का एक और बेहतर तरीका है। यहां, एक सेंसर वास्तविक तापमान और वांछित तापमान के बीच अंतर को मापता है। यदि उनके बीच अंतर है, तो हीटिंग तत्व अंतर को कम करने के लिए कार्य करता है और जब अंतर पूर्व–निर्धारित स्तर से कम हो जाता है, तो हीटिंग कार्य करना बंद कर देता है। प्रणाली के दोनों रूप स्वचालित कंट्रोल्ड सिस्टम हैं। इस प्रकार, एक स्वचालित कंट्रोल्ड सिस्टम में संयंत्र, पता लगाने या संवेदन तत्व, मापने या संकेत देने वाला तत्व, नियंत्रक शामिल हैं।

2.2.3 Features of a Control System (कंट्रोल्ड सिस्टम की विशेषताएं)

Accuracy (एक्यूरेसी)

Accuracy is the measurement tolerance of the instrument and defines the limits of the errors made when the instrument is used in normal operating conditions. Detecting faults early means throughput, yield and quality are maintained. Accuracy can be improved by using feedback elements. To increase the accuracy of any control system, error detector should be present in the control system.

सटीकता साधन की माप सहिष्णुता है और सामान्य ऑपरेटिंग परिस्थितियों में साधन का उपयोग करने पर की गई त्रुटियों की सीमा को परिभाषित करता है। जल्दी फॉल्ट्स का पता लगाने का मतलब है, उपज, गुणवत्ता और गुणवत्ता बनाए रखा जाता है। फीड–बैक तत्वों का उपयोग करके सटीकता में सुधार किया जा सकता है। किसी भी कंट्रोल्ड सिस्टम की सटीकता को बढ़ाने के लिए, कंट्रोल्ड सिस्टम में त्रुटि डिटेक्टर मौजूद होना चाहिए।

Sensitivity (सेंसिटिबिटी)

The parameters of a control system are always changing with the change in surrounding conditions, internal disturbance or any other parameters. This change can be expressed in terms of sensitivity. Any control system should be insensitive to such parameters but sensitive to input signals only.

कंट्रोल्ड सिस्टम के पैरामीटर हमेशा आसपास की स्थितियों, आंतरिक गड़बड़ी या किसी अन्य मापदंडों में परिवर्तन के साथ बदल रहे हैं। संवेदनशीलता के संदर्भ में यह परिवर्तन व्यक्त किया जा सकता है। किसी भी कंट्रोल्ड सिस्टम को ऐसे मापदंडों के प्रति असंवेदनशील होना चाहिए लेकिन केवल इनपुट संकेतों के प्रति संवेदनशील होना चाहिए।

Energy savings (एनर्जी सेविंग)

Energy wastage is reduced when your plant and machinery are efficiently operated.

जब आपके संयंत्र और मशीनरी को कुशलता से संचालित किया जाता है तो ऊर्जा अपव्यय कम होता है।

Improved safety (इम्प्रोवड सेफ्टी)

Control systems automatically warn you of any abnormalities which minimizes the risk of accidents.

कंट्रोल्ड सिस्टम स्वचालित रूप से आपको किसी भी असामान्यता की चेतावनी देती है जो दुर्घटनाओं के जोखिम को कम करती है।

Figure 2.2: An open Loop System (ओपन लूप सिस्टम)

Noise (नॉइज)

An undesired input signal is known as noise. A good control system should be able to reduce the noise effect for better performance.

एक अवांछित इनपुट सिग्नल को नॉइज के रूप में जाना जाता है। एक अच्छा नियंत्रण प्रणाली बेहतर प्रदर्शन के लिए नॉइज प्रभाव को कम करने में सक्षम होना चाहिए।

Stability (स्थिरता)

It is an important characteristic of the control system. For the bounded input signal, the output must be bounded and if the input is zero then output must be zero then such a control system is said to be a stable system.

यह कंट्रोल सिस्टम की एक महत्वपूर्ण विशेषता है। बंधे हुए इनपुट सिग्नल के लिए, आउटपुट को बाध्य किया जाना चाहिए और यदि इनपुट शून्य है तो आउटपुट शून्य होना चाहिए फिर इस तरह के कंट्रोल सिस्टम को एक स्थिर प्रणाली कहा जाता है।

Bandwidth (बैंडविड्थ)

An operating frequency range decides the bandwidth of the control system. Bandwidth should be as large as possible for the frequency response of good control system.

एक ऑपरेटिंग फ्रिक्वेंसी रेंज कंट्रोल सिस्टम की बैंडविड्थ तय करती है। अच्छे कंट्रोल सिस्टम की आवृत्ति प्रतिक्रिया के लिए बैंडविड्थ यथासंभव बड़ा होना चाहिए।

Speed (गति)

It is the time taken by the control system to achieve its stable output. A good control system possesses high speed. The transient period for such system is very small.

यह कंट्रोल सिस्टम द्वारा अपने स्थिर उत्पादन को प्राप्त करने के लिए लिया गया समय है। एक अच्छी कंट्रोल सिस्टम में उच्च गति होती है। ऐसी प्रणाली के लिए क्षणिक अवधि बहुत कम है।

Oscillation (ओस्किल्लातिओं)

A small numbers of oscillation or constant oscillation of output tend to indicate the system to be stable.

प्रणाली के स्थिर होने की एक छोटी संख्या में दोलन या उत्पादन का निरंतर दोलन होता है।

2.2.4 Types of Control Systems (कंट्रोल सिस्टम के प्रकार)

There are three basic types of control systems that are feed forward control systems, open loop control systems and the third type is feedback or closed loop control systems. All the three types of control systems are discussed in the following sections:

तीन बुनियादी प्रकार के कंट्रोल सिस्टम हैं जो कि फीड फॉर कंट्रोल सिस्टम, ओपन लूप कंट्रोल सिस्टम और तीसरा प्रकार फीडबैक या क्लोज्ड लूप कंट्रोल सिस्टम हैं। तीनों प्रकार के कंट्रोल सिस्टम की चर्चा निम्नलिखित वर्गों में की जाती है:

Feed Forward Control System (फीड फॉरवर्ड कंट्रोल सिस्टम)

Feed forward is a type of system which counters the changes in its surroundings. It is used to maintain the wanted status of the system. The biggest advantage of this system is that it does not permit the huge disturbance in the output. The objective of feed forward control, also known as predictive control, is to measure or predict any potential open-loop disturbances and compensate for them manually before the controlled variable deviates too far from the original set point.

फीडफोवर्ड एक प्रकार की सिस्टम है जो अपने परिवेश में होने वाले परिवर्तनों को गिनती है। यह सिस्टम की वांछित स्थिति को बनाए रखने के लिए प्रयोग किया जाता है। इस सिस्टम का सबसे बड़ा लाभ यह है कि यह आउटपुट में भारी गड़बड़ी की अनुमति नहीं देता है। फीडफवर्ड कंट्रोल का उद्देश्य, जिसे भविष्य कहनेवाला सिस्टम भी कहा जाता है, किसी भी संभावित ओपन–लूप गड़बड़ी को मापना या भविष्यवाणी करना है और नियंत्रित चर से पहले मैन्युअल रूप से निर्धारित सेट बिंदु से बहुत दूर होने पर उसकी भरपाई करना है।

Open Loop Control System (ओपन लूप कंट्रोल सिस्टम)

A control system in which the control action is totally independent of output of the system then it is called open loop control system as shown in Figure 2.2. A manual control system is also an open loop control system. An open-loop control system is also referred as a non-feedback control system. These systems may not require a mathematical model of the physical system. It takes input under the consideration and does not react on the feedback to determine the state of output. It does not encounter any disturbance within the system or recompense them.

कंट्रोल सिस्टम जिसमें नियंत्रण क्रिया पूरी तरह से सिस्टम के आउटपुट से स्वतंत्र होती है, फिर इसे ओपन लूप कंट्रोल सिस्टम कहा जाता है जैसा कि चित्र 2.2 में दिखाया गया है। एक मैनुअल कंट्रोल सिस्टम भी एक ओपन लूप कंट्रोल सिस्टम है। ओपन–लूप कंट्रोल सिस्टम को एक गैर–प्रतिक्रिया कंट्रोल सिस्टम के रूप में भी जाना जाता है। इन प्रणालियों को भौतिक प्रणाली के गणितीय मॉडल की आवश्यकता नहीं हो सकती है। यह विचार के तहत इनपुट लेता है और आउटपुट की स्थिति निर्धारित करने के लिए प्रतिक्रिया नहीं करता है। यह सिस्टम के भीतर किसी भी गड़बड़ी का सामना नहीं करता है या उन्हें रेकम्पेन्स नहीं करता है।

An open-loop system is defined by the fact that the output signal or condition is neither measured nor fed back for comparison with the input signal or system set point. Therefore open-loop systems are commonly referred to as Non-feedback systems. Also, as an open-loop system does not use feedback to determine if its required output was achieved, it assumes that the desired goal of the input was successful because it cannot correct any errors it could make, and so cannot compensate for any external disturbances to the system.

ओपन–लूप सिस्टम को इस तथ्य से परिभाषित किया जाता है कि आउटपुट सिग्नल या स्थिति को इनपुट सिग्नल या सिस्टम सेट बिंदु के साथ तुलना के लिए न तो मापा जाता है और न ही वापस फीड किया जाता है। इसलिए ओपन लूप सिस्टम को आमतौर पर गैर–प्रतिक्रिया प्रणाली के रूप में जाना जाता है। इसके अलावा, चूंकि ओपन–लूप सिस्टम यह निर्धारित करने के लिए फीडबैक का उपयोग नहीं करता है कि क्या इसका आवश्यक आउटपुट हासिल किया गया था, यह मानता है कि इनपुट का वांछित लक्ष्य सफल रहा क्योंकि यह किसी भी त्रुटि को ठीक नहीं कर सकता था, और इसलिए यह किसी बाहरी गड़बड़ी की भरपाई नहीं कर सकता है।

Automatic washing machine is a good example of Open loop control system. Open-loop control systems are often used with processes that require the sequencing of events with the aid of "ON-OFF" signals. For example a washing machines which requires the water to be switched 'ON' and then when full is switched 'OFF' followed by the heater element being switched 'ON' to heat the water and then at a suitable temperature is switched 'OFF', and so on.

स्वचालित वाशिंग मशीन ओपन लूप कंट्रोल सिस्टम का एक अच्छा उदाहरण है। ओपन–लूप कंट्रोल सिस्टम का उपयोग अक्सर उन प्रक्रियाओं के साथ किया जाता है, जिन्हें "फिडबैक" सिग्नल की सहायता से घटनाओं की अनुक्रमण की आवश्यकता होती है। उदाहरण के लिए एक वाशिंग मशीन जिसमें पानी को स्विच करने की आवश्यकता होती है। 'ON' और फिर जब पूर्ण स्विच किया जाता है तो विससवूमक 'OFF' के बाद हीटर तत्व को 'ON' में बदलकर पानी गर्म किया जाता है और फिर एक उपयुक्त तापमान पर 'OFF 'स्विच किया जाता है, और इसी तरह।

This type of 'ON-OFF' open-loop control is suitable for systems where the changes in load occur slowly and the process is very slow acting, necessitating infrequent changes to the control action by an operator.

इस प्रकार का जलचम ON–OFF 'ओपन–लूप नियंत्रण उन प्रणालियों के लिए उपयुक्त है जहां लोड में परिवर्तन धीरे–धीरे होते हैं और प्रक्रिया बहुत धीमी गति से कार्य करती है, एक ऑपरेटर द्वारा नियंत्रण कार्रवाई के लिए आवश्यक परिवर्तन की आवश्यकता होती है।

Some other examples of open loop control system are:
ओपन लूप कंट्रोल सिस्टम के उदाहरण हैं:

- **Electric Hand Drier:** Hot air (output) comes out as long as you keep your hand under the machine, irrespective of how much your hand is dried.
  इलेक्ट्रिक हैंड ड्रायर: गर्म हवा (आउटपुट) तब तक बाहर आती है जब तक आप मशीन के नीचे अपना हाथ रखते हैं, भले ही आपका हाथ कितना भी सूख जाए।
- **Automatic Tea/Coffee Maker:** These machines also function for pre-adjusted time only.
  स्वचालित चाय / कॉफी मेकर: ये मशीनें केवल पूर्व–समायोजित समय के लिए भी काम करती हैं।
- **Bread Toaster:** This machine runs as per adjusted time irrespective of toasting is completed or not.
  ब्रेड टोस्टर: यह मशीन समायोजित समय के अनुसार चलती है, भले ही टोस्टिंग पूरा हो या न हो।
- **Traffic lights control system:** A sequence of input signal is applied to this control system and the output is one of the three lights that will be on for some duration of time. During this time, the other two lights will be off. Based on the traffic study at a particular junction, the on and off times of the lights can be determined. Accordingly, the input signal controls the output. So, the traffic lights control system operates on time basis.
  ट्रैफिक लाइट कंट्रोल सिस्टम: इनपुट सिग्नल का एक सिक्वेंस इस कंट्रोल सिस्टम पर लागू होता है और आउटपुट तीन लाइट्स में से एक है जो कुछ समय के लिए चालू रहेगी। इस दौरान अन्य दो लाइट बंद रहेगी। किसी विशेष जंक्शन पर ट्रैफिक अध्ययन के आधार पर, रोशनी के चालू और बंद समय को निर्धारित किया जा सकता है। तदनुसार, इनपुट सिग्नल आउटपुट को नियंत्रित करता है। तो, ट्रैफिक लाइट कंट्रोल सिस्टम समय के आधार पर संचालित होता है।
- **Electric clothes dryer:** In an electric clothes dryer, depending upon the amount of clothes or how wet they are, a user or operator would set a timer (controller) say 30 minutes and at the end of the 30 minutes the drier will automatically stop and turn-off even if the clothes where still wet or moist. In this case, the control action is the manual operator assessing the wetness of the clothes and setting the process (the drier) accordingly.
  इलेक्ट्रिक कपड़े ड्रायर: एक इलेक्ट्रिक कपड़े ड्रायर में, कपड़े की मात्रा पर निर्भर करता है या वे कितने गीले हैं, एक उपयोगकर्ता या ऑपरेटर एक टाइमर (नियंत्रक) 30 मिनट का कहना है और 30 मिनट के अंत में सुखाने की मशीन स्वचालित रूप से बंद हो जाएगा और अगर कपड़े अभी भी गीले या नम हों तो भी बंद कर दें। इस मामले में, नियंत्रण कार्रवाई मैन्युअल ऑपरेटर है जो कपड़ों के गीलेपन का आकलन करता है और तदनुसार प्रक्रिया (ड्रियर) सेट करता है।

Advantages (लाभ)

- Simple in construction and design.
  निर्माण और डिजाइन में सरल।
- Economical.
  आर्थिक।
- Easy to maintain.
  संभालने में आसान।
- Generally stable.
  स्टेबल।
- Convenient to use as output is difficult to measure.
  आउटपुट के रूप में उपयोग करने के लिए सुविधाजनक मापना मुश्किल है।

Disadvantages (नुकसान)

- They are inaccurate.
  एनएक्यूरेट
- They are unreliable.
  अविश्वसनीय।
- Any change in output cannot be corrected automatically.
  आउटपुट में किसी भी परिवर्तन को स्वचालित रूप से ठीक नहीं किया जा सकता है।

> *Open-loop control system is a control system where its control action only depends on input signal and does not depend on its output response.*
> ओपन–लूप कंट्रोल सिस्टम एक कंट्रोल सिस्टम है जहां इसकी नियंत्रण क्रिया केवल इनपुट सिग्नल पर निर्भर करती है और इसके आउटपुट प्रतिक्रिया पर निर्भर नहीं होती है।

Closed Loop or Feedback Control System (क्लोज्ड लूप या फीडबैक कंट्रोल सिस्टम)

Control system in which the output has an effect on the input quantity in such a manner that the input quantity will adjust itself based on the output generated is called Closed loop control system as shown in Figure 2.3. A feedback control system is also known as closed loop control system. Open loop control system can be converted in to closed loop control system by providing a feedback. This feedback automatically makes the suitable changes in the output due to external disturbance. In this way closed loop control system is called Automatic control system.

कंट्रोल सिस्टम जिसमें आउटपुट का इनपुट मात्रा पर इस तरह से प्रभाव पड़ता है कि इनपुट मात्रा खुद को समायोजित किए गए आउटपुट के

आधार पर समायोजित कर लेगी जिसे क्लोज्ड लूप कंट्रोल सिस्टम कहा जाता है। (चित्र 2.3)। एक प्रतिक्रिया कंट्रोल सिस्टम को बंद लूप कंट्रोल सिस्टम के रूप में भी जाना जाता है। फीडबैक देकर ओपन लूप कंट्रोल सिस्टम को क्लोज्ड लूप कंट्रोल सिस्टम में बदला जा सकता है। यह प्रतिक्रिया बाहरी गड़बड़ी के कारण स्वचालित रूप से आउटपुट में उपयुक्त परिवर्तन करती है। इस तरह क्लोज्ड लूप कंट्रोल सिस्टम को स्वचालित नियंत्रण प्रणाली कहा जाता है।

Some examples of Closed loop control system are:
बंद लूप नियंत्रण प्रणाली के कुछ उदाहरण हैं:

- **Automatic Electric Iron:** Heating elements are controlled by output temperature of the iron.
  स्वचालित इलेक्ट्रिक आयरन: हीटिंग तत्वों को लोहे के उत्पादन तापमान द्वारा नियंत्रित किया जाता है।
- **Water Level Controller:** Input water is controlled by water level of the reservoir.
  जल स्तर नियंत्राक: जलाशय के जल स्तर द्वारा इनपुट पानी को नियंत्रित किया जाता है।
- **An Air Conditioner:** An air conditioner functions depending upon the temperature of the room.
  एक एयर कंडीशनर: एक एयर कंडीशनर कमरे के तापमान पर निर्भर करता है।
- **Missile Launched and Auto Tracked by Radar:** The direction of missile is controlled by comparing the target and position of the missile.
  रडार द्वारा मिसाइल लॉन्च और ऑटो ट्रैक: मिसाइल के लक्ष्य और स्थिति की तुलना करके मिसाइल की दिशा को नियंत्रित किया जाता है।

Closed-loop control system is a control system where its control action depends on both of its input signal and output response.
क्लोज्ड–लूप कंट्रोल सिस्टम एक कंट्रोल सिस्टम है जहां इसकी कंट्रोल क्रिया इसके इनपुट संकेत और आउटपुट प्रतिक्रिया दोनों पर निर्भर करती है।

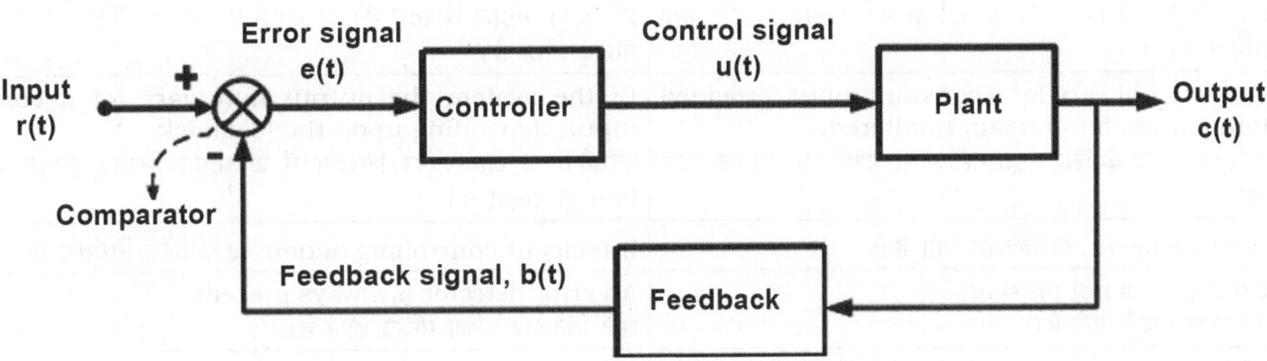

Figure 2.3: A Closed loop Control System (क्लोज्ड लूप कंट्रोल सिस्टम)

Characteristics of Closed-loop Control System (क्लोज्ड लूप कंट्रोल सिस्टम के कैरेक्टरिस्टिक)

- To reduce errors by automatically adjusting the systems input.
  सिस्टम इनपुट को स्वचालित रूप से समायोजित करके त्रुटियों को कम करने के लिए।
- To improve stability of an unstable system.
  एक अस्थिर प्रणाली की स्थिरता में सुधार करने के लिए।
- To increase or reduce the systems sensitivity.
  सिस्टम की संवेदनशीलता को बढ़ाने या कम करने के लिए।
- To enhance robustness against external disturbances to the process.
  प्रक्रिया में एक्सटरनेल डिस्टरबेंस के खिलाफ मजबूती को बढ़ाने के लिए।
- To produce a reliable and repeatable performance.
  एक विश्वसनीय और दोहराने योग्य प्रदर्शन का उत्पादन करने के लिए।

Advantages (लाभ)

- Closed loop control systems are more accurate even in the presence of non-linearity.
  गैर–रैखिकता की उपस्थिति में भी क्लोज्ड लूप कंट्रोल सिस्टम अधिक सटीक है।
- Highly accurate as any error arising is corrected due to presence of feedback signal.
  फीडबैक सिग्नल की उपस्थिति के कारण उत्पन्न होने वाली किसी भी त्रुटि के लिए अत्यधिक सटीक है।
- Bandwidth range is large.
  बैंडविड्थ रेंज बड़ी है।
- Facilitates automation.
  स्वचालन की सुविधा देता है।
- This system is less affected by noise.
  यह प्रणाली नॉइज से कम प्रभावित होती है।

Disadvantages (नुकसान)

- They are costlier. (वे महंगे हैं।)
- They are complicated to design.
  वे डिजाइन करने के लिए जटिल हैं।
- Required more maintenance.
  अधिक रखरखाव की आवश्यकता है।
- Feedback leads to oscillatory response.
  प्रतिक्रिया दोलन प्रतिक्रिया की ओर ले जाती है।
- Overall gain is reduced due to presence of feedback.
  प्रतिक्रिया की उपस्थिति के कारण समग्र लाभ कम हो गया है।
- Stability is the major problem and more care is needed to design a stable closed loop system.
  स्थिरता एक बड़ी समस्या है और एक स्थिर क्लोज्ड लूप सिस्टम को डिजाइन करने के लिए अधिक देखभाल की आवश्यकता है।

Comparison of Open Loop and Closed Loop Control Systems (ओपन लूप और क्लोज्ड लूप कंट्रोल सिस्टम की तुलना)

Comparison of Open Loop and Closed Loop Control Systems are discussed in Table 2.1.
ओपन लूप और क्लोज्ड लूप कंट्रोल सिस्टम की तुलना टेबल 2.1 में की गई है।

Table 2.1 Comparison of Open Loop and Closed Loop Control Systems (टेबल 2.1 ओपन लूप और क्लोज्ड लूप कंट्रोल सिस्टम की तुलना)

Open Loop Control System ओपन लूप कंट्रोल सिस्टम	Closed Loop Control System क्लोज्ड लूप कंट्रोल सिस्टम
No feedback is given to the control system, i.e., the feedback element is absent. कंट्रोल सिस्टम के लिए कोई प्रतिक्रिया नहीं दी गई है, अर्थात, प्रतिक्रिया तत्व अनुपस्थित है।	A feedback is given to the control system, i.e., the feedback element is always present. प्रतिक्रिया कंट्रोल सिस्टम को दी जाती है, अर्थात, प्रतिक्रिया तत्व हमेशा मौजूद होता है।
The output will not very for a constant input, provided the system parameters remain unaltered. आउटपुट निरंतर इनपुट के लिए बहुत नहीं होगा, बशर्ते सिस्टम पैरामीटर अनलेडेड रहें।	In the system the output may vary for a constant input, depending upon the feedback. फीडबैक के आधार पर सिस्टम में आउटपुट निरंतर इनपुट के लिए भिन्न हो सकते हैं।
Cannot be intelligent. (इंटेलीजेंट नहीं है।)	Intelligent controlling action. (इंटेलीजेंट नियंत्रण कार्रवाई।)
An error detector is not present. कोई त्रुटि डिटेक्टर मौजूद नहीं है।	An error detector is always present. त्रुटि डिटेक्टर हमेशा मौजूद होता है।
More stable. स्थिर।	Less stable or prone to instability. गड़बड़ी के प्रति कम संवेदनशील।
Easy to construct, i.e., simple design. निर्माण में आसान, सरल डिजाइन।	Complicated construction, i.e., complex design. जटिल निर्माण, जटिल डिजाइन।
It is economical and require Less maintenance. यह किफायती है और कम रखरखाव की आवश्यकता होती है।	It is costly and require more maintenance. यह महंगा है और अधिक रखरखाव की आवश्यकता है।
Very sensitive in nature. स्वभाव से बहुत संवेदनशील।	Less sensitive to disturbances. कम स्थिर या अस्थिरता का खतरा।
Having small bandwidth. (स्माल बैंडविड्थ।)	Having large bandwidth. (बड़ी बैंडविड्थ है।)
It is inaccurate and unreliable. यह एनएक्यूरेट और अविश्वसनीय है।	It is accurate and reliable. यह सटीक और विश्वसनीय है।

2.3 Feedback Systems (फीडबैक सिस्टम)

If either the output or some part of the output is returned to the input side and utilized as part of the system input, then it is known as feedback. Feedback plays an important role in order to improve the performance of the control systems. A feedback system is one in which the output signal is sampled and then fed back to the input to form an error signal that drives the system.

Feedback systems are very useful and widely used in amplifier circuits, oscillators, process control systems as well as other types of electronic systems. But for feedback to be an effective tool it must be controlled as an uncontrolled system with either oscillate or fail to function. This basic feedback loop of sensing, controlling and actuation is the main concept behind a feedback control system.

यदि आउटपुट या आउटपुट का कुछ हिस्सा इनपुट साइड में वापस आ जाता है और सिस्टम इनपुट के भाग के रूप में उपयोग किया जाता है, तो इसे फीडबैक के रूप में जाना जाता है। कंट्रोल सिस्टम के प्रदर्शन को बेहतर बनाने के लिए फीडबैक एक महत्वपूर्ण भूमिका निभाता है। फीडबैक सिस्टम वह है जिसमें आउटपुट सिग्नल को सैंपल किया जाता है और फिर सिस्टम को ड्राइव करने वाले एरर सिग्नल को बनाने के लिए इनपुट पर वापस फीड किया जाता है। फीडबैक सिस्टम बहुत उपयोगी होते हैं और व्यापक रूप से एम्पलीफायर सर्किट, ऑसिलेटर, प्रोसेस कंट्रोल सिस्टम के साथ–साथ अन्य प्रकार के इलेक्ट्रॉनिक सिस्टम में उपयोग किए जाते हैं। लेकिन प्रतिक्रिया के लिए एक प्रभावी उपकरण होने के लिए इसे या तो दोलन के साथ एक अनियंत्रित प्रणाली के रूप में नियंत्रित किया जाना चाहिए या कार्य करने में विफल होना चाहिए। संवेदन, नियंत्रण और सक्रियता का यह मूल फीडबैक लूप फीडबैक कंट्रोल सिस्टम के पीछे मुख्य अवधारणा है, संयंत्र में एक या अधिक आउटपुट और एक या अधिक इनपुट होते हैं। सेंसर प्लांट आउटपुट को मापते हैं और एक्ट्यूएटर्स प्लांट इनपुट को ड्राइव करते हैं।

2.3.1 Feedback Loop of Control System (कंट्रोल सिस्टम का फीडबैक लूप)

A feedback is a common and powerful tool when designing a control system. Feedback loop is the tool which take the system output into consideration and enables the system to adjust its performance to meet a desired result of system.

फीडबैक एक सामान्य और शक्तिशाली उपकरण है जब एक कंट्रोल सिस्टम को डिजाइन किया जाता है। फीडबैक लूप वह उपकरण है जो सिस्टम आउटपुट को ध्यान में रखता है और सिस्टम को वांछित परिणाम को पूरा करने के लिए अपने प्रदर्शन को समायोजित करने में सक्षम बनाता है।

In any control system, the output is affected due to change in environmental condition or any kind of disturbance. So one signal is taken from the output and is fed back to the input. This signal is compared with a reference input and the error signal is generated. This error signal is applied to controller and output is corrected. Such a system is called Feedback system.

किसी भी कंट्रोल सिस्टम में, पर्यावरणीय स्थिति में बदलाव या किसी भी तरह की गड़बड़ी के कारण आउटपुट प्रभावित होता है। इसलिए आउटपुट से एक सिग्नल लिया जाता है और इनपुट पर वापस फीड किया जाता है। इस सिग्नल की तुलना एक संदर्भ इनपुट के साथ की जाती है और एरर सिग्नल उत्पन्न होता है। यह एरर संकेत नियंत्रक पर लागू होता है और आउटपुट को ठीक किया जाता है। ऐसी सिस्टम को फीडबैक सिस्टम कहा जाता है।

The controller inputs are the reference input (also called a set point) and the plant output signal (measured by the sensor), which is used as feedback. The controller output is the actuator signal that drives the plant. From the controller's point of view, the plant has one or more outputs and one or more inputs. Sensors measure the plant outputs and actuators drive the plant inputs. The simplest feedback control system has one input and one output, and is called a Single-Input-Single-Output (SISO) system. In a SISO system, a sensor measures one signal and the controller produces one signal to drive an actuator.

नियंत्रक इनपुट रेफरेन्स इनपुट (जिसे एक सेट बिंदु भी कहा जाता है) और प्लांट आउटपुट सिग्नल (सेंसर द्वारा मापा गया) होता है, जिसका उपयोग फीडबैक के रूप में किया जाता है। कंट्रोलर आउटपुट एक्ट्यूएटर सिग्नल है जो प्लांट को चलाता है। नियंत्रक के बिंदु से सरलतम प्रतिक्रिया कंट्रोल सिस्टम में एक इनपुट और एक आउटपुट होता है, और इसे सिंगल–इनपुट–सिंगल–आउटपुट (SISO) सिस्टम कहा जाता है। SISO सिस्टम में, सेंसर एक सिग्नल को मापता है और कंट्रोलर एक एक्ट्यूएटर को चलाने के लिए एक सिग्नल का उत्पादन करता है।

Control systems with more than one input or output are called MIMO systems, meaning Multiple-Input-Multiple-Output systems. Because of the added complexity, fewer MIMO system design procedures are available.

एक से अधिक इनपुट या आउटपुट वाले कंट्रोल सिस्टम को MIMO सिस्टम कहा जाता है, जिसका अर्थ है मल्टीपल–इनपुट–मल्टीपल–आउटपुट सिस्टम। अतिरिक्त जटिलता के कारण, कम MIMO सिस्टम डिजाइन प्रक्रियाएँ उपलब्ध हैं।

The open loops operates with human input, and closed loops are fully autonomous. Some loops can be switched between closed and open modes. When open, a switchable loop is manually controlled and when closed it is fully automated.

ओपन लूप मानव इनपुट के साथ काम करता है, और क्लोज्ड लूप पूरी तरह से स्वायत्त हैं। कुछ लूप को क्लोज्ड और ओपन मोड के बीच स्विच किया जा सकता है। जब ओपन होता है, तो एक स्विचेबल लूप मैन्युअल रूप से नियंत्रित होता है और जब क्लोज्ड होता है तो यह पूरी तरह से स्वचालित होता है।

2.3.2 Classification of Feedback Systems (फीडबैक सिस्टम का वर्गीकरण)

The main types of feedback control systems are Positive Feedback and Negative Feedback. These are discussed in the following sections:

फीडबैक कंट्रोल सिस्टम के मुख्य प्रकार सकारात्मक प्रतिक्रिया और नकारात्मक प्रतिक्रिया हैं। इन पर निम्न अनुभागों में चर्चा की गई हैरू

Positive Feedback Systems (पॉजिटिव फीडबैक सिस्टम)

When the feedback signal is positive then system called positive feedback system. For positive feedback system, the error signal is the addition of reference input signal and a feedback signal. The effect of positive (or regenerative) feedback is to 'increase' the systems gain, i.e, the overall gain with positive feedback applied will be greater than the gain without feedback. For example, if someone praises you or gives you positive feedback about something, you feel happy and more positive.

जब फीडबैक सिग्नल पॉजिटिव होता है तो सिस्टम पॉजिटिव फीडबैक सिस्टम कहलाता है। फीडबैक कंट्रोल सिस्टम के लिए, एरर संकेत संदर्भ इनपुट संकेत और एक प्रतिक्रिया संकेत के अतिरिक्त है। पॉजिटिव (या रिजरनेटिव) प्रतिक्रिया का प्रभाव सिस्टम के लाभ को बढ़ाने के लिए है, यानी, पॉजिटिव प्रतिक्रिया के साथ समग्र लाभ, प्रतिक्रिया के बिना लाभ से अधिक होगा। उदाहरण के लिए, यदि कोई आपकी प्रशंसा करता है या आपको किसी चीज के बारे में पॉजिटिव फीडबैक देता है, तो आप खुश और अधिक पॉजिटिव महसूस करते हैं।

However, in electronic and control systems to much praise and positive feedback can increase the systems gain far too much which would give rise to oscillatory circuit responses as it increases the magnitude of the effective input signal. An example of a positive feedback systems could be an electronic amplifier.

हालांकि, इलेक्ट्रॉनिक और कंट्रोल सिस्टम में बहुत प्रशंसा और पॉजिटिव फीडबैक के लिए सिस्टम बहुत अधिक लाभ प्राप्त कर सकते हैं जो कि ऑसिलेटरी सर्किट प्रतिक्रियाओं को जन्म देगा क्योंकि यह प्रभावी इनपुट सिग्नल के परिमाण को बढ़ाता है। एक पॉजिटिव फीडबैक प्रणालियों का एक उदाहरण एक इलेक्ट्रॉनिक एम्पलीफायर हो सकता है।

Negative Feedback Systems (नगेटिव फीडबैक सिस्टम)

When the feedback signal is negative then the system is called negative feedback system. For negative feedback system, the error signal is given by the difference of reference input signal and the feedback signal. In a negative feedback control system, the set point and output values are subtracted from each other as the feedback is 'out-ofphase' with the original input. The effect of negative (or degenerative) feedback is to 'reduce' the gain. For example, if someone criticizes you or gives you negative feedback about something, you feel unhappy and less positive.

जब फीडबैक सिग्नल नगेटिव होता है तो सिस्टम को नगेटिव फीडबैक सिस्टम कहा जाता है। नगेटिव फीडबैक सिस्टम के लिए, एरर संकेत संदर्भ इनपुट संकेत और प्रतिक्रिया संकेत के अंतर द्वारा दिया जाता है। नगेटिव फीडबैक सिस्टम प्रणाली में, सेट बिंदु और आउटपुट मान को एक दूसरे से घटाया जाता है क्योंकि मूल इनपुट के साथ फीडबैक–आउट–ऑफ–फेज 'होता है। नगेटिव (या डिजेनेरिटिव) फीडबैक का प्रभाव लाभ को 'कम' करना है। उदाहरण के लिए, यदि कोई आपकी आलोचना करता है या आपको किसी चीज के बारे में नगेटिव फीडबैक देता है, तो आप दुखी और कम पॉजेटिव महसूस करते हैं।

Because negative feedback produces stable circuit responses, improves stability and increases the operating bandwidth of a given system, the majority of all control and feedback systems is degenerative reducing the effects of the gain.

क्योंकि नगेटिव फीडबैक स्थिर सर्किट प्रतिक्रियाओं का उत्पादन करती है, स्थिरता में सुधार करती है और किसी दिए गए सिस्टम के ऑपरेटिंग बैंडविड्थ को बढ़ाती है, सभी नियंत्रण और फीडबैक सिस्टम का बहुमत लाभ के प्रभाव को कम करने वाला अपक्षयी है।

Thermostat (थर्मोस्टेट)

Thermostat is a revolutionary concept which gives you many benefits. Its breakthrough technology and Internet of Things based concepts make it highly efficient electric appliance. Usually thermostats incur almost half of the energy bills. In the aspect of energy conservation, household appliances can suggest optimal setting based on the user's energy consumption like turning the ideal temperature just before the owner arrives home as well as turning on and off the lights whenever the owner is out on vacation just to create the impression that somebody is still left inside the house to prevent burglars from attempting to enter. Imagine that you can control the temperature of your home from anywhere, with just a simple touch on your smart phone or tablet, and you get the desired temperature before getting home so that you don't need to wait. Thermostat not only controlled from anywhere but also it learns by itself by following your daily routing and change the temperature of your home without bothering you, Like if you have set low temperature at night continuously for 7 days, then this device learns that and automatically lowers the temperature at night. This is very helpful device for saving the energy.

थर्मोस्टैट एक रेवालुशनरी अवधारणा है जो आपको कई लाभ देती है। इसकी सफलता प्रौद्योगिकी और इंटरनेट ऑफ थिंग्स आधारित अवधारणाएं इसे अत्यधिक कुशल विद्युत उपकरण बनाती हैं। आमतौर पर ऊष्मातापी ऊर्जा बिलों का लगभग आधा हिस्सा खा जाते हैं। ऊर्जा संरक्षण के पहलू में, घरेलू उपकरण उपयोगकर्ता की ऊर्जा खपत के आधार पर इष्टतम सेटिंग का सुझाव दे सकते हैं जैसे कि मालिक के आने से ठीक पहले तापमान को चालू करना और साथ ही जब भी मालिक छुट्टी पर बाहर हो तो रोशनी बंद करना। धारणा है कि किसी को अभी भी घर के अंदर छोड़ दिया गया है ताकि चोरों को प्रवेश करने से रोका जा सके। कल्पना करें कि आप अपने स्मार्टफोन या टैबलेट पर एक साधारण टच के साथ, कहीं से भी अपने घर के तापमान को नियंत्रित कर सकते हैं, और आपको घर मिलने से पहले वांछित तापमान मिलता है, ताकि आपको प्रतीक्षा करने की आवश्यकता न हो। थर्मोस्टैट न केवल कहीं से नियंत्रित किया जाता है, बल्कि यह आपके दैनिक मार्ग का अनुसरण करके स्वयं भी सीखता है और आपको परेशान किए बिना अपने घर के तापमान को बदलता है, जैसे अगर आपने रात में लगातार 7 दिनों तक कम तापमान निर्धारित किया है, तो यह उपकरण सीखता है और स्वचालित रूप से कम हो जाता है। यह ऊर्जा बचाने के लिए बहुत सहायक उपकरण है।

2.4 Connectivity Models (कनेक्टिविटी मॉडल)

The architecture for the Internet of Things (IoT) has evolved over a period of time. The existing systems of communication over the internet have had its share of influence. Moreover, it was essential to build a system compatible with the existing system and structure. So, in order to understand the existing IoT architectures, let us take a look at its predecessors, the conceptual and existing models of architecture.

इंटरनेट ऑफ थिंग्स (IoT) की वास्तुकला समय के साथ विकसित हुई है। इंटरनेट पर संचार की मौजूदा प्रणालियों में इसका प्रभाव पड़ा है। इसके अलावा, मौजूदा प्रणाली और संरचना के साथ संगत प्रणाली का निर्माण करना आवश्यक था। इसलिए, मौजूदा IoT आर्किटेक्चर को समझने के लिए, आइए हम इसके पूर्ववर्तियों, वास्तुकला के वैचारिक और मौजूदा मॉडल पर एक नजर डालें।

It would be useful to have a set of protocols and rules for data transmission for the variety of network types to ensure that the information can be shared. For this reason, OSI and TCP/IP models were created. These models describe network systems as being made up of a number of layers, each with its own set of protocols and functionality.

यह सुनिश्चित करने के लिए उपयोगी होगा कि नेटवर्क प्रकार की विविधता के लिए डेटा ट्रांसमिशन के लिए प्रोटोकॉल और नियमों का एक सेट है ताकि यह सुनिश्चित किया जा सके कि जानकारी साझा की जा सकती है। इस कारण से, OSI और TCP / IP मॉडल बनाए गए थे। ये मॉडल नेटवर्क प्रणालियों का वर्णन करते हैं, जो कई लेयर से बनी होती हैं, प्रत्येक में प्रोटोकॉल और कार्यक्षमता का अपना सेट होता है।

The OSI Model is a logical and conceptual model that defines network communication used by systems open to interconnection and communication with other systems. The Open System Interconnection (OSI Model) also defines a logical network and effectively describes computer packet transfer by using various layers of protocols. It does not take into account the underlying technology. This model is considered as a concept, over which designing of practical models took place.

OSI मॉडल एक लॉजिकल और कन्सेप्चुअल मॉडल है जो सिस्टम संचार द्वारा उपयोग किए जाने वाले नेटवर्क संचार को परिभाषित करता है जो अन्य प्रणालियों के साथ परस्पर संपर्क और संचार के लिए ओपन है। ओपन सिस्टम इंटरकनेक्शन (OSI मॉडल) भी एक ओपन नेटवर्क को परिभाषित करता है और प्रोटोकॉल की विभिन्न लेयर का उपयोग करके कंप्यूटर पैकेट हस्तांतरण का प्रभावी ढंग से वर्णन करता है। यह अंतर्निहित तकनीक को ध्यान में नहीं रखता है। इस मॉडल को एक अवधारणा के रूप में माना जाता है, जिस पर व्यावहारिक मॉडल की डिजाइनिंग हुई।

TCP/IP stands for Transmission Control Protocol/ Internet Protocol. It is specifically designed as a model to offer highly reliable and end-to-end byte stream over an unreliable internetwork.

ट्रांसमिशन कंट्रोल प्रोटोकॉल/इंटरनेट प्रोटोकॉल TCP / IP विशेष रूप से एक अविश्वसनीय इंटरनेटवर्क पर अत्यधिक विश्वसनीय और एंड–टू–एंड बाइट स्ट्रीम प्रदान करने के लिए एक मॉडल के रूप में डिजाइन किया गया है।

TCP/IP helps you to determine how a specific computer should be connected to the Internet and how you can transmit data between them. It helps you to create a virtual network when multiple computer networks are connected together.

टीसीपी/आईपी आपको यह निर्धारित करने में मदद करता है कि एक विशिष्ट कंप्यूटर को इंटरनेट से कैसे जोड़ा जाना चाहिए और आप उनके बीच डेटा कैसे संचारित कर सकते हैं। यह एक वर्चुअल नेटवर्क बनाने में आपकी मदद करता है जब कई कंप्यूटर नेटवर्क एक साथ जुड़े होते हैं।

All the layers of the OSI model are not present in the TCP/IP model but most of the functionalities are distributed among the four layers. Thus, the functionality of each layer remains the same as that of OSI model.

OSI मॉडल की सभी लेयर टीसीपी / आईपी मॉडल में मौजूद नहीं हैं, लेकिन अधिकांश कार्यक्षमता चार लेयर के बीच वितरित की जाती हैं। इस प्रकार, प्रत्येक परत की कार्यक्षमता OSI मॉडल की तरह ही रहती है।

2.5 OSI Model (ओएसआई (OSI) मॉडल)

The Open Systems Interconnection (OSI) model is the foundation of Internet communications, including for devices connected to the Internet of Things (IoT).

ओपन सिस्टम इंटरकनेक्शन (OSI) मॉडल इंटरनेट संचार की नींव है, जिसमें इंटरनेट ऑफ थिंग्स (IoT) से जुड़े डिवाइस शामिल हैं।

The OSI model was developed to standardize the procedures for exchange of information between processing systems. The OSI is a communications reference model that has been defined by the International Standards Organization (ISO). It is a seven-layer communications protocol intended as a standard for the development of communications systems worldwide.

OSI मॉडल को प्रसंस्करण प्रणालियों के बीच सूचनाओं के आदान–प्रदान के लिए प्रक्रियाओं को मानकीकृत करने के लिए विकसित किया गया था। OSI एक संचार संदर्भ मॉडल है जिसे इंटरनेशनल स्टैन्डर्ड आर्गेनाइजेशन (ISO) द्वारा परिभाषित किया गया है। यह दुनिया भर में संचार प्रणालियों के विकास के लिए एक मानक के रूप में एक सात–लेयर संचार प्रोटोकॉल है।

Characteristics of the OSI Model (ओएसआई मॉडल)

- In the OSI model, each layer relies on the next lower layer to perform primitive functions.

  ओएसआई मॉडल में, प्रत्येक लेयर आदिम कार्यों को करने के लिए अगली निचली लेयर पर निर्भर करती है।

- A layer should only be created where the definite levels of abstraction are needed.

  एक लेयर केवल बनाई जानी चाहिए जहां अमूर्तता के निश्चित स्तर की आवश्यकता होती है।

- The function of each layer should be selected as per the internationally standardized protocols.

  प्रत्येक लेयर के कार्य को इंटरनेशनल स्टैण्डर्ड पर मानकीकृत प्रोटोकॉल के अनुसार चुना जाना चाहिए।

- Changes made in one layer should not need changes in other layers.

  एक लेयर में किए गए परिवर्तन को अन्य लेयर में परिवर्तन की आवश्यकता नहीं होनी चाहिए।

Advantages (लाभ)

- OSI model distinguishes well between the services, interfaces and protocols.

  OSI मॉडल सेवाओं, इंटरफेस और प्रोटोकॉल के बीच अच्छा अंतर करता है।

- It helps you to standardize router, switch, motherboard, and other hardware.

  यह आपको राउटर, स्विच, मदरबोर्ड और अन्य हार्डवेयर को मानकीकृत करने में मदद करता है।

- Reduces complexity and standardizes interfaces.

  जटिलता को कम करता है और इंटरफेसेस को मानकीकृत करता है।

- It offers flexibility to adapt to various types of protocols.

  यह विभिन्न प्रकार के प्रोटोकॉल के अनुकूल होने के लिए फ्लेक्सिबिलिटी प्रदान करता है।

- Supports connectionless and connectionoriented services.

  कनेक्शन रहित और कनेक्शन–उन्मुख सेवाओं का समर्थन करता है।

Disadvantages (नुकसान)

- Fitting of protocols is a tedious task.

  प्रोटोकॉल की फिटिंग एक मुश्किल काम है।

- You can only use it as a reference model.

  आप इसे केवल रिफरेन्स मॉडल के रूप में उपयोग कर सकते हैं।

- Layers can't work in parallel as each layer need to wait to obtain data from the previous layer.

  लेयर समानांतर में काम नहीं कर सकती हैं क्योंकि प्रत्येक लेयर को पिछली लेयर से डेटा प्राप्त करने के लिए प्रतीक्षा करने की आवश्यकता होती है।

2.5.1 Protocol Stacks (प्रोटोकॉल स्टैक)

This model conceptually organizes the process of communications between computers in terms of seven layers called Protocol Stacks. The seven layers of the OSI model provide a way for you to understand how communications across various protocols take place.

यह मॉडल प्रोटोकोल स्टैक्स नामक सात लेयर के संदर्भ में कंप्यूटर के बीच संचार की प्रक्रिया को वैचारिक रूप से व्यवस्थित करता है। ओएसआई मॉडल की सात लेयर आपको यह समझने का एक तरीका प्रदान करती हैं कि विभिन्न प्रोटोकॉल में संचार कैसे होता है।

A protocol stack is a group of rules or procedures called protocols arranged on top of each other as part of a communication process. Each layer of the OSI model has different protocols associated with it. When more than one protocol is needed to complete a communication process, the protocols are grouped together in a stack. A popular protocol stack is TCP/IP, which is widely used for UNIX and the Internet. Each layer in the protocol stack receives services from the layer below it and provides services to the layer above it. That means, layer N uses the services of the layer below it (layer N-1) and provides services to the layer above it (layer N+1). For two computers to communicate, the same protocol stacks must be running on each computer.

प्रोटोकॉल स्टैक नियमों या प्रक्रियाओं का एक समूह है जिसे एक संचार प्रक्रिया के हिस्से के रूप में एक दूसरे के शीर्ष पर व्यवस्थित प्रोटोकॉल कहा जाता है। OSI मॉडल की प्रत्येक परत में अलग–अलग प्रोटोकॉल होते हैं। जब संचार प्रक्रिया को पूरा करने के लिए एक से अधिक प्रोटोकॉल की आवश्यकता होती है, तो प्रोटोकॉल को एक स्टैक में एक साथ समूहीकृत किया जाता है। एक लोकप्रिय प्रोटोकॉल स्टैक टीसीपी/आईपी है, जो यूनिक्स और इंटरनेट के लिए व्यापक रूप से उपयोग किया जाता है। प्रोटोकॉल स्टैक में प्रत्येक लेयर इसके नीचे की परत से सेवाएं प्राप्त करती है और इसके ऊपर की लेयर को सेवाएं प्रदान करती है। इसका मतलब है कि, लेयर एन इसके नीचे की परत (N-1 लेयर) की सेवाओं का उपयोग करता है और इसके ऊपर की लेयर (लेयर N + 1) को सेवाएं प्रदान करता है। दो कंप्यूटरों को संवाद करने के लिए, प्रत्येक कंप्यूटर पर एक ही प्रोटोकॉल स्टैक चलना चाहिए।

> *Each layer of the protocol stack on one computer communicates with its equivalent, or peer, on the other computer. The entities comprising the corresponding layers on different machines are called peers.*
>
> एक कंप्यूटर पर प्रोटोकॉल स्टैक की प्रत्येक लेयर दूसरे कंप्यूटर पर इसके समकक्ष या सहकर्मी के साथ संचार करती है। विभिन्न मशीनों पर संबंधित लेयर को समाहित करने वाली संस्थाओं को पीयर कहा जाता है।

The computers can have different operating systems and still be able to communicate if they are running the same protocol stacks.

कंप्यूटर में अलग–अलग ऑपरेटिंग सिस्टम हो सकते हैं और फिर भी अगर वे एक ही प्रोटोकॉल स्टैक चला रहे हैं तो संवाद करने में सक्षम हो सकते हैं।

2.5.2 Layers and their Functions (लेयर और उनके कार्य)

When a message is sent from one machine to another, it travels down the layers on one machine and then up the layers on the other machine. This route is illustrated in Figure 2.4 and 2.5 of OSI model. As the message travels down the first stack, each layer it passes through (except the physical layer and application layer) adds a header. These headers contain pieces of control information that are read and processed by the corresponding layer on the receiving stack.

जब एक मशीन से दूसरी मशीन पर संदेश भेजा जाता है, तो यह एक मशीन पर लेयर को नीचे ले जाती है और फिर दूसरी मशीन पर लेयर को ऊपर करती है। यह मार्ग चित्र 2.4 और 2.5 के OSI मॉडल में चित्रित किया गया है। जैसे ही संदेश पहले स्टैक से नीचे जाता है, प्रत्येक लेयर वह (फिजिकल लेयर और एप्लीकेशन लेयर को छोड़कर) गुजरता है, एक हेडर जोड़ता है। इन शीर्षलेखों में नियंत्रण जानकारी के टुकड़े होते हैं जिन्हें पढ़ने और प्राप्त स्टैक पर संबंधित परत द्वारा संसाधित किया जाता है।

As the message travels up the stack of the other machine, each layer strips the header added by its peer layer.

जैसे ही संदेश दूसरी मशीन के स्टैक पर जाता है, प्रत्येक लेयर हेडर को उसके पीयर लेयर द्वारा जोड़ा जाता है।

The OSI model divides communication tasks into smaller pieces called subtasks. Protocol implementations are computer processes that relate to these subtasks. Specific protocols fulfill subtasks at specific layers of the OSI model. When these protocols are grouped together to complete a whole task, you get a protocol stack.

OSI मॉडल संचार कार्यों को छोटे–छोटे टुकड़ों में विभाजित करता है, जिन्हें उप–कार्य कहा जाता है। प्रोटोकॉल कार्यान्वयन कंप्यूटर प्रक्रियाएं हैं जो इन सबटास्क से संबंधित हैं। विशिष्ट प्रोटोकॉल OSI मॉडल की विशिष्ट लेयर पर सब–टास्क को पूरा करते हैं। जब ये प्रोटोकॉल एक कार्य को पूरा करने के लिए एक साथ समूहीकृत होते हैं, तो आपको एक प्रोटोकॉल स्टैक मिलता है।

In reality, no data is directly transferred from layer n on one machine to layer n on another machine. Instead, each layer transfers data and control information to the layer immediately below it, until the lowest layer is reached. Below layer 1 is the physical medium through which actual communication occurs.

वास्तव में, कोई डेटा सीधे लेयर n पर एक मशीन से दूसरी मशीन पर लेयर n में स्थानांतरित नहीं होता है। इसके बजाय, प्रत्येक लेयर डेटा को स्थानांतरित करती है और जानकारी को उसके नीचे की लेयर तक तुरंत स्थानांतरित करती है, जब तक कि सबसे निचली लेयर तक नहीं पहुंच जाती। परत 1 के नीचे फिजिकल माध्यम है जिसके माध्यम से वास्तविक संचार होता है।

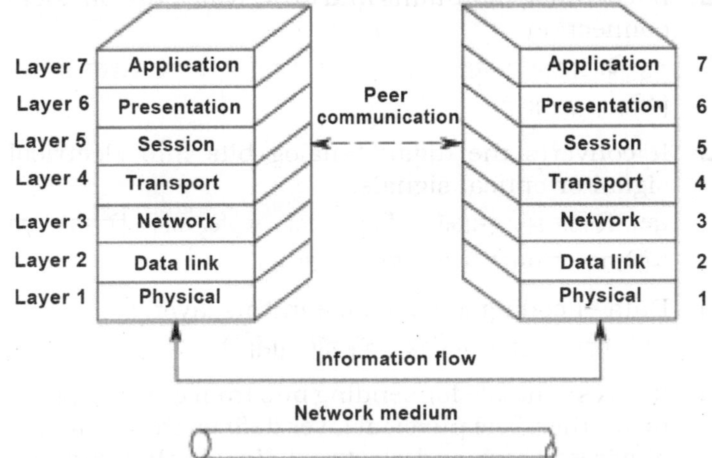

Figure 2.4: Peer-to-peer communication between two computers (दो कंप्यूटरों के बीच पीर से पीर संचार)

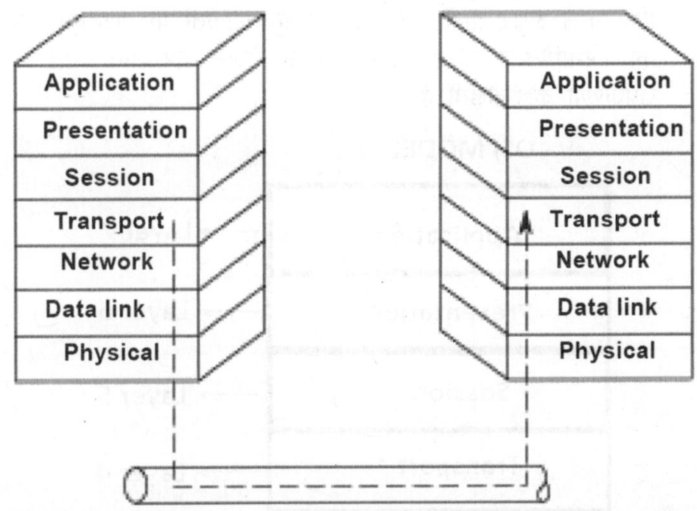

Figure 2.5: A message sent from one peer layer to another peer layer (एक पीर लेयर से दूसरी पीर लेयर पर भेजा गया संदेश)

From top to bottom, the layers of the OSI model are shown in Figure 2.6. These layers are further described in the following section.

ऊपर से नीचे तक OSI मॉडल की लेयर चित्र 2.6 में दिखाई गई हैं। इन लेयर को आगे के भाग में वर्णित किया गया है।

Layer 1 Physical Layer (लेयर 1 फिजिकल लेयर)

Physical layer is the lowest layer of the OSI reference model. The physical layer deals with the description of the characteristics of the interface between the devices and the transmission media, representation of bits, synchronization of the bits, data rate, physical topology, line configuration, transmission mode.

फिजिकल लेयर OSI रिफरेन्स मॉडल की सबसे निचली लेयर है। फिजिकल लेयर उपकरणों और ट्रांसमिशन मीडिया, बिट्स का प्रतिनिधित्व, बिट्स का सिंक्रनाइजेशन, डेटा दर, फिजिकल टोपोलॉजी, लाइन कॉन्फिगरेशन, ट्रांसमिशन मोड के बीच इंटरफेस की विशेषताओं का वर्णन करती है।

- It activates, maintains and deactivates the physical connection.
  यह फिजिकल कनेक्शन को सक्रिय करता है, बनाए रखता है और निष्क्रिय करता है।
- It converts the digital/analog bits into electrical signal or optical signals.
  यह डिजिटल/एनालॉग बिट्स को इलेक्ट्रिकल सिग्नल या ऑप्टिकल सिग्नल में परिवर्तित करता है।
- Data encoding is also done in this layer.
  इस लेयर में डाटा एन्कोडिंग भी की जाती है।
- It is responsible for sending bits from one computer to another. The physical layer defines the actual set of wires, plugs and electrical signals that connect the sending and receiving devices to the network.
  यह एक कंप्यूटर से दूसरे में बिट्स भेजने के लिए जिम्मेदार है। फिजिकल लेयर तारों, प्लग और विद्युत संकेतों के वास्तविक सेट को परिभाषित करती है जो नेटवर्क को भेजने और प्राप्त करने वाले उपकरणों को जोड़ती है।

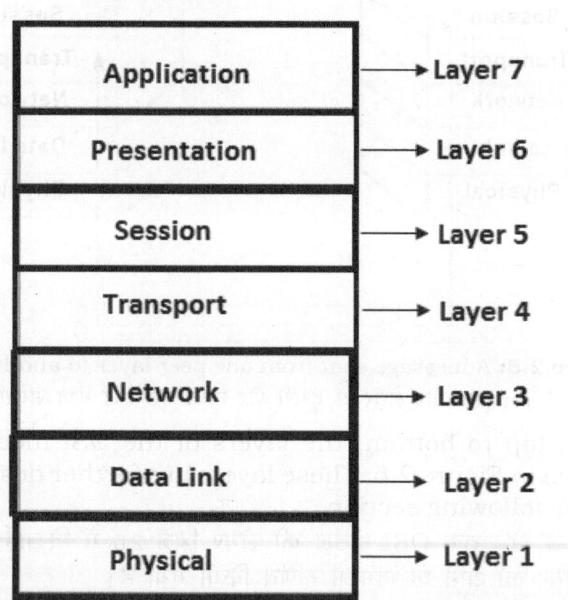

Figure 2.6: The OSI seven layer model (ओएसआई सात–लेयर मॉडल)

A physical layer makes a physical circuit with electrical, optical or radio signals. Passive hubs, simple active hubs, terminators, couplers, cables, connectors, repeaters, multiplexers, transmitters, receivers, and trans-receivers are devices associated with the physical layer.

फिजिकल लेयर विद्युत, ऑप्टिकल या रेडियो संकेतों के साथ एक फिजिकल सर्किट बनाती है। निष्क्रिय हब, सरल सक्रिय हब, टर्मिनेटर, कपलर, केबल, कनेक्टर्स, रिपीटर्स, मल्टीप्लेक्सर्स, ट्रांसमीटर, रिसीवर, और ट्रांसरसीवर फिजिकल लेयर से जुड़े उपकरण हैं।

Layer 2 Data Link Layer (लेयर 2 डेटा लिंक लेयर)

The data link layer is responsible for gaining access to the network and transmitting the physical block of data from one device to another. It includes the error checking necessary to ensure an accurate transmission. This layer uses the communications protocol that is most commonly referenced and often implies the specifications for Layer 1 as well. The data-link layer is the OSI layer where data transfer between two directly connected nodes in a network takes place.

डेटा लिंक लेयर नेटवर्क तक पहुंच प्राप्त करने और डेटा के फिजिकल ब्लॉक को एक डिवाइस से दूसरे डिवाइस तक पहुंचाने के लिए जिम्मेदार है। इसमें एक सटीक प्रसारण सुनिश्चित करने के लिए आवश्यक त्रुटि की जाँच शामिल है। यह लेयर संचार प्रोटोकॉल का उपयोग करती है जिसे सबसे अधिक संदर्भित किया जाता है और अक्सर लेयर 1 के लिए विशिष्टताओं का भी उल्लेख करता है। डेटा–लिंक लेयर OSI लेयर है जहां एक नेटवर्क में दो सीधे जुड़े नोड्स के बीच डेटा ट्रांसफर होता है।

- Data link layer synchronizes the information which is to be transmitted over the physical layer.
  डेटा लिंक लेयर उस जानकारी को सिंक्रनाइज करती है जिसे फिजिकल लेयर पर प्रेषित किया जाना है।
- The main function of this layer is to make sure data transfer is error free from one node to another, over the physical layer.
  इस लेयर का मुख्य कार्य यह सुनिश्चित करना है कि फिजिकल लेयर पर डेटा ट्रांसफर एक नोड से दूसरे नोड में त्रुटि रहित हो।
- In this layer, the input data is split into frames. Also, transmitting and receiving data frames sequentially is managed by this layer.
  इस परत में, इनपुट डेटा को फ्रेम में विभाजित किया जाता है। इसके अलावा, डेटा फ्रेम को क्रमिक रूप से प्रसारित और प्राप्त करना इस लेयर द्वारा प्रबंधित किया जाता है।
- This layer establishes a logical layer between two nodes and also manages the Frame traffic control over the network.
  यह लेयर दो नोड्स के बीच एक लॉजिकल परत स्थापित करती है और नेटवर्क पर फरेम ट्रैफिक नियंत्रण का प्रबंधन भी करती है।

Layer 3 Network Layer (लेयर 3 नेटवर्क लेयर)

The network layer makes routing decisions and forwards packets for devices that are farther away than a single link. A link connects two network devices and is implemented by the data link layer. Two devices connected by a link communicate directly with each other and not through a third device. In larger networks, there may be intermediate systems between any two end systems, and the network layer makes it possible for the transport layer and layers above it to send packets without being concerned about whether

the end system is immediately adjacent or several hops away.
नेटवर्क लेयर रूटिंग निर्णय लेता है और उन डिवाइस के लिए फॉर्वर्ड पैकेट बनाता है जो एकल लिंक की तुलना में दूर होते हैं। एक लिंक दो नेटवर्क उपकरणों को जोड़ता है और डेटा लिंक लेयर द्वारा कार्यान्वित किया जाता है। एक लिंक से जुड़े दो डिवाइस एक दूसरे से सीधे संवाद करते हैं न कि किसी तीसरे डिवाइस के जरिए। बड़े नेटवर्क में, किसी भी दो अंत प्रणालियों के बीच मध्यवर्ती सिस्टम हो सकते हैं, और नेटवर्क लेयर ट्रांसपोर्ट लेयर और इसके ऊपर की लेयर के लिए पैकेट को भेजने के लिए बिना संभव होने के बारे में चिंतित करता है कि क्या अंत प्रणाली तुरंत आसन्न है या कई हॉप्स दूर है।

The network layer translates logical network addresses into physical machine addresses. This layer also determines the quality of service (namely, priority of the message) and the route a message will take if there are several ways a message can get to its destination.
नेटवर्क लेयर फिजिकल मशीन एड्रेस में लॉजिकल नेटवर्क एड्रेस का अनुवाद करती है। यह लेयर सेवा की गुणवत्ता (अर्थात, संदेश की प्राथमिकता) और एक संदेश के मार्ग को निर्धारित करती है अगर कोई रास्ता अपने गंतव्य तक पहुँच सकता है।

The network layer may also break large packets into smaller chunks if the packet is larger than the largest data frame the data link layer will accept. The network reassembles the chunks into packets at the receiving end.
यदि नेटवर्क पैकेट डेटा लिंक लेयर को स्वीकार करेगा तो सबसे बड़ा डेटा पैकेट छोटे से बड़े नेटवर्क को तोड़ सकता है। नेटवर्क प्राप्त अंत में पैकेट में चंक्स को पुनरू जोड़ता है।

The network layer performs several important functions that enable data to arrive at its destination. The protocols at this layer may choose a specific route through an internetwork to avoid the excess traffic caused by sending data over networks and segments that do not need access to it.
नेटवर्क लेयर कई महत्वपूर्ण कार्य करता है जो डेटा को उसके गंतव्य पर पहुंचने में सक्षम बनाता है। इस स्तर पर प्रोटोकॉल नेटवर्क और सेगमेंट पर डेटा भेजने के कारण होने वाले अतिरिक्त ट्रैफिक से बचने के लिए इंटरनेटवर्क के माध्यम से एक मार्ग का चयन कर सकते हैं, जिसके लिए इसे एक्सेस की आवश्यकता नहीं है।

- Logical addressing and routing are the major operations performed by the network layer.
  लॉजिकल एड्रेसिंग और राउटिंग नेटवर्क लेयर द्वारा किए जाने वाले प्रमुख ऑपरेशन हैं।
- Network Layer routes the signal through different channels from one node to other.
  नेटवर्क लेयर एक नोड से दूसरे में विभिन्न चैनल के माध्यम से सिग्नल को रूट करता है।
- It acts as a network controller and also decides which route data should take. To avoid congestion it enable the automatic updation of the routes.
  यह एक नेटवर्क कंट्रोलर के रूप में काम करता है और यह भी तय करता है कि डेटा किस रूट पर लेना चाहिए। भीड़भाड़ से बचने के लिए यह मार्गों के स्वचालित अपडेशन को सक्षम बनाता है।
- It divides the outgoing messages into packets and assembles the incoming packets into messages for higher levels.
  यह आउटगोइंग संदेशों को पैकेट में विभाजित करता है और आने वाले पैकेट को उच्च स्तरों के लिए संदेशों में संयोजित करता है।

> *Routers and gateways operate in the network layer.*
> राउटर और गेटवे नेटवर्क लेयर में काम करते हैं।

Layer 4 Transport Layer (लेयर 4 ट्रांसपोर्ट लेयर)

Layer 4 is the transport layer which breaks large messages from the session layer into packets to be sent to the destination computer and reassembles packets into messages to be presented to the session layer. The transport layer typically sends an acknowledgment to the originator for messages received. The Transmission Control Protocol (TCP) and User Datagram Protocol (UDP) are popular transport layer protocols for devices that connect to the Internet.
लेयर 4 ट्रांसपोर्ट लेयर है जो सेशन लेयर से बड़े संदेशों को पैकेट में तोड़कर गंतव्य कंप्यूटर को भेजती है और पैकेट्स को सेशन लेयर को प्रस्तुत किए जाने वाले मैसेजेस में दोबारा भेजती है। ट्रांसपोर्ट लेयर आमतौर पर प्राप्त संदेशों के लिए प्रवर्तक को एक पावती भेजती है। ट्रांसमिशन कंट्रोल प्रोटोकॉल (TCP) और यूजर डेटाग्राम प्रोटोकॉल (UDP) इंटरनेट से जुड़ने वाले उपकरणों के लिए लोकप्रिय ट्रांसपोर्ट लेयर प्रोटोकॉल हैं।

- Transport layer breaks the message (data) into small units so that they are handled more efficiently by the network layer.
  ट्रांसपोर्ट लेयर संदेश (डेटा) को छोटी इकाइयों में तोड़ती है ताकि उन्हें नेटवर्क लेयर द्वारा अधिक कुशलता से संभाला जाए।
- It receives messages from the Session layer above it, convert the message into smaller units and passes it on to the Network layer in proper order.
  यह ऊपर की सत्र लेयर से संदेश प्राप्त करता है, संदेश को छोटी इकाइयों में परिवर्तित करता है और उचित क्रम में इसे नेटवर्क लेयर पर भेजता है।
- Transport layer decides if data transmission should be on parallel path or single path.
  ट्रांसपोर्ट लेयर तय करती है कि डेटा ट्रांसमिशन समानांतर पथ या सिंगल पाथ पर होना चाहिए या नहीं।
- Functions such as Multiplexing, Segmenting or Splitting on the data are done by this layer.
  डेटा पर मल्टीप्लेक्सिंग, सेगमेंटिंग या स्प्लिटिंग जैसे कार्य इस लेयर द्वारा किए जाते हैं।

Layer 5 Session Layer (लेयर 5 सेशन लेयर)

Layer 5 establishes and terminates the session, queues of the incoming messages and is responsible for recovering from an abnormally terminated session. This layer allows applications on separate computers to share a connection called a session. This layer provides services, such as name lookup and security to allow two programs to find each other and establish the communication link. The session layer also provides for data synchronization and check points so that in the event of a network failure, only the data sent after the point of failure need be re-sent.

लेयर 5 सेशन की स्थापना और समाप्ति करता है, आने वाले संदेशों की कतार और असामान्य रूप से समाप्त सत्र से उबरने के लिए जिम्मेदार है। यह सेशन अलग–अलग कंप्यूटर पर एक सत्र नामक कनेक्शन साझा करने के लिए अनुप्रयोगों की अनुमति देती है। यह लेयर दो प्रोग्राम को एक दूसरे को खोजने और संचार लिंक स्थापित करने की अनुमति देने के लिए नाम लुकअप और सुरक्षा जैसी सेवाएं प्रदान करती है। सेशन लेयर डेटा सिंक्रनाइजेशन और चेक पॉइंट भी प्रदान करता है ताकि नेटवर्क विफलता की स्थिति में, केवल विफलता के बिंदु के बाद भेजे गए डेटा को फिर से भेजा जाए।

The session layer also controls the dialog between two processes determining whom they can transmit and from whom can they receive at what point during the communication. The session layer can provide for full-duplex, halfduplex, or simplex communications.

सेशन की लेयर दो प्रक्रियाओं के बीच संवाद को भी निर्धारित करती है, जिन्हें वे संचारित कर सकते हैं और जिनसे वे संचार के दौरान किस बिंदु पर प्राप्त कर सकते हैं। सत्र परत पूर्ण–द्वैध, अर्ध–द्वैध, या सिंप्लेक्स संचार के लिए प्रदान कर सकती है।

- This is the layer used to open and close the communication between the two machines. The period between the opening and closing of the correspondence is known as the session.

  यह दो मशीनों के बीच संचार को ओपन और क्लोज करने के लिए उपयोग की जाने वाली परत है। पत्राचार के उद्घाटन और समापन के बीच की अवधि को सत्र के रूप में जाना जाता है।

- Session Layer manages and synchronize the conversation between two different applications and maintain the interaction between them.

  सेशन लेयर दो अलग–अलग अनुप्रयोगों के बीच बातचीत का प्रबंधन और समन्वय करता है और उनके बीच बातचीत को बनाए रखता है।

- The services provided by the session layer are dialog control, token management and synchronization.

  सेशन लेयर द्वारा प्रदान की गई सेवाएं संवाद नियंत्रण, टोकन प्रबंधन और सिंक्रनाइजेशन हैं।

> *The session layer provides for dialog between application programs.*
> सेशन लेयर आवेदन कार्यक्रमों के बीच संवाद के लिए प्रदान करता है।

Layer 6 Presentation Layer (लेयर 6 प्रजेंटेशन लेयर)

The presentation layer translates data between the formats the network requires and the formats the computer expects. The presentation layer does protocol conversion, data translation, compression and encryption, character set conversion, and the interpretation of graphics commands. A network redirector is what makes the files on a file server visible to the client computer.

प्रेजेंटेशन लेयर उन डेटा के बीच डेटा का अनुवाद करती है जो नेटवर्क की आवश्यकता होती है और कंप्यूटर जो प्रारूप की अपेक्षा करता है। प्रेजेंटेशन लेयर प्रोटोकॉल रूपांतरण, डेटा अनुवाद, संपीड़न और एन्क्रिप्शन, करैक्टर फोरमेटिंग और ग्राफिक्स कमांड की व्याख्या करता है। एक नेटवर्क रीडायरेक्टर वह है जो क्लाइंट कंप्यूटर पर दिखाई देने वाली फाइल सर्वर पर फाइल्स को बनाता है।

The network redirector also makes remote printers act as though they are attached to the local computer. The network redirector operates at presentation layer.

नेटवर्क पुनर्निर्देशक दूरस्थ प्रिंटर को भी कार्य करता है, क्योंकि वे स्थानीय कंप्यूटर से जुड़े होते हैं। नेटवर्क पुनर्निर्देशक प्रेजेंटेशन लेयर पर काम करता है।

> *The presentation layer adapts information to the local environment.*
> प्रेजेंटेशन लेयर स्थानीय वातावरण के लिए सूचना को एडाप्ट कर लेती है।

- Presentation layer takes care that the data is sent in such a way that the receiver will understand the information (data) and will be able to use the data.

  प्रेजेंटेशन लेयर इस बात का ध्यान रखती है कि डेटा को इस तरह से भेजा जाए कि रिसीवर सूचना (डेटा) को समझ सके और डेटा का इस्तेमाल कर सके।

- Presentation layer focuses on the syntax and semantics of the transmitting information.

  प्रेजेंटेशन लेयर संचारण सूचना के वाक्यविन्यास और शब्दार्थ पर केंद्रित है। यह डेटा कम्प्रेशन जैसे कार्य करता है।

- It performs tasks such as Data compression, Data encryption, Data conversion etc., where the actual information existing in the form of character strings, numbers, symbols is encoded into bit streams, converted into another form and compressed.

  डेटा एन्क्रिप्शन, डेटा फोमेटिंग आदि, जहाँ कैरेक्टर तार, संख्या, प्रतीकों के रूप में विद्यमान वास्तविक जानकारी को बिट धाराओं में एन्कोड किया जाता है, दूसरे रूप में और संपीड़ित में परिवर्तित किया जाता है।

Layer 7 Application Layer (लेयर 7 एप्लीकेशन लेयर)

The application layer is the topmost layer of the OSI model. It provides services that directly support user applications, such as database access, e-mail, and file transfers. It also allows applications to communicate with applications on other computers as though they were on the same computer. When a programmer writes an application program that uses network services, this is the layer the application program will access.

एप्लिकेशन लेयर OSI मॉडल की सबसे ऊपरी लेयर है। यह ऐसी सेवाएं प्रदान करता है जो सीधे उपयोगकर्ता अनुप्रयोगों का समर्थन करती हैं, जैसे डेटाबेस एक्सेस, ई–मेल और फाइल स्थानांतरण। यह अनुप्रयोगों को अन्य कंप्यूटरों पर अनुप्रयोगों के साथ संवाद करने की भी अनुमति देता है क्योंकि वे एक ही कंप्यूटर पर थे। जब एक प्रोग्रामर एक एप्लिकेशन प्रोग्राम लिखता है जो नेटवर्क सेवाओं का उपयोग करता है, तो यह वह लेयर है जिसे एप्लिकेशन प्रोग्राम एक्सेस करेगा।

- Transferring of files disturbing the results to the user is also done in this layer. Mail services, directory services, network resource etc., are services providcd by application layer.

  उपयोगकर्ता को परिणाम परेशान करने वाली फाइल्स का स्थानांतरण भी इसी लेयर में किया जाता है। मेल सेवाएँ, निर्देशिका सेवाएँ, नेटवर्क संसाधन आदि, अनुप्रयोग लेयर द्वारा प्रदान की जाने वाली सेवाएँ हैं।

- This layer mainly holds application programs to act upon the received and to be sent data.

  यह लेयर मुख्य रूप से प्राप्त करने और भेजे जाने वाले डेटा पर कार्य करने के लिए एप्लिकेशन प्रोग्राम रखती है।

- With this layer, the users can access the network by using interfaces and services like electronic mail, shared database management, file access/ transfer and the other services.

  इस लेयर के साथ, उपयोगकर्ता इलेक्ट्रॉनिक मेल, साझा डेटाबेस प्रबंधन, फाइल एक्सेस / स्थानांतरण और अन्य सेवाओं जैसे इंटरफेस और सेवाओं का उपयोग करके नेटवर्क तक पहुंच सकते हैं।

The Application layer provides for the connection of application programs on separate machines.

एप्लीकेशन लेयर अलग मशीनों पर आवेदन कार्यक्रमों के कनेक्शन के लिए प्रदान करता है।

A summary of functions performed by different layers in the OSI model is given in Table 2.2.

OSI मॉडल में विभिन्न लेयर द्वारा किए गए कार्यों का सारांश टेबल 2.2 में दिया गया है।

Table 2.2 Function performed by different layers in the OSI model
(टेबल 2.2 OSI मॉडल में विभिन्न लेयर द्वारा किए जाने वाले फंक्शन)

Layer Number लेयर संख्या	Layer Name लेयर का नाम	Description विवरण
7	Application Layer एप्लीकेशन लेयार	Interfaces user applications with network functionality, controls how applications access the network, and generates error messages. Protocols at this level include HTTP, FTP (File Transfer Protocol), SMTP (Simple Mail Transfer Protocol), and NFS (Network File System). नेटवर्क कार्यक्षमता के साथ उपयोगकर्ता एप्लिकेशन को नियंत्रित करता है, कि एप्लिकेशन नेटवर्क तक कैसे पहुंचते हैं, और त्रुटि संदेश उत्पन्न करते हैं। इस लेबल में प्रोटोकॉल **HTTP**, **FTP** (फाइल ट्रांसफर प्रोटोकॉल), **SMTP** (सिंपल मेल ट्रांसफर प्रोटोकॉल), और **NFS** (नेटवर्क फाइल सिस्टम) शामिल हैं।
6	Presentation Layer प्रेजेंटेशन लेयर	Translates data to be transmitted by applications into a format suitable for trans port over the network. Redirector software is located at this level. Network shells are also defined at this layer. नेटवर्क पर ट्रांसपोर्ट के लिए उपयुक्त प्रारूप में अनुप्रयोगों द्वारा प्रेषित किए जाने वाले डेटा का अनुवाद करता है। पुनर्निर्देशक सॉफ्टवेयर इस लेवल पर स्थित है। इस लेवल पर नेटवर्क के शैल भी परिभाषित हैं।
5	Session Layer सेशन लेयर	Defines how connections can be established, maintained, and terminated. Also performs name resolution functions. परिभाषित करता है कि कनेक्शन कैसे स्थापित करें, और समाप्त किए जा सकते हैं। नाम रिजॉल्यूशन फंक्शन भी करता है।
4	Transport Layer ट्रांसपोर्ट लेयर	Sequences packets so that they can be reassembled at the destination in the proper order. Generates acknowledgments and retransmits packets. Assembles packets after they are received. अनुक्रम पैकेट ताकि उन्हें उचित क्रम में गंतव्य पर दोबारा पहुंचाया जा सके। acknowledgments और retransmits पैकेट बनाता है। पैकेट प्राप्त होने के बाद उन्हें मिलता है।

3	Network Layer नेटवर्क लेयर	Defines logical host addresses such as IP (Internet Protocol) addresses, creates packet headers, and routes packets across an internetwork using routers and Layer 3 switches. Strips the headers from the packets at the receiving end. IP (इंटरनेट प्रोटोकॉल) एड्रेस जैसे लॉजिकल होस्ट एड्रेस को परिभाषित करता है, पैकेट हेडर बनाता है, और राउटर और लेयर 3 स्विच का उपयोग करके इंटरनेटवर्क में पैकेट्स को रूट करता है। प्राप्त अंत में पैकेट से हेडर को स्ट्रिप करें।
2	Data link Layer डेटा लिंक लेयर	Specifies how data bits are grouped into frames, and specifies frame formats. Responsible for error correction, flow control, hardware addressing (such as MAC addresses), and how devices such as hubs, bridges, repeaters, and Layer 2 switches operate. निर्दिष्ट करता है कि डेटा बिट्स को फ्रेम में कैसे वर्गीकृत किया जाता है, और फ्रेम प्रारूप निर्दिष्ट करता है। त्रुटि सुधार, प्रवाह नियंत्रण, हार्डवेयर एड्रेसिंग (जैसे मैक एड्रेस) के लिए जिम्मेदार है, और हब्स, ब्रिज, रिपीटर और लेयर 2 स्विच जैसे उपकरण कैसे काम करते हैं।
1	Physical Layer फिजिकल लेयर	Defines network transmission media, signaling methods, bit synchronization, architecture (such as Ethernet or Token Ring), and cabling topologies. Defines how network interface cards (NICs) interact with the media (cabling). You can think of each layer as being logically connected to the same layer on a different computer on the network. For example, the application layer on one machine communicates with the application layer on another machine. But this communication is logical only; physical communication occurs when packets of data are sent down from the application layer of the transmitting computer, encapsulated with header information by each lower layer, and then put on the wire at the physical layer of the transmitting computer. After traveling along the wire, the packets are picked up by the physical layer of the receiving computer, passed up the seven layers while each layer strips off its associated header information and then passes to the application layer of the receiving computer, where the receiving application can process the data. नेटवर्क ट्रांसमिशन मीडिया, सिग्नलिंग के तरीकों, बिट सिंक्रोनाइजेशन, आर्किटेक्चर (जैसे ईथरनेट या टोकन रिंग), और केबलिंग टोपोलॉजी को परिभाषित करता है। परिभाषित करता है कि नेटवर्क इंटरफेस कार्ड (NIC) मीडिया (केबलिंग) के साथ कैसे बातचीत करते हैं। आप प्रत्येक लेयर के बारे में सोच सकते हैं कि लॉजिकल रूप से नेटवर्क पर एक अलग कंप्यूटर पर उसी लेयर से जुड़ा हुआ है। उदाहरण के लिए, एक मशीन पर एप्लिकेशन लेयर दूसरी मशीन पर एप्लिकेशन लेयर के साथ संचार करती है। लेकिन यह संचार केवल लॉजिकल है; फिजिकल संचार तब होता है जब डेटा के पैकेट को संचारण कंप्यूटर की एप्लिकेशन लेयर से नीचे भेजा जाता है, प्रत्येक निचली लेयर द्वारा हेडर जानकारी के साथ समझाया जाता है, और फिर संचारण कंप्यूटर की फिजिकल लेयर पर तार लगाया जाता है। तार के साथ यात्रा करने के बाद, पैकेट को प्राप्त करने वाले कंप्यूटर की फिजिकल लेयर द्वारा उठाया जाता है, सात लेयर को पार किया जाता है, जबकि प्रत्येक लेयर अपनी संबंधित हेडर जानकारी को बंद कर देती है और फिर प्राप्त कंप्यूटर के एप्लिकेशन लेयर पर पहुंच जाती है, जहां प्राप्त करने वाला आवेदन डेटा को प्रोसेस कर सकते हैं।

2.6 TCP/IP Model (टीसीपी/आईपी मॉडल)

TCP/IP (Transmission Control Protocol/Internet Protocol) is based on a client-server communication model by which a user (client) receives a service such as a loaded web page from a server in the same network. It is the network model used in the current Internet architecture as well.

TCP/IP (ट्रांसमिशन कंट्रोल प्रोटोकॉल/इंटरनेट प्रोटोकॉल) एक क्लाइंट–सर्वर संचार मॉडल पर आधारित है जिसके द्वारा एक यूजर (क्लाइंट) एक सेवा प्राप्त करता है जैसे कि एक ही नेटवर्क में सर्वर से वेब पेज लोड करता है। यह नेटवर्क मॉडल है जो वर्तमान इंटरनेट वास्तुकला में भी उपयोग किया जाता है।

Protocols are set of rules which govern every possible communication over a network. These protocols describe the movement of data between the source and destination or the Internet. They also offer simple naming and addressing schemes.

प्रोटोकॉल नियमों का सेट होते हैं जो एक नेटवर्क पर हर संभव संचार को नियंत्रित करते हैं। ये प्रोटोकॉल स्रोत और गंतव्य या इंटरनेट के बीच डेटा की गति का वर्णन करते हैं। वे सरल नामकरण और संबोधित योजनाओं की पेशकश भी करते हैं।

TCP/IP is an industry-standard protocol suite for Wide Area Networks (WANs) developed in the 1970s and 1980s by the U.S. Department of Defense (DoD). TCP/

IP is a routable protocol that is suitable for connecting dissimilar systems in heterogeneous networks. It is the protocol of the worldwide network known as the Internet. The Internet began as a project funded by the United States Department of Defence in the 1970s to interconnect educational institutions and government installations. At that time it was called ARPAnet (Advanced Research Projects Agency Network). Over time it has evolved into the huge, worldwide network known as the Internet. The protocols that make up the Internet protocol suite, the best known being TCP and IP, have become de-facto standards because of the success of the Internet. The entire protocol suite is referred to as TCP/IP.

टीसीपी/आईपी 1970 के दशक और 1980 के दशक में डिपार्टमेंट ऑफ डिफेन्स (DoD) द्वारा विकसित वाइड एरिया नेटवर्क (WANs) के लिए एक उद्योग–स्टैण्डर्ड प्रोटोकॉल सूट है। टीसीपी/आईपी एक राउटेबल प्रोटोकॉल है जो विषम नेटवर्क में डिसिमिलर सिस्टम को जोड़ने के लिए उपयुक्त है। यह दुनिया भर में नेटवर्क का प्रोटोकॉल है जिसे इंटरनेट के रूप में जाना जाता है। संयुक्त राज्य अमेरिका के रक्षा विभाग द्वारा 1970 के दशक में शैक्षिक संस्थानों और सरकारी प्रतिष्ठानों को आपस में जोड़ने के लिए इंटरनेट परियोजना शुरू की गई थी। उस समय इसे ARPAnet (एडवांस्ड रिसर्च प्रोजेक्ट्स एजेंसी नेटवर्क) कहा जाता था। समय के साथ यह एक विशाल, विश्वव्यापी नेटवर्क के रूप में विकसित हो गया है जिसे इंटरनेट के रूप में जाना जाता है। इंटरनेट प्रोटोकॉल सूट बनाने वाले प्रोटोकॉल, जिन्हें टीसीपी और आईपी के नाम से जाना जाता है, इंटरनेट की सफलता के कारण डी–फैक्टो मानक बन गए हैं। संपूर्ण प्रोटोकॉल सूट को टीसीपी/आईपी के रूप में जाना जाता है।

Characteristics of TCP/IP model (टीसीपी/आईपी मॉडल)

- Support for a flexible architecture.
  एक फ्लेक्सिबल वास्तुकला के लिए समर्थन।
- Adding more systems to a network is easy.
  एक नेटवर्क में अधिक सिस्टम जोड़ना आसान है।
- In TCP/IP, the network remains intact until the source and destination machines were functioning properly.
  टीसीपी/आईपी में, नेटवर्क बरकरार रहता है जब तक कि स्रोत और गंतव्य मशीनें ठीक से काम नहीं कर रही थीं।
- TCP is a connection-oriented protocol.
  टीसीपी एक कनेक्शन–उन्मुख प्रोटोकॉल है।
- TCP offers reliability and ensures that data which arrives out of sequence should put back into order.
  टीसीपी विश्वसनीयता प्रदान करता है और यह सुनिश्चित करता है कि जो डेटा अनुक्रम से बाहर आता है उसे वापस ऑर्डर में डाल दिया जाए।

Advantages (लाभ)

- It helps you to establish/set up a connection between different types of computers.
  यह आपको विभिन्न प्रकार के कंप्यूटरों के बीच कनेक्शन स्थापित/करने में मदद करता है।
- It operates independently of the operating system.
  यह ऑपरेटिंग सिस्टम से स्वतंत्र रूप से संचालित होता है।
- It has a highly scalable client-server architecture.
  इसमें अत्यधिक स्केलेबल क्लाइंट–सर्वर आर्किटेक्चर है।
- It can be used to establish a connection between two computers.
  इसका उपयोग दो कंप्यूटरों के बीच कनेक्शन स्थापित करने के लिए किया जा सकता है।
- Supports a number of routing protocols.
  कई रूटिंग प्रोटोकॉल का समर्थन करता है।

Disadvantages (नुकसान)

- TCP/IP is a complicated model to set up and manage.
  टीसीपी/आईपी स्थापित करने और प्रबंधन करने के लिए एक जटिल मॉडल है।
- It has no clear separation from its services, interfaces, and protocols.
  इसकी सेवाओं, इंटरफेस और प्रोटोकॉल से कोई स्पष्ट अलगाव नहीं है।
- Replacing protocol is not easy.
  प्रोटोकॉल को बदलना आसान नहीं है।

The TCP/IP is divided into 4 layers as per functionality, with each layer having its own set of protocols. (Figure 2.7).

टीसीपी/आईपी को कार्यक्षमता के अनुसार 4 परतों में विभाजित किया गया है, प्रत्येक लेयर के पास प्रोटोकॉल का अपना सेट है। (चित्र 2.7 देखें)।

Layer 1 Network Interface Layer
(लेयर 1 नेटवर्क इंटरफेस लेयर)

This layer acts as an interface between hosts and transmission links and used for transmitting datagrams. It also specifies what operation must be performed by links like serial link and classic ethernet to fulfil the requirements of the connectionless Internet layer.

यह लेयर मेजबानों और पारेषण लिंक के बीच एक अंतरफलक के रूप में कार्य करती है और डेटाग्राम को प्रसारित करने के लिए उपयोग की जाती है। यह भी निर्दिष्ट करता है कि कनेक्शन रहित इंटरनेट लेयर की आवश्यकताओं को पूरा करने के लिए सीरियल लिंक और क्लासिक ईथरनेट जैसे लिंक द्वारा क्या ऑपरेशन किया जाना चाहिए।

- Lowest layer of the all. (सब से नीची लेयर।)
- Protocol is used to connect to the host, so that the packets can be sent over it.

  प्रोटोकॉल का उपयोग होस्ट से कनेक्ट करने के लिए किया जाता है, ताकि पैकेट को इसके ऊपर भेजा जा सके।
- The Internetwork layer in the TCP/IP model handles software, or logical, addressing.

  टीसीपी/आईपी मॉडल में इंटर्नेट नेटवर्क लेयर सॉफ्टवेयर, या लॉजिकल, एड्रेसिंग को हैंडल करता है।

Layer 2 Internet Layer (लेयर 2 इंटरनेट लेयर)

Selection of a packet switching network which is based on a connectionless internetwork layer is called a Internet layer. It manages the use of addresses for routing message packets over the network. For IoT device connectivity, IPv6 is the protocol most commonly used on this layer. The Internet layer transports network packets from a host device to a target device specified by its IP address. It supports processes and functions for sending and receiving packets, as well as detecting and diagnosing errors. All the machines, Web servers, nodes that are attached to the TCP/IP network are assigned in this layer.

पैकेट स्विचिंग नेटवर्क का चयन जो एक कनेक्शन रहित इंटरनेटवर्क लेयर पर आधारित है, इंटरनेट लेयर कहलाता है। यह नेटवर्क पर संदेश पैकेट को रूट करने के लिए एड्रेस के उपयोग का प्रबंधन करता है। IoT डिवाइस कनेक्टिविटी के लिए, IPv6 इस लेयर पर सबसे अधिक इस्तेमाल किया जाने वाला प्रोटोकॉल है। इंटरनेट लेयर अपने आईपी एड्रेस के द्वारा निर्दिष्ट होस्ट डिवाइस से नेटवर्क पैकेट को लक्ष्य डिवाइस तक पहुंचाती है। यह पैकेट भेजने और प्राप्त करने के लिए प्रक्रियाओं और कार्यों का समर्थन करता है, साथ ही त्रुटियों का पता लगाने और निदान करता है। सभी मशीनें, वेब सर्वर, नोड्स जो टीसीपी/आईपी नेटवर्क से जुड़े हैं, को इस परत में सौंपा गया है।

- It is the layer which holds the whole architecture together.

  यह वह लेयर है जो पूरी वास्तुकला को एक साथ रखती है।
- It helps the packet to travel independently to the destination.

  यह पैकेट को गंतव्य तक स्वतंत्र रूप से यात्रा करने में मदद करता है।
- Order in which packets are received is different from the way they are sent.

  आदेश जिसमें पैकेट प्राप्त होते हैं, उन्हें भेजे जाने के तरीके से भिन्न होता है।
- The various functions performed by the Internet Layer are delivering IP packets, performing routing, and avoiding congestion.

  इंटरनेट लेयर द्वारा किए जाने वाले विभिन्न कार्य आईपी पैकेट, प्रति–राउटिंग मार्ग, और भीड़ से बचने के लिए वितरित कर रहे हैं।

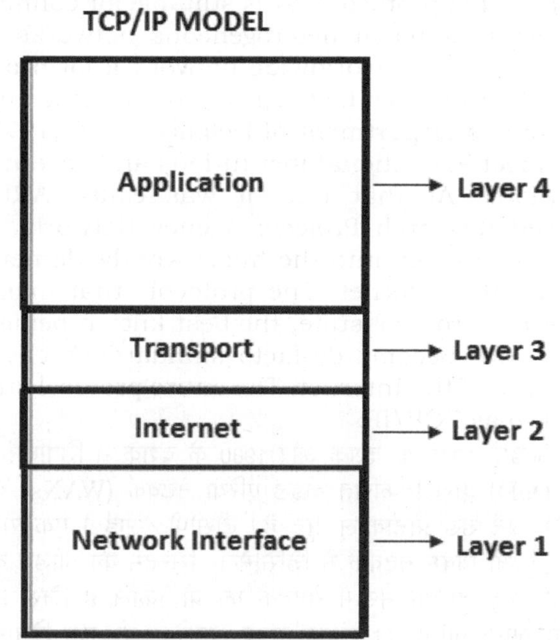

Figure 2.7: TCP/IP four layer model (टीसीपी/आईपी चार–लेयर मॉडल)

Layer 3 Transport Layer (लेयर 3 ट्रांसपोर्ट लेयर)

It provides end-to-end communications of the data between the source and destination hosts in the form of datagrams and also monitors reliability, message order and prevents congestion across the network. The transport layer of the TCP/IP protocol stack implements either the Transmission Control Protocol (TCP) or the User Datagram Protocol (UDP). TCP provides reliable, connection-oriented communications between two hosts. UDP provides connectionless, datagram services between two hosts. TCP requires more network overhead than UDP because data is acknowledged as it is received. UDP is faster, but less reliable, because the recipient does not acknowledge data as it is received.

यह डेटाग्राम के रूप में स्रोत और गंतव्य होस्ट के बीच डेटा का एंड–टू–एंड संचार प्रदान करता है और विश्वसनीयता, संदेश क्रम पर भी नजर रखता है और पूरे नेटवर्क में जमाव को रोकता है। टीसीपी/आईपी प्रोटोकॉल स्टैक की ट्रांसपोर्ट लेयर या तो ट्रांसमिशन कंट्रोल प्रोटोकॉल (टीसीपी) या उपयोगकर्ता डेटाग्राम प्रोटोकॉल (यूडीपी) को लागू करती है। टीसीपी दो मेजबानों के बीच विश्वसनीय, कनेक्शन–उन्मुख संचार प्रदान करता है। यूडीपी दो मेजबानों के बीच कनेक्शन रहित, डेटाग्राम सेवाएं प्रदान करता है। UDP की तुलना में TCP को अधिक नेटवर्क ओवरहेड की आवश्यकता होती है क्योंकि डेटा प्राप्त होते ही स्वीकार कर लिया जाता है। यूडीपी तेज है, लेकिन कम विश्वसनीय है, क्योंकि प्राप्तकर्ता डेटा प्राप्त नहीं करता है क्योंकि यह प्राप्त होता है।

- The applications can read and write to the transport layer.

  एप्लिकेशन ट्रांसपोर्ट लेयर पर पढ़ और लिख सकते हैं।

- Transport layer breaks the message (data) into small units so that they are handled more efficiently by the network layer.
  ट्रांसपोर्ट लेयर संदेश (डेटा) को छोटी इकाइयों में तोड़ती है ताकि उन्हें नेटवर्क लेयर द्वारा अधिक कुशलता से संभाला जाए।
- Transport layer also arrange the packets to be sent, in sequence.
  ट्रांसपोर्ट लेयर पैकेटों को क्रम में भेजने की भी व्यवस्था करता है।
- It decides if data transmission should be on parallel path or single path.
  यह तय करता है कि डेटा ट्रांसमिशन समानांतर पथ या एकल पथ पर होना चाहिए या नहीं।
- Functions such as multiplexing, segmenting or splitting on the data is done by transport layer.
  डेटा पर मल्टीप्लेक्सिंग, सेगमेंटिंग या विभाजन जैसे कार्य ट्रांसपोर्ट लेयर द्वारा किए जाते हैं।

Layer 4 Application Layer (लेयर 4 एप्लीकेशन लेयर)

The application layer of the TCP/IP protocol stack combines functions that are represented in the application layer, presentation layer, and session layers of the OSI model. It facilitates standardized data exchange for use by applications. The various protocols described in this layer are virtual terminal (TELNET), electronic mail (SMTP) and file transfer (FTP). Some additional protocols like DNS (Domain Name System), HTTP (Hypertext Transfer Protocol), NFS (Network File System), TFTP (Trivial File Transfer Protocol).

टीसीपी/आईपी प्रोटोकॉल स्टैक की एप्लिकेशन लेयर उन कार्यों को जोड़ती है जो ओएसआई मॉडल के एप्लिकेशन लेयर, प्रेजेंटेशन लेयर और सेशन लेयर में दर्शाए गए हैं। यह अनुप्रयोगों द्वारा उपयोग के लिए मानकीकृत डेटा विनिमय की सुविधा देता है। इस लेयर में वर्णित विभिन्न प्रोटोकॉल वर्चुअल टर्मिनल (TELNET), इलेक्ट्रॉनिक मेल (SMTP) और फाइल ट्रांसफर (FTP) हैं। DNS (डोमेन नेम सिस्टम), HTTP (हाइपरटेक्स्ट ट्रांसफर प्रोटोकॉल), NFS (नेटवर्क फाइल सिस्टम), TFTP (ट्रिवियल फाइल ट्रांसफर प्रोटोकॉल) जैसे कुछ अतिरिक्त प्रोटोकॉल।

- It allows peer entities to carry conversation.
  यह सहकर्मी संस्थाओं को बातचीत करने की अनुमति देता है।
- It defines two end-to-end protocols: TCP and UDP.
  यह दो एंड-टू-एंड प्रोटोकॉल को परिभाषित करता है: टीसीपी और यूडीपी।

Table 2.3 shows some important differences between the OSI and TCP/IP models.

टेबल 2.3 ओएसआई और टीसीपी/आईपी मॉडल के बीच कुछ महत्वपूर्ण अंतर बताता है।

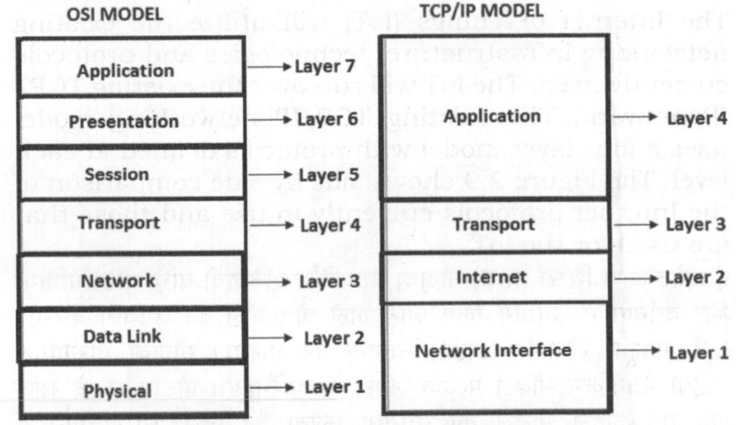

Figure 2.8: OSI and TCP/IP Model
(ओएसआई और टीसीपी/आईपी मॉडल)

Table 2.3 Function performed by different layers in the OSI model
(टेबल 2.3 OSI मॉडल में विभिन्न लेयर का फंक्शन)

OSI Model (OSI मॉडल)	TCP/IP Model (TCP/IP मॉडल)
It is developed by ISO (International Standard Organization). इसे ISO (इंटरनेशनल स्टैण्डर्ड ऑर्गनाइजेशन) द्वारा विकसित किया गया है।	It is developed by ARPANET (Advanced Research Project Agency Network). इसे ARPANET (एडवांस्ड रिसर्च प्रोजेक्ट एजेंसी नेटवर्क) द्वारा विकसित किया गया है।
OSI model provides a clear distinction between interfaces, services, and protocols. ओएसआई मॉडल इंटरफेस, सेवाओं और प्रोटोकॉल के बीच एक स्पष्ट अंतर प्रदान करता है।	TCP/IP doesn't have any clear distinguishing points between services, interfaces, and protocols. टीसीपी/आईपी के पास सेवाओं, इंटरफेस और प्रोटोकॉल के बीच कोई स्पष्ट अंतर नहीं है।
OSI refers to Open Systems Interconnection. OSI का अर्थ है ओपन सिस्टम इंटरकनेक्शन।	TCP refers to Transmission Control Protocol. TCP का तात्पर्य ट्रांसमिशन कंट्रोल प्रोटोकॉल से है।
OSI uses the network layer to define routing standards and protocols. ओएसआई रूटिंग स्टैण्डर्ड और प्रोटोकॉल को परिभाषित करने के लिए नेटवर्क लेयर का उपयोग करता है।	TCP/IP uses only the Internet layer. टीसीपी/आईपी केवल इंटरनेट लेयर का उपयोग करता है।

OSI follows a vertical approach. ओएसआई एक ऊर्ध्वाधर दृष्टिकोण का अनुसरण करता है।	TCP/IP follows a horizontal approach. टीसीपी/आईपी एक क्षैतिज दृष्टिकोण का अनुसरण करता है।
OSI layers have seven layers. OSI लेयर में सात लेयर होती हैं।	TCP/IP has four layers. टीसीपी/आईपी की चार लेयर होती हैं।
In the OSI model, the transport layer is only connection-oriented. ओएसआई मॉडल में, ट्रांसपोर्ट लेयर केवल कनेक्शन–उन्मुख है।	A layer of the TCP/IP model is both connection oriented and connectionless. टीसीपी/आईपी मॉडल की लेयर कनेक्शन–उन्मुख और कनेक्शन रहित दोनों है।
In the OSI model, the data link layer and physical are separate layers. ओएसआई मॉडल में, डेटा लिंक लेयर और फिजिकल अलग–अलग लेयर हैं।	In TCP, physical and data link are both combined as a single host-to-network layer. टीसीपी में, फिजिकल और डेटा लिंक दोनों को एक ही होस्ट–टू–नेटवर्क लेयर के रूप में जोड़ा जाता है।
Session and presentation layers are a part of the OSI model. (सेशन और प्रजेंटेशन लेयर OSI मॉडल का एक हिस्सा हैं।)	There is no session and presentation layer in the TCP model. (टीसीपी मॉडल में कोई सेशन और प्रजेंटेशन परत नहीं है।)
It is defined after the advent of the Internet. इसे इंटरनेट के आगमन के बाद परिभाषित किया गया है।	It is defined before the advent of the internet. यह इंटरनेट के आगमन से पहले परिभाषित किया गया है।

The Internet of Things (IoT) will utilize the existing networking infrastructure, technologies and protocols currently used. The IoT will run over the existing TCP/IP network. The existing TCP/IP networking model uses a four layer model with protocols defined at each level. The Figure 2.9 shows side by side comparison of the Internet protocols currently in use and those that are used for the IoT.

इंटरनेट ऑफ थिंग्स (IoT) मौजूदा नेटवर्किंग बुनियादी ढांचे, प्रौद्योगिकियों और वर्तमान में उपयोग किए जाने वाले प्रोटोकॉल का उपयोग करेगा। IoT मौजूदा टीसीपी/आईपी नेटवर्क पर चलेगा। मौजूदा टीसीपी/आईपी नेटवर्किंग मॉडल प्रत्येक लेवल पर परिभाषित प्रोटोकॉल के साथ एक चार–लेवल मॉडल का उपयोग करता है। चित्र 2.9 वर्तमान में उपयोग किए जा रहे इंटरनेट प्रोटोकॉल की तुलना में और जो IoT के लिए उपयोग किया जाता है, के साथ–साथ दिखाता है।

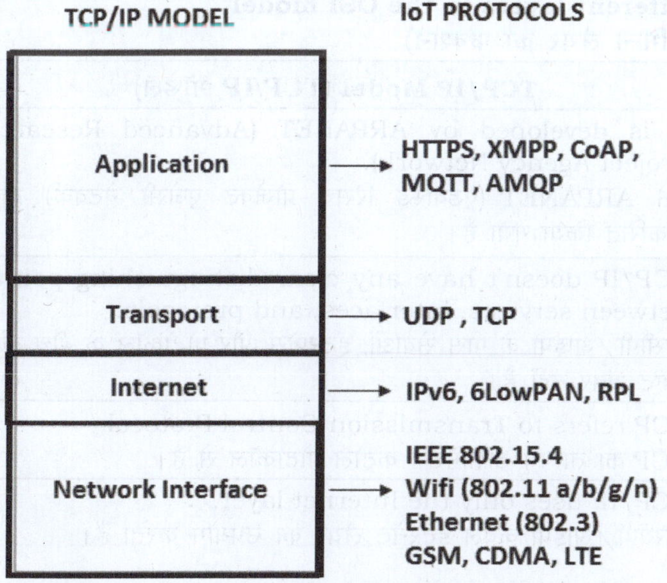

Figure 2.9: IoT protocols mapped with TCP/IP model (IoT प्रोटोकॉल टीसीपी/आईपी मॉडल के साथ मैप)

Each layer of the TCP/IP protocol suite has its associated component protocols, the most important of which are as given below.

टीसीपी/आईपी प्रोटोकॉल सूट की प्रत्येक लेयर में इसके संबद्ध घटक प्रोटोकॉल होते हैं, जिनमें से सबसे महत्वपूर्ण हैं:

(a) Application layer protocols: The application layer serves as the interface between the user and the desired sensor application. Application layer protocol are responsible for application-level access to TCP/IP networking services. These include Dynamic Host Configuration Protocol (DHCP), Domain Name System (DNS), Hypertext Transfer Protocol (HTTP), File Transfer Protocol (FTP), Telnet, Simple Mail Transfer Protocol (SMTP), and Simple Network Management Protocol (SNMP). Protocols such as HTTP/HTTPS have been in existence ever since IP began. A common browser makes use of HTTP.

एप्लीकेशन लेयर प्रोटोकॉलः एप्लीकेशन लेयर यूजर और वांछित सेंसर एप्लिकेशन के बीच इंटरफेस का काम करता है। एप्लीकेशन लेयर प्रोटोकॉल, टीसीपी/आईपी नेटवर्किंग सेवाओं के लिए एप्लिकेशन–लेवल एक्सेस के लिए जिम्मेदार है। इनमें डायनामिक होस्ट कॉन्फिगरेशन प्रोटोकॉल (DHCP), डोमेन नेम सिस्टम (DNS), हाइपरटेक्स्ट ट्रांसफर प्रोटोकॉल (HTTP), फाइल ट्रांसफर प्रोटोकॉल (FTP), टेलनेट, सिंपल मेल ट्रांसफर प्रोटोकॉल (SMTP) और सिंपल नेटवर्क मैनेजमेंट प्रोटोकॉल (SNMP) शामिल हैं। IP शुरू होने के बाद से HTTP / HTTPS जैसे प्रोटोकॉल अस्तित्व में हैं। एक सामान्य ब्राउजर HTTP का उपयोग करता है।

With IoT, protocols such as Message Queuing Telemetry Protocol (MQTT), Advanced Message Queuing Protocol (AMQP), Constrained Application Protocol (CoAP), etc., have emerged significantly. For instance, Adhaar card makes use of AMQP,

and Facebook Messenger uses the MQTT protocol. CoAP, a lighter version of the heavyweight HTTP protocol, is more effective when used in combination with 6LoWPAN.

IoT के साथ, मैसेज कतारबद्ध टेलीमेट्री प्रोटोकॉल (MQTT), एडवांस्ड मैसेज क्यूईंग प्रोटोकॉल (AMQP), कन्स्ट्रेनेड एप्लीकेशन प्रोटोकॉल (CoAP), आदि जैसे प्रोटोकॉल महत्वपूर्ण रूप से उभरे हैं। उदाहरण के लिए, आधार कार्ड एएमक्यूपी का उपयोग करता है, और फेसबुक मैसेंजर एमक्यूटीटी प्रोटोकॉल का उपयोग करता है। सीओएपी, हेवीवेट एचटीटीपी प्रोटोकॉल का एक लाइट संस्करण, 6LWPAN के साथ संयोजन में उपयोग किए जाने पर अधिक प्रभावी होता है।

(b) Transport layer protocols: Establish communication through connection-oriented sessions and connectionless broadcasts. Protocols at this layer include Transmission Control Protocol (TCP) and User Datagram Protocol (UDP). The applications developed on top of the Transport layer have to select the appropriate Transport layer protocol for effective power and bandwidth preservation.

ट्रांसपोर्ट लेयर प्रोटोकॉलः कनेक्शन–उन्मुख सत्र और कनेक्शन रहित प्रसारण के माध्यम से संचार स्थापित करें। इस लेयर के प्रोटोकॉल में ट्रांसमिशन कंट्रोल प्रोटोकॉल (TCP) और यूजर डेटाग्राम प्रोटोकॉल (UDP) शामिल हैं। ट्रांसपोर्ट लेयर के शीर्ष पर विकसित किए गए अनुप्रयोगों को प्रभावी शक्ति और बैंडविड्थ संरक्षण के लिए उपयुक्त ट्रांसपोर्ट लेयर प्रोटोकॉल का चयन करना होगा।

(c) Internet layer protocols: Responsible for routing and encapsulation into IP packets. The network address plays a vital role in identifying each PC connected to the same router. In IoT, each alliance has its own network address. For instance, ZigBee is one alliance with its own network addresses. Similarly, BLE and Z-Wave have their own network addresses respective to their environments.

इंटरनेट लेयर प्रोटोकॉलः IP पैकेट में रूटिंग और इनकैप्सुलेशन के लिए जिम्मेदार। नेटवर्क एड्रेस एक ही राउटर से जुड़े प्रत्येक पीसी की पहचान करने में महत्वपूर्ण भूमिका निभाता है। IoT में, प्रत्येक गठबंधन का अपना नेटवर्क एड्रेस होता है। उदाहरण के लिए, ZigBee अपने स्वयं के नेटवर्क एड्रेस के साथ एक गठबंधन है। इसी तरह, बीएलई और जेड–वेव के पास अपने वातावरण से संबंधित अपने स्वयं के नेटवर्क एड्रेस हैं।

Wi-Fi devices come with IP stack in their chip, enabling IP-based connectivity. The IP layer aids the respective devices to effectively communicate within their operating range.

वाई–फाई डिवाइस आईपी–आधारित कनेक्टिविटी को सक्षम करने, उनकी चिप में आईपी स्टैक के साथ आते हैं। आईपी लेयर संबंधित उपकरणों को उनके ऑपरेटिंग रेंज के भीतर प्रभावी ढंग से संचार करने के लिए सहायता करता है।

6LoWPAN devices also operate in IEEE 802.15.4, but they have the network stack with IP connectivity (IPv6). Protocols at this layer include Internet Protocol (IP), Address Resolution Protocol (ARP), Internet Control Message Protocol (ICMP), and Internet Group Management Protocol (IGMP), Routing Protocol for Low-Power and Lossy Networks (RPL).

6WWPAN डिवाइस IEEE 802.15.4 में भी काम करते हैं, लेकिन उनके पास IP कनेक्टिविटी (IPv6) के साथ नेटवर्क स्टैक है। इस लेयर के प्रोटोकॉल में इंटरनेट प्रोटोकॉल (IP), एड्रेस रेजोल्यूशन प्रोटोकॉल (ARP), इंटरनेट कंट्रोल मैसेज प्रोटोकॉल (ICMP) और इंटरनेट ग्रुप मैनेजमेंट प्रोटोकॉल (IGMP), लो–पॉवर एंड लॉस नेटवर्क (RPL) के लिए रूटिंग प्रोटोकॉल शामिल हैं।

(d) Network Interface layer protocols: It places frames on the network. The protocols include the various local area network (LAN) architectures (such as Ethernet and Token Ring) and WAN telecommunication service technologies-such as Plain Old Telephone Service (POTS), Integrated Services Digital Network (ISDN) and Asynchronous Transfer Mode (ATM).

नेटवर्क इंटरपफेस लेयर प्रोटोकॉलः यह फरेम को नेटवर्क पर रखता है। प्रोटोकॉल में विभिन्न लोकल एरिया नेटवर्क (LAN) आर्किटेक्चर (जैसे ईथरनेट और टोकन रिंग) और WAN दूरसंचार सेवा प्रौद्योगिकियां–जैसे कि प्लेन ओल्ड टेलीफोन सर्विस (POTS), इंटीग्रेटेड सर्विसेज डिजिटल नेटवर्क (ISDN) और एसिंक्रोनस ट्रांसफर मोड (ATM) शामिल हैं।

Physical layer standards are IEEE 802.15.4 (ZigBee, 6LoWPAN), IEEE 802.15.1 (Bluetooth Low Energy (BLE) and Bluetooth 4.0), Near Field Communication (NFC), X-10 etc.

फिजिकल लेयर स्टैण्डर्ड IEEE 802.15.4 (ZigBee, 6LoWPAN), IEEE 802.15.1 (ब्लू–टूथ लो एनर्जी (BLE) और ब्लूटूथ 4.0), नियर फील्ड कम्युनिकेशन (NFC), X-10 आदि हैं।

IEEE 802.15.4 standard defines the operation of the physical and media access control (MAC) layer for low-rate wireless devices, which are the typical IoTs.

IEEE 802.15.4 स्टैण्डर्ड वायरलेस उपकरणों के लिए भौतिक और मीडिया एक्सेस कंट्रोल (MAC) लेयर के संचालन को परिभाषित करता है, जो कि विशिष्ट IoT हैं।

IEEE 802.15.1 standard defines physical layer (PHY) and Media Access Control (MAC) specification for wireless connectivity.

IEEE 802.15.1 स्टैण्डर्ड वायरलेस कनेक्टिविटी के लिए फिजिकल लेयर (PHY) और मीडिया एक्सेस कंट्रोल (MAC) विनिर्देश को परिभाषित करता है।

The OSI reference model and protocols are complex and so have not been widely used. The Transmission Control Protocol/Internet Protocol (TCP/IP) model has been widely used in practice because of its openness and ease of use. The TCP/IP protocol suite also becomes the mainstream protocols of the Internet.

OSI रिफरेन्स मॉडल और प्रोटोकॉल जटिल हैं और इसलिए व्यापक रूप से उपयोग नहीं किए गए हैं। ट्रांसमिशन कंट्रोल प्रोटोकॉल/इंटरनेट प्रोटोकॉल (TCP/IP) मॉडल का उपयोग व्यापक रूप से इसकी ओपन–नेस और उपयोग में आसानी के कारण किया गया है। टीसीपी/आईपी प्रोटोकॉल सूट भी इंटरनेट का मुख्य धारा प्रोटोकॉल बन जाता है।

The hierarchical structure of the TCP/IP protocol suite cannot exactly correspond to the OSI reference model. The TCP/IP protocol suite was originally defined as a hardware-based four-layer architecture: including the Application layer, Transport layer, Internet layer, and Network interface layer (also called link layer). The IoT protocol stack can be visualized as an extension of the TCP/IP layered protocol model and is comprised of the following five layers: Physical layer, Data Link layer, Network layer, Transport layer, and Application layer. This five-layer protocol model is adopted to combine the characteristics of the OSI and TCP/IP, as shown in Figure 2.10.

टीसीपी/आईपी प्रोटोकॉल सूट की पदानुक्रमित संरचना OSI रिफरेन्स मॉडल के अनुरूप नहीं हो सकती है। टीसीपी/आईपी प्रोटोकॉल सूट को मूल रूप से एक हार्डवेयर–आधारित चार–लेयर वास्तुकला के रूप में परिभाषित किया गया था; जिसमें एप्लिकेशन लेयर, ट्रांसपोर्ट लेयर, इंटरनेट लेयर और नेटवर्क इंटरफेस लेयर (जिसे लिंक लेयर भी कहा जाता है) शामिल है। IoT प्रोटोकॉल स्टैक को टीसीपी/आईपी स्तरित प्रोटोकॉल मॉडल के विस्तार के रूप में देखा जा सकता है और इसमें निम्नलिखित पांच लेयर शामिल हैं: फिजिकल लेयर, डेटा लिंक लेयर, नेटवर्क लेयर, परिवहन लेयर और एप्लीकेशन लेयर। यह पांच–लेयर प्रोटोकॉल मॉडल OSI और TCP / IP की विशेषताओं को संयोजित करने के लिए अपनाया गया है, जैसा कि चित्र 2.10 में दिखाया गया है।

Internet-specific IoT protocols have been developed to meet the requirements of devices with small amounts of memory, and networks with low bandwidth and high latency. IoT protocols are optimized for constrained devices and networks, and produce a much smaller data overhead of tens of bytes.

इंटरनेट–विशिष्ट IoT प्रोटोकॉल कम मात्रा में मेमोरी वाले उपकरणों की आवश्यकताओं को पूरा करने के लिए विकसित किए गए हैं, और कम बैंडविड्थ और उच्च विलंबता वाले नेटवर्क। IoT प्रोटोकॉल को विवश उपकरणों और नेटवर्क के लिए अनुकूलित किया गया है, और दसियों बाइट्स के एक बहुत छोटे डेटा का उत्पादन किया जाता है।

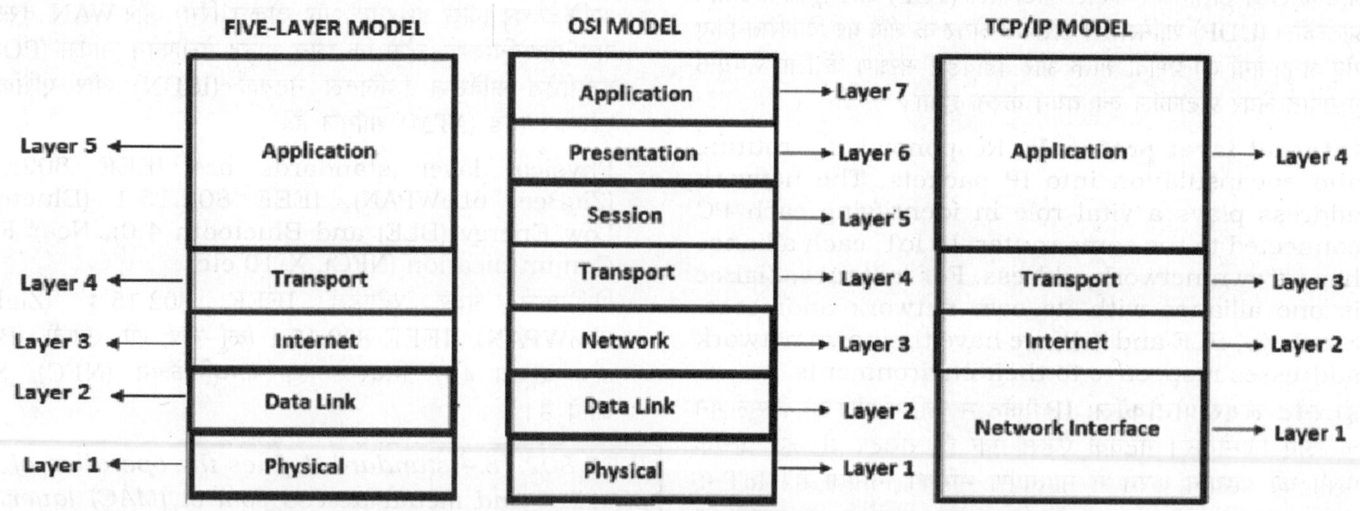

Figure 2.10: Five-layer protocol model mapped with OSI and TCP/IP model
(पांच–परत प्रोटोकॉल मॉडल ओएसआई और टीसीपी/आईपी मॉडल के साथ मैप)

2.7 Types of Modes (मोड के प्रकार)

There are three modes of data transmission that correspond to the three types of circuits available. (Figure 2.11). These modes are:

डेटा ट्रांसमिशन के तीन मोड हैं जो उपलब्ध तीन प्रकार के सर्किट के अनुरूप हैं। (चित्र 2.11 देखें)। ये तरीके हैं:

(i) Simplex (सिंप्लेक्स)
(ii) Half-duplex (हाफ–डुप्लेक्स)
(iii) Full-duplex (फुल–डुप्लेक्स)

2.7.1 Simplex (सिंप्लेक्स)

Simplex communications imply a simple method of communication. In simplex communications mode, there is a one-way communication transmission. Television transmission is a very good example of simplex communication. The main transmitter sends out a signal (broadcast), but it does not expect a reply as the receiving units cannot issue a reply back to the transmitter. Examples include a data

collection terminal on a factory floor (send only) or a line printer (receive only). Another example of simplex communication is a keyboard attached to a computer because the keyboard can only send data to the computer.

सिंप्लेक्स संचार संचार का एक सरल तरीका है। सिंप्लेक्स संचार मोड में, एक तरफा संचार ट्रांस–मिशन है। टेलीविजन ट्रांसमिशन सिंप्लेक्स संचार का एक बहुत अच्छा उदाहरण है। मुख्य ट्रांसमीटर एक संकेत (प्रसारण) को भेजता है, लेकिन यह एक उत्तर की उम्मीद नहीं करता है क्योंकि प्राप्त करने वाली इकाइयां ट्रांसमीटर को वापस उत्तर जारी नहीं कर सकती हैं। उदाहरणों में फैक्टरी फ्लोर पर डेटा संग्रह टर्मिनल (केवल भेजें) या एक लाइन प्रिंटर (केवल प्राप्त करें) शामिल हैं। सिम्प्लेक्स संचार का एक अन्य उदाहरण कंप्यूटर से जुड़ा एक कीबोर्ड है क्योंकि कीबोर्ड केवल कंप्यूटर को डेटा भेज सकता है।

At first thought, it might appear adequate for many types of applications in which flow of information is unidirectional. However, in almost all data processing applications, communication in both directions is required. Even for a "oneway" flow of information from a terminal to a computer, the system will be designed to allow the computer to signal the terminal that data has been received. Without this capability, the remote user might enter data and never know that it was not received by the other terminal.

यह कई प्रकार के अनुप्रयोगों के लिए पर्याप्त दिखाई दे सकता है जिसमें जानकारी का प्रवाह अप्रत्यक्ष है। हालांकि, लगभग सभी डेटा प्रोसेसिंग अनुप्रयोगों में, दोनों दिशाओं में संचार की आवश्यकता होती है। यहां तक कि एक टर्मिनल से कंप्यूटर तक सूचना के "एक–तरफा" प्रवाह के लिए, सिस्टम को कंप्यूटर को उस टर्मिनल को संकेत देने की अनुमति देने के लिए डिजाइन किया जाएगा जो डेटा प्राप्त किया गया है। इस क्षमता के बिना, दूरस्थ उपयोगकर्ता डेटा दर्ज कर सकता है और यह कभी नहीं जान सकता है कि यह अन्य टर्मिनल द्वारा प्राप्त नहीं किया गया था।

Simplex circuits are seldom used because a return path is generally needed to send acknowledgement, control or error signals.

सिंप्लेक्स सर्किट का उपयोग शायद ही कभी किया जाता है क्योंकि रिटन पाथ, नियंत्रण या एरर संकेतों को भेजने के लिए एक रिटन पाथ की आवश्यकता होती है।

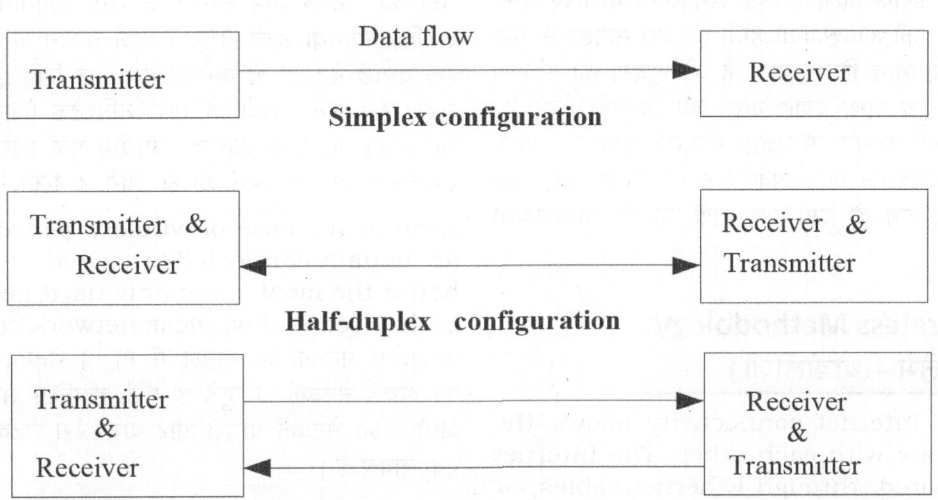

Figure 2.11: Different Modes of Data Transmission (डेटा ट्रांसमिशन के विभिन्न मोड)

2.7.2 Half-duplex (हाफ-डुप्लेक्स)

In half-duplex mode, both units communicate over the same medium, but only one unit can send at a time. While one is in send mode, the other unit is in receive mode. It is like two polite people talking to each other one talks, the other listens, but both of them could not talk at the same time. Thus, a half duplex line can alternately send and receive data. It requires two wires. This is the most common type of transmission for voice communications because only one person is supposed to speak at a time. It is also used to connect a terminal with a computer. The terminal might transmit data and then the computer responds with an acknowledgement. The transmission of data to and from a hard disk is also done in half duplex mode.

हाफ डुप्लेक्स मोड में, दोनों इकाइयाँ एक ही माध्यम पर संचार करती हैं, लेकिन एक समय में केवल एक इकाई ही भेज सकती है। जबकि एक भेजने मोड में है, दूसरी इकाई प्राप्त मोड में है। यह दो विनम्र लोगों की तरह है जो एक दूसरे से बात करते हैं, दूसरे सुनते हैं, लेकिन दोनों एक ही समय में बात नहीं कर सकते। इस प्रकार, एक हाफ डुप्लेक्स रेखा वैकल्पिक रूप से डेटा भेज और प्राप्त कर सकती है। इसके लिए दो तारों की आवश्यकता होती है। यह आवाज संचार के लिए सबसे आम प्रकार का प्रसारण है क्योंकि एक समय में केवल एक ही व्यक्ति को बोलना चाहिए। इसका उपयोग कंप्यूटर के साथ टर्मिनल को जोड़ने के लिए भी किया जाता है। टर्मिनल डेटा संचारित कर सकता है और फिर कंप्यूटर एक पाथ के साथ प्रतिक्रिया करता है। हार्ड डिस्क से डेटा का प्रसारण हाफ डुप्लेक्स मोड में भी किया जाता है।

2.7.3 Full-duplex (फुल-डुप्लेक्स)

In a half-duplex system, the line must be "turned around" each time the direction is reversed. This involves a special switching circuit and requires a small amount of time (approximately 150 milliseconds). With high speed capabilities of the computer, this turn-around time is unacceptable in many instances. Also, some applications require simultaneous transmission in both directions. In such cases, a full-duplex system is used that allows information to flow simultaneously in both directions on the transmission path. Use of a full-duplex line improves efficiency as the line turn-around time required in a half-duplex arrangement is eliminated. It also requires four wires for full-duplex system.

हापफ डुप्लेक्स सिस्टम में, हर बार दिशा उलट जाने पर लाइन को "चारों ओर मुड़ना" चाहिए। इसमें एक विशेष स्विचिंग सर्किट शामिल है और इसके लिए थोड़े समय (लगभग 150 मिली–सेकंड) की आवश्यकता होती है। कंप्यूटर की उच्च गति क्षमताओं के साथ, यह मोड़–समय कई उदाहरणों में अस्वीकार्य है। इसके अलावा, कुछ अनुप्रयोगों के लिए दोनों दिशाओं में एक साथ संचरण की आवश्यकता होती है। ऐसे मामलों में, एक फुल डुप्लेक्स सिस्टम का उपयोग किया जाता है जो सूचना को संचरण पथ पर दोनों दिशाओं में एक साथ प्रवाह करने की अनुमति देता है। फुल डुप्लेक्स सिस्टम रेखा के उपयोग से दक्षता में सुधार होता है क्योंकि हाफ डुप्लेक्स व्यवस्था में आवश्यक पंक्ति–चक्कर समय समाप्त हो जाता है। इसमें फुल–डुप्लेक्स सिस्टम के लिए चार तारों की भी आवश्यकता होती है।

2.8 Wired and Wireless Methodology (वार और वायरलेस मेथोडोलोजी)

Communications or Internet connectivity allows the device to communicate with each other. The Internet connection can be wired, through Ethernet cables, or wireless, such as a Wi-Fi or cellular network.

संचार या इंटरनेट कनेक्टिविटी डिवाइस को एक दूसरे के साथ संवाद करने की अनुमति देता है। इंटरनेट कनेक्शन वाई–फाई या सेल्युलर नेटवर्क जैसे ईथरनेट केबल या वायरलेस के माध्यम से वायर्ड किया जा सकता है।

IoT technology is deployed in many ways so no single network solution is right. It depends on the situation and where the devices are located. Some of the factors affecting the selection of the type of network are network range, network bandwidth, power usage, interoperability, intermittent connectivity and security.

IoT तकनीक कई तरीकों से तैनात की जाती है ताकि कोई एकल नेटवर्क समाधान सही न हो। यह स्थिति पर निर्भर करता है और उपकरण कहां स्थित हैं। नेटवर्क के प्रकार के चयन को प्रभावित करने वाले कुछ कारक नेटवर्क रेंज, नेटवर्क बैंडविड्थ, पावर उपयोग, इंटरऑपरेबिलिटी, आंतरायिक कनेक्टिविटी और सुरक्षा हैं।

As you know "wired" is the term refers to any physical medium consisting of cables. Wired connections provide a very reliable communications medium as connectivity expands between machines on factory floors to devices and corporate offices to provide secure, reliable, high-speed communication. Physically connected equipment is less likely to experience interference or interruption. More data can often be transferred for a lower cost, as companies reduce the risk of running up high cellular charges. A wired network uses Ethernet cable to connect to the network. The cables can be copper wire, twisted pair or fiber optic. Wired network is used to carry different forms of electrical signals from one end to the other.

जैसा कि आप जानते हैं कि "वायर्ड" शब्द किसी भी फिजिकल माध्यम से संबंधित है जिसमें केबल शामिल हैं। वायर्ड कनेक्शन एक बहुत ही विश्वसनीय संचार माध्यम प्रदान करते हैं क्योंकि कनेक्टिविटी फैक्ट्री फ्लोर पर मशीनों के बीच डिवाइस और कॉर्पोरेट कार्यालयों के बीच सुरक्षित, विश्वसनीय, उच्च गति संचार प्रदान करती है। फिजिकल रूप से जुड़े उपकरण हस्तक्षेप या रुकावट का अनुभव करने की संभावना कम है। अधिक डेटा को अक्सर कम लागत के लिए स्थानांतरित किया जा सकता है, क्योंकि कंपनियां उच्च सेलुलर चार्ज चलाने के जोखिम को कम करती हैं। एक वायर्ड नेटवर्क से कनेक्ट करने के लिए ईथरनेट केबल का उपयोग करता है। केबल तांबे के तार, ट्विस्टेड पेअर या फाइबर ऑप्टिक हो सकते हैं। वायर्ड नेटवर्क का उपयोग एक छोर से दूसरे छोर तक विद्युत संकेतों के विभिन्न रूपों को ले जाने के लिए किया जाता है।

Even in the case of wireless network, those networks are usually connected to a wired network at some point; hence the most commonly used network is a hybrid of both wired and wireless network connectivity.

वायरलेस नेटवर्क के मामले में भी, वे नेटवर्क आमतौर पर किसी बिंदु पर वायर्ड नेटवर्क से जुड़े होते हैं; इसलिए सबसे अधिक उपयोग किया जाने वाला नेटवर्क वायर्ड और वायरलेस नेटवर्क कनेक्टिविटी दोनों का एक संकर है।

"Wireless" is the term refers to medium made of electromagnetic waves (i.e. EM Waves) or infrared waves. All the wireless devices will have antenna or sensors. Typical wireless devices include cellular mobile, wireless sensors, TV remote, satellite disc receiver, laptops with WLAN card etc. Wireless network does not use wires for data or voice communication; it uses radio frequency waves as mentioned above. With the evolution of network technologies, you see a wide range of wireless technologies like RFID, Bluetooth, BLE, WiFi, ZigBee, Z-Wave, 6LoWPAN, GSM, CDMA, WiMAX, LTE, Satellite etc. Table 2.4 Compares Wired and Wireless networks.

"वायरलेस" शब्द विद्युत मैग्नेटिक तरंगों (EM वेव्स) या अवरक्त तरंगों से बने माध्यम को संदर्भित करता है। सभी वायरलेस उपकरणों में एंटीना या सेंसर होंगे। विशिष्ट वायरलेस उपकरणों में सेलुलर मोबाइल, वायरलेस सेंसर, टीवी रिमोट, उपग्रह डिस्क रिसीवर, WLAN कार्ड

के साथ लैपटॉप आदि शामिल हैं। वायरलेस नेटवर्क डेटा या आवाज संचार के लिए तारों का उपयोग नहीं करता है; यह ऊपर बताए अनुसार रेडियो फ्रीक्वेंसी तरंगों का उपयोग करता है। नेटवर्क प्रौद्योगिकियों के विकास के साथ, आप आरएफआईडी, ब्लूटूथ, बीएलई, वाईफाई, जिगबी, जेड–वेव, 6 डब्ल्यूडब्ल्यू–पैन, जीएसएम, सीडीएमए, वाईमैक्स, एलटीई, सैटेलाइट आदि वायरलेस तकनीकों की एक विस्तृत श्रृंखला देखते हैं।

Table 2.4 Comparison of Wired and Wireless network (टेबल 2.4: वायर्ड और वायरलेस नेटवर्क की तुलना)

Specification विशिष्टता	Wired network वायर्ड नेटवर्क	Wireless network वायरलेस नेटवर्क
Speed गति	Higher उच्चतर	Lower compare to wired networks कम वायर्ड नेटवर्क की तुलना में
Bandwidth (बैंडविड्थ)	High (उच्च)	Low (कम)
Cost लागत	Less as cables are not expensive कम के रूप में केबल महंगे नहीं हैं	More as wireless subscriber stations, wireless routers, wireless access points and adapters are expensive वायरलेस सब्सक्राइबर स्टेशन, वायरलेस राउटर, वायरलेस एक्सेस पॉइंट और एडेप्टर महंगे हैं
Installation (स्थापना)	Not easy (आसान नहीं है)	Easy (आसान)
Time समय	Requires more time अधिक समय की आवश्यकता है	Requires less time as newer wireless technologies use plug and play including auto-discovery that helps with reduced installation times. कम समय की आवश्यकता होती है क्योंकि नई वायरलेस तकनीकें प्लग–इन का उपयोग करते हैं और इसमें ऑटो–डिस्कवरी भी शामिल होती है जो कम इंस्टॉलेशन समय के साथ मदद करती है।
Mobility मोबिलिटी	Limited, as it operates in the area covered by connected sys tems with the wired network सीमित, चूंकि यह वायर्ड नेटवर्क के साथ जुड़े सिस्टम द्वारा कवर क्षेत्र में संचालित होता है	Not limited, as it operates in the entire wireless network coverage सीमित नहीं है, क्योंकि यह पूरे वायरलेस नेटवर्क कवरेज में संचालित होता है
Transmission medium संचरण माध्यम	Copper wires, optical fiber cables, ethernet कॉपर के तार, ऑप्टिकल फाइबर केबल, ईथरनेट	EM waves or radiowaves or infrared EM तरंगें या रेडोवेव या अवरक्त
Channel Interference and signal power loss चैनल हस्तक्षेप और सिग्नल पावर लॉस	Interference is less as one wired network will not affect the other हस्तक्षेप कम होता है क्योंकि एक वायर्ड नेटवर्क दूसरे को प्रभावित नहीं करेगा	Interference is higher due to obstacles between wireless transmitter and receiver for example, weather conditions, reflection from walls, etc. वायरलेस ट्रांसमीटर और रिसीवर के बीच बाधाओं के कारण हस्तक्षेप अधिक है, उदाहरण के लिए, मौसम की स्थिति, दीवारों से प्रतिबिंब आदि।

Wire or fiber-optic media are referred to as bounded media. Wireless media are sometimes referred to as unbounded media.
वायर या फाइबर–ऑप्टिक मीडिया को बाउंडेड मीडिया कहा जाता है। वायरलेस मीडिया को कभी–कभी अनबाउंडेड मीडिया कहा जाता है।

2.9 Transmission Media (ट्रांसमिशन मीडिया)

Media is the general term used to describe the data path that forms the physical channel between sender and the receiver. Media can be twisted-pair wire such as that used for telephone installations. It can be coaxial cable of various sizes and electrical characteristics. It can also be fiber-optic cables and wireless supporting either light waves or radio waves.

मीडिया सामान्य शब्द है जिसका उपयोग डेटा पथ का वर्णन करने के लिए किया जाता है जो प्रेषक और रिसीवर के बीच फिजिकल पाथ बनाता है। मीडिया ट्विस्टेड तार हो सकता है जैसे कि टेलीफोन प्रतिष्ठानों के लिए उपयोग किया जाता है। यह विभिन्न आकारों और विद्युत विशेषताओं का समाक्षीय केबल हो सकता है। यह फाइबर–ऑप्टिक केबल और वायरलेस या तो प्रकाश तरंगों या रेडियो तरंगों का समर्थन कर सकता है।

There are several types of physical channels (communication media) through which data can be transmitted from one point to another. The media of transmission of energy can be either guided or unguided. Some of the most common data transmission media are briefly described in the following sections.

कई प्रकार के फिजिकल पाथ (संचार माध्यम) हैं, जिनके माध्यम से डेटा को एक बिंदु से दूसरे स्थान पर प्रेषित किया जा सकता है। ऊर्जा के संचरण का मीडिया या तो निर्देशित या अनुगृहीत हो सकता है। कुछ सबसे आम डेटा ट्रांसमिशन मीडिया को संक्षेप में निम्नलिखित वर्गों में वर्णित किया गया है।

2.10 Guided Media (गाइडेड मीडिया)

Guided media refers to the method of transmission of data over which signal can travel in a network. Examples of guided media include the following:

गाइडेड मीडिया से तात्पर्य डेटा के संचरण की विधि से है जिसके द्व ारा सिग्नल किसी नेटवर्क में यात्रा कर सकता है। निर्देशित मीडिया के उदाहरणों में निम्नलिखित शामिल हैं:

(a) Twisted-pair wire (ट्विस्टेड–पेअर वायर)

(b) Coaxial cabling (कोएक्सिअल केबल)

(c) Fiber-optic cabling (फाइबर–ऑप्टिक केबल)

2.10.1 Twisted-pair wire (ट्विस्टेड-पेअर वायर)

A twisted pair of wires consists of two insulated copper wires, typically about 1 mm thickness (Figure 2.12). The wires are twisted together in a helical shape. The purpose of twisting the wires is to reduce electrical interference from similar pairs that are close by. Twisted pair cabling, are of two types such as unshielded twisted pair (UTP) and shielded twisted pair (STP) cabling.

ट्विस्टेड–पेअर वायर दो इंसुलेटेड कॉपर के तार होते हैं, आमतौर पर लगभग 1 मिमी मोटाई (चित्र 2.12)। वायर को एक साथ एक पेचदार आकार में घुमाया जाता है। वायर को घुमा देने का उद्देश्य समान जोड़े से विद्युत हस्तक्षेप को कम करना है जो पास हैं। टि्वस्टेड पेयर केबलिंग, दो प्रकार के होते हैं जैसे कि अनहेल्स्ड ट्विस्टेड पेयर (UTP) और शील्ड ट्विस्टेड पेयर (STP) केबलिंग।

Twisted pair wires are commonly used in local telephone communication and for digital data transmission over short distances up to 1 km. When many twisted pairs run in parallel for a substantial distance, such as all the wires coming from a multistory apartment building to the telephone exchange, they are bundled together and placed in a protective sheath.

ट्विस्टेड–पेअर वायर को आमतौर पर स्थानीय टेलीफोन संचार में और 1 किमी तक कम दूरी पर डिजिटल डेटा ट्रांसमिशन के लिए उपयोग किया जाता है। जब कई ट्विस्टेड पेअर एक समान दूरी के लिए समानांतर में चलते हैं, जैसे कि मल्टीस्टोरी अपार्टमेंट बिल्डिंग से टेलीफोन एक्सचेंज में आने वाले सभी वायर, उन्हें एक साथ बांधा जाता है और एक सुरक्षात्मक म्यान में रखा जाता है।

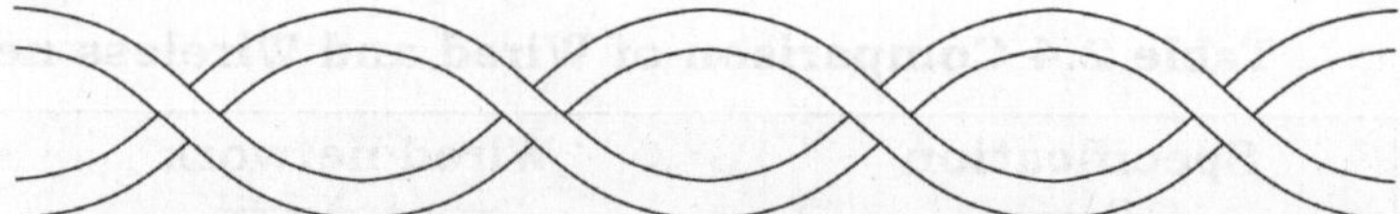

Figure 2.12: A twisted-pair of wires (ट्विस्टेड–पेअर वायर)

Wire pairs are normally used to connect terminals to the main computer up to short distances from the main computer. Data transmission speeds up to 9600 bits per second can be achieved if the distance is not more than 100 meters.

आम तौर पर मुख्य कंप्यूटर से छोटी दूरी तक के टर्मिनलों को जोड़ने के लिए वायर पेयर का उपयोग किया जाता है। यदि दूरी 100 मीटर से अधिक नहीं है तो प्रति सेकंड 9600 बिट्स तक डेटा ट्रांसमिशन गति प्राप्त की जा सकती है।

Advantages (लाभ)

- Being the oldest method of data transmission, trained manpower to repair and service this media of communications are easily available.

  डेटा ट्रांसमिशन की सबसे पुरानी विधि होने के नाते, संचार के इस मीडिया की मरम्मत और सेवा करने के लिए प्रशिक्षित जनशक्ति आसानी से उपलब्ध हैं।

- In a telephone system, signals can travel several kilometres without amplification when twisted pair wires are used.

  एक टेलीफोन प्रणाली में, संकेत प्रवर्धन के बिना कई किलोमीटर की यात्रा कर सकते हैं जब ट्विस्टेड–पेअर वायर का उपयोग किया जाता है।

- This media can be used for both analog and digital data transmission. The bandwidth depends on the thickness of the wire and the distance traveled, but several megabits per second can be achieved for a few kilometres in many cases.

  इस मीडिया का उपयोग एनालॉग और डिजिटल डेटा ट्रांसमिशन दोनों के लिए किया जा सकता है। बैंडविड्थ वायर की मोटाई और यात्रा की दूरी पर निर्भर करता है, लेकिन प्रति सेकंड कई मेगाबिट्स को कई मामलों में कुछ किलोमीटर तक हासिल किया जा सकता है।

- It is the least expensive media of transmission for short distances.

  यह कम दूरी के लिए प्रसारण का सबसे कम खर्चीला मीडिया है।

- If portion of a twisted-pair cable is damaged, the entire network is not shut down as it may be the case with coaxial cable.

  यदि एक ट्विस्टेड–पेअर वायर का हिस्सा क्षतिग्रस्त है, तो पूरे नेटवर्क को बंद नहीं किया जाता है क्योंकि यह समाक्षीय केबल के साथ हो सकता है।

Disadvantages (नुकसान)

- Easily picks up noise signals which results in higher error rates when the line length exceeds 100 metres.
  जब लाइन की लंबाई 100 मीटर से अधिक हो जाती है, तो आसानी से शोर संकेतों को उठाया जाता है, जिसके परिणामस्वरूप उच्च त्रुटि दर होती है।
- Being thin in size, it is likely to break easily.
  आकार में पतली होने के कारण, यह आसानी से टूटने की संभावना है।
- It can support 19,200 bps up to 50 feet on RS-232 port. On a 10BaseT, which supports 10 Mbps, twisted-pair wires can be used up to 100 metres.
  यह RS-232 पोर्ट पर 50 फीट तक 19,200 बीपीएस का समर्थन कर सकता है। एक 10BaseT पर, जो 10 एमबीपीएस का समर्थन करता है, मुड़–जोड़ी तारों का उपयोग 100 मीटर तक किया जा सकता है।

Unshielded Twisted Pair (UTP) Cable (अनिशेल्ड ट्विस्टेड पेयर (UTP) केबल)

Unshielded Twisted Pair (UTP) is a very flexible, low cost media, and can be used for either voice or data communications (Figure 2.13). Its greatest disadvantage is the limited bandwidth, which restricts long distance transmission with low error rates.

अनिशिल्ड टिवस्टेड पेयर (UTP) एक बहुत ही फ्लेक्सिबल, कम लागत वाली मीडिया है, और इसे आवाज या डेटा संचार (चित्र 2.13) के लिए इस्तेमाल किया जा सकता है। इसका सबसे बड़ा नुकसान सीमित बैंडविड्थ है, जो कम त्रुटि दर के साथ लंबी दूरी के संचरण को प्रतिबंधित करता है।

UTP cabling is commonly used in Ethernet or Fast Ethernet environments while STP is used for token ring networks and sometimes for gigabit Ethernet installations. Copper cabling (such as thinnet or thicknet) are used mainly in industrial environments.

यूटीपी केबलिंग का उपयोग आमतौर पर ईथरनेट या फास्ट ईथरनेट वातावरण में किया जाता है जबकि एसटीपी टोकन रिंग नेटवर्क के लिए और कभी–कभी गीगाबिट ईथरनेट प्रतिष्ठानों के लिए उपयोग किया जाता है। कॉपर केबलिंग (जैसे कि थिननेट या थिकनेट) का उपयोग मुख्य रूप से औद्योगिक वातावरण में किया जाता है।

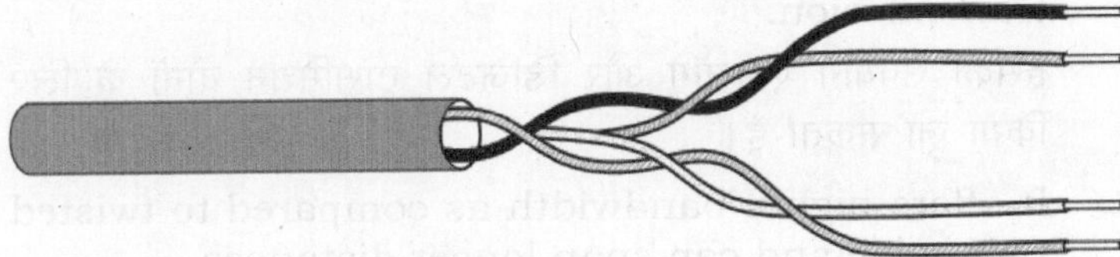

Figure 2.13: Unshielded twisted-pair (UTP) cable (अनिशेल्ड ट्विस्टेड–पेयर (UTP) केबल)

Shielded Twisted Pair (STP) Cable (शील्डेड ट्विस्टेड-पेअर (STP) केबल)

Shielded Twisted Pair (STP) is heavier and more difficult to manufacture, but it can greatly improve the signaling rate in a given transmission scheme (Figure 2.14). Although UTP cable is the least expensive cable, it may be susceptible to radio and electrical frequency interference (it should not be too close to electric motors, fluorescent lights, etc.). Shielded cables can also help to extend the maximum distance of the cables. The pairs in STP cable have an individual shield, and the individual shielded cables are wrapped in an overall shield. The primary advantages of STP cable are that it has less attenuation at higher frequencies and is less susceptible to electromagnetic interference. Shielded twisted pair cable is available in three different configurations.

शील्डेड ट्विस्टेड–पेअर (STP) निर्माण के लिए भारी और अधिक कठिन है, लेकिन यह किसी दिए गए ट्रांसमिशन स्कीम में सिग्नलिंग दर में सुधार कर सकता है (चित्र 2.14)। यद्यपि यूटीपी केबल सबसे कम खर्चीली केबल है, यह रेडियो और विद्युत आवृत्ति हस्तक्षेप के लिए अतिसंवेदनशील हो सकता है (यह इलेक्ट्रिक मोटर्स, फ्लोरोसेंट रोशनी, आदि के बहुत करीब नहीं होना चाहिए)। शील्ड किए गए केबल भी केबलों की अधिकतम दूरी को बढ़ाने में मदद कर सकते हैं। एसटीपी केबल में पेयर में एक अलग शिल्ड होता है, और अलग–अलग शिल्ड वाले केबल एक समग्र शिल्ड में लिपटे होते हैं। एसटीपी केबल के प्राथमिक लाभ यह हैं कि इसमें उच्च आवृत्तियों पर कम क्षीणन होता है और विद्युत चुम्बकीय हस्तक्षेप के लिए कम संवेदनशील होता है। शील्डेड ट्विस्टेड–पेअर केबल तीन अलग–अलग विन्यासों में उपलब्ध है।

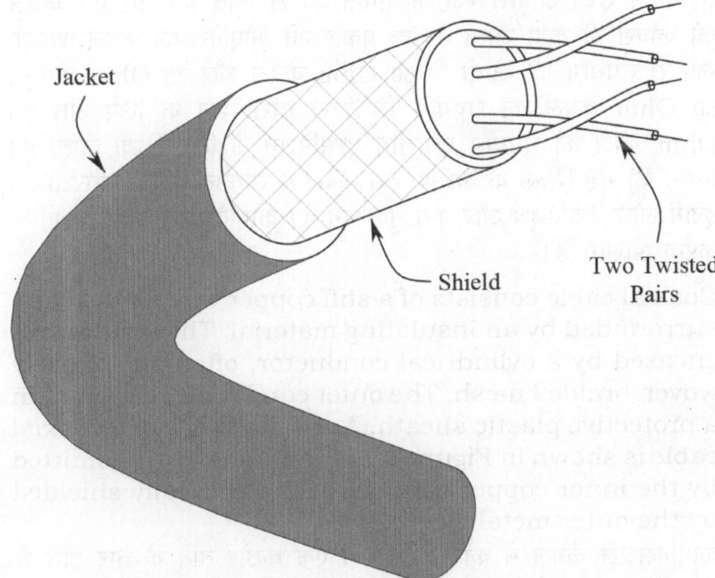

Figure 2.14: Shielded two pair cable (शीटडेड ट्विस्टेड पेयर)

Shielded wire is used in an electrically noisy environment to limit the effects of noise absorption. Twisted-pair wiring is more commonly used for LAN media. The twisted pair version of Ethernet is designated as 10BASE-T, in which 10 refers to the Ethernet rate of 10 Mbps.

शिल्ड वायर के प्रभावों को सीमित करने के लिए विद्युत मैग्नेटिक वातावरण में परिरक्षित वायर का उपयोग किया जाता है। लैन–मीडिया के लिए ट्विस्टेड–पेयर वायरिंग का अधिक उपयोग किया जाता है। ईथरनेट के ट्विस्टेड पेयर संस्करण को 10BASE-T के रूप में नामित किया गया है, जिसमें 10 में 10 एमबीपीएस की ईथरनेट दर को संदर्भित किया गया है।

Unshielded twisted pair, commonly referred to as UTP is by far the more common of the two configurations.

आमतौर पर UTP के रूप में संदर्भित अनशील्टेड ट्विस्टेड पेयर दो विन्यासों की तुलना में कहीं अधिक सामान्य है।

2.10.2 Coaxial Cable (कोएक्सिअल केबल)

Coaxial cables are the guided media that carry the signal of higher frequency range compared to twisted pair cable. Coaxial cables are also called coax. (short form). Two types of coaxial cables are widely used: 50 ohm cable and 75 ohm cable. 50 ohm cable is used for digital transmission and 75 ohm cable is used for analog transmission. Due to the shield provided, this cable has excellent noise immunity. It has a large bandwidth and low losses. Co-axial cables are easy to install.

कोएक्सिअल केबल निर्देशित मीडिया हैं जो ट्विस्टेड पेयर केबल की तुलना में उच्च आवृत्ति रेंज के संकेत को ले जाते हैं। समाक्षीय केबल को कोक्स भी कहा जाता है। दो प्रकार की कोएक्सिअल केबल व्यापक रूप से उपयोग की जाती हैं: 50 Ohm केबल और 75 Ohm केबल। 50 Ohm केबल का उपयोग डिजिटल ट्रांसमिशन के लिए और 75 Ohm केबल का उपयोग एनालॉग ट्रांसमिशन के लिए किया जाता है। प्रदान की गई शिल्ड के कारण, इस केबल में उत्कृष्ट नॉइज प्रतिरक्षा है। इसमें लोज बैंडविड्थ और कम नुकसान है। कोएक्सिअल केबल स्थापित करना आसान है।

Coaxial cable consists of a stiff copper wire as the core, surrounded by an insulating material. The insulator is encased by a cylindrical conductor, often as a closely woven braided mesh. The outer conductor is covered in a protective plastic sheath. A cutaway view of a coaxial cable is shown in Figure 2.15. The signal is transmitted by the inner copper wire and it is electrically shielded by the outer metal sleeve.

कोएक्सिअल केबल में कोर के रूप में एक कठोर तांबे के तार होते हैं, जो एक इन्सुलेट मटेरियल से घिरा होता है। इन्सुलेटर एक बेलनाकार कंडक्टर द्वारा संलग्न है, अक्सर एक बारीकी से बुना हुआ जाल के रूप में। एक्सटरनेल कंडक्टर एक सुरक्षात्मक प्लास्टिक म्यान में कवर किया गया है। कोएक्सिअल केबल चित्र 2.15 में दिखाया गया है। सिग्नल को आंतरिक तांबे के तार द्वारा प्रेषित किया जाता है और यह एक्सटरनेल धातु आस्तीन द्वारा विद्युत रूप से परिरक्षित होता है।

There are two types of coaxial cables: Baseband & Broadband Coaxial Cable. A baseband coaxial cable transmits a single signal at a time at very high speed. A broadband coaxial cable can transmit many simultaneous signals using different frequencies. A baseband cable is mainly used for LANs. Baseband coaxial cable supports frequency range of a-4kHz and are used for digital signaling. Broadband coaxial cable supports the frequency range above 4kHz and are used for analog signals. So it must be used with a modem.

दो प्रकार की कोएक्सिअल केबल हैं: बेसबैंड और ब्रॉडबैंड कोएक्सिअल केबल। बेसबैंड कोएक्सिअल केबल एक ही सिग्नल को बहुत तेज गति से एक समय में पहुंचाता है। ब्रॉडबैंड कोएक्सिअल केबल विभिन्न आवृत्तियों का उपयोग करके एक साथ कई संकेतों को प्रसारित कर सकता है। बेसबैंड केबल का उपयोग मुख्य रूप से LANs के लिए किया जाता है। बेसबैंड कोएक्सिअल केबल a-4kH की आवृत्ति रेंज का समर्थन करता है और डिजिटल सिग्नलिंग के लिए उपयोग किया जाता है। ब्रॉडबैंड कोएक्सिअल केबल 4kHz से ऊपर की आवृत्ति रेंज का समर्थन करता है और एनालॉग सिग्नल के लिए उपयोग किया जाता है। तो यह एक मॉडेम के साथ प्रयोग किया जाना चाहिए

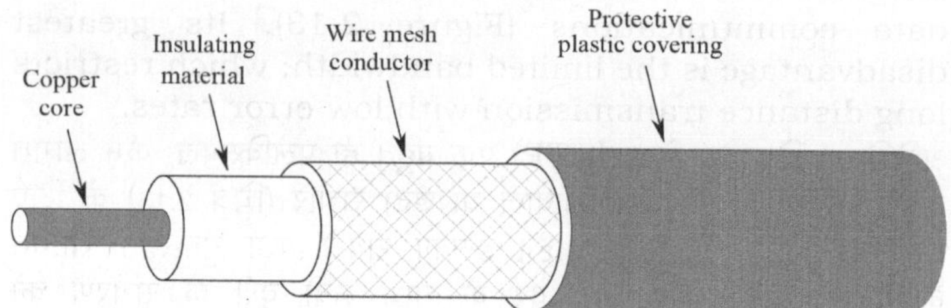

Figure 2.15: Coaxial cable (कोएक्सिअल केबल)

Coaxial cables are used in Analog telephone networks, Digital telephone network, Cable TV, Traditional Ethernet LANs, Digital transmission, Thick Ethernet etc.

कोएक्सिअल केबल का उपयोग एनालॉग टेलीफोन नेट–वर्क्स, डिजिटल टेलीफोन नेटवर्क, केबल टीवी, ट्रेडिशनल ईथरनेट LANs, डिजिटल ट्रासमिशन, थिक ईथरनेट आदि में किया जाता है।

Advantages (लाभ)

- It can be used for both analog and digital transmission.

  इसका उपयोग एनालॉग और डिजिटल ट्रांसमिशन दोनों के लिए किया जा सकता है।

- It offers higher bandwidth as compared to twisted pair cable and can span longer distances.

  यह ट्विस्टेड पेअर केबल की तुलना में उच्च बैंडविड्थ प्रदान करता है और लंबी दूरी तक डेटा पहुंचा सकता है।

- Because of better shielding in coaxial cable, loss of signal or attenuation is less.

कोएक्सिअल केबल में बेहतर परिरक्षण के कारण, संकेत या क्षीणन का नुकसान कम होता है।

- Better shielding also offers good noise immunity.
  बेहतर परिरक्षण भी अच्छा शोर उन्मुक्ति प्रदान करता है।
- It is relatively inexpensive as compared to optical fibers.
  यह ऑप्टिकल फाइबर की तुलना में अपेक्षाकृत सस्ती है।
- It has lower error rates as compared to twisted pair.
  ट्विस्टेड पेअर की तुलना में इसमें त्रुटि दर कम है।
- It is not as easy to tap as twisted pair because copper wire is contained in plastic jacket.
  ट्विस्टेड पेअर के रूप में टैप करना इतना आसान नहीं है क्योंकि तांबे का तार प्लास्टिक जैकेट में निहित है।

Disadvantages (नुकसान)

- It is usually more expensive than twisted pair.
  यह आमतौर पर ट्विस्टेड पेयर की तुलना में अधिक महंगा है।
- The thick the cable, the more difficult to work with.
  थिक केबल, साथ काम करने के लिए अधिक कठिन।
- Installation charges are more as compared to twisted pair.
  स्थापना शुल्क ट्विस्टेड पेयर की तुलना में अधिक हैं।
- Coaxial cable lose signal in long distance but they are suitable for home use.
  कोएक्सिअल केबल लंबी दूरी में संकेत खो देते हैं लेकिन वे घरेलू उपयोग के लिए उपयुक्त हैं।

2.10.3 Fiber Optic Cable (फाइबर ऑप्टिक केबल)

Fiber optic cable is made of glass strands that transmit signals as light waves or pulses. Each fiber is surrounded by a plastic sheath (Figure 2.16). It can be either single mode, which is used for the longest cable run, or multimode, which has much higher carrying capacity. Fiber optic cable is generally used for backbone for highspeed interconnection between networking devices and for connections to high-speed servers and workstations.

फाइबर ऑप्टिक केबल ग्लास स्ट्रैड्स से बनी होती है जो प्रकाश तरंगों या दालों के रूप में संकेतों को प्रसारित करती है। प्रत्येक फाइबर एक प्लास्टिक म्यान से घिरा हुआ है (चित्र 2.16)। यह या तो एकल मोड हो सकता है, जो सबसे लंबे समय तक केबल चलाने के लिए उपयोग किया जाता है, या मल्टीमोड, जिसकी वहन क्षमता बहुत अधिक होती है। फाइबर ऑप्टिक केबल का उपयोग आमतौर पर नेटवर्किंग उपकरणों के बीच उच्च गति के परस्पर कनेक्शन के लिए और उच्च गति सर्वर और कार्यस्थानों के कनेक्शन के लिए किया जाता है।

Advantages (लाभ)

- It can handle much higher bandwidth than copper. Due to the low attenuation, repeaters are needed only about every 30 Km on fiber lines, versus about every 5 km for copper. Transmission distances can be much greater than with copper cable.
  यह तांबे की तुलना में बहुत अधिक बैंडविड्थ को संभाल सकता है। कम क्षीणन के कारण, फाइबर लाइन पर प्रत्येक 30 किमी के बारे में, तांबे के लिए हर 5 किमी के बाद में रिपीटर्स की आवश्यकता होती है। ट्रांसमिशन केबल कॉपर केबल की तुलना में बहुत अधिक हो सकते हैं।
- Fiber is not affected by power surges, electromagnetic interference, or power failures. Nor is it affected by corrosive chemicals in the air, making it ideal for factory environments where electrical interference is very high.
  फाइबर पावर सर्ज, इलेक्ट्रोमैग्नेटिक हस्तक्षेप या पावर फेल्योर से प्रभावित नहीं होता है। न ही यह हवा में संक्षारक रसायनों से प्रभावित होता है, यह कारखाने के वातावरण ट्विस्टेड पेयर में उपयोग के लिए ठीक है जहां विद्युत हस्तक्षेप बहुत अधिक है।
- Fiber is lighter than copper. One thousand twisted pairs copper cables of 1 km long weigh 800 kg. But fibers have only 100 kg.
  तांबा की तुलना में फाइबर हल्का होता है। 1 किमी लंबे एक हजार ट्विस्टेड पेयर कॉपर केबल का वजन 800 किलोग्राम है। लेकिन तंतुओं में केवल 100 किग्रा होता है।
- Fibers do not leak light and are quite difficult to tap. This gives them excellent security against potential wire-tappers.
  फाइबर प्रकाश लीक नहीं करते हैं और टैप करने में काफी मुश्किल हैं। यह उन्हें संभावित वायर–टैपर्स के खिलाफ उत्कृष्ट सुरक्षा प्रदान करता है।
- Fiber-optic cable can easily handle data at speeds above 1Gbps; in fact, it has been demonstrated to handle data rates exceeding 200Gbps.
  फाइबर–ऑप्टिक केबल 1 Gbps से ऊपर की गति पर डेटा को आसानी से संभाल सकता है; वास्तव में, यह 200 Gbps से अधिक डेटा दरों को संभालने के लिए प्रदर्शित किया गया है।

Fiber optic is not susceptible to outside EMI or crosstalk interference, nor does it generate EMI or crosstalk.
फाइबर ऑप्टिक एक्सटरनेल ईएमआई या क्रॉसस्टॉक हस्तक्षेप के लिए अतिसंवेदनशील नहीं है, न ही यह ईएमआई या क्रॉसस्टॉक उत्पन्न करता है।

Disadvantages (नुकसान)

- Fiber is an unfamiliar technology requiring skills which may not be easily available.
  फाइबर एक अपरिचित तकनीक है जिसमें कौशल की आवश्यकता होती है जो आसानी से उपलब्ध नहीं हो सकती है।

- Since optical transmission is inherently unidirectional, two-way communication requires either two fiber cables or two frequency bands on one fiber.

  चूंकि ऑप्टिकल ट्रांसमिशन स्वाभाविक रूप से यूनिडायरेक्शनल है, दो–तरफा संचार के लिए एक फाइबर पर दो फाइबर केबल या दो आवृत्ति बैंड की आवश्यकता होती है।
- Fiber interfaces cost more than electrical interfaces.

  फाइबर इंटरफेस की लागत विद्युत अंतर–चेहरों से अधिक होती है

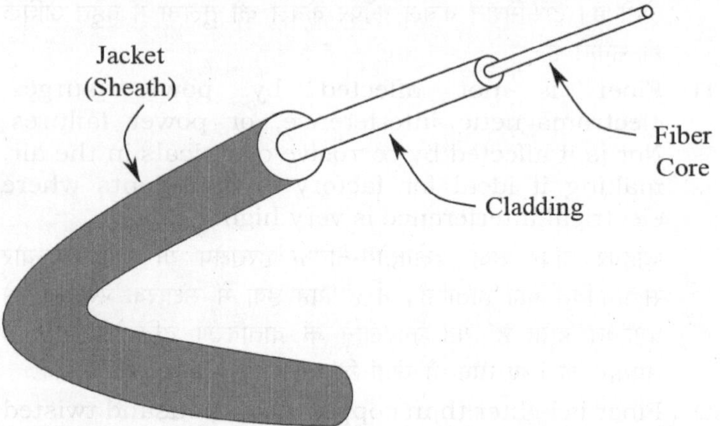

Figure 2.16: Fiber-optic cables with cladding and jacket (sheaths) (क्लैडिंग और जैकेट (शीथस) के साथ फाइबर–ऑप्टिक केबल)

There are two types of Fiber-optic cables are Single-mode and Multimode: (फाइबर ऑप्टिक केबल दो प्रकार के होते हैं:)

Single-mode fiber (SMF, sometimes called monomode) optic cable is most commonly used by telephone companies and in data installations as backbone cable. Single-mode fiber optic cable is not used as horizontal cable to connect computers to hubs. The light in a single-mode cable travels straight down the fiber and does not bounce off the surrounding cladding as it travels. Typical single-mode wavelengths are 1,310 and 1,550 nanometers. Before you install single-mode fiber optic cable, make sure the equipment you are using supports it. The equipment that uses single-mode fiber typically uses lasers to transmit light through the cable because a laser is the only light source capable of inserting light into the very small (8-to 10-micron) core of a single-mode fiber.

सिंगल–मोड और मल्टीमोडः सिंगल–मोड फाइबर (SMF, जिसे कभी–कभी मोनो–मोड कहा जाता है) ऑप्टिक केबल का उपयोग आमतौर पर टेलीफोन कंपनियों द्वारा और डेटा इंस्टॉलेशन में बैकबोन केबल के रूप में किया जाता है। कंप्यूटर को हब से जोड़ने के लिए सिंगल–मोड फाइबर ऑप्टिक केबल का उपयोग क्षैतिज केबल के रूप में नहीं किया जाता है। सिंगल–मोड केबल में प्रकाश सीधे फाइबर के नीचे जाता है और ट्रेवल करते समय आसपास के क्लैडिंग से बाउंस नहीं है। विशिष्ट एकल–मोड तरंगदैर्ध्य 1,310 और 1,550 नैनोमीटर हैं। इससे पहले कि आप सिंगल–मोड फाइबर ऑप्टिक केबल इनस्टॉल करें, सुनिश्चित करें कि जो उपकरण आप उपयोग कर रहे हैं, वह इसका समर्थन करता है। एकल–मोड फाइबर का उपयोग करने वाले उपकरण आम तौर पर केबल के माध्यम से प्रकाश संचारित करने के लिए लेजर का उपयोग करते हैं क्योंकि एक लेजर एकमात्र प्रकाश स्रोत है जो एकल–मोड फाइबर के बहुत छोटे (8–10–माइक्रोन) कोर में प्रकाश डालने में सक्षम है।

Multimode fiber (MMF) optic cable is usually the fiber optic cable used with networking applications such as FDDI, ATM, and others that require fiber optics for both horizontal and backbone cable. Multimode cable allows more than one mode of light to propagate through the cable. Typical wavelengths of light used in multimode cable are 850 and 1,300 nanometers. There are two types of multimode fiber optic cable:

मल्टीमोड फाइबर (MMF) ऑप्टिक केबल आमतौर पर फाइबर ऑप्टिक केबल है जिसका उपयोग नेटवर्किंग अनुप्रयोगों जैसे FDDI, ATM, और अन्य के लिए किया जाता है, जिसमें क्षैतिज और बैकबोन दोनों केबल के लिए फाइबर ऑप्टिक्स की आवश्यकता होती है। मल्टीमोड केबल केबल के माध्यम से प्रचार करने के लिए एक से अधिक प्रकाश की अनुमति देता है। मल्टीमोड केबल में प्रयुक्त प्रकाश की विशिष्ट तरंग दैर्ध्य 850 और 1,300 नैनोमीटर हैं। मल्टीमोड फाइबर ऑप्टिक केबल दो प्रकार के होते हैं:

- Step Index (स्टेप इंडेक्स)
- Graded Index (ग्रेडड इंडेक्स)

Step-index multimode fiber optic cable indicates that the refractive index between the core and the cladding is very distinctive. The graded-index fiber optic cable is the most common type of multimode fiber. The core of a graded-index fiber contains many layers of glass; each has a lower index of refraction going outward from the core of the fiber. Both types of multimode fiber permit multiple modes of light to travel through the fiber simultaneously. Graded-index fiber is preferred because less light is lost as the signal travels around bends in the cable.

स्टेप इंडेक्स मल्टीमोड फाइबर ऑप्टिक केबल इंगित करता है कि कोर और क्लैडिंग के बीच अपवर्तक इंडेक्स बहुत विशिष्ट है। ग्रेडेड–इंडेक्स फाइबर ऑप्टिक केबल मल्टीमोड फाइबर का सबसे आम प्रकार है। ग्रेडेड–इंडेक्स फाइबर के कोर में कांच की कई परतें होती हैं; प्रत्येक में फाइबर के मूल से बाहर जाने वाले अपवर्तन का निचला सूचकांक होता है। दोनों प्रकार के मल्टीमोड फाइबर; फाइबर के माध्यम से एक साथ यात्रा करने के लिए प्रकाश के कई तरीकों की अनुमति देते हैं। ग्रेडेड–इंडेक्स फाइबर को प्राथमिकता दी जाती है क्योंकि कम लाइट खोली जाती है जब सिग्नल केबल में मूव होता है।

Following factors give the comparison among twisted pair, coaxial cable and fiber optic wiring as transmission media. A brief comparison is given in Table 2.5.

निम्नलिखित कारक पारेषण मीडिया के रूप में ट्विस्टेड पेयर, कोएक्सिअल केबल और फाइबर ऑप्टिक केबल के बीच तुलना देते हैं। टेबल 2.5 में एक संक्षिप्त तुलना दी गई है।

Table 2.5 Characteristics of different types of Cable Media (Bounded Media)
(टेबल 2.5 विभिन्न प्रकार के केबल मीडिया (बॉण्डेड मीडिया) की विशेषताएँ)

Factor पफैक्टर	**Unshielded Twisted-pair cable (UTP)** अन–शील्डेड ट्विस्टेड पेयर केबल **(UTP)**	**Shielded Twisted-pair cable (STP)** शील्डेड ट्विस्टेड पेयर केबल **(STP)**	**Coaxial Cable** कोएक्सिअल केबल	**Fiber optic** फाइबर ऑप्टिक
Cost (लागत)	Lowest (सबसे कम)	Moderate (मध्यम)	Moderate (मध्यम)	Highest (उच्चतम)
Installation इस्टालेशन	Easy आसान	Fairly easy बहुत ही आसान	Fairly easy बहुत ही आसान	Difficult कठिन
Bandwidth Capacity बैंडविड्थ क्षमता	1 to 155 Mbps (typically 10 Mbps) 1 से 155 Mbps (आमतौर पर 10 Mbps)	1 to 155 Mbps (typically 100 Mbps) 1 से 155 Mbps (आमतौर पर 100 Mbps)	typically 100 Mbps आम तौर पर 100 Mbps	2 Gbps (typically 100 Mbps) 2 Gbps (आमतौर पर 100 Mbps)
Attenuation क्षीणन	High (Range of a few hundred metres) उच्च (कुछ सौ मीटर की सीमा)	High (Range of a few hundred metres) उच्च (कुछ सौ मीटर की सीमा)	Lower (range of a few kilometres) लो (कुछ किलोमीटर की सीमा)	Lowest (range of tens of kilometres) लोएस्ट (दसियों किलोमीटर की सीमा)
Electromagnetic Interference (EMI) इलेक्ट्रोमैग्नेटिक इंटरफेरेंस (EMI)	Most vulnerable to EMI and eavesdropping ईएमआई और ईव्सड्रॉपिंग के लिए सबसे कमजोर	Less vulnerable than UTP but still vulnerable to EMI and eavesdropping UTP की तुलना में कमजोर लेकिन अभी भी EMI और ईव्सड्रॉपिंग की चपेट में है	Less vulnerable than UTP but still vulnerable to EMI and eavesdropping UTP से कम वल्नरेबल लेकिन फिर भी EMI और के लिए असुरक्षित जासूसी	Not affected by EMI or eavesdropping ईएमआई या ईव्सड्रॉपिंग से प्रभावित नहीं

2.11 Unguided Media (अनगाईडेड मीडिया)

Media in which the signals are not guided through a solid medium are known as unguided media. Air is the media through which electromagnetic energy can flow easily. Therefore, there are several methods which are in use to send electromagnetic energy through air. These methods are:

(a) Radio waves (रेडियो वेव्स)
(b) Micro waves (माइक्रो वेव्स)
(c) Infrared Waves (इंफ्रारेड वेव्स)

मीडिया जिसमें संकेतों को एक ठोस माध्यम के माध्यम से निर्देशित नहीं किया जाता है, उन्हें अनगाईडेड मीडिया के रूप में जाना जाता है। वायु वह मीडिया है जिसके माध्यम से विद्युत मैग्नेटिक ऊर्जा आसानी से प्रवाहित हो सकती है। इसलिए, कई विधियां हैं जो हवा के माध्यम से विद्युत मैग्नेटिक ऊर्जा भेजने के लिए उपयोग में हैं। ये तरीके हैं:

2.11.1 Radio waves (रेडियो वेव्स)

Electromagnetic waves ranging in frequencies between 10 kilohertz (kHz) and 1 gigahertz (GHz). Radio waves can be broadcasted omnidirectionally or unidirectionally. Various kinds of antennae can be used to broadcast radio signals. The power of the Radio Frequency (RF) signal is determined by the antenna and trans-receiver (a device that TRANSmits and reCEIVEs a signal over a medium such as copper, radio waves or fiber optic cables).

10 किलोहर्ट्ज (kHz) और 1 गीगाहर्ट्ज (GHz) के बीच आवृत्तियों में विद्युत मैग्नेटिक वेव्स। रेडियो वेव्स को ओमनीडारेक्शनल या यूनीडायरेक्शनल रूप से प्रसारित किया जा सकता है। रेडियो वेव्स को प्रसारित करने के लिए विभिन्न प्रकार के एंटीना का उपयोग किया जा सकता है। रेडियो फ्रीक्वेंसी (RF) सिग्नल की शक्ति ऐन्टेना और ट्रांस–रिसीवर (एक उपकरण जो संचारित करता है और कॉपर, रेडियो वेव्स या फाइबर ऑप्टिक केबल जैसे माध्यम पर सिग्नल को रिसीव करता है) द्वारा निर्धारित किया जाता है।

Characteristics of Radio waves (रेडियो वेव्स की विशेषताएँ)

(a) Radio waves are easy to generate.
रेडियो वेव्स उत्पन्न करना आसान है।

(b) They can travel long distances.
वे लंबी दूरी की यात्रा कर सकते हैं।

(c) They can penetrate buildings easily, thus they are widely used for communications both indoors and outdoors.
वे आसानी से इमारतों में प्रवेश कर सकते हैं, इस प्रकार वे घर के अंदर और बाहर दोनों संचार के लिए व्यापक रूप से उपयोग किए जाते हैं।

(d) Radio waves are omnidirectional, meaning that they travel in all directions from the source, so that the transmitter and receiver do not have to be carefully aligned physically.
रेडियो वेव्स ओमनीडारेक्शनल हैं, जिसका अर्थ है कि वे स्रोत से सभी दिशाओं में यात्रा करते हैं, ताकि ट्रांसमीटर और रिसीवर एक साथ संरेखित न हो।

In Very Low Frequency (VLF), Low Frequency (LF) and Medium Frequency (MF) bands, radio waves follow the ground. Amplitude modulated radio broadcasting uses the MF band. This band of frequencies cannot be used for data transfer because they offer relatively low bandwidth. The omnidirectional characteristics of radio waves make them useful for multicasting in which there is one sender but many receivers. FM radio, television, cordless phones, and paging are examples of multicasting.
वेरी लो फरीक्वेंसी (VLF), लो फरीक्वेंसी (LF) और मीडियम फरीक्वेंसी (MF) बैंड में, रेडियो वेव्स जमीन पर चलती हैं। एम्प्लिट्यूड मॉड्यूलेटेड रेडियो प्रसारण MF बैंड का उपयोग करता है। ओमनीडारेक्शनल के इस बैंड का उपयोग डेटा स्थानांतरण के लिए नहीं किया जा सकता है क्योंकि वे अपेक्षाकृत कम बैंडविड्थ प्रदान करते हैं। रेडियो वेव्स की सर्वव्यापी विशेषताएं उन्हें बहुसंकेतन के लिए उपयोगी बनाती हैं जिसमें एक प्रेषक लेकिन कई रिसीवर होते हैं। एफएम रेडियो, टेलीविजन, कार्डलेस फोन और पेजिंग मल्टीकास्टिंग इसके उदाहरण हैं।

VHF (Very High Frequency) is the radio frequency band extending from 30 MHz to 300 MHz. The wavelengths corresponding to these limit frequencies are 10 meters and 1 meter, respectively. Unlike the High Frequencies (HF) band, the ionosphere does not usually reflect VHF radio and thus transmissions are restricted to the local area. Thus, one transmission on VHF does not interfere with transmissions thousands of kilometres away.
VHF (वेरी हाई फ्रीक्वेंसी) 30 MHz से 300 MHz तक रेडियो फरीक्वेंसी बैंड है। इन सीमा आवृत्तियों के अनुरूप तरंगदैर्घ्य क्रमशः 10 मीटर और 1 मीटर हैं। हाई फ्रीक्वेंसी (HF) बैंड के विपरीत, आयनमंडल आमतौर पर वीएचएफ रेडियो को प्रतिबिंबित नहीं करता है और इस प्रकार प्रसारण स्थानीय क्षेत्र तक ही सीमित है। इस प्रकार, वीएचएफ पर एक संचरण हजारों किलो मीटर दूर प्रसारण के साथ हस्तक्षेप नहीं करता है।

VHF is also less affected by atmospheric noise and interference from electrical equipment than lower frequencies.
वायुमंडलीय शोर और कम आवृत्तियों की तुलना में विद्युत उपकरणों के हस्तक्षेप से वीएचएफ भी कम प्रभावित होता है।

Common uses for VHF are FM radio broadcast, television broadcast, land mobile stations (emergency, business, and military), long range data communication with radio modems, marine communications, air traffic control communications and air navigation systems. A great deal of satellite communication and broadcasting is done at VHF.
वीएचएफ के लिए सामान्य उपयोग एफएम रेडियो प्रसारण, टेलीविजन प्रसारण, भूमि मोबाइल स्टेशन (आपातकालीन, व्यवसाय और सैन्य), रेडियो मोडेम, समुद्री संचार, वायु यातायात नियंत्रण संचार और वायु नेविगेशन प्रणाली के साथ लंबी दूरी के डेटा संचार हैं। वीएचएफ में उपग्रह संचार और प्रसारण का एक बड़ा काम किया जाता है।

2.11.2 Microwave (माइक्रोवेव)

Above 100 MHz, the waves travel in straight lines and can therefore be narrowly focused. Concentrating all the energy into a small beam using a parabolic antenna (like the satellite TV dish) gives a much higher signal to noise ratio, but the transmitting and receiving antennas must be accurately aligned with each other. Before the advent of fiber optics, these microwaves formed the heart of the long distance telephone transmission system. In order to overcome the problems of lineof-sight and power amplification of weak signals, microwave systems use repeaters at intervals of about 25 to 30 km in between the transmitting and receiving stations (Figure 2.17).
100 मेगाहर्ट्ज से ऊपर, लहरें सीधी रेखाओं में यात्रा करती हैं और इसलिए उन्हें संकीर्ण रूप से केंद्रित किया जा सकता है। पराबैंगनी एंटीना (जैसे उपग्रह टीवी डिश) का उपयोग करके सभी ऊर्जा को एक छोटे बीम में केंद्रित करना, शोर अनुपात को बहुत अधिक संकेत देता है, लेकिन ट्रांसमिशन और प्राप्त करने वाले एंटेना को एक दूसरे के साथ सटीक रूप से संरेखित किया जाना चाहिए। फाइबर ऑप्टिक्स के आगमन से पहले, इन माइक्रोवेव ने लंबी दूरी के टेलीफोन ट्रांसमिशन सिस्टम बनाया। लो रेंज संकेतों की लाइन–ऑफ–विजन और पावर एम्पलीफिकेशन की समस्याओं को दूर करने के लिए, माइक्रोवेव सिस्टम संचारण और प्राप्त करने वाले स्टेशन (चित्रा 2.17) के बीच लगभग 25 से 30 किमी के अंतराल पर रिपीटर्स का उपयोग करता है।

Microwave transmission is weather and frequency dependent. The frequency band of 10 GHz is in the routine use. Microwave communication is widely used for long-distance telephone communication, cellular telephones, television distribution and other uses so that a severe shortage of spectrum has developed. Microwave systems permit data transmission rates of about 16 Giga bits per second (1 giga = 109). At such high frequencies, microwave systems can carry 250,000 voice channels at the same time. They are mostly used to link big metropolitan cities which have heavy telephone traffic between them.
माइक्रोवेव संचरण मौसम और आवृत्ति–निर्भर है। 10 गीगाहर्ट्ज की आवृत्ति बैंड नियमित उपयोग में है। माइक्रोवेव संचार व्यापक रूप से लंबी दूरी के टेलीफोन संचार, सेलुलर टेलीफोन, टेलीविजन वितरण और अन्य उपयोगों के लिए उपयोग किया जाता है ताकि स्पेक्ट्रम की भारी कमी विकसित हो। माइक्रोवेव सिस्टम प्रति सेकंड (1 गीगा = 109) के बारे में 16 गीगा बिट्स के डेटा ट्रांसमिशन दरों की अनुमति देता है। ऐसी उच्च आवृत्तियों पर, माइक्रोवेव सिस्टम एक ही समय में 250,000 वॉयस

चैनल ले सकता है। वे ज्यादातर बड़े महानगरीय शहरों को जोड़ने के लिए उपयोग किए जाते हैं जिनके बीच भारी टेलीफोन यातायात होता है।

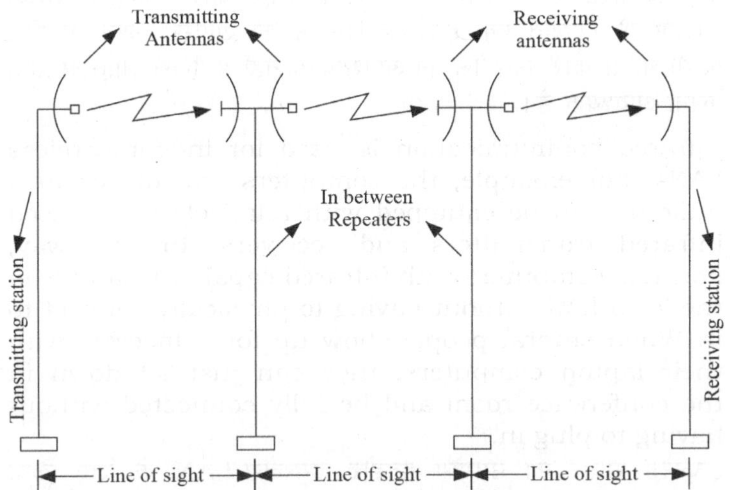

Figure 2.17: Illustration of microwave communication from one point to another (एक बिंदु से दूसरे तक माइक्रोवेव संचार का चित्रण)

Microwaves, due to their unidirectional properties, are very useful when unicast(one-to-one) communication is needed between the sender and the receiver. They are used in cellular phones, satellite networks and wireless LANs.

माइक्रोवेस, उनके यूनिडायरेक्शनल प्रॉपर्टीज के कारण, बहुत उपयोगी होते हैं जब प्रेषक और रिसीवर के बीच यूनिकास्ट (वन–टू–वन) संचार की आवश्यकता होती है। उनका उपयोग सेलुलर फोन, उपग्रह नेटवर्क और वायरलेस लैन में किया जाता है।

Characteristics of Microwave (माइक्रोवेव की विशेषताएं:)

(a) Microwave is inexpensive as compared to fiber optics system.
फाइबर ऑप्टिक्स सिस्टम की तुलना में माइक्रोवेव सस्ता है।

(b) Very high-frequency microwaves cannot penetrate walls. This characteristic can be a disadvantage if receivers are inside the buildings.
बहुत उच्च आवृत्ति वाले माइक्रोवेव दीवारों में प्रवेश नहीं कर सकते। यह विशेषता एक नुकसान हो सकती है यदि रिसीवर इमारतों के अंदर हैं।

(c) Micro waves are unidirectional. When an antenna transmits microwaves, they can be narrowly focused. This means that the sending and receiving antennas need to be aligned.
माइक्रोवेड्स यूनिडायरेक्शनल हैं। जब एक एंटीना माइक्रोवेव को प्रसारित करता है, तो वे संकीर्ण रूप से केंद्रित हो सकते हैं। इसका मतलब है कि एंटेना भेजने और प्राप्त करने के लिए अलाईन करने की आवश्यकता है।

Types of Microwave Communication Systems

There are two types of microwave data communication systems. These are:

माइक्रोवेव कम्यूनिकेशन सिस्टम के प्रकार दो प्रकार के माइक्रोवेव डेटा संचार प्रणाली हैं। ये हैं:

(a) Terrestrial (टेरेस्ट्रियल)

(b) Satellite (सेटेलॉइट)

Terrestrial Microwave Systems
(टेरेस्ट्रियल माइक्रोवेव सिस्टम)

Terrestrial Microwave systems typically use directional parabolic antennas to send and receive signals in the lower giga hertz range. The signals are highly focussed and the physical path must be line-of-sight. Relay towers and repeaters are used to extend signals. Terrestrial microwave systems are used whenever cabling is cost-prohibitive such as in hilly areas or crossing rivers, etc.

टेरेस्ट्रियल माइक्रोवेव सिस्टम आमतौर पर लोअर गीगा हर्ट्ज रेंज में सिग्नल भेजने और प्राप्त करने के लिए दिशात्मक परवलयिक एंटेना का उपयोग करते हैं। सिग्नल अत्यधिक फोकस्ड हैं और फिजिकल पथ को लाइन–ऑफ–विजन होना चाहिए। रिले टॉवर और रिपीटर्स का उपयोग संकेतों को बढ़ाने के लिए किया जाता है। स्थलीय माइक्रोवेव सिस्टम का उपयोग तब किया जाता है जब केबल लगाना लागत–निषेधात्मक होता है जैसे पहाड़ी क्षेत्रों में या नदियों को पार करना, आदि।

Because terrestrial microwave system does not use cables, microwave links often connect separate buildings where cabling would be too expensive, difficult to install or prohibited. For example, if two buildings are separated by a public road, you may not be able to get permission to install cable over or under the road. Microwave links would be a good choice in this type of situation.

क्योंकि स्थलीय माइक्रोवेव सिस्टम केबलों का उपयोग नहीं करता है, माइक्रोवेव लिंक अक्सर अलग–अलग इमारतों को जोड़ते हैं जहां केबल लगाना, स्थापित करना या निषिद्ध करना मुश्किल होगा। उदाहरण के लिए, यदि दो इमारतों को एक सार्वजनिक सड़क द्वारा अलग किया जाता है, तो आपको सड़क के ऊपर या नीचे केबल लगाने की अनुमति नहीं मिल सकती है। इस प्रकार की स्थिति में माइक्रोवेव लिंक एक अच्छा विकल्प होगा।

Satellite Microwave Systems
(सैटेलाइट माइक्रोवेव सिस्टम)

Satellite Microwave systems transmit signals between directional parabolic antennas (Figure 2.18). Like terrestrial microwave systems, they use low giga hertz frequencies and must be in line-of-sight. The main difference with satellite systems is that one antenna is on the satellite in geo-synchronous orbit about 36,000 kilometers (22,300 miles) above the equator. As the satellite is positioned in a geo-synchronous orbit, it is stationery relative to earth and always stays over the same point on the ground. This is usually done to allow ground stations to aim antenna at a fixed point in the sky. Because of this, satellite microwave systems can reach the most remote places on earth and communicate with mobile devices.

सैटेलाइट माइक्रोवेव सिस्टम दिशात्मक परवलयिक एंटेना के बीच संकेतों को संचारित करता है (चित्र 2.18)। टेरेस्ट्रियल माइक्रोवेव सिस्टम की तरह, वे कम गीगा हर्ट्ज आवृत्तियों का उपयोग करते हैं और लाइन–ऑफ–विजन में होना चाहिए। उपग्रह प्रणालियों के साथ मुख्य अंतर यह है कि एक एंटीना भूमध्य रेखा से लगभग 36,000 किलोमीटर (22,300 मील) ऊपर भू–समकालिक कक्षा में उपग्रह पर है। जैसा कि उपग्रह भू–समकालिक कक्षा में स्थित है, यह पृथ्वी के सापेक्ष स्टेशनरी है और हमेशा जमीन पर एक ही बिंदु पर रहता है। यह आमतौर पर ग्राउंड स्टेशन को आकाश में एक निश्चित बिंदु पर एंटीना को लक्षित करने की अनुमति देने के लिए किया जाता है। इस वजह से, उपग्रह माइक्रो–वेव सिस्टम पृथ्वी पर सबसे दूरस्थ स्थानों तक पहुंच सकते हैं और मोबाइल उपकरणों के साथ संवाद कर सकते हैं।

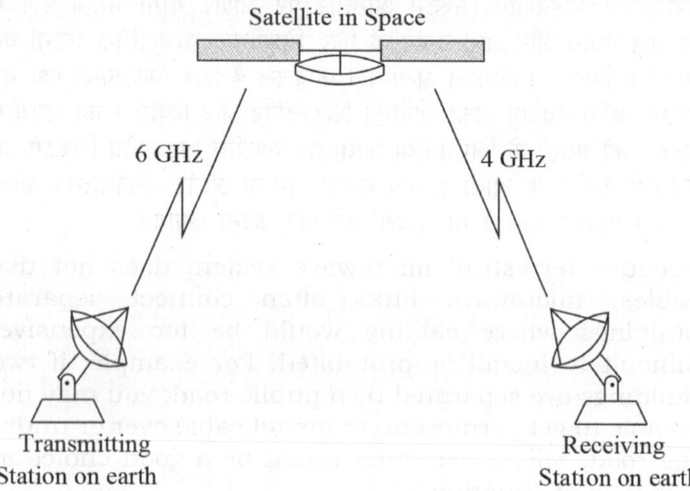

Figure 2.18: Satellite communication from one point to another (सेटेलाइट कम्यूनिकेशन एक बिंदु से दूसरे बिंदु पर)

2.11.3 Infrared Waves (इंफारेड वेव्स)

Unguided infrared and millimetre waves are widely used for short-range communication. The remote controls used on television, VCRs, and stereos use infrared communication. They are relatively directional, cheap and easy to build but do not pass through solid objects. An infrared system in one room of a building will not interfere with a similar system in adjacent rooms. Further, security of infrared systems against eves dropping is better than that of radio systems precisely for this reason. No government licence is needed to operate an infrared system in contrast to radio systems which must be licensed.

कम दूरी के संचार के लिए बिना उपयोग के अवरक्त और मिलीमीटर तरंगों का व्यापक रूप से उपयोग किया जाता है। टेलीविजन, VCRs और स्टीरियो पर इस्तेमाल होने वाले रिमोट कंट्रोल इंफ्रारेड संचार का उपयोग करते हैं। वे रेलटीवेली दिशात्मक, सस्ते और निर्माण में आसान हैं, लेकिन ठोस वस्तुओं से नहीं गुजरते हैं। एक इमारत के एक कमरे में एक इन्फ्रारेड सिस्टम आसन्न कमरों में समान प्रणाली के साथ हस्तक्षेप नहीं करेगा। इसके अलावा, ईव ड्रॉपिंग के खिलाफ इन्फ्रारेड सिस्टम की सिक्योरिटी रेडियो सिस्टम की तुलना में इस कारण ठीक है। रेडियो सिस्टम के विपरीत एक इन्फ्रारेड सिस्टम को ऑपरेट करने के लिए किसी भी सरकारी लाइसेंस की आवश्यकता नहीं है, जिसे लाइसेंस प्राप्त करना आवश्यक है।

Infrared communication is used for indoor wireless LANs. For example, the computers and offices in a building can be equipped with relatively unfocussed infrared transmitters and receivers. In this way, portable computers with infrared capability can be on the local LAN without having to physically connect to it. When several people show up for a meeting with their laptop computers, they can just sit down in the conference room and be fully connected without having to plug in.

इन्फ्रारेड संचार का उपयोग इनडोर वायरलेस LAN के लिए किया जाता है। उदाहरण के लिए, एक इमारत में कंप्यूटर और कार्यालय हुए अप्रभावित अवरक्त ट्रांसमीटर और रिसीवर से लैस हो सकते हैं। इस तरह, इन्फ्रारेड क्षमता वाले पोर्टेबल कंप्यूटर स्थानीय लैन के साथ आउट–ऑफ करने के लिए हो सकते हैं। जब कई लोग अपने लैपटॉप कंप्यूटर के साथ मीटिंग के लिए दिखाते हैं, तो वे कॉन्फ्रेंस रूम में बस बैठ सकते हैं और बिना प्लग किए पूरी तरह से कनेक्ट हो सकते हैं।

2.12 The Process Flow of IoT (IoT का प्रोसेस फ्लो)

Internet of Things is a concept or a technology which aims to connect all the devices to the internet and help them communicate with each other using the internet as a medium.

इंटरनेट ऑफ थिंग्स एक अवधारणा या एक तकनीक है जिसका उद्देश्य सभी उपकरणों को इंटरनेट से जोड़ना है और एक माध्यम के रूप में इंटरनेट का उपयोग करते हुए उन्हें एक–दूसरे के साथ संवाद करने में मदद करना है।

First of all, sensors or devices collect data from the surrounding environment. The collected data could be as simple as a geographical location or as complex as health essentials of a patient. Once the data is collected, it is sent to a cloud infrastructure of an IoT platform with the help of a medium such as satellite networks, Bluetooth, Wi-Fi, Cellular Networks, LPWAN, Ethernet, etc. This medium is chosen by its specifications between power consumption, bandwidth, and range. Once the data gets to the cloud infrastructure, it is stored, analyzed, and processed securely using a Big Data Analytics Engine for better decision making. The last step involves notifying the end user about the action through an email, text, notification, or alert sound triggered on their IoT application.

सबसे पहले, सेंसर या डिवाइस आसपास के वातावरण से डेटा एकत्र करते हैं। एकत्र किया गया डेटा एक फिजिकल स्थान के रूप में या रोगी के स्वास्थ्य अनिवार्य के रूप में जटिल हो सकता है। एक बार डेटा एकत्र करने के बाद, इसे एक IoT प्लेटफॉर्म के क्लाउड इन्फ्रास्ट्रक्चर पर भेजा जाता है, जैसे कि माध्यम की मदद से सैटेलाइट नेटवर्क, ब्लूटूथ, वाई–फाई, सेलुलर नेटवर्क, एलपीडब्ल्यूएएन, इथरनेट, आदि। इस माध्यम को इसके विनिर्देशों द्वारा चुना जाता है। बिजली की खपत, बैंडविड्थ, और सीमा के बीच। क्लाउड इंफ्रास्ट्रक्चर के लिए डेटा प्राप्त होने के बाद, इसे बेहतर निर्णय लेने के लिए बिग डेटा एनालिटिक्स इंजन का उपयोग करके सुरक्षित रूप से संग्रहीत, विश्लेषण और संसाधित किया जाता है। अंतिम चरण में ईमेल, पाठ, सूचना, या अलर्ट के माध्यम से कार्रवाई के बारे में अंतिम उपयोगकर्ता को सूचित करना शामिल है, जो उनके IoT एप्लिकेशन पर ट्रिगर किया गया है।

REVIEW QUESTIONS WITH ANSWERS (रिव्यू प्रश्न और उत्तर)

A. Multiple Choice Questions (बहुविकल्पीय प्रश्न)

1. This output signal is feedback so that it subtracts from the input signal:
   a. Negative feedback b. Positive feedback
   c. Both (a) and (b) d. None of the above

   यह आउटपुट सिग्नल फीडबैक है ताकि यह इनपुट सिग्नल से घट जाए:
   (क) नेगेटिव फीडबैक
   (ख) पॉजेटिव फीडबैक
   (ग) (क) और (ख) दोनों
   (घ) इनमे से कोई भी नहीं

2. A system that utilizes a device to control the process without using feedback:
   a. Open-loop control system
   b. Closed-loop feedback control system
   c. Regulator
   d. All of the above

   एक सिस्टम जो फीडबैक का उपयोग किए बिना प्रोसेस को कंट्रोल करने के लिए एक उपकरण का उपयोग करती है:
   (क) ओपन–लूप कंट्रोल सिस्टम
   (ख) क्लोज्ड लूप फीडबैक कंट्रोल सिस्टम
   (ग) रेगुलेटर
   (घ) ऊपर के सभी

3. A system that uses a measurement of the output and compares it with the desired output:
   a. Open-loop control system
   b. Closed-loop feedback control system
   c. Both (a) and (b)
   d. None of the above

   एक सिस्टम जो आउटपुट के माप का उपयोग करती है और इसे वांछित आउटपुट के साथ तुलना करती है:
   (क) ओपन–लूप कंट्रोल सिस्टम
   (ख) क्लोज्ड–लूप फीडबैक कंट्रोल सिस्टम
   (ग) (क) और (ख) दोनों
   (घ) इनमे से कोई भी नहीं

4. Natural control system:
   a. Solar system b. Digestive system
   c. Both (a) and (b) d. None of the above

   नेचुरल फीडबैक सिस्टम:
   (क) सोलर सिस्टम (ख) डाइजेस्टिव सिस्टम
   (ग) (क) और (ख) दोनों (घ) इनमे से कोई भी नहीं

5. It is a control system that has only one input and one output:
   a. SISO b. MIMO
   c. Both (a) and (b) d. None of the above

   यह एक कंट्रोल सिस्टम है जिसमें केवल एक इनपुट और एक आउटपुट है:
   (क) SISO (ख) MIMO
   (ग) (क) और (ख) दोनों (घ) इनमे से कोई भी नहीं

B. State True or False for the following:
(निम्नलिखित कथन सही हैं या गलत)

1. The control system where the outputs are mechanical quantities like acceleration, velocity or position is called Servo system.

   कंट्रोल सिस्टम जहां आउटपुट मैकेनिकल क्वान्टीटीस हैं जैसे त्वरण, वेग या स्थिति को सर्वो प्रणाली कहा जाता है।

2. Coaxial cable can be used for data rates over 10 Mbps and frequencies up to 400 MHz.

   कोएक्सिअन केबल का उपयोग 10 एमबीपीएस से अधिक डेटा दरों और 400 मेगाहर्ट्ज तक की आवृत्तियों के लिए किया जा सकता है।

3. Single mode used in fiber optics does not have any dispersion problem.

   फाइबर ऑप्टिक्स में इस्तेमाल किए गए सिंगल मोड में कोई फैलाव की समस्या नहीं है।

4. UTP category 3 can be used in Fast Ethernet networks.

   UTP श्रेणी 3 का उपयोग फास्ट ईथरनेट नेटवर्क में किया जा सकता है।

5. In a single-mode optic fibres, the core is 8 to 10 microns and a micron is one millionth of an inch.

   सिंगल मोड ऑप्टिक फाइबर में, कोर 8 से 10 माइक्रोन है और एक माइक्रोन इंच का एक मिलियनवां हिस्सा है।

C. Match the following: (निम्नलिखित का मिलान करें:)

1. Automation ओटोमेशन	a. Closed-loop control system. क्लोज्ड–लूप कंट्रोल सिस्टम।
2. Man-made control system मानव निर्मित किंट्रोल सिस्टम	b. The control of a process by automatic means स्वचालित माध्यम से एक प्रक्रिया का नियंत्रण
3. Feedback control system फीडबैक कंट्रोल सिस्टम	c. Data Link Layer डेटा लिंक लेयर
4. Fiber optic network फाइबर ऑप्टिक नेटवर्क	d. Power plants पॉवर प्लांट्स
5. Above 100 MHz electroma gnetic waves 100 मेगाहर्ट्ज इलेक्ट्रोमैग्नेटिक वेव्स	e. 10 Gigabit 10 गीगाबिट

D. Fill in the blanks (रिक्त स्थान भरें)

1. _________ is the signal or excitation supplied to a control system.

   _________ एक कंट्रोल सिस्टम को आपूर्ति किया जाने वाला संकेत या उत्तेजना है।

2. _________ is the actual response obtained from the control system.

   _________ कंट्रोल सिस्टम से प्राप्त वास्तविक प्रतिक्रिया है।

3. _________ is the part or component of a system that controls the plant.

   _________ एक सिस्टम का हिस्सा या घटक है जो पौधे को कंट्रोल करता है।

4. The signal that has adverse effect on the performance of a control system is called _________.

   कंट्रोल सिस्टम के प्रति–सूत्रीकरण पर प्रतिकूल प्रभाव डालने वाले संकेत को _________ कहा जाता है।

5. A system that can command, direct or regulate itself or another system to achieve a certain goal is called _________.

   एक सिस्टम जो स्वयं को डायरेक्ट/रेगुलेट या दूसरे सिस्टम को लक्ष्य प्राप्त करने के लिए कमांड देता है, वह _________ कहलाती है।

Answers (उत्तर)

A.	1. a	2. a	3. b	4. c	5. a
B.	1. T	2. T	3. T	4. F	5. F
C.	1. b	2. d	3. a	4. e	5. c
D.	1. Input	2. Output	3. Controller	4. Disturbances	5. Control system

SHORT ANSWER QUESTIONS (शॉर्ट प्रश्न और उत्तर)

1. Write short notes on the following:
निम्नलिखित पर नोट लिखें:

(a) STP (एसटीपी)
(b) Coaxial cable (कोएक्सिअल केबल)
(c) Twisted-pair wire (ट्विस्टेड पेयर केबल)

Ans. They are available in different varieties.
वे विभिन्न किस्मों में उपलब्ध हैं।

(a) Category 3 twisted pairs consist of two insulated wires gently twisted together. Four such pairs are typically grouped together in a plastic sheath for protection and to keep the eight wires together. Effect of noise due to (Electromagnetic Interference (EMI) is comparatively low because of shielding. Being thin in size, the wires are likely to break.

श्रेणी 3 ट्विस्टेड पेयर केबल में दो इंसुलेटेड तारों को एक साथ घुमाया जाता है। इस तरह के चार जोड़े आमतौर पर सुरक्षा के लिए एक प्लास्टिक म्यान में एक साथ रखे जाते हैं और आठ तारों को एक साथ रखा जाता है। (इलेक्ट्रोमैग्नेटिक इंटरफेरेंस (EMI) के कारण वॉइस का प्रभाव परिरक्षण के कारण तुलनात्मक रूप से कम होता है। आकार में पतले होने के कारण तारों के टूटने की संभावना होती है।

(b) Coaxial cable consists of a stiff copper wire as the core surrounded by insulating material. The signal is transmitted by the inner copper wire and it is electrically shielded by the outer sleeve. Effect of noise due to (Electromagnetic Interference (EMI) is very low. Can support up to tens of Mbps at a distance of several thousand feet. Emits very low radiation and causes less interference with the communication equipment.

कोएक्सिअल केबल में एक कठोर तांबे के तार होते हैं जो कोर मेटेरियल का इंसुलेट करते हैं। सिग्नल को आंतरिक तांबे के तार द्वारा प्रेषित किया जाता है और यह बाहरी

आस्तीन द्वारा विद्युत रूप से परिरक्षित होता है। कई हजार फीट की दूरी पर दसियों Mbps तक का समर्थन कर सकता है। बहुत कम विकिरण का उत्सर्जन करता है और संचार उपकरणों के साथ कम हस्तक्षेप का कारण बनता है।

(c) Two insulated copper wires twisted together in a helical shape. The copper conductors are typically about 1 mm thick. Transmission of electromagnetic energy along the wires. Least expensive than coaxial cable. Attenuation is high because of the electromagnetic radiation of energy. Being the oldest method of data communication, ample trained manpower is available to maintain the twisted pair cables.

दो इंसुलेटेड तांबे के तारों को एक पेचदार आकार में एक साथ घुमाया गया। कॉपर कंडक्टर आमतौर पर लगभग 1 मिमी मोटे होते हैं। तारों के साथ विद्युत मैग्नेटिक ऊर्जा का संचरण। कोएक्सिअल केबल की तुलना में महंगा। ऊर्जा के विद्युत मैग्नेटिक विकिरण के कारण एटेनु–एटियन उच्च है। डेटा संचार का सबसे पुराना तरीका होने के नाते, ट्विस्टेड पेयर केबल्स को बनाए रखने के लिए पर्याप्त प्रशिक्षित मैन–पॉवर उपलब्ध है।

2. Why do you connect the wire mesh conductor of a coaxial cable to the ground?

आप एक कोएक्सिअल केबल के तार जाल कंडक्टर को जमीन से क्यों जोड़ते हैं?

Ans. In order to avoid the interference caused by the electromagnetic noise. The voltage induced by electromagnetic interference (EMI) is sent to earth by grounding the outer conductor of a coaxial cable.

विद्युत मेग्नेटिक वॉइस के कारण होने वाले व्यवधान से बचने के लिए। इलेक्ट्रोमैग्नेटिक इंटरफेरेंस (EMI) से प्रेरित वोल्टेज एक कोएक्सिअल केबल के बाहरी कंडक्टर को ग्राउंडिंग करके पृथ्वी पर भेजा जाता है।

3. What are the advantages of Optical fiber?

ऑप्टिकल पफाइबर के क्या पफायदे हैं?

Ans. The advantages of Optical fiber are:

- It can handle much higher bandwidth than copper. Due to the low attenuation, repeaters are needed only about every 30 km on fiber lines versus about every 5 km for copper.

  यह तांबे की तुलना में बहुत अधिक बैंडविड्थ को संभाल सकता है। कम क्षीणन के कारण, रिपीटर्स को फाइबर लाइनों पर प्रत्येक 30किमी बनाम तांबे के लिए लगभग 5 किमी की आवश्यकता होती है।

- Fiber is not affected by power surges, electromagnetic interference or power failures. It is not even affected by corrosive chemicals in the air, making it ideal for factory environments where electrical interference is very high.

  फाइबर बिजली की वृद्धि, विद्युत इलेक्ट्रोमैग्नेटिक इंटरफेरेंस या बिजली की विफलता से प्रभावित नहीं होता है। यह हवा में संक्षारक रसायनों से भी प्रभावित नहीं होता है, यह कारखाने के वातावरण के लिए आदर्श बनाता है जहां विद्युत हस्तक्षेप बहुत अधिक है।

- Fiber cable is lighter than copper cable. One thousand twisted pair copper cables of 1 km long weigh 8000 kg. But fibers have more capacity and weigh only 100 kg, which greatly reduces the need for expensive mechanical support systems that must be maintained.

  फाइबर केबल कॉपर केबल की तुलना में हल्का होता है। 1 किमी लंबे एक हजार ट्विस्टेड पेयर कॉपर का वजन 8000 किलोग्राम है। लेकिन फाइबर की क्षमता अधिक होती है और इसका वजन केवल 100 किलोग्राम होता है, जो महंगे मैकेनिकल समर्थन प्रणालियों की आवश्यकता को कम करता है जिन्हें बनाए रखना चाहिए।

- Fibers do not leak light and are quite difficult to tap. This gives them excellent security against potential wire-tappers.

  फाइबर प्रकाश लीक नहीं करते हैं और टैप करने में काफी मुश्किल हैं। यह उन्हें संभावित वायर–टैपर्स के उत्कृष्ट सुरक्षा प्रदान करता है।

4. Write one advantage and disadvantage of Microwave Transmission.

माइक्रोवेव ट्रांसमिशन का एक लाभ और नुकसान लिखिए।

Ans. Advantage of Microwave Transmission is:

माइक्रोवेव ट्रांसमिशन का लाभ है:

- Carries 1000's of voice channels at the same time.

  एक ही समय में वॉइस चैनल के 1000 का वहन करता है।

Disadvantage of Microwave Transmission is:

माइक्रोवेव ट्रांसमिशन का नुकसान है:

- It is very costly.

  यह बहुत महंगा है।

5. Write one advantage and disadvantage of Satellite Microwave

सैटेलाइट माइक्रोवेव का एक लाभ और नुकसान लिखिए।

Ans. Advantages of Satellite Microwave

सैटेलाइट माइक्रोवेव के लाभ:

- A single microwave relay station which is visible from any point.

  एक एकल माइक्रोवेव रिले स्टेशन जो किसी भी बिंदु से दिखाई देता है।

Disadvantages of Satellite Microwave.

सैटेलाइट माइक्रोवेव के नुकसान:

- Cost of launching satellite is very expensive.
  सैटेलाइट लॉन्च करने की लागत बहुत महंगी है।

EXERCISE (अभ्यास)

1. Write short notes on the following:
   निम्नलिखित पर नोट लिखें:
   (a) Control system (कंट्रोल सिस्टम)
   (b) TCP/IP Model (टीसीपी / आईपी मॉडल)
   (c) IoT Protocols (IoT प्रोटोकॉल)
   (d) Transport Layer (ट्रांसपोर्ट लेयर)
   (e) Wireless Network (वायरलेस नेटवर्क)
   (f) Feedback systems (फीडबैक सिस्टम)
   (g) Negative Feedback Systems (नेगेटिव फीडबैक सिस्टम)
2. Differentiate between Wired network and Wireless network.
   वायर्ड नेटवर्क और वायरलेस नेटवर्क के बीच अंतर।
3. What are the merits and demerits of TCP/IP model?
   टीसीपी / आईपी मॉडल के गुण और अवगुण क्या हैं?
4. Draw the layered structure of OSI and TCP/IP model.
   ओएसआई और टीसीपी / आईपी मॉडल की स्तरित संरचना बनाएं।
5. List two ways in which the OSI reference model and the TCP/IP reference model the same. Now, list the two ways in which they are different.
   ओएसआई संदर्भ मॉडल और टीसीपी / आईपी संदर्भ मॉडल के समान दो तरीकों की सूची बनाएं। अब, उन दो तरीकों को सूचीबद्ध करें जिनमें वे भिन्न हैं।

3 Sensors, Actuators and Microcontrollers
सेंसर, एक्टइूएटर और माइक्रोकंट्रोलर

3.1 Introduction (परिचय)

Measurement is an important subsystem in any major system, whether it may be a mechanical system or an electronic system. A measurement system consists of sensors, actuators, transducers and signal processing devices. The use of these elements and devices is not limited to measuring systems. These are also used in the systems which perform specific tasks, to communicate with the real world. The communication can be anything like reading the status of a signal from a switch or to trigger a particular output to light up an LED.

मापन किसी भी प्रमुख सिस्टम में एक महत्वपूर्ण उपतंत्र है, चाहे वह एक मैकेनिकल सिस्टम या एक इलेक्ट्रॉनिक सिस्टम। एक मैनेजमेंट में सेंसर, एक्चुएटर, ट्रांसड्यूसर और सिग्नल प्रोसेसिंग डिवाइस होते हैं। इन तत्वों और उपकरणों का उपयोग सिस्टम को मेजर तक सीमित नहीं है। इनका उपयोग उन प्रणालियों में भी किया जाता है जो वास्तविक दुनिया के साथ संवाद करने के लिए विशिष्ट कार्य करते हैं। संचार कुछ भी हो सकता है जैसे किसी स्विच से सिग्नल की स्थिति पढ़ना या किसी एलईडी को लाइट करने के लिए किसी विशेष आउटपुट को ट्रिगर करना।

Sensors and actuators are two critical components of every closed loop control system. Such a system is also called a mechatronics system. A typical mechatronics system consists of a sensing unit, a controller, and an actuating unit. A sensing unit can be as simple as a single sensor or can consist of additional components such as filters, amplifiers, modulators, and other signal conditioners. The controller accepts the information from the sensing unit, makes decisions based on the control algorithm, and outputs commands to the actuating unit. The actuating unit consists of an actuator and optionally a power supply and a coupling mechanism. (Figure 3.1).

सेंसर और एक्ट्युएटर्स प्रत्येक क्लोज्ड–लूप कंट्रोल सिस्टम के दो महत्वपूर्ण घटक हैं। इस तरह की सिस्टम को मेक्ट्रोनिक्स सिस्टम भी कहा जाता है। एक विशिष्ट मेक्ट्रोनिक्स सिस्टम में एक सेंसिंग यूनिट, एक कंट्रोल और एक अक्टूयतिन्ग यूनिट होती है। एक सेंसिंग यूनिट एकल संवेदक के रूप में सरल हो सकती है या इसमें अतिरिक्त घटक शामिल हो सकते हैं जैसे कि फिल्टर, एम्पलीफायरों, न्यूनाधिक और अन्य सिग्नल संकेतक। कंट्रोल जानकारी को सेसिंग यूनिट से स्वीकार करता है, कंट्रोल एल्गोरिथ्म के आधार पर निर्णय लेता है और सेंसिंग यूनिट को कमांड आउटपुट देता है। एक्चुएटिंग यूनिट में एक एक्ट्युएटर होता है और वैकल्पिक रूप से एक बिजली की आपूर्ति और एक युग्मन तंत्र होता है। (चित्र 3.1)।

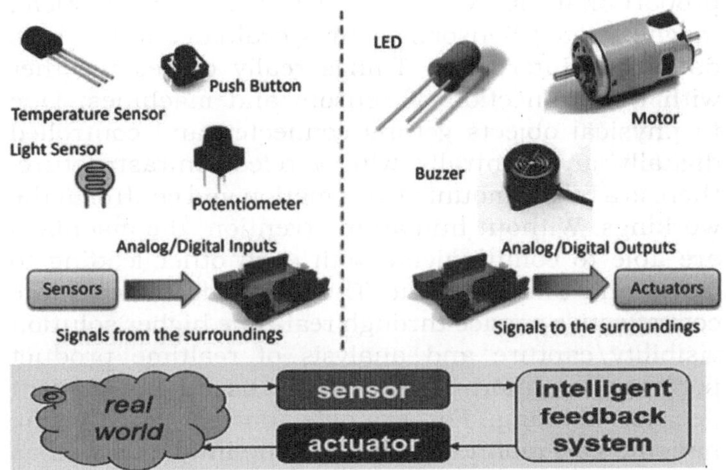

Figure 3.1: Sensor and Actuators (सेंसर और एक्चुएटर्स)

> *Linear and rotational position sensors are two of the most fundamental of all measurements used in a typical mechatronics system.*
> लिनियर और रोटेशनल स्थिति सेंसर एक मेक्ट्रोनिक्स सिस्टम में उपयोग किए जाने वाले सभी मापों में से दो सबसे बुनियादी हैं।

Any device which has a sensor attached to it and has the capability to transfer data from one device to another through the Internet is known as an IoT device. IoT devices consist of softwares, wireless sensors, actuators and computer devices. They are connected to a particular device that operates with the help of Internet, enabling the data to transfer among the devices or people. For instance, IoT systems in your car detect the heavy flow of traffic and send a message automatically to the person waiting for you.

कोई भी उपकरण जिसमें एक सेंसर लगा होता है और जिसमें इंटरनेट के माध्यम से एक डिवाइस से दूसरे डिवाइस में डेटा ट्रांसफर करने की क्षमता होती है, को IoT डिवाइस के रूप में जाना जाता है। IoT डिवाइस में सॉफ्टवेयर्स, वायरलेस सेंसर, एक्चुएटर और कंप्यूटर डिवाइस होते हैं। वे एक विशेष उपकरण से जुड़े होते हैं जो इंटरनेट की मदद से संचालित होते हैं, जिससे डेटा को उपकरणों या लोगों के बीच स्थानांतरित किया जा सकता है। उदाहरण के लिए, आपकी कार में प्वज सिस्टम यातायात के भारी प्रवाह का पता लगाता है और आपके लिए प्रतीक्षा कर रहे व्यक्ति को स्वचालित रूप से संदेश भेजता है।

3.2 Sensor (सेंसर)

Sensors are devices that perform input function in a system as they sense the changes in a quantity. The best example of a sensor is mercury thermometer. Here, the quantity that is being measured is heat or temperature. The measured temperature is converted to a readable value on the calibrated glass tube, based on the expansion and contraction of liquid mercury. So, Sensor when exposed to a physical phenomenon (temperature, displacement, force, etc.) produces a proportional output signal (electrical, mechanical, magnetic, etc.). Sensor measures, evaluates and gathers data. The Internet of Things really comes together with the connection of sensors and machines. Due to physical objects getting connected and controlled digitally and centrally with wireless infrastructure, there is a large amount of automation and control in the workings. Without human intervention, the machines are able to communicate with each other leading to faster and timely output. Thus, provide better, more cost effective service through real-time higher solution visibility/capture and analysis of realtime product performance information. This is useful for efficient decision making. For example, doctors supervising patients can monitor their medicine intake as well as measure blood pressure, sugar levels and alert them when something goes wrong to their patients online.

सेंसर एक उपकरण होते हैं जो एक सिस्टम में इनपुट फंक्शंस करते हैं क्योंकि वे एक क्वांटिटी में बदलाव को महसूस करते हैं। एक सेंसर का सबसे अच्छा उदाहरण पारा थर्मामीटर है। यहां, जिस मात्रा को मापा जा रहा है वह गर्मी या तापमान है। तरल पारा के विस्तार और संकुचन के आधार पर मापा तापमान को कैलिब्रेटेड ग्लास ट्यूब पर एक पठनीय मूल्य में बदल दिया जाता है। तो, सेंसर जब एक फिजिकल फेनोमेनन (तापमान, विस्थापन, फॉर्स, आदि) के संपर्क में आता है, तो एक आनुपातिक आउटपुट सिग्नल (इलेक्ट्रिकल, मैकेनिकल, मैग्नेटिक आदि) जेनरेट करता है। सेंसर डेटा का मैजर, ईवेलुएट और इकट्ठा करता है। इंटरनेट ऑफ थिंग्स वास्तव में सेंसर और मशीन के कनेक्शन के साथ आता है। वायरलेस इंफ्रास्ट्रक्चर के साथ डिजिटल ऑब्जेक्ट्स को डिजिटल और सेंट्रली रूप से नियंत्रित और केंद्रित करने के कारण, कामकाज में बड़ी मात्रा में स्वचालन और नियंत्रण होता है। ह्यूमन इन्वेंशन के बिना, मशीनें एक–दूसरे के साथ तेजी से और समय पर उत्पादन करने के लिए संवाद करने में सक्षम हैं। इस प्रकार, वास्तविक समय के उच्च समाधान विजिबिलिटी/कैप्चर और वास्तविक समय उत्पाद प्रदर्शन की जानकारी के विश्लेषण के माध्यम से बेहतर, अधिक लागत प्रभावी सेवा प्रदान करते हैं। यह कुशल निर्णय लेने के लिए उपयोगी है। उदाहरण के लिए, मरीजों की देखरेख करने वाले डॉक्टर उनकी दवा के सेवन की निगरानी कर सकते हैं और साथ ही ब्लड प्रेशर, शुगर के स्तर को भी माप सकते हैं और उन्हें सचेत कर सकते हैं जब ऑनलाइन उनके मरीजों के साथ कुछ गलत होता है।

In the aspect of energy conservation, household appliances can suggest optimal setting based on the user's energy consumption like turning the ideal temperature just before the owner arrives home as well as turning on and off the lights whenever the owner is out on vacation just to create the impression that somebody is still left inside the house to prevent burglars from attempting to enter. Smart refrigerators, on the other hand, can suggest food supplies that are low on inventory and needs immediate supply.

एनर्जी कन्वर्सेशन के पहलू में, घरेलू उपकरण उपयोगकर्ता की ऊर्जा खपत के आधार पर इष्टतम सेटिंग का सुझाव दे सकते हैं जैसे कि मालिक के आने से ठीक पहले आइडियल तापमान को चालू करना और साथ ही जब भी मालिक छुट्टी पर बाहर हो तो रोशनी बंद करना। धारणा है कि किसी को अभी भी घर के अंदर छोड़ दिया गया है ताकि चोरों को प्रवेश करने से रोका जा सके। दूसरी ओर, स्मार्ट रेफ्रिजरेटर, खाद्य आपूर्ति का सुझाव दे सकते हैं जो इन्वेंट्री पर कम हैं और तत्काल आपूर्ति की आवश्यकता है।

A sensor is a device which can quantitatively measure a certain physical quantity and converts a physical quantity into an electrical signal.

सेंसर एक उपकरण है जो एक निश्चित फिजिकल मात्रा को माप सकता है और एक फिजिकल मात्रा को विद्युत संकेत में परिवर्तित कर सकता है।

The term transducer is often used synonymously with sensors. However, ideally, a sensor is a device that responds to a change in the physical phenomenon. On the other hand, a transducer is a device that converts one form of energy into another form of energy i.e., it converts a signal from one physical form to a corresponding signal having a different physical form. Therefore, it is an energy converter. Sensors are transducers when they sense one form of energy input and output in a different form of energy. For example, a thermocouple responds to a temperature change (thermal energy) and outputs a proportional change in electromotive force (electrical energy). Therefore, a thermocouple can be called a sensor and or transducer.

ट्रांसड्यूसर शब्द का प्रयोग अक्सर सेंसरों के साथ किया जाता है। हालांकि, आदर्श रूप से, एक सेंसर एक उपकरण है जो फिजिकल घटना में बदलाव का जवाब देता है। दूसरी ओर, एक ट्रांसड्यूसर एक ऐसा उपकरण है जो ऊर्जा के एक रूप को ऊर्जा के दूसरे रूप में परिवर्तित करता है, अर्थात यह एक फिजिकल रूप से एक संकेत को एक भिन्न फिजिकल रूप से संबंधित एक संकेत में परिवर्तित करता है। इसलिए, यह एक एनर्जी कनवर्टर है। जब वे एनर्जी इनपुट के एक रूप और आउटपुट को एनर्जी के एक अलग रूप में महसूस करते हैं तो सेंसर ट्रांसड्यूसर होते हैं। उदाहरण के लिए, एक थर्मोकपल तापमान परिवर्तन (थर्मल एनर्जी) पर प्रतिक्रिया करता है और इलेक्ट्रोमोटिव बल (इलेक्ट्रिकल एनर्जी) में आनुपातिक परिवर्तन को आउटपुट करता है। इसलिए, एक थर्मोकपल को सेंसर और ट्रांसड्यूसर कहा जा सकता है।

Transducers are classified as Active Transducers and Passive Transducers based on the source of energy.

ट्रांसड्यूसर को एनर्जी के स्रोत के आधार पर एक्टिव ट्रांसड्यूसर और पैसिव ट्रांसड्यूसर के रूप में वर्गीकृत किया गया है।

In Active Transducers, the energy from the input is used as a control signal in the process of transferring energy from power supply to proportional output. For example, a strain gauge is an active transducer, in which the strain is converted into resistance.

एक्टिव ट्रांसड्यूसर में, इनपुट से एनर्जी का उपयोग बिजली की आपूर्ति से आनुपातिक आउटपुट में एनर्जी स्थानांतरित करने की प्रक्रिया में कंट्रोल संकेत के रूप में किया जाता है। उदाहरण के लिए, एक स्ट्रेन गेज एक सक्रिय ट्रांसड्यूसर है, जिसमें स्ट्रेन प्रतिरोध में परिवर्तित हो जाता है।

In Passive Transducers, the energy from the input is directly converted into the output. For example, a thermocouple is a passive transducer, where the heat energy, which is absorbed from input, is converted into electrical signals (voltage).

पैसिव ट्रांसड्यूसर्स में, इनपुट से एनर्जी सीधे आउटपुट में परिवर्तित हो जाती है। उदाहरण के लिए, एक थर्मोकपल एक निष्क्रिय ट्रांसड्यूसर है, जहां गर्मी ऊर्जा, जो इनपुट से अवशोषित होती है, विद्युत संकेतों (वोल्टेज) में परिवर्तित हो जाती है।

A transducer is a device which converts one physical quantity to another from of physical quantity.
ट्रांसड्यूसर एक उपकरण है जो एक फिजिकल मात्रा को दूसरे से फिजिकल मात्रा में परिवर्तित करता है।

3.3 Classification of Sensors (सेंसर का वर्गीकरण)

All the sensors can be classified into two types based on the power or signal requirement. They are active sensors and passive sensors.

सभी सेंसर को पावर या सिग्नल की आवश्यकता के आधार पर दो प्रकारों में वर्गीकृत किया जा सकता है। वे एक्टिव सेंसर और पैसिव सेंसर हैं।

Active sensors are the type of sensors that produces output signal with help of external excitation supply. In order to operate active sensors, require power signal from an external source. This signal is called an excitation signal, and based on this excitation signal the sensor produces output. Strain gauge is an example of active sensor.

एक्टिव सेंसर सेंसर के प्रकार हैं जो बाहरी उत्तेजना आपूर्ति की मदद से आउटपुट सिग्नल को प्रोड्ट करते हैं। एक्टिव सेंसर संचालित करने के लिए, बाहरी स्रोत से पावर सिग्नल की आवश्यकता होती है। इस सिग्नल को एक एक्ससिटेशन सिग्नल कहा जाता है, और इस एक्ससिटेशन सिग्नल के आधार पर सेंसर आउटपुट का उत्पादन करता है। स्ट्रेन गेज सक्रिय सेंसर का एक उदाहरण है।

Active sensors is also called as Self Generating Sensors.
एक्टिव सेंसर को सेल्फ जेनरेटिंग सेंसर भी कहा जाता है।

Passive sensors are the type of sensors that produces output signal without the help of external excitation supply. They do not need any extra stimulus or voltage. All the power required by a passive sensor is obtained from the measurand. A thermocouple is a passive sensor which generates a voltage value corresponding to the heat, applied. It does not require any external power supply.

पैसिव सेंसर उस प्रकार के सेंसर होते हैं जो एक्सटर्नल एक्ससिटेशन सप्लाई की मदद के बिना आउटपुट सिग्नल को प्रोड्स करते हैं। उन्हें किसी अतिरिक्त उत्तेजना या वोल्टेज की आवश्यकता नहीं है। एक पेसिव सेंसर द्वारा आवश्यक सभी शक्ति को माइंडलैंड से प्राप्त किया जाता है। थर्मोकपल एक पेसिव सेंसर है जो गर्मी के अनुरूप वोल्टेज मान उत्पन्न करता है, लागू होता है। इसे किसी भी बाहरी बिजली की आपूर्ति की आवश्यकता नहीं है।

Furthermore, sensors are classified as analog or digital based on the type of output signal. Analog sensors produce an analog output i.e. a continuous output signal with respect to the quantity being measured and typically require analog-to-digital conversion before feeding to the digital controller. The quantity that is being measured like speed, temperature, pressure, displacement, strain, etc. are all continuous in nature and hence they are analog quantities. For example, accelerometers, speed sensors, pressure sensors, light sensors, temperature sensors etc.

इसके अलावा, सेंसर को आउटपुट सिग्नल के प्रकार के आधार पर एनालॉग या डिजिटल के रूप में वर्गीकृत किया जाता है। एनालॉग सेंसर एक एनालॉग आउटपुट का उत्पादन करते हैं अर्थात् एक निरंतर आउटपुट सिग्नल होता है जिसकी मात्रा मापी जाती है और आमतौर पर डिजिटल कंट्रोलर को फीड करने से पहले एनालॉग–टू–डिजिटल रूपांतरण की आवश्यकता होती है। जिस मात्रा को गति, तापमान, दबाव, विस्थापन, तनाव आदि के रूप में मापा जा रहा है, वे सभी प्रकृति में निरंतर हैं और इसलिए वे अनुरूप मात्रा हैं। उदाहरण के लिए, एक्सीलरोमीटर, स्पीड सेंसर, प्रेशर सेंसर, लाइट सेंसर, तापमान सेंसर आदि।

The sensor that produces continuous signal with respect to time with analog output is called as Analog sensors.
सेंसर जो एनालॉग आउटपुट के साथ समय–समय पर निरंतर सिग्नल का उत्पादन करता है, उसे एनालॉग सेंसर कहा जाता है।

Digital sensors on the other hand work with discrete or digital data that can be directly interfaced with the digital controller. The output of a digital sensor has only two states, namely 'ON' and 'OFF'. ON is logic 1 and OFF is logic 0. A push button switch is the best example of a digital sensor. In general, the accuracy of a digital sensor is high when compared to an analog sensor.

दूसरी ओर डिजिटल सेंसर असतत या डिजिटल डेटा के साथ काम करते हैं जो डिजिटल नियंत्रक के साथ सीधे हस्तक्षेप कर सकते हैं।

डिजिटल सेंसर के आउटपुट में केवल दो राज्य होते हैं, जिनका नाम 'ON' और 'OFF' है। ON तर्क 1 है और OFF तर्क 0 है। एक पुश–बटन स्विच एक डिजिटल सेंसर का सबसे अच्छा उदाहरण है। सामान्य तौर पर, एनालॉग सेंसर की तुलना में डिजिटल सेंसर की सटीकता अधिक होती है।

Digital sensors produce digital outputs that can be directly interfaced with the digital controller.
डिजिटल सेंसर डिजिटल आउटपुट उत्पन्न करते हैं जिन्हें डिजिटल नियंत्रक के साथ सीधे हस्तक्षेप किया जा सकता है।

Often, the digital outputs are produced by adding an analog-to-digital converter to the sensing unit. If many sensors are required, it is more economical to choose simple analog sensors and interface them to the digital controller equipped with a multi-channel analog-to-digital converter.

अक्सर, डिजिटल आउटपुट सेंसिंग यूनिट में एनालॉग–टू–डिजिटल कनवर्टर जोड़कर उत्पादित किए जाते हैं। यदि कई सेंसर की आवश्यकता होती है, तो सरल एनालॉग सेंसर चुनना और उन्हें मल्टी–चैनल एनालॉग–टू–डिजिटल कनवर्टर से लैस डिजिटल नियंत्रक के लिए इंटरफेस करना अधिक किफायती है।

There are some sensors which are capable of sensing a physical quantity to convert it to other form and also sense the output signal form to get back the quantity in original form known as Inverse sensors. For example a piezoelectric crystal when subjected to vibration generates voltage. At the same time when a piezo crystal is subjected to varying voltage they begin to vibrate. This property make them suitable to use in microphone and speakers.

कुछ सेंसर हैं जो एक फिजिकल मात्रा को दूसरे रूप में परिवर्तित करने में सक्षम होते हैं और व्युत्क्रम सेंसर के रूप में ज्ञात मूल रूप में मात्रा वापस पाने के लिए आउटपुट सिग्नल फॉर्म को भी समझ लेते हैं। उदाहरण के लिए, एक पीजोइलेक्ट्रिक क्रिस्टल को जब वाईब्रेट करते हैं तो, एक वोल्टेज उत्पन्न करता है। एक ही समय में जब एक पीजो क्रिस्टल को अलग–अलग वोल्टेज के अधीन किया जाता है, तो वे वाईब्रेट करने लगते हैं। यह संपत्ति उन्हें माइक्रोफोन और स्पीकर में उपयोग करने के लिए उपयुक्त बनाती है।

The other type of classification is based on the means of detection used in the sensor. Some of the means of detection are Electric, Biological, Chemical, Radioactive etc.

अन्य प्रकार का वर्गीकरण सेंसर में उपयोग किए जाने वाले पहचान के साधनों पर आधारित है। पता लगाने के कुछ साधन इलेक्ट्रिक, बायोलॉजिकल, केमिकल, रेडियोधर्मी आदि हैं।

There are different types of sensors used to measure the physical properties like heartbeat & pules, Speed, Heat transfer, temperature etc. Some of the most commonly used sensors and transducers for different stimuli (the quantity to be measured) are:

विभिन्न प्रकार के सेंसर का उपयोग भौतिक गुणों को मापने के लिए किया जाता है, जैसे कि दिल की धड़कन और नलिकाएं, गति, हीट ट्रांसफर, तापमान आदि। विभिन्न उत्तेजनाओं के लिए सबसे अधिक इस्तेमाल किए जाने वाले सेंसर और ट्रांसड्यूसर में से कुछ (मापी जाने वाली मात्रा) हैं:

(a) For sensing presence of an object, are proximity sensor implemented using different techniques like Optical (like Infrared or Laser), Ultrasonic, Hall Effect, Capacitive, etc. Proximity Sensors are used in Mobile Phones, Cars (Parking Sensors), industries (object alignment), Ground Proximity in Aircrafts, etc.

किसी वस्तु की संवेदी उपस्थिति के लिए, निकटवर्ती सेंसर को ऑप्टिकल (इन्फ्रारेड या लेजर), अल्ट्रासोनिक, हॉल इफेक्ट, कैपेसिटिव आदि विभिन्न तकनीकों का उपयोग करके कार्यान्वित किया जाता है। मोबाइल फोन, कार (पार्किंग सेंसर), उद्योग (ऑब्जेक्ट संरेखण) में निकटता सेंसर का उपयोग किया जाता है। एयरक्रॉफ्ट में ग्राउंड प्रॉक्सिमिटी, आदि।

(b) For sensing light, the input devices or sensors are photo diode, photo transistor, light dependent resistor and solar cells. The output devices or actuators are LEDs, displays, lamps and fiber optics. Infrared Sensor are light based sensor that are used in various applications like Proximity and Object Detection. IR Sensors are used as proximity sensors in almost all mobile phones, Robots, Industrial assembly, automobiles etc. IR Sensors are used to turn on street lights.

सेंसिंग लाइट के लिए, इनपुट डिवाइस या सेंसर फोटो डायोड, फोटो ट्रांजिस्टर, लाइट डिपेंडेंट रेसिस्टर और सोलर सेल होते हैं। आउटपुट डिवाइस या एक्ट्यूएटर्स LED, डिस्प्ले, लैंप और फाइबर ऑप्टिक्स हैं। इन्फ्रारेड सेंसर प्रकाश आधारित सेंसर हैं जो निकटता और ऑब्जेक्ट डिटेक्शन जैसे विभिन्न अनुप्रयोगों में उपयोग किए जाते हैं। IR सेंसर का उपयोग लगभग सभी मोबाइल फोन में निकटता सेंसर के रूप में किया जाता है, रोबोट, औद्योगिक असेंबली, ऑटोमोबाइल आदि। IR सेंसर का उपयोग स्ट्रीट लाइट को चालू करने के लिए किया जाता है।

(c) For sensing temperature, the sensors are thermistor, thermocouple, resistance temperature detectors (RTDs) and thermostat. Based on the requirement, different types of sensors are used for measuring temperature in different applications. The actuators are heaters. A temperature sensor, senses the temperature i.e., it measures the changes in the temperature. Temperature sensors are used everywhere like computers, mobile phones, automobiles, air conditioning systems, industries etc.

सेंसिग तापमान के लिए, सेंसर थर्मिस्टर, थर्मोकपल, प्रतिरोध तापमान डिटेक्टर (RTDs) और थर्मोस्टैट हैं। आवश्यकता के आधार पर,

विभिन्न अनुप्रयोगों में तापमान को मापने के लिए विभिन्न प्रकार के सेंसर का उपयोग किया जाता है। एक्चुएटर हीटर हैं। एक तापमान सेंसर, तापमान को संवेदित करता है यानी, यह तापमान में बदलाव को मापता है। तापमान सेंसर का उपयोग हर जगह किया जाता है, जैसे कंप्यूटर, मोबाइल फोन, ऑटोमोबाइल, एयर कंडीशनिंग सिस्टम, उद्योग आदि।

(d) For sensing position, the input devices are potentiometer, proximity sensor, and differential transformer. The output devices are motor and panel meter. Accelerometer is a type of sensor that is used to detect changes in position, velocity, and vibration by sensing motion. It can be either analog or digital type. Gyroscope sensor to sense and determine the orientation with the help of Earth's gravity i.e. it measures the angular velocity.

सेंसिग पोजीशन के लिए, इनपुट डिवाइस पोटेंशियोमीटर, प्रोक्सिमिटी सेंसर, और अंतर ट्रांसफार्मर हैं। आउटपुट डिवाइस मोटर और पैनल मीटर हैं। एक्सेलेरोमीटर एक प्रकार का सेंसर है, जिसका उपयोग पोजीशन, वेलोसिटी और संवेदी गति द्वारा वाइब्रेशन में परिवर्तन का पता लगाने के लिए किया जाता है। यह या तो एनालॉग या डिजिटल प्रकार हो सकता है। गायरोस्कोप सेंसर पृथ्वी के गुरुत्वाकर्षण की मदद से अभिविन्यास को समझने और निर्धारित करने के लिए अर्थात् यह एंगुलर वेलोसिटी को मापता है।

(e) For sensing pressure, the sensors are strain gauge and load cell. The actuators are lifts and jacks and electromagnetic vibrations. Pressure sensor works on the application of input voltage and pressure value. It produces an analog output voltage.

संवेदन दबाव के लिए, सेंसर तनाव गेज और लोड सेल हैं। एवटुएटर लिफ्ट और जैक और इलेक्ट्रोमैग्नेटिक वाइब्रेशन हैं। प्रेशर सेंसर इनपुट वोल्टेज और प्रेशर वैल्यू के एप्लिकेशन पर काम करता है। यह एक एनालॉग आउटपुट वोल्टेज का उत्पादन करता है।

(f) For sensing sound, the input devices are microphones and output devices are loudspeakers and buzzers.

सेंसिंग साउंड के लिए, इनपुट डिवाइस माइक्रोफोन हैं और आउटपुट डिवाइस लाउड–स्पीकर और बजर्स हैं।

(g) For sensing speed, the sensors used are tachogenerator and Doppler Effect sensors. The actuators are motors and brakes. An Ultrasonic Sensor can be used to measure distance as well as velocity of an object. An Ultrasonic Sensor works based on the properties of the sound waves with frequency greater than that of the human audible range.

सेंसिंग स्पीड के लिए, इस्तेमाल किए गए सेंसर टैको–जनरेटर और डॉपलर इफेक्ट सेंसर हैं। एक्चुएटर मोटर और ब्रेक हैं। एक अल्ट्रासोनिक सेंसर का उपयोग दूरी और साथ ही किसी वस्तु के वेलोसिटी को मापने के लिए किया जा सकता है। एक अल्ट्रासोनिक सेंसर मानव श्रव्य रेंज की तुलना में अधिक आवृत्ति के साथ ध्वनि तरंगों के गुणों के आधार पर काम करता है।

3.4 Types of Sensors (सेंसर के प्रकार)

3.4.1 Position (पोजीशन)

A position sensor measures the position of an object; the position measurement can be either in absolute terms (absolute position sensor) or in relative terms (displacement sensor). Position sensors can be linear, angular, or multi-axis. (Figure 3.2).

पोजीशन सेंसर एक वस्तु की स्थिति को मापता है; स्थिति माप या तो पूर्ण शब्दों में हो सकता है (अब्सोलुटे पोजीशन सेंसर) या सापेक्ष शब्दों में (डिस्प्लेसमेंट सेंसर)। पोजीशन सेंसर रैखिक, एंगुलर या मल्टी–एक्सिस हो सकते हैं। (चित्र 3.2)।

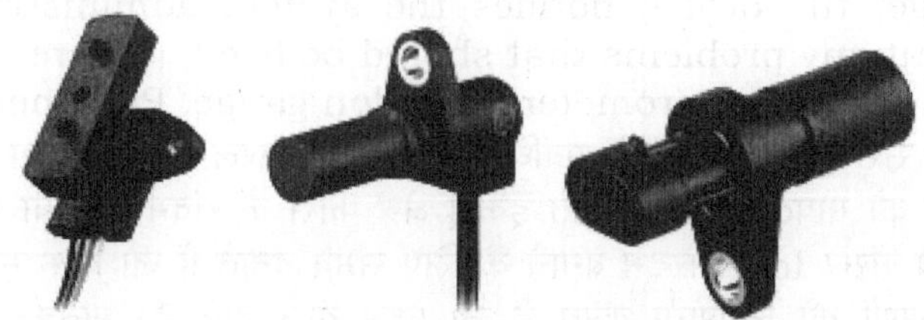

Figure 3.2: Position and Speed Sensor (पोजीशन और स्पीड सेंसर)

3.4.2 Occupancy and motion (ऑक्यूपेंसी और स्पीड)

Occupancy sensors detect the presence of people and animals in a surveillance area, while motion sensors detect movement of people and objects. The difference between the two is that occupancy sensors will generate a signal even when a person is stationary, while a motion sensor will not. For example, Electric eye, Radar.

ऑक्यूपेंसी सेंसर एक निगरानी क्षेत्र में लोगों और जानवरों की उपस्थिति का पता लगाते हैं, जबकि मोशन सेंसर लोगों और वस्तुओं की आवाजाही का पता लगाते हैं। दोनों के बीच अंतर यह है कि ऑक्युपेंसी सेंसर एक व्यक्ति के स्थिर होने पर भी एक सिग्नल उत्पन्न करेगा, जबकि मोशन सेंसर नहीं करेगा। उदाहरण के लिए, इलेक्ट्रिक आंख, रडार।

3.4.3 Velocity and Acceleration (वेलोसिटी और एक्सेलरेशन)

Velocity (speed of motion) sensors may be linear or angular, indicating how fast an object moves along a straight line or how fast it rotates.

वेलोसिटी (मोशन की गति) सेंसर लीनियर या एंगुलर हो सकते हैं, यह दर्शाता है कि कोई वस्तु कितनी सीधी रेखा के साथ चलती है या कितनी तेजी से घूमती है।

3.4.4 Force (फोर्स)

Force sensors detect whether a physical force is applied and whether the magnitude of force is beyond a threshold. For example, force gauge, viscometer, tactile sensor (touch sensor).

फॉर्स सेंसर का पता लगाता है कि क्या एक फिजिकल फॉर्स लागू है और क्या फॉर्स का परिमाण एक सीमा से परे है। उदाहरण के लिए, फॉर्स गेज, विस्कोमीटर, टैक्टाइल सेंसर (टच सेंसर)।

3.4.5 Pressure (प्रेशर)

Pressure sensors are related to force sensors and measure the force applied by liquids or gases. Pressure is measured in terms of force per unit area. These sensors make it possible to create IoT systems that monitor systems and devices that are pressure propelled. With any deviation from standard pressure range, the device notifies the system administrator about any problems that should be fixed. (Figure 3.3). For example, Barometer, Bourdon gauge, Piezometer.

प्रेशर सेंसर फॉर्स सेंसर से संबंधित होते हैं और तरल या गैस द्वारा लागू फॉर्स को मापते हैं। प्रेशर प्रति इकाई क्षेत्र फॉर्स के संदर्भ में मापा जाता है। ये सेंसर IoT सिस्टम बनाने के लिए संभव बनाते हैं जो सिस्टम और उपकरणों की निगरानी करते हैं जो प्रेशर वाले होते हैं। मानक दबाव सीमा से किसी भी विचलन के साथ, डिवाइस किसी भी समस्या के बारे में सिस्टम व्यवस्थापक को सूचित करता है जिसे ठीक किया जाना चाहिए। (चित्र 3.3)। उदाहरण के लिए, बैरोमीटर, बॉरडन गेज, पीजोमीटर।

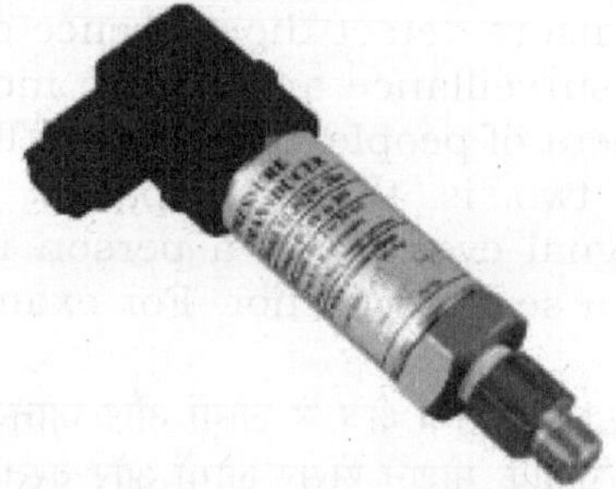

Figure 3.3: Pressure Sensor (प्रेशर सेंसर)

3.4.6 Flow (फ्लो)

Flow sensors detect the rate of fluid flow. They measure the volume (mass flow) or rate (flow velocity) of fluid that has passed through a system in a given period of time. For example, Anemometer, Mass flow sensor, Water meter etc.

फ्लो सेंसर द्रव के प्रवाह की दर का पता लगाते हैं। वे द्रव की मात्रा (मास्स प्रवाह) या दर (फ्लो वेलोसिटी) को मापते हैं जो एक निश्चित अवधि में एक प्रणाली से होकर गुजरा है। उदाहरण के लिए, एनीमोमीटर, मास्स फ्लो सेंसर, वॉटर मीटर आदि।

3.4.7 Acoustic (एवांस्टिक)

Acoustic sensors measure sound levels and convert that information into digital or analog data signals. (Figure 3.4). For example, Microphone, Geophone, Hydrophone.

साउंड सेंसर ध्वनि स्तर मापते हैं और उस सूचना को डिजिटल या एनालॉग डेटा सिग्नल में परिवर्तित करते हैं। (चित्र 3.4)। उदाहरण के लिए, माइक्रोफोन, जिओफोन, हाइड्रोफोन।

Figure 3.4: Microphone and Sound Sensor (माइक्रोफोन और साउंड सेंसर)

Figure 3.5: Humidity Sensor (हुमिडीटी सेंसर)

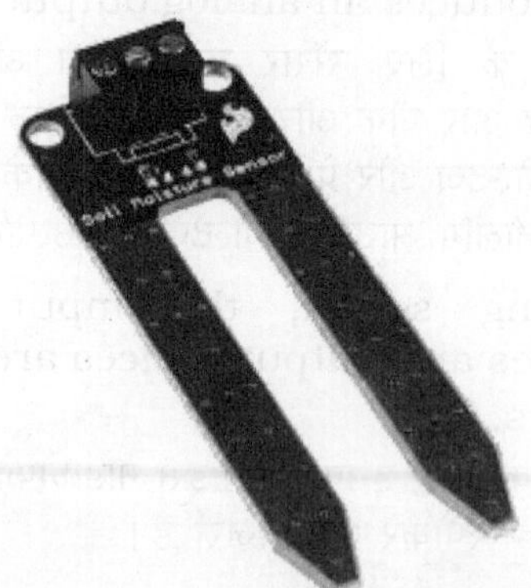

Figure 3.6: Soil and Moisture Sensor (साइल और मॉइस्चर सेंसर)

3.4.8 Light (लाइट)

Light sensors detect the presence of light (visible or invisible). For example, Infrared sensor, Photodetector, Flame detector.

लाइट सेंसर प्रकाश की उपस्थिति (दृश्य या अदृश्य) का पता लगाते हैं। उदाहरण के लिए, इन्फ्रारेड सेंसर, फोटो–डिटेक्टर, फ्लेम डिटेक्टर।

3.4.9 Radiation (रेडिएशन)

Radiation sensors detect radiations in the environment. Radiation can be sensed by scintillating or ionization detection. For example, Scintillator, Neutron detector.

रेडिएशन सेंसर पर्यावरण में रेडिएशन का पता लगाते हैं। रेडिएशन को आयताकार या आयनीकरण पहचान से पहचाना जा सकता है। उदाहरण के लिए, सिंटिलेटर, न्यूट्रॉन डिटेक्टर।

3.4.10 Temperature (तापमान)

Temperature sensors measure the amount of heat or cold that is present in a system. They can be broadly of two types: contact and non-contact. Contact temperature sensors need to be in physical contact with the object being sensed. Noncontact sensors do not need physical contact, as they measure temperature through convection and radiation. For example, Thermometer, Calorimeter, Temperature gauge.

तापमान सेंसर एक प्रणाली में मौजूद गर्मी या ठंड की मात्रा को मापते हैं। वे दो प्रकार के हो सकते हैं: कांटेस्ट और नॉन–कांटेस्ट। कॉन्टेक्ट टेम्परेचर सेंसर को ऑब्जेक्ट के सेंस होने के साथ फिजिकल कॉन्टैक्ट में होना चाहिए। नॉन–कांटेस्ट सेंसर को फिजिकल संपर्क की आवश्यकता नहीं है, क्योंकि वे संवहन और विकिरण के माध्यम से तापमान को मापते हैं। उदाहरण के लिए, थर्मामीटर, कैलोरिमीटर, टेम्परेचर गेज।

3.4.11 Chemical (केमिकल)

Chemical sensors measure the concentration of chemicals in a system. Chemical sensors are applied in a number of different industries. Their goal is to indicate changes in liquid or to find out air chemical changes. They play an important role in bigger cities, where it is necessary to track changes and protect the population. For example, Breathalyser, Smoke detector etc.

केमिकल सेंसर एक प्रणाली में केमिकल की एकाग्रता को मापते हैं। कई अलग–अलग उद्योगों में केमिकल सेंसर लगाए जाते हैं। उनका लक्ष्य लिक्विड में परिवर्तन का संकेत देना है या वायु रासायनिक परिवर्तनों का पता लगाना है। वे बड़े शहरों में एक महत्वपूर्ण भूमिका निभाते हैं, जहां परिवर्तन को ट्रैक करना और आबादी की रक्षा करना आवश्यक है। उदाहरण के लिए, ब्रेथअनालीसेर, स्मोक डिटेक्टर आदि।

3.4.12 Image (इमेज)

Image sensors are instruments which are used to convert optical images into electronic signals for displaying or storing files electronically. The major use of image sensor is found in digital camera & modules, medical imaging and night vision equipment, thermal imaging devices, radar, sonar, media house, biometric etc.

इमेज सेंसर ऐसे उपकरण हैं, जिनका उपयोग इलेक्ट्रॉनिक रूप से फाइल्स को प्रदर्शित करने या संग्रहीत करने के लिए ऑप्टिकल छवियों को इलेक्ट्रॉनिक संकेतों में परिवर्तित करने के लिए किया जाता है। इमेज सेंसर का प्रमुख उपयोग डिजिटल कैमरा और मॉड्यूल, मेडिकल इमेजिंग और नाइट विजन उपकरण, थर्मल इमेजिंग डिवाइस, रडार, सोनार, मीडिया हाउस, बायोमेट्रिक आदि में पाया जाता है।

3.4.13 Optical (ऑप्टिकल)

Optical sensors measures the physical quantity of light rays and convert it into electrical signal which can be easily readable by user or an electronic instrument/ device is called optical sensor. For example, Photodetector, Fiber Optics, Pyrometer etc.

ऑप्टिकल सेंसर प्रकाश किरणों की फिजिकल मात्रा को मापते हैं और इसे एक विद्युत संकेत में परिवर्तित करते हैं जिसे उपयोगकर्ता या इलेक्ट्रॉनिक उपकरण/डिवाइस द्वारा आसानी से पढ़ा जा सकता है जिसे ऑप्टिकल सेंसर कहा जाता है। उदाहरण के लिए, फोटोडेटेक्टर, फाइबर ऑप्टिक्स, पाइरोमीटर आदि।

3.4.14 Gas (गैस)

Gas sensor plays a major role in detecting the gas leakage. These gas sensors are classified into various types based on the type of gas that to be detected. They are used in numerous industries such as manufacturing, agriculture and health and used for air quality monitoring, detection of toxic or combustible gas, hazardous gas monitoring in coal mines, oil & gas industries, chemical laboratory research.

गैस रिसाव का पता लगाने में गैस सेंसर एक प्रमुख भूमिका निभाता है। इन गैस सेंसर को गैस के प्रकार के आधार पर विभिन्न प्रकारों में वर्गीकृत किया जाता है, जिसका पता लगाया जाता है। इनका उपयोग विनिर्माण, कृषि और स्वास्थ्य जैसे कई उद्योगों में किया जाता है और हवा की गुणवत्ता की निगरानी, जहरीली या दहनशील गैस का पता लगाने, कोयला खानों, तेल और गैस उद्योगों में खतरनाक गैस मॉनिटरिंग, रासायनिक प्रयोगशाला अनुसंधान के लिए उपयोग किया जाता है।

3.4.15 Ultrasonic (अल्ट्रासोनिक)

Ultrasonic means the range of the frequencies. Its range is greater than audible range (>20 kHz) so even it is switched on, you can't sense these sound signals. Only specific speakers and receivers can sense those ultrasonic waves. It is used to detect the presence or to measure the distance of targets similar to radar or sonar.

अल्ट्रासोनिक का अर्थ है आवृत्तियों की सीमा। इसकी सीमा श्रव्य रेंज (> 20 kHz) से अधिक है, इसलिए भी जब यह चालू होता है, तो आप इन ध्वनि संकेतों को समझ नहीं सकते। केवल विशिष्ट वक्ताओं और रिसीवर उन अल्ट्रासोनिक तरंगों को समझ सकते हैं। इसका उपयोग उपस्थिति का पता लगाने या रडार या सोनार के समान लक्ष्यों की दूरी को मापने के लिए किया जाता है।

3.4.16 Hall (हॉल)

Hall Sensor is the sensor which works on the Hall Effect. It can be defined as when a magnetic field is brought close to the current carrying conductor then a potential difference is developed across the given conductor. Using this property a Hall sensor is used to detect the magnetic field and gives output in terms of voltage.

हॉल सेंसर वह सेंसर है जो हॉल इफेक्ट पर काम करता है। इसे तब परिभाषित किया जा सकता है जब किसी मैग्नेटिक क्षेत्र को विद्युत प्रवाहकत्व के निकट लाया जाता है, तब दिए गए चालक में एक संभावित अंतर विकसित होता है। इस प्रॉपर्टी का उपयोग करके मैग्नेटिक क्षेत्र का पता लगाने के लिए एक हॉल सेंसर का उपयोग किया जाता है और वोल्टेज के संदर्भ में आउटपुट देता है।

3.4.17 Infrared sensors (IR) (इन्फ्रारेड सेंसर (IR))

An infrared sensor is a sensor which is used to sense certain characteristics of its surroundings by either emitting or detecting infrared radiation. It is also capable of measuring the heat being emitted by the objects. They are now used in a variety of IoT projects, especially in Healthcare as they make monitoring of blood flow and blood pressure simple. They are even used in a wide array of regular smart devices such as smartwatches and smartphones as well.

इन्फ्रारेड सेंसर एक ऐसा सेंसर होता है, जो इंफ्रारेड रेडिएशन का उत्सर्जन या पता लगाकर उसके परिवेश की कुछ विशेषताओं को समझने के लिए उपयोग किया जाता है। यह वस्तुओं द्वारा उत्सर्जित होने वाली ऊष्मा को मापने में भी सक्षम है। अब उनका उपयोग विभिन्न प्रकार के IoT परियोजनाओं में किया जाता है, विशेष रूप से हेल्थकेयर में क्योंकि वे रक्त के प्रवाह और रक्तचाप की निगरानी को सरल बनाते हैं। यहाँ तक कि वे नियमित स्मार्ट उपकरणों जैसे स्मार्ट–घड़ियाँ और स्मार्टफोन के एक विस्तृत सरणी में भी उपयोग किए जाते हैं।

3.4.18 Biosensors (बायोसेंसर)

A Biosensor is an analytical device that detects changes in Biological processes and converts them into an electrical signal. Biosensors detect various biological elements such as organisms, tissues, cells, enzymes, antibodies, and nucleic acids. The main area of interest of Biosensor is the Medicine, Clinical and Diagnostics applications. Electrochemical based Biosensors are commonly used in biochemical labs and clinics to monitor and measure glucose levels as well as lactic acid. Glucometers are a type of Biosensors, which measure the concentration of glucose in blood. Apart from the desired medicine and health based applications, Biosensors have also found critical applications in several other fields like industrial processing, agriculture, food processing, pollution control etc. (Figure 3.7).

बायोसेंसर एक एनालिटिकल उपकरण है जो जैविक प्रक्रियाओं में परिवर्तन का पता लगाता है और उन्हें विद्युत संकेत में परिवर्तित करता है। बायोसेंसर जीवों, ऊतकों, कोशिकाओं, एंजाइमों, एंटीबॉडी और न्यूक्लिक एसिड जैसे विभिन्न जैविक तत्वों का पता लगाते हैं। बायोसेंसर की रुचि का मुख्य क्षेत्र मेडिसिन, क्लिनिकल और डायग्नोस्टिक्स एप्लिकेशन हैं। इलेक्ट्रोकेमिकल आधारित बायोसेंसर्स आमतौर पर ग्लूकोज स्तर के साथ–साथ लैक्टिक एसिड की निगरानी और मापने के लिए जैव रासायनिक प्रयोगशालाओं और क्लीनिकों में उपयोग किए जाते हैं। ग्लूकोमीटर एक प्रकार का बायोसेंसर है, जो रक्त में ग्लूकोज की सांद्रता को सुनिश्चित करता है। वांछित चिकित्सा और स्वास्थ्य आधारित अनुप्रयोगों के अलावा, बायोसेंसर्स ने कई अन्य क्षेत्रों जैसे औद्योगिक प्रसंस्करण, कृषि, खाद्य प्रसंस्करण, पोल्लुशन नियंत्रण आदि में महत्वपूर्ण अनुप्रयोग पाए हैं (चित्र 3.7)।

Figure 3.7: A Biosensor (बायोसेंसर)

3.4.19 Micro and Nanosensors (माइक्रो और नैनोसेंसर्स)

Microsensors (sometimes also called MEMS) are the miniaturized version of the conventional macrosensors with improved performance and reduced cost. Silicon micromachining technology has helped the development of many microsensors and continues to be one of the most active research and development topics in this area.

माइक्रोसेंसर्स (कभी–कभी MEMS भी कहा जाता है) पारंपरिक मैक्रोसेंसर्स का छोटा संस्करण है, जिसमें बेहतर प्रदर्शन और कम लागत है। सिलिकॉन माइक्रो मशिनिंग तकनीक ने कई माइक्रो सेंसर के विकास में मदद की है और इस क्षेत्र में सबसे सक्रिय अनुसंधान और विकास विषयों में से एक है।

Vision microsensors have found applications in medical technology. A fiberscope of approximately 0.2 mm in diameter has been developed to inspect flaws inside tubes. Another example is a microtactile sensor, which uses laser light to detect the contact between a catheter and the inner wall of blood vessels during insertion that has sensitivity in the range of 1 mN. Similarly, the progress made in the area of nanotechnology has inspired the development of nanosensors. These are relatively new sensors that take one step further in the direction of miniaturization and are expected to open new ways for sensing applications.

दृष्टि माइक्रोसिस्टर्स ने चिकित्सा प्रौद्योगिकी में आवेदन पाया है। ट्यूबों के अंदर की खामियों का निरीक्षण करने के लिए लगभग 0.2 मिमी व्यास का एक फाइबरकोप विकसित किया गया है। एक अन्य उदाहरण माइक्रो वैटिल सेंसर है, जो सम्मिलन के दौरान एक कैथेटर और रक्त वाहिकाओं की आंतरिक दीवार के बीच संपर्क का पता लगाने के लिए लेजर प्रकाश का उपयोग करता है जिसमें 1 MN की सीमा में संवेदनशीलता होती है। इसी तरह, नैनोटेक्नोलॉजी के क्षेत्र में हुई प्रगति ने नैनोसेंसर के विकास को प्रेरित किया है। ये अपेक्षाकृत नए सेंसर हैं जो लघुकरण की दिशा में एक कदम आगे लेते हैं और संवेदन अनुप्रयोगों के लिए नए तरीके खोलने की उम्मीद करते हैं।

All the above discussed sensors are included in a variety of devices and solutions. The trend is moving towards multi-sensor platforms that incorporate several sensing elements. For example, the standard for the next-generation of personalized self-tracking products appears to be some mix of an accelerometer, GSR sensor, temperature sensor, and heart rate sensor (from which heart rate variability may be calculated).

उपरोक्त सभी चर्चा किए गए सेंसर विभिन्न उपकरणों और समाधानों में शामिल हैं। प्रवृत्ति मल्टी–सेंसर प्लेटफार्मों की ओर बढ़ रही है जो कई संवेदन तत्वों को शामिल करती है। पर्सनलाइज्ड के लिए, अगली पीढ़ी के प्रति–सोनलाइज्ड सेल्फ–ट्रैकिंग उत्पादों के लिए मानक एक एक्सेलेरोमीटर, जीएसआर सेंसर, तापमान संवेदक और ह्रदय गति सेंसर (जिससे ह्रदय गति परिवर्तनशीलता की गणना की जा सकती है) की कुछ मिश्रण प्रतीत होता है।

Let us see the various types of sensors that are available in the market and discuss their functionality, working, applications etc. You need to select the desired sensor based on your project or application.

आइए हम विभिन्न प्रकार के सेंसर देखते हैं जो बाजार में उपलब्ध हैं और उनके फंक्शनलिटी, वर्किंग, एप्लिकेशन आदि पर चर्चा करते हैं। आपको अपने प्रोजेक्ट या एप्लिकेशन के आधार पर वांछित सेंसर का चयन करना होगा।

IR LED (आईआर एलईडी)

It is also called as IR Transmitter. It is used to emit Infrared rays. The range of these frequencies are greater than the microwave frequencies. The rays generated by an infrared LED can be sensed by Photodiode. The pair of IR LED and photodiode is called IR Sensor.

इसे IR ट्रांसमीटर भी कहा जाता है। इसका उपयोग इन्फ्रारेड किरणों का उत्सर्जन करने के लिए किया जाता है। इन आवृत्तियों की सीमा माइक्रोवेव आवृत्तियों की तुलना में अधिक है। इंफ्रारेड एलईडी द्वारा उत्पन्न किरणों को फोटोडायोड द्वारा महसूस किया जा सकता है। IR LED और फोटोडियोड की जोड़ी को IR सेंसर कहा जाता है।

Photo Diode (Light Sensor) (फोटो डायोड (लाइट सेंसर))

It is a semiconductor device which is used to detect the light rays and mostly used as IR Receiver. Using a photodiode you can build a basic automatic street lamp which glows when the sunlight intensity decreases.

यह एक ऐमिकंडक्टर उपकरण है जिसका उपयोग प्रकाश किरणों का पता लगाने के लिए किया जाता है और इसका उपयोग ज्यादातर आईआर रिसीवर के रूप में किया जाता है। एक फोटोडायोड का उपयोग करके आप एक बुनियादी स्वचालित स्ट्रीट लैंप का निर्माण कर सकते हैं जो सूर्य के प्रकाश की तीव्रता कम होने पर चमकता है।

LDR (Light Dependent Resistor) (LDR (लाइट डिपेंडेंट रिसिस्टर))

It is the resistor that depends upon the light intensity. It works on the principle of photoconductivity which means the conduction due to the light. When light falls on the LDR, its resistance decreases and acts similar to a conductor.

यह प्रतिरोधक है जो प्रकाश की तीव्रता पर निर्भर करता है। यह फोटो कंडक्टिविटी के सिद्धांत पर काम करता है जिसका अर्थ है प्रकाश के कारण चालन। जब प्रकाश LDR पर गिरता है, तो इसका प्रतिरोध कम हो जाता है और कंडक्टर के समान कार्य करता है।

Thermistor (Temperature Sensor) (थर्मिस्टर (तापमान सेंसर))

It is a temperature sensitive resistor that changes its physical resistance with the change in temperature. When the temperature increases the resistance decreases. So, the thermistor's resistance can be varied with the rise in temperature which causes more current flow through it. This change in current flow can be used to determine the amount of change in temperature.

यह एक तापमान संवेदनशील अवरोधक है जो तापमान–परमाणु में परिवर्तन के साथ अपने फिजिकल प्रतिरोध को बदलता है। जब तापमान बढ़ता है तो प्रतिरोध कम हो जाता है। तो, ताप–प्रतिरोध में वृद्धि के साथ थर्मिस्टर का प्रतिरोध विविध हो सकता है जो इसके माध्यम से अधिक प्रवाह का कारण बनता है। वर्तमान प्रवाह में इस परिवर्तन का उपयोग तापमान में परिवर्तन की मात्रा निर्धारित करने के लिए किया जा सकता है।

Thermocouple (Temperature Sensor) (थर्मोकपल (तापमान सेंसर))

These are voltage devices that indicate temperature measuring with a change in voltage. As temperature goes up, the output voltage of the thermocouple rises.

ये वोल्टेज उपकरण हैं जो वोल्टेज में बदलाव के साथ तापमान–माप को इंगित करते हैं। जैसे–जैसे टेम्परेचर बढ़ता जाता है, थर्मोकपल का आउटपुट वोल्टेज बढ़ता जाता है।

Strain Gauge (Pressure/Force Sensor) (स्ट्रेन गेज (प्रेशर/फॉर्स सेंसर))

A strain gauge is used to detect pressure when a load is applied. It works on the principle of resistance, as the resistance is directly proportional to the length of the wire and is inversely proportional to its cross-sectional area. The same principle is applied here to measure the load. On a flexible board, a wire is arranged in a zig-zag manner so, when the pressure is applied to that particular board, it bends in a direction causing the change in overall length and cross-sectional area of the wire. This leads to change in resistance of the wire. The resistance thus obtained is very minute (few ohms) which can be determined with the help of the wheatstone bridge. The strain gauge is placed in one of the four arms in a bridge with the remaining values unchanged. Therefore, when the pressure is applied to it as the resistance changes the current passing through the bridge varies and pressure can be calculated. Strain gauges are majorly used to calculate the amount of pressure that an airplane wing can withstand and it is also used to measure the number of vehicles allowable on a particular road etc.

प्रेशर नापने का यंत्र प्रेशर का पता लगाने के लिए प्रयोग किया जाता है जब एक लोड लागू किया जाता है। यह रेसिस्टेन्स के सिद्धांत पर काम करता है, क्योंकि रेसिस्टेन्स सीधे तार की लंबाई के प्रोपोरेशनल है और इसके विपरीत है। इसके पार के अनुभागीय क्षेत्र के आनुपातिक। लोड को मापने के लिए यहां एक ही सिद्धांत लागू किया जाता है। फ्लेक्सिबल बोर्ड पर, एक तार को जिग–जैग तरीके से व्यवस्थित किया जाता है, इसलिए जब उस विशेष बोर्ड पर दबाव डाला जाता है, तो यह एक दिशा में झुकता है जिससे तार की समग्र लंबाई और क्रॉस–अनुभागीय क्षेत्र में परिवर्तन होता है। इससे तार के रेसिस्टेंस में परिवर्तन होता है। इस प्रकार प्राप्त रेसिस्टेंस बहुत मिनट (कुछ ओम) है जिसे गेहू के पत्थर के पुल की मदद से निर्धारित किया जा सकता है। स्ट्रेन गेज को पुल में चार भुजाओं में से एक में रखा गया है जिसमें शेष मान अपरिवर्तित हैं। इसलिए, जब प्रेशर इसे लागू किया जाता है क्योंकि रेसिस्टेंस में परिवर्तन होता है तो पुल से गुजरने वाला वर्तमान बदलता रहता है और प्रेशर की गणना की जा सकती है। स्ट्रेन गेज का उपयोग मुख्य रूप से प्रेशर की मात्रा की गणना करने के लिए किया जाता है जो एक हवाई जहाज के विंग का सामना कर सकता है और इसका उपयोग किसी विशेष सड़क आदि पर स्वीकार्य वाहनों की संख्या को मापने के लिए भी किया जाता है।

Load Cell (Weight Sensor) (लोड सेल (वेट सेंसर))

Load cells are similar to strain gauges which measure the physical quantity like force and give the output in form of electrical signals. When some tension is applied on the load cell it structure varies causing the change in resistance.

लोड सेल स्ट्रैच गेज की तरह होती हैं जो फिजिकल मात्रा को फोर्स की तरह मापती हैं और विद्युत संकेतों के रूप में आउटपुट देती हैं। जब कुछ तनाव को लोड सेल पर लागू किया जाता है तो यह स्ट्रक्चर भिन्न होता है जो प्रतिरोध में बदलाव का कारण बनता है।

Potentiometer (पोटेंशियोमीटर)

A potentiometer is used to detect the position. It generally has various ranges of resistors connected to different poles of the switch. A potentiometer can be either rotary or linear type.

स्थिति का पता लगाने के लिए एक पोटेंशियोमीटर का उपयोग किया जाता है। एक पोटेंशियोमीटर या तो रोटरी या लीनियर प्रकार हो सकता है।

Encoder (एनकोडर)

To detect the change in the position an encoder can also be used. It has a circular rotatable disklike structure with specific openings in between such that when the IR rays or light rays pass through it only a few light rays get detected.

स्थिति में परिवर्तन का पता लगाने के लिए एक एनकोडर का भी उपयोग किया जा सकता है। इसमें एक गोलाकार रोटेटेबल डिस्क जैसी संरचना होती है, जिसके बीच में विशिष्ट उदघाटन होता है, जब IR किरणें या प्रकाश किरणें इसमें से गुजरती हैं, केवल कुछ प्रकाश किरणों का पता चलता है।

Accelerometer (Tilt Sensor) (एक्सेलेरोमीटर (टिल्ट सेंसर))

An accelerometer sensor can sense the tilt or movement of it in a particular direction. It works based on the acceleration force caused due to the earth's gravity.

एक्सीलेरोमीटर सेंसर एक विशेष दिशा में इसके झुकाव या गति को महसूस कर सकता है। यह पृथ्वी की ग्रेविटी के कारण उत्पन्न अक्सेलरेशन फोर्स पर आधारित है।

Microphone (Sound Sensor) (माइक्रोफोन (साउंड सेंसर))

Microphone can be seen on all the smartphones or mobiles. It can detect the audio signal and convert them into small voltage (mV) electrical signals. A microphone can be of many types like condenser microphone, crystal microphone, carbon microphone etc., each type of microphone work on the properties like capacitance, piezoelectric effect, resistance respectively.

माइक्रोफोन को सभी स्मार्टफोन या मोबाइल पर देखा जा सकता है। यह ऑडियो सिग्नल का पता लगा सकता है और उन्हें छोटे वोल्टेज (mV) इलेक्ट्रिकल सिग्नल में बदल सकता है। एक माइक्रोफोन कई प्रकार के हो सकते हैं जैसे कंडेनसर माइक्रोफोन, क्रिस्टल माइक्रोफोन, कार्बन माइक्रोफोन आदि, प्रत्येक प्रकार के माइक्रोफोन क्रमशः समाई, पीजोइलेक्ट्रिक प्रभाव, प्रतिरोध जैसे गुणों पर काम करते हैं।

Proximity sensor (प्रोक्सिमिटी)

A device that detects the presence or absence of a nearby object, or properties of that object, and converts it into signal which can be easily read by user or a simple electronic instrument without getting in contact with them.

एक उपकरण जो किसी पास की वस्तु, या उस वस्तु के गुणों की उपस्थिति या अनुपस्थिति का पता लगाता है, और इसे सिग्नल में परिवर्तित करता है जिसे आसानी से उपयोगकर्ता या एक साधारण इलेक्ट्रॉनिक उपकरण द्वारा उनके संपर्क में आए बिना पढ़ा जा सकता है।

Photoelectric Sensors (फोटोइलेक्ट्रिक सेंसर)

Photoelectric sensor is made up of light-sensitive parts and uses a beam of light to detect the presence or absence of an object. It is an ideal alternative of inductive sensors. And used for long distance sensing or to sense non-metal object.

फोटोइलेक्ट्रिक सेंसर प्रकाश के प्रति संवेदनशील भागों से बना होता है और किसी वस्तु की स्थिति या अनुपस्थिति का पता लगाने के लिए प्रकाश की किरण का उपयोग करता है। यह आगमनात्मक सेंसरों का एक आदर्श विकल्प है; और लंबी दूरी के संवेदन के लिए या गैर–धातु वस्तु को समझने के लिए उपयोग किया जाता है।

3.5 Criteria to Choose A Sensor (सेंसर के चयन का क्राइटेरिया)

A number of static and dynamic factors must be considered in selecting a suitable sensor to measure the desired physical parameter. Following is a list of typical factors:

वांछित भौतिक पैरामीटर को सुनिश्चित करने के लिए उपयुक्त सेंसर का चयन करने में कई स्थिर और गतिशील कारकों पर विचार किया जाना चाहिए। निम्नलिखित विशिष्ट कारकों की सूची है:

(a) Range: Difference between the maximum and minimum value of the sensed parameter. It indicates the limits of the input in which it can vary.

रेंज: सेंसर्ड पैरामीटर के अधिकतम और न्यूनतम मूल्य के बीच अंतर। यह इनपुट की सीमाओं को इंगित करता है जिसमें यह भिन्न हो सकता है।

(b) Resolution: The smallest change the sensor can differentiate.

रिजॉल्यूशन: सबसे छोटा परिवर्तन सेंसर अंतर कर सकता है।

(c) Accuracy: The accuracy of the sensor is a key factor in selecting a sensor. It is the difference between the measured value and the true value.

एक्यूरेसी: सेंसर की एक्यूरेसी एक सेंसर का चयन करने के लिए एक महत्वपूर्ण कारक है। यह मेझड वैल्यू और ट्रू वैल्यू के बीच का अंतर है।

(d) Precision: Ability to reproduce repeatedly with a given accuracy.

प्रिसिशन: किसी दिए गए एक्यूरेसी के साथ बार–बार प्रजनन करने की क्षमता।

(e) Sensitivity: Sensitivity is a relationship between input physical signal and output electrical signal. It is the ratio of change in output of the sensor to unit change in input value that causes change in output.

सेसिटिविटी: सेसिटिविटी इनपुट फिजिकल संकेत और आउटपुट विद्युत संकेत के बीच एक संबंध है। यह इनपुट वैल्यू में इकाई परिवर्तन के लिए सेंसर के आउटपुट में परिवर्तन का अनुपात है जो आउटपुट में परिवर्तन का कारण बनता है।

(f) Ruggedness: It is a measure of the durability when the sensor is used under extreme operating conditions.

रूग्गदनेस: यह स्थायित्व का एक उपाय है जब सेंसर का उपयोग अत्यधिक परिचालन परिस्थितियों में किया जाता है।

(g) Linearity: Percentage of deviation from the best-fit linear calibration curve. It is specified in terms of percentage of non-linearity which indicates deviation of curve of actual measurement from the curve of ideal measurement.

मिनारिटी: सर्वश्रेष्ठ–फिट लिनियर अंशांकन वक्र से विचलन का प्रतिशत। यह नॉन–लिनियर के प्रतिशत के संदर्भ में निर्दिष्ट है जो आदर्श मेजरमेंट के वक्र से वास्तविक मेजरमेंट के वक्र के विचलन को इंगित करता है।

(h) Hysteresis: The hysteresis is defined as the maximum difference in output at any measurable value within the sensor's specified range when approaching the point first with increasing and then with decreasing the input parameter.

हिस्टैरिसीस: हिस्टैरिसीस को सेंसर की निर्दिष्ट सीमा के भीतर किसी भी प्रकार की वृद्धि योग्य वैल्यू पर आउटपुट में अधिकतम अंतर के रूप में परिभाषित किया जाता है, जब बिंदु के पास पहले बढ़ते हुए और फिर इनपुट पैरामीटर को कम करने के साथ।

(i) Response time: The time lag between the input and output.

प्रतिक्रिया समय: इनपुट और आउटपुट के बीच का समय।

(j) Bandwidth: Frequency at which the output magnitude drops.

बैंडविड्थ: फ्रीक्वेंसी जिस पर आउटपुट परिमाण मिलता है।

(k) Resonance: The frequency at which the output magnitude peak occurs.

अनुनाद: वह आवृत्ति जिस पर आउट–पुट परिमाण शिखर होता है।

(l) Operating temperature: The range in which the sensor performs as specified.

ऑपरेटिंग तापमान: वह सीमा जिसमें सेंसर निर्दिष्ट के अनुसार कार्य करता है।

(m) Signal-to-noise ratio: Ratio between the magnitudes of the signal and the noise at the output.

सिग्नल–टू–नॉइज अनुपात: सिग्नल के मगनीड्डे और आउटपुट पर शोर के बीच का अनुपात।

(n) Type of Sensing: The parameter that is being sensed like temperature or pressure.

सेंसिंग का प्रकार: वह पैरामीटर जिसे तापमान या दबाव की तरह महसूस किया जा रहा है।

(o) Power Consumption: The power consumed by the sensor will play an important role in defining the total power of the system.

बिजली की खपत: सेंसर द्वारा खपत की जाने वाली बिजली प्रणाली की कुल शक्ति को परिभाषित करने में महत्वपूर्ण भूमिका निभाएगी।

(p) Cost: Depending on the cost of application, a low cost sensor or high cost sensor can be used.

लागत: आवेदन की लागत के आधार पर, कम लागत सेंसर या उच्च लागत सेंसर का उपयोग किया जा सकता है।

(q) Repeatability: It is the ability of the sensor to produce same output for different applications with same input value.

पुनरावृत्ति: यह विभिन्न एप्लीकेशन के लिए एक ही इनपुट मान के साथ एक ही आउटपुट का उत्पादन करने की सेंसर की क्षमता है।

(r) Stability: It is the ability of the sensor to produce the same output for constant input over a period of time.

स्थिरता: यह समय की अवधि में निरंतर इनपुट के लिए एक ही आउटपुट को प्रोड्स करने के लिए सेंसर की क्षमता है।

3.6 Actuators (एक्टुएटर्स)

Actuators convert information or energy from sensors into action by transmitting it to another power mechanism or system, such as heating or cooling a room (Figure 3.8). No human intervention need be involved in the decision-making process. Actuators are basically the muscle behind a mechatronics system that accepts a control command (mostly in the form of an electrical signal) and produces a change in the physical system by generating force, motion, heat, flow, etc. Normally, the actuators are used in conjunction with the power supply and a coupling mechanism. The power unit provides either AC or DC power at the rated voltage and current. The coupling mechanism acts as the interface between the actuator and the physical system (Figure 3.9). Typical mechanisms include rack and pinion, gear drive, belt drive, lead screw and nut, piston, and linkages.

एक्ट्यूएटर्स सेंसर से सूचना या एनर्जी को दूसरे पावर मेकेनिज्म या सिस्टम में संचारित करते हैं, जैसे कि कमरे को गर्म करना या ठंडा करना (चित्र 3.8)। निर्णय लेने की प्रक्रिया में किसी ह्यूमन इंटरवेंशन की आवश्यकता नहीं होती है। एक्चुएटर मूल रूप से मांसपेशी होते हैं एक मेक्ट्रोनिक्स सिस्टम के पीछे, जो एक कंट्रोल कमांड को स्वीकार करता है (ज्यादातर एक विद्युत संकेत के रूप में) और फोर्स, गति, गर्मी, प्रवाह आदि उत्पन्न करके फिजिकल प्रणाली में परिवर्तन का उत्पादन करता है। आम तौर पर, एक्ट्यूएटर्स का उपयोग संयुग्मन में किया जाता है– बिजली की आपूर्ति और युग्मन उमबी–दपेउ के साथ जपवद। बिजली इकाई रेटेड वोल्टेज और वर्तमान में AC या DC बिजली प्रदान करती है। युग्मन तंत्र एक्ट्यूएटर और भौतिक प्रणाली के बीच इंटरफेस के रूप में कार्य करता है (चित्र 3.9)। विशिष्ट तंत्रों में रैक और पिनियन, गियर ड्राइव, बेल्ट ड्राइव, लीड स्क्रू और नट, पिस्टन और लिंकेज शामिल हैं।

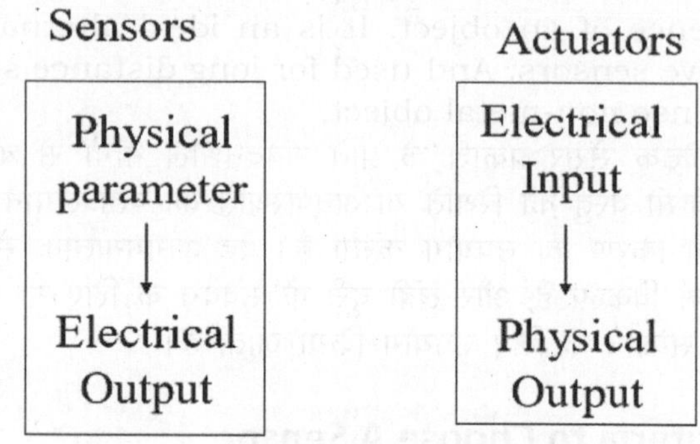

Figure 3.8: Sensor and Actuators (सेंसर और एक्चुएटर)

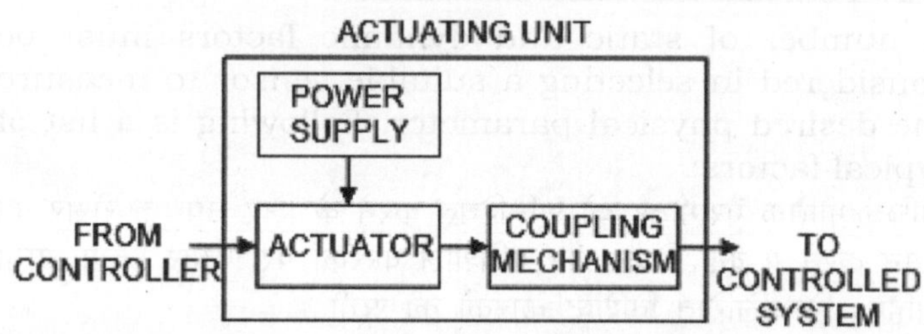

Figure 3.9: A Typical Actuating Unit (एक विशिष्ट अक्टूपतिन्ग इकाई)

> *An actuator is a device that coverts an input energy into motion or mechanical energy.*
> एक्ट्यूएटर एक उपकरण है जो एक इनपुट एनर्जी को गति या यांत्रिक एनर्जी में शामिल करता है।

3.7 Classification of Actuators (एक्टयूएटर का वर्गीकरण)

An actuator is a type of motor for moving or controlling a mechanism or system. (Figure 3.10) It is operated by a source of energy, typically electric current, hydraulic fluid pressure, or pneumatic pressure, and converts that energy into motion. An actuator is the mechanism by which a control system acts upon an environment. Actuators can be classified based on the type of energy. They are essentially of Electrical, Electromechanical, Electromagnetic, Hydraulic, or Pneumatic type. The new generations of actuators include Smart Material Actuators, Micro-actuators, and Nanoactuators.

एक्ट्यूएटर एक मैकेनिज्म या सिस्टम को स्थानांतरित या कंट्रोल करने के लिए मोटर का एक प्रकार है। (चित्र 3.10) यह कंट्रोल के स्रोत द्वारा संचालित होता है, आमतौर पर विद्युत प्रवाह, हाइड्रोलिक द्रव दबाव, या वायवीय दबाव, और उस कंट्रोल को गति में परिवर्तित करता है। एक्टयूएटर एक मैकेनिज्म है जिसके कंट्रोल सिस्टम एक एनवायरमेंट पर कार्य करती है। एक्ट्युएटर्स को ऊर्जा के प्रकार के आधार पर वर्गीकृत किया जा सकता है। वे अनिवार्य रूप से इलेक्ट्रिकल, इलेक्ट्रोमैकेनिकल, इलेक्ट्रोमैग्नेटिक, हाइड्रोलिक या न्यूमेटिक प्रकार के होते हैं। एक्ट्यूएटर्स की नई पीढ़ियों में स्मार्ट मटीरियल एक्ट्यूएटर्स, माइक्रो–एक्ट्यूएटर्स और नैनोएक्टुएटर्स शामिल हैं।

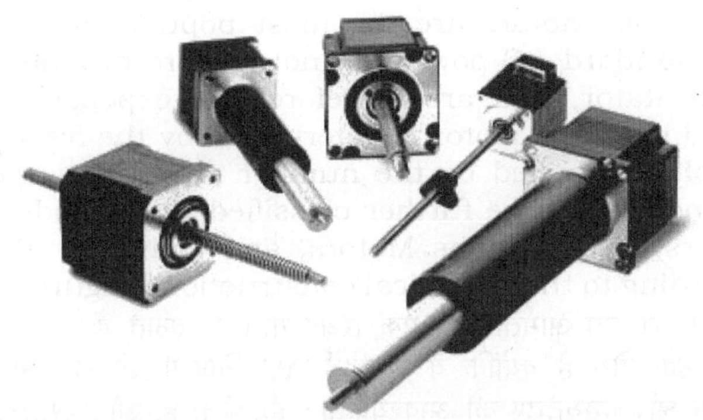

Figure 3.10: Different types of Actuator (विभिन्न प्रकार के एक्चुएटर)

Actuators can also be classified as binary and continuous based on the number of stable-state outputs. A relay with two stable states is a good example of a binary actuator. Similarly, a stepper motor is a good example of continuous actuator. When used for a position control, the stepper motor can provide stable outputs with very small incremental motion.

एक्ट्युएटर्स को बाइनरी और कंटीन्यूअस के रूप में वर्गीकृत किया जा सकता है; आउटपुट की संख्या के आधार पर दो स्थिर स्टेट के साथ एक रिले बाइनरी एक्ट्यूएटर का एक अच्छा उदाहरण है। इसी तरह, एक स्टेपर मोटर कंटीन्यूअस एक्ट्यूएटर का एक अच्छा उदाहरण है। जब एक पोजीशन कंट्रोल के लिए उपयोग किया जाता है, तो स्टेपर मोटर बहुत छोटे वृद्धिशील गति के साथ स्थिर आउटपुट प्रदान कर सकता है।

An actuator is something that converts energy into motion. Two basic motions are linear and rotary. Linear actuators convert energy into straight line motions, typically for positioning applications, and usually have a push and pull function. Some linear actuators are unpowered and manually operated by use of a rotating knob or handwheel. Rotary actuators convert energy to provide rotary motion.

एक्ट्यूएटर एक ऐसी चीज है जो एनर्जी को गति में परिवर्तित करती है। दो मूल गतियां लीनियर और रोटरी हैं। लीनियर एक्ट्यूएटर एनर्जी को सीधी रेखा गतियों में परिवर्तित करते हैं, आमतौर पर स्थिति अनुप्रयोगों के लिए, और आमतौर पर एक पुश और पुल फंक्शन होता है। कुछ लीनियर एक्ट्यूएटर्स अनसोल्ड होते हैं और मैन्युअल रूप से एक घुंडी या हैंडव्हील के उपयोग से संचालित होते हैं। रोटरी एक्ट्यूएटर एनर्जी को रोटरी गति प्रदान करने के लिए परिवर्तित करते हैं।

An actuator requires a control signal and source of energy. An actuator typically is a mechanical device that takes energy usually energy that is created by air, electricity or liquid and converts it into some kind of motion. When the control signal is received, the actuator responds by converting the energy into mechanical motion. That motion can be in virtually any form, such as blocking, clamping or ejecting. Actuators typically are used in manufacturing or industrial applications and might be used in devices such as motors, pumps, switches and valves for on and off control, to control pressure, and to regulate flow.

एक्ट्यूएटर को एक नियंत्रण संकेत और ऊर्जा के स्रोत की आवश्यकता होती है। एक्ट्यूएटर आमतौर पर एक मैकेनिकल उपकरण है जो आमतौर पर एनर्जी लेता है जो हवा, बिजली या तरल द्वारा बनाई जाती है और इसे किसी प्रकार की गति में परिवर्तित करती है। जब कंट्रोल संकेत प्राप्त होता है, तो एक्ट्यूएटर एनर्जी को मैकेनिकल गति में परिवर्तित करके प्रतिक्रिया करता है। यह गति वस्तुतः किसी भी रूप में हो सकती है, जैसे अवरुद्ध करना, या बाहर निकालना। एक्चुएटर्स आमतौर पर विनिर्माण या औद्योगिक अनुप्रयोगों में उपयोग किए जाते हैं और मोटरों, पंपों, स्विचों और वाल्वों को ऑन और ऑफ नियंत्रण के लिए, इस्तेमाल किया जा सकता है।

3.7.1 Electrical Actuators (इलेक्ट्रिकल एक्टइूएटर्स)

Electrical Actuator is an electromechanical device that converts electrical energy into mechanical energy. Most electric actuators operate through the interaction of magnetic fields and currentcarrying conductors to generate force. Electrical switches are the choice of actuators for most of the on-off type control action. There are many designs of electric actuators and this depends on their function in the engine that they are installed in. Since no oil is involved, electrical actuators are considered to be one of the cleanest and readily available forms of actuators. Electric actuators are found in applications as diverse as industrial fans, blowers and pumps, machine tools, household appliances, power tools, and disk drives. (Figure 3.11).

इलेक्ट्रिकल एक्ट्यूएटर एक विद्युत उपकरण है जो विद्युत एनर्जी को मैकेनिकल एनर्जी में परिवर्तित करता है। अधिकांश विद्युत एक्ट्यूएटर बल उत्पन्न करने के लिए मैग्नेटिक क्षेत्र और वर्तमान ले जाने वाले कंडक्टरों की बातचीत के माध्यम से संचालित होते हैं। इलेक्ट्रिकल स्विच अधिकांश ऑन–ऑफ प्रकार नियंत्रण कार्रवाई के लिए एक्चुएटर्स की पसंद हैं। इलेक्ट्रिक एक्ट्यूएटर्स के कई डिजाइन हैं और यह इंजन में उनके कार्य पर निर्भर करता है जो वे स्थापित हैं। चूंकि कोई तेल शामिल नहीं है, इसलिए इलेक्ट्रिकल एक्ट्यूएटर्स को एक्ट्यूएटर्स के सबसे स्वच्छ और आसानी से उपलब्ध रूपों में से एक माना जाता है। इलेक्ट्रिक एक्चुएटर औद्योगिक प्रशंसकों, ब्लोअर और पंप, मशीन टूल्स, घरेलू उपकरण, बिजली उपकरण और डिस्क ड्राइव के रूप में विविध रूप में पाए जाते हैं। (चित्र 3.11)।

Figure 3.11: Electrical Actuator (इलेक्ट्रिकल एक्ट्यूएटर)

3.7.2 Electromechanical Actuators (इलेक्ट्रोमैकेनिकल एक्टडूएटर)

The most common electromechanical actuator is a motor that converts electrical energy to mechanical motion. (Figure 3.12). Motors are the principal means of converting electrical energy into mechanical energy in industry. Broadly they can be classified as DC Motors, AC Motors, Stepper Motors, and Servo Moter:

सबसे आम इलेक्ट्रोमैकेनिकल एक्ट्यूएटर एक मोटर है जो इलेक्ट्रिकल एनर्जी को मैकेनीकल मोशन में परिवर्तित करता है। (चित्र 3.12)। मोटर्स उद्योग में इलेक्ट्रिकल एनर्जी को मैकेनिकल एनर्जी में परिवर्तित करने का एक प्रधान साधन है। मोटे तौर पर उन्हें DC मोटर्स, AC मोटर्स, स्टेपर मोटर्स और सर्वो मोटेर के रूप में वर्गीकृत किया जा सकता है:

Figure 3.12: A Motor (मोटर)

DC Motors (डीसी (DC) मोटर्स)

DC motors, move at variable speeds. In DC motors, the coil of wire (rotor) assembly rotates in an attempt to align itself with the stator assembly but is prevented by a part known as the commutator. At the precise moment, the commutator switches the rotor field while the stator assembly remains stationary. This provides the means to control speed and positioning. (Figure 3.13).

डीसी मोटर्स, वेरिएबल गति पर चलते हैं। डीसी मोटर्स में, वायर (रोटर) असेंबली का तार स्टेटर असेंबली के साथ खुद को संरेखित करने के प्रयास में घूमता है, लेकिन कम्यूटेटर के रूप में जाने वाले भाग द्वारा रोका जाता है। सटीक समय पर, कम्यूटेटर रोटर फील्ड को स्विच करता है जबकि स्टेटर असेंबली स्थिर रहती है। यह गति और स्थिति को नियंत्रित करने के लिए साधन प्रदान करता है। (चित्र 3.13)।

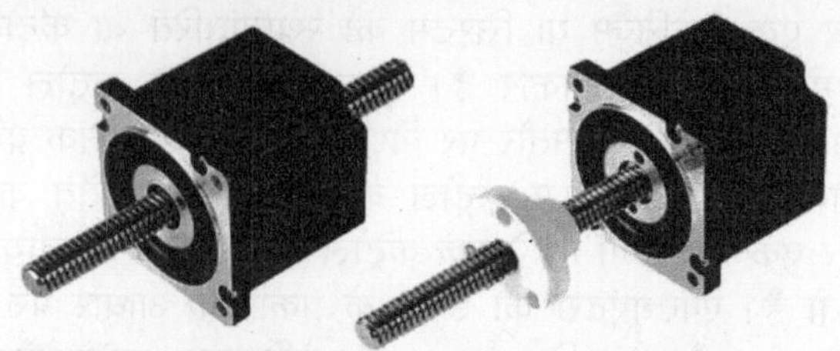
Figure 3.13: DC Motor (DC मोटर)

AC Motors (AC मोटर्स)

AC motors, which commonly move at a constant speed. AC motors are the most popular since they use standard AC power, do not require brushes and commutator, and are therefore less expensive. The speed of an AC motor is determined by the frequency of voltage applied by the number of magnetic poles. AC motors can be further classified as the Induction Motors, Synchronous Motors, and Universal Motors according to their physical construction. (Figure 3.14).

एसी मोटर्स, जो आमतौर पर एक स्थिर गति से चलते हैं। AC मोटर्स सबसे लोकप्रिय हैं क्योंकि वे स्टैण्डर्ड AC बिजली का उपयोग करते हैं, ब्रश और कम्यूटेटर की आवश्यकता नहीं होती है, और इसलिए कम एक्सपेंसिव हैं। एसी मोटर की गति मैग्नेटिक ध्रूवों की संख्या द्वारा लागू वोल्टेज की आवृत्ति से निर्धारित होती है। एसी मोटर्स को उनके भौतिक निर्माण के अनुसार इंडक्शन मोटर्स, सिंक्रोनस मोटर्स और यूनिवर्सल मोटर्स के रूप में आगे की श्रेणी में रखा जा सकता है। (चित्र 3.14)।

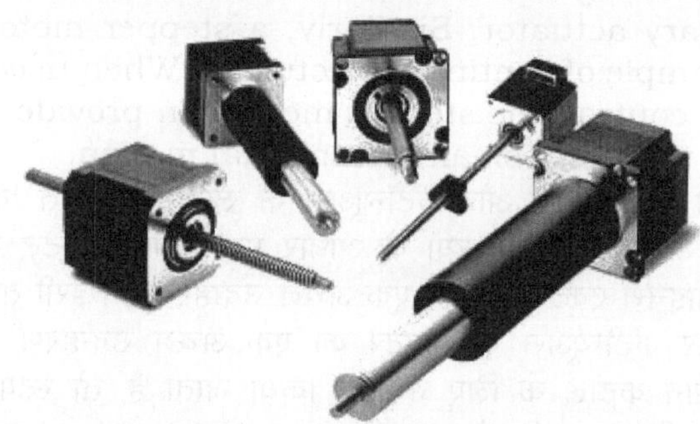
Figure 3.14: AC Motor (AC मोटर)

Induction Motors: The induction motor is simple, powerful, and maintenance free. AC Motors (induction type) use electric starters to provide connections, startup, and/or overload protection. They are available in many sizes and shapes based on number of phases used. For example, a three-phase induction motor is used in largehorsepower applications, such as pump drives, steel mill drives, hoist drives, and vehicle drives. The two-phase servomotor is used extensively in position control systems. Single-phase induction motors are widely used in many household appliances.

इंडक्शन मोटर्स: इंडक्शन मोटर सरल, शक्तिशाली और रखरखाव मुक्त है। एसी मोटर्स (इडक्शन प्रकार) बिजली के स्टार्टरों का उपयोग करते

हैं, कनेक्शन के लिए करते हैं। वे उपयोग किए गए चरणों की संख्या के आधार पर कई आकारों में उपलब्ध हैं। उदाहरण के लिए, तीन–चरण इंडक्शन मोटर का उपयोग बड़े–हॉर्स पावर अनुप्रयोगों में किया जाता है, जैसे कि पंप ड्राइव, स्टील मिल ड्राइव, होइस्ट ड्राइव और वाहन ड्राइव। दो–चरण सर्वोमोटर का उपयोग स्थिति नियंत्रण प्रणालियों में बड़े पैमाने पर किया जाता है। कई घरेलू उपकरणों में एकल–चरण प्रेरण मोटर्स का व्यापक रूप से उपयोग किया जाता है।

Synchronous Motors: The synchronous motor is one of the most efficient electrical motors in industry, so it is used in industry to reduce the cost of electrical power. In addition, synchronous motors rotate at synchronous speed, so they are also used in applications that require synchronous operations.

सिंक्रोनस मोटर्स: सिंक्रोनस मोटर उद्योग में सबसे कुशल इलेक्ट्रिकल मोटर्स में से एक है, इसलिए इसका उपयोग उद्योग में विद्युत शक्ति की लागत को कम करने के लिए किया जाता है। इसके अलावा, सिंक्रोनस मोटर्स सिंक्रोनस गति से घूमते हैं, इसलिए उनका उपयोग उन अनुप्रयोगों में भी किया जाता है जिनके लिए सिंक्रानस ऑपरेशन की आवश्यकता होती है।

Within the AC motor are the stator assembly and the rotor assembly. If the AC motor is an induction motor, the rotor rotates slower than the stator's field. If it is a synchronous motor, the rotor and the stator move in synchronization.

एसी मोटर के भीतर स्टेटर असेंबली और रोटर असेंबली हैं। यदि एसी मोटर एक इंडक्शन मोटर है, तो रोटर स्टॉटर के क्षेत्र की तुलना में धीमी गति से घूमता है। यदि यह एक सिक्रोनस मोटर है, तो रोटर और स्टेटर सिंक्रोनाइजेशन में चलते हैं।

Universal Motors: The universal motors operate with either AC or DC power supply. They are normally used in fractional horsepower application. The DC universal motor has the highest horsepower-per-pound ratio, but has a relatively short operating life.

यूनिवर्सल मोटर्स: यूनिवर्सल मोटर्स या तो AC या DC बिजली की आपूर्ति के साथ काम करती हैं। वे आम तौर पर भिन्नात्मक अश्वशक्ति एप्लीकेशन में उपयोग किए जाते हैं। डीसी यूनिवर्सल मोटर में उच्चतम हार्सपावर–प्रति–पाउंड अनुपात है, लेकिन अपेक्षाकृत कम परिचालन जीवन है।

Stepper Motors (स्टेपर मोटर्स)

Stepper motors (DC motor) are electromechanical, converting a digital pulse into rotational movement or displacement. With the rapid progress in low cost and high frequency solid-state drives, they are finding increased applications. The stepper motors are used widely in industrial control applications and horsepower applications. Stepper motors are not good for varying loads and are typically not energy efficient, they are great for constant loads and positional accuracy. (Figure 3.15).

स्टेपर मोटर्स (DC मोटर) इलेक्ट्रोमैकेनिकल हैं, जो डिजिटल पल्स को रोटेशनल मूवमेंट या विस्थापन में परिवर्तित करते हैं। कम लागत और उच्च आवृत्ति वाले सॉलिड–राज्य ड्राइव में तेजी से प्रगति के साथ, वे बढ़े हुए एप्लिकेशन ढूंढ रहे हैं। चरण–प्रति मोटर्स का उपयोग औद्योगिक नियंत्रण अनुप्रयोगों और हॉर्स पावर अनुप्रयोगों में व्यापक रूप से किया जाता है। स्टेपर मोटर्स अलग–अलग भार के लिए अच्छे नहीं होते हैं और आमतौर पर ऊर्जा कुशल नहीं होते हैं, वे निरंतर भार और स्थिति सटीकता के लिए हैं। (चित्र 3.15)।

Figure 3.15: Stepper Motor (स्टेपर मोटर)

Servo Motors (सर्वो मोटर्स)

Servo motors (DC motor) are extremely high performing with few weaknesses. Servos provide speed control and position accuracy due to its feedback device, are small, and priced relatively low. (Figure 3.16).

सर्वो मोटर्स (DC मोटर) कुछ वीकनेस के साथ प्रति उच्च गठन है। सर्वो अपनी प्रतिक्रिया डिवाइस के कारण गति नियंत्रण और स्थिति सटीकता प्रदान करते हैं, छोटे होते हैं, और अपेक्षाकृत कम कीमत वाले होते हैं। (चित्र 3.16)।

Figure 3.16: Servo Motor (सर्वो मोटर)

3.7.3 Electromagnetic Actuators (इलेक्ट्रोमैग्नेटिक एक्यूएटर्स)

The solenoid is the most common electromagnetic actuator. A DC solenoid actuator consists of a soft iron core enclosed within a current carrying coil. When the coil is energized, a magnetic field is established that provides the force to push or pull the iron core. AC solenoid devices are also encountered, such as AC excitation relay. (Figure 3.17).

सोलनॉइड सबसे आम इलेक्ट्रोमैग्नेटिक एक्ट्यूएटर है। DC सोलनॉइड एक्ट्यूएटर में एक नरम लोहे की कोर होती है जो एक करंट ले जाने वाली कॉइल के भीतर संलग्न होती है। जब कुंडल सक्रिय होता है, तो एक मैग्नेटिक क्षेत्र स्थापित किया जाता है जो लोहे के कोर को धक्का या खींचने के लिए बल प्रदान करता है। AC सॉलोनॉइड डिवाइस भी सामना किए जाते हैं, जैसे एसी उत्तेजना रिले। (चित्र 3.17)।

Another important type is the electromagnet. The electromagnets are used extensively in applications that require large forces.

एक अन्य महत्वपूर्ण प्रकार इलेक्ट्रोमैग्नेट है। इलेक्ट्रोमैग्नेट का उपयोग बड़े पैमाने पर एप्लीकेशन में किया जाता है, जिसमें बड़ी ताकतों की आवश्यकता होती है।

Figure 3.17: Electromagnetic Actuators (इलेक्ट्रोमैग्नेटिक एक्ट्यूएटर्स)

3.7.4 Hydraulic Actuators (हाइड्रोलिक एक्टडूएटर्स)

Hydraulic and Pneumatic actuators are normally either rotary motors or linear piston/cylinder or control valves. They are ideally suited for generating very large forces coupled with large motion. (Figure 3.18).

हाइड्रोलिक और वायवीय एक्ट्यूएटर सामान्य रूप से या तो रोटरी मोटर्स या रैखिक पिस्टन/सिलेंडर या नियंत्रण वाल्व होते हैं। वे बड़ी गति के साथ मिलकर उत्पन्न होने वाली बहुत बड़ी ताकतों के लिए आदर्श रूप से अनुकूल हैं। (चित्र 3.18)।

Hydraulic actuators consist of a cylinder or fluid motor that utilizes hydraulic power to facilitate mechanical process. Hydraulic motors output linear, rotary, or oscillating motion but acceleration is limited. They can produce very large forces coupled with large motion in a cost-effective manner. Hydraulic actuators can be operated manually, such as a hydraulic car jack, or they can be operated through a hydraulic pump, which can be seen in construction equipment such as cranes or excavators. The disadvantage with the hydraulic actuators is that they are more complex, typically inefficient, and require more than usual maintenance.

हाइड्रोलिक एक्ट्यूएटर्स में एक सिलेंडर या द्रव मोटर होता है जो मैकेनिकल प्रक्रिया को सुविधाजनक बनाने के लिए हाइड्रोलिक पावर का उपयोग करता है। हाइड्रोलिक मोटर्स आउटपुट लीनियर, रोटरी या ऑसिलेटिंग मोशन लेकिन त्वरण सीमित है। वे लागत–प्रभावी तरीके से बड़ी गति के साथ मिलकर बड़ी पॉवर का उत्पादन कर सकते हैं। हाइड्रोलिक एक्ट्यूएटर्स को मैन्युअल रूप से संचालित किया जा सकता है, जैसे कि हाइड्रोलिक कार जैक, या उन्हें हाइड्रोलिक पंप के माध्यम से संचालित किया जा सकता है, जिसे क्रेन या उत्खनन जैसे निर्माण उपकरण में देखा जा सकता है। हाइड्रोलिक एक्ट्यूएटर्स के साथ नुकसान यह है कि वे अधिक जटिल हैं, आमतौर पर अक्षम हैं, और सामान्य रखरखाव से अधिक की आवश्यकता होती है।

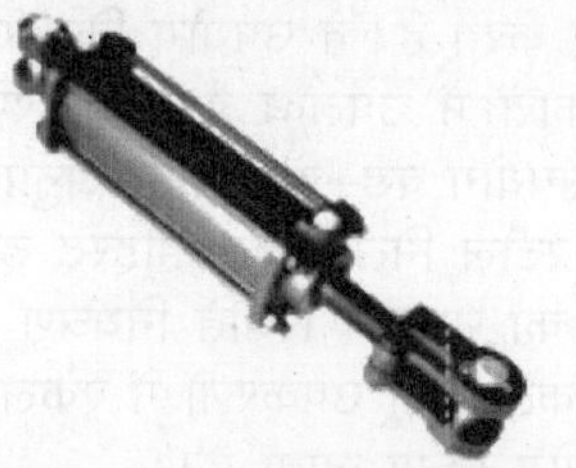

Figure 3.18: Hydraulic Actuator (हाइड्रोलिक एक्ट्यूएटर)

3.7.5 Pneumatic Actuators (पनुमातिक एक्टडूएटर्स)

Pneumatic actuators work on the same concept as hydraulic actuators except compressed gas is used instead of liquid. Energy, in the form of compressed gas, is converted into linear or rotary motion. These are used in applications in which positional accuracy is not a requirement. The disadvantage with pneumatic actuator are they take up a lot of space, create a lot of noise and are difficult to transport once installed in a place. (Figure 3.19).

पनुमातिक एक्ट्यूएटर उसी अवधारणा पर काम करते हैं जैसे तरल के बजाय संपीड़ित गैस को छोड़कर हाइड्रोलिक एक्ट्यूएटर्स का उपयोग किया जाता है। ऊर्जा, संपीड़ित गैस के रूप में, लीनियर या रोटरी गति में परिवर्तित हो जाती है। इनका उपयोग उन अनुप्रयोगों में किया जाता है जिनमें स्थितीय सटीकता की आवश्यकता नहीं होती है। पनुमातिक एक्टूएटर कि डिसएडवांटेज यह है कि वे बहुत जगह लेते हैं, बहुत अधिक शोर पैदा करते हैं और एक स्थान पर स्थापित होने के बाद ट्रांसपोर्ट करना मुश्किल होता है। (चित्र 3.19)।

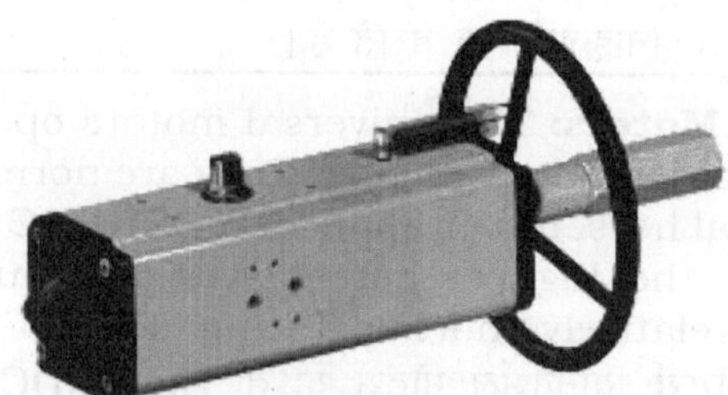

Figure 3.19: Pneumatic Actuator (वायवीय गति देनेवाला)

3.7.6 Smart Material Actuators (स्मार्ट मटीरियल एक्टडूएटर्स)

Unlike the conventional actuators, the smart material actuators typically become part of the load bearing structures. This is achieved by embedding the actuators in a distributed manner and integrating into the load bearing structure that could be used to suppress vibration, cancel the noise, and change shape. Of the many smart material actuators, Shape Memory Alloys, Piezoelectric (PZT), Magnetostrictive, Electrorheological Fluids, and Ion Exchange Polymers are most common.

कन्वेंशनल एक्ट्यूएटर्स के विपरीत, स्मार्ट मटेरियल एक्ट्यूएटर आमतौर पर लोड असर संरचनाओं का हिस्सा बन जाते हैं। यह वितरित तरीके से एक्ट्यूएटर्स को एम्बेड करके और लोड असर संरचना को एकीकृत करके प्राप्त किया जाता है जो वाइब्रेशन को दबाने, शोर को रद्द करने और आकार बदलने के लिए इस्तेमाल किया जा सकता है। कई स्मार्ट मटेरियल एक्ट्यूएटर्स में से, शेप मेमरी अलॉयज, पीजो–इलेक्ट्रिक (PZT), मैग्नेटोस्ट्रिक्टिव, इलेक्ट्रोहोलोगिकल–ऑयल फ्लुइड्स और आयन एक्सचेंज पॉलिमर सबसे आम हैं।

Shape Memory Alloys (शेप मेमोरी अलॉयज)

Shape Memory Alloys (SMA) are alloys of nickel and titanium that undergo phase transformation when subjected to a thermal field. When cooled below a critical temperature, their crystal structure enters martensitic phase. In this state the alloy is plastic and can easily be manipulated. When the alloy is heated above the critical temperature the phase changes to austenitic phase. Here, the alloy resumes the shape that it formally had at the higher temperature. For example, a straight wire at room temperature can be made to regain its programmed semicircle shape when heated that has found applications in orthodontics and other tensioning devices.

शेप मेमोरी अलॉयज (SMA) निकल और टाइटेनियम के मिश्र धातु हैं जो थर्मल क्षेत्र के अधीन होने पर चरण परिवर्तन से गुजरते हैं। जब एक महत्वपूर्ण तापमान से नीचे ठंडा होता है, तो उनके क्रिस्टल स्ट्रक्चर मार्टेंसिक चरण में प्रवेश करते हैं। इस स्थिति में मिश्र धातु प्लास्टिक है और आसानी से हेरफेर किया जा सकता है। जब मिश्र धातु को टेम्परेचर के ऊपर गर्म किया जाता है, तो चरण को ऑस्ट्रेनिटिक चरण में बदल दिया जाता है। यहां, मिश्र धातु उस आकार को फिर से शुरू करता है जो औपचारिक रूप से उच्च तापमान पर होता था। उदाहरण के लिए, कमरे के तापमान पर एक सीधे तार को अपने क्रमादेशित अर्धवृत्ताकार आकार को पुनः प्राप्त करने के लिए बनाया जा सकता है जब गर्म किया जाता है जो ऑर्थोडॉन्टिक्स और अन्य तनावपूर्ण उपकरणों में अनुप्रयोगों को मिला है।

Piezoelectric

The PZT actuators are essentially piezocrystals with top and bottom conducting films. When an electric voltage is applied across the two conducting films, the crystal expands in the transverse direction. When the voltage polarity is reversed, the crystal contracts thereby providing bidirectional actuation.

PZT एक्ट्यूएटर आवश्यक रूप से शीर्ष और नीचे की फिल्मों के संचालन के साथ पाईजोक्रिस्टल हैं। जब एक विद्युत वोल्टेज दो कंडेक्टिंग फिल्मों में लगाया जाता है, तो क्रिस्टल अनुप्रस्थ दिशा में फैलता है। जब वोल्टेज की ध्रुवता को उलट दिया जाता है, तो क्रिस्टल सिकुड़ जाता है, जिससे बी–डायरेक्शनल एक्टीवेशन होता है।

Magnetostrictive (मैग्नेटोस्ट्रिक्टिव)

Magnetostrictive material is an alloy of terbium, dysprosium, and iron that generates mechanical strains up to 2000 microstrain in response to applied magnetic fields. They are available in the form of rods, plates, washers, and powder.

मैग्नेटोस्ट्रिक्टिव सामग्री टेरिबियम, डिस्प्रोसियम और लोहे का एक मिश्र धातु है जो मैग्नेटिक क्षेत्रों में 2000 माइक्रोस्ट्रेन तक मैग्नेटिक तनाव उत्पन्न करता है। वे छड़, प्लेट, वाशर, और पाउडर के रूप में उपलब्ध हैं।

Ion exchange polymers (आयन एक्सचेंज पॉलिमर)

Ion exchange polymers exploit the electroosmosis phenomenon of the natural ionic polymers for purposes of actuation. When a voltage potential is applied across the cross-linked polyelectrolytic network, the ionizable groups attain a net charge generating a mechanical deformation. These types of actuators have been used to develop artificial muscles and artificial limbs.

आयन एक्सचेंज पॉलिमर सक्रियण के प्रयोजनों के लिए प्राकृतिक आयनिक पॉलीमर के इलेक्ट्रो–ऑस्मोसिस का इस्तेमाल करते हैं। जब क्रॉस–लिंक्ड पॉलीइलेक्ट्रोलाइटिक नेटवर्क में वोल्टेज की क्षमता लागू की जाती है, तो आयनीकरण समूह एक मैकेनिकल डफोर्मेशन करते हैं। इस प्रकार के एक्ट्यूएटर्स का उपयोग कृत्रिम मांसपेशियों और कृत्रिम अंगों को विकसित करने के लिए किया जाता है।

3.7.7 Microactuators (माइक्रोएक्टुएटर)

Microactuators, also called Micromachines Microelectromechanical System (MEMS), and microsystems are the tiny mobile devices being developed utilizing the standard microelectronics processes with the integration of semiconductors and machined micromechanical elements.

माइक्रोएक्टुएटर, जिसे माइक्रोमाईस माइक्रो–इलेक्ट्रोमैकेनिकल सिस्टम (MEMS) भी कहा जाता है, और माइक्रो–सिस्टम छोटे मोबाइल डिवाइस हैं, जिन्हें सेमीकंडक्टर और मशीनीकृत माइक्रोमैकेनिकल तत्वों के एकीकरण के साथ स्टैंडर्ड माइक्रोइलेक्ट्रॉनिक प्रक्रियाओं का उपयोग करके विकसित किया जा रहा है।

3.8 Microcontroller (माइक्रोकंट्रोलर)

A Microcontroller is a small computer on a single integrated circuit containing electronic computing unit and logic unit (combinedly known as CPU), Memory (Program Memory and Data Memory), I/O Ports (Input/ Output Ports) and few other components integrated on a single chip. The CPU (Central Processing Unit) in a microcontroller performs the arithmetic, logic, math and dataoriented function. (Figure 3.20).

माइक्रोकंट्रोलर एक कंप्यूटर है जो इलेक्ट्रॉनिक कंप्यूटिंग यूनिट और लॉजिक यूनिट (संयुक्त रूप से सीपीयू के रूप में जाना जाता है), मेमोरी (प्रोग्राम मेमोरी और डेटा मेमोरी), आई/ओ पोर्ट्स (इनपुट/आउटपुट पोर्ट्स) और कुछ अन्य घटकों को एकीकृत करता है; एक चिप पर। माइक्रोकंट्रोलर में सीपीयू (सेंट्रल प्रोसेसिंग यूनिट) अंकगणित, तर्क, गणित और डेटा–उन्मुख फंक्शन करता है। (चित्र 3.20)।

Figure 3.20: A Microcontroller (माइक्रोकंट्रोलर)

Microcontroller is like a mini computer with a CPU along with RAM, ROM, serial ports, timers, and IO peripherals all embedded on a single chip.
माइक्रोकंट्रोलर एक मिनी कंप्यूटर की तरह है जिसमें सीपीयू के साथ-साथ RAM, ROM, सीरियल पोर्ट, टाइमर और IO पेरिफेरल्स सभी एक ही चिप पर लगे होते हैं।

Microprocessors and microcontrollers are widely used in embedded system products. Microcontrollers are designed for embedded applications for specific tasks that require a certain degree of control in contrast to the microprocessors used in personal computers or other general purpose applications consisting of various discrete chips. A printer is an example of embedded system since the processor inside it performs only one task ; namely, getting the data and printing it.
माइक्रोप्रोसेसर और माइक्रोकंट्रोलर व्यापक रूप से एम्बेडेड सिस्टम उत्पादों में उपयोग किए जाते हैं। माइक्रोकॉन–ट्रोलर्स को विशिष्ट कार्यों के लिए एम्बेडेड अनुप्रयोगों के लिए डिजाइन किया गया है जो व्यक्तिगत कम्प्यूटरों में उपयोग किए जाने वाले माइक्रोप्रोसेसरों या अन्य सामान्य प्रयोजन अनुप्रयोगों के विपरीत विभिन्न डिस्क्राइब चिप्स से युक्त एक निश्चित डिग्री की आवश्यकता होती है। प्रिंटर एम्बेडेड सिस्टम का एक उदाहरण है क्योंकि प्रोसेसर के अंदर यह केवल एक ही कार्य करता है; अर्थात्, डेटा प्राप्त करना और उसे प्रिंट करना।

Microcontroller is also called as a Computer-ona-Chip or a Single-Chip-Computer. Since the Microcontroller and its supporting circuitry are often embedded in the device it controls, a Microcontroller is also called as an Embedded Controller.
माइक्रोकंट्रोलर को कंप्यूटर–ऑन–ए–चिप या सिंगल–चिप–कंप्यूटर भी कहा जाता है। चूंकि माइक्रोकंट्रोलर और इसके सहायक सर्किटरी अक्सर इसे नियंत्रित करने वाले उपकरण में एम्बेडेड होते हैं, इसलिए एक माइक्रो–कंट्रोलर को एंबेडेड कंट्रोलर भी कहा जाता है।

Most modern Microcontrollers might contain even more peripherals like SPI (Serial Peripheral Interface), I2C (Inter Integrated Circuit), ADC (Analog to Digital Converter), DAC (Digital to Analog Converter), CAN (Controlled Area Network), USB (Universal Serial Bus), and many more.
अधिकांश आधुनिक माइक्रोकंट्रोलर्स में SPI (सीरियल पेरिफेरल इंटरफेस), I2C (इंटर इंटीग्रेटेड सर्किट), ADC (एनालॉग से डिजिटल कन्वर्टर), DAC (डिजिटल से एनालॉग कनवर्टर), CAN (कंट्रोल्ड नेटवर्क नेट वर्क), USB (यूनिवर्सल सीरियल बस)।

There is a wide range of microcontrollers available in the market. Various companies like Atmel, ARM, Microchip, Motorola, Philips, Texas Instruments, Renesas, Freescale, NXP Semiconductors, etc. manufacture different kinds of microcontrollers with different kinds of features.
बाजार में उपलब्ध माइक्रोकंट्रोलर की एक विस्तृत श्रृंखला उपलब्ध है। विभिन्न कंपनियों जैसे Atmel, ARM, Microchip, Motorola, Philips, Texas Instruments, Renesas, Freescale, NXP Semiconductors आदि विभिन्न प्रकार की विशेषताओं के साथ विभिन्न प्रकार के माइक्रोकंट्रोलर्स का निर्माण करते हैं।

The first microcontroller was developed in 1971 by Texas Instruments and is called TMS 1000. It was made available for commercial use in 1974.
वे पहला माइक्रोकंट्रोलर 1971 में टेक्सास इंस्ट्रूमेंट्स द्वारा विकसित किया गया था और इसे टीएमएस 1000 कहा जाता है। इसे 1974 में व्यावसायिक उपयोग के लिए उपलब्ध कराया गया था।

3.8.1 Feature of Microcontrollers (माइक्रोकंट्रोलर्स की विशेषता)

(a) Microcontroller has all the required peripherals on the same chip as the CPU. The integration of features like ADC, DAC etc. on the same chip as the CPU makes it more efficient and cheaper than to use a separate ADC Chip.
माइक्रोकंट्रोलर में सीपीयू के समान चिप पर सभी आवश्यक पेरिफेरल्स होते हैं। सीपीसी के रूप में ADC, DAC इत्यादि सुविधाओं का पूर्णांक– जपवद एक अलग ADC चिप का उपयोग करने की तुलना में इसे अधिक कुशल और सस्ता बनाता है।

(b) Developing a computer controlled system involves design of the hardware and also writing an efficient software program. Since a Microcontroller has all the hardware, that are required to make a computer controlled system on a single chip, using a Microcontroller will drastically reduce the efforts and time spent on hardware design and wiring.
कंप्यूटर कंट्रोल सिस्टम के विकास में हार्डवेयर का डिजाइन शामिल है और एक कुशल सॉफ्टवेयर प्रोग्राम को राइट–इन भी किया जाता है। चूंकि एक माइक्रोकंट्रोलर में सभी हार्डवेयर होते हैं, जो कि एक सिंगल चिप पर कंप्यूटर नियंत्रित बनाने के लिए आवश्यक होते हैं, एक माइक्रोकंट्रोलर का उपयोग हार्डवेयर डिजाइन और वायरिंग पर खर्च किए गए प्रयासों और समय को काफी कम कर देगा।

(c) Microcontrollers may be dedicated to one task and run one specific program. The program is stored in ROM and generally does not change. Also, microcontroller is a low-power device. A battery-operated microcontroller might consume as little as 50 mill watts.

माइक्रोकंट्रोलर एक कार्य के लिए समर्पित हो सकते हैं और एक विशिष्ट कार्यक्रम चला सकते हैं। कार्यक्रम रोम में संग्रहीत किया जाता है और आम तौर पर बदलता नहीं है। इसके अलावा, माइक्रोकंट्रोलर एक कम–शक्ति वाला उपकरण है। एक बैटरी संचालित माइक्रोकंट्रोलर 50–मिल वाट के रूप में कम–सममिलित कर सकता है।

Microcontrollers may be embedded inside some other device so that they can control the features or actions of the product therefore microcontroller is also know as embedded controller.

माइक्रोकंट्रोलर्स को किसी अन्य डिवाइस के अंदर एम्बेड किया जा सकता है ताकि वे उत्पाद की सुविधाओं या कार्यों को नियंत्रित कर सकें इसलिए माइक्रोकंट्रोलर को एम्बेडेड नियंत्रक के रूप में भी जाना जाता है।

3.8.2 Advantages of Microcontroller (माइक्रोकंट्रोलर के लाभ)

(a) A microcontroller is meant to be more selfcontained and independent, and functions as a tiny, dedicated computer.
माइक्रोकंट्रोलर का अर्थ अधिक स्व–निहित और स्वतंत्र है, और एक छोटे, समर्पित कंप्यूटर के रूप में कार्य करता है।

(b) No need for any external interfacing of basic components like Memory, I/O Ports, etc.
मेमोरी, I/O पोर्ट्स आदि जैसे बुनियादी घटकों के किसी भी एक्सटर्नल इंटरफेस की कोई आवश्यकता नहीं है।

(c) Microcontrollers doesn't require complex operating systems as all the instructions must be written and stored in the memory.
माइक्रोकंट्रोलर्स को जटिल ऑपरेटिंग सिस्टम की आवश्यकता नहीं होती है क्योंकि सभी निर्देशों को लिखा जाना चाहिए और मेमोरी में संग्रहीत किया जाना चाहिए।

(d) All the Input/Output ports are programmable.
सभी इनपुट/आउटपुट पोर्ट प्रोग्रामेबल हैं।

(e) Integration of all the essential components reduces the cost, design time and area of the product (or application).
सभी आवश्यक घटकों का एकीकरण उत्पाद की लागत, डिजाइन समय और क्षेत्र (या अनुप्रयोग) को कम करता है।

(f) The great advantage of microcontrollers, as opposed to using larger microprocessors, is that the parts-count and design costs of the item being controlled can be kept to a minimum.
माइक्रोकंट्रोलर्स का बड़ा फायदा, जैसा कि बड़े माइक्रोप्रोसेसर का उपयोग करने का विरोध किया जाता है, यह है कि आइटम के हिस्सों की गणना और डिजाइन की लागत को मिनीमम तक रखा जा सकता है।

(g) They are typically designed using CMOS (Complementary Metal Oxide Semiconductor) technology, an efficient fabrication technique that uses less power and is more immune to power spikes than other techniques.
वे आम तौर पर CMOS (कम्प्लिमेंटरी मेटल ऑक्साइड सेमीकंडक्टर) तकनीक का उपयोग करके डिजाइन किए गए हैं, एक कुशल निर्माण तकनीक जो कम बिजली का उपयोग करती है और अन्य तकनीकों की तुलना में पावर स्पाइक्स के लिए अधिक प्रतिरक्षा है।

3.8.3 Disadvantages of Microcontrollers (माइक्रोकंट्रोलर का नुकसान)

(a) Microcontrollers are not known for their computation power.
माइक्रोकंट्रोलर अपनी कॉम–पुटेशन पावर के लिए नहीं जाने जाते हैं।

(b) The amount of memory limits the instructions that a microcontroller can execute.
मेमोरी की मात्रा उन निर्देशों को सीमित करती है जो एक माइक्रोकंट्रोलर निष्पादित कर सकता है।

(c) No Operating System and hence, all the instruction must be written.
कोई ऑपरेटिंग सिस्टम नहीं होता इसलिए, सभी निर्देश लिखे जाने चाहिए।

(d) Less flexibility, because all components are integrated into the one chip.
कम फ्लेक्सिबल, क्योंकि सभी घटक एक चिप में एकीकृत होते हैं।

(e) MCUs tend to be application specific so the choice may be limited.
MCU आवेदन विशिष्ट होते हैं, इसलिए चुनाव सीमित हो सकता है।

Microcontrollers are remarkably inexpensive yet offer tremendous performance.

माइक्रोकंट्रोलर उल्लेखनीय रूप से सस्ते हैं फिर भी जबरदस्त प्रदर्शन करते हैं।

3.9 Classification of Microcontrollers (माइक्रोकंट्रोलर का वर्गीकरण)

Microcontrollers can be classified based on bus width, memory structure, instruction set and number of Input/Output pins.
माइक्रोकंट्रोलर्स को बस विड्थ, मेमोरी संरचना, निर्देश सेट और इनपुट/आउटपुट पिन की संख्या के आधार पर वर्गीकृत किया जा सकता है।

3.9.1 Bus Width (बस विड्थ)

Bus width indicates the size of the data bus. Higher bus widths often result in better performance. Microcontrollers come in 8 bit, 16 bit, 32 bit and 64 bit. Some most advanced microcontrollers have bits more than 64 which are capable of executing particular functions in the embedded systems. Based on bit configuration, the microcontroller is further divided into following categories:

बस विड्थ डेटा बस के आकार को इंगित करती है। उच्च बस विड्थ में अक्सर बेहतर प्रदर्शन–इक्का होता है। माइक्रोकंट्रोलर 8 बिट, 16 बिट, 32 बिट और 64 बिट में आते हैं। कुछ सबसे उन्नत माइक्रोकंट्रोलर्स में बिट्स 64 से अधिक हैं जो एम्बेडेड सिस्टम में विशेष कार्यों को निष्पादित करने में सक्षम हैं। बिट कॉन्फिगरेशन के आधार पर, माइक्रो–नियंत्रक को आगे केटेगोरिस में विभाजित किया गया है।

8-bit Microcontroller (8-बिट माइक्रोकंट्रोलर)

This type of microcontroller is used to execute smaller arithmetic and logical operations like addition, subtraction, multiplication division, etc. For example, Intel 8031 and 8051 are 8 bits microcontroller.

इस तरह के माइक्रोकंट्रोलर का उपयोग छोटे अरिथमेटिक और लॉजिकल संचालन को निष्पादित करने के लिए किया जाता है। इसके अलावा, घटाव, गुणा भाग, आदि, उदाहरण के लिए, इंटेल 8031 और 8051 8 बिट्स माइक्रो–कंट्रोलर हैं।

16-bit Microcontroller (16-बिट माइक्रोकंट्रोलर)

This type of microcontroller is used to perform arithmetic and logical operations where higher accuracy and performance is required. In contrast to 8 bit microcontroller, 16 bit microcontroller executes program with higher precision and accuracy. For example, Intel 8096 is a 16-bit microcontroller.

इस प्रकार के माइक्रोकंट्रोलर का उपयोग अरिथमेटिक और लॉजिकल संचालन करने के लिए किया जाता है जहां उच्च सटीकता और प्रदर्शन की आवश्यकता होती है। 8 बिट माइक्रोकंट्रोलर के विपरीत, 16 बिट माइक्रोकंट्रोलर उच्च परिशुद्धता और सटीकता के साथ प्रोग्राम को निष्पादित करता है। उदाहरण के लिए, इंटेल 8096 एक 16–बिट माइक्रोकंट्रोलर है।

32-bit Microcontroller (32-बिट माइक्रोकंट्रोलर)

This type of microcontroller is generally used in automatically controlled appliances like automatic operational machines, medical appliances, robotics etc., where high durability and reliability is required.

इस प्रकार के माइक्रोकंट्रोलर का उपयोग आमतौर पर स्वचालित रूप से नियंत्रित उपकरणों जैसे ऑटोमैटिक ऑपरेशनल मशीन, मेडिकल उपकरण, रोबोटिक्स आदि में किया जाता है, जहां उच्च स्थायित्व और विश्वसनीयता की आवश्यकता होती है।

3.9.2 Memory Structure (मेमोरी संरचना)

Microcontrollers need memory (RAM, ROM, EPROM, EEPROM, flash memory, etc.) to store programs and data. Based on the memory configuration, the microcontroller is further divided into two types i.e., embedded memory microcontroller and external memory microcontrollers.

माइक्रोकंट्रोलर्स को प्रोग्राम और डेटा स्टोर करने के लिए मेमोरी (RAM, ROM, EPROM, EEPROM, फ्लैश मेमोरी आदि) की आवश्यकता होती है। मेमोरी कॉन्फिगरेशन के आधार पर, माइक्रोकंट्रोलर को आगे दो प्रकारों में विभाजित किया जाता है यानी, एम्बेडेड मेमोरी माइक्रोकंट्रोलर और एक्सटर्नल मेमोरी माइक्रोकॉन–ट्रोलर्स।

Embedded Memory Microcontroller (एंबेडेड मेमोरी माइक्रोकंट्रोलर)

In embedded memory microcontroller the data and program memory is embedded into the IC. For example, 8051 having program & data memory, I/O ports, serial communication, counters and timers and interrupts on the chip is an embedded microcontroller.

एम्बेडेड मेमोरी माइक्रोकंट्रोलर में डेटा और प्रोग्राम मेमोरी को आईसी में एम्बेड किया जाता है। उदाहरण के लिए, 8051 वाले प्रोग्राम और डेटा मेमोरी, I/O पोर्ट, सीरियल कम्युनिकेशन, काउंटर्स और टाइमर और चिप पर इंटरप्ट एक एम्बेडेड माइक्रोकंट्रोलर है।

External Memory Microcontroller (एक्सटर्नल मेमोरी माइक्रोकंट्रोलर)

External memory microcontrollers do not have program memory embedded on them and require an external chip for the same. For example, 8031 has no program memory on the chip is an external memory microcontroller. Now a day, all microcontrollers are embedded memory microcontrollers.

एक्सटर्नल मेमोरी माइक्रोकंट्रोलर्स के पास प्रोग्राम मेमोरी उन पर एम्बेडेड नहीं होती है और उसी के लिए एक एक्सटर्नल चिप की आवश्यकता होती है। उदाहरण के लिए, 8031 में कोई प्रोग्राम मेमोरी नहीं है चिप एक एक्सटर्नल मेमोरी माइक्रोकंट्रोलर है। अब एक दिन, सभी माइक्रो–नियंत्रक एम्बेडेड मेमोरी माइक्रोकंट्रोलर हैं।

3.9.3 Instruction set (इंस्ट्रक्शन सेट)

Based on the instruction set configuration, the microcontroller is classification into two categories CISC or RISC.

निर्देश सेट विन्यास के आधार पर, माइक्रोकंट्रोलर को दो श्रेणी–CISC या RISC में वर्गीकृत किया जाता है।

CISC

CISC stands for complex instruction set computer. It allows the user to insert a single instruction as an alternative to many simple instructions. The emphasis is on building complex instructions directly into the hardware. Majority of microcontrollers follow CISC architecture.

CISC जटिल निर्देश सेट कंप्यूटर के लिए है। यह उपयोगकर्ता को कई सरल निर्देशों के विकल्प के रूप में एकल इंस्ट्रक्शन डालने की अनुमति देता है। जोर सीधे हार्डवेयर में जटिल निर्देशों के निर्माण पर है। अधिकांश माइक्रोकंट्रोलर्स CISC अर्किटेक्चर का पालन करते हैं।

RISC

RISC stands for Reduced Instruction Set Computers. It reduces the operational time by shortening the clock cycle per instruction.

RISC का मतलब है रेड्रसेड इंस्ट्रक्शन सेट कंप्यूटर्स। यह प्रति निर्देश घड़ी चक्र को छोटा करके परिचालन समय को कम करता है।

3.9.4 Number of Input/Output Pins (इनपुट/आउटपुट पिन की संख्या)

Microcontrollers vary according to the number of input-output pin sizes. One can choose a specific microcontroller as per the requirement of application.

माइक्रोकंट्रोलर इनपुट–आउटपुट पिन आकारों की संख्या के अनुसार भिन्न होते हैं। एप्लीकेशन की आवश्यकता के अनुसार -एक विशिष्ट माइक्रोकंट्रोलर चुन सकते हैं।

> *Microcontrollers were originally programmed only in assembly language, but various high-level programming languages, such as C, Python and JavaScript, are now also in common use to target microcontrollers and embedded systems.*
>
> माइक्रोकंट्रोलर मूल रूप से केवल असेंबली लैंग्वेज में प्रोग्राम किए गए थे, लेकिन विभिन्न हाई लेवल प्रोग्रामिंग लैंग्वेज, जैसे सी, पायथन और जावास्क्रिप्ट, अब माइक्रोकंट्रोलर और एम्बेडेड सिस्टम को लक्षित करने के लिए भी आम उपयोग में हैं।

3.10 Components of Microcontroller (माइक्रोकंट्रोलर के घटक)

Microcontroller consists of built in components including EPROM, EEPROM, RAM, ROM, timers, I/O ports and reset button. RAM is used for data storage while ROM is used for program and other parameters storage. Different components of a Microcontroller are discussed below:

माइक्रोकंट्रोलर में EPROM, EEPROM, RAM, ROM, टाइमर, I/O पोर्ट और रीसेट बटन सहित घटक शामिल हैं। RAM का उपयोग डेटा स्टोरेज के लिए किया जाता है जबकि ROM का उपयोग प्रोग्राम और अन्य मापदंडों के स्टोरेज के लिए किया जाता है। माइक्रोकंट्रोलर के विभिन्न घटकों की चर्चा नीचे दी गई है:

3.10.1 CPU (सीपीयू)

Central Processing Unit or CPU is the brain of the Microcontroller. It behaves like a bridge that communicates with different components and activities happening inside the single chip. It consists of an Arithmetic Logic Unit (ALU) and a Control Unit (CU). ALU is responsible for timing of the communication process between the CPU and its peripherals. A CPU reads, decodes and executes instructions to perform Arithmetic, Logic and Data Transfer operations.

सेंट्रल प्रोसेसिंग यूनिट या सीपीयू माइक्रोकंट्रोलर का ब्रेन है। यह एक पुल की तरह व्यवहार करता है जो एकल चिप के अंदर होने वाले विभिन्न घटकों और गतिविधियों के साथ संचार करता है। यह एक अरिथमेटिक और लॉजिकल यूनिट (ALU) और कंट्रोल यूनिट (CU) का कनसिस्ट करता है। ALU CPU के बीच संचार प्रक्रिया के समय के लिए जिम्मेदार है और इसके परिधीय। CPU अरिथमेटिक, लॉजिक और डेटा ट्रांसफर ऑपरेशन करने के लिए निर्देश पढ़ता है, डिकोड करता है और निष्पादित करता है।

3.10.2 Memory (मेमोरी)

Similar to microprocessor, microcontroller comes with memory spaces such as RAM and ROM which help in storing the program source code. These memory spaces are very small as compared to desktop computers. Any Computational System requires two types of Memory:

माइक्रोप्रोसेसर के समान, माइक्रोकंट्रोलर मेमोरी स्पेस जैसे रैम और रोम के साथ आता है जो प्रोग्राम सोर्स कोड को स्टोर करने में मदद करते हैं। ये मेमोरी स्पेस डेस्कटॉप कंप्यूटर की तुलना में बहुत कम हैं। किसी भी कम्प्यूटेशनल सिस्टम को दो प्रकार की मेमोरी की आवश्यकता होती है:

Program Memory (प्रोग्राम मेमोरी)

Memory contains the program i.e., the instructions to be executed by the CPU. It is usually implemented as Read Only Memory or ROM, where the Program written in to it will be retained even when the power is down or the system is reset. The ROM used is normally the EEPROM (Electrically Erasable and Programmable ROM).

मेमोरी में प्रोग्राम होता है यानी सीपीयू द्वारा निष्पादित किए जाने वाले इंस्ट्रक्यूशन। इसे आमतौर पर रीड ओनली मेमोरी या रॉम के रूप में लागू किया जाता है, जहां पर लिखे गए प्रोग्राम को पावर डाउन या सिस्टम रीसेट होने पर भी बरकरार रखा जाएगा। आमतौर पर इस्तेमाल किया जाने वाला ROM EEPROM (इलेक्ट्रोनिक रूप से इरेजेबल और प्रोग्रामेबल ROM) है।

Data Memory (डेटा मेमोरी)

Data Memory in a Microcontroller is responsible for storing values of variables, temporary data, intermediate results and other data for proper operation of the program. Data Memory is required to store temporary data while executing the instructions. Usually, Program Memory is a Read Only Memory or ROM and the Data Memory is a Random Access Memory or RAM. Data Memory is sometimes called as Read Write Memory.

माइक्रोकंट्रोलर में डेटा मेमोरी प्रोग्राम के उचित संचालन के लिए वेरिएबल, अस्थायी डेटा, मध्यवर्ती परिणाम और अन्य डेटा के मूल्यों को संग्रहीत करने के लिए जिम्मेदार है। निर्देशों को निष्पादित करते समय अस्थायी डेटा को संग्रहीत करने के लिए डेटा मेमोरी की आवश्यकता होती है। आमतौर पर, प्रोग्राम मेमोरी एक रीड ओनली मेमोरी या रोम है और डेटा मेमोरी एक रैंडम एक्सेस मेमोरी या रैम है। डेटा मेमोरी को कभी–कभी Read Write Memory भी कहा जाता है।

3.10.3 Input and Output Ports (इनपुट और आउटपुट पोर्ट)

The interface for the Microcontroller to the external world is provided by the I/O Ports or Input/Output Ports. Input Ports provide a gateway for passing on the data from the outside world with the help of sensors. Inputs device like Switches, Keypads, etc. provide information from the user to the CPU in the form of Binary Data. The CPU, upon receiving the data from the input devices, executes appropriate instructions and gives response through output devices like LEDs, displays, printers, etc. Generally, all ports in microcontrollers have dual functionality i.e., they can act as both input and output port.

एक्सटर्नल दुनिया के लिए माइक्रोकंट्रोलर के लिए इंटरफेस I/O पोर्ट या इनपुट/आउटपुट पोर्ट द्वारा प्रदान किया गया है। इनपुट पोर्ट सेंसर की मदद से एक्सटर्नल दुनिया से डेटा मूव करने के लिए एक गेटवे प्रदान करते हैं। इनपुट डिवाइस जैसे स्विच, कीपैड आदि, बाइनरी डेटा के रूप में उपयोगकर्ता को सीपीयू से जानकारी प्रदान करते हैं। सीपीयू, इनपुट उपकरणों से डेटा प्राप्त करने पर, उपयुक्त निर्देशों को निष्पादित करता है और एलईडी, डिस्प्ले, प्रिंटर इत्यादि जैसे आउटपुट डिवाइस के माध्यम से प्रतिक्रिया देता है। आम तौर पर, माइक्रोकंट्रोलर के सभी पोर्ट में दोहरी कार्यक्षमता होती है, यानी वे इनपुट और आउटपुट पोर्ट दोनों के रूप में कार्य कर सकते हैं।

3.10.4 System Bus (सिस्टम बस)

A System bus is a group of connecting wire that connect the CPU with other peripherals like Memory, I/O Ports and other supporting components.

सिस्टम बस कनेक्टिंग वायर का एक समूह है जो CPU को मेमोरी, I/O पोर्ट्स और अन्य सहायक कंपोनेंट्स जैसे अन्य परिधीयों से जोड़ता है।

3.10.5 Timers and Counters (टाइमर और काउंटर)

Timers and Counters are very handy in achieving different tasks including pulse generation, frequency generation, measuring, clock function and modulation. Timer is used to provide a delay and counter which is used to count incoming pulses. Timer and counters functions are synchronized with microcontroller clock, used for measuring time intervals between two events and can count up to 255 count for 8 bit microcontroller and 65535 for 16 bit microcontroller.

टाइमर और काउंटर्स पल्स जनरेशन, फ्री–क्वैन्सी जेनरेशन, मेजरमेंट, क्लॉक फंक्शन और मॉड्यूलेशन सहित विभिन्न कार्यों को प्राप्त करने में बहुत उपयोगी होते हैं। टाइमर का उपयोग देरी और काउंटर प्रदान करने के लिए किया जाता है जिसका उपयोग आने वाली पल्सेस को गिनने के लिए किया जाता है। टाइमर और काउंटर फंक्शन को माइक्रोकंट्रोलर घड़ी के साथ सिंक्रनाइज किया जाता है, दो घटनाओं के बीच समय अंतराल को मापने के लिए उपयोग किया जाता है और 16 बिट माइक्रोकंट्रोलर के लिए 8 बिट माइक्रोकंट्रोलर और 65535 के लिए 255 तक गिनती कर सकते हैं।

3.10.6 Serial Port (सीरियल पोर्ट)

One of the important requirement of a Microcontroller is to communicate with other device and peripherals (external). Serial Port proves such interface through serial communication. There are several serial ports available in the microcontroller which are used to connect peripherals serially with the microcontroller.

माइक्रोकंट्रोलर की एक महत्वपूर्ण आवश्यकता अन्य उपकरण और बाह्य उपकरणों (बाह्य) के साथ संवाद करना है। सीरियल पोर्ट सीरियल संचार के माध्यम से इस तरह के इंटरफेस को साबित करता है। माइक्रोकंट्रोलर में कई सीरियल पोर्ट उपलब्ध हैं जिनका उपयोग बाह्य उपकरणों को सूक्ष्म रूप से माइक्रोकंट्रोलर से जोड़ने के लिए किया जाता है।

3.10.7 Interrupt Control (इंटरप्ट कंट्रोल)

Interpret control is used to put a delay in the running program. Interrupts can be external, internal, hardware related or software related.

इंटर–कंट्रोल कंट्रोल का उपयोग रनिंग प्रोग्राम में देरी करने के लिए किया जाता है। इंटरप्ट बाहरी, आंतरिक, हार्डवेयर संबंधित या सॉफ्टवेयर संबंधी हो सकते हैं।

3.10.8 ADC (Analog to Digital Converter) (ADC (एनालॉग टू डिजिटल कनवर्टर))

Analog to Digital Converter or ADC is a circuit that converts Analog signals to Digital Signals. The ADC Circuit forms the interface between the external Analog Input devices and the CPU of the Microcontroller. Almost all sensors are analog devices and the analog data from these sensors must be converted in to digital data for the CPU to understand.

डिजिटल कनवर्टर या ADC के अनुरूप एक सर्किट है जो एनालॉग सिग्नल को डिजिटल सिग्नल में परिवर्तित करता है। ADC सर्किट एक्सटर्नल एनालॉग इनपुट उपकरणों और माइक्रोकंट्रोलर के सीपीयू के बीच इंटरफेस बनाता है। लगभग सभी सेंसर एनालॉग डिवाइस हैं और इन सेंसर के एनालॉग डेटा को समझने के लिए सीपीयू के लिए डिजिटल डेटा में परिवर्तित होना चाहिए।

3.10.9 DAC (Digital to Analog Converter) (DAC (डिजिटल टू एनालॉग कनवर्टर))

DIgital to Analog Converter or DAC is a circuit, that works in contrast to an ADC i.e., it converts Digital Signals to Analog Signals. DAC forms the bridge between the CPU of the Microcontroller and the external analog devices.

एनालॉग कन्वर्टर से डीएजीएल या DAC एक सर्किट है, जो ADC के विपरीत काम करता है, अर्थात यह DAC डिजिटल सिग्नल से एनालॉग सिग्नल को कन्वर्ट करता है। DAC माइक्रोकंट्रोलर के सीपीयू और एक्सटर्नल एनालॉग उपकरणों के बीच ब्रिज का निर्माण करता है।

3.11 Types of Microcontrollers (माइक्रोकंट्रोलर के प्रकार)

3.11.1 Microcontroller 8051 (माइक्रोकंट्रोलर 8051)

8051 microcontroller is an 8-bit family of microcontroller is developed by the Intel in the year 1981. This is one of the popular families of microcontroller being used all across the world. 8051 microcontroller is a 40 pin 8 bit microcontroller. The CPU can also work for 8 bits of data at a time. In case the data is bigger than 8 bits, then it has to be broken into parts so that the CPU can process easily. 8051 consists of 5 interrupts including External interrupt 0, external interrupt 1, Timer interrupt 0, timer interrupt 1 and Serial port interrupt. It also consists of four 8 bits programmable ports. (Figure 3.21).

8051 माइक्रोकंट्रोलर का एक 8–बिट परिवार है जिसे वर्ष 1981 में इंटेल द्वारा विकसित किया गया है। यह दुनिया भर में उपयोग किए जा रहे माइक्रोकंट्रोलर के लोकप्रिय परिवारों में से एक है। 8051 माइक्रोकंट्रोलर एक 40 पिन 8 बिट माइक्रोकंट्रोलर है। CPU एक बार में 8 बिट डेटा के लिए भी काम कर सकता है। यदि डेटा 8 बिट्स से बड़ा है, तो उसे भागों में तोड़ना होगा ताकि सीपीयू आसानी से प्रक्रिया कर सके। 8051 में 5 व्यवधान शामिल हैं, जिसमें एक्सटर्नल व्यवधान 0, बाहरी व्यवधान 1, टाइमर व्यवधान 0, टाइमर व्यवधान 1 और सीरियल पोर्ट व्यवधान शामिल हैं। इसमें चार 8 बिट्स प्रो–ग्रैमेबल पोर्ट भी होते हैं। (चित्र 3.21)।

It is divided into two category. They are Program Memory and Data Memory. Program Memory stores the program being executed whereas Data Memory temporarily stores the data and the results. The 8051 has been in use in a wide number of devices, mainly because it is easy to integrate into a device. Microcontrollers are mainly used in energy management, touch screen, automobiles, and medical devices. Portable electronics such as cell phones, media players and gaming devices are examples of microcontroller-based touch screens. Other applications of 8051 Microcontroller are TVs, Home Security Systems, Garage Door Openers, Defense Systems, Medical Equipment, Robotics, Remote Sensing etc.

इसे दो श्रेणी में बांटा गया है। वे प्रोग्राम मेमोरी और डेटा मेमोरी हैं। प्रोग्राम मेमोरी; प्रोग्राम को निष्पादित किया जा रहा है जबकि डेटा मेमोरी अस्थायी रूप से डेटा और परिणाम संग्रहीत करता है। 8051 का उपयोग उपकरणों की एक विस्तृत संख्या में किया गया है, मुख्य रूप से क्योंकि यह डिवाइस में पूर्ण–ग्रिड करना आसान है। माइक्रोकंट्रोलर्स का उपयोग मुख्य रूप से ऊर्जा प्रबंधन, टच स्क्रीन, ऑटोमोबाइल, और चिकित्सा उपकरणों में किया जाता है। पोर्टेबल इलेक्ट्रॉनिक जैसे सेल फोन, मीडिया प्लेयर्स और गेमिंग डिवाइस माइक्रोकंट्रोलर–आधारित टच स्क्रीन के उदाहरण हैं। 8051 माइक्रोकंट्रोलर के अन्य एप्लीकेशन टीवी, होम सिक्योरिटी सिस्टम, गैराज डोर ओपनर्स, डिफेंस सिस्टम, मेडिकल उपकरण, रोबोटिक्स, रिमोट सेंसिंग आदि हैं।

Features of 8051 Microcontroller (8051 माइक्रोकंट्रोलर की विशेषताएं)

- It is 8 bit Microcontroller.
  यह 8 बिट माइक्रोकंट्रोलर है।
- It has 128 bytes of on chip RAM.
  इसमें चिप रैम पर 128 बाइट्स हैं।
- The data memory can be expanded up to 64kb.
  डेटा मेमोरी को 64kb तक बढ़ाया जा सकता है।
- It has 4 parallel I/O port: port0, port1, port2, port3. Each port is 8-bit directional I/O port. Each port is bit/byte addressable.
  इसमें 4 समानांतर I/O पोर्ट है: port0, port1, port2, port3। प्रत्येक पोर्ट 8–बिट दिशात्मक I/O पोर्ट है। प्रत्येक पोर्ट बिट/बाइट पता है।
- It has on chip oscillator and CLK generator circuit with operating frequency 12MHz.
  इसमें ऑपरेटिंग फ्रीक्वेंसी 12MHz के साथ चिप ओसिक्लातोर और CLK जनरेटर सर्किट है।
- It is a CISC based Microcontroller with Harvard Architecture (separate program and data memory).
  यह एक CISC आधारित माइक्रोकंट्रोलर है जिसमें हॉर्वर्ड आर्किटेक्चर (अलग प्रोग्राम और डेटा मेमोरी) है।

Figure 3.21: 8051 Microcontroller (8051 माइक्रोकंट्रोलर)

3.11.2 AVR Microcontroller (AVR माइक्रोकंट्रोलर)

AVR microcontroller was developed in the year of 1996 by Atmel Corporation. The structural design of AVR was developed by the Alf-Egil Bogen and Vegard Wollan.

The AVR microcontrollers are modified harvard RISC architecture with separate memories for data and program and speed of AVR is high when compare to 8051 and PIC. The AVR stands for Alf-Egil Bogen and Vegard Wollan's RISC processor. There are many AVR family microcontrollers, such as ATmega8, ATmega16 and ATmega328 etc. There are many applications of AVR microcontroller; they are used in home automation, touch screen, automobiles, bio-medical devices, robotics, and defense (Figure 3.22). AVR Microcontrollers are classified into three types:

AVR माइक्रोकंट्रोलर को 1996 में Atmel Corporation द्वारा विकसित किया गया था। एवीआर के संरचनात्मक डिजाइन को अल्फ–एगिल बोजेन और वेजर्ड वूलन द्वारा विकसित किया गया था। AV51 माइक्रोन–ट्रोलर्स को डेटा और प्रोग्राम के लिए अलग–अलग मेमोरी के साथ संशोधित RISC आर्किटेक्चर को संशोधित किया जाता है और 8051 और PIC की तुलना में AVR की गति अधिक होती है। एवीआर का मतलब अल्फ–एगिल बोजेन और वेजर्ड वूलन के आरआईएससी प्रोसेसर से है। कई AVR परिवार के माइक्रोकंट्रोलर हैं, जैसे ATmega8, ATmega16 और ATmega328 आदि। AVR माइक्रोकंट्रोलर के कई अनुप्रयोग हैं; इनका उपयोग होम ऑटोमेशन, टच स्क्रीन, ऑटोमोबाईल, बायो–मेडिकल डिवाइस, रोबोटिक्स और डिफेंस (चित्र 3.22) में किया जाता है। AVR माइक्रोकंट्रोलर को तीन प्रकारों में वर्गीकृत किया जाता है:

- **TinyAVR:** Less memory, small size, suitable only for simpler applications.
  TinyAVR: कम मेमोरी, छोटे आकार, केवल सरल अनुप्रयोगों के लिए उपयुक्त।
- **MegaAVR:** These are the most popular ones having good amount of memory (up to 256 KB), higher number of inbuilt peripherals and suitable for moderate to complex applications.
  मेगा AVR: ये सबसे लोकप्रिय हैं जिनमें अच्छी मात्रा में मेमोरी (256 केबी तक), अधिक संख्या में इनबिल्ट परिधीय और मध्यम से जटिल अनुप्रयोगों के लिए उपयुक्त हैं।
- **XmegaAVR:** Used commercially for complex applications, which require large program memory and high speed.
  XmegaAVR: जटिल अनुप्रयोगों के लिए व्यावसायिक रूप से उपयोग किया जाता है, जिसके लिए बड़े प्रोग्राम मेमोरी और उच्च गति की आवश्यकता होती है।

Features of AVR Microcontroller: (AVR माइक्रोकंट्रोलर की विशेषताएं:)

- 16KB of In-System Programmable Flash
  16KB इन–सिस्टम प्रोग्रामेबल फ्लैश
- 512B of In-System Programmable EEPROM
  512B इन–सिस्टम प्रोग्रामेबल EEPROM
- 16-bit Timer with extra features
  अतिरिक्त सुविधाओं के साथ 16–बिट टाइमर
- Multiple internal oscillators.
  एकाधिक आंतरिक ओस्किल्लाटेर।
- Internal, self-programmable instruction flash memory up to 256K.
  आंतरिक, सेल्फ–प्रोग्राम करने योग्य निर्देश फ्लैश मेमोरी 256K तक।

Figure 3.22: AVR Microcontroller (AVR माइक्रोकंट्रोलर)

- Optional boot code section with independent lock bits for protection.
  सुरक्षा के लिए स्वतंत्र लॉक बिट्स के साथ वैकल्पिक बूट कोड अनुभाग।
- Universal serial interface (USI) for two/threewire synchronous data transfer.
  यूनिवर्सल सीरियल इंटरफेस (USI) दो/तीन–तार सिंक्रोनस डेटा ट्रांसफर के लिए।
- Low-voltage devices operating down to 1.8v
  कम वोल्टेज वाले उपकरण 1.8v तक काम करते हैं।
- 10-bit A/D Converters, with multiplex of up to 16 channels
  10–बिट, / डी कन्वर्टर्स, 16 चौनलों तक के मल्टीप्लेक्स।

3.11.3 PIC Microcontroller (PIC माइक्रोकंट्रोलर)

Peripheral Interface Controller (PIC) is microcontroller developed by a Microchip, PIC microcontroller is fast and simple to implement program when you contrast other microcontrollers like 8051. It is controlled by the software. They could be programmed to complete many task and control a generation line and many more. PIC microcontrollers are finding their way into new applications like smart phones, audio accessories, video gaming peripherals and advanced medical devices. There are many PICs, started with PIC16F84 and PIC16C84. But these were the only affordable flash PICs. Microchip has recently introduced flash chips with types that are much more attractive, such as 16F628, 16F877 and 18F452. The 16F877 is around twice the price of the old 16F84, but has eight times the code size, much more RAM, much more I/O pins, a UART, A/D converter and a lot more. (Figure 3.23).

पेरीफेरल इंटरफेस कंट्रोलर (PIC) एक माइक्रोचिप द्वारा विकसित माइक्रोकंट्रोलर है, PIC माइक्रोकंट्रोलर प्रोग्राम को लागू करने के लिए तेज और सरल है जब आप 8051 जैसे अन्य माइक्रोकंट्रोलर के विपरीत होते हैं। यह सॉफ्टवेयर द्वारा नियंत्रित किया जाता है। उन्हें कई कार्य

पूरा करने के लिए प्रोग्राम किया जा सकता है और एक जनरेशन लाइन। PIC माइक्रोकंट्रोलर नए एप्लिकेशन जैसे स्मार्ट फोन, ऑडियो एक्सेसरीज, वीडियो गेमिंग पेरिफेरल्स और एडवांस मेडिकल डिवाइस में अपना काम देख रहे हैं। PIC16F84 और PIC16C84 के साथ शुरू कई PIC हैं। लेकिन ये केवल किफायती फ्लैश PIC थे। माइक्रोचिप ने हाल ही में फ्लैश चिप्स पेश किए हैं जो कि अधिक आकर्षक हैं, जैसे कि 16F628, 16F877 और 18F452A 16F877 पुराने 16F84 की कीमत से लगभग दोगुना है, लेकिन इसमें कोड आकार का आठ गुना, बहुत अधिक रैम, बहुत अधिक I/O पिन, एक UART, A/D कनवर्टर है। (चित्र 3.23 देखें)।

Features of PIC Microcontroller: (PIC माइक्रोकंट्रोलर की विशेषताएं:)

- It is a RISC design.
  यह एक RISC डिजाइन है।
- Its code is extremely efficient, allowing the PIC to run with typically less program memory than its larger competitors.
  इसका कोड बेहद कुशल है, जिससे PIC को अपने बड़े प्रतियोगियों की तुलना में आमतौर पर कम प्रोग्राम मेमोरी के साथ चलने की अनुमति मिलती है।
- It is low cost, high clock speed.
  यह कम लागत, उच्च घड़ी की गति है।

Figure 3.23: PIC Microcontroller (PIC माइक्रोकंट्रोलर)

- The performance of the PIC microcontroller is very fast because of using RISC architecture. However, the length of the program is high due to using RISC architecture.
  RISC आर्किटेक्चर का उपयोग करने के कारण PIC माइक्रोकंट्रोलर का प्रदर्शन बहुत तेज है। हालांकि, RISC वास्तुकला का उपयोग करने के कारण कार्यक्रम की लंबाई अधिक है।
- When comparing to other microcontrollers, power consumption is very less and programming is also very easy.
  जब अन्य माइक्रोकंट्रोलर्स से तुलना की जाती है, तो बिजली की खपत बहुत कम होती है और प्रोग्रामिंग भी बहुत आसान होता है।
- Interfacing of an analog device is easy without any extra circuitry
  एनालॉग डिवाइस का इंटरफेस बिना किसी अतिरिक्त सर्किटरी के आसान है
- PIC microcontroller supports Harvard architecture.
  PIC माइक्रोकंट्रोलर हार्वर्ड आर्किटेक्चर का समर्थन करता है।
- Special purpose registers are also incorporated on chip hardware.
  चिप हार्डवेयर पर विशेष प्रयोजन रजिस्टर भी शामिल किए गए हैं।
- Serial port or USB port is used to connect the computer with the microcontroller.
  कंप्यूटर को माइक्रोकंट्रोलर से जोड़ने के लिए सीरियल पोर्ट या यूएसबी पोर्ट का उपयोग किया जाता है।

3.11.4 ARM Microcontroller (ARM माइक्रोकंट्रोलर)

The ARM microcontroller stands for Advance Risk Machine. It is one of the extensive and most licensed processor cores in the world. The first ARM processor was developed in the year 1978 by Cambridge University, and the first ARM RISC processor was produced by the Acorn Group of Computers in the year 1985. ARM processors are widely used in customer electronic devices such as smart phones, tablets, multimedia players and other mobile devices, such as wearables. Because of their reduced to instruction set, they need fewer transistors, which enable a smaller die size of the integrated circuitry (IC). The ARM processors, smaller size reduced difficulty and lower power expenditure makes them suitable for increasingly miniaturized devices. (Figure 3.24).

ARM माइक्रोकंट्रोलर का मतलब एडवांस रिस्क मशीन है। यह दुनिया में व्यापक और सबसे अधिक लाइसेंस प्राप्त प्रोसेसर कोर में से एक है। पहला ARM प्रोसेसर वर्ष 1978 में कैम्ब्रिज यूनिवर्सिटी द्वारा विकसित किया गया था, और पहला ARM RISC प्रोसेसर वर्ष 1985 में Acorn Group of Computers द्वारा तैयार किया गया था। ARM प्रोसेसर का उपयोग स्मार्ट फोन, टैबलेट, मल्टीमीडिया जैसे ग्राहक इलेक्ट्रॉनिक उपकरणों में व्यापक रूप से किया जाता है। खिलाड़ियों और अन्य मोबाइल उपकरणों, जैसे कि वीयरएबल्स। निर्देश सेट में कम होने के कारण, उन्हें कम ट्रांजिस्टर की आवश्यकता होती है, जो इंटीग्रेटेड सर्किट (IC) के छोटे आकार को सक्षम करता है। एआरएम प्रॉसेसर्स, छोटे आकार की कठिनाई कम हो गई और कम बिजली खर्च उन्हें तेजी से छोटे उपकरणों के लिए उपयुक्त बनाता है। (चित्र 3.24)।

The ARM Cortex series of cores encompasses a very wide range of scalable performance options offering designers a great deal of choice and the opportunity to use the best-fit core for their application without being forced into a one-size-fits-all solution. The Cortex portfolio is split broadly into three main categories:

कोर के कोर कोर्टेक्स श्रृंखला में कई शानदार प्रदर्शन विकल्प शामिल हैं, जो डिजाइनरों को पसंद का एक बड़ा सौदा पेश करते हैं और एक–आकार–फिट–सभी समाधान एप्लीकेशन के लिए सर्वश्रेष्ठ–फिट कोर का उपयोग करने का अवसर प्रदान करते हैं। कोर्टेक्स पोर्टफोलियो को तीन मुख्य श्रेणियों में विभाजित किया गया है:

- Cortex-A application processor cores for a performance-intensive systems.
  कॉर्टेक्स–ए एप्लिकेशन प्रोसेसर एक प्रदर्शन–गहन प्रणाली के लिए कोर।

- Cortex-R high-performance cores for real-time applications.
  वास्तविक समय अनुप्रयोगों के लिए कॉर्टेक्स–आर उच्च–प्रदर्शन कोर।
- Cortex-M microcontroller cores for a wide range of embedded applications.
  एम्बेडेड अनुप्रयोगों की एक विस्तृत श्रृंखला के लिए कॉर्टेक्स–एम माइक्रोकंट्रोलर कोर।

Figure 3.24: ARM Microcontroller (एआरएम माइक्रोकंट्रोलर)

Features of ARM Microcontroller: (एआरएम माइक्रोकंट्रोलर की विशेषताएं:)

- ARM Processors (or Microcontrollers) are based on the Reduced Instruction Set Computer (RISC) architecture.
  एआरएम प्रोसेसर्स (या माइक्रोकंट्रोलर) रेडयूसड इंस्ट्रक्शन सेट कॉम्प्यूटर (RISC) आर्किटेक्चर पर आधारित हैं।
- ARM processors are available from small microcontrollers like the ARM7 series to the powerful processors like Cortex- A series that are used in today's smart phones.
  ARM प्रोसेसर, ARM7 सीरीज जैसे छोटे माइक्रोकंट्रोलर्स से लेकर Cortex- । सीरीज जैसे शक्तिशाली प्रोसेसर तक उपलब्ध हैं जो आज के स्मार्ट फोन में उपयोग किए जाते हैं।
- ARM based microcontrollers are advanced set of processors and hence for beginners, it might be a little difficult to understand.
  ARM आधारित माइक्रोकंट्रोलर प्रोसेसर का उन्नत सेट हैं और इसलिए शुरुआती लोगों के लिए, यह समझना थोड़ा मुश्किल हो सकता है।
- An ARM makes at 32-bit and 64-bit RISC multi-core processors.
  ARM 32–बिट और 64–बिट RISC मल्टी–कोर प्रोसेसर बनाता है।
- RISC processors are designed to perform a smaller number of types of computer instructions so that they can operate at a higher speed, performing extra millions of instructions per second (MIPS).
  RISC प्रोसेसर को कम संख्या में कंप्यूटर इंस्ट्रक्शन के लिए डिजाइन किया गया है ताकि वे प्रति सेकंड (MIPS) अतिरिक्त लाखों निर्देशों का प्रदर्शन करते हुए उच्च गति से संचालित हो सकें।
- Incorporate features of Berkeley RISC design - a large register file - a load/storearchitecture - uniform and fixed length instruction field - simple addressing mode.
  बर्कले RISC डिजाइन की विशेषताओं को शामिल करें – एक बड़ी रजिस्टर फाइल – एक लोड/स्टोर आर्किटेक्चर – एक समान और निश्चित लंबाई अनुदेश क्षेत्र – सिंपल एड्रेसिंग मोड।
- Based on Von Neumaan Architecture or Harvard Architecture.
  वॉन न्युमैन आर्किटेक्चर या हर–वर्ड आर्किटेक्चर पर आधारित है।

3.11.5 Renesas Microcontroller (रेनेसस माइक्रोकंट्रोलर)

Renesas is latest automotive microcontroller family that offers high performance feature with exceptionally low power consumption over a wide and versatile extend of items. This microcontroller offers rich functional security and embedded safety characteristics required for new and advanced automotive applications. The core structure of microcontroller CPU support high reliability and high performance requirements.

रेनेसा नवीनतम ऑटोमोटिव माइक्रोकंट्रोलर फैमिली है जो वस्तुओं की एक विस्तृत और बहुमुखी विस्तार पर असाधारण कम बिजली की खपत के साथ उच्च प्रदर्शन सुविधा प्रदान करता है। यह माइक्रो–नियंत्रक नए और उन्नत ऑटोमोटिव अनुप्रयोगों के लिए आवश्यक समृद्ध कार्यात्मक सुरक्षा और एम्बेडेड सुरक्षा विशेषताओं को प्रदान करता है। माइक्रोकंट्रोलर सीपीयू की मुख्य संरचना उच्च विश्वसनीयता और उच्च प्रदर्शन आवश्यकताओं का समर्थन करती है।

The Renesas microcontroller offering low power, high performance, modest packages and the largest range of memory sizes combined together with characteristics rich peripherals. (Figure 3.25).

रेनेसा माइक्रोकंट्रोलर कम शक्ति, उच्च प्रदर्शन, मामूली पैकेज और स्मृति आकार के लार्ग–एस्ट रेंज की पेशकश करता है, जो विभिन्न बाह्य उपकरणों के साथ संयुक्त होते हैं। (चित्र 3.25)।

Figure 3.25: Renesas Microcontroller (रेनेसस माइक्रोकंट्रोलर)

Renesas offers the most versatile microcontroller families in the world for example, RX family offers a many types devices with memory variants from 32K flash/4K RAM to an incredible 8M flash/512K RAM.

रेनेसा दुनिया में सबसे बहुमुखी माइक्रोकंट्रोलर फैमिली प्रदान करता है उदाहरण के लिए, आरएक्स परिवार 32K फ्लैश / 4K रैम से लेकर अविश्वसनीय 8M फ्लैश / 512K रैम तक कई प्रकार के डिवाइस प्रदान करता है।

Application of Renesas Microcontroller are Industrial automation, Communication applications, Motor control applications, Test and measurement, Medical applications.

रेनेसा माइक्रोकंट्रोलर के अनुप्रयोग औद्योगिक स्वचालन, संचार एप्लीकेशन, मोटर नियंत्रण अनुप्रयोग, टेस्ट और मे–इम्प्रेशन, चिकित्सा अनुप्रयोग हैं।

Features of the RX Microcontrollers:
(RX माइक्रोकंट्रोलर की विशेषताएं:)

- Low power consumption is realized using multi-core technology.
  मल्टी–कोर प्रौद्योगिकी का उपयोग करके कम बिजली की खपत का एहसास होता है।
- Support for 5V operation for industrial and appliance designs.
  औद्योगिक और उपकरण डिजाइन के लिए 5V संचालन के लिए समर्थन।
- Scalability from 48 to 145 pins and from 32KB to 1MB flash memory, with 8KB of data flash memory included.
  48K से 145 पिन और 32KB से 1MB फ्लैश मेमोरी तक स्केलेबिलिटी, जिसमें 8KB डेटा फ्लैश मेमोरी शामिल है।
- Integrated safety feature.
  एकीकृत सुरक्षा सुविधा।

3.12 Application of Microcontroller (माइक्रोकंट्रोलर की एप्लीकेशन)

If a device or an application involves measuring, storing, calculating, controlling or displaying information, then device contains a Microcontroller in it. Microcontrollers are used in automatically controlled products and devices, such as automobile engine control systems, implantable medical devices, remote controls, office machines, appliances, power tools, toys and other embedded systems. By reducing the size and cost compared to a design that uses a separate microprocessor, memory, and input/output devices, microcontrollers make it economical to digitally control even more devices and processes.

यदि किसी डिवाइस या एप्लिकेशन में सूचनाओं को मापना, भंडारण करना, गणना करना, नियंत्रित करना या प्रदर्शित करना शामिल है, तो डिवाइस में एक माइक्रोकंट्रोलर होता है। माइक्रोकंट्रोलर का उपयोग ऑटोमोबाइल–इंजन कंट्रोल सिस्टम, इम्प्लांटेबल मेडिकल डिवाइस, रिमोट कंट्रोल, ऑफिस मशीन, उपकरण, बिजली उपकरण, खिलौने और अन्य एम्बेडेड सिस्टम जैसे ऑटोमेटिक–सेंटी कंट्रोल उत्पादों और उपकरणों में किया जाता है। एक अलग माइक्रो–प्रोसेसर, मेमोरी और इनपुट / आउटपुट डिवाइस का उपयोग करने वाले डिजाइन की तुलना में आकार और लागत को कम करके, माइक्रोकंट्रोलर इसे और अधिक उपकरणों और प्रक्रियाओं को डिजिटल रूप से नियंत्रित करने के लिए किफायती बनाते हैं।

(a) In Automobiles Industry Microcontroller is used in cars for the purpose of engine control.
ऑटोमोबाइल्स इंडस्ट्री में माइक्रोकंट्रोलर का उपयोग कारों में इंजन नियंत्रण के उद्देश्य से किया जाता है।

(b) Consumer Electronics such as Digital Cameras, Video Camcorders, CD and DVD Players, Washing Machines, Ovens, etc., are loaded with Microcontrollers.
उपभोक्ता इलेक्ट्रॉनिक्स जैसे डिजिटल कैमरा, वीडियो कैमकोर्डर, सीडी और डीवीडी प्लेयर, वाशिंग मशीन, ओवन, आदि लोड किए जाते हैं माइक्रोकंट्रोलर्स के साथ।

(c) Microcontrollers are also used in test and measurement equipment like Multimeters, Oscilloscopes, Function Generators, etc.
माइक्रोकंट्रोलर्स का उपयोग परीक्षण और मेजरमेंट उपकरण जैसे मल्टीमीटर, ओस्सिलो–स्कोप, फंक्शन जेनरेशन, आदि में भी किया जाता है।

(d) Microcontrollers are also used in Printers, Routers, Modems, Keyboards, etc.
माइक्रोकंट्रोलर का उपयोग प्रिंटर, राउटर, मोडेम, कीबोर्ड आदि में भी किया जाता है।

(e) Microcontrollers are widely used in Light sensing and controlling devices like LED.
माइक्रोकंट्रोलर्स का व्यापक रूप से लाइट सेंसिंग और एलईडी जैसे उपकरणों को नियंत्रित करने में उपयोग किया जाता है।

(f) It is used in Temperature sensing and controlling devices like microwave oven, chimneys.
माइक्रोवेव ओवन, चिमनी जैसे तापमान संवेदन और कंट्रोल उपकरणों में इसका उपयोग किया जाता है।

(g) It is also used in fire detection and safety devices like Fire alarm.
इसका इस्तेमाल फायर डिटेक्शन और फायर अलार्म जैसे सुरक्षा उपकरणों में भी किया जाता है।

3.13 Embedded System (एंबेडेड सिस्टम)

An Embedded System is a combination of Hardware and Software. An embedded system can be an independent system or it can be a part of a large system. It is a microcontroller or microprocessor based system which is designed to perform a specific task. It is more of an application oriented system i.e., it is dedicated to perform a single task (Figure 3.26). For example, a fire alarm is an embedded system; it will sense only smoke.

एंबेडेड सिस्टम हार्डवेयर और सॉफ्टवेयर का एक संयोजन है। एम्बेडेड सिस्टम एक स्वतंत्र सिस्टम हो सकता है या यह एक बड़ी प्रणाली का एक हिस्सा हो सकता है। यह एक माइक्रोकंट्रोलर या माइक्रोप्रोसर आधारित प्रणाली है जिसे एक विशिष्ट कार्य करने के लिए डिजाइन किया गया है। यह एक अनुप्रयोग उन्मुख प्रणाली का अधिक है यानी, यह एक ही कार्य करने के लिए समर्पित है (चित्र 3.26)। उदाहरण के लिए, फायर अलार्म एक एम्बेडेड सिस्टम है; जो केवल धुआं समझेगा।

Starting from consumer electronics like Digital Cameras, DVD Players to high end and advanced systems like Flight Controllers and Missile Guidance Systems, embedded systems are popular and became an important part of our life.

डिजिटल इलेक्ट्रॉनिक्स जैसे डिजिटल कैमरा, डीवीडी प्लेयर से लेकर उच्च अंत और फ्लाइट कंट्रोलर और मिसाइल गाइडेंस सिस्टम जैसे उन्नत सिस्टम से शुरू होकर, एम्बेडेड सिस्टम लोकप्रिय हैं और हमारे जीवन का एक महत्वपूर्ण हिस्सा बन गए हैं।

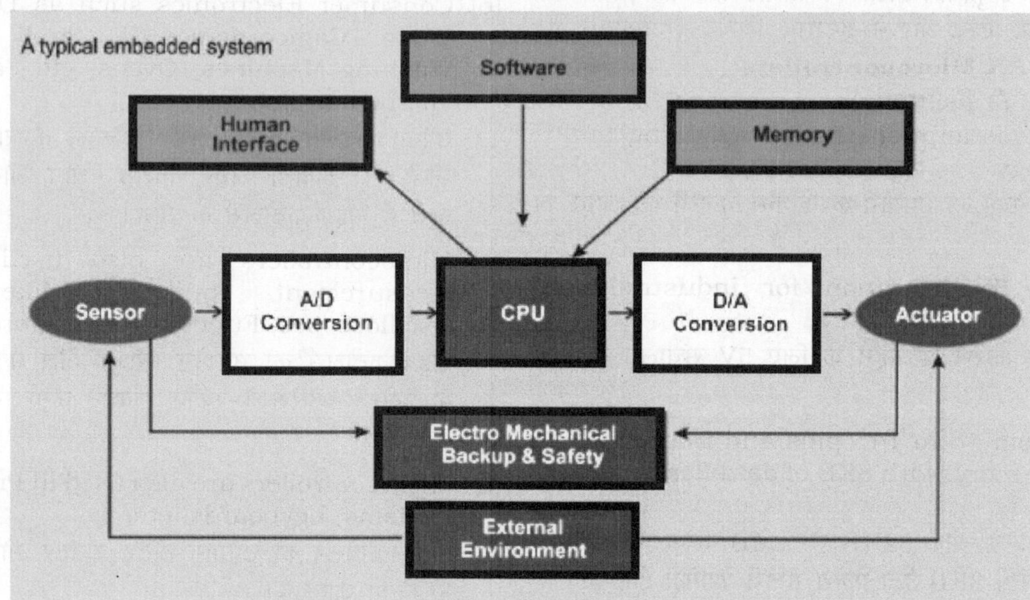

Figure 3.26: A typical Embedded System (एंबेडेड सिस्टम)

An embedded system as a Microcontroller based is software driven, reliable, real-time control system.
एक माइक्रोकंट्रोलर आधारित एक एम्बेडेड सिस्टम सॉफ्टवेयर संचालित, विश्वसनीय, वास्तविक समय कंट्रोल सिस्टम है।

3.13.1 Components of Embedded System (एंबेडेड सिस्टम के कॉम्पोनेन्ट)

An Embedded System consists of four main components. They are the Processor (Microprocessor or Microcontroller), Memory (RAM and ROM), Peripherals (Input and Output) and Software (Main program). Many Embedded Systems, usually small to medium scaled systems, generally consists of a Microcontroller as the main processor. With the help of a Microcontroller, the processor, memory and few peripherals will be integrated in to a single device.

एंबेडेड सिस्टम में चार मुख्य कॉम्पोनेन्ट हैं। वे प्रोसेसर (माइक्रोप्रोसेसर या माइक्रोकंट्रोलर), मेमोरी (रैम और रोम), पेरिफेरल्स (इनपुट और आउटपुट) और सॉफ्टवेयर (मुख्य कार्यक्रम) हैं। कई एंबेडेड सिस्टम, आमतौर पर मुख्य प्रोसेसर के रूप में एक माइक्रोकंट्रोलर होते हैं। एक माइक्रोकंट्रोलर की मदद से, प्रोसेसर, मेमोरी और कुछ बाह्य उपकरणों को एक डिवाइस में एकीकृत किया जाएगा।

Processor (प्रोसेसर)

The heart of an Embedded System is the Processor. Based on the functionality of the system, the processor can be anything like a General Purpose Processor, a Single Purpose Processor, an Application Specific Processor, a Microcontroller or an FPGA.

एंबेडेड सिस्टम का दिल प्रोसेसर है। सिस्टम की कार्यक्षमता के आधार पर, प्रोसेसर कुछ भी हो सकता है जैसे जनरल पर्पस प्रोसेसर, सिंगल पर्पस प्रोसेसर, एप्लीकेशन स्पेसिफिक प्रोसेसर, माइक्रोकंट्रोलर या FPGA।

Memory (मेमोरी)

Memory is another important part of an embedded system. It is divided in to RAM and ROM. Memory in an Embedded System ROM stores the main program and RAM stores the program variables and temporary data.

मेमोरी एक एम्बेडेड सिस्टम का एक महत्वपूर्ण हिस्सा है। यह RAM और ROM में विभाजित है। एंबेडेड सिस्टम रोम में मेमोरी मुख्य प्रोग्राम को स्टोर करता है और रैम प्रोग्राम वेरिएबल्स और अस्थायी डेटा को स्टोर करता है।

Peripherals (पेरिफेरल्स)

In order to communicate with the outside world or control the external devices, an Embedded System must have Input and Output Peripherals. Some of these peripherals include Input / Output Ports, Communication Interfaces, Timers and Counters, etc.
एक्सटर्नल दुनिया के साथ संवाद करने या एक्सटर्नल उपकरणों को नियंत्रित करने के लिए, एंबेडेड सिस्टम में इनपुट और आउटपुट पेरिफेरल होना चाहिए। इन एक्सटर्नल उपकरणों में से कुछ में इनपुट/आउटपुट पोर्ट, कम्युनिकेशन इंटरफेसेस, टाइमर और काउंटर्स आदि शामिल हैं।

Software (सॉफ्टवेयर)

All the hardware work according to the software (main program) written. Software part of an Embedded System includes initialization of the system, controlling inputs and outputs, error handling etc. It has Real Time Operating System (RTOS) that supervises the application software and provide mechanism to let the processor run a process as per scheduling by following a plan to control the latencies.
सभी हार्डवेयर, सॉफ्टवेयर (मुख्य प्रोग्राम) के अनुसार लिखे गए हैं। एंबेडेड सिस्टम के सॉफ्टवेयर भाग में सिस्टम का इनिशियलाइजेशन, इनपुट्स और आउटपुट्स को नियंत्रित करना, एरर हैंडलिंग आदि शामिल हैं। इसमें रियल टाइम ऑपरेटिंग सिस्टम (RTOS) है जो एप्लिकेशन सॉफ्टवेयर की निगरानी करता है और प्रोसेसर को शेड्यूलिंग के अनुसार प्रोसेस को चलने देने के लिए मैकेनिज्म प्रदान करता है। अक्षांशों को नियंत्रित करने की योजना।

3.13.2 Characteristics of an Embedded Systems (एंबेडेड सिस्टम के कैरेक्टरिस्टिक)

The important characteristics of an embedded systems are speed, size, power, reliability, accuracy, adaptability. Therefore, when the embedded system performs the operations at high speed, then it can be used for real-time applications. Different characteristics of Embedded system are discussed below:
एम्बेडेड सिस्टम की महत्वपूर्ण विशेषताएं गति, आकार, शक्ति, विश्वसनीयता, एक्यूरेसी, अनुकूलन क्षमता हैं। इसलिए, जब एम्बेडेड सिस्टम उच्च गति से संचालन करता है, तो इसका उपयोग वास्तविक समय के अनुप्रयोगों के लिए किया जा सकता है। एंबेडेड सिस्टम की संपीड़ित–विहीन विशेषताओं की चर्चा नीचे दी गई है:

(a) An embedded system usually performs a specialized operation and does the same repeatedly.
एम्बेडेड सिस्टम आमतौर पर एक स्पेशलाइज्ड ऑपरेशन करता है और वही रिपीट करता है।

(b) It must be of a size to fit on a single chip, must perform fast enough to process data in real time and consume low power to extend battery life.
यह एक चिप पर फिट होने के लिए एक आकार का होना चाहिए, वास्तविक समय में डेटा को संसाधित करने और बैटरी जीवन का विस्तार करने के लिए कम शक्ति का उपभोग करने के लिए पर्याप्त तेजी से प्रदर्शन करना चाहिए।

(c) Many embedded systems must continually react to changes in the system's environment and must compute certain results in real time without any delay.
कई एम्बेडेड सिस्टम को सिस्टम के वातावरण में परिवर्तन के लिए लगातार प्रतिक्रिया करनी चाहिए और बिना किसी देरी के वास्तविक समय में कुछ परिणामों की गणना करनी चाहिए।

(d) Dedicated to one task and run one specific program. The program is stored in ROM and generally does not change.
एक कार्य के लिए समर्पित है और एक विशिष्ट कार्यक्रम चलाते हैं। कार्यक्रम रोम में संग्रहीत किया जाता है और आम तौर पर बदलता नहीं है।

(e) Mobile embedded systems are used in portable embedded devices like cell phones, mobiles, digital cameras, mp3 players and personal digital assistants, etc. The basic limitation of these devices is the other resources and limitation of memory.
मोबाइल एम्बेडेड सिस्टम का उपयोग सेल फोन, मोबाइल, डिजिटल कैमरा, एमपी 3 प्लेयर और पर्सनल डिजिटल असिस्टेंट जैसे पोर्ट–ब्लीड एंबेडेड डिवाइस में किया जाता है। इन डिवाइसेज का बेसिक लिमिटेशन मेमोरी के अन्य संसाधन और सीमा है।

3.14 Real Time Embedded System (रियल टाइम एम्बेडड सिस्टम)

A real time embedded system is a type of computer system with timing constraints i.e. a system which responds to external events or input stimuli in a timely fashion (within finite and specified time).
रियल टाइम एम्बेडेड सिस्टम एक प्रकार का कंप्यूटर सिस्टम है जिसमें समय की कमी होती है यानी एक ऐसी प्रणाली जो एक्सटर्नल घटनाओं या इनपुट उत्तेजनाओं के लिए समय पर फैशन (परिमित और विशेषीकृत समय के भीतर) का जवाब देती है।

The two important characteristics of any real time embedded system are the real time embedded system must generate correct computational responses to the events (functional constraints) and the responses or results must be produced within a predefined time (timing constraints).
किसी भी वास्तविक समय एम्बेडेड प्रणाली की दो महत्वपूर्ण विशेषताएं हैं वास्तविक समय एम्बेडेड सिस्टम (कार्यात्मक बाधाओं) के लिए सही कम्प्यूटेशनल प्रतिक्रियाएं उत्पन्न करनी चाहिए और प्रतिक्रियाओं या परिणामों को पूर्वनिर्धारित समय (समय की कमी) के भीतर उत्पन्न करना चाहिए।

3.14.1 Types of Real Time Systems (रियल टाइम सिस्टम के प्रकार)

Real Time Systems are classified into two types. They are:
रियल टाइम सिस्टम को दो प्रकारों में वर्गीकृत किया गया है। वो हैं:

(a) Hard Real Time Systems (हार्ड रियल टाइम सिस्टम)

(b) Soft Real Time Systems (सॉफ्ट रियल टाइम सिस्टम)

Hard Real Time Systems (हार्ड रियल टाइम सिस्टम)

In Hard Real Time Systems, there is no flexibility in timing constraints i.e. they must meet all the deadlines, failing to do will result in a catastrophic consequences. A hard real time system must produce accurate responses to the events within specified time period. If either of them are not achieved i.e. if the response isn't accurate or if the response isn't delivered in right time, the result will be extremely catastrophic, like loss of life. For example, flight control systems, missile guidance systems, weapons defense system, etc.

हार्ड रियल टाइम सिस्टम में, समय की कमी में कोई फ्लेक्सिबिलिटी नहीं होता है यानी उन्हें सभी समयसीमाओं को पूरा करना होगा, ऐसा करने में विफल रहने के परिणामस्वरूप काटा–स्ट्रॉफिक परिणाम होंगे। एक कठिन वास्तविक समय प्रणाली को निर्दिष्ट समय अवधि के भीतर घटनाओं के लिए सटीक प्रतिक्रियाएं प्रदान करनी चाहिए। यदि दोनों में से कोई भी हासिल नहीं किया जाता है यानी यदि प्रतिक्रिया सही नहीं है या यदि प्रतिक्रिया सही समय पर वितरित नहीं की जाती है, तो परिणाम जीवन के नुकसान की तरह अत्यंत विनाशकारी होगा। उदाहरण के लिए, उड़ान नियंत्रण प्रणाली, मिसाइल मार्गदर्शन प्रणाली, हथियार रक्षा प्रणाली, आदि।

Soft Real Time Systems (सॉफ्ट रियल टाइम सिस्टम)

On the other hand, Soft Real Time Systems have some relaxation in meeting the deadlines i.e. the degree of tolerance is non-zero. A Soft Real Time System must produce response to an event within the deadline but with some flexibility in meeting the deadlines. Even if the response isn't delivered in the deadline (but delivered in acceptable limit), the result won't be catastrophic or failure in the system but will cost a delay in propagation. For example, set top boxes, DVD players, weather monitoring systems etc.

सॉफ्ट रियल टाइम सिस्टम को समय सीमा को पूरा करने में कुछ छूट है यानी सहिष्णुता की डिग्री गैर–शून्य है। एक सॉफ्ट रियल टाइम सिस्टम को समय सीमा के भीतर एक घटना के लिए प्रतिक्रिया का उत्पादन करना चाहिए, लेकिन समय सीमा को पूरा करने में कुछ फ्लेक्सिबिलिटी के साथ। भले ही प्रतिक्रिया समय सीमा में नहीं दी गई है (लेकिन स्वीकार्य सीमा में वितरित की गई है), परिणाम में विनाशकारी या विफलता नहीं होगी, लेकिन प्रचार में देरी होगी। उदाहरण के लिए, सेट टॉप बॉक्स, डीवीडी प्लेयर, वेदर मॉनिटरिंग सिस्टम आदि।

3.15 Microprocessor (माइक्रोप्रोसेसर)

A microprocessor is an Integrated Circuit (IC) that contains the Central Processing Unit (CPU) (Figure 3.27). For a microprocessor to work, it needs a bunch of supporting hardware that can be found on a mother board. The hardware includes memory, ICs for peripheral devices, etc. The main task of a microprocessor is to accept data as input from input devices then process this data according to the instructions and provide the result of these instructions as output through output devices.

माइक्रोप्रोसेसर एक इंटीग्रेटेड सर्किट (IC) होता है जिसमें सेंट्रल प्रोसेसिंग यूनिट (CPU) होता है (चित्र 3.27)। माइक्रोप्रोसेसर को काम करने के लिए, उसे सहायक हार्डवेयर का एक गुच्छा चाहिए जो एक मदर बोर्ड पर मिल सकता है। हार्डवेयर में मेमोरी शामिल है, परिधीय उपकरणों के लिए आईसी आदि। एक माइक्रोप्रोसेसर का मुख्य कार्य इनपुट उपकरणों से इनपुट के रूप में डेटा को स्वीकार करना है, फिर इस डेटा को निर्देशों के अनुसार जमा करना और इन निर्देशों का परिणाम आउटपुट डिवाइस के माध्यम से आउटपुट प्रदान करना है।

In the world of personal computers, the terms microprocessor and CPU are used interchangeably. A microprocessor (sometimes abbreviated μP) is a digital electronic component with miniaturized transistors on a single semiconductor Integrated Circuit (IC). One or more microprocessors typically serve as a Central Processing Unit (CPU) in a computer system or handheld device. Some examples of microprocessor are Pentium, i3, i5, i7, i9 etc.

पर्सनल कंप्यूटर की दुनिया में, माइक्रोप्रोसेसर और सीपीयू का उपयोग इंटरचेंजबली किया जाता है। माइक्रोप्रोसेसर (कभी–कभी संक्षिप्त रूप से μP) एक डिजिटल इलेक्ट्रॉनिक घटक होता है, जो एकल अध वृत्ताकार–टोर इंटीग्रेटेड सर्किट (IC) पर मिनीटाइज्ड ट्रांजिस्टर के साथ होता है। एक या एक से अधिक माइक्रोप्रोसेसर आमतौर पर एक कंप्यूटर सिस्टम या हैंडहेल्ड डिवाइस में सेंट्रल प्रोसेसिंग यूनिट (सीपीयू) के रूप में काम करते हैं। माइक्रोप्रोसेसर के कुछ उदाहरण पेंटियम, i3, i5, i7, i9 आदि हैं।

Figure 3.27: Microprocessor (माइक्रोप्रोसेसर)

3.16 Evolution of Microprocessor (माइक्रोप्रोसेसर का विकास)

The first microprocessor was the Intel 4004, introduced in 1971. The 4004 was not very powerful;

it was primarily used to perform simple mathematical operations in a calculator. The 4004 contained only 2300 transistors and performed 60,000 calculations per second.

पहला माइक्रोप्रोसेसर इंटेल 4004, 1971 में इंट्रोडयूसड किया गया था। 4004 बहुत शक्तिशाली नहीं था। यह मुख्य रूप से एक कैलकुलेटर में सरल गणितीय संचालन करने के लिए उपयोग किया जाता था। 4004 में केवल 2300 ट्रांजिस्टर थे और प्रति सेकंड 60,000 गणनाएं कीं।

> *Intel 4004, a 4-bit CPU released by Intel Corporation in 1971, is considered as the first commercial microprocessor.*
>
> इंटेल 4004, 1971 में इंटेल कॉर्पोरेशन द्वारा जारी 4–बिट सीपीयू को पहला कॉमर्शियल माइक्रोप्रोसेसर माना जाता है।

It was quickly succeeded by the 8008, which was twice as powerful. In 1978, Intel released the 16-bit 8086 processor. The 8088, also a 16-bit chip, followed less than a year later. The 8088 incorporated technologies designed to make it backwardcompatible with the 8-bit chips that were still in wide use at the time. IBM chose the 8088 chip to power their original Personal Computer. And so it was that IBM, Intel, and a little startup company called Microsoft brought computing to the masses. In the early 1990's, Intel released the i386 processor. The 386 was the first commercially available 32-bit microprocessor. For the first time, it made multitasking (running more than one program at a time) possible on desktop computers. The i486 added an onboard math coprocessor, improved data transfer, and an onboard memory cache, all of which were stunning advances in technology in that era. The Intel Pentium processor, released in 1993, was the first commercially available microprocessor capable of executing two instructions for every clock cycle. Later releases in the Pentium line revolutionized everything from the way data is moved about on the chips, to the way that multimedia content is handled. Those improvements have since been eclipsed, however, by Intel's line of multi-core, 64-bit processors, such as the popular Core(tm) series.

यह 8008 तक जल्दी से सफल हो गया, और शक्तिशाली था। 1978 में, इंटेल ने 16–बिट 8086 प्रोसेसर जारी किया। 8088, एक 16–बिट चिप भी, एक साल से भी कम समय के बाद। 888 बिट चिप्स के साथ इसे पीछे–संगत बनाने के लिए डिजाइन की गई 8088 औसत–रेटेड तकनीकें जो उस समय अभी भी व्यापक उपयोग में थीं। IBM ने अपने मूल पर्सनल कंप्यूटर को पावर देने के लिए 8088 चिप को चुना। और इसलिए यह था कि आईबीएम, इंटेल, और एक छोटी स्टार्टअप कंपनी, जिसे माइक्रोसॉफ्ट कहा जाता है, जनता तक कंप्यूटिंग लाती है। 1990 की शुरुआत में, इंटेल ने i386 प्रोसेसर जारी किया। 386 पहला व्यावसायिक रूप से उपलब्ध 32–बिट माइक्रोप्रोसेसर था। पहली बार, इसने मल्टीटास्किंग (एक समय में एक से अधिक प्रोग्राम चलाना) को डेस्कटॉप कम्प्यूटर्स पर संभव बनाया। I486 ने ऑनबोर्ड गणित के सह–प्रोसेसर, डेटा ट्रांसफर में सुधार और ऑनबोर्ड मेमोरी कैश को जोड़ा, ये सभी उस युग में प्रौद्योगिकी के क्षेत्र में आश्चर्यजनक प्रगति थे। 1993 में जारी इंटेल पेंटियम प्रोसेसर, प्रत्येक घड़ी चक्र के लिए दो निर्देशों को निष्पादित करने वाला पहला व्यावसायिक रूप से उपलब्ध माइक्रोप्रोसेसर केपेबल था। बाद में पेंटियम लाइन में रिलीज ने जिस तरह से मल्टी–मीडिया को संभाला है, चिप्स पर डेटा स्थानांतरित करने के तरीके से सब कुछ क्रांति कर दिया। उन सुधारों को तब से ग्रहण किया गया है, हालांकि, मल्टी–कोर के इंटेल की लाइन द्वारा, 64–बिट प्रोसेसर, जैसे कि पॉपुलर कोर (tm) श्रृंखला।

Today Intel has many major brands for mainstream consumer PC's, Core(tm) 2, Core(tm) i7 and Core(tm) i5. The Core 2 family was introduced in 2006 and is available in dual core (Core 2(tm) Duo) as well as quad core (Core 2(tm) Quad) configurations. Intel's Core 2 processors are offered with varying clock speeds, cache sizes and bus speeds. The Core i7 and Core i5 are based on what is known as the Nehalem architecture and are very different from the Core 2 based processors. (Figure 3.28 and 3.29).

आज इंटेल के पास मेन–स्ट्रीम उपभोक्ता पीसी, कोर (tm) 2, कोर (tm) i7 और कोर (tm) i5 के लिए कई प्रमुख ब्रांड हैं। कोर 2 परिवार 2006 में पेश किया गया था और यह दोहरे कोर (कोर 2 (tm) डुओ) के साथ–साथ क्वाड कोर (कोर 2 (tm) क्वाड) कॉन्फिगरेशन में उपलब्ध है। इंटेल के कोर 2 प्रोसेसर अलग–अलग घड़ी की गति, कैश आकार और बस गति के साथ पेश किए जाते हैं। कोर प7 और कोर प5 नेह्मल आर्किटेक्चर पर आधारित हैं और कोर 2 आधारित प्रो–सेसर्स से बहुत अलग हैं। (चित्र 3.28 और 3.29)।

Figure 3.28: Intel Core i5 processor (इंटेल कोर i5 प्रोसेसर)

Figure 3.29: Core i7 processor (कोर i7 प्रोसेसर)

3.17 Major Parts of Microprocessor (माइक्रोप्रोसेसर के मुख्य भाग)

The major parts of a microprocessor are: (Figure 3.30)
(एक माइक्रोप्रोसेसर के प्रमुख भाग हैं: (चित्र 3.30))

(a) Arithmetic Logical Unit (ALU) (अरिथमेटिक और लॉजिकल यूनिट (ALU))

(b) Control Unit (CU) (कंट्रोल यूनिट (CU))

These are further elaborated as follows: Arithmetic and Logic unit (ALU): The Arithmetic Logic Unit (ALU) of a computer system is the place where the actual execution of instructions takes place during the processing operation. To be more precise, all calculations are performed and all comparisons including logical are made in the ALU.

इन्हें और अधिक विस्तृत रूप से निम्न प्रकार से दिया गया है: अरिथमेटिक और लॉजिकल यूनिट (ALU): कंप्यूटर प्रणाली का अरिथमेटिक और लॉजिकल यूनिट (ALU) वह स्थान है जहाँ प्रसंस्करण संचालन के दौरान निर्देशों का वास्तविक निष्पादन होता है। अधिक सटीक होने के लिए, सभी गणनाएं की जाती हैं और ALU में लॉजिकल सहित सभी तुलनाएं की जाती हैं।

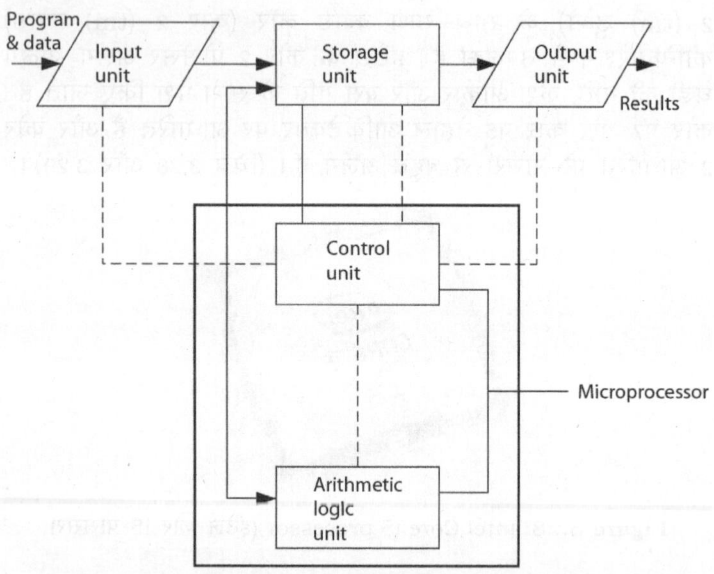

Figure 3.30: Major Parts of Microprocessor shown in thick black lined block (माइक्रोप्रोसेसर के प्रमुख भागों को मोटे काले लाइन वाले ब्लॉक में दिखाया गया है)

Control unit: Control Unit is responsible for controlling the entire functioning of the ALU. It receives instructions from the main memory and executes them after decoding. The timing and control signals are generated by this unit and sent to other units for execution of the program. It also transfers data between memory and input/output devices.

कंट्रोल यूनिट: ALU के संपूर्ण कामकाज को नियंत्रित करने के लिए कंट्रोल यूनिट जिम्मेदार है। यह मुख्य मेमोरी से निर्देश प्राप्त करता है और डिकोडिंग के बाद उन्हें निष्पादित करता है। इस इकाई द्वारा समय और नियंत्रण संकेत उत्पन्न होते हैं और कार्यक्रम के निष्पादन के लिए अन्य इकाइयों को भेजे जाते हैं। यह मेमोरी और इनपुट/आउट–पुट डिवाइसों के बीच डेटा ट्रांसफर भी करता है।

> *A microprocessor contains a Control Unit and an Arithmetic and Logic Unit (ALU). When main memory is added to a microprocessor, it forms a CPU.*
> माइक्रोप्रोसेसर में एक कंट्रोल यूनिट और एक अरिथमेटिक और लॉजिकल यूनिट (ALU) होती है। जब मुख्य मेमोरी को माइक्रोप्रोसेसर में जोड़ा जाता है, तो यह सीपीयू बनाता है।

3.18 Characteristics of Microprocessor (माइक्रोप्रोसेसर के वर्णसंकर)

Three basic characteristics of microprocessor are discussed below:

माइक्रोप्रोसेसर की तीन बुनियादी विशेषताओं पर नीचे चर्चा की गई है:

Instruction Set: The set of instructions that the microprocessor can execute are called instruction set.

निर्देश सेट: निर्देशों का वह सेट जो माइक्रोप्रोसेसर निष्पादित कर सकता है।

Word Length: The number of bits that a computer can manipulate or process at a time is called its word length. The commonly used word lengths are: 8, 16, 32 or 64 bits. It is a measure of the computing power of a computer. Computers with longer word lengths are more powerful. When you talk of a 32-bit computer, it means that its word length is 32 bits.

शब्द की लंबाई: एक समय में एक कंप्यूटिंग कि बिट्स की संख्या में हेरफेर या प्रक्रिया हो सकती है, जिसे इसकी शब्द लंबाई कहा जाता है। आमतौर पर इस्तेमाल किए जाने वाले शब्द की लंबाई है: 8, 16, 32 या 64 बिट्स। यह कंप्यूटर की कंप्यूटिंग शक्ति का एक माप है। अधिक लंबाई वाले कंप्यूटर अधिक शक्तिशाली होते हैं। जब आप 32–बिट कंप्यूटर की बात करते हैं, तो इसका मतलब है कि इसकी शब्द लंबाई 32 बिट्स है।

Clock Speed: In a computer, clock speed means the number of pulses per second generated by an oscillator that sets the number of times the processor processes and operates on data in a second. Clock speed is a measure of how quickly a computer completes basic computations and operations. Clock speed is generally measured in MHz (megahertz or million pulses per second) and GHz (gegahertz or billion pulses per second).

घड़ी की गति: एक कंप्यूटर में, घड़ी की गति का अर्थ है एक आस्किल्लातोर द्वारा उत्पन्न प्रति सेकंड दालों की संख्या जो प्रो–सिस्टर प्रक्रियाओं की संख्या को निर्धारित करती है और एक सेकंड में डेटा पर काम करती है। घड़ी की गति इस बात का माप है कि कंप्यूटर कितनी जल्दी बुनियादी संगणना और संचालन पूरा करता है। घड़ी की गति

आम तौर पर मेगाहर्ट्ज (मेगाहर्ट्ज या मिलियन पल्स प्रति सेकंड) और गीगाहर्ट्ज (गीगाहर्ट्ज या बिलियन दालों प्रति सेकंड) में मापा जाता है।

3.19 Classification of Microprocessors (माइक्रोप्रोसेसरों के वर्गीकरण)

Microprocessors are classified into different types on the basis of the number of bits of operations at a time. Based on bits of operation at a time, microprocessors are also classified into the following types:

माइक्रोप्रोसेसरों को एक समय में बिट्स के संचालन की संख्या के आधार पर विभिन्न प्रकारों में वर्गीकृत किया जाता है। एक समय में ऑपरेशन के बिट्स के आधार पर, माइक्रोप्रोसेसर को प्रकारों में वर्गीकृत किया जाता है:

3.19.1 8-Bit Microprocessor (8-बिट माइक्रोप्रोसेसर)

An 8-bit microprocessor can handle a combination of 8-bits at a time. These bits are formed by 0s and 1s such as 10011000, 01110001, etc. The most popular 8-bit microprocessor was Intel 8085. But such processors are now superceded by more powerful ones.

8–बिट माइक्रोप्रोसेसर एक बार में 8–बिट्स के संयोजन को संभाल सकता है। ये बिट्स 0s और 1s जैसे कि 10011000, 01110001, इत्यादि द्वारा बनते हैं। सबसे पॉपयुलर 8–बिट माइक्रोप्रोसेसर Intel 8085 था। लेकिन ऐसे प्रोसेसर अब अधिक शक्तिशाली लोगों द्वारा सुपरसीड किए जाते हैं।

3.19.2 16-Bit Microprocessor (16-बिट माइक्रोप्रोसेसर)

A 16-bit microprocessor manipulates 16 bits at a time. Thus, a 16 bit computer means that the word length of this computer is 16 bits and processor manipulates 16 bits of data. Examples of 16 bit microprocessor is Intel 80286.

16–बिट माइक्रोप्रोसेसर एक बार में 16 बिट्स में हेरफेर करता है। इस प्रकार, 16 बिट कंप्यूटर का अर्थ है कि इस कंप्यूटर की शब्द लंबाई 16 बिट्स है और प्रोसेसर 16 बिट्स डेटा को हेरफेर करता है। 16 बिट माइक्रोप्रोसेसर के उदाहरण इंटेल 80286 हैं।

3.19.3 32-Bit Microprocessor (32-बिट माइक्रोप्रोसेसर)

When you talk of a 32-bit computer, it means that its word length is 32 bits. The processor it uses is a 32-bit microprocessor. Some examples are Intel 80386, 80486, Intel Pentium, Celeron, AMD Sempron, etc. These types of microprocessors are widely used in PCs.

जब आप 32–बिट कंप्यूटर की बात करते हैं, तो इसका मतलब है कि इसकी शब्द की लंबाई 32 बिट्स है। इसका उपयोग करने वाला प्रोसेसर 32–बिट माइक्रोप्रोसेसर है। कुछ उदाहरण Intel 80386, 80486, Intel Pentium, Celeron, AMD Sempron, आदि हैं। इन प्रकार के माइक्रोप्रोसेसरों का व्यापक रूप से पीसी में उपयोग किया जाता है।

3.19.4 64-Bit Microprocessor (64-बिट माइक्रोप्रोसेसर)

64-bit microprocessors are used in powerful workstations and mini computers. An important 64-bit microprocessor based computer is DEC's Alpha Server. 64-bit microprocessors are mostly used in servers, minicomputers and high-end workstations. An example of 64-bit microprocessor is AMD Athlon. Operating systems such as Windows 7, Windows 8, Windows 10, Linux, BSD and Mac OS X also run on 64-bit microprocessor. These operating systems fully utilize the capabilities of such processors.

64–बिट माइक्रोप्रोसेसरों का उपयोग शक्तिशाली कार्यस्टेशन और मिनी कंप्यूटर में किया जाता है। 64–बिट माइक्रोप्रोसेसर आधारित एक महत्वपूर्ण कंप्यूटर डीईसी का अल्फा सर्वर है। 64–बिट माइक्रोप्रोसेसर का उपयोग ज्यादातर सर्वर, मिनिकोमेकपॉइंट और हाई–एंड वर्कस्टेशन में किया जाता है। 64–बिट माइक्रोप्रोसेसर का एक उदाहरण AMD Athlon है। ऑपरेटिंग सिस्टम जैसे विंडोज 7, विंडोज 8, विंडोज 10, लिनक्स, बीएसडी और मैक ओएस एक्स भी 64–बिट माइक्रोप्रोसेसर पर चलते हैं। ये ऑपरेटिंग सिस्टम ऐसे प्रोसेसर के कैपेबिलिटीज का पूरी तरह से उपयोग करते हैं।

Based on the instruction set, microprocessors are also classified into:

अनुदेश सेट के आधार पर, माइक्रोप्रोसेसरों को भी वर्गीकृत किया जाता है:

(a) CISC (Complex Instruction Set Computing): These types of processors are used in desktops, laptops and high end servers used in business.

CISC (कॉम्प्लेक्स इंस्ट्रक्शन सेट कंप्यूटिंग): इस प्रकार के प्रोसेसर डेस्कटॉप, लैपटॉप और व्यवसाय में उपयोग किए जाने वाले उच्च अंत सर्वर में उपयोग किए जाते हैं।

(b) RISC (Reduced Instruction Set Computing): These types of processors are commonly used in ovens, air conditioners, etc.

RISC (रिड्यूस्ड इंस्ट्रक्शन सेट कंप्यूटिंग): इस प्रकार के प्रोसेसर आमतौर पर उपयोग किए जाते हैं ओवन में, एयर कंडीशनर, आदि।

(c) EPIC (Explicitly Parallel Instruction Computing): It is a computer architecture that combines the best feature of RISC and CISC.

EPIC (एक्सप्लिसिटली पैरेलल इंस्ट्रक्शन कंप्यूटिंग): यह एक कंप्यूटर वास्तुकला है जो RISC और CISC की सबसे अच्छी विशेषता को जोड़ती है।

3.20 CISC

CISC stands for Complex Instruction Set Computer. CISC computers are designed with a full set of computer instructions as needed to give processing capabilities in the most efficient way. However, CISC processors are very complex and expensive to produce but they have large sized instruction sets and different variety of addressing modes. Therefore, such processors make the job of programmers easy in writing complex codes speedily.

CISC का मतलब कॉम्प्लेक्स इंस्ट्रक्शन सेट कॉमप्यूटर है। CISC कंप्यूटर को निर्देशों के एक पूरे सेट के साथ डिजाइन किया गया है, जो प्रसंस्करण क्षमताओं को सबसे कुशल तरीके से देने के लिए आवश्यक है। हालाँकि, CISC प्रोसेसर उत्पादन करने के लिए बहुत जटिल और महंगे हैं, लेकिन उनके पास बड़े आकार के निर्देश सेट और विभिन्न प्रकार के एड्रेसिंग मोड हैं। इसलिए, ऐसे प्रोसेसर तेजी से जटिल कोड लिखने में प्रोग्रामर का काम आसान बनाते हैं।

> *The Cyrix 6x86 supporting CISC architecture is a sixth-generation, 32-bit x86-compatible microprocessor. It was manufactured by IBM and SGSThomson.*
>
> CISC आर्किटेक्चर का समर्थन करने वाला सिरिक्स 6x86 एक छठी पीढ़ी, 32–बिट x86– संगत माइक्रोप्रोसेसर है। यह आईबीएम और SGS–थॉमसन द्वारा निर्मित किया गया था।

In CISC processor, a microprogram is executed for each instruction using the sequence of microinstructions. When a micro-instruction is executed, a set of control signals are produced for the execution of instruction. For each microinstruction, there is a microcode which is stored in the ROM. Thus, the availability of micro-code in a ROM enables checking of micro-instruction to be carried out more easily. If there is an error in any micro-instruction then the designer can change that micro-instruction in the ROM easily rather than changing the whole program instruction.

CISC प्रोसेसर में, माइक्रो–निर्देशों के अनुक्रम का उपयोग करके प्रत्येक निर्देश के लिए एक माइक्रोप्रोग्राम निष्पादित किया जाता है। जब एक सूक्ष्म–निर्देश निष्पादित किया जाता है, तो नियंत्रण संकेतों का एक सेट अनुदेश के निष्पादन के लिए उत्पन्न होता है। प्रत्येक माइक्रो–इंस्ट्रक्शन के लिए, एक माइक्रोकोड होता है जिसे रोम में संग्रहित किया जाता है। इस प्रकार, ROM में माइक्रो–कोड की उपलब्धता सूक्ष्म–निर्देश की जांच को अधिक आसानी से करने में सक्षम बनाती है। यदि किसी माइक्रो–इंस्ट्रक्शन में कोई त्रुटि है तो डिजाइनर पूरे प्रोग्राम इंस्ट्रक्शन को बदलने के बजाय आसानी से ROM में उस माइक्रो–इंस्ट्रक्शन को बदल सकता है। CISC प्रोसेसर में निम्नलिखित गुण होते हैं:

A CISC processor has the following properties:

CISC प्रोसेसर में अपेक्षाकृत बड़े इंस्ट्रक्शन सेट होते हैं।

(a) CISC processors have relatively large instruction sets.

CISC मशीनों में वैरिएबल–लेंथ इंस्ट्रक्शन प्रारूप होते हैं।

(b) CISC machines have variable-length instruction formats.

CISC मशीनों में कई एड्रेसिंग मोड्स का इस्तेमाल किया जाता है

(c) Many addressing modes are used in CISC machines

CISC मशीनें माइक्रोप्रोग्रामिंग का उपयोग करती हैं

(d) The CISC machines use microprogramming.

CISC मशीनें अधिक जटिल और कम कुशल हैं।

(e) CISC machines are more complex and less efficient.

CISC मशीनों में कम संख्या में सामान्य प्रयोजन के रजिस्टर कार्यरत हैं।

> *The micro-instructions of a microprogram in CISC based PC system are executed one by one, and in turn, the necessary control signals are produced in steps for the execution of an instruction.*
>
> CISC आधारित पीसी प्रणाली में एक माइक्रोप्रोग्राम के सूक्ष्म निर्देशों को एक–एक करके निष्पादित किया जाता है, और बदले में, आवश्यक नियंत्रण संकेतों को एक निर्देश के निष्पादन के लिए चरणों में प्रोड्स किया जाता है।

3.21 RISC

RISC refers to Reduced Instruction Set Computer. It is the opposite of CISC (Complex Instruction Set Computer). In this type of microprocessor, most of the instructions for computer processing are relatively simple and computers are designed to handle those simple instructions extremely fast.

RISC रेडियूसड इंस्ट्रक्शन सेट कंप्यूटर को संदर्भित करता है। यह CISC (कॉम्प्लेक्स इंस्ट्रक्शन सेट कंप्यूटर) के विपरीत है। इस प्रकार के माइक्रोप्रोसेसर में, कंप्यूटर प्रोसेसिंग के अधिकांश निर्देश अपेक्षाकृत सरल होते हैं और कंप्यूटर को उन सरल निर्देशों को बहुत तेजी से संभालने के लिए डिजाइन किया जाता है।

> *The term RISC was coined by David Patterson. He is also known as one of the innovators of the Redundant Arrays of Independent Disks (RAID) and Network of Workstations (NOW).*
>
> RISC शब्द डेविड पैटरसन द्वारा गढ़ा गया था। उन्हें स्वतंत्र डिस्क (RAID) और नेटवर्क ऑफ वर्कस्टेशंस (Now) के निरर्थक ऐरे के नवप्रवर्तकों में से एक के रूप में भी जाना जाता है।

RISC microprocessors are used extensively in high-end workstations and other expensive computer systems. Popular RISC microprocessor families include Sun Microsystems' SPARC (Scalar Processor ARChitecture), Intel's i860, and Motorola's 88000. A RISC processor has the following properties:

RISC माइक्रोप्रोसेसरों का उपयोग बड़े पैमाने पर उच्च अंत वाले वर्कस्टेशन और अन्य महंगे कंप्यूटर सिस्टम में किया जाता है। लोकप्रिय RISC माइक्रोप्रोसेसर फैमिली में सन माइक्रोसिस्टम्स SPARC (स्केलर

प्रोसेसर आरचिटक्चर), इंटेल का i860 और मोटोरोला का 88000 शामिल हैं। RISC प्रोसेसर में गुण हैं:

(a) RISC microprocessors have relatively small instruction sets
RISC माइक्रोप्रोसेसर में अपेक्षाकृत छोटे निर्देश सेट होते हैं

(b) RISC machines have fixed and easily decoded instruction formats.
RISC मशीनों ने फिक्स्ड और आसानी से डिकोड किए गए इंस्ट्रक्शन फॉरमेट हैं।

(c) Few addressing modes are used in RISC machines
RISC मशीनों में कुछ एड्रेसिंग मोड्स का उपयोग किया जाता है

(d) Hardwired controls are used in RISC machines
RISC मशीनों में कठोर नियंत्रण का उपयोग किया जाता है

(e) RISC machine is 5 to 10 times faster than a CISC machine.
RISC मशीन CISC मशीन की तुलना में 5 से 10 गुना तेज है।

(f) Several general-purpose registers are employed in RISC machines.
RISC मशीनों में कई सामान्य–उद्देश्य रजिस्टर कार्यरत हैं।

Software packages developed for RISC microprocessors provide a larger but simpler instruction set than software developed for CISC systems.

RISC माइक्रोप्रोससर के लिए विकसित सॉफ्टवेयर पैकेज CISC सिस्टम के लिए विकसित सॉफ्टवेयर की तुलना में एक बड़ा लेकिन सरल निर्देश प्रदान करते हैं।

3.22 EPIC

EPIC (Explicitly Parallel Instruction Computing) is a computer architecture that combines the best feature of RISC and CISC. A EPIC processor has the following properties:

ईपीआईसी (RISC) एक कंप्यूटर वास्तुकला है जो RISC और CISC की सबसे अच्छी विशेषता को जोड़ती है। EPIC प्रोसेसर में निम्नलिखित गुण होते हैं:

(a) EPIC does not use fixed with instruction, rather aims at parallel processing of instructions.
EPIC अनुदेश के साथ तय का उपयोग नहीं करता है, बल्कि इंस्ट्रक्शन सेट के समानांतर प्रसंस्करण का उद्देश्य है।

(b) Programs must be written using sequential semantics with explicitly laid out parallelism.
स्पष्ट रूप से निर्धारित समानता के साथ अनुक्रमिक शब्दार्थों का उपयोग करके कार्यक्रम लिखे जाने चाहिए।

(c) It uses a bundle of complex instructions that in addition to basic instruction also contain information on how to run the instruction in parallel with other instructions.
यह जटिल निर्देशों के एक बंडल का उपयोग करता है, जिसमें बुनियादी निर्देशों के अलावा अन्य निर्देशों के साथ पैरलल में निर्देश को कैसे चलाना है, इस पर भी इनफार्मेशन होता है।

3.23 Architecture of Microprocessor (माइक्रोप्रोसेसर का आर्किटेक्चर)

The architecture of microprocessor chip is a description of the physical layout of the various elements that form it. It directly affects how information and electrical current flows throughout the chip. A microprocessor can either have a CISC, or complex instruction set computer, architecture or a RISC, or reduced instruction set computer, architecture. The CISC architecture is more complex and has the ability to perform complex commands. The RISC architecture is simpler, smaller and faster. Microprocessor architecture has evolved from single core processors to multicore processors. Processors with two or more cores are faster because they can process multiple pieces of information simultaneously. The basic components of microprocessor architecture include:

माइक्रोप्रोसेसर चिप की वास्तुकला इसे बनाने वाले विभिन्न तत्वों के फिजिकल लेआउट का विवरण है। यह सीधे प्रभावित करता है कि पूरे चिप में इन्फार्मेशन और इलेक्ट्रिकल करंट कैसे बहता है। एक माइक्रोप्रोसेसर में CISC, या जटिल निर्देश सेट कंप्यूटर, आर्किटेक्चर या RISC हो सकता है, या कम निर्देश सेट कंप्यूटर, आर्किटेक्चर हो सकता है। CISC आर्किटेक्चर अधिक जटिल है और इसमें जटिल कमांड्स करने की क्षमता है। RISC आर्किटेक्चर सरल, छोटा और तेज है। माइक्रोप्रोसेसर आर्किटेक्चर एकल कोर प्रोसेसर से मल्टी–कोर प्रोसेसर तक विकसित हुआ है। दो या दो से अधिक कोर वाले प्रोसेसर तेज होते हैं क्योंकि वे एक साथ कई सूचनाओं को संसाधित कर सकते हैं। माइक्रोप्रोसेसर वास्तुकला के बुनियादी घटकों में शामिल हैं:

3.23.1 CPU

The CPU ("Central Processing Unit," synonymous with "microprocessor," or even simply "processor") is often referred to as the "brain" of the computer. It does the bulk of the processing and co-ordinates all of the other pieces of hardware so your computer works as it should do.

सीपीयू ("सेंट्रल प्रोसेसिंग यूनिट", "माइक्रोप्रोसेसर", या "प्रोसेसर") को अक्सर कंप्यूटर के "मस्तिष्क" के रूप में जाना जाता है। यह प्रसंस्करण के थोक करता है और हार्डवेयर के अन्य सभी टुकड़ों का समन्वय करता है, इसलिए आपका कंप्यूटर उसी तरह काम करता है जैसे उसे करना चाहिए।

A microprocessor is a computer processor which incorporates the functions of a computer's central processing unit (CPU) on a single integrated circuit (IC), or at most a few integrated circuits. A microprocessor is a controlling unit of a micro-computer, fabricated on a small chip capable of performing Arithmetic Logical Unit (ALU) operations and communicating with the other devices connected to it. The central processing unit is responsible for handling instructions passed to it by programs and input devices. The Arithmetic Logic Unit handles the arithmetic and logic functions. The Control Unit is responsible for processing instructions that come from the computer's memory and activating the other components of the computer.

माइक्रोप्रोसेसर एक कंप्यूटर प्रोसेसर है जो एक इंटीग्रटेड सर्किट (IC), या अधिकांश कुछ एकीकृत परिपथों पर कंप्यूटर की सेंट्रल प्रोसेसिंग यूनिट (CPU) के कार्यों को सम्मिलित करता है। माइक्रोप्रोसेसर एक माइक्रो–कंप्यूटर की नियंत्रित इकाई है, जिसे एक छोटे चिप कपैबले पर बनाया गया है। अरिथमेटिक लॉजिकल यूनिट (ALU) संचालन और इससे जुड़े अन्य उपकरणों के साथ संचार करना। सेंट्रल प्रोसेसिंग यूनिट और इनपुट उपकरणों द्वारा पारित निर्देशों को संभालने के लिए जिम्मेदार है। अरिथमेटिक और लॉजिकल यूनिट और लॉजिकल कार्यों को संभालती है। नियंत्रण इकाई उन निर्देशों को संसाधित करने के लिए जिम्मेदार है जो कंप्यूटर की मेमोरी से आती हैं और कंप्यूटर के अन्य घटकों को सक्रिय करती हैं।

3.23.2 Input/Output Devices (इनपुट/आउटपुट डिवाइस)

Inputting refers to the process of entering data into the computer. Outputting refers to the process of showing the information or data to the user. Input-output devices are also called as peripherals. The data is retrieved from memory or taken from an input device and the result of processing is stored in the memory or delivered to an appropriate output device, all as per the instructions.

इनपुटिंग से तात्पर्य कंप्यूटर में डेटा दर्ज करने की प्रक्रिया से है। आउटपुटिंग उपयोगकर्ता को सूचना या डेटा दिखाने के समर्थक उपकर को संदर्भित करता है। इनपुट–आउटपुट डिवाइस को बाह्य उपकरणों के रूप में भी कहा जाता है। डेटा को मेमोरी से पुनर्प्राप्त किया जाता है या इनपुट डिवाइस से लिया जाता है और प्रो–सेसिंग के परिणाम को मेमोरी में स्टोर किया जाता है या निर्देशों के अनुसार एक उपयुक्त आउटपुट डिवाइस तक पहुंचाया जाता है।

Input/output instructions are the instructions used for interacting with user, i.e., getting data from the user or showing data to the user through monitor or printer.

इनपुट/आउटपुट निर्देश उपयोगकर्ता के साथ बातचीत करने के लिए उपयोग किए जाने वाले निर्देश हैं, अर्थात, उपयोगकर्ता से डेटा प्राप्त करना या मॉनिटर या प्रिंटर के माध्यम से उपयोगकर्ता को डेटा दिखाना।

3.23.3 Memory (मेमोरी)

It stores both the instructions to be executed (i.e., the program) and the data involved. It usually consists of both RAMs (Random Access Memories) and ROMS (Read Only Memories).

यह निष्पादित किए जाने वाले निर्देशों (यानी, प्रोग्राम) और शामिल डेटा दोनों को संग्रहीत करता है। इसमें आमतौर पर रैम (रेंडम एक्सेस मेमोरी) और रोम (रीड ओनली मेमोरीज) दोनों होते हैं।

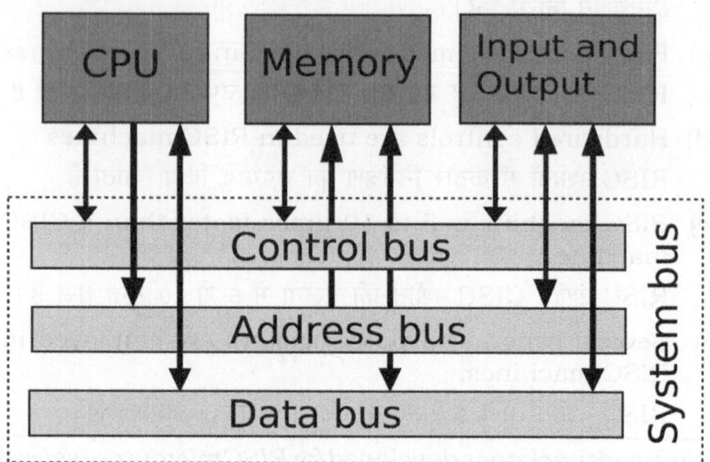

Figure 3.31: Architecture of Micoprocessor
(माइक्रोप्रोसेसर का आर्किटेक्चर)

3.24 Microprocessor Vs Microcontroller (माइक्रोप्रोसेसर बनाम माइक्रोकंट्रोलर)

The main reason for the development of microcontroller is to overcome the only drawback of the microprocessor. Even though microprocessors are powerful devices, they require external chips like RAM, ROM, Input/Output ports and other components in order to design a complete working system. This made it economically difficult to develop computerized consumer appliances on a large scale as the system cost is very high.

माइक्रोकंट्रोलर के विकास का मुख्य कारण माइक्रोप्रोसेसर के एकमात्र दोष को दूर करना है। हालांकि माइक्रोप्रोसेसर शक्तिशाली उपकरण हैं, फिर भी उन्हें एक्सटर्नल चिप्स की आवश्यकता होती है। रैम, रोम, इनपुट/आउटपुट पोर्ट और अन्य कंपोनेंट्स एक पूर्ण कार्य प्रणाली को डिजाइन करने के लिए। इससे बड़े पैमाने पर कम्प्यूटरीकृत उपभोक्ता उपकरणों को विकसित करना आर्थिक रूप से कठिन हो गया क्योंकि सिस्टम की लागत बहुत अधिक है।

Table 3.1 Comparison of Microprocessor and Microcontroller
(टेबल 3.1: माइक्रोप्रोसेसर और माइक्रोकंट्रोलर की तुलना)

Microprocessor (माइक्रोप्रोसेसर)	Microcontroller (माईक्रोकंट्रोलर)
Microprocessor assimilates the function of a Central Processing Unit (CPU) on to a single Integrated Circuit (IC). माइक्रोप्रोसेसर एक इंटीग्रेटेड सर्किट (IC) पर सेंट्रल प्रोसेसिंग यूनिट (CPU) के कार्य को आत्मसात करता है।	Microcontroller can be considered as a small computer which has a processor and some other components in order to make it a computer. माइक्रोकंट्रोलर को एक छोटा कंप्यूटर माना जा सकता है जिसमें एक प्रोसेसर और कुछ अन्य घटक होते हैं ताकि इसे कंप्यूटर बनाया जा सके।
Microprocessors are mainly used in designing general purpose systems from small to large and complex systems like super computers. माइक्रोप्रोसेसरों का उपयोग मुख्य रूप से सामान्य प्रयोजन प्रणालियों को छोटे से बड़े और सुपर कंप्यूटर जैसे जटिल सिस्टम को डिजाइन करने में किया जाता है।	Microcontrollers are used in automatically controlled devices. माइक्रोकंट्रोलर्स का उपयोग स्वचालित रूप से नियंत्रित उपकरणों में किया जाता है।
Microprocessor is heart of computer system. माइक्रोप्रोसेसर कंप्यूटर सिस्टम का दिल है।	Microcontroller is a heart of embedded system. माइक्रोकंट्रोलर एम्बेडेड सिस्टम का दिल है।
Memory and I/O components have to be connected externally. मेमोरी और I/O घटकों को एक्सटर्नली जोड़ा जाना है।	Micro controller has external processor along with internal memory and I/O components. माइक्रो कंट्रोलर में इंटरनल मेमोरी और I/O कंपोनेंट्स के साथ एक्सटर्नल प्रोसेसर होता है।
Since memory and I/O has to be connected externally, the circuit becomes large. मेमोरी और I/O को एक्सर्टनल रूप से जुड़ा होना है, इसलिए सर्किट बड़ा हो जाता है।	Since memory and I/O are present internally, the circuit is small. मेमोरी और I/O आंतरिक रूप से मौजूद हैं, इसलिए सर्किट छोटा है।
Cannot be used in compact systems and hence inefficient. कॉम्पैक्ट सिस्टम में उपयोग नहीं किया जा सकता है और इसलिए अक्षम है।	Can be used in compact systems and hence it is an efficient technique. कॉम्पैक्ट सिस्टम में इस्तेमाल किया जा सकता है और इसलिए यह एक कुशल तकनीक है।
The overall cost of a system built using a micro-processor is high. This is because of the require-ment of external components. एक माइक्रोप्रोसेसर का उपयोग करके निर्मित प्रणाली की समग्र लागत अधिक है। इसे एक्सटर्नल घटकों की आवश्यकता के कारण है।	Cost of a system built using a microcontroller is less as all the components are readily available. एक माइक्रोकंट्रोलर का उपयोग करके बनाए गए सिस्टम की लागत कम है क्योंकि सभी घटक आसानी से उपलब्ध हैं।
Due to external components, the entire power consumption is high. Hence it is not suitable to used with devices running on stored power like batteries. बाहरी घटकों के कारण, संपूर्ण बिजली की खपत अधिक होती है। इसलिए यह बैटरी जैसी संग्रहीत शक्ति पर चलने वाले उपकरणों के साथ उपयोग करने के लिए उपयुक्त नहीं है।	Since external components are low, total power consumption is less and can be used with devices running on stored power like batteries. चूंकि एक्सर्टनल घटक कम हैं, कुल बिजली की खपत कम है और इसका उपयोग बैटरी जैसी संग्रहित शक्ति पर चलने वाले उपकरणों के साथ किया जा सकता है।
Most of the microprocessors do not have power saving features. अधिकांश माइक्रोप्रोसेसर में बिजली की बचत की सुविधाएँ नहीं होती हैं।	Most of the microcontrollers have power saving modes like idle mode and power saving mode. This helps to reduce power consumption even further. अधिकांश माइक्रोकंट्रोलर्स में निष्क्रिय मोड और पावर सेविंग मोड जैसे पावर सेविंग मोड होते हैं। इससे बिजली की खपत को और भी कम करने में मदद मिलती है।

Since memory and I/O components are all external, each instruction will need external operation, hence it is relatively slower. चूंकि मेमोरी और I/O घटक सभी एक्सर्टनल हैं, प्रत्येक निर्देश को एक्सर्टनल ऑपरेशन की आवश्यकता होगी, इसलिए यह अपेक्षाकृत धीमी है।	Since components are internal, most of the operations are internal instruction, hence speed is fast. चूंकि घटक आंतरिक हैं, इसलिए अधिकांश ऑपरेशन आंतरिक निर्देश हैं, इसलिए गति तेज है।
Microprocessor have less number of registers, hence more operations are memory based. माइक्रोप्रोसेसर में रजिस्टर की संख्या कम होती है, इसलिए अधिक संचालन मेमोरी आधारित होते हैं।	Microcontroller have more number of registers, hence the programs are easier to write. माइक्रोकंट्रोलर में रजिस्टर की संख्या अधिक होती है, इसलिए प्रोग्राम लिखना आसान होता है।
Microprocessors are based on von Neumann model/ architecture where program and data are stored in same memory module. माइक्रोप्रोसेसर वॉन न्यूमैन मॉडल/आर्किटेक्चर पर आधारित होते हैं जहां प्रोग्राम और डेटा को एक ही मेमोरी मॉड्यूल में संग्रहीत किया जाता है।	Microcontrollers are based on Harvard architecture where program memory and Data memory are separate. माइक्रोकंट्रोलर हार्वर्ड आर्किटेक्चर पर आधारित हैं जहां प्रोग्राम मेमोरी और डेटा मेमोरी अलग–अलग हैं।
Computational capacity of microprocessor is very high. Hence can perform complex tasks. माइक्रोप्रोसेसर की कम्प्यूटेशनल क्षमता बहुत अधिक है। इसलिए जटिल कार्य कर सकते हैं।	Less computational capacity when compared to microprocessors. Usually used for simpler tasks. माइक्रोप्रोसेसर की तुलना में कम कम्प्यूटेशनल क्षमता है। आमतौर पर सरल कार्यों के लिए उपयोग किया जाता है।
Microprocessors have integrated Math Coprocessor. Complex mathematical calculations which involve floating point can be performed with great ease. माइक्रोप्रोसेसर ने मैथ कोप्रोसेसर को एकीकृत किया है। जटिल गणितीय गणना जिसमें फ्लोटिंग पॉइंट शामिल होता है, उसे बड़ी आसानी से किया जा सकता है।	Microcontrollers do not have math coprocessors. They use software to perform floating point calcuwhich lations which slows down the device. However, some recent designs do include an FPU and DSP optimized features. माइक्रोकंट्रोलर्स के पास गणित सहसंसाधक नहीं होते हैं। वे सॉफ्टवेयर का उपयोग फ्लोटिंग पॉइंट गणना करने के लिए करते हैं जो डिवाइस को धीमा कर देता है। हालांकि, कुछ हालिया डिजाइनों में एक FPU और DSP अनुकूलित सुविधाएँ शामिल हैं।
The main task of microprocessor is to perform the instruction cycle repeatedly. This includes fetch, decode and execute. माइक्रोप्रोसेसर का मुख्य कार्य निर्देश चक्र को बार–बार करना है। इसमें फेच, डिकोड और निष्पादित शामिल हैं।	In addition to performing the tasks of fetch, decode and execute, a microcontroller also confetch, trols its environment based on the output of the instruction cycle. फिंच, डिकोड और निष्पादित करने के कार्यों को करने के अलावा, एक माइक्रोकंट्रोलर भी निर्देश चक्र के उत्पादन के आधार पर अपने पर्यावरण को नियंत्रित करता है।

REVIEW QUESTIONS WITH ANSWERS (रिव्यू प्रश्न और उत्तर)

A. Multiple Choice Questions (बहुविकल्पीय प्रश्न)

1. Sensors can be:
   a. Temperature b. Light
   c. Motion d. All of the above

   सेंसर हो सकते हैं:
   क. टेम्परेचर
   ख. लाउड
   ग. मोशन
   घ. ऊपर के सभी

2. Actuators can be:
   a. Displays b. Motors
   c. Sound d. All of the above

   एक्ट्यूएटर्स हो सकते हैं:
   क. डिस्प्ले ख. मोटर्स
   ग. ध्वनि घ. ऊपर के सभी

3. Examples of sensors are:
   a. Gas sensor b. Water quality sensor
   c. Moisture sensor d. All of these

सेंसर के उदाहरण हैं:

क. गैस सेंसर

ख. पानी की गुणवत्ता सेंसर

ग. नमी सेंसर

घ. ऊपर के सभी

4. Different kinds of signals are:
   a. Mechanical, Thermal
   b. Magnetic, Electric
   c. Chemical, Radiation
   d. All of the above

   विभिन्न प्रकार के सिग्नल हैं:

   क. मैकेनिकल, थर्मल

   ख. मैग्नेटिक, इलेक्ट्रिक

   ग. केमिकल, विकिरण

   घ. ऊपर के सभी

5. ________ actuators use pressurized oil that is incompressible.
   a. Hydraulic
   b. Pneumatic
   c. Both (a) and (b)
   d. None of these

   ________ एक्ट्यूएटर्स प्रेसर वाले तेल का उपयोग करते हैं जो कि इंप्रेसिबल है।

   क. हाइड्रोलिक

   ख. पनुमातिक

   ग. (क) और (ख) दोनों

   घ. इनमें से कोई नहीं

B. State True or False for the following: (निम्नलिखित कथन सही हैं या गलत)

1. A sensor is not a machine.
   सेंसर मशीन नहीं है।
2. IoT devices and systems include sensors that track and measure activity in the world.
   IoT उपकरणों और प्रणालियों में सेंसर शामिल हैं जो दुनिया में गतिविधि को ट्रैक और मापते हैं।
3. A sensor may not be a transducer.
   सेंसर ट्रांसड्यूसर नहीं हो सकता है।
4. Sensor is input devices while the actuator is output devices.
   सेंसर इनपुट डिवाइस है जबकि एक्चुएटर आउटपुट डिवाइस है।
5. Electrical switches are the choice of actuators for most of the on-off type control action.
   इलेक्ट्रिकल स्विच अधिकांश ऑन–ऑफ कंट्रोल के लिए एक्चुएटर्स की पसंद हैं।

C. Match the following: (निम्नलिखित का मिलान करें:)

1. Movement Sensor मूवमेंट सेंसर	a. Collect data from the environment पर्यावरण से डेटा एकत्र करें
2. A transducer ट्रांसड्यूसर	b. Give out data to its surrounding इसके आसपास के डेटा को बाहर दे
3. Sensors सेंसर	c. Accelerometer एक्सेलेरोमीटर
4. Communication interfaces कम्यूनिकेशन इंटरफेस	d. Energy converter एनर्जी कनवर्टर
5. Tagging Things टैगिंग थिंग्स	e. Sensor needs a power supply सेंसर को बिजली की आपूर्ति की आवश्यकता होती है

D. Fill in the blanks (रिक्त स्थान भरें)

1. ________ act as primary devices to collect data from the environment.
   ________ पर्यावरण से डेटा एकत्र करने के लिए प्राथमिक उपकरणों के रूप में कार्य करता है।
2. Sensors main purpose is to collect data from its surrounding and ______ give out data to its surrounding.
   सेंसर का मुख्य उद्देश्य अपने आसपास से डेटा एकत्र करना है और ________ अपने आसपास के डेटा को बाहर करता है।
3. A ________ is a device which converts signals from one form to another.
   ________ उपकरण है जो संकेतों को एक रूप से दूसरे रूप में परिवर्तित करता है।
4. ________ actuators use air under pressure that is most suitable for low to medium force, short stroke, and high-speed applications.
   ________ एक्ट्यूएटर्स दबाव के तहत हवा का उपयोग करते हैं जो मध्यम बल, कम स्ट्रोक और उच्च गति वाले अनुप्रयोगों के लिए सबसे उपयुक्त है।
5. ________ actuators are typically installed in engines, where they open and close different valves.
   ________ एक्चुएटर्स आमतौर पर इंजनों में स्थापित किए जाते हैं, जहाँ वे विभिन्न वाल्व को ओपन और क्लोज्ड करते हैं।

Answers (उत्तर)

A.	1. d	2. d	3. d	4. d	5. a
B.	1. T	2. T	3. T	4. T	5. T
C.	1. c	2. d	3. a	4. e	5. b
D.	1. Sensors 3. Transducer 5. Electric		2. Actuators 4. Pneumatic		

SHORT ANSWER QUESTIONS (शॉर्ट प्रश्न और उत्तर)

1. Write short notes on the following:
निम्नलिखित पर छोटे लिखें:

(a) Microcontrollers (माइक्रोकंट्रोलर्स)
(b) Microprocessors (माइक्रोप्रोसेसर)
(c) DC Motors (DC मोटर्स)
(d) Embedded System (एम्बेडेड सिस्टम)
(e) Sensor (सेंसर)

Ans. (a) Microcontrollers (embedded processors) are processors (or specialized microprocessors) that have many peripherals to interact with real-world sensors and actuators. Microcontrollers are typically employed in scenarios that must have low power consumption, operate fan-less, thus must have low power dissipation. Also, often micro-controllers run relatively simpler set of instructions.

माइक्रोकंट्रोलर (एम्बेडेड प्रोसेरार) प्रोसेरार (विशेष माइक्रोप्रोसेसर) होते हैं जिनमें वास्तविक दुनिया सेंसर और एक्चुएटर्स के साथ इंटरैक्ट करने के लिए कई परिधीय होते हैं। माइक्रोकंट्रोलर आम तौर पर उन परिदृश्यों में नियोजित होते हैं जिनमें कम बिजली की खपत होती है, पंखे का संचालन होता है, इस प्रकार कम बिजली अपव्यय होना चाहिए। इसके अलावा, अक्सर सूक्ष्म नियंत्रक अपेक्षाकृत सरल निर्देशों का सेट चलाते हैं।

(b) Microprocessors (Application processors) usually are for general-purpose applications, and rarely have many peripheral interconnect options. They target high performance applications, focus on computational power, and thus come with multiple level of caches, have very high clock speeds, have less to worry about power dissipation and power consumption. Often, they have little or no onboard RAM.

माइक्रोप्रोसेसर (एप्लिकेशन प्रोसेसर) आमतौर पर सामान्य प्रयोजन के अनुप्रयोगों के लिए होते हैं, और शायद ही कभी कई परिधीय इंटरकनेक्ट विकल्प होते हैं। वे उच्च–प्रदर्शन अनुप्रयोगों को लक्षित करते हैं, कम्प्यूटेशनल शक्ति पर ध्यान केंद्रित करते हैं, और इस तरह कई स्तरों के कैश के साथ आते हैं, बहुत अधिक गति होती है, बिजली अपव्यय और बिजली की खपत के बारे में चिंता करने के लिए कम है। अक्सर, उनके पास बहुत कम या रैम नहीं होता है।

(c) DC motors, which move at variable speeds. In DC motors, the coil of wire (rotor) assembly rotates in an attempt to align itself with the stator assembly but is prevented by a part known as the commutator. At the precise moment, the commutator switches the rotor field while the stator assembly remains stationary. This provides the means to control speed and positioning.

DC मोटर्स, जो वेरिएबल गति पर चलते हैं। DC मोटर्स में, वायर (रोटर) असेंबली का तार स्टेटर असेंबली के साथ खुद को संरेखित करने के प्रयास में घूमता है, लेकिन कम्यूटेटर के रूप में जाना जाने वाले भाग द्वारा रोका जाता है। सटीक समय पर, कम्यूटेटर रोटर फील्ड को स्विच करता है जबकि स्टेटर असेंबली स्थिर रहती है। यह गति और स्थिति को नियंत्रित करने के लिए साधन प्रदान करता है।

(d) An embedded system can be thought of as a computer hardware system having software embedded in it. An embedded system can be an independent system or it can be a part of a large system. An embedded system is a microcontroller or microprocessor based system which is designed to perform a specific task. For example, a fire alarm is an embedded system; it will sense only smoke.

एम्बेडेड सिस्टम को एक कंप्यूटर हार्डवेयर सिस्टम के रूप में माना जा सकता है, जिसमें सॉफ्टवेयर एम्बेडेड है। एम्बेडेड सिस्टम एक इंडिपेंडेंट सिस्टम हो सकता है या यह एक बड़ी सिस्टम का एक हिस्सा हो सकता है। एम्बेडेड सिस्टम एक माइक्रोकंट्रोलर या माइक्रोप्रोसेसर–आधारित सिस्टम है जिसे एक विशिष्ट कार्य करने के लिए डिजाइन किया गया है। उदाहरण के लिए, फायर अलार्म एक एम्बेडेड सिस्टम है, यह केवल धुआं समझेगा।

(e) The sensor can be defined as a device which can be used to sense/detect the physical quantity like force, pressure, strain, light etc and then convert it into desired output like the electrical signal to measure the applied physical quantity.

सेंसर को एक उपकरण के रूप में परिभाषित किया जा सकता है जिसका उपयोग फिजिकल मात्रा जैसे फोर्स, दबाव, तनाव, प्रकाश, आदि का पता लगाने के लिए किया जा सकता है, और फिर इसे फिजिकल मात्रा को मापने के लिए विद्युत संकेत की तरह वांछित आउटपुट में परिवर्तित किया जा सकता है।

2. Write short note on Thermistor.
थर्मिस्टर पर एक नोट लिखें।

Ans. A thermistor can be used to detect the variation in temperature. It has a negative temperature coefficient that means when the temperature increases the resistance decreases. So, the thermistor's resistance can be varied with the rise in temperature which causes more current flow through it. This change in current flow can be used to determine the amount of change in temperature. An application for thermistor is, it is used to detect the rise in temperature and control the leakage current in a transistor circuit which helps in maintaining its stability. Thermistor is used to control the DC fan automatically.

तापमान में भिन्नता का पता लगाने के लिए थर्मिस्टर का उपयोग किया जा सकता है। इसका एक नेगेटिव तापमान गुणांक है जिसका मतलब है कि जब तापमान बढ़ता है तो प्रतिरोध कम हो जाता है। इसलिए, थर्मिस्टर का प्रतिरोध तापमान में वृद्धि के साथ भिन्न हो सकता है जो इसके माध्यम से अधिक वर्तमान प्रवाह का कारण बनता है। वर्तमान प्रवाह में इस परिवर्तन का उपयोग तापमान में परिवर्तन की मात्रा निर्धारित करने के लिए किया जा सकता है। थर्मिस्टर के लिए एक आवेदन है, इसका उपयोग तापमान में वृद्धि का पता लगाने और एक ट्रांजिस्टर सर्किट में करंट चालू को नियंत्रित करने के लिए किया जाता है जो इसकी स्थिरता बनाए रखने में मदद करता है। एक थर्मिस्टर का उपयोग डीसी प्रशंसक को स्वचालित रूप से नियंत्रित करने के लिए किया जाता है।

3. Differentiate between Microprocessor and Microcontroller.
माइक्रोप्रोसेसर और माइक्रोकंट्रोलर के बीच अंतर बताए।

Ans. Difference between Microprocessor and Microcontroller are: (माइक्रोप्रोसेसर और माइक्रोकंट्रोलर के बीच अंतर है:)

- Microprocessor widely used in the computer system. And microcontroller is used in embedded system.
  माइक्रोप्रोसेसर का व्यापक रूप से कंप्यूटर सिस्टम में उपयोग किया जाता है। माइक्रोकंट्रोलर का उपयोग एक एम्बेडेड सिस्टम में किया जाता है।
- Microprocessor is used in Personal Computers whereas Micro Controller is used in an embedded system.
  माइक्रोप्रोसेसर का उपयोग पर्सनल कंप्यूटर में किया जाता है जबकि माइक्रो नियंत्रक का उपयोग एक एम्बेडेड सिस्टम में किया जाता है।
- The microprocessor uses Von Neumann architecture where data and program present in the same memory module. The microcontroller uses Harvard architecture. In this module, data and program get stored in separate memory.
  माइक्रोप्रोसेसर वॉन न्यूमैन आर्किटेक्चर का उपयोग करता है जहां डेटा और प्रोग्राम एक ही मेमोरी मॉड्यूल में प्री–एंट्री करते हैं। सूक्ष्म नियंत्रक हार्वर्ड वास्तुकला का उपयोग करता है। इस मॉड्यूल में, डेटा और प्रोग्राम एक अलग मेमोरी में स्टोर हो जाते हैं।
- Microprocessor requires external components to operate. So, the Cost of the microprocessor is higher than the microcontroller.
  माइक्रोप्रोसेसर को संचालित करने के लिए एक्सटनल घटकों की आवश्यकता होती है। तो, माइक्रोप्रोसेसर की लागत माइक्रोकंट्रोलर से अधिक है।
- Microprocessor consists of only a Central Processing Unit, whereas Micro Controller contains a CPU, Memory, I/O all integrated into one chip.
  माइक्रोप्रोसेसर में केवल एक सेंट्रल प्रोसेसिंग यूनिट होती है, जबकि माइक्रो कंट्रोलर में एक सीपीयू, मेमोरी, I/O सभी एक चिप में एकीकृत होते हैं।
- Microprocessor uses an external bus to interface to RAM, ROM, and other peripherals, on the other hand, Microcontroller uses an internal controlling bus.
  माइक्रोप्रोसेसर एक एक्सटनल बस का उपयोग रैम, रॉम और अन्य परिधीयों का सामना करने के लिए करता है, दूसरी ओर, माइक्रोकंट्रोलर एक आंतरिक नियंत्रण बस का उपयोग करता है।
- Microprocessor is complicated and expensive, with a large number of instructions to process but Microcontroller is inexpensive and straightforward with fewer instructions to process.
  माइक्रोप्रोसेसर जटिल और महंगी है, जिसमें बड़ी संख्या में प्रक्रिया करने के लिए निर्देश हैं लेकिन माइक्रोकंट्रोलर कम और प्रक्रिया के लिए कम निर्देशों के साथ काम करता है।

4. What are the application areas of Microprocessors?
माइक्रोप्रोसेसरों के एप्लीकेशन एरियाज क्या हैं?

Ans. Microprocessors are mainly used in devices like:
माइक्रोप्रोसेसरों का उपयोग मुख्य रूप से उपकरणों में किया जाता है जैसे:

- Calculators (कैलकुलेटर)
- Accounting system (एकाउंटिंग सिस्टम)
- Games machine (खेल मशीन)
- Military applications (सैन्य अनुप्रयोगों)
- Computation systems (कम्प्यूटेंशन सिस्टम)

5. What are the application areas of Microcontroller?
माइक्रोकंट्रोलर के एप्लीकेशन एरिया क्या हैं?

Ans. Microcontrollers are mainly used in devices like:
माइक्रोकंट्रोलर मुख्य रूप से उपकरणों में उपयोग किए जाते हैं जैसे:

- Mobile phones (मोबाइल फोन)
- Automobiles (ऑटोमोबाइल)
- CD/DVD players (सीडी / डीवीडी प्लेयर)
- Washing machines (वाशिंग मशीन)
- Security alarms (सुरक्षा अलार्म)
- Microwave oven (माइक्रोवेव ओवन)
- Mp3 players (MP3 प्लेयर्स)
- Cameras (कैमरा)

EXERCISE (अभ्यास)

1. Write short note on the following:
   निम्नलिखित पर संक्षिप्त नोट लिखें:
   (a) Transducers (ट्रांसड्यूसर)
   (b) Analog sensors (एनालॉग सेंसर)
   (c) Temperature Sensor (तापमान सेंसर)
   (d) Micro and Nanosensors (माइक्रो और नैनोसेंसर)
   (e) Proximity sensor (प्रोक्सिमिटी सेंसर)
   (f) PIC Microcontroller (पिक्चर माइक्रोप्रोसेसर)
   (g) 64-Bit Microprocessor (64–बिट माइक्रोप्रोसेसर)
2. What is an actuator? What are its types?
   एक्चुएटर क्या है? इसके प्रकार क्या हैं?
3. What are actuators and sensors?
   एक्चुएटर और सेंसर क्या हैं?
4. What is electric actuator?
   इलेक्ट्रिक एक्ट्यूएटर क्या है?
5. What is Actuator and how it works?
   एक्चुएटर कैसे काम करता है?

4 Building IoT Applications
बिल्डिंग IoT एप्लीकेशन

4.1 Introduction to Arduino (Arduino के लिए परिचय)

Arduino first and foremost is an open-source computer hardware and software company. The Arduino Community refers to the project and user community that designs and utilizes microcontroller-based development boards. These development boards are known as Arduino Modules, which are open-source prototyping platforms. The simplified microcontroller board comes in a variety of development board packages.

Arduino सबसे पहले और सबसे महत्वपूर्ण एक ओपन–सोर्स कंप्यूटर हार्डवेयर और सॉफ्टवेयर कंपनी है। **Arduino** समुदाय प्रोजेक्ट और उपयोगकर्ता समुदाय को संदर्भित करता है जो माइक्रोकंट्रोलर–आधारित डेवलपमेंट बोर्ड को डिजाइन और उपयोग करता है। इन डेवलपमेंट बोर्ड को **Arduino Modules** के रूप में जाना जाता है, जो कि ओपन–सोर्स प्रोटोटाइप प्लेटफॉर्म हैं। सरलीकृत माइक्रोकंट्रोलर बोर्ड विभिन्न प्रकार के डेवलपमेंट बोर्ड पैकेजों में आता है।

Arduino was created in the year 2005 by two Italian engineers David Cuartielles and Massimo Banzi with the goal of keeping in mind about students to make them learn how to program the Arduino uno microcontroller and improve their skills about electronics and use it in the real world.

Arduino वर्ष 2005 में दो इटैलियन इंजीनियर डेविड क्यूआर्टिलेस और मास्सिमो बानजी द्वारा छात्रों को ध्यान में रखते हुए बनाया गया था ताकि उन्हें यह सीखने में मदद मिले कि वे कैसे **Arduino uno microcontroller** को प्रोग्राम करें और इलेक्ट्रॉनिक्स के बारे में अपने कौशल में सुधार करें और इसे वास्तविक विश्व में उपयोग करें।

Arduino is an open source electronics platform accompanied with a hardware and software to design, develop and test complex electronics prototypes and products. The hardware consists of a micro-controllers with other electronics components which can be programmed using the software to do almost any task.

Arduino एक ओपन सोर्स इलेक्ट्रॉनिक्स प्लेटफॉर्म है जिसमें हार्डवेयर और सॉफ्टवेयर के साथ–साथ जटिल इलेक्ट्रॉनिक्स प्रोटोटाइपस और उत्पादों को डिजाइन, विकसित और परीक्षण किया जाता है। हार्डवेयर में अन्य इलेक्ट्रॉनिक्स घटकों के साथ एक माइक्रोकंट्रोलर होते हैं जिन्हें लगभग किसी भी कार्य को करने के लिए सॉफ्टवेयर का उपयोग करके प्रोग्राम किया जा सकता है।

For the hardware part of the Arduino, it consists of the physical board and also sensors and shields used to interact with the board. Arduino shields are pre-built circuit boards that are easily plugged on top of your Arduino headers to extend its capabilities. Similar to sensors, shields have various functionalities from wifi connectivity, ethernet, driving and controlling motors, camera, storage, touch screen, display, and many more. Arduino boards comes with many varieties with different functionalities which we will discuss later in the chapter. Also, Arduino boards can be purchased pre-assembled or as do-it-yourself kits.

Arduino के हार्डवेयर भाग के लिए, इसमें फिजिकल बोर्ड होते हैं और बोर्ड के साथ बातचीत करने के लिए उपयोग किए जाने वाले सेंसर और ढाल भी होते हैं। **Arduino** शील्ड्स पूर्व निर्मित सर्किट बोर्ड हैं जो आसानी से अपनी क्षमताओं का विस्तार करने के लिए आपके **Arduino** हेडर के ऊपर प्लग किए जाते हैं। सेंसर के समान, शील्ड में वाईफाई कनेक्टिविटी, ईथर–नेट, ड्राइविंग और मोटर, कैमरा, स्टोरेज, टच स्क्रीन, डिस्प्ले और कई अन्य नियंत्रणों से भिन्न–भिन्न प्रकार के कार्य होते हैं। **Arduino** बोर्ड विभिन्न किस्मों के साथ आते हैं जो हम बाद में अध्याय में चर्चा करेंगे। इसके अलावा, **Arduino** बोर्ड को प्रि–असेबल्ड या डू–इट–योरसेल्फ किट के रूप में खरीदा जा सकता है

> *The Arduino boards can connect with add- on modules termed as shields.*
> **Arduino** बोर्ड्स को शील्ड्स कहे जाने वाले मॉड्यूल से जोड़ सकते हैं।

To program your Arduino, you will require the Arduino IDE software that runs on regular personal computers and allows users to write programs for Arduino using C or C++. Arduino IDE makes it easy for you to write code and upload it on your Arduino board.

Arduino को प्रोग्राम करने के लिए, आपको **Arduino IDE** सॉफ्टवेयर की आवश्यकता होगी जो नियमित रूप से पर्सनल कंप्यूटर पर चलता है और उपयोगकर्ताओं को C या C++ का उपयोग करके **Arduino** के लिए प्रोग्राम लिखने की अनुमति देता है। **Arduino IDE** आपके लिए कोड लिखना और उसे अपने **Arduino** बोर्ड पर अपलोड करना आसान बनाता है।

Advantages of Arduino (Arduino के लाभ)

- It is an open source.
  यह एक ओपन सोर्स है।
- Easy to use and perfect for beginners. There are wide varieties of library of examples and projects

available online that are pre-coded for you to learn and build using the Arduino allowing beginners to get started very easily.

आसान उपयोग और शुरुआत के लिए एकदम सही है। ऑनलाइन उपलब्ध उदाहरणों और परियोजनाओं के पुस्तकालय की व्यापक किस्में हैं, जो सीखने और निर्माण करने के लिए आपके पास पहले से कोडेड हैं, जो कि **Arduino** को आसानी से शुरू करने की अनुमति देता है।

- It has a large community of people using and troubleshooting it. This makes it easy to help in debugging projects.

  इसका उपयोग और समस्या निवारण करने वाले लोगों का एक बड़ा समुदाय है। इससे डीबगिंग प्रोजेक्ट्स में मदद करना आसान हो जाता है।

- It also comes with open supply software system feature that permits tough software system developers to use the Arduino code to merge with the prevailing programing language libraries and may be extended and changed.

  यह ओपन सप्लाई सॉफ्टवेयर सिस्टम फीचर के साथ आता है जो कठिन सॉफ्टवेयर सिस्टम डेवलपर्स को **Arduino** कोड का उपयोग करने के लिए प्रचलित प्रोग्रामिंग लैंग्वेज लाइब्रेरी के साथ विलय करने की अनुमति देता है और इसे बढ़ाया और बदला जा सकता है।

- Arduino IDE is also cross-platform which means you can run it on Windows, Macintosh OSX and also Linux operating systems compared to other microcontroller systems which can only run Windows.

  Arduino IDE भी क्रॉस–प्लेटफॉर्म है जिसका अर्थ है कि आप इसे विंडोज, मैकिन्टोश **OSX** पर भी चला सकते हैं और लिनक्स ऑपरेटिंग सिस्टम को अन्य माइक्रोकंट्रोलर सिस्टम पर भी चला सकते हैं जो केवल विंडोज चला सकते हैं।

- The biggest advantage of Arduino is its ready to use structure. As Arduino comes in a complete package form which includes the 5V regulator, a burner, an oscillator, a micro-controller, serial communication interface, LED and headers for the connections.

  Arduino का सबसे बड़ा लाभ इसकी संरचना का उपयोग करने के लिए तैयार है। जैसा कि **Arduino** एक कम्पैक्ट पैकेज फॉर्म में आता है जिसमें **5V** रेगुलेटर, एक बर्नर, आस्किल्लातोर, एक माइक्रो–कंट्रोलर, सीरियल कम्युनिकेशन इंटरफेस, एलईडी और कनेक्शन के लिए हेडर शामिल हैं।

- Also, Arduino has many variations of low cost boards and peripherals for you to choose from to allow you to pick one that suits your project the most

  इसके अलावा, **Arduino** में आपके लिए चुनने के लिए कम लागत वाले बोर्ड और बाह्य उपकरणों की कई विविधताएं हैं जो आपको अपनी परियोजना के लिए सबसे उपयुक्त बनाती हैं।

Disadvantages of Arduino (Arduino के नुकसान)

- Requires effort to accomplish some tasks such as scheduling and database storage.

  शेड्यूलिंग और डेटाबेस स्टोरेज जैसे कुछ कार्यों को पूरा करने के लिए प्रयास की आवश्यकता होती है।

- If you need more processing power and working memory than you have to switch from Arduino environment.

  यदि आपको अधिक प्रोसेसिंग पावर और कार्यशील मेमोरी की आवश्यकता है तो आपको **Arduino** वातावरण से स्विप करना पड़ेगा।

4.2 Types of Arduino Boards (Arduino बोर्ड के प्रकार)

There are many electronic boards out there, an Arduino is based on a microcontroller which is a simple easy to use computer designed for beginners to run one program at a time, over and over again. If you want a simple easy to use board to handle simple repetitive tasks like reading the weather, opening a door, driving a simple robot, turning on an LED, etc. an Arduino would be perfect.

वहाँ कई इलेक्ट्रॉनिक बोर्ड हैं, **Arduino** एक माइक्रोकंट्रोलर पर आधारित है जो एक प्रोग्राम को एक समय में चलाने के लिए तैयार किए गए कंप्यूटर का उपयोग करना आसान करता है। यदि आप बोर्ड को सरल दोहराव वाले कार्यों को संभालने के लिए उपयोग करना चाहते हैं जैसे कि मौसम को पढ़ना, दरवाजा खोलना, साधारण रोबोट को चलाना, एलईडी चालू करना आदि तो **Arduino** एकदम सही होगा।

> *LEDs are small, powerful lights that are used in many different applications.*
>
> **LED** छोटे, शक्तिशाली रोशनी हैं जो कई अलग–अलग अनुप्रयोगों में उपयोग किए जाते हैं।

There are many variations from official Arduino boards including Arduino Uno, Arduino Mega, Arduino Leonardo, Arduino Micro and many more to Arduino compatible boards each with different capabilities and price points. Each board has its own features and was built to suit different level of applications. The different types of Arduino boards that are used for beginners are:

Arduino Uno, **Arduino** Mega, **Arduino** Leonardo, **Arduino** Micro सहित कई आधिकारिक **Arduino** बोर्ड से कई भिन्नताएं हैं और कई **Arduino** कम्पेरिबल बोर्ड के लिए अलग–अलग क्षमताओं और मूल्य बिंदुओं के साथ आते हैं। प्रत्येक बोर्ड की अपनी विशेषताएं होती हैं और विभिन्न स्तरों के अनुप्रयोगों के अनुरूप बनाया गया था। **Arduino** बोर्ड के विभिन्न प्रकार जो शुरुआती के लिए उपयोग किए जाते हैं:

4.2.1 Arduino Uno

The Arduino Uno (Figure 4.1) is one kind of microcontroller board based on ATmega328, and Uno is an Italian term which means one. The ATmega328 is one kind of single-chip microcontroller formed with Atmel within the megaAVR family. The architecture of this Arduino Uno is a customized Harvard architecture with 8 bit RISC processor core. The features of Arduino Uno ATmega328 includes the following:

Arduino Uno (चित्र 4.1) ATmega328 पर आधारित एक प्रकार का माइक्रोकंट्रोलर बोर्ड है, और Uno एक इटैलियन शब्द है जिसका अर्थ है एक। ATmega328 एक सिंगल चिप माइक्रोकंट्रोलर है जो MegAVR परिवार के भीतर एटल के साथ बनता है। इस Arduino Uno का आर्किटेक्चर 8 बिट RISC प्रोसेसर कोर के साथ एक अनुकूलित हार्वर्ड आर्किटेक्चर है। Arduino Uno ATmega328 की विशेषताओं में निम्नलिखित शामिल हैं:

- The operating voltage is 5v. You can connect an external power source of upto 12v.

  ऑपरेटिंग वोल्टेज 5v है। आप 12v तक के एक्सर्टनल बिजली स्रोत को जोड़ सकते हैं।

- Digital input/output pins are 14 Analog input/output pins are 6 (labeled A0 through A5). This sort of pins allows you to connect hardware to your Arduino Uno board externally. These pins are used as a key for extending the computing capability of the Arduino Uno into the real world.

  डिजिटल इनपुट/आउटपुट पिन 14 एनालॉग इनपुट/आउटपुट पिन 6 हैं (A5 के माध्यम से लेबल A0)। इस तरह की पिन आपको एक्सर्टनल रूप से अपने Arduino Uno बोर्ड से हार्डवेयर कनेक्ट करने की अनुमति देती है। इन पिनों को वास्तविक दुनिया में Arduino Uno की कंप्यूटिंग क्षमता को बढ़ाने के लिए एक की के रूप में उपयोग किया जाता है।

- DC Current for each input/output pin is 40 mA and DC Current for 3.3V Pin is 50 mA. A 3.3 volt supply generated by the on-board regulator. Maximum current draw is 50 mA.

  प्रत्येक इनपुट/आउटपुट पिन के लिए DC करंट 40 mA है और 3.3V पिन के लिए DC करंट 50 mA है। बोर्ड के नियामक द्वारा 3.3 वोल्ट की आपूर्ति। अधिकतम वर्तमान ड्रा 50 mA है।

- GND are Ground pins. (GND ग्राउंड पिन हैं।)

- Flash Memory is 32 KB for storing your code. SRAM is 2 KB.

  फ्लैश मेमोरी आपके कोड को संग्रहीत करने के लिए 32 KB है। SRAM 2 KB है।

- CLK Speed is 16 MHz, which is fast enough for most applications and does not speeds up the microcontroller.

  CLK स्पीड 16 मेगाहर्ट्ज है, जो अधिकांश अनुप्रयोगों के लिए काफी तेज है और माइक्रोकंट्रोलर को गति नहीं देता है।

- An easy USB interface allows interface with USB as this is like a serial device.

  एक आसान USB इंटरफेस USB के साथ इंटरफेस की अनुमति देता है क्योंकि यह एक सीरियल डिवाइस की तरह है।

The Arduino Uno board can be built with power pins, analog pins, ATmegs328, ICSP header, Reset button, power LED, digital pins, test led 13, TX/RX pins, USB interface, an external power supply. It contains everything needed to support the microcontroller; simply connect it to a computer with a USB cable or power it with a ACto-DC adapter or battery to get started. The Arduino UNO board description is discussed below.

Arduino Uno बोर्ड को पावर पिन, एनालॉग पिन, ATmegs328, ICSP हेडर, रीसेट बटन, पावर LED, डिजिटल पिन, टेस्ट LED 13, TX/RX पिन, USB इंटरफेस, एक एक्सटर्नल बिजली आपूर्ति के साथ बनाया जा सकता है। इसमें माइक्रोकंट्रोलर का समर्थन करने के लिए आवश्यक सब कुछ शामिल है; बस इसे USB–केबल के साथ कंप्यूटर से कनेक्ट करें या इसे शुरू करने के लिए AC–To–DC एडॉप्टर या बैटरी से पावर करें। Arduino UNO बोर्ड विवरण नीचे चर्चा की गई है।

USB plug/connector (USB प्लग / कनेक्टर)

It is used to load a program from the Arduino IDE onto the Arduino board. The board can also be powered through this port. USB interface chip converts signals in the USB level to a level that an Arduino UNO board understands.

इसका उपयोग Arduino IDE से Arduino बोर्ड पर प्रोग्राम लोड करने के लिए किया जाता है। बोर्ड को इस पोर्ट के माध्यम से भी संचालित किया जा सकता है। USB इंटरफेस चिप USB स्तर में एक Arduino UNO बोर्ड को समझने वाले संकेतों को एक स्तर पर परिवर्तित करता है।

Power Supply/External power (बिजली की आपूर्ति/ एक्सटर्नल पॉवर)

Every Arduino board needs a way to be connected to a power source. The Arduino Uno can be powered via the USB connection or with an external power (non-USB) supply. The external power supplies mainly include AC to DC adapter otherwise a battery. The adapter can be connected to the Arduino Uno by plugging into the power jack of the Arduino board. Similarly, the battery leads can be connected to the Vin pin and the GND pin of the POWER connector. Vin pin is the input voltage to the Arduino board when it's using an external power source. Where as, GND pin is Ground pin. The recommended voltage for most Arduino models is between 6 and 12 Volts. If using more than

12V, the voltage regulator may overheat and damage the board. The voltage regulator controls the amount of voltage given to the Arduino board and stabilize the DC voltages used by the processor and other elements.

प्रत्येक Arduino बोर्ड को एक पॉवर सोर्स कनेक्ट होने का एक तरीका चाहिए। Arduino Uno को USB कनेक्शन के माध्यम से या एक्सटर्नल पॉवर (नॉन–USB) आपूर्ति के साथ संचालित किया जा सकता है। एक्सटर्नल बिजली की आपूर्ति में मुख्य रूप से AC से DC एडॉप्टर शामिल हैं अन्यथा बैटरी। एडाप्टर को Arduino Uno से जोड़ा जा सकता है, Arduino बोर्ड के पावर जैक में प्लग करके। इसी तरह, बैटरी लीड को विन कनेक्टर और पावर कनेक्टर के GND पिन से जोड़ा जा सकता है। विन पिन Arduino बोर्ड का इनपुट वोल्टेज है जब वह एक्सटर्नल पॉवर सोर्स का उपयोग करता है। जहां के रूप में, GND पिन ग्राउंड पिन है। अधिकांश Arduino मॉडल के लिए अनुशंसित वोल्टेज 6 और 12 वोल्ट के बीच है। यदि 12v से अधिक का उपयोग किया जाता है, तो वोल्टेज नियामक बोर्ड को गर्म कर सकता है और नुकसान पहुंचा सकता है। वोल्टेज regulator, Arduino बोर्ड को दिए गए वोल्टेज की मात्रा को नियंत्रित करता है और प्रोसेसर और अन्य तत्वों द्वारा उपयोग किए जाने वाले DC वोल्टेज को स्थिर करता है।

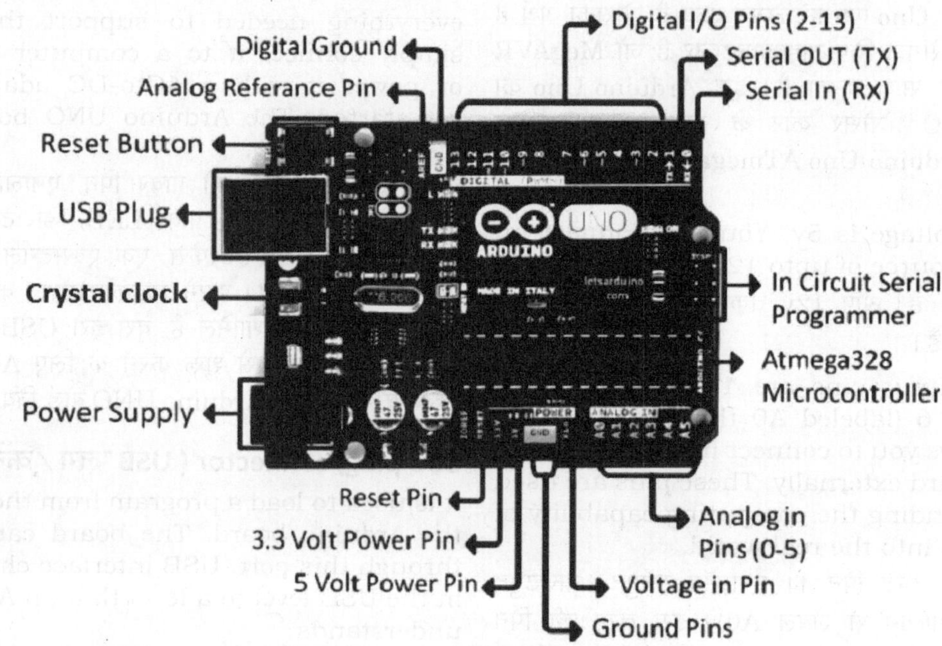

Figure 4.1: Arduino Uno (अर्डुइनो ऊनो)

Input and Output (I/O) Pins
(इनपुट और आउटपुट (I/O) पिन)

The pins on your Arduino are the places where you connect wires to construct a circuit. The Arduino has several different kinds of pins, each of which is labeled on the board and used for different functions. (Figure 4.2).

आपके Arduino पर पिन वे स्थान हैं जहां आप सर्किट बनाने के लिए तारों को जोड़ते हैं। Arduino में कई अलग–अलग प्रकार के पिन होते हैं, जिनमें से प्रत्येक को बोर्ड पर लेबल किया जाता है और अलग–अलग फंक्शंस के लिए उपयोग किया जाता है। (चित्र 4.2)।

Digital and Analog Pins: Each of the 14 (0 through 13) digital pins including digital pins like TX (1) and RX (0) and 6 (A0 through A5) analog pins on the Uno can be used as an input or output, under software control with the help of the functions like pinMode(), digitalWrite(), and digital-Read(). Digital pins can be used for both digital input (like telling if a button is pushed) and digital output (like powering an LED). They operate at 5 volts. Where as, analog pins can read the signal from an analog sensor (like a temperature sensor) and convert it into a digital value that you can read.

डिजिटल और एनालॉग पिनः 14 में से प्रत्येक (13 के माध्यम से) डिजिटल पिन सहित TX (1) और RX (0) और 6 (A5 के माध्यम से A0) के माध्यम से ऊनो पर एनालॉग पिन एक इनपुट या आउटपुट के रूप में सॉफ्टवेयर कंट्रोल की मदद से pinMode(), digitalWrite(), और digitalRead() की तरह फंक्शन्स के रूप में। डिजिटल पिन दोनों डिजिटल इनपुट के लिए इस्तेमाल किया जा सकता है (जैसे कि एक बटन पुश किया जाता है तो) और डिजिटल आउटपुट (जैसे एलईडी को पॉवर करना)। वे 5 वोल्ट पर काम करते हैं। जहाँ पर, एनालॉग पिन एक एनालॉग सेंसर (जैसे कि टेम्परेचर सेंसर) से सिग्नल पढ़ सकते हैं और इसे एक डिजिटल मूल्य में परिवर्तित कर सकते हैं जिसे आप पढ़ सकते हैं।

The Arduino UNO board has 14 digital I/O pins of which 6 provide PWM (Pulse Width Modulation) output.

Arduino UNO बोर्ड में 14 डिजिटल I/O पिंस हैं जिनमें से 6 PWM (पल्स विथ मोडुलेशन) आउटपुट प्रदान करते हैं।

GND: Short for 'Ground'. There are several GND pins on the Arduino, any of which can be used to ground your circuit.

GND: 'ग्राउंड' Arduino पर कई GND पिन हैं, जिनमें से किसी का उपयोग आपके सर्किट को ग्राउंड करने के लिए किया जा सकता है।

Serial Pins: Some of the pins have special functions like pins 0 & 1, which acts as a transmitter and receiver respectively. TX and RX indicates the data being transmitted or received over the USB communication.

सीरियल पिंसः कुछ पिंस में विशेष कवक होता है जैसे पिंस 0 – 1; जो ट्रांसमीटर और रिसीवर के रूप में कार्य करता है। TX और RX डेटा संचारित होने या USB संचार पर प्राप्त होने का संकेत देता है।

External Interrupt Pins: The external interrupt pins of the board are 2 & 3, and these pins can be connected to activate an interrupt over a low value, a rising or falling edge, or a change in value.

एक्सटर्नल बाध पिंसः बोर्ड के एक्सटर्नल रुकावट पिंस 2 – 3 हैं, और इन पिंस को कम मूल्य, बढ़ते या गिरने वाले किनारे, या मूल्य में बदलाव पर एक रुकावट को सक्रिय करने के लिए जोड़ा जा सकता है।

PWM (Pulse-Width Modulation) Pins: You may have noticed the some of the digital pins are labeled with tilde (~) symbol next to the pin numbers (3, 5, 6, 9, 10, and 11). These pins act as normal digital pins, but can also be used for something called Pulse-Width Modulation (PWM) i.e., these pins are used to simulate analog output (like fading an LED in and out). PWM is basically, a square wave with a varying high and low time. These pin provide 8-bit PWM output with the analogWrite() function.

PWM (पल्स–विथ मॉड्यूलेशन) पिंसः आपने देखा होगा कि कुछ डिजिटल पिन हैं पिन संख्या (3, 5, 6, 9, 10, और 11) के बगल में टिल्ड (~) प्रतीक के साथ लेबल किया गया। ये पिन न नॉर्मल डिजिटल पिंस के रूप में कार्य करते हैं, बल्कि पल्स–चौड़ाई मॉड्यूलेशन (PWM) नामक कुछ के लिए भी उपयोग किए जा सकते हैं, यानी इन पिंस का उपयोग एनालॉग आउटपुट (जैसे एक एलईडी को इन और आउट लुप्त करना) के लिए किया जाता है। PWM मूल रूप से, अलग–अलग उच्च और निम्न समय के साथ एक वर्ग तरंग है। ये पिन analogWrite () फंक्शन के साथ 8–बिट PWM आउटपुट प्रदान करते हैं।

SPI (Serial Peripheral Interface) Pins: The SPI pins are 10, 11, 12, 13 namely SS, MOSI, MISO, SCK. These pins support SPI communication using the SPI library. SPI bus is a system for serial communication, which uses up to four conductors. One conductor is used for data receiving, one for data sending, one for synchronization and one alternatively for selecting a device to communicate with. It is a full duplex connection, which means that the data is sent and received simultaneously. SPI uses the following four wires:

SPI (सीरियल पेरिफेरल इंटरफेस) पिंसः SPI पिन 10, 11, 12, 13 अर्थात् SS, MOIS, MISO, SCK हैं। ये पिन SPI लाइब्रेरी का उपयोग करके SPI संचार का समर्थन करते हैं। SPI बस धारावाहिक संचार के लिए एक प्रणाली है, जो अधिकतम चार कंडक्टर्स का उपयोग करती है। एक कंडक्टर का उपयोग डेटा प्राप्त करने के लिए किया जाता है, डेटा भेजने के लिए, सिंक्रनाइजेशन के लिए और वैकल्पिक रूप से कम्युनिटी के लिए डिवाइस को चुनने के लिए। यह एक फुल डुप्लेक्स कनेक्शन है, जिसका अर्थ है कि डेटा एक साथ भेजा और प्राप्त किया जाता है। SPI निम्नलिखित चार तारों का उपयोग करता हैः

- **SS:** This is the slave-selection wire.
  SS: यह स्लेव/सिलेक्शन तार है।
- **MOSI:** This is the master output/ slave input driven by the master.
  MOSI: यह मास्टर द्वारा संचालित मास्टर आउटपुट/स्लेव इनपुट है।
- **MISO:** This is the master input/ slave output driven by the master.
  MISO: यह मास्टर इनपुट/ स्लेव आउटपुट मास्टर द्वारा संचालित है।
- **SCK:** This is the serial clock driven by the master.
  SCK: यह मास्टर द्वारा संचालित धारावाहिक घड़ी है।

In-built LED Pin: There is a built-in LED driven by digital pin 13, called Power LED Indicator. When the pin is high value, the LED is on, when the pin is low, it is off. This LED should light up whenever you plug your Arduino into a power source.

इन–बिल्ट LED पिनः डिजिटल पिन 13 द्वारा संचालित एक अंतर्निहित LED है, जिसे पावर एलईडी संकेतक कहा जाता है। जब पिन उच्च मूल्य है, तो एलईडी चालू है, जब पिन कम है, तो यह बंद है। जब भी आप अपने Arduino को एक शक्ति स्रोत में प्लग करते हैं, तो इस एलईडी को प्रकाश देना चाहिए।

TWI (2-Wire Interface) Pins: The TWI pins are SDA or A4, & SCL or A5, which can support the communication of TWI with the help of Wire library.

TWI (2–वायर इंटरफेस) पिनः TWI pins SDA या A4, और SCL या A5 हैं, जो वायर लाइब्रेरी की मदद से TWI के संचार का समर्थन कर सकते हैं।

AREF (Analog Reference Voltage) Pin: The reference voltage is for the analog inputs with analogReference() function. It is sometimes used to set an external reference voltage (between 0 and 5 Volts) as the upper limit for the analog input pins.

AREF (एनालॉग रेफरेन्स वोल्टेज) पिनः रेफरेन्स वोल्टेज ogReference() फंक्शन के साथ एनालॉग इनपुट के लिए है। यह कभी–कभी एक्सटर्नल इनपुट वोल्टेज (0 और 5 वोल्ट के बीच) को एनालॉग इनपुट पिन के लिए ऊपरी सीमा के रूप में सेट करने के लिए उपयोग किया जाता है।

Reset Pin: This pin is used for reset the microcontroller. Making this pin LOW, resets the microcontroller.

पिन रीसेटः इस पिन का उपयोग माइक्रो–ट्रोलर को रीसेट करने के लिए किया जाता है। इस पिन को कम करके, माइक्रो कंट्रोलर को रीसेट करता है।

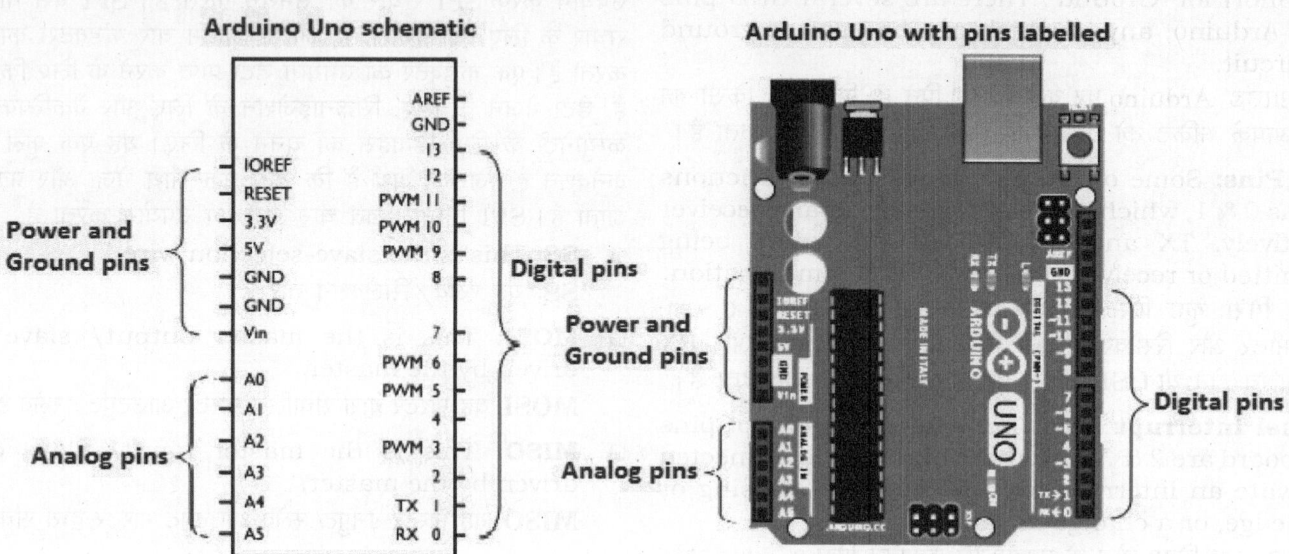

Figure 4.2: Arduino Uno schematic with pins labelled (लेबल वाले पिनों के साथ Arduino Uno)

Memory (मेमोरी)

The microcontroller has three types of memory:
माइक्रोकंट्रोलर में तीन प्रकार की मेमोरी होती है:

- 32 KB flash (FLASH) (32 केबी फ्लैश (फ्लैश))
- 2 KB of RAM (SRAM)
- 1 KB of non-volatile memory (EEPROM)
  नॉन–वोलेटाइल मेमोरी (EEPROM)

Communication (कम्युनिकेशन)

The Arduino Uno ATmega328 offers UART TTLserial communication, and it is accessible on digital pins like TX (1) and RX (0). The software of an Arduino has a serial monitor that permits easy data. There are two LEDs on the board like RX and TX which will blink whenever data is being broadcasted through the USB. Arduino Uno ATmega328 UART TTL– धारावाहिक संचार प्रदान करता है, और यह TX– (1) और RX (0) जैसे डिजीटेल पिन पर उपलब्ध है। Arduino के सॉफ्टवेयर में एक सीरियल मॉनिटर है जो आसान डेटा की अनुमति देता है। RX और TX जैसे बोर्ड पर दो LED हैं जो जब भी USB के माध्यम से प्रसारित किए जाएंगे तो क्लिक करेंगे।

Serial UART interface (सीरियल UART का इंटरफेस)

The UART is a Universal Asynchronous Receiver-Transmitter. UART data is transmitted by a serial code. Each bit is transmitted at regular intervals. The transmission time of one bit is determined by the transmission rate. The transmission rate is indicated in baud (bits per second). In addition to the data bits, the UART interface inserts synchronization bits into the stream: start and stop.

UART एक यूनिवर्सल एसिंक्रोनस रिसीवर–ट्रांसमीटर है। UART डेटा एक सीरियल कोड द्वारा प्रसारित किया जाता है। प्रत्येक बिट नियमित अंतराल पर प्रसारित होता है। एक बिट का संचरण समय संचरण दर द्वारा निर्धारित किया जाता है। ट्रांसमिशन दर बॉड में इंगित की गई है (प्रति सेकंड बिट्स)। डेटा बिट्स के अलावा, UART इंटरफेस सिंक्रनाइजेशन बिट्स को स्ट्रीम में सम्मिलित करता है: स्टार्ट और स्टॉप।

Information is exchanged via UART in duplex mode, i.e. data transmission can occur simultaneously with receiving. For this, there are two signals in the UART interface:

सूचना का UART के माध्यम से डुप्लेक्स मोड में आदान–प्रदान किया जाता है, अर्थात् डेटा ट्रांसमिशन और रिसिवर एक साथ–साथ हो सकता है। इसके लिए, UART इंटरफेस में दो संकेत हैं:

- TX - output for data transmission
  TX – डेटा ट्रांसमिशन के लिए आउटपुट
- RX - input for receiving data
  RX – डेटा प्राप्त करने के लिए इनपुट

When two UART devices are connected, the TX output of one device is connected to the RX input of the other. And the TX signal of the second UART is connected to the RX input of the first one.

जब दो UART डिवाइस कनेक्ट होते हैं, तो एक डिवाइस का TX आउटपुट दूसरे के RX इनपुट से जुड़ा होता है। और दूसरे UART का TX सिग्नल पहले वाले RX इनपुट से जुड़ा है।

Serial UART interface in Arduino (Arduino में सीरियल UART इंटरफेस)

Any Arduino board has at least one hardware UART serial interface. To work with hardware UART controllers in Arduino, there is a built-in class Serial. It is designed to control the exchange of data through the UART. Through the serial interface, data is always transmitted in binary code.

किसी भी Arduino बोर्ड में कम से कम एक हार्डवेयर UART सीरियल इंटरफेस है। Arduino में हार्डवेयर UART कंट्रोलर के साथ काम करने के लिए, एक built-in class सीरियल है। इसे UART के माध्यम से डेटा के आदान–प्रदान को नियंत्रित करने के लिए डिजाइन किया गया है। सीरियल इंटरफेस के माध्यम से, डेटा हमेशा बाइनरी कोड में प्रेषित होता है।

print() (प्रिंट)

Outputs data via the serial port UART in the form of ASCII characters. The function has various call forms for different formats and data types. If the argument is a char type it outputs to the port the character code.

ASCII वर्णों के रूप में सीरियल पोर्ट UART के माध्यम से डेटा आउटपुट करता है। फंक्शन में विभिन्न कॉल के कई फॉर्म्स हैं। विभिन्न स्वरूपों और डेटा प्रकारों। यदि आर्गुमेंट एक वेरिएबल प्रकार है, तो यह वर्ण कोड पोर्ट के लिए आउटपुट करता है।

```
char d = 83;
Serial.print(d); // displays the code 83
(symbol S)
```

If the argument is an integer type, then displays a string with a decimal number:

यदि तर्क पूर्णांक प्रकार है, तो दशमलव संख्या के साथ एक स्ट्रिंग प्रदर्शित करता है:

```
int d = 83;
Serial.print(d); // displays the string
'83'
```

println()

Outputs data through the UART serial port in the form of ASCII characters with the addition of newline characters (\ r, code 13) and (\ n, code 10). The println() function causes the invisible cursor to move to the next line in the serial monitor window. This causes the next text sent to the serial monitor window to appear on the line below the currently printed text. The \r\n at the end of this text of string moves the invisible cursor down one more line leaving a blank line between the text printed at the bottom of the loop and the text printed at the top of the loop.

ASCII कैरेक्टर्स के रूप में UART सीरियल पोर्ट के माध्यम से डेटा को आउटपुट करता है जिसमें न्यूलाइन कैरेक्टर्स (\r, कोड 13) और (\n, कोड 10) शामिल हैं। Println () फंक्शन अदृश्य कर्सर को सीरियल मॉनिटर विंडो में अगली पंक्ति में ले जाने का कारण बनता है। यह सीरियल मॉनिटर विंडो को भेजे गए अगले कैरेक्टर्स का कारण बनता है जो वर्तमान में प्रिंटेड टेक्स्ट के नीचे की रेखा पर दिखाई देता है। स्ट्रिंग के इस टेक्स्ट के अंत में \r\n अदृश्य लूप को स्थानांतरित करता है – लूप के निचले भाग में छपे हुए टेक्स्ट और लूप के शीर्ष पर प्रिंटेड टेक्स्ट के बीच एक खाली रेखा को छोड़ते हुए एक और रेखा को नीचे की ओर ले जाता है।

```
Serial.println("Arduino now at bottom of main
loop.\r\n");
```

The println() function sends text out of the serial / USB port of the Arduino and is displayed in the serial monitor window:

Println() फंक्शन Arduino के सीरियल/USB पोर्ट से टेक्स्ट भेजता है और इसे सीरियल मॉनिटर विंडो में प्रदर्शित किया जाता है:

```
Serial.println("Message to monitor"); //message
to the serial monitor
```

A software serial library permits for serial communication on Arduino Uno digital pins and the ATmega328p supports TWI (I2C) as well as SPI-communication. The Arduino software contains a wired library for simplifying the utilization of the I2C bus. ATmega328p is a microcontroller which is 32KB of flash ROM and 8-bit microcontroller. In ATmega328p p, refer to Picopower. Picopower technology employs advanced features like multiple clock domains, DMA and event systems to minimize power consumption.

एक सॉफ्टवेयर सीरियल लाइब्रेरी, Arduino Uno digital pins और ATmega328p पर TWI (I2C) के साथ–साथ SPI–संचार का समर्थन करता है। Arduino सॉफ्टवेयर बस के उपयोग को सरल बनाने के लिए एक वायर्ड लाइब्रेरी का निर्माण करता है। ATmega328p एक माइक्रोकंट्रोलर है जो फ्लैश रोम का 32KB और 8–बिट माइक्रोकंट्रोलर है। ATmega328p; में P, Picopower है। पिको पॉवर तकनीक पावर कन्सुप्शन को कम करने के लिए कई क्लॉक डोमेन, डीएमए और ईवेंट सिस्टम जैसी उन्नत सुविधाओं को नियुक्त करती है।

Microcontroller (माइक्रो कंट्रोलर)

It is the black rectangular chip with pins. It is the brains of our Arduino. Each Arduino board has its own microcontroller. The microcontroller used on the UNO board is Atmega328P by Atmel (a major microcontroller manufacturer). Atmega328P is pre-programmed with bootloader. This allows you to directly upload a new Arduino program into the device, without using any external hardware programmer, making the Arduino UNO board easy to use.

यह पिंस के साथ काली आयताकार चिप है। यह हमारे Arduino का ब्रेन है। प्रत्येक Arduino बोर्ड का अपना माइक्रोकंट्रोलर है। UNO बोर्ड पर उपयोग किया जाने वाला माइक्रोकंट्रोलर Atmel (एक प्रमुख माइक्रोकंट्रोलर निर्माता) Atmega328P है। Atmega328P बूटलोडर के साथ पूर्व–क्रमादेशित है। यह आपको सीधे डिवाइस में एक नया Arduino प्रोग्राम अपलोड करने की अनुमति देता है, बिना किसी एक्सटरनेल हार्डवेयर प्रोग्रामर का उपयोग किए बिना, Arduino UNO बोर्ड का उपयोग करना आसान बनाता है।

Bootloader Almost all microcontroller (and microprocessor) development systems use some form of a bootloader. Often called firmware. The Arduino bootloader is one example.

बूटलोडर लगभग सभी माइक्रोकंट्रोलर (माइक्रोप्रोसेसर) डेवलपमेंट सिस्टम बूटलोडर के कुछ रूप का उपयोग करते हैं। अक्सर फर्मवेयर कहा जाता है। Arduino बूटलोडर इसका एक उदाहरण है।

Bootloader, is basically the initial piece of code which runs whenever any micro-controller is powered up or resets. It is similar to the concept of BIOS which run in our PC at the time you power up it. In case of BIOS, it waits for a user input for changing Boot options/ settings. If it does not get any such inputs, it will start with the pre-installed OS.

बूटलोडर, मूल रूप से कोड का प्रारंभिक टुकड़ा है–जब भी कोई भी माइक्रोकंट्रोलर संचालित या रीसेट होता है। यह BIOS की अवधारणा के समान है जो हमारे पीसी में उस समय चलता है जब आप इसे पावर अप करते हैं। BIOS के मामले में, यह बूट विकल्प /सेटिंग्स को बदलने के लिए एक उपयोगकर्ता इनपुट का इंतजार करता है। यदि इसे ऐसा कोई इनपुट नहीं मिलता है, तो यह पहले से स्थापित ओएस के साथ शुरू होगा।

A similar thing happens with Arduino bootloader. Whenever the Arduino is powered up or reset, it looks for external inputs (for uploading new program). If it receives no such inputs, then the processor jumps to the "user" program section to load whatever is already in program memory. This jump loads your program (or sketch).

इसी तरह Arduino बूटलोडर के होती है। जब भी Arduino को संचालित या रीसेट किया जाता है, यह एक्स्टर्नल इनपुट (नए प्रोग्राम को अपलोड करने के लिए) की तलाश करता है। यदि इसे ऐसा कोई इनपुट नहीं मिलता है, तो प्रोसेसर 'उपयोगकर्ता' प्रोग्राम अनुभाग में जम्प करता है जो कि प्रोग्राम मेमोरी में पहले से ही लोड करने के लिए है। यह जंप आपके प्रोग्राम (या स्केच) को लोड करता है।

Most of the times, bootloaders in microcontrollers are used to simplify the uploading of programs to the microcontrollers. They can also be used for initializing IO devices connected to the microcontrollers before they begin the main application program.

अधिकांश समय, माइक्रोकंट्रोलर में बूटलोडर्स का उपयोग माइक्रोकंट्रोलर के कार्यक्रमों को अपलोड करने को सरल बनाने के लिए किया जाता है। उनका उपयोग मुख्य अनुप्रयोग कार्यक्रम शुरू करने से पहले माइक्रोकंट्रोलर्स से जुड़े IO उपकरणों को आरंभ करने के लिए भी किया जा सकता है।

Optiboot bootloader is the default bootloader of the Arduino UNO. The optiboot bootloader will take 512 bytes, leaving 32256 bytes for application code. Due to its small size larger up-loadable sketch size is achieved. Like many microcontrollers, the ATmega328p dedicates a portion of its program memory for bootloading code.

Optiboot बूटलोडर Arduino UNO का डिफॉल्ट बूटलोडर है। ऑप्टिबूट बूटलोडर 512 बाइट्स लेगा, जिससे आवेदन कोड के लिए 32256 बाइट्स निकल जाएंगे। इसके छोटे आकार के कारण बड़ा अप–लोड करने योग्य स्केच आकार प्राप्त किया जाता है। कई माइक्रोकंट्रोलर्स की तरह, ATmega328p बूटलोडिंग कोड के लिए अपने प्रोग्राम मेमोरी के एक हिस्से को समर्पित करता है।

Arduino bootloaders use the simple serial communication (UART) to download the hex file of program and write it in application section.

Arduino बूटलोडर्स प्रोग्राम की hex फाइल को डाउनलोड करने और इसे एप्लिकेशन सेक्शन में लिखने के लिए सीरियल कम्यूनिकेशन (UART) का उपयोग करते हैं।

Crystal Clock/Oscillator (क्रिस्टल क्लॉक/आस्किल्लतेर)

The crystal oscillator helps Arduino in dealing with time issues. On each tick, the microcontroller performs one operation, for example, addition, subtraction, etc. The clock is controlled by an external 16MHz Crystal Oscillator.

क्रिस्टल ओस्किल्लतेर Arduino को समय के मुद्दों से निपटने में मदद करता है। प्रत्येक टिक पर, माइक्रोकंट्रोलर एक ऑपरेशन करता है, उदाहरण के लिए, इसके अलावा, एडिशन, सब्ट्रैक्शन, आदि। क्लॉक को एक्सटर्नल 16MHz क्रिस्टल ओरिक्लेतर द्वारा नियंत्रित किया जाता है।

Reset Button (रीसेट बटन)

It resets your Arduino board, i.e., start your program from the beginning. You can reset the UNO board in two ways. First, by using the reset button on the board. Second, you can connect an external reset button to the Arduino pin.

यह आपके Arduino बोर्ड को रीसेट करता है, अर्थात, अपने प्रोग्राम को शुरू से शुरू करता है। आप UNO बोर्ड को दो तरीकों से रीसेट कर सकते हैं। सबसे पहले, बोर्ड पर रीसेट बटन का उपयोग करके। दूसरा, आप एक एक्सटर्नल रीसेट बटन को आरिक्लेतर पिन से कनेक्ट कर सकते हैं।

4.2.2 Arduino Leonardo (अरुडिनो लियोनार्डो)

Arduino Leonardo is another entry-level board that uses the ATmega32u4 microcontroller. It is Arduino's first development board to use one microcontroller with built-in USB.

Arduino लियोनार्डो एक और एंट्री–लेवल बोर्ड है जो ATmega32u4 माइक्रोकंट्रोलर का उपयोग करता है। यह अंतर्निहित USB के साथ एक माइक्रोकंट्रोलर का उपयोग करने वाला Arduino का पहला विकास बोर्ड है।

Figure 4.3: Arduino Leonardo (अर्डुइनो लियोनार्डो)

4.2.3 Arduino 101 (अरुदिनो 101)

The Arduino 101 is simple and has 32-bit Intel Curie microcontroller. It's a board that combines the universal appeal of Arduino with the latest technologies - like the Intel Curie module, Bluetooth LE capabilities, and a 6-axis accelerometer-/gyro.

Arduino 101 सरल है और इसमें 32–बिट इंटेल क्यूरी माइक्रोकंट्रोलर है। यह एक बोर्ड है जो नवीनतम तकनीकों के साथ Arduino की सार्वभौमिक अपील को जोड़ता है – जैसे Intel क्यूरी मॉड्यूल, ब्लू–टूथ LE क्षमताएं और 6–अक्ष एक्सेलेरोमीटर / gyro।

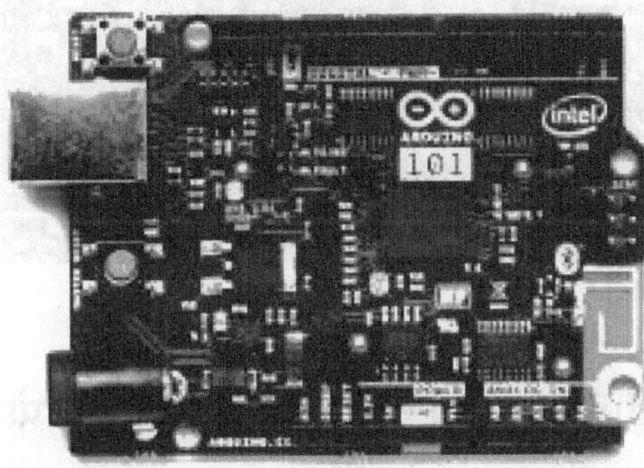

Figure 4.4: Arduino 101 (अरुदिनो 101)

4.2.4 Arduino ESPLORA (अरुदिनो ESPLORA)

The Arduino Esplora is an Arduino Leonardo based board with integrated sensors and actuators. It uses the ATmega32u4 microcontroller. The Esplora has built-in USB communication; it can appear to a connected computer as a mouse or keyboard, in addition to a virtual (CDC) serial / COM port.

Arduino Esplora एक Arduino लियोनार्डो आधारित बोर्ड है जिसमें एकीकृत सेंसर और एक्टुएटर्स हैं। यह ATmega32u4 माइक्रोकंट्रोलर का उपयोग करता है। एस्प्लोरा में अंतर्निहित यूएसबी संचार है; यह वर्चुअल (CDC) सीरियल/COM पोर्ट के अलावा एक कनेक्टेड कंप्यूटर को माउस या कीबोर्ड के रूप में दिखाई दे सकता है।

Figure 4.5: ESPLORA (एस्प्लोरा)

4.2.5 Arduino Mini / Mini Lite (Arduino मिनी/मिनी लाइट)

It is smallest Arduino product which is a 24-pin microcontroller without any connectors soldered. The unit features 8 analog pins and 14 digital pins. The module is based around the ATMEGA168 processor.

यह सबसे छोटा Arduino उत्पाद है जो एक 24–पिन माइक्रोकंट्रोलर है जो बिना किसी कनेक्टेड सॉल्डर के है। यूनिट में 8 एनालॉग पिन और 14 डिजिटल पिन हैं। मॉड्यूल ATME-GA168 प्रोसेसर के आसपास आधारित है।

Figure 4.6: Arduino Mini (Arduino मिनी)

4.2.6 Arduino Micro (Arduino माइक्रो)

Arduino Micro is the smallest board of the family, used for interactive computing. The Micro comes with a built-in USB which makes connection with a computer. This microcontroller board is based on the ATmega32U4 .

Arduino Micro परिवार का सबसे छोटा बोर्ड है, जिसका उपयोग इंटरैक्टिव कंप्यूटिंग के लिए किया जाता है। माइक्रो एक अंतर्निहित यूएसबी के साथ आता है जो कंप्यूटर के साथ कनेक्ट करता है। यह माइक्रोकंट्रोलर बोर्ड ATmega32U4 पर आधारित है।

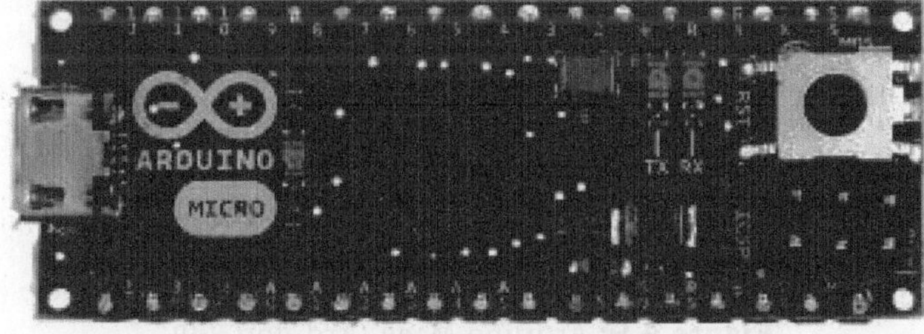

Figure 4.7: Arduino Micro (Arduino माइक्रो)

4.2.7 Arduino Nano (अरुडिनो नैनो)

It is a breadboard friendly board based on the ATmega328. The Nano was the first mini breadboard-compatible board to have onboard USB. This microcontroller distinguishes itself from the others by having the USB to serial chip and connector onboard.

The Nano has 8 analog pins and 14 digital pins. There is also the Arduino Nano Lite which does not include the downward facing pin headers.

यह ATmega328 पर आधारित एक ब्रेडबोर्ड फ्रेंडली बोर्ड है। नैनो पहला मिनी ब्रेडबोर्ड–कम्पेरि5बल बोर्ड था जिसमें ऑनबोर्ड यूएसबी था। यह माइक्रोकंट्रोलर स्वयं को USB से सीरियल चिप और कनेक्टर ऑनबोर्ड द्वारा अलग करता है। नैनो में 8 एनालॉग पिन और 14 डिजिटल पिन हैं। अरुडिनो नैनो लाइट भी है जिसमें नीचे की ओर पिन हेडर शामिल नहीं हैं।

Figure 4.8: Arduino Nano (अरडिनो नैनो)

4.2.8 Arduino Mega (Arduino मेगा)

It is based on the ATmega2560 microcontroller. It has more digital input/output pins, analog inputs, a USB connection, a power jack, and a reset button. The large number of pins make this board very handy for projects that require a bunch of digital inputs or outputs (like lots of LEDs or buttons).

यह ATmega2560 माइक्रोकंट्रोलर पर आधारित है। इसमें अधिक डिजिटल इनपुट/आउटपुट पिन, एनालॉग इनपुट, यूएसबी कनेक्शन, पावर जैक और रीसेट बटन है। बड़ी संख्या में पिन इस बोर्ड को उन परियोजनाओं के लिए बहुत आसान बनाते हैं जिनके लिए डिजिटल इनपुट या आउटपुट (बहुत सारे एलईडी या बटन) के एक बंच की आवश्यकता होती है।

Figure 4.9: Arduino Mega (Arduino मेगा)

4.2.9 Arduino Zero

Arduino Zero provides 32-bit extension to the platform established by Arduino Uno R3. It uses the ATSAMD21G18 microcontroller. Unlike most Arduino and Genuino boards, the Zero runs at 3.3V. The maximum voltage that the I/O pins can tolerate is 3.3V. Applying voltages higher than 3.3V to any I/O pin could damage the board.

Arduino Uno R3 द्वारा स्थापित प्लेटफॉर्म को Arduino Zero 32–बिट एक्सटेंशन प्रदान करता है। यह ATSAMD21G18 माइक्रोकंट्रोलर का उपयोग करता है। अधिकांश Arduino और Genuino बोर्ड के विपरीत, शून्य 3.3v पर चलता है। अधिकतम वोल्टेज जिसे I/O पिंस टोलरेट कर सकता है वह 3.3v है। किसी भी I/O पिन के लिए 3.3v से अधिक वोल्टेज लागू करने से बोर्ड को नुकसान हो सकता है।

Figure 4.10: Arduino Zero

4.2.10 Arduino M0 PRO (आर्डिनिनो M0 प्रो)

The Arduino M0 Pro board is equipped with Atmel Embedded Debugger (EDBG) for on-board debugging. It is based on ATSAMD21G18 microcontroller.

Arduino M0 Pro बोर्ड ऑन–बोर्ड डिबगिंग के लिए Atmel एम्बेडेड डिबगर (EDBG) उपयोग करता है। यह ATSAMD21G18 माइक्रोकंट्रोलर पर आधारित है।

Figure 4.11: Arduino M0 PRO

4.2.11 Arduino Yun (अर्डिनो Yun)

The Arduino Yun uses a ATMega32U4 chip instead of the ATmega328. This extra chip allows this board to run Linux in addition to the normal Arduino operating system.

Arduino Yun ATmega328 के बजाय ATMega32U4 चिप का उपयोग करता है। यह अतिरिक्त चिप इस बोर्ड को सामान्य Arduino ऑपरेटिंग सिस्टम के अलावा लिनक्स चलाने की अनुमति देता है।

Figure 4.12: Arduino Yun

4.2.12 Arduino Industrial 101 (अर्डुइनो इंडस्ट्रियल 101)

Arduino Industrial 101 is an evaluation board for Arduino 101 LGA module. The ATmega32u4 microcontroller is integrated in the baseboard. The Arduino Industrial 101 has a number of facilities for communicating with a computer, another Arduino, or other microcontrollers.

Arduino इंडस्ट्रियल 101 Arduino 101 LGA। मॉड्यूल के लिए एक मूल्यांकन बोर्ड है। ATmega32u4 माइक्रोकंट्रोलर को बेसबोर्ड में एकीकृत किया गया है। Arduino Industrial 101 में कंप्यूटर, दूसरे Arduino या अन्य माइक्रोकंट्रोलर के साथ कम्यूनिकेट करने के लिए कई प्रकार हैं।

Figure 4.13: Arduino Industrial 101 (Arduino इंडस्ट्रियल 101)

4.2.13 Arduino Tian (अरुदिनो Tian)

The Arduino Tian unleashes the power of a small computer running Linux connected to a 32-bit microcontroller.

Arduino Tian 32–बिट माइक्रोकंट्रोलर से जुड़े लिनक्स रन करने वाले एक छोटे कंप्यूटर की शक्ति को उजागर करता है।

Figure 4.14: Arduino Tian

4.2.14 Lilypad Arduino USB (लिलिपैड अरडिनो यूएसबी)

The LilyPad Arduino USB is the perfect board for e-textiles and wearables projects. The LilyPad Arduino USB is a microcontroller board based on the ATmega32u4. The LilyPad Arduino USB differs from previous LilyPad boards in that the ATmega32u4 has built-in USB communication, eliminating the need for a separate USB-to-serial adapter. The LilyPad Arduino USB is programmed using the Arduino Software (IDE), our Integrated Development Environment common to all our boards and running both online and offline.

LilyPad Arduino USB ई–टेक्सटाइल्स और वियरब्रल्स प्रोजेक्ट्स के लिए एकदम सही बोर्ड है। LilyPad Arduino USB ATmega32u4 पर आधारित एक माइक्रोकंट्रोलर बोर्ड है। LilyPad Arduino USB का अंतर– पिछले LilyPad बोर्ड से होता है जिसमें ATmega32u4 में बिल्ट–इन USB संचार होता है, जो एक अलग USB–to–सीरियल एडाप्टर की आवश्यकता को समाप्त करता है। लिलीपैड Arduino USB, Arduino Software (IDE), हमारे इंटीग्रेटेड डेवलपमेंट एनवायरनमेंट को हमारे सभी बोर्ड के लिए कॉमन और ऑनलाइन और ऑफ–लाइन दोनों चलाने के लिए प्रोग्राम्ड है।

Figure 4.15: Lilypad Arduino USB (लिलिपैड अरुडिनो यूएसबी)

4.2.15 Lilypad Arduino main board (लिलिपैड अरुडिनो मुख्य बोर्ड)

It is a wearable e-textile technology. Each LilyPad was creatively designed with large connecting pads and a flat back to allow them to be sewn into clothing with conductive thread. The LilyPad also has its own family of input, output, power, and sensor boards that are also built specifically for e-textiles. It uses the ATmega168V or ATmega328V, which are the lower power cersions of ATmega168 or ATmega328.

यह एक पहनने योग्य ई–टेक्सटाइल तकनीक है। प्रत्येक लिलीपैड को रचनात्मक रूप से बड़े कनेक्टिंग पैड और एक फ्लैट बैक के साथ डिजाइन किया गया था ताकि उन्हें प्रवाहकीय धागे के साथ कपड़ों में सिल दिया जा सके। लिलीपैड के पास इनपुट, आउटपुट, पावर और सेंसर बोर्ड का अपना परिवार भी है जो विशेष रूप से ई–टेक्सटाइल के लिए बनाया गया है। यह ATmega168V या ATmega328V का उपयोग करता है, जो ATmega168 या ATmega328 के पावर सेर्स हैं।

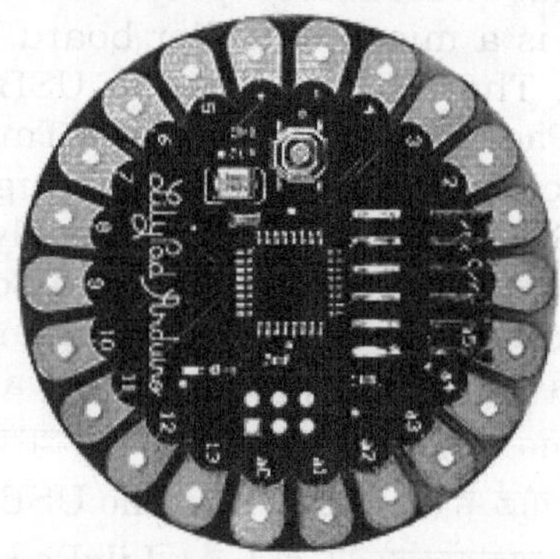

Figure 4.16: Lilypad Arduino main board (लिलिपैड अरुडिनो मुख्य बोर्ड)

4.2.16 Arduino clones (Arduino क्लोन)

Arduino clones devices are often available more cheaply than the genuine article and can work well in some scenarios. Arduino is an open source hardware, and anyone is free to create his/her own board. In fact, many companies make Arduino-compatible boards, building on the design to create something different and suited just for user's specific needs. They do carry the brand name Arduino, however, their names reflective of their Arduino clone status. For example, Freeduino.

Arduino क्लोन डिवाइस अक्सर वास्तविक लेख की तुलना में अधिक सस्ते में उपलब्ध होते हैं और कुछ परिदृश्यों में अच्छी तरह से काम कर सकते हैं। Arduino एक ओपन सोर्स हार्डवेयर है, और कोई भी अपना बोर्ड बनाने के लिए स्वतंत्र है। वास्तव में, कई कंपनियां उपयोगकर्ता की विशिष्ट आवश्यकताओं के लिए कुछ अलग और अनुकूल बनाने के लिए डिजाइन पर बिल्डिंग, Arduino–कम्पेटिबल बोर्ड बनाती हैं। हालांकि, वे Arduino का ब्रांड नाम रखते हैं, हालांकि, उनके नाम उनके Arduino क्लोन की स्थिति को दर्शाते हैं। उदाहरण के लिए, फ्रीडिनो।

4.2.17 How to power Arduino Uno? (Arduino Uno को कैसे पावर करें?)

In this section, we will discuss various ways to power up the Arduino Uno board in detail.

अब हम Arduino Uno बोर्ड को बिजली देने के विभिन्न तरीकों पर विस्तार से चर्चा करेंगे।

USB Power (USB पावर)

USB Port is used to connect the board to your PC for programming and for powering up the Arduino board. This USB connection is important as it will be through this port where you will upload your code onto your Arduino board. The image shown in Figure 4.17 shows a USB A to B cable. You can also use a standalone 5V USB power supply (Figure 4.18) when not connected to PC and Figure 4.19 shows an example of Arduino connected to the USB power plug.

USB पोर्ट का उपयोग प्रोग्रामिंग के लिए और Arduino बोर्ड को पावर देने के लिए बोर्ड को आपके पीसी से जोड़ने के लिए किया जाता है। यह USB कनेक्शन महत्वपूर्ण है क्योंकि यह इस पोर्ट के माध्यम से होगा जहां आप अपने कोड को अपने Arduino बोर्ड पर अपलोड करेंगे। चित्र 4.17 में दिखाया गया चित्र USB A से B केबल को दर्शाता है। आप पीसी और चित्र 4.19 के लिए शंकु नहीं होने पर एक स्टैंडअलोन 5v यूएसबी बिजली की आपूर्ति (चित्र 4.18) का उपयोग कर सकते हैं, यूएसबी पावर प्लग से जुड़े Arduino का एक उदाहरण दिखाता है।

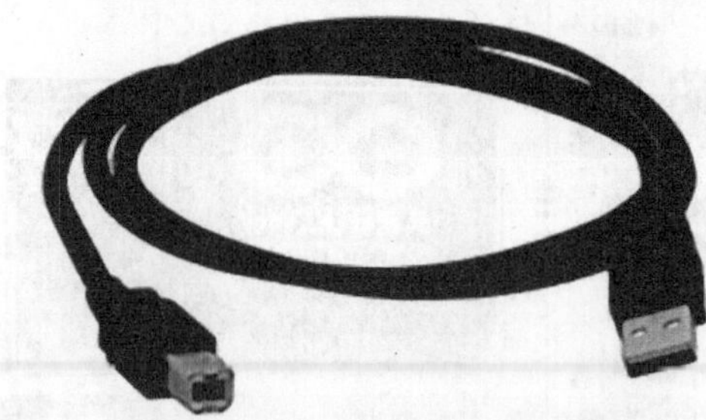

Figure 4.17: USB A to B cable (USB A से B केबल)

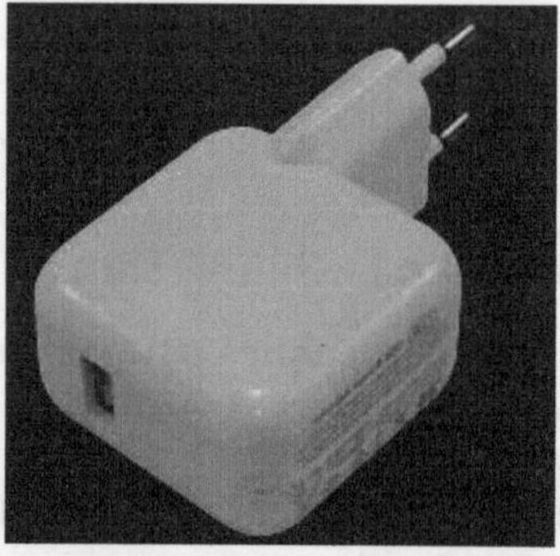

Figure 4.18: USB power supply (USB बिजली की आपूर्ति)

Figure 4.19: Arduino connected to the USB power plug (Arduino USB पावर प्लग कनेक्टेड है)

DC Power Jack (DC पावर जैक)

The DC power jack allows your Arduino board to be powered from a wall adapter so that you can supply more power to your project if needed. (Figure 4.20).

DC पॉवर जैक आपके Arduino बोर्ड को एक दीवार एडॉप्टर से संचालित करने की अनुमति देता है ताकि जरूरत पड़ने पर आप अपने प्रोजेक्ट को अधिक बिजली की आपूर्ति कर सकें। (चित्र 4.20)।

The image in Figure 4.21 shows Arduino Uno board powered through the DC power jack using battery.

चित्र 4.21 में Arduino Uno बोर्ड को बैटरी का उपयोग करके DC पावर जैक के माध्यम से संचालित करती है।

Figure 4.20: 12V DC power supply (12V DC बिजली की आपूर्ति)

Figure 4.21: Arduino Uno board powered through the DC power jack using battery (Arduino Uno बोर्ड बैटरी का उपयोग करके DC पावर जैक के माध्यम से संचालित होता है)

Alternatively, you can use 9V battery with a DC barrel jack male adapter and battery connector. (Figure 4.22, 4.23 and 4.24).

वैकल्पिक रूप से, आप एक DC बैरल जैक मेल एडेप्टर और बैटरी कनेक्टर के साथ 9v बैटरी का उपयोग कर सकते हैं। (चित्र 4.22, 4.23 और 4.24)।

DC Power Barrel Jack is used for powering your Arduino with a power supply.

DC पावर बैरल जैक का उपयोग बिजली की आपूर्ति के साथ आपके Arduino को बिजली देने के लिए किया जाता है।

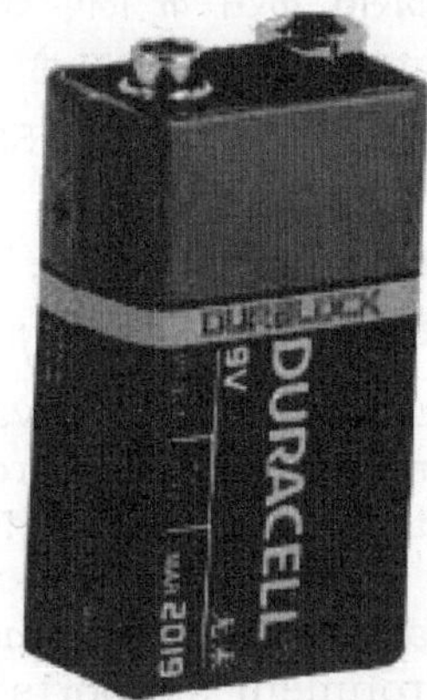

Figure 4.22: 9V battery (9V बैटरी)

Figure 4.23: Battery connector (बैटरी कनेक्टर)

Figure 4.24: DC barrel jack adapter (male) (DC बैरल जैक एडाप्टर (मेल))

4.3 Introduction to Arduino IDE (Arduino IDE का परिचय)

Arduino Integrated Development Environment (IDE) is an open source software that is mainly used for writing and compiling the code into the Arduino Module. The program code written for Arduino is known as a sketch. The software used for developing such sketches for an Arduino is commonly known as the Arduino IDE. It is easily available for operating systems like MAC, Windows, Linux and runs on the Java Platform that comes with inbuilt functions and commands that play a vital role for debugging, editing and compiling the code in the environment.

Arduino इंटीग्रेटेड डेवलपमेंट एनवायरनमेंट (IDE) एक ओपन सोर्स सॉफ्टवेयर है जो मुख्य रूप से Arduino Module में कोड लिखने और संकलन के लिए उपयोग किया जाता है। Arduino के लिए लिखे गए प्रोग्राम कोड को एक स्केच के रूप में जाना जाता है। एक Arduino के लिए ऐसे स्केच विकसित करने के लिए उपयोग किए जाने वाले सॉफ्टवेयर को आमतौर पर Arduino IDE के रूप में जाना जाता है। यह मैक, विंडोज, लिनक्स जैसे ऑपरेटिंग सिस्टम के लिए आसानी से उपलब्ध है और जावा प्लेटफॉर्म पर चलता है जो इनबिल्ट फंक्शंस और कमांड के साथ आता है जो पर्यावरण में कोड डीबगिंग, एडिटिंग और कम्पिलिंग के लिए महत्वपूर्ण भूमिका निभाते हैं।

A range of Arduino modules available including Arduino Uno, Arduino Mega, Arduino Leonardo, Arduino Micro and many more. Each of them contains a microcontroller on the board that is actually programmed and accepts the information in the form of code. This environment supports both C and C++ languages. The most common programming approach is to use the Arduino IDE, which utilizes the C programming language. This gives you access to an enormous Arduino Library that is constantly growing.

Arduino Uno, Arduino Mega, Arduino Leonardo, Arduino Micro और कई अन्य सहित Arduino मॉड्यूल उपलब्ध हैं। उनमें से प्रत्येक वास्तव में कोड के रूप में सूचना को प्रोग्राम और स्वीकार करता है। यह C और C++ दोनों लैंग्वेज का समर्थन करता है। सबसे आम प्रोग्रामिंग एप्रोच Arduino IDE का उपयोग करना है, जो C प्रोग्रामिंग लैंग्वेज का उपयोग करता है। यह आपको एक विशाल Arduino लाइब्रेरी तक पहुंच प्रदान करता है जो लगातार बढ़ रहा है।

4.3.1 Features of Arduino IDE (Arduino IDE की विशेषताएं)

- The project file or the sketches for a project are saved with the file extension .ino.
  एक परियोजना के लिए परियोजना फाइल या रेखाचित्र फाइल एक्सटेंशन .ino के साथ सेव की जाते हैं।
- Features such as cut / copy / paste are supported in this IDE.
  कट / कॉपी / पेस्ट जैसी विशेषताएं इस IDE में सपोर्ट की गई हैं।
- There also is a facility for finding a particular word and replacing it with another by pressing the Ctrl + F buttons on the keyboard.
  किसी विशेष शब्द को खोजने और कीबोर्ड से Ctrl + F बटन को दबाकर दूसरे के साथ बदलने की भी सुविधा है।
- The most basic part or the skeleton of all Arduino code will have two functions.
  सबसे मूल भाग या सभी Arduino कोड के दो कार्य है।

4.3.2 How to download and Install Arduino IDE? (Arduino IDE कैसे डाउनलोड और इंस्टॉल करें?)

To install the Arduino IDE on your computer, download the appropriate version for your operating system from the Arduino website https://www.arduino.cc/. You can download the Software from Arduino main website. This software is free to download and can be found at https://www.arduino.cc/en/Main/Software.

अपने कंप्यूटर पर Arduino IDE को स्थापित करने के लिए, Arduino वेबसाइट https: // www.arduino.cc / से अपने ऑपरेशन के लिए उपयुक्त संस्करण डाउनलोड करें। आप सॉफ्टवेयर Arduino मुख्य वेबसाइट से डाउनलोड कर सकते हैं। यह सॉफ्टवेयर डाउनलोड करने के लिए स्वतंत्र है और इसे https: //www.arduino.cc/en/Main/ Software पर देखा जा सकता है।

The software is available for common operating systems like Linux, Windows, and Mac OS.
सॉफ्टवेयर लिनक्स, विंडोज और मैक ओएस जैसे सामान्य ऑपरेटिंग सिस्टम के लिए उपलब्ध है।

Click on SOFTWARE and choose DOWNLOADS as shown in Figure 4.25.
सॉफ्टवेयर पर क्लिक करें और डाउनलोड का चयन करें जैसा कि चित्र 4.25 में दिखाया गया है।

- If you arc using Windows, then use the Windows installer to ensure you download the necessary drivers for using Arduino on Windows.
  यदि आप Windows का उपयोग कर रहे हैं, तो Windows पर Arduino का उपयोग करने के लिए आवश्यक ड्राइवर को डाउनलोड करने के लिए Windows इंस्टॉलर का उपयोग करें।
- If you are using Linux, then you may have to add your user to some groups in order to use the serial port to program Arduino. This process is described in the Arduino install guide for Linux.
  यदि आप लिनक्स का उपयोग कर रहे हैं, तो आपको Arduino को प्रोग्राम करने के लिए सीरियल पोर्ट का उपयोग करने के लिए अपने उपयोगकर्ता को कुछ समूहों में जोड़ना पड़ सकता है। यह समर्थक उपबंध Arduino स्थापित गाइड में वर्णित है लिनक्स के लिए।

Figure 4.25: Installation Screen 1 (इंस्टालेशन स्क्रीन 1)

- If you are using Mac OS, then you can install Arduino IDE by following the Arduino install guide for OS X.
  यदि आप डंब OS का उपयोग कर रहे हैं, तो आप Arduino IDE को OS X के लिए स्थापित करके निम्नलिखित Arduino IDE स्थापित कर सकते हैं।

As we will use windows so choose the option of Windows Installer and up, and from next window that appears click on JUST DOWNLOAD, it will start downloading Arduino-1.8.12-windows.exe. However when you are downloading, it might be different as the Arduino IDE is under continuous development. (Figure 4.26, 4.27, 4.28).

जैसा कि हम विंडोज का उपयोग करेंगे, इसलिए विंडोज इंस्टालर और अप का विकल्प चुनें, और अगली स्क्रीन जो दिखाई देता है बस क्लिक करें, यह Arduino–1.8.12–windows-exe डाउनलोड करना शुरू कर देगा। हालाँकि जब आप डाउनलोड कर रहे हैं, तो यह भिन्न हो सकता है क्योंकि Arduino IDE निरंतर विकास के अधीन है। (चित्र 4.26, 4.27, 4.28)।

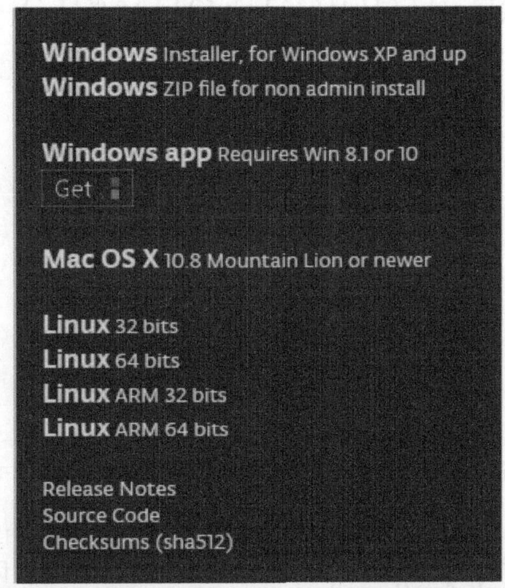

Figure 4.26: Installation Screen 2 (इंस्टॉलेशन स्क्रीन 2)

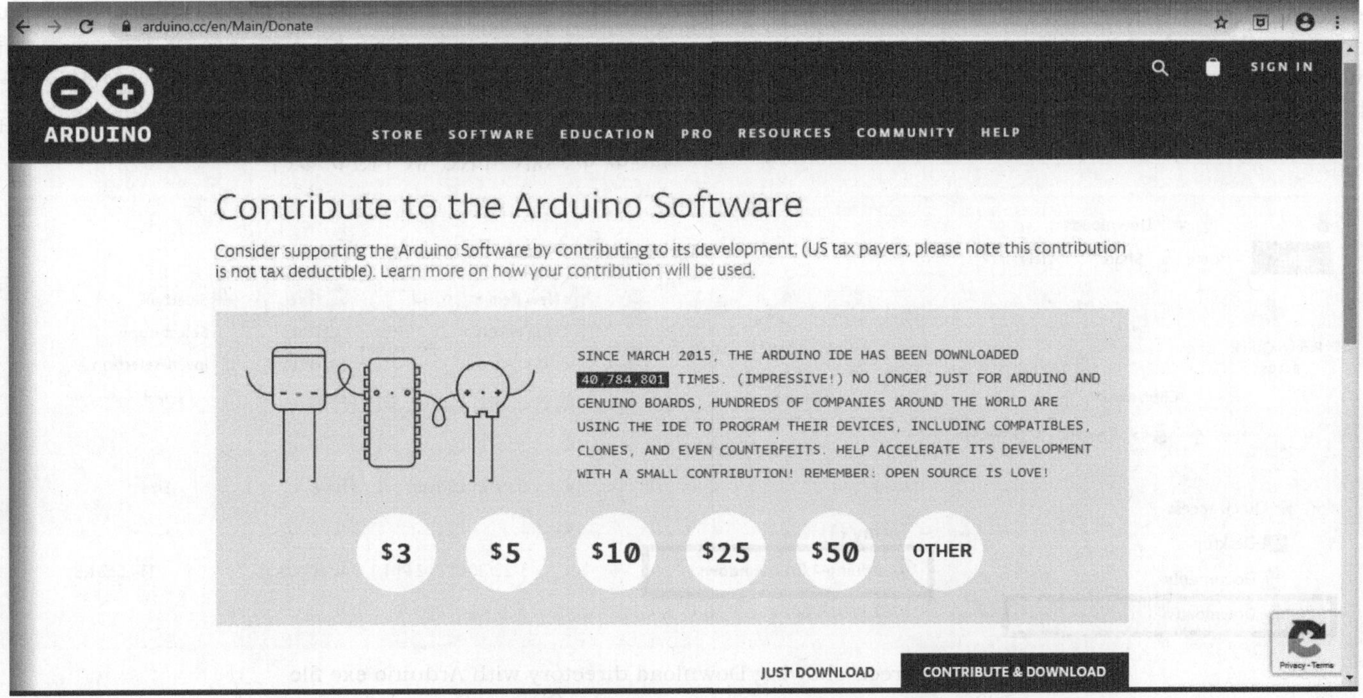

Figure 4.27: Installation Screen 3 (इंस्टॉलेशन स्क्रीन 3)

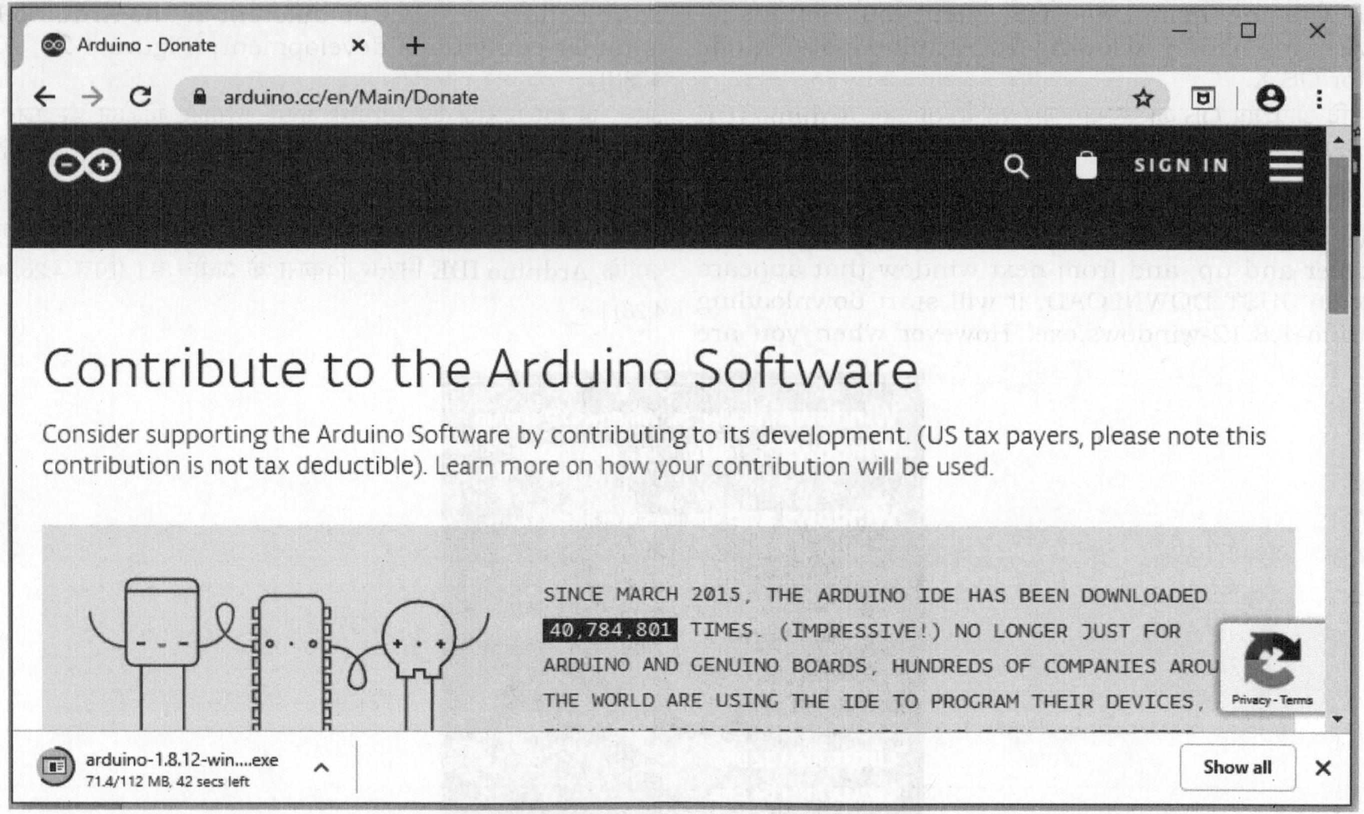

Figure 4.28: Installation Screen 4 (इंस्टालेशन स्क्रीन 4)

Once download is completed, you can find the file in the Download directory as shown in Figure 4.29. Double click to execute it, it might ask for the admin credentials. (if needed) and it will display Arduino Setup Licence Agreement as shown in Figure 14.30. Click I Agree. It will display Installation Options window as shown in Figure 4.31. Click all the checkboxes and click on Next.

डाउनलोड पूरा हो जाने के बाद, आप फाइल को डाउनलोड निर्देशिका में देख सकते हैं जैसा कि चित्र 4.29 में दिखाया गया है इसे निष्पादित करने के लिए डबल क्लिक करें, यह व्यवस्थापक क्रेडेंशियल्स के लिए पूछ सकता है। (यदि आवश्यक हो) और यह प्रदर्शित करेगा **Arduino** सेटअप लाइसेंस अनुबंध जैसा कि चित्र 4.30 में दिखाया गया है। **I Agree** पर क्लिक करें। यह **Installation Options** विंडो प्रदर्शित करेगा जैसा कि चित्र 4.31 में दिखाया गया है। सभी चेकबॉक्स पर क्लिक करें और नेक्स्ट पर क्लिक करें।

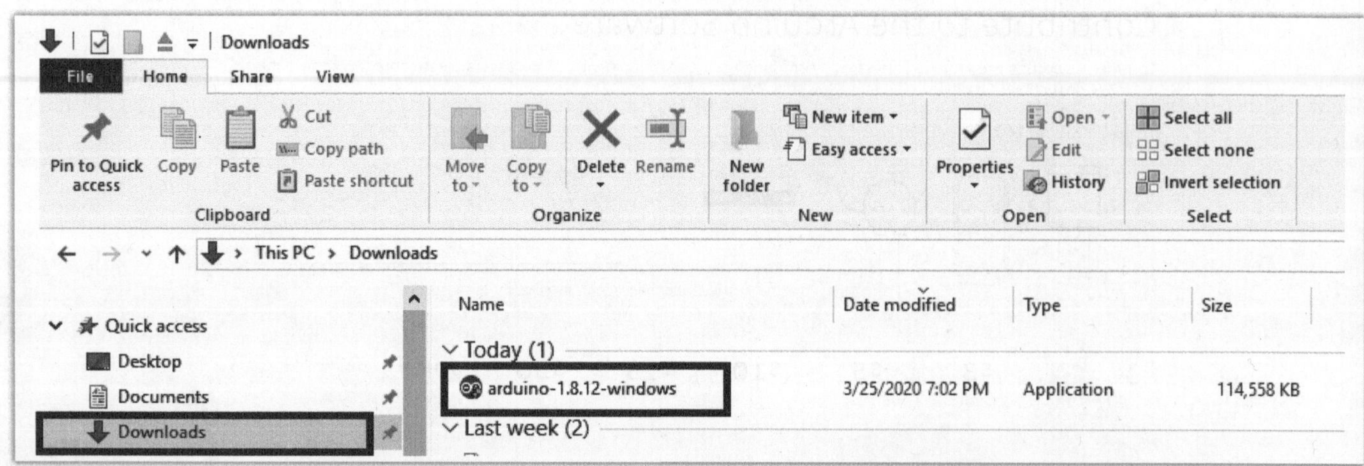

Figure 4.29: Screen showing Download directory with Arduino exe file
(स्क्रीन Arduino exe फाइल के साथ डाउनलोड निर्देशिका दिखा रहा है)

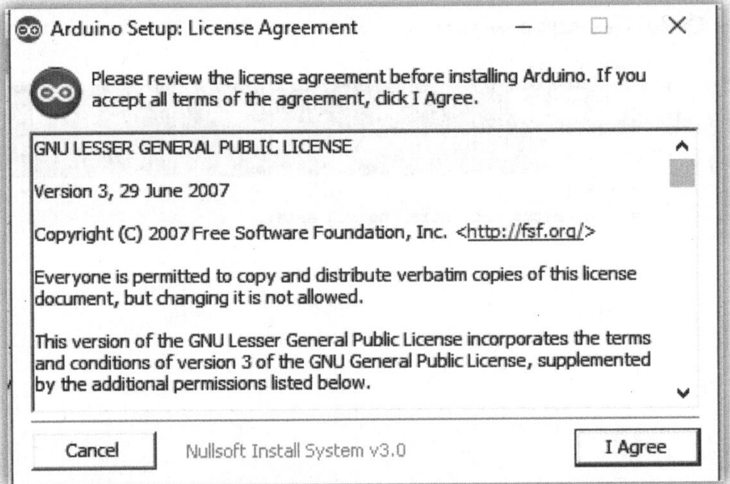

Figure 4.30: Screen showing Arduino Setup Licence Agreement (स्क्रीन Arduino सेटअप लाइसेंस दिखाते हुए है)

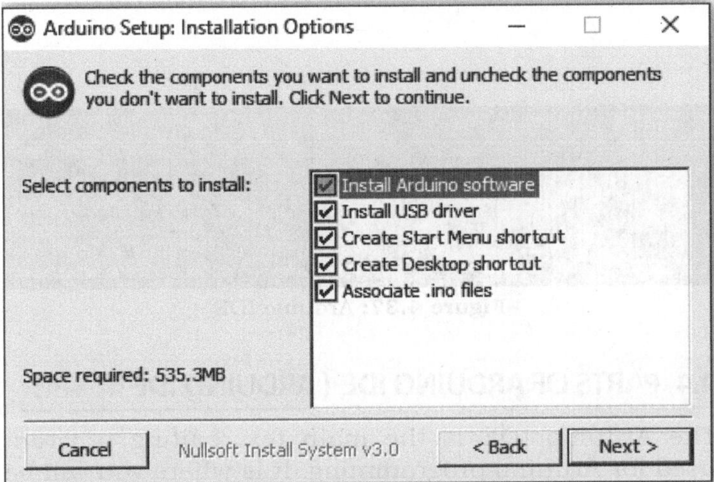

Figure 431: Screen showing Arduino Installation Options (स्क्रीन Arduino स्थापना विकल्प दिखाते हुए है)

It will display Arduino Setup: Installation Folder, as shown in Figure 4.32. Choose the directory where you wish the Arduino IDE to be installed.

यह Arduino सेटअप प्रदर्शित करेगाः इंस्टालेशन फोल्डर, जैसा कि चित्र 4.32 में दिखाया गया है। निर्देशिका चुनें जहाँ आप Arduino IDE इंस्टाल होने की कामना करते हैं।

Click on Install and the installation will commence. It will display Arduino Setup: Installing screen as shown in Figure 4.33.

इंस्टाल पर क्लिक करें और इंस्टालेशन कॉम पर चलेगा। यह Arduino Setup प्रदर्शित करेगाः स्क्रीन को स्थापित करना जैसा कि चित्र 4.33 में दिखाया गया है।

When Arduino installation in progress, it will display WIndows Security screen as shown in Figure 4.34, prompting you with the message Always trust software from "Adafruit Industries". Check the checkbox and click on the Install button.

जब Arduino इंस्टॉलेशन प्रगति पर है, तो यह चित्र में दिखाए गए अनुसार सुरक्षा स्क्रीन चलाएगा आपको संदेश के साथ संकेत देते हुए हमेशा "Adafruit Industries" से सॉफ्टवेयर पर भरोसा करें। चेकबॉक्स को चेक करें और इंस्टॉल बटन पर क्लिक करें।

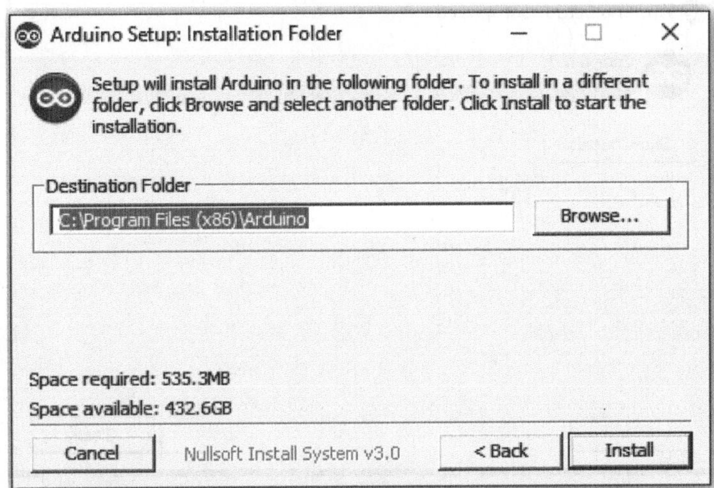

Figure 4.32: Screen showing Arduino Setup: Installation Folder (स्क्रीन Arduino सेटअप दिखा रहा है: इंस्टालेशन फोल्डर)

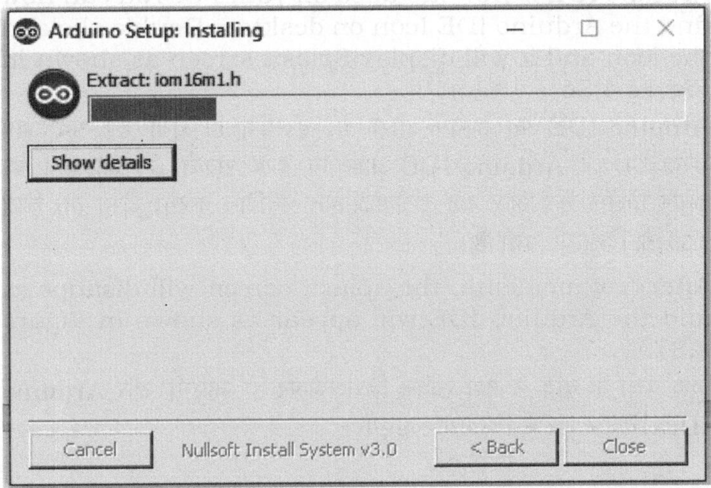

Figure 4.33: Screen showing Arduino Setup: Installing (Arduino सेटअप स्क्रीन इंस्टालेशन)

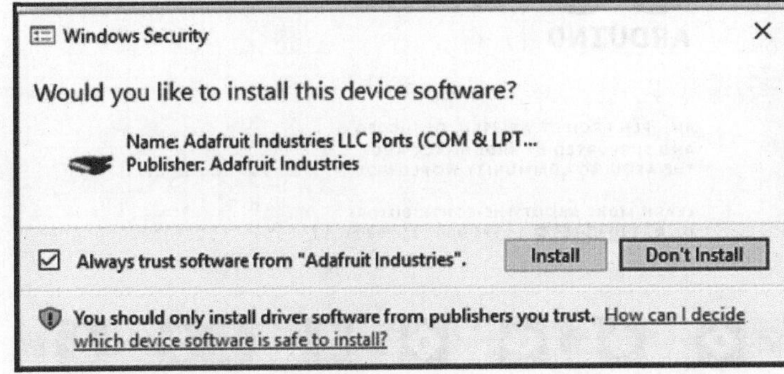

Figure 4.34: WIndows Security Screen (सिक्योरिटी स्क्रीन)

Once the installation finishes, click on the Close as shown in Figure 4.35.

एक बार इंस्टॉलेशन खत्म होने के बाद, क्लोज पर क्लिक करें जैसा कि चित्र 4.35 में दिखाया गया है।

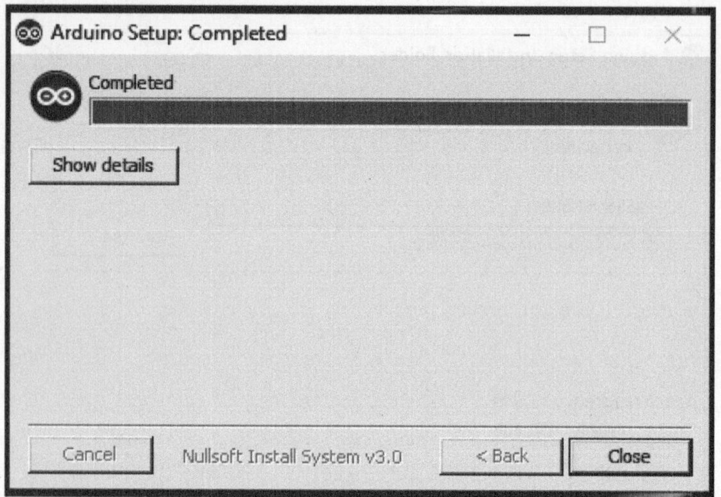

Figure 4.35: Screen showing Arduino Setup: Completed (स्क्रीन Arduino सेटअप दिखा रहा है।)

Arduino IDE is now installed on your PC. You can now find the Arduino IDE Icon on desktop. Double click on the icon and it will display Splash screen as shown in Figure 4.36.

Arduino IDE अब आपके पीसी पर इंस्टॉल हो गया है। अब आप डेस्कटॉप पर Arduino IDE आइकॉन देख सकते हैं। आइकन पर डबल क्लिक करें और यह स्प्लैश स्क्रीन प्रदर्शित करेगा जैसा कि चित्र 4.36 में दिखाया गया है।

After few moments, the splash screen will disappear, and the Arduino IDE will appear as shown in Figure 4.37.

कुछ पलों के बाद, स्प्लैश स्क्रीन डिसअप्पेअर हो जाएगी, और Arduino IDE चित्र 4.37 में दिखाया जाएगा।

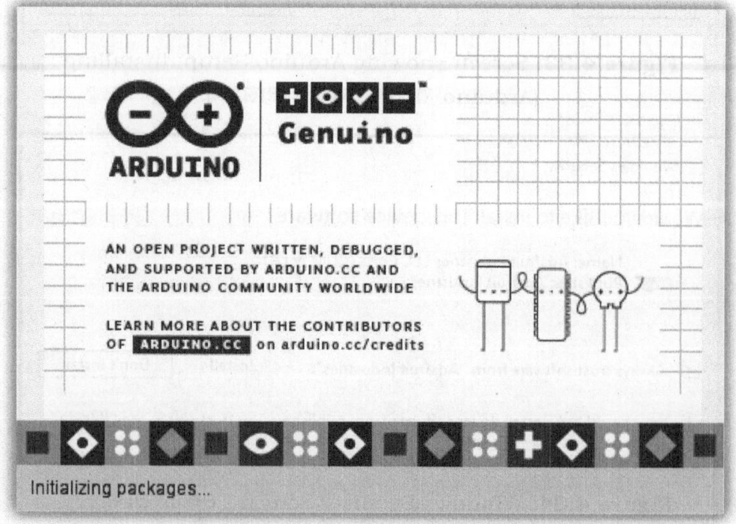

Figure 4.36: Arduino splash screen (Arduino स्प्लैश स्क्रीन)

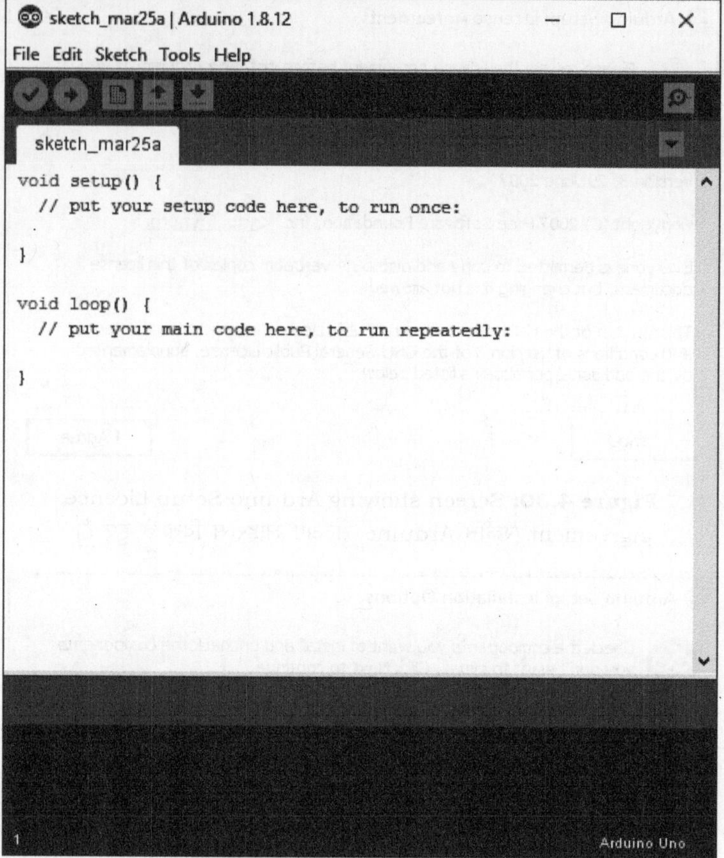

Figure 4.37: Arduino IDE

4.4 PARTS OF ARDUINO IDE (ARDUINO IDE के भाग)

The Arduino IDE is the main text editing program used for Arduino programming. It is where you will be typing up your codes(sketches) before uploading it to the board you want to program. The IDE environment is mainly distributed into three parts:

Arduino IDE प्रोग्रामिंग के लिए उपयोग किया जाने वाला मुख्य टेक्स्ट एडिटिंग प्रोग्राम है। यह वह जगह है जहां आप अपने कोड (रेखाचित्र) टाइप कर सकते हैं, इसे उस बोर्ड पर अपलोड करने से पहले जिसे आप प्रोग्राम करना चाहते हैं। IDE एनवायरनमेंट को मुख्य रूप से तीन भागों में बांटा गया है:

- Menu Bar (मेनू बार)
- Text Editor (टेक्स्ट एडिटर)
- Output Pane (आउटपुट पैन)

4.4.1 Menu Bar (मेनू बार)

The bar appearing on the top is called Menu Bar (Figure 4.38) that comes with five different options as follow:

शीर्ष पर दिखाई देने वाले बार को मेनू बार (चित्र 4.38) कहा जाता है जो अनुसरण के रूप में पांच विभिन्न विकल्पों के साथ आता है:

File Menu (फाइल मेनू)

File menu is used to open a new window for writing the code or open an existing one. (Figure 4.39).

फाइल मेनू का उपयोग कोड लिखने के लिए एक नई विंडो खोलने या किसी मौजूदा विंडो को खोलने के लिए किया जाता है। (चित्र 4.39)।

New: Creates a new instance of the editor, with the bare minimum structure of a sketch already in place.

न्यु: एडिटर का एक नया उदाहरण बनाता है।

Open: Allows you to open the pre-existed sketches by browsing through the computer drivers and folders.

ओपन: आपको कंप्यूटर के माध्यम से ब्राउज करके पहले से मौजूद स्केच खोलने की अनुमति देता है।

Open Recent: Provide the most recent sketches.

ओपन रीसेट: सबसे हाल ही के स्केच प्रदान करें।

Sketchbook: Shows the current sketches within the sketchbook folder structure; clicking on any name opens the corresponding sketch in a new editor instance.

स्केचबुक: स्केचबुक फोल्डर संरचना के भीतर वर्तमान स्केच दिखाता है। किसी भी नाम पर क्लिक करने से नए एडिटर में संबंधित स्केच खुल जाता है।

Examples: Any example provided by the Arduino Software (IDE) or library shows up in this menu item. All these examples are arranged in a tree. So that you can easily access them by using topics or library.

उदाहरण: Arduino Software (IDE) या लाइब्रेरी द्वारा प्रदान किया गया कोई भी उदाहरण इस मेनू आइटम में दिखाई देता है। ये सभी उदाहरण एक ट्री में व्यवस्थित हैं। ताकि आप आसानी से विषयों या पुस्तकालय का उपयोग करके उन तक पहुंच सकें।

Close: Closes the current sketch.

क्लोज: वर्तमान स्केच को बंद कर देता है।

Save: Saves the sketch with the current name. If the file hasn't been named before, a name will be provided in a "Save as.." Window.

सेव: स्केच को वर्तमान नाम से सेव करता है। यदि फाइल को पहले नाम नहीं दिया गया है, तो एक नाम 'इस रूप में सेव करे.. *विंडो में प्रदान किया जाएगा।

Save as...: Allows to save the current sketch with a different name.

सेव अस ...: किसी अन्य नाम के साथ वर्तमान स्केच को सेव करने की अनुमति देता है।

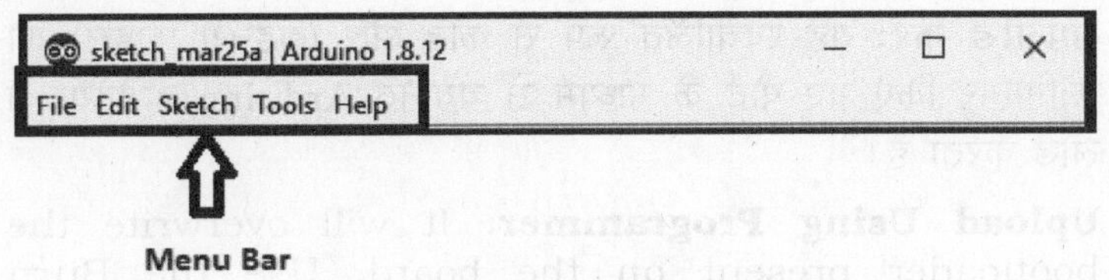

Figure 4.38: Menu Bar (मेनू बार)

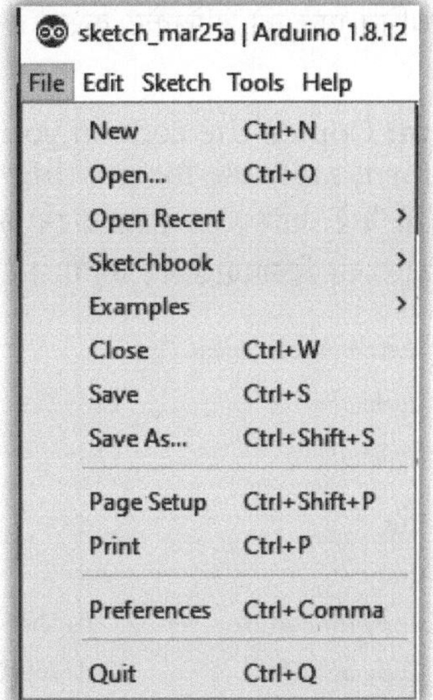

Figure 4.39: File Menu (फाइल मेनू)

Page Setup: It shows the Page Setup window for printing.

पेज सेटअप: यह प्रिंटिंग के लिए पेज सेटअप विंडो दिखाता है।

Print: Sends the current sketch to the printer according to the settings defined in Page Setup.

प्रिंट: पेज सेटअप में परिभाषित सेटिंग्स के अनुसार वर्तमान स्केच को प्रिंटर पर भेजता है।

Preferences: Opens the Preferences window where you can customize the settings such as the language of the IDE interface.

प्राथमिकताएँ: प्रैफरेंस विंडो को खोलता है जहाँ आप IDE इंटरफेस की लैंग्वेज जैसी सेटिंग्स को अनुकूलित कर सकते हैं।

Quit: Closes all IDE windows.

क्विट: सभी IDE विंडो बंद करता है।

Edit Menu (एडिट मेन्यू)

Edit Menu is used for copying and pasting the code with further modification. (Figure 4.40).

एडिट मेन्यू का उपयोग कोड को आगे संशोधन के साथ कॉपी और पेस्ट करने के लिए किया जाता है। (चित्र 4.40)।

Undo/Redo: You can go backwards or forward for one or more steps while editing using Undo and Redo respectively

अन्डू/रीडू: आप पूर्ववत करें और पुनः उपयोग करते हुए एक या एक से अधिक चरणों के लिए आगे या पीछे जा सकते हैं।

Cut: Removes the selected text from the editor and places it into the clipboard.

कट: एडिटर से चयनित पाठ को निकालता है और इसे क्लिपबोर्ड में रखता है।

Copy: Duplicates the selected text in the editor and places it into the clipboard.

कॉपी: एडिटर में चयनित पाठ को डुप्लिकेट करता है और इसे क्लिपबोर्ड में रखता है।

Copy for Forum: Copies the code of your sketch to the clipboard in a form suitable for posting to the forum.
फोरम के लिए कॉपी करें: फोरम पर पोस्ट करने के लिए उपयुक्त फॉर्म में अपने स्केच के कोड को क्लिपबोर्ड पर कॉपी करें।

Edit Sketch Tools Help

Undo	Ctrl+Z
Redo	Ctrl+Y
Cut	Ctrl+X
Copy	Ctrl+C
Copy for Forum	Ctrl+Shift+C
Copy as HTML	Ctrl+Alt+C
Paste	Ctrl+V
Select All	Ctrl+A
Go to line...	Ctrl+L
Comment/Uncomment	Ctrl+Slash
Increase Indent	Tab
Decrease Indent	Shift+Tab
Increase Font Size	Ctrl+Plus
Decrease Font Size	Ctrl+Minus
Find...	Ctrl+F
Find Next	Ctrl+G
Find Previous	Ctrl+Shift+G

Figure 4.40: Edit Menu (एडिट मेन्यू)

Copy as HTML: Copies the code of your sketch to the clipboard as HTML, suitable for embedding in web pages.
HTML के रूप में कॉपी करें: अपने स्केच के कोड को HTML के रूप में क्लिपबोर्ड पर कॉपी करता है, जो वेब पेजों में एम्बेड करने के लिए उपयुक्त है।

Paste: Pastes the content from the clipboard at the cursor position.
पेस्ट: क्लिपबोर्ड से कंटेट को कर्सर की स्थिति में पेस्ट करता है।

Select All: Selects and highlights the whole content of the editor i.e., the entire sketch.
सेलेक्ट ऑल: सम्पादक के सम्पूर्ण कंटेट यानी पूरे स्केच को चुनता है और हाइलाइट करता है।

Comment/Uncomment: Puts or removes the // comment marker at the beginning of each selected line.
कमेंट / अन-कमेंट: प्रत्येक चयनित लाइन की शुरुआत में // टिप्पणी मार्कर को डालता या हटाता है।

Increase/Decrease Indent: Adds or subtracts a space at the beginning of each selected line.
इंडेंट में वृद्धि / कमी: प्रत्येक चयनित लाइन की शुरुआत में एक स्थान जोड़ता या घटाता है।

Find: Opens the Find and Replace window where you can specify text to search inside the current sketch.
फाइंड: फाइंड और रिप्लेस विंडो खोलता है जहाँ आप टेक्स्ट को वर्तमान स्केच के अंदर खोजने के लिए निर्दिष्ट कर सकते हैं।

Find Next: Highlights the next occurrence of the specified string.
फाइंड नेक्स्ट: निर्दिष्ट स्ट्रिंग की अगली घटना पर प्रकाश डाला गया।

Find Previous: Highlights the previous occurrence of the specified string.
फाइंड प्रीवियस: पिछली स्ट्रिंग को हाइलाइट करें– निर्दिष्ट स्ट्रिंग की रेंस।

Sketch Menu (स्केच मेनू)

Sketch Menu is used for compiling and programming. (Figure 4.41).
स्केच मेनू का उपयोग कम्पाइलिंग और प्रोग्रामिंग के लिए किया जाता है। (चित्र 4.41)।

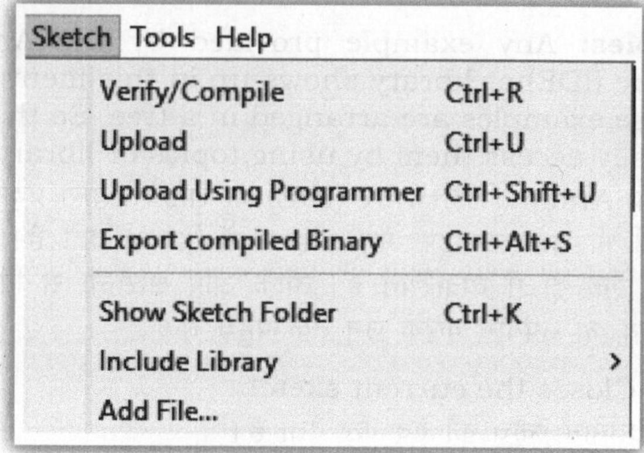

Figure 4.41: Sketch Menu (स्केच मेन्यू)

Verify/Compile: It checks the errors present in your sketch and informs you about the memory space occupied by the variables in the console area.
वेरिफाई / कम्पाइल करें: यह आपके स्केच में मौजूद त्रुटियों की जाँच करता है और आपको कंसोल क्षेत्र में वेरिएबल द्वारा ली की गई मेमोरी स्पेस के बारे में सूचित करता है।

Upload: It automatically compiles and loads the code (binary file) into the selected Arduino hardware through the configured Port.
अपलोड करें: यह स्वचालित रूप से कोड और (बाइनरी फाइल) को कॉन्फिगर किए गए पोर्ट के माध्यम से चयनित Arduino हार्डवेयर में लोड करता है।

Upload Using Programmer: It will overwrite the bootloader present on the board. Use the Burn

Bootloader tool to restore it. So that the bootloader can occupy the full flash memory capacity.

प्रोग्रामर का उपयोग करके अपलोड करें: यह बोर्ड पर मौजूद बूटलोडर को अधिलेखित कर देगा। इसे बहाल करने के लिए बर्न बूटलोडर टूल का उपयोग करें। ताकि बूट–लोडर पूर्ण फ्लैश मेमोरी क्षमता पर कब्जा कर सके।

Export Compiled Binary: It will save the file as .hex file and send it to your Arduino board using other tools.

निर्यात संकलित बाइनरी: यह फाइल को .hex फाइल और अन्य उपकरणों का उपयोग करके अपने Arduino बोर्ड को भेजेगा।

Show Sketch Folder: Opens the current sketch folder.

स्केच फोल्डर शो: वर्तमान स्केच फोल्डर को खोलता है।

Include Library: Adds a library to your sketch by inserting #include statements at the start of your code. Additionally, from this menu item you can access the Library Manager and import new libraries from .zip files.

लाइब्रेरी शामिल करें: अपने कोड की शुरुआत में #include स्टेटमेंट्स डालकर एक लाइब्रेरी को अपने स्केच में जोड़ता है। इसके अतिरिक्त, इस मेनू आइटम से आप लाइब्रेरी मैनेजर तक पहुँच सकते हैं और .zip फाइल्स से नई लाइब्रेरीज आयात कर सकते हैं।

Add File...: Adds a source file to the sketch (it will be copied from its current location). The new file appears in a new tab in the sketch window.

फाइल ऐड ...: स्केच में एक स्रोत फाइल जोड़ता है (इसे उसके वर्तमान स्थान से कॉपी किया जाएगा)। नई फाइल स्केच विंडो में एक नए टैब में दिखाई देती है।

Tools Menu (टूल्स मेनू)

Tools Menu is mainly used for testing projects. (Figure 4.42).

टूल मेनू का उपयोग मुख्य रूप से परीक्षण परियोजनाओं के लिए किया जाता है। (चित्र 4.42)।

Auto Format: It will correct the indentations of the curly braces so that opening and closing curly braces line up.

ऑटो फॉर्मेट: यह घुंघराले ब्रेस के इंडेंटेशन को सही करेगा ताकि कर्ली ब्रेस को खोलना और बंद करना शुरू हो जाए।

Archive Sketch: It saves the current sketch as a zip file.

आर्काइव स्केच: यह वर्तमान स्केच को जिप फाइल के रूप में सेव करता है।

Fix Encoding and Reload: Fixes possible discrepancies between the editor char map encoding and other operating systems char maps.

एन्कोडिंग और रीलोड को ठीक करें: एडिटर कैर मानचित्र एन्कोडिंग और अन्य ऑपरेटिंग सिस्टम कैर मानचित्रों के बीच संभावित विसंगतियों को ठीक करता है।

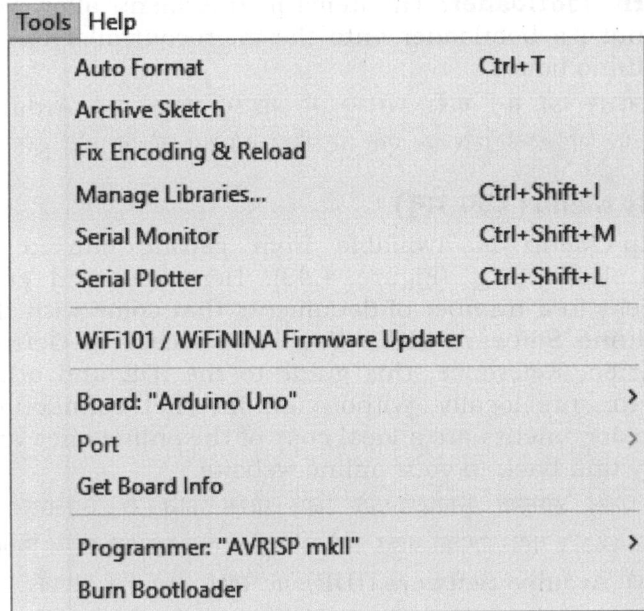

Figure 4.42: Tools Menu (टूल्स मेनू)

Serial Monitor: Opens the serial monitor window and initiates the exchange of data with any connected board on the currently selected Port.

सीरियल मॉनिटर: सीरियल मॉनिटर ओपन खोलता है और वर्तमान में चुने गए पोर्ट पर किसी भी बोर्ड के साथ डेटा के आदान–प्रदान की शुरुआत करता है।

Board: Select the correct board that you are using that time.

बोर्ड: आप उस समय का उपयोग कर रहे बोर्ड का चयन करें।

Port: It contains all of the serial devices that are connected with your device This menu contains all the serial devices (real or virtual) on your machine. It should automatically refresh every time you open the top-level tools menu.

पोर्ट: इसमें सभी सीरियल डिवाइस शामिल हैं जो आपके डिवाइस से जुड़े हैं। इस मेनू में आपकी मशीन पर सभी सीरियल डिवाइस (असली या आभासी) शामिल हैं। जब भी आप शीर्ष–स्तरीय उपकरण मेनू खोलते हैं, तो यह स्वचालित रूप से रिफ्रेश हो जाना चाहिए।

Programmer: It is used to select the hardware programmer while programming the board without USB serial connection. Normally you won't need this, but if you are burning a bootloader to a new microcontroller, you will use this.

प्रोग्रामर: इसका उपयोग बोर्ड प्रोग्राम को USB सीरियल कनेक्शन के साथ करते समय हार्डवेयर प्रोग्रामर का चयन करने के लिए किया जाता है। आम तौर पर आपको इसकी आवश्यकता नहीं होती है, लेकिन यदि आप एक नए माइक्रोकंट्रोलर को बूटलोडर बर्न कर रहे हैं, तो आप इसका उपयोग करेंगे।

Burn Bootloader: The items in this menu allow you to burn a bootloader onto the microcontroller on an Arduino board.

बूटलोडर को बर्न करें: इस मेनू में आइटम आपको एक Arduino बोर्ड पर माइक्रोकंट्रोलर पर एक बूटलोडर को बर्न की अनुमति देते हैं।

Help Menu (हेल्प मेनू)

Help Menu is available from getting started to troubleshooting. (Figure 4.43). Here you find easy access to a number of documents that come with the Arduino Software (IDE). You have access to Getting Started, Reference, this guide to the IDE and other documents locally, without an Internet connection. The documents are a local copy of the online ones and may link back to your online website.

हेल्प मेनू समस्या निवारण के लिए प्रारंभ होने से उपलब्ध है। (चित्र 4.43)। यहां आपको बहुत सारे डॉक्यूमेंट तक आसान पहुँच मिलती है जो Arduino Software (IDE) के साथ आते हैं। आपके पास प्रारंभ, संदर्भ, इस गाइड के लिए IDE और अन्य दस्तावेज स्थानीय रूप से, बिना इंटरनेट कनेक्शन के हैं। दस्तावेज ऑनलाइन की एक स्थानीय प्रति हैं और आपकी ऑनलाइन वेबसाइट पर वापस लिंक कर सकते हैं।

Find in Reference: This is the only interactive function of the Help menu. It directly selects the relevant page in the local copy of the Reference for the function or command under the cursor.

रेफरेन्स में खोजें: यह हेल्प मेनू का एकमात्र संवादात्मक कार्य है। यह कर्सर के नीचे फंक्शन या कमांड के लिए संदर्भ की स्थानीय प्रतिलिपि में सीधे संबंधित पृष्ठ का चयन करता है।

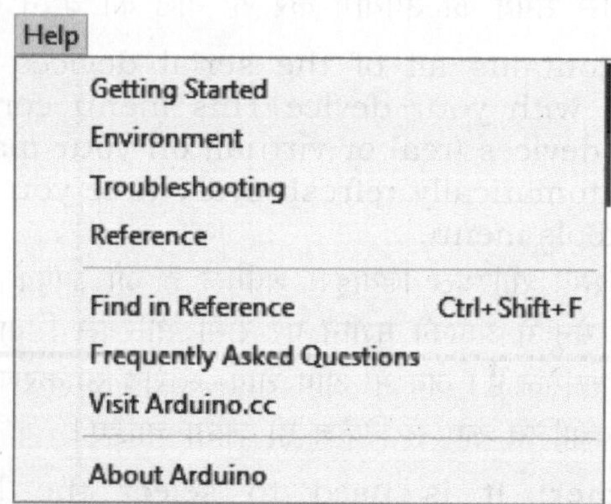

Figure 4.43: Help Menu (हेल्प मेनू)

The Arduino tool window is known as Console Toolbar shows different icons, starting from the left hand side the options are Verify/Compile, Upload, New, Open, Save and at to the extream right Serial Monitor. (Figure 4.44).

Arduino टूल विंडो को Console Toolbar के रूप में जाना जाता है, जो अलग–अलग आइकन दिखाती है, बाएं हाथ से शुरू होने वाले विकल्प हैं Verify/Compile, Upload, New, Open, Save और at extream right Serial Monitor। (चित्र 4.44)।

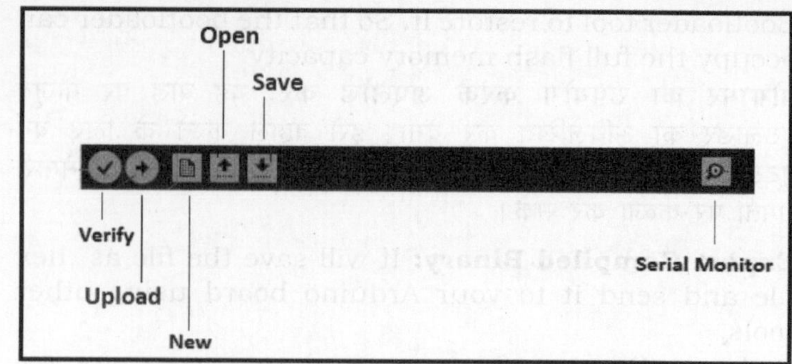

Figure 4.44: A Console Toolbar (कंसोल टूलबार)

The arrow key will upload and transfer the required code to the Arduino board.

एरो की आवश्यक कोड को Arduino बोर्ड में अपलोड और हस्तांतरित करेगी।

The dotted paper is used for creating a new file. The upward arrow is reserved for opening an existing Arduino project.

डॉटेड कागज का उपयोग नई फाइल बनाने के लिए किया जाता है। ऊपर का एरो एक मौजूदा Arduino प्रोजेक्ट खोलने के लिए आरक्षित है।

The downward arrow is used to save the current running code.

डाउनवर्ड एरो का इस्तेमाल करंट रनिंग कोड को सेव करने के लिए किया जाता है।

The button appearing on the top right corner is a Serial Monitor. It is separate pop-up window that acts as an independent terminal and plays a vital role for sending and receiving the Serial Data.

ऊपरी दाएं कोने पर दिखाई देने वाला बटन एक सीरियल मॉनिटर है। यह अलग पॉप–अप विंडो है जो एक स्वतंत्र टर्मिनल के रूप में कार्य करता है और सीरियल डेटा भेजने और प्राप्त करने के लिए एक महत्वपूर्ण भूमिका निभाता है।

Arduino serial monitor can be opened by clicking on the magnifying glass icon on the upper right side of the IDE. You can also go to the Tools panel and select Serial Monitor pressing Ctrl+Shift+M all at once will open the Serial Monitor. The serial monitor is used mainly for interacting with the Arduino board using the computer, and is a great tool for real-time monitoring and debugging. Your Arduino Module should be connected to your computer by USB cable in order to activate the Serial Monitor.

IDE के ऊपरी दाईं ओर आवर्धक ग्लास आइकन पर क्लिक करके Arduino सीरियल मॉनिटर ओपन हो जाता है। आप टूल पैनल पर भी जा सकते हैं और Ctrl + Shift + M दबाकर एक बार सीरियल मॉनिटर का चयन करेंगे, जो सीरियल मॉनिटर को खोलेगा। सीरियल मॉनिटर का उपयोग मुख्य रूप से कंप्यूटर का उपयोग करते हुए Arduino बोर्ड के साथ कम्यूनिकेट करने के लिए किया जाता है, और वास्तविक समय

की निगरानी और डीबगिंग के लिए एक उपकरण है। सीरियल मॉनिटर को सक्रिय करने के लिए आपका Arduino Module USB केबल द्वारा आपके कंप्यूटर से जुड़ा होना चाहिए।

> *The serial monitor is simply an output screen, that can display the data sent by the Arduino board via USB.*
> सीरियल मॉनिटर एक आउटपुट स्क्रीन है, जो USB के माध्यम से Arduino बोर्ड द्वारा भेजे गए डेटा को प्रदर्शित कर सकता है।

4.4.2 Text Editor (टेक्स्ट एडिटर)

Now click on File menu and choose Preferences. It will display Preferences dialog box as shown in Figure 4.45. Now check compilation and upload options as shown in Figure 4.45.
अब फाइल मेनू पर क्लिक करें और प्रफरेंस चुनें। यह चित्र 4.45 में दिखाए गए अनुसार डायलॉग बॉक्स प्रदर्शित करेगा। अब संकलन और जांच के विकल्प देखें जैसा कि चित्र 4.45 में दिखाया गया है।

It is used for writing the required code. The sketch is written in the text editor and is then saved with the file extension .ino.
When you open the Arduino IDE, the editor window starts a new sketch. The name of the new sketch appears in the tab at the top of the editor window area, in the following format:
इसका उपयोग आवश्यक कोड लिखने के लिए किया जाता है। स्केच को टेक्स्ट एडिटर में लिखा जाता है और फिर फाइल एक्सटेंशन .ino के साथ सेव किया जाता है। जब आप Arduino IDE खोलते हैं, तो एडिटर नई विंडो खोलता है एक नया स्केच शुरू करता है। नए स्केच का नाम निम्न प्रारूप में एडिटर विंडो क्षेत्र के शीर्ष पर टैब में दिखाई देता है:

sketch_ mmmddx

where
यहाँ

mmm is a three-letter abbreviation of the month, dd is the two-digit numerical date, and x is a letter to make the sketch name unique for the day (for example, sketch_feb02a).
mmm महीने का तीन अक्षर का संक्षिप्त नाम है, **dd** दो अंकों की संख्यात्मक तारीख है, और **x** एक अक्षर है स्केच नाम को दिन के लिए अद्वितीय बनाने के लिए (उदाहरण के लिए, स्केच_Feb02a)।

As you type your sketch code into the editor window, the editor will color-code different parts of the sketch code, such as making function names brown and text strings blue. This makes it easier to pick out syntax errors, and comes in handy when you are trying to debug your sketch.
जैसा कि आप अपना स्केच कोड एडिटर विंडो में टाइप करते हैं, एडिटर स्केच कोड के अलग–अलग हिस्सों को कलर–कोड करेगा, जैसे फंक्शन के नाम ब्राउन और टेक्स्ट स्ट्रिंग्स को ब्लू। इससे सिंटैक्स त्रुटियों को चुनना आसान हो जाता है, और जब आप अपने स्केच को डीबग करने की कोशिश कर रहे होते हैं तो यह काम में आता है।

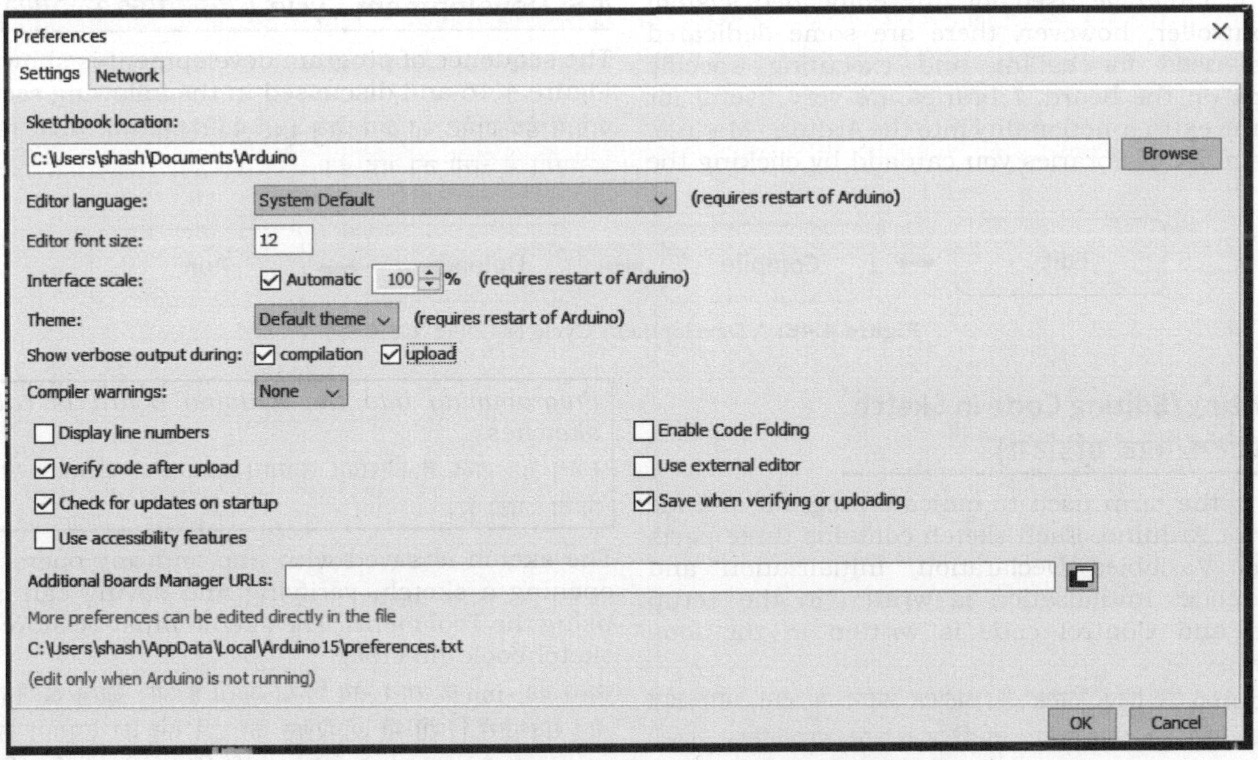

Figure 4.45: A Preferences dialog box (प्रेपेफरेंस डायलॉग बॉक्स)

After you enter the code into the editor window, choose File > Save As from the menu bar to save the sketch. Now you are ready to verify and compile the sketch.

जब आप एडिटर विंडो में कोड दर्ज करते हैं, तो स्केच को सेव करने के लिए मेनू बार से फाइल > सेव अस चुनें। अब आप वेरिफाई करने और स्केच को कम्पाइल करने के लिए तैयार हैं।

> *Note that the recent Arduino Modules will reset automatically as you compile and press the upload button.*
>
> रीसेट में **Arduino Modules** रीसेट होगा; जैसे ही आप कंपाइल करेंगे और अपलोड बटन दबाएंगे।

4.4.3 Output Pane (आउटपुट पैन)

The bottom of the main screen is described as an Output Pane that mainly highlights the compilation status of the running code: the memory used by the code, and errors occurred in the program. You need to fix those errors before you intend to upload the hex file into your Arduino Module.

मुख्य स्क्रीन के निचले हिस्से को आउटपुट पेन के रूप में वर्णित किया गया है जो मुख्य रूप से रनिंग कोड की कंपाइल–टियॉन स्थिति को उजागर करता है; कोड द्वारा उपयोग की जाने वाली मेमोरी, और प्रोग्राम में त्रुटियां। **Hex** फाइल को अपने **Arduino** मॉड्यूल में अपलोड करने से पहले आपको उन त्रुटियों को ठीक करना होगा।

More or less, Arduino C language works similar to the regular C language used for any embedded system microcontroller, however, there are some dedicated libraries used for calling and executing specific functions on the board. Libraries are very useful for adding the extra functionality into the Arduino Module. There is a list of libraries you can add by clicking the Sketch button in the menu bar and going to Include Library. As you click the Include Library and Add the respective library it will be on the top of the sketch with a #include sign.

कम या ज्यादा, **Arduino C** लैंग्वेज किसी भी एम्बेडेड सिस्टम माइक्रोकंट्रोलर के लिए उपयोग की जाने वाली नियमित C लैंग्वेज के समान काम करती है, हालाँकि, बोर्ड पर विशिष्ट कार्यों को कॉल करने और निष्पादित करने के लिए कुछ समर्पित लाइब्रेरी का उपयोग किया जाता है। **Arduino Module** में अतिरिक्त कार्यक्षमता जोड़ने के लिए लाइब्रेरी बहुत उपयोगी हैं। वहाँ पुस्तकालयों की एक सूची है जिसे आप मेनू बार में स्केच बटन पर क्लिक करके और लाइब्रेरी शामिल करके जा सकते हैं। जैसा कि आप लाइब्रेरी शामिल करें पर क्लिक करें और संबंधित लाइब्रेरी जोड़ें यह स्केच के शीर्ष पर **#include** चिन्ह के साथ होगा।

On the bottom right hand corner of the window there displays the Development Board and the Serial Port in use.

विंडो के नीचे दाहिने हाथ के कोने में विकास बोर्ड और सीरियल पोर्ट का उपयोग किया गया है।

> *Most of the libraries are pre-installed and come with the Arduino software. However, you can also download them from the external sources.*
>
> अधिकाश पुस्तकालय पूर्व–स्थापित हैं और **Arduino** सॉफ्टवेयर के साथ आते हैं। हालाँकि, आप उन्हें एक्सटर्नल स्रोतों से भी डाउनलोड कर सकते हैं।

4.5 Development Cycle (डेवलपमेंट साइकिल)

The sequence of program development is shown in the Figure 4.46 and discussed in the following sections.

प्रोग्राम डेवलपमेंट का क्रम चित्र 4.46 में दिखाया गया है और निम्नलिखित अनुभागों में चर्चा की गई है।

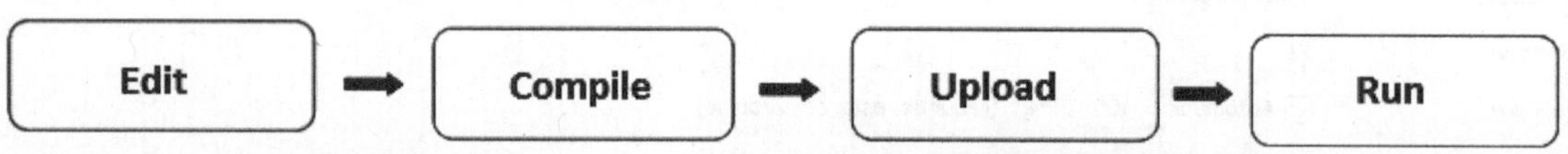

Figure 4.46: A Development Cycle (डेवलपमेंट साइकिल)

4.6 Writing/Editing Code in Sketch (राइटिंग/कोड एडिटिंग)

Sketch is the term used to indicate program or code written for Arduino. Each sketch contains three parts such as Variables Declaration, Initialization and Control code. Initialization is written in the setup function and Control code is written in the loop function.

कोड **Arduino** के लिए लिखा है। प्रत्येक स्केच में तीन भाग होते हैं जैसे कि वैरिएबल डिक्लरेशन, इनिशिलाइजेशन और कंट्रोल कोड। इनिशिलाइजेशन सेटअप फंक्शन में लिखा गया है और कंट्रोल कोड लूप फंक्शन में लिखा गया है।

> *Programming into the Arduino board is called as sketches.*
>
> स्केच वह शब्द है जिसका उपयोग प्रोग्राम या संकेत करने के लिए किया जाता है।

The sketch is saved with .ino and any operation like opening a sketch, verifying and saving can be done using the Tool menu. The sketch must be stored in the sketchbook directory.

स्केच को -ino के साथ सेव किया जाता है और स्केच खोलने, सत्यापन और सेव जैसे किसी भी ऑपरेशन को टूल मेनू का उपयोग करके किया जा सकता है। स्केच को स्केचबुक निर्देशिका में संग्रहीत किया जाना चाहिए।

The sketch, created on the IDE platform will ultimately generate a hex file which is then transferred and uploaded in the controller on the board. The IDE environment mainly contains two basic parts: Editor and Compiler where former is used for writing the required code and later is used for compiling and uploading the code into the given Arduino Module.

IDE प्लेटफॉर्म पर बनाया गया स्केच, एक hex फाइल को उत्पन्न करेगा, जो तब ट्रांसफर होती है और कंट्रोलर में अपलोड की जाती है IDE के वातावरण में मुख्य रूप से दो बुनियादी भाग होते हैं: संपादक और कंपाइलर जहां पूर्व का उपयोग आवश्यक कोड लिखने के लिए किया जाता है और बाद में कोड को दिए गए **Arduino Module** में संकलन और अपलोड करने के लिए उपयोग किया जाता है।

> *Programming into the Arduino board is called as sketches.*
> Ino Arduino बोर्ड में प्रोग्रामिंग को स्केच कहा जाता है।

Some important things to keep in mind when writing your own code. Arduino sketches are typically broken into five parts:

अपना खुद का कोड लिखते समय कुछ महत्वपूर्ण बातों का ध्यान रखें। **Arduino** स्केच आमतौर पर पाँच भागों में विभाजित होते हैं:

a. The sketch usually starts with a header that explains what the sketch is doing, and who wrote it.

   स्केच आमतौर पर एक हेडर से शुरू होता है जो बताता है कि स्केच क्या कर रहा है, और किसने लिखा है।

b. It usually defines global variables, where constant names are given to the different Arduino pins.

   यह आमतौर पर ग्लोबल वेरिएबल को परिभाषित करता है, जहां विभिन्न **Arduino** पिन को **constant** नाम दिए गए हैं।

c. After the initial variables are set, the Arduino begins the setup routine. In the setup() function, you set initial conditions of variables when necessary, and run any preliminary code that you only want to run once. This is where serial communication is initiated, which is required for running the serial monitor. The setup() function must be present in the program, even if it does not contain anything.

   प्रारंभिक वेरिएबल सेट होने के बाद, **Arduino** सेटअप दिनचर्या शुरू करता है। सेटअप () **function** में, आप आवश्यक होने पर वेरिएबल की प्रारंभिक शर्तें निर्धारित करते हैं, और कोई भी प्रारंभिक कोड रन करते हैं जिसे आप केवल एक बार चलाना चाहते हैं। यह वह जगह है जहाँ सीरियल की शुरुआत की जाती है, जो सीरियल मॉनिटरिंग के लिए आवश्यक है। सेटअप () फंक्शन को प्रोग्राम में मौजूद होना चाहिए, भले ही उसमें कुछ भी न हो।

d. From the setup() function, you go to the loop routine. This is the main routine of the sketch. This is not only where your main code goes, but it will be executed over and over, so long as the sketch continues to run.

   सेटअप() फंक्शन से, आप लूप रूटीन पर जाते हैं। यह स्केच की मुख्य दिनचर्या है। यह न केवल जहां आपका मुख्य कोड जाता है, लेकिन इसे बार–बार निष्पादित किया जाएगा, इसलिए जब तक स्केच चलता रहता है।

e. Below the loop routine, there is often other functions listed. These functions are userdefined and only activated when called in the setup and loop routine. There are two required functions in an Arduino sketch or a program i.e., setup() and loop(). Other functions must be created outside the brackets of these two functions. When these functions are called, the Arduino processes all of the code in the function from top to bottom and then goes back to the next line in the sketch where it left off when the function was called.

   लूप रूटीन में, अक्सर अन्य कार्य सूचीबद्ध होते हैं। ये फंक्शंस यूजर–डिफाइंड हैं और केवल तभी एक्टिव होते हैं जब इन्हें सेटअप और लूप रूटीन में कहा जाता है। **Arduino** स्केच या एक प्रोग्राम यानी सेटअप() और लूप() में दो आवश्यक कार्य हैं। अन्य कार्यों को इन दो कार्यों के कोष्ठक के बाहर बनाया जाना चाहिए। जब इन फंक्शन को कॉल किया जाता है, तो **Arduino** ऊपर से नीचे तक फंक्शन के सभी कोड को संसाधित करता है और फिर स्केच में अगली पंक्ति पर वापस चला जाता है, जहां फंक्शन को कॉल करने पर इसे छोड़ दिया जाता है।

4.7 Compiling-Debugging (कम्पाइलिंग-डिबगिंग)

The next step in the process is to compile the sketch code into the machine language code that the Arduino runs. Compile means to translate the sketch into machine language, also known as object code.

इस प्रक्रिया का अगला चरण स्केच कोड को मशीन लैंग्वेज कोड में संकलित करना है जिसे **Arduino** चलाता है। संकलन का अर्थ है स्केच को मशीन लैंग्वेज में अनुवाद करना, जिसे ऑब्जेक्ट कोड के रूप में भी जाना जाता है।

Click the verify icon on the toolbar (the checkmark icon), or choose Sketch -> Verify/Compile from the menu bar. You should see a message in the message area that the compile has completed, and the console window should show the final size of the compiled machine language code that will be uploaded to the Arduino.

टूलबार (चिह्न) पर सत्यापित आइकन पर क्लिक करें, या मेनू बार से स्केच –> वेरीफाई / कम्पाइल करें। आपको संदेश क्षेत्र में एक संदेश देखना चाहिए जो संकलन पूरा हो गया है, और कंसोल विंडो को संकलित मशीन लैंग्वेज कोड का अंतिम आकार दिखाना चाहिए जिसे **Arduino** पर अपलोड किया जाएगा।

If you have any typos such as incorrect punctuations, missing punctuations, misspellings, and wrong capitalizations in the sketch code that cause the compile process to fail, you will see an error message in the message area. The Arduino IDE also highlights the line of code that generated the error, making it easier for you to pick out the problem. Also, a more detailed error message appears in the console window area to help even more.

यदि आपके पास कोई भी टाइपो जैसे कि गलत **punctuations**, मिसिंग पंक्चुएशन, मिसपेलिंग्स, और स्केच कोड में गलत कैपिटलाइजेशन हैं जो संकलन प्रक्रिया को विफल करते हैं, तो आपको संदेश क्षेत्र में एक त्रुटि संदेश दिखाई देगा। **Arduino IDE** उस कोड की लाइन को भी हाइलाइट करता है जिसने त्रुटि उत्पन्न की, जिससे आपके लिए समस्या को देखना आसान हो गया। इसके अलावा, अधिक विस्तृत त्रुटि संदेश कंसोल विंडो क्षेत्र में और भी अधिक मदद करने के लिए प्रकट होता है।

After you get the sketch to compile without any errors, the next step is to upload it to your Arduino.

बिना किसी त्रुटि के संकलन करने के लिए आपको स्केच मिलने के बाद, अगला चरण इसे अपने **Arduino** पर अपलोड करना है।

4.8 Uploading and Running A File (अप्लोडिंग और फाइल को रन करना)

In order to upload the sketch, you need to select the relevant board you are using and the ports for that operating system. Using the Arduino IDE click Tools > Serial Port menu bar option to set which serial port your Arduino is connected to. After you set that, you should be able to easily upload your compiled sketches.

स्केच अपलोड करने के लिए, आपको उस प्रासंगिक बोर्ड का चयन करना होगा जो आप उपयोग कर रहे हैं और उस ऑपरेटिंग सिस्टम के लिए पोर्ट। **Arduino IDE** का उपयोग करके टूल > सीरियल पोर्ट मेनू बार विकल्प पर सेट करें कि आपका **Arduino** किस सीरियल पोर्ट से जुड़ा है। आपके द्वारा सेट किए जाने के बाद, आपको आसानी से अपने संकलित रेखाचित्र अपलोड करने में सक्षम होना चाहिए।

> *There are few settings need to confirm such as selecting right COM Port and Arduino Uno board before you upload the sketch.*
>
> स्केच अपलोड करने से पहले कुछ सेटिंग्स की पुष्टि करने की आवश्यकता है जैसे कि राइट **COM** पोर्ट और अरुडिनो यून बोर्ड को चुनना।

Click either the upload icon on the toolbar (the right arrow icon) appearing in the upper left corner, or select File -> Upload from the menu bar in the Arduino environment for writing the code to the Arduino. Before the upload starts, the Arduino IDE recompiles the sketch code.

ऊपरी बाएं कोने में दिखाई देने वाले टूलबार (राइट एरो आइकन) पर अपलोड आइकन पर क्लिक करें, या **Arduino** कोड को लिखने के लिए **Arduino** वातावरण में मेनू बार से अपलोड करें। अपलोड शुरू होने से पहले, **Arduino IDE** स्केच कोड को रिकम्पाइल करे।

When the upload completes, you should see a message in both the Arduino IDE message area and console window indicating that the upload was completed. If anything goes wrong, you will see an error message that appears in the message area and the console window.

जब अपलोड पूरा हो जाता है, तो आपको **Arduino IDE** संदेश क्षेत्र और कंसोल विंडो दोनों में एक संदेश देखना चाहिए जो यह दर्शाता है कि अपलोड पूरा हो गया था। यदि कुछ भी गलत होता है, तो आपको एक त्रुटि संदेश दिखाई देगा जो संदेश क्षेत्र और कंसोल विंडो में दिखाई देता है।

If all goes well, you are ready to start running your sketch on the Arduino. Run means Arduino sketch is executed. When the upload process completes, the bootloader automatically reboots the Arduino and runs your program code.

यदि सब ठीक हो जाता है, तो आप **Arduino** पर अपना स्केच चलाना शुरू करने के लिए तैयार हैं। रन का मतलब **Arduino** स्केच निष्पादित करना है। जब अपलोड प्रक्रिया पूरी हो जाती है, तो बूटलोडर स्वचालित रूप से **Arduino** को रिबूट करता है और आपका प्रोग्राम कोड चलाता है।

> *After writing the code automatic reset will be done so, the physical pressing of the reset button is not required.*
>
> कोड लिखने के बाद स्वचालित रीसेट हो जाएगा, इसलिए रीसेट बटन के फिजिकल प्रेशर की आवश्यकता नहीं है।

4.9 Serial Monitor (सीरियल मॉनिटर)

Unlike other software programming platforms, Arduino does not have an onboard debugger. Users can either use third-party software, or they can utilize the serial monitor to print Arduino's active processes for monitoring and debugging.

अन्य सॉफ्टवेयर प्रोग्रामिंग प्लेटफॉर्म के विपरीत, **Arduino** में एक ऑनबोर्ड डीबगर नहीं है। उपयोगकर्ता या तो तृतीय–पक्ष सॉफ्टवेयर का उपयोग कर सकते हैं, या वे मॉनिटर और डीबगिंग के लिए **Arduino** की सक्रिय प्रक्रियाओं को मुद्रित करने के लिए सीरियल मॉनिटर का उपयोग कर सकते हैं।

The serial monitor allows your computer to connect serially with the Arduino. This is important because it takes data that your Arduino is receiving from sensors and other devices and displays it in real-time on your computer. Having this ability is invaluable to debug your code and understand what number values the chip is actually receiving.

सीरियल मॉनिटर आपके कंप्यूटर को Arduino के साथ क्रमिक रूप से कनेक्ट करने की अनुमति देता है। यह महत्वपूर्ण है क्योंकि यह डेटा लेता है कि आपका Arduino सेंसर और अन्य उपकरणों से प्राप्त कर रहा है और आपके कंप्यूटर पर वास्तविक समय में इसे निभाता है। इस क्षमता का होना आपके कोड को डीबग करने के लिए अमूल्य है और यह समझना कि चिप वास्तव में किस नंबर के मूल्यों को प्राप्त कर रही है।

You can view the output from the serial port on your Arduino using the serial monitor built in to the Arduino IDE. To access serial monitor goto the Tools menu and select Serial Monitor from the menu bar, or click the serial monitor icon (the magnifying glass icon) on the toolbar. The serial monitor window appears and displays the output received from the Arduino.

आप अपने Arduino पर सीरियल पोर्ट से आउटपुट को Arduino IDE पर बनाए गए सीरियल मॉनिटर का उपयोग करके देख सकते हैं। टूल मेनू में सीरियल मॉनिटर तक पहुंचने के लिए और मेनू बार से सीरियल मॉनिटर का चयन करें, या टूलबार पर सीरियल मॉनिटर आइकन (मैग्नीफाइंग ग्लास आइकन) पर क्लिक करें। सीरियल मॉनिटर विंडो दिखाई देती है और Arduino से प्राप्त आउटपुट को प्रदर्शित करती है।

4.10 Role of Serial Plotter (सीरियल प्लॉटर का रोल)

Arduino Serial Plotter is another component of the Arduino IDE, which allows you to generate a real-time graph of your serial data. The serial plotter makes it much easier for you to analyze your data through a visual display. You are able to create graphs, negative value graphs, and conduct waveform analysis. This feature helps a lot to understand the data variation in different conditions. For example, it helps you to understand the behavior of sensors in different situations. Above all, it is useful in code troubleshooting.

Arduino Serial Plotter; Arduino IDE का एक अन्य घटक है, जो आपको अपने सीरियल डेटा का वास्तविक समय ग्राफ बनाने की अनुमति देता है। सीरियल प्लॉटर आपके लिए दृश्य प्रदर्शन के माध्यम से अपने डेटा का विश्लेषण करना बहुत आसान बनाता है। आप रेखांकन, ऋणात्मक मान रेखांकन, और डक्ट तरंग विश्लेषण का निर्माण करने में सक्षम हैं। यह सुविधा विभिन्न स्थितियों में डेटा भिन्नता को समझने में बहुत मदद करती है। उदाहरण के लिए, यह आपको अलग–अलग स्थिति में संवेदक के व्यवहार को कम करने में मदद करता है। इन सबसे ऊपर, यह कोड समस्या निवारण में उपयोगी है।

To access the serial plotter in the Arduino IDE go to the Tools menu and select the Serial Plotter option. This will enable you to see the graph of data.

Arduino IDE में सीरियल प्लॉटर को एक्सेस करने के लिए टूल मेनू पर जाएं और सीरियल प्लॉटर विकल्प चुनें। इससे आप डेटा का ग्राफ देख पाएंगे।

Features of Serial plotter: (सीरियल प्लॉटर की विशेषताएं:)

- It can plot multiple graphs.
  यह कई ग्राफ्स को प्लॉट कर सकता है।
- It is an offline tool to visualize the data in the form of graphs.
  यह ग्राफ के रूप में डेटा की कल्पना करने के लिए एक ऑफलाइन उपकरण है।
- It can support negative value graphs.
  यह नेगेटिव मान रेखांकन का समर्थन कर सकता है।
- It can Auto-resize graph.
  यह ग्राफ को ऑटो–आकार बदल सकता है।
- Different colours can be assigned for every variable.
  हर वेरिएबल के लिए अलग–अलग रंग असाइन होते हैं।

> *Baud rate in Arduino IDE is the number of signals transitions that occur in one second.*
> Arduino IDE में बॉड रेट; सिग्नल्स के संक्रमण की संख्या है जो एक सेकंड में होती है।

4.11 LED Programming (LED प्रोग्रामिंग)

Before you start with the programming you should have a basic knowledge of new electronic components needed to implement different projects. Now lets begin playing with our LED adventure. You need an Arduino board, a breadboard , an LED, a resistor and jumper wires. (Figure 4.47).

इससे पहले कि आप प्रोग्रामिंग के साथ शुरू करें आपको विभिन्न प्रोजेक्ट्स को लागू करने के लिए आवश्यक नए इलेक्ट्रॉनिक घटकों का एक बुनियादी ज्ञान होना चाहिए। अब हमारे एलईडी साहसिक के बारे में जानना शुरू करते हैं। आपको Arduino बोर्ड, ब्रेडबोर्ड, एलईडी, रसिस्टर और जम्पर तारों की आवश्यकता है। (चित्र 4.47)।

Figure 4.47: Electronic components to implement different projects (विभिन्न परियोजनाओं को लागू करने के लिए इलेक्ट्रॉनिक घटक)

4.11.1 Arduino board (अरुडिनो बोर्ड)

There are many electronic boards you have already seen, but Arduino uno is simple, easy to use board to handle simple repetitive tasks like turning on an LED, etc. It is based on a microcontroller which is a simple easy to use computer designed for beginners. (Figure 4.48).

कई इलेक्ट्रॉनिक बोर्ड हैं जिन्हें आपने पहले ही देख लिया है, लेकिन सरल दोहराव कार्यों को संभालने के लिए बोर्ड का उपयोग करना सरल है एक एलईडी ऑन करना, आदि यह एक माइक्रो कंट्रोलर पर आधारित है जो बिगनर्स के लिए डिजाइन किए गए कंप्यूटर का उपयोग करना आसान है। (चित्र 4.48)।

Figure 4.48: An Arduino Uno board (Arduino Uno बोर्ड)

4.11.2 Breadboard (ब्रेडबोर्ड)

A breadboard is a circuit board that is used to make temporary circuits and prototyping as shown in Figure 4.49. Prototyping is the process of testing out an idea by creating a preliminary model from which other forms are developed or copied. A breadboard generally consists of lots of holes so that wires can easily be pushed in. In order to form a circuit, wires are inserted simply inside the holes. An advantage of using a breadboard is that the positions of the wires can be changed if they are placed in a wrong order. Also, connections of the breadboard are mostly temporary and the elements can further be reassembled and reused without any damage.

ब्रेडबोर्ड एक सर्किट बोर्ड है जिसका उपयोग अस्थायी सर्किट और प्रोटोटाइप बनाने के लिए किया जाता है जैसा कि चित्र 4.49 में दिखाया गया है। प्रोटोटाइप एक प्रारंभिक मॉडल बनाकर एक विचार का परीक्षण करने की प्रक्रिया है जिसमें से अन्य रूपों को विकसित या कॉपी किया जाता है। ब्रेडबोर्ड में आम तौर पर बहुत सारे होल्स होते हैं ताकि तारों को आसानी से अंदर धकेल दिया जा सके। सर्किट बनाने के लिए, तारों को बस होल्स के अंदर डाला जाता है। ब्रेडबोर्ड का उपयोग करने का एक फायदा यह है कि अगर उन्हें गलत क्रम में रखा जाता है तो तारों की स्थिति को बदला जा सकता है। इसके अलावा, ब्रेडबोर्ड के कनेक्शन ज्यादातर टेम्पोररी होते हैं और तत्वों को फिर से बिना किसी नुकसान के दोबारा इस्तेमाल किया जा सकता है।

Standard wires cannot be used for breadboard as they get damaged easily and hence they require single core plastic coated wires that have 0.6mm diameter. Standard wires if used can also lead to damage of the board.

ब्रेडबोर्ड के लिए स्टैण्डर्ड तारों का उपयोग नहीं किया जा सकता है क्योंकि वे आसानी से क्षतिग्रस्त हो जाते हैं और इसलिए उन्हें एकल कोर प्लास्टिक लेपित तारों की आवश्यकता होती है जिसमें 0.6 mm व्यास होता है। यदि उपयोग किए जाने वाले स्टैण्डर्ड तार भी बोर्ड को नुकसान पहुंचा सकते हैं।

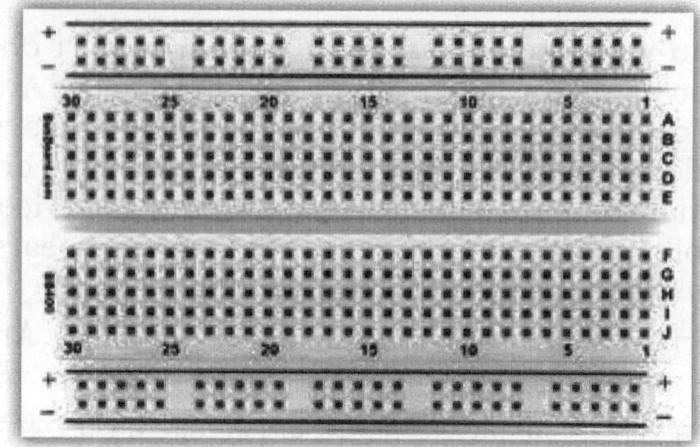

Figure 4.49: A breadboard (ब्रेडबोर्ड)

4.11.3 LED (एलईडी)

Light Emitting Diode or simply LED is one of the most commonly used sources of light now-adays. They do many different jobs in all kinds of devices. For instance, they are widely used for displaying the time and many other types of data on screens in certain display devices. It is also used in applications such as digital clocks, transmit information from remote controls, light up watches, illuminate a traffic lights, incandescent bulbs, and tell you when your appliances are turned on. (Figure 4.50).

लाइट एमिटिंग डायोड या LED अब प्रकाश के सबसे अधिक इस्तेमाल किए जाने वाले स्रोतों में से एक है। वे सभी प्रकार के उपकरणों में कई अलग–अलग काम करते हैं। उदाहरण के लिए, उनका उपयोग कुछ प्रदर्शन उपकरणों में स्क्रीन पर समय और कई अन्य प्रकार के डेटा को प्रदर्शित करने के लिए किया जाता है। यह डिजिटल घड़ियों जैसे अनुप्रयोगों में भी उपयोग किया जाता है, रिमोट कंट्रोल से ट्रांसमिट जानकारी, लाइट अप घड़ियों, ट्रैफिक लाइट, इंकटेमेंट बल्बों को रोशन करना, और आपको बताता है कि आपके उपकरण कब चालू हैं। (चित्र 4.50)।

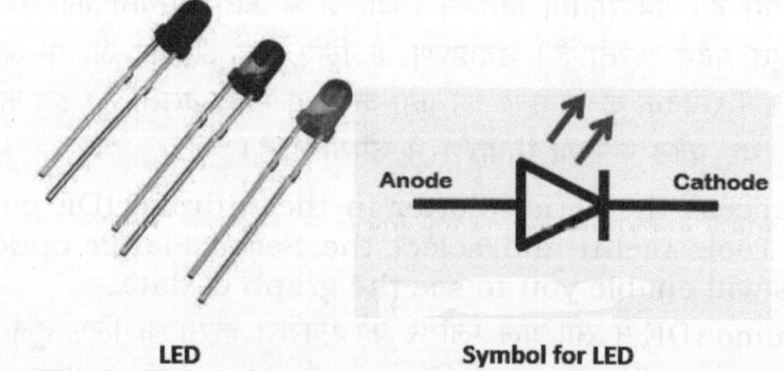

Figure 4.50: LED's and electrical symbol for an LED (एलईडी और इसके इलेक्ट्रिकल प्रतीक)

Advantages (लाभ)

- Small size and low cost.
  छोटे आकार और कम लागत।
- Long life time and high energy efficiency.
  लंबे जीवन समय और उच्च ऊर्जा दक्षता।
- Low temperature and generate very little heat.
  कम तापमान और बहुत कम गर्मी उत्पन्न करता है।
- Available in many colours and are ecofriendly.
  कई रंगों में उपलब्ध है और पर्यावरण के अनुकूल हैं।
- High switching speed and luminous intensity.
  उच्च स्विचिंग गति और चमकदार तीव्रता।

Disadvantages (नुकसान)

- Ambient temperature dependence of radiant output power and wavelength of the LED.
  उज्ज्वल उत्पादन शक्ति और एलईडी की तरंग दैर्ध्य की तापमान निर्भरता।
- Sensitivity to damages by excess voltage and/or excess current.
  अधिक वोल्टेज और/या अधिक धारा द्वारा क्षति के प्रति संवेदनशीलता।

4.11.4 Resistor (रसिस्टर)

A resistor is an electrical component that limits or regulates the flow of electrical current in an electronic circuit. Resistors can also be used to provide a specific voltage for an active device such as a transistor. All other factors being equal, in a direct-current (DC) circuit, the current through a resistor is inversely proportional to its resistance, and directly proportional to the voltage across it. This is the well-known Ohm's Law. Resistance is the property of opposing the flow of electrons, in a conductor or a semiconductor. A Resistor is an electronic component which has the property of resistance. The units of resistance is Ohms, which is indicated by Ω omega. The formula for resistance is R = V/I, where V is Voltage and I is Current.

रसिस्टर एक विद्युत घटक है जो इलेक्ट्रॉनिक सर्किट में करंट के फ्लो को सीमित या नियंत्रित करता है। रसिस्टर का उपयोग एक ट्रांजिस्टर जैसे सक्रिय उपकरण के लिए एक विशिष्ट वोल्टेज को प्रोवाइड करने के लिए भी किया जा सकता है। अन्य सभी कारक समान होने के नाते, डायरेक्ट करंट (DC) सर्किट में, वत प्रतिरोधक के माध्यम से वर्तमान इसके प्रतिरोध के विपरीत आनुपातिक है, और इसके पार वोल्टेज के सीधे आनुपातिक है। यह सर्वविदित Ohm law है। रसिस्टेंस इलेक्ट्रॉन की फ्लो को अपोस करता है। रसिस्टेंस एक इलेक्ट्रॉनिक कॉम्पोनेन्ट है, जो रसिस्टेंस की प्रापर्टी है। रसिस्टेंस की इकाइयाँ ओम है, जो। ओमेगा द्वारा इंगित की गई है। प्रतिरोध का सूत्र R = V/I है, जहाँ V वोल्ट है और I Current है।

In alternating-current (AC) circuits, this rule also applies as long as the resistor does not contain inductance or capacitance. The most common schematic symbol for a resistor is a zig-zag line. Resistors can be fabricated in a variety of ways. (Figure 4.51).

अल्टरनेटिंग – करंट (AC) सर्किट में, यह नियम भी लागू होता है जब तक कि अवरोधक में अधिष्ठापन या समाई नहीं होती है। एक रोकनेवाला के लिए सबसे आम योजनाबद्ध प्रतीक एक जिग-जैग लाइन है। प्रतिरोधों को विभिन्न तरीकों से गढ़ा जा सकता है। (चित्र 4.51)।

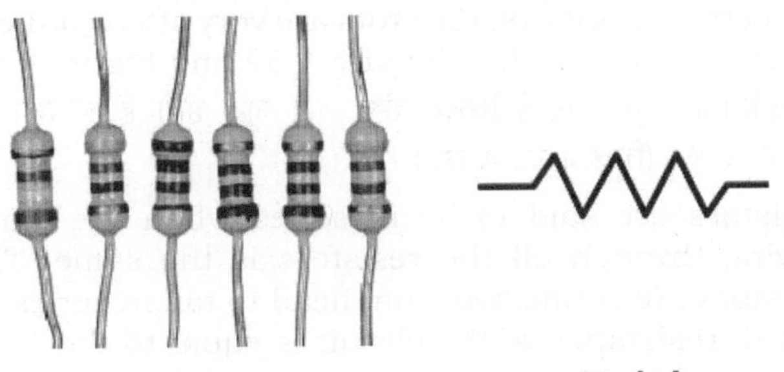

Figure 4.51: Resistors and symbol for resistor
(रजिस्टर और उसके लिए प्रतीक)

Types of Resistors (रजिस्टर के प्रकार)

Resistors are available in different shapes and sizes. There are two basic types of resistors:

रजिस्टर विभिन्न आकारों में उपलब्ध हैं। दो बुनियादी प्रकार के प्रतिरोधक हैं:

- **Linear resistor:** The resistors whose values change with change in applied temperature and voltage are known as linear resistors. For example, Carbon composition resistors, Wire wound resistors, Thin and Thick film resistors, Potentiometers, Rheostats etc.
  लीनियर रेसिस्टर: रेसिस्टर जिनके मूल्य लागू तापमान में परिवर्तन के साथ परिवर्तन और वोल्टेज को रैखिक प्रतिरोधक के रूप में जाना जाता है। उदाहरण, कार्बन कंपोजिशन रेसिस्टर्स, वायर घाव प्रतिरोधों, पतली और मोटी फिल्म रेसिस्टर, पोटेंशियोमीटर, रैस्टोरैट्स आदि।
- **Non-linear resistor:** The resistor whose values change according to the temperature and voltage applied and is not dependent on Ohm's law. For example, Thermisters, Varisters, Photo resistors etc.
  नॉन–लिनियर रेसिस्टर: रेसिस्टर जिसका मान तापमान के अनुसार परिवर्तन वोल्टेज लागू किया गया है और ohm law पर निर्भर नहीं है। उदाहरण, थर्मिस्टर्स, वेरिस्ट्स, फोटो प्रतिरोधक आदि।

Resistors are used in digital multi-meter, amplifiers, telecommunication, oscillators, modulators, demodulators, and transmitters etc. Photo resistors find application in flame detectors, burglar alarm, in photographic devices, etc.

रेसिस्टर का उपयोग डिजिटल मल्टी–मीटर, एम्पलीफायर में किया जाता है, दूरसंचार, दोलक, न्यूनाधिक, डिमॉडुलेटर, और ट्रांसमीटर आदि फोटो प्रतिरोधक लौ डिटेक्टरों, बर्गलर में आवेदन पाते हैं अलार्म, फोटोग्राफिक उपकरणों।

Resistors In Series And Parallel (रेसिस्टर्स इन सीरीज एंड पैरेलल)

In electronic circuits, resistors are very often connected in series or in parallel. (Figure 4.52 and Figure 4.53).

इलेक्ट्रॉनिक सर्किट में, रेसिस्टर बहुत बार जुड़े होते हैं श्रृंखला में या समानांतर में। (चित्र 4.52, 4.53)।

Resistors are said to be in series when the current flowing through all the resistors is the same. These resistors are connected from head to tail in series. The overall resistance of the circuit is equal to the sum of individual resistance values.

रेसिस्टर को श्रृंखला कहा जाता है जब करंट सभी रेसिस्टर के माध्यम से बहना समान है। रेसिस्टर हेड से टेल तक श्रृंखला में जुड़े होते हैं। सर्किट का समग्र रेसिस्टर बराबर है।

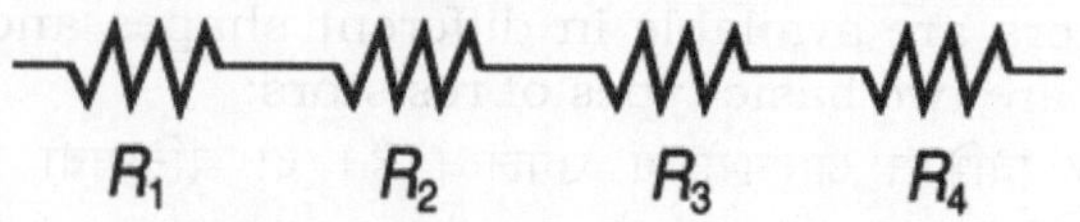

Figure 4.52: Resistors connected in series (सीरीज में जुड़े रजिस्टर)

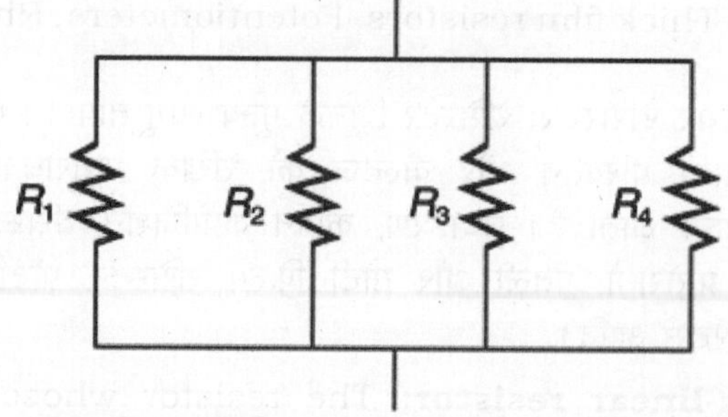

Figure 4.53: Resistors connected in parallel (पैरेलल में जुड़े रजिस्टर)

Resistors in Series Formula: (श्रृंखला फॉर्मूला में रेसिस्टर:)

$$R_{total} = R_1 + R_2 + R_3 + ... + R_n$$

Where, Rtotal is the sum of all the individual resistances.

जहाँ, R_{total} सभी का शम है।

Resistors in parallel share the same voltage at their terminals. Resistors in Parallel Formula:

समानांतर में रेसिस्टर एक ही वोल्टेज को साझा करते हैं उनके टर्मिनल पर। समानांतर फार्मूला में प्रतिरोधः

$$1/R_{total} = 1/R_1 + 1/R_2 + .. + 1/R_n$$

Where, 1Rtotal is the sum of all the individual resistances.

जहां, $1/R_{total}$ सभी व्यक्ति का योग होता है प्रतिरोधों।

4.11.5 Jumper wires (जम्पर वायर)

Jumper wires are simply wires that have connector pins at each end, allowing them to be used to connect two points to each other without soldering. Jumper wires are typically used with breadboards and other prototyping tools in order to make it easy to change a circuit as needed.

जम्पर वायर केवल वायर होते हैं जिनमें कनेक्टर होते हैं प्रत्येक छोर पर पिन, उन्हें उपयोग करने की अनुमति देता है दो बिंदुओं को बिना एक दूसरे से जोड़े टांका। जम्पर वायर का उपयोग आमतौर ब्रेडबोर्ड और अन्य प्रोटोटाइप उपकरण क्रम में आवश्यकतानुसार सर्किट को बदलने के लिए।

Jumper wires come in a variety of colors, the colors don't actually mean anything. This means that a red jumper wire is technically the same as a black one. But the colors can be used to differentiate between types of connections, such as ground or power.

जम्पर के वायर विभिन्न प्रकार के रंगों में आते हैं, रंग वास्तव में कुछ भी मतलब नहीं है। इस का मतलब है कि एक लाल जम्पर वायर तकनीकी रूप से एक जैसा होता है। लेकिन रंगों का उपयोग अंतर करने के लिए किया जा सकता है कनेक्शन के बीच, जैसे कि जमीन या पावर।

Jumper wires typically come in three versions: male-to-male, male-to-female and female-to-female. The difference between each is in the end point of the wire. Figure 4.54, 4.55 and 4.56 shows different versions of jumper wires.

जम्पर वायर आमतौर पर तीन संस्करणों में आते हैं: मेल टू मेल; मेल टू फीमेल और फीमेल टू फीमेल। प्रत्येक के बीच अंतर अंतिम बिंदु में है वायर। चित्र 4.54, 4.55 और 4.56 जम्पर वायर के संस्करण दिखाता है।

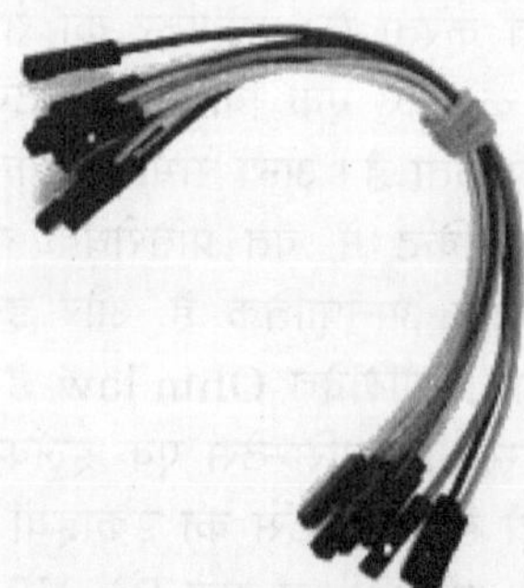

Figure 4.54: Male-to-male jumper cables (मेल टू मेल जम्पर वायर)

Figure 4.55: Female-to-female jumper cable
(फीमेल टू फीमेल जम्पर वायर)

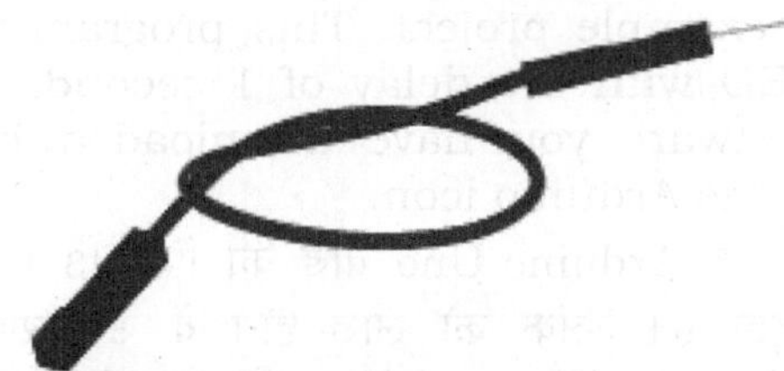

Figure 4.56: Male-to-female jumper cable
(मेल टू फीमेल जम्पर वायर)

4.11.6 Capacitor (कपैसिटर)

A capacitor is a device that stores electrical energy in an electric field. It is a passive electronic component with two terminals. The effect of a capacitor is known as capacitance. Each capacitor is built to have a specific amount of capacitance. The capacitance of a capacitor tells you how much charge it can store, more capacitance means more capacity to store charge. The standard unit of capacitance is called the farad, which is abbreviated F. (Figure 4.57).

कपैसिटर एक उपकरण है जो विद्युत ऊर्जा को संग्रहीत करता है एक विद्युत क्षेत्र में। यह एक निष्क्रिय इलेक्ट्रॉनिक घटक है दो टर्मिनलों के साथ। कपैसिटर का प्रभाव समाई के रूप में जाना जाता है। प्रत्येक संधारित्र बनाया गया है समाई की एक विशिष्ट राशि है। कपैसिटर की समाई आपको बताती है कि कितना इसे स्टोर कर सकते हैं, अधिक समाई का मतलब अधिक स्टोर करने की क्षमता। स्टैण्डर्ड इकाई समाई को Fared कहा जाता है, जो संक्षिप्त है F। (चित्र 4.57)।

There are two types of electrical charge, a positive charge in the form of protons and a negative charge in the form of electrons. When a DC voltage is placed across a capacitor, the positive (+ve) charge quickly accumulates on one plate while a corresponding and opposite negative (-ve) charge accumulates on the other plate. The flow of electrons onto the plates is known as the capacitors charging current which continues to flow until the voltage across both plates (and hence the capacitor) is equal to the applied voltage Vc. At this point the capacitor is said to be "fully charged" with electrons.

दो प्रकार के इलेक्ट्रिकल चार्ज होते हैं, एक प्रोटॉन (पॉजिटिव चार्ज) और एक इलेक्ट्रिकल चार्ज इलेक्ट्रॉन (नेगेटिव चार्ज)। जब एक डीसी वोल्टेज एक कपैसिटर के पार रखा जाता है, धनात्मक (+ve) चार्ज जल्दी से एक प्लेट पर जमा होता है जबकि विपरीत नेगेटिव (–ve) चार्ज दूसरी प्लेट पर जम जाता है। इलेक्ट्रॉन का प्रवाह प्लेट पर कैपेसिटर के रूप में जाना जाता है चार्जिंग करंट जो तब फ्लो होता रहता है दोनों प्लेट के बीच में। इस पर कपैसिटर को पूर्ण रूप से चार्ज कहा जाता है इलेक्ट्रॉनों के साथ।

When used in a direct current or DC circuit, a capacitor charges up to its supply voltage but blocks the flow of current through it because the dielectric of a capacitor is non-conductive and basically an insulator. However, when a capacitor is connected to an alternating current or AC circuit, the flow of the current appears to pass straight through the capacitor with little or no resistance.

जब एक प्रत्यक्ष वर्तमान या डीसी सर्किट में उपयोग किया जाता है, तो कपैसिटर इसकी आपूर्ति वोल्टेज तक ले जाता है लेकिन वर्तमान के फ्लो को इसके माध्यम से अवरुद्ध करता है क्योंकि एक संधारित्र के ढांकता हुआ नॉन–कंडक्टिव है और मूल रूप से एक इन्सुलेटर। हालांकि, जब एक कपैसिटर एक अल्टेरवेटिंग करंट या AC सर्किट से जुड़ा होता है, करंट का फ्लो प्रतीत होता है कपैसिटर के माध्यम से।

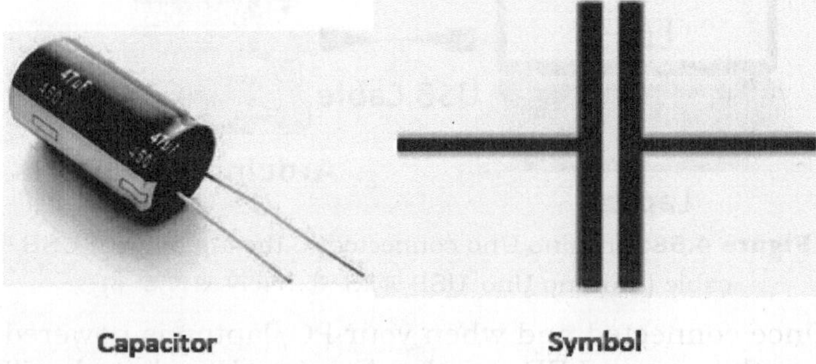

Figure 4.57: Capacitor and its symbol (कपैसिटर और उसका सिंबल)

4.11.7 Designing simple LED circuit (सरल डिजाइनिंग एलईडी सर्किट)

Now let us consider designing simple LED circuit which makes the LED to glow using a power supply through a resistor for controlling the power to LED. Connect the external power supply through binding posts or directly from voltage source using jumping wires. Then, connect these jumper wires to the LED through a resistor. Now, switch ON the power supply and thus the LED glows.

अब हम सरल एलईडी सर्किट डिजाइन करने पर विचार करते हैं जो बिजली की आपूर्ति का उपयोग करके एलईडी करता है; पॉवर को नियंत्रित करने के लिए एक रसिस्टर का उपयोग करेंगे। एक्सटर्नल

बिजली की आपूर्ति के माध्यम से कनेक्ट करें बाध्यकारी पोस्ट या सीधे वोल्टेज स्रोत से जंपिंग वायर का उपयोग करना। फिर, इन जम्पर को कनेक्ट करें LED के माध्यम से। अब, स्विच करें बिजली की आपूर्ति और इस प्रकार एलईडी ग्लो करती है।

4.12 Open Your First Sketch (स्केच को ओपन करना)

The Arduino programmer comes with a many example of sketches preloaded. This is great because even if you have never programmed anything in your life, you can load one of these sketches and get the Arduino to do something. Let's work with our very first Arduino sketch/program. But before that connect the Arduino Uno or compatible clone to the PC with USB cable as shown in Figure 4.58.

Arduino प्रोग्रामर कई लोडेड स्केचस के साथ आता है आपने कभी प्रोग्राम न किया हो, आप इनमें से एक स्केच के साथ कनेक्ट करे को लोड कर सकते हैं और कुछ करने के लिए Arduino प्राप्त करें। अब हम Arduino स्केच/प्रोग्राम के साथ काम करते हैं। लेकिन इससे पहले Arduino Uno या पीसी के साथ संगत क्लोन करें USB केबल स्केच के साथ कनेकट करे (चित्र 4.58)।

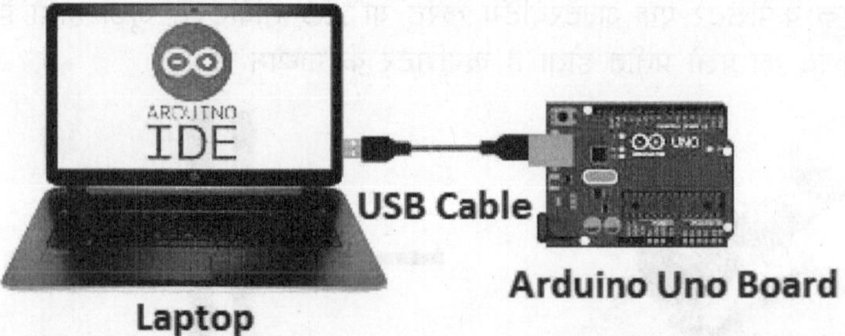

Figure 4.58: Arduino Uno connected to the laptop with USB cable (Arduino Uno USB केबल से लैपटॉप से जुड़ा है)

Once connected and when your PC/laptop is powered on, the power LED on the Arduino Uno board will glow, indicating that the board is in ON state. To check whether Windows OS identifies the board open up the Control Panel and open the Device Manager window. Check the Ports (COM and LPT) section to know that at what port Arduino board is connected. Now, click Tools->Board and choose the right board which you are using from the list of available boards.

एक बार कनेक्ट हो गया, और आपका पीसी/लैपटॉप की पॉवर ऑन हो गई तो, Arduino Uno पर पावर एलईडी बोर्ड चमक जाएगा, यह दर्शाता है कि बोर्ड ऑन है। यह जाँचने के लिए कि Windows OS पहचान करता है या नहीं बोर्ड ने कंट्रोल पैनल को खोले और डिवाइस मैनेजर विंडो खोलें। पोर्ट को (COM और LPT) करे चेक करें यह जानने के लिए कि क्या पोर्ट Arduino बोर्ड जुड़ा हुआ है। अब, क्लिक करें उपकरण–> बोर्ड और सही बोर्ड चुनें जो आप उपलब्ध बोर्डों की सूची से उपयोग कर रहे हैं। बोर्ड के सीरियल डिवाइस को सेलेक्ट करें उपकरण > पोर्ट। यह COM3 या उच्चतर होने की संभावना है

Select the serial device of the board from the Tools->Port. This is likely to be COM3 or higher (COM1 and COM2 are usually reserved for hardware serial ports). To find out, you can disconnect your board and re-open the menu; the entry that disappears should be the Arduino board. Reconnect the board and select that serial port.

(COM1 और COM2 आमतौर पर हार्डवेयर के लिए आरक्षित होते हैं सीरियस पोर्ट)। पता लगाने के लिए, आप डिस्कनेक्ट कर सकते हैं आपका बोर्ड और मेनू को फिर से खोलें वह प्रविष्टि Arduino board से गायब हो जाना चाहिए। रिकनेक्ट बोर्ड और उस सीरियल पोर्ट का चयन करें।

You know that Pin 13 of Arduino Uno board is connected to a built-in LED. Let's load the blink example belongs to built-in example project. This program will blink onboard LED with the delay of 1 second. Open the Arduino software you have downloaded by double clicking on the Arduino icon.

आप जानते हैं कि Arduino Uno बोर्ड का पिन 13 एक अंतर्निहित एलईडी से जुड़ा है। ब्लिंक को लोड होने दें उदाहरण बिल्ट–इन उदाहरण परियोजना का है। यह प्रोग्राम में देरी के साथ ऑन बोर्ड एलईडी ब्लिंक होगी 1 सेकंड तक। आपके पास Arduino सॉफ्टवेयर उसे ओपन करे; Arduino पर डबल क्लिक करके।

```
Click File -> Example -> Basics -> Blink
```

It will open an example program Blink.ino as shown in Figure 4.59. The blink example basically sets pin D13 as an output and then blinks the test LED on the Arduino board on and off every second.

यह एक उदाहरण प्रोग्राम Blink.ino के रूप में ओपन होगा (चित्र 4.59)। ब्लिंक उदाहरण मूल रूप से पिन D13 को आउटपुट के रूप में सेट करता है और फिर परीक्षण को ब्लिंक करता है Arduino बोर्ड पर एलईडी और हर दूसरे सेकंड।

The program in Arduino consists of two functions. These are: (Arduino में प्रोग्राम के दो कार्यों होते हैं। ये हैं:)

a. void setup()
b. void loop()

> *The setup() function is called once, when the sketch starts, whereas the loop() function is called over and over again repeatedly.*
>
> setup() फंक्शन को एक बार कॉल किया जाता है, जब स्केच शुरू होता है, जबकि loop() फंक्शन को बार–बार कॉल किया जाता है।

4.12.1 void setup()

This is the first routine that begins when the Arduino starts functioning. Every Arduino sketch must have a setup() function. This function is executed only once throughout the entire program functioning. The setup() function contains the initialization of every pin

```
// the setup function runs once when you press reset or power the board
void setup() {
  // initialize digital pin LED_BUILTIN as an output.
  pinMode(LED_BUILTIN, OUTPUT);
}
// the loop function runs over and over again forever
void loop() {
  digitalWrite(LED_BUILTIN, HIGH);        // turn the LED on (HIGH is the voltage level)
  delay(1000);                            // wait for a second
  digitalWrite(LED_BUILTIN, LOW);         // turn the LED off by making the voltage LOW
  delay(1000);                            // wait for a second
}
```

Figure 4.59: LED blink program (एलईडी ब्लिंक कार्यक्रम)

you intend use in your project for input or output. It is also used to initialize classes and variables.

यह पहला रूटीन है जो तब शुरू होता है Arduino काम करना शुरू कर देता है। हर Arduino स्केच एक setup() फंक्शन होना चाहिए। यह फंक्शन पूरे प्रोग्राम के दौरान केवल एक बार निष्पादित कार्य करता है। setup() फंक्शन में शामिल है आपके द्वारा उपयोग किए जाने वाले प्रत्येक पिन की आरंभिकता इनपुट या आउटपुट के लिए आपकी परियोजना। इसका उपयोग भी किया जाता है क्लास और वेरिएबल को इनिशियलाइज करें।

Here, the pin is the no. of the pin that is to be defined. INPUT/OUPUT correspond to the mode in which the pin is to be used.

पिन: पिन का नंबर होता है जिसे परिभाषित करते हैं। INPUT / OUPUT मोड के अनुरूप हैं जिसमें पिन का उपयोग किया जाना है।

4.12.2 void loop()

This function is the next important function in the Sketch. It consists of that part of the code that needs to be continuously executed in a loop over and over again. The loop describes the main logic of your circuit.

यह फंक्शन में अगला महत्वपूर्ण कार्य है स्केच। इसमें कोड का वह हिस्सा होता है जो एक लूप ओवर में लगातार निष्पादित किया जाना चाहिए और लूप मुख्य तर्क का वर्णन करता है आपके सर्किट की।

The use of the term void means that the function doesn't return any values.

Void का अर्थ है कि फंक्शन कोई वैल्यू वापस नहीं करता है।

Making Pins As Input or Output (इनपुट या आउटपुट के रूप में पिन बनाना)

The digitalRead and digitalWrite commands are used for addressing and making the Arduino pins as an input and output respectively. These commands are text sensitive i.e., you need to write them down the exact way they are given like digitalWrite starting with small 'd' and write with capital 'W'. Writing it down with Digitalwrite or digitalwrite won't be calling or addressing any function. For example, if you want to use Pin D13 as output, the code will be:

digitalRead और digitalWrite कमांड; Arduino पिन को संबोधित करने और बनाने के लिए उपयोग किया जाता है क्रमशः एक इनपुट और आउटपुट के रूप में। ये कमांड टेक्स्ट संवेदनशील हैं, यानी आपको कमांड को स्टीक तरीके से लिखना। उदाहरण: digitalWrite छोटे 'd' से शुरू होता है और इसके साथ कैपिटल 'W'। इसे राइटिंग के साथ डिजिटल राइट या digitalwrite किसी भी कॉल या संबोधित नहीं किया जाएगा। उदाहरण के लिए, यदि आप Pin D13 का उपयोग करना चाहते हैं आउटपुट के रूप में, कोड होगा:

```
pinMode(LED_BUILTIN, OUTPUT);
digitalWrite(LED_BUILTIN,HIGH);
```

Here, digitalWrite is a function, the HIGH and LOW constants are used to determine the state of the pins in these functions, which correspond to the high and low signal level that writes a high or a low value to a digital pin. If the pin has been configured as an OUTPUT with pinMode(), its voltage will be set to the corresponding value 5V for HIGH, 0V to ground for LOW. This allows turn things on and off and making LED blink.

यहाँ, DigitalWrite एक फंक्शन है, हाई और लो की उपयोग किया जाता है इन कार्यों में पिन, जो डिजिटल पिन का हाई या लो बताते हैं। यदि पिन किया गया है pinMode(), के साथ एक OUTPUT के रूप में कॉन्फिगर किया गया वोल्टेज को संबंधित मान 5v पर सेट किया जाएगा हाई के लिए, 0v ग्राउंड के लिए लो। यह अनुमति चीजों को ऑन और ऑफ करने के लिए और LED ब्लिंक करने की देता है।

Similarly, if there is a need for delay in the sketch then there is another function delay() that creates a delay in the execution of the code. This creates a delay in the execution of the program for the time period specified (in milliseconds).

इसी तरह, अगर स्केच में देरी की आवश्यकता है फिर एक और फंक्शन delay() बनाता है। यह एक बनाता है समय के लिए कार्यक्रम के निष्पादन में देरी अवधि निर्दिष्ट (मिलीसेकंड में)।

There are 1000 milliseconds in a second.
एक सेकंड में 1000 मिलीसेकंड होते हैं।

Now to check your board with an blinking led, compile the Blink led program Click the verify icon on the toolbar (the checkmark icon), or choose Sketch-> Verify/Compile from the menu bar. If the compile is successful, the message "Done compiling." will appear in the status bar. (Figure 4.60)

अब ब्लिंक हुए अपने बोर्ड की जाँच करें, ब्लिंक एलईडी प्रोग्राम संकलित करें सत्यापित करें पर क्लिक करें टूलबार पर आइकन (चेकमार्क आइकन), या मेनू से स्केच –> वेरिफाई / कम्पाइल करें। यदि कम्पाइल सफल होता है, तो संदेश "हो गया कम्पाइल।" (चित्र 4.60)

Now you can upload the sketch. Click either the upload icon on the toolbar (the right arrow icon) appearing in the upper left corner, or select File ->Upload from the menu bar in the Arduino environment for writing the code to the Arduino. Before the upload starts, the Arduino IDE recompiles the sketch code. If the upload is successful, the message "Done uploading." will appear in the status bar.

अब आप स्केच अपलोड कर सकते हैं। या तो क्लिक करें टूलबार पर आइकन अपलोड करें (राइट एरो आइकन) ऊपरी बाएं कोने में दिखाई दे रहा है, या फाइल का चयन करें –> Arduino में मेनू बार से अपलोड करें Arduino के लिए कोड लिखने के लिए। अपलोड शुरू होने से पहले, Arduino IDE स्केच कोड आएगा। यदि अपलोड सफल होता है, संदेश "अपलोड किया गया।" दिखाई देगा स्टेटस बार बार में।

Notice that the surface mount status LED connected to pin 13 on the Arduino will start to blink. You can change the rate of the blinking by changing the length of the delay and pressing the Upload button again.

ध्यान दें कि सतह माउंट स्थिति एलईडी जुड़ा हुआ है Arduino पर 13 पिन करने के लिए ब्लिंक शुरू हो जाएगा।

You know that the Arduino board is connected to a computer via USB, where it connects with the Arduino development environment (IDE). The user writes the Arduino code in the IDE, then uploads it to the microcontroller which executes the code, interacting with inputs and outputs such as sensors, motors, and lights. So, user can write their own code or use thousands of Arduino code examples available online.

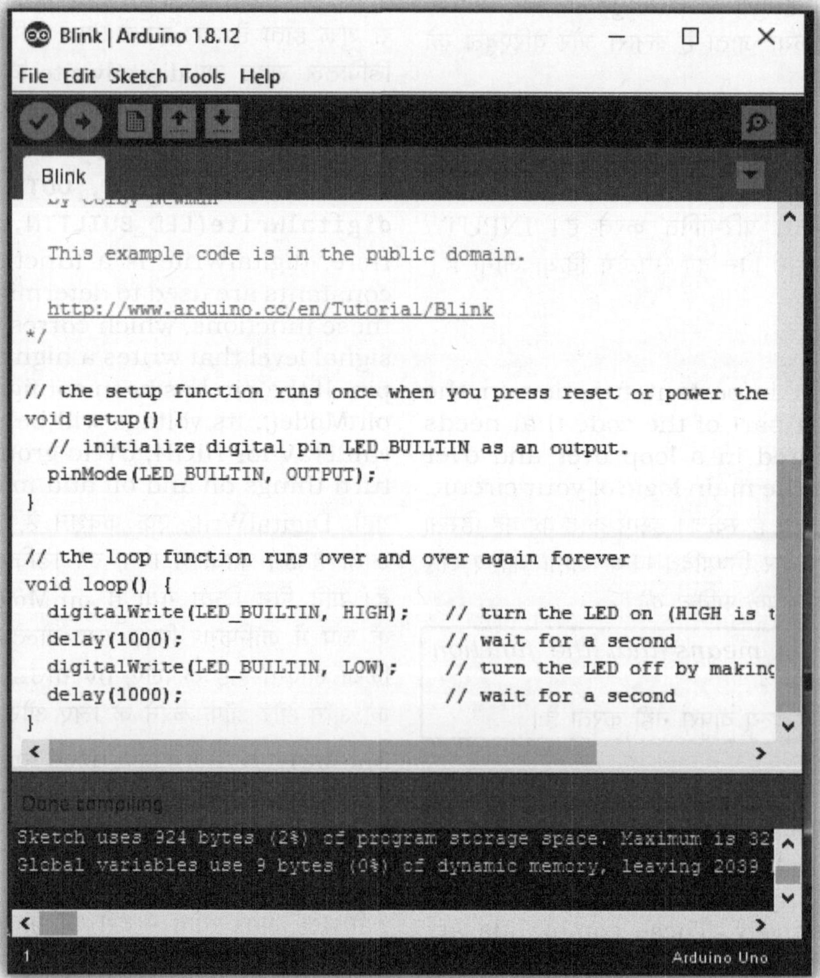

Figure 4.60: The the message - Done compiling (संदेश – संकलन किया गया)

आप निमिष की दर को बदल सकते हैं देरी की लंबाई को बदलने और दबाने के लिए फिर से बटन अपलोड करें। आप जानते हैं कि Arduino बोर्ड USB के माध्यम से एक कंप्यूटर से जुड़ा है; जहां यह Arduino डवलपमेंट एनवायरमेंट (IDE)। उपयोगकर्ता IDE में Arduino कोड लिखता है इसे माइक्रोकंट्रोलर पर अपलोड करता है जो कोड को एक्सेक्यूट करता है, इनपुट और आउटपुट के साथ बातचीत जैसे सेंसर, मोटर और लाइट। तो, उपयोगकर्ता अपना कोड लिखें या हजारों Arduino उपयोग कोड। जो ऑनलाइन उपलब्ध हैं इस्तेमाल करें।

4.13 Embedded 'C' Language Basics (विस्तृत 'C' लैंग्वेज)

C is a high-level programming language intended for system programming. Embedded C is an extension that provides support for developing efficient programs for embedded devices. The embedded C programming language uses the same syntax and semantics as the C programming language. We use Embedded C to write Arduino programs. Embedded C finds applications in cases where the coding is very near to the hardware. This means that the language directly communicates with the hardware. In day-to-day life you used many electronic devices such as mobile phone, washing machine, digital camera, etc. These all device working is based on microcontroller that are programmed by embedded C.

C एक हाई–लेवल प्रोग्रामिंग भाषा है सिस्टम प्रोग्रामिंग के लिए। एंबेडेड C एक है विस्तार जो विकास के लिए समर्थन प्रदान करता है एम्बेडेड उपकरणों के लिए कुशल कार्यक्रम। एम्बेडेड C प्रोग्रामिंग लैंग्वेज का उपयोग करता है C प्रोग्रामिंग के रूप में एक ही वाक्य रचना और शब्दार्थ भाषाः हिन्दी। Arduino लिखने के लिए हम एंबेडेड C का उपयोग करते हैं। एंबेडेड C में आवेदन पाता है ऐसे मामले जहां कोडिंग हार्डवेयर के बहुत पास है। इसका मतलब है कि लैंग्वेज सीधे संवाद करती है हार्डवेयर के साथ। दिन–प्रतिदिन के जीवन में आपने कई इलेक्ट्रॉनिक का उपयोग करते हैं, जैसे; मोबाइल फोन, वाशिंग मशीन, जैसे डिजिटल कैमरा, आदि ये सभी उपकरण काम कर रहे हैं माइक्रोकंट्रोलर के आधार पर जो प्रोग्राम कर रहे हैं एम्बेडेड C।

Features of embedded C (एम्बेडेड C की विशेषताएं)

- Easy to understand.
  समझने में आसान।
- High Reliability.
  उच्च विश्वसनीयता।
- Less development time.
  कम विकास का समय।
- Reduces complexity of the program.
  कार्यक्रम की जटिलता को कम करता है।
- Easy to verify and understand.
  सत्यापित करने और समझने में आसान।
- Portable in nature from one controller to another.
  पोर्टेबल है एक कंट्रोलर से दूसरे कंट्रोलर तक।

Features of embedded C (C और एंबेड़ेड C के बीच अंतर)

- Both C and Embedded C are ISO Standards that have almost same syntax, datatypes, functions, etc. Embedded C is basically an extension to the Standard C Programming Language with additional features like Addressing I/O, multiple memory addressing and fixed-point arithmetic, etc.
  C और एंबेडेड C दोनों आईएसओ मानक हैं जिसमें लगभग एक ही वाक्यविन्यास है, डेटाटाइप्स, फंक्शन, आदि। एंबेडेड C मूल रूप से स्टैंडर्ड C प्रोग्रामिंग के लिए विस्तार अतिरिक्त सुविधाओं के साथ I/O को संबोधित करते हुए, कई मेमोरी एड्रेसिंग और फिक्स्ड–पॉइंट अरिथमेटिक, आदि।
- C is independent of hardware architechture. Where as embedded C is dependent on hardware architecture.
  C हार्डवेयर आर्किटेकचर से स्वतंत्र है। जहां एम्बेडेड C हार्डवेयर पर निर्भर है आर्किटेक्चर।
- C programming is used for desktop application, OS and PC memories. Embedded C is used for limited resources like RAM, ROM and I/O peripherals on embedded controller.
  C प्रोग्रामिंग का उपयोग डेस्कटॉप एप्लिकेशन के लिए किया जाता है, OS और PC मेमोरी। एंबेडेड C RAM, ROM जैसे सीमित संसाधनों के लिए उपयोग किया जाता है और एम्बेडेड कंट्रोलर पर I/O परिधीय।

4.14 Variables and Identifiers (वेरिएबल और आइडेंटिफिअर्स)

A variable is a name that compiler associates with a storage location in the main memory of the computer. Variable holds data that can be modified during program execution. After you declare a variable in a program, you can assign it a value. All variables must be declared before they are used.

वेरिएबल एक ऐसा नाम है जो कम्पाइलर मेन मेमोरी। परिवर्तनीय डेटा को संशोधित किया जा सकता है प्रोग्राम के निष्पादन के दौरान। घोषित करने के बाद एक प्रोग्राम में वेरिएबल का आप मूल्य प्रदान कर सकते हैं। उपयोग करने से पहले सभी वेरिएबल घोषित किए जाने चाहिए।

```
int j; //declare a variable with the name
j of type int
```

You assign a value to a variable using the equal sign (called the assignment operator). The type of a variable determines how much space it occupies in the storage and how the bit pattern stored is interpreted.

आप equal sign का उपयोग करके किसी वैरिएबल के लिए एक वैल्यू प्रदान करते हैं (असाइनमेंट ऑपरेटर)। वेरिएबल का प्रकार निर्धारित

करता है कि यह कितनी जगह घेरता है स्टोरेज में और बिट पैटर्न को कैसे स्टोर किया जाता है।

The statement: (स्टेटमेंट:)

j = 5 + 10;

means "add the value 5 with 10 and assign the result to a variable called j." You know that "5" and "10" are integer values, "+" and "=" are operators, a semicolon ";" determines the end of the statement and j is a variable which can take different values.

का अर्थ है "10 के साथ 5 मान जोड़ें और असाइन करें j नामक एक वेरिएबल का परिणाम है। "आप जानते हैं कि "5" और "10" इन्टियर वैल्यू हैं, "+" और "=" ऑपरेटर हैं, एक अर्धविराम ";" के अंत का निर्धारण करता है स्टेटमेंट और एक वेरिएबल है जो ले सकता है विभिन्न मूल्य।

The numbers 5 and 10 are constants because they have the same value no matter where they appear in a program. The alphabet j, is the name given to the variable which will be able to represent different values at different time in the same program.

संख्या 5 और 10 कांस्टेट हैं उनके पास समान वैल्यू है, चाहे वे कहीं भी हों एक प्रोग्राम में दिखाई देते हैं। नाम है वेरिएबल का प्रतिनिधित्व करने के लिए सक्षम हो जाएगा जो दिया एक ही समय में अलग-अलग वैल्यू प्रोग्राम।

When declaring a variable, you can set its initial value (initialize).

वेरिएबल घोषित करते समय, आप इसके प्रारंभिक सेट कर सकते हैं।

```
value(initiative)
int x = 0; // declare a variable x with initial
value 0
int total = 0; // the integer value named
total is defined and assigned a value of zero (0)
```

4.14.1 Assigning a Name to a Variable (वेरिएबल का नाम असाइन करना)

Variable should be named so as to distinguish it from the other variables. Following are the rules to name a variable:

वैरिएबल को नाम दिया जाना चाहिए ताकि इसे अलग किया जा सके अन्य वैरिएबल से। निम्नलिखित नियम हैं एक वैरिएबल का नाम देने के:

a. Variable can consist of any sequence of letters (a to z and A to Z), digits(0 to 9), and underscores (_).
   वेरिएबल में अक्षरों का कोई भी क्रम शामिल हो सकते हैं (a टू z और a से z), अंक (0 से 9), और अंडरस्कोर (_)।

b. No other special characters, such as +, $, , etc., are allowed, while giving a name to a variable except the underscore (_).
   कोई अन्य विशेष वर्ण, जैसे कि +, $, इत्यादि; वेरिएबल को नाम देते हुए अनुमति दी जाती है अंडरस्कोर (_) को छोड़कर।

c. The first character of a variable should be a letter or an underscore (_). It can be followed by letters, digits or underscore.
   वेरिएबल का पहला करेक्टर अक्षर या अंडरस्कोर (_) होना चाहिए। इसका पालन किया जा सकता है अक्षरों, अंकों या अंडरस्कोर द्वारा।

d. Variable name is case-sensitive. That is, Num, NUM and num are three different variables.
   वेरिएबल नाम केस सेंसिटिव है। अर्थात, छन्ड और संख्या तीन अलग-अलग वेरिएबल हैं।

> *The advantage of case sensitivity is that you have more names to choose from.*
>
> केस सेंसिटिविटी का फायदा आपके पास है अधिक नामों से चुनने के लिए।

e. Reserved words called keywords convey specific meaning to the compiler of language and cannot be used as names of identifiers or variables. Variables may not have the same names as Arduino language keywords, e.g. you can not have a variable named int.
   कीवर्ड कहे जाने वाले आरक्षित शब्द विशिष्ट होते हैं लैंग्वेज के संकलक के लिए अर्थ और पहचानकर्ताओं या के नाम के रूप में इस्तेमाल नहीं किया जा सकता है। वेरिएबल समान नहीं हो सकते Arduino लैंग्वेज कीवर्ड के नाम। आपके पास int नाम का वेरिएबल नहीं हो सकता है।

f. Variables must have unique names i.e. you can not have two variables with the same name.
   वेरिएबल का यूनिक नाम होने चाहिए यानी आप एक नाम वाले दो वेरिएबल नहीं हो सकते हैं।

> *A variable is an identifier that is used to represent some specified type of information within a designated portion of a program.*
>
> वेरिएबल आइडेंटिफायर है जिसका उपयोग प्रतिनिधित्व करने के लिए किया जाता है

Identifiers are the names given to program elements, such as variables, functions and arrays, etc. Identifiers are also the names of objects, which can take different values but only one value at a time.

आइडेंटिफायर प्रोग्राम तत्वों को दिए गए नाम हैं, जैसे वेरिएबल, कार्य और सरणियाँ, आदि पहचानकर्ता भी वस्तुओं के नाम हैं, जो विभिन्न मूल्यों को ले सकता है लेकिन केवल एक को एक समय में वैल्यू।

Once a type or value is assigned to an identifier, it cannot be changed during the execution of the program. For example, if an integer variable is named as 'x' then 'x' will always remain an integer variable which can hold varying integer values only.

एक बार एक वैल्यू आइडेंटिफायर को सौंपा जाता है, निष्पादन के दौरान इसे बदला नहीं जा सकता। उदाहरण के लिए, यदि एक पूर्णांक वेरिएबल

का नाम 'x' है तो 'x' हमेशा पूर्णांक ही रहेगा वेरिएबल; वेरिएबल मानों को अलग–अलग लो सकता है केवल।

4.15 Keywords (कीवर्ड)

At the time of designing compiler of a programming language such as C, some words are reserved to do specific tasks. Such words are called keywords or reserved words.

एक प्रोग्रामिंग के डिजाइन संकलक के समय C जैसी भाषा में कुछ शब्द हैं विशिष्ट कार्य करने के लिए आरक्षित है। ऐसे शब्द हैं कीवर्ड या रिर्जव कीवर्ड। वे स्टैण्डर्ड और पूर्वनिर्धारित हैं एंबेडेड C।

They are standard and predefined in the Embedded C. These keywords must be defined before writing the main program. The embedded C additional keywords are given below:

इन खोजशब्दों को परिभाषित किया जाना चाहिए मुख्य प्रोग्राम को लिखने से पहले। एंबेडेड C अतिरिक्त कीवर्ड नीचे दिए गए हैं:

sbit: "sbit" is used for declaring the single PIN of the microcontroller.

sbit: "sbit" का प्रयोग सिंगल पिन को घोषित करने के लिए किया जाता है माइक्रोकंट्रोलर के।

bit: "bit" is used for checking status of the variable.

बिट: "बिट" का उपयोग वेरिएबल की स्थिति की जांच के लिए किया जाता है।

SFR (Special Function Register): "SFR" is used for accessing a SFR register by another name. All the SFR registers must be declared with capital letters.

SFR **(स्पेशल पंफक्शन रजिस्टर):** 'SFR' का उपयोग किया जाता है दूसरे नाम से SFR रजिस्टर एक्सेस करने के लिए। सब SFR कैपिटल लेटर्स के साथ घोषित किया जाना चाहिए।

volatile: The variable that declares with the volatile keyword value can not be changed unexpectedly.

वालेटाइल: वह वेरिएबल जो कीवर्ड के साथ घोषित करते हैं बदला नहीं जा सकता है।

macro: The macro is a name used to declare the block of statements as pre-processor directive. The macros are represented by the #define.

मैक्रो: मैक्रो एक ऐसा नाम है जिसका उपयोग नाम घोषित करने के लिए किया जाता है पूर्व–प्रोसेसर निर्देश के रूप में स्टेटमेंटस का ब्लॉक। मैक्रोज #define द्वारा दर्शाए गए हैं।

4.16 Built-In Data Types (बिल्ड-इन डेटा टाइप)

The kind of data that the variable may hold in a programming language is referred to as data types. There are various types of data, such as integer, character, real, string, etc., that a variable may contain in a programming language. All such types are named as data type. Anything enclosed in a 'single quotes' represents character data. Numbers without fractions represents integer data. Number with fractions represents real (float) data. Anything enclosed in "double quotes" represents a string.

विभिन्न प्रकार के डेटा हैं, जैसे कि इन्टिजर, करैक्टर, रियल, स्ट्रिंग, आदि, जो एक वेरिएबल प्रोग्रामिंग भाषा में हो सकता है। ऐसा सब प्रकार को डेटा प्रकार के रूप में नामित किया जाता है। कोई भी डेटा जो सिंगल कोट में हो, उसे करैक्टर चरित्र डेटा का प्रतिनिधित्व करता है। नंबर के बिना संख्या पूर्णांक का प्रतिनिधित्व करती है डेटा। नंबर के साथ संख्या रियल (फ्लोट) का प्रतिनिधित्व करती है डेटा। "डबल कोड" में संलग्न कुछ भी प्रतिनिधित्व करता है एक स्ट्रिंग।

There are two reasons for distinguishing among different data types. These are:

भेद करने के दो कारण हैं। विभिन्न डेटा प्रकार हैं:

- The compiler which translates a program into object code (0 and 1 form) can use the proper internal representation for each data type.

  कम्पाइलर जो एक प्रोग्राम को ट्रांसलेट करता है ऑब्जेक्ट कोड (0 और 1 फॉर्म) शार्ट में डेटा टाइप की इंटरनल रिप्रजेंटेशन करके।

- The programmer while designing a program may use the correct operators to operate on each type of data.

  प्रोग्रामर डिजाइन करते समय सही ऑपरेटर का उपयोग कर सकते हैं प्रत्येक प्रकार के डेटा के साथ। C में मूलभूत डेटा प्रकार कैर; int, फ्लोट और डबल। इनमें से कुछ डेटा प्रकार हो सकते हैं।

The fundamental data types in C are char, int, float and double. Some of these data types may be modified by keywords short, long, signed, and unsigned. The modifiers short and long specify the amount of storage allocation to the fundamental type they modify. The modifiers signed and unsigned specify whether the most significant bit represents a sign bit or not. C language also supports derived data types such as pointer reference types, array and struct.

डेटा टाइप को कीवर्ड शार्ट, लान्ग, साइड, अन–साइड से मोडिफाई किया जा सकता है। माडिफिएर शार्ट में और लांग निर्दिष्ट मूलभूत को भंडारण आवंटन की राशि वे संशोधित करते हैं। माडिफिएर ने हस्ताक्षर किए और अहस्ताक्षरित निर्दिष्ट करें कि क्या सबसे महत्वपूर्ण बिट एक संकेत बिट का प्रतिनिधित्व करता है या नहीं। C लैंग्वेज व्युत्पन्न डेटा प्रकारों का भी समर्थन करता है जैसे कि पाइंटर रेफरेन्स टाइप, ऐरे और स्ट्रक्ट।

A character variable occupies one byte of space in memory in which the character constant, such as 'b' or 'x' can be stored. The type name for a character is char.

एक वर्ण वेरिएबल एक बाइट स्पेज कर लेता है मेमोरी में जिसमें केरैक्टर स्थिर है, जैसे कि 'b' या 'x' संग्रहीत किया जा सकता है किसी वर्ण का प्रकार नाम वेरिएबल है।

int is another type of numerical variable and stores positive or negative integers.

int एक अन्य प्रकार का संख्यात्मक वेरिएबल है और पॉजिटिव या नेगेटिव वैल्यू पूर्णांक संग्रहीत करता है।

> *The data type int should not be used to hold fractions or real numbers.*
> डेटा प्रकार int का उपयोग नहीं किया जाना चाहिए।

To store a fraction, you need a floating point type of data variable, called data type float.

फ्रेक्शन को संग्रहीत करने के लिए, आपको फ्लोटिंग पॉइंट डाटा टाइप की आवश्यकता है। जिसे डेटा प्रकार फ्लोट कहा जाता है।

A double data type can store a floating point value with a greater accuracy than a float type.

डबल डेटा प्रकार एक फ्लोटिंग पॉइंट वैल्यू स्टोर कर सकता है फ्लोट प्रकार की तुलना में अधिक सटीकता के साथ।

There are two kinds of variables, signed and unsigned. Signed variables can have a positive or negative value, so you can store negative numbers. Unsigned variables can only store positive numbers. Unsigned variables are useful if you know in advance that there will never be a negative value for that variable. For example, the number of students in a class can never be less than zero, so an unsigned variable should be used. By default, variables are signed.

दो प्रकार के वेरिएबल हैं, साइंड और अनसाइंड। साइंड वेरिएबल में एक पॉजिटिव या नेगेटिव वैल्यू हो सकती है। अन–साइंड वेरिएबल केवल पॉजिटिव नंबर्स स्टोर कर सकते हैं। अन–साइंड वेरिएबल में कभी नेगेटिव वैल्यू नहीं होती। उदाहरण के लिए, एक कक्षा में छात्रों की संख्या कभी कम नहीं हो सकती, इसलिए एअन–साइंड वेरिएबल। डिफॉल्ट रूप से, वेरिएबल साइंड होती हैं।

The following section provides all the data types that you will use during Arduino programming:

निम्न अनुभाग सभी डेटा प्रकार प्रदान करता है जो आप Arduino प्रोग्रामिंग के दौरान उपयोग करेंगे:

4.16.1 void

The void keyword is used only in function declarations. It indicates that the function is expected to return no information to the function from which it was called.

void कीवर्ड का उपयोग केवल फंक्शन डिक्टेरेशन में किया जाता है। यह इंगित करता है कि फंक्शन कोई वैल्यू रिटर्न ना करे जब इसे काल किया जाए।

```
void loop () {
   // rest of the code
}
```

4.16.2 boolean (बूलियन)

A Boolean holds one of two values, true or false. Each Boolean variable occupies one byte of memory.

एक बूलियन दो मूल्यों में से एक को सही या गलत मानता है। प्रत्येक बूलियन वेरिएबल एक बाइट शार्ट, लान्ग, साइंड, अन–साइंड से माडिफाई किया जा सकता है

```
boolean val = false; // declaration of variable
with type boolean and initialize it with false
boolean state = true; // declaration of variable
with type boolean and initialize it with true
```

4.16.3 char (कैर)

A data type that takes up one byte of memory stores a character value. Character literals are written in single quotes like this: 'A' and for multiple characters, strings use double quotes: "ABC". Characters are stored as numbers. This means that it is possible to do arithmetic on characters, in which the ASCII value of the character is used (e.g. 'A' + 1 has the value 66, since the ASCII value of the capital letter A is 65).

एक डेटा प्रकार जो मेमोरी के एक बाइट को लेता है एक करेक्टर वैल्यू मूल्य स्टोर करता है। करेक्टर लिट्रल हैं इस तरह एकल उद्धरण में लिखा है 'A' और कई के लिए वर्ण, स्ट्रिंग डबल उद्धरण चिह्नों का उपयोग करते हैं: "ABC"। करैक्टर को नंबर की तरह स्टोर किया जाता है। इसका मतलब है की करैक्टर पर अरिथमेटिक ऑपरेशन करना संभव है, जिसमें ASCII वैल्यू का उपयोग किया जाता है (जैसे 'A' + 1 का मान 66 है, चूंकि ASCII में कैपिटल अक्षर A का मान 65 है)।

```
char chr_a = 'a'; //declaration of variable
with type char and initialize it with character a
char chr_c = 97;//declaration of variable
with type char and initialize it with character 97
```

4.16.4 unsigned char (अनसाइंड कैर)

An unsigned char is an unsigned data type that occupies one byte of memory. The unsigned char data type encodes numbers from 0 to 255.

अनसाइंड कैर एक अनसाइंड डेटा प्रकार है जो मेमोरी बाइट पर कब्जा कर लेता है। अनसाइंड कैर डेटा प्रकार 0 से 255 तक संख्याओं को एनकोड करता है।

```
unsigned char chr_y = 121; // declaration
of variable with type Unsigned char and
initialize it with character y
```

4.16.5 byte (बाइट)

A byte stores an 8-bit unsigned number, from 0 to 255.

एक बाइट 8–बिट अन–साइंड संख्या को संग्रहीत करता है 0–255 तक।

```
byte m = 25 ;//declaration of variable
with type byte and initialize it with 25
```

4.16.6 int (इंट)

Integers are the primary data-type for number storage. int stores a 16-bit (2-byte) value. This yields a range of -32,768 to 32,767. The int size varies from board to board. On the Arduino Uno, for example, an int stores a 32-bit (4-byte) value.

नंबर प्राथमिक डेटा–प्रकार हैं इन्टिफर। int 16–बिट (2–बाइट) मान संग्रहीत करता है। इसकी रेंज –32,768 से 32,767 के बीच है। इंट साइज बोर्ड से अलग–अलग होता है। Arduino Uno पर, उदाहरण के लिए, एक इंट 32–बिट (4–बाइट) मान संग्रहीत करता है।

```
int counter = 32 ;// declaration of variable with type int and initialize it with 32
```

4.16.7 unsigned int (अन-साइंड int)

An unsigned ints (unsigned integers) are the same as int in the way that they store a 2 byte value. Instead of storing negative numbers, however, they only store positive values, yielding a useful range of 0 to 65,535

अन–साइंड ints (अन–साइंड इन्टिजर) समान हैं जिस तरह से वे एक 2 बाइट मान संग्रहीत करते हैं। नेगेटिव संख्याओं को संग्रहीत करने के बजाय, वे केवल पॉजिटिव मूल्यों को संग्रहीत करते हैं, इनकी रेंज है: 0 से 65,535।

```
unsigned int counter = 60 ; // declaration of variable with type unsigned int and initialize it with 60
```

4.16.8 word (शब्द)

A word can store an unsigned number of at least 16 bits (from 0 to 65535).

एक शब्द कम से कम एक अन–साइंड संख्या को संग्रहीत कर सकता है 16 बिट्स (0 से 65535 तक)।

```
word w = 1000 ;//declaration of variable with type word and initialize it with 1000
```

4.16.9 long (लान्ग)

The long variables are extended size variables for number storage, and store 32 bits (4 bytes), from -2,147,483,648 to 2,147,483,647.

लान्ग वेरिऐबलस के लिए विस्तारित आकार वेरिएबल हैं नंबर स्टोरेज के लिए, और यह स्टोर करता है 32 बिट्स (4 बाइट्स), से –2,147,483,648 से 2,147,483,647।

```
long velocity = 102346 ;//declaration of variable with type long and initialize it with 102346
```

4.16.10 unsigned long (अन-साइंड लॉन्ग)

Unsigned long variables are extended size variables for number storage and store 32 bits (4 bytes). Unlike standard longs, unsigned longs will not store negative numbers.

बिना आकार के लंबे चर विस्तारित आकार चर हैं नंबर स्टोरेज के लिए और यह 32 बिट्स (4) स्टोर करते हैं।)। स्टैण्डर्ड लॉन्ग के विपरीत, अन–साइंड लॉन्ग नेगेटिव संख्याओं को संग्रहीत नहीं करते।

```
unsigned Long velocity = 101006 ;// declaration of variable with type unsigned long and initialize it with 101006
```

4.16.11 short (शार्ट)

A short is a 16-bit data-type. On all Arduinos (ATMega and ARM based), a short stores a 16-bit (2-byte) value. This yields a range of -32,768 to 32,767.

शार्ट 16–बिट डेटा–प्रकार है। सभी Arduinos (ATMega और ARM आधारित), एक शॉर्ट 16–बिट स्टोर करता है (2–बाइट) मान।

```
short val = 13 ;//declaration of variable
with type short and initialize it with 13
```

4.16.12 float (फ्लोट)

Data type for floating-point number is a number that has a decimal point. Floating-point numbers are often used to approximate the analog and continuous values because they have greater resolution than integers. They are stored as 32 bits (4 bytes) of information.

फ्लोटिंग–पॉइंट नंबर के लिए डेटा प्रकार एक संख्या है जिसका दशमलव बिंदु है। दशमलव नंबर अक्सर एनालॉग और कंटीन्यूअस वैल्यू अनुमानित करने के लिए उपयोग किया जाता है; क्योंकि वे अधिक से अधिक संकल्प है इंन्टिजर की तुलना में। उन्हें 32 बिट्स (4 बाइट) के रूप में संग्रहीत किया जाता है)।

```
float num = 12.3299;//declaration of variable with type float and initialize it with 12.3299
```

To print or send a floating point value to the Arduino serial monitor window, the println() function can be used. A second parameter can be passed to the println() function to specify the number of decimal places that must be printed as shown in sketch given in Figure 4.61.

फ्लोटिंग पाईंट वैल्यू को प्रिंट या सेंड करने के लिए Arduino सीरियल मॉनिटर विंडो, println() फंक्शन का उपयोग किया जा सकता है। एक दूसरा पैरामीटर हो सकता है निर्दिष्ट करने के लिए println() फंक्शन को पास किया गया दशमलव स्थानों की संख्या जिन्हें प्रिंट किया जाना चाहिए। (चित्र 4.61)।

The above sketch assigns a value of 12.3299 to the average floating point variable. When the value of the variable is sent to the serial monitor window, you can see that println() automatically rounds the number off to two decimal places.

उपरोक्त स्केच 12.3299 का मान प्रदान करता है औसत फ्लोटिंग पॉइंट वेरिएबल। जब मूल्य वेरिएबल को सीरियल मॉनिटर विंडो में भेजा जाता

है, आप देख सकते हैं कि println() स्वचालित रूप से गोल है दो दशमलव स्थानों की संख्या।

The second time that println() is used to send the value of the variable to the serial monitor window, the number of decimal places is specified as 4. This is done by passing a second parameter value of 4 to the println() function.

दूसरी बार println() का उपयोग भेजने के लिए किया जाता है सीरियल मॉनीटर विंडो में, जहां दशमलव स्थानों की संख्या के रूप में निर्दिष्ट किया गया है 4। यह दूसरा पैरामीटर पास करके किया जाता है Println() फंक्शन के लिए 4 का मान।

```
void setup() {
   float average;
   Serial.begin(9600);
   average = 12.3299;
   Serial.println(average);
   Serial.println(average, 4);
}
void loop() {
{
```

Figure 4.61: Printing a float Value (फ्लोट वैल्यू को प्रिंट करना)

4.16.13 double (डबल)

On the Uno and other ATMEGA based boards, double precision floating-point number occupies four bytes. That is, the double implementation is exactly the same as the float, with no gain in precision.

Uno और अन्य ATMEGA आधारित बोर्डों पर, डबल सटीक फ्लोटिंग–पॉइंट नंबर व्याप्त है चार बाइट्स। यानी डबल इम्प्लीमेंटेशन है सटीक में कोई लाभ के साथ, फ्लोट के समान ही।

`double num = 45.352 ;// declaration of variable with type double and initialize it with 45`

4.16.14 String (स्ट्रिंग)

In pure C, you don't have the data type String, but in C for Arduino, you do. It is a particular structure of data, namely a class, that provides a nice way to use and work with strings of text. It comes with methods/ functions to easily concatenate strings, split strings, and much more. Be careful of the capital "S" at the beginning of String. Let's look at a basic program using the string data type as shown in Figure 4.62.

C में, आपके पास डेटा प्रकार स्ट्रिंग नहीं है, लेकिन C में Arduino के लिए, आप करते हैं। यह एक विशेष संरचना है डेटा, अर्थात् एक क्लास, जो टेक्स्ट स्ट्रिंग के साथ उपयोग करने और काम करने का तरीका है। वह कोंकटिनेट, स्ट्रिंग स्प्लिट करने के मेथड / फंक्शन्स बताता है। आइए स्ट्रिंग डेटा प्रकार का उपयोग करके एक बेसिक प्रोग्राम को देखें जैसा कि चित्र 4.62 में दिखाया गया है।

```
// Demo of String data type
String myString = "Hello, How are you?";
void setup() {
   Serial.begin(9600);
   Serial.print(myString);
}
void loop() {
}
```

Figure 4.62: Demo of String data type (स्ट्रिंग डेटा टाइप का डेमो)

4.16.15 string (स्ट्रिंग)

It stores text strings in an array of char which are the same as the strings used in C programming. A string is an array of char variables. It is a special array that has one extra element at the end of the string which always has the value of 0 (zero). This is known as a "null terminated string". Be careful of the "s" in lower case at the beginning of string. All of the following are valid declarations for strings.

यह टेक्स्ट स्ट्रिंग को कैर में संग्रहीत करता है जो हैं C प्रोग्रामिंग में उपयोग किए गए स्ट्रिंग के समान है। स्ट्रिंग ऐरे है कैर वैल्यू का यह एक विशेष ऐरे है, जिसके अंत में एक अतिरिक्त तत्व होता है स्ट्रिंग जिसमें हमेशा 0 (शून्य) का मान होता है। यह एक "नल्ल टर्मिनेटेड स्ट्रिंग" के रूप में जाना जाता है। निम्नलिखित सभी वैलिड डेक्तरेशेस है स्ट्रिंग।

```
char Str1[10];
char Str2[6] = {'h', 'e', 'l', 'l', 'o'};
char my_str[] = "Hello";
```

Characters are written between single quotes where as strings are written between double quotes.
कैरेक्टर सिंगल कोट्स में लिखे जाते हैं और स्ट्रिंग डबल।

4.16.16 array (ऐरे)

An array is a collection of variables that are accessed with an index number.

ऐरे वेरिएबल्स का संग्रह है जो हैं एक इंडेक्स नंबर के साथ एक्सेस किया गया।

4.16.17 size_t (साइज_t)

size_t is a data type capable of representing the size of any object in bytes. Examples of the use of size_t are the return type of sizeof() and Serial. print().

size_t एक डेटा प्रकार है जो का प्रतिनिधित्व करने में सक्षम है बाइट्स में किसी भी वस्तु का आकार। उदाहरण : sizeof() और size_t serial. print() का रिटर्न प्रकार है।

4.17 Variable Scope (वेरिएबल स्कोप)

The scope of a variable refers to the extent to which different parts of a program have access to the variable - in other words, the variable is visible. Scope also affects a variable's lifetime, i.e., how long the variable persists in memory, or in other words when the variable's storage is allocated and deallocated.

स्कोप ऑफ वेरिएबल है: एक प्रोग्राम के विभिन्न हिस्सों तक पहुंच। वेरिएबल दिखाई देता है। स्कोप एक वेरिएबल के जीवनकाल को भी प्रभावित करता है, अर्थात, वेरिएबल कब तक मेमोरी में रहेगा; या वेरिएबल के कब मेमोरी स्टोरेज अल्लाकोट या डि–अल्लाकोट होगा।

A variable can be declared in any part of the program, but it determines which blocks of the program can use it. A scope is a region of the program and there are three places where variables can be declared. They are:

प्रोग्राम के किसी भी हिस्से में वेरिएबल घोषित किया जा सकता है, लेकिन यह निर्धारित करता है कि कौन से ब्लॉक कार्यक्रम इसका उपयोग कर सकते हैं। स्कोप प्रोग्राम का एक क्षेत्र है और वहाँ तीन स्थान जहाँ वेरिएबल घोषित किया जाता है; वो हैं:

- Inside a function or a block, which is called local variables.

  किसी फंक्शन या ब्लॉक के अंदर, जिसे कहा जाता है लोकल वेरिएबल।
- In the definition of function parameters, which is called formal parameters

  फंक्शन पैरमीटर में, जिसे फार्मल पैरामीटर कहा जाता है
- Outside of all functions, which is called global variables.

  फंक्शन के बाहर, जिसे ग्लोबल वेरिएबल कहा जाता है।

4.17.1 Local Variables (लोकल वेरिएबल)

Variables that are declared inside a function or block are local variables. They can be used only by the statements that are inside that function or block of code. Local variables are not known to function outside their own. Following is the example using local variables as shown in Figure 4.63.

वेरिएबल जो किसी फंक्शन के अंदर घोषित किए जाते हैं लोकल वेरिएबल हैं। इनका उपयोग किया जा सकता है किसी फंक्शन के अंदर या कोड ब्लॉक में। लोकल वेरिएबल अपने स्वयं के बाहर कार्य नहीं करते हैं।

In the above sketch the variable z is only available in the loop() function.

उपरोक्त स्केच में केवल वेरिएबल z उपलब्ध है loop() फंक्शन में।

```
// Demo of local variable
void setup () {
   // empty block, initial settings are not required
}
void loop () {
  int x , y ;
  int z ; //Local variable declaration
  x = 0;
  y = 0; //actual initialization
  z = 10;
}
```

Figure 4.63: Demo of local variable (लोकल वेरिएबल का डेमो)

A local variable is one that is defined within a function. The scope of a local variable is limited to the function in which it is defined.

लोकल वेरिएबल वह है जिसे फंक्शन के भीतर परिभाषित किया जाता है। लोकल वेरिएबल का दायरा सीमित है वह फंक्शन तक जिसमें इसे परिभाषित किया गया है।

4.17.2 Global Variables (ग्लोबल वेरिएबल)

Global variables are defined outside of all the functions, usually at the top of the program. The global variables will hold their value throughout the life-time of your program. Variables declared at the beginning of the program, prior to the void setup() function, are considered global and are available anywhere in the program.

ग्लोबल वेरिएबल वैल्यू के बाहर परिभाषित किए जाते हैं, आमतौर पर प्रोग्राम के शीर्ष पर। ग्लोबल वैरिएबल वैल्यू को अपने पास रखेंगे आपके प्रोग्राम के जीवन–काल तक। ग्लोबल प्रोग्राम की शुरुआत में, डिक्लेअर किया जाता है। setup() फंक्शन, ग्लोबल है और हैं प्रोग्राम में कहीं भी उपलब्ध है। ग्लोबल वेरिएबल को किसी भी फंक्शन द्वारा एक्सेस किया जा सकता है।

```
// Demo of global and local variables
float c = 0; //Global variable declaration
void setup () {
}
void loop () {
  int x , y ;
  int z ; //Local variable declaration
  x = 0;
  y = 0;
  z = 10;
}
```

Figure 4.64: Demo of global and local variables (ग्लोबल और लोकल वेरिएबल का डेमो)

4.18 Comment (कमेंट)

Commenting sketches allows you to write your own text notes along with the code of the sketch.

कमेंट से आप अपने कोड के साथ टेक्स्ट नोट्स बना सकते हैं।

4.18.1 Multi-line Comments (बहु-पंक्ति कमेंट)

The first line starting with the characters /* and ending with the characters */ is the comment. Comments are important because they help in documenting a program. Comments should be written so that the logic of a program is understood easily. You may type as many lines as you wish between these two sets of characters i.e., (/*, */) for writing comments. Note that the compiler ignores comments, and does not take any action.

कैरेक्टर के साथ शुरू होने वाली पहली पंक्ति /* और कैरेक्टर के साथ समाप्त होना */ टिप्पणी है। कमेंट्स महत्वपूर्ण हैं क्योंकि मदद प्रोग्राम का दस्तावेजीकरण। कमेंट्स ऐसा इसलिए लिखा गया है ताकि किसी प्रोग्राम के तर्क को समझा जा सके सरलता से। आप जितनी चाहे उतनी लाइनें टाइप कर सकते हैं कैरेक्टर के इन दो सेट के बीच, (/*, */)। ध्यान दें कि कम्पाइलर टिप्पणियों को अनदेखा करता है, और कोई एक्शन नहीं करता है।

4.18.2 Single Line Comments (सिंगल लाइन कमेंट्स)

The double forward slash (//) is used to create a single line comment. All text to the right of the double forward slash on the same line will be a comment and will be ignored by the compiler.

डबल फॉरवर्ड स्लैश (//) का उपयोग के लिए किया जाता है। सिंगल लाइन कमेंट के दाईं ओर सभी टेक्स्ट उसी लाइन पर डबल फॉरवर्ड स्लैश // के साथ होगा कमेंट और कम्पाइलर द्वारा नजरअंदाज कर दिया जाएगा।

```
// single-line: this text is ignored until the end of the line
// the delay slows down the printing of the numbers
delay(1000); // 1 second delay between printing
```

4.19 Preprocessor Directive (प्रि-पोसेस्सर डायरेक्टिव)

A Preprocessor Directive in Embedded C is an indication to the compiler that it must look in to this file for symbols that are not defined in the program. In Embedded C Programming, you usually use the preprocessor directive to indicate a header file specific to the microcontroller, which contains all the SFRs and the bits in those SFRs.

एंबेडेड C में एक प्रीप्रोसेसर डिरेक्टिक्स एक संकेत है कि कम्पाइलर को प्रतीकों के लिए इस फाइल को देखना है। एंबेडेड C प्रोग्रामिंग में, आप आमतौर पर इंगित करने के लिए प्रीप्रोसेसर निर्देश का उपयोग करते हैं एक हेडर फाइल जो माइक्रोकंट्रोलर के लिए विशिष्ट है, जो सभी SFRs और बिट्स उन SFR में समाहित करता है। एंबेडेड C में, प्रीप्रोसेसर निर्देश आमतौर पर होते हैं।

In Embedded C, Preprocessor Directives are usually represented using #include or #define.

#include या #define का उपयोग करके प्रतिनिधित्व किया।

4.19.1 The #include directive (#include डायरेक्टिव)

The #include directive instructs the compiler to include in the program code text from a file, the name of which follows the directive. For example, #include "Arduino.h"

#Include डिरेक्टिव कम्पाइलर को निर्देश देता है फाइल से प्रोग्राम कोड टेक्स्ट में शामिल करें, जिसका नाम निर्देशन है। उदाहरण: "Arduino-h" को छोड़ दें इस स्थिति में, #include "Arduino.h" इसमें "Arduino.h" फाइल शामिल की जाएगी,

In this case, the Arduino.h file will be included, containing the standard constants and variables of the Arduino language. In normal programs, it is added automatically, and for the library it must be specified explicitly.

जिसमें स्टैण्डर्ड कोन्सटंल्स और वेरिएबल Arduino लैंग्वेज के शामिल है सामान्य प्रोग्राम में, यह स्वचालित रूप से जोड़ा जाता है, और लाइब्रेरी प्रोग्राम के लिए यह आवश्यक है स्पष्ट रूप से निर्दिष्ट किया जाए।

4.19.2 The #define directive (#define डायरेक्टिव)

The #define directive (also known as symbolic constant) determine the identifier and sequence of characters that is substituted for the identifier, each time it appears in the text of the program.

#Define डिरेक्टिव (सिंबालिक कांस्टेंट) आइडंटिफायर और कैरेक्टर के अनुक्रम का निर्धारण करता है; आइडंटिफायर के लिए हर बार यह प्रोग्राम के टेक्स्ट में दिखाई देता है।

> *#define statement must not end with semicolon and no blank space between the pound(hash) sign '#' and the word define is permitted.*
>
> #define स्टेटमेंट अर्धविराम के साथ समाप्त नहीं होना चाहिए और पाउंड (#) साइन के बीच कोई खाली जगह नहीं होनी चाहिए।

Symbolic constants are defined using #define as given below:

सिंबालिक कास्टेंट को #define से परिभाषित किया गया है नीचे दिए गए:

```
#define <symbolic constant name> <value>
```

For example, if in your programs you write:

उदाहरण के लिए, यदि प्रोग्राम में लिखते हैं:

```
#define LED_PIN 13 // the number of the LED output
is 13
```

Then every time the name LED_PIN appears in the program, it will be substituted the symbols 13 during the translation.

फिर जब हर बार **LED_PIN** नाम दिखाई देता है प्रोग्राम में, यह प्रतीक 13 से सब्सीच्यूट होता है ट्रांसलेशन के दौरान।

Note that after the #define directive, the semicolon is not set, because it is a pseudo operator. It does not do anything. The directive specifies constants, so the names for it are assumed to be written in uppercase with a separator _ (underscore).

ध्यान दें कि **#define** डिरेक्टिव के बाद, अर्धविराम सेट नहीं है, क्योंकि यह एक पसूदो ऑपरेटर है। यह कुछ नहीं करता। निर्देश निर्दिष्ट करता है स्थिरांक, इसलिए इसके लिए नाम मान लिए गए हैं एक विभाजक _ (अंडरस्कोर) के साथ अपरकेस में लिखा गया है।

> *With a symbolic constant, you need to make a change only in the place where the constant is defined (i.e., in the #define declaration).*
>
> सिबालिंक कांस्टेंट के साथ, केवल उसी स्थान पर परिवर्तन करें जहां कास्टेंट परिभाषित (यानी, **#define** डिक्लेरेशन में)।

In Embedded C Programming, you usually use the preprocessor directive to indicate a header file specific to the microcontroller, which contains all the SFRs and the bits in those SFRs.

एंबेडेड C प्रोग्रामिंग में, आप आमतौर पर एक हेडर फाइल को इंगित करने के लिए प्रीप्रोसेसर निर्देश माइक्रोकंट्रोलर का उपयोग करते हैं, जिसमें शामिल हैं **SFRs** में **SFR** और बिट्स।

> *In case of 8051, Keil Compiler has the file reg51.h, which must be written at the beginning of every Embedded C Program:*
>
> **8051** में, केइल कम्पाइलर के पास फाइल है **reg51.h**, जो प्रत्येक **Embedded C** प्रोग्राम की शुरुआत में लिखा जाना चाहिए:
>
> ```
> #include<reg51.h>
> //Preprocessor Directive
> ```

4.20 Operators (ऑपरेटर)

An operator operates on variables and perform an action in a program. It consists of words or symbols. For instance, the arithmetic operators (+) and ( ) cause us to add or subtract two numbers respectively.

ऑपरेटर वेरिएबल पर काम करता है और एक्शन करता है एक कार्यक्रम पर। इसमें शब्द या प्रतीक होते हैं। उदाहरण के लिए, अरिथमेटिक ऑपरेटर (+) और (–) दो संख्याओं को जोड़ने या घटाने का काम करता है।

> *Operators are essential to form expressions and to perform arithmetical and logical operations on variables.*
>
> डिक्रीमेंट ऑपरेटर एक्सप्रेशन बनाने के लिए काम आता है; ओर अरिथमेटिकल और लॉजिकल ऑपरेशन्स करता है वेरिएबल पर।

You need operators to do arithmetic operations, such as addition, subtraction, etc. Similarly, to perform relational comparison, you need relational operators like >, <, <=, >=, etc. The programming language C supports the bitwise operations and increment/ decrement operations. You will see how to use these operators to form expressions and how to use them in various statements. Operators in C language may be classified as:

अरिथमेटिक ऑपरेशन्स करने के लिए ऑपरेटर की आवश्यकता है, जैसे: एडिशन, सब्ट्रैक्शन। इसी तरह, रिलेशन कम्पेरिजन करने के लिए करें, >, <, <=,> =, आपरेटर की आवश्यकता है प्रोग्रामिंग लैंग्वेज C बिटवाइज का समर्थन करती है संचालन और वेतन इन्क्रीमेंट संचालन। आप देखेंगे कि इन ऑपरेटर का उपयोग। लैंग्वेज में ऑपरेटरों को वर्गीकृत किया जा सकता है जैसा:

- Arithmetic operators
  अरिथमेटिक आपरेटर जैसे: एडिशन, सब्ट्रैक्शन
- Relational (Comparison) operators
  रिलेशनल (कम्पेरिजन) ऑपरेटर
- Logical (Boolean) operators (लॉजिकल (बुलियन) ऑपरेटर)
- Assignment operators (असाइनमेंट ऑपरेटर)
- Pointer operators (पॉइंटर ऑपरेटर)
- Special operators (स्पेशल ऑपरेटर)
- Bitwise operators (बिटवाइज ऑपरेटर)

4.20.1 Arithmetic Operators (अरिथमेटिक ऑपरेटर)

An arithmetic operator is a symbol which performs an arithmetic operation namely, addition, subtraction, etc. The data on which such operations are carried out may be a variable or a constant.

अरिथमेटिक ऑपरेटर एक प्रतीक है जो प्रदर्शन करता है अरिथमेटिक ऑपरेशन अर्थात, जोड़, घटाव, आदि डेटा जिस पर ऐसा संचालन किया जाता है एक वेरिएबल या

The operator thus operates on an operand. For instance, in the expression:

ऑपरेटर इस प्रकार एक ऑपरेंड पर काम करता है।

```
sum = a + b;
```

the + symbol is operator and the a,b are the operands. C supports the arithmetic operators as given in Table 4.1.

+ प्रतीक ऑपरेटर है और A, B ऑपरेंड हैं। C, दिए गए अरिथमेटिक ऑपरेटर का समर्थन करता है टेबल 4.1 में।

Table 4.1 Arithmetic Operators (अरिथमेटिक ऑपरेटर)

Operator (ऑपरेटर)	Symbol (सिंबल)	Form (पफॉर्म)	Operation (ऑपरेशन)
Addition एडिशन	+	x + y	y is added to x y को x में जोड़ा जाता है
Subtraction अब्ट्रैक्शन	–	x– y	y is subtracted from x x से y घटाया जाता है
Multiplication मल्टीप्लिकेशन	*	x * y	x times y x गुणा y
Division डिवीजन	/	x / y	x divided by y x y द्वारा विभाजित
Remainder रिलाइंस	%	x% y	remainder of x divided by y शेष x y द्वारा विभाजित

Addition (एडिशन)

To add numbers on the Arduino, we use the addition operator (+). For example,

Arduino पर संख्याओं को एड के लिए, हम (+) उपयोग करते हैं। उदाहरण:

```
int x = 7;
int y = 2;
int sum;
sum = x + y;
```

In the above code, three variables are defined. Variables x and y are each assigned a value when they are defined. The sum variable is defined, but not initialized, so contains any random number.

उपरोक्त कोड में, तीन वेरिएबल परिभाषित किए गए हैं। वेरिएबल x और y प्रत्येक को एक वैल्यू दिया जाता है। Sum वेरिएबल को परिभाषित किया गया है, लेकिन इनिशियलाइज नहीं है, इसलिए किसी भी यादृच्छिक संख्या में शामिल है।

After the statement shown below has been executed, sum will contain the value 9 i.e., the result of the addition of variable x and y.

नीचे गया स्टेटमेंट रक्सेक्यूट 9 होगा अर्थात वेरिएबल x और y के एडिशन का परिणाम।

You can also add two constant values and store the result in a variable as shown below.

आप दो कांस्टेंट मान सकते हैं, वेरिएबल के रूप में कांस्टेंट वैल्यू को एड और स्टोर कर सकते हैं।

```
int sum;
sum = 7 + 2;
```

The result stored in sum after execution of the addition statement i.e., 9.

के निष्पादन के बाद योग में संग्रहीत परिणाम जोड़ कथन अर्थात, 9।

Constant values and variables can also be added together and the result stored in a variable as shown here.

कांस्टेंट वैल्यू और वेरिएबल को, ऐड कर सकते हैं एक साथ और परिणाम के रूप में एक वेरिएबल स्टोर किया गया है।

```
int x = 7;
int sum;
sum = x + 2;
```

After execution of the addition, sum will contain 27.

एडिशन के निष्पादन के बाद, वैल्यू होगी 27।

Subtraction (सब्ट्रैक्शन)

The subtraction operator subtracts one number from another using the minus sign (-). For example

सब्ट्रैक्शन ऑपरेटर एक संख्या घटाता है माइनस साइन (–) का उपयोग करके दूसरे से। उदाहरण:

```
int x = 7;
int y = 2;
int sub;
sub = x - y;
```

After the statements shown above has been executed, sub will contain the value 5 i.e., the result of the subtraction of variable x and y.

ऊपर दिखाए गए स्टेटमेंट को एक्सेक्यूट करने के बाद निष्पादित, सब में वैल्यू 5 होगा अर्थात, वेरिएबल x और y के घटाव का परिणाम।

Multiplication (मल्टिप्लिकेशन)

Multiplication is done by using the multiplication operator (*). For example,

मल्टीप्लीकेशन का उपयोग करके गुणन किया जाता है ऑपरेटर (*)। उदाहरण:

```
int x = 7;
int y = 2;
int multi;
multi = x * y;
```

After the statements shown above has been executed, multi will contain the value 14 i.e., the result of the multiplication of variable x and y.

ऊपर दिखाए गए स्टेटमेंट को एक्सेक्यूट करने के बाद, multi में वैल्यू 14 होगा। अर्थात वेरिएबल x और y के गुणन का परिणाम।

Division (डिवीजन)

The division operator (/) is used to perform division in the Arduino. For example,

डिवीजन ऑपरेटर (/) का उपयोग डिवीजन करने के लिए किया जाता है Arduino में। उदाहरण,

```
int x = 7;
```

```
int y = 2;
int divi;
divi = x / y;
```

After the statements shown above has been executed, divi will contain the value 3 i.e., the result of the division of variable x and y.

ऊपर दिखाए गए स्टेटमेंट को एक्सेक्यूट, divi में वैल्यू 3 होगा। यानी, वेरिएबल x और y के डिवीजन का परिणाम।

The following examples will demonstrate what happens when a result with a fractional part is stored in a floating point variable.

जब एक फ्रक्शनल पार्ट को फ्लोटिंग पाइंट वैल्यू में स्टोर करेंगे।

```
float x = 7.0;
float y = 2.0;
float divi;
divi = x / y;
```

The result now contained in the divi variable is 3.5.

परिणाम अब divi वेरिएबल में निहित है 3.5।

Remainder (Modulo Division)
(रिमाइंडर (मोडुलो डिवीजन))

The remainder operator (or modulo operator) is used to find the remainder after the division of two numbers. The percentage sign (%) is used as the modulo operator. For example,

रिमाइंडर ऑपरेटर (मोडुलो ऑपरेटर) विभाजन के बाद रिमाइंडर को खोजने के लिए उपयोग किया जाता है; दो नंबर पर। परसेंटेज चिह्न (%) का उपयोग किया जाता है मोडुलो ऑपरेटर। उदाहरण,

```
int x = 7;
int y = 2;
int remain;
remain = x% y;
```

After the statements shown above has been executed, remain will contain the value 1 i.e., the result of the modulo division of variable x and y. The following sketch called arithmetic demonstrates all of the above arithmetic operators.

ऊपर दिखाए गए स्टेटमेंट को एक्सेक्यूट करने के बाद 1 होगा, अर्थात वेरिएबल x और y के मोडुलो डिविजन का परिणाम। निम्नलिखित स्केच को अरिथमेटिक ऑपरेटर का डेमोस्ट्रेशन दिया गया है।

```
void setup() {
  int x = 7;
  int y = 2;
  int result;
  float result_fl;
  Serial.begin(9600);
  Serial.print("Addition (7 + 2): ");
  result = x + y;
  Serial.println(result);
  Serial.print("Subtraction (7 - 2): ");
 result = 7 - 2;
  Serial.println(result);
  Serial.print("Multiplication (7 * 2): ");
  result = 7 * 2;
  Serial.println(result);
  Serial.print("Int Division (7 / 2): ");
  result = 7 / 2;
  Serial.println(result);
  Serial.print("Float Division (7.0 / 2.0): ");
  result_fl = 7.0 / 2.0;
  Serial.println(result_fl);
  Serial.print("Remainder (7 % 2): ");
  result = 7 % 2;
  Serial.println(result);
}
void loop() {
}
```

Figure 4.65: Demo of arithmetic operators
(अरिथमेटिक ऑपरेटर का डेमो)

The sketch given in Figure 4.65 contains print() and println() functions. print() is called when the invisible cursor must stay on the same line so text printed in the println() statement that follows will be printed on the same line as well. println() is used when text must be printed and then the invisible cursor moved to the next line so that the next print() statement will print text on a new line.

चित्र 4.65 में दिए गए स्केच में print() और println() फंक्शन शामिल हैं। print() उस समय कॉल किया जाता है जब अदृश्य कर्सर को एक ही लाइन पर रहना चाहिए इसलिए println() स्टेटमेंट में प्रिंटेड टेक्स्ट उसी लाइन पर प्रिंट किया जाएगा। Println() का उपयोग तब किया जाता है जब टेक्स्ट प्रिंटेड किया जाना चाहिए और फिर अदृश्य कर्सर अगली पंक्ति में चला जाता है ताकि अगली print() स्टेटमेंट एक नई लाइन पर टेक्स्ट प्रिंट कर सके।

All the arithmetic operators are binary operators, since they operate on two operands at a time.

अरिथमेटिक ऑपरेटर बाइनरी ऑपरेटर हैं, क्योंकि वे एक समय में दो ऑपरेंड पर काम करते हैं।

The multiplication, division, and remainder operators are called multiplicative operators and have a higher precedence than the additive operators (addition and subtraction). These operators require two operands to operate upon.

गुणन, विभाजन और शेष संचालकों को गुणक संचालक कहा जाता है और योजक संचालकों (जोड़ और घटाव) की तुलना में एक उच्च पूर्वता

है। इन ऑपरेटरों को संचालित करने के लिए दो ऑपरेंड की आवश्यकता होती है।

The operator is an unary operator when operates on one operand say x. Unary operators take just a single operand. The operand can be any integer or floating point value.

ऑपरेटर एक यूनरी ऑपरेटर होता है जब वह एक ऑपरेंड x पर आपरेट होता है। यूनिरी ऑपरेटर्स सिर्फ एक ही ऑपरेंड लेते हैं। ऑपरेंड कोई भी इन्टिजर या फ्लोटिंग पॉइंट वैल्यू हो सकता है।

(*) and (/) have a higher precedence than (+) and ( ) operators.

(*) और (/) की (+) और (–) ऑपरेटरों की तुलना में एक उच्च पूर्वता है।

Unlike other arithmetic operators which accept both integers and floating point operands, the remainder operator or modulo operator accepts integer operands only. The resulting value after the operation is the remainder of the first operand divided by the second operand. The remainder value is also an integer value. For example, in the expression given below, the variable answer will be assigned the value 3, since that is the remainder when 13 is divided by 5.

अन्य अरिथमेटिक ऑपरेटरों के विपरीत जो स्वीकार करते हैं दोनों पूर्णांक और फ्लोटिंग पॉइंट ऑपरेंड, शेष ऑपरेटर या मोडुलो ऑपरेटर स्वीकार करता है पूर्णांक केवल ऑपरेंड करता है। रिसल्टिंग मूल्य के बाद ऑपरेशन पहले ऑपरेंड का शेष है दूसरे ऑपरेंड द्वारा विभाजित। शेष मान भी पूर्णांक मान है। उदाहरण के लिए, नीचे दिए गए अभिव्यक्ति, वैल्यू जवाब होगा मान 3 निर्दिष्ट किया जाए, क्योंकि यह शेष है जब 13 को 5 से विभाजित किया जाता है।

उत्तर = 13: 5

The / operation for integers gives the quotient after division. Thus if you write 7 / 3 the answer would be 2. The % operation gives the remainder obtained in integer division. Thus 7 % 3 is 1. The operator used for division of floating point number is division operator (/). Thus 7.0 / 3.0 would give 2.333333.

/ ऑपरेशन इन्टिजर के लिए क्वॉटेंट देता है डिवीजन के बाद। इस प्रकार यदि आप उत्तर 7/3 लिखते हैं हो, तो रिजल्ट होगा 2। % ऑपरेशन शेष देता है पूर्णांक विभाजन में प्राप्त किया। इस प्रकार 7% 3 : 1 है। डिवीजन ऑपरेटर (/) उपयोग फ्लोटिंग पॉइंट नंबर के विभाजन के लिए किया जाता है। इस प्रकार 7.0 / 3.0 देगा 2.333333।

Increment (++) and decrement (--)

(इन्क्रीमेंट (++) और डिक्रीमेंट (--))

The increment and decrement operators are represented by ++ and – – signs respectively. These operators increment or decrement a value by 1. These characters can either precede or follow a variable. If you write i++, this first increments i by 1 and then evaluates to the equivalent of i + 1, while ++i first evaluates to the value of i and then increments i. Notice that the ++ symbol appears after the variable name with the post-increment operator and before the variable name in the preincrement operator.

इन्क्रीमेंट और डिक्रीमेंट ऑपरेटरों का प्रतिनिधित्व करते हैं। ये वर्ण या तो पूर्ववर्ती हो सकते हैं या अनुसरण कर सकते हैं। यदि आप i ++ लिखते हैं, तो यह पहली वृद्धि है 1 और फिर i + 1 के बराबर का मूल्यांकन करता है। ध्यान दें कि ++ प्रतीक दिखाई देता है पश्चात वृद्धि के साथ वेरिएबल नाम के बाद परिचालक और पूर्ववर्ती में वेरिएबल नाम से पहले ऑपरेटर।

```
a = a + 1;
```

you may use the expression:

आप अभिव्यक्ति का उपयोग कर सकते हैं+

```
++a;
```

Similarly, the expression

इसी तरह,

```
a = a + 1;
```

is the same as the expression

समान है:

```
--a;
```

For example, in the first case (++x), the x variable will be first incremented by 1, then used in expression. Otherwise, the variable will be first used in expression, then incremented by 1. The same applies to the decrement operation. For example, instead of using the following expression to increment a counter:

उदाहरण के लिए, पहले (++ x), x वेरिएबल पहले 1 से बढ़ेगा, फिर एक्सप्रेशन में उपयोग होगा। अन्यथा, वेरिएबल पहले एक्सप्रेशन में उपयोग किया जाता है, फिर 1 से वृद्धि हुई है। डिक्रिप्शन ऑपरेशन में भी ऐसा होगा। निम्नलिखित एक्सप्रेशन का उपयोग काउंटर में इन्क्रीमेंट करेगा:

```
x = 2;
y = ++x; // x now contains 3, y contains 3
y = x++; // x contains 4, but y still contains 3
x = 2;
y = --x; // x now contains 1, y contains 1
y = x--; // x contains 0, but y still contains 1
```

Precedence of Arithmetic Operators

(अरिथमेटिक ऑपरेटर्स की प्राथमिकता)

Table 4.2 shows the precedence or the preferences that the various arithmetic operators get and their associativity. Associativity means that in the same expression if you have two operators of the same precedence, they are evaluated from left to right. But the increment and decrement operators are evaluated from right to left.

टेबल 4.2 पूर्वता या प्राथमिकताएं दिखाती है विभिन्न अरिथमेटिक ऑपरेटरों है और उनके अएसोसिएटिविटी। अएसोसिएटिविटी का अर्थ है,

एक ही एक्सप्रेशन में यदि आपके पास एक ही के दो ऑपरेटर हैं, उनका मूल्यांकन बाएं से दाएं किया जाता है। लेकिन इन्क्रीमेंट और इन्क्रीमेंट ऑपरेटर का दाएं से बाएं में मूल्यांकन किया जाएगा।

Table 4.2 Precedence of Arithmetic Operators (अरिथमेटिक ऑपरेटर्स की प्राथमिकता)

Operator (ऑपरेटर)	Associativity (अस्सोसिएटिविटी)	Precedence (प्राथमिकता)
++ या – –	Right to left बाएँ से दाएँ	Highest उच्चतम
—	Left to right बाएं से दाएं	↑
* / %	Left to right बाएं से दाएं	
+ –	Left to right बाएँ से दाएँ	Highest सबसे कम

You can always use parentheses to change the order of calculations. For example:

आप हमेशा कोष्ठक को बदलने के लिए उपयोग कर सकते हैं गणना का क्रम। उदाहरण:

```
2 + 8/2 is equal to 6
(2 + 8)/2 is equal to 5
```

The expression 2 + 8/2 is evaluated as 6 since the division is done first; while the expression:

एक्सप्रेशन 2 + 8/2 का मूल्यांकन 6 के बाद से किया जाता है: विभाजन पहले किया जाता है; जबकि एक्सप्रेशन:

```
(2 + 8)/2
```

is evaluated as 5 because the addition, between the parentheses, is done first.

5 के रूप में मूल्यांकन किया जाता है क्योंकि एडिशन, कोष्ठक के बीच, पहले किया जाता है।

In arithmetic operations with different types of data, data types are automatically converted. But it is better to always use an explicit transformation.

विभिन्न प्रकार के साथ अरिथमेटिक ऑपरेटर्स में डेटा, डेटा प्रकार स्वचालित रूप से रूपांतरित हो जाते हैं। परंतु हमेशा एक एक्सप्लिसित ट्रांसफॉर्मेशन का उपयोग करना बेहतर होता है।

```
int x; // variable int
char y; // char variable
int z; // variable int
z = x + (int) y; // the variable y is explicitly
converted to int
```

4.20.2 Relational and Logical Operators (रिलेशनल और लॉजिकल ऑपरेटर्स)

Relational operators are used in comparisons for the purpose of comparing two variables which can be integers (int) or floating point numbers (float). If an expression evaluates to true, a 1 is returned. Otherwise, a 0 is returned.

रिलेशनल ऑपरेटरों का उपयोग दो वेरिएबल तुलना के लिए किया जाता है जो इन्टिजर (int) या फ्लोटिंग पॉइंट नंबर हो सकते हैं (float)। यदि कोई एक्सप्रेशन ट्रू का मूल्यांकन करती है, तो एक 1 रिटर्न होता है। अन्यथा, एक 0 लौटाया जाता है।

The logical operators, such as AND (&&), OR ( ), etc. are used to connect relational expressions together using the rules of Boolean Algebra. Both these types of expressions give true or false results. Here, false is zero, while any non-zero number is true.

ट्रू ऑपरेटर, जैसे AND (&&), या (||), आदि का उपयोग रिलेशन एक्सप्रेशन को जोड़ने के लिए किया जाता है साथ में बूलियन अलजेब्रा के नियमों का उपयोग करना। दोनों इस प्रकार के भाव सही या गलत परिणाम है। यहां, फालर्स; जीरो है, जबकि कोई भी नॉन–जीरो संख्या ट्रू है।

> *The logical or relational expressions give the value "1" for TRUE result and the value "0" for FALSE result.*
> लॉजिकल या रिलेशनल वैल्यू देते हैं TRUE परिणाम के लिए "1" और FALSE के लिए वैल्यू "0" परिणाम।

Table 4.3 shows the relational and logical operators. They have lower precedence than arithmetic operators, such as +, , etc. This means that the expression:

टेबल 4.3 रिलेशनल या लॉजिकल ऑपरेटरों को दर्शाता है। वे अंकगणित की तुलना में कम पूर्वता रखते हैं, जैसे कि , आदि। इसका मतलब है कि एक्सप्रेशन:

$$100 > 90 + 9$$

is equivalent to the expression

एक्सप्रेशन के बराबर है

$$100 > (90 + 9)$$

This is because in both cases the addition is evaluated first. However, you will make less mistakes, if you use parentheses or the brackets ( ).

ऐसा इसलिए है क्योंकि दोनों मामलों में जोड़ का मूल्यांकन किया जाता है प्रथम। हालाँकि, आप कम गलतियाँ करेंगे, यदि आप कोष्ठक या कोष्ठक () का उपयोग करते हैं।

Table 4.3 Relational and Logical Operators (रिलेशनल और लॉजिकल ऑपरेटर)

Operator (ऑपरेटर)	Action (एक्शन)
Relational Operators: रिलेशनल ऑपरेटर्स	
>	Greater than (इससे बड़ा)
<	Less than (से कम है)
> =	Greater than or equal इससे अधिक या बराबर
< =	Less than or equal इससे कम या बराबर
==	Equal (बराबर)
!=	Not equal (बराबर नहीं)

Logical Operators: लॉजिकल ऑपरेटर्स:	
&&	AND (तथा)
||	OR (या)
!	NOT (नहीं)

The Arduino programming language has six relational operators listed below:

Arduino प्रोग्रामिंग लैंग्वेज में छह रिलेशनल ऑपरेटर है:

Greater Than >

Greater than > operators test the relationship between values. Here is another example using the same operator to compare the contents of two variables.

Greater than > ऑपरेटर रिलेशनशिप का परीक्षण करते हैं वैल्यू के बीच। यहाँ एक और उदाहरण दिया गया है एक ही ऑपरेटर का इस्तेमाल करना दो वेरिएबल के कंटेट को कम्पेयर करने के लिए।

```
int x = 5;
int y = 9;
Serial.println (x > y);
```

The relational operator asks the question "Is x greater than y?". The result of the comparison will be 0 (false), because the value that variable x contains is not greater than the value that variable y contains.

रिलेशनल ऑपरेटर प्रश्न पूछता है "क्या x y से बड़ा है?"। तुलना का परिणाम होगा 0 (फाल्स) होना चाहिए, क्योंकि वेरिएबल x में जो वैल्यू है वेरिएबल y के मान से बड़ा नहीं हैं।

Less Than <

Here, you use the less than relational operator to compare the contents of the same two variables.

यहां, आप '<' रिलेशनल ऑपरेटर का उपयोग करते हैं दो समान के कंटेट की तुलना करें।

```
int x = 5;
int y = 9;
Serial.println(x < y);
```

The relational operator asks the question "Is x less than y?". The output of this sketch will be 1 (true) because the value that variable x contains is less than the value that variable y contains.

रिलेशनल ऑपरेटर सवाल पूछता है "क्या x कम है y की तुलना में? "इस स्केच का आउटपुट 1 (ट्रू) होगा क्योंकि वेरिएबल x में जो वैल्यू है वह कम है वैरिएबल y के वैल्यू से।

The following sketch uses the greater than (>) relational operator and the less than (<) relational operator to compare two numbers as shown in Figure 4.66.

निम्नलिखित स्केच (>) greater man ऑपरेटर का उपयोग करता है और less than (<) रिलेशनल ऑपरेटर को दो नंबरों की तुलना में दिखाया गया है (चित्र 4.66)।

In the above sketch 5 > 9 is 0 i.e., (false) and 5 < 9 is 1 i.e., true.

उपरोक्त स्केच 5 > 9 में 0 है अर्थात, (फाल्स) और 5 < 9 है 1 है, अर्थात, ट्रू।

Greater Than or Equal To >=

This operator is same as the greater than operator, but it also checks if the two values being compared are equal to each other. For example,

यह ऑपरेटर '>' ऑपरेटर की तुलना में अधिक है, लेकिन यह भी जाँच करता है कि दोनों वैल्यू की तुलना की जा रही है या नहीं एक दूसरे के बराबर हैं। उदाहरण:

```
int x = 5;
int y = 9;
Serial.println(x >= y);
```

In the above sketch 5 >= 9 is 0 i.e., (false)

उपरोक्त स्केच में 5>= 9 0 है अर्थात, (फाल्स)

```
int x = 9;
int y = 9;
Serial.println(x >= y);
```

In the above sketch 9 >= 9 is 1 i.e., (true)

उपरोक्त स्केच में 9 >= 9 है 1 अर्थात, (ट्रू)

Less Than or Equal To <=

This operator is same as the less than operator, but it also checks if the two values being compared are equal to each other.

यह ऑपरेटर '<' ऑपरेटर की तरह है, लेकिन यह भी जाँच करता है कि दोनों वैल्यू की तुलना की जा रही है या नहीं एक दूसरे के बराबर हैं।

```
int x = 9;
int y = 9;
Serial.println(x <= y);
```

In the above sketch 9 <= 9 is 1 i.e., (true)

उपरोक्त स्केच में 9 <= 9 1 है, अर्थात, (ट्रू)

Equal To ==

The equal to relational operator will only evaluate to true (1) if both values being compared are equal, otherwise it will evaluate to false (0).

रिलेशनल ऑपरेटर == केवल इवेलुअल करेगा ट्रू (1) यदि दोनों वैल्यू की तुलना की जा रही है बराबर, अन्यथा यह फाल्स (0) का वैल्यू करेगा।

```
int x = 9;
int y = 9;
Serial.println(x == y);
```

In the above sketch 9 == 9 is 1 i.e., (true)

उपरोक्त स्केच में 9 == 9 है 1, अर्थात, (ट्रू)

Not Equal To !=

The not equal to relational operator will only evaluate to true if the two values being compared to each other are not equal to each other, otherwise it will evaluate to false.

केवल रिलेशनल ऑपरेटर = यदि दो वैल्यू की तुलना की जा रही है तो ट्रू का इवेलुअल करें एक दूसरे के लिए एक दूसरे के बराबर नहीं हैं, अन्यथा यह फाल्स को इवेलुअल करेगा।

```
int x = 9;
int y = 9;
Serial.println(x != y);
```

In the above sketch 9 != 9 is 0 i.e., (false)

उपरोक्त स्केच में 9 != 9 है 0 अर्थात, (फाल्स)

```
void setup() {
    Serial.begin(9600);
    Serial.print("Is 5 greater than 9? ");
    Serial.println(5 > 9);
    Serial.print("Is 5 less than 9? ");
    Serial.println(5 < 9);
}
void loop() {
}
```

Figure 4.66: Demo of Relational operator
(रिलेशनल ऑपरेटर का डेमो)

The three logical operators are AND (&&), OR (| |), and NOT (!)

तीन लॉजिकल ऑपरेटर AND (&&) हैं, OR (| |), और NOT (!)

The AND Logical Operator (&&)

The AND Logical Operator (&&) returns true only if both operands are true.

AND लॉजिकल ऑपरेटर (&&) ट्रू है केवल अगर दोनों ऑपरेंड ट्रू हैं।

The OR Logical Operator (| |)

The OR Logical Operator (| |) returns true if either operand is true. The OR logical operator is written in sketches as two vertical pipe symbols (| |) found on the same key as the backslash (\). Pressing Shift + \ (Shift and back slash keys) will type the vertical pipe character.

OR लॉजिकल ऑपरेटर (| |) ट्रू है अगर या तो ऑपरेंड ट्रू है। OR लॉजिकल ऑपरेटर है दो ऊर्ध्वाधर पाइप प्रतीकों के रूप में रेखाचित्रों में लिखा गया है (| |) बैकस्लैश (\)। Shift + \ (Shift और बैक स्लैश की) दबाने पर होगा ऊर्ध्वाधर पाइप आएगा।

The NOT Logical Operator (!)

The NOT Logical Operator (!) returns true if the operand is false. For example,

NOT लॉजिकल ऑपरेटर (!) ट्रू रिटर्न करता है यदि ऑपरेंड फाल्स है। उदाहरण:

```
if (year % 4 == 0 && year % 100 != 0 ||
year % 400 == 0) {
  return 1; // It is a leap year
}
else {
  return 0; // not a leap year
}
```

Precedence of Relational and Logical Operators (रिलेशनल और लॉजिकल ऑपरेटर्स की प्राथमिकता)

Table 4.4 shows the relative precedence of the relational and logical operators.

टेबल 4.4 के सापेक्ष पूर्वता को दर्शाता है रिलेशनल और लॉजिकल ऑपरेटर।

Table 4.4 Precedence of Relational and Logical Operators (रिलेशनल और लॉजिकल ऑपरेटर्स की प्राथमिकता)

Operator (ऑपरेटर)	Associativity (अस्योसिटविटी)	Precedence (प्रिसिडेंस)
!	Right to left (राइट टू लेफ्ट)	Highest (हाई)
>>= <<=	Left to right (लेफ्ट टू राइट)	↑
==! =	Left to right (लेफ्ट टू राइट)	
&&	Left to right (लेफ्ट टू राइट)	
| |	Left to right (राइट टू लेफ्ट)	Lowest (लो)

In order to see how the precedence helps in evaluating an expression, study the following expression:

यह देखने के लिए कि पूर्वता का मूल्यांकन करने में कैसे मदद मिलती है निम्नलिखित एक्सप्रेशन का अध्ययन करें:

```
a == b && x == y || m == n
```

This expression is evaluated as TRUE if one of the following conditions are met:

इस एक्सप्रेशन का इवेलुएट TRUE के रूप में किया जाता है यदि इनमें से एक निम्नलिखित शर्तें पूरी की जाती हैं:

a. If a == b is evaluated as TRUE, and x == y is evaluated as TRUE, or
   यदि a == b को अवेलुएट TRUE के रूप में किया जाता है, और x == y है या TRUE के रूप में इवेलुएट किया गया है, या

b If m == n is evaluated as TRUE.
   यदि m == n का इवेलुएट ट्रू के रूप में किया जाता है।

This means that the operator AND (&&) is evaluated before the operator OR ( ) because the operator && is having higher precedence than the operator .

इसका अर्थ है कि ऑपरेटर AND (&&) को इवेलुएट किया जाता है OR | | ऑपरेटर से पहले क्योंकि ऑपरेटर && से अधिक पूर्वता हो रही है।

4.20.3 Assignment Operators (असाइनमेंट ऑपरेटर)

The assignment operator is represented by the equal sign (=). The variable appearing on the left side of = sign and it is assigned the value appearing on the right side of this sign. The assignment statement takes the following format:

असाइनमेंट ऑपरेटर = द्वारा प्रतिनिधित्व किया जाता है। बाईं ओर दिखाई देने वाला वेरिएबल = का चिह्न और इसे प्रदर्शित होने वाला मान असाइन किया गया है इस चिन्ह के दाईं ओर। असाइनमेंट ऑपरेटर निम्न प्रारूप लेता है:

```
variable_name = expression;
```

The expression can be a single variable or literal, or a combination of variables, literals, and operators.

एक्सप्रेशन वेरिएबल या शाब्दिक हो सकती है, या लिट्रल और ऑपरेटरों का एक संयोजन।

In Arduino, shortcuts are possible. For example, in place of the following statement:

Arduino में, शॉर्टकट संभव हैं। उदाहरण के लिए, निम्नलिखित कथन के स्थान पर:

```
a = a + b;
```

you may use the shorthand form as given below:

आप नीचे दिए गए अनुसार शॉर्टहैंड फॉर्म का उपयोग कर सकते हैं:

```
a += b;
```

The combination "+=" includes adding the value of b to a and then assigning a + b to a. It is called the combined operator.

संयोजन "+ =" में वैल्यू जोड़ना शामिल हैं a टू b और फिर a + b को a असाइन करना। यह पॉइंटर या इंडारेक्शन कंबाइंड ऑपरेटर कहा जाता है।

Many similar assignments can be made as mentioned below:

उल्लेख के अनुसार कई असाइनमेंट ऑपरेटर नीचे दिए गए हैं

x –= y; is the same as x = x – y;

x *= y; is the same as x = x*y;

x /= y; is the same as x = x/y;

x %= y; is the same asx = x%y;

4.20.4 Pointer Operators (पॉइंटर ऑपरेटर)

A pointer is a variable that contains the address of a memory cell. A pointer refers to the beginning of a block of memory that contains a variable or function. The pointer operators are the address-of operator (&) and the indirection operator (*). The pointer or indirection operator is used to get the contents of the address operand pointing to a particular memory element or cell. The & operator returns the address of the variable. For example, if you declare an integer variable by the statement:

पॉइंटर एक वैरिएबल होता है जिसमें एड्रेस होता है एक मेमोरी सेल का। पाइंटर शुरुआत को संदर्भित करता है मेमोरी का एक ब्लॉक जिसमें एक वेरिएबल या फंक्शन होता है। पॉइंटर ऑपरेटर एड्रेस–ऑफ ऑपरेटर (&) और इंटिरेएक्शन ऑपरेटर (*)। पॉइंटर या इंडारेक्शन ऑपरेटर का उपयोग करने के लिए एड्रेस ऑपरेंड पॉइंटर या इंडारेक्शन इंगित करती है विशेष स्मृति तत्व या सेल। ऑपरेटर वेरिएबल का पता देता है। उदाहरण के लिए, यदि आप एक इन्टिजर वेरिएबल की घोषणा करते हैं:

```
int salary;
```

then the pointer "&salary" returns the address of the variable "salary" where the variable salary is stored in the main memory of the computer. Similarly, if you declare an integer pointer with the statement given below:

तब सूचक "&salary" का पता देता है वेरिएबल "salary" जहां वेरिएबल है कंप्यूटर की मुख्य मेमोरी में संग्रहीत है। इसी तरह, यदि आप एक इन्टिजर पॉइंटर के साथ की घोषणा करते हैं:

```
int *pntr;
```

then you may assign the address "&salary" to the pointer variable pntr using the statement:

तो आप एड्रेस "&salary" को असाइन करते हैं पॉइंटर वेरिएबल pntr विवरण का उपयोग कर:

```
pntr = &salary;
```

4.20.5 Bitwise Operators (बिटवाइज ऑपरेटर्स)

Using the programming language C, you will get access to every bit of data available in the main memory. This would enable us to perform machine level operations.

प्रोग्रामिंग लैंग्वेज C का उपयोग करना, आपको मिलेगा मुख्य में उपलब्ध हर बिट डेटा तक पहुंच। यह हमें प्रदर्शन करने में सक्षम बनाता है मशीन लेबल ऑपरेशन्स।

A bit is the smallest possible unit of data storage, and it can have only one of the two values 0 and 1.

बिट डेटा स्टोरेज की सबसे छोटी संभव इकाई है, और इसमें दो में से केवल एक मान 0 और 1 हो सकता है।

In order to understand the bitwise operators, let us consider first the SHIFT operations. There are two types of shift operators that shift the bits in any integer variable by a specified number of positions. The '>>' operator shifts bits to the right, and the '<<' operator shifts bits to the left.

बिटवाइज ऑपरेटरों को समझने के लिए, आइए पहले SHIFT ऑपरेशन्स पर विचार करें। वहां बिट्स को शिफ्ट करने वाले दो प्रकार के शिफ्ट ऑपरेटर किसी इन्टिजर वैल्यू से शिफ्ट करते हैं। '>>' ऑपरेटर दाईं ओर शिफ्ट करता है, और '<<' ऑपरेटर बिट को बाईं ओर शिफ्ट करता है।

Right Shift Operator '>>'

You know that the decimal number 8 is represented in binary form as:

दशमलव संख्या 8 का प्रतिनिधित्व किया जाता है:

1000

Similarly, the decimal number 4 is represented as:

दशमलव संख्या 4 को दर्शाया गया है:

100

If you represent data in a computer using 8 bits form, then decimal digits 8 and 4 will be represented by 00001000 and 00000100, respectively. The only difference are between these two numbers that the "1" in the second number is shifted one bit to your right. If the variable "a" holds the value "8", then you can shift it right one position, by the statement:

यदि आप 8 बिट्स का उपयोग करके कंप्यूटर में डेटा का प्रतिनिधित्व करते हैं फार्म, फिर दशमलव अंक 8 और 4 का प्रतिनिधित्व 00001000 और 00000100 इस तरह किया जाएगा। फर्क सिर्फ इन दोनों "1" संख्या का है दूसरी संख्या में यह एक बिट राइट में स्थानांतरित कर दिया। यदि वेरिएबल "a" मान "8" रखता है, तो आप इसे सही स्थानांतरित कर सकते हैं स्थिति:

```
a >> 1
```

In this expression new number when converted to decimal value would be evaluated as "4". You can shift a number by several bits. For example, you can change "8" into "2" by shifting the digit '1' by two bits to the right by using the expression

परिवर्तित होने पर इस अभिव्यक्ति में नई संख्या दशमलव मान का मूल्यांकन "4" के रूप में किया जाएगा। आप ऐसा कर सकते हैं एक नंबर को कई बिट्स द्वारा शिफ्ट करें। उदाहरण के लिए, आप "8" को "2" में बदलकर अंक '1' को बदल सकते हैं अभिव्यक्ति का उपयोग करके दाईं ओर दो बिट्स

```
a >> 2
```

In general, the right shift operator is used in the form:

सामान्य तौर पर, राइट शिफ्ट ऑपरेटर का उपयोग किया जाता है फार्म में:

```
variable >> number-of-bits
```

Left Shift Operator '<<'

The left shift operator shifts bits to the left for a specified number of bit positions. The expression takes the form:

लेफ्ट शिफ्ट ऑपरेटर, बिट्स को बाई ओर शिफ्ट करता हैं बिट पोजीशन की निर्दिष्ट संख्या। फार्म लेता है:

```
variable << number-of-bits
```

Table 4.5 shows the bitwise operators and their meaning.

टेबल 4.5 बिटवाइज ऑपरेटर और उनके अर्थ दिखाता है।

Table 4.5 Bitwise Operators and their Meaning
(बिटवाइज ऑपरेटर और उनके अर्थ)

Bitwise Operator (बिटवाइज ऑपरेटर)	Meaning (अर्थ)
&	Bitwise AND (बटवाइज AND)
| |	Bitwise OR (बिटवाइज OR)
^	Bitwise XOR (बिटवाइज XOR)
~	1's complement (1 का कॉम्पलिमेंट)
>>	Right shift (राइट शिफ्ट)
<<	Left shift (लेफ्ट शिफ्ट)

Precedence of operators decides the order in which different operators are applied. Associativity of operators decides the order in which multiple occurrences of the same level operator are applied. Table 4.6 shows the precedences and the associativity of various operators available in C.

आपरेटरों की प्राथमिकता उस क्रम को तय करती है जिसमें विभिन्न ऑपरेटरों को लागू किया जाता है। अस्सोसिएटिविटी ऑपरेटर उस क्रम को तय करते हैं जिसमें कई एक ही लेवल के ऑपरेटर हैं। टेबल 4.6 पूर्ववर्ती और अस्सेसिएटिविटी दिखाता है C में उपलब्ध।

Table 4.6 Precedence of Operators used in 'C'
('C' में प्रयुक्त ऑपरेटर की प्राथमिकता)

Operator (संचालक)	Associativity (सहयोगीता)	Precedence (पूर्वता)
() [] ->	Left to right (लेफ्ट टू राइट)	Highest हाईस्ट
! ~ ++ --- &*	Right to left (राइट टू राइट)	↑
* / %	Left to right (लेफ्ट टू राइट)	
+ –	Left to right (लेफ्ट टू राइट)	
<< >>	Left to right (लेफ्ट टू राइट)	
< <= > >=	Left to right (लेफ्ट टू राइट)	
==! =	Left to right (लेफ्ट टू राइट)	
&	Left to right (लेफ्ट टू राइट)	
^	Left to right (लेफ्ट टू राइट)	
|	Left to right (लेफ्ट टू राइट)	
&&	Left to right (लेफ्ट टू राइट)	
| |	Left to right (लेफ्ट टू राइट)	
?:	Right to left (राइट टू राइट)	
= + = – = *= /=	Right to left (राइट टू राइट)	
,	Left to right (लेफ्ट टू राइट)	Lowest लोएस्ट

4.21 Expression (एक्प्रेशन)

An expression is a combination of operators, numbers and names that work together to carry out the computation. The following are some of the examples demonstrating expressions:

एक्सप्रेशन ऑपरेटरों का एक संयोजन है, संख्या और नाम जो ले जाने के लिए एक साथ काम करते हैं गणना से बाहर। निम्नलिखित में से कुछ हैं एक्सप्रेशन प्रदर्शित करने वाले उदाहरण:

5 + j	A constant plus a variable कांस्टेंट प्लस वेरिएबल
(5 * j) + 6	A constant times a variable plus a constant value 6 कांस्टेंट टाइम्स वेरिएबल प्लस है एक निरंतर मूल्य 6

The building blocks of expressions include variables, constants, etc. The building blocks may by themselves be the expressions, or they can be combined with other operators to form more complex expressions. Following are some basic operators which are used to create an expression:

एक्सप्रेशन के बिल्डिंग ब्लॉक में वेरिएबल शामिल हैं। निम्नलिखित कुछ बुनियादी ऑपरेटर्स है; जो एक एक्सप्रेशन बनाने के लिए उपयोग किए जाते हैं:

+ जोड़
– घटाव
* गुणा
/ विभाजन
% रिमाइंडर

4.22 Constant and Literals (कांस्टैंट और लिट्रल्स)

Constant (literals) is a value, written into a program instruction, that does not change during the execution of a program. A literal constant is a value that is typed directly into the source code, wherever it is needed. For example, in a program, a name may be assigned to a data item. If it remains the same, throughout the program execution, then we say that the value of name is a constant.

कॉन्स्टेंट (लिट्रल) एक वैल्यू है, जिसे एक प्रोग्राम में लिखा गया है निर्देश, जो के दौरान बदलता है। लिट्रल कांस्टेंट एक है वैल्यू जो सीधे स्रोत कोड में टाइप किया जाता है। उदाहरण के लिए, एक प्रोग्राम में, एक नाम एक डेटा आइटम को सौंपा जा सकता है। अगर यह पूरे प्रोग्राम की एक्सिक्यूशन दौरान वही रहता है, तो हम कहते हैं कि नाम का कास्टेंट है।

For example, here, numbers are directly used in a calculation and are not assigned to a variable.

उदाहरण: यहां, संख्याओं को उपयोग किया जाता है गणना करने के लिए और वेरिएबल को असाइन नहीं किया गया है।

```
sum = 10 + 7 // contains the constants 10 and 7.
```

There are three types of constants:

कास्टेंट तीन प्रकार के होते हैं:

- String constant (स्ट्रिंग कास्टेंट)
- Numeric constant (न्यूमेरिक कास्टेंट)
- Character constant (केरैक्टर कास्टेंट)

4.22.1 String Constant (स्ट्रिंग कास्टेंट)

A string constant or literal is a sequence of alphanumeric characters enclosed in double quotation marks. The maximum length of a string constant is limited to 255 characters. Each string constant is automatically added with a terminating character '\0'. Thus the string "abc" will actually be represented as "abc\0" in the memory and its size is 4 characters. For example,

स्ट्रिंग कास्टेंट या लिट्रल अल्फान्यूमेरिक का एक क्रम है डबल कार्डस में। स्ट्रिंग की अधिकतम लंबाई 255 वर्णों तक सीमित है। प्रत्येक स्ट्रिंग कास्टेंट है स्वचालित रूप से एक समाप्ति वर्ण के साथ जोड़ा गया है। इस प्रकार स्ट्रिंग "abc" वास्तव में प्रतिनिधित्व किया जाएगा मेमोरी में "abc \ 0" के रूप में और इसका आकार 4 है। उदाहरण:

```
const char Message_1[] = "Press any key";
// Message 1 for LCD
```

4.22.2 Numeric Constant (न्यूमेरिक कॉन्स्टेंट)

Numeric constant (literal) has a constant value in numbers. The value of the constant can be positive or negative numeral. There are four types of numeric constants.

न्यूमेरिक कास्टेंट (लिट्रल) में एक कांस्टेट है नंबर। चार प्रकार के होते हैं:

- Integer constant (इन्टिजर कास्टेंट)
- Floating-point constant (फ्लोटिंग–पाइंट कास्टेंट)
- Octal constant (ऑक्टल कास्टेंट)
- Hex constant (हेक्स कांस्टेंट)

Integer Constant (इन्टिजर कास्टेंट)

Integer constants are whole numbers (0, 1, 1, 2, 2, 3, 3, etc.) and should not have any fractional or decimal part. Integer constants are numbers that are used directly in a sketch, like 123. By default, these numbers are treated as int. The following are examples of valid integer constants:

इन्टिजर कास्टेंट होल नंबर्स हैं (0, 1, –1, 2, –2, 3, –3, आदि) और कोई फ्रेक्शनल या डेसीमल भाग नहीं होना चाहिए। लिट्रल संख्या हैं इसका उपयोग सीधे स्केच में किया जाता है, जैसे 123 डिफॉल्ट रूप से, इन नंबरों को इंट के रूप में माना जाता है। उदाहरण हैं:

```
const int MINIMUM = -100; // Declare
constant MINIMUM
```

Floating-Point Constant (फ्लोटिंग–पॉइंट कास्टेंट)

A floating-point constant has a real value. It may be written in two forms called the fraction form, such as 0.3 and the other as exponent form such as 3.7e12 or 3.7E12.

फ्लोटिंग–पॉइंट कास्टेंट में रियल वैल्यू है। यह दो रूपों में लिखा जाता है जिसे फ्रेक्शनल फार्म कहा जाता है, जैसे 0.3 और दूसरे का एक्सपोनेंट फार्म में 3/7e12 या 3.7E12।

```
const float T_MAX = 32.60; // Declare
temperature T_MAX
```

Octal Constant (ऑकटल कास्टेंट)

Octal numbers are the integer numbers with a base 8. The digits allowed in this system are 0 to 7 and preceded by a minus or plus sign. An octal constant is written by preceding the value with digit zero (0).

ऑकटल कास्टेंट इन्टिजर नंबर्स होती हैं आधार 8 के साथ इस प्रणाली में अनुमत अंक 0 से 7 हैं और माइनस या प्लस साइन से पहले। ऑकटल कास्टेंट मान को पूर्ववर्ती करके लिखा जाता है अंक शून्य (0)।

Hex Constant (हेक्स कास्टेंट)

Hexadecimal numbers are integer numbers to the base 16. The digits allowed in this system are 0 to 9 and letters A to F and preceded by a minus or plus sign. A hex a decimal constant is normally represented by 0x or 0X.

हेक्साडेसिमल नंबर्स इन्टिजर नंबर्स हैं आधार 16. इस प्रणाली में अनुमत अंक 0 से हैं 9 और अक्षर A से F और पूर्व से माइनस या पलस हसताक्षर। हेक्स एक दशमलव कास्टेंट सामान्य रूप से 0x या 0X द्वारा प्रतिनिधित्व किया जाता है।

4.22.3 Character Constant (कैरेक्टर कास्टेंट)

Character constant is either a single alphabet or a single digit, or a single special symbol enclosed within a pair of single quotation mark. In the following example, a constant named I_CLASS is declared as A character

कैरेक्टर कास्टेंट या तो एक वर्णमाला या एक है एकल अंक, या एकल विशेष प्रतीक है, एकल उद्धरण चिह्न सिंगल कोट्स में होते हैं। निम्नलिखित में उदाहरण, I_CLASS नाम का एक कास्टेंट है एक कैरेक्टर के रूप में घोषित किया गया।

```
const char I_CLASS = 'A'; // Declare
constant I_CLASS
```

The const keyword stands for constant. It is a variable qualifier that modifies the behavior of the variable, making a variable "read-only". This means that the variable can be used just as any other variable of its type, but its value cannot be changed.

कॉन्स्ट कीवर्ड स्थिर रहता है। यह है एक वैरिएबल क्वालिफायर जो के व्यवहार को संशोधित करता है वेरिएबल, एक वेरिएबल केवल पढ़ने के लिए। इसका मतलब है कि वेरिएबल का उपयोग किसी भी तरह किया जा सकता है इसके प्रकार के अन्य वेरिएबल, लेकिन इसका मूल्य नहीं हो सकता बदला हुआ।

4.23 Conditional Statements and Loops (कंडीशनल स्टेटमेंट और लूपस)

Control statements allow you to change the sequence of instructions for execution. Control statements are of the following two types:

कंट्रोल स्टेटमेंट आपको बदलने की अनुमति देते हैं निष्पादन के लिए। कंट्रोल स्टेटमेंट दो प्रकार के हैं:

- Conditional branching (कंडीशनल ब्राचिंग)
- Looping (लूपिंग)

Conditional branching, a program is to decide whether or not to execute the next statement(s) based on the resultant value of the current expression. For example, go to IInd year, if you pass Ist year exams, else repeat Ist year.

कंडीशनल ब्राचिंग, में प्रोग्राम यह तय करता है अगला विवरण निष्पादित करना है या नहीं वर्तमान के परिणामी मूल्य के आधार पर। उदाहरण के लिए, IInd वर्ष पर जाएं, यदि आप प्रथम वर्ष की परीक्षा उत्तीर्ण करें, अन्यथा द्वितीय वर्ष दोहराएं।

Looping, the program performs a set of steps or operations repeatedly till a given condition is obtained. Looping for example, add 1 to number x till current value of x becomes 100 is also called iteration.

लूपिंग, कार्यक्रम चरणों का एक सेट करता है या दी गई स्थिति तक संचालन बार–बार होता है। उदाहरण के लिए लूपिंग, संख्या **x** में 1 जोड़ें जब तक **x** का वर्तमान मान 100 नहीं हो जाता, तब तक इसे कहा जाता है यात्रा।

Iteration is a process of executing a statement or a set of statements repeatedly, until some specific condition is specified.

आइटरेशन, स्टेटमेंअ को एक बार या बार–बार एक्सिक्यूट करना होता है जब तक की कंडीशन पूरी ना हो जाए।

In some programs, you may need to change the sequence of execution of instructions according to specified conditions. For example, you may need to use a simple condition like:

कुछ कार्यक्रमों में, आपको स्टेटमेंट की सिक्वेंस बदलने की आवश्यकता हो सकती है निर्देशों के अनुसार। एक साधारण स्थिति का उपयोग करने के लिए जैसे:

"If it is cold then put your coat on."

In this statement, the resultant action is taken if the condition evaluated is true (i.e., the weather is cold). The conditions could be multiple also, as in the following conversation:

इस कथन में, यदि परिणामी कार्रवाई की जाती है मूल्यांकन की गई स्थिति सही है (यानी, मौसम है) सर्दी)। स्थितियां भी कई हो सकती हैं, जैसे कि निम्नलिखित वार्तालाप:

"Ok then, if I come back early from work, I'll see you tonight; else if it is too late I'll make it tomorrow; else if my brother arrives tomorrow we can get together on Tuesday; else if Tuesday is a holiday then let it be on Wednesday; else I'll call you up to arrange for the next meeting!"

Such multiple choice conditions can be easily handled, if a programmer is able to write the correct code. There are control structures that can handle even more complex conditions and give the right decisions.

इस तरह के कई विकल्प शर्तें आसानी से हो सकते हैं, अगर एक प्रोग्रामर सही कोड लिखने में सक्षम है। कंट्रोल स्ट्रक्चर जटिल परिस्थितियों को संभालना और सही निर्णय देता है।

4.24 Decision Making Using Relational Operators (डिसिजन मेकिंग यूजिंग रिलेशनल ऑपरेटर्स)

4.24.1 The if Statement (if स्टेटमेंट)

The if statement is a control statement that tests a particular condition. Whenever, the evaluated condition comes out to be true, then that action or the set of actions are carried out. Otherwise, the given set of action(s) are ignored. The syntax for this statement is:

स्टेटमेंट एक कंट्रोल स्टेटमेंट है जो परीक्षण करता है विशेष स्थिति। जब भी, मूल्यांकन किया कंडीशन ट्रू होते हैं, फिर वह कार्रवाई या कार्रवाई का एक्सीक्यूट किया जाता है। अन्यथा कंडीशन के सेट को नजरअंदाज कर दिया जाता है।

Syntax:

```
if(expression)
  statement(s);
```

The expression must be enclosed within parentheses(). If expression evaluates to a non-zero value, the condition is considered to be true and the next statement(s) following the closing parentheses is/are executed.

कोष्ठक के भीतर एक्सीक्यूट संलग्न होना चाहिए ( )। यदि एक्सीक्यूट एक नॉन–जीरो का मूल्यांकन करती है मूल्य, कंडीशन को ट्रू माना जाता है और अगले स्टेटमेंट (ओं) बंद कोष्ठक के बाद जो हैं।

The if statement also allows answer for the kind of either or condition by using an else clause.

If स्टेटमेंट भी इस तरह के उत्तर की अनुमति देता है या or-condition/else कंडीशन का उपयोग करके।

4.24.2 if-else Statement (if-else स्टेटमेंट)

The if statement by itself will cause the execution of a single statement, or a group of statements when enclosed in pair of braces, provided the condition following if is true. However, you can also execute one group of statements if the condition is true and another group of statements if the condition is false. This is the purpose of the else statement added along with if statement. The syntax is shown in Figure 4.67.

If स्टेटमेंट अपने आप एक स्टेटमेंट या ग्रुप ऑफ स्टेटमेंट जो ब्रैकेट्स। में है, एक्सीक्यूट करेगी जब तक कंडीशन स्टेटमेंट ट्रू है। हालाँकि, स्टेटमेंट के एक समूह को भी एक्सेक्यूट कर अगर कंडीशन ट्रू है और दूसरे स्टेटमेंट ग्रुप अगर कंडीशन फाल्स है। यह else का उद्देश्य है अगर स्टेटमेंट के साथ if जोड़ा गया।

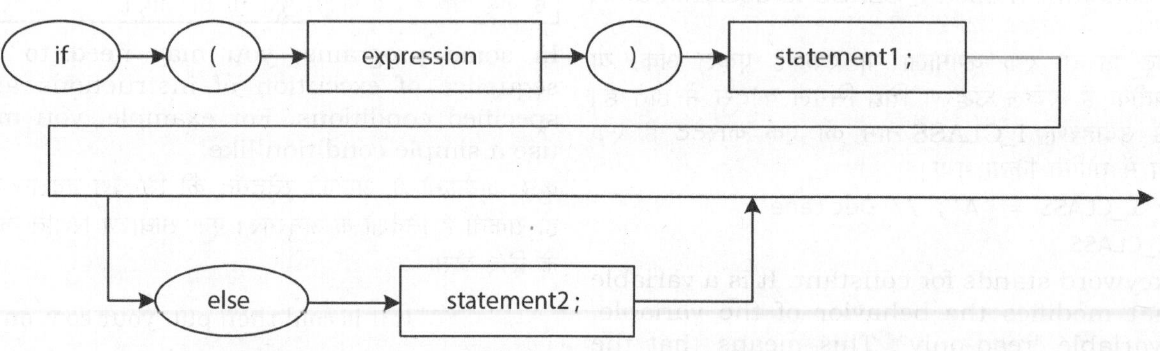

Figure 4.67: The syntax of an if...else statement (if... का syntax)

Syntax:

```
if(expression)
   statement_1;
else
   statement_2;
```

When the expression within the parentheses in the set of statements evaluates to a non-zero value, the condition is considered to be true and statement_1 is executed; otherwise, statement_2 is executed. Note that statement_1 is terminated by a semicolon.

For example, the sentence, "if the light is red, stop, otherwise go" would be written as:

जब कोष्ठकों के भीतर की स्टेटमेंट का समूह एक नॉन–जीरो का मूल्यांकन करता है वैल्यू, कंडीशन को ट्रू मानता है और कथन 1 एक्सेक्यूट करते हैं। अन्यथा, statement_2 एक्सेक्यूट करते हैं। ध्यान दें कि statement_1 द्वारा समाप्त किया गया है। उदाहरण: "if the light is red, stop, otherwise go" के रूप में लिखा जाएगा:

```
if (light == "red")
  stop;
else
  go;
```

अर्धविराम (;)

Another example, if the value of the variable a is smaller than the value of variable b, switch on the LED, else switch it off.

एक और उदाहरण, यदि वेरिएबल का वैल्यू है वेरिएबल a के वैल्यू से छोटा स्विच करें LED पर, इसे बंद करें।

```
int a;
int b;
int ledState;
if (a < b) {
  ledState = 1;
}
else {
  ledState = 0;
}
```

4.24.3 The Conditional Operator (?:) (कंडीशनल ऑपरेटर (?:))

The conditional operator (?:) helps in building a simple conditional expression in the following form:

सशर्त ऑपरेटर (?:) एक निर्माण में मदद करता है निम्नलिखित में सरल सिंपल कंडीशनल एक्सप्रेशन प्रपत्र:

```
variable = expression_1 ? expression_2 :
              expression_3;
```

This form emulates the if statement as mentioned below:

यदि if स्टेटमेंट उल्लेखित है तो यह प्रपत्र अनुकरण करता है:

```
if expression_1 is True Then
  variable = expression_2
else
  variable = expression_3
```

Note that, in both cases, expression_1 is a relational or a logical expression. If expression_1 is evaluated as TRUE, then the variable is assigned the value of expression_2; otherwise, it is assigned the value of expression_3.

ध्यान दें, दोनों मामलों में, एक्सप्रेशन 1 एक रिलेशनल है या एक लॉजिकल एक्सप्रेशन। अगर अभिव्यक्ति 1 है TRUE के रूप में मूल्यांकन किया जाता है, फिर वेरिएबल को सौंपा जाता है अभिव्यक्ति का मूल्य_2; अन्यथा, यह असाइन किया गया है अभिव्यक्ति का मूल्य_3।

उदाहरण,

```
b=a>25 ? 100 : 99;
```

In the above sketch, the value of the variable "b" is determined according to whether or not the value of the variable "a" is greater than 25.

उपरोक्त स्केच में, वेरिएबल b का वैल्यू है या नहीं इसके अनुसार निर्धारित किया जाता है वेरिएबल "a" 25 से अधिक है।

4.24.4 Nested if-else Statement (नेस्टेड if-else स्टेटमेंट)

A single if statement allows the program to select one out of the two given statements. However, you may need to specify several conditions and take one out of them. This type of program flow requires a construct called a nested if statement.

सिंगल if स्टेटमेंट प्रोग्राम का चयन करने की अनुमति देता है दिए गए दो में से एक कथन। तथापि, आपको कई शर्तों को निर्दिष्ट करने की आवश्यकता हो सकती है और उनमें से एक ले लो। इस प्रकार का प्रोग्राम फ्लो बयान के लिए एक नेस्टेड नामक एक निर्माण की आवश्यकता होती है।

The conditions and their associated statements can be arranged in a nested if construct that takes the following form:

कंडीशन और उनके संबंधित स्टेटमेंट एक nested if व्यवस्था की जा सकती है अगर निर्माण होता है।

Syntax:

```
if (condition1)
  statement1;
else if (condition2)
  statement2;
else if (condition3)
  statement3;
...
else
  statement;
```

Figure 4.68 shows the logic for evaluating the smallest of the three numbers a, b and c.

चित्र 4.68 दिखाता है तीन में से सबसे छोटी संख्या a, b और c।

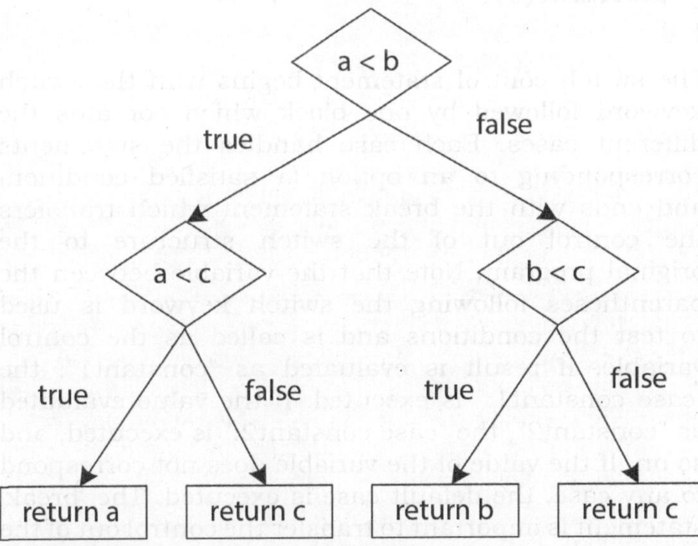

Figure 4.68: Logic of nested if statement, to find smallest of a, b and c (Nested if स्टेटमेंट का लॉजिक: a, b और c मे सबसे छोटी इकाई ढूंढने का)

The conditions are evaluated from top to bottom, and whenever an evaluated condition is true, the corresponding statement(s) are executed and the rest of the statements are skipped. The arrangement of statements in this manner is called if-else-if ladder.

परिस्थितियों का मूल्यांकन ऊपर से नीचे तक किया जाता है, और जब भी कोई मूल्यांकित स्थिति ट्रू होती है, इसी कथन को निष्पादित किया जाता है और बाकी स्टेटमेंट को छोड़ दिया जाए। इस तरीके से स्टेटमेंट की व्यवस्था है if-else-if कहा जाता है।

4.24.5 The switch Statement (स्विच स्टेटमेंट)

Instead of using the if-else-if ladder, the switch statement can be used for handling multiple choices. The general form of the switch construct is:

if-else-if लैडर का उपयोग करने की बजाय switch स्टेटमेंट को कई स्टेटमेंट हैंडल करने के लिए इस्तेमाल किया जा सकता है:

Syntax:

```
switch(variable)
{
  case constant1:
     statement(s);
     break;
  case constant2:
     statement(s);
     break;
case constant3:
     statement(s);
     break;
...
default:
  statement(s);
}
```

The switch control statement begins with the switch keyword followed by one block which contains the different cases. Each case handles the statements corresponding to an option (a satisfied condition) and ends with the break statement which transfers the control out of the switch structure to the original program. Note that the variable between the parentheses following the switch keyword is used to test the conditions and is called as the control variable. If result is evaluated as "constant1", the "case constant1:" is executed. If the value evaluated as "constant2", the "case constant2:" is executed, and so on. If the value of the variable does not correspond to any case, the default case is executed. The 'break' statement is important to transfer the control out of the switch statement. A failure to add the break statement at the end of each case will lead to the execution of the steps in the next case conditions till a 'break' or the closing brace is encountered. This is called 'fall through execution'. For example, switch() allows you to compare a variable with several constants and execute a block in which the variable is equal to a constant.

Switch कंट्रोल स्टेटमेंट के साथ शुरू होता है Switch कीवर्ड जिसके बाद एक ब्लॉक आता है। प्रत्येक मामले को संभालती है एक विकल्प के अनुरूप स्टेटमेंट) और ब्रेक स्टेटमेंट के साथ समाप्त होता है जो कंट्रोल को Switch से बाहर स्थानांतरित करता है। ध्यान दें कि निम्नलिखित के बीच कोष्ठक के बीच परिवर्तनशील स्विच कीवर्ड का उपयोग परिस्थितियों का परीक्षण करने के लिए किया जाता है और कंट्रोल चर के रूप में कहा जाता है। यदि परिणाम का मूल्यांकन किया जाता है "कांस्टेट 1" के रूप में, "केस वेरिएबल 1:" है। यदि वैल्यू "कांस्टेट 2" के रूप में मूल्यांकन किया जाता है, "केस कांस्टेट 2:" निष्पादित है, और इसी तरह। अगर वेरिएबल की वैल्यू किसी के अनुरूप नहीं है, डिफॉल्ट केस को निष्पादित किया जाता है। ब्रेक स्टेटमेंट कंट्रोल को Switch से बाहर लाती है। अगर आपने breack स्टेटमेंट नहीं एड की है तो स्टेटमेंट एक्सिक्यूट होगी जब तक 'break' ना आए या क्लोनिंग स्टेटमेंट। उदाहरण के लिए, स्विच() आपको एक तुलना करने की अनुमति देता है कई कांस्टेंट के साथ वेरिएबल और एक निष्पादित ब्लॉक जिसमें वेरिएबल एक कांस्टेट के बराबर है।

```
switch (x) {
  case 2:
    // code is executed if x = 2
    break;
case 4:
    // code is executed if x = 4
    break;
  default:
  // code is executed if none of the
previous values match
  break;
}
```

> *The control variable of the switch construct can only be of the type int, long, or char.*
>
> स्विच कंस्ट्रक्ट का कंट्रोल वेरिएबल int, long और कैर हो सकता है।

> *The block of statements under default is executed when none of the cases match the value of the expression.*
>
> डिफॉल्ट रूप से स्टेटमेंट ब्लॉक निष्पादित किया जाता है जब कोई भी केस वैल्यू से मेल नहीं खाता है।

4.24.6 Wrong switch-case Expressions (गलत स्विच-केस एक्सप्रेशन)

The following program structure shows the wrong way of constructing the switch-case loop.

निम्नलिखित एक्सप्रेशन की वैल्यू प्रोग्राम से पता चलता है स्विच–केस लूप के निर्माण का गलत तरीका।

(a) The case label must not be a floating point number. Case labels should always be integer constants or character constants.
केस लेबल एक फ्लोटिंग पॉइंट नंबर नहीं होना चाहिए। केस लेबल इन्टिजर कांस्टेंट या कैरेक्टर कांस्टेंट होना चाहिए।

```
switch (value) { /* wrong */
   case '12.13':
         ________
         ________
         break;
   case '10.11 22':
         ________
         ________
         break;
default:
         ________
         ________
}
```

(b) The case label must not be a string.
केस लेबल एक स्ट्रिंग नहीं होना चाहिए।

```
switch (value) { /* wrong */
   case "beautiful":
         ________
         ________
         break;
   case "ugly":
         ________
         ________
         break;
default :
         ________
         ________
}
```

(c) The case label cannot be another variable but can be a constant variable.
केस लेबल वेरिएबल नहीं हो सकता है लेकिन एक कांस्टेट वेरिएबल हो सकता है।

```
int a = 3, b = 5;
switch (value) { /* wrong */
   case a:
         ________
         ________
         break;
   case b:
         ________
         ________
         break;
default:
         ________
         ________
}
const int a = 3, b = 5;
switch (value) { /* right */
   case a:
         ________
         ________
         break;
   case b:
         ________
         ________
         break;
default:
         ________
         ________
}
```

const is a modifier keyword which instructs the compiler that the variable declared is a constant and will not be changed during execution. Attempts to change the value of a const variable will produce an error. These variables can be used to declare predefined constants. e.g.
const एक मॉडिफाइड कीवर्ड है जो निर्देश देता है कम्पाइलर को वेरिएबल जो डिक्लेअर किया है, कास्टेंट है और यह चेंज नहीं होगा एक्सिक्यूशन के दौरान। एक कांस्टेट वेरिएबल के मूल्य को बदलने का प्रयास एक त्रुटि पैदा करेगा। इन वेरिएबल का उपयोग किया जा सकता है पूर्वनिर्धारित कास्टेंट घोषित करने के लिए। जैसे
const float pi = 3.14;
const char fail = 'F';

(d) The case label cannot be an expression.
केस लेबल एक एक्सप्रेशन नहीं हो सकता है।

```
switch (expression) { /* wrong */
case 'a*b':
      ________
      ________
      break;
case 'a+b':
      ________
      ________
      break;
default:
      ________
      ________
}
```

4.25 Logical Connectives (लॉजिकल कनेक्टिवस)

These are used when you want to combine multiple conditions. For example, if you want to check whether the value coming from a sensor is between 5 and 10, you would write this:

जब आप कई कंडीशन को कंबाइन करना चाहते हैं तो इनका उपयोग किया जाता है शर्तें। उदाहरण के लिए, यदि आप जांचना चाहते हैं सेंसर से आने वाला वैल्यू 5 और 10 के बीच आ रही है या नहीं? आप इसे लिखेंगे:

```
if ( (sensor >= 5) && (sensor <=10) )
```

The detection of the event occurs in the construction:

इवेंट का पता निर्माण में होता है:

```
if ((buttonPrevState == HIGH) && (buttonState
== LOW))
```

&& is a logical AND, produced over conditional expressions. As a result of its application, the condition will be worked out true if both expressions are true. In this case, the block of the if statement will be executed if the previous state of the button = HIGH and the current state of the button = LOW simultaneously.

&& एक लॉजिकल AND है, जो सशर्त से अधिक निर्मित है। इसके आवेदन के परिणामस्वरूप, स्थिति दोनों एक्सप्रेशन के ट्रू होने पर काम किया जाएगा। इस मामले में, if स्टेटमेंट का एक्सेक्यूट होगी अगर पिछले स्टेट और वर्तमान स्टेट = ला है।

4.26 Loops

The Loop or iteration construct, directs a program to perform a set of operations again and again until a specified condition is achieved. This condition causes the termination of the loop. Programming language C contains three statements for looping:

लूप या आइटरेशन कंस्ट्रक्ट, एक कार्यक्रम को निर्देशित करता है बार–बार संचालन का एक सेट करने के लिए जब तक एक निर्दिष्ट स्थिति हासिल नहीं की जाती है। यह स्थिति लूप की समाप्ति का कारण बनता है। प्रोग्रामिंग लैंग्वेज C में तीन कथन हैं लूपिंग के लिए:

- The while loop (while लूप)
- The do... while loop (do...while लूप)
- The for loop (for लूप)

The while and do-while loop constructs are more suitable in situations where prior knowledge of the terminating condition is not known. while loop evaluates a test expression before allowing entry into the loop, whereas do-while loop is executed at-least once before it evaluates the test expression which is available at the end of the loop. The for loop construct is appropriate when in advance it is known as to how many times the loop will be executed.

while और do - while उन परिस्थितियों में उपयुक्त जहाँ पूर्व ज्ञान समाप्ति की स्थिति ज्ञात नहीं है। while लूप एंट्री के दौरान पहले एक परीक्षण अभिव्यक्ति का मूल्यांकन करता है लूप में, जबकि do-while लूप निष्पादित होता है परीक्षण अभिव्यक्ति का मूल्यांकन करने से पहले कम से कम एक बार जो लूप के अंत में उपलब्ध है। For लूप उपयुक्त है जब में अग्रिम यह कितनी बार के रूप में जाना जाता है लूप निष्पादित किया जाएगा।

The control statement may be given in the starting of the looping construct or in the end. Depending upon whether the control statement is given at the Entry or Exit of the looping construct, looping constructs are classified into following two types.

कंट्रोल स्टेटमेंट आरंभ में दिया जा सकता है लूपिंग कंस्ट्रक्ट के या अंत में। कंट्रोल स्टेटमेंट निर्भर करता है लूपिंग कंस्ट्रक्शन के एंट्री या एक्जिट पर दिया गया, लूपिंग निर्माणों को निम्नलिखित में वर्गीकृत किया गया है।

- Entry-controlled loop (एंट्री–कंट्रोल्ड लूप)
- Exit-controlled loop (एक्जिड–कंट्रोल्ड लूप)

In Entry-controlled loop, the control statement (test condition) is given at the entry of the loop, if it evaluates to true then only the compiler reads and executes the body of the loop, otherwise it exits the loop and executes next statement in sequence.

एंट्री–कंट्रोल्ड लूप में, कंट्रोल स्टेटमेंट (टेस्ट कंडीशन) लूप के प्रवेश पर दिया जाता है, यदि यह ट्रू का मूल्यांकन करता है तब ही संकलक पढ़ता है और लूप बॉडी को निष्पादित करता है, अन्यथा यह लूप से बाहर निकलता है और अगले स्टेटमेंट को निष्पादित करता है।

In Exit-controlled loop, first the loop body is executed and then the test condition is tested. If it evaluates to true, then only the next iteration takes place. As condition is tested after execution of loop body. So, even if condition is false, the loop body gets executed once.

एग्जिट–कंट्रोल लूप में, पहले लूप बॉडी निष्पादित होती है और फिर परीक्षण की स्थिति का परीक्षण किया जाता है। अगर यह ट्रे का मूल्यांकन करता है, उसके बाद ही अगली पुनरावृत्ति होती है।

Each of these control loop statements are discussed, further.

इन कंट्रोल लूप स्टेटमेंट में से प्रत्येक पर चर्चा की जाती है, आगे की।

4.26.1 while Loop (while लूप)

The while loop is an Entry-controlled loop. while loop construct contains the condition first. If the condition is satisfied, the control executes the statements following the while loop else, it ignores these statements. The general form of while loop is:

While लूप एक एंट्री–कंट्रोल्ड लूप है। While लूप निर्माण में पहले कंडीशन शामिल होती है। अगर कंडीशन संतुष्ट है, कंट्रोल निष्पादित करता है लूप के बाद के कथन:

```
while(condition)
{
  statement1;
  statement2;
    ....
}
```

The condition in the program is evaluated first. The block of statements following the word while are executed repeatedly until the value of the expression laying down the condition is false (Figure 4.69).
प्रोग्राम में स्थिति का मूल्यांकन पहले किया जाता है। शब्द का अनुसरण करते हुए कथनों का ब्लॉक के मूल्य तक बार–बार निष्पादित किए जाते हैं जब तक कंडीशन फाल्स ना हो। चित्र 4.69)।

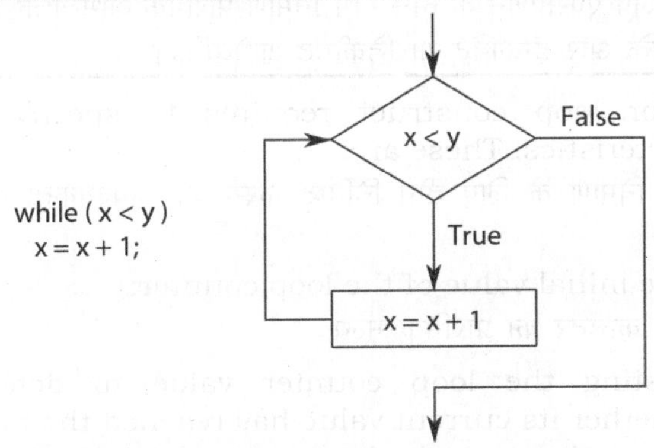

Figure 4.69: Flow control of a while loop (while लूप का फ्लो कंट्रोल)

You should also take care of the initializing and incrementing steps when using while construct.
आपको इनिशियलाइजेशन का भी ध्यान रखना चाहिए और कंस्ट्रक्ट के दौरान उपयोग करते है इंक्रेमेंटिंग स्टेप्स का।

For example, consider the following program segments as shown in Figure 4.70.
उदाहरण के लिए, निम्नलिखित प्रोग्राम पर विचार करें while (चित्र 4.70)।

```
//Demo of while loop
void setup() {
  int x = 0; // Set initial value
  Serial.begin(9600);
  while (x < 10) {
    Serial.print("x = ");
    Serial.println(x);
    x++;
  }
}
void loop() {
}
```

Figure 4.70: Demo of while loop (while लूप का डेमो)

In this case, the statements within the curly braces {} following while statement are executed so long as the current value of x is less than 10.
इस केस में, घुंघराले ब्रेस{} के भीतर कथन का पालन करते हुए इतने लंबे समय तक क्रियान्वित किया जाता है चूंकि x का वर्तमान वैल्यू 10 से कम है।

4.26.2 do-while Loop (do-while लूप)

do-while loop construct is another method used in C programming. do-while loop ensures that the program is executed at least once and checks whether the condition at the end of the do-while loop is true or false. As long as the test condition is true, the statements will be repeated. The control will come out from the loop, only when the test condition is false. do-while loop is an exitcontrolled loop. The given instructions are first executed and then given condition is checked while exiting the loop.
do-while लूप कंस्ट्रक्ट का एक और तरीका है जिसका उपयोग किया जाता है के प्रोग्रामिंग में। do-while लूप सुनिश्चित करता है कि प्रोग्राम को कम से कम एक बार निष्पादित किया जाता है और जांच की जाती है चाहे दशा के अंत में स्थिति हो पाश ट्रू या फाल्स है। जब तक परीक्षण की स्थिति ट्रू है, स्टेटमेंट को दोहराया जाएगा। कंट्रोल लूप से बाहर आ जाएगा, केवल जब कंडीशन फाल्स है। do while लूप एक बहिर्मुखी है पाश। दिए गए निर्देश पहले हैं निष्पादित और दी गई स्थिति की जाँच की जाती है लूप से बाहर निकलते समय।

Syntax:

```
do
{
statement1;
statement2;
.....
}
while(condition);
```

The blocks of statements with in double braces {} following the word do are executed at least once. Then the condition is evaluated. If the condition is true, the block of statements are executed again until the value of condition tested is false.
डबल ब्रेसेस के साथ स्टेटमेंट्स के ब्लॉक {} शब्द के बाद कम से कम अमल किया जाता है एक बार। फिर स्थिति का मूल्यांकन किया जाता है। अगर कंडीशन ट्रू है, स्टेटमेंट निष्पादित किया जाता है जब तक परीक्षण की गई स्थिति का वैल्यू फाल्स न हो जाए।

For example, consider the following program segment as shown in Figure 4.71.
उदाहरण के लिए, निम्नलिखित प्रोग्राम पर विचार (चित्र 4.71)।

```
// Demo of do-while loop
void setup() {
    int x = 0;
    Serial.begin(9600);
    do {
        Serial.print("x = ");
        Serial.println(x);
        x++;
    } while (x < 10); // Check condition
}
void loop() {
}
```

Figure 4.71: Demo of do-while loop (do-while लूप का डेमो)

Here, the statements after do are executed at least once. Then the condition (x < 10) is tested. So the loop is executed nine times. After that, the value of x becomes 10 and the control comes out of the loop.

यहाँ, बाद के कथनों को कम से कम निष्पादित किया जाता है एक बार। फिर स्थिति (x < 10) का परीक्षण किया जाता है। ऐसा लूप को नौ बार निष्पादित किया जाता है। उसके बाद, मान x का 10 हो जाता है और कंट्रोल से बाहर आ जाता है लूप।

Even if the value of x is 10 or more before the first statement do, the block of statements within the braces { } would be executed once and then only the condition would be tested. Thereafter, the control may come out of the loop, if the tested condition is false. In case, the tested condition never becomes false, then the program goes into endless loop execution. It will be an infinite loop and control will never come out of the loop.

भले ही x की वैल्यू पहले से 10 या अधिक हो पहला है, स्टेटमेंट के ब्लॉक ब्रेसिज {} को एक बार निष्पादित किया जाएगा केवल कंडीशन का परीक्षण किया जाएगा। इसके बाद, यदि परीक्षण किया जाए तो कंट्रोल लूप से बाहर आ सकता है अगर कंडीशन फाल्स है। मामले में, परीक्षण की स्थिति कभी फाल्स नहीं बनता है, फिर प्रोग्राम में जाता है। यह एक इनफिनिट लूप होगा और कंट्रोल कभी भी लूप से बाहर नहीं आएगा।

4.26.3 for Loop (for लूप)

The for loop construct is used to execute a set of statements for a given number of times. The for loop is an entry-controlled loop. A for loop executes statements a predetermined number of times. The control expression for the loop is initialized, tested and manipulated entirely within the for loop parentheses.

लूप निर्माण के लिए सेट के निष्पादन for लूप उपयोग किया जाता है दिए गए समय के लिए कथन। for लूप एक एंट्री–कंट्रोल्ड लूप है। लूप के लिए निष्पादित करता है स्टेटमेंट की एक पूर्व निर्धारित संख्या। लूप के लिए कंट्रोल अभिव्यक्ति आरंभीकृत है, पूरी तरह से भीतर परीक्षण और हेरफेर लूप कोष्ठक के लिए।

Syntax:

```
for(initial condition; test condition;
    incrementer or decrementer)
  {
    statement1;
    statement2;
}
```

The three parts of the loop expression in a for loop construct are the initial expression, the test expression, and the incrementer or decrementer expression.

लूप में लूप एक्सप्रेशन के तीन भाग निर्माण प्रारंभिक अभिव्यक्ति, परीक्षण अभिव्यक्ति और इंन्क्रीमेंट या डिक्रीमेंट अभिव्यक्ति।

The for loop construct requires to specify three characteristics. These are:

for लूप निर्माण के लिए तीन निर्दिष्ट करने की आवश्यकता होती है। ये हैं:

a. The initial value of the loop counter;
   लूप काउंटर का प्रारंभिक मूल्य;
b. Testing the loop counter value to determine whether its current value has reached the number of repetitions desired.
   निर्धारित करने के लिए लूप काउंटर वैल्यू का परीक्षण क्या इसका वर्तमान वैल्यू तक पहुँच गया है वांछितों की संख्या।
c. Increasing or decreasing the value of loop counter by a specified number, each time the program segment is executed (Figure 4.72).
   लूप की वैल्यू बढ़ाना या घटाना हर बार एक निर्दिष्ट संख्या से (चित्र 4.72)।

```
// Demo of for loop
void setup() {
  Serial.begin(9600);
  for (int x = 0; x < 10; x++) {
    Serial.print("x = ");
    Serial.println(x);
  }
}
void loop() {
}
```

Figure 4.73: Demo of for loop (for लूप का डेमो)

For example, consider the program segment as shown in Figure 4.73.

उदाहरण के लिए, प्रोग्राम सेगमेंट जो चित्र 4.73 में दिखाया गया है विचार करें।

This sketch outputs the numbers 0 to 9. If one enters the for loop as follows:

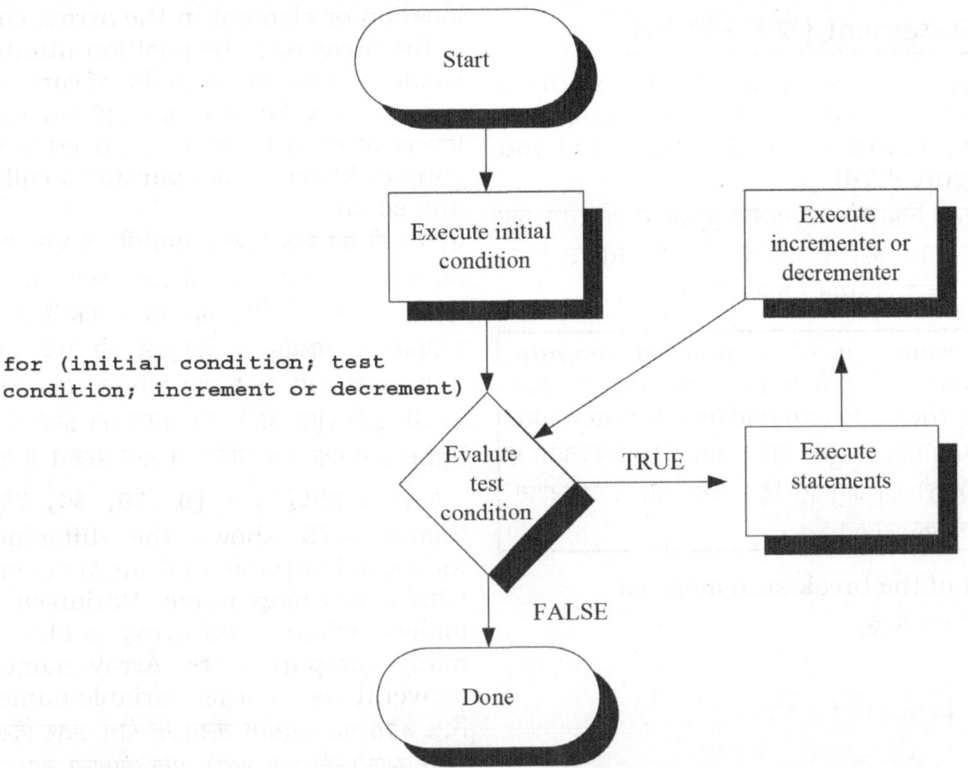

Figure 4.72: A schematic representation of for loop construct (for लूप)

यह स्केच 0 से 9 की संख्या में आउटपुट देता है। यदि कोई लूप के लिए निम्नानुसार प्रवेश करता है:

```
for (; ;)
```

Then, the for loop is valid but it will execute the loop indefinitely because there is no condition to be checked to terminate this loop. This loop can be terminated by other means. Use a different loop construct according to the following recommendations:

for, लूप के लिए मान्य है, लेकिन यह एक्सेक्यूट करेगा इंडेफिनिट टाइम्स क्योंकि कोई कंडीशन नहीं है इस लूप को समाप्त करने के लिए। यह लूप है अन्य साधनों द्वारा समाप्त किया जा सकता है। एक अलग लूप निर्माण का उपयोग करें निम्नलिखित रिक्रमेन्डेशन:

- Use a do-while loop construct when you want the associated statement(s) need to be executed at least once.
  जब आप चाहते हैं, तब do-while-लूप निर्माण का उपयोग करें संबंधित कथन को निष्पादित करने की आवश्यकता है कम से कम एक बार।
- Use a while loop construct when you want the associated statement(s) to be (or not be) executed according to an external condition, such as "no data left", "no key is hit".
  जब आप चाहते हैं while लूप निर्माण का उपयोग करें संबद्ध कथन (होना) या नहीं होना एक बाहरी स्थिति के अनुसार निष्पादित, जैसे "कोई डेटा नहीं है", "कोई की हिट नहीं है"।
- Use a for loop construct when you want to control the execution for a fixed number of times. This is controlled by a variable or a constant value.
  निश्चित संख्या के लिए निष्पादन को नियंत्रित। यह एक वेरिएबल या कास्टेंट द्वारा नियंत्रित किया जाता है।

4.26.4 Nested Loops (नेस्टेड लूप्स)

A loop may also contain another loop within its body. This form of a loop inside a loop is called nested loop. In a nested loop construction, the inner loop must terminate before the outer loop can be ended.

एक लूप के भीतर एक और लूप भी हो सकता है। लूप के अंदर लूप के इस रूप को कहा जाता है नेस्टेड लूप। आउटर एवंड होवे से पहले इनर लूप टर्मिनेट होना चाहिए।

4.26.5 Infinite Loops (इनफिनिट लूस)

It is the loop having no terminating condition, so the loop becomes infinite.

यह लूप है जिसमें कोई समाप्ति की स्थिति नहीं है, इसलिए इसे इनफिनिट लूप कहा जाता है।

> *An infinite loop is one that never terminates.*
> एक इनफिनिट लूप वह है जो कभी समाप्त नहीं होता है।

4.27 The break Statement (ब्रेक स्टेटमेंट)

The break statement causes an immediate exit from the innermost loop structure. The break statement can also be used with switch case structure, that you studied earlier. (Figure 4.74).

ब्रेक स्टेटमेंट तत्काल बाहर निकलने का कारण बनता है अंतरतम लूप संरचना से। ब्रेक स्टेटमेंट स्विच केस संरचना के साथ भी इस्तेमाल किया जा सकता है, कि आपने पहले अध्ययन किया। (चित्र 4.74)।

> *If you need to come out of a running program immediately without letting it to perform any further operation in a loop, then you can use break statement.*
> यदि आपको किसी रनिंग प्रोग्राम से तुरंत बाहर आने की आवश्यकता है इसे आगे कोई प्रदर्शन करने की अनुमति दिए बिना लूप में ऑपरेशन, तो आप ब्रेक का उपयोग कर सकते हैं।

The general format of the break statement is:

ब्रेक स्टेटमेंट का सामान्य प्रारूप है:

```
break;
```

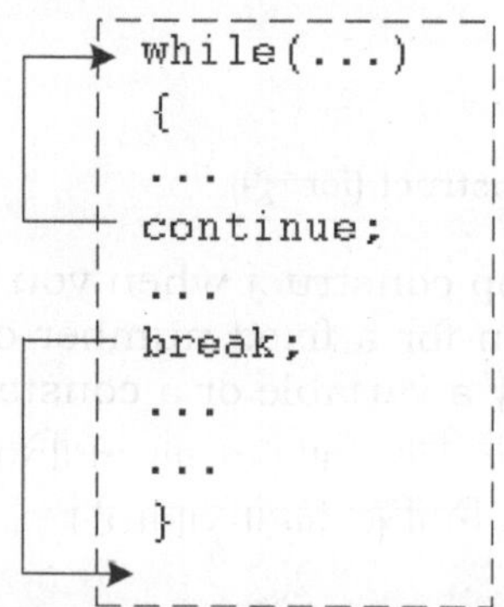

Figure 4.74: The operation of break and continue statements are opposite to each other (ब्रेक और कंटिन्यू संचालन एक दूसरे के विपरीत हैं)

4.28 The continue Statement (कंटिन्यू स्टेटमेंट)

The continue statement forces the next iteration of the loop to take place, skipping any statement(s) following the continue statement in the body of the loop. (Figure 4.74). The syntax of the continue statement is :

कंटिन्यू स्टेटमेंट अगले पुनरावृत्ति को फॉर्स करता है लूप लेने के लिए, किसी भी स्टेटमेंट को छोड़कर बॉडी को एक्सेक्यूट करना। (चित्र 4.74 देखें)।

```
continue;
```

> *Continue statement is not used with switch statement.*
> कंटिन्यू स्टेटमेंट का उपयोग स्विच स्टेटमेंट के साथ नहीं किया जाता है।

4.29 Arrays (ऐरे)

An array is a consecutive group of memory locations that are of the same type. To refer to a particular location or element in the array, you specify the name of the array and the position number of the particular element in the array. A list of variables can be accessed via an index. For example, if you want to store different levels of brightness to be used when fading an LED, you could create six variables called light01, light02, and so on.

ऐरे स्थानों का एक निरंतर समूह है जो एक ही प्रकार के होते हैं। किसी विशेष को संदर्भित करने के लिए स्थान या तत्व ऐरे में, आप ऐरे और स्थिति का नाम निर्दिष्ट करें ऐरे में किसी विशेष तत्व की संख्या। एक वेरिएबल के माध्यम से वेरिएबल की सूची तक पहुँचा जा सकता है। उदाहरण के लिए, यदि आप विभिन्न स्तरों को संग्रहीत करना चाहते हैं एक एलईडी लुप्त होती जब चमक का इस्तेमाल किया जाएगा light01, light02 नामक छह वेरिएबल बना सकते हैं और इसी तरह।

```
int light[6] = {0, 20, 50, 75, 100};
```

Figure 4.75 shows the difference between using individual variable and an array of memory locations with a common name. Variables are like individual folders, whereas an array is like a single folder with many compartments. Array names follow the same conventions as other variable names.

चित्र 4.75 का उपयोग करने के बीच अंतर दिखाता है व्यक्तिगत चर और स्मृति स्थानों की एक सरणी एक सामान्य नाम के साथ। वेरिएबल जैसे हैं व्यक्तिगत फोल्डर, जबकि एक ऐरे एक की तरह है कई डिब्बों के साथ एकल फोल्डर। ऐरे अन्य वेरिएबल के समान नामों का अनुसरण करता है।

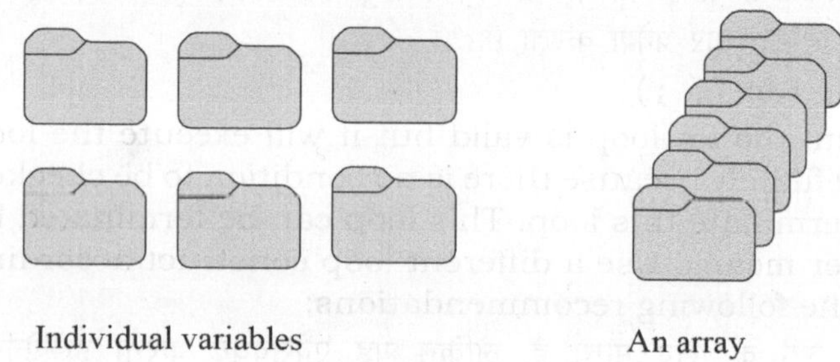

Figure 4.75: Illustration of individual variables and an array (इंडिविजुअल वेरिएबल और ऐरे का चित्रण)

4.30 Array Declaration (ऐरे डिक्लेरेशन)

Like variables array must be declared in the program before it is used for storing information. To set up an array, you need to declare both the name of the array and the number of cells or size of this array. The declaration of an array say x is as follows:

जैसे प्रोग्राम में वेरिएबल्स ऐरे को घोषित किया जाना चाहिए इससे पहले कि यह जानकारी संग्रहीत करने के लिए उपयोग किया जाता है। ऐरे सेट करने के लिए, आपको दोनों को घोषित करने की आवश्यकता है ऐरे और सेल की संख्या या ऐरे का आकार। एक ऐरे की डिक्लेरेशन:

```
double x[8];
```

This declaration instructs the compiler to associate eight memory cells with the name x. These memory cells containing different values of x will be adjacent to each other and can hold double precision numerical values.

यह डिक्लेरेशन कंपाइलर को संबद्ध करने का निर्देश देती है x नाम के साथ आठ मेमोरी सेल। इन स्मृति कोशिकाओं में x के विभिन्न मूल्य होंगे एक दूसरे के समीप हो और दोहरा धारण कर सके सटीक संख्यात्मक मान।

When you declare an array, the brackets along with the variable, such as x[8], indicates to the compiler that you are declaring an array and the compiler sets aside a block of memory large enough to hold the entire array.

जब आप एक ऐरे को डिक्लेयर करते हैं, तो कोष्ठक के साथ वेरिएबल, जैसे x[8], यह कंम्पाइलर को बताता है कि आप एक ऐरे घोषित कर रहे हैं और कम्पाइलर मेमोरी के एक ब्लॉक को अलग सेट करता है जो पूरे ऐरे को रखने के लिए पर्याप्त है।

In order to manipulate data stored in an array, you refer each individual element of the array by specifying the array name and identify the element desired by a subscript. A subscript is a number in brackets that follows an array's name. This number can identify the number of individual elements of the array. For example, the subscripted variable x[0] may be used to give reference the initial or 0th element of the array x, x[1] the next element, and finally x[7] the last element. The integer enclosed in brackets is the array subscript, and its value must be in the range from zero to seven, i.e., one less than the number of memory cells in the array.

किसी ऐरे में संग्रहीत डेटा में हेरफेर करने के लिए, आप ऐरे के प्रत्येक अलग–अलग तत्व को देखें सरणी नाम निर्दिष्ट करना और तत्व की पहचान करना एक सबस्क्रिप्ट द्वारा वांछित। सबस्क्रिप्ट एक संख्या है किसी ऐरे के नाम का अनुसरण करने वाले कोष्ठक में। यह संख्या पहचान कर सकती है ऐरे के तत्व। उदाहरण के लिए, सबस्क्रिप्ट किए गए x[0], का उपयोग संदर्भ देने के लिए किया जा सकता है ऐरे x का प्रारंभिक या 0 वां तत्व, x [1] अगला तत्व, और अंत में x[7] अंतिम तत्व। कोष्ठक में संलग्न पूर्णांक ऐरे उपसमुच्चय है, और इसका मूल्य सीमा से होना चाहिए शून्य से सात, यानी, की संख्या से एक कम सरणी में मेमोरी सेल।

The subscripts of an array are also called index. The index set consists of integer 0, 1, 2, 3 ... etc.

किसी ऐरे की सदस्यता को इंडेक्स भी कहा जाता है। इंडेक्स सेट में पूर्णांक 0, 1, 2, 3 ... आदि होते हैं।

Let x be the array shown in Figure 4.76. The first element is x[0], the second element of the array is x[1] and finally x[7] is the last element of the array x, containing 8 memory locations.

चित्र 4.76 में दिखाए गए एरे को x होने दें। सबसे पहला तत्व x[0] है, ऐरे का दूसरा तत्व है x [1] और अंत में x [7] ऐरे का अंतिम तत्व है x, जिसमें 8 मेमोरी लोकेशन हैं।

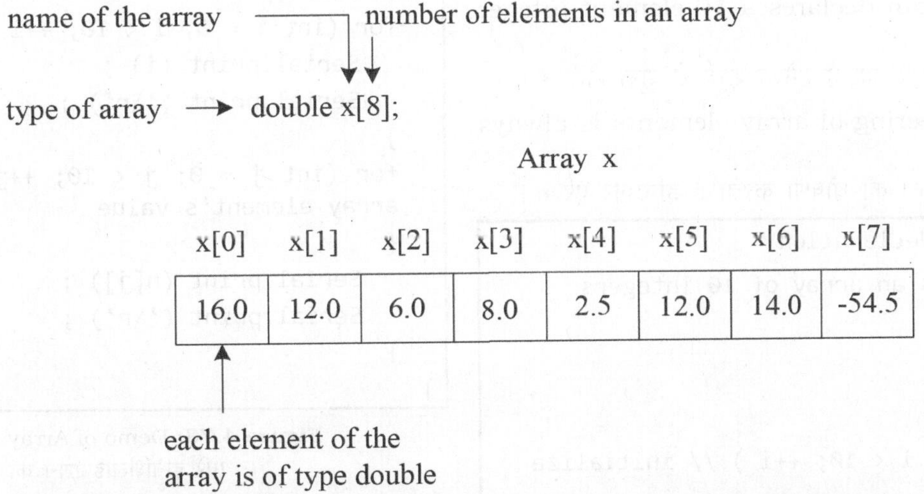

Figure 4.76: Array x[8] containing eight data values (एरे x[8], जिसमें आठ डेटा वैल्यू हैं)

Remember that array element starts with 0 not 1. Also remember that the last element is one less than the number of elements in the declaration of array. For example, an array with 10 elements contains elements 0 to 9.

याद रखें कि ऐरे तत्व 0 नहीं 1 से शुरू होता है। यह भी याद रखें कि अंतिम तत्व एक कम है की डिक्लेरेशन से। उदाहरण के लिए, 10 तत्वों वाला ऐरे तत्व 0 से 9 होते हैं।

One drawback of arrays is that the specified memory space is reserved in advance in consecutive order. This leads to wastage of storage space if all the reserved memory locations are not assigned values, i.e., some elements of arrays are left unused.

ऐरे का एक डावैक यह है कि निर्दिष्ट मेमोरी स्पेस लगातार अग्रिम में आरक्षित है। यह स्टोरेज स्पेस को टेस्ट करता है अगर सभी स्थान असाइन नहीं किए गए हैं।

4.30.1 Arrays Declaring and Manipulating (ऐरे डिक्लेरेशन और मैनीपुलेशन)

Arrays occupy space in memory. To specify the type of the elements and the number of elements required by an array, use a declaration of the form:

ऐरे मेमोरी में स्पेस घेरती है। निर्दिष्ट करने के लिए तत्वों का प्रकार और तत्वों की संख्या एक ऐरे द्वारा आवश्यक, की एक घोषणा का उपयोग करें:

```
type arrayName [arraySize];
```

The compiler reserves the appropriate amount of memory. The arraySize must be an integer constant greater than zero. For example:

कम्पाइलर उपयुक्त मात्रा में रखता है स्मृति। ArraySize एक पूर्णांक स्थिर होना चाहिए शून्य से अधिक। उदाहरण:

```
int age [5]; // an array of 5 variables of type int
float weight [10]; // an array of 10 float variables
```

When declaring, arrays can be initialized:

डिक्लेयर करते समय, ऐरे को प्रारंभ किया जा सकता है:

```
int ages [5] = {16, 23, 27, 42, 48};
```

You can refer to array variables as follows:

आप ऐरे वेरिएबल को निम्नानुसार संदर्भित कर सकते हैं:

```
x = age [3]; // x is assigned a value from the 3 element of the array ages [4] = 35; // 4 array element is set to 35
```

The following program declares a 10-element integer array n.

ध्यान दें कि ऐरे तत्वों की संख्या है हमेशा शून्य से शुरू होती हैं।

Note that the numbering of array elements is always start from zero.

निम्नलिखित प्रोग्राम 10–तत्व की घोषणा करता है इन्टिजर ऐरे n।

```
// Demo of array declaration
int n[10]; // n is an array of 10 integers
void setup () {
}
void loop () {
  for (int i = 0; i < 10; ++i ) // initialize
    elements of array n to 0
  {
    n[i] = 0; // set element at location i to 0
    Serial.print (i) ;
    Serial.print ('\r') ;
}
for (int j = 0; j < 10; ++j ) // output each array
element's value
{
    Serial.print (n[j]) ;
    Serial.print ('\r') ;
  }
}
```

Figure 4.77: Demo of array declaration (ऐरे डिकलेरेशन का डेमो)

The elements of an array can also be initialized in the array declaration by following the array name with an equal-to sign and a brace-delimited comma-separated list of initializers. The program uses an initializer list to initialize an integer array with 10 values (line a) and prints the array in tabular format

किसी ऐरे के तत्वों को भी इनिशियलाइज किया जा सकता है ऐरे नाम का अनुसरण करके ऐरे की घोषणा एक बराबर–चिह्न और एक ब्रेस–सीमांकित के साथ इनिशियलाइजर की अल्पविराम से अलग की गई सूची। प्रोग्राम एक पूर्णांक ऐरे को आरंभीकृत करने के लिए एक शुरुआती सूची का उपयोग करता है 10 वैल्यू (लाइन) के साथ और ऐरे को प्रिंट करता है।

```
// Array initiazation, n is an array of 10 integers
int n[10] = { 32, 27, 64, 18, 95, 14, 90, 70, 60, 37 };
void setup () {
}
void loop () {
  for (int i = 0; i < 10; ++i ) {
    Serial.print (i) ;
    Serial.print ('\r') ;
  }
  for (int j = 0; j < 10; ++j ) // output each array element's value
  {
    Serial.print (n[j]) ;
    Serial.print ('\r') ;
  }
}
```

Figure 4.78: Demo of Array initialization (ऐरे इनिशिलाइजेशन का डेमो)

The elements of an array represent a series of values to be used in a calculation. The program sums the values contained in the 10-element integer array a.

ऐरे के तत्व मूल्यों की एक श्रृंखला का प्रतिनिधित्व करते हैं एक गणना में इस्तेमाल किया जाएगा। प्रोग्राम गाया 10–तत्व इन्जिर में।

```
const int arraySize = 10; // constant variable
indicating size of array
int a[arraySize] = { 87, 68, 94, 100, 83, 78, 85, 91, 76, 87 };
```

```
int total = 0;
void setup () {
}
void loop () {
    // sum contents of array a
    for (int i = 0; i < arraySize; ++i)
    total += a[ i ];
    Serial.print ('Total of array elements : ') ;
    Serial.print(total) ;
}
```

Figure 4.79: Demo of const variable (कांस्ट वेरिएबल का डेमो)

4.31 Strings (स्ट्रिंग्स)

Strings are used to store text. They can be used to display text on an LCD or in the Arduino IDE Serial Monitor window. Strings are also useful for storing the user input. For example, the characters that a user types on a keypad connected to the Arduino.

टेक्स्ट को संग्रहीत करने के लिए स्ट्रिंग्स का उपयोग किया जाता है। उनका उपयोग किया जा सकता है LCD पर या Arduino IDE में टेक्स्ट प्रदर्शित करें सीरियल मॉनिटर विंडो। स्ट्रिंग्स भी उपयोगी हैं उपयोगकर्ता इनपुट संग्रहीत करने के लिए। उदाहरण के लिए, वर्ण कि से जुड़े एक कीपैड पर एक उपयोगकर्ता प्रकार Arduino।

There are two types of strings in Arduino programming:
Arduino प्रोग्रामिंग में दो प्रकार के स्ट्रिंग हैं:

- Arrays of characters, which are the same as the strings used in C programming.
  वर्णों की सारणियाँ, जो कि समान हैं प्रोग्रामिंग में उपयोग किए गए स्ट्रिंग।
- The Arduino String, which lets us use a string object in a sketch.
  Arduino स्ट्रिंग, जो हमें एक स्ट्रिंग का उपयोग करने देता है एक स्केच में वस्तु।

4.31.1 String Character Arrays (स्ट्रिंग कैरेक्टर ऐरे)

An array is a consecutive series of same type of variable stored in memory. A string is an array of char variables. A string is a special array that has one extra element at the end of the string, which always has the value of 0 (zero). This is known as a "null terminated string".

ऐरे एक कन्सेक्युटिव सीरीज एक ही प्रकार के वेरिएबल की जो मेमोरी में स्टोर है। स्ट्रिंग एक ऐरे है कैर ऐरे। स्ट्रिंग एक विशेष ऐरे है जिसमें स्ट्रिंग के अंत में एक अतिरिक्त तत्व, जो हमेशा 0 (शून्य) का मान होता है। इस रूप में जाना जाता है एक "नल टर्मिनेटिंग स्ट्रिंग"।

```
char string1[] = "Arduino"; // 7 chars +
1 null char
char string2[8] = "Arduino"; // 7 chars +
1 null char
```

Following example shows how to make a string and print it to the serial monitor window:

निम्नलिखित उदाहरण से पता चलता है कि कैसे एक स्ट्रिंग बनाते हैं और इसे सीरियल मॉनिटर विंडो पर प्रिंट करें:

```
/ Demo to print string on serial monitor
void setup() {
    char my_str[6]; // an array big enough for a
    5 character string
    Serial.begin(9600);// set up serial library
    baud rate to 9600
    my_str[0] = 'H'; // the string consists of 5
    characters
   my_str[1] = 'e';
    my_str[2] = 'l';
    my_str[3] = 'l';
    my_str[4] = 'o';
    my_str[5] = 0; // 6th array element is a null
    terminator
    Serial.println(my_str);
}
void loop() {
}
```

Figure 4.80: Demo to print string on serial monitor (सीरियल मॉनिटर पर स्ट्रिंग प्रिंट करने के लिए डेमो)

The above example shows that a string is made up of; a character array with printable characters and 0 as the last element of the array to show that this is where the string ends. The string can be printed out to the Arduino IDE Serial Monitor window by using Serial. println() and passing the name of the string.

उपरोक्त उदाहरण से पता चलता है कि एक स्ट्रिंग बनाई गई है ऊपर काय मुद्रण योग्य वर्णों के साथ एक वर्ण ऐरे और यह दिखाने के लिए कि ऐरे के अंतिम तत्व के रूप में 0 यह वह जगह है जहाँ स्ट्रिंग समाप्त होता है। स्ट्रिंग Arduino IDE सीरियल मॉनिटर के लिए प्रिंट किया गया Serial.println () का उपयोग करके और पास करके विंडो स्ट्रिंग का नाम।

This same example can be written in a more convenient way as shown below:

यह उदाहरण अधिक सुविधाजनक में लिखा जा सकता है नीचे दिखाए गए तरीके के अनुसार:

```
//Demo to print string on serial monitor in more
convenient way
void setup() {
    char my_str[] = "Hello";
    Serial.begin(9600);
    Serial.println(my_str);
```

```
}
void loop() {
}
```

Figure 4.81: Demo to print string on serial monitor in more convenient way (अधिक सुविधजनक तरीके से सीरियल मॉनिटर पर स्ट्रिंग प्रिंट करने के लिए डेमो)

In this sketch, the compiler calculates the size of the string array and also automatically null terminates the string with a zero. An array that is six elements long and consists of five characters followed by a zero is created exactly the same way as in the previous sketch.

इस स्केच में, संकलक के आकार की गणना करता है स्ट्रिंग ऐरे और स्वचालित रूप से शून्य समाप्त हो जाती है एक शून्य के साथ स्ट्रिंग। एक ऐरे जो छह है तत्वों में लंबे और पांच वर्ण होते हैं एक शून्य के बाद बिल्कुल एक ही बनाया जाता है पिछले स्केच की तरह।

4.32 Functions (फंक्शन्स)

A function is a routine, or set of instructions, that performs a specific task and can be processed independently. When the program passes control to a function, the function performs that task and returns control to the instruction following the calling instruction. The function may perform a stand-alone task, such as initializing a set of variables, or it may accepts values (arguments) from the calling instruction, process them and pass the results back when finished.

फंक्शन एक रूटीन है, या निर्देशों का सेट है, जो एक विशिष्ट कार्य करता है और इसे संसाधित किया जा सकता है स्वतंत्र रूप से। जब प्रोग्राम कंट्रोल से गुजरता है किसी फंक्शन के लिए, फंक्शन वह कार्य करता है और निम्नलिखित के निर्देश पर कंट्रोल वापस करता है कॉलिंग फंक्शन। फंक्शन एक प्रदर्शन कर सकता है स्टैंड–अलोन टास्क, जैसे कि वेरिएबल्स के सेट को इनिशियलाइज करना, या वैल्यू (तर्कों) को स्वीकार कर सकता है कॉलिंग निर्देश, उन्हें संसाधित करें और पास करें समाप्त होने पर परिणाम।

The most important reason to use functions is to makc program handling easier as only a small part of the program is dealt with at a time. Another reason of using a function is to reduce the size of the program and to make program more readable and understandable.

फंक्शन का उपयोग करने का सबसे महत्वपूर्ण कारण है प्रोग्राम हैंडलिंग को आसान बनाएं। फंक्शन का उपयोग करने का एक अन्य कारण प्रोग्राम का साइज कम करना है।

Functions allow structuring the programs in segments of code to perform individual tasks.

फंक्शन खंडों में प्रोग्राम को संरचित करने की अनुमति देते हैं अलग–अलग कार्य करने के लिए कोड की।

- The complexity of the entire program can be divided into simple subtasks. Functions help the programmer stay organized. Often this helps to conceptualize the program.
  पूरे प्रोग्राम की जटिलता हो सकती है साधारण उपमाओं में विभाजित। फंक्शन मदद करते हैं प्रोग्रामर संगठित रहें। अक्सर यह प्रोग्राम को अवधारणा बनाने में मदद करता है।
- The subprograms (which are in the form of functions) are easier to write, understand and debug.
  उपप्रोग्राम (जो के रूप में हैं फंक्शन) लिखना, समझना और डिबग।
- This also reduces chances for errors in modification, if the code needs to be changed.
  इससे संशोधन में त्रुटियों की संभावना भी कम हो जाती है, अगर कोड को बदलना होगा।
- Functions make the whole sketch smaller and more compact because sections of code are reused many times.
  कार्य पूरे स्केच को छोटा बनाते हैं और अधिक कॉम्पैक्ट क्योंकि कोड के अनुभाग हैं कई बार पुनः उपयोग किया।
- They make it easier to reuse code in other programs by making it modular, and using functions often makes the code more readable.
  वे अन्य में कोड का पुनरू उपयोग करना आसान बनाते हैं। कार्यक्रम इसे मॉड्यूलर बनाकर, और उपयोग करके फंक्शन अक्सर कोड को अधिक पठनीय बनाता है।
- A library of functions can be designed and tested for use of every programmer.
  कार्यों का एक पुस्तकालय डिजाइन किया जा सकता है और हर प्रोग्रामर के उपयोग के लिए परीक्षण किया गया।

4.33 Classification of Functions (फंक्शन को क्लासिफाई करना)

There are two required functions in an Arduino sketch or a program i.e., setup() and loop(). Other functions must be created outside the brackets of these two functions.

Arduino में दो आवश्यक फंक्शन हैं स्केच या एक प्रोग्राम यानी सेटअप () और लूप ()। अन्य कार्यों को कोष्ठक के बाहर बनाया जाना चाहिए।

Functions are of two types: (फंक्शन दो प्रकार के होते हैं:)

(a) Built-in functions or Library functions
Built-in फंक्शन या लाइब्रेरी फंक्शंस

(b) User-defined functions
यूजर डिवाइन फंक्शन

4.33.1 Standard Library of C function in Arduino IDE (स्टैण्डर्ड लाइब्रेरी Arduino IDE में C फंक्शन)

Many of the operations, like calculating the square root of a number, getting tangent value of an angle, etc., are frequently used by many programmers. Writing a program to find them every time in each program is not necessary. Such operations are programmed and stored in C library, so that they can be called by any other program in the form of functions. These functions are called library functions or built-in functions. A library of functions can be designed and tested for use of every programmer.

कई ऑपरेशन, जैसे कि गणना करना एक संख्या का वर्गमूल, टेजेन्ट का मान प्राप्त करना एक एंगल, आदि, अक्सर कई प्रोग्रामर द्वारा उपयोग किया जाता है। उन्हें हर खोजने के लिए एक कार्यक्रम लिखना प्रत्येक कार्यक्रम में समय आवश्यक नहीं है। ऐसा संचालन क्रमादेशित और C में संग्रहीत हैं लाइब्रेरी, ताकि उन्हें किसी अन्य द्वारा बुलाया जा सके फंक्शन के रूप में कार्यक्रम। ये फंक्शन लाइब्रेरी फंक्शन या अंतर्निहित फंक्शन को कहा जाता है। फंक्शन लाइब्रेरी के लिए डिजाइन और परीक्षण किया जा सकता है हर प्रोग्रामर का उपयोग।

Digital I/O (डिजिटल I/O)

digitalRead() reads the value from a digital pin. Accepts a pin number as a parameter, and returns the HIGH or LOW constant.

digitalRead() डिजिटल पिन से वैल्यू को पढ़ता है। एक पिन नंबर को एक पैरामीटर के रूप में स्वीकार करता है, और रिटर्न करता है उच्च या कम स्थिर।

digitalWrite() writes a HIGH or LOW value to a digital output pin. You pass the pin number and HIGH or LOW as parameters.

digitalWrite() एक उच्च या कम वैल्यू लिखता है डिजिटल आउटपुट पिन। आप पिन नंबर और पास करें मापदंडों के रूप में उच्च या कम।

pinMode() sets a pin to be an input, or an output. You pass the pin number and the INPUT or OUTPUT value as parameters.

pinMode() एक इनपुट, या आउटपुट होने के लिए एक पिन सेट करता है। आप पिन नंबर और INPUT या OUTPUT पास करें मान पैरामीटर के रूप में।

Analog I/O (एनालॉग I/O)

analogRead() reads the value from an analog pin. The name of the analog input pin to read from (A0 to A5 on most boards).

analogRead () एनालॉग पढने के लिए पिन से वैल्यू पढ़ता है। एनालॉग इनपुट पिन का नाम (अधिकांश बोर्डों पर A0 से A5)।

analogReference() configures the value used for the top input range in the analog input, by default 5V in 5V boards and 3.3V in 3.3V boards.

analogReference() के लिए उपयोग किए गए वैल्यू को कॉन्फिगर करता है डिफॉल्ट रूप से एनालॉग इनपुट में शीर्ष इनपुट रेंज 5V में 5V बोर्ड और 3.3V बोर्डों में 3.3V।

analogWrite() writes an analog value (PWM wave) to a pin. Can be used to light a LED at varying brightnesses or drive a motor at various speeds.

analogWrite () एनालॉग वैल्यू (PWM वेव) लिखता है; एक पिन)। एक LED प्रकाश के लिए इस्तेमाल किया जा सकता है अलग–अलग चमक या विभिन्न पर एक मोटर चलाते हैं।

analogReadResolution() lets you change the default analog bits resolution for analogRead(), by default 10 bits. Only works on specific devices (Arduino Due, Zero and MKR).

analogReadResolution() आपको बदलने की सुविधा देता है डिफॉल्ट एनालॉग बिट्स के लिए analogRead(), द्वारा डिफॉल्ट 10 बिट्स। केवल विशिष्ट उपकरणों पर काम करता है (Arduino Due, Zero और MKR)।

analogWriteResolution() lets you change the default analog bits resolution for analogWrite(), by default 10 bits. Only works on specific devices (Arduino Due, Zero and MKR).

analogWriteResolution() आपको बदलने की सुविधा देता है डिफॉल्ट एनालॉग बिट्स का रिजॉल्यूशन डिफॉल्ट रूप से 10 बिट्स। केवल विशिष्ट उपकरणों पर काम करता है (Arduino ड्यू, जीरो और एमकेआर)।

> analogRead() method in Arduino UNO returns value range 0-1023 and analogWrite() method in Arduino UNO accepts value range 0-255.
>
> Arduino UNO में analogRead () विधि वैल्यू रेंज 0–1023 और एनालॉग वाइट () मेथड Arduino UNO वैल्यू श्रेणी 0–255 को स्वीकार करता है।

Time functions (टाइम फंक्शन)

delay() pauses the program for a number of milliseconds specified as parameter. Note that there are 1000 milliseconds in a second.

delay() कई मिलीसेकंड के लिए प्रोग्राम को रोकती है पैरामीटर के रूप में निर्दिष्ट। ध्यान दें कि वहाँ एक सेकंड में 1000 मिलीसेकंड होते हैं।

delayMicroseconds() pauses the program for a number of microseconds specified as parameter. Note that there are a thousand microseconds in a millisecond and a million microseconds in a second.

delayMicroseconds() प्रोग्राम को रोक देता हैं पैरामीटर के रूप में निर्दिष्ट माइक्रोसेकंड की संख्या। ध्यान दें कि एक में एक हजार माइक्रोसेकंड हैं एक सेकंड में मिलीसेकंड और एक लाख माइक्रोसेकंड।

micros() the number of microseconds since the start of the program. Resets after approximately 70 minutes due to overflow.

micros() माइक्रोसेकंड की संख्या के बाद से प्रोग्राम की शुरुआत। लगभग के बाद रीसेट करता है ओवरफ्लो के कारण।

millis() the number of milliseconds since the start of the program. Resets after approximately 50 days due to overflow.

millis() शुरू से मिलीसेकंड की संख्या प्रोग्राम का। लगभग 50 के बाद रीसेट करता है अतिप्रवाह के कारण दिन।

Math functions (Math फंक्शन)

abs() calculates the absolute value of a number

abs() किसी संख्या के निरपेक्ष मान की गणना करता है।

constrain() constrains a number to be within a range.

constrain() constrains संख्या एक के भीतर होने के लिए रेंज।

map() re-maps a number from one range to another. It uses integer math so will not generate fractions. The function also handles negative numbers well.

map() एक सीमा से एक संख्या तक फिर से मैप करता है एक और। यह पूर्णांक गणित का उपयोग करता है इसलिए उत्पन्न नहीं होगा अंशों। फंक्शन भी नकारात्मक संभालता है अच्छी तरह से संख्या।

max() calculates the maximum of two numbers.

max() अधिकतम दो संख्याओं की गणना करता है।

min() calculates the minimum of two numbers.

min() न्यूनतम दो संख्याओं की गणना करता है।

pow() calculates the value of a number raised to a power. pow() can be used to raise a number to a fractional power.

pow() के लिए उठाए गए संख्या के मान की गणना करता है। संख्या को बढ़ाने के लिए pow() का उपयोग किया जा सकता है भग्न शक्ति।

sq() calculates the square of a number i.e., the number multiplied by itself.

sq() एक संख्या के वर्ग की गणना करता है यानी, संख्या अपने आप में कई गुना बढ़ जाती है।

sqrt() calculates the square root of a number.

sqrt() किसी संख्या के वर्गमूल की गणना करता है।

cos() calculates the cosine of an angle (in radians). The result will be between -1 and 1.

cos() कोण के कोसाइन (रेडियन में) की गणना करता है। परिणाम –1 और 1 के बीच होगा।

sin() calculates the sine of an angle (in radians). The result will be between -1 and 1.

sin() एक कोण की साइन की गणना करता है (रेडियन में)। परिणाम –1 और 1 के बीच होगा।

tan() calculates the tangent of an angle (in radians). The result will be between negative infinity and infinity.

tan() एंगल की टेन्जेंट की गणना करता है (में रेडियंस)। परिणाम नकारात्मक के बीच होगा अनंत और अनंत।

character function (कैरेक्टर फंक्शन)

isAlpha() checks if a char is alpha (a letter).

isAlpha() चेक करता है कि क्या एक वर्ण अल्फा (एक अक्षर) है।

isAlphaNumeric() checks if a char is alphanumeric (a letter or number).

isAlphaNumeric() चेक करता है कि क्या एक वर्ण अल्फान्यूमेरिक है (एक अक्षर या संख्या)।

isAscii() checks if a char is an ASCII character.

isAscii() की जाँच करता है कि क्या एक वेरिएबल ASCII वर्ण है।

isControl() checks if a char is a control character.

isControl() चेक करता है कि क्या वेरिएबल एक कंट्रोल कैरेक्टर है।

isDigit() checks if a char is a digit (that is a number).

isDigit() की जाँच करता है कि·क्या वेरिएबल एक अंक है (कि एक संख्या है)।

isGraph() checks if a char is a printable ASCII character, and contains content. Note that (space is printable but has no content).

isGraph() चेक करता है कि क्या कोई वेरिएबल मुद्रण योग्य ASCII है कैरेक्टर, और कंटेट शामिल है। ध्यान दें कि (स्थान) मुद्रण योग्य है लेकिन कोई कंटेट नहीं है)।

isHexadecimalDigit() checks if a char is an hexadecimal digit (A-F, 0-9).

isHexadecimalDigit () की जाँच करता है कि क्या एक वेरिएबल हेक्साडेसिमल है अंक (A-F, 0–9)।

isLowerCase() checks if a char lower case (that is a letter in lower case).

isLowerCase() चेक करता है कि क्या कैर लोअर केस है।

isPrintable() checks if a char is a printable ASCII character, that is any character that produces an output, even a blank space.

isPrintable () की जाँच करता है कि क्या एक मुद्रण योग्य ASCII है कैरेक्टर, वह कोई भी कैरेक्टर है जो एक निर्माण करता है आउटपुट, यहां तक कि एक रिक्त स्थान।

isPunct() checks if a char is a punctuation (a comma, a semicolon, an exclamation mark etc).

isPunct() चेक करता है कि क्या एक चर विराम चिह्न है (अल्पविराम, एक अर्धविराम, एक विस्मयादिबोधक चिह्न आदि)।

isSpace() checks if a char is a white-space character. Returns true if the argument is a space, form feed ('\f'), newline ('\n'), carriage return ('\r'), horizontal tab ('\t'), or vertical tab ('\v').

isSpace() की जाँच करता है कि क्या एक चार–सफेद कैरेक्टर का वर्ण है। यदि तर्क एक स्थान, रूप है, तो सही है फीड ('\f'), नई लाइन ('\ n'), गाड़ी वापसी ('\ r'), क्षैतिज टैब ('\ t'), या ऊर्ध्वाधर टैब ('\ v')।

isUpperCase() checks if a char is upper case.

isUpperCase () चेक करता है कि क्या एक कैर अपर केस में है।

isWhitespace() checks if a char is a space character or an horizontal tab ('\t').

isWhitespace () चेक करता है कि क्या कैर एक स्पेस कैरेक्टर है या हॉरिजॉन्टल टैब ('\ t')।

Random numbers generation (रैंडम नंबर जनरेशन)

random() generate a pseudo-random number.

random() Pseudo-random संख्या उत्पन्न करते हैं।

randomSeed() initialize the pseudo-random number generator with an arbitrary initial number.

randomSeed() छद्म यादृच्छिक यादृच्छिक एक प्रारंभिक प्रारंभिक संख्या के साथ संख्या जनरेटर।

Bits and Bytes (बिट्स और बाइट्स)

bit() computes the value of a bit.

bit() बिट के मूल्य की गणना करता है।

bitChar() clears (sets to 0) a bit of a numeric variable. Accepts a number, and the number of the bit starting from the right.

bitChar() क्लियर होता है (0 पर सेट) एक न्यूमेरिक वैरिएबल। एक संख्या, और बिट की संख्या को स्वीकार करता है दाईं ओर से शुरू।

bitRead() reads a bit of a number. Accepts a number, and the number of the bit starting from the right.

bitRead() संख्या के एक बिट को पढ़ता है। स्वीकार करता हैं संख्या, और बिट की संख्या से शुरू सही।

bitSet() sets to 1 a bit of a number. Accepts a number, and the number of the bit starting from the right.

bitSet() एक नंबर के 1 सेट करता है। स्वीकार करता हैं संख्या, और बिट की संख्या से शुरू सही।

bitWrite() writes 1 or 0 to a specific bit of a number Accepts a number, the number of the bit starting from the right, and the value to write (0 or 1).

bitWrite() 1 या 0 को एक विशिष्ट बिट संख्या में लिखता है एक संख्या, बिट शुरू की संख्या को स्वीकार करता है राइट से, और लिखने के लिए मान (0 या 1)।

highByte() extracts the high-order (leftmost) byte of a word (or the second lowest byte of a larger data type).

highByte() उच्च–क्रम (सबसे बाईं ओर) बाइट निकालता है एक शब्द का (या किसी बड़े का दूसरा सबसे कम बाइट) डाटा प्रकार)।

lowByte() extracts the low-order (rightmost) byte of a word.

lowByte() कम–क्रम (सबसे दाएं) बाइट को निकालता है एक शब्द का।

Interrupts

noInterrupts() disables interrupts.

noInterrupts() इंटरप्ट को बाधित करता है।

interrupts() re-enables interrupts after they have been disabled.

interrupt() के फिर से होने के बाद इंटरप्ट को सक्षम करता है अक्षम कर दिया गया है।

attachInterrupt() allow a digital input pin to be an interrupt. Different boards have different allowed pins.

attachinterrupt() डिजिटल इनपुट पिन की अनुमति देते हैं। अलग–अलग बोर्डों को अलग–अलग पिंस है।

detachInterrupt() disables an interrupt enabled using attachInterrupt().

detachInterrupt() सक्षम एक व्यवधान को निष्क्रिय करता है संलग्नक का उपयोग कर ()।

Communication

Serial.begin() Everything begins with the Serial. begin() function. This function in the setup() routine is executed only once, that is, when the Arduino is starting.

Serial.begin() सब कुछ सीरियल से शुरू होता है। Serial begin() फंक्शन। सेटअप में यह function() दिनचर्या को केवल एक बार निष्पादित किया जाता है, अर्थात् जब duino शुरू हो रहा है।

Serial.print() and Serial.println() behave almost identically: they write something to the serial output, but the ln version also adds a carriage return and a newline. The syntax of this function is Serial.print(val) or Serial.print(val,format).

Serial.print() vkSj Serial.println() लगभग व्यवहार करते हैं पहचानः वे सिरियल आउटपुट के लिए कुछ लिखते हैं, लेकिन सद संस्करण भी एक गाड़ी वापसी जोड़ता है और एक नई रूपरेखा। इस फंक्शन का सिंटैक्स है। Serial.print (वैल) या Serial.print (वैल, प्रारूप)।

Advanced I/O

pulseIn() reads a pulse (either HIGH or LOW) on a pin.

PulseIn() एक पल्स (या तो उच्च या कम) पढ़ता है।

pulseInLong() is same as pulseIn(), except it is implemented differently and it can't be used if interrupts are turned off. It is better at handling long pulse.

PulseInlong() PulseIn() के समान है, सिवाय इसके इसे अलग तरह से लागू किया जाता है और इसका उपयोग नहीं किया जा सकता व्यवधान बंद कर दिए जाते हैं। यह हैंडलिंग में बेहतर है।

shiftIn() shifts in a byte of data one bit at a time. Starts from either the most (i.e. the leftmost) or least (rightmost) significant bit.

shiftIn() एक बार में एक बिट डेटा के बाइट में शिफ्ट हो जाता है। या तो सबसे बाईं ओर से शुरू होता है या महत्वपूर्ण बिट से।

shiftOut() shifts out a byte of data one bit at a time. Starts from either the most (i.e. the leftmost) or least (rightmost) significant bit.
shiftOut() डेटा का एक बाइट बाहर एक पर एक बिट बदलता है।
tone() sends a square wave on a pin, used for buzzers/ speakers to play tones. You can specify the pin, and the frequency. It works on both digital and analog pins.
tone() पिन पर एक चौकोर तरंग भेजता है, जिसका उपयोग किया जाता है स्वरों को बोलने के लिए बजर्स/स्पीकर। आप निर्दिष्ट कर सकते हैं पिन, और आवृत्ति। यह दोनों एनालॉग डिजिटल पर काम करता है।

noTone() stops the tone() generated wave on a pin.

noTone() टोन को रोक देता है () जेनरेट की गई तरंग पिन।

String functions (स्ट्रिंग फंक्शन)

String() defines a String object.
string() एक स्ट्रिंग ऑब्जेक्ट को परिभाषित करता है।

charAt() gets a character at a specified index.
charAt() निर्दिष्ट इंडेक्स में एक चरित्र मिलता है।
compareTo() compares two Strings.
compare() दो स्ट्रिंग्स की तुलना करता है।

concat() appends one String to another String.
concat() एक स्ट्रिंग को दूसरे स्ट्रिंग में जोड़ता है।
endsWith() gets the last character in the String.
endswim() स्ट्रिंग में अंतिम चरित्र मिलता है।

equals() compares two Strings.
equal() दो स्ट्रिंग्स की तुलना करता है।
equalsIgnoreCase() compares two Strings, but ignore case differences.
equalsIgnoreCase() दो स्ट्रिंग्स की तुलना करता है, लेकिन मामले के मतभेदों को नजरअंदाज करें।

getBytes() copies a String into a byte array.
getBytes() एक स्ट्रिंग को बाइट ऐरे में कॉपी करता है।

indexOf() gets the index of a specified character.
indexOf() को एक निर्दिष्ट वर्ण का सूचकांक मिलता है।
lastIndexOf() gets the index of the last occurrence of a specified character.
lastIndexOf() को अंतिम घटना का सूचकांक मिलता है एक निर्दिष्ट चरित्र का।

length() finds number of characters in the String, excluding the null character.
length() स्ट्रिंग में वर्णो की संख्या पाता है, अशक्त चरित्र को छोड़कर।
replace() replaces one given character with another given character.
replace() किसी दिए गए वर्ण को बदल देता है एक और चरित्र दिया।

setCharAt() changes the character at a specific index.
setCharAt() एक विशिष्ट पर चरित्र को बदलता है सूचकांक।

startsWith() checks the String begin with a specified sequence of characters.
startWith() एक निर्दिष्ट के साथ स्ट्रिंग शुरू होता है और कैरेक्टर के क्रम की जाँच करता है।

substring() finds a substring within a String.
substring() एक स्ट्रिंग के भीतर एक विकल्प ढूँढता है।
toCharArray() changes from String to character array.
toCharArray() स्ट्रिंग से चरित्र में बदलता है।
toLowerCase() changes all characters to lower case.
toLowerCase() कम करने के लिए सभी वर्ण बदलता है।
toUpperCase() changes all characters to upper case.
toUpperCase() सभी वर्णों को ऊपरी में बदलता है डिवाइड फंक्शन।
trim() removes all whitespace characters from a String.
trim() एक स्ट्रिंग से सभी व्हाट्सएप पात्रों को हटा देता है।

4.33.2 User-Defined Functions (यूजर डिवाइड फंक्शन)

Apart from the library functions that are built in C, users can also define and write small programs as functions to do a task relevant to their programs. Such functions are called user-defined functions. These functions should be codified by the user, so that such functions can perform the task as desired by the user.
लाइब्रेरी फंक्शन के अलावा जो इसमें निर्मित हैं C, उपयोगकर्ता छोटे कार्यक्रमों को भी परिभाषित और लिख सकते हैं उनके प्रोग्राम के लिए प्रासंगिक कार्य करने के लिए कार्य करता है। ऐसे फंक्शन को यूजर डिवाइस फंक्शन कहा जाता है। इन कार्यों को कूटबद्ध किया जाना चाहिए, ताकि यूजर इस तरह के कार्य कर सकें।

Types of User-Defined Functions (यूजर डिफाइन फंक्शन के प्रकार)

The user-defined functions may be classified as the following three types. Each type is based on the formal arguments or parameters passed to the functions and the usage of return statement. These types are:
यूजर डिफाइन फंक्शन को वर्गीकृत किया जा सकता है निम्नलिखित तीन प्रकार। प्रत्येक प्रकार फॉर्मली आर्गुमेंट या पैरामीटर पर आधारित है। ये प्रकार हैं:

(a) A function is invoked or called without passing any formal argument from the calling portion of a program and also the function does not return any value to the calling function.

फंक्शन जिस इवोक या कॉल करते हैं बिना फार्मल आर्गुमेंट दिए कालिंग पोरशन से, जो प्रोग्राम का भाग है। कॉलिंग फंक्शन कोई भी मान रिटर्न नहीं करता।

(b) A function is invoked by the calling program and formal arguments are passed from the calling program but the function does not return any values to the calling program.
कॉलिंग प्रोग्राम द्वारा एक फंक्शन इनवॉइस किया जाता है और फॉर्मल आर्गुमेंट कॉलिंग से पारित किए जाते हैं कार्यक्रम लेकिन फंक्शन वापस नहीं आता है कॉलिंग प्रोग्राम के लिए कोई भी मान।

(c) A function is invoked with formal arguments from the calling portion of a program and the function returns value(s) to the calling program.
फंक्शन फार्मल आर्गुमेंट के साथ इवोक किया जाता है, प्रोग्राम के कॉलिंग हिस्से से और फंक्शन कॉलिंग प्रोग्राम के लिए वैल्यू लौटाता है।

4.34 Prototype of A Function (फंक्शन प्रोटोटाइप)

The prototype tells the compiler in advance about some characteristics of a function used in a program. A function prototype takes the form:
प्रोटोटाइप पहले से संकलक के बारे में बताता है एक प्रोग्राम में इस्तेमाल एक फंक्शन की कुछ विशेषताओं। फंक्शन प्रोटोटाइप हैः

```
type function_name(type argument_1,
    type argument_2,....);
```

It has three main components. These are:
इसके तीन मुख्य घटक हैं। ये हैंः

- Function type (फंक्शन टाइप)
- Function name (फंक्शन नाम)
- Arguments (आर्गुमेंट)

Function type (फंक्शन टाइप)

The function "type" is the type of the returned value. If the function does not return a value, the type is defined as void.
फंक्शन "type" रिटर्न टाइप है वैल्यू। यदि फंक्शन वैल्यू वापस नहीं करता है, तो प्रकार को शून्य के रूप में परिभाषित किया गया है।

Function name (पंफक्शन नाम)
The function name is any legal identifier followed by the parentheses without any spaces in between.
फंक्शन का नाम किसी भी लिगल आइडंटिफायर का पालन है।

Arguments
The arguments (or parameters) are given inside the parentheses, preceded by their types and separated by commas. If the function does not use any parameters, the word void is used inside the parentheses. Here are some examples for prototypes of the built-in functions.
लॉजिकल (या पैरामीटर) अंदर दिए गए हैं कोष्ठक, उनके प्रकारों से पहले और अलग हो गए अल्पविराम से। यदि फंक्शन का उपयोग नहीं करता है किसी भी पैरामीटर, शून्य शब्द का उपयोग अंदर किया जाता है। यहाँ प्रोटोटाइप के लिए कुछ उदाहरण दिए गए हैं।

```
int getchar(void);
double pow(double x, double y);
```

The first function int getchar(void); returns an integer value and does not take any arguments.
पहला फंक्शन int getchar (void); रिटर्न इन्टिजर वैल्यू और कोई तर्क नहीं लेता है।

The second function double pow(double x, double y); takes two double arguments (the value of x and the value of y) and returns a value of the type double.
दूसरा फंक्शन double pow(double x, double y); दो दोहरे तर्क लेता है (x और y का वैल्यू) और एक वैल्यू लौटाता है।

A function is declared outside any other functions, above or below the loop function. You can declare the function in two different ways:
फंक्शन किसी भी अन्य कार्यों के बाहर घोषित किया जाता है, लूप फंक्शन के ऊपर या नीचे। आप ऐसा कर सकते हैं फंक्शन को दो अलग–अलग तरीकों से घोषित करेंः

The first way is just writing the part of the function called a function prototype above the loop function, which consists of:
पहला तरीका सिर्फ फंक्शन का हिस्सा लिख रहा है लूप के ऊपर एक फंक्शन प्रोटोटाइप कहा जाता है, जिसमें शामिल हैंः

- Function return type (फंक्शन रिटर्न टाइप)
- Function name (फंक्शन टाइप)
- Function argument type, no need to write the argument name
  फंक्शन लॉजिकल प्रकार, लिखने की आवश्यकता नहीं है आर्गुमेंट का नाम।

```
// Demo of function declaration
int  sum_func  (int  x,  int  y)  //  function
declaration
{ int z = 0;
   z = x + y ;
   return z; // return the value
}
void setup () {
   // group of statements
}
void loop () {
   int result = 0 ;
   result = sum_func (5, 6) ; // function call
}
```

Figure 4.82: Demo of function declaration
(पफंक्शन डिक्लरेशन का डेमो)

The second part, which is called the function definition or declaration, must be declared below the loop function, which consists of:
दूसरा भाग, जिसे फंक्शन डेफिनेशन कहा जाता है या घोषणा, के नीचे घोषित किया जाना चाहिए, जिसमें शामिल हैंः

- Function return type (फंक्शन रिटर्न टाइप)
- Function name (फंक्शन नाम)

- Function argument type (फंक्शन आर्गुमेंट टाइप)
- The function body (फंक्शन बॉडी)

A function definition has a name, a parentheses pair containing zero or more parameters and a body. For each parameter, there should be a corresponding declaration that occurs before the body. Any parameter not declared is taken to be an integer (int) by default. For good programming, one should declare all parameters.

फंक्शन डेफिनेशन में नाम, कोष्ठक है जिसमें शून्य या अधिक पैरामीटर हैं। प्रत्येक पैरामीटर के लिए, एक डिकलेरेशन होना चाहिए। डिकलेयर नहीं किया गया कोई भी पैरामीटर लिया जाता है; पूर्णांक (int) डिफॉल्ट रूप से। प्रोग्रामिंग के लिए, सभी स्टैण्डर्ड को घोषित करना चाहिए।

The following example demonstrates the declaration of function using the second method.

निम्नलिखित उदाहरण डिक्लेरेशन को प्रदर्शित करता है दूसरी विधि का उपयोग कर कार्य करते हैं।

```
// Demo of function declaration
int sum_func (int, int ); // function prototype
void setup () {
    // group of statements
}
void loop () {
    int result = 0;
    result = sum_func (5, 6); // function call
}
int  sum_func  (int  x,  int  y)  {  //  function
declaration
    int z = 0;
    z = x + y ;
    return z; // return the value
}
```

Figure 4.83: Demo of function declaration
(पंफक्शन डिक्लरेशन का डेमो)

The second method just declares the function above the loop function. Function prototype must be followed by a semicolon (;).

दूसरी विधि सिर्फ फंक्शन को डिक्लेयर करती है लूप फंक्शन के ऊपर। फंक्शन प्रोटोटाइप को एक अर्धविराम द्वारा पालन किया जाना चाहिए (;)।

4.35 Formal Parameter List (फॉर्मल पैरामीअर लिस्ट)

You can pass many different arguments to a function. If the function takes multiple arguments, the arguments listed in the function call are assigned to the function parameters in specific order. The first argument is assigned to the first parameter, the second argument to the second parameter, and so on.

आप एक फंक्शन में कई अलग–अलग तर्क पास कर सकते हैं। यदि फंक्शन कई तर्क लेता है, तो फंक्शन कॉल में सूचीबद्ध तर्क असाइन किए गए हैं विशिष्ट क्रम में फंक्शन मापदंडों के लिए। पहला तर्क पहले पैरामीटर को सौंपा गया है, दूसरे पैरामीटर के लिए दूसरा तर्क, और इसी तरह।

The parameters that appears in a function call statement are actual arguments. The arguments that appear in function definition are formal arguments, that is the function creates its own copy of argument values (dummy arguments) and then uses them. The formal arguments may be declared by the same or different names in the calling portion of the program and the called function but the data type should be same in both blocks.

फंक्शन कॉल में दिखाई देने वाले पैरामीटर कथन वास्तविक तर्क हैं। फंक्शन परिभाषा में दिखाई देने वाले एक्चुअल आर्गुमेंट हैं, यह है कि फंक्शन अपनी प्रति स्वयं बनाता है तर्क मान (डमी तर्क) और फिर उनका उपयोग करता है। एक्चुअल आर्गुमेंट हो सकते हैं में समान या अलग–अलग नामों से घोषित कार्यक्रम का बुलावा भाग और कहा जाता है फंक्शन लेकिन डेटा प्रकार दोनों में समान होना चाहिए ब्लॉक।

The argument that is passed is often called an actual argument and while the received copy is called a formal argument or formal parameter.
जो आर्गुमेंट पारित किया जाता है, उसे अक्सर कहा जाता है एक्चुअल आर्गुमेंट और प्राप्त प्रति है एक फार्मल आर्गुमेंट या फार्मल पैरामीटर कहा जाता है।

4.36 Return Type (रिटर्न् टाइप)

The return() statement has two purposes.

return() विवरण के दो उद्देश्य हैं।

(a) Executing it immediately and transferring control from the function back to the calling program.
इसे तुरंत निष्पादित करना और स्थानांतरित करना वापस फोन करने के लिए फंक्शन से प्रोग्राम।

(b) Whatever is inside the parentheses following return is returned as a value to the calling program.
निम्नलिखित कोष्ठकों के अंदर जो कुछ भी है वह कॉलिंग प्रोग्राम से रिटर्न हो जाता है।

Note that an array or a function can not be specified as a return type. A function that does not return a value should declare a return type of void. A function without an explicit return value by default is assumed to return a value of type int.

ध्यान दें कि कोई ऐरे या फंक्शन निर्दिष्ट नहीं किया जा सकता है वापसी प्रकार के रूप में। एक फंक्शन जो नहीं करता है मान वापस करने के लिए वापसी का प्रकार घोषित करना चाहिए। एक स्पष्ट वापसी मूल्य के बिना एक फंक्शन डिफॉल्ट रूप से मान लिया जाता है कि प्रकार पदज का मान लौटाया जाए।

A return statement would terminate the function being currently executed. Program control is returned to the function from which the newterminated function was called.

रिटर्न फंक्शन को समाप्त कर देगा वर्तमान में निष्पादित किया जा रहा है। प्रोग्राम कंट्रोल है उस फंक्शन में लौटे जहाँ से फंक्शन को काल किया जाता है।

There are two forms of the return statement. These are:

return स्टेटमेंट के दो रूप हैं। ये हैं:

```
return;
return expression;
```

A return statement is not strictly necessary in a function that declares a return type of void. It is used primarily to effect a premature termination of the function. The return statement is similar to the use of the break statement inside a loop. An implicit return is effected upon completion of a function's final statement.

रिटर्न स्टेटमेंट में रिटर्न void डिक्लेयर करना होता है। यह है मुख्य रूप से एक समय से पहले समाप्ति को प्रभावित करने के लिए इस्तेमाल किया है। रिटर्न स्टेटमेंट के समान है लूप के अंदर ब्रेक स्टेटमेंट का उपयोग करते है। एक निहित वापसी के पूरा होने पर प्रभावित होता है फंक्शन का अंतिम विवरण।

The second form of the return statement specifies the function result. It may be an arbitrarily complex expression. It may also contain a function call.

रिटर्न स्टेटमेंट का दूसरा रूप निर्दिष्ट करता है फंक्शन का परिणाम है। यह मनमाने ढंग से हो सकता है जटिल अभिव्यक्ति। इसमें है फंक्शन कॉल भी हो सकता है।

A value returning function that is, a function not declared to have a return type of void must return a value. If the type of the value returned does not exactly match the formal return type, then an implicit conversion if possible, is applied. If no implicit conversion is possible, an error is generated.

वैल्यू रिटर्निंग फंक्शन यानी एक फंक्शन शून्य प्रकार के रिटर्न की घोषणा नहीं की जानी चाहिए वैल्यू वापस करें। यदि वैल्यू का प्रकार वापस आ गया फार्मल रिटर्न प्रकार से बिल्कुल मेल नहीं खाता, यदि संभव हो तो एक अंतर्निहित रूपांतरण, लागू किया जाता है। यदि कोई अंतर्निहित रूपांतरण संभव नहीं है, तो एक त्रुटि है उत्पन्न।

When a function returns an integer value, i.e., a value of the type int, you call it an integer function. But if a function that returns a value of a type other than int, for example, type float, then such a function is known as non-integer function.

जब कोई फंक्शन पूर्णांक वैल्यू रिटर्न करता है, अर्थात, प्रकार पदज का मान, आप इसे पूर्णांक फंक्शन कहते हैं। लेकिन अगर एक फंक्शन जो किसी प्रकार का वैल्यू रिटर्न करता है उदाहरण के लिए, फ्लोट टाइप करें, तो ऐसे फंक्शन को नॉन–इन्टिजर फंक्शन के रूप में जाना जाता है।

```
//Program to calculate the area of a circle
void setup() {
    float area;
    Serial.begin(9600); // calculate the area
    of a circle with radius of 9.2
    float r = 9.2;
    area = CircleArea(r);
    Serial.print("Area of circle is: "); //
    print area to 4 decimal places
   Serial.println(area, 4);
}
void loop() {
}
// calculate the area of a circle
float CircleArea(float radius)
{
    float result;
    const float pi = 3.14;
    result = pi * radius * radius;
    return result;
}
```

Figure 4.84: Program to calculate the area of a circle (सर्किल का एरिया कैलकुलेट करने के लिए प्रोग्राम)

4.37 Function Call (फंक्शन कॉल)

A user-defined function is invoked or called from the main program simply by using the name of the function, including the parentheses followed by a semicolon

यूजर डिफाइन फंक्शन को इन्वोक या कॉल किया जाता है; मेन प्रोग्राम से, फंक्शन के नाम का उपयोग करके या पैरेंथेसिस सेमीकोलन के साथ।

The parentheses are necessary so that compiler knows that you are referring to a function and not a variable that you forgot to declare. The semicolon indicates to the compiler that you are calling a function.

पैरेंथेसिस आवश्यक है ताकि संकलक हो जानता है कि आप एक फंक्शन का उल्लेख कर रहे हैं और वा की वेरिएबल जिसे आप घोषित करना भूल गए। अर्धविराम संकलक को इंगित करता है कि आप कॉल कर रहे हैं।

4.38 Pointers (पाइंटर)

A pointer is a special type of variable holding the address of character variables. In other words, the pointer points to another variable. The storage and retrieval of data using the memory address of a variable (i.e. a pointer) is faster than that of using variable. To declare and refer to a pointer type variable, two special unary operators are used namely, * and &. It is declared as follows:

पॉइंटर एक विशेष प्रकार का वैरिएबल होता है। कैरेक्टर वेरिएबल का एड्रेस होल्ड करता है। दूसरे शब्दों में, पॉइंटर दूसरे वेरिएबल की ओर इशारा करता है। स्टोरेज और मेमोरी एड्रेस का उपयोग करके डेटा की पुनर्प्राप्ति एक चर (यानी एक सूचक) की तुलना में तेज है। वेरिएबल को घोषित करने और संदर्भित करने के लिए प्रकार वेरिएबल, दो विशेष एकरी संचालक हैं – का उपयोग किया जाता है। इसे निम्नानुसार घोषित किया गया है:

```
type_of_variable * pointer_name;
```

In order to assign the address of a variable to a pointer, it is necessary to use the '=' character and write variable name preceded by the '&' (ampersand) character.

किसी वैरिएबल के एड्रेस को असाइन करने के लिए सूचक, '=' वर्ण का उपयोग करना आवश्यक है और 'और' (एम्परसेंड) से पहले वाला वैरिएबल नाम लिखें।

In the following example, the pointer 'multiplex' is declared and assigned the address of the first out of eight LED displays:

निम्न उदाहरण में, सूचक 'मल्टीप्लेक्स' घोषित किया है और पहले का एड्रेस सौंपा है आठ एलईडी डिस्प्ले में से:

```
unsigned int *multiplex; // Declare name and type
of pointer multiplex
multiplex = &display1; // Pointer multiplex is
assigned the address of variable display1
```

To change the value of the pointed variable, it is sufficient to write the '*' character in front of its pointer and assign it a new value.

इंगित वैरिएबल की वैल्यू को बदलने के लिए, इसके सामने '+' वर्ण लिखने के लिए पर्याप्त है सूचक और इसे एक नया मान असाइन करें।

```
*multiplex = 6; // Variable display1 is assigned
the number 6
```

4.39 Interfacing Sensor (इंटरफेन्किंग सेंसर)

4.39.1 Working of Digital and Analog pins (डिजिटल और एनालॉग पिंस का कार्य)

The pins on the Arduino board can be configured as either inputs or outputs. It is important to note that a majority of Arduino analog pins, may be configured, and used, in exactly the same manner as digital pins.

Arduino बोर्ड पर पिन को कॉन्फिगर किया जा सकता है; इनपुट या आउटपुट के रूप में। यह बात ध्यान देने योग्य है Arduino एनालॉग पिंस का बहुमत हो सकता है कॉन्फिगर किया गया, और इस्तेमाल किया, बिल्कुल उसी तरीके से डिजिटल पिंस के रूप में।

4.39.2 Pins Configured as INPUT (पिन को INPUT के रूप में कॉन्फिगर करना)

Arduino pins are by default configured as inputs, so they do not need to be explicitly declared as inputs with pinMode() when you are using them as inputs. Pins configured this way are said to be in a high-impedance state. Input pins make extremely small demands on the circuit that they are sampling, equivalent to a series resistor of 100 megaohm in front of the pin.

Arduino पिन डिफॉल्ट रूप से इनपुट के रूप में कॉन्फिगर किए गए हैं, इसलिए उन्हें स्पष्ट रूप से घोषित किए जाने की आवश्यकता नहीं है pinMode() के साथ इनपुट जब आप उनका उपयोग कर रहे हैं इनपुट्स के रूप में। इस तरह से कॉन्फिगर किया गया पिन कहा जाता है हाई इम्पीडन्स स्टेट। इनपुट पिन बनाते हैं सर्किट पर बहुत छोटी मांग है कि वे नमूने हैं, 100 के एक श्रृंखला रोकनेवाला के बराबर पिन के सामने।

This means that it takes very little current to switch the input pin from one state to another. This makes the pins useful for such tasks as implementing a capacitive touch sensor or reading an LED as a photodiode.

इसका मतलब है कि इसमें बहुत कम करंट लगता है एक स्टेट से दूसरे स्टेट में इनपुट पिन स्विच करने पर। यह ऐसे कार्यों के लिए पिन को उपयोगी बनाता है एक कैपेसिटिव टच सेंसर लागू करना या एक फोटोडायोड के रूप में एक एलईडी पढ़ना।

4.39.3 Pull-up Resistors (पुल-अप रसिस्टर्स)

Pull-up resistors are often useful to steer an input pin to a known state if no input is present. This can be done by adding a pull-up resistor (to +5V), or a pull-down resistor (resistor to ground) on the input. A 10K resistor is a good value for a pull-up or pull-down resistor.

एक इनपुट को चलाने के लिए पुल–अप रसिस्टर्स अक्सर उपयोगी होते हैं यदि कोई इनपुट मौजूद नहीं है, तो किसी ज्ञात स्थिति में पिन करें। यह एक पुल–अप रसिस्टर्स (+5v) रसिस्टर टू ग्राउंड इनपुट। एक 10K रोकनेवाला एक पुल–अप के लिए एक अच्छा मूल्य है या पुल–डाउन रोकनेवाला।

Pull-down resistors are used in electronic logic circuits to ensure that inputs to Arduino settle at expected logic levels if external devices are disconnected or are at high-impedance.

इलेक्ट्रॉनिक तर्क में पुल–डाउन प्रतिरोधों का उपयोग किया जाता है सर्किट यह सुनिश्चित करने के लिए कि Arduino पर इनपुट बस जाते हैं यदि बाहरी उपकरणों को डिस्कनेक्ट किया जाता है तो अपेक्षित तर्क स्तर या उच्च प्रतिबाधा पर हैं।

Using Built-in Pull-up Resistor with Pins Configured as Input

(पिन से कॉन्फिफगर किए गए अंतर्निहित पुल–अप रिसिस्टर का उपयोग करना इनपुट के रूप में)

The built-in pull-up resistors are accessed by setting the pinMode() as INPUT_PULLUP. This effectively inverts the behavior of the INPUT mode, where HIGH means the sensor is OFF and LOW means the sensor is ON. The value of this pull-up depends on the microcontroller used. When connecting a sensor to a pin configured with INPUT_PULLUP, the other end should be connected to the ground.

अंतर्निहित पुल–अप रजिस्टर को सेटिंग द्वारा एक्सेस किया जाता है pinMode() INPUT_PULLUP के रूप में। यह प्रभावी ढंग से INPUT के व्यवहार का विरोध करता है मोड, जहां उच्च का अर्थ है सेंसर बंद है और कम का मतलब सेंसर ऑन है। इस का मूल्य पुल–अप उपयोग किए गए माइक्रोकंट्रोलर पर निर्भर करता है। सेंसर को पिन से कनेक्ट करते समय कॉन्फिगर किया गया INPUT_PULLUP के साथ, दूसरा छोर होना चाहिए ग्राउंड से जुड़ा हुआ।

4.39.4 Pins Configured as OUTPUT (पिन को OUTPUT के रूप में कॉन्फिगर करना)

Pins configured as OUTPUT with pinMode() are said to be in a low-impedance state. This means that they can provide a substantial amount of current to other circuits. Attempting to run high current devices from the output pins, can damage or destroy the output transistors in the pin, or damage the entire chip. For this reason, it is a good idea to connect the OUTPUT pins to other devices through 470Ω or 1k resistors, unless maximum current drawn from the pins is required for a particular application.

pinMode() के साथ पिन का कॉन्फिगर किया जा सकता है; वह लो–इम्पीडेन्स स्टेट। इसका मतलब है की वे पर्याप्त मात्रा में प्रदान कर सकते हैं अन्य सर्किट के लिए वर्तमान। हाई चलाने का प्रयास आउटपुट पिन से वर्तमान डिवाइस, नुकसान पहुंचा सकते हैं या पिन में आउटपुट ट्रांजिस्टर को नष्ट कर सकते हैं, या पूरे चिप को नुकसान कर सकते हैं। इस कारण से, यहाँ एक OUTPUT पिन को दूसरे से जोड़ना अच्छा विचार है 470 Ω। या 1k रसिस्टर्स के माध्यम से जब तक कि अधिकतम 1 : 54 करंट जितना चाहिए, उतना ना मिल जाए।

4.39.5 pinMode() Function (pinMode() फंक्शन)

The pinMode() function is used to configure a specific pin to behave either as an input or an output. It is possible to enable the internal pull-up resistors with the mode INPUT_PULLUP. Additionally, the INPUT mode explicitly disables the internal pull-ups.

pinMode() फंक्शन का उपयोग स्पेसिफिक को कॉन्फिगर करने के लिए किया जाता है एक इनपुट या आउटपुट पिन। इंटरनल पुल्ल–उप रजिस्टर को इनेबल कर सकते हैं Input-PullUp मोड़ के साथ। Input मोड को इस एक्सरिलसिटली डिस्एबल कर सकते हैं।

Syntax

```
void setup () {
      pinMode (pin , mode);
}
```

pin-the number of the pin whose mode you wish to set
mode-INPUT, OUTPUT, or INPUT_PULLUP.
For example,

पिन–पिन की संख्या जिसकी मोड आप चाहते हैं स्थापित करना मोड–INPUT, OUTPUT, या INPUT_PULLUP।

उदाहरण:

```
//Demo of pinMode()
int button = 5 ; // button connected to pin 5
int LED = 6; // LED connected to pin 6
void setup () {
    pinMode(button , INPUT_PULLUP);
    //set the digital pin as input with pull-up
    resistor
    pinMode(button , OUTPUT); // set the digital
    pin as output
}
void loop() {
    if  (digitalRead(button  )  ==  LOW)  //  if
    button pressed
  {
        digitalWrite(LED, HIGH); // turn on led
        delay(500); // delay for 500 ms
        digitalWrite(LED, LOW); // turn off led
        delay(500); // delay for 500 ms
    }
}
```

Figure 4.85: Demo of pinMode() (pinMode() का डेमो)

4.39.6 digitalWrite() Function (digitalWrite()फंक्शन)

The digitalWrite() function is used to write a HIGH or a LOW value to a digital pin. If the pin has been configured as an OUTPUT with pinMode(), its voltage will be set to the corresponding value: 5V (or 3.3V on 3.3V boards) for HIGH, 0V (ground) for LOW. If the pin is configured as an INPUT, digitalWrite() will enable (HIGH) or disable (LOW) the internal pullup on the input pin. It is recommended to set the pinMode() to INPUT_PULLUP to enable the internal pull-up resistor.

digitalwrite() फंक्शन का उपयोग लिखने के लिए किया जाता है डिजिटल पिन पर हाई या लो मान। यदि पिन pinMode() के साथ एक OUTPUT के रूप में कॉन्फिगर किया गया है, इसके वोल्टेज को सेट किया जाएगा वैल्यू: हाई, 5v (3.3v वी बोर्ड पर 3.3v) ग्राउंड के लिए। यदि पिन में कॉन्फिगर किया गया है INPUT, digitalWrite()

सक्षम करेगा (हाई) या अक्षम (लो) इनपुट पिन पर आंतरिक पुलअप। यह pinMode() को सेट करने के लिए अनुशंसित है आंतरिक पुल–अप सक्षम करने के लिए INPUT_PULLUP बाधा।

Syntax

```
void loop() {
  digitalWrite (pin,value);
}
```

pin- the number of the pin whose mode you wish to set
value- HIGH, or LOW
For example,

पिन–पिन की संख्या जिसकी मोड आप चाहें स्थापित करना
मूल्य– उच्च, या कम
उदाहरण के लिए,

```
//Demo of digitalWrite()
int LED = 6; // LED connected to pin 6
void setup () {
pinMode(LED, OUTPUT); // set the digital pin as
output
}
void loop() {
   digitalWrite(LED, HIGH); // turn on led
   delay(500); // delay for 500 ms
   digitalWrite(LED, LOW); // turn off led
   delay(500); // delay for 500 ms
}
```

Figure 4.86: Demo of digitalWrite() (digitalWrite() का डेमो)

4.39.7 analogRead() Function (analogRead()फंक्शन)

Arduino is able to detect whether there is a voltage applied to one of its pins and report it through the digitalRead() function. There is a difference between an on/off sensor (which detects the presence of an object) and an analog sensor, whose value continuously changes. In order to read this type of sensor, you need a different type of pin.

Arduino यह पता लगाने में सक्षम है कि क्या कोई वोल्टेज है इसके एक पिन पर लागू होता है और इसकी रिपोर्ट करता है digitalRead() फंक्शन के माध्यम से। वहां एक है ऑन/ऑफ सेंसर के बीच की वस्तु की उपस्थिति का पता लगाता है) और एक एनालॉग सेंसर, जिसका वैल्यू लगातार बदलता रहता है। इस प्रकार के सेंसर को पढ़ने के लिए, आपको एक अलग पिन को प्रकार की आवश्यकता है।

In the lower-right part of the Arduino board, you will see six pins marked "Analog In". These special pins not only tell whether there is a voltage applied to them, but also its value. By using the analogRead() function, you can read the voltage applied to one of the pins.

Arduino बोर्ड के निचले–दाएं हिस्से में, आप छह पिन "एनालॉग इन" के रूप में चिह्नित देखेंगे। ये खास पिन न केवल बताते हैं कि क्या कोई वोल्टेज है उन पर लागू होता है, लेकिन इसके वैल्यू। का उपयोग करके analogRead() फंक्शन, आप वोल्टेज पढ़ सकते हैं।

Syntax:

```
analogRead(pin);
```

pin!- the number of the analog input pin to read from (0 to 5 on most boards, 0 to 7 on the Mini and Nano, 0 to 15 on the Mega)
For example,

पिन! – पढ़ने के लिए एनालॉग इनपुट पिन की संख्या अधिकांश बोर्डों पर (0 से 5, मिनी पर 0 से 7 और नैनो, 0 से 15 मेगा)
उदाहरण,

```
//Demo of analogRead()
int analogPin = 3;//potentiometer wiper (middle
terminal)
// connected to analog pin 3
int val = 0; // variable to store the value read
void setup() {
    Serial.begin(9600); // setup serial
}
void loop() {
   val = analogRead(analogPin);
                                   // read the input pin
   Serial.println(val); // debug value
}
```

Figure 4.87: Demo of analogRead() (analogRead() का डेमो)

4.39.8 analogReference() Function (analogReference() फंक्शन)

Configures the reference voltage used for analog input (i.e., the value used as the top of the input range).

एनालॉग के लिए उपयोग किए जाने वाले रिफरेन्स वोल्टेज को कॉन्फिगर करता है इनपुट (यानी, इनपुट के शीषे के रूप में उपयोग किया जाने वाला वैल्यू) रेंज)।

Syntax

```
analogReference (type);
```

type - can use any type of the follow (DEFAULT, INTERNAL, INTERNAL1V1, INTERNAL2V56, EXTERNAL) The options are explained below:

प्रकार – किसी भी प्रकार के अनुसरण का उपयोग कर सकते हैं (DEFAULT, INTERNAL, INTERNALVI, INTERNALV56, EXTERNAL) विकल्प हैं:

DEFAULT: The default analog reference of 5 volts (on 5V Arduino boards) or 3.3 volts (on 3.3V Arduino boards).

DEFAULT: 5 वोल्ट का डिफॉल्ट एनालॉग संदर्भ (5V Arduino बोर्डों) या 3.3 वोल्ट (3.3v) अरुडिनो बोर्ड)।

INTERNAL: An built-in reference, equal to 1.1 volts on the ATmega168 or ATmega328 and 2.56 volts on the ATmega8 (not available on the Arduino Mega).

Internal% इन–बिल्ट रेफरेन्स, 1.1 के बराबर ATmega168 या ATmega328 और 2.56 ATmega8 (Arduino मेगा पर उपलब्ध नहीं है)।

INTERNAL1V1: A built-in 1.1V reference (Arduino Mega only).

INTERNAL1V1: बिल्ट–इन 1.1V रेफरेन्स Arduino केवल मेगा)।

INTERNAL2V56: A built-in 2.56V reference (Arduino Mega only).

INTERNAL2V56: बिल्ट–इन 2.56V रेफरेन्स (केवल Arduino मेगा)।

EXTERNAL: The voltage applied to the AREF pin (0 to 5V only) is used as the reference.

External: वोल्टेज AREF पिन के लिए लागू किया केवल रेफरेन्स के रूप में (0 से 5v) का उपयोग किया जाता है।

Pulse Width Modulation (PWM) (पल्स विड्थ मॉडुलन (PWM))

Pulse Width Modulation or PWM is a common technique used to vary the width of the pulses in a pulse-train. PWM has many applications such as controlling servos and speed controllers, limiting the effective power of motors and LEDs.

पल्स विड्थ मॉड्यूलेशन या PWM एक तकनीक का उपयोग पल्स की विड्थ में भिन्नता के लिए किया जाता है एक पल्स–ट्रेन। PWM के पास कई एप्लिकेशन हैं नियंत्रण और गति नियंत्रकों को सीमित करने के रूप में मोटर्स और LED की प्रभावी शक्ति।

Basic Principle of PWM

There are various terms associated with PWM:

PWM से जुड़े विभिन्न टैग हैं:

(a) **On-Time:** Duration of time signal is high.

On-Time: समय संकेत की अवधि अधिक है।

(b) **Off-Time:** Duration of time signal is low.

Off-Time: समय सिग्नल की अवधि कम है।

(c) **Period:** It is represented as the sum of on-time and off-time of PWM signal.

Period: इसे समय के योग के रूप में दर्शाया जाता है और PWM सिग्नल का ऑफ–टाइम।

(d) **Duty Cycle:** It is represented as the percentage of time signal that remains on during the period of the PWM signal.

Duty Cycle: इसे प्रतिशत के रूप में दर्शाया जाता है समय संकेत के दौरान पर रहता है PWM सिग्नल की अवधि।

4.39.9 analogWrite() Function (analogWrite()फंक्शन)

The analogWrite() function writes an analog value (PWM wave) to a pin. It can be used to light a LED at varying brightness or drive a motor at various speeds. After a call of the analogWrite() function, the pin will generate a steady square wave of the specified duty cycle until the next call to analogWrite() or a call to digitalRead() or digitalWrite() on the same pin. The frequency of the PWM signal on most pins is approximately 490 Hz. On most Arduino boards (those with the ATmega168 or ATmega328), this function works on pins 3, 5, 6, 9, 10, and 11.

AnalogWrite() फंक्शन एक एनालॉग लिखता है एक पिन करने के लिए मान (PWM वेव)। इसका उपयोग प्रकाश करने के लिए किया जा सकता है अलग–अलग चमक पर एक एलईडी या मोटर पर ड्राइव गति। analogWrite() फंक्शन कॉल के बाद, पिन एक स्थिर वर्ग उत्पन्न करेगा अगली कॉल तक निर्दिष्ट चक्र analogWrite() या digitalRead() या digitalWrite() के लिए एक कॉल उसी पिन पर कॉल करेगा। सबसे Arduino बोर्डों पर (ATmega168 या ATmega328), यह फंक्शन काम करता है पिन 3, 5, 6, 9, 10 और 11 पर।

You do not need to call pinMode() to set the pin as an output before calling analogWrite().

पिन को सेट करने के लिए आपको pinMode() को कॉल करने की आवश्यकता नहीं है, analogWrite() कॉल करने से पहले एक आउटपुट।

Syntax:

`analogWrite ( pin , value );`

value: the duty cycle between 0 (always off) and 255 (always on).

For example,

वैल्यू: 0 (हमेशा ऑफ) और 255 (हमेशा ऑन)।

उदाहरण के लिए,

```
//Demo of analogWrite()
int ledPin = 9; // LED connected to digital pin 9
int analogPin = 3; // potentiometer connected
to analog pin 3
int val = 0; // variable to store the read value
void setup() {
   pinMode(ledPin, OUTPUT); // sets the pin as
   output
}
void loop() {
   val = analogRead(analogPin); // read the
   input pin
   analogWrite(ledPin, (val / 4)); // analogRead
   values go from 0 to 1023,
   // analogWrite values from 0 to 255
}
```

Figure 4.88: Demo of analogWrite() (analogWrite() डेमो)

A potentiometer is a simple electro-mechanical transducer. It converts rotary or linear motion from the input operator into a change of resistance.

पोटेंशियोमीटर एक साधारण इलेक्ट्रो–मैकेनिकल ट्रांसड्यूसर है। यह रोटरी या रैखिक गति को परिवर्तित करता है के इनपुट ऑपरेटर से रेजिस्टेंस में।

To generate random numbers, you can use Arduino random number functions. You have two functions

रैंडम नंबर्स उत्पन्न करने के लिए, आप Arduino फंक्शन का उपयोग कर सकते हैं। आपके पास दो कार्य हैं:

(a) randomSeed(seed)
(b) random()

4.39.10 randomSeed(seed)

The function randomSeed(seed) resets Arduino's pseudorandom number generator. Although the distribution of the numbers returned by random() is essentially random, the sequence is predictable. You should reset the generator to some random value. If you have an unconnected analog pin, it might pick up random noise from the surrounding environment. These may be radio waves, cosmic rays, electromagnetic interference from cell phones, fluorescent lights and so on. For example,

फंक्शन randomSeed (seed) रीसेट करता है Arduino का Pseudo rendom नंबर जनरेटर। हालांकि रैंडम द्वारा लौटाए गए नंबरों का random() अनिवार्य रूप से यादृच्छिक है, अनुक्रम अनुमानित है। आपको जनरेटर को कुछ random पर रीसेट करना चाहिए। यदि आपके पास एक असंबद्ध एनालॉग पिन है, तो आसपास से यादृच्छिक शोर उठा सकता है। ये रेडियो तरंगें, कास्मिक हो सकते हैं, सेल कौन से विद्युत इलैक्ट्रोमैग्नेटिक इंटरफेरेन्स फोन, फ्लोरोसेंट रोशनी। उदाहरण:

```
randomSeed(analogRead(5)); // randomize
using noise from analog pin 5
```

4.39.11 random()

The random() function generates pseudo-random numbers. As shown in Figure 4.89.

random() फंक्शन pseudo random उत्पन्न करता है नंबर्स। (चित्र 4.89) में आपको बोल्टेज सप्लाई है:

```
// Demo of random()
long randNumber;
void setup() {
   Serial.begin(9600);
  //if analog input pin 0 is unconnected, random
  analog
   //noise will cause the call to randomSeed()
   to generate
   //different seed numbers each time the sketch
   runs.
   //randomSeed() will then shuffle the random
   function.
   randomSeed(analogRead(0));
}
void loop() {
        // print a random number from 0 to 299
   Serial.print("random1=");
   randNumber = random(300);
   Serial.println(randNumber);
          // print a random number from 0to 299
   Serial.print("random2=");
   randNumber = random(10, 20);
        // print a random number from 10 to 19
   Serial.println (randNumber);
   delay(50);
}
```

Figure 4.89: Demo of random() (random()का डेमो)

Syntax

```
long random(max) // it generate random numbers
from 0 to max
long random(min, max) // it generate random
numbers from min to max
```

4.40 Interrupt (इंटरप्ट)

Interrupts are very useful in Arduino programs as it helps in solving timing problems.

Arduino प्रोग्राम में इंटरप्ट बहुत उपयोगी होते हैं यह समय की समस्याओं को हल करने में मदद करता है।

For example, the main program is running and performing some function in a circuit. However, when an interrupt occurs the main program halts while another routine is carried out. When this routine finishes, the processor goes back to the main routine again.

उदाहरण के लिए, मेन प्रोग्राम चल रहा है और एक सर्किट कुछ कार्य कर रहा है। तथापि, जब एक बाधा होती है तो मेन प्रोग्राम रुक जाता है जबकि एक और रूटीन कार्य किया जाता है। जब यह रूटीन पूरा हो जाता है; प्रोसेसर वापस चला जाता है मुख्य रूटीन पर।

4.40.1 Types of Interrupts (इंटरप्ट के प्रकार)

There are two types of interrupts

इंटरप्ट दो प्रकार के होते हैं:

(a) Hardware Interrupts (हार्डवेयर इंटरप्ट)
(b) Software Interrupts (सॉफ्टवेयर इंटरप्ट)

Hardware Interrupts (हार्डवेयर इंटरप्ट)

They occur in response to an external event, such as an external interrupt pin going high or low. A hardware interrupt is a signal that reports some event. Upon its arrival, the execution of the program is suspended, and control passes to the interrupt handler. After processing, the control returns to the interrupted program code. The timer interrupt signal is generated cyclically, with a specified period time. It is formed by a hardware timer - a counter with logic, which resets its code when it reaches a certain value.

वे एक एक्सटर्नल घटना के जवाब में होते हैं, जैसे एक एक्सटर्नल इंटरप्ट पिन के रूप में उच्च या निम्न जा रहा है। हार्डवेयर इंटरप्ट एक संकेत है जो कुछ इवेंट रिपोर्ट करता है। इसके आगमन पर, प्रोग्राम का निष्पादन निलंबित कर दिया गया है, और नियंत्रण पास करता है इंटरप्टेड कोड प्रोग्राम को प्रसंस्करण के बाद, नियंत्रण नॉन प्रोग्राम कोड पर लौटता है। टाइमर के अवरोधन का संकेत चक्रवात के साथ उत्पन्न होता है एक निर्दिष्ट अवधि का समय। यह एक हार्डवेयर द्वारा बनता है टाइमर – तर्क के साथ एक काउंटर, जो इसके रीसेट करता है कोड जब यह एक निश्चित मूल्य तक पहुँचता है।

Software Interrupts (सॉफ्टवेयर इंटरप्ट)

They occur in response to an instruction sent in software. The only type of interrupt that the 'Arduino language' supports is the attachInterrupt() function.

वे भेजे गए एक निर्देश के जवाब में होते हैं सॉफ्टवेयर। केवल एक ही प्रकार का इंटप्ट है कि 'Arduino लैंग्वेज का समर्थन संलग्नक है।

4.41 Interfacing LED (इंटरफैसिंग LED)

Led brightness can be varied by applying a variable voltage to it. Suppose if led max voltage requirement is 2 volts. If you supply varying voltage suppose 0.9 volts or 1.5 volts you can fade led. At 2 volts led will glow with full intensity/ brightness and at 1 volt the led brightness will be half.

वैरिएबल को लागू करके LED लाइट की वोल्टेज को विविध किया जा सकता है। मान लीजिए कि यदि अधिकतम वोल्टेज का आवश्यकता 2 वोल्ट है। 0.9 v या 1.5 v आप LED फेड कर सकते हैं। 2v पर एलईडी पूरी तीव्रता के साथ चमक जाएगी/चमक और 1 वोल्ट पर एलईडी आधा चमकेगा।

```
//Program for fading led with light sensor
int sensor=A0;
int output=9;
void setup()
{
pinMode(output, OUTPUT);
}
void loop()
{
int reading=analogRead(sensor);
int bright=reading/4;
delay(500);
analogWrite(output, bright);
}
```

Figure 4.90: Program for fading LED with light sensor (लाइट सेंसर के साथ LED को फेफड करने का प्रोग्राम)

```
// Dimming LED
int ledPin = 11; // LED connected to digital
pin 11
void setup() {
   // nothing happens in setup
}
void loop() {
   // fade in from min to max in increments of
   5 points:
   for (int fadeValue = 0 ; fadeValue <= 255;
   fadeValue += 5) {
     // sets the value (range from 0 to 255):
     analogWrite(ledPin, fadeValue);
       // wait for 30 milliseconds to see the
       dimming effect delay(30);
}
// fade out from max to min in decrements of 5
points:
  for (int fadeValue = 255 ; fadeValue >= 0;
fadeValue -= 5) {
     // sets the value (range from 0 to 255):
     analogWrite(ledPin, fadeValue);
     // wait for 30 milliseconds to see the
     dimming effect delay(30);
}
}
```

Figure 4.91: Program for dimming LED (एलईडी डिम्मिंग का प्रोग्राम)

```
//Use of RGB LED with Arduino to obtain different
colours
int red_light_pin= 11;
int green_light_pin = 10;
int blue_light_pin = 9;
void setup() {
   pinMode(red_light_pin, OUTPUT);
   pinMode(green_light_pin, OUTPUT);
   pinMode(blue_light_pin, OUTPUT);
}
void loop() {
```

```
    RGB_color(255, 0, 0); // Red
    delay(1000);
    RGB_color(0, 255, 0); // Green
    delay(1000);
    RGB_color(0, 0, 255); // Blue
    delay(1000);
  }
void RGB_color(int red_light_value, int green_
light_value, int blue_light_value)
  {
    analogWrite(red_light_pin, red_light_value);
    analogWrite(green_light_pin, green_light_
    value);
    analogWrite(blue_light_pin,blue_light_value);
  }
```

Figure 4.92: Program to use RGB LED with Arduino to obtain different colours (विभिन्न रंगों को प्राप्त करने के लिए Arduino के साथ RGB एलईडी का उपयोग)

In the following program, you are going to interface RGB (Red Green Blue) LED with Arduino Uno. If you want RED to be On, you need to power the RED LED pin and ground the common negative. The same goes for all the LEDs. Remember that LED will be off when ground terminal of respective color is high and LED will glow when ground terminal of respective color is Low.

निम्नलिखित प्रोग्राम में, आप इटरफेस करने जा रहे हैं RGB (रेड ग्रीन ब्लू) Arduino के साथ LED Uno। यदि आप चाहते हैं कि RED ऑन हो, तो आपको लाल एलईडी पिन बिजली और ग्राउंड कॉमन नेगेटिव की आवश्यकता होगी। सभी LED के लिए यही होता है। याद रखें कि ग्राउंड टर्मिनल पर LED बंद हो जाएगी संबंधित रंग उच्च है और LED ग्लो करेगा जब संबंधित रंग का ग्राउंड टर्मिनल है लौ होगा।

```
//Single RGB LED interfacing with Arduino Uno
void setup() {
    pinMode(2, OUTPUT);
    pinMode(3, OUTPUT);
    pinMode(4, OUTPUT);
}
void loop() {
    digitalWrite(2, LOW);
    delay(500);
    digitalWrite(2, HIGH);
    delay(500);
    digitalWrite(3, LOW);
    delay(500);
    digitalWrite(3, HIGH);
    delay(500);
    digitalWrite(4, LOW);
    delay(500);
    digitalWrite(4, HIGH);
    delay(500);
}
```

Figure 4.93: Program for single RGB LED interfacing with Arduino Uno (Arduino Uno के साथ एकल RGB एलईडी इंटरफेस का प्रोग्राम)

```
# Program to blink two LED on Arduino board with
dely of 0.5 seconds
int led1=13;
int led2=12;
int i=0;
void setup()
{
    pinMode(13,OUTPUT);
    pinMode(12,OUTPUT);
}
void loop()
{
  for(i=0;i<=5;i++)
    {
    digitalWrite(13,HIGH);
    delay(50);
  }
    for(i=6;i<=10;i++)
  {
    digitalWrite(12,HIGH);
    delay(50);
  digitalWrite(12,LOW);
    delay(50);
    }
}
```

Figure 4.94: Program to blink two LED on Arduino board with dely of 0.5 seconds (0.5 सेकंड के साथ Arduino बोर्ड पर दो एलईडी ब्लिंक करने का प्रोग्राम)

```
//Blinking LEDs - test program to run 5 LEDs in
a pattern of blinks
int led1 = 0;
int led2 = 1;
int led3 = 2;
int led4 = 3;
int led5 = 4;
// the setup routine runs once when you press
reset:
void setup() {
// initialize the digital pin as an output.
    pinMode(led1, OUTPUT);
    pinMode(led2, OUTPUT);
```

```
    pinMode(led3, OUTPUT);
    pinMode(led4, OUTPUT);
    pinMode(led5, OUTPUT);
}
// the loop routine runs over and over again
forever:
void loop() {
    digitalWrite(led1, HIGH); // turn the LED on
    (HIGH-voltage level)
    delay(50); // wait for 1/2 a second
    digitalWrite(led1, LOW); // turn the LED off
    (LOW-voltage level)
    digitalWrite(led2, HIGH); // turn the LED on
    (HIGH-voltage level)
    delay(50); // wait for 1/2 a second
    digitalWrite(led2, LOW);
    digitalWrite(led3, HIGH);
    delay(50);
    digitalWrite(led3, LOW);
    digitalWrite(led4, HIGH);
    delay(50);
    digitalWrite(led4, LOW);
    digitalWrite(led5, HIGH);
    delay(50);
    digitalWrite(led5, LOW);
    delay(1000);
}
```

Figure 4.95: Program for blinking LEDs in pattern
(पैटर्न में एलईडी ब्लिंक का प्रोग्राम)

```
//LED Chaser
int pinsCount=10;
    // declaring the integer variable pinsCount
int pins[] = {2,3,4,5,6,7,8,9,10,11};
                    // declaring the array pins[]
void setup() {
    for  (int  i=0;  i<pinsCount;  i=i+1){ //
    counting the variable i from 0 to 9
    pinMode(pins[i],  OUTPUT);  //initialising
    the pin at index i of the array of pins as
    OUTPUT
  }
}
void loop() {
  for (int i=0; i<pinsCount; i=i+1){ // chasing
  right
    digitalWrite(pins[i], HIGH);
            // switching the LED at index i on
    delay(100); // stopping the program for 100
    milliseconds
    digitalWrite(pins[i], LOW);
            // switching the LED at index i off
  }
for (int i=pinsCount-1; i>0; i=i-1){ //
chasing left (except the outer leds)
    digitalWrite(pins[i], HIGH); // switching
    the LED at index i on
    delay(100); // stopping the program for 100
    milliseconds
    digitalWrite(pins[i],  LOW);  // switching
    the LED at index i off
  }
}
```

Figure 4.96: Program for LED chaser in left and right
(लेफ़्ट और राइट में एलईडी चेजर के लिए प्रोग्राम)

```
// Dual LED chaser
// One led moves from left to right
// while the second LED moves from right to
left.
#define SPEED_MS 100
void setup() {
   // set up pins 2 to 13 as outputs
   for (int i = 2; i <= 13; i++) {
     pinMode(i, OUTPUT);
   }
}
uint16_t chase2 = 13; // keeps track of second
LED movement
void loop() {
  // move first LED from left to right and second
  from right to left for (int i = 2; i < 13;
  i++) {
   allLEDsOff();
   digitalWrite(i, HIGH); // chaser 1
   digitalWrite(chase2,  HIGH);  //  chaser  2
   chase2--;
   // stop LEDs from appearing to stand still
   in the middle
   if (chase2 != 7) {
     delay(SPEED_MS);
   }
}
// move first LED from right to left and second
LED from left to right
```

```
for (int i = 13; i > 2; i--) {
  allLEDsOff();
    digitalWrite(i, HIGH); // chaser 1
    digitalWrite(chase2, HIGH); // chaser 2
    chase2++;
    // stop LEDs from appearing to stand still
    in the middle
    if (chase2 != 8) {
      delay(SPEED_MS);
    }
  }
}
// function to switch all LEDs off
void allLEDsOff(void)
{
    for (int i = 2; i <= 13; i++) {
      digitalWrite(i, LOW);
  }
}
```

Figure 4.97: Program for Dual LED chaser (ड्यूल एलईडी चेजर प्रोग्राम)

4.42 Button (बटन)

The pushbutton is a component that connects two points in a circuit when you press it. The example turns on an LED when you press the button.

पुशबटन एक घटक है जो दो को जोड़ता है जब आप इसे दबाते हैं। उदाहरण बटन दबाते ही एक LED चालू हो जाती है।

```
//Interfacing button
// Turn On, LED light with a Push Button
int ledPin = 13;//The pin the LED is connected to
int inputPin = 2; //The input pin (for a push
button)
int inputStatus = 0; // Variable for reading the
pin status
// Executes once when the arduino power button
is pressed on
void setup() {
    pinMode(ledPin, OUTPUT); // Declare the LED
    as an output
    pinMode(inputPin, INPUT); // Declare
    pushbutton as input
}
// This method repeats forever
// This method makes a led light when button is
pushed
void loop() {
// Reads incoming input value from our inputPin
  inputStatus = digitalRead(inputPin);
// Check if the input is HIGH (pushbutton
released)
  if (inputStatus == HIGH) {
    digitalWrite(ledPin, LOW); // Turn the LED off
  }
  else {
     digitalWrite(ledPin, HIGH); // Turn the
     LED on
  }
}
```

Figure 4.98: Program to turn On, LED light with a Push Button (पुश बटन के साथ LED लाइट को ऑन करना)

4.43 Sensor-DHT (सेंसर-DHT)

You have two versions of the DHTxx sensor series. They look a bit similar and have the same pinout, but have different characteristics. The DHT22 is the more expensive version and has better specifications. The DHT-22 (also named as AM2302) is a digital-output, relative humidity, and temperature sensor. It uses a capacitive humidity sensor and a thermistor to measure the surrounding air, and sends a digital signal on the data pin.

आपके पास **DHTxx** सेंसर सरीज के दो संस्करण हैं। वे एक समान दिखते हैं और समान पिनआउट, लेकिन अलग–अलग विशेषताएं हैं। **DHT22** अधिक महंगा संस्करण है और है बेहतर स्पेसिफिकेशन हैं। **DHT-22** (जिसे नाम भी दिया गया है **AM2302**) एक डिजिटल–आउटपुट, सापेक्ष आर्द्रता, और तापमान सेंसर है। यह एक कैपेसिटिव का उपयोग करता है आर्द्रता सेंसर और एक थर्मिस्टर आसपास की हवा मापने के लिए, और पर एक डिजिटल सिग्नल भेजता है डेटा पिन पर।

You are going to use the DHT library which takes care of almost everything. Download the library first. To install it, open the Arduino IDE, go to Sketch > Include Library > Add .ZIP Library, and then select the DHTlib ZIP file that you just downloaded. The following test program/sketch will print the temperature and relative humidity values on the serial monitor.

आप **DHT** लाइब्रेरी का उपयोग करने जा रहे हैं जो है लगभग सब कुछ की देखभाल करता है। लाइब्रेरी डाउनलोड करें प्रथम। इसे स्थापित करने के लिए, **Arduino IDE** खोलें, फिर स्केच > लाइब्रेरी शामिल करें > **.ZIP** लाइब्रेरी एड करे, और उसके बाद **DHTlib ZIP** फाइल चुनें, जिसे आपने अभी–अभी देखा है। निम्नलिखित परीक्षण प्रोग्राम/स्केच तापमान और सापेक्ष आर्द्रता को मुद्रित करेगा सीरियल मॉनीटर पर वैल्यू।

Figure 4.99: DTH sensor (DTH सेंसर)

```
// DHT interface to print temperature and relative humidity values on the
// serial monitor
#include <dht.h>
#define dataPin 8 // Defines pin number to which the sensor is connected
dht DHT; // Creates a DHT object
void setup()
{
  Serial.begin(9600);
}
void loop()
{
  int readData = DHT.read22(dataPin); // DHT22
  // Printing the results on the serial monitor
  Serial.print("Temperature = ");
  Serial.println(t);
  Serial.print(" ");
  Serial.print((char)176);//shows degrees character
  Serial.println("C ");
  Serial.print((t * 9.0) / 5.0 + 32.0);//print the temperature in Fahrenheit
  Serial.print(" ");
  Serial.print((char)176);//shows degrees character
  Serial.println("F ");
  Serial.print("Humidity = ");
  Serial.println(h);
  Serial.println(" % ");
  Serial.println("");
  delay(2000); // Delays 2 seconds
}
```

Figure 4.100: Program for DHT interface to print temperature and relative humidity values (तापमान और रिलेटिव आर्द्रता वैल्यू को प्रिंट करने के लिए DHT इंटरपफेस का प्रोग्राम)

The program given in Figure 4.101 outputs the humidity and temperature, when you place your fingers on the DHT11 and you will see the readings fluctuate.

चित्र 4.101 में दिया गया प्रोग्राम आउटपुट करता है आर्द्रता और तापमान, जब आप अपनी उंगलियां DTH11 और आप देखेंगे रीडिंग में उतार–चढ़ाव होता है।

```
// Program for humidity and temperature, when you place your fingers on the DHT11
#include <dht11.h>
dht11 DHT;
//Pin 4 of Arduino to Data of DHT11
#define DHT11_PIN 4
void setup()
{
   Serial.begin(9600);
}
void loop()
{
   //humidity and temperature output
   Serial.print("Humidity is ");
   Serial.print(DHT.humidity, 1);
   Serial.print("\n");
   Serial.println("Temperature is ");
   Serial.println(DHT.temperature, 1);
   delay(1000);
}
```

Figure 4.101: Program for humidity and temperature when you place your fingers on the DHT11 (जब आप अपनी उंगलियों को DHT11 पर रखते हैं तो आर्द्रता और तापमान)

4.44 LDR

A sensor called LDR or Light Dependent Resistor is used to detect the light intensity. The LDR gives out an analog voltage when connected to VCC (5V), which varies in magnitude in direct proportion to the input light intensity on it. That is, the greater the intensity of light, the greater the corresponding voltage from the LDR will be. Since the LDR gives out an analog voltage, it is connected to the analog input pin on the Arduino. सेंसर जिसे LDR या लाइट डिपेंडेंट रिसिस्टर कहते हैं प्रकाश की तीव्रता का पता लगाने के लिए उपयोग किया जाता है। LDR VCC से कनेक्ट होने पर एक एनालॉग वोल्टेज (5v), जो प्रत्यक्ष अनुपात में परिमाण में भिन्न होता है इस पर इनपुट प्रकाश की तीव्रता देता है। यह है की प्रकाश की तीव्रता जितनी अधिक होगी, उतना अधिक होगा एलडीआर से संबंधित वोल्टेज। चूंकि LDR एक एनालॉग वोल्टेज देता है, इसलिए यह है Arduino पर एनालॉग इनपुट पिन से जुड़ा हुआ है।

Figure 4.102: LDR sensor (LDR सेंसर)

```
// Program that automatically turn lights on
when an LDR sensor detects darkness
and turn lights off when LDR sensor brightness
const int ledPin = 13;
const int ldrPin = A0;
void setup() {
    Serial.begin(9600);
    Serial.begin(9600);
    pinMode(ledPin, OUTPUT);
    pinMode(ldrPin, INPUT);
}
void loop() {
  int ldrStatus = analogRead(ldrPin);
  if (ldrStatus <= 200) {
    digitalWrite(ledPin, HIGH);
    Serial.print("Its DARK, Turn on the LED : ");
    Serial.println(ldrStatus);
  } else {
    digitalWrite(ledPin, LOW);
    Serial.print("Its BRIGHT, Turn off the LED :");
    Serial.println(ldrStatus);
  }
}
```

Figure 4.103: Program that automatically turn lights on or off (प्रोग्राम जो स्वचालित रूप से रोशनी को ऑन और ऑफ करता है)

In the program given in Figure 4.104 you will interface Buzzer with LDR and LED. When light shines on LDR; the buzzer will give alarm and the LED will flash.

चित्र 4.104 में दिए गए प्रोग्राम में आप LDR और LED के साथ इंटरफेस बजर करेंगे। जब प्रकाश LDR पर चमकता है; बजर अलार्म देगा और एलईडी फ्लैश होगी।

```
// Program to interface Arduino - Buzzer with
LDR and LED
const int ledPin = 13;
const int buzzerPin = 12;
const int ldrPin = A0;
void setup () {
    Serial.begin(9600);
    pinMode(ledPin, OUTPUT);
    pinMode(buzzerPin, OUTPUT);
    pinMode(ldrPin, INPUT);
}
void loop() {
  int ldrStatus = analogRead(ldrPin);
  if (ldrStatus >= 400) {
    tone(buzzerPin, 100);
    digitalWrite(ledPin, HIGH);
    delay(100);
  noTone(buzzerPin);
    digitalWrite(ledPin, LOW);
  delay(100);
    Serial.println("ALARM ACTIVATED");
  }
  else {
    noTone(buzzerPin);
    digitalWrite(ledPin, LOW);
    Serial.println("ALARM DEACTIVATED");
  }
}
```

Figure 4.104: Program to interface Arduino Buzzer with LDR and LED (LED और LED के साथ Arduino Buzzer इंटरफेस करने का प्रोग्राम)

4.45 MQ135

You see different gasses being emitted in atmosphere such as home appliances like air conditioner and industrial chimneys. Monitoring of these gasses is very important with safety point of view. Gas Sensors are very helpful in accomplishing this task. Small nose like sensor spontaneously respond to the alteration of gas concentration and keep our systems updated for special tasks. M135 is one of the commonly used gas sensors in MQ sensor series. In this code, you will learn how MQ135 gas sensor interfacing with Arduino Uno.

आप देखते हैं कि वातावरण में विभिन्न गैसों का उत्सर्जन होता है जैसे एयर कंडीशनर जैसे घरेलू उपकरण और औद्योगिक चिमनी। निगरानी सुरक्षा की दृष्टि से ये गेस बहुत महत्वपूर्ण हैं। गैस सेंसर्स में बहुत मददगार होते हैं इन कार्य में। छोटे जैसे सेंसर बहुत जल्दी गैस की लिकेज का पता लगाते हैं और हमें बताते हैं। M135 आमतौर पर इस्तेमाल किया जाता है डफ सेंसर श्रृंखला में गैस सेंसर। इस कोड में, आप सीखेंगे कि डफ135 गैस सेंसर किस तरह से इंटरफेस करता है अरुडिनो उनो।

Figure 4.105: MQ135 sensor (MQ135 सेंसर)

```
// Program for MQ135 gas sensor interfacing
with Arduino Uno
void setup()
{
  Serial.begin(9600); // sets the serial port
  to 9600
  pinMode(13, OUTPUT);
```

```
    pinMode( 3, INPUT);
}
void loop()
{
    sensorValue = analogRead(0); // read analog
    input pin 0
    digitalValue = digitalRead(2);
    if (sensorValue > 400)
  {
     digitalWrite(13, HIGH);
    }
  else
     digitalWrite(13, LOW);
    Serial.println(sensorValue, DEC); // prints
    the value read
    Serial.println(digitalValue, DEC);
    delay(1000); // waits for 1 sec for next
    reading
}
```

Figure 4.106: Program for MQ135 gas sensor interfacing with Arduino Uno (Arduino Uno के साथ MQ135 गैस सेंसर इंटरफेस का प्रोग्राम)

4.46 IR

An Infrared sensor(IR) is an electronic device, that emits in order to sense some aspects of the surroundings. An IR sensor can measure the heat of an object as well as detects the motion.

इन्फ्रारेड सेंसर (IR) एक इलेक्ट्रॉनिक उपकरण है, जो परिवेश के कुछ पहलुओं को समझने के लिए उत्सर्जन करता है। IR सेंसर की गर्मी को माप सकता है एक वस्तु के साथ ही गति का पता लगाता है।

Figure 4.107: IR sensor (IR सेंसर)

```
// Program for interfacing IR sensor
const int IR_Sensor = 2;
void setup() {
   // initialize the digital pin as an output.
  // Pin 13 has an LED on Arduino boards:
    pinMode(13, OUTPUT);
    //Pin 2 is connected to the output of IR_
    Sensor
    pinMode(IR_Sensor, INPUT);
}
void loop() {
    if (digitalRead(IR_Sensor) == HIGH) //Check
    the sensor output
  {
    digitalWrite(13, HIGH); // set the LED on
  }
    else
    {
    digitalWrite(13, LOW); // set the LED off
    }
  delay(1000); // wait for a second
}
```

Figure 4.108: Program for interfacing IR sensor (IR सेंसर को इंटरप्रिट करने के लिए प्रोग्राम)

4.47 Display Data On LCD (LCD पर डेटा डिस्प्ले करना)

An LCD is short for Liquid Crystal Display. It is basically a display unit which uses liquid crystals to produce a visible image. The LCD uses the property of light monitoring of liquid crystal and they do not emit the light directly.

लिक्विड क्रिस्टल डिस्प्ले (LCD); मूल रूप से एक प्रदर्शन इकाई जो तरल क्रिस्टल का उपयोग करती है एक दृश्यमान छवि बनाने के लिए। एलसीडी उपयोग करता है लिक्विड क्रिस्टल प्रॉपर्टी और वे सीधे प्रकाश का उत्सर्जन नहीं करते हैं।

Figure 4.109: LCD

```
// Printing message on LCD
#include<LiquidCrystal.h>
LiquidCrystal lcd (5, 4, 3, 2, 1, 0); // sets
the interfacing pins
void setup ()
{
```

```
    lcd.begin(16, 2); // initializes the 16x2 LCD
}
void loop ()
{
    lcd.setCursor (0, 0); //sets the cursor at
    row 0 column 0
    lcd.print ("Learning Arduino"); // prints
    Learning Arduino
    lcd.setCursor (0, 1); //sets the cursor at
    row 0 column 1
    lcd.print ("16X2 LCD"); // prints 16X2 LCD
}
```

Figure 4.110: Printing message on LCD
(LCD पर संदेश प्रिंट करना)

4.48 Interfacing Sound Sensor (इंटरफिंगिंग साइंड सेंसर)

The sound sensor is a small board that combines a microphone (50Hz-10kHz) and some processing circuitry to convert sound waves into electrical signals. These sound sensors are inexpensive, easy to interface with and are able to detect sounds of voice, claps or door knocks.

साउंड सेंसर एक छोटा सा बोर्ड होता है जो माइक्रोफोन (50Hz–10kHz) को जोड़ता है; और कुछ प्रसंस्करण साउंड तरंगों को विद्युत में परिवर्तित करने के लिए सर्किट्री संकेत है। ये साउंड सेंसर सस्ते इंटरफेस करने में आसान हैं आवाज, ताली या दरवाजा खटखटाना का पता लगाने में सक्षम है।

This electrical signal is fed to on-board high precision comparator to digitize it and is made available at OUT pin. The module has a built-in potentiometer for sensitivity adjustment of the OUT signal.

यह विद्युत संकेत उच्च–बोर्ड पर फेड किया जाता है इसे डिजिटाइज करने के लिए तुलनित्र और उपलब्ध कराया जाता है OUT पिन पर। मॉड्यूल में एक अंतर्निहित है की संवेदनशीलता समायोजन के लिए पोटेंशियोमीटर OUT संकेत।

You can set a threshold by using a potentiometer; So that when the amplitude of the sound exceeds the threshold value, the module will output LOW otherwise HIGH. The module has a built-in potentiometer for calibrating the digital output (OUT). By turning the knob of the potentiometer, you can set a threshold. So that when the sound level exceeds the threshold value, the Status LED will light up and the digital output (OUT) will output LOW.

आप एक पोटेंशियोमीटर का उपयोग करके एक सीमा निर्धारित कर सकते हैं; ताकि जब साउंड का आयाम अधिक हो जाए थ्रेसहोल्ड वैल्यू, मॉड्यूल कम उत्पादन करेगा। मॉड्यूल में एक अंतर्निहित है डिजिटल आउटपुट को कैलिब्रेट करने के लिए पोटेंशियोमीटर (out)। पोटेंशियोमीटर के नॉब को मोड़कर आप एक सीमा निर्धारित कर सकता है। ताकि जब ध्वनि स्तर सीमा मूल्य से अधिक है, स्थिति एलईडी होगा लाइट अप और डिजिटल आउटपुट (OUT) आउटपुट देगा कम।

Now to calibrate the sensor, start clapping near the microphone and adjust the potentiometer until you see the Status LED on the module blink in response to your claps. The following example detects claps and prints message on the serial monitor.

अब सेंसर को कैलिब्रेट करने के लिए, आप उसके पास ताली बजाना शुरू करें माइक्रोफोन और पोटेंशियोमीटर को समायोजित करें आप मॉड्यूल ब्लिंक पर स्थिति एलईडी नहीं देखेंगे ताली के जवाब में। निम्न उदाहरण सीरियल मॉनिटर पर ताली और संदेश का पता लगाता है।

```
// Interface Sound Sensor with Arduino and
Control Devices With a Clap.
// Variable to store the time when last event
happened
unsigned long lastEvent = 0;
void setup() {
    pinMode(sensorPin, INPUT); // Set sensor
    pin as an INPUT
    Serial.begin(9600);
}
void loop() {
    // Read Sound sensor
    int sensorData = digitalRead(sensorPin);
    // If pin goes LOW, sound is detected
    if (sensorData == LOW) {
      // If 25ms have passed since last LOW
      state, it means that
      // the clap is detected and not due to any
      spurious sounds
      if (millis() - lastEvent > 25) {
        Serial.println("Clap detected!");
      }
      // Remember when last event happened
      lastEvent = millis();
    }
}
```

Figure 4.111: Program to Interface Sound Sensor
(साउंड सेंसर को इंटरफेस करने का प्रोग्राम)

4.49 Interfacing Keypad (इंटरफैसिंग कीबोर्ड)

Keypad is used as an input device to read the key pressed by the user and to process it. They do come in may sizes 4X3, 4X4, 4X1 etc. Regardless of their size, they all work in the same way. The 4X3 keypad consists of 4 rows and 3 columns, same way 4x4 keypad consists of 4 rows and 4 columns. Switches are placed between the rows and columns. In order to determine which key was pressed, you need to continuously scan rows & columns. A key press establishes a connection between the corresponding row and column, between which the switch is placed.

कीपैड का उपयोग की को पढ़ने के लिए एक इनपुट डिवाइस के रूप में किया जाता है उपयोगकर्ता द्वारा दबाया गया और इसे संसाधित करने के लिए। कीबार्ड 4X3, 4X4, 4X1 आदि आकार में आ सकता है। वे सभी एक ही तरीके से काम करते हैं। 4X3 कीपैड में 4 पंक्तियाँ और 3 कॉलम होते हैं, वही जिस तरह 4X4 कीपैड में 4 पंक्तियाँ और 4 कॉलम होते हैं। पंक्तियों और कॉलम के बीच स्विच लगाए जाते हैं। यह निर्धारित करने के लिए कि कौन सी की दबाया, या आप लगातार पंक्तियों को स्कैन करने की जरूरत है। एक की प्रेस एक कनेक्शन स्थापित करता है इसी पंक्ति और कॉलम के बीच, जिसके बीच स्विच रखा गया है।

In order to determine the key pressed on the Keypad, you have use a special library called, well "Keypad". You should first download this library from this link and place it in Arduino/libraries directory (C:\Program Files (x86)\Arduino\libraries. To install the library navigate to the Sketch > Include Library > Manage Libraries. Wait for Library Manager to download libraries index and update list of installed libraries.

कीपैड पर दबाए गए की को निर्धारित करने के लिए, आपने एक विशेष लाइब्रेरी का उपयोग किया है, जिसे कहा जाता है "कीपैड"। आपको सबसे पहले इस लाइब्रेरी को डाउनलोड करना चाहिए इस लिंक से और इसे Arduino / लाइब्रेरी में रखें निर्देशिका (C: \ Program Files (x86) \ Arduino \ लाइब्रेरी। लाइब्रेरी स्थापित करने के लिए नेविगेट करने के लिए स्केच > लाइब्रेरी शामिल करें लाइब्रेरी करें।

Filter your search by typing "keypad". There should be a many entries. Look for Keypad by Mark Stanley, Alexander Brevig. You have to scroll a little bit. Click on that entry, and then select Install.

The program in Figure 4.112 interface keypad with Arduino board and display the key pressed on Serial monitor.

लाइब्रेरी प्रबंधक के लिए लाइब्रेरी डाउनलोड करने के लिए प्रतीक्षा करें। "कीपैड" लिखकर अपनी खोज को फिल्टर करें। द्वारा कीपैड पर लिख के देखो मार्क स्टेनली, अलेक्जेंडर ब्रेविग। आपको थोड़ा स्क्रॉल करना होगा। उस प्रविष्टि पर क्लिक करें, और फिर इंस्टॉल का चयन करें। चित्र 4.112 इंटरफेस कीपैड में प्रोग्राम Arduino बोर्ड के साथ और दबाया गई की प्रदर्शित करेगा मॉनीटर पर।

Figure 4.112: 4X3 Keypad (4X3 कीपैड)

Figure 4.113: 4X4 Keypad (4X4 कीपैड)

```
//Interfacing keypad Code for 4X3 Keypad
#include <Keypad.h>
const byte ROWS = 4; //four rows
const byte COLS = 3; //three columns
char keys[ROWS][COLS] = {
    {'1','2','3'},
    {'4','5','6'},
    {'7','8','9'},
    {'*','0','#'}
};
byte rowPins[ROWS] = {9, 8, 7, 6}; //connect to the row pinouts of the keypad
byte colPins[COLS] = {5, 4, 3}; //connect to the column pinouts of the keypad
//Create an object of keypad
Keypad keypad = Keypad( makeKeymap(keys), rowPins, colPins, ROWS, COLS );
void setup(){
    Serial.begin(9600);
}
void loop(){
    char key = keypad.getKey();// Read the key
    // Print if key pressed
    if (key){
      Serial.print("Key Pressed : ");
      Serial.println(key);
    }
}
```

Figure 4.114: Program for interfacing keypad Code for 4X3 Keypad (4X3 कीपैड के लिए कीपैड कोड इंटरफेसिंग प्रोग्राम)

The aim of this simple project is to explain how to interface a 4X4 Matrix Keypad to Arduino, how the Arduino Keypad Interface works and how to determine the key pressed on the keypad and display it on the 16*2 LCD Display. Note that in the code, given in Figure 4.115 the keys of the 4X4 Matrix keypad are mapped with digits from 0 to 9, symbols * and # and alphabets A, B, C and D.

इस सरल परियोजना का उद्देश्य यह बताना है कि कैसे Arduino के लिए एक 4X4 मैट्रिक्स कीपैड इंटरफेस, Arduino कीपैड इंटरफेस काम करता है और कैसे कीपैड पर दबाए गए की को निर्धारित करें और इसे 16 * 2 एलसीडी डिस्प्ले पर प्रदर्शित करें। उस पर ध्यान दें कोड, चित्र 4.115 में 4X4 की कुंजी दिया गया है मैट्रिक्स कीपैड 0 से अंक के साथ मैप किया जाता है 9, प्रतीक * और # और अक्षर A, B, C और D।

```
//Interfacing keypad Code for 4X4 Keypad
const byte ROWS = 4; //four rows
const byte COLS = 4; //four columns
char keys[ROWS][COLS] = {
    {'1','2','3','A'},
    {'4','5','6','B'},
    {'7','8','9','C'},
    {'*','0','#','D'}
};
byte rowPins[ROWS] = {9, 8, 7, 6}; //connect to the row pinouts of the keypad
byte colPins[COLS] = {5, 4, 3, 2}; //connect to the column pinouts of the keypad
//Create an object of keypad
Keypad keypad = Keypad( makeKeymap(keys), rowPins, colPins, ROWS, COLS );
void setup(){
    Serial.begin(9600);
}
void loop(){
    char key = keypad.getKey();// Command getKey() is used to check which key is pressed, if any.
    // Print if key pressed
    if (key){
      Serial.print("Key Pressed : ");
      Serial.println(key);
  }
}
```

Figure 4.115: Program for interfacing keypad Code for 4X4 Keypad (4X4 कीपैड के लिए कीपैड कोड के इंटरफेस का प्रोग्राम)

4.50 Serial Communication (सीरियल कम्युनिकेशन)

Serial communication is the process of sending data from one device to another device sequentially. In serial communication the data bits are send serially from one device to another device providing faster means of communication.

सीरियल कम्युनिकेशन एक डिवाइस से दूसरे डिवाइस में क्रमिक रूप से डेटा भेजने की प्रक्रिया है। सिरियल कम्युनिकेशन में डेटा बिट्स होते हैं।

4.50.1 Interfacing HC-05 (Bluetooth module) (HC-05 को इंटरफैस करना (ब्लूटूथ मॉड्यूल))

The HC-05 module is a Bluetooth SPP (Serial Port Protocol) module, which means it communicates with the Arduino via the Serial Communication. Bluetooth is a technology for wireless communication. It is designed to replace cable connections. It uses serial communication to communicate with devices. HC05 module is a Bluetooth module using serial communication, mostly used in electronics projects. It communicates with microcontrollers using serial communication (USART). Usually, it connects small devices like mobile phones, PDAs and TVs using a short-range wireless connection to exchange documents. HC-05 can be set as master as well slave which enables making a communication between two separate Arduino Boards. This Module has two types of operation modes discussed below:

(a) AT Command Mode (AT कमांड मोड)

(b) Connection Mode (कनेक्शन मोडा)

HC-05 मॉड्यूल एक ब्लूटूथ SPP (सीरियल पोर्ट) प्रोटोकॉल है। मॉड्यूल, जिसका अर्थ है कि यह संचार करता है सीरियल कम्युनिकेशन के माध्यम से Arduino के साथ। ब्लूटूथ वायरलेस संचार के लिए एक तकनीक है। इसे केबल कनेक्शन को बदलने के लिए डिजाइन किया गया है। यह संवाद करने के लिए सीरियल कम्युनिकेशन का उपयोग करता है उपकरणों के साथ। HC05 मॉड्यूल एक ब्लूटूथ मॉड्यूल है। सीरियल कम्युनिकेशन का उपयोग, ज्यादातर इलेक्ट्रॉनिक्स में किया जाता है। यह माइक्रोकंट्रोलर्स के साथ कम्यूनिकेट करता है सीरियल कम्युनिकेशन (USART) का उपयोग करके। आमतौर पर, यह मोबाइल जैसे छोटे उपकरणों को जोड़ता है छोटी दूरी पर वायरलेस फोन, पीडीए और टीवी विनिमय दस्तावेजों के लिए कनेक्शन। कोर्ट–05 मास्टर के रूप में काम करता है। जो इस दो अलग–अलग Arduino boats के बीच संचार करने के लिए सक्षम बनाता है। इस मॉड्यूल के दो प्रकार के ऑपरेशन मोड है:

The AT command mode is a module whenever the set of commands is used for the setup and configure the module. In this mode, the modules are not identified by the other Bluetooth devices. This type of mode will take the pin to high and the commands are sent to the module serially like string.

AT कमांड मोड एक मॉड्यूल होता है जो कमांड का सेट है, सेटअप और मॉड्यूल कॉन्फिगर करने के लिए किया जाता है। इस मोड में, मॉड्यूल अन्य ब्लूटूथ डिवाइस द्वारा पहचाने नहीं जाते हैं। इस प्रकार का मोड पिन को हाई पर ले जाएगा कमांड्स को स्ट्रिंग की तरह क्रमिक रूप से माड्यूल पर भेजा जाता है।

The connection mode is the device which can connect directly to the other device. You can identify this device on other devices and it can connect with the help of the passkey which should be entered and the passkey is a default which is "1234". In the connection mode, you cannot change configuration serially but you can only communicate with it.

कनेक्शन मोड वह डिवाइस है जो दूसरे डिवाइस से सीधे कनेक्ट कर सकता है। आप ऐसा कर सकते हैं अन्य उपकरणों पर इस उपकरण की पहचान करें और यह कर सकता है पासकी मदद से कनेक्ट करें जो दर्ज किया जाना चाहिए और पासक एक डिफॉल्ट है जो "1234" है। कनेक्शन मोड में, आप नहीं कर सकते क्रमिक रूप से परिवर्तन करें, लेकिन आप कर सकते हैं केवल इसके साथ संवाद करें।

Advantages of Bluetooth Module
(ब्लूटूथ मॉड्यूल के लाभ)

(a) The Bluetooth modules are standardized protocol because they can connect with the same Bluetooth as well as with the different Bluetooth projects model.
ब्लूटूथ मॉड्यूल स्टैंडर्डजेड प्रोटोकॉल हैं क्योंकि वे उसी ब्लूटूथ के साथ जुड़ सकते हैं ब्लूटूथ प्रोजेक्ट मॉडल के साथ।

(b) The Bluetooth module can connect automatically with another Bluetooth device at a range of 30 feet.
ब्लूटूथ मॉड्यूल अपने आप कनेक्ट हो सकता है दूसरे ब्लूटूथ डिवाइस के साथ 30 फीट की सीमा तक।

(c) Low energy consumption and are inexpensive.
कम ऊर्जा की खपत और सस्ती हैं।

Connecting Phone to HC-05 Bluetooth Module
(फोन को C-05 ब्लूटूथ मॉड्यूल से कनेक्ट करना)

(a) Make the connections and power on the Bluetooth Module. If this is the first time you are using your Bluetooth Module, then the LED will blink rapidly. In order to pair the module with your phone, open Bluetooth Settings in your phone and connect to "HC-05" with pin "1234". If 1234 doesn't work, try "0000".
ब्लूटूथ पर कनेक्शन और पावर बनाएं मापांक। अगर आप पहली बार ऐसा कर रहे हैं अपने ब्लूटूथ मॉड्यूल का उपयोग करके, फिर एलईडी तेजी से झपकेगा। मॉड्यूल को युग्मित करने के लिए अपने फोन के साथ, ब्लूटूथ सेटिंग खोलें और पिन के साथ "HC–05" से कनेक्ट करें "1234"। यदि 1234 काम नहीं करते हैं, तो "0000" का प्रयास करें।

(b) Once the Bluetooth Module is paired with your phone, you can start using the App. Open the Bluetooth Controller App and click on scan. A list of Bluetooth Devices will appear on the screen. Select HC-05.
एक बार ब्लूटूथ मॉड्यूल के साथ जोड़ा जाता है अपने फोन, आप अनुप्रयोग का उपयोग शुरू कर सकते हैं। ब्लूटूथ कंट्रोलर ऐप खोलें और क्लिक करें स्कैन पर। ब्लूटूथ डिवाइस की एक सूची होगी स्क्रीन पर दिखाई देते हैं। HC–05 का चयन करें।

(c) Now, select Set Keys option in the app and enter the following information:

Key Name	Data of Key
LED ON	1
LED OFF	0

अब, ऐप में सेट कीज विकल्प चुनें और निम्नलिखित जानकारी दर्ज करें:

dh dk uke	**MsVk dk uke**
LED ऑन	1
LED क्लोज्ड	0

(d) After entering this information, save it by clicking on OK. Now, on the home screen of the app, you can see two buttons (or slots) with titles "LED ON" and "LED OFF". If you click on LED ON, '1' will be transmitted over Bluetooth Communication to the HC-05 Module, which then transmits it to Arduino.
इनफार्मेशन एंटर करने के बाद ओके पर क्लिक करें। अब, होम स्क्रीन पर एप्लिकेशन, आप दो बटन (या स्लॉट) देख सकते हैं "LED ON" और "LED OFF" शीर्षक के साथ। अगर आप LED ON पर क्लिक करें, '1' को प्रेषित किया जाएगा HC–05 मॉड्यूल के लिए ब्लूटूथ संचार, जो फिर इसे Arduino तक पहुंचाता है।

(e) In case you click on LED OFF, '0' will be transmitted. Arduino then turns ON or OFF the LED based on the received data.
यदि आप LED OFF पर क्लिक करते हैं, तो '0' ट्रांसमिट होगा। Arduino तब ON या OFF करता है LED को प्राप्त आंकड़ों के आधार पर LED।

```
//Sketch for displaying data received via bluetooth on Serial Monitor
#include<SoftwareSerial.h>
// Create object named bt of the class SoftwareSerial
SoftwareSerial bt(2,3); // (Rx,Tx)
void setup() {
  bt.begin(9600); // Define baud rate for software serial communication
  Serial.begin(9600); // Define baud rate for serial communication
}
void loop() {
  if (bt.available()) // If data is available on serial port
  {
  Serial.write(bt.read()); // Print character received on to the serial monitor
  }
}
```

Figure 4.116: Sketch for displaying data received via bluetooth on Serial Monitor (सीरियल मॉनिटर पर ब्लूटूथ के माध्यम से प्राप्त डेटा प्रदर्शित करने के लिए स्केच)

In the example given in Figure 4.116 you will transmit data from Smartphone via Bluetooth to the Arduino Uno and display it on Serial Monitor of PC. Download and install a Bluetooth terminal application on your phone and use it to connect to the HC-05 Bluetooth module.

चित्र 4.116 में दिए गए उदाहरण में आप देखेंगे ब्लूटूथ के माध्यम से स्मार्टफोन से डेटा संचारित करना Arduino Uno और इसे पीसी के Serial Monitor पर प्रदर्शित करते हैं। ब्लूटूथ टर्मिनल डाउनलोड और इंस्टॉल करें अपने फोन पर आवेदन और कनेक्ट करने के लिए इसका इस्तेमाल करते हैं HC–05 ब्लूटूथ मॉड्यूल।

4.51 Interfacing Relay Module (इंटरफेलिंग रिले मोड)

The example shown in Figure 4.117 demonstrate how to control a AC light with Arduino using relay module. AC is alternating current 220v (India) which powers the AC lights. Arduino cannot control high volt n amp, but a relay can do this job, which is the sole design of it. So you are using relay as switch to control high power devices. A relay is an electrically operated switch to control high power/voltage or AC household devices using low-power signals from a microcontroller, etc. Many relays use an electromagnet to operate a switching mechanism mechanically, but other operating principles are also used. Relays are used where it is necessary to control a high power/ voltage circuit by a low-power signal (with complete electrical isolation between control and controlled circuits), or where several circuits must be controlled by one signal.

चित्र 4.117 में दिखाया गया उदाहरण में Arduino के उपयोग के साथ एक AC लाइट को नियंत्रित करने के लिए रिले मॉड्यूल। AC 220v (भारत) है जो AC लाइट को पावर प्रदान करता है। Arduino उच्च वोल्ट *n* amp को कंट्रोल नहीं करता; लेकिन एक रिले ऐसा कर सकता है। इसलिए आप उपयोग कर रहे हैं हाई पावर उपकरणों को नियंत्रित करने के लिए स्विच के रूप में रिले। एक रिले नियंत्रित करने के लिए एक विद्युत संचालित स्विच है हाई पावर/वोल्टेज या AC घरेलू उपकरण एक माइक्रोकंट्रोलर से कम–शक्ति संकेतों का उपयोग करना, आदि कई रिले संचालित करने के लिए एक इलेक्ट्रोमैग्नेट का उपयोग करते हैं यांत्रिक रूप से एक स्विचिंग तंत्र, लेकिन अन्य ऑपरेटिंग सिद्धांतों का भी उपयोग किया जाता है। रिले हैं इसका उपयोग हाई पावर को नियंत्रित करने के लिए आवश्यक है/एक लो पावर संकेत (के साथ) द्वारा वोल्टेज सर्किट नियंत्रण के बीच पूर्ण विद्युत अलगाव नियंत्रित सर्किट), या जहां कई सर्किट होना चाहिए एक संकेत द्वारा नियंत्रित किया जाना।

4.51.1 Control and Handle 220V AC supply (कंट्रोल और हैंडल 220V AC की सल्पाई)

Program in Figure 4.117 shows controlling AC Light Using Arduino With Relay Module.

चित्र 4.117 में प्रोग्राम; AC लाइट को नियंत्रित करता है रिले मॉड्यूल के साथ Arduino का उपयोग करके।

```
//Program for controlling AC Light Using Arduino
With Relay Module
#define RELAY1 7
void setup()
{
    Serial.begin(9600);
    pinMode(RELAY1, OUTPUT);
}
void loop()
{
    digitalWrite(RELAY1, 0); // Turns ON Relays 1
    Serial.println("Light ON");
    delay(1000); // Wait 1 seconds
    digitalWrite(RELAY1, 1); // Turns Relay Off
    Serial.println("Light OFF");
    delay(1000);
}
```

Figure 4.117: Program for controlling AC Light Using Arduino With Relay Module (रिले मॉड्यूल के साथ Arduino का उपयोग करके AC लाइट को नियंत्रित करने का प्रोग्राम)

Figure 4.118: Relay Module (रिले मॉडल)

REVIEW QUESTIONS WITH ANSWERS (रिव्यू प्रश्न और उत्तर)

A. Multiple Choice Questions (बहुविकल्पीय प्रश्न)

1. All code in an Arduino sketch is processed from:
   a. Top to bottom b. Bottom to top
   c. Any order d. None of these

   Arduino स्केच में सभी कोड प्रोसेस्ट होते हैं:
   क. ऊपर से नीचे ख. नीचे से ऊपर
   ग. कोई भी आर्डर घ. इनमें से कोई नहीं

2. Almost all statements written in the Arduino language must end with a:
   a. Comma (,) b. Colon (:)
   c. Semicolon(;) d. Fullstop(.)

   Arduino में लिखे गए लगभग सभी स्टेटमेंट को इसके साथ समाप्त होना चाहिए:
   क. कोमा (,) ख. कोलोन (:)
   ग. सेमि–कोलन (;) घ. फुल स्टॉप (.)

3. Which of the following statement is true about a sketch?
   a. It is a the name that Arduino uses for a program.
   b. It's the unit of code that is uploaded to and run on an Arduino board.
   c. Both (a) and (b)
   d. None of these

   निम्नलिखित में से कौन सा कथन सही है एक स्केच के बारे में?
   क. यह एक ऐसा नाम है जिसे Arduino प्रोग्राम के लिए उपयोग करता है।
   ख. यह कोड की इकाई है जिसे अपलोड किया गया है और Arduino बोर्ड पर चलते हैं।
   ग. क. और ख. दोनों
   घ. इनमें से कोई नहीं

4. Advantage(s) of the Arduino:
   a. Easy to learn
   b. Huge community
   c. Many third-party libraries
   d. All of the above

   Arduino का लाभ:
   क. सीखने में आसान ख. विशाल समुदाय
   ग. कई तृतीय–पक्ष लाइब्रेरी घ. ऊपर के सभी

5. Full form of GPIO is:
   a. Ground Pin Input/Output
   b. General Pin Input/Output
   c. General Purpose Input/Output
   d. None of these

   GPIO का पूर्ण रूप है:
   क. ग्राउंड पिन इनपुट/आउटपुट
   ख. सामान्य पिन इनपुट/आउटपुट
   ग. सामान्य प्रयोजन इनपुट/आउटपुट
   घ. इनमें से कोई नहीं

B. State True or False for the following:

(निम्नलिखित कथन सही हैं या गलत)

1. The sketch usually starts with a header that explains what the sketch is doing, and who wrote it.
   स्केच आमतौर पर एक हेडर से शुरू होता है जो बताता है कि स्केच क्या कर रहा है, और किसने लिखा है।
2. The BareMinimum sketch, can be found at: File --> Examples --> 1.Basic --> BareMinimum.
   बेयर मिनिमम स्केच को फाइल –> उदाहरण –> 1. बेसिक –> बेयर मिनिमम पर पाया जा सकता है।
3. Arduino uses serial USB interface to transfer user program/sketch from PC to Arduino board.
   Arduino उपयोगकर्ता प्रोग्राम/स्केच को PC से Arduino बोर्ड में स्थानांतरित करने के लिए एक सीरियल USB इंटरफेस का उपयोग करता है।
4. Arduino board is a simple and easy to use electronic prototyping platform.
   Arduino बोर्ड इलेक्ट्रॉनिक प्रोटोटाइप प्लेटफॉर्म का उपयोग करने के लिए सरल और आसान है।
5. setup() function runs in a loop over and over again.
   सेटअप() फंक्शन एक लूप में बार–बार चलता है।

C. Match the following: (निम्नलिखित का मिलान करें:)

1. Arduino program Arduino प्रोग्राम	a. Microcontroller
2. Short pin शार्ट पिन	b. It contains syntax errors इसमें सिंटेक्स एरर होता है
3. ATmega328	c. //
4. Compile errors interfaces कम्पाइलर एरर	d. Ground ग्राउंड
5. Reset button रीसेट बटन	e. Connector pins कनेक्टर पिन

D. Fill in the blanks (रिक्त स्थान भरें)

1. The main code, also known as a ________.
मेन कोड, जिसे ________ के रूप में भी जाना जाता है।
2. The ________ will actually help to debug the written Sketches where you can get a hold of how your program is operating.
________ वास्तव में लिखित रेखाचित्र को डीबग करने में मदद करेगा जहां आप अपने प्रोग्राम को संचालित करने के तरीके के बारे में जानकारी प्राप्त कर सकते हैं।
3. ________ function defines the initial state of the Arduino upon boot and runs only once.
________ फंक्शन बूट पर आरुडिनो की प्रारंभिक स्थिति को परिभाषित करता है और केवल एक बार चलता है।
4. The ________ function configures a pin as either an input or an output.
________ फंक्शन किसी इनपुट या आउटपुट के रूप में पिन को कॉन्फिगर करता है।
5. The ________ functions outputs a value on a pin.
________ फंक्शंस एक पिन पर एक मूल्य आउटपुट करता है।

Answers (उत्तर)

A.	1. a	2. c	3. d	4. d	5. c
B.	1. T	2. T	3. T	4. T	5. F
C.	1. e	2. d	3. a	4. b	5. c
D.	1. Sketch 3. setup() 5. digitalWrite()		2. Serial Monitor 4. pinMode()		

SHORT ANSWER QUESTIONS (शॉर्ट प्रश्न और उत्तर)

1. Write short notes on the following:
निम्नलिखित पर नोट लिखें:
(a) Resistor (रसिस्टर)
(b) Breadboard (ब्रेड बोर्ड)
(c) VIN
(d) Servo Motor (सर्वो मोटर)
(e) DC motor (DC मोटर)

Ans. A resistor is a passive electrical component
(a) with the primary function to limit the flow of electric current.
इलेक्ट्रिक करंट के प्रवाह को सीमित करने के लिए प्राथमिक फंक्शन के साथ रसिस्टर एक पैसिव इलेक्ट्रिकल कम्पोनेन्ट है।
(b) A breadboard is a temporary circuit board for testing and prototyping circuits, no soldering is done on the board, this mean it is faster and easier to prototype circuits.
ब्रेडबोर्ड परीक्षण और प्रोटोटाइप सर्किट के लिए एक अस्थायी सर्किट बोर्ड है, बोर्ड पर कोई टांका नहीं लगाया जाता है, इसका मतलब है कि यह प्रोटोटाइप सर्किट के लिए तेज और आसान है।
(c) The input voltage to the Arduino/Genuino board when it is using an external power source (as opposed to 5 volts from the USB connection or other regulated power source). We can supply voltage through this pin, or, if supplying voltage via the power jack, access it through this pin.
Arduino / Genuino बोर्ड में इनपुट वोल्टेज जब एक्सटर्नल बिजली स्रोत का उपयोग कर रहा होता है (USB कनेक्शन या अन्य विनियमित बिजली स्रोत से 5v के विपरीत)। हम इस पिन के माध्यम से वोल्टेज की आपूर्ति कर सकते हैं, यदि पावर जैक के माध्यम से वोल्टेज की आपूर्ति कर रहे हैं, तो इस पिन के माध्यम से एक्सेस करें।
(d) A Servo Motor is a small device that has an output shaft. This shaft can be positioned to specific angular positions by sending the servo a coded signal. As long as the coded signal exists on the input line, the servo will maintain the angular position of the shaft. If the coded signal changes, the angular position of the shaft changes. Servos are extremely useful in robotics.
सर्वो मोटर एक छोटा उपकरण है जिसमें एक आउटपुट शाफ्ट होता है। इस शाफ्ट को सर्वो को एक कोडेड सिग्नल भेजकर विशिष्ट एंगुलर पोजीशन पर तैनात किया जा सकता है। जब तक कोडेड सिग्नल इनपुट लाइन पर मौजूद रहता है, तब तक सर्वो शाफ्ट की एंगुलर पोजिशन बनाए रखेगा। यदि कोडित सिग्नल बदलता है, तो शाफ्ट की एंगुलर पोजिशन बदल जाती है। रोबोटिक्स में सर्वो उपयोगी हैं।
(e) A DC motor (Direct Current motor) is the most common type of motor. DC motors normally have just two leads, one positive and one negative. If you connect these two leads directly to a battery, the motor will rotate. If you switch the leads, the motor will rotate in the opposite direction.
DC मोटर (डायरेक्ट करंट मोटर) मोटर का सबसे सामान्य प्रकार है। DC मोटर्स में आम तौर पर सिर्फ दो लीड होते हैं, एक पॉजिटिव या नेगेटिव। यदि आप इन दोनों लीड्स को सीधे बैटरी से जोड़ते हैं, तो मोटर घूम जाएगी। यदि आप लीड स्विच करते हैं, तो मोटर विपरीत दिशा में घूमेगा।

2. **What is the use of setup() function?**
setup() पफंक्शन का उपयोग क्या है?

Ans. The setup() function is called when a sketch starts. Use it to initialize variables, pin modes, start using libraries, etc. The setup() function will only run once, after each powerup or reset of the Arduino board.
setup() फंक्शन को स्केच शुरू होने पर कहा जाता है। वेरिएबल्स, पिन मोड्स को इनिशियलाइज करने के लिए इसका इस्तेमाल करें,

लाइब्रेरी का इस्तेमाल करना शुरू करें। setup() फंक्शन केवल एक बार ही चलेगा, अरुडिनो बोर्ड के प्रत्येक पावरअप या रीसेट के बाद।

3. What is text editor? What is its file extension?
टेक्स्ट एडिटर क्या है? इसकी पफाइल एक्सटेंशन क्या है?

Ans. It is used for writing the required code. The sketch is written in the text editor and is then saved with the file extension .ino.

इसका उपयोग आवश्यक कोड लिखने के लिए किया जाता है। स्केच को टेक्स्ट एडिटर में लिखा जाता है और फिर फाइल एक्सटेंशन .ino के साथ सेव किया जाता है।

4. What is Pulse Width Modulation?
पल्स विड्थ मॉड्यूलेशन क्या है?

Ans. Pulse Width Modulation or PWM is a common technique used to vary the width of the pulses. PWM has many applications such as controlling servos and speed controllers, limiting the effective power of motors and LEDs.

पल्स विड्थ मॉड्यूलेशन या PWM एक सामान्य तकनीक है जिसका उपयोग वेव की विड्थ को अलग करने के लिए किया जाता है। PWM के पास कई एप्लिकेशन हैं जैसे कि सर्वो और गति नियंत्रकों को नियंत्रित करना, मोटर्स और LED की प्रभावी शक्ति को सीमित करना।

5. What are Libraries?
लाइब्रेरी क्या है?

Ans. Libraries are simply a collection of code that helps us to interface the hardware with any peripheral devices such as sensors, modules, shields, etc. easily. We can use built-in functions of the libraries to make a coding project much more comfortable.

लाइब्रेरी कोड का एक संग्रह है जो हमें हार्डवेयर को किसी भी परिधीय उपकरणों जैसे सेंसर, मॉड्यूल, आदि के साथ आसानी से इंटरफेस करने में मदद करता है। हम कोडिंग प्रोजेक्ट को अधिक आरामदायक बनाने के लिए लाइब्रेरी के अंतर्निहित कार्यों का उपयोग कर सकते हैं।

EXERCISE (अभ्यास)

1. Write short notes on the following:
   निम्नलिखित पर छोटे लिखें:
   (a) Bootloader (बूटलोडर)
   (b) Serial UART interface (सीरियल UART का इंटरफेस)
   (c) Serial.print()
   (d) Arduino Nano board (अरुडिनो नैनो बोर्ड)
   (e) random()
   (f) Nested Loops (नेस्टेड लूप)
   (g) Preprocessor Directive (प्रक्रमण करने से पहले के निर्देश)
2. What is Arduino? (Arduino क्या है?)
3. What are the benefits of using Lilypad Arduino?
   लिलीपैड अरडूइनो का उपयोग करने के क्या फायदे हैं?
4. What are the limitations of using Arduino?
   Arduino का उपयोग करने की सीमाएँ क्या हैं?
5. What is an Arduino UNO board?
   Arduino UNO बोर्ड क्या है?

5 Security and Future of IoT Ecosystem
IoT इकोसिस्टम की सुरक्षा और भविष्य

5.1 Introduction (परिचय)

IoT security is the technology area concerned with safeguarding of connected devices and networks in the Internet of Things (IoT). IoT involves adding Internet connectivity to a system of interrelated computing devices, mechanical and digital machines, objects, animals and/or people. Each "thing" is provided a unique identifier and the ability to automatically transfer data over a network. Allowing devices to connect to the Internet opens them up to a number of serious vulnerabilities if they are not properly protected. Vulnerabilities are weaknesses in a system or its design that allow an intruder to execute commands, access unauthorized data, and/or conduct denial-of-service attacks. Denial-of-service (DoS) attack is an attempt to make a machine or network resource unavailable to its intended users. Due to low memory capabilities and limited computation resources, the majority of devices in IoT are vulnerable to resource disable attacks.

IoT सुरक्षा, इंटरनेट ऑफ थिंग्स (IoT) में जुड़े उपकरणों और नेटवर्क की सुरक्षा से संबंधित प्रौद्योगिकी क्षेत्र है। IoT में इंटरएक्टेड कंप्यूटिंग डिवाइस, मैकेनिकल और डिजिटल मशीन, ऑब्जेक्ट्स, एनिमल्स और/या लोगों के सिस्टम में इंटरनेट कनेक्टिविटी जोड़ना शामिल है। प्रत्येक 'thing' को एक विशिष्ट पहचानकर्ता और नेटवर्क पर डेटा को स्वचालित रूप से स्थानांतरित करने की क्षमता प्रदान की जाती है। इंटरनेट से कनेक्ट करने के लिए उपकरणों की अनुमति देने से उन्हें कई वल्नेरेबिलिटी के लिए एक्सपोज कर दिया जाता है अगर वे ठीक से संरक्षित नहीं हैं। वल्नेरेबिलिटी एक प्रणाली या इसके डिजाइन में वीकनेस हैं जो एक घुसपैठिए को आदेशों को निष्पादित करने, अनधिकृत डेटा तक पहुंचने और/या सेवा से इनकार करने की अनुमति देती हैं। डेनियल–ऑफ–सर्विस (DoS) हमला अपने इच्छित उपयोगकर्ताओं के लिए मशीन या नेटवर्क संसाधन को अनुपलब्ध बनाने का एक प्रयास है। कम मेमोरी क्षमताओं और सीमित संगणना संसाधनों के कारण, IoT में अधिकांश उपकरण संसाधन अक्षम हमलों के लिए असुरक्षित हैं।

5.2 Security (सुरक्षा)

Security means preventing safeguarding connected devices and networks in the Internet of things (IoT) falling in the hands of unauthorized people. The sender of data may wish to be assured that only the intended party actually receives designated data. The receiver must authenticate first that it is the one who is authorized to receive data and thereafter the sender exchanges data. Vulnerabilities can be found in variety of areas in the IoT systems. IoT device security must protect systems, networks, and data from a broad spectrum of IoT security attacks, which target four types of vulnerabilities:

सुरक्षा का मतलब अन–आथोराइज्ड लोगों के हाथों में लगने इंटरनेट ऑफ थिंग्स (IoT) से जुड़े उपकरणों और नेटवर्क को सुरक्षित रखने से रोकना है। डेटा भेजने वाले को आश्वासन दिया जा सकता है कि केवल इच्छित पार्टी वास्तव में नामित डेटा प्राप्त करती है। रिसीवर को पहले यह प्रमाणित करना होगा कि वह वह है जो डेटा प्राप्त करने के लिए अधिकृत है और उसके बाद प्रेषक डेटा का आदान–प्रदान करता है। IoT सिस्टम में विभिन्न प्रकार के क्षेत्रों में वीकनेस पाई जा सकती हैं। IoT डिवाइस सुरक्षा को IoT सुरक्षा हमलों के व्यापक स्पेक्ट्रम से सिस्टम, नेटवर्क और डेटा की सुरक्षा करनी चाहिए, जो चार प्रकार की वीकनेस को लक्षित करते हैं:

- Communication attacks, which put the data transmitted between IoT devices and servers at risk. Cryptography is technique of securing information and communications through use of codes so that only those person for whom the information is intended can understand it and process it. Thus preventing unauthorized access to information.

  कम्युनिकेशन हमले, जो IoT उपकरणों और सर्वरों के बीच संचारित डेटा को खतरे में डालते हैं। क्रिप्टोग्राफी कोड के उपयोग के माध्यम से सूचना और संचार को सुरक्षित करने की एक तकनीक है ताकि केवल उन व्यक्तियों को जिनके लिए जानकारी है, इसे समझ और संसाधित कर सकें। इस प्रकार जानकारी तक अनधिकृत पहुंच को रोकना।

- Lifecycle attacks, which put the integrity of the IoT device as it changes hands from user to maintenance. Owner-ship of a device changes during the lifetime of the device from the manufacturer, supplier, retailer, and consumer. The result of this effect could be in the form of loss of life or property. To get rid of such attacks, passwords should be changed frequently. Also, security services are offered for protecting against lifecycle attacks.

  लाइफ साइकिल के हमलों, जो IoT डिवाइस की अखंडता को लगाते हैं क्योंकि यह उपयोगकर्ता से रखरखाव के लिए हाथ बदलता है। निर्माता, आपूर्तिकर्ता, खुदरा विक्रेता और उपभोक्ता से

डिवाइस के जीवनकाल के दौरान एक उपकरण का स्वामित्व बदल जाता है। इस आशय का परिणाम जीवन या प्रॉपर्टी के नुकसान के रूप में हो सकता है। ऐसे हमलों से छुटकारा पाने के लिए, पासवर्ड को अक्सर बदलना चाहिए। इसके अलावा, सुरक्षा सेवाओं को जीवनचक्र के हमलों से बचाने के लिए पेश किया जाता है।

- Attacks on the device software, are actions taken to harm a system or disrupt normal operations by exploiting vulnerabilities using various techniques and tools.

  डिवाइस सॉफ्टवेयर पर हमले, विभिन्न तकनीकों और उपकरणों का उपयोग करके वल्नेरेबिलिटी को एक्सप्लाइंट करके एक प्रणाली को नुकसान पहुंचाने या सामान्य संचालन को बाधित करने के लिए की जाने वाली क्रियाएं हैं।

- Physical attacks, which target the chip in the device directly. Physical access to IoT devices can introduce risk if those devices are not hardened against physical attack. Such an attack may not be intended to damage the device, but rather to extract information. Simply removing a microSD memory card to read its contents can give an attacker private data, as well as information such as embedded passwords that may allow access to other devices.

  फिजिकल अटैक, जो डिवाइस में चिप को सीधे लक्षित करते हैं। IoT उपकरणों फिजिकल एक्सेस रिस्क है, अगर डिवाइस प्रॉपर हैंडल नहीं की गई। इस तरह के हमले का उद्देश्य डिवाइस को नुकसान पहुंचाना नहीं हो सकता है, बल्कि जानकारी निकालना है। माइक्रोएसडी मेमोरी कार्ड को हटाने के लिए इसकी कंटेंट को पढ़ने के लिए एक अटैकर निजी डेटा दे सकता है, साथ ही साथ एम्बेडेड पासवर्ड जैसी जानकारी जो अन्य उपकरणों तक पहुंच की अनुमति दे सकती है।

A robust IoT security binder allows developers to protect their devices from all types of vulnerabilities while deploying the security level that best matches their application needs. Security vulnerabilities begin from implementation flaws, design flaws, or failure to properly install and use security features. Cryptography technologies are used to fight communication attacks.

रोबस्ट IoT सुरक्षा बाइंडर डेवलपर्स को सुरक्षा स्तर को तैनात करते समय अपने उपकरणों को सभी प्रकार की कमजोरियों से बचाने की अनुमति देता है जो कि उनके आवेदन की जरूरतों से सबसे अच्छा मेल खाता है। सुरक्षा वल्नेरेबिलिटी कार्यान्वयन की खामियों, डिजाइन की खामियों, या सुरक्षा सुविधाओं को ठीक से स्थापित करने और उपयोग करने में विफलता से शुरू होती हैं। क्रिप्टोग्राफी प्रौद्योगिकियों का उपयोग संचार हमलों से लड़ने के लिए किया जाता है।

> *The collection of tools designed to protect data and prevent hackers is known as computer security.*
>
> डेटा की सुरक्षा और हैकर्स को रोकने के लिए डिजाइन किए गए टूल का संग्रह कंप्यूटर सुरक्षा के रूप में जाना जाता है।

5.3 Cyber Security (साइबर सुरक्षा)

Cyber security deals with the security of information technology. It also refers to protecting computers, networks, programs and data from unauthorized users.

साइबर सुरक्षा सूचना प्रौद्योगिकी की सुरक्षा से संबंधित है। यह अनधिकृत उपयोगकर्ताओं से कंप्यूटर, नेटवर्क, प्रोग्राम और डेटा की रक्षा करने के लिए भी संदर्भित करता है।

The information stored in the cyber environment and user's assets is connected to computer devices, applications, services and telecommunications systems. Cyber Security is also used to protect your Internet and network based digital equipment and information from unauthorized access. Its purpose is to defend the assets against all threat actors throughout the entire life cycle of a cyber-attack.

साइबर वातावरण और उपयोगकर्ता की प्रॉपर्टी में संग्रहीत जानकारी कंप्यूटर से जुड़ी होती है उपकरणों, अनुप्रयोगों, सेवाओं और दूरसंचार प्रणाली। साइबर सुरक्षा का उपयोग आपके इंटरनेट और नेटवर्क–आधारित डिजिटल उपकरणों और जानकारी को अनधिकृत पहुंच से बचाने के लिए भी किया जाता है। इसका उद्देश्य साइबर हमले के पूरे जीवन चक्र के दौरान सभी खतरे वाले अभिनेताओं के खिलाफ अस्सेरट्स की रक्षा करना है।

There is a need for Internet users to understand how to protect themselves from online fraud and identity theft.

इंटरनेट उपयोगकर्ताओं को यह समझने की आवश्यकता है कि ऑनलाइन धोखाधड़ी और पहचान की चोरी से खुद को कैसे बचाया जाए।

5.3.1 Securing your PC (अपने पीसी को सुरक्षित रखना)

Computer has become an essential part of our daily lives. You get almost everything done online via PC or laptop. You can secure your PC from virus and spyware in the following ways:

कंप्यूटर हमारे दैनिक जीवन का एक अनिवार्य हिस्सा बन गया है। आपको पीसी या लैपटॉप के माध्यम से लगभग सब कुछ ऑनलाइन हो जाता है। आप निम्न तरीकों से अपने पीसी को वायरस और स्पाईवेयर से सुरक्षित कर सकते हैं:

Creating Strong and Unique Password (स्ट्रांग और यूनिक पासवर्ड बनाना)

Password is the most common form of computer security. Passwords give the first line of protection against any unauthorized access to your computer. Never use default passwords, and make sure that each strong password uses a mix of upper and lowercase letters, numbers, and special characters. The stronger your password, the more protected your computer is from hackers and malicious software.

पासवर्ड कंप्यूटर सुरक्षा का सबसे सामान्य रूप है। पासवर्ड आपके कंप्यूटर पर किसी भी अनधिकृत पहुंच के खिलाफ सुरक्षा की पहली पंक्ति देते हैं। डिफॉल्ट पासवर्ड का उपयोग कभी न करें, और सुनिश्चित करें कि प्रत्येक मजबूत पासवर्ड अपर और लोअर केस अक्षरों, संख्याओं और विशेष वर्णों के मिश्रण का उपयोग करता है। आपका पासवर्ड जितना स्ट्रांग होगा, उतना ही आपके कंप्यूटर को हैकर्स और दुर्भावनापूर्ण सॉफ्टवेयर से संरक्षित किया जाएगा।

Keep Windows and devices Updated
(विंडोज और उपकरणों को अपडेट रखें)

Choose an Operating System based on its security and vulnerability. Make sure you update your Operating System with security updates. Windows has a built-in firewall that protects your PC from unwanted attention via the Internet. Also make sure to check manufacturer's websites regularly to see if patches have been released. Manufacturers issue patches and updates for vulnerabilities as they are discovered. If you find any, update your device. Rather you should enable automatic updates, it is necessary as this is the way new security patches are installed on your devices.

अपनी सुरक्षा और वल्नेरेबिलिटी के आधार पर एक ऑपरेटिंग सिस्टम चुनें। सुनिश्चित करें कि आप सुरक्षा अपडेट के साथ अपने ऑपरेटिंग सिस्टम को अपडेट करते हैं। विंडोज में एक अंतर्निहित फायरवॉल है जो आपके पीसी को इंटरनेट के माध्यम से अवांछित ध्यान से बचाता है। इसके अलावा, निर्माता की वेबसाइट को नियमित रूप से देखना सुनिश्चित करें कि क्या पैच जारी किया गया है। निर्माता पैचेज जारी करते हैं और वल्नेरेबिलिटी के लिए अपडेट करते हैं क्योंकि वे सर्च किए जाते हैं। यदि आपको कोई मिलता है, तो अपने डिवाइस को अपडेट करें। बल्कि आपको स्वचालित अपडेट सक्षम करना चाहिए, यह आवश्यक है क्योंकि यह आपके डिवाइस पर नए सुरक्षा पैच स्थापित किए जाते हैं।

Use 2FA (2FA का उपयोग करें)

Two-factor authentication (2FA) is another protective layer of security that requires the user to enter a one-time code after entering their password. So, if you have, you must use it in your device.

टू–फैक्टर ऑथेंटिकेशन (2FA) सुरक्षा की एक और सुरक्षात्मक परत है, जिसमें उपयोगकर्ता को अपना पासवर्ड दर्ज करने के बाद एक बार कोड दर्ज करने की आवश्यकता होती है। इसलिए, यदि आपके पास है, तो आपको इसे अपने डिवाइस में उपयोग करना होगा।

> *Authorization is the process of determining how an authenticated user is permitted to use specific resources. An authorization mechanism automatically enforces a management policy regarding resource object use.*
>
> ऑथोराइजेशन यह निर्धारित करने की प्रक्रिया है कि किसी प्रमाणित उपयोगकर्ता को विशिष्ट संसाधनों का उपयोग करने की अनुमति कैसे दी जाती है। एक प्राधिकरण तंत्र संसाधन ऑब्जेक्ट उपयोग के बारे में एक प्रबंधन नीति को स्वचालित रूप से लागू करता है।

Install, update and use anti-virus software (एंटी–वायरस सॉफ्टवेयर स्थापित करें, अपडेट करें और उपयोग करें)

Install antivirus software, which detects malicious programs like ransomware, virus etc., as they arrive, and prevents unauthorized applications from executing.

एंटीवायरस सॉफ्टवेयर स्थापित करें, जो दुर्भावनापूर्ण प्रोग्राम्स जैसे कि रैंसमवेयर, वायरस आदि का पता लगाता है, जैसा कि वे आते हैं, और अनधिकृत अनुप्रयोगों को निष्पादित करने से रोकता है।

Encrypt your Connection to the Internet
(अपने कनेक्शन को इंटरनेट पर एन्क्रिप्ट करें)

One of the best encryption tools is VPN. A VPN encrypts your Internet connection and keeps your online activities safe; by using a VPN, you ensure that your computer or laptop is safe while connected to the Internet.

सबसे अच्छा एन्क्रिप्शन टूल में से एक VPN है। VPN आपके इंटरनेट कनेक्शन को एन्क्रिप्ट करता है और आपकी ऑनलाइन गतिविधियों को सुरक्षित रखता है; VPN का उपयोग करके, आप यह सुनिश्चित करते हैं कि आपका कंप्यूटर या लैपटॉप इंटरनेट से कनेक्ट होने के दौरान सुरक्षित है।

> *Encryption is the process of taking data and modifying it so that it cannot be read by untrusted users.*
>
> एन्क्रिप्शन डेटा लेने और इसे मॉडिफाई करने की प्रक्रिया है, ताकि इसे अविश्वसनीय उपयोगकर्ताओं द्वारा नहीं पढ़ा जा सके।

Disable UPnP (UPnP को अक्षम करें)

UPnP is the protocol that enables networked devices to discover other networked devices. Though it is important for interoperability, and allow devices to be tracked. You should, turn off all default settings or features that you don't need on all of your devices.

UPnP वह प्रोटोकॉल है जो नेटवर्क वाले उपकरणों को अन्य नेटवर्क वाले उपकरणों को खोजने में सक्षम बनाता है। हालांकि यह इंटरऑपरेबिलिटी के लिए महत्वपूर्ण है और उपकरणों को ट्रैक करने की अनुमति देता है। आपको उन सभी डिफॉल्ट सेटिंग्स या सुविधाओं को बंद कर देना चाहिए जिनकी आपको अपने सभी उपकरणों पर आवश्यकता नहीं है।

Securing IoT with logz.io
(logz.io के साथ IoT को सुरक्षित करना)

One valuable resource used for securing IoT is the data coming out of these internet-connected devices. IoT devices create lots of data, such as logs and metrics, that can be monitored and analyzed to not only monitor performance but also preemptively discover and troubleshoot vulnerabilities and other security issues.

IoT को सुरक्षित करने के लिए उपयोग किया जाने वाला एक मूल्यवान संसाधन इन इंटरनेट से जुड़े उपकरणों से निकलने वाला डेटा है। IoT

डिवाइस बहुत सारे डेटा बनाते हैं, जैसे लॉग और मेट्रिक्स, जिनकी निगरानी और विश्लेषण किया जा सकता है ताकि न केवल प्रदर्शन पर नजर रखी जा सके बल्कि वल्नेरेबिलिटी और अन्य सुरक्षा समस्याओं का भी त्वरित रूप से पता लगाया जा सके और उनका निवारण किया जा सके।

Preventing the next big attack means implementing best practices and using the right tool set. Logz. io security analytics, for example, enables users to identify potential threats based on what is happening both inside the system and in the world outside the corporate network. Capabilities such as threat detection and correlation rules enable users to monitor IoT devices and identify attack patterns as they are taking place.

अगले बड़े हमले को रोकने का मतलब है कि सर्वोत्तम प्रथाओं को लागू करना और सही टूलसेट का उपयोग करना। उदाहरण के लिए, स्वह्र. पव सुरक्षा विश्लेषण, उपयोगकर्ताओं को सिस्टम के अंदर और कॉर्पोरेट नेटवर्क के बाहर की दुनिया में दोनों के आधार पर संभावित खतरों की पहचान करने में सक्षम बनाता है। खतरे का पता लगाने और सहसंबंध नियमों जैसी क्षमताएं उपयोगकर्ताओं को IoT उपकरणों की निगरानी करने और हमले के पैटर्न की पहचान करने में सक्षम बनाती हैं क्योंकि वे जगह ले रहे हैं।

5.3.2 Securing your Mobile (अपने मोबाइल को सुरक्षित रखना)

Smart phones, tablets, and other mobile devices have become a necessary part of many people's lives. Here are some simple steps to keep you and your devices safe and secure.

स्मार्टफोन, टैबलेट और अन्य मोबाइल उपकरण कई लोगों के जीवन का एक आवश्यक हिस्सा बन गए हैं। आपको और आपके उपकरणों को सुरक्षित रखने के लिए यहां कुछ सरल उपाय हैं:

- Protect your device physically by choosing a strong password, using the auto-lock feature, and by not sharing your device with others. Passwords become weak links when they are shared among colleagues, stolen, written down or created in such a way that they can be easily guessed. For example, users will try to create memorable passwords by using their names, dob, or social security numbers.

  ऑटो–लॉक सुविधा का उपयोग करके, और अपने डिवाइस को अन्य लोगों के साथ साझा न करके, अपने पासवर्ड को फिजिकल रूप से सुरक्षित रखें। जब वे सहकर्मियों के बीच साझा किए जाते हैं, चोरी होते हैं, लिखे जाते हैं, या इस तरह से बनाए जाते हैं कि वे आसानी से अंदाजा लगा सकते हैं, तो कमजोर लिंक ठीक बन जाते हैं। उदाहरण के लिए, उपयोगकर्ता अपने नाम, Dob या सामाजिक सुरक्षा नंबरों का उपयोग करके यादगार पासवर्ड बनाने की कोशिश करेंगे।

- Keep your data secure by regularly backing up and syncing, staying up-to-date with patches and doing operating system updates, and not overriding any software or security features.

  अपने डेटा को नियमित रूप से बैकअप और सिंक करके, पैच के साथ अद्यतित रहना और ऑपरेटिंग सिस्टम अपडेट करना, और किसी भी सॉफ्टवेयर या सुरक्षा सुविधाओं को ओवरराइड न करके सुरक्षित रखना।

- Safeguard your Personally Identifiable Information (PII) like Social Security numbers, passwords, and account numbers. Do not share this information via text; make sure any mobile shopping or banking is done over a secure connection, and disable geotagging.

  सोशल सुरक्षा नंबर, पासवर्ड और खाता संख्या जैसी अपनी व्यक्तिगत पहचान योग्य जानकारी (PII) को सुरक्षित रखें। इस जानकारी को टेक्स्ट के माध्यम से साझा न करें; सुनिश्चित करें कि कोई भी मोबाइल खरीदारी या बैंकिंग एक सुरक्षित कनेक्शन पर की जाती है, और जियोटैगिंग को अक्षम करें।

- Protect your device from malware by being cautious about installing apps.

  ऐप्स इंस्टॉल करने के बारे में सतर्क रहकर अपने डिवाइस को मैलवेयर से बचाएं।

- Try to use private data connection and switch off Wi-Fi on your mobile phone whenever you are in public place.

  जब भी आप किसी पब्लिक स्थान पर हों, तो निजी डेटा कनेक्शन का उपयोग करने की कोशिश करें और अपने मोबाइल फोन पर वाई–फाई को बंद कर दें।

5.4 Need of Security in IoT (IoT में सुरक्षा की आवश्यकता)

We all live in a digital era world which is networked together, from Internet banking to government infrastructure, where data is stored on computers and other devices. A portion of that data can be sensitive information, whether that be intellectual property, financial data, personal information, or other types of data for which unauthorized access could have negative concerns that hacks and other security attacks could endanger the global economy.

हम सभी एक डिजिटल युग में रहते हैं जो एक साथ इंटरनेट बैंकिंग से लेकर सरकारी बुनियादी ढाँचे तक है, जहाँ कंप्यूटर और अन्य उपकरणों पर डेटा संग्रहीत किया जाता है। उस डेटा का एक हिस्सा संवेदनशील जानकारी हो सकता है, चाहे वह बौद्धिक संपदा हो, वित्तीय डेटा, व्यक्तिगत जानकारी या अन्य प्रकार के डेटा, जिनके लिए अनधिकृत पहुंच नकारात्मक चिंताएं हो सकती है, जो हैक और अन्य सुरक्षा हमले ग्लोबल अर्थव्यवस्था को खतरे में डाल सकते हैं।

There are critical vulnerabilities and security loopholes found in IoT solutions which could be control by hackers to carry out number of criminal activities, including monitoring live feeds, changing device settings and authorizing other users to remotely view and control devices.

IoT समाधानों में महत्वपूर्ण वल्नेरेबिलिटी और सुरक्षा खामियां पाई जाती हैं, जिन्हें हैकर्स द्वारा कई आपराधिक गतिविधियों को अंजाम देने के लिए नियंत्रित किया जा सकता है, जिसमें लाइव फीड्स की निगरानी करना, डिवाइस सेटिंग्स बदलना और अन्य उपयोगकर्ताओं को दूर से देखने और नियंत्रण उपकरणों को अधिकृत करना शामिल है।

IoT security hacks can happen in any industry, from smart home to a manufacturing plant to a connected car. In Internet-connected cars hackers can carry out any number of malicious activities, including taking control of the entertainment system, unlocking the doors or even shutting down the car in motion.

IoT सुरक्षा हैक किसी भी उद्योग में, स्मार्ट होम से एक विनिर्माण संयंत्र से एक कनेक्टेड कार तक हो सकता है। इंटरनेट से जुड़ी कारों में, हैकर्स मनोरंजन प्रणाली को नियंत्रित करने, दरवाजों को अनलॉक करने या गति में कार को बंद करने सहित किसी भी प्रकार की दुर्भावनापूर्ण गतिविधियों को अंजाम दे सकते हैं।

Wearables also can become a source of threat to your privacy, as hackers can use the motion sensors embedded in smartwatches to steal information you're typing, or they can gather health data from smartwatch apps or health tracker devices you might be using.

वीरबलेस आपकी गोपनीयता के लिए भी खतरा बन सकते हैं, क्योंकि हैकर्स स्मार्टवॉच में एम्बेडेड मोशन सेंसरों का उपयोग आपके द्वारा टाइप की गई जानकारी को चुराने के लिए कर सकते हैं, या वे आपके द्व ारा उपयोग किए जा रहे स्मार्टवॉच ऐप या स्वास्थ्य ट्रैकर उपकरणों से स्वास्थ्य डेटा एकत्र कर सकते हैं।

Home control hubs have been found to be vulnerable, allowing attackers to tamper with heating, lighting, power and door locks, other cases involve industrial control systems being hacked via their wireless network and sensors.

होम कंट्रोल हब को वल्नरेवल पाया गया है, जिससे हमलावरों को हीटिंग, लाइटिंग, पावर और डोर लॉक से छेड़छाड़ करने की अनुमति मिलती है, अन्य मामलों में औद्योगिक कंट्रोल प्रणाली को उनके वायरलेस नेटवर्क और सेंसर के माध्यम से हैक किया जाता है।

Organization transmit sensitive data across network and other devices, cyber security to protect that information and the systems used to process or store it.

संगठन उस सूचना और प्रणालियों को संरक्षित करने या इसे संचय करने के लिए उपयोग किए जाने वाले नेटवर्क और अन्य उपकरणों, साइबर सिक्योरिटी में संवेदनशील डेटा पहुंचाता है।

The IoT allows billions of devices, peoples, and services to connect with others and exchange information. Due to the increased usage of IoT devices, the IoT networks are prone to various security attacks. The deployment of efficient security and privacy protocols in IoT networks is extremely needed to ensure Confidentiality, Integrity, and Availability among others. These three goals from the Confidentially, Integrity, Availability (CIA) triad, the basis of all security programs. This is also referred to as the AIC (availability, Integrity, and Confidentiality) triad to avoid the confusion with the Central Intelligence Agency. The elements are considered the three most crucial components of security. In this context, confidentiality is a set of rules that limits access to information, integrity is the assurance that the information is trustworthy and accurate, and availability is a guarantee of reliable access to the information by authorized people.

IoT अरबों उपकरणों, लोगों और सेवाओं को दूसरों से जुड़ने और सूचनाओं के आदान–प्रदान की अनुमति देता है। IoT उपकरणों के बढ़ते उपयोग के कारण, IoT नेटवर्क विभिन्न सुरक्षा हमलों से ग्रस्त हैं। IoT नेटवर्क में कुशल सुरक्षा और गोपनीयता प्रोटोकॉल की तैनाती अन्य लोगों के बीच गोपनीयता, अखंडता और उपलब्धता सुनिश्चित करने के लिए अत्यंत आवश्यक है। गोपनीय रूप से, अखंडता, उपलब्धता (CIA) तीनों के ये तीन लक्ष्य, सभी सुरक्षा कार्यक्रमों का आधार हैं। इसे केंद्रीय खुफिया एजेंसी के साथ भ्रम से बचने के लिए AIC (उपलब्धता, अखंडता और गोपनीयता) त्रय के रूप में भी जाना जाता है। तत्वों को सुरक्षा के तीन सबसे महत्वपूर्ण घटक माना जाता है। इस संदर्भ में, गोपनीयता नियमों का एक सेट है जो सूचना तक पहुंच को सीमित करता है, अखंडता यह आश्वासन है कि जानकारी विश्वसनीय और सटीक है, और उपलब्ध ता अधिकृत लोगों द्वारा जानकारी तक विश्वसनीय पहुंच की गारंटी है।

5.4.1 Confidentiality (गोपनीयता)

As IoT data travels through multiple hops in a network, a proper encryption mechanism is required to ensure the condentiality of data. It is equivalent to privacy and avoids the unauthorized disclosure of information. It involves the protection of data, providing access for those who are allowed to see it while disallowing others from learning about its content. Data encryption is a good example to ensure confidentiality.

चूंकि IoT डेटा एक नेटवर्क में कई हॉप्स के माध्यम से यात्रा करता है, डेटा की गोपनीयता सुनिश्चित करने के लिए एक उचित एन्क्रिप्शन तंत्र की आवश्यकता होती है। यह गोपनीयता के बराबर है और जानकारी के अनधिकृत प्रकटीकरण से बचा जाता है। इसमें डेटा की सुरक्षा शामिल है, उन लोगों के लिए पहुंच प्रदान करना है, जिन्हें इसकी सामग्री के बारे में जानने से दूसरों को अस्वीकार करते हुए इसे देखने की अनुमति है। गोपनीयता सुनिश्चित करने के लिए डेटा एन्क्रिप्शन एक अच्छा उदाहरण है।

5.4.2 Integrity (अखंडता)

It refers to the methods for ensuring that data is real, accurate and safeguard from unauthorized user modification. The information has not be altered in an unauthorized way, and that source of the information is genuine. Due to a diverse integration of services, devices and network, the data stored on a device is vulnerable to privacy violation by compromising nodes existing in an IoT network. The IoT devices susceptible to attacks may cause an attacker to impact the data integrity by modifying the stored data for malicious purposes.

यह यह सुनिश्चित करने के लिए विधियों को संदर्भित करता है कि डेटा वास्तविक, सटीक है, और अनधिकृत उपयोगकर्ता संशोधन से सुरक्षित है। जानकारी को अनधिकृत तरीके से बदलना नहीं है, और जानकारी का स्रोत वास्तविक है। सेवाओं, उपकरणों और नेटवर्क के विविध एकीकरण के कारण, एक उपकरण पर संग्रहीत डेटा IoT नेटवर्क में मौजूद नोड्स से समझौता करके गोपनीयता के उल्लंघन के लिए असुरक्षित है। हमलों के लिए अतिसंवेदनशील IoT डिवाइस दुर्भावनापूर्ण प्रयोजनों के लिए संग्रहीत डेटा को संशोधित करके डेटा अखंडता को प्रभावित करने के लिए एक हमलावर का कारण हो सकता है।

5.4.3 Availability (उपलब्धाता)

It is the guarantee of reliable and constant access to your sensitive data by authorized people. The attacks on IoT devices may block the provision of services through the conventional denial-ofservice attacks.

यह अधिकृत लोगों द्वारा आपके संवेदनशील डेटा तक विश्वसनीय और निरंतर पहुंच की गारंटी है। IoT उपकरणों पर हमले पारंपरिक इनकार–सेवा के हमलों के माध्यम से सेवाओं के प्रावधान को अवरुद्ध कर सकते हैं।

5.5 Types of Cyber Attacks (साइबर हमलों के प्रकार)

A cyber-attack is and exploitation of computer systems and networks. It uses malicious code to alter computer code, logic or data and lead to cybercrime, such as information and identity theft.

एक साइबर हमला कंप्यूटर सिस्टम और नेटवर्क का एक्सप्लोइटेशन है। यह कंप्यूटर कोड, तर्क, या डेटा को बदलने और जानकारी और पहचान की चोरी जैसे साइबर अपराध को जन्म देने के लिए दुर्भावनापूर्ण कोड का उपयोग करता है।

Cyber-attacks can be classified into the following categories:

साइबर–हमलों को निम्नलिखित श्रेणियों में वर्गीकृत किया जा सकता है:

5.5.1 Web-based attacks (वेब आधारित हमले)

These are the attacks which occur on a websites or web applications. Some of the important webbased attacks are:

ये वे हमले हैं जो वेबसाइट या वेब एप्लिकेशन पर होते हैं। कुछ महत्वपूर्ण वेब–आधारित हमले हैं:

Injection attacks (इंजेक्शन का हमला)

Injection attacks are amongst the oldest and most dangerous web application attacks. Injection injects application code which can execute operating system commands as the user running the web application. They can result in data theft, data loss, loss of data integrity, Denial of Service, as well as full system compromise. Injection is a major problem in web security. Injection attacks, particularly SQL injections (SQLi attacks) and Cross-site Scripting (XSS) are the most common injection attacks.

इंजेक्शन हमले सबसे पुराने और सबसे खतरनाक वेब एप्लिकेशन हमलों में से हैं। इंजेक्शन एप्लिकेशन कोड को इंजेक्ट करता है जो वेब एप्लिकेशन चलाने वाले उपयोगकर्ता के रूप में ऑपरेटिंग सिस्टम कमांड निष्पादित कर सकता है। वे डेटा चोरी, डेटा हानि, डेटा अखंडता की हानि, सेवा की अस्वीकृति, साथ ही पूर्ण प्रणाली समझौता कर सकते हैं। इंजेक्शन वेब सुरक्षा में एक बड़ी समस्या है। इंजेक्शन हमले, विशेष रूप से SQL इंजेक्शन (SQLI हमले) और क्रॉस–साइट स्क्रिप्टिंग (XSS) सबसे आम इंजेक्शन हमले हैं।

DNS Spoofing (डीएनएस स्पूफिंग)

DNS spoofing, also referred to as DNS cache poisoning, is a form of computer security hacking in which corrupt Domain Name System data is introduced into the DNS resolver's cache, causing the name server to return an incorrect result record, e.g., an IP address. This results in traffic being diverted to the attacker's computer (or any other computer). Since DNS servers cache the DNS translation for faster, more efficient browsing, attackers can take advantage of this to perform DNS spoofing. If an attacker is able to inject a forged DNS entry into the DNS server, all users will now be using that forged DNS entry until the cache expires. DNS cache poisoning can also sometimes be quite difficult to spot. If the malicious website is very similar to the website it is trying to establish, some users may not even notice the difference. The code for DNS cache poisoning is often found in URLs sent via spam emails. These emails attempt to frighten users into clicking on the supplied URL, which in turn infects their computer. To prevent DNS poisoning, users should never click on a link they don't recognize, and regularly scan their computer for malware.

DNS स्पूफिंग, जिसे DNS कैश पॉइजनिंग भी कहा जाता है, कंप्यूटर सुरक्षा हैकिंग का एक रूप है जिसमें भ्रष्ट डोमेन नाम सिस्टम डेटा को DNS रिजॉल्वर के कैश में पेश किया जाता है, जिससे नाम सर्वर एक गलत परिणाम रिकॉर्ड, जैसे, एक आईपी एड्रेस वापस कर सकता है। इसके परिणामस्वरूप ट्रैफिक को हमलावर के कंप्यूटर (या किसी अन्य कंप्यूटर) पर ले जाया जा सकता है चूंकि DNS सर्वर तेजी से और अधिक कुशल ब्राउजिंग के लिए DNS अनुवाद को कैश करता है, इसलिए DNS स्पूफिंग करने के लिए हमलावर इसका लाभ उठा सकते हैं। यदि कोई हमलावर DNS सर्वर में एक DNS प्रविष्टि को इंजेक्ट करने में

सक्षम है, तो सभी उपयोगकर्ता अब उस फोर्स DNS प्रविष्टि का उपयोग तब तक करेंगे जब तक कि कैश समाप्त नहीं हो जाता। DNS कैश पॉइजनिंग कभी–कभी स्पॉट करना भी काफी मुश्किल हो सकता है। यदि दुर्भावनापूर्ण वेबसाइट उस वेबसाइट से बहुत मिलती–जुलती है, जिसे वह स्थापित करने का प्रयास कर रहा है, तो कुछ उपयोगकर्ताओं को अंतर दिखाई नहीं दे सकता है। DNS कैश पॉइजनिंग के लिए कोड अक्सर स्पैम ईमेल के माध्यम से भेजे गए URL में पाया जाता है। ये ईमेल उपयोगकर्ताओं को आपूर्ति किए गए URL पर क्लिक करने से डराने का प्रयास करते हैं, जो बदले में उनके कंप्यूटर को संक्रमित करता है। DNS विषाक्तता को रोकने के लिए, उपयोगकर्ताओं को कभी भी उस लिंक पर क्लिक नहीं करना चाहिए जिसे वे पहचानते नहीं हैं, और नियमित रूप से मैलवेयर के लिए अपने कंप्यूटर को स्कैन करते हैं।

Spam is flooding the Internet with many copies of the same message. The most common form of spam is unwanted e-mail.

स्पैम एक ही संदेश की कई प्रतियों के साथ इंटरनेट भर रहा है। स्पैम का सबसे सामान्य रूप अवांछित ई–मेल है।

Session Hijacking (सेशन हाईजैकिंग)

Hijackers take control of various parts of your web browser, including your home page, search pages, and search bar. They may also redirect you to certain sites which is configured to return a malicious IP address. Some will even redirect you to their own search engine when you attempt a search.

हाइजैकर्स आपके वेब ब्राउजर के विभिन्न भागों को नियंत्रित करते हैं, जिसमें आपके होम पेज, खोज पृष्ठ और खोज बार शामिल हैं। वे आपको उन कुछ साइटों पर भी पुनर्निर्देशित कर सकते हैं जो दुर्भावनापूर्ण आईपी एड्रेस को वापस करने के लिए कॉन्फिगर की गई हैं। जब आप सर्च का प्रयास करते हैं तो कुछ आपको अपने स्वयं के सर्च इंजन पर पुनर्निर्देशित भी करेंगे।

Phishing (फिशिंग)

It is an attempt of acquiring sensitive information such as usernames, passwords, and credit card details, by hacker in an electronic communication. Phishing is carried out either by email spoofing (creation of email messages with a forged sender address) or instant messaging (online chat which offers real-time text transmission over the Internet), and it directs users to enter the details at a fake website which appears to be identical to the legitimate one.

यह इलेक्ट्रॉनिक संचार में हैकर्स द्वारा उपयोगकर्ता नाम, पासवर्ड और क्रेडिट कार्ड विवरण जैसी संवेदनशील जानकारी प्राप्त करने का प्रयास है। फिशिंग को ईमेल स्पूफिंग (फोर्स प्रेषक एड्रेस के साथ ईमेल संदेशों का निर्माण) या त्वरित संदेश (ऑनलाइन चैट जो इंटरनेट पर वास्तविक समय पाठ प्रसारण प्रदान करता है) द्वारा किया जाता है, और यह उपयोगकर्ताओं को एक नकली वेबसाइट पर विवरण दर्ज करने का निर्देश देता है जो एक वैध के समान प्रतीत होता है।

Few tips to identify the phishing are as follows:
फिशिंग की पहचान करने के लिए कुछ सुझाव निम्नानुसार हैं:

- Do not trust the display name.
  प्रदर्शन नाम पर भरोसा न करें।
- Look at the content of the email, but do not click it.
  ईमेल के कंटेंट को देखें, लेकिन उसे क्लिक न करें।
- Do not give away any personal information.
  कोई भी व्यक्तिगत जानकारी न दें।
- **Check for spelling mistakes:** Brands are serious about email, and you do not find any major spelling mistakes or poor grammar.
  वर्तनी की गलतियों की जाँच करें: ब्रांड ईमेल के बारे में गंभीर हैं, और आपको कोई बड़ी वर्तनी की गलतियाँ या खराब व्याकरण नहीं मिलता है।
- **See the salutation:** Legitimate businesses use a personal salutation with first and last name. Lack of details about the signer or company's contact number suggests a phish, as legitimate businesses always provide contact details.
  सेलुटेशन देखें: वैध व्यवसाय पहले और अंतिम नामों के साथ एक व्यक्तिगत अभिवादन का उपयोग करते हैं। हस्ताक्षरकर्ता या कंपनी के संपर्क नंबर के बारे में विवरणों का अभाव एक सुझाव देता है, क्योंकि वैध व्यवसाय हमेशा संपर्क विवरण प्रदान करते हैं।
- **Do not click on attachments:** They may contain viruses and malware which damages the files present on your computer.
  अटैचमेंट पर क्लिक न करें: इनमें वायरस और मैलवेयर हो सकते हैं जो आपके कंप्यूटर पर मौजूद फाइल्स को नुकसान पहुंचाते हैं।

Brute force (ब्रूट फोर्स)

A brute force attack (also known as brute force cracking) is an attempt to crack a password or username or find a hidden web page, or find the key used to encrypt a message, using a trial and error approach and hoping, eventually, to guess correctly. Attackers let a computer do the work trying different combinations of usernames and passwords, for example until they find one that works. The most basic brute force attack is a dictionary attack, where the attacker works through a dictionary of possible passwords and tries them all. Dictionary attacks start with some assumptions about common passwords to try to guess from the list in the dictionary. These kinds of brute force attacks are known as an exhaustive key search, where the computer tries every possible combination of every possible character to find the right combination. Goals of a brute force attack include:

ब्रूट फोर्स अटैक (जिसे ब्रूट फोर्स क्रैकिंग के रूप में भी जाना जाता है) एक पासवर्ड या उपयोगकर्ता नाम को क्रैक करने या एक छिपे हुए वेब पेज को खोजने का प्रयास है, या ट्रायल और एरर एप्रोच का उपयोग

करते हुए और मैसेज को एन्क्रिप्ट करने के लिए उपयोग की जाने वाली की को खोजने के लिए और अंततः सही ढंग से अनुमान लगाओ। हमलावर एक कंप्यूटर को उपयोगकर्ता और पासवर्ड के विभिन्न संयोजनों की कोशिश करते हुए काम करने देते हैं, उदाहरण के लिए जब तक वे एक काम नहीं करते। सबसे बुनियादी क्रूर बल हमला एक शब्दकोश हमला है, जहां हमलावर संभव पासवर्ड के शब्दकोश के माध्यम से काम करता है और उन सभी की कोशिश करता है। डिक्शनरी के हमलों की शुरुआत आम पासवर्ड के बारे में कुछ मान्यताओं के साथ होती है, जो शब्दकोश में सूची से अनुमान लगाने की कोशिश करते हैं। इस प्रकार के हमलों को एक संपूर्ण की खोज के रूप में जाना जाता है, जहां कंप्यूटर सही संयोजन खोजने के लिए हर संभव करैक्टर के हर संभव संयोजन की कोशिश करता है। वरूट फोर्स हमले के लक्ष्यों में शामिल हैं:

- Theft of personal information such as passwords, passphrases and other information used to access online accounts and network resources.
  पासवर्ड, पासफ्रेज और अन्य जानकारी जैसे व्यक्तिगत जानकारी की चोरी ऑनलाइन खातों और नेटवर्क संसाधनों तक पहुँचने के लिए उपयोग की जाती है।
- Collect credentials to sell to third parties.
  तीसरे पक्ष को बेचने के लिए क्रेडेंशियल्स ले लीजिए।
- Provide phishing links to user or spread fake content.
  उपयोगकर्ताओं को फिशिंग लिंक प्रदान करें या नकली कंटेट फैलाएं।
- Defacement of websites and other information in the public domain that could damage the reputation of the organization.
  सार्वजनिक डोमेन में वेबसाइट और अन्य सूचनाओं को प्रस्तुत करना जो संगठन की प्रतिष्ठा को नुकसान पहुंचा सकता है।
- Redirect domains to sites holding malicious content.
  दुर्भावनापूर्ण कंटेट रखने वाली साइटों पर डोमेन पुनर्निर्देशित करें।

Brute force attacks typically depend on weak passwords and careless network administration. Utilizing strong passwords, allowing a limited number of login attempts and enabling two-factor authentication can help to prevent brute force attacks.
वरूट फोर्स के हमले आमतौर पर वीक पासवर्ड और लापरवाह नेटवर्क प्रशासन पर निर्भर करते हैं। स्ट्रांग पासवर्ड का उपयोग, सीमित संख्या में लॉगिन प्रयासों की अनुमति, और दो–कारक प्रमाणीकरण को सक्षम करने से ब्रूट फोर्स के हमलों को रोकने में मदद मिल सकती है।

5.5.2 System-based attacks (सिस्टम आधारित हमले)

These are the attacks which are intended to compromise a computer or a computer network. Some of the important system-based attacks are:
ये ऐसे हमले हैं जिनका उद्देश्य कंप्यूटर या कंप्यूटर नेटवर्क से समझौता करना है। कुछ महत्वपूर्ण प्रणाली आधारित हमले हैं:

Virus (वाइरस)

A computer virus is a kind of malware program, which, when executed, gets replicated by inserting copies of itself into other computer programs, data files of the hard drive. When the replication process of virus gets succeeded, the affected areas are called as "infected".
एक कंप्यूटर वायरस एक तरह का मैलवेयर प्रोग्राम है, जिसे निष्पादित करते समय, हार्ड ड्राइव की डेटा फाइल्स को अन्य कंप्यूटर प्रोग्राम्स में स्वयं की प्रतियां सम्मिलित करके दोहराया जाता है। जब वायरस की प्रतिकृति प्रक्रिया सफल हो जाती है, तो प्रभावित क्षेत्रों को "संक्रमित" कहा जाता है।

Computer viruses can be considered as small software programs which are designed to spread from one computer to another through an interface program.
कंप्यूटर वायरस को छोटे सॉफ्टवेयर प्रोग्राम के रूप में माना जा सकता है जिन्हें एक इंटरफेस प्रोग्राम के माध्यम से एक कंप्यूटर से दूसरे कंप्यूटर में फैलाने के लिए डिजाइन किया गया है।

Computer viruses can spread through many ways, which are: (कंप्यूटर वायरस कई तरह से फैल सकते हैं, जो हैं:)

- Email (ईमेल)
- Removable hardware such as pendrives.
  पेन ड्राइव जैसे रिमूवेबल हार्डवेयर।
- Downloading (डाउनलोड)
- By attaching itself to file or boot records, etc.
  फाइल या बूट रिकॉर्ड आदि से खुद को जोड़कर।

Damages caused by virus:
(वायरस के कारण होने वाले नुकसान:)

- It gives you fake pop ups which tell you to buy non-existent antivirus software.
  यह आपको नकली पॉप–अप देता है जो आपको गैर–मौजूद एंटीवायरस सॉफ्टवेयर खरीदने के लिए कहता है।
- Some can monitor what you are doing.
  कुछ निगरानी कर सकते हैं कि आप क्या कर रहे हैं।
- Slows down your computer performance
  आपके कंप्यूटर के प्रदर्शन को धीमा कर देता है
- Steals files and other sensitive information such as passwords, or bank account details, credit card number etc. from your computer.
  आपके कंप्यूटर से फाइल्स और अन्य संवेदनशील जानकारी जैसे पासवर्ड, या बैंक खाते का विवरण, क्रेडिट कार्ड नंबर आदि चुराता है।

Worm (वार्म्स)

A worm is a destructive program that is designed to corrupt database either all at once or over a period of time. After the worm code is written, it is hidden within an existing program, and once that program is loaded into the computer, the worm replicates by attaching

copies of itself to other programs in the system. The purpose of the worm can range from a simple prank that pops up a strange message on the screen out of the blue, to the actual destruction of programs and data that may be set to occur at any time in the future.
वार्म्स एक विनाशकारी प्रोग्राम है जो डेटाबेस को भ्रष्ट करने के लिए या तो एक बार में या एक से अधिक समय के लिए डिजाइन किया गया है। वार्म्स कोड लिखे जाने के बाद, यह एक मौजूदा प्रोग्राम के भीतर छिपा होता है, और एक बार उस प्रोग्राम को कंप्यूटर में लोड कर दिया जाता है, यह वार्म्स सिस्टम में खुद को दूसरे प्रोग्राम्स की कॉपी अटैच करके नकल करता है। वार्म्स का उद्देश्य एक साधारण प्रैंक से हो सकता है जो नीले रंग से बाहर स्क्रीन पर एक अजीब संदेश पॉप करता है, भविष्य में किसी भी समय होने वाले कार्यक्रमों और डेटा के वास्तविक विनाश के लिए।

A virus is similar to a worm, which is also a destructive program, however, the virus always attaches itself to other programs, whereas the worm may not. Worms are less harmful than viruses. They do not require any carrier program and spread by duplicating themselves. They are merely found in the network environment.
एक वायरस एक वार्म्स के समान है, जो एक विनाशकारी प्रोग्राम भी है, हालांकि, वायरस हमेशा खुद को अन्य प्रोग्राम में संलग्न करता है, जबकि वाम्स नहीं हो सकता है। वाम्स वायरस की तुलना में कम हानिकारक होते हैं। उन्हें किसी भी वाहक प्रोग्राम की आवश्यकता नहीं है और खुद को डुप्लिकेट करके फैलता है। वे केवल नेटवर्क वातावरण में पाए जाते हैं।

The characteristics of a worm are as follows: (वार्म्स की विशेषताएं हैं:)

- It is self-contained. (यह स्वयंभू है।)
- It can replicate. (यह दोहरा सकता है।)
- It is activated by creating process. (यह एक प्रक्रिया बनाकर सक्रिय होता है।)

How do worms spread? (वार्म्स)

Worms are autonomous agents which are capable of propagating themselves without the use of other program or intervention or action by a user.
वार्म्स ऑटोनामस एजेंट हैं जो एक उपयोगकर्ता द्वारा अन्य प्रोग्राम या हस्तक्षेप या कार्रवाई के उपयोग के बिना खुद को प्रचारित करने में सक्षम हैं।

Damage caused by worm (वार्म्स के नुकसान:)

- Disrupt services. (सेवाओं को बाधित करना।)
- Creates system management problems.
  सिस्टम प्रबंधन समस्याओं को बनाता है।
- It can scan for passwords and send information back to attacker.
  यह पासवर्ड के लिए स्कैन कर सकता है और हमलावर को सूचना वापस भेज सकता है।

Different types of computer worm (विभिन्न प्रकार के कंप्यूटर वर्म)

- **Email Worms:** It spreads through infected email messages as an attachment or a link.
  ईमेल वर्म्स: यह एक अटैचमेंट या लिंक के रूप में संक्रमित ईमेल संदेशों के माध्यम से फैलता है।
- **Instant Messaging Worms:** It spreads by sending links to the contact list of instant messaging applications.
  इंस्टैंट मैसेजिंग वर्म्स: यह इंस्टेंट मैसेजिंग एप्लिकेशन की संपर्क सूची के लिंक भेजकर फैलता है।
- **Internet Worms:** It scans all available network resources by using local operating system services; it will connect and gain access to computer if it is found to be vulnerable.
  इंटरनेट वर्म्स: यह स्थानीय ऑपरेटिंग सिस्टम सेवाओं का उपयोग करके सभी उपलब्ध नेटवर्क संसाधनों को स्कैन करता है; यदि यह असुरक्षित पाया जाता है तो यह कंप्यूटर से कनेक्ट और एक्सेस करेगा।
- **IRC Worm:** It spreads through IRC chat channels by sending infected files or links of infected websites to other users in the same channel.
  IRC वर्म: यह IRC चैट चौनलों के माध्यम से संक्रमित फाइल्स या संक्रमित वेबसाइटों के लिंक को एक ही चैनल पर अन्य उपयोगकर्ताओं को भेजकर फैलता है।

Worm is a program made to replicate automatically. A worm replicates continuously until the entire hard disk space and memory are eaten up and it may do so without any user intervention.
वर्म स्वचालित रूप से दोहराने के लिए बनाया गया एक कार्यक्रम है। वर्म लगातार प्रतिकृति बनाता है जब तक कि पूरे हार्ड डिस्क स्थान और मेमोरी को खा नहीं जाता है और ऐसा बिना किसी उपयोगकर्ता के हस्तक्षेप के हो सकता है।

Trojan horse (ट्रोजन हॉर्स)

A trojan horse is a program that invades a computer system by secretly attaching itself to a valid program downloaded into the computer. It may be used to locate password information, or it may alter an existing program to make it easier to gain access to it.
ट्रोजन हॉर्स एक प्रोग्राम है जो कंप्यूटर सिस्टम को गुप्त रूप से खुद को कंप्यूटर में डाउनलोड किए गए वैध प्रोग्राम से जोड़कर आक्रमण करता है। इसका उपयोग पासवर्ड की जानकारी का पता लगाने के लिए किया जा सकता है, या किसी मौजूदा प्रोग्राम को बदलने के लिए इसे एक्सेस करने में आसान बनाने के लिए इसे बदल सकते हैं।

Trojan Horse is a program that appears to do something useful but actually delivers a harmful effect, such as opening up a security hole, spreading itself via e-mail, or deleting or damaging files. It has no way to replicate automatically.

ट्रोजन हॉर्स एक ऐसा प्रोग्राम है जो उपयोग करने के लिए प्रकट होता है, लेकिन वास्तव में एक हानिकारक प्रभाव बचाता है, जैसे कि एक सुरक्षा पोर्स खोलना, ई–मेल के माध्यम से खुद को फैलाना, या फाइल्स को हटाना या नुकसान पहुंचाना। यह स्वचालित रूप से दोहराने का कोई तरीका नहीं है।

Types of Trojan Horses (ट्रोजन हॉर्स के प्रकार)

Trojans are classified according to the type of actions:
ट्रोजन को कार्यों के प्रकार के अनुसार वर्गीकृत किया गया हैः

- **Backdoor:** It gives remote control to the malicious users of an infected computer.

  बैकडोरः यह एक संक्रमित कंप्यूटर के दुर्भावनापूर्ण उपयोगकर्ताओं को रिमोट कंट्रोल देता है।

- **Exploit:** These are the programs which contain data or code that takes an advantage of a vulnerability within application software which is running on your computer.

  एक्सप्लॉइटः ये ऐसे प्रोग्राम हैं जिनमें डेटा या कोड होते हैं जो आपके कंप्यूटर पर चल रहे एप्लिकेशन सॉफ्टवेयर के भीतर भेद्यता का लाभ उठाते हैं।

- **Rootkit:** These are designed to conceal certain objects or activities in your system. It prevent malicious programs from getting detected.

  रूटकिटः ये आपके सिस्टम में कुछ वस्तुओं या गतिविधियों को छिपाने के लिए डिजाइन किए गए हैं। यह दुर्भावनापूर्ण प्रोग्राम्स का पता लगाने से रोकता है।

- **Trojan-Banker:** It is designed to steal your account data for online banking systems, e-payment systems, and credit or debit cards.

  ट्रोजन–बैंकरः यह ऑनलाइन बैंकिंग सिस्टम, ई–भुगतान प्रणाली और क्रेडिट या डेबिट कार्ड के लिए आपके खाते का डेटा चोरी करने के लिए डिजाइन किया गया है।

- **Trojan-DDoS:** It conducts DoS (Denial of Service), which is done by sending multiple requests from your computer and several other infected computers; the attack then overburdens the target address which leads to problem.

  ट्रोजन–DDoS: यह DoS (सेर–वाइस का निषेध) का संचालन करता है, जो आपके कंप्यूटर और कई अन्य संक्रमित कंप्यूटरों से कई अनुरोध भेजकर किया जाता है; हमले के बाद लक्ष्य पते पर काबू पा लिया जाता है जिससे समस्या होती है।

- **Trojan-Downloader:** It automatically downloads and installs new versions of malicious programs onto your computer.

  ट्रोजन–डाउनलोडरः यह स्वचालित रूप से आपके कंप्यूटर पर दुर्भावनापूर्ण प्रोग्रामों के नए संस्करणों को डाउनलोड और इंस्टॉल करता है।

- **Trojan-Dropper:** It is used by hackers to install Trojans and/or viruses for preventing the detection of malicious programs.

  ट्रोजन–ड्रॉपरः इसका उपयोग हैकर्स द्वारा दुर्भावनापूर्ण प्रोग्राम्स का पता लगाने से रोकने के लिए ट्रोजन और/या वायरस स्थापित करने के लिए किया जाता है।

How do Trojan Horses spread? (ट्रोजन हॉर्स कैसे पफैलते हैं?)

They generally spread through e-mail.
वे आम तौर पर ई–मेल के माध्यम से फैलते हैं।

Limitations (सीमाएं)

Since Trojan Horse malware is not technically viral, it cannot self-replicate and requires a user interaction to function.
चूंकि ट्रोजन हॉर्स मालवेयर तकनीकी रूप से वायरल नहीं है, इसलिए यह स्व–प्रतिकृति नहीं कर सकता है और उपयोगकर्ता को कार्य करने के लिए बातचीत की आवश्यकता होती है।

Protection against Trojans (ट्रोजन के खिलापफ संरक्षण)

By installing anti-malware software on PCs, laptops, Macs, tablets, and smartphones, one can get protection against Trojans.
पीसी, लैपटॉप, मैक, टैबलेट और स्मार्टफोन पर एंटी–मैलवेयर सॉफ्टवेयर स्थापित करके, कोई भी ट्रोजन के खिलाफ सुरक्षा प्राप्त कर सकता है।

Backdoors (बैर्कडोर)

This is a program that sends information back to its creator about the infected system, making it easy for that person to hack into the infected system and take control of it or read sensitive data.
यह एक ऐसा प्रोग्राम है जो संक्रमित सिस्टम के बारे में अपने निर्माता को जानकारी भेजता है, जिससे उस व्यक्ति को संक्रमित सिस्टम में हैक करना और उस पर नियंत्रण रखना या संवेदनशील डेटा पढ़ना आसान हो जाता है।

It gives remote control to the malicious users of an infected computer.

यह संक्रमित कंप्यूटर के दुर्भावनापूर्ण उपयोगकर्ताओं को रिमोट कंट्रोल देता है।

Bots (बॉट)

A bot short for "robot" and also called an Internet bot is an automated program that runs over the Internet. Bots are automated, means they run according to their instructions without a human user to start them up. Bots often imitate or replace a human user's behavior. Typically they do repetitive tasks, and they can do them much faster than human users could.
"रोबोट" के लिए एक बॉट शॉर्ट और जिसे इंटरनेट बॉट भी कहा जाता है, एक स्वचालित प्रोग्राम है जो इंटरनेट पर चलता है। बॉट स्वचालित

हैं, जिसका अर्थ है कि वे एक मानव उपयोगकर्ता के बिना उनके निर्देशों के अनुसार चलाते हैं। बोट अक्सर मानव उपयोगकर्ता के व्यवहार की नकल करते हैं या प्रतिस्थापित करते हैं। आमतौर पर वे दोहराव वाले कार्य करते हैं, और वे उन्हें मानव उपयोगकर्ताओं की तुलना में बहुत तेजी से कर सकते हैं।

Some bots are useful, one of the best examples of a good bot is a search engine spider that index content for a search engine. Other bots are "bad" and are programmed to break into user accounts, scan the web for contact information for sending spam, or perform other malicious activities.

कुछ बॉट उपयोगी हैं, एक अच्छा बॉट का सबसे अच्छा उदाहरण एक सर्च इंजन स्पाइडर है जो एक सर्च इंजन के लिए सूचकांक सामग्री सर्च है। अन्य बॉट्स "खराब" हैं और उन्हें उपयोगकर्ता खातों में तोड़ने के लिए प्रोग्राम किया गया है, स्पैम भेजने के लिए संपर्क जानकारी के लिए वेब को स्कैन करें या अन्य दुर्भावनापूर्ण गतिविधियां करें।

While most bots are used for productive purposes, some are considered malware, since they perform undesirable functions. For example, spambots capture email addresses from website contact forms, address books, and email programs, then add them to a spam mailing list. Site scrapers download entire websites, enabling unauthorized duplication of a website's contents. DoS bots send automated requests to websites, making them unresponsive. Botnets, which consist of many bots working together, may be used to gain unauthorized access to computer systems and infect computers.

जबकि अधिकांश बॉट का उपयोग उत्पादक उद्देश्यों के लिए किया जाता है, कुछ को मैलवेयर माना जाता है, क्योंकि वे अवांछनीय कार्य करते हैं। उदाहरण के लिए, स्पैम्बोट्स वेबसाइट के संपर्क फॉर्म, एड्रेस बुक्स और ईमेल प्रोग्राम्स से ईमेल एड्रेस कैप्चर करते हैं, फिर उन्हें स्पैम मेलिंग लिस्ट में जोड़ते हैं। साइट स्क्रैपर्स वेबसाइट की कंटेट के अनधिकृत दोहराव को सक्षम करते हुए, संपूर्ण वेबसाइट डाउनलोड करते हैं। DoS बॉट वेबसाइट के लिए स्वचालित अनुरोध भेजते हैं, जिससे वे अनुत्तरदायी हो जाते हैं। बोटनेट, जिसमें एक साथ काम करने वाले कई बॉट होते हैं, का उपयोग कंप्यूटर सिस्टम और कंप्यूटर को संक्रमित करने के लिए अनधिकृत पहुंच प्राप्त करने के लिए किया जा सकता है।

Bots can be of following types:
(बॉट निम्न प्रकार के हो सकते हैं:)

- **Chatbots:** These bots are scripts that look for certain text patterns submitted by chat room participants and respond with automated actions. For example, a chat bot might warn a user if his language is inappropriate.

  चैटबॉट: ये बॉट ऐसी स्क्रिप्ट हैं जो चैट रूम के प्रतिभागियों द्वारा प्रस्तुत कुछ पाठ पैटर्न की तलाश करते हैं और स्वचालित क्रियाओं के साथ प्रतिक्रिया करते हैं। उदाहरण के लिए, एक चैटबॉट किसी उपयोगकर्ता को चेतावनी दे सकता है यदि उसकी लैंग्वेज अनुचित है।

- **Web crawlers:** Bots that scan content on webpages all over the Internet. Web crawlers are used by search engines to scan websites on a regular basis. These bots "crawl" websites by following the links on each page.

  वेब क्रॉलर: वे बॉट जो पूरे इंटरनेट पर वेब–पेज पर कंटेट को स्कैन करते हैं। वेब क्रॉलर का उपयोग सर्च इंजन द्वारा नियमित रूप से वेबसाइटों को स्कैन करने के लिए किया जाता है। ये बॉट्स प्रत्येक पृष्ठ पर लिंक का अनुसरण करके वेबसाइटों को "क्रॉल" करते हैं।

- **Social bots:** Bots that operate on social media platforms.

  सोशल बॉट्स: बॉट्स जो सोशल मीडिया प्लेटफॉर्म पर काम करते हैं।

- **Malicious bots:** Bots that scrape content, spread spam content, or carry out credential stuffing attacks. Malicious bots are typically blended threats that come as part virus/worm and are used in a identity theft or to launch denial of service attacks.

  मलिसियस बॉट: बॉट जो कंटेट को परिमार्जन करते हैं, स्पैम सामग्री फैलाते हैं, या क्रेडेंशियल स्टफिंग हमलों को अंजाम देते हैं। मालिसियस बोट्स आमतौर पर मिश्रित खतरे होते हैं जो वायरस/कृमि के हिस्से के रूप में आते हैं और पहचान की चोरी में या सेवा हमलों से इनकार करने के लिए उपयोग किए जाते हैं।

5.6 IoT and Cyber Security Challenges (IoT और साइबर सिक्योरिटी चैलंजेज)

A number of challenges prevent the securing of IoT devices and ensuring end-to-end security in an IoT environment. Because the idea of networking appliances and other objects is relatively new, security has not always been considered top priority during a product's design phase. Additionally, because IoT is a founding market, many product designers and manufacturers are more interested in getting their products to market quickly, rather than taking the necessary steps to build security in from the start. From a manufacturer's viewpoint, building security in; from the start can be costly, slow down development and cause the device not to function as it should.

IoT उपकरणों की सुरक्षा और आईओटी वातावरण में एंड–टू–एंड सुरक्षा सुनिश्चित करने के लिए कई चुनौतियां हैं। क्योंकि नेटवर्किंग उपकरणों और अन्य वस्तुओं का विचार अपेक्षाकृत नया है, इसलिए उत्पाद के डिजाइन चरण के दौरान सुरक्षा को हमेशा सर्वोच्च प्राथमिकता नहीं माना जाता है। इसके अतिरिक्त, क्योंकि IoT एक संस्थापक बाजार है, कई उत्पाद डिजाइनर और निर्माता अपने उत्पादों को जल्दी से बाजार में लाने में अधिक रुचि रखते हैं, बजाय शुरुआत से सुरक्षा बनाने के लिए आवश्यक कदम उठाने के; एक निर्माता से महत्वपूर्ण साइबर सुरक्षा चुनौतियां हैं:

In India, there are many challenges related to cyber security. With the increased of cyber-attack, every organization needs a security analyst who makes that their system is secured. These security analysts face many challenges related to cyber security such as securing confidential data of government organizations, securing the private organization servers, etc. The important cyber security challenges are as follows:

5.6.1 Blockchain Revolution (ब्लॉकचेन रेवालुशन)

Blockchain is the technology of Digital Crypto-Currency Bitcoin. Blockchain was invented by a person (or group of people) using the name 'Satoshi Nakamoto' in 2008 to serve as the public transaction ledger of the cryptocurrency bitcoin. It is a distributed database of records of all transactions that have been executed and shared among participating parties. Each transactions verified by the majority of participants of the system. It contains every single record of each transaction. Bitcoin is the most popular cryptocurrency example of the blockchain.

ब्लॉकचेन डिजिटल क्रिप्टो–करेंसी बिटकॉइन की तकनीक है। ब्लॉकचेन का आविष्कार एक व्यक्ति (या लोगों के समूह) ने 2008 में 'सातोशी नाकामोटो' नाम से किया था, जो क्रिप्टोक्यूरेंसी बिटकॉइन के सार्वजनिक लेनदेन के रूप में काम करता है। यह सभी लेनदेन के रिकॉर्ड का एक वितरित डेटाबेस है जिसे भागीदार दलों के बीच निष्पादित और साझा किया गया है। सिस्टम के अधिकांश प्रतिभागियों द्वारा सत्यापित प्रत्येक लेनदेन। इसमें प्रत्येक लेनदेन का हर एक रिकॉर्ड होता है। बिटकॉइन ब्लॉकचेन का सबसे लोकप्रिय क्रिप्टोक्यूरेंसी उदाहरण है।

Bitcoin is a crypto-currency and digital payment system invented by Satoshi Nakamoto. It means they can used like a currency which can be used to buy things online. These are similar to digital cash that exist as bits on people's computers. Bitcoins exist only in the cloud, like Paypal. Even though they are virtual, rather than physical, they are used like cash when transferred between people through the web.

बिटकॉइन एक क्रिप्टोकरेंसी और डिजिटल भुगतान प्रणाली है जिसका आविष्कार सातोशी नाकामोटो ने किया था। इसका मतलब है कि उन्हें एक मुद्रा की तरह इस्तेमाल किया जा सकता है जिसका उपयोग ऑनलाइन चीजें खरीदने के लिए किया जा सकता है। ये डिजिटल कैश के समान हैं जो लोगों के कंप्यूटर पर बिट्स के रूप में मौजूद हैं। बिटकॉइन केवल क्लाउड में मौजूद हैं, जैसे कि पेपाल। भले ही वे भौतिक होने के बजाय आभासी हों, लेकिन वे वेब के माध्यम से लोगों के बीच स्थानांतरित होने पर नकदी की तरह उपयोग किए जाते हैं।

Blockchaing technology can be integrated into multiple areas. The primary use of blockchains is as a distorted ledger for cryptocurrencies. It shows great across a wide range of business applications like banking, finance, government, healthcare, Insurance, media and entertainment, retail etc.

ब्लॉकचेन तकनीक को कई क्षेत्रों में एकीकृत किया जा सकता है। ब्लॉकचिन्स का प्राथमिक उपयोग क्रिप्टोकरेंसी के लिए एक विकृत बेजर के रूप में है। यह बैंकिंग, वित्त, सरकार, स्वास्थ्य सेवा, बीमा, मीडिया और मनोरंजन, खुदरा, आदि जैसे व्यावसायिक अनुप्रयोगों की एक विस्तृत श्रृंखला को दर्शाता है।

Blockchain network is way better than the traditional methods of saving records on papers. The details of every transaction are stored across the network, which makes it difficult for hackers to hinder with the security. This is the reason why industries such as finance, banking etc., where the data shared is sensitive, are turning to blockchain technology for a solution.

ब्लॉकचेन नेटवर्क कागजों पर रिकॉर्ड को बचाने के पारंपरिक तरीकों से बेहतर है। हर लेनदेन का विवरण पूरे नेटवर्क में संग्रहीत किया जाता है, जिससे हैकर्स के लिए सुरक्षा में बाधा डालना मुश्किल हो जाता है। यही कारण है कि वित्त, बैंकिंग इत्यादि जैसे उद्योग, जहां साझा किया गया डेटा संवेदनशील है, समाधान के लिए ब्लॉकचेन प्रौद्योगिकी की ओर रुख कर रहे हैं।

A piece of data that is shared via blockchain technology is complete in itself, accurate and consistent with all the members. The distributed structure of blockchain makes it possible for users to control and access details about the transactions.

ब्लॉकचौन प्रौद्योगिकी के माध्यम से साझा किया गया डेटा का एक टुकड़ा अपने आप में पूर्ण, सटीक और सभी सदस्यों के अनुरूप है। ब्लॉकचेन की वितरित संरचना उपयोगकर्ताओं को लेनदेन के बारे में विवरणों को नियंत्रित और एक्सेस करने के लिए संभव बनाती है।

5.6.2 Ransomware Evolution (रैनसमवेयर इवोल्यूशन)

In 1996, ransomware was known as cryptoviral extortion, introduced by Moti Yung and Adam Young from Columbia University. Ransomware is a type of malicious software that blocks access to a computer system or data, usually by encrypting it, until the victim pays a fee to the attacker. In many cases, the ransom demand comes with a deadline. If the victim does not pay in time, the data is gone forever. The two most common types of ransomware are encryptors and screen lockers. Encryptors encrypt data on a system, making the content useless without the decryption key. Screen lockers, on the other hand, simply block access to the system with a lock screen stating that the system is encrypted.

1996 में, रैंसमवेयर को क्रिप्टोविरल एक्सटॉर्शन के रूप में जाना जाता था, जिसे कोलंबिया विश्वविद्यालय से मोती युंग और एडम यंग द्वारा पेश किया गया था। रैंसमवेयर एक प्रकार का दुर्भावनापूर्ण सॉफ्टवेयर है जो कंप्यूटर सिस्टम या डेटा तक पहुच को रोक देता है, आमतौर पर इसे एन्क्रिप्ट करके, जब तक कि हमलावर को शुल्क का भुगतान नहीं करता है। कई मामलों में, फिरौती की मांग एक समय सीमा के साथ आती है।

यदि पीड़ित समय पर भुगतान नहीं करता है, तो डेटा हमेशा के लिए चला जाता है। रैंसमवेयर के दो सबसे सामान्य प्रकार एनक्रिप्टर्स और स्क्रीन लॉकर हैं। एन्क्रिप्ट एक प्रणाली पर डेटा एन्क्रिप्ट करते हैं, जिससे डिक्रिप्शन की के बिना सामग्री बेकार हो जाती है। दूसरी ओर, स्क्रीन लॉकर, सिस्टम में प्रवेश को लॉक स्क्रीन के साथ ब्लॉक करते हुए बताता है कि सिस्टम एन्क्रिप्टेड है।

There are several different ways that ransomware can infect your computer. One of the most common methods today is through malicious spam, which is unsolicited email that is used to deliver malware. Malspam uses social engineering in order to trick people into opening attachments or clicking on links by appearing as it is from a trusted institution.

कई अलग–अलग तरीके हैं जो रैंसमवेयर आपके कंप्यूटर को संक्रमित कर सकते हैं। सबसे आम तरीकों में से एक आज मलिसियस स्पैम के माध्यम से है, जो एक अवांछित ईमेल है जिसका उपयोग मैलवेयर वितरित करने के लिए किया जाता है। मलिसियस सोशल इंजीनियरिंग का उपयोग करता है ताकि लोगों को अटैचमेंट में जोड़ने के लिए या किसी विश्वसनीय संस्थान से दिखाई दे कर लिंक पर क्लिक करें।

Insecure devices can also be directly targeted by ransomware or other malware, for example, to be used for cryptocurrency mining or as DDoS (Distributed Denial of service) attack drones in a botnet (Mirai).

असुरक्षित उपकरणों को भी सीधे रैंसमवेयर या अन्य मैलवेयर द्वारा लक्षित किया जा सकता है, उदाहरण के लिए, क्रिप्टोक्यूरेंसी खनन के लिए या DDoS (सेवा के वितरण से इनकार) के रूप में बॉट–नेट (मिराई) में ड्रोन का उपयोग करने के लिए।

5.6.3 IoT Threats (IoT थ्रेट)

Wireless communication networks are highly prone to security threats. The major applications of wireless communication networks are in military, business, healthcare, retail, and transportations. These systems use wired, cellular, or adhoc networks. Wireless sensor networks, actuator networks, and vehicular networks have received a great attention in society and industry. In recent years, the Internet of Things (IoT) has received considerable research attention. The IoT is considered as future of the Internet. The IoT allows billions of devices, peoples, and services to connect with others and exchange information. Although the IoT provides huge benefits, it is prone to various security threats in your daily life. The majority of the security threats are related to leakage of information and loss of services. In IoT, the security threats are affecting the physical security risk also. The deployment of efficient security and privacy protocols in IoT networks is extremely needed to ensure confidentiality, authentication, access control, and integrity, among others. In fact, in IoT environments, devices should be protected against any threats that can affect their functionality. It is challenging to implement and use a strong security mechanism due to resource constraints in terms of IoT computational capabilities, memory, and battery power. Some security threats in the IoT are as follows:

वायरलेस संचार नेटवर्क सुरक्षा खतरों से ग्रस्त हैं। वायरलेस संचार नेटवर्क के प्रमुख अनुप्रयोग सैन्य, व्यापार, स्वास्थ्य सेवा, खुदरा और परिवहन में हैं। ये सिस्टम वायर्ड, सेलुलर या एडहॉक नेटवर्क का उपयोग करते हैं। वायरलेस सेंसर नेटवर्क, एक्चुएटर नेटवर्क और वाहन नेटवर्क ने समाज और उद्योग में बहुत ध्यान दिया है। हाल के वर्षों में, इंटरनेट ऑफ थिंग्स (IoT) को काफी शोध ध्यान मिला है। IoT को इंटरनेट का भविष्य माना जाता है। IoT अरबों उपकरणों, लोगों और सेवाओं को दूसरों से जुड़ने और सूचनाओं के आदान–प्रदान की अनुमति देता है। हालांकि IoT भारी लाभ प्रदान करता है, यह आपके दैनिक जीवन में विभिन्न सुरक्षा खतरों से ग्रस्त है। सुरक्षा खतरों के बहुमत के दृष्टिकोण से संबंधित हैं, भवन सुरक्षा में; शुरू से महंगा हो सकता है, विकास को धीमा कर सकता है, और डिवाइस को कार्य नहीं करना चाहिए जैसा कि इसे करना चाहिए।

भारत में, साइबर सुरक्षा से संबंधित कई चुनौतियां हैं। साइबर–हमले की वृद्धि के साथ, प्रत्येक संगठन को एक सुरक्षा विश्लेषक की आवश्यकता होती है जो यह सुनिश्चित करता है कि इसकी प्रणाली सुरक्षित है। ये सुरक्षा विश्लेषक साइबर सुरक्षा से संबंधित कई चुनौतियों का सामना करते हैं जैसे सरकारी संगठनों के गोपनीय डेटा को सुरक्षित करना, निजी संगठन के सर्वर को सुरक्षित रखना आदि।

सूचना का फ्लो और सेवाओं का नुकसान थ्रेट है। IoT में, सुरक्षा खतरे फिजिकल सुरक्षा जोखिम को भी प्रभावित कर रहे हैं। IoT नेटवर्क में कुशल सुरक्षा और गोपनीयता प्रोटोकॉल की तैनाती अन्य लोगों के बीच गोपनीयता, प्रमाणीकरण, अभिगम नियंत्रण और अखंडता सुनिश्चित करने के लिए अत्यंत आवश्यक है। वास्तव में, IoT वातावरण में, उपकरणों को किसी भी खतरे से बचाया जाना चाहिए जो उनकी कार्यक्षमता को प्रभावित कर सकते हैं। यह IoT कम्प्यूटेशनल क्षमताओं, मेमोरी और बैटरी पावर के संदर्भ में संसाधन की कमी के कारण एक मजबूत सुरक्षा तंत्र को लागू करने और उपयोग करने के लिए चुनौतीपूर्ण है। IoT में कुछ सुरक्षा खतरे इस प्रकार हैं:

- To ensure the security of data in IoT environment, end-to-end data protection should be provided in a complete network of data to manage information privacy in full data life cycle.

  IoT वातावरण में डेटा की सुरक्षा सुनिश्चित करने के लिए, पूर्ण डेटा जीवन चक्र में सूचना गोपनीयता का प्रबंधन करने के लिए डेटा का एक पूरा नेटवर्क में एंड–टू–एंड डेटा सुरक्षा प्रदान की जानी चाहिए।

- Data is collected from different devices connected to each other and instantly shared with other devices. The interconnection and communication among the devices in the IoT adjust according to the situation. Therefore, the devices must be capable of maintaining security level.

डेटा को एक दूसरे से जुड़े विभिन्न उपकरणों से एकत्र किया जाता है और तुरंत अन्य उपकरणों के साथ साझा किया जाता है। IoT में उपकरणों के बीच परस्पर संपर्क और संचार स्थिति के अनुसार समायोजित होता है। इसलिए, उपकरणों को सुरक्षा स्तर बनाए रखने में सक्षम होना चाहिए।

- Most of the security and privacy concerns are invoke by misconfiguration of users. So, it necessary to select security and privacy policies that may apply automatically.
  अधिकांश सुरक्षा और गोपनीयता चिंताएं उपयोगकर्ताओं के गलत संपर्क से होती हैं। इसलिए, सुरक्षा और गोपनीयता नीतियों का चयन करना आवश्यक है जो स्वचालित रूप से लागू हो सकते हैं।

5.6.4 AI Expansion (AI एक्सपेंशन)

The bots can download a complimentary copy of AI and Machine Learning in your Organization to learn about the ways in which AI and machine learning are being applied IT operations and security.

बॉट AI और मशीन लर्निंग की उन तरीकों के बारे में जानने के लिए आपके संगठन में AI और मशीन लर्निंग की एक निःशुल्क प्रतिलिपि डाउनलोड कर सकते हैं, जिन्हें IoT संचालन और सुरक्षा के लिए लागू किया जा रहा है।

5.6.5 Serverless Apps Vulnerability (सर्वर रहित ऐप्स भेद्यता)

Serverless apps, the latest aspect of virtual computing, enable a new degree of granularity in computing functions. Serverless apps can save time and reduce costs. For example, some providers have recently reduced the billing iteration to seconds, which will have a substantial impact on growth. Billing for functions in seconds, instead of using containers or virtual machines that require minutes or hours.

सर्वरलेस ऐप, वर्चुअल कंप्यूटिंग का नवीनतम पहलू, कंप्यूटिंग कार्यों में एक नई डिग्री को सक्षम बनाता है। सर्वर रहित ऐप्स समय बचा सकते हैं और लागत कम कर सकते हैं। उदाहरण के लिए, कुछ प्रदाताओं ने हाल ही में बिलिंग पुनरावृत्ति को सेकंड्स तक कम कर दिया है, जिसका विकास पर पर्याप्त प्रभाव पड़ेगा। कंटेनर या आभासी मशीनों का उपयोग करने के बजाय सेकंड में कार्यों के लिए बिलिंग, जिसमें मिनट या घंटों की आवश्यकता होती है।

Serverless apps that are quickly implemented or rapidly deployed can use an inappropriate privilege level, leaving the environment open to a privilege rise attack. Similarly, the speed of deployment can result in a function depending on packages pulled from external repositories that are not under the organization's control and have not been properly evaluated.

सर्वरलेप एप्लिकेशन जो जल्दी से कार्यान्वित होते हैं या तेजी से तैनात होते हैं, एक अनुचित विशेषाधिकार स्तर का उपयोग कर सकते हैं, जिससे पर्यावरण एक विशेषाधिकार वृद्धि हमले के लिए खुला रहता है। इसी प्रकार, तैनाती की गति एक परिणाम के रूप में हो सकती है जो बाहरी रिपॉजिटरी से खींचे गए पैकेजों पर निर्भर करती है जो संगठन के नियंत्रण में नहीं हैं और उनका सही मूल्यांकन नहीं किया गया है।

There are other risks by looking at the URL, You can tell if the request is going to a serverless environment. As a result, it might be possible for an attacker to disrupt or disable the infrastructure from the outside, affecting a large number of organizations. Also, the data is not on the same server that executes the function, it must transit some network and may be at risk of interception or manipulation.

URL को देखकर अन्य जोखिम हैं, आप बता सकते हैं कि अनुरोध सर्वर रहित वातावरण में जा रहा है या नहीं। नतीजतन, एक हमलावर के लिए बड़ी संख्या में संगठनों को प्रभावित करने, बाहर से बुनियादी ढांचे को बाधित या अक्षम करना संभव हो सकता है। इसके अलावा, डेटा उसी सर्वर पर नहीं है जो फंक्शन को निष्पादित करता है, इसे कुछ नेटवर्क को स्थानांतरित करना होगा और अवरोधन या हेरफेर का खतरा हो सकता है।

5.7 Privacy for IoT Enabled Devices (IoT इनेबल्ड डिवाइस की प्राइवेसी)

It's a reality today that Internet connected devices are everywhere from our fitness trackers to our vehicles and appliances. These devices track our sleep patterns, enable us to set our coffee machines or put on our AC remotely.

यह आज की वास्तविकता है कि इंटरनेट से जुड़े उपकरण हमारे फिटनेस ट्रैकर से लेकर हमारे वाहन और उपकरणों तक हर जगह हैं। ये उपकरण हमारे नींद पैटर्न को ट्रैक करते हैं, हमें अपनी कॉफी मशीन सेट करने या दूर से हमारे एसी पर लगाने में सक्षम बनाते हैं।

Not only IoT has changed our personal lives and habits, it has a great impact on industries such as manufacturing, energy production, agriculture, mining, and construction. For example, thermometers, are now enabled with sensors which collect data and change it into electrical outputs, and actuators, which take data and convert it into energy. The data that is collected, monitored, and analyzed is then controlled to optimize processes, saving businesses money and time.

न केवल IoT ने हमारे व्यक्तिगत जीवन और आदतों को बदल दिया है, इसका विनिर्माण, ऊर्जा उत्पादन, कृषि, खनन और निर्माण जैसे उद्योगों पर बहुत प्रभाव पड़ता है। उदाहरण के लिए, थर्मामीटर अब सेंसर के साथ सक्षम होते हैं जो डेटा एकत्र करते हैं और इसे विद्युत आउटपुट में बदलते हैं, और एक्ट्यूएटर्स, जो डेटा लेते हैं और इसे ऊर्जा में परिवर्तित करते हैं। डेटा एकत्र किया जाता है, निगरानी की जाती है,

और विश्लेषण किया जाता है, फिर प्रक्रियाओं को अनुकूलित करने के लिए नियंत्रित किया जाता है, जिससे व्यवसायों को धन और समय की बचत होती है।

In the healthcare field, the developments brought about by IoT are amazing. It allows many medical devices such as heart monitoring, asthma monitoring, and diagnosing and treating certain kinds of cancer to connect to the Internet for performing different procedures. There are even sensors that allow doctors to track whether or not patients are taking their medications as prescribed using a smartphone app.

हेल्थकेयर क्षेत्र में, IoT द्वारा लाया गया घटनाक्रम आश्चर्यजनक है। यह विभिन्न प्रक्रियाओं के प्रदर्शन के लिए इंटरनेट से जुड़ने के लिए कई चिकित्सा उपकरणों जैसे हृदय की निगरानी, अस्थमा की निगरानी, और कुछ प्रकार के कैंसर का निदान और उपचार करता है। यहां तक कि सेंसर भी हैं जो डॉक्टरों को यह ट्रैक करने की अनुमति देते हैं कि मरीज स्मार्टफोन एप्लिकेशन का उपयोग करके अपनी दवाएं ले रहे हैं या नहीं।

Though these IoT devices are beneficial, they do create significant security challenges. IoT devices present some major security concerns, which are outlined below:

हालांकि ये IoT डिवाइस फायदेमंद हैं, लेकिन ये महत्वपूर्ण सुरक्षा चुनौतियां पैदा करती हैं। IoT डिवाइस कुछ प्रमुख सुरक्षा चिंताओं को प्रस्तुत करते हैं, जिन्हें नीचे उल्लिखित किया गया है:

5.7.1 Difficult to Encrypt (एनक्रिप्ट करना मुश्किल)

Typically, IoT devices are basically singlepurpose computers built without a lot of memory or processing power that run on weak hardware. This makes encrypting them more difficult, which in turn makes these devices easy target for many different kinds of attacks.

आमतौर पर, IoT डिवाइस मूल रूप से एकल–उद्देश्य वाले कंप्यूटर होते हैं जो बहुत सारी मेमोरी या प्रोसेसिंग पावर के बिना बनाए जाते हैं जो कमजोर हार्डवेयर पर चलते हैं। यह उन्हें और अधिक कठिन बनाता है, जो बदले में इन उपकरणों को कई अलग–अलग प्रकार के हमलों के लिए आसान लक्ष्य बनाता है।

5.7.2 Lack of Experience (अनुभव की कमी)

Many inexperienced manufacturers are coming on the IoT field. IoT devices are more challenging to program than traditional software. They require programmers to know more about kernel and OS internals than regular programmers often do.

IoT क्षेत्र में कई अनुभवहीन निर्माता आ रहे हैं। IoT डिवाइस पारंपरिक सॉफ्टवेयर की तुलना में प्रोग्राम के लिए अधिक चुनौतीपूर्ण हैं। वे प्रोग्रामर को कर्नेल और ओएस इंटर्नल के बारे में अधिक जानने की आवश्यकता होती है जो नियमित प्रोग्रामर अक्सर करते हैं।

5.7.3 Lack of Standards (स्टैण्डर्ड का अभाव)

The standards and best practices for IoT devices are currently still under development. Organizations like The National Institute of Standards and Technology (NIST) and The Internet of Things Security Foundation (IoTSF) are working on developing baseline security standards, but these are not yet complete.

IoT उपकरणों के लिए मानक और सर्वोत्तम अभ्यास अभी भी विकास के अधीन हैं। द नेशनल इंस्टीट्यूट ऑफ स्टैंडर्ड्स एंड टेक्नोलॉजी (NIST) और द इंटरनेट ऑफ थिंग्स सिक्योरिटी फाउंडेशन (IoTSF) जैसे संगठन आधारभूत सुरक्षा स्टैण्डर्ड को विकसित करने पर काम कर रहे हैं, लेकिन ये अभी पूरे नहीं हुए हैं।

5.7.4 Third party IoT vulnerabilities (तृतीय-पक्ष IoT भेद्यता)

One of the main issues in IoT security is the heavily dependent of IoT devices on third-party components for communication capabilities, cryptographic capabilities, the Operating System itself etc. The fact that third-party libraries are commonly used across devices, combined with difficulty to secure them, makes the spot for hackers to look for IoT vulnerabilities and exploit many IoT devices through such third-party component. Many third-party components are delivered in binary form, with no source code available. Even when the source code is available, it's often hard to examine and asses the security level or vulnerabilities inside it.

IoT सुरक्षा में मुख्य मुद्दों में से एक संचार क्षमताओं, क्रिप्टोग्राफिक क्षमताओं, ऑपरेटिंग सिस्टम आदि के लिए तीसरे पक्ष के घटकों पर IoT उपकरणों पर बहुत अधिक निर्भर है। तथ्य यह है कि तीसरे पक्ष के लाइब्रेरी का उपयोग आमतौर पर उपकरणों के साथ संयुक्त रूप से किया जाता है। उन्हें सुरक्षित करने के लिए कठिनाई, हैकर्स के लिए IoT कमजोरियों को देखने के लिए जगह बनाता है और इस तरह के तीसरे पक्ष के कॉम–पॉमर के माध्यम से कई IoT उपकरणों का शोषण करता है। कई तृतीय–पक्ष घटक बाइनरी रूप में वितरित किए जाते हैं, कोई स्रोत कोड उपलब्ध नहीं है। स्रोत कोड उपलब्ध होने पर भी, सुरक्षा स्तर या उसके अंदर वल्लेरेबिलिटी की जांच करना और उनका आकलन करना अक्सर कठिन होता है।

5.8 Major IoT Leaks (प्रमुख IoT अवकाश)

Below are a few examples of problems that the vulnerabilities in improperly secured IoT devices have already caused.

नीचे उन समस्याओं के कुछ उदाहरण दिए गए हैं जो अनुचित तरीके से सुरक्षित IoT उपकरणों में वल्लेरेबिलिटी पहले ही पैदा कर चुके हैं।

5.8.1 Mirai (मिराई)

Cybercriminals can control the power of your IoT devices. A botnet called mirai used IoT devices to launch numerous DDoS attacks against entities such as KrebsOnSecurity, the French Internet host OVH, and the US's Dyn DNS provider. A botnet can combine the processing power of small devices to launch a large-scale cyberattack. The attacks infiltrated the network through consumer IoT devices, including IP cameras and routers. Thereafter, Domain Name System (DNS) service provider Dyn's network was targeted, making a number of websites, including Amazon, Netflix, Twitter and The New York Times, unavailable for hours.

साइबर क्रिमिनल आपके IoT उपकरणों की शक्ति को नियंत्रित कर सकते हैं। मिराई नामक एक बोटनेट ने KrebsOnSecurity, फ्रेंच इंटरनेट होस्ट OVH और यूएस के Dyn DNS प्रदाता जैसी संस्थाओं के खिलाफ कई DDoS हमलों को शुरू करने के लिए IoT उपकरणों का उपयोग किया। एक बोटनेट बड़े पैमाने पर साइबरबैक को लॉन्च करने के लिए छोटे उपकरणों की प्रसंस्करण शक्ति को जोड़ सकता है। IP कैमरा और राउटर सहित उपभोक्ता IoT उपकरणों के माध्यम से हमलों ने नेटवर्क में घुसपैठ की। इसके बाद, डोमेन नाम सिस्टम (DNS) सेवा प्रदाता DIN के नेटवर्क को लक्षित किया गया, जिससे कई वेबसाइटें बन गईं, जिनमें अमेजॅन, नेटफ्लिक्स, ट्विटर और न्यूयॉर्क टाइम्स शामिल हैं, जो घंटों तक अनुपलब्ध हैं।

5.8.2 Hackable Cardiac Devices (हैक करने योग्य कार्डिएक डिवाइस)

IoT is setting huge advances in healthcare. Some of these advances, such as the radio-controlled implantable cardiac devices developed by St. Jude Medical, are incredibly invasive. These devices were built with a vulnerability that allows attackers to access and reprogram them this could enable an attacker to administer inappropriate levels of pacing, potentially causing patients to die.

IoT हेल्थकेयर में भारी प्रगति कर रहा है। सेंट जुड मेडिकल द्वारा विकसित रेडियो–नियंत्रित इम्प्लांटेबल कार्डियक डिवाइस जैसे इनमें से कुछ अग्रिम अविश्वसनीय रूप से आक्रामक हैं। इन उपकरणों को एक भेद्यता के साथ बनाया गया था, जो हमलावरों को उन तक पहुंचने और पुनरू उत्पन्न करने की अनुमति देता है, इससे हमलावर को अनुचित स्तर के पेसिंग को नियंत्रित करने में सक्षम बनाया जा सकता है, जिससे रोगियों की मृत्यु हो सकती है।

5.8.3 Casino Fish Tank Hack (कैसीनो फिश टैंक हैक)

An Internet connected fish tank was hacked via its thermostat at an unnamed US casino in 2017. The large aquarium, brimming with exotic fish and saltwater plants contained a vulnerability that allowed attackers to steal data from the casino's database.

2017 में एक अज्ञात अमेरिकी कैसीनो में एक थर्मोस्टेट के माध्यम से इंटरनेट से जुड़े मछली टैंक को हैक कर लिया गया था। बड़े एक्वैरियम, विदेशी मछली और खारे पानी के पौधों के साथ कटाव में एक भेद्यता थी जिसमें हमलावरों को कैसीनो के डेटाबेस से डेटा चोरी करने की अनुमति मिलती थी।

5.8.4 VPNFilter malware (VPNFilter मालवेयर)

Cybercriminals sometimes access your home network though your router. It happened in 2018. The VPNFilter malware - short for malicious software - infected over half a million routers in more than 50 countries. VPNFilter is able to install malware onto devices and systems connected to your router - the hardware that allows communication between your connected devices and the Internet. It can also collect information passing through your router. And it can block network traffic and steal your passwords.

साइबर क्रिमिनल कभी–कभी आपके राउटर के माध्यम से आपके घर नेटवर्क तक पहुंचते हैं। यह 2018 में हुआ। VPNFilter मैलवेयर – दुर्भावनापूर्ण सॉफ्टवेयर के लिए छोटा – 50 से अधिक देशों में आधा मिलियन राउटर से संक्रमित। VPNFilter आपके राउटर से जुड़े उपकरणों और प्रणालियों पर मैलवेयर स्थापित करने में सक्षम है – हार्डवेयर जो आपके कनेक्ट किए गए उपकरणों और इंटरनेट के बीच संचार की अनुमति देता है। यह आपके राउटर से गुजरने वाली जानकारी भी एकत्र कर सकता है। और यह नेटवर्क ट्रैफिक को ब्लॉक कर सकता है और आपके पासवर्ड चुरा सकता है।

If both manufacturers and users begin to implement better practices in these technologies in initial stages, a great deal of future damage can be avoided.

यदि निर्माता और उपयोगकर्ता दोनों ही इन तकनीकों में शुरुआती चरणों में बेहतर प्रथाओं को लागू करना शुरू करते हैं, तो भविष्य में होने वाले नुकसान से काफी हद तक बचा जा सकता है।

5.9 Security for Consumer Devices (यूजर उपकरणों के लिए सुरक्षा)

The rapid growth of the IoT has led to greater security and privacy risks. Many such risks are apply to device vulnerabilities that arise from cybercrime by hackers and improper use of system resources. The IoT needs to be built in such a way as to ensure easy and safe usage control. Consumers need confidence to fully utilize the IoT in order to enjoy its benefits and avoid security and privacy risks. IoT presents a variety of potential security risks that could be exploited to harm consumers by:

IoT के तेजी से विकास के कारण अधिक सुरक्षा और गोपनीयता जोखिम हो गए हैं। इस तरह के कई जोखिम वल्नेरेबिलिटी को कम करने के

लिए लागू होते हैं जो हैकर्स द्वारा साइबर अपराध से उत्पन्न होते हैं और सिस्टम संसाधनों का अनुचित उपयोग करते हैं। IoT को आसान और सुरक्षित उपयोग नियंत्रण सुनिश्चित करने के लिए इस तरह से बनाया जाना चाहिए। यूजर को अपने लाभों का आनंद लेने और सुरक्षा और गोपनीयता जोखिमों से बचने के लिए IoT का पूरी तरह से उपयोग करने के लिए आत्मविश्वास की आवश्यकता होती है। IoT विभिन्न प्रकार के संभावित सुरक्षा जोखिमों को प्रस्तुत करता है जिनका उपभोक्ताओं द्वारा नुकसान पहुंचाने के लिए एक्सप्लॉइट किया जा सकता है:

- Enabling unauthorized access and misuse of personal information.
  व्यक्तिगत जानकारी का अनधिकृत उपयोग और दुरुपयोग को सक्षम करना।
- Facilitating attacks on other systems.
  अन्य प्रणालियों पर हमलों की सुविधा।
- Creating risks to personal safety.
  व्यक्तिगत सुरक्षा के लिए जोखिम पैदा करना।

It is important to balance optimised and personalised service with the desire for privacy. One method of reconciling these competing objectives is to ensure the consent of the consumer to their data to be collected, stored, and shared. However, this brings about a number of challenges. Consent has traditionally been based on a system of transparency: a provider of a service should make clear what data is collected and what it is to be used for. There should be widespread agreement that companies developing IoT products should implement reasonable security. Companies should build security into their devices at the outset, rather than afterward. As part of the security by design process, companies should consider:

गोपनीयता की इच्छा के साथ अनुकूलित और व्यक्तिगत सेवा को संतुलित करना महत्वपूर्ण है। इन प्रतिस्पर्धी उद्देश्यों में सामंजस्य स्थापित करने का एक तरीका यह है कि उपभोक्ता की सहमति उनके डेटा को एकत्र, संग्रहीत और साझा की जाए। हालांकि, इससे कई चुनौतियां सामने आती हैं। सहमति पारंपरिक रूप से पारदर्शिता की प्रणाली पर आधारित रही है: सेवा प्रदाता को यह स्पष्ट करना चाहिए कि कौन सा डेटा एकत्र किया गया है और इसका क्या उपयोग किया जाना है। व्यापक समझौता होना चाहिए कि IoT उत्पादों को विकसित करने वाली कंपनियों को उचित सुरक्षा को लागू करना चाहिए। कंपनियों को अपने उपकरणों में सुरक्षा शुरू करनी चाहिए, बजाय बाद में। डिजाइन प्रक्रिया द्वारा सुरक्षा के भाग के रूप में, कंपनियों को विचार करना चाहिए:

- Conducting a privacy or security risk assessment.
  गोपनीयता या सुरक्षा जोखिम मूल्यांकन का संचालन।
- Minimizing the data they collect and retain; and testing their security measures before launching their products. Also, companies should train all employees about good security, and ensure that security issues are addressed at the appropriate level of responsibility within the organization.
  वे एकत्र और बनाए रखने वाले डेटा को कम से कम करनाय और उनके उत्पादों को लॉन्च करने से पहले उनके सुरक्षा उपायों का परीक्षण। साथ ही, कंपनियों को सभी कर्मचारियों को अच्छी सुरक्षा के बारे में प्रशिक्षित करना चाहिए, और यह सुनिश्चित करना चाहिए कि सुरक्षा के मुद्दों को संगठन के भीतर जिम्मेदारी के उचित स्तर पर संबोधित किया जाए।
- Companies should retain service providers that are capable of maintaining reasonable security and provide reasonable oversight for these service providers.
  कंपनियों को सेवा प्रदाताओं को बनाए रखना चाहिए जो उचित सुरक्षा बनाए रखने में सक्षम हों और इन सेवा प्रदाताओं के लिए उचित निरीक्षण प्रदान करें।
- When companies identify significant risks within their systems, they should implement a defense-in depth approach, in which they consider implementing security measures at several levels.
  जब कंपनियां अपने सिस्टम के भीतर महत्वपूर्ण जोखिमों की पहचान करती हैं, तो उन्हें रक्षा–में–गहराई के दृष्टिकोण को लागू करना चाहिए, जिसमें वे कई स्तरों पर सुरक्षा उपायों को लागू करने पर विचार करते हैं।
- Companies should consider implementing reasonable access control measures to limit the ability of an unauthorized person to access a consumer's device, data, or even the consumer's network.
  कंपनियों को उपभोक्ता के डिवाइस, डेटा या यहां तक कि उपभोक्ता के नेटवर्क तक पहुंचने के लिए अनधिकृत व्यक्ति की क्षमता को सीमित करने के लिए उचित पहुंच नियंत्रण उपायों को लागू करने पर विचार करना चाहिए।
- Finally, companies should continue to monitor products throughout the life cycle and, to the extent feasible, patch known vulnerabilities.
  अंत में, कंपनियों को जीवन चक्र के दौरान और संभव हद तक, पैच ज्ञात वल्नेरेबिलिटी के लिए उत्पादों की निगरानी करना जारी रखना चाहिए।

Consumers must be made aware of the dangers of IoT systems and provided steps they can take to stay secure, such as updating default credentials and applying software updates. Consumers can also play a role in requiring device manufacturers to create secure devices, and refusing to use those that don't meet high security standards. Likewise, manufacturers should also be aware that failing to manage the security of their devices and the data collected by them will eventually lead to exposure of their customer's private information which will in turn lead to the reduced consumer confidence and (potentially) fewer sales.

यूजर को IoT सिस्टम के खतरों से अवगत कराया जाना चाहिए और बशर्ते वे सुरक्षित रहने के लिए कदम उठा सकते हैं, जैसे कि डिफॉल्ट क्रेडेंशियल अपडेट करना और सॉफ्टवेयर अपडेट लागू करना। यूजर सुरक्षित डिवाइस बनाने के लिए डिवाइस निर्माताओं की आवश्यकता के लिए भी भूमिका निभा सकते हैं, और उच्च सुरक्षा स्टैण्डर्ड को पूरा करने वाले लोगों का उपयोग करने से इनकार कर सकते हैं। इसी तरह, निर्माताओं को भी पता होना चाहिए कि उनके उपकरणों की सुरक्षा और उनके द्वारा एकत्र किए गए डेटा को प्रबंधित करने में विफल होने के कारण अंततः उनके ग्राहक की निजी जानकारी का जोखिम बढ़ जाएगा, जिससे उपभोक्ता विश्वास कम होगा और (संभावित) कम बिक्री होगी।

5.10 Security Levels (सुरक्षा स्तर)

The IoT is facing various types of attacks including active attacks and passive attacks that may easily disturb the functionality and abolish the benefits of its services. Different types of attack, nature/behavior of attack and threat level of attacks are discussed in this section.

IoT सक्रिय हमलों और निष्क्रिय हमलों सहित विभिन्न प्रकार के हमलों का सामना कर रहा है जो आसानी से कार्यक्षमता को परेशान कर सकते हैं और इसकी सेवाओं के लाभों को समाप्त कर सकते हैं। इस अनुभाग में विभिन्न प्रकार के हमले, प्रकृति/हमले के व्यवहार और हमलों के खतरे के स्तर पर चर्चा की गई है।

Modification of messages being transmitted, capturing authentication sequences and obtaining extra privileges, creation of false messages etc., are a few active attacks. Active attacks are difficult to prevent because they require protection of all communication facilities and paths at all times. But one can detect and recover from the disruptions caused by them. These active attacks are classified into two further categories that are internal attacks and external attacks. Such vulnerable attacks can prevent the devices to communicate smartly. Hence the security constraints must be applied to prevent devices from malicious attacks.

प्रेषित किए जा रहे संदेशों का संशोधन, प्रमाणीकरण अनुक्रमों को कैप्चर करना और अतिरिक्त विशेषाधिकार प्राप्त करना, झूठे संदेशों का निर्माण आदि, कुछ सक्रिय हमले हैं। सक्रिय हमलों को रोकना मुश्किल है क्योंकि उन्हें हर समय सभी संचार सुविधाओं और रास्तों के संरक्षण की आवश्यकता होती है। लेकिन एक का पता लगाने और उनके कारण होने वाले व्यवधानों से उबर सकते हैं। इन सक्रिय हमलों को दो और श्रेणियों में वर्गीकृत किया गया है जो आंतरिक हमले और बाहरी हमले हैं। इस तरह के वल्नेरेबल हमले उपकरणों को स्मार्ट तरीके से संवाद करने से रोक सकते हैं। इसलिए मालिसियस हमलों से उपकरणों को रोकने के लिए सुरक्षा बाधाओं को लागू किया जाना चाहिए।

In a passive attack, an intruder just senses the node or may steal the information but it never attacks physically. However, the active attacks disturb the performance physically.

एक निष्क्रिय हमले में, एक घुसपैठिया केवल नोड को समझ लेता है या जानकारी चुरा सकता है लेकिन यह कभी भी फिजिकल रूप से हमला नहीं करता है। हालांकि, सक्रिय हमले प्रदर्शन को फिजिकल रूप से परेशान करते हैं।

Different levels of attacks are categorized into four types according to their behavior and propose possible solutions to threats/attacks.

हमलों के विभिन्न स्तरों को उनके व्यवहार के अनुसार चार प्रकारों में वर्गीकृत किया जाता है और खतरों/हमलों के संभावित समाधान प्रस्तावित करता है।

- **Low-level attack:** If an attacker tries to attack a network and his attack is not successful.

  निम्न–स्तरीय हमला: यदि कोई हमलावर किसी नेटवर्क पर हमला करने की कोशिश करता है और उसका हमला सफल नहीं होता है।

- **Medium-level attack:** If an attacker/intruder or an eavesdropper is just listening to the medium but do not alter the integrity of data.

  मध्यम स्तर हमला: यदि कोई हमलावर/घुसपैठिया या एक एवेसड्रोपर सिर्फ माध्यम को सुन रहा है, लेकिन डेटा की अखंडता में बदलाव नहीं करता है।

- **High-level attack:** If an attack is carried on a network and it alters the integrity of data or modifies the data.

  उच्च–स्तरीय हमला: यदि किसी नेटवर्क पर हमला किया जाता है और यह डेटा की अखंडता को बदल देता है या डेटा को संशोधित करता है।

- **Extremely High-level attack:** If an intruder/attacker attacks on a network by gaining unauthorized access and performing an illegal operation, making the network unavailable, sending bulk messages, or jamming network.

  अत्यधिक उच्च–स्तरीय हमला: यदि कोई घुसपैठिया/हमलावर किसी नेटवर्क पर अनधिकृत पहुंच प्राप्त करके और एक अवैध ऑपरेशन करके, नेटवर्क को अनुपलब्ध बनाकर, बल्क मैसेज भेजकर या नेटवर्क को जाम करके हमला करता है।

An eavesdropper can silently sense the transmission medium and can modify the data if encryption is not applied and steal the information that is being transmitted. For example in medical environment, privacy of a patient may be leaked by eavesdropping.

एक ईवेंट्सोपर चुपचाप ट्रांसमिशन माध्यम को समझ सकता है और एन्क्रिप्शन को लागू नहीं होने पर डेटा को संशोधित कर सकता है और जो सूचना प्रसारित हो रही है उसे चुरा सकता है। उदाहरण के लिए, चिकित्सा वातावरण में, एक मरीज की गोपनीयता ईव्सड्रॉपिंग द्वारा लीक हो सकती है।

5.11 Protecting IoT Devices (IoT उपकरणों को प्रोटेक्ट करना)

Security needs to be built in as the foundation of IoT systems, with rigorous validity checks, authentication, data verification, and all the data needs to be encrypted. IoT security methods vary depending on your specific IoT application and your place in the IoT ecosystem. For example, IoT manufacturers - from product makers to semiconductor companies - should concentrate on building security in from the start, making hardware tamper-proof, building secure hardware, ensuring secure upgrades, providing firmware updates/patches and performing dynamic testing. A security solution for embedded devices must ensure the device firmware has not been tampered with, it must secure the data stored by the device, secure communication and it must protect the device from cyber-attacks. A solution developer's focus should be on secure software development and secure integration. Common IoT security measures include:

सुरक्षा की आवश्यकता IoT सिस्टम की नींव के रूप में होती है, जिसमें कठोर वैधता जांच, प्रमाणीकरण, डेटा सत्यापन और सभी डेटा एन्क्रिप्ट किए जाने की आवश्यकता होती है। IoT सुरक्षा विधियाँ आपके विशिष्ट IoT अनुप्रयोग और IoT पारिस्थितिकी तंत्र में आपके स्थान के आधार पर भिन्न होती हैं। उदाहरण के लिए, IoT निर्माताओं – उत्पाद निर्माताओं से अर्धचालक कंपनियों के लिए – शुरू से ही सुरक्षा के निर्माण पर ध्यान केंद्रित करना चाहिए, हार्डवेयर टैम्पर प्रूफ बनाना, सुरक्षित हार्डवेयर का निर्माण करना, सुरक्षित उन्नयन सुनिश्चित करना, फर्मवेयर अपडेट/पैच प्रदान करना और गतिशील परीक्षण करना। एम्बेडेड उपकरणों के लिए एक सुरक्षा समाधान सुनिश्चित करना चाहिए कि डिवाइस फर्मवेयर के साथ छेड़छाड़ नहीं की गई है, इसे डिवाइस द्वारा संग्रहीत डेटा को सुरक्षित करना होगा, सुरक्षित संचार करना होगा और इसे डिवाइस को साइबर हमलों से बचाना होगा। एक समाधान डेवलपर का ध्यान सुरक्षित सॉफ्टवेयर विकास और सुरक्षित एकीकरण पर होना चाहिए। IoT सुरक्षा उपायों में शामिल हैं:

- Incorporating security at the design phase. IoT developers should include security at the start of any consumer, enterprise or industrial-based device development.

  डिजाइन चरण में सुरक्षा को शामिल करना। IoT डेवलपर्स में किसी भी उपभोक्ता, उद्यम या औद्योगिक–आधारित डिवाइस के विकास की शुरुआत में सुरक्षा शामिल होनी चाहिए।

- Hardcoded credentials should never be part of the design process. An additional measure developers can take is to require credentials be updated by a user before the device functions. If a device comes with default credentials, users should update them using a strong password or multifactor authentication or biometrics where possible.

  हार्डकॉन्ड क्रेडेंशियल्स को कभी भी डिजाइन प्रक्रिया का हिस्सा नहीं होना चाहिए। अतिरिक्त उपाय डेवलपर्स को उपकरण के कार्यों से पहले एक उपयोगकर्ता द्वारा क्रेडेंशियल्स को अपडेट करने की आवश्यकता होती है। यदि कोई डिवाइस डिफॉल्ट क्रेडेंशियल के साथ आता है, तो उपयोगकर्ताओं को एक मजबूत पासवर्ड या मल्टीएक्टर प्रमाणीकरण या बायोमेट्रिक्स का उपयोग करके उन्हें अपडेट करना चाहिए जहां संभव हो।

  Also, you need to keep the softwares used for computer networks, servers, laptops, desktops, wireless routers, network switches and any other devices up-to-date, particularly with the latest manufacturer security updates. Authentic updates safeguard your devices against any security threat.

  इसके अलावा, आपको कंप्यूटर नेटवर्क, सर्वर, लैपटॉप, डेस्कटॉप, वायरलेस राउटर, नेटवर्क स्विच, और किसी भी अन्य डिवाइस के लिए उपयोग किए जाने वाले सॉफ्टवेयर को अद्यतित रखने की आवश्यकता है, विशेष रूप से नवीनतम निर्माता सुरक्षा अपडेट के साथ। प्रामाणिक अपडेट किसी भी सुरक्षा खतरे के विरुद्ध आपके उपकरणों की सुरक्षा करते हैं।

- **PKI and digital certificates:** Public key infrastructure (PKI) and digital certificates play critical roles in the development of secure IoT devices, providing the trust and control needed to distribute and identify public encryption keys, secure data exchanges over networks and verify identity.

  PKI और डिजिटल प्रमाण पत्रः पब्लिक की इंफ्रास्ट्रक्चर (PKI) और डिजिटल प्रमाणपत्र सुरक्षित IoT उपकरणों के विकास में महत्वपूर्ण भूमिका निभाते हैं, जो पब्लिक एनिक्रप्शन की को वितरित करने और पहचान करने, नेटवर्क पर सुरक्षित डेटा आदान–प्रदान और पहचान सत्यापित करने के लिए आवश्यक विश्वास और नियंत्रण प्रदान करते हैं।

- **API security:** Application performance indicator (API) security is essential to protect the integrity of data being sent from IoT devices to back-end systems and ensure only authorized devices, developers and apps communicate with APIs.

  API सुरक्षाः IoT उपकरणों से बैक–एंड सिस्टम पर भेजे जा रहे डेटा की अखंडता की रक्षा करने के लिए एप्लिकेशन प्रदर्शन संकेतक (API) सुरक्षा आवश्यक है और यह सुनिश्चित करें कि केवल अधिकृत डिवाइस, डेवलपर्स और ऐप ही API के साथ संवाद करें।

- **Integrating teams:** Along with training, integrating disparate and regularly siloed teams can be useful. For example, having programing developers work with security specialists can help ensure the proper controls are added to devices during the development phase.

  एकीकृत टीमें: प्रशिक्षण के साथ–साथ असमान और नियमित रूप से मौन टीमों को एकीकृत करना उपयोगी हो सकता है। उदाहरण

के लिए, सुरक्षा विशेषज्ञों के साथ काम करने वाले प्रोग्रामिंग डेवलपर्स को यह सुनिश्चित करने में मदद मिल सकती है कि विकास के चरण के दौरान उपकरणों पर उचित नियंत्रण जोड़ा जाए।

- **Identity management:** Providing each device with a unique identifier is critical to understanding what the device is, how it behaves, the other devices it interacts with and the proper security measures that should be taken for that device.

  आइडेंटिटी मैनेजमेंट: एक अद्वितीय पहचानकर्ता के साथ प्रत्येक उपकरण प्रदान करना यह समझने के लिए महत्वपूर्ण है कि उपकरण क्या है, यह अन्य उपकरणों के साथ कैसे व्यवहार करता है और उस उपकरण के लिए उचित सुरक्षा उपायों के साथ क्या व्यवहार करता है।

- **Hardware security:** Securing IoT devices is a real challenge. Endpoint hardening includes making devices tamper-proof or tamperevident. This is especially important when devices will be used in harsh environments or where they will not be monitored physically.

  हार्डवेयर सुरक्षा: IoT उपकरणों को सुरक्षित करना एक वास्तविक चुनौती है। एंडपॉइंट हार्डनिंग में डिवाइस को टैम्पर प्रूफ या टैम्पर–एक्सिडेंट करना शामिल है। यह विशेष रूप से महत्वपूर्ण है जब उपकरणों का उपयोग कठोर वातावरण में किया जाएगा या जहां उन्हें शारीरिक रूप से निगरानी नहीं की जाएगी।

  Also, IoT devices are highly diversified, with a wide variety of operating systems (real-time operating systems, Linux-based or baremetal), communication protocols and architectures. Along with high diversity there is issues of low resources and lack of industry standards and regulations.

  इसके अलावा, IoT डिवाइस अत्यधिक विविधता वाले होते हैं, जिसमें विभिन्न प्रकार के ऑपरेटिंग सिस्टम (रीयल–टाइम ऑपरेटिंग सिस्टम, लिनक्स–आधारित), संचार प्रोटोकॉल और आर्किटेक्चर होते हैं। उच्च विविधता के साथ, कम संसाधनों और उद्योग मानकों और नियमों की कमी के मुद्दे हैं।

- **Strong encryption:** It is critical to securing communication between devices. Data at rest and in transit should be secured using cryptographic algorithms. This includes the use of key lifecycle management. Microsoft has added BitLocker encryption and Secure Boot technology to the Windows 10 IoT which is Microsoft's Operating System for IoT devices and platforms like the Raspberry Pi. BitLocker is an encryption technology that can code entire disk volumes, and it has been featured in Windows operating systems. This can be crucial to secure on-device data. Secure Boot is a security standard developed by members of the PC industry to help make sure that your PC boots using only software that is trusted by the PC manufacturer. Its implementation can prevent device hijacking.

  स्ट्रांग एन्क्रिप्शन: यह उपकरणों के बीच संचार हासिल करने के लिए महत्वपूर्ण है। आराम और पारगमन में डेटा को क्रिप्टोग्राफिक एल्गोरिदम का उपयोग करके सुरक्षित किया जाना चाहिए। इसमें प्रमुख जीवनचक्र प्रबंधन का उपयोग शामिल है। Microsoft ने विंडोज 10 IoT में BitLocker एन्क्रिप्शन और सिक्योर बूट तकनीक को जोड़ा है जो कि रास्पबेरी पाई जैसे IoT डिवाइस और प्लेटफॉर्म के लिए Microsoft का ऑपरेटिंग सिस्टम है। BitLocker एक एन्क्रिप्शन तकनीक है जो पूरे डिस्क वॉल्यूम को कोड कर सकती है, और इसे विंडोज ऑपरेटिंग सिस्टम में चित्रित किया गया है। यह ऑन–डिवाइस डेटा को सुरक्षित करने के लिए महत्वपूर्ण हो सकता है। सुरक्षित बूट पीसी उद्योग के सदस्यों द्वारा विकसित एक सुरक्षा स्टैन्डर्ड है जो यह सुनिश्चित करने में मदद करता है कि आपके पीसी बूट केवल सॉफ्टवेयर का उपयोग करते हैं जो पीसी निर्माता द्वारा विश्वसनीय है। इसके कार्यान्वयन से डिवाइस के अपहरण को रोका जा सकता है।

- **Network security:** The fact that IoT devices can be easily exploited makes them a very good target for attackers, aiming to use the weak IoT device as an entry point to the entire enterprise network, without being caught. Protecting an IoT network includes ensuring port security, disabling port forwarding and never opening ports when not needed; using anti-malware, firewalls and intrusion detection system/intrusion prevention system; blocking unauthorized IP addresses; and ensuring systems are patched and up-to-date. You need to have the usual security technologies in place such as anti-virus, anti-malware, firewalls, encryption along with ransomware protection. There are softwares to monitor the network data flow, flags suspicious files, and analyzes them for destructive or malicious intention.

  नेटवर्क सुरक्षा: यह तथ्य कि IoT उपकरणों का आसानी से एक्सालॉइट किया जा सकता है, उन्हें हमलावरों के लिए एक बहुत अच्छा लक्ष्य बनाता है, जिसका उद्देश्य बिना पकड़े जाने पर पूरे IoT नेटवर्क में प्रवेश बिंदु के रूप में कमजोर IoT डिवाइस का उपयोग करना है। एक IoT नेटवर्क की सुरक्षा में पोर्ट सुरक्षा सुनिश्चित करना, पोर्ट फॉरवडिंग को अक्षम करना और आवश्यकता न होने पर पोर्ट को खोलना शामिल है; एंटी–मैलवेयर, फायरवॉल और घुसपैठ का पता लगाने वाली प्रणाली/घुसपैठ की रोकथाम प्रणाली का उपयोग करना; अनधिकृत आईपी एड्रेस को अवरुद्ध करनाय और सुनिश्चित करने के लिए सिस्टम अप–टू–डेट हैं। एंटी–वायरस, एंटी–मैलवेयर, फायरवॉल, एन्क्रिप्शन के साथ–साथ रैनसमवेयर प्रोटेक्शन जैसी सामान्य सुरक्षा तकनीकें आपके पास होनी चाहिए। नेटवर्क डेटा फ्लो, संदिग्ध फाइल्स को फ्लैग करने और विनाशकारी या दुर्भावनापूर्ण इरादे के लिए उनका विश्लेषण करने के लिए सॉफ्टवेयर्स हैं।

- **Network access control:** NAC can help identify and inventory IoT devices connecting to a network. This will provide a baseline for tracking and monitoring devices.

  नेटवर्क एक्सेस कंट्रोल: एनएसी नेटवर्क से कनेक्ट होने वाले IoT उपकरणों की पहचान करने और उन्हें इन्वेंट करने में मदद कर सकता है। यह ट्रैकिंग और उपकरणों की निगरानी के लिए एक आधार रेखा प्रदान करेगा।

- IoT devices that need to connect directly to the Internet should be segmented into their own networks and have access to enterprise network restricted. Network segments should be monitoring for anomalous activity, where action can be taken, should an issue be detected.

  IoT डिवाइस जिन्हें सीधे इंटरनेट से कनेक्ट करने की आवश्यकता होती है, उन्हें अपने नेटवर्क में विभाजित किया जाना चाहिए और एंटर नेटवर्क प्रतिबंधित तक पहुंच होनी चाहिए। नेटवर्क खंडों को विषम गतिविधि के लिए निगरानी करनी चाहिए, जहां कार्रवाई की जा सकती है, एक मुद्दे का पता लगाया जाना चाहिए।

- **Security gateways:** Acting as an intermediary between IoT devices and the network, security gateways have more processing power, memory and capabilities than the IoT devices themselves, which provides them the ability to implement features such as firewalls to ensure hackers cannot access the IoT devices they connect.

  सुरक्षा द्वार: IoT उपकरणों और नेटवर्क के बीच एक मध्यस्थ के रूप में कार्य करते हुए, सुरक्षा द्वार में स्वयं IoT उपकरणों की तुलना में अधिक प्रसंस्करण शक्ति, मेमोरी और क्षमताएं होती हैं, जो उन्हें हैकर्स सुनिश्चित करने के लिए फायरवॉल जैसी सुविधाओं को लागू करने की क्षमता प्रदान करता है, जिससे वे IoT उपकरणों का उपयोग नहीं कर सकते। जुडिये।

- Patch management/continuous software updates. Providing means of updating devices and software either over network connections or through automation is critical. Having a coordinated disclosure of vulnerabilities is also important to updating devices as soon as possible.

  पैच प्रबंधन/निरंतर सॉफ्टवेयर अपडेट। नेटवर्क कनेक्शन पर या स्वचालन के माध्यम से उपकरणों और सॉफ्टवेयर को अपडेट करने का साधन प्रदान करना महत्वपूर्ण है। वल्नेरेबिलिटी के समन्वित प्रकटीकरण के लिए जल्द से जल्द उपकरणों को अपडेट करना भी महत्वपूर्ण है।

- IoT and operational system security are new to many existing security teams. It is critical to keep security staff up to date with new or unknown systems, learn new architectures and programming languages and be ready for new security challenges. C-level and cybersecurity teams should receive regular training to keep up with modern threats and security measures.

  IoT और ऑपरेटिंग सिस्टम सुरक्षा कई मौजूदा सुरक्षा टीमों के लिए नई हैं। नए या अज्ञात सिस्टम के साथ सुरक्षा कर्मचारियों को रखना महत्वपूर्ण है, नए आर्किटेक्चर और प्रोग्रामिंग लैंग्वेज सीखें और नई सुरक्षा चुनौतियों के लिए तैयार रहें। आधुनिक खतरों और सुरक्षा उपायों के साथ सी–लेवल और साइबरसिटी टीमों को नियमित प्रशिक्षण प्राप्त करना चाहिए।

- **Consumer education:** Consumers must be made aware of the dangers of IoT systems and provided steps they can take to stay secure, such as updating default credentials and applying software updates. Consumers can also play a role in requiring device manufacturers to create secure devices, and refusing to use those that don't meet high security standards.

  उपभोक्ता शिक्षा: उपभोक्ताओं को IoT सिस्टम के खतरों से अवगत कराया जाना चाहिए और उन्हें सुरक्षित रहने के लिए ऐसे कदम प्रदान किए जा सकते हैं, जैसे कि डिफॉल्ट क्रेडेंशियल्स को अपडेट करना और सॉफ्टवेयर अपडेट लागू करना। उपभोक्ता सुरक्षित डिवाइस बनाने के लिए डिवाइस निर्माताओं की आवश्यकता के लिए भी भूमिका निभा सकते हैं, और उच्च सुरक्षा स्टैंडर्ड को पूरा करने वाले लोगों का उपयोग करने से इनकार कर सकते हैं।

- **Embedded system security:** Embedded system security is a strategic approach for protecting software running on embedded systems from attack.

  एंबेडेड सिस्टम सिक्योरिटी: एंबेडेड सिस्टम सिक्योरिटी हमले से एम्बेडेड सिस्टम पर चल रहे सॉफ्टवेयर की सुरक्षा के लिए एक रणनीतिक दृष्टिकोण है।

- **Holistic security:** Holistic security is an approach that seeks to integrate all the elements designed to safeguard an organization, considering them.

  समग्र सुरक्षा: समग्र सुरक्षा एक दृष्टिकोण है जो किसी संगठन की सुरक्षा के लिए डिजाइन किए गए सभी तत्वों को एकीकृत करने का प्रयास करता है, उन्हें देखते हुए।

- **IoT policy:** An Internet of Things policy is a document that provides a comprehensive guide designed to help an organization deal with

  IoT पॉलिसी: इंटरनेट ऑफ थिंग्स पॉलिसी एक दस्तावेज है जो संगठन से निपटने में मदद करने के लिए डिजाइन किया गया एक व्यापक गाइड प्रदान करता हैं।

5.12 Future IoT Eco System (IoT इकोसिस्टम का फ्यूचर)

The IoT is considered as future of the Internet. In future, the IoT will completely change our living styles and business models. It will permit people and devices to communicate anytime, anyplace, with any device under ideal conditions using any network and any service. The usage of IoT in different applications is expected to rise rapidly in the coming years. The IoT allows billions of devices, peoples, and services to connect with others and exchange information. Due to the increased usage of IoT devices, the IoT networks are prone to various security attacks. The deployment of efficient security and privacy protocols in IoT networks is extremely needed to ensure confidentiality, authentication, access control, and integrity, among others. The main goal of IoT is to create Superior world for human beings in future. The IoT is a concept that depicts future where the physical objects connected to Internet communicate with each other and identify themselves for other devices. The IoT system consists of smart objects, smartphones, tablets and intelligent devices etc. Such systems use RFID, Quick Response (QR) codes or wireless technology to perform communication between different devices. The application of RFID technology to logistics enables industry to forecast information, identify future trends, estimate the probability of an accident, and allow for the early adoption of remedial measures. This can improve enterprises ability to respond to the market and maintain risk aware supply.

IoT को इंटरनेट का भविष्य माना जाता है। भविष्य में, IoT हमारे जीवन शैली और व्यवसाय मॉडल को पूरी तरह से बदल देगा। यह किसी भी नेटवर्क और किसी भी सेवा का उपयोग करके किसी भी डिवाइस के साथ किसी भी डिवाइस के साथ, कहीं भी, किसी भी व्यक्ति को संचार करने की अनुमति देगा। विभिन्न अनुप्रयोगों में IoT का उपयोग आने वाले वर्षों में तेजी से बढ़ने की उम्मीद है। IoT अरबों उपकरणों, लोगों और सेवाओं को दूसरों से जुड़ने और सूचनाओं के आदान–प्रदान की अनुमति देता है। IoT उपकरणों के बढ़ते उपयोग के कारण, IoT नेटवर्क विभिन्न सुरक्षा हमलों से ग्रस्त हैं। IoT नेटवर्क में कुशल सुरक्षा और गोपनीयता प्रोटोकॉल की तैनाती अन्य लोगों के बीच गोपनीयता, प्रमाणीकरण, अभिगम नियंत्रण और अखंडता सुनिश्चित करने के लिए अत्यंत आवश्यक है। IoT का मुख्य लक्ष्य भविष्य में इंसानों के लिए एक श्रेष्ठ दुनिया बनाना है। IoT एक अवधारणा है जो भविष्य को दर्शाती है जहां इंटरनेट से जुड़ी फिजिकल वस्तुएं एक दूसरे के साथ संवाद करती हैं और अन्य उपकरणों के लिए खुद को पहचानती हैं। IoT प्रणाली में स्मार्ट ऑब्जेक्ट्स, स्मार्टफोन, टैबलेट और बुद्धिमान डिवाइस आदि शामिल हैं। इस तरह के सिस्टम विभिन्न उपकरणों के बीच संचार करने के लिए RFID, क्विक रेस्पॉन्स (QR) कोड या वायरलेस तकनीक का उपयोग करते हैं। रसद के लिए RFID प्रौद्योगिकी का अनुप्रयोग उद्योग को जानकारी का पूर्वानुमान करने, भविष्य के रुझानों की पहचान करने, दुर्घटना की संभावना का अनुमान लगाने और उपचारात्मक उपायों को जल्दी अपनाने की अनुमति देता है। इससे उद्यमों की बाजार में प्रतिक्रिया करने और जोखिम–जागरूक आपूर्ति बनाए रखने की क्षमता में सुधार हो सकता है।

5.13 Secure Algorithm (सिक्योर एलगोरिथम)

To protect the privacy of users and prevent IoT data breaches, encrypt the data at rest and intransit between IoT devices and back-end systems by using standard cryptographic algorithms and fully-encrypted key lifecycle management processes to boost the overall security of user data and privacy. Strong encryption is critical to securing communication between devices. Data at rest and in transit should be secured using cryptographic algorithms. This includes the use of key lifecycle management.

उपयोगकर्ताओं की गोपनीयता की सुरक्षा और IoT डेटा उल्लंघनों को रोकने के लिए, स्टैण्डर्ड क्रिप्टोग्राफिक एल्गोरिदम और पूरी तरह से एन्क्रिप्टेड की जीवनचक्र प्रबंधन प्रक्रियाओं का उपयोग करके उपयोगकर्ता डेटा की समग्र सुरक्षा को बढ़ावा देने के लिए IoT उपकरणों और बैक–एंड सिस्टम के बीच डेटा को आराम और पारगमन में एन्क्रिप्ट करें। और गोपनीयता। उपकरणों के बीच कम्यूनिकेट करने के लिए स्ट्रांग एन्क्रिप्शन महत्वपूर्ण है। आराम और पारगमन में डेटा को क्रिप्टोग्राफिक एल्गोरिदम का उपयोग करके सुरक्षित किया जाना चाहिए। इसमें प्रमुख जीवनचक्र प्रबंधन का उपयोग शामिल है।

5.13.1 What is Cryptography? (क्रिप्टोग्राफी क्या है?)

Cryptography is the science of information security. It is closely related to the disciplines of cryptology (it is the mathematics, such as a number theory and the application of formulas and algorithms) and cryptanalysis (it refers to the study of ciphers, ciphertext with a view to finding weaknesses in them that will permit retrieval of the plain text from the ciphertext, without necessarily knowing the key or the algorithms). Cryptography includes techniques such as microdots, merging words with images, and other ways to hide information in storage or transit. However, cryptography is most often associated with scrambling plain text (ordinary text) into ciphertext (a process called encryption), then back again (known as decryption). Individuals who practice this field are known as cryptographers.

क्रिप्टोग्राफी सूचना सुरक्षा का विज्ञान है। यह क्रिप्टोलॉजी के विषयों से निकटता से संबंधित है (यह गणित है, जैसे कि संख्या सिद्धांत और सूत्र और एल्गोरिदम का अनुप्रयोग) और क्रिप्टानालिसिस (यह सिफर के अध्ययन को संदर्भित करता है, सिफरटेक्स्ट उन में वल्नेरेबिलिटी को खोजने के लिए एक दृष्टिकोण है जो अनुमति देगा। साइफरटेक्स्ट से सादे पाठ की पुनर्प्राप्ति, बिना की या एल्गोरिदम को जाने बिना)। क्रिप्टोग्राफी में माइक्रोडॉट्स, छवियों के साथ शब्दों को मर्ज करने और भंडारण या पारगमन में जानकारी छिपाने के अन्य तरीके शामिल हैं। हालाँकि, क्रिप्टोग्राफी अक्सर सादे पाठ (साधारण पाठ) को सिफर–टेक्स्ट (एन्क्रिप्शन नामक एक प्रक्रिया) में स्क्रैच करने के साथ जुड़ा हुआ है,

फिर वापस फिर से (डिक्रिप्शन के रूप में जाना जाता है)। इस क्षेत्र में अभ्यास करने वाले व्यक्तियों को क्रिप्टोग्राफर के रूप में जाना जाता है।

5.13.2 Cryptographic Algorithms (क्रिप्टोग्राफिक एल्गोरिदम)

Cryptographic algorithms!are used for important tasks such as data encryption, authentication, and digital signatures. Cryptographic algorithms!are being applied in an increasing number of devices to satisfy their high security requirements. Many of these devices require high-speed operation and include specialized hardware encryption and/or decryption circuits for the selected cryptographic algorithm. Cryptographic algorithms!are the most frequently used privacy protection method in the IoT domain.

क्रिप्टोग्राफिक एल्गोरिदम का उपयोग डेटा एन्क्रिप्शन, प्रमाणीकरण और डिजिटल हस्ताक्षर जैसे महत्वपूर्ण कार्यों के लिए किया जाता है। क्रिप्टोग्राफिक एल्गोरिदम! उनकी उच्च सुरक्षा आवश्यकताओं को पूरा करने के लिए उपकरणों की बढ़ती संख्या में लागू किया जा रहा है। इनमें से कई उपकरणों को उच्च गति के संचालन की आवश्यकता होती है और इसमें चयनित क्रिप्टोग्राफिक एल्गोरिथ्म के लिए विशेष हार्डवेयर एन्क्रिप्शन और / या डिक्रिप्शन सर्किट शामिल हैं। क्रिप्टोग्राफिक एल्गोरिदमय IoT डोमेन में सबसे अधिक उपयोग की जाने वाली गोपनीयता सुरक्षा पद्धति है।

Cryptographic techniques allow a sender to disguise data so that an intruder can gain no information from the intercepted data. Cryptography involves two corresponding processes. These processes are described as under:

क्रिप्टोग्राफिक तकनीक एक प्रेषक को डेटा को छिपाने की अनुमति देती है ताकि कोई इसे इंटरसेप्ट किए गए डेटा से कोई जानकारी हासिल न कर सके। क्रिप्टोग्राफी में दो संबंधित प्रक्रियाएं शामिल हैं। इन प्रक्रियाओं को निम्नानुसार वर्णित किया गया है:

(a) **Encryption:** It is the process of taking data and modifying it so that it cannot be read by untrusted users.

एन्क्रिप्शनः यह डेटा लेने और इसे संशोधित करने की प्रक्रिया है ताकि इसे अविश्वसनीय उपयोगकर्ताओं द्वारा नहीं पढ़ा जा सके।

(b) **Decryption:** It is the process of taking encrypted data and rendering it readable for trusted users.

डिक्रिप्शनः यह एन्क्रिप्टेड डेटा लेने और विश्वसनीय उपयोगकर्ताओं के लिए इसे पठनीय प्रदान करने की प्रक्रिया है।

Cryptography is broadly classified into two categories: (क्रिप्टोग्राफी को दो श्रेणियों में वर्गीकृत किया गया है:)

- **Symmetric key Cryptography:** An encryption system in which the sender and receiver of a message share a single, common key that is used to encrypt and decrypt the message.

  सिमेट्रिक की क्रिप्टोग्रापफीः एक एन्क्रिप्शन प्रणाली जिसमें संदेश का प्रेषक और रिसीवर एक एकल, सामान्य की साझा करते हैं जिसका उपयोग संदेश को एन्क्रिप्ट और डिक्रिप्ट करने के लिए किया जाता है।

- **Asymmetric key Cryptography (popularly known as public key cryptography):** The encryption process where different keys are used for encrypting and decrypting the information. Keys are different but are mathematically related, such that retrieving the plain text by decrypting ciphertext is feasible. Public-key or asymmetric-key encryption algorithms use a pair of keys, a public key associated with the creator/sender for encrypting messages and a private key that only the originator knows for decrypting that information.

  असिमेट्रिक की क्रिप्टोग्रापफी ;जिसे पब्लिक की क्रिप्टोग्राफी के रूप में जाना जाता हैद्धः एन्क्रिप्शन प्रक्रिया जहां इन्फोर–मेशन को एन्क्रिप्ट और डिक्रिप्ट करने के लिए विभिन्न कुंजियों का उपयोग किया जाता है। की अलग–अलग हैं, लेकिन गणित–संबंधी रूप से संबंधित हैं, जैसे कि सिफरटेक्स्ट को डिक्रिप्ट करके सादे पाठ को पुनः प्राप्त करना संभव है। पब्लिक की या असिमेट्रिक की एन्क्रिप्शन एल्गोरिदम की एक जोड़ी का उपयोग करते हैं, संदेश को एन्क्रिप्ट करने के लिए निर्माता/प्रेषक के साथ जुड़ी एक पब्लिक की और एक प्राइवेट की जिसे केवल प्रवर्तक उस जानकारी को डिक्रिप्ट करने के लिए जानता है।

5.13.3 Securing Data with Cryptographic Algorithms (क्रिप्टोग्राफिक एल्गोरिदम के साथ डेटा सुरक्षित करना)

Literally thousands of different cryptographic algorithms have been developed over the years. Cryptographic algorithms can be classified as follows:

वस्तुतः हजारों विभिन्न क्रिप्टोग्राफिक एल्गोरिदम वर्षों में विकसित किए गए हैं। क्रिप्टोग्राफिक एल्गोरिदम को निम्न के रूप में वर्गीकृत किया जा सकता है:

- Encryption algorithms that are used to encrypt data and provide confidentiality. To safeguard your information and data shared over the Internet it is important to use strong encryption algorithms.

  एन्क्रिप्शन एल्गोरिदम जो डेटा को एन्क्रिप्ट करने और गोपनीयता प्रदान करने के लिए उपयोग किया जाता है। इंटरनेट पर साझा की गई आपकी जानकारी और डेटा को सुरक्षित रखने के लिए रूट्रांग एन्क्रिप्शन एल्गोरिदम का उपयोग करना महत्वपूर्ण है।

- Signature algorithms that are used to digitally sign data to provide authentication. A digital signature is merely a means of signing data to authenticate that the message sender is really the person he or she claims to be. Digital signatures can also provide for data integrity along with authentication and nonrepudiation. Digital signatures generally use both signature algorithms and hash algorithms. When a message is encrypted with a user's private key, the hash value that is created becomes the signature for that message. Signing a different message will produce a different signature. Each signature is unique, and any attempt to move the signature from one message to another would result in a hash value that would not match the original; thus, the signature would be invalidated.

सिग्नेचर एल्गोरिदम जो प्रमाणीकरण प्रदान करने के लिए डेटा को डिजिटल रूप से साइन करने के लिए उपयोग किए जाते हैं। एक डिजिटल हस्ताक्षर केवल यह प्रमाणित करने के लिए डेटा पर हस्ताक्षर करने का एक साधन है कि संदेश भेजने वाला वास्तव में वह व्यक्ति है जो वह होने का दावा करता है। डिजिटल सिग्नेचर भी डेटा अखंडता के लिए प्रदान कर सकते हैं प्रमाणीकरण और गैर–प्रमाणीकरण के साथ। डिजिटल सिग्नेचर आम तौर पर दोनों सिग्नेचर एल्गोरिदम और हैश एल्गोरिथम का उपयोग करता है। जब किसी उपयोगकर्ता की प्राइवेट की के साथ एक संदेश एन्क्रिप्ट किया जाता है, तो जो हैश मान बनाया जाता है, वह मैसेज के लिए सिग्नेचर बन जाता है। एक अलग संदेश पर सिग्नेचर करना एक अलग सिग्नेचर का उत्पादन करेगा। प्रत्येक सिग्नेचर अद्वितीय है, और सिग्नेचर को एक संदेश से दूसरे में स्थानांतरित करने के किसी भी प्रयास के परिणामस्वरूप एक हैश मान होगा जो मूल से मेल नहीं खाएगाय इस प्रकार, सिग्नेचर अमान्य हो जाएगा।

- Hashing algorithms that are used to provide data integrity. In addition to cryptographic algorithms that are used to ensure the confidentiality of communications, a specific family of algorithms is used to guarantee the integrity of exchanges. These are known as cryptographic hash functions.

  हैशिंग एल्गोरिदम जो डेटा अखंडता प्रदान करने के लिए उपयोग किया जाता है। क्रिप्टोग्राफिक एल्गोरिदम के अलावा, जो कम्युनिकेशन की गोपनीयता–क्षमता को सुनिश्चित करने के लिए उपयोग किए जाते हैं, एक्सचेंजों की अखंडता की गारंटी के लिए एल्गोरिदम के एक विशिष्ट फैमेली का उपयोग किया जाता है। इन्हें क्रिप्टोग्राफिक हैश फंक्शन के रूप में जाना जाता है।

  Hashing is a technique in which an algorithm (also called a hash function) is applied to a portion of data to create a unique digital fingerprint that is a fixed-size variable. If anyone changes the data by one binary digit, the hash function will produce a different output (called the hash value) and the recipient will know that the data has been changed. Hashing can ensure integrity and provide authentication as well.

  हैशिंग एक तकनीक है जिसमें एक एल्गोरिथ्म (जिसे हैश फंक्शन भी कहा जाता है) को एक अद्वितीय डिजिटल फिगरप्रिंट बनाने के लिए डेटा के एक हिस्से पर लागू किया जाता है जो एक निश्चित आकार का वैरिएबल है। यदि कोई भी डेटा को एक बाइनरी अंक से बदलता है, तो हैश फंक्शन एक अलग आउटपुट (हैश वैल्यू कहा जाता है) का उत्पादन करेगा और प्राप्तकर्ता को पता चल जाएगा कि डेटा बदल दिया गया है। हैश–इंग अखंडता सुनिश्चित कर सकता है और प्रामाणिक–उद्धरण भी प्रदान कर सकता है।

  In order to be effective, a hash function should be combined with other cryptographic primitives in a protocol. It would be easy for an attacker to recalculate a correct hash for a message which he or she had modified; however, if a message and the associated hash are encrypted by the sender, then an attacker would be unable to correctly modify the encrypted value of the message hash.

  प्रभावी होने के लिए, एक हैश फंक्शन को एक प्रोटोकॉल में अन्य क्रिप्टोग्राफिक प्राइमी–टाइव्स के साथ जोड़ा जाना चाहिए। एक अटैकर के लिए एक संदेश के लिए एक सही हैश की पुनर्गणना करना आसान होगा जिसे उसने संशोधित किया था; कैसे–कभी, यदि कोई संदेश और संबंधित हैश प्रेषक द्वारा एन्क्रिप्ट किया गया है, तो एक अटेकर संदेश हैश के एन्क्रिप्टेड मूल्य को सही ढंग से संशोधित करने में असमर्थ होगा।

Algorithms (ciphers) are also categorized by the way they work at the technical level (Stream ciphers and Block ciphers). This categorization refers to whether the algorithm is applied to a stream of data, operating on individual bits, or to an entire block of data. Stream ciphers provide faster encryption and decryption capability than block ciphers, because they work on smaller units of data and can be used in both symmetric (Same key can encrypt & decrypt) and asymmetric (Different key required for reverse operation) key cryptosystems. The key is generated as a keystream, and this is combined with the plain text to be encrypted. Block ciphers take a block of plain text and turn it into a block of cipher text. The drawback to this type of system is that if the key is discovered, all messages can be decrypted. Block ciphers are mostly used in symmetric key encryption.

एल्गोरिदम (सिफर) को तकनीकी स्तर पर काम करने के तरीके से भी वर्गीकृत किया जाता है (स्ट्रीम सिफर्स और ब्लॉक सिफर्स)। यह वर्गीकरण संदर्भित करता है कि क्या एल्गोरिथ्म डेटा की एक धारा पर लागू होता है, व्यक्तिगत बिट्स पर काम कर रहा है, या डेटा के एक पूरे ब्लॉक में। स्ट्रीम सिफर ब्लॉक सिफर की तुलना में तेजी से एन्क्रिप्शन और डिक्रिप्शन क्षमता प्रदान करते हैं, क्योंकि वे डेटा की छोटी इकाइयों पर काम करते हैं और दोनों सममित (समान की एन्क्रिप्ट और डिक्रिप्ट कर सकते हैं) और असममित (रिवर्स ऑपरेशन के लिए आवश्यक अलग–अलग की) की क्रिप्टो सिस्टम का उपयोग कर सकते हैं। की को

कीस्ट्रीम के रूप में जेनरेट किया जाता है, और इसे एन्क्रिप्ट किए जाने वाले सादे टेक्स्ट के साथ जोड़ दिया जाता है। ब्लॉक सिफर सादे पाठ का एक ब्लॉक लेते हैं और इसे सिफर टेक्स्ट के ब्लॉक में बदल देते हैं। इस प्रकार की प्रणाली में कमी यह है कि यदि कुंजी की खोज की जाती है, तो सभी संदेशों को डिक्रिप्ट किया जा सकता है। ब्लॉक सिफर का उपयोग ज्यादातर सममित की एन्क्रिप्शन में किया जाता है।

There are two types of stream ciphers:

धारा सिफर दो प्रकार के होते हैं:

Synchronous stream ciphers (सिंक्रानस स्ट्रीम)

In a synchronous stream cipher, the keystream is generated independently of the plaintext and ciphertext messages. The keystream is then applied to the plaintext for encryption (or ciphertext for decryption). For encryption and decryption to work, both the sender and the recipient must use the same key, and at the same position within the keystream. If the keystream is altered, the decryption process will fail.

एक सिंक्रोनस स्ट्रीम सिफर में, कीस्ट्रीम को प्लेनटेक्स्ट और सिफरटेक्स्ट संदेशों से स्वतंत्र रूप से उत्पन्न किया जाता है। कीस्ट्रीम को फिर एन्क्रिप्शन (या डिक्रिप्शन के लिए सिफर–टेक्स्ट) के लिए प्लेटेक्स्ट पर लागू किया जाता है। एन्क्रिप्शन और डिक्रिप–टायन को काम करने के लिए, प्रेषक और प्राप्तकर्ता दोनों को एक ही कुंजी का उपयोग करना चाहिए, और कीस्ट्रीम के भीतर एक ही स्थिति में। यदि कीस्ट्रीम को बदल दिया जाता है, तो डिक्रिप्शन प्रक्रिया विफल हो जाएगी।

Synchronous stream ciphers are useful when the transmission error rate is high, as single-digit corruption of alteration of the message only affects a single digit of the decrypted plaintext.

प्रसारण एरर दर अधिक होने पर सिंक्रोनस स्ट्रीम सिफर उपयोगी होते हैं, क्योंकि संदेश के परिवर्तन का एकल–अंक कोर–टूटना केवल डिक्रिप्टेड प्लेनटेक्स्ट के एकल अंक को प्रभावित करता है।

Asynchronous Stream Ciphers (अ–सिंक्रानस स्ट्रीम)

Asynchronous stream ciphers, otherwise known as self-synchronizing stream ciphers, can selfcorrect the output stream when there are limited errors in the transmission. When a recipient detects an error in the transmission, an automatic re-synchronizing process with the keystream generator occurs.

अ–सिक्रानस स्ट्रीम धारा सिफर, जिसे अन्यथा स्व–सिंक्रनाइजिंग स्ट्रीम सिफर के रूप में जाना जाता है, ट्रांसमिशन में सीमित एरर होने पर आउटपुट स्ट्रीम को स्व–सही कर सकता है। जब कोई प्राप्तकर्ता ट्रांसमिशन में त्रुटि का पता लगाता है, तो कीस्ट्रीम जेन–इरेटर के साथ एक स्वचालित पुनः सिंक्रनाइजेशन प्रक्रिया होती है।

5.14 Examples of New Trends (नए नियमों का उदाहरण)

Today, you are totally dependent on technologies. Artificial Intelligence (AI) and Internet of Things (IoT) are among the technologies that have great scope and prospects for the future.

आज, आप पूरी तरह से प्रौद्योगिकियों पर निर्भर हैं। आर्टिफिशियल इंटेलिजेंस (AI) और इंटरनेट ऑफ थिंग्स (IoT) उन तकनीकों में से हैं, जिनमें भविष्य के लिए काफी गुंजाइश और संभावनाएं हैं।

Artificial Intelligence permits machines to learn, think, act, and react like humans. It helps machines to analyze and study the ancient information, perceive patterns and make real-time decisions. AI also enables machines to learn from experience. Artificial Intelligence and Machine Learning have started changing the world and humankind is experiencing a phase of paradigm shift into a future of technological advancement. AI algorithms are being used in Climate modelling to predict the weather conditions well in advanced. Machine Learning and robotic automation are now a part of industrial setups and manufacturing units. Companies are using predictive data analytics to understand consumer behaviour which is helping them in overall growth of their business.

आर्टिफिशियल इंटेलिजेंस मशीनों को इंसानों की तरह सीखने, सोचने, काम करने और प्रतिक्रिया करने की अनुमति देता है। यह मशीनों को प्राचीन इन्फोरमेशन का विश्लेषण और अध्ययन करने, पैटर्न का अनुभव करने और वास्तविक समय के निर्णय लेने में मदद करता है। AI मशीनों को अनुभव से सीखने में भी सक्षम बनाता है। आर्टिफिशियल इंटेलिजेंस और मशीन लर्निंग ने दुनिया को बदलना शुरू कर दिया है और मानव जाति तकनीकी प्रगति के भविष्य में प्रतिमान बदलाव के एक चरण का अनुभव कर रही है। मौसम की स्थिति को अच्छी तरह से उन्नत करने के लिए जलवायु मॉडल–लिंग में AI एल्गोरिदम का उपयोग किया जा रहा है। मशीन लर्निंग और रोबोट ऑटोमेशन अब औद्योगिक सेटअप और विनिर्माण इकाइयों का एक हिस्सा हैं। कंपनियां उपभोक्ता व्यवहार को समझने के लिए भविष्य कहनेवाला डेटा एनालिटिक्स का उपयोग कर रही हैं जो उन्हें अपने व्यवसाय के समग्र विकास में मदद कर रहा है।

IoT is an advanced automation and analytics system which deals with artificial intelligence, sensor, networking, electronic, cloud messaging etc. to deliver complete systems for the product or services. The system created by IoT has greater transparency, control, and performance. IoT makes things smart and enhances life through the use of data. For example, if you have a coffee machine whose beans have going to end, then the coffee machine itself order the coffee beans of your choice from the retailer.

IoT एक उन्नत ऑटोमेशन और एनालिटिक्स सिस्टम है जो उत्पाद या सेवाओं के लिए संपूर्ण सिस्टम देने के लिए कृत्रिम बुद्धिमत्ता, सेंसर,

नेटवर्किंग, इलेक्ट्रॉनिक, क्लाउड मैसेजिंग आदि से संबंधित है। IoT द्वारा बनाई गई प्रणाली में अधिक पारदर्शिता, नियंत्रण और प्रदर्शन है। IoT चीजों को स्मार्ट बनाता है और डेटा के उपयोग से जीवन को बढ़ाता है। उदाहरण के लिए, यदि आपके पास एक कॉफी मशीन है जिसकी फलियां खत्म होने वाली हैं, तो कॉफी मशीन खुदरा विक्रेता से आपकी पसंद के कॉफी बीन्स का ऑर्डर करती है।

5.15 Artificial Intelligence (AI) (आर्टफीसियल इटेंलिजेंस (AI))

Artificial Intelligence is one of the emerging technologies that try to simulate human reasoning in AI systems. You are already using AI in your day-to-day lives for example a virtual assistant such as Siri, Google Assistant or Cortana all are our digital personal assistants. They help you find useful information when you ask for it using your voice. This is a simple example of Artificial Intelligence.

आर्टिफिशियल इंटेलिजेंस एक उभरती हुई तकनीक है जो AI सिस्टम में मानव तर्क को अनुकरण करने की कोशिश करती है। आप पहले से ही अपने दैनिक जीवन में AI का उपयोग कर रहे हैं उदाहरण के लिए एक आभासी सहायक जैसे सिरी, Google सहायक या Cortana सभी हमारे डिजिटल व्यक्तिगत सहायक हैं। जब आप अपनी आवाज का उपयोग करते हुए पूछते हैं तो वे आपको उपयोगी जानकारी खोजने में मदद करते हैं। यह आर्टिफिशियल इंटेलिजेंस का एक सरल उदाहरण है।

John McCarthy defined the term Artificial Intelligence in the year 1950. It is a concept that refers to a computer ability to perform tasks and make decisions that require some level of human intelligence.

जॉन मैकार्थी ने वर्ष 1950 में आर्टिफिशियल इंटेलिजेंस शब्द को परिभाषित किया। यह एक अवधारणा है जो कार्यों को निष्पादित करने और मानव बुद्धि–स्तर के कुछ स्तर की आवश्यकता वाले निर्णय लेने के लिए कंप्यूटर की क्षमता को संदर्भित करता है।

AI systems will typically demonstrate at least some of the following behaviours associated with human intelligence: planning, learning, reasoning, problem solving, knowledge representation, perception, motion, and manipulation and, to a lesser extent, social intelligence and creativity.

AI सिस्टम आम तौर पर मानव खुफिया से जुड़े कम से कम कुछ व्यवहारों को प्रदर्शित करेगा: नियोजन, सीखने, तर्क, समस्या को सुलझाने, ज्ञान प्रतिनिधित्व, धारणा, गति और हेरफेर और, कुछ हद तक, सामाजिक बुद्धि और रचनात्मकता।

AI is a vast subject and its field of study includes many theories, methods and technology. There are many major subfields under it:

AI एक विशाल विषय है और इसके अध्ययन के क्षेत्र में कई सिद्धांत, विधियां और प्रौद्योगिकी शामिल हैं। इसके अंतर्गत कई प्रमुख उपक्षेत्र हैं:

- **Machine Learning:** Machine Learning is an application of Artificial Intelligence (AI) that provides systems the ability to automatically learn and improve from experience without being explicitly programmed.

  मशीन लर्निंग: मशीन लर्निंग आर्टिफिशियल इंटेलिजेंस (AI) का एक अनुप्रयोग है जो सिस्टम को स्पष्ट रूप से प्रोग्राम किए बिना अनुभव से स्वचालित रूप से सीखने और सुधारने की क्षमता प्रदान करता है।

- **Neural networks:** A computer system modelled on the human brain and nervous system. These are brain-inspired networks of interconnected layers of algorithms, called neurons, that feed data into each other, and which can be trained to carry out specific tasks.

  न्यूरल नेटवर्क: एक कंप्यूटर सिस्टम मानव मस्तिष्क और नर्वस सिस्टम पर मॉड–ईल्ड होता है। ये एल्गोरिदम के अंतःसंबंधित परतों के मस्तिष्क–प्रेरित नेटवर्क हैं, जिन्हें न्यूरॉन्स कहा जाता है, जो एक–दूसरे को डेटा देते हैं, और जिन्हें विशिष्ट कार्यों को करने के लिए प्रशिक्षित किया जा सकता है।

- **Deep learning:** A machine learning technique that teaches computers to learn by example.

  डीप लर्निंग: मशीन लर्निंग तकनीक जो कंप्यूटर को उदाहरण के द्वारा सीखना सिखाती है।

- **Computer vision:** Computer vision system is a technology of obtaining models to control information from visual data. For example, a spying aeroplane takes photographs which are used to figure out spatial information or map of the areas.

  कंप्यूटर दृष्टि: कंप्यूटर दृष्टि प्रणाली दृश्य डेटा से जानकारी को नियंत्रित करने के लिए मॉडल प्राप्त करने की एक तकनीक है। उदाहरण के लिए, एक जासूसी हवाई जहाज तस्वीरें लेता है जो स्थानिक जानकारी या क्षेत्रों के नक्शे का पता लगाने के लिए उपयोग किया जाता है।

- **Natural language processing:** It is possible to interact with the computer that understand human language.

  नेचुरल लैंग्वेज प्रोसेसिंग: मानव भाषा को समझने वाले कंप्यूटर के साथ बातचीत करना संभव है।

5.15.1 Applications of AI (AI के आवेदन)

AI is used in applicable in many aspects such as Finance, Medical, Entertainment, Pattern recognition, and Data mining. Some important applications of AI are listed below:

AI का उपयोग कई पहलुओं जैसे कि वित्त, चिकित्सा, मनोरंजन, पैटर्न पहचान–आयन, और डेटा खनन में किया जाता है। AI के कुछ महत्वपूर्ण एप्लीकेशन हैं:

- **Gaming:** It plays an important role in designing strategic games such as chess, tic-tac-toe etc. These are the logical games in which the system can determine the various available options based on the information fed.

  गेमिंग: यह एप्लीकेशन सामरिक गेम डिजाइनिंग जैसे कि शतरंज, टिक–टैक–टो आदि में महत्वपूर्ण भूमिका निभाता है। ये लॉजिकल गेम्स हैं जिसमें सिस्टम फीड की गई जानकारी के आधार पर विभिन्न उपलब्ध विकल्पों को निर्धारित कर सकता है।

- **Natural Language Processing:** It is possible to interact with the computer that understand human language.

  नेचुरल लैंग्वेज प्रोसेसिंग: मानव भाषा को समझने वाले कंप्यूटर के साथ बातचीत करना संभव है।

- **Expert System:** Expert systems are developed to solve complex problems by the knowledge of reasoning, which is represented primarily using if-then rules rather than conventional procedural code.

  विशेषज्ञ प्रणाली: तर्क के ज्ञान द्वारा जटिल समस्याओं को हल करने के लिए विशेषज्ञ प्रणालियों का विकास किया जाता है, जो कि पारंपरिक प्रणाली कोड के बजाय यदि तत्कालीन नियमों का उपयोग करते हुए मुख्य रूप से प्रस्तुत किया जाता है।

- **Vision System:** Computer vision system is a technology of obtaining models to control information from visual data. For example, a spying aeroplane takes photographs which are used to figure out spatial information or map of the areas.

  विजन सिस्टम: कंप्यूटर विजन सिस्टम दृश्य डेटा से सूचना को नियंत्रित करने के लिए मॉडल प्राप्त करने की एक तकनीक है। उदाहरण के लिए, एक जासूसी हवाई जहाज तस्वीरें लेता है जो स्थानिक जानकारी या क्षेत्रों के नक्शे का पता लगाने के लिए उपयोग किया जाता है।

- **Speech Recognition:** Some intelligent systems are capable of hearing and comprehending the language in terms of sentences and their meanings while a human talks to it. Applications use artificial intelligence to optimize speech recognition functions. Examples include intelligent personal assistants, e.g. Amazon's Alexa or Apple's Siri.

  स्पीच विकग्निशन: कुछ बुद्धिमान प्रणालियाँ लैंग्वेज और वाक्यों और उनके अर्थो के संदर्भ में सुनने और समझने में सक्षम हैं जबकि एक मानव इससे बात करता है। अप्पा–सिंह लैंग्वेज पहचान कार्यों को अनुकूलित करने के लिए कृत्रिम बुद्धि का उपयोग करते हैं। उदाहरणों में बुद्धिमान व्यक्तिगत सहायक शामिल हैं, उदा। अमेजन का एलेक्सा या एप्पल का सिरी।

- **Handwriting Recognition:** The software reads the text written on paper by a pen or on screen by a stylus. It can recognize the shapes of the letters and convert it into editable text.

  हैंडराइटिंग रिकग्निशन: सॉफ्टवेयर एक पेन या एक स्टाइलस द्वारा स्क्रीन पर कागज पर लिखे गए टेक्स्ट को पढ़ता है। यह अक्षरों के आकार को पहचान सकता है और इसे संपादन योग्य पाठ में बदल सकता है।

- **Intelligent Robotics:** It is able to perform the tasks by a human. They have sensors to detect physical data from the real world such as light, heat, temperature, movement, sound. In addition, they are capable of learning from their mistakes and they can adapt to the new environment.

  बुद्धिमान रोबोटिक्स: यह मानव द्वारा कार्यों को करने में सक्षम है। उनके पास वास्तविक दुनिया से प्रकाश, गर्मी, तापमान, चालन, ध्वनि जैसे भौतिक डेटा का पता लगाने के लिए सेंसर हैं। इसके अलावा, वे अपनी गलतियों से सीखने में सक्षम हैं और वे नए वातावरण के लिए अनुकूल हो सकते हैं।

5.15.2 Advantages of AI (AI के लाभ)

Reduction in Human Error (मानव त्रुटि में कमी)

AI would have a low error rate compared to humans, if coded properly. They would have incredible precision, accuracy, and speed.

यदि ठीक से कोडित किया जाए तो AI में मनुष्यों की तुलना में कम त्रुटि दर होगी। उनके पास अविश्वसनीय सटीकता, सटीकता और गति होगी।

Takes risks instead of Humans (मनुष्य के बजाय जोखिम लेता है)

AI Robot are not affected by adverse environments, thus able to complete dangerous tasks, such as going to mars, defuse a bomb, explore the deepest parts of oceans, mining for coal and oil. It can also be used effectively in any kind of disaster.

AI रोबोट प्रतिकूल एनवीरोमेंट से प्रभावित नहीं होते हैं, इस प्रकार खतरनाक कार्यों को पूरा करने में सक्षम होते हैं, जैसे कि मंगल पर जाना, बम को डिफ्यूज करना, महासागरों के सबसे गहरे हिस्सों का पता लगाना, कोयले और तेल के लिए खनन। यह किसी भी तरह के डिजास्ट में प्रभावी रूप से उपयोग किया जा सकता है।

Available 24x7 (उपलब्धा 24x7)

Using AI you can make machines work 24x7 without any breaks and they don't even get bored, unlike humans. Educational Institutes and Helpline centers are getting many queries and issues which can be handled effectively using AI.

AI का उपयोग करके आप मशीनों को बिना किसी ब्रेक के 24x7 काम कर सकते हैं और वे मनुष्यों के विपरीत ऊब भी नहीं सकते हैं। शैक्षिक संस्थानों और हेल्पलाइन केंद्रों को कई प्रश्न और मुद्दे मिल रहे हैं, जिन्हें AI का उपयोग करके प्रभावी ढंग से नियंत्रित किया जा सकता है।

Helping in Repetitive Jobs (रिपिटिटिव जॉब्स में मदद करना)

In your day-to-day work, you will be performing many repetitive works like sending a thanking mail, verifying certain documents for errors and many more things. Using Artificial Intelligence you can productively automate these common tasks. In banks, you often see many verifications of documents to get a loan which is a repetitive task for the owner of the bank. Using AI Cognitive Automation the owner can speed up the process of verifying the documents by which both the customers and the owner will be benefited.

आपके रोजमर्रा के काम में, आप कई दोहराव वाले काम कर रहे होंगे जैसे कि एक धन्यवाद मेल भेजना, त्रुटियों के लिए कुछ दस्तावेजों को सत्यापित करना और कई और चीजें। आर्टिफिशियल इंटेलिजेंस का उपयोग करके आप इन सामान्य कार्यों को स्वचालित रूप से स्वचालित कर सकते हैं। बैंकों में, आप अक्सर ऋण प्राप्त करने के लिए दस्तावेजों के कई सत्यापन देखते हैं जो बैंक के मालिक के लिए एक दोहरावदार कार्य है। AI कॉग्नीटिव ऑटोमेशन के उपयोग से मालिक उन दस्तावेजों को सत्यापित करने की प्रक्रिया को गति प्रदान कर सकते हैं जिनके द्वारा ग्राहक और मालिक दोनों को डिजिटल सहायता प्राप्त होगी।

Digital Assistance (डिजिटल असिस्टेंस)

Some of the highly advanced organizations use digital assistants to interact with their users, this helps them to save time and the need for human resources. Artificial Intelligence is widely employed by financial institutions and banking institutions and helps to organize and manage data. Also, detection of fraud uses AI in a smart card-based system.

अत्यधिक उन्नत संगठनों में से कुछ अपने उपयोगकर्ताओं के साथ बातचीत करने के लिए डिजिटल सहायकों का उपयोग करते हैं, इससे उन्हें समय बचाने और मानव संसाधनों की आवश्यकता में मदद मिलती है। आर्टिफिशियल इंटेलिजेंस व्यापक रूप से वित्तीय संस्थानों और बैंकिंग संस्थानों द्वारा नियोजित किया जाता है और डेटा को व्यवस्थित और प्रबंधित करने में मदद करता है। इसके अलावा, धोखाधड़ी का पता लगाने से स्मार्ट कार्ड–आधारित प्रणाली में AI का उपयोग होता है।

The digital assistants also used in many websites to provide things that users want. You can chat with them about what you are looking for. Also, applications such as Siri, Cortana, and Google are frequently used in our daily routine whether it is for searching a location, making a phone call, replying to a mail etc.

डिजिटल सहायक भी कई वेबसाइटों में उपयोग करते थे जो उपयोगकर्ता चाहते हैं। आप उनके साथ चैट कर सकते हैं जो आप ढूंढ रहे हैं। इसके अलावा, सिरी, कोरटाना और Google जैसे एप्लिकेशन अक्सर हमारी दिनचर्या में उपयोग किए जाते हैं चाहे वह किसी स्थान को खोजने, फोन कॉल करने, मेल का जवाब देने आदि के लिए हो।

Needs no breaks (कोई ब्रेक की जरूरत है)

Using AI machines are programmed for long hours and can continuously perform without getting bored or distracted. The machine does not get tired, even if it has to work for consecutive hours. This is a major benefit over humans, who need a rest from time to time to be efficient.

एआई मशीनों का उपयोग करके लंबे समय तक प्रोग्राम किया जाता है और बिना बोर या विचलित हुए लगातार प्रदर्शन कर सकते हैं। मशीन थकती नहीं है, भले ही उसे लगातार घंटों तक काम करना पड़े। यह मनुष्यों पर एक प्रमुख लाभ है, जिन्हें कुशल होने के लिए समय–समय पर आराम की आवश्यकता होती है।

Faster Decisions (तेज निर्णय)

The complete absence of emotions from a machine makes it more efficient as they are able to take decisions faster than a human and carry out actions quickly. The integration of AI tools in the healthcare sector has improved the efficiency of treatments by minimizing the risk of false diagnosis.

मशीन से भावनाओं की पूर्ण अनुपस्थिति इसे और अधिक कुशल बनाती है क्योंकि वे मानव की तुलना में तेजी से निर्णय लेने में सक्षम होते हैं और जल्दी से कार्रवाई करते हैं। स्वास्थ्य सेवा क्षेत्र में एआई उपकरणों के एकीकरण ने झूठे डायगनोसिस के जोखिम को कम करके उपचार की दक्षता में सुधार किया है।

New Inventions (नई खोज)

AI is powering many inventions in almost every domain which will help humans solve the majority of complex problems. Nowadays, medical professionals are trained with artificial surgery simulators. It uses application which helps in detecting and monitoring neurological disorders and stimulate the brain functions. This also helps in the radiosurgery. Radiosurgery is used in operating tumors and help in the operation without damaging the surrounding tissues.

AI लगभग हर डोमेन में कई आविष्कार कर रहा है जो मनुष्यों को जटिल समस्याओं का समाधान करने में मदद करेगा। आजकल, चिकित्सा पेशेवरों को कृत्रिम सर्जरी सिमुलेटर के साथ प्रशिक्षित किया जाता है। यह एप्लिकेशन का उपयोग करता है जो न्यूरोलॉजिकल विकारों का पता लगाने और निगरानी करने में मदद करता है और मस्तिष्क के कार्यों को उत्तेजित करता है। यह रेडियोसर्जरी में भी मदद करता है। रेडियोसर्जरी का उपयोग ऑपरेटिंग ट्यूमर में किया जाता है और आसपास के ऊतकों को नुकसान पहुंचाने वाले ऑपरेशन में मदद करता है।

5.15.3 Disadvantages of AI (AI का नुकसान)

High Costs of Creation (निर्माण की उच्च लागत)

Apart from the installation cost, AI hardware and software need to be updated to meet the latest requirements. Also, repairing and maintenance cost is very high.

स्थापना लागत के अलावा, AI हार्डवेयर और सॉफ्टवेयर को नवीनतम आवश्यकताओं को पूरा करने के लिए अद्यतन करने की आवश्यकता है। इसके अलावा, मरम्मत और रखरखाव की लागत बहुत अधिक है।

Making Humans Lazy (मनुष्य को आलसी बनाना)

AI is automated and do all human work making human lazy. Machines are able to think faster than humans and they can be easily put into multitasking.

AI स्वचालित है और मानव को आलसी बनाने वाले सभी कार्य करता है। मशीनें इंसानों की तुलना में तेजी से सोचने में सक्षम हैं और उन्हें आसानी से मल्टी–टाइटसकिंग में डाला जा सकता है।

Unemployment (बेरोजगारी)

AI machines can predict what a user will search, ask, type. They can also recommend some actions according to the user's needs. They are replacing people in many tasks for example, many robots have taken jobs in the assembly line, driverless cars that could replace millions of human drivers etc. As AI is replacing the majority of the repetitive tasks and other works with robots, human interference is becoming less which will cause a major problem in the employment standards.

AI मशीनें यह अनुमान लगा सकती हैं कि उपयोगकर्ता क्या खोजेगा, पूछेगा, टाइप करेगा। वे उपयोगकर्ता की जरूरतों के अनुसार कुछ कार्यों की सिफारिश भी कर सकते हैं। वे उदाहरण के लिए कई कार्यों में लोगों को प्रतिस्थापित कर रहे हैं, कई रोबोट ने असेंबली लाइन में काम किया है, ड्राइवर रहित कारें जो लाखों मानव चालकों को बदल सकती हैं आदि। जैसा कि AI रिपेटेटिव कार्यों और रोबोट के साथ अन्य कार्यों के बहुमत की जगह ले रहा है, मानव हस्तक्षेप कम होता जा रहा है जो रोजगार मानकों में एक बड़ी समस्या पैदा करेगा।

No Emotions (कोई भावना नहीं)

No matter how smart a machine becomes, it can never replicate a human. Machines don't possess emotions and moral values. Because of this, don't have their own judgment making skills. They do what they are told to do and therefore the judgment of right or wrong is nil for them. If they encounter a situation that is unfamiliar to them then they perform incorrectly or else break down in such situations.

कोई भी मशीन कितनी भी स्मार्ट क्यों न हो जाए, वह कभी भी किसी इंसान की नकल नहीं कर सकती। मशीनें भावनाओं और नैतिक मूल्यों के अधिकारी नहीं हैं। इस वजह से, अपने स्वयं के निर्णय लेने का कौशल नहीं है। वे वही करते हैं जो उन्हें करने के लिए कहा जाता है और इसलिए उनके लिए सही या गलत का न्याय–उल्लेख शून्य है। यदि वे एक ऐसी स्थिति का सामना करते हैं जो उनके लिए अपरिचित है तो वे गलत तरीके से प्रदर्शन करते हैं या ऐसी स्थितियों में टूट जाते हैं।

Lacking Out of Box Thinking (आउट ऑफ बॉक्स थिंकिंग)

Machines can perform only those tasks which they are designed or programmed to do, so they cannot work outside of what they were programmed for. Though they help in designing and creating, they can't match the power of a human brain. Humans can generate ideas, can think out of the box.

मशीनें केवल उन कार्यों को कर सकती हैं जिन्हें वे करने के लिए डिजाइन या प्रोग्राम किए गए हैं, इसलिए वे उस चीज के बाहर काम नहीं कर सकते हैं जिसके लिए वे समर्थक थे। हालांकि वे डिजाइन और निर्माण में मदद करते हैं, वे मानव मस्तिष्क की शक्ति से मेल नहीं खा सकते हैं। मनुष्य विचारों को उत्पन्न कर सकता है, बॉक्स से बाहर सोच सकता है

5.15.4 Types of AI (AI के प्रकार)

Artificial Intelligence can be divided in to following types based on capabilities and functionally of AI.

कृत्रिम बुद्धिमत्ता को AI की क्षमताओं और कार्यात्मकता के आधार पर अनुगामी प्रकारों में विभाजित किया जा सकता है।

Weak or Narrow AI (वीक या नेरो AI)

Narrow AI is a type of AI which is able to perform a dedicated task with intelligence. It cannot perform beyond its field or limitations, as it is only trained for specific task. Hence it is also known as weak AI. Apple Siri is a good example of Narrow AI, but is operates with a limited pre-defined range of functions. Some examples of Narrow AI are playing chess, speech recognition and image recognition.

नैरो AI एक प्रकार का AI है जो बुद्धिमत्ता के साथ समर्पित कार्य करने में सक्षम है। यह अपने क्षेत्र या सीमाओं से परे प्रति–फॉर्म नहीं कर सकता है, क्योंकि यह केवल विशिष्ट कार्य के लिए प्रशिक्षित है। इसलिए इसे वीक AI के रूप में भी जाना जाता है। ऐप्पल सिरी नैरो AI का एक अच्छा उदाहरण है, लेकिन सीमित पूर्व–परिभाषित कार्यों के साथ संचालित होता है। नैरो AI के कुछ उदाहरण शतरंज, भाषण मान्यता और छवि मान्यता खेल रहे हैं।

General AI (जनरल AI)

General AI is as type of intelligence which could perform any intellectual task with efficiency like a human. The general AI systems which could be smarter and think like a human by its own. Currently, there is no such system exist which could come under general AI and can perform any task as human. As systems with general AI are still under research, and it will take lots of efforts to develop such systems.

जनरल AI एक प्रकार की बुद्धि है जो किसी भी बौद्धिक कार्य को मानव की तरह दक्षता के साथ कर सकती है। सामान्य AI सिस्टम जो चालाक हो सकता है और अपने आप से एक इंसान की तरह सोच सकता है।

वर्तमान में, ऐसी कोई प्रणाली मौजूद नहीं है, जो सामान्य AI के अंतर्गत आ सकती है और मानव के रूप में कोई भी कार्य कर सकती है। जैसा कि सामान्य IoT सिस्टम अभी भी अनुसंधान के अधीन हैं, और इस तरह के सिस्टम को विकसित करने के लिए बहुत प्रयास होंगे।

Super AI (सुपर AI)

Super AI is a level of Intelligence of systems at which machines could surpass human intelligence, and can perform any task better than human. The key characteristics of strong AI include the ability to think, solve the puzzle, learn and communicate by its own. It is still a hypothetical concept of Artificial Intelligence. Development of such system in real is still world changing task.

सुपर AI सिस्टम का इंटेलिजेंस का एक स्तर है, जिस पर मशीनें मानव इंटेलीजेंस को पार कर सकती हैं, और मानव से बेहतर कोई भी कार्य कर सकती हैं। स्ट्रांग AI की प्रमुख विशेषताओं में सोचने की क्षमता, पहेली को हल करना, सीखना और अपने आप से संवाद करना शामिल है। यह अभी भी कृत्रिम बुद्धिमत्ता की एक हाइपो–सैद्धांतिक अवधारणा है। वास्तविक रूप में इस तरह की प्रणाली का खुलापन अभी भी विश्व परिवर्तन का काम है।

There are many ways AI can be achieved some of them are as follows:

AI को प्राप्त करने के कई तरीके हो सकते हैं उनमें से कुछ इस प्रकार हैं:

- **Machine Learning:** It is a method where the target is defined and the steps to reach that target is learned by the machine itself by training. For example, to identify a simple object such as an apple or orange. The target is achieved not by clearly specifying the details about it but it is just as you teach a child by showing multiple different pictures of it and therefore allowing the machine to define the steps to identify it like an apple or orange.

  मशीन लर्निंग: यह एक ऐसी विधि है जहां लक्ष्य को परिभाषित किया जाता है और उस लक्ष्य तक पहुंचने के चरणों को प्रशिक्षण द्वारा मशीन द्वारा ही सीखा जाता है। उदाहरण के लिए, एक साधारण वस्तु जैसे कि एक सेब या नारंगी की पहचान करना। यह लक्ष्य स्पष्ट रूप से इसके बारे में विवरणों को निर्दिष्ट करके प्राप्त नहीं किया गया है, बल्कि यह है कि आप एक बच्चे को इसकी कई अलग–अलग तस्वीरें दिखाकर सिखाते हैं और इसलिए मशीन को इसे ऐप्पल या ऑरेंज की तरह पहचानने के चरणों को परिभाषित करने की अनुमति देता है।

- **Natural Language Processing:** It is broadly defined as the automatic manipulation of natural language, like speech and text, by software. One of the well-known examples of this is email spam detection as you can see how it has improved in your mail system.

  नेचुरल लैंग्वेज प्रोसेसिंग: इसे मोटे तौर पर सॉफ्टवेयर द्वारा भाषण और पाठ की तरह, नेचुरल लैंग्वेज के स्वचालित हेरफेर के रूप में परिभाषित किया गया है। इसका एक प्रसिद्ध उदाहरण ईमेल स्पैम डिटेक्शन है क्योंकि आप देख सकते हैं कि यह आपके मेल सिस्टम में कैसे सुधार हुआ है।

- **Vision:** Machine vision captures and analyses visual information using a camera, analog-todigital conversion and digital signal processing. It can be compared to human eyesight but it is not bound by the human limitation which can enable it to see through walls. It is usually achieved through machine learning to get the best possible results so you could say that these two fields are interlinked.

  विजन: मशीन विजन कैमरे, एनालॉग–टू–डिजिटल रूपांतरण और डिजिटल सिग्नल प्रक्रिया–आईएनजी का उपयोग करके दृश्य जानकारी को कैप्चर और विश्लेषण करता है। इसकी तुलना मानवीय दृष्टि से की जा सकती है लेकिन यह मानव सीमा से बंधी नहीं है जो इसे दीवारों के माध्यम से देखने में सक्षम कर सकती है। यह आमतौर पर मशीन लर्निंग के माध्यम से सबसे अच्छा संभव परिणाम प्राप्त करने के लिए प्राप्त किया जाता है ताकि आप कह सकें कि ये दोनों क्षेत्र आपस में जुड़े हुए हैं।

- **Robotics:** It is a field of engineering focused on the design and manufacturing of robots. They are often used to perform tasks that are difficult for humans to perform or perform consistently. Examples include car assembly lines, in hospitals, office cleaner, serving foods, patrolling farm areas and even as police officers.

  रोबोटिक्स: यह रोबोट के डिजाइन और निर्माण पर केंद्रित इंजीनियरिंग का एक क्षेत्र है। उनका उपयोग अक्सर उन कार्यों को करने के लिए किया जाता है जो मनुष्यों के लिए लगातार प्रदर्शन या प्रदर्शन करना मुश्किल होता है। उदाहरणों में कार असेंबली लाइन, अस्पतालों में, कार्यालय क्लीनर, खाद्य पदार्थ, खेत क्षेत्रों में गश्त करना और यहां तक कि पुलिस अधिकारी भी शामिल हैं।

- **Autonomous Vehicles:** This area of AI has gathered a lot of attention. The list of vehicles includes cars, buses, trucks, trains, ships etc.

  स्वायत्त वाहन: AI के इस क्षेत्र ने बहुत ध्यान आकर्षित किया है। वाहनों की सूची में कार, बस, ट्रक, ट्रेन, जहाज आदि शामिल हैं।

5.16 Machine Learning (ML) (मशीन लर्निंग (ML))

Machine learning is a method of data analysis that automates construction of analytical models, based on the idea that systems can learn from data, identify patterns and make decisions with minimal human intervention. So it is a method where the target is defined and the steps to reach that target is learned by the machine itself by training.

मशीन लर्निंग डेटा विश्लेषण का एक तरीका है जो विश्लेषणात्मक मॉडल के निर्माण को स्वचालित करता है, इस विचार के आधार पर कि सिस्टम डेटा से सीख सकते हैं, पैटर्न की पहचान कर सकते हैं और न्यूनतम मानव हस्तक्षेप के साथ निर्णय ले सकते हैं। तो यह एक ऐसी विधि है जहां लक्ष्य को परिभाषित किया जाता है और उस लक्ष्य तक पहुंचने के चरणों को प्रशिक्षण द्वारा मशीन द्वारा ही सीखा जाता है।

5.16.1 Elements of Machine learning (मशीन लर्निंग के एलिमेंट)

Each form of Machine Learning has differing approaches, but they all follow the same underlying process and theory. Machine learning has three main categories:

मशीन लर्निंग के प्रत्येक रूप में अलग–अलग दृष्टिकोण हैं, लेकिन वे सभी समान रूप से प्रक्रिया और सिद्धांत का पालन करते हैं। मशीन लर्निंग की तीन मुख्य श्रेणियां हैं:

Supervised learning (सुपेविसेड लर्निंग)

This process of teaching a machine by example is called supervised learning. A common technique for teaching AI systems is by training them using a very large number of labelled examples. These machine-learning systems are fed huge amounts of data, which has been annotated to highlight the features of interest. For example, if you are creating a machine learning model to detect pictures of dogs, it will only give result for dog images, but if you provide a new data like cat image then it will become unresponsive.

उदाहरण के द्वारा मशीन को पढ़ाने की इस प्रक्रिया को पर्यवेक्षित शिक्षण कहा जाता है। AI सिस्टम को पढ़ाने की एक सामान्य तकनीक बहुत बड़ी संख्या में लेबल किए गए उदाहरणों का उपयोग करके उन्हें प्रशिक्षित करना है। इन मशीन–लर्निंग सिस्टम को भारी मात्रा में डेटा दिया जाता है, जो कि ब्याज की विशेषताओं को उजागर करने के लिए एनोटेट किया गया है। उदाहरण के लिए, यदि आप कुत्तों की तस्वीरों का पता लगाने के लिए मशीन लर्निंग के मॉडल को क्रे–एटिंग कर रहे हैं, तो यह केवल कुत्ते की छवियों के लिए परिणाम देगा, लेकिन यदि आप बिल्ली की छवि जैसा एक नया डेटा प्रदान करते हैं तो यह अनुत्तरदायी हो जाएगा।

Unsupervised learning (अन-सुपबिंसेड लर्निंग)

In contrast, unsupervised learning uses a different approach. The data given to the learning algorithm is unlabeled, and the algorithm is asked to identify patterns in the input data. For example, the recommendation system of an e-commerce website where the learning algorithm discovers similar items often bought together.

इसके विपरीत, सुपेबिंसेड लर्निंग एक अलग दृष्टिकोण का उपयोग करती है। लर्निंग एल्गोरिथम को दिया गया डेटा अनलिस्टेड है, और एल्गोरिथ्म को इनपुट डेटा में पैटर्न की पहचान करने के लिए कहा जाता है। उदाहरण के लिए, ई–कॉमर्स वेबसाइट की सिफारिश प्रणाली जहां शिक्षण एल्गोरिथ्म समान वस्तुओं को अक्सर एक साथ खरीदा जाता है पता चलता है।

Reinforcement learning (ऐफोर्समेंट लर्निंग)

Reinforcement learning describes a class of problems where an agent operates in an environment and must learn to operate using feedback. For example, self-driving cars being rewarded to stay on the road.

ऐफोर्समेंट लर्निंग में प्रो–लेम्स की एक श्रेणी का वर्णन किया जाता है जहां एक एजेंट एक वातावरण में संचालित होता है और प्रतिक्रिया का उपयोग करके संचालित करना सीखना चाहिए। उदाहरण के लिए, सड़क पर रहने के लिए स्व–ड्राइविंग कारों को पुरस्कृत किया जा रहा है।

5.16.2 Advantages of ML (ML का लाभ)

Easily identifies trends and patterns (आसानी से रुझानों और पैटर्न की पहचान करता है)

Machine Learning can review large volumes of data and discover specific trends and patterns that would not be apparent to humans. For instance, for an e-commerce website like Amazon, it serves to understand the browsing behaviors and purchase histories of its users to help cater to the right products, deals, and reminders relevant to them. It uses the results to reveal relevant advertisements to them.

मशीन लर्निंग डेटा के बड़े संस्करणों की समीक्षा कर सकता है और उन विशिष्ट रुझानों और पैटर्न की खोज कर सकता है जो मनुष्यों के लिए स्पष्ट नहीं होंगे। उदाहरण के लिए, अमेजॅन जैसी ई–कॉमर्स वेबसाइट के लिए, यह सही उत्पादों, सौदों, और उनके लिए याद दिलाने वाले उत्पादों को पूरा करने में मदद करने के लिए अपने उपयोगकर्ताओं के ब्राउजिंग व्यवहार को समझने और इतिहास को खरीदने का कार्य करता है। यह उनके लिए प्रासंगिक विज्ञापनों को प्रकट करने के लिए परिणामों का उपयोग करता है।

No human intervention needed (automation) (मानव हस्तक्षेप की आवश्यकता नही है (स्वचालन))

Because of the machine learning technique, you don't need to assist your system or give it commands to follow certain instructions. To control their decision-making ability. Rather let it take its own decision by itself without your interference. Hence it helps them to develop and improve their decision-making ability by themselves and also to rectify the errors. A common example of this is anti-virus softwares; they learn to filter new threats as they are recognized. ML is also good at recognizing spam.

मशीन लर्निंग की तकनीक के कारण, आपको कुछ निर्देशों का पालन करने के लिए अपने सिस्टम की सहायता करने या इसे कॉम–मैनड देने की आवश्यकता नहीं है। उनकी निर्णय लेने की क्षमता को नियंत्रित करने के लिए। बल्कि इसे अपने हस्तक्षेप के बिना खुद ही अपना फैसला लेने दें। इसलिए यह उन्हें अपनी निर्णय लेने की क्षमता को विकसित करने और सुधारने में मदद करता है और एरर को सुधारने के लिए भी। इसका एक सामान्य उदाहरण एंटी–वायरस सॉफ्टवेयर्स है; वे नए खतरों को पहचानना सीखते हैं। एमएल भी स्पैम को पहचानने में अच्छा है।

Continuous Improvement (निरंतर सुधार)

As ML algorithms gain experience, they keep improving in accuracy and efficiency. This lets them make better decisions. For example, if you are designing a weather forecast application and it gives you regular weather predictions. The accuracy for that prediction depends completely on the regular error check and with improved accuracy.

जैसा कि ML एल्गोरिदम अनुभव प्राप्त करते हैं, वे सटीकता और दक्षता में सुधार करते हैं। इससे उन्हें बेहतर निर्णय लेने में मदद मिलती है। उदाहरण के लिए, यदि आप एक मौसम पूर्वानुमान एप्लिकेशन डिजाइन कर रहे हैं और यह आपको नियमित रूप से मौसम की भविष्यवाणी देता है। उस भविष्यवाणी की सटीकता पूरी तरह से नियमित त्रुटि जांच और बेहतर सटीकता के साथ निर्भर करती है।

Handling multi-dimensional and multi-variety data (बहुआयामी और बहु–विविधाता डेटा को संभालना)

Machine Learning algorithms are good at handling data that are multi-dimensional and multivariety, and improving their skills in having no errors in them with the help of AI technology.

मशीन लर्निंग एल्गोरिदम डेटा हैंडलिंग पर अच्छे होते हैं जो बहु–आयामी और बहु–विविधता वाले होते हैं, और AI तकनीक की मदद से उनमें कोई त्रुटि नहीं होने पर अपने कौशल में सुधार करते हैं।

Wide Applications (विस्तृत अनुप्रयोग)

ML can be helpful for those who are in the field of e-commerce or the healthcare, banking, financial sector, retail, publishing, etc. They can make use of ML to get tremendous help in their market growth and also it helps in the increase of the human work efficiency.

ML उन लोगों के लिए मददगार हो सकते हैं जो ई–कॉमर्स या हेल्थकेयर, बैंकिंग, फाइनेंशियल सेक्टर, रिटेल, पब्लिशिंग आदि के क्षेत्र में हैं। वे अपने मार्केट ग्रोथ में मदद पाने के लिए ML का इस्तेमाल कर सकते हैं और इससे उन्हें मदद भी मिलती है। मानव कार्य क्षमता में वृद्धि।

5.16.3 Disadvantages of ML (ML का नुकसान)

Data Acquisition (आंकड़ा अधिग्रहण)

In the process of machine learning, a large amount of data is used in the process of training and learning and these should be inclusive/unbiased, and of good quality. During the process of machine learning with help of software development services, there are also moments when you need to wait. In that period of time new data is being generated and can be used for further process.

मशीन लर्निंग की प्रक्रिया में, प्रशिक्षण और सीखने की प्रक्रिया में बड़ी मात्रा में डेटा का उपयोग किया जाता है और ये समावेशी / गैर–पक्षपाती और अच्छी गुणवत्ता का होना चाहिए। सॉफ्टवेयर विकास सेवाओं की मदद से मशीन सीखने की प्रक्रिया के दौरान, ऐसे क्षण भी आते हैं जब आपको प्रतीक्षा करने की आवश्यकता होती है। उस समय की अवधि में नया डेटा उत्पन्न हो रहा है और इसका उपयोग फर–F: प्रक्रिया के लिए किया जा सकता है।

Time and Resources (समय और संसाधन)

It needs much time to let the algorithms adapt, learn and develop in order to fulfill their purpose with a considerable amount of accuracy and relevancy. It also needs huge resources to function.

एल्गोरिदम को पर्याप्त मात्रा में सटीकता और रीलेवेंसी के साथ अपने उद्देश्य को पूरा करने के लिए इसे सीखने, विकसित करने और विकसित करने के लिए बहुत समय चाहिए। इसे कार्य करने के लिए विशाल संसाधनों की भी आवश्यकता होती है।

Interpretation (व्याख्या)

Another major challenge is the ability to accurately interpret results generated by the algorithms. You must also carefully choose the algorithms for your purpose.

एक और बड़ी चुनौती है, एल्गोरिथम द्वारा उत्पन्न परिणामों की व्याख्या करने की क्षमता। आपको अपने उद्देश्य के लिए एल्गोरिदम का भी सावध ानीपूर्वक चयन करना होगा।

High error-susceptibility (उच्च त्रुटि–संवेदनशीलता)

Machine Learning is autonomous but highly susceptible to errors. Suppose you train an algorithm with data sets, the high amount of data is used and on the other hand, many algorithms are used and tested. Hence there is a huge change to experience many errors. Because when these mistakes happen, it is not easy to find out the main source for which the issue is been created and to find out that particular issue and rectifying it, takes a longer time.

मशीन लर्निंग स्वायत्त है, लेकिन त्रुटियों के लिए अत्यधिक संवेदनशील है। मान लीजिए कि आप डेटा सेट के साथ एक एल्गोरिथ्म को प्रशिक्षित करते हैं, डेटा की उच्च मात्रा का उपयोग किया जाता है और दूसरी ओर, कई एल्गोरिदम का उपयोग और परीक्षण किया जाता है। इसलिए कई त्रुटियों को उजागर करने के लिए एक बड़ा परिवर्तन है। क्योंकि जब ये गलतियाँ होती हैं, तो मुख्य स्रोत का पता लगाना आसान नहीं होता है जिसके लिए मुद्दा बनाया जाता है और उस विशेष मुद्दे का पता लगाने और उसे सुधारने में अधिक समय लगता है।

Difference between Artificial Intelligence (AI) and Machine Learning (ML)

आर्टिपिफशियल इंटेलीजेंस (AI) और मशीन लर्निंग (ML) के बीच अंतर

Table 5.1 Comparison of AI and ML
(AI और ML की तुलना)

Artificial Intelligence (आर्टिपिफशियल इंटेलीजेंस)	Machine Learning (मशीन लर्निंग)
Artificial Intelligence is a technology to create intelligent machines that can simulate human thinking capability and behavior. आर्टिफिशियल इंटेलिजेंस बुद्धि मान मशीनों को बनाने की एक तकनीक है जो मानव सोच क्षमता और व्यवहार को अनुकरण कर सकती है।	Machine Learning is an application or subset of AI that allows machines to learn from data with out being programmed explicitly. मशीन लर्निंग AI का एक एप्लिकेशन या सबसेट है जो स्पष्ट रूप से प्रोग्राम किए बिना मशीनों को डेटा से सीखने की अनुमति देता है।
The goal of AI is to make a smart computer system like humans to solve complex problems. AI का लक्ष्य जटिल समस्याओं को हल करने के लिए मनुष्यों की तरह एक स्मार्ट कंप्यूटर सिस्टम बनाना है।	The goal of ML is to allow machines to learn from historical data without being explicitly programmed. ML का लक्ष्य स्पष्ट रूप से प्रोग्राम किए बिना मशीनों को ऐतिहासिक डेटा से सीखने की अनुमति देना है।
AI is intelligence based on language processing, perception, motion and manipulation, and social intelligence. AI लैंग्वेज प्रोसेसिंग धारणा, गति और हेरफेर और सामाजिक खुफिया पर आधारित खुफिया है।	ML is a center of information and knowledge based on facts and data collected over time. ML समय के साथ नियंत्रित तथ्यों और आंकड़ों के आधार पर सूचना और ज्ञान का केंद्र है।
AI has a very wide range of scope. AI में बहुत व्यापक दायरे हैं।	Machine Learning has a limited scope. ML का दायरा कम है।
The system makes decisions. सिस्टम निर्णय लेता है।	The system learns from data. It does not make its own decisions. सिस्टम फॉर्म डेटा सीखता है। यह अपने फैसले खुद नहीं करता है।
AI is working to create an intelligent system which can perform various complex tasks. AI एक बुद्धिमान प्रणाली बनाने के लिए काम कर रहा है जो विभिन्न जटिल कार्य कर सकती है।	Machine learning is working to create machines that can perform only those specific tasks for which they are trained. मशीन लर्निंग उन मशीनों को बनाने के लिए काम कर रहा है जो केवल विशिष्ट कार्य कर सकती हैं जिनके लिए उन्हें प्रशिक्षित किया जाता है।
It is a computer program that uses its own intelligence to think and perform like a human would do. यह एक कंप्यूटर प्रोग्राम है जो एक इंसान की तरह सोचने और प्रदर्शन करने के लिए अपनी बुद्धि का उपयोग करता है।	The machine takes facts and data, analyses the data and learns from the data. मशीनें तथ्यों और डेटा को लेती हैं, डेटा का विश्लेषण करती हैं और डेटा से सीखती हैं।
AI is being used in places such as Siri, customer support using catboats, intelligent humanoid robot, Chess playing etc. एआर का कई जगहों पर इस्तेमाल किया जा रहा है जैसे सिरी, चैटबॉट्स का इस्तेमाल करने वाले कस्टमर सपोर्ट, इंटेलिजेंट ह्यूमनॉइड रोबोट, शतरंज खेलना आदि।	ML are used Online recmultiple ommender system, Google search algorithms, Facebook auto friend tagging suggestions, etc. ML का उपयोग ऑनलाइन सिफारिश प्रणाली, Google खोज एल्गोरिदम, फेस बुक ऑटो मित्र टैगिंग सुझाव, आदि के लिए किया जाता है।

5.16.4 Robotics Process Automation (रोबोटिक्स प्रोसेस ऑटोमेशन)

Robotic Process Automation (RPA) is the use of software with Artificial Intelligence (AI) and machine learning capabilities to handle highvolume, repeatable tasks that require human to perform. These tasks can include queries, calculations and maintenance of records and transactions.

रोबोटिक प्रोसेस ऑटोमेशन (RPA) आर्टिफिशियल इंटेलिजेंस (AI) और मशीन लर्निंग क्षमताओं के साथ सॉफ्टवेयर का उपयोग है जो उच्च–मात्रा,

दोहराए जाने वाले कार्यों को संभालने के लिए होता है जिन्हें मानव को प्रदर्शन करने की आवश्यकता होती है। इन कार्यों में प्रश्न, गणना और रिकॉर्ड और लेनदेन के रखरखाव शामिल हो सकते हैं।

Robotic Process Automation (RPA) is the application of technology that allows employees in a company to configure computer software or a 'robot' to capture and interpret existing applications for processing a transaction, manipulating data, triggering responses and communicating with other digital systems.

रोबोटिक प्रोसेस ऑटोमेशन (RPA) प्रौद्योगिकी का एप्लीकेशन है, जो किसी कंपनी में कर्मचारियों को लेनदेन को संसाधित करने, डेटा में हेरफेर करने, प्रतिक्रियाओं को ट्रिगर करने और अन्य के साथ संचार करने के लिए मौजूदा ऐप्लीकेशन को पकड़ने और व्याख्या करने के लिए कंप्यूटर सॉफ्टवेयर को कॉन्फिगर करने की अनुमति देता है।

Any company that uses labor on a large scale for general knowledge process work, where people are performing high-volume, high transactional process functions, will boost their capabilities and save money and time with robotic process automatic software.

कोई भी कंपनी जो सामान्य ज्ञान प्रक्रिया के काम के लिए बड़े पैमाने पर श्रम का उपयोग करती है, जहां लोग उच्च–मात्रा, उच्च लेनदेन प्रक्रिया कार्यों का प्रदर्शन कर रहे हैं, उनकी क्षमताओं को बढ़ावा देंगे और रोबोट प्रक्रिया ऑटो–मैटिक सॉफ्टवेयर के साथ पैसे और समय की बचत करेंगे।

Applications of RPA (RPA के अनुप्रयोग)

Some of the applications of RPA include:

RPA के कुछ अनुप्रयोगों हैं:

- **Customer service:** It can help companies offer better customer service by verifying e-signatures and uploading scanned documents.
  ग्राहक सेवा: यह ई–सिग्नेचर की पुष्टि करके और स्कैन किए गए दस्तावेजों को अपलोड करके कंपनियों को बेहतर ग्राहक सेवा प्रदान करने में मदद कर सकता है।
- **Accounting service:** It is used for general accounting, operational accounting, transactional reporting and budgeting.
  लेखा सेवा: इसका उपयोग सामान्य लेखांकन, परिचालन लेखांकन, ट्रांसैक–टियनल रिपोर्टिंग और बजट के लिए किया जाता है।
- **Financial services:** It can be used for foreign exchange payments.
  वित्तीय सेवाएं: इसका उपयोग विदेशी मुद्रा भुगतान के लिए किया जा सकता है।
- **Health care:** It can be used for handling patient records.
  स्वास्थ्य देखभाल: इसका उपयोग रोगी रिकॉर्ड को संभालने के लिए किया जा सकता है।
- **Banking:** Automation of credit card applications in bank loan processing.
  बैंकिंग: बैंक ऋण प्रसंस्करण में क्रेडिट कार्ड एप्लीकेसन का स्वचालन।

5.17 AI Penetration to IoT (AI पेनेट्रेशन टू IoT)

Artificial Intelligence in IoT makes things smart and enhances life through the use of data. IoT applications are used in everyday objects with connectivity and intelligence in various domains. There are several sectors that have already started the use of AI, like healthcare, automobiles, heavy industries and etc. Here machine is used to speed up the process of doing work and give you an accurate result.

IoT में आर्टिफिशियल इंटेलिजेंस चीजों को स्मार्ट बनाता है और डेटा के इस्तेमाल से जीवन को बढ़ाता है। IoT अनुप्रयोगों का उपयोग रोजमर्रा की वस्तुओं में विभिन्न डोमेन में कनेक्टिविटी और बुद्धिमत्ता के साथ किया जाता है। ऐसे कई सेक्टर हैं जो पहले ही AI का उपयोग शुरू कर चुके हैं, जैसे स्वास्थ्य सेवा, ऑटोमोबाइल, भारी उद्योग और आदि। यहाँ मशीन का उपयोग काम करने की प्रक्रिया को तेज करने और आपको एक सटीक परिणाम देने के लिए किया जाता है।

IoT is a blend of Artificial Intelligence, electronics, and software and networking, which enables more automation, analysis and integration within a system. The basic features which enable proper functioning of IoT are active engagement, integration, sensing and analyzing, connectivity and artificial intelligence.

IoT आर्टिफिशियल इंटेलिजेंस, इलेक्ट्रॉनिक्स और सॉफ्टवेयर और नेटवर्किंग का मिश्रण है, जो एक सिस्टम के भीतर अधिक स्वचालन, विश्लेषण और एकीकरण को सक्षम बनाता है। IoT के उचित कामकाज को सक्षम करने वाली बुनियादी विशेषताएं सक्रिय जुड़ाव, पूर्ण–अंकन, संवेदन और विश्लेषण, कनेक्टिविटी और कृत्रिम बुद्धिमत्ता हैं।

All these IoT devices generate a lot of data that needs to be collected and mined for actionable results. This is where Artificial Intelligence comes into the picture. Internet of Things is used to collect and handle the huge amount of data that is required by the Artificial Intelligence algorithms. In turn, these algorithms convert the data into useful actionable results that can be implemented by the IoT devices.

इन सभी IoT उपकरणों में बहुत अधिक डेटा उत्पन्न होता है, जिसे एकत्रित करने और कार्रवाई योग्य परिणामों के लिए खनन करने की आवश्यकता होती है। यहीं से आर्टिफिशियल इंटेलिजेंस की तस्वीर सामने आती है। इंटरनेट ऑफ थिंग्स का उपयोग आर्टिफिशियल इंटेलिजेंस एल्गोरिदम द्वारा आवश्यक डेटा की बड़ी मात्रा को करने संभालने के लिए किया जाता है। बदले में, ये एल्गोरिदम डेटा को उपयोगी कार्रवाई योग्य परिणामों में परिवर्तित करते हैं जिन्हें IoT उपकरणों द्वारा कार्यान्वित किया जा सकता है।

Artificial Intelligence is the most important feature or rather an achievement of IoT is in making the world around us much smarter. It enhances the intelligence of every device around us through data collection, algorithms and networks. Artificial intelligence enables algorithm to collect data and communication among connected devices for achieving required results.

आर्टिफिशियल इंटेलिजेंस सबसे महत्वपूर्ण फीयर है या IoT की एक उपलब्धि हमारे आसपास की दुनिया को बहुत अधिक स्मार्ट बनाने में है। यह डेटा संग्रह, एल्गोरिदम और नेटवर्क के माध्यम से हमारे आस–पास के प्रत्येक उपकरण की बुद्धिमत्ता को बढ़ाता है। आर्टिफिशियल इंटेलिजेंस एल्गोरिदम को आवश्यक परिणाम प्राप्त करने के लिए जुड़े उपकरणों के बीच डेटा और संचार इकट्ठा करने में सक्षम बनाता है।

There are many different applications across multiple industries that require Artificial Intelligence and Internet of Things. Some of these are given as follows:

Multiple उद्योगों में कई अलग–अलग अनुप्रयोग हैं जिनमें आर्टिफिशियल इंटेलिजेंस और इंटरनेट ऑफ थिंग्स की आवश्यकता होती है। इनमें से कुछ इस प्रकार हैं:

5.17.1 Collaborative Robots (कोलेबोरेटिव रोबोट)

Collaborative Robots or Cobots are highly complex machines that are designed to help humans in a shared workspace with environments ranging from office to industrial. They can be a robot arm designed to perform tasks or even a complex robot designed to fulfill tough tasks. Due to the programming of the robots, they can perform a more laborious task with extra hard work and with greater responsibility. AI Robots can be used in such situations where intervention can be hazardous. Now doctors have started performing remote surgeries through robots. Robots are often used for curing the mental diseases, they help people to fight depression.

कोलेबोरेटिव रोबोट या कोबोट अत्यधिक कॉम्प्लेक्स मशीन हैं जिन्हें कार्यालय से औद्योगिक तक के वातावरण के साथ एक साझा कार्यक्षेत्र में मनुष्यों की मदद करने के लिए डिजाइन किया गया है। वे एक रोबोट हो सकते हैं जिसे कार्य करने के लिए डिजाइन किया गया है या कठिन कार्यों को पूरा करने के लिए डिजाइन किया गया एक जटिल रोबोट भी है। रोबोटों की प्रोग्रामिंग के कारण, वे अतिरिक्त परिश्रम के साथ और अधिक जिम्मेदारी के साथ अधिक श्रमसाध्य कार्य का निर्माण कर सकते हैं। AI रोबोट का उपयोग ऐसी स्थितियों में किया जा सकता है जहां हस्तक्षेप खतरनाक हो सकता है। अब डॉक्टरों ने रोबोट के माध्यम से दूरस्थ सर्जरी करना शुरू कर दिया है। अक्सर मानसिक रोगों के इलाज के लिए रोबोट का उपयोग किया जाता है, वे लोगों को अवसाद से लड़ने में मदद करते हैं।

5.17.2 Drones (ड्रोन)

Drones are aircraft without a human pilot. They are extremely useful as they can navigate unknown surroundings and reach areas hazardous for humans such as offshore operations, mines, war zones or burning buildings.

ड्रोन एक मानव पायलट के बिना विमान हैं। वे बेहद उपयोगी होते हैं क्योंकि वे अज्ञात परिवेश पर नेविगेट कर सकते हैं और अपतटीय संचालन, खानों, युद्ध क्षेत्रों या जलती हुई इमारतों जैसे मनुष्यों के लिए खतरनाक क्षेत्रों में पहुँच सकते हैं।

5.17.3 Smart Cities (स्मार्ट सिटी)

Smart cities can be created with a network of sensors that are attached to the physical city infrastructure. These sensors can be used to monitor the city for various factors such as energy efficiency, air pollution, water use, noise pollution, traffic conditions, etc.

स्मार्ट सिटी को सेंसर के नेटवर्क के साथ बनाया जा सकता है जो भौतिक शहर इंफ्रास्ट्रक्चर से जुड़े होते हैं। इन सेंसरों का उपयोग विभिन्न कारकों जैसे ऊर्जा दक्षता, वायु प्रदूषण, जल उपयोग, ध्वनि प्रदूषण, यातायात, आदि के लिए शहर की निगरानी के लिए किया जा सकता है।

5.17.4 Smart Retailing (स्मार्ट रिटेलिंग)

AI and IoT can be used by retailers to understand the customer behavior and then send real-time offers while the customer is in the store.

खुदरा विक्रेताओं द्वारा ग्राहक के व्यवहार को समझने के लिए AI और IoT का उपयोग किया जा सकता है और फिर ग्राहक स्टोर में रहते हुए वास्तविक समय की पेशकश भेज सकता है।

5.17.5 Automated vacuum cleaner (स्वचालित वैक्यूम क्लीनर)

It is a robotic vacuum cleaner (iRobot Roomba) that uses IoT and AI to clean a room as efficiently as possible. It is a robotic vacuum cleaner that uses a set of sensors to detect obstacles, dirty spots on the floor

रोबोट वैक्यूम क्लीनर (iRobot Roomba) है जो IoT और AI का उपयोग करके कमरे को यथासंभव कुशलता से साफ करता है। यह एक रोबोट वैक्यूम क्लीनर है जो फर्श पर गंदे धब्बों का पता लगाने के लिए सेंसर के एक सेट का उपयोग करता है

REVIEW QUESTIONS WITH ANSWERS (रिव्यू प्रश्न और उत्तर)

A. Multiple Choice Questions (बहुविकल्पीय प्रश्न)

1. What is Artificial Intelligence?
   a. Putting your intelligence into Computer
   b. Programming with your own intelligence
   c. Making a machine intelligent
   d. Putting more memory into computer

   आर्टिफिशियल इंटेलिजेंस क्या है?
   क. अपनी बुद्धिमत्ता को कंप्यूटर में डालना
   ख. अपनी खुद की बुद्धि के साथ प्रोग्रामिंग
   ग. मशीन को बुद्धिमान बनाना
   घ. कंप्यूटर में अधिक मेमोरी डालना

2. What is a private key?
   a. A key on your key chain
   b. A key given to the public
   c. A key NOT to be given to the public
   d. A key that opens a secret door

   प्राइवेट की क्या है?
   क. आपकी की श्रृंखला पर एक की
   ख. जनता को दी गई एक की
   ग. की जनता को नहीं दी जानी चाहिए
   घ. की जो एक गुप्त दरवाजा खोलती है

3. Which one is not an element of IoT?
   a. Security b. Process c. People d. Things

   कौन सा IoT का तत्व नहीं है?
   क. सुरक्षा ख. प्रक्रिया ग. लोग घ. थिंग्स

4. The device connected to the Internet of Things have to communicate automatically, not via humans. What is this called?
   a. Bot-to-Bot (B2B)
   b. Machine-to-Machine (M2M)
   c. InterCloud
   d. Skynet

   इंटरनेट ऑफ थिंग्स से जुड़े डिवाइस को इंसानों के माध्यम से नहीं बल्कि स्वचालित रूप से संवाद करना होता है। इसे क्या कहा जाता है?
   क. बॉट–टू–बॉट (बी 2 बी) ख. मशीन से मशीन (M2M)
   ग. Intercloud घ. स्काईनेट

5. Who created Bitcoin?
   a. Satoshi Nakamoto b. Samsung
   c. John Mcafee d. China

   बिटकॉइन किसने बनाया?
   क. सातोशी नाका–मोटो ख. सैमसंग
   ग. जॉन मैकेफी घ. चीन

B. State True or False for the following:

(निम्नलिखित कथन सही हैं या गलत)

1. Bitcoin is the first distributed blockchain implementation.
   बिटकॉइन पहला वितरित ब्लॉकचेन कार्यान्वयन है।
2. You cannot access your data from any computer in the world, as long as you have an Internet connection.
   जब तक आपके पास इंटरनेट कनेक्शन है, आप दुनिया के किसी भी कंम्प्यूटर से अपने डेटा तक नहीं पहुँच सकते।
3. Trojan Horses are very similar to virus in that they are computer programs that replicate copies of themselves.
   ट्रोजन हॉर्स वायरस से बहुत मिलते–जुलते हैं क्योंकि वे कंप्यूटर प्रोग्राम हैं जो खुद की प्रतियों को दोहराते हैं।
4. In blockchain, each blocks is linked backward to the previous block.
   ब्लॉकचौन में, प्रत्येक ब्लॉक पिछड़े ब्लॉक से जुड़ा हुआ है।
5. Default or hardcoded passwords can be misused by hackers. (डिफॉल्ट या हार्डकोड पासवर्ड का हैकर्स द्वारा गलत इस्तेमाल किया जा सकता है।)

C. Match the following: (निम्नलिखित का मिलान करें:)

1. Making a machine intelligent मशीन को बुद्धिमान बनाना	a. A dictionary attack डिक्शनरी अटैक
2. It is the protection of Internet-connected system Including hardware, software and data (हार्डवेयर, सॉफ्टवेयर और डेटा सहित इंटरनेट से जुड़े सिस्टम की सुरक्षा है)	b. URLs sent via spam emails स्पैम ईमेल के माध्यम से भेजे गए URL
3. A distributed ledger on a P2P network एक वितरित पी2पी नेटवर्क पर वितरित	c. Same key can en-crypt & decrypt. सेम की एन्क्रिप्ट और डिक्रिप्ट कर सकती है
4. Symmetric सममित	d. Making the content useless without the decryption key. डिक्रिप्शन की के बिना सामग्री को बेकार बनाना
5. Asymmetric सिमेट्रिक	e. Different key re-quired for reverse operation. रिवर्स ऑपरेशन के लिए आवश्यक विभिन्न की

D. Fill in the blanks (रिक्त स्थान भरें)

1. Passwords are used to improve the ________ of a network.
   एक नेटवर्क को बेहतर बनाने के लिए पासवर्ड का उपयोग किया जाता है।
2. Bitcoin transaction are verified by network nodes and recorded in a public distribute ledger called a ________.
   बिटकॉइन लेनदेन को नेटवर्क नोड द्वारा सत्यापित किया जाता है और एक सार्वजनिक वितरण बही में दर्ज किया जाता है जिसे ________ कहा जाता है।
3. ________ algorithms are used for important tasks such as data encryption, authentication, and digital signatures.
   ________ एल्गोरिदम का उपयोग डेटा एन्क्रिप्शन, प्रमाणीकरण और डिजिटल हस्ताक्षर जैसे महत्वपूर्ण कार्यों के लिए किया जाता है।
4. A ________ is an automated application used to perform simple and repetitive tasks.
   एक ________ एक स्वचालित अनुप्रयोग है जिसका उपयोग सरल और दोहराव वाले कार्यों को करने के लिए किया जाता है।
5. The brute force attacks are known as an ________ key search.
   ब्रूट फोर्स के हमलों को ________ की खोज के रूप में जाना जाता है।

Answers (उत्तर)

A.	1. c	2. c	3. a	4. b	5. a
B.	1. T	2. F	3. F	4. F	5. T
C.	1. c	2. d	3. b	4. a	5. e
D.	1. Security 3. Cryptographic 5. Exhaustive	2. Blockchain 4. Bot			

SHORT ANSWER QUESTIONS (शॉर्ट प्रश्न और उत्तर)

1. Write short notes on the following:
   निम्नलिखित पर नोट लिखें:
   (a) Malware (मैलवेयर)
   (b) Phishing (पिफशिंग)
   (c) Active Attack (एक्टिव अटैक)
   (d) Vulnerability (वल्नेरेबिलिटी)
   (e) Cryptography (क्रिप्टोग्रापफी)

Ans. (a) Malware (malicious software) are the software programs designed to damage or do other unwanted actions on a computer system. Some examples of malware include viruses, worms, trojan horses, and spyware. Malware can cause havoc on the computer hard drive by deleting files or directory information.

मालवेयर (मिलिसियस सॉफ्टवेयर) सॉफ्टवेयर प्रोग्राम हैं जो कंप्यूटर सिस्टम पर अन्य अवांछित क्रियाओं को नुकसान पहुंचाने या करने के लिए डिजाइन किए गए हैं। मैलवेयर के कुछ उदाहरणों में वायरस, वार्म, ट्रोजन हॉर्स और स्पाइवेयर शामिल हैं। मालवेयर कंप्यूटर की हार्ड ड्राइव पर फाइल्स या निर्देशिका सूचनाओं को हटाकर तबाही मचा सकता है।

(b) Phishing is an attempt of acquiring sensitive information, such as usernames, passwords, and credit card details, by hacker in an electronic communication.

फिशिंग इलेक्ट्रॉनिक संचार में हैकर्स द्वारा संवेदनशील जानकारी, जैसे कि उपयोगकर्ता नाम, पासवर्ड और क्रेडिट कार्ड विवरण प्राप्त करने का एक प्रयास है।

(c) Modification of messages being transmitted, capturing authentication sequences and obtaining extra privileges, creation of false messages etc. are a few active attacks. Active attacks are difficult to prevent because they require protection of all communication facilities and paths at all times. But one can detect and recover from the disruptions caused by them.

संदेशों को संशोधित किया जाना, प्रमाणीकरण अनुक्रमों पर कब्जा करना और अतिरिक्त विशेषाधिकार प्राप्त करना, झूठे संदेशों का निर्माण आदि कुछ एक्टिव अटैक हैं। एक्टिव अटैक को रोकना मुश्किल है क्योंकि उन्हें हर समय सभी संचार सुविधाओं और रास्तों के संरक्षण की आवश्यकता होती है। लेकिन एक का पता लगाने और उनके कारण होने वाले व्यवधानों से उबर सकते हैं।

(d) Vulnerabilities are weaknesses in a system or its design that allow an intruder to execute commands, access unauthorized data, and/or conduct denial-of-service attacks.

वल्नेरेबिलिटी एक प्रणाली या इसके डिजाइन में वल्नेरेबिलिटी हैं जो एक घुसपैठिए को आदेशों को निष्पादित करने, अनधिकृत डेटा तक पहुंचने और/या सेवा से इनकार करने की अनुमति देती हैं।

(e) Cryptography is technique of securing information and communications through use of codes so that only those person for whom the information is intended can understand it and process it. Thus preventing unauthorized access to information.

क्रिप्टोग्राफी कोड के उपयोग के माध्यम से सूचना और संचार को सुरक्षित करने की एक तकनीक है, ताकि केवल वह व्यक्ति जिसके लिए जानकारी का इरादा है वह इसे समझ सके और इसे संसाधित कर सके। इस प्रकार जानकारी तक अनधिकृत पहुंच को रोकना।

2. Define Encryption and why it is used?
एन्क्रिप्शन को परिभाषित करें और इसका उपयोग क्यों किया जाता है?

Ans. It is a process of converting the data of file into an unreadable format to protect the data from attack. It is being widely used in an organization to secure their data.

यह डेटा को हमले से बचाने के लिए फाइल के डेटा को एक अपठनीय प्रारूप में परिवर्तित करने की एक प्रक्रिया है। उनके डेटा को सुरक्षित करने के लिए एक संगठन में इसका व्यापक रूप से उपयोग किया जा रहा है।

3. What are the key terms of Security?
सुरक्षा की प्रमुख शर्तें क्या हैं?

Ans. The key terms for security are Confidentiality, Integrity and Availability. It is also known as CIA. These three things are considered to be the most important components of the security. Confidentiality means protecting the information and the information remain between the client and organization, and not sharing the information with other people.

सुरक्षा के लिए महत्वपूर्ण शर्तें गोपनीयता, अखंडता और उपलब्धता हैं। इसे CIA के नाम से भी जाना जाता है। इन तीन चीजों को सुरक्षा का सबसे महत्वपूर्ण घटक माना जाता है। गोपनीयता का अर्थ है सूचना की रक्षा करना और जानकारी ग्राहक और संगठन के बीच बनी रहे, और अन्य लोगों के साथ जानकारी साझा न करना।

Integrity means the reliability and trusted data, which refers to real and accurate data. Availability refers to access information from the specified location.

अखंडता का अर्थ है विश्वसनीयता और विश्वसनीय डेटा, जो वास्तविक और सटीक डेटा को संदर्भित करता है। उपलब्धता निर्दिष्ट स्थान से जानकारी तक पहुँचने को संदर्भित करती है।

4. What is Blockchain? (ब्लॉकचेन क्या है?)

Ans. It is an incorruptible digital ledger of economic transactions that can be programmed to record not only financial transactions but virtually everything of value. In simple terms, it is a decentralized distributed database of immutable records that are managed by a group of computers but not owned by any single entity. It is stored as a database or a flat-file.

यह आर्थिक लेन–देन का एक अस्थिर डिजिटल खाता–बही है जिसे न केवल वित्तीय लेनदेन को रिकॉर्ड करने के लिए क्रमादेशित किया जा सकता है, बल्कि वस्तुतः मूल्य का सब कुछ भी। सरल शब्दों में, यह एक रिकॉर्ड किए गए विकेन्द्रीकृत वितरित डेटाबेस है जो कंप्यूटर के एक समूह द्वारा प्रबंधित किया जाता है लेकिन किसी एकल इकाई के स्वामित्व में नहीं है। यह एक डेटाबेस या के रूप में संग्रहीत किया जाता है एक फ्लैट फाइल।

5. How does blockchain works?
ब्लॉकचेन कैसे काम करता है?

Ans. It is consists of immutable records of data called blocks with are linked using cryptography. It is nothing but a process to encrypt and secure data communication from third parties in reading private messages. Once the data has been recorded, it will not be changed. It works like a digital notary with timestamps to avoid tampering of information.

यह डेटा के अपरिवर्तनीय रिकॉर्ड से युक्त होता है जिसे क्रिप्टोग्राफी का उपयोग करके ब्लॉक कहा जाता है। यह निजी संदेशों को पढ़ने में तीसरे पक्ष से डेटा संचार को एन्क्रिप्ट और सुरक्षित करने की प्रक्रिया के अलावा कुछ भी नहीं है। एक बार डेटा रिकॉर्ड हो जाने के बाद इसे बदला नहीं जाएगा। यह सूचनाओं से छेड़छाड़ से बचने के लिए टाइमस्टैम्प के साथ एक डिजिटल नोटरी की तरह काम करता है।

EXERCISE (अभ्यास)

1. Write short note on the following:
   निम्नलिखित पर संक्षिप्त नोट लिखें:
   (a) Botnet (बॉटनेट)
   (b) Machine Learning (मशीन लर्निंग)
   (c) Mirai (मिराई)
   (d) Ransomware Evolution (रैंसमवेयर इवोल्यूशन)
   (e) Trojan horse (ट्रोजन हॉर्स)
   (f) DNS Spoofing (DNS स्पूफिंग)
   (g) Narrow AI (नैरो AI)
2. What is Artificial Intelligence?
   आर्टिफिशियल इंटेलिजेंस क्या है?
3. Explain Cyber Attack. (साइबर हमले की व्याख्या करें।)
4. What are the principals to identify the cyber attack?
   साइबर हमले की पहचान करने के लिए प्रिंसिपल क्या हैं?
5. What is phishing? How will you identify the phishing?
   फिशिंग क्या है? आप फिशिंग की पहचान कैसे करेंगे?

6 Soft skills-Personality Development
सॉफ्ट स्किलस पर्सनालिटी डेवलपमेंट

6.1 Personality Development (पर्सनालिटी डेवलपमेंट)

Its a relatively enduring pattern of thoughts, feelings, and behaviour which differentiate person from each other. It is becoming a better version of yourself and personality emerges early and continues to change in meaningful ways throughout the lifespan.

विचारों, भावनाओं और व्यवहार का एक अपेक्षाकृत स्थायी स्वरूप जो एक व्यक्ति को एक दूसरे से अलग करता है। यह अपने आप में एक बेहतर संस्करण बन रहा है और व्यक्तित्व जल्दी उभरता है और जीवन भर सार्थक रूप से बदलता रहता है।

6.2 What is Personality? (पर्सनालिटी क्या है?)

Personality is the constant pattern of thinking, feeling and acting as define by "MACIONIS". It may be considered as a combination of individual thought, characteristics, behaviours, attitude or it is the product of social interaction in group life as every person living in society has different traits such as skin, color, weight, etc. because all the individuals are not alike. Every person has personality which may be god-bad, impressive unimpressive. Personality a person develops during the socialization in a culture of a specific group or society.

व्यक्तित्व "MACIONIS" द्वारा परिभाषित सोच, भावना और अभिनय का निरंतर पैटर्न है। इसे व्यक्तिगत विचार, विशेषताओं, व्यवहार, दृष्टिकोण के संयोजन के रूप में माना जा सकता है या यह समूह जीवन में सामाजिक संपर्क का उत्पाद है क्योंकि समाज में रहने वाले प्रत्येक व्यक्ति की त्वचा, रंग, वजन आदि जैसे विभिन्न लक्षण हैं, क्योंकि सभी व्यक्ति एक जैसे नहीं हैं। प्रत्येक व्यक्ति का एक व्यक्तित्व होता है जो अच्छा–बुरा, प्रभावशाली अप्रभावी हो सकता है। व्यक्तित्व एक व्यक्ति एक विशिष्ट समूह या समाज की संस्कृति में समाजीकरण के दौरान विकसित होता है।

Personality is derived from Latin word - "persona", meaning mask (used by actors for changing their appearance).

पर्सनालिटी लैटिन शब्द से लिया गया है – "पर्सनालिटी", अर्थ मास्क (उनकी उपस्थिति को बदलने के लिए अभिनेताओं द्वारा उपयोग किया जाता है)।

Robert Park and Earnest Burgess, defines Personality as the sum and organization of the traits which determine the role of the individual in the group. According to Davis, personality is a psychic phenomenon which is neither organic nor social but a combination of two.

रॉबर्ट पार्क और अर्नस्ट बर्गेस पर्सनालिटी को गुण और संगठन के रूप में परिभाषित करते हैं जो समूह में व्यक्ति की भूमिका निर्धारित करते हैं। डेविस के अनुसार, व्यक्तित्व एक मानसिक घटना है जो न तो जैविक है और न ही सामाजिक, बल्कि दो का संयोजन है।

There are two main approaches to the study of personality: (पर्सनालिटी के अध्ययन के दो मुख्य दृष्टिकोण हैं:)

(a) Psychological: It considers personality as a certain style which is peculiar to the individual and is determined by the characteristic organization of mental trends, complexes, emotions and sentiments.

साइकोलॉजिकल: यह पर्सनालिटी को एक निश्चित शैली के रूप में मानता है जो व्यक्ति के लिए अजीब है और मानसिक प्रवृत्तियों, परिसरों, भावनाओं और भावनाओं के विशिष्ट संगठन द्वारा निर्धारित किया जाता है।

The psychological approach enables a person to understand the phenomena of personality disorganization and the role of wishes, of mental conflict.

साइकोलॉजिकल दृष्टिकोण एक व्यक्ति को मानसिक संघर्ष की व्यक्तित्व अव्यवस्था और इच्छाओं की भूमिका को समझने में सक्षम बनाता है।

(b) Sociological: It considers personality in terms of the status of the person in the group, like how he/she consider his/her conception about his role in the group of which he/she is a member. Basically, what others think of us also plays a very important role in the formation of our personality.

सोशियोलॉजिकल: यह समूह में व्यक्ति की स्थिति के संदर्भ में पर्सनालिटी पर विचार करता है, जैसे कि वह समूह में अपनी भूमिका के बारे में अपनी/अपनी धारणा को कैसे मानता है/वह एक सदस्य है। मूल रूप से, दूसरे हमारे बारे में जो सोचते हैं, वह हमारे पर्सनालिटी के निर्माण में भी बहुत महत्वपूर्ण भूमिका निभाता है।

So, one can say that personality is a sum of the ideas, attitudes values of a person which determine its role in society and thus form an integral part of his/her character.

तो, कोई यह कह सकता है कि पर्सनालिटी एक व्यक्ति के विचारों, व्यवहार मूल्यों का एक योग है जो समाज में अपनी भूमिका निर्धारित करता है और इस प्रकार उसके चरित्र का एक अभिन्न अंग बनता है।

One can say that, Personality is developed by the individual as a result of his participation in group life because being a member of the group he can learns certain behaviour systems and symbolic skills which determine his/her ideas, attitudes and social values.

एक व्यक्ति कह सकता है कि व्यक्तित्व का विकास व्यक्ति द्वारा समूह जीवन में अपनी भागीदारी के परिणामस्वरूप किया जाता है क्योंकि समूह का सदस्य होने के कारण वह कुछ व्यवहार प्रणाली और प्रतीकात्मक कौशल सीख सकता है जो उसके विचारों, दृष्टिकोण और सामाजिक मूल्यों को निर्धारित करता है।

So, the characteristics of personality are:
(तो, पर्सनालिटी की विशेषताएं हैं:)

a. It is not related only to body structure, but it includes both the structure and dynamics.
   यह केवल शरीर संरचना से संबंधित नहीं है, लेकिन इसमें संरचना और गतिशीलता दोनों शामिल हैं।
b. It is an indivisible unit.
   यह एक अविभाज्य इकाई है।
c. It is unique for every individual.
   यह प्रत्येक व्यक्ति के लिए यूनिक है।
d. It is a persistent quality of the individual.
   यह व्यक्ति का एक स्थायी गुण है।
e. It expresses consistency and regularity.
   यह स्थिरता और नियमितता व्यक्त करता है।
f. It is attained.
   इसकी प्राप्ति होती है।
g. It is influenced by social interaction.
   यह सामाजिक संपर्क से प्रभावित होता है।
h. It is defined in terms of behaviour.
   इसे व्यवहार के संदर्भ में परिभाषित किया गया है।

6.2.1 Factors of Personality (फैक्टर्स ऑफ पर्सनालिटी)

Personality is the combination of four factors:
पर्सनालिटी चार कारकों का एक संयोजन है:

(a) Physical Environment: Environment in which we live also effect on culture and the geographical environment sometimes determines cultural variability. For example, Eskimos have a different culture from Indians is due because Eskimos have different geography or living conditions from the latter. Man, comes to form ideas and attitudes according to the physical environment in which he lives.

फिजिकल वातावरण: जिस वातावरण में हम रहते हैं वह संस्कृति को भी प्रभावित करता है और भौगोलिक वातावरण कभी–कभी सांस्कृतिक परिवर्तनशीलता को निर्धारित करता है। उदाहरण के लिए, एस्किमो की एक अलग संस्कृति है भारतीयों की वजह से है क्योंकि एस्किमोस के पास पहले से अलग भूगोल या रहने की स्थिति है। एक आदमी फिजिकल वातावरण के अनुसार विचारों और दृष्टिकोणों को बनाने के लिए आता है जिसमें वह रहता है।

Also, physical environment determines the cultural development and the culture in turn determines personality, so the relationship between personality and environment becomes clear.

इसके अलावा, फिजिकल वातावरण सांस्कृतिक विकास को निर्धारित करता है, और संस्कृति, बदले में, व्यक्तित्व को निर्धारित करती है, इसलिए पर्सनालिटी और पर्यावरण के बीच रिलेशनशीप स्पष्ट हो जाता है।

"Aristotle", two thousand years ago, explains that the people living in Northern Europe were owing to a cold climate and are living with full of spirit but they are lacking in intelligence and skill, but on the other hand, people living in the natives of Asia are intelligent and inventive but are living with lack in spirit.

दो हजार साल पहले "अरस्तू" बताते हैं कि उत्तरी यूरोप में रहने वाले लोग ठंडी जलवायु के साथ रह रहे थे और पूरी भावना के साथ रह रहे हैं, लेकिन उनके पास बुद्धि और कौशल की कमी है, लेकिन दूसरी ओर, मूल निवासियों में रहने वाले लोग एशिया के लोग बुद्धि मान और आविष्कारशील हैं लेकिन आत्मा में कमी के साथ जी रहे हैं।

The people living in mountains as well in deserts are bold, hard and powerful. Huntington's told the effects of physical environment on man's attitudes and mental make-up, he told that the physical conditions are more permissive and thus they limit the factors than causative factors. They set the limits within which personality can develop. So, climate and topography determine the physical, mental traits and behaviour of a people.

पहाड़ों के साथ–साथ रेगिस्तान में रहने वाले लोग साहसी, कठोर और शक्तिशाली हैं। हंटिंगटन ने मनुष्य के दृष्टिकोण और मानसिक मेकअप पर फिजिकल वातावरण के प्रभावों को बताया, उन्होंने बताया कि फिजिकल परिस्थितियां अधिक अनुमत हैं और इस प्रकार वे कारक कारकों की तुलना में कारकों को सीमित करते हैं। वे सीमाएँ निर्धारित करते हैं जिनके भीतर पर्सनालिटी विकसित हो सकता है। तो, जलवायु और स्थलाकृति लोगों के फिजिकल, मानसिक लक्षणों और व्यवहार को निर्धारित करती है।

(b) Heredity: Similarities in man's personality is due to his common heredity. Every human group inherits the same general set of biological needs and capacities which explain some of our similarities in personality. Man, originates from the union of male and female germ cells into a single cell which is formed at the moment of conception.

टेरीडिटी: मनुष्य के व्यक्तित्व में समानता उसकी सामान्य आनुवंशिकता के कारण है। प्रत्येक मानव समूह को जैविक आवश्यकताओं और क्षमताओं का एक ही सामान्य सेट विरासत में मिला है जो पर्सनालिटी में हमारी कुछ समानताओं की व्याख्या करता है। मनुष्य नर और मादा जनन कोशिकाओं के मिलन से एकल कोशिका में उत्पन्न होता है जो गर्भाधान के समय बनती है।

He tends to resemble his parents in physical appearance and intelligence. A man with a good physical structure and health generally possess an attractive personality and with poor health, develops inferiority complex.

वह अपने माता–पिता के फिजिकल बनावट और बुद्धिमत्ता से मिलता–जुलता है। एक अच्छा फिजिकल संरचना और स्वास्थ्य वाला व्यक्ति आम तौर पर एक आकर्षक व्यक्तित्व रखता है और खराब स्वास्थ्य के साथ, एक हीन भावना विकसित करता है।

The growth of his personality is checked, rejected and hated by the society may turn him out to be a thief, dacoit, or drunkard. But he may also become a leader, or a genius. So, the nervous system and glandular system may affect the personality of an individual.

उनके पर्सनालिटी की वृद्धि की जाँच की जाती है, अस्वीकार किया जाता है, और समाज द्वारा उनसे घृणा करने से वह चोर, डकैत, या शराबी हो सकता है। लेकिन वह एक नेता या प्रतिभाशाली भी बन सकता है। तो, नर्वस सिस्टम और ग्रंथि प्रणाली व्यक्ति के व्यक्तित्व को प्रभावित कर सकती है।

The nervous system affects the intelligence and talent of the individual. The hormones affect the growth of personality.

नर्वस सिस्टम व्यक्ति की बुद्धि और प्रतिभा को प्रभावित करता है। हार्मोन व्यक्तित्व के विकास को प्रभावित करते हैं।

(c) Culture: Personality is the subjective aspect of culture and regarded as two sides of the same coin. Spiro said that, The development of personality and the acquisition of culture are not different processes, but are same learning process." Personality is an individual aspect of culture, whereas culture is a collective aspect of personality."

संस्कृति: पर्सनालिटी संस्कृति का व्यक्तिपरक पहलू है और इसे एक ही सिक्के के दो पहलू माना जाता है। स्पिरो ने कहा कि पर्सनालिटी का विकास और संस्कृति का अधिग्रहण अलग–अलग प्रक्रियाएं नहीं हैं, बल्कि एक ही सीखने की प्रक्रिया है। "पर्सनालिटी संस्कृति का एक व्यक्तिगत पहलू है, जबकि संस्कृति पर्सनालिटी का एक सामूहिक पहलू है।"

(d) Particular Experiences: Personality can also be determined by the particular and unique experiences. There are two types of experiences one which is from continuous association with one's group, and the other arise suddenly. The people who meet daily has a major influence on personality. The personality of parents affect more a child's personality.

विशेष अनुभव: पर्सनालिटी को विशेष और अद्वितीय अनुभवों द्वारा भी निर्धारित किया जा सकता है। दो प्रकार के अनुभव हैं जो एक के समूह के साथ निरंतर जुड़ाव से है, और दूसरा अचानक उत्पन्न होता है। जो लोग रोज मिलते हैं उनका व्यक्तित्व पर एक बड़ा प्रभाव पड़ता है। माता–पिता का व्यक्तित्व बच्चे के व्यक्तित्व को अधिक प्रभावित करता है।

If the parents are kind, tolerant of boyish pranks, interested in athletics and anxious to encourage their child's separate interests the child will have a different experience and there shall be different influence on his personality than the one when the parents are unkind, quick tempered and arbitrary. In the home is fashioned the style of personality that will by and large characterize the individual throughout his life.

यदि माता–पिता दयालु हैं, तो बच्चे की शरारतों के प्रति सहिष्णु, एथलेटिक्स में रुचि रखने वाले और अपने बच्चे के अलग–अलग हितों को प्रोत्साहित करने के लिए बच्चे को एक अलग अनुभव होगा और माता–पिता के निर्दयी, त्वरित होने पर उनके व्यक्तित्व पर एक अलग प्रभाव पड़ेगा। – स्वभाव और मनमानी। घर में व्यक्तित्व की शैली का फैशन होता है, जो कि जीवन भर व्यक्ति के चरित्र को प्रदर्शित करेगा।

Characteristics of Personality (पर्सनालिटी के कैरेक्टेरिस्टिक्स)

- **Unique:** Each individual personality is unique and specific.

  यूनिक: प्रत्येक व्यक्ति का व्यक्तित्व यूनिक और विशिष्ट होता है।

- **Organization:** Personality is not just one or more aspects of behaviour, but it is one's total integrated behaviour.

  संगठन: व्यक्तित्व व्यवहार का सिर्फ एक या एक से अधिक पहलू नहीं है, बल्कि यह एक कुल एकीकृत व्यवहार है।

- **Consistency or stability:** A person is recognizable from situation to situation by the consistent characteristics that are reflected in his behaviour.

  संगति या स्थिरता: एक व्यक्ति अपने व्यवहार में परिलक्षित सुसंगत विशेषताओं द्वारा स्थिति को स्थिति से पहचानने योग्य है।

- **Dynamic:** Personality of an individual remains stable to a large extent, it is not static but it is dynamic and continuously in the process of change and modification.

  गतिशील: किसी व्यक्ति का व्यक्तित्व काफी हद तक स्थिर रहता है, यह स्थिर नहीं होता है लेकिन यह परिवर्तन और बदलाव की प्रक्रिया में गतिशील और निरंतर होता है।

- **Self-consciousness:** Personality exhibits selfconsciousness and it is the proud possession of human being.

  सेल्फ–वांशसनेसः व्यक्तित्व आत्म–चेतना को प्रदर्शित करता है और यह मानव का गौरवपूर्ण अधिकार है।

- **Social:** Personality has existence only in relation to the external world. An individual's relation with his environment, his feelings, attitudes, are basic to the idea of personality.

  सामाजिकः व्यक्तित्व का अस्तित्व केवल बाहरी दुनिया के संबंध में है। व्यक्ति का अपने परिवेश, उसकी भावनाओं, दृष्टिकोण के साथ संबंध व्यक्तित्व के विचार से बुनियादी है।

6.3 Determinants of Personality (पर्सनालिटी के निष्कर्ष)

There are some very important traits or determinants which affects personality. Firstly, knowing self is must, as it helps in monitoring our self continually and works as a very effective tool to improve our self consistently.

कुछ बहुत महत्वपूर्ण लक्षण या निर्धारक हैं जो व्यक्तित्व को प्रभावित करते हैं। सबसे पहले, स्वयं को जानना आवश्यक है, क्योंकि यह हमारे आत्म की निरंतर निगरानी में मदद करता है और लगातार खुद को बेहतर बनाने के लिए एक बहुत प्रभावी उपकरण के रूप में काम करता है।

6.3.1 Self-Awareness (सेल्फ-अवेयरनेस)

Anyone who is dedicated to self-improvement, personal development or the higher goal of spiritual growth needs to understand oneself because when one understands where one lacks, then he or she can focus their efforts on what to improve.

जो कोई आत्म–सुधार, व्यक्तिगत विकास या आध्यात्मिक विकास के उच्च लक्ष्य के लिए समर्पित है, उसे स्वयं को समझने की आवश्यकता है क्योंकि जब कोई समझता है कि किसी के पास कहाँ कमी है, तो वह या वह अपने प्रयासों पर ध्यान केंद्रित कर सकता है कि क्या सुधार करना है।

Self-awareness is the capacity that a person has to introspect, it includes gaining an understanding of and insight into one's strengths, qualities, weakness, defects, ideas, thoughts, beliefs, ideals, responses, reactions, attitude, emotions and motivations.

आत्म–जागरूकता वह क्षमता है जो किसी व्यक्ति को आत्मनिरीक्षण करना है, इसमें किसी की ताकत, गुणों, कमजोरियों, दोषों, विचारों, विश्वासों, प्रतिक्रियाओं, दृष्टिकोण, भावनाओं और प्रेरणाओं की समझ हासिल करना शामिल है।

Psychologists break self-awareness down into two types: (साइकोलॉजिकल सेल्पफ–अवेरनेस के दो प्रकार हैं:)

(a) Public Self-Awareness: When people are aware of how they appear to others, this is **Public Self-Awareness**. It emerges when people are at the centre of attention, such as when giving a presentation or talking to a group of friends. When we are aware that we are being watched and evaluated, we often try to behave in ways that are socially acceptable and desirable.

पब्लिक सेल्फ–अवेयरनेसः जब लोगों को पता चलता है कि वे दूसरों के साथ कैसे पेश आते हैं, तो यह **पब्लिक सेल्फ–अवेयरनेस** है। यह तब उभरता है जब लोग ध्यान के केंद्र में होते हैं, जैसे कि प्रस्तुति देते समय या दोस्तों के समूह से बात करते समय। जब हम जानते हैं कि हमें देखा और मूल्यांकन किया जा रहा है, तो हम अक्सर उन तरीकों से व्यवहार करने की कोशिश करते हैं जो सामाजिक रूप से स्वीकार्य और वांछनीय हैं।

(b) Private Self-Awareness: When people become aware of some aspects of themselves, in a private way this is Private Self-Awareness. For example, seeing your face in the mirror is a type of private self-awareness.

प्राईवेट सेल्फ–अवेरनेसः जब लोग स्वयं के कुछ पहलुओं के बारे में जागरूक हो जाते हैं, तो निजी रूप से यह निजी स्व–जागरूकता है। उदाहरण के लिए, दर्पण में अपना चेहरा देखना निजी सेल्फ–अवेरनेस का एक प्रकार है।

How to increase self-awareness (सेल्फ–अवेरनेस कैसे बढ़ाई जाए)

a. By observing oneself: (अपने आप को देखकरः)

- To understand our personality, we need to understand the nature of our mind.

  हमारे व्यक्तित्व को समझने के लिए, हमें अपने मन की प्रकृति को समझने की आवश्यकता है।

- The mind is made up of two parts. Conscious and sub-conscious mind.

  मन दो भागों से बना है। चेतन और अवचेतन मन।

- The sub-conscious mind is vast and the impressions which are buried deep inside are not easy to uncover and analyse.

  उप–चेतन मन विशाल है और जो छापें गहरे अंदर दबे हुए हैं उन्हें उजागर करना और विश्लेषण करना आसान नहीं है।

- Often during the day, one's mind erupts and reacts to some events and situations negatively. So, one feels a certain amount of restlessness and emotions such as insecurity, fear or anger.

  अक्सर दिन के दौरान, किसी व्यक्ति का दिमाग कुछ घटनाओं और स्थितियों पर नकारात्मक प्रतिक्रिया करता है और प्रतिक्रिया करता है। तो, एक निश्चित मात्रा में बेचैनी और भावनाओं को महसूस करता है जैसे असुरक्षा, भय या क्रोध।

- If one is alert and objective in one's outlook, one can follow the pathway through the window that the mind opens up.

यदि कोई एक के दृष्टिकोण में सतर्क और उद्देश्यपूर्ण है, तो कोई भी खिड़की के माध्यम से मार्ग का अनुसरण कर सकता है जो मन खोल देता है।

- As a result, through this process one begins to gain greater self-awareness as to how one's mind works and how it responds to various stimuli.

  नतीजतन, इस प्रक्रिया के माध्यम से, कोई व्यक्ति स्वयं के बारे में अधिक से अधिक जागरूकता प्राप्त करना शुरू कर देता है कि किसी का दिमाग कैसे काम करता है और यह विभिन्न उत्तेजनाओं के लिए कैसे प्रतिक्रिया करता है।

b. **Someone providing us with feedback or telling our mistake:** It is never easy to take negative feedback from others about our actions or our life. When other people give us some feedback however stern it may be, it provides us with a clue as to how we are perceived by others. If someone has experienced pain due to our actions, it is mostly due to some personality defect in us that is causing our action to impact others adversely.

कोई हमें प्रतिक्रिया दे रहा है या हमारी गलती बता रहा है: हमारे कार्यों या हमारे जीवन के बारे में दूसरों से नकारात्मक प्रतिक्रिया लेना कभी आसान नहीं होता है। जब अन्य लोग हमें कुछ प्रतिक्रिया देते हैं लेकिन यह कठोर हो सकता है, तो यह हमें एक सुराग प्रदान करता है कि हम दूसरों के साथ कैसे व्यवहार करते हैं। यदि किसी को हमारे कार्यों के कारण दर्द का अनुभव होता है, तो यह ज्यादातर हमारे अंदर कुछ व्यक्तित्व दोष के कारण होता है जो हमारी कार्रवाई को दूसरों पर प्रतिकूल प्रभाव डाल रहा है।

c. **Observing someone else's mistake and then introspecting:** When one observes a situation, which involves other people, one gains a greater understanding of oneself. As one may not be emotionally involved in the situation, one is more objective and hence the ability to learn is more.

किसी और की गलती का अवलोकन करना और फिर आत्मनिरीक्षण करना: जब कोई ऐसी स्थिति का अवलोकन करता है, जिसमें अन्य लोग शामिल होते हैं, तो व्यक्ति स्वयं की अधिक समझ हासिल करता है। जैसा कि कोई व्यक्ति भावनात्मक रूप से स्थिति में शामिल नहीं हो सकता है, एक अधिक उद्देश्यपूर्ण है और इसलिए सीखने की क्षमता अधिक है।

d. **Our dreams can also tell us about ourselves:** Sometimes stronger impressions in our subconscious mind surface in our dreams to the extent that we are able to remember the dream and even learn about our mind.

हमारे सपने हमें अपने बारे में भी बता सकते हैं: कभी–कभी हमारे सपनों में हमारे अवचेतन मन की सतह में मजबूत छापें इस हद तक होती हैं कि हम सपने को याद कर पाते हैं और अपने दिमाग के बारे में भी जान पाते हैं।

6.3.2 Self-Analysis (सेल्फ-एनालासिस)

In social psychology, self-assessment or Self-Analysis is the process of looking at oneself to assess aspects which are important to one's identity. Sedikides suggests "self-assessment motive will prompt people to get information to confirm their uncertain self-concept rather than their certain self-concept. People use selfassessment to enhance their certainty of their own self-knowledge.

सोशल–साइक्रोलॉजी में, आत्म–मूल्यांकन या स्व–विश्लेषण उन पहलुओं का आकलन करने के लिए स्वयं को देखने की प्रक्रिया है जो किसी की पहचान के लिए महत्वपूर्ण हैं। सेडिकाइड्स का सुझाव है सेल्फ–मूल्यांकन का उद्देश्य लोगों को अपनी निश्चित आत्म–अवधारणा के बजाय अपनी अनिश्चित आत्म–अवधारणा की पुष्टि करने के लिए जानकारी प्राप्त करने के लिए प्रेरित करेगा। लोग अपने स्वयं के आत्म–ज्ञान की निश्चितता को बढ़ाने के लिए आत्म–मूल्यांकन का उपयोग करते हैं।

Self-awareness helps to identify gaps in the management skills, thus it promotes skill development, assists with intuitive decision making, and aids stress management.

आत्म–जागरूकता प्रबंधन कौशल में अंतराल की पहचान करने में मदद करता है, इस प्रकार यह कौशल विकास को बढ़ावा देता है, सहज निर्णय लेने और तनाव प्रबंधन में सहायता करता है।

6.3.3 Self-Disclosure (सेल्फ-डिस्क्लोसर)

It is a process of communication by which one person reveals information about himself or herself to another. Information which is revealed can be descriptive or evaluative, and include thoughts, feelings, aspirations, goals, failures, successes, fears, and dreams, as well as one's likes, dislikes, and favourites. Self-disclosure is an important building block for intimacy and is assessed by an analysis of cost and rewards which can be further explained by social exchange theory. Most self-disclosure occurs early in relational development, but more intimate selfdisclosure occurs later.

यह संचार की एक प्रक्रिया है जिसके द्वारा एक व्यक्ति खुद के बारे में या दूसरे को स्वयं के बारे में जानकारी प्रकट करता है। जो जानकारी सामने आई है वह वर्णनात्मक या मूल्यांकन हो सकती है और इसमें विचार, भावनाएं, आकांक्षाएं, लक्ष्य, असफलताएं, सफलताएं, भय और सपने शामिल हैं, साथ ही एक की पसंद, नापसंद और पसंदीदा भी शामिल हैं। सेल्फ–डिस्क्लोसर अंतरंगता के लिए एक महत्वपूर्ण निर्माण खंड है और इसका मूल्यांकन लागत और पुरस्कार के विश्लेषण द्वारा किया जाता है जिसे आगे चलकर विनिमय सिद्धांत द्वारा समझाया जा सकता है। अधिकांश आत्म–प्रकटीकरण संबंधपरक विकास में जल्दी होता है, लेकिन अधिक अंतरंग आत्म–प्रकटीकरण बाद में होता है।

6.3.4 Self-Esteem (सेल्फ-एस्टीम)

Self-esteem reflects a person's overall subjective emotional evaluation of his or her own worth. It is a kind of judgment of oneself and an attitude toward the self. It encompasses of beliefs about oneself, and emotional states.

आत्मसम्मान किसी व्यक्ति के अपने मूल्य के समग्र व्यक्तिपरक भावनात्मक मूल्यांकन को दर्शाता है। यह स्वयं का निर्णय है और स्वयं के प्रति दृष्टिकोण है। इसमें स्वयं और भावनात्मक स्टेट के बारे में मान्यताओं का समावेश है।

Smith and Mackie (2007) defined Self-Esteem as "The self-concept is what we think about the self; self-esteem, is the positive or negative evaluations of the self, as in how we feel about it.

स्मिथ और मैकी (2007) ने सेल्फ–एस्टीम को "आत्म–अवधारणा के रूप में परिभाषित किया है कि हम स्वयं के बारे में क्या सोचते हैं; आत्म–सम्मान, स्वयं का सकारात्मक या नकारात्मक मूल्यांकन है, जैसा कि हम इसके बारे में महसूस करते हैं।

6.3.5 Motivation (प्रेरणा)

It is a theoretical construct which is used to explain the behaviour. It gives the reasons for people's actions, desires, and needs. Motivation can also be defined as one's direction to behaviour, or what causes a person to want to repeat a behaviour. A motive is what prompts the person to act in a certain way, or at least develop an inclination for specific behaviour.

यह एक सैद्धांतिक निर्माण है जिसका उपयोग व्यवहार को समझाने के लिए किया जाता है। यह लोगों के कार्यों, इच्छाओं और आवश्यकताओं के कारण देता है। प्रेरणा को व्यवहार की एक दिशा के रूप में भी परिभाषित किया जा सकता है, या ऐसा क्या कारण है कि कोई व्यक्ति किसी व्यवहार को दोहराना चाहता है। एक मकसद वह है जो व्यक्ति को एक निश्चित तरीके से कार्य करने के लिए प्रेरित करता है, या कम से कम विशिष्ट व्यवहार के लिए एक झुकाव विकसित करता है।

6.3.6 Self-Discipline (सेल्फ-डिसिप्लेन)

It is the suppression of base desires, which is understood as a form of self-control restraint and control. Discipline is when one uses reason to determine the best course of action regardless of one's desires, which may be the opposite of excited.

यह आधार इच्छाओं का दमन है, जिसे आत्म–नियंत्रण संयम और नियंत्रण के रूप में समझा जाता है। अनुशासन तब होता है जब कोई व्यक्ति इच्छाओं की परवाह किए बिना कार्रवाई के सर्वोत्तम पाठ्यक्रम को निर्धारित करने के लिए कारण का उपयोग करता है, जो उत्साहित के विपरीत हो सकता है।

6.3.7 Appearance (उपस्थिति)

Appearance is how you look or present yourself to others. Personal appearance is an important aspect to reflect personality.

दिखावट यह है कि आप खुद को कैसे देखते हैं या दूसरों के सामने पेश करते हैं। व्यक्तित्व को प्रतिबिंबित करने के लिए व्यक्तिगत उपस्थिति एक महत्वपूर्ण पहलू है।

6.3.8 Posture (आसन)

Body language or Posture, is a non-verbal form of communication which is showed through facial expressions, gestures, posture, and body movements. For example, if you want to achieve an effective personality, you will also need to improve your body language. There are many ways you can improve your body language, but like most things, it needs practice and consistency so that it will become part of you, and not just something you can do for a certain period of time. If you want to develop your personality in a positive way, you need to be aware of your own body language and make sure it adheres to what is generally perceived as positive body language.

बॉडी लैंग्वेज या आसन संचार का एक गैर–मौखिक रूप है जिसे चेहरे के भाव, हावभाव, आसन और शरीर की गतिविधियों के माध्यम से दिखाया जाता है। उदाहरण के लिए, यदि आप एक प्रभावी व्यक्तित्व प्राप्त करना चाहते हैं, तो आपको अपनी बॉडी लैंग्वेज में सुधार करने की भी आवश्यकता होगी। ऐसे कई तरीके हैं जिनसे आप अपनी बॉडी लैंग्वेज को बेहतर बना सकते हैं, लेकिन ज्यादातर चीजों की तरह, इसमें अभ्यास और निरंतरता की जरूरत होती है, ताकि यह आप का हिस्सा बन जाए, और न ही कुछ ऐसा जो आप एक निश्चित अवधि के लिए कर सकें। यदि आप अपने व्यक्तित्व को सकारात्मक तरीके से विकसित करना चाहते हैं, तो आपको अपनी खुद की बॉडी लैंग्वेज के बारे में पता होना चाहिए और यह सुनिश्चित करना चाहिए कि इसे आम तौर पर पॉजिटिव बॉडी लैंग्वेज कहा जाए।

6.3.9 Health and Hygiene (स्वास्थ्य और स्वच्छता)

Hygiene is a set of practices which are performed for the preservation of health. According to the World Health Organization (WHO), "Hygiene is the conditions and practices which help to maintain health and prevent the spread of diseases."

स्वच्छता स्वास्थ्य के संरक्षण के लिए की जाने वाली प्रथाओं का एक समूह है। विश्व स्वास्थ्य संगठन (WHO) के अनुसार, "स्वच्छता ऐसी स्थितियां और व्यवहार हैं जो स्वास्थ्य को बनाए रखने और रोगों के प्रसार को रोकने में मदद करती हैं।"

It is often express as 'cleanliness', hygiene in its fullest and original meaning includes all the circumstances and practices, lifestyle issues, premises and commodities which produce a safe and healthy environment. In modern medical sciences, there are set of standards of hygiene which are recommended for different situations, and is not vary among different cultures, genders and age groups.

इसे अक्सर 'स्वच्छता' के रूप में व्यक्त किया जाता है, इसके पूर्ण और मूल अर्थों में स्वच्छता सभी परिस्थितियों और प्रथाओं, जीवन शैली के मुद्दों, परिसर और वस्तुओं में शामिल है जो एक सुरक्षित और स्वस्थ वातावरण का उत्पादन करती है। आधुनिक चिकित्सा विज्ञान में, स्वच्छता के मानकों का एक समूह है जो विभिन्न स्थितियों के लिए अनुशंसित है और विभिन्न संस्कृतियों, लिंग और आयु समूहों के बीच भिन्न नहीं है।

6.4 Building A Positive Personality (पॉजिटिव पर्सनालिटी का निर्माण)

Every person has a unique personality which characterizes an individual. Our personalities may be perceived by others as good or bad. People see you and think of you as having a bad personality if you tend not to be socialize, you always seem grumpy and overly serious, you think more of pessimistic thoughts, and you do not look presentable with your manner of dressing. On the other hand, you are known to have a good personality if you have a cheerful disposition, you appear neat and well-groomed, and you have a desirable attitude.

प्रत्येक व्यक्ति में एक विशिष्ट व्यक्तित्व होता है जो एक व्यक्ति की विशेषता रखता है। हमारे व्यक्तित्व को दूसरों द्वारा अच्छा या बुरा माना जा सकता है। लोग आपको देखते हैं और आपको एक बुरा व्यक्तित्व होने के रूप में सोचते हैं यदि आप सामाजिककरण नहीं करते हैं, तो आप हमेशा क्रोधी और अत्यधिक गंभीर लगते हैं, आप निराशावादी विचारों के बारे में अधिक सोचते हैं, और आप अपने ड्रेसिंग के तरीके के साथ मौजूद नहीं लगते हैं। दूसरी ओर, आप एक अच्छे व्यक्तित्व के लिए जाने जाते हैं यदि आपके पास एक हंसमुख स्वभाव है, तो आप साफ–सुथरे और अच्छे दिखते हैं, और आपके पास एक वांछनीय रवैया है।

You are known for who you are and what you are with the way you present yourself to people. If you keep getting feedback or remarks regarding your personality, you might as well take a selfreflection and assess yourself. Sometimes, other people can see and notice the things in you that may not seem proper and pleasing to them.

आप इस बात के लिए जाने जाते हैं कि आप कौन हैं और आप अपने आप को लोगों के सामने पेश करने के तरीके के साथ हैं। यदि आप अपने व्यक्तित्व के संबंध में प्रतिक्रिया या टिप्पणी प्राप्त करते रहते हैं, तो आप आत्म–प्रतिबिंब भी ले सकते हैं और अपना मूल्यांकन कर सकते हैं। कभी–कभी, अन्य लोग आप में उन चीजों को देख और नोटिस कर सकते हैं जो उन्हें उचित और मनभावन नहीं लग सकती हैं।

A paradigm shift in your personality may lead to the possibilities of improving your life and growing in maturity.

आपके व्यक्तित्व में एक बदलाव से आपके जीवन में सुधार और परिपक्वता बढ़ने की संभावना बढ़ सकती है।

(a) **Have a Positive Outlook in Life:** Take a self-reflection of how you envision your life and the way you deal with life and people everyday.

एक सकारात्मक व्यक्तित्व विकसित करने के लिए: जीवन में एक सकारात्मक आउटलुक रखें। एक आत्म–प्रतिबिंब लें कि आप अपने जीवन और आपके द्वारा जीवन और लोगों के साथ हर दिन निपटने के तरीके की कल्पना कैसे करते हैं।

(b) **Entertain Positive Thoughts:** Having a generally positive outlook in life can also help develop positive thoughts. Keeping an optimistic mind also keeps one's viewpoints positive.

सकारात्मक विचारों का मनोरंजन करें: जीवन में आम तौर पर सकारात्मक दृष्टिकोण रखने से भी सकारात्मक विचारों को विकसित करने में मदद मिल सकती है। आशावादी दिमाग रखने से व्यक्ति का दृष्टिकोण भी सकारात्मक रहता है।

(c) **Maintain a Positive Attitude:** Keeping a positive attitude is another way to develop a positive personality. Build your level of courtesy toward others. Show consideration and respect for them by giving a warm smile, saying 'thank you' to show appreciation, and listening when someone is talking.

एक सकारात्मक दृष्टिकोण बनाए रखें: सकारात्मक दृष्टिकोण रखना सकारात्मक व्यक्तित्व के विकास का एक और तरीका है। दूसरों के प्रति शिष्टाचार का स्तर बनाएं। गर्मजोशी से मुस्कुराहट के साथ विचार और सम्मान दिखाएं, 'प्रशंसा' दिखाने के लिए 'धन्यवाद' कहें, और जब कोई बात कर रहा हो तो सुनें।

(d) **Keep smiling face:** A smile can make a big difference in a chaotic and complicated situation. A smile can be a cure for a broken relationship. A sincere smile shows that you hold no grudges against others.

मुस्कुराते रहो चेहरा: एक मुस्कान एक अराजक और जटिल स्थिति में एक बड़ा अंतर कर सकती है। टूटे रिश्ते के लिए एक मुस्कुराहट एक इलाज हो सकती है। एक ईमानदार मुस्कान से पता चलता है कि आप दूसरों के खिलाफ कोई शिकायत नहीं रखते हैं।

6.5 Attitudes - Meaning and Maintenance (ऐटिटूड-मीनिंग और मेन्टेनेन्स)

Attitude is a psychological construct, or its a mental and emotional entity which inheres in, or characterizes a person. It is an acquired state through experiences. It is an individual's predisposed state of mind regarding a value and it is precipitated through a responsive expression toward a person, place, thing, or event which influences individual's thought and action. An

attitude is a persistent tendency which is to feel and then behave in a particular way toward some object.
रवैया एक मनोवैज्ञानिक निर्माण है, या इसकी एक मानसिक और भावनात्मक इकाई है जो किसी व्यक्ति को विरासत में मिलती है या उसकी विशेषता है। यह अनुभवों के माध्यम से एक अधिग्रहीत अवस्था है। यह मूल्य के संबंध में एक व्यक्ति की पूर्वनिधारित स्थिति है और यह एक व्यक्ति, स्थान, चीज या घटना के प्रति एक संवेदनशील अभिव्यक्ति के माध्यम से उपजी है जो किसी व्यक्ति के विचार और कार्य को प्रभावित करता है। एक दृष्टिकोण एक निरंतर प्रवृत्ति है जिसे महसूस करना है और फिर किसी वस्तु की ओर एक विशेष तरीके से व्यवहार करना है।

It has three basic characteristics:
इसकी तीन बुनियादी विशेषताएं हैं:

- It is directed toward an object for which a person has feelings, and beliefs,
  यह एक ऐसी वस्तु की ओर निर्देशित किया जाता है जिसके लिए व्यक्ति की भावनाएं और विश्वास होते हैं,
- It persists unless changed in some way
  यह तब तक बनी रहती है जब तक कि किसी तरह से बदल न जाए
- In may be positive to negative.
  सकारात्मक से नकारात्मक हो सकता है।

Attitudes have three components:
ऐटिट्यूड के तीन घटक हैं:

- Emotional (feelings) (भावुक (भावनाएं))
- Informational (सूचना)
- Behavioral (व्यवहार)

Attitudes, is persistent so it helps employees to adapt themselves to their work environment by providing a way of interpreting things in the environment.
दृष्टिकोण लगातार बना रहता है इसलिए यह कर्मचारियों को पर्यावरण में चीजों की व्याख्या करने का एक तरीका प्रदान करके अपने काम के माहौल में खुद को ढालने में मदद करता है।

Attitude help people to: (ऐटिटूड लोगों की मदद करता है:)

- adjust to their environment
  उनके पर्यावरण के लिए समायोजित करें
- defend their self-image
  उनकी आत्म–छवि का बचाव करें
- express their values
  उनके मूल्यों को व्यक्त करें
- supply standards and frames of reference which allow them to organize and explain the world around them.
  आपूर्ति मानकों और संदर्भ के फ्रेम जो उन्हें अपने आसपास की दुनिया को व्यवस्थित करने और समझाने की अनुमति देते हैं।

6.6 Gestures (जेस्चर)

It is a form of non-verbal communication in which body actions communicates a particular message, either with or without speech. Gestures includes the movement of the hands, face, or other parts of the body.
यह गैर–मौखिक संचार का एक रूप है जिसमें शरीर की क्रियाएं किसी विशेष संदेश को या तो भाषण के साथ या बिना संवाद करती हैं। इशारों में हाथों, चेहरे या शरीर के अन्य हिस्सों की गति शामिल है।

It differs from physical non-verbal communication and allow individuals to communicate feelings and thoughts with body language in addition to words when they speak.
यह फिजिकल गैर–मौखिक संचार से भिन्न होता है और व्यक्तियों को बोलने के दौरान शब्दों के अलावा भावनाओं और विचारों को शरीर की भाषा के साथ संवाद करने की अनुमति देता है।

6.6.1 Importance of Personality Development (पर्सनालिटी डेवलपमेंट का महत्व)

Personality refers to person's appearance, characteristics, attitude, mindset and behaviour with others.
व्यक्तित्व एक व्यक्ति की उपस्थिति, विशेषताओं, दृष्टिकोण, मानसिकता और दूसरों के साथ व्यवहार को संदर्भित करता है।

- grooms an individual and helps him to make a mark of his/her own.
  एक व्यक्ति को तैयार करता है और उसे अपने स्वयं के निशान बनाने में मदद करता है।
- Reduce stress and conflicts.
  तनाव और संघर्ष कम करें।
- encourages individuals to look at the brighter sides of life.
  व्यक्तियों को जीवन के उज्जवल पक्षों को देखने के लिए प्रोत्साहित करता है।
- develop a positive attitude in life.
  जीवन में सकारात्मक दृष्टिकोण विकसित करना।
- behave well with people around.
  अपने आसपास के लोगों के साथ अच्छा व्यवहार करें।
- gain recognition and acceptance from the society as well as people around.
  समाज और साथ ही आसपास के लोगों से मान्यता और स्वीकृति प्राप्त करें।
- makes an individual disciplined, punctual and an asset for his/her organization.
  एक व्यक्ति को उसके संगठन के लिए अनुशासित, समयनिष्ठ और संपत्ति बनाता है।

- inculcate positive qualities like punctuality, flexible attitude, willingness to learn, friendly nature, eagerness to help others and so on.
  समयनिष्ठता, लचीला रवैया, सीखने की इच्छा, दोस्ताना स्वभाव, दूसरों की मदद करने की उत्सुकता और इसी तरह सकारात्मक गुणों को विकसित करना।
- develop an impressive personality and makes you stand apart from the rest.
  एक प्रभावशाली व्यक्तित्व विकसित करें और आपको बाकी चीजों से अलग खड़ा करें।
- improve one's communication skills.
  एक संचार कौशल में सुधार।

6.7 Self-Esteem (सेल्फ–एस्टीम)

Self-esteem is crucial and is a cornerstone of a positive attitude towards living. It is very important because it affects how you think, act and even how you relate to other people. It allows you to live life to your potential.
आत्मसम्मान निर्णायक है और जीने के प्रति सकारात्मक दृष्टिकोण की आधारशिला है। यह बहुत महत्वपूर्ण है क्योंकि यह प्रभावित करता है कि आप कैसे सोचते हैं, कार्य करते हैं, और यहां तक कि आप अन्य लोगों से कैसे संबंधित हैं। यह आपको अपनी क्षमता के अनुसार जीवन जीने की अनुमति देता है।

In sociology and psychology, self-esteem reflects a person's subjective emotional evaluation of his or her own worth. It is a judgment of oneself and an attitude toward the self. It encompasses of beliefs and emotional states about oneself. Smith and Mackie (2007) defined Self-Esteem as "The self-concept is what we think about the self; self-esteem, is the positive or negative evaluations of the self, as in how we feel about it."
समाजशास्त्र और मनोविज्ञान में, आत्म–सम्मान किसी व्यक्ति के अपने स्वयं के मूल्य के व्यक्तिपरक भावनात्मक मूल्यांकन को दर्शाता है। यह स्वयं का निर्णय है और स्वयं के प्रति दृष्टिकोण है। यह स्वयं के बारे में विश्वासों और भावनात्मक राज्यों को शामिल करता है। स्मिथ और मैकी (2007) ने सेल्फ–एस्टीम को "आत्म–अवधारणा के रूप में परिभाषित किया है, जो हम स्वयं के बारे में सोचते हैंय आत्म–सम्मान, स्वयं का सकारात्मक या नकारात्मक मूल्यांकन है, जैसा कि हम इसके बारे में महसूस करते हैं।"

So, Self-Esteem is: (तो, सेल्फ एस्टीम हैः)

- a degree to which you value yourself.
  एक डिग्री जिसके लिए आप खुद को महत्व देते हैं।
- thoughts and feelings about yourself and your place in the world.
  दुनिया में अपने और अपने स्थान के बारे में विचार और भावनाएँ।

Elements of Self-Esteem are: Self-confidence, self-respect, self-acceptance and self-love. There are two basic components of self-esteem:
आत्म–सम्मान के तत्व आत्म–विश्वास, आत्म–सम्मान, आत्म–स्वीकृति और आत्म–प्रेम हैं। आत्मसम्मान के दो बुनियादी घटक हैंः

(a) Feelings of personal competence (to accomplish and succeed in tasks).
व्यक्तिगत क्षमता की भावनाएं (कार्यों को पूरा करने और सफल होने के लिए)।

(b) Feelings of personal worth (love and friendship).
व्यक्तिगत मूल्य (प्यार और दोस्ती) की भावनाएं।

A balance of these two components is needed for healthy self-esteem.
स्वस्थ आत्मसम्मान के लिए इन दो घटकों का संतुलन आवश्यक है।

6.8 Self-Esteem is a Must (सेल्फ–एस्टीम इस मस्ट)

Self-Esteem is important because it impact on life and choices of an individual. Self-value of an individual is the source of mental health. Self-Esteem is the idea which you have about yourself like how valuable and important you think you are. It is the result of one's own evaluation based on many factors. It is how we value and perceive our value to the world. It involves self-beliefs, emotions such as accomplishment, depression, pride and humiliation as gathered or accumulated in our own mind.
किसी व्यक्ति के जीवन और उसकी पसंद पर उसके प्रभाव के कारण सेल्फ–एस्टीम महत्वपूर्ण है। किसी व्यक्ति का आत्म–मूल्य मानसिक स्वास्थ्य का स्रोत है। सेल्फ–एस्टीम वह विचार है जो आपके बारे में है कि आप अपने बारे में कितना मूल्यवान और महत्वपूर्ण समझते हैं। यह कई कारकों के आधार पर किसी के स्वयं के मूल्यांकन का परिणाम है। यह है कि हम दुनिया के लिए अपना मूल्य कैसे समझते हैं और महसूस करते हैं। इसमें आत्म–विश्वास, भावनाओं जैसे कि उपलब्धि, अवसाद, गर्व, और अपमान के रूप में एकत्र या हमारे स्वयं के मन में संचित है।

Self-Esteem is important because:
सेल्पफ–एस्टीम महत्वपूर्ण है क्योंकिः

(a) You believe, that you are worthy of happiness and of respect.
आप मानते हैं, कि आप खुशी और सम्मान के योग्य हैं।

(b) It is the first step in believing in you and it builds self-confidence.
यह आप पर विश्वास करने का पहला कदम है और यह आत्मविश्वास का निर्माण करता है।

(c) It has a profound effect on your thinking, emotions, happiness, desires, values, and goals.
यह आपकी सोच, भावनाओं, खुशी, इच्छाओं, मूल्यों और लक्ष्यों पर गहरा प्रभाव डालता है।

(d) You can still feel respect and be proud even if you make a mistake.
गलती होने पर भी आप सम्मान महसूस कर सकते हैं और गर्व महसूस कर सकते हैं।

(e) You never compare yourself to others.
आप कभी भी दूसरों से अपनी तुलना न करें।

(f) Your Self-confidence is strong.
आपका आत्मविश्वास मजबूत है।

(g) You have a sense of control and direction.
आपके पास नियंत्रण और दिशा की भावना है।

(h) You approach towards your problems with a different perspective.
आप अपनी समस्याओं को एक अलग दृष्टिकोण के साथ अपनाते हैं।

(i) It allows you to make correct choices and take action.
यह आपको सही विकल्प बनाने और कार्रवाई करने की अनुमति देता है।

(j) It allows you to act independently.
यह आपको स्वतंत्र रूप से कार्य करने की अनुमति देता है।

(k) It allows you to take new challenges easily and handle criticism.
यह आपको नई चुनौतियों को आसानी से लेने और आलोचना को संभालने की अनुमति देता है।

(l) You consider yourself a valuable person and you live for a reason.
आप अपने आप को एक मूल्यवान व्यक्ति मानते हैं और आप एक कारण के लिए जीते हैं।

(m) It gives you the clarity to recognize your qualities.
यह आपको अपने गुणों को पहचानने की स्पष्टता प्रदान करता है।

(n) It imparts strong faith in yourself.
यह अपने आप में मजबूत विश्वास प्रदान करता है।

Factors that can influence self-esteem:
ऐसे कारक जो सेल्फ–एस्टीम को प्रभावित कर सकते हैं:

- Your own thoughts and perceptions
  आपके अपने विचार और धारणाएँ
- How other people react to you
  दूसरे लोग आप पर कैसी प्रतिक्रिया देते हैं
- Experiences at home, school, work and in the community
  घर, स्कूल, काम और समुदाय में अनुभव
- Illness, disability or injury
  बीमारी, विकलांगता या चोट
- Culture or religion
  संस्कृति या धर्म
- Role and status in society
  समाज में भूमिका और स्थिति
- Media messages
  मीडिया संदेश

6.9 Where Does Self-Esteem Come From? (सेल्फ-एस्टीम आता कहां से है?)

"You cannot rely on others for your self-esteem. You must look within to find out who you really are."

–Anika

"आप अपने आत्मसम्मान के लिए दूसरों पर भरोसा नहीं कर सकते। आपको यह पता लगाना चाहिए कि आप वास्तव में कौन हैं।"

–अनिका

Self- esteem develops and comes from yourself, but it is influenced by the messages, which you get about yourself from:
आत्मसम्मान विकसित होता है और स्वयं से आता है, लेकिन यह उन संदेशों से प्रभावित होता है, जिन्हें आप अपने बारे में प्राप्त करते हैं:

- Talk, support and spending time with your family.
  अपने परिवार के साथ बात करें, समर्थन करें और समय बिताएं।
- Your friends support and respect.
  आपके मित्र का समर्थन और सम्मान।
- Teachers who encourages you and are proud of your work.
  शिक्षक जो आपको प्रोत्साहित करते हैं और आपके काम पर गर्व करते हैं।
- People around you when you take challenges, and develop some skills to a finer point.
  जब आप चुनौतियों का सामना करते हैं और कुछ कौशल विकसित करते हैं।
- Your school mates when you play in a team, or work in a school newspaper.
  जब आप किसी टीम में खेलते हैं, या स्कूल के अखबार में काम करते हैं तो आपका स्कूल साथी होता है।
- Society, like, how women are portrayed on TV and in the media, can affect how you see yourself.
  समाज, जैसे, महिलाओं को टीवी पर और मीडिया में कैसे चित्रित किया जाता है, यह प्रभावित कर सकता है कि आप खुद को कैसे देखते हैं।

"Self-esteem is not something you get over night. It is something you have to build up. It is important to know who you are so you can stick up for yourself when someone puts you down and so that it doesn't affect you as much."

–Natasha.

"आत्म–सम्मान वह चीज नहीं है जो आप रातोंरात प्राप्त कर लेते हैं। यह एक ऐसी चीज है जिसका आपको निर्माण करना है। यह जानना महत्वपूर्ण है कि आप कौन हैं ताकि आप अपने लिए तब स्टैंड ले सकें जब कोई व्यक्ति आपको नीचे रखे और ताकि यह आपको प्रभावित न करे।"

–नताशा

6.10 Healthy Self-Esteem And Poor Self-Esteem (हेल्थी सेल्फ एस्टीम और पुअर एस्टीम)

Self-esteem as studied till now tells you, how you see and react to different things which happen to you and around you in your life. For people having right and good self-esteem, in their life the normal up and down does not make many changes in their feelings about themselves; But, a person with low self-esteem, in their life the normal up and down does make changes and generate too much difference in their self-opinion. Self-esteem develops completely during childhood.

अब तक के अध्ययन के अनुसार आत्म–सम्मान आपको बताता है, कि आप अपने जीवन में अपने और अपने आस–पास होने वाली विभिन्न चीजों को कैसे देखते हैं और उनकी प्रतिक्रिया करते हैं। सही और अच्छे आत्मसम्मान वाले लोगों के लिए, उनके जीवन में सामान्य अप और डाउन अपने बारे में अपनी भावनाओं में कोई बदलाव नहीं करता है; लेकिन, कम आत्मसम्मान वाला व्यक्ति, अपने जीवन में सामान्य ऊपर–नीचे बदलाव करता है और अपने आत्म–विचार में बहुत अधिक अंतर पैदा करता है। बचपन के दौरान आत्मसम्मान पूरी तरह से विकसित होता है।

People with healthy self-esteem is more practical and accurate in judging the right capabilities about themselves. They have the ability to accept and value themselves in any condition or perspective. The healthy self-esteem is the outcome of a childhood experience where the child is being praised, listened, spoken respectfully, got attention, experienced success in sports or school and have trustworthy friends. All of these make a strong impact and the person has healthy selfesteem.

हेल्थी आत्मसम्मान वाले लोग अपने बारे में सही क्षमताओं को पहचानने में अधिक व्यावहारिक और सटीक होते हैं। उनके पास किसी भी स्थिति या परिप्रेक्ष्य में खुद को स्वीकार करने और मूल्य देने की क्षमता है। हेल्थी आत्मसम्मान बचपन के अनुभव का परिणाम है जहां बच्चे की प्रशंसा की जाती है, सुनी जाती है, सम्मानपूर्वक बात की जाती है, ध्यान प्राप्त किया जाता है, खेल या स्कूल में अनुभवी सफलता मिलती है, और भरोसेमंद दोस्त होते हैं। ये सभी एक मजबूत प्रभाव बनाते हैं और व्यक्ति का स्वस्थ आत्मसम्मान होता है।

People with poor self-esteem, takes the present perspective to judge about themselves; like, how they are feeling about themselves. They need the opinion of others to judge their own self-esteem. They have lot of negative feelings which cripples their self-image. Low Self-Esteem adults have a childhood in which they are treated harshly or criticized, being yelled or beaten, ignored or teased, burdened with the expectations and they got an impression that a normal loss at a game is failure of them as a person.

पुअर: आत्मसम्मान वाले लोग खुद को न्याय करने के लिए वर्तमान परिप्रेक्ष्य लेते हैं: जैसे, वे अपने बारे में कैसा महसूस कर रहे हैं। उन्हें अपने आत्मसम्मान को आंकने के लिए दूसरों की राय चाहिए। उनके पास बहुत सारी नकारात्मक भावनाएं हैं जो उनकी आत्म–छवि को अपंग करती हैं। कम आत्म–अनुमान वयस्कों का एक बचपन होता है जिसमें उनके साथ कठोर व्यवहार किया जाता है या आलोचना की जाती है, चिल्लाया या पीटा जाता है, अनदेखा या छेड़ा जाता है, अपेक्षाओं पर बोझ डाला जाता है और उन्हें यह आभास हुआ कि एक खेल में एक सामान्य नुकसान एक व्यक्ति के रूप में उनकी विफलता है।

To convert low self Esteem to Healthy one, you need to:
निम्न सेल्फ एस्टीम को स्वस्थ में बदलने के लिए, आपको निम्न करने की आवश्यकता है:

(a) Be kind to yourself and respect yourself.
खुद पर दया करें और खुद का सम्मान करें।

(b) Do not make yourself suffer if you make mistakes.
अगर आप गलतियाँ करते हैं तो खुद को पीड़ित मत बनाओ।

(c) Stay away from the negative self-talk.
नकारात्मक आत्म–चर्चा से दूर रहें।

(d) Stop criticizing yourself.
खुद की आलोचना करना बंद करें।

(e) Take help from a trusted family member or friend if you find it difficult.
अगर आपको मुश्किल लगे तो परिवार के किसी सदस्य या दोस्त की मदद लें।

(f) Never compare yourself with others.
कभी भी अपनी तुलना दूसरों से न करें।

(g) Tell yourself your own achievements.
अपनी उपलब्धियों के बारे में खुद बताएं।

(h) Remind your own good qualities about you every day.
हर दिन अपने बारे में अपने अच्छे गुणों को याद दिलाएं।

(i) Read inspirational quotes and books which can give you positive side of life.
प्रेरणादायक उद्धरण और किताबें पढ़ें जो आपको जीवन का सकारात्मक पक्ष दे सकती हैं।

(j) Enjoy, relax and have fun in your daily life.
आनंद लें, आराम करें और अपने दैनिक जीवन में मजे करें।

Characteristics of people having: (लोगों के लक्षण:)

Healthy Self-Esteem (हेल्थी सेल्पफ–एस्टीम)	Poor Self-Esteem (पुअर सेल्फ–एस्टीम)
They feel good about themselves वे अपने बारे में अच्छा महसूस करते हैं	They have negative feelings about themselves. उनके पास अपने बारे में नकारात्मक भावनाएं हैं।
They have a positive attitude about life. उनका जीवन के बारे में सकारात्मक दृष्टिकोण है।	They have a negative attitude about life. उनका जीवन के बारे में नकारात्मक रवैया है।

They feel capable of meeting life's challenge. वे जीवन की चुनौतियों का सामना करने में सक्षम महसूस करते हैं।	They are reluctant to take risks for fear of failing. वे असफल होने के डर से जोखिम लेने से हिचकते हैं।
They do not need the approval and praise of others to feel good about themselves. उन्हें अपने बारे में अच्छा महसूस करने के लिए दूसरों की स्वीकृति और प्रशंसा की आवश्यकता नहीं है।	They need the approval and praise of others to feel good about themselves. उन्हें अपने बारे में अच्छा महसूस करने के लिए दूसरों की स्वीकृति और प्रशंसा की आवश्यकता होती है।
They do not feel any connecting with their inner selves. उन्हें आंतरिक स्वयं से जुड़ने में कोई कठिनाई महसूस नहीं होती है।	They have difficultydifficulty in connecting with their inner selves. उन्हें आंतरिक स्वयं से जुड़ने में कोई कठिनाई महसूस नहीं होती है।

6.11 Self-Efficacy/Personal Efficacy (सेल्फ एफिसेसी/पर्सनल एफिसेसी)

It is the extent of one's belief in its own ability to complete the task and reach towards its goals. As, coined by Albert Bandura; Self-Efficacy is a person's belief in his or her ability to complete a future task or solve a future problem.

यह कार्य को पूरा करने और अपने लक्ष्यों तक पहुंचने की अपनी क्षमता में किसी के विश्वास की सीमा है। जैसा कि अल्बर्ट बंदुरा द्वारा गढ़ा गया; स्व–प्रभावकारिता किसी व्यक्ति के भविष्य के कार्य को पूरा करने या भविष्य की समस्या को हल करने की उसकी क्षमता पर एक व्यक्ति का विश्वास है।

Self-Efficacy also influence individual goals, actions, successes or failures in life. If your selfefficacy in an area is much lower than your ability, you will never challenge yourself or improve. If your self-efficacy in an area is much higher than your ability, you will set goals which are too high, fail, and possibly quit.

आत्म–प्रभावकारिता व्यक्तिगत लक्ष्यों, कार्यों, सफलताओं या जीवन में असफलताओं को भी प्रभावित करती है। यदि किसी क्षेत्र में आपकी आत्म–प्रभावकारिता आपकी क्षमता से बहुत कम है, तो आप कभी भी खुद को चुनौती नहीं देंगे या सुधार नहीं करेंगे। यदि किसी क्षेत्र में आपकी आत्म–प्रभावकारिता आपकी क्षमता से बहुत अधिक है, तो आप ऐसे लक्ष्य निर्धारित करेंगे जो बहुत अधिक हैं, असफल हैं, और संभवतः छोड़ दिए गए हैं।

6.11.1 Importance of Self-Efficacy (सेल्फ एफिक्सैव का महत्व)

Self-efficacy impact how people feel, think, behave, and motivate themselves. People having self-efficacy can:

आत्म–प्रभावकारिता का प्रभाव होता है कि लोग कैसा महसूस करते हैं, सोचते हैं, व्यवहार करते हैं और खुद को प्रेरित करते हैं। आत्म–प्रभावकारिता वाले लोग कर सकते हैं:

- See challenging problems as tasks to be solved rather than to avoid.
  चुनौतीपूर्ण समस्याओं को टाले जाने के बजाय हल करने के कार्यों के रूप में देखें।
- Develop greater intrinsic interest.
  अधिक आंतरिक रुचि विकसित करें।
- Focus in their activities.
  उनकी गतिविधियों में ध्यान दें।
- Set challenging goals.
  चुनौतीपूर्ण लक्ष्य निर्धारित करें।
- Demonstrate a stronger sense of commitment to them.
  उनके प्रति प्रतिबद्धता की एक मजबूत भावना का प्रदर्शन।
- Learn and achieve more than those with low self-efficacy.
  कम आत्म–प्रभावकारिता वाले लोगों की तुलना में अधिक जानें और हासिल करें।

6.12 Self-Motivation (सेल्फ-मोटिवेशन)

It is an ability to do what needs to be done, without the influence from other people or situations. People with self-motivation can find a reason and strength to complete a task without giving up.

यह अन्य लोगों या स्थितियों के प्रभाव के बिना, जो करने की आवश्यकता है, वह करने की क्षमता है। बिना किसी कार्य को पूरा करने के लिए आत्म–प्रेरणा वाले लोग एक कारण और शक्ति पा सकते हैं।

It is the force which drives you to do things. Self-motivation is a key life skill of personal development and an emotional intelligence.

यह वह बल है जो आपको चीजें करने के लिए प्रेरित करता है। स्व–प्रेरणा व्यक्तिगत विकास और भावनात्मक बुद्धिमत्ता का एक प्रमुख जीवन कौशल है।

Motivation is kind of force which pushes people to achieve their goals, feel more fulfilled and improve overall quality of life. People who are self-motivated, tend to be more organised, good time management skills, more self-esteem and confidence.

प्रेरणा एक प्रकार का बल है जो लोगों को अपने लक्ष्यों को प्राप्त करने, अधिक पूर्ण महसूस करने और जीवन की समग्र गुणवत्ता में सुधार करने के लिए प्रेरित करता है। जो लोग आत्म–प्रेरित होते हैं, वे अधिक संगठित होते हैं, अच्छे समय प्रबंधन कौशल, अधिक आत्म–सम्मान और आत्मविश्वास होते हैं।

Fundamental to self-motivation is understanding what motivates you to do things. There are two main types of motivation:

आत्म–प्रेरणा के लिए मौलिक समझ है, जो आपको चीजों को करने के लिए प्रेरित करती है। प्रेरणा के दो मुख्य प्रकार हैं:

- **Intrinsic:** To perform an action or task based on the expected or perceived satisfaction of performing the action or task. It includes having fun, being interested and personal challenge.
  इंन्ट्रिसिक: क्रिया या कार्य करने की अपेक्षित या कथित संतुष्टि के आधार पर किसी क्रिया या कार्य को करने के लिए। इसमें मजा आना, दिलचस्पी होना और व्यक्तिगत चुनौती शामिल है।
- **Extrinsic:** To perform an action or task in order to attain some sort of reward, including money, power and good marks or grades.
  एक्सट्रिन्सिक: धन, शक्ति और अच्छे अंक या ग्रेड सहित किसी प्रकार के पुरस्कार को प्राप्त करने के लिए एक क्रिया या कार्य करना।

Skills (कौशल)

There are a number of skills involved in selfmotivation.
स्व–प्रेरणा में कई कौशल शामिल हैं।

These include: (इसमें शामिल है:)

- Setting high but realistic goals.
  उच्च लेकिन यथार्थवादी लक्ष्य निर्धारित करना।
- Taking the right level of risk.
  जोखिम का सही स्तर लेना।
- Seeking constant feedback to work out how to improve.
  कैसे सुधार करने के लिए काम करने के लिए निरंतर प्रतिक्रिया की तलाश।
- Being committed to personal or organisational goals and going the "extra mile" to achieve them.
  व्यक्तिगत या संगठनात्मक लक्ष्यों के लिए प्रतिबद्ध होना और उन्हें प्राप्त करने के लिए "अतिरिक्त मील" जाना।
- Actively seeking out opportunities and seizing them when they occur.
  सक्रिय रूप से अवसरों की तलाश और उन्हें होने पर जब्त करना।

6.13 Time Management (टाइम मैनेजमेंट)

It is a kind of planning and exercising conscious control over the amount of time spent on the specific activities, to increase effectiveness, efficiency or productivity.
यह प्रभावशीलता, दक्षता या उत्पादकता बढ़ाने के लिए विशिष्ट गतिविधियों पर खर्च किए गए समय की मात्रा पर सचेत नियोजन और व्यायाम करने का एक प्रकार है।

Time management include:
टाइम मैनेजमेंट में शामिल हैं:

- Creating an environment conducive to effectiveness.
  प्रभावशीलता के लिए अनुकूल वातावरण बनाना।
- Setting of priorities. (प्राथमिकताओं की स्थापना।)
- Carrying out activity around prioritization.
  प्राथमिकता के आसपास गतिविधि करना।

It may be defined as a way of organizing and planning, how long you spend on specific activities.
इसे आयोजन और नियोजन के एक तरीके के रूप में परिभाषित किया जा सकता है, जब तक आप विशिष्ट गतिविधियों पर खर्च करते हैं।

6.13.1 Benefits of Time Management (टाइम मैनेजमेंट के लाभ)

- Greater productivity and efficiency
  ग्रेटर उत्पादकता और दक्षता
- A better professional reputation
  एक बेहतर पेशेवर प्रतिष्ठा
- Less stress (कम तनाव)
- Greater opportunities to achieve important life and career goals.
  महत्वपूर्ण जीवन और कैरियर के लक्ष्यों को प्राप्त करने के लिए अधिक से अधिक अवसर।

Consequences in failure of Time Management:
टाइम मैनेजमेंट की विफलता में परिणाम:

- Missed deadlines. (मिस्ड डेडलाइन।)
- Inefficient work flow. (अक्षम कार्य।)
- Poor work quality. (खराब काम की गुणवत्ता।)
- Higher stress levels. (उच्च स्तर का तनाव।)

Managing time is nothing but a fruitful utilization of available time for achieving the desired goals. In order to manage the time successfully keep aware about your goals and prioritize your activities according to that. It means you can execute a particular job at a particular time as per the urgency or nature of the job to save more time for other jobs which can be scheduled as per priority and urgency.

टाइम मैनेजमेंट कुछ भी नहीं है, लेकिन वांछित लक्ष्यों को प्राप्त करने के लिए उपलब्ध समय का एक उपयोगी उपयोग है। टाइम मैनेजमेंट करने के लिए अपने लक्ष्यों के बारे में सफलतापूर्वक जानकारी रखें और उसी के अनुसार अपनी गतिविधियों को प्राथमिकता दें। इसका अर्थ है कि आप किसी विशेष कार्य को किसी विशेष समय के अनुसार कार्य की प्रकृति या

कार्य की प्रकृति के अनुसार निष्पादित कर सकते हैं जो अन्य नौकरियों के लिए अधिक समय बचा सकता है जिसे प्राथमिकता और तात्कालिकता के अनुसार निर्धारित किया जा सकता है।

Time management provide you the opportunity to create a schedule which works for you, not for others. This personal attention gives you the flexibility to include the things that are most important to you.
टाइम मैनेजमेंट आपको एक शेड्यूल बनाने का अवसर प्रदान करता है जो आपके लिए काम करता है, दूसरों के लिए नहीं। यह व्यक्तिगत ध्यान आपको उन चीजों को शामिल करने की सुविधा देता है जो आपके लिए सबसे महत्वपूर्ण हैं।

Important of time management

(टाइम मैनेजमेंट का इम्पोर्टेंस)

Time management is important as it teaches you to manage your time effectively and make the most of it. It is important because:
टाइम मैनेजमेंट महत्वपूर्ण है क्योंकि यह आपको प्रभावी ढंग से अपने समय का प्रबंधन करना और इसका अधिकतम लाभ उठाना सिखाता है। यह महत्वपूर्ण है क्योंकि:

- You are more efficient, as better time management can help you to do more of what you have to do faster. This does not mean cutting corners or a decrease in quality. You just do what you have to do quicker so you can do what you want to do sooner.
  आप अधिक कुशल हैं, क्योंकि बेहतर टाइम मैनेजमेंट आपको अधिक तेजी से करने में मदद कर सकता है। इसका मतलब कोनों को काटना या गुणवत्ता में कमी नहीं है। आप बस वही करते हैं जो आपको जल्दी करना है ताकि आप वह कर सकें जो आप जल्द से जल्द करना चाहते हैं।
- You feel calmer and more in control, because learning time management skills matters will reduce the amount of unhealthy stress you feel.
  आप शांत और अधिक नियंत्रण में महसूस करते हैं क्योंकि समय प्रबंधन कौशल सीखने से आपके द्वारा महसूस किए जाने वाले अस्वास्थ्यकर तनाव की मात्रा कम हो जाएगी।
- You are more fulfilled, because people often think that getting organized means time management software, lists, planners and diaries, but it goes beyond that.
  आप अधिक पूर्ण होते हैं क्योंकि लोग अक्सर सोचते हैं कि संगठित होने का मतलब है टाइम मैनेजमेंट सॉफ्टवेयर, सूचियाँ, नियोजक और डायरी, लेकिन यह उससे आगे निकल जाता है।
- Time management starts with the choices and decisions you make based on the values you hold.
  टाइम मैनेजमेंट आपके द्वारा निर्धारित मूल्यों के आधार पर आपके द्वारा किए गए विकल्पों और निर्णयों से शुरू होता है।
- You have more energy, as you finish the tasks on time and it often brings a level of satisfaction and energy that makes you feel good.
  आपके पास अधिक ऊर्जा है, जैसा कि आप कार्यों को समय पर पूरा करते हैं और यह अक्सर संतुष्टि और ऊर्जा का स्तर लाता है जो आपको अच्छा महसूस कराता है।
- You develop more qualities.
  आप और अधिक गुण विकसित करते हैं।
- You achieve what you want to and need to faster.
  आप वह हासिल करते हैं जो आप चाहते हैं और तेज करने की जरूरत है।

Time tips (समय के सुझाव)

Time is precious, as there are never more than 24 hours in a day. Some respond to this fact of life with focus and purpose whereas others freak out.
समय कीमती है, क्योंकि एक दिन में 24 घंटे से अधिक कभी नहीं होते हैं। कुछ लोग ध्यान और उद्देश्य के साथ जीवन के इस तथ्य का जवाब देते हैं जबकि कुछ लोग बाहर रहते हैं।

Tips for effectively managing your time:
अपने समय को प्रभावी ढंग से प्रबंधित करने के लिए सुझाव:

(a) **Know your goals:** Make sure you are engaging in activities which supports your business goals which are either short- and long-term. Your daily plan should revolve around working on tasks and activities that directly relate to generating income and growing your business.
अपने लक्ष्यों को जानें: सुनिश्चित करें कि आप उन गतिविधियों में संलग्न हैं जो आपके व्यावसायिक लक्ष्यों का समर्थन करती हैं जो या तो अल्पकालिक और दीर्घकालिक हैं। आपकी दैनिक योजना को उन कार्यों और गतिविधियों पर काम करना चाहिए, जो सीधे आय पैदा करने और आपके व्यवसाय को बढ़ाने से संबंधित हैं।

(b) **Prioritize Wisely:** Look at what goes into making up your day, where do your activities fit into these categories and then prioritize them according to:
बुद्धिमानी से प्राथमिकता दें: अपने दिन को बनाने में जाने वाले को देखें, आपकी गतिविधियाँ इन श्रेणियों में कहाँ फिट होती हैं और फिर निम्नलिखित के अनुसार प्राथमिकता दें:

- Tasks that must !be done and do them right away.
  कार्य जो किए जाने चाहिए – और उन्हें तुरंत करना चाहिए।
- Tasks that appear important, but can be delayed for one or two days.
  ऐसे कार्य जो महत्वपूर्ण प्रतीत होते हैं, लेकिन एक या दो दिनों के लिए देरी हो सकती है।
- Tasks that make the most "noise," but when accomplished, have little or no lasting value.

कार्य जो सबसे "शोर" करते हैं, लेकिन जब पूरा हो जाता है, तो बहुत कम या कोई स्थायी मूल्य नहीं होता है।

- Low-priority work which offer the illusion of "being busy." Do them later.
  निम्न–प्राथमिकता वाले कार्य जो "बीइंग बीजी" का भ्रम प्रदान करते हैं। उन्हें बाद में करें।

(c) **Just say no:** If you have to decline a request in order to attend to what's truly important and urgent, do not hesitate to do so.

केवल यह नहीं कहें: यदि आपको वास्तव में महत्वपूर्ण और जरूरी बात करने के लिए अनुरोध को अस्वीकार करना है, तो ऐसा करने में संकोच न करें।

(d) **Plan ahead:** Never jump into the workday when you have no clear idea about what needs to get done. So, always spend time for thinking and planning your activities. You can plan:

आगे की योजना बनाएं: कभी भी उस कार्यदिवस में न कूदें जब आपको इस बारे में कोई स्पष्ट विचार न हो कि क्या करना है। इसलिए, हमेशा अपनी गतिविधियों को सोचने और योजना बनाने के लिए समय व्यतीत करें। आप योजना बना सकते हैं:

- End of the day, it takes maximum of 15 minutes to clear your desk and put together a list of the next day's tasks. It is a great decompression technique, and you will feel better sitting down at a clean desk in the morning.
  दिन के अंत में, अपनी डेस्क साफ करने और अगले दिन के कार्यों की सूची को एक साथ रखने में अधिकतम 15 मिनट लगते हैं। यह एक महान अपघटन तकनीक है, और आप सुबह एक साफ डेस्क पर बैठकर बेहतर महसूस करेंगे।

- Early morning by arriving a few minutes early and assemble your prioritized to-do list.
  सुबह जल्दी उठकर कुछ मिनट पहले और अपनी प्राथमिकता सूची को इकट्ठा करें।

(c) Eliminatc distractions. (विकर्षणों को दूर करें।)

(f) **Take care of yourself:** Be sure to get plenty of sleep and exercise, as alert mind is a highfunctioning mind.

अपना ख्याल रखें: भरपूर नींद और व्यायाम अवश्य करें, क्योंकि सतर्क दिमाग एक उच्च कार्य करने वाला दिमाग है।

6.14 What is Stress? (स्ट्रैस क्या है?)

Stress is an emotional/bodily reaction to physical, psychological or emotional demands. Stress is your body's way of responding to demand or threat. Consider an example, when you sense danger - whether real or imagined your body's defences kick into high gear in a rapid, automatic process known as the "fight-or-flight" reaction, or the stress response.

तनाव बॉडी, मनोवैज्ञानिक या भावनात्मक मांगों के लिए एक भावनात्मक /बॉडी प्रतिक्रिया है। तनाव आपके बॉडी की मांग या धमकी का जवाब देने का तरीका है। एक उदाहरण पर विचार करें, जब आपको खतरा महसूस होता है – चाहे वास्तविक या कल्पना से आपके बॉडी की सुरक्षा तेज हो, एक तेज, स्वचालित प्रक्रिया में "लड़ाई–या–उड़ान" प्रतिक्रिया, या तनाव प्रतिक्रिया के रूप में जाना जाता है।

The stress response is the body's way of protecting you.

तनाव प्रतिक्रिया बॉडी की सुरक्षा का तरीका है।

A positive attitude, balance approach and relaxation exercises are some ways by which one can combat stress. When you work properly, you stay focused, energetic, and alert. In emergency situations, stress can save your life by giving you an extra strength to defend yourself. Stress can also help you to meet challenges, sharpens your concentration or drives you to study for an exam. But beyond a certain point, stress stops being helpful and starts causing major damage to your health, mood, productivity, relationships, and quality of life.

सकारात्मक दृष्टिकोण, संतुलित दृष्टिकोण और विश्राम अभ्यास कुछ ऐसे तरीके हैं जिनके द्वारा व्यक्ति तनाव का सामना कर सकता है। जब आप ठीक से काम करते हैं, तो आप केंद्रित, ऊर्जावान और सतर्क रहते हैं। आपातकालीन स्थितियों में, तनाव आपको अपने बचाव के लिए एक अतिरिक्त ताकत देकर आपके जीवन को बचा सकता है। तनाव आपको चुनौतियों का सामना करने में मदद कर सकता है, आपकी परीक्षा को केंद्रित कर सकता है या परीक्षा के लिए अध्ययन करने के लिए प्रेरित कर सकता है। लेकिन एक निश्चित बिंदु से परे, तनाव सहायक होना बंद हो जाता है और आपके स्वास्थ्य, मनोदशा, उत्पादकता, संबंधों और जीवन की गुणवत्ता को बहुत नुकसान पहुंचाता है।

6.14.1 Causes of Stress (स्ट्रैस का कारण)

- Expectations of others or which we place on yourself.
  दूसरों की अपेक्षाएं या जिन्हें हम अपने ऊपर रखते हैं।
- Physical environment, which include noise, movement etc.
  भौतिक वातावरण, जिसमें शोर, आंदोलन आदि शामिल हैं।
- Internal environment such as academic pressure, frustration, social life, etc.
  आंतरिक वातावरण जैसे अकादमिक प्रेसीडेंट, कुंठा, सामाजिक जीवन, आदि।

Ways to manage stress: (स्ट्रैस को प्रबंधित करने के तरीके:)

- Add balance to life.
  जीवन मे संतुलन जोड़ें।

- Don't overdo studies or play.
  अधिक अध्ययन या खेल न करें।
- Know your strength and weakness.
  अपनी ताकत और कमजोरी को जानें।
- Accept yourself the way you are.
  अपने आप को वैसे ही स्वीकार करें जैसे आप हैं।
- Take "time outs", especially during study.
  "समय बहिष्कार" लें, विशेष रूप से अध्ययन के दौरान।
- Expand your support network.
  अपने समर्थन नेटवर्क का विस्तार करें।
- Exercise regularly.
  नियमित रूप से व्यायाम करें।

Everyone has different stress triggers. Work stress tops the list, according to surveys. Majority of workers admit to experiencing office stress, and some says work is the biggest source of stress in their lives.

हर किसी का तनाव अलग होता है। सर्वेक्षण के अनुसार, कार्य तनाव सूची में सबसे ऊपर है। अधिकांश कार्यकर्ता कार्यालय तनाव का अनुभव करने के लिए स्वीकार करते हैं, और कुछ कहते हैं कि काम उनके जीवन में तनाव का सबसे बड़ा स्रोत है।

So, work stress may be due to:

तो, काम के तनाव के कारण हो सकते हैं:

- Being unhappy in your job
  अपनी नौकरी में दुखी रहना
- Having a heavy workload or too much responsibility
  भारी कार्यभार या बहुत अधिक जिम्मेदारी होना
- Working long hours
  लंबे समय तक काम करना
- Unclear expectations of your work, or no say in the decision-making process
  आपके काम की अस्पष्ट उम्मीदें, या निर्णय लेने की प्रक्रिया में कोई बात नहीं
- Working under dangerous conditions
  खतरनाक परिस्थितियों में काम करना
- Risk of termination
  समाप्ति का जोखिम
- Facing discrimination or harassment at work.
  काम पर भेदभाव या उत्पीड़न का सामना करना।

Sometimes the stress comes from inside, rather than outside. You can stress yourself out just by worrying about things. All of these factors can lead to Life stresses and is due to:

काम पर भेदभाव या उत्पीड़न का सामना करना। कभी–कभी तनाव अंदर से नहीं आता है, बल्कि बाहर से आता है। आप सिर्फ चीजों की चिंता करके खुद को तनाव मुक्त कर सकते हैं। इन सभी कारकों के कारण जीवन तनाव हो सकता है और निम्न कारण हैं:

- The death of a loved one (किसी प्रियजन की मृत्यु)
- Divorce (तलाक)
- Loss of a job (नौकरी छूटना)
- Increase in financial obligations
  वित्तीय दायित्वों में वृद्धि
- Getting married (शादी होना)
- Moving to a new home (एक नए घर में स्थानांतरित)
- Chronic illness or injury (पुरानी बीमारी या चोट)
- Depression, anxiety, anger, grief, guilt, low self-esteem (अवसाद, चिंता, क्रोध, शोक, अपराध, कम आत्मसम्मान)
- Traumatic event, such as a natural disaster, theft, rape, or violence against you or a loved one
  एक दर्दनाक घटना, जैसे कि एक प्राकृतिक आपदा, चोरी, बलात्कार, या आपके खिलाफ हिंसा या एक प्रियजन

Effects of Stress on Your Health (आपके स्वास्थ्य पर स्ट्रैस के प्रभाव)

When you are in a stressful situation, your body launches a physical response. Your nervous system comes into action, releasing hormones which prepare you to either fight or take off. It's called the "fight or flight" response. Similarly, when you are in a stressful situation, you may notice that your heartbeat speeds up, your breathing gets faster, your muscles tense, and you start sweating. This kind of stress is short-term and temporary or acute stress, and your body usually recovers quickly from it.

जब आप तनावपूर्ण स्थिति में होते हैं, तो आपका बॉडी एक भौतिक प्रतिक्रिया शुरू करता है। आपका नर्वस सिस्टम हरकत में आता है, ऐसे हार्मोन रिलीज होते हैं जो आपको लड़ने के लिए तैयार करते हैं। इसे "fight or flight" प्रतिक्रिया कहा जाता है। इसी तरह, जब आप तनावपूर्ण स्थिति में होते हैं, तो आप देख सकते हैं कि आपके दिल की धड़कन तेज हो गई है, आपकी साँस तेज हो गई है, आपकी मांसपेशियाँ तनावग्रस्त हो गईं और आपको पसीना आने लगा। इस तरह का तनाव अल्पकालिक और अस्थायी या तीव्र तनाव है, और आपका बॉडी आमतौर पर इससे जल्दी ठीक हो जाता है।

But if your stress system stays activated over a long period of time also called as chronic stress, it can lead to serious health problems. The constant rush of stress hormones can put a lot of wear and tear on your body, causing it to age more quickly and making it more prone to illness.

लेकिन अगर आपका नर्वस सिस्टम लंबे समय तक सक्रिय रहता है जिसे क्रोनिक स्ट्रेस भी कहा जाता है, तो यह गंभीर स्वास्थ्य समस्याएं पैदा कर सकता है। तनाव हार्मोन की निरंतर भीड़ आपके बॉडी पर बहुत सारा पसीना ला सकती है, जिससे यह अधिक तेजी से उम्र में बढ़ जाता है और यह बीमारी का अधिक खतरा होता है।

Physical signs if you are suffering from acute stress:
पिफजिकल संकेत अगर आप तीव्र तनाव से पीड़ित हैं:

- Headache (सरदर्द)
- Fatigue (थकान)
- Difficulty in sleeping (सोने में कठिनाई)
- Upset stomach (पेट की खराबी)
- Irritability (चिड़चिड़ापन)

Physical signs if you are suffering from chronic stress:
यदि आप क्रोनिक स्ट्रेस से पीड़ित हैं तो फिजिकल संकेत हैं:

- Depression (डिप्रेशन)
- High blood pressure (उच्च रक्तचाप)
- Abnormal heartbeat (असामान्य दिल की धड़कन)
- Hardening of the arteries (धमनियों का अकड़ना)
- Heart disease (दिल की बीमारी)
- Heart attack (दिल का दौरा)
- Weight gain or loss (वजन बढ़ना या कम होना)

Sign and symptoms of Stress:
स्ट्रेस के साइन और लक्षण:

- Gritting, grinding teeth (दाँत पीसना, दाँत पीसना)
- Stuttering (हकलाना)
- Tremors, trembling of lips and hands
  ट्रेमर्स, होंठ और हाथों का कांपना
- Neck ache (गर्दन में दर्द)
- Back pain (पीठ दर्द)
- Muscle spasms (मांसपेशियों की ऐंठन)
- Light headedness (चक्कर)
- Frequent blushing (बार–बार शरमाना)
- Cold or sweaty hands, feet (ठंडा या पसीने से तर हाथ, पैर)
- Dry mouth, problems swallowing (मुंह सूखना)
- Frequent colds, infections, herpes sores
  बार–बार जुकाम
- Unexplained or frequent "allergy" attacks
  अस्पष्टीकृत
- Heartburn, stomach pain, nausea (नाराजगी, पेट दर्द)
- Excess belching, flatulence (अत्यधिक पेट फूलना)
- Difficulty breathing, frequent sighing
  सांस लेने में कठिनाई
- Sudden attacks of life threatening panic
  अचानक जानलेवा हमले की दहशत
- Chest pain, palpitations, rapid pulse
  सीने में दर्द, धड़कन, तेज नाड़ी
- Increased anger, frustration, hostility
  क्रोध, हताशा, शत्रुता में वृद्धि
- Depression, frequent or wild mood swings (डिप्रेशन)

Overcome stress (स्ट्रेस पर काबू पाएं)

(a) **One thing at a time:** Simplest and best way to start reducing your stress, which you can start from today. Focus on doing one thing at a time. Clear your desk of distractions or any distraction such as phones and e-mail notifications. Pick something to work on.

एक समय में एक चीज: अपने तनाव को कम करने के लिए सबसे सरल और सबसे अच्छा तरीका, जिसे आप आज से शुरू कर सकते हैं। एक समय में एक काम करने पर ध्यान दें। अपने डेस्क ऑफ डिस्ट्रेक्शन या किसी भी डिस्ट्रैक्शन जैसे फोन और ई–मेल नोटिफिकेशन को क्लियर करें। काम करने के लिए कुछ चुनें।

(b) **Simplify your schedule:** Hectic schedule is a major cause of high stress, simplify your schedule by reducing the number of commitments in your life to just the essential ones. Schedule only a few important things each day, and put space between them.

अपने शेड्यूल को सरल बनाएं: हेटिक शेड्यूल उच्च तनाव का एक प्रमुख कारण है, अपने शेड्यूल को कम करने के लिए अपने जीवन में प्रतिबद्धताओं की संख्या को कम करके अपने शेड्यूल को सरल बनाएं। प्रत्येक दिन केवल कुछ महत्वपूर्ण चीजों को शेड्यूल करें, और उनके बीच स्थान रखें।

(c) **Get moving:** Do something each day to be active such as walk, hike, play a sport, go for a run.

आगे बढ़ें: प्रत्येक दिन कुछ सक्रिय होने के लिए करें जैसे कि चलना, वृद्धि, एक खेल खेलना, एक रन के लिए जाना।

(d) **Develop one healthy habit:** Eat fruits and veggies for snacks, floss every day, Quit smoking, Cook something healthy for dinner or Drink water instead of soda.

एक स्वस्थ आदत विकसित करें: स्नैक्स के लिए फल और सब्जियां खाएं, हर दिन फ्लॉस करें, धूम्रपान छोड़ें, रात के खाने के लिए कुछ स्वस्थ बनाएं या सोडा के बजाय पानी पिएं।

(e) Do work calming. (तसल्ली से काम लें।)

(f) Simplify your finances. Finances can be a drain on your energy and a major source of stress in your life.

अपने वित्त को सरल बनाएं। वित्त आपकी ऊर्जा पर एक नाली और आपके जीवन में तनाव का एक प्रमुख स्रोत हो सकता है।

(g) Have some fun (कुछ मजा करें)

(h) Get creative. (रचनात्मक हो।)

(i) Be early. (समय से पहले होना।)

6.15 Attitudes (एटीट्यूड)

It is defined as response to people, place, things or events in life. Basically, a person's viewpoint, mind set and belief makes an attitude.

इसे जीवन में लोगों, जगह, चीजों या घटनाओं की प्रतिक्रिया के रूप में परिभाषित किया गया है। मूल रूप से, एक व्यक्ति का दृष्टिकोण, मानसिकता और विश्वास एक दृष्टिकोण बनाता है।

Attitude is composed of three components:
एटीट्यूड तीन घटकों से बना है:

(a) **Cognitive component:** it is based on the information or prior knowledge which represents our thoughts, beliefs and ideas about something.

काग्निटिव कॉम्पोनेंट: यह उस सूचना या पूर्व ज्ञान पर आधारित है जो हमारे विचारों, विश्वासों और कुछ के बारे में विचारों का प्रतिनिधित्व करता है।

(b) **Affective/emotional component:** It is based on the feelings or assumptions brought to the surface about something such as fear or hate.

अपफपेफक्टिव/इमोशनल कॉम्पोनेंट: यह किसी चीज के बारे में सतह पर लाई गई भावनाओं या धारणाओं पर आधारित होता है जैसे डर या नफरत।

(c) **Behavioural components/ conative component:** it reflects how the attitude effects the way we act or behave and centres on individual acting a certain way towards something.

वेहवियरल काम्पोनेंट/कनाटीक काम्पोनेंट: यह दर्शाता है कि हम जिस तरह से व्यवहार करते हैं या व्यवहार करते हैं और किसी चीज के लिए एक निश्चित तरीके से केंद्र पर व्यवहार करते हैं।

Consider an example, a person who is scared of an injection, then:

एक उदाहरण पर विचार करें, एक व्यक्ति जो एक इंजेक्शन से डरता है, फिर:

- Cognitive component is the fact that an injection would hurt.

  काग्निटिव कॉम्पोनेंट तथ्य यह है कि एक इंजेक्शन पर होगी।

- Affective/emotional component would be the feeling that he/she is scared of an injection.

  अफेफक्टिव/इमोशनल कॉम्पोनेंट यह भावना होगी कि वह इंजेक्शन से डरता है।

- Behavioural components/conative component, would be that the person would completely avoid getting an injection.

  वेहवियरल काम्पोनेंट/कनाटीक काम्पोनेंट, यह होगा कि व्यक्ति एक इंजेक्शन लेने से पूरी तरह से बच जाएगा।

So, attitude is mainly an evaluative statement that is either positive or negative depending upon the degree of like or dislike for the subject matter. An attitude reflects how one thinks, feels and behaves in a given situation.

इसलिए, रवैया मुख्य रूप से एक मूल्यांकनत्मक कथन है जो विषय के लिए पसंद या नापसंद की डिग्री के आधार पर सकारात्मक या नकारात्मक है। एक दृष्टिकोण यह दर्शाता है कि किसी दिए गए स्थिति में कोई कैसे सोचता है, महसूस करता है और व्यवहार करता है।

6.15.1 Types of Attitudes (ऐटिट्यूड के प्रकार)

There are three types of attitude: (तीन तरह के रवैये हैं:)

(a) **Positive attitude:** Individual will pay attention to the good in people. Situation, event, etc. They will not consider a mistake or failure as a hurdle but as an opportunity. They learn from mistakes and move forward in life.

सकारात्मक एटिट्यूड: व्यक्ति लोगों में अच्छे पर ध्यान देगा। स्थिति, घटना आदि, वे एक गलती या विफलता को एक बाधा के रूप में नहीं बल्कि एक अवसर के रूप में मानेंगे। वे गलतियों से सीखते हैं और जीवन में आगे बढ़ते हैं।

(b) **Negative attitude:** Individual will ignore the good and pay attention to the bad in people, situation, events, etc. They also complain about changes, rather than adapting to the changing environment. They blame their failure on others.

नकारात्मक एटिट्यूड: व्यक्ति अच्छे को नजरअंदाज करेगा और लोगों, स्थिति, घटनाओं आदि में बुरे पर ध्यान देगा, वे भी बदलते परिवेश के अनुकूल होने के बजाय, परिवर्तनों के बारे में शिकायत करते हैं। वे दूसरों पर अपनी असफलता का दोष लगाते हैं।

(c) **Neutral attitude:** individual do not give enough importance to situations or events. They ignore the problem, leaving it for someone else to solve. They do not feel the need to change.

तटस्थ एटिट्यूड: व्यक्ति स्थितियों या घटनाओं को पर्याप्त महत्व नहीं देता है। वे समस्या को अनदेखा करते हैं, इसे हल करने के लिए किसी और को छोड़ देते हैं। उन्हें बदलने की जरूरत महसूस नहीं होती।

Attitudes are formed over the years by various means like past experience, acquired from other people based on some truth or what we might consider to be the truth. Attitude can change with different situations and experience in life.

अतीत के अनुभवों के अनुसार विभिन्न वर्षों में दृष्टिकोणों का निर्माण किया जाता है, जो कि किसी सत्य पर आधारित अन्य लोगों से प्राप्त होते हैं या जिसे हम सत्य मानते हैं। जीवन में विभिन्न स्थितियों और अनुभव के साथ रवैया बदल सकता है।

Attitudes and the Workplace (एटिट्यूड और कार्यस्थल)

The three components of attitude can impact the workplace. The challenge in the workplace is that now these components are tired to work functions, police, procedure and organisational structure as well as the people and individuals present in the organization. Hence the impact of attitude on other is considerable.

एटिट्यूड के तीन घटक कार्यस्थल को प्रभावित कर सकते हैं। कार्यस्थल में चुनौती यह है कि अब ये घटक कार्य, पुलिस, प्रक्रिया और संगठनात्मक संरचना के साथ–साथ संगठन में मौजूद लोगों और व्यक्तियों के लिए थक गए हैं। इसलिए दूसरे पर रवैये का प्रभाव विचारणीय है।

Consider an example: employees having negative thoughts or beliefs about their manager and those thoughts or beliefs could manifest themselves in not trusting a manager resulting in atmosphere where they never want to develop a close relationship with manager (conative).

एक उदाहरण पर विचार करें: अपने प्रबंधक और उन विचारों या विश्वासों के बारे में नकारात्मक विचार या विश्वास रखने वाले कर्मचारी एक प्रबंधक पर भरोसा करने में खुद को प्रकट कर सकते हैं जिसके परिणामस्वरूप वातावरण में वे प्रबंधक (संबंध) के साथ निकट संबंध विकसित नहीं करना चाहते हैं।

Etiquettes & Manners (एटिकेट्ट्स और मैनर्स)

Etiquettes is a code of behaviour which delineates expectations for social behaviour according to contemporary conventional norms within a society, social class, or group. Everyone like a wellbehaved person. During any situation, certain words carry a tremendous amount of power forcing others to reciprocate in positive and kind manner. Words like "please", "thank you", "you are welcome" and "excuse me" while talking show your etiquettes and good manners.

एटिकेट्टस व्यवहार का एक कोड है जो समाज, सामाजिक वर्ग या समूह के भीतर समकालीन पारंपरिक मानदंडों के अनुसार सामाजिक व्यवहार के लिए अपेक्षाओं का परिसीमन करता है। हर कोई एक अच्छे व्यवहार वाले व्यक्ति को पसंद करता है। किसी भी स्थिति के दौरान, कुछ शब्द सकारात्मक और दयालु तरीके से दूसरों को मजबूर करने के लिए जबरदस्त शक्ति ले जाते हैं। "एटिट्यूड", "थैंक्यू", "आपका स्वागत है" और "एक्सक्यूज मी" जैसे शब्द, जबकि बात करते समय आपके एटिकेट्टस और अच्छे विचारक दिखाते हैं।

Good manners involve acting appropriately in a social acceptable and respectful way by sowing respect, care and consideration for others. Manners decide the fate of your relationship with people you know and those you shall meet. Good manners include greetings, politeness, phone dinning etiquette.

अच्छे एटिकेट्टस दूसरों के लिए सम्मान, देखभाल और विचार दिखाते हुए सामाजिक रूप से स्वीकार्य और सम्मानजनक तरीके से अभिनय को शामिल करते हैं। शिष्टाचार उन लोगों के साथ आपके रिश्ते के भाग्य का फैसला करता है जिन्हें आप जानते हैं और जिन्हें आप मिलेंगे। अच्छे शिष्टाचार में अभिवादन, विनम्रता, फोन डाइनिंग शिष्टाचार शामिल हैं।

Always convey respect to those you interact with and also commands respect from those you interact with.

हमेशा उन लोगों के प्रति सम्मान व्यक्त करें जिनके साथ आप बातचीत करते हैं और उन लोगों से भी सम्मान प्राप्त करते हैं जिनके साथ आप बातचीत करते हैं।

Good etiquettes are: (अच्छे शिष्टाचार हैं:)

- Hold doors open for other people
  दूसरे लोगों के लिए दरवाजा खुले रखें
- Speak polity (विनम्रता से बोलें)
- Listen to another person (दूसरे व्यक्ति की बात सुनें)
- Give up your seat on public transportation
  सार्वजनिक परिवहन पर अपनी सीट छोड़ दें
- Appreciate people (लोगों की सराहना करते हैं)
- Be a good sport (एक अच्छा स्पोर्ट पर्सन बनो)
- Greet people (लोगों को बधाई दो)
- Groom yourself appropriately
  खुद को उचित तरीके से तैयार करें
- Extend thanks (धन्यवाद दो)
- Be on time (समय पर सब काम करे।)
- Help others. (दूसरों की मदद करो।)
- Don't speak loud on your cell phone.
  अपने सेल फोन पर ज़ोर से बोलें नहीं।
- Turn off the phone at a dinner party.
  डिनर पार्टी में फोन बंद कर दें।
- Keep personal conversations and arguments off social networking sites.
  सोशल नेटवर्किंग साइट से व्यक्तिगत बातचीत और तर्क रखें।
- Moderate your use of cameras and video at events.
  घटनाओं में अपने कैमरे और वीडियो का उपयोग करें।
- Do not lend someone a book or item unless they specifically ask for it.
  जब तक वे विशेष रूप से इसके लिए नहीं पूछेंगे, तब तक किसी को कोई पुस्तक या वस्तु उधार न दें।

Office Etiquette or office manners is about conducting yourself respectfully and courteously in the office or workplace. There are many manners which can be considered which are:

कार्यालय एटिकेट्टस या कार्यालय मैनर्स अपने आप को सम्मानपूर्वक और विनम्रतापूर्वक कार्यालय या कार्यस्थल में संचालित करने के बारे में है। कई शिष्टाचार हैं जिन पर विचार किया जा सकता है:

- First impressions are important. You are the ambassador of the business. Always act with honesty and dignity.
  पहला इंप्रेशन महत्वपूर्ण है। आप व्यवसाय के राजदूत हैं। हमेशा ईमानदारी और गरिमा के साथ कार्य करें।
- Never eat chewing gum in presence of coworkers or while attending customers.
  सहकर्मियों की उपस्थिति में या ग्राहकों को शामिल करते समय च्यूइंगम कभी न खाएं।
- Wear appropriate office attire.
  उचित कार्यालय पोशाक पहनें।

- Don't display tattoo and body piercing.
टैटू और बॉडी पियरिंग प्रदर्शित न करें।
- Do not cough or sneeze in anyone direction, always use tissue and say "Excuse me".
किसी भी दिशा में खांसी या छींक न करें, हमेशा ऊतक का उपयोग करें और "मुझे माफ करें" कहें।
- Be respectful and courteous all times with everybody.
सभी के साथ हर समय सम्मानजनक और विनम्र रहें।
- Knock before entering.
प्रवेश करने से पहले दस्तक दें।
- Put your cell phone on vibrate mode to prevent disturbing others.
अपने सेल फोन को वाइब्रेट मोड पर रखें ताकि दूसरे को परेशान न करें।
- Be helpful and co-operative with others.
दूसरों के साथ सहायक और सहयोगी बनें।
- Speak clear, slow without shouting.
स्पष्ट बोलें, बिना चिल्लाए धीमी गति से।
- Take responsibility for your mistake, apologise and go about correcting your mistakes.
अपनी गलती की जिम्मेदारी लें, माफी मांगें और अपनी गलतियों को सुधारें।
- Make new employees feel comfortable around you.
नए कर्मचारियों को अपने आसपास सहज महसूस कराएं।
- Be always thoughtful when interacting with peers.
साथियों के साथ बातचीत करते समय हमेशा विचारशील रहें।
- Keep your work area tidy.
अपने कार्य क्षेत्र को सुव्यवस्थित रखें।
- If there is any conflict, do not get personal in your remarks.
यदि कोई संघर्ष है, तो अपनी टिप्पणी में व्यक्तिगत न हों।
- Never arrive late for a meeting.
बैठक के लिए कभी देरी से न आएं।
- Do not interrupt another speaker.
दूसरे स्पीकर को बाधित न करें।
- Do not dominate the meeting.
बैठक में हावी न हों।
- Do not shuffle your papers.
अपने कागजात में फेरबदल न करें।
- Never be petty or small minded in your behaviour.
अपने व्यवहार में कभी भी क्षुद्र या छोटा मत बनो।

6.16 Communication, The Vital Life Skill (कम्युनिकेशन, महत्वपूर्ण जीवन कौशल)

"Communication", is derived from the Latin word communis which signifies "to share", that is, sharing of ideas, feelings and emotions. The art of communication is practically as old as man himself. The significance of communication can be gauged from the way that we are communicating in some structure or other each moment of our lives. While we are strolling, talking, playing, sitting, or resting, a message is being defined and transmitted. Man is a social creature and is always communicating with different people. Therefore it is critical for him to comprehend the specialty of communication and apply or alter it in a suitable way.

"कम्युनिकेशन", एक लैटिन शब्द कम्युनिस से लिया गया है, जो "साझा करने के लिए", अर्थात् विचारों, भावनाओं और भावनाओं के तेज–अंतर्ज्ञान को दर्शाता है। संचार की कला व्यावहारिक रूप से उतनी ही पुरानी है जितनी स्वयं मनुष्य। संचार के महत्व का अंदाजा इस बात से लगाया जा सकता है कि हम अपने जीवन के किसी न किसी ढांचे या किसी अन्य क्षण में संचार–इंग होते हैं। जब हम टहल रहे हैं, बात कर रहे हैं, खेल रहे हैं, बैठ रहे हैं, या आराम कर रहे हैं, तो एक संदेश परिभाषित और प्रसारित किया जा रहा है। मनुष्य एक सामाजिक प्राणी है और हमेशा विभिन्न लोगों के साथ संवाद करता है। इसलिए यह उसके लिए महत्वपूर्ण है कि वह संचार की विशेषता को समझे और इसे उपयुक्त तरीके से लागू करे या बदल दे।

Man has the capacity to convey, which is a great deal more than an arrangement of certain physical properties, vocal harmonies, articulators, etc. He has the one of a kind capacity to understand ideas as far as images and symbols. It is this capacity that engages him to communicate and be alive with expressions of his feelings and emotions. Man is alive to the extent of his capacity to communicate viably and dead to the extent of the failure to do as such. From the time immemorial, the need to share or to communicate had been felt. Distinctive vehicles/bearers/channels were recognized and enhanced with the end goal of transmission of ideas, feelings and emotions.

मनुष्य में संदेश देने की क्षमता है, जो कुछ फिजिकल प्रॉपर्टीज, मुखर सामंजस्य, कलात्मकता आदि की व्यवस्था से कहीं अधिक महान है। उसके पास विचारों और प्रतीकों को समझने के लिए एक तरह की क्षमता है। यह वह क्षमता है जो उसे अपनी भावनाओं और भाव–भंगिमाओं के साथ संवाद करने और जीवित रहने के लिए प्रेरित करती है। मनुष्य जीवंत रूप से संवाद करने की अपनी क्षमता की सीमा तक जीवित है और इस तरह से करने में विफलता की सीमा तक मर चुका है। पुराने समय से, साझा करने या संवाद करने की आवश्यकता महसूस की गई थी। विचारों, भावनाओं और भावनाओं के ट्रांस–मिशन के अंतिम लक्ष्य के साथ विशिष्ट वाहन ६ वाहक ६ चौनल को रिकॉगनाइज किया गया और बढ़ाया गया।

An investigation of these channels empowers us to gain an understanding into the procedure of communication and to communicate better. How does one talk so that someone else listens and gets it? How does one tune in? How does one know whether he has been heard and understood? These are all points about communication that have at no other time been investigated or clarified.

इन चौनलों की एक जांच हमें संचार की प्रक्रिया में समझ हासिल करने और बेहतर संवाद करने के लिए सशक्त बनाती है। कोई कैसे बात करता है ताकि कोई और उसे सुने और प्राप्त करे? कैसे एक धुन में है? किसी को कैसे पता चलता है कि उसे सुना और समझा गया है? संचार के बारे में ये सभी बिंदु हैं जिनकी किसी अन्य समय पर जांच नहीं की गई है या क्लारी–फाइड किया गया है।

Individuals have realized that communication is a vital part of life however until nobody has ever possessed the capacity to advise anybody how to communicate. The subject of communication had received no emphasis or study. Any consideration given to it was mechanical and the region of engineers. Yet all human tries depend completely on a full learning of the genuine basics of communication. To ace communication, one must understand it. Communication, basically, is the movement of a particle starting with one part of space to another. A particle is the thing being communicated. It can be an item, a composed message, a talked word or a thought. In its crudest definition, this is communication.

व्यक्तियों ने महसूस किया है कि संचार जीवन का एक महत्वपूर्ण हिस्सा है, लेकिन जब तक किसी के पास यह सलाह देने की क्षमता नहीं है कि किसी को कैसे संवाद करना है। संचार के विषय पर कोई जोर या अध्ययन नहीं हुआ था। इसे दिया गया कोई भी विचार लॉजिकल था और इंग–नीर्स का क्षेत्र था। फिर भी सभी मानव संचार के वास्तविक मूल सिद्धांतों के पूर्ण सीखने पर पूरी तरह से निर्भर हैं। संचार करने के लिए, इसे समझना चाहिए। संचार, मूल रूप से, एक कण का आंदोलन है जो अंतरिक्ष के एक हिस्से से दूसरे भाग में शुरू होता है। एक कण संचारित होने वाली चीज है। यह एक आइटम, एक रचित संदेश, एक बोला हुआ शब्द या एक विचार हो सकता है। इसकी बतनक–मेज परिभाषा में, यह संचार है।

This basic perspective of communication prompts the full definition:
संचार का यह मूल परिप्रेक्ष्य पूरी परिभाषा का संकेत देता है:

Communication is the consideration and action of impelling an impulse or particle from source-point across a distance to receipt point, with the intention of bringing into being at the receipt-point, a duplication and understanding of that which emanated from the source-point.

संचार, प्राप्ति–बिंदु से दूरी तक स्रोत–बिंदु से एक आवेग या कण को देने का विचार और क्रिया है, जो प्राप्ति–बिंदु पर होने के इरादे से है, जो स्रोत के बिंदु से निकली नकल और समझ है।

Duplication is the demonstration of repeating something precisely. Exuded signifies "approached." The equation of communication is reason, separation, and impact, with expectation, consideration and duplication with understanding.

डुप्लीकेशन किसी चीज को बार–बार दोहराने का प्रदर्शन है। एक्साइडेड सिगनल "एप्रोच"। संचार का समीकरण है–पुत्र, अलगाव और प्रभाव, अपेक्षा, विचार और समझ के साथ दोहराव।

The definition and equation of communication open the way to understand this subject. By analyzing communication into its segment parts, we can see the capacity of each and in this manner all the more clearly understand entirety.

संचार की परिभाषा और समीकरण इस विषय को समझने का रास्ता खोलते हैं। इसके सेगमेंट भागों में एना–लिकिंग संचार द्वारा, हम प्रत्येक की क्षमता देख सकते हैं और इस तरीके से सभी अधिक स्पष्ट रूप से संपूर्णता को समझ सकते हैं।

6.16.1 Meaning and Definitions (अर्थ और परिभाषा)

Communication is the nervous system of a company. It keeps the individuals from the company educated about the interior and outer happenings important to an undertaking and of enthusiasm to the company. It facilitates the endeavors of the individuals towards accomplishing hierarchical destinations. It is the procedure of affecting the activity of an individual or a gathering. It is a procedure of important company among people to start, execute, finish, and on the other hand keep certain activities. Communication is, in this way, the lifeblood of a company. Without communication, a company is dead and its exceptionally presence is in threat.

संचार एक कंपनी का नर्वस सिस्टम है। यह कंपनी के व्यक्तियों को आंतरिक और बाहरी घटनाओं के बारे में शिक्षित करता है जो कंपनी के उपक्रम और उत्साह के लिए महत्वपूर्ण है। यह पदानुक्रमित स्थलों को पूरा करने की दिशा में व्यक्तियों के प्रयासों को सुविधाजनक बनाता है। यह एक व्यक्ति या एक सभा की गतिविधि को प्रभावित करने की प्रक्रिया है। यह लोगों के बीच महत्वपूर्ण कंपनी की एक प्रक्रिया है, जिसे शुरू करना, निष्पादित करना, समाप्त करना और दूसरी ओर कुछ गतिविधियाँ जारी रखना है। संचार, इस तरह से, एक कंपनी का जीवन है। कम्युनिकेशन के बिना, एक कंपनी मर चुकी है और इसकी अपवाद–सहयोगी उपस्थिति खतरे में है।

Definitions: (परिभाषाएं:)

There are a number of definitions of the term communication. A few of them are being reproduced below:

संचार शब्द की कई परिभाषाएँ हैं। उनमें से कुछ नीचे पुनरू प्रस्तुत किए जा रहे हैं:

"Communication is the sum of all things, one person does when he wants to create understanding in the minds of another, it involves a systematic and continuous process of telling, listening and understanding."

–Allen Louis

"संचार सभी चीजों का योग है, एक व्यक्ति तब करता है जब वह दूसरे के दिमाग में समझ पैदा करना चाहता है, इसमें उसे कहने, सुनने और समझने की एक व्यवस्थित और निरंतर प्रक्रिया शामिल होती है।"

–एलन लुइस

6.17 The Communication Process (कम्युनिकेशन प्रक्रिया)

Communication is a method of exchanging verbal and non-verbal messages.

संचार मौखिक और गैर–मौखिक संदेशों के आदान–प्रदान की एक विधि है।

6.17.1 Sender/Encoder (प्रेषक/एनकोडर)

The sender is an individual, gathering, or association who starts the communication. This source is at first in charge of the achievement of the message. The sender's encounters, demeanors, information, expertise, observations, and society impact the message. "The composed words, talked words, and non-verbal dialect chose are foremost in guaranteeing the collector translates the message as proposed by the sender" (Burnett and Dollar, 1989). All communication starts with the sender.

प्रेषक एक व्यक्ति, सभा, या सहयोगी है जो संचार शुरू करता है। यह स्रोत संदेश की उपलब्धि के पहले प्रभारी के रूप में है। प्रेषक का सामना, अवनति, सूचना, विशेषज्ञता, अवलोकन और समाज संदेश को प्रभावित करते हैं। "कलेक्टर द्वारा चुने गए संदेश को प्रेषित करने की गारंटी देने के लिए चुने गए शब्द, बात किए गए शब्द और गैर–मौखिक बोली सबसे महत्वपूर्ण हैं" (बर्नेट और डॉलर, 1989)। सभी संचार प्रेषक के साथ शुरू होते हैं।

The initial step the sender is confronted with includes the encoding procedure. Keeping in mind the end goal to pass on significance, the sender must start encoding, which means making an interpretation of data into a message as images that speak to thoughts or ideas. This procedure deciphers the thoughts or ideas into the coded message that will be imparted. The images can tackle various structures, for example, dialects, words, or motions. These images are utilized to encode thoughts into messages that others can get it.

प्रेषक का सामना करने वाले प्रारंभिक चरण में एन्कोडिंग प्रक्रिया शामिल है। महत्व पर पारित करने के लिए अंतिम लक्ष्य को ध्यान में रखते हुए, प्रेषक को एन्कोडिंग शुरू करनी चाहिए, जिसका अर्थ है कि संदेश में डेटा की व्याख्या करना छवियों के रूप में जो विचारों या विचारों से बात करता है। यह प्रक्रिया उन विचारों या विचारों को कूट संदेश में व्याख्यायित करती है जिन्हें प्रदान किया जाएगा। चित्र विभिन्न संरचनाओं से निपट सकते हैं, उदाहरण के लिए, बोलियाँ, शब्द या गतियाँ। इन छवियों को संदेशों में विचारों को सांकेतिक शब्दों में बदलना करने के लिए उपयोग किया जाता है जो अन्य इसे प्राप्त कर सकते हैं।

At the point when encoding a message, the sender needs to start by choosing what he/she needs to transmit. This choice by the sender depends on what he/she accepts about the recipients learning and suppositions, alongside what extra data he/she needs the beneficiary to have. It is essential for the sender to utilize images that are natural to the expected beneficiary. A decent route for the sender to enhance encoding their message is to rationally envision the communication from the collector's perspective.

किसी संदेश को एन्कोडिंग करते समय, प्रेषक को यह चुनने की आवश्यकता होती है कि उसे क्या प्रेषित करना है। प्रेषक की यह पसंद इस बात पर निर्भर करती है कि वह प्राप्तकर्ता–अधिगम और अधिगम के बारे में क्या स्वीकार करता है, इसके साथ–साथ लाभार्थी के पास क्या अतिरिक्त डेटा होना चाहिए। यह प्रेषक के लिए आवश्यक लाभार्थी के लिए स्वाभाविक है कि छवियों का उपयोग करने के लिए आवश्यक है। प्रेषक के लिए अपने संदेश को एन्कोडिंग बढ़ाने के लिए एक सभ्य मार्ग है कि कलेक्टर के दृष्टिकोण से कम्यूनिकेशन को तर्कसंगत रूप से संशोधित करना।

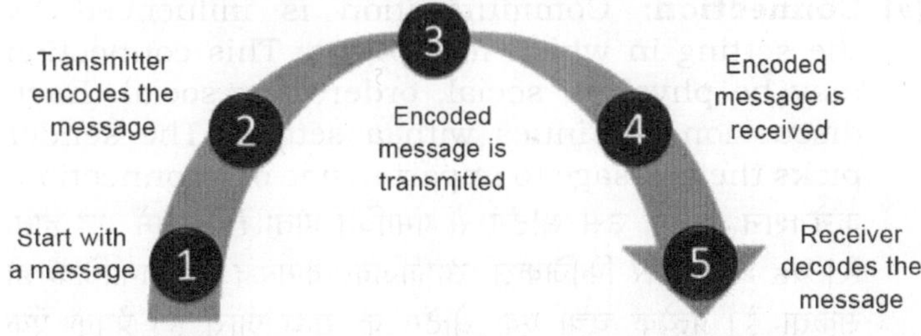

Figure 6.1: Communication Process (कम्यूनिकेशन प्रोसेस)

- It is a continuous process.
  यह एक सतत प्रक्रिया है।
- Pre-requisite of communication is a message.
  संचार की पूर्व आवश्यकता एक संदेश है।
- This message must be communicated through some medium to the recipient.
  इस संदेश को प्राप्तकर्ता को किसी माध्यम से भेजा जाना चाहिए।
- It is essential that the receiver must understand this message in same terms as intended by the sender.
  यह आवश्यक है कि रिसीवर को इस संदेश को प्रेषक द्वारा इच्छित शब्दों में उसी तरह से अंडर–स्टैंड करना चाहिए।
- The receiver must react within a time frame.
  रिसीवर को एक समय सीमा के भीतर प्रतिक्रिया करनी चाहिए।

Thus, communication is a two-way method and is inadequate without a feedback from the recipient to the sender on how well he acknowledges the message. इस प्रकार, संचार एक दो–तरफा तरीका है और प्राप्तकर्ता से प्रतिक्रिया के बिना प्रेषक के लिए अपर्याप्त है कि वह संदेश को कितनी अच्छी तरह स्वीकार करता है।

6.17.2 Elements of the Communication (कम्यूनिकेशन के एलिमेंट)

The principle parts of communication procedure are as per the following:
संचार प्रक्रिया के सिद्धांत भाग निम्नानुसार हैं:

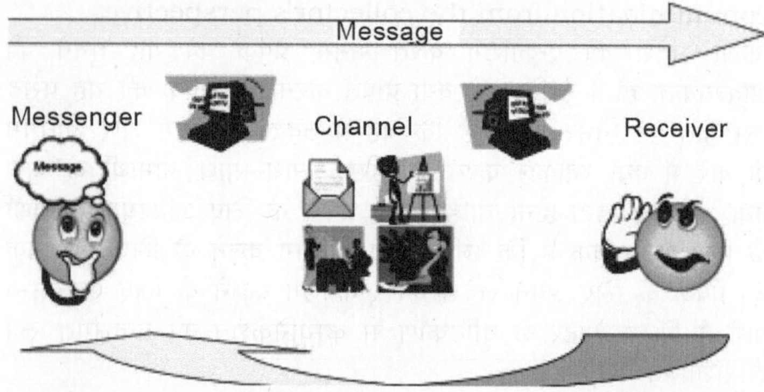

Figure 6.2: Elements of Communication (कम्यूनिकेशन के एलिमेंट)

(a) Connection: Communication is influenced by the setting in which it happens. This connection may be physical, social, ordered or social. Each discussion continues with a setting. The sender picks the message to impart inside of a connection.
कनेक्शन: संचार उस सेटिंग से प्रभावित होता है जिसमें यह होता है। यह शख–स्वर फिजिकल, सामाजिक, क्रमबद्ध या सामाजिक हो सकता है। प्रत्येक चर्चा एक सेटिंग के साथ जारी है। प्रेषक एक कनेक्शन के अंदर संदेश भेजने के लिए चुनता है।

(b) Sender/Encoder: Sender/Encoder is a man who sends the message. A sender makes utilization of images (words or realistic or visual guides) to pass on the message and deliver the required reaction. For example - a preparation supervisor directing preparing for another cluster of workers. The sender may be an individual or a gathering or an association. The perspectives, foundation, approach, abilities, capabilities, and learning of the sender greatly affect the message. The verbal and non-verbal images picked are fundamental in a finding out elucidation of the message by the beneficiary in the same terms as planned by the sender.
प्रेषक / एनकोडर: प्रेषक / एनकोडर एक व्यक्ति है जो संदेश भेजता है। एक प्रेषक संदेश पर उत्तीर्ण होने और आवश्यक प्रतिक्रिया देने के लिए छवियों (शब्दों या यथार्थवादी या विजुअल गाइड) का उपयोग करता है। उदाहरण के लिए – श्रमिकों के एक और समूह के लिए तैयारी करने वाले एक पर्यवेक्षक का निर्देशन। प्रेषक एक पदकप–अपकनस या एक सभा या एक संघ हो सकता है। प्रेषक के दृष्टिकोण, नींव, दृष्टिकोण, योग्यता, क्षमता और सीखने से संदेश को बहुत प्रभावित होता है। मौखिक और गैर–मौखिक छवियां, लाभार्थी द्वारा संदेश भेजने के तरीके को खोजने में मौलिक हैं, जो प्रेषक द्वारा नियोजित हैं।

(c) Message: Message is a fundamental thought that the sender needs to convey. It is an indication that evokes the reaction of beneficiary. Communication procedure starts with choosing about the message to be passed on. It must be guaranteed that the essential target of the message is clear.
संदेश: संदेश एक मौलिक विचार है जिसे प्रेषक को बताना होगा। यह एक indication है जो लाभार्थी की प्रतिक्रिया को स्पष्ट करता है। संचार प्रक्रिया उस संदेश के बारे में चुनने के साथ शुरू होती है जिस पर पारित किया जाना है। यह गारंटी दी जानी चाहिए कि संदेश का आवश्यक लक्ष्य स्पष्ट है।

(d) Medium: Medium is methods used to trade/ transmit the message. The sender must pick a suitable medium for imparting the message else the message won't not be passed on to the craved beneficiaries. The decision of suitable medium of communication is crucial for making the message powerful and accurately deciphered by the beneficiary. This decision of communication medium fluctuates relying on the components of communication. For example, written medium is picked when a message must be passed on to a little gathering of individuals while an oral medium is picked when unconstrained input is required from the beneficiary as misconceptions are cleared without further ado.
माध्यम: माध्यम संदेश को ट्रेड / प्रेषित करने के लिए प्रयोग किया जाता है। प्रेषक को संदेश भेजने के लिए एक उपयुक्त माध्यम चुनना होगा, जो संदेश उस पर नहीं चढ़ाया जाना चाहिए जो लाभान्वित लाभार्थियों को नहीं दिया गया है। लाभार्थी द्वारा संदेश को शक्तिशाली और एक्यूरेटली डिक्रिप्ट करने के लिए संचार के उपयुक्त माध्यम का निर्णय महत्वपूर्ण है। संचार माध्यम का यह निर्णय संचार के घटकों पर निर्भर करता है। उदाहरण के लिए, लिखित माध्यम को तब उठाया जाता है जब किसी संदेश को व्यक्तियों के थोड़े से जमावड़े पर पारित किया जाना चाहिए, जबकि एक मौखिक माध्यम को उठाया जाता है जब लाभार्थी से अप्रतिबंधित इनपुट की आवश्यकता होती है क्योंकि गलतफहमी को आगे की हलचल के बिना साफ कर दिया जाता है।

(e) Recipient/Decoder: Recipient/Decoder is a man for whom the message is planned/pointed/ focused on. The extent to which the decoder comprehends the message is subordinate upon different variables for example, information of beneficiary, their responsiveness to the message, and the dependence of encoder on the decoder.

प्राप्तकर्ता / डिकोडर: प्राप्तकर्ता / डिकोडर एक व्यक्ति है जिसके लिए संदेश की योजना बनाई गई है / इंगित–टेड / फोकस किया गया है। संदेश को समझने के लिए डिकोडर किस सीमा तक अलग–अलग चर पर अधीनस्थ है, लाभार्थी की जानकारी, संदेश के प्रति उनकी प्रतिक्रिया–भावना और डिकोडर पर एनकोडर की निर्भरता।

(f) Feedback: Feedback is the primary segment of the communication process as it allows the sender to examine the adequacy of the message. It helps the sender in affirming the right understanding of message by the decoder. Input may be verbal (through words) or nonverbal (in a type of grins, moans, and so forth.). It may take composed frame additionally in a type of notices, reports, and so forth.

फीडबैक: फीडबैक संचार प्रक्रिया का प्राथमिक खंड है क्योंकि यह प्रेषक को मैसेज की पर्याप्तता की जांच करने की अनुमति देता है। यह डिकोडर द्वारा संदेश की सही समझ की पुष्टि करने में प्रेषक की मदद करता है। इनपुट मौखिक हो सकता है (शब्दों के माध्यम से) या गैर–मौखिक (एक प्रकार का अनाज, विलाप, और इसी तरह आगे।)। यह एक प्रकार के नोटिस, रिपोर्ट और इसके आगे के रूप में अतिरिक्त रूप से बना फ्रेम ले सकता है।

6.17.3 Sender/Encoder (प्रेषक/एनकोडर)

The sender is an individual, gathering, or association who starts the communication. This source is at first in charge of the achievement of the message. The sender's encounters, demeanors, information, expertise, observations, and society impact the message. "The composed words, talked words, and non-verbal dialect chose are foremost in guaranteeing the collector translates the message as proposed by the sender" (Burnett and Dollar, 1989). All communication starts with the sender.

प्रेषक एक व्यक्ति, सभा, या मैसेज है जो संचार शुरू करता है। यह स्रोत संदेश की उपलब्धि के पहले प्रभारी के रूप में है। प्रेषक का सामना, अवनति, सूचना, विशेषज्ञता, अवलोकन और समाज संदेश को प्रभावित करते हैं। "कलेक्टर द्वारा चुने गए संदेश को प्रेषित करने की गारंटी देने के लिए चुने गए शब्द, बात किए गए शब्द और गैर–मौखिक बोली सबसे महत्वपूर्ण हैं" (बर्नेट और डॉलर, 1989)। सभी संचार प्रेषक के साथ शुरू होते हैं।

The initial step the sender is confronted with includes the encoding procedure. Keeping in mind the end goal to pass on significance, the sender must start encoding, which means making an interpretation of data into a message as images that speak to thoughts or ideas. This procedure deciphers the thoughts or ideas into the coded message that will be imparted. The images can tackle various structures, for example, dialects, words, or motions. These images are utilized to encode thoughts into messages that others can get it.

प्रेषक का सामना करने वाले प्रारंभिक चरण में एन्कोडिंग प्रक्रिया शामिल है। महत्व पर पारित करने के लिए अंतिम लक्ष्य को ध्यान में रखते हुए, प्रेषक को एन्कोडिंग शुरू करनी चाहिए, जिसका अर्थ है कि संदेश में डेटा की व्याख्या करना छवियों के रूप में जो विचारों या विचारों से बात करता है। यह प्रक्रिया उन विचारों या विचारों को कूट संदेश में व्याख्यायित करती है जिन्हें प्रदान किया जाएगा। चित्र विभिन्न संरचनाओं से निपट सकते हैं, उदाहरण के लिए, बोलियाँ, शब्द या गतियाँ। इन छवियों को संदेशों में विचारों को सांकेतिक शब्दों में बदलना करने के लिए उपयोग किया जाता है जो अन्य इसे प्राप्त कर सकते हैं।

At the point when encoding a message, the sender needs to start by choosing what he/she needs to transmit. This choice by the sender depends on what he/she accepts about the recipients learning and suppositions, alongside what extra data he/she needs the beneficiary to have. It is essential for the sender to utilize images that are natural to the expected beneficiary. A decent route for the sender to enhance encoding their message is to rationally envision the communication from the collector's perspective.

किसी संदेश को एन्कोडिंग करते समय, प्रेषक को यह चुनने की आवश्यकता होती है कि उसे क्या प्रेषित करना है। प्रेषक की यह पसंद इस बात पर निर्भर करती है कि वह प्राप्तकर्ता–अधिगम और अधिगम के बारे में क्या स्वीकार करता है, इसके साथ–साथ लाभार्थी के पास क्या अतिरिक्त डेटा होना चाहिए। यह प्रेषक के लिए आवश्यक लाभार्थी के लिए स्वाभाविक है कि छवियों का उपयोग करने के लिए आवश्यक है। प्रेषक के लिए अपने संदेश को एन्कोडिंग बढ़ाने के लिए एक सभ्य मार्ग है कि कलेक्टर के दृष्टिकोण से कम्यूनिकेशन को तर्कसंगत रूप से संशोधित करना।

6.17.4 Message (संदेश)

To begin transmitting the message, the sender uses some kind of channel (moreover called a medium). The channel is the strategies used to go on the message. Most channels are either oral or formed, however starting now visual channels are ending up being more fundamental as advancement augments. Typical stations consolidate the telephone and an arrangement of created structures, for instance, updates, letters, and reports. The ampleness of the diverse channels differs depending upon the characteristics of the communication. Case in point, when brief data is basic, oral communication channels are all the more intense in light of the fact that any hazards can be cleared up on the spot. In a situation where the message must be passed on to all around social occasion of people, created channels are frequently all the more capable. Regardless of the way that a significant part of the time, both oral and made channels should be used in light of the way that one supplements the other.

संदेश प्रसारित करना शुरू करने के लिए, प्रेषक किसी प्रकार के चैनल का उपयोग करता है (इसके अलावा एक माध्यम कहा जाता है)। चैनल संदेश पर जाने के लिए उपयोग की जाने वाली रणनीतियाँ हैं। अधिकांश चैनल या तो मौखिक या बनते हैं, हालांकि अब शुरू होने वाले दृश्य चौनल अग्रिम–मानसिक वृद्धि के रूप में अधिक मौलिक हो रहे हैं। विशिष्ट स्टेशन समेकित करते हैं। टेलीफोन और निर्मित संरचनाओं की एक व्यवस्था, उदाहरण के लिए, अपडेट, पत्र और रिपोर्ट। विविध चैनलों के आयाम संचार की विशेषताओं के आधार पर भिन्न होते हैं। बिंदु में मामला, जब संक्षिप्त डेटा बुनियादी होता है, मौखिक संचार चैनल इस तथ्य के प्रकाश में अधिक तीव्र होते हैं कि किसी भी खतरे को मौके पर ही साफ किया जा सकता है। ऐसी स्थिति में जहां लोगों के सामाजिक अवसरों के चारों ओर संदेश पारित किया जाना चाहिए, निर्मित चैनल अक्सर सभी अधिक सक्षम होते हैं। जिस तरह से समय का एक महत्वपूर्ण हिस्सा होने के बावजूद, मौखिक और निर्मित दोनों चैनलों का उपयोग इस तरह से प्रकाश में किया जाना चाहिए कि एक दूसरे को पूरक करता है।

6.17.5 Medium (मध्यम)

If a sender exchanges a message through a tasteless station, its message may not accomplish the right receiver. That is the reason senders need to recall that selecting the fitting occupy will unimaginably help with the suitability of the receiver's understanding. The sender's decision to utilize either an oral or a created channel for giving a message is affected by a couple of variables. The sender should advance or herself differing request, with the objective that they can pick the best possible channel. Is the message desperate? Is fast feedback required? Is documentation or an enduring record required? Is the substance befuddled, debatable, or private? Is the message going to some individual inside or outside the affiliation? What oral and formed communication aptitudes does the authority have? Once the sender has tended to this request, they will have the ability to pick a fruitful channel.

यदि कोई प्रेषक स्टेशन के माध्यम से एक संदेश का आदान–प्रदान करता है, तो उसका संदेश सही रिसीवर को पूरा नहीं कर सकता है। यही कारण है कि प्रेषकों को यह याद रखने की आवश्यकता है कि फिटिंग अधिभोग का चयन रिसीवर की समझ की उपयुक्तता के साथ मदद करेगा। संदेश देने के लिए किसी मौखिक या बनाए गए चैनल का उपयोग करने का प्रेषक का निर्णय कुछ चर से प्रभावित होता है। प्रेषक को अग्रिम या स्वयं के अनुरोध को अलग करना चाहिए, इस उद्देश्य के साथ कि वे सर्वोत्तम संभव चौनल चुन सकते हैं। क्या संदेश हताश है? क्या तेजी से प्रतिक्रिया की आवश्यकता है? क्या प्रलेखन या एक स्थायी रिकॉर्ड की आवश्यकता है? क्या पदार्थ बेअसर, बहस करने वाला या निजी है? क्या संदेश किसी व्यक्ति से संबद्धता के अंदर या बाहर जा रहा है? प्राधिकरण के पास मौखिक और गठित संचार योग्यता क्या है? एक बार प्रेषक ने इस अनुरोध को स्वीकार कर लिया, तो उनके पास एक उपयोगी चौनल चुनने की क्षमता होगी।

6.17.6 Receiver/Decoder (रिसीवर/डिकोडर)

After the fitting channel or channels are picked, the message enters the interpreting period of the communication process. The beneficiary coordinates disentangling. At the point when the message is received and investigated, the shock is sent to the brain for interpreting, remembering the deciding objective to dole out some kind of proposing to it. It is this taking care of stage that constitutes translating. The beneficiary begins to decipher the pictures sent by the sender, making an elucidation of the message to their own specific game plan of experiences to make the pictures critical. Productive communication happens when the authority precisely deciphers the sender's message.

फिटिंग चैनल या चैनलों को चुने जाने के बाद, संदेश संचार प्रक्रिया की व्याख्या करने वाली अवधि में प्रवेश करता है। लाभार्थी कोऑर्डिनेटस डिसेंटेंगलिंग करता है। इस बिंदु पर जब मैसेज प्राप्त होता है और जांच की जाती है, तो शॉक को व्याख्या करने के लिए मस्तिष्क में भेजा जाता है, किसी तरह के प्रो–पोजिंग को टालने के निर्णायक उद्देश्य को याद करते हुए। यह मंच की देखभाल है जो कि अनुवाद का आयोजन करता है। लाभार्थी प्रेषक द्वारा भेजे गए चित्रों को समझना शुरू कर देता है, जिससे चित्रों को आलोचनात्मक बनाने के लिए अपने स्वयं के विशिष्ट गेम प्लान के लिए संदेश को स्पष्ट करना पड़ता है। उत्पादक संचार तब होता है जब प्राधिकरण सेण्डर के संदेश को ठीक से निर्धारित करता है।

The receiver is the individual or individuals to whom the message is composed. The extent to which this individual welcomes the message will depend on upon different variables, which consolidate the going with: how much the individual or individuals consider the subject, their receptivity to the message, and the relationship and trust that exists amidst sender and recipient. Their experiences, perspectives, data, capacities, perceptions, and society influence all interpretations by the authority. It is similar to the sender's relationship with encoding.

रिसीवर वह व्यक्ति होता है, जिसके लिए संदेश बना होता है। यह संदेश जिस व्यक्ति का स्वागत करता है, वह अलग–अलग चर पर निर्भर करेगा, जो उसके साथ चलने को ठोस बनाता है: व्यक्ति या व्यक्ति इस विषय पर कितना विचार करते हैं, संदेश के प्रति उनकी ग्रहणशीलता, और प्रेषक के बीच संबंध और विश्वास प्राप्त करने वाला। उनके अनुभव, दृष्टिकोण, डेटा, क्षमता, धारणाएं, और समाज प्राधिकरण द्वारा सभी व्याख्याओं को प्रभावित करते हैं। यह एन्कोडिंग के साथ प्रेषक के रिश्ते के समान है।

6.17.7 Feedback (फीडबैक)

Feedback is the last connection in the chain of the communication process. In the wake of getting a message, the receiver reacts somehow and signals that reaction to the sender. The sign may take the type of a talked remark, a long murmur, a composed message,

a grin, or some other activity. "Even a lack of response, is in a sense, a form of response" (Bovee & Thill, 1992). Without feedback, the sender can't affirm that the receiver has deciphered the message accurately.
फीडबैक संचार प्रक्रिया की श्रृंखला में अंतिम कनेक्शन है। संदेश प्राप्त करने के मद्देनजर, रिसीवर किसी तरह प्रतिक्रिया करता है और प्रेषक को प्रतिक्रिया देता है। संकेत एक बात की टिप्पणी, एक लंबी बड़बड़ाहट, एक कॉम–समक्ष संदेश, मुस्कराहट या कुछ अन्य गतिविधि का प्रकार ले सकता है। "यहां तक कि प्रतिक्रिया की कमी, एक अर्थ में, प्रतिक्रिया का एक रूप है" (बोवे एंड थिल, 1992)। फीडबैक के बिना, प्रेषक यह पुष्टि नहीं कर सकता है कि रिसीवर ने संदेश को सटीक रूप से डिक्रिप्ट किया है।

Feedback is a key part in the communication process in light of the fact that it permits the sender to assess the viability of the message. Feedback eventually gives a chance to the sender to make remedial move to clear up a misconstrued message. "Feedback plays an important role by indicating significant communication barriers: differences in background, different interpretations of words, and differing emotional reactions" (Bovee & Thill, 1992).
फीडबैक इस तथ्य के प्रकाश में संचार प्रक्रिया का एक महत्वपूर्ण हिस्सा है कि यह प्रेषक को संदेश की व्यवहार्यता का आकलन करने की अनुमति देता है। फीडबैक अंततः प्रेषक को एक गलत संदेश भेजने वाले संदेश को हटाने के लिए सुधारात्मक कदम उठाने का मौका देती है। "फीडबैक महत्वपूर्ण संचार बाधाओं को इंगित करके एक महत्वपूर्ण भूमिका निभाता है: पृष्ठभूमि में अंतर, शब्दों की अलग–अलग व्याख्या और अलग–अलग भावनात्मक प्रतिक्रियाएं" (बोवे एंड थिल, 1992)।

6.18 Objectives Of Communication (कम्यूनिकेशन का ऑब्जेक्टिव)

Below are the main objectives of communication:
कम्यूनिकेशन के मुख्य उद्देश्य हैं:

- **Conveying the right message:** The main objective of communication is to pass on the right message to one side individual, i.e., to the individual for whom it is implied. The message passed on should be surely knew and acknowledged by the recipient in the right point of view. At the end of the day, it should convey the same significance, which has been passed on so that it may be translated into action effectively.
  सही संदेश भेजना: संचार का मुख्य उद्देश्य एक व्यक्ति के लिए सही संदेश को पास करना है, अर्थात उस व्यक्ति को जिसके लिए यह निहित है। पास किया गया संदेश निश्चित रूप से प्राप्तकर्ता को सही दृष्टिकोण में जानना और स्वीकार करना चाहिए। दिन के अंत में, इसे उसी महत्व को व्यक्त करना चाहिए, जिसे पारित किया गया है ताकि इसे प्रभावी ढंग से कार्रवाई में अनुवाद किया जा सके।
- **Coordination of exertion:** Communication is an effective tool for organizing the activities of distinctive persons occupied with maintaining a business. Coordination without communication is a remote chance. The people or gatherings come to know what others are doing and what is normal from them just through communication.
  परिश्रम का समन्वय: संचार एक व्यवसाय बनाए रखने के साथ व्याप्त विशिष्ट व्यक्तियों की गतिविधियों के आयोजन के लिए एक प्रभावी उपकरण है। कम्यूनिकेशन के बिना समन्वय एक दूरस्थ मौका है। लोगों या इकट्ठा होने वाले लोगों को पता चल जाता है कि दूसरे क्या कर रहे हैं और संचार के माध्यम से उनमें से क्या सामान्य है।
- **Good Industrial relations:** Communication grows great industrial relations as it passes on the emotions, thoughts, and sentiments what's more, perspectives of one gathering to the next gathering. The two parties the management and the subordinates come closer through communication. They see one another and disperse any misconception. In this way, it advances participation what's more, great modern relations.
  अच्छा औद्योगिक संबंध: संचार महान औद्योगिक संबंधों को बढ़ता है क्योंकि यह भावनाओं, विचारों और भावनाओं पर गुजरता है अधिक, अगले सभा के लिए एक सभा के दृष्टिकोण। दो पक्ष प्रबंधन और अधीनस्थ संचार के माध्यम से करीब आते हैं। वे एक दूसरे को देखते हैं और किसी भी गलतफहमी को दूर कर देते हैं। इस तरह, यह भागीदारी को और अधिक, महान आधुनिक संबंधों को आगे बढ़ाता है।
- **Development of management skills:** Communication makes a difference managers to understand human conduct at work. Communication of realities, thoughts, suppositions, data, emotions, and so on increase the value of the knowledge of managers about different happenings, in the organization and conduct of individuals. Accordingly, communication is a procedure of learning.
  प्रबंधन कौशल का विकास: कम्यूनिकेशन काम में मानव आचरण को समझने के लिए एक अंतर प्रबंधक बनाता है। व्यक्तियों, संगठन और व्यक्तियों के आचरण में विभिन्न घटनाओं के बारे में प्रबंधकों के ज्ञान के मूल्य को बढ़ाने के लिए वास्तविकताओं, विचारों, प्रत्ययों, डेटा, भावनाओं और इतने पर संचार। तदनुसार, कम्यू–नेशन सीखने की एक प्रक्रिया है।
- **Effectiveness of policies:** The organization defines policies and projects to manage the workforce. These should be conveyed appropriately to the individuals who are truly responsible for the execution of work to accomplish the organizational objectives.
  नीतियों की प्रभावशीलता: संगठन कार्यबल का प्रबंधन करने के लिए नीतियों और परियोजनाओं को परिभाषित करता है।

संगठनात्मक उद्देश्यों को पूरा करने के लिए काम के निष्पादन के लिए वास्तव में जिम्मेदार व्यक्तियों को इनका अनुमोदन किया जाना चाहिए।

Only effective communication can make an interpretation of the policies into activity. Effectiveness of the policies can be judged from the achievement, which without a doubt relies on an effective communication system. The above objectives of communication, lead to a boosting the morale of the general population and along these lines guarantee the success of organization.

केवल प्रभावी संचार गतिविधियों में नीतियों की व्याख्या कर सकता है। नीतियों के प्रयास को सकारात्मकता से देखा जा सकता है, जो एक शक के बिना एक प्रभावी संचार प्रणाली पर निर्भर करता है। संचार के उपरोक्त उद्देश्य, सामान्य आबादी के मनोबल को बढ़ावा देते हैं और इन पंक्तियों के साथ संगठन की सफलता की गारंटी देते हैं।

6.19 Attributes Of Communication (एट्रिब्यूट्स ऑफ कम्युनिकेशन)

Effective communication is key to the achievement of any organization. Keeping in mind the end goal to practice great relational abilities, you should have the capacity to understand what makes up great communication, and afterward make that some portion of your corporate society through approaches and practice.

प्रभावी संचार किसी भी संगठन की उपलब्धि के लिए महत्वपूर्ण है। महान संबंध क्षमताओं का अभ्यास करने के लिए अंतिम लक्ष्य को ध्यान में रखते हुए, आप समझने की क्षमता होनी चाहिए कि क्या महान संचार बनाता है, और बाद में दृष्टिकोण और अभ्यास के माध्यम से आपके कॉर्पोरेट समाज के कुछ हिस्से को बनाते हैं।

Presentation (प्रस्तुतीकरण)

At the point when a message has an excessive amount of information, or when it is passed on in a way that the receiver can not see, then that message is inadequate, as per the online employment resource Mind Tools. Communication should be consolidated down to essential realities and afterward put into a structure that the beneficiary can understand with the end goal it should be powerful. When the message is received and saw, then a detailed discussion with respect to the theme can start. Individuals are sent an assortment of messages throughout the day. Keeping in mind the end goal to offer your message some help with being understood you have to figure out how to appropriately arrange it and present it.

उस बिंदु पर जब किसी संदेश में अत्यधिक मात्रा में जानकारी होती है, या जब इसे इस तरह से पास किया जाता है कि रिसीवर देख नहीं सकता है, तो ऑनलाइन रोजगार संसाधन माइंड टूल्स के अनुसार, यह मैसेज अपर्याप्त है। संचार को आवश्यक वास्तविकताओं के लिए समेकित किया जाना चाहिए और इसके बाद वार्ड को एक ऐसी संरचना में रखा जाना चाहिए जिसे लाभार्थी अंतिम लक्ष्य के साथ समझ सके कि यह शक्तिशाली होना चाहिए। जब संदेश प्राप्त होता है और देखा जाता है, तो विषय के संबंध में एक विस्तृत चर्चा शुरू हो सकती है। व्यक्तियों को दिन भर में संदेशों का वर्गीकरण भेजा जाता है। अपने संदेश की पेशकश करने के लिए अंतिम लक्ष्य को ध्यान में रखते हुए यह समझने में मदद करें कि आपको यह पता लगाना है कि इसे कैसे उचित रूप से व्यवस्थित करें और प्रस्तुत करें।

Channels (चैनल्स)

A communication framework is just as viable as its capacity to convey the message, as indicated by the educational asset Management Study Guide. The structure of an organization profoundly affects the viability of organizational communication. By making clear communication channels that are understood and maintained by the whole organization, you can essentially build the adequacy of your organization's communication.

एक संचार ढांचा संदेश को संप्रेषित करने की अपनी क्षमता के अनुसार ही व्यवहार्य है, जैसा कि शैक्षिक परिसंपत्ति प्रबंधन अध्ययन गाइड द्वारा इंगित किया गया है। एक संगठन की संरचना, प्रो–फाउंडेशनल संगठनात्मक संचार की व्यवहार्यता को प्रभावित करती है। स्पष्ट संचार चैनल बनाकर, जिन्हें पूरे संगठन द्वारा समझा और बनाए रखा जाता है, आप अनिवार्य रूप से अपने संगठन के कम्यूनिकेशन की पर्याप्तता का निर्माण कर सकते हैं।

Completeness (संपूर्णता)

As in communication, all together for a message to be effective it should be complete. While it is critical to keep your message compact, you should be sure that all pertinent information is incorporated every time you convey. Plan to have a talk with somebody by examining the current subject. This will permit you to have the capacity to introduce the majority of the information expected to get a resolution.

जैसा कि संचार में, संदेश के प्रभावी होने के लिए सभी को एक साथ होना चाहिए। हालांकि आपके संदेश को संक्षिप्त रखना महत्वपूर्ण है, आपको यह सुनिश्चित करना चाहिए कि आपके द्वारा बताए जाने पर हर बार सभी प्रासंगिक जानकारी शामिल हो। वर्तमान विषय की जांच करके किसी से बात करने की योजना बनाएं। यह आपको रिजॉल्यूशन प्राप्त करने के लिए अपेक्षित अधिकांश जानकारी को पेश करने की क्षमता प्रदान करने की अनुमति देगा।

Medium (मध्यम)

Effective communication is done through the privilege mediums. In the event that it is a short and brisk message, then a composed medium, for example, a notice or e-mail would be adequate.

प्रभावी संचार विशेषाधिकार माध्यमों के माध्यम से किया जाता है। इस घटना में कि यह एक छोटा और तेज संदेश है, फिर एक रचित माध्यम, उदाहरण के लिए, एक नोटिस या ई–मेल पर्याप्त होगा।

Points that require longer and more detailed discussion should be done in individual or via telephone. Picking the wrong medium can bring about issues with message maintenance. Examining the details of an agreement in individual without utilizing a composed back up implies that the data may get lost or overlooked. Selecting the right communication medium has an impact on the viability of a communication.

जिन बिंदुओं में लंबे समय तक और अधिक विस्तृत डिस्कशन की आवश्यकता होती है, उन्हें व्यक्तिगत या टेलीफोन के माध्यम से किया जाना चाहिए। गलत माध्यम को चुनने से संदेश रखरखाव के बारे में समस्याएं आ सकती हैं। एक बना–बनाया बैक अप का उपयोग किए बिना एक समझौते के विवरण की जांच करने का तात्पर्य है कि डेटा खो सकता है या अनदेखा हो सकता है। सही संचार माध्यम का चयन करने से संचार की व्यवहार्यता पर प्रभाव पड़ता है।

6.20 Categories of Communication (संचार की श्रेणी)

Today's business communicators are lucky therein they need a spread of communication to decide on from. Completely different business things and other worker want to demand the employment of multiple communication channels to drive messages home efficiently. An understanding of the advantages of assorted kinds of structure communication will facilitate business individuals communicate most effectively. The significance of communication in business becomes even additional apparent once we think about the communication activities of a company with an overall purpose of view.

आज के कारोबारी संचारक भाग्यशाली हैं, जिनमें से निर्णय लेने के लिए उन्हें संचार प्रसार की आवश्यकता है। पूरी तरह से अलग–अलग व्यावसायिक चीजें और अन्य कार्यकर्ता संदेशों को घर पर कुशलतापूर्वक चलाने के लिए कई संचार चैनलों के रोजगार की मांग करना चाहते हैं। मिश्रित प्रकार के संरचना संचार के फायदों से व्यावसायिक व्यक्तियों को सबसे प्रभावी ढंग से संवाद करने में सुविधा होगी। व्यवसाय में संचार का महत्व एक बार और स्पष्ट हो जाता है, जब हम किसी कंपनी की संचार गतिविधियों के बारे में समग्र उद्देश्य से सोचते हैं।

6.20.1 Internal Communication and External Communication (इंटरनल कम्युनिकेशन और एक्सटर्नल कम्युनिकेशन)

Internal communication is the process of exchanging information between the people of different level or internal participants within the organization. The difference between internal communication and external communication.

आंतरिक संचार संगठन के भीतर विभिन्न स्तर के लोगों या आंतरिक प्रतिभागियों के बीच सूचनाओं के आदान–प्रदान की प्रक्रिया है। इंटरनल कम्युनिकेशन और एक्सटर्नल कम्युनिकेशन के बीच अंतर।

Internal Communication (इंटरनल कम्युनिकेशन)

(a) Every business has the necessity to maintain appropriate communication with its branches, staff, and employees. This is called internal communication.

प्रत्येक व्यवसाय को अपनी शाखाओं, कर्मचारियों के साथ उचित संचार बनाए रखने की आवश्यकता होती है। इसे इंटरनल कम्युनिकेशन कहा जाता है।

(b) Internal communication is an essential feature of an organization's administrative structure.

इंटरनल कम्युनिकेशन एक संगठन के प्रशासनिक ढांचे की एक अनिवार्य विशेषता है।

(c) In modern times, the Human Resource Department (HRD) plays a significant role in keeping internal communication.

आधुनिक समय में, मानव संसाधन विभाग (HRD) आंतरिक संचार को बनाए रखने में महत्वपूर्ण भूमिका निभाता है।

In the new millennium, particularly in the context of globalization, business has become highly competitive. Business houses have the need to maintain good channels of internal communication. The central organization or corporate office should keep its branches well informed of new policies and policy changes. The growth in business, the future projections for business, increased specializations make a great demand on the central office to maintain an uninterrupted flow of internal communication. Employees need to be motivated and exposed to the business objectives and ethical ideas of a company so that they get an involvement in the work they do. Employees on production line should be aware of the targets so that they overcome obstacles. Even the shifting of the canteen and a re-adjustment of the lunchbreaks and tea breaks have to be informed well in advance to the employees. In turn, employees should be able to tell people at higher levels their grievances, expectations and difficulties. Effective internal communication forges a strong bond between the employees and management, promotes co-operation among different sections in an establishment. It remove's misunderstanding and aids the growth of the organization at a desirable and optimum level. Internal communication in short, ensures involvement of all the people without alienating any section.

नई सहस्राब्दी में, विशेष रूप से वैश्वीकरण के सम्मेलन में, व्यापार अत्यधिक प्रतिस्पर्धी हो गया है। व्यावसायिक घरानों को आंतरिक कम्यूनिकेशन के अच्छे चैनलों को बनाए रखने की आवश्यकता है। केंद्रीय संगठन या कॉर्पोरेट कार्यालय को अपनी शाखाओं को नई नीतियों और नीति परिवर्तनों से अच्छी तरह से अवगत कराना चाहिए। कारोबार के लिए भविष्य के अनुमानों में वृद्धि, कारोबार के भविष्य के अनुमानों में वृद्धि, आंतरिक संचार के निर्बाध प्रवाह को बनाए रखने के लिए

केंद्रीय कार्यालय पर एक बड़ी मांग है। कर्मचारियों को किसी कंपनी के व्यावसायिक उद्देश्यों और नैतिक विचारों से प्रेरित और उजागर करने की आवश्यकता है ताकि उन्हें उस कार्य में भागीदारी मिल जाए जो वे करते हैं। उत्पादन लाइन पर कर्मचारियों को लक्ष्यों के बारे में पता होना चाहिए ताकि वे बाधाओं को दूर करें। यहां तक कि कैंटीन की शिफ्टिंग और लंच–ब्रेक और चाय ब्रेक के पुनरू समायोजन को कर्मचारियों को पहले से अच्छी तरह से सूचित करना होगा। बदले में, कर्मचारियों को उच्च स्तर पर लोगों को अपनी शिकायतों, अपेक्षाओं और कठिनाइयों को बताने में सक्षम होना चाहिए। प्रभावी आंतरिक संचार कर्मचारियों और प्रबंधन के बीच एक मजबूत बंधन बनाता है, एक प्रतिष्ठान में विभिन्न वर्गों के बीच सह–संचालन को बढ़ावा देता है। यह एक गलतफहमी को दूर करता है और एक वांछित और इष्टतम स्तर पर संगठन के विकास को प्रभावित करता है। संक्षेप में आंतरिक संचार, किसी भी अनुभाग को अलग–थलग करने वाले सभी लोगों की भागीदारी सुनिश्चित करता है।

External Communication (एक्सटर्नल कम्युनिकेशन)

An organization, when it communicates with Governmental offices, different organizations, clients, customers and public it is called outside communication. The media utilized may be composed media like letters, reports, proposition or visual media like publications, notices video tapes or electronic media like faxes, telegrams, messages, telexes. The communication may likewise be through video chats, up close and personal gatherings, board talks or presentations, shows and such occasions.

एक संगठन, जब यह सरकारी कार्यालयों, विभिन्न संगठनों, ग्राहकों और जनता के साथ संवाद करता है, तो इसे कम्युनिकेशन कहा जाता है। उपयोग किए गए मीडिया को पत्र, रिपोर्ट, प्रस्ताव या विजुअल मीडिया जैसे प्रकाशन, नोटिस वीडियो टेप या इलेक्ट्रॉनिक मीडिया जैसे फैक्स, टेलीग्राम, संदेश, टेलीक्स जैसे मीडिया की रचना की जा सकती है। संचार इसी तरह वीडियो चैट, क्लोज अप और पर्सनल गेस–इयरिंग, बोर्ड वार्ता या प्रस्तुतियों, शो और ऐसे अवसरों के माध्यम से हो सकता है।

Formal and Informal Communication (फॉर्मल और इनफॉर्मल कम्युनिकेशन)

Every businčss organization adopts somc formal channels of communication that may be upward, downward, or horizontal or all the three. They are usually in the form of notices, announcements, reports, official or demi-official letters, advertisements, etc. Formal channels are officially recognized and organized. They make the working of the organization transparent. They motivate the employees. They provide the necessary feedback. But formal channels operate with some limitations. A continuous maintenance of a formal channel is time and resource consuming. At ordinary times, they exist for their own sake without any objective, as a formality and routine. Sometimes, personal factors affect free flow of information.

प्रत्येक व्यवसाय संगठन संचार के कुछ फॉर्मल माध्यमों को अपनाता है जो ऊपर, नीचे, या क्षैतिज या तीनों हो सकते हैं। वे आम तौर पर नोटिस, घोषणाओं के रूप में होते हैं। रिपोर्ट, आधिकारिक या डेमी–आधिकारिक पत्र, आदि, औपचारिक चैनल आधिकारिक रूप से पुनरू व्यवस्थित और व्यवस्थित होते हैं। वे संगठन के कामकाज को पारदर्शी बनाते हैं। वे कर्मचारियों को प्रेरित करते हैं। वे आवश्यक प्रतिक्रिया प्रदान करते हैं। लेकिन फॉर्मल चैनल कुछ लिमीटा–आयनों के साथ काम करते हैं। एक फॉर्मल चैनल का निरंतर रखरखाव समय और संसाधन खपत है। सामान्य समय में, वे बिना किसी उद्देश्य के, एक औपचारिकता और दिनचर्या के रूप में मौजूद रहते हैं। कभी–कभी, व्यक्तिगत कारक सूचना के मुक्त प्रवाह को प्रभावित करते हैं।

Formal Communication (फॉर्मल कम्युनिकेशन)

Such a communication is that which is associated with the formal organization structure and the official status or the position of the communicator and the receiver. It travels through the formal channels officially recognized positions in the organization chart. Formal communication is mostly in black and white.

ऐसा संचार वह है जो फॉर्मल संगठन संरचना और आधिकारिक स्थिति या संचारक और रिसीवर की स्थिति से जुड़ा हुआ है। यह संगठन चार्ट में आधिकारिक रूप से मान्यता प्राप्त चैनलों के माध्यम से यात्रा करता है। फॉर्मल कम्युनिकेशन ज्यादातर काले और सफेद रंग में होता है।

Thus, it is a deliberate attempt to regulate the flow of communication so as to ensure that information flows smoothly, accurately and timely. Formal communication is a deliberate attempt to regulate the flow of communication so as to ensure that information flows smoothly, accurately and timely.

इस प्रकार, यह संचार का प्रवाह को विनियमित करने का एक जानबूझकर प्रयास है ताकि यह सुनिश्चित किया जा सके कि इन्फोरमेशन सुचारू रूप से, सटीक और समय पर प्रवाहित हो। फॉर्मल कम्युनिकेशन, संचार के प्रवाह को विनियमित करने का एक जानबूझकर प्रयास है ताकि यह सुनिश्चित हो सके कि जानकारी सुचारू रूप से प्रवाहित हो, एक्यूरेटली और समय पर।

We frequently come across the phrase "through proper channel". It emphasizes the essence of formal channel of communication. For example, when the General Manager issues instructions (because of his senior position in the organization), it is formal communication.

हम अक्सर "उचित चैनल के माध्यम से" वाक्यांश भर में आते हैं। यह संचार के माल–चैनल के सार पर जोर देता है। उदाहरण के लिए, जब महाप्रबंधक निर्देश जारी करता है (क्योंकि संगठन में उसकी वरिष्ठ स्थिति के कारण), यह फॉर्मल कम्युनिकेशन है।

The forms of formal communication are as under:

पफॉर्मल कम्युनिकेशन के रूप निम्नानुसार हैं:

(a) Departmental meetings, (विभागीय बैठकें,)

(b) Conference, (सम्मेलन,)

(c) Telephone calls, (टेलीफोन कॉल्स,)

(d) Company news bulletins, (कंपनी समाचार बुलेटिन,)
(e) Special interviews and special purpose publications and messages.
विशेष साक्षात्कार और विशेष उद्देश्य पब्लिकेशन और संदेश।

The main advantage of the formal communication is that the official channels enable the routine and standardized information to pass without claiming much of managerial attention. Essentially, executives and managers may devote most of their precious time on matters of utmost significance.
औपचारिक कम्यूनिकेशन का मुख्य लाभ यह है कि आधिकारिक चैनल नियमित और मानकीकृत जानकारी को प्रबंधक के अधिक ध्यान का दावा किए बिना पारित करने में सक्षम बनाते हैं। एसेन– जपंससल, अधिकारी और प्रबंधक अपना अधिकांश कीमती समय अत्यंत महत्व के मामलों में समर्पित कर सकते हैं।

But at the same time, the weakness of formal communication should not go unaccounted. Communication through channel of command greatly obstructs free and uninterrupted flow of information.
लेकिन एक ही समय में, फॉर्मल कम्युनिकेशन की वीकनेस बेहिसाब नहीं होनी चाहिए। चैनल के माध्यम से संचार बहुत स्वतंत्र और सूचना के निर्बाध प्रवाह को बाधित करता है।

Types of Formal Communication (फॉर्मल कम्युनिकेशन के प्रकार)

Formal communication is of two types:
औपचारिक संचार दो प्रकार के होते हैः

(a) Vertical Communication: (वर्टीकल कम्युनिकेशनः)
- Downward Communication (डाउनवर्ड कम्युनिकेशन)
- Upward Communication (अपवर्ड कम्युनिकेशन)

(b) Horizontal Communication (हारिजॉन्टल कम्युनिकेशन)

Vertical Communication (वर्टीकल कम्युनिकेशन)

Vertical communication is of the following two types:
वर्टीकल कम्युनिकेशन निम्नलिखित दो प्रकार के होते हैः

(a) **Downward Communication:** The communication by top hierarchy with their subordinates is called downward communication. This communication includes orders, rules, information, policies, instructions, etc. The chief advantage of the downward communication is that the subordinates get useful timely information, which helps them in their work performance.

डाउनवर्ड कम्युकिनेशनः अपने अधीनस्थों के साथ शीर्ष पदानुक्रम द्वारा डाउनवर्ड कम्युनिकेशन संचार कहा जाता है। इस संचार में आदेश, नियम, सूचना, नीतियां, निर्देश आदि शामिल हैं। अधोमुखी संचार का मुख्य लाभ यह है कि अधीनस्थों को समय पर उपयोगी जानकारी मिलती है, जो उन्हें अपने कार्य प्रदर्शन में मदद करती है।

(b) **Upward Communication:** This is quite the reverse of the downward communication. This flows from the subordinates to the superiors. The subject matter of this communication includes suggestions, reactions, reports, complaints, etc. This sort of communication helps the superiors in taking decisions.

अपवर्ड कम्युनिकेशनः यह अधोमुखी संचार का बिल्कुल उल्टा है। यह सबॉर्डिनेट्स से लेकर वरिष्ठों के लिए बहती है। इस संचार के विषय में सुझाव, प्रतिक्रिया, रिपोर्ट, शिकायत आदि शामिल हैं। संचार के इस प्रकार के निर्णय लेने में वरिष्ठों की मदद करता है।

Horizontal Communication (हॉरिजॉन्टल कम्युनिकेशन)

Horizontal communication takes place when two individuals of the same level exchange information. The subject matter of horizontal communication includes information, requests, suggestions, mutual problems and coordination-related information. The same level officers to solve the problems of similar nature and profit by the experience of other people use horizontal communication.
हॉरिजॉन्टल कम्युनिकेशन तब होता है जब एक ही स्तर के दो व्यक्ति सूचना का आदान–प्रदान करते हैं। हॉरिजॉन्टल कम्युनिकेशन के विषय वस्तु में सूचना, अनुरोध, सुझाव, आपसी समस्याएं और समन्वय संबंधी जानकारी शामिल है। समान प्रकृति और अन्य लोगों के अनुभव से लाभ की समस्याओं को हल करने के लिए समान स्तर के अधिकारी हॉरिजॉन्टल कम्युनिकेशन का उपयोग करते हैं।

Informal Communication (Grapevine) (इनफॉर्मल कम्युनिकेशन (ग्रेपवाइन))

Informal communication is also known as "Grapevine". It is free from all sorts of formalities because it is used on informal relationships between the parties, such as friendship, membership in the same club or association.
इनफॉर्मल कम्युनिकेशन को "ग्रेपवाइन" के रूप में भी जाना जाता है। यह सभी प्रकार की औपचारिकताओं से मुक्त है क्योंकि इसका उपयोग पार्टियों के बीच इनफॉर्मल कम्युनिकेशन पर किया जाता है, जैसे कि दोस्ती, एक ही क्लब या एसोसिएशन में।

Persons at the executive levels also use informal communication when they find it difficult to collect information from the workers. Such communication includes comments, suggestions, etc. It may be conveyed by a simple glance, gesture, smile or mere silence.
कार्यकारी स्तर पर व्यक्ति भी इनफॉर्मल कम्युनिकेशन का उपयोग करते हैं, जब उन्हें श्रमिकों से जानकारी का को–लेक्चर करना मुश्किल होता है। इस तरह के कम्युनेशन में टिप्पणियां, सुझाव आदि शामिल हैं, यह एक साधारण नजर, इशारे, मुस्कुराहट या मात्र चुप्पी द्वारा व्यक्त किया जा सकता है।

Managers and executives also favour the growth and development of informal network of communication off and on. This process, In fact, serves a very useful purpose in disseminating certain information, which, in the general interest of the organization, cannot be transmitted through the official channels.

प्रबंधक और अधिकारी संचार के अनौपचारिक नेटवर्क के विकास और विकास का पक्ष लेते हैं। यह प्रक्रिया, वास्तव में, कुछ सूचनाओं को प्रसारित करने में एक बहुत ही उपयोगी उद्देश्य है, जो संगठन के सामान्य हित में, आधिकारिक चैनलों के माध्यम से प्रेषित नहीं किया जा सकता है।

Apart from that, it also offers the high and higher ups a clearer insight into what the subordinates think and feel. But at the same time, the weakness of the informal communication are also worth noting. It may be mentioned that this process very often tends to pass distorted, misinterpreted, and inaccurate and half- truth information and facts, depending on the circumstances and the message. But still, executives and managers cannot do away with informal communication.

इसके अलावा, यह उच्च और उच्चतर उतार–चढ़ाव को एक स्पष्ट अंतर्दृष्टि प्रदान करता है कि उप–डिनर क्या सोचते हैं और महसूस करते हैं। लेकिन साथ ही, इनफॉर्मल कम्युनिकेशन की कमजोरी भी ध्यान देने योग्य है। यह उल्लेख किया जा सकता है कि यह प्रोसेस बहुत बार विकृत, गलत–पूर्व, और गलत और आधी–अधूरी जानकारी और तथ्यों और परिस्थितियों और संदेश के आधार पर गुजरता है। लेकिन फिर भी, अधिकारियों और प्रबंधकों को अनौपचारिक संचार से दूर नहीं किया जा सकता है।

6.21 Communication Steps (कम्युनिकेशन स्टेप्स)

The communication procedure is the way that we share our sentiments, considerations and thoughts with other individuals and has them comprehend those emotions, contemplations and thoughts. We convey by tuning in, talking and watching, yet once in a while individuals discover the procedure of communication troublesome: it can be difficult to give others a chance to wind up included, making it imperative to see how to make effective, common communication. You may need to show signs of improvement comprehension of the communication model and process before accomplishing compelling communication.

संचार प्रक्रिया वह तरीका है जिससे हम अपनी भावनाओं, विचारों और विचारों को अन्य व्यक्तियों के साथ साझा करते हैं और उन भावनाओं, चिंतन और विचारों को समझ लेते हैं। हम ट्यूनिंग करके, बात करते हुए और देखते हुए संदेश देते हैं, फिर भी एक समय में एक बार व्यक्तियों को संचार की प्रक्रिया का पता चलता है। दूसरों को इसमें शामिल होने का मौका देना मुश्किल हो सकता है, जिससे यह प्रभावी, सामान्य संचार को देखने के लिए जरूरी हो जाता है। आपको सम्मोहक संचार को पूरा करने से पहले संचार मॉडल और प्रक्रिया के सुधार संकलन के संकेत दिखाने की आवश्यकता हो सकती है।

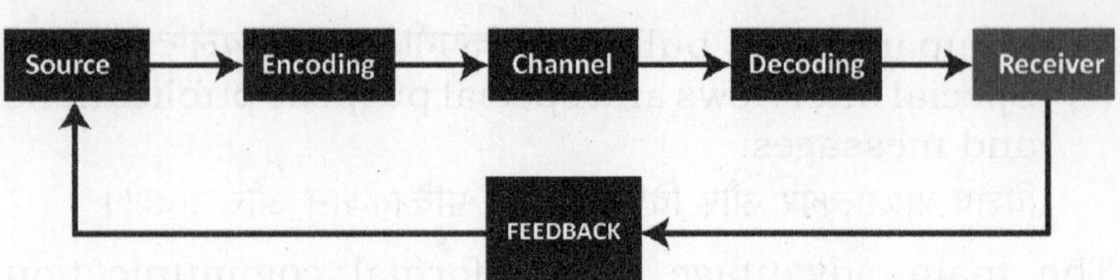

Figure 6.3: Communication Steps (कम्युनिकेशन स्टेप्स)

The Sender has an Idea (प्रेषक के पास एक विचार है)

The communicator creates or conceptualizes a thought to be sent. It is otherwise called the arranging stage subsequent to in this stage the communicator arranges the topic of communication.

संचारक एक विचार बनाता है या भेजे जाने की अवधारणा करता है। इसे अन्यथा प्रबंध चरण कहा जाता है इस चरण में संचारक संचार के विषय की व्यवस्था करता है।

The Idea becomes a Message (आइडिया एक मैसेज बन जाता है)

At the point when encoding a message, the sender needs to start by choosing what he/she needs to transmit. This choice by the sender depends on what he/she accepts about the receivers learning and suspicions, alongside what extra data he/she needs the receiver to have. It is imperative for the sender to utilize images that are commonplace to the planned receiver. A decent path for the sender to enhance encoding their message is to rationally envision the communication from the receiver's perspective.

किसी संदेश को एन्कोडिंग करते समय, प्रेषक को यह चुनने की आवश्यकता होती है कि उसे क्या प्रेषित करना है। प्रेषक की यह पसंद इस बात पर निर्भर करती है कि वह रिसीवर्स लर्निंग और संदेह के बारे में क्या स्वीकार करता है, इसके साथ ही उसके पास कौन से अतिरिक्त डेटा की आवश्यकता होती है। प्रेषक के लिए नियोजित रिसीवर के लिए सामान्य छवियां उपयोग करना अनिवार्य है। प्रेषक के लिए उनके संदेश को एन्कोडिंग बढ़ाने के लिए एक सभ्य मार्ग रिसीवर के दृष्टिकोण से संचार को तर्कसंगत रूप से संशोधित करना है।

The Message is Transmitted (संदेश प्रसारित किया जाता है)

In this stride, the sender really transmits the message through picked medium. In the communication cycle, the undertakings of the sender end with the transmission of the message.

इस स्ट्राइड में, प्रेषक वास्तव में चुने गए माध्यम से संदेश प्रसारित करता है। सांप्रदायिक–सायन चक्र में, प्रेषक का उपक्रम संदेश के प्रसारण के साथ समाप्त होता है।

The Receiver gets the Message (प्राप्तकर्ता को संदेश प्राप्त होता है)

This stage essentially includes the gathering of sender's message by the receiver. The message can be received as hearing, seeing, feeling and so on.

इस चरण में अनिवार्य रूप से रिसीवर द्वारा प्रेषक का संदेश एकत्र करना शामिल है। संदेश सुनने, देखने, महसूस करने और इसी तरह से प्राप्त किया जा सकता है।

The Receiver reacts and sends Feedback to the Sender (प्राप्तकर्ता प्रतिक्रिया करता है और प्रेषक को प्रतिक्रिया भेजता है)

Feedback is the reaction or response of the receiver in the wake of seeing or comprehension the message. It empowers the sender to assess the adequacy of the message. It is unavoidably vital in the event of two-way communication. Without feedback, two-way communication is either insufficient or deficient. Feedback is the best way to pick up receiver's reaction and relying upon the feedback, sender can tack further steps. In organizational or business communication the feedback procedure is critical. However the need or significance of feedback is talked about underneath from distinctive perspectives:

प्रतिक्रिया, संदेश देखने या समझने के मद्देनजर रिसीवर की प्रतिक्रिया या प्रतिक्रिया है। यह प्रेषक को संदेश की पर्याप्तता का आकलन करने का अधिकार देता है। यह दो–तरफा संचार की स्थिति में अपरिहार्य रूप से महत्वपूर्ण है। प्रतिक्रिया के बिना, दो–तरफा संचार या तो अपर्याप्त है या कमी है। फीडबैक प्राप्तकर्ता की प्रतिक्रिया लेने का सबसे अच्छा तरीका है और प्रतिक्रिया पर भरोसा करते हुए, प्रेषक आगे के चरणों से निपट सकता है। संगठनात्मक या व्यावसायिक संचार में प्रतिक्रिया प्रक्रिया महत्वपूर्ण है। हालांकि प्रतिक्रिया की आवश्यकता या महत्व के बारे में विशिष्ट दृष्टिकोण से नीचे के बारे में बात की जाती है:

(a) **Collection of Information:** Feedback is the best way to gather information from the receiver, if the receiver doesn't send message of information (Feedback) to the sender, there is no real way to gather information from him. Thus, feedback helps the organization (Sender) to gather information from distinctive individuals (Receivers).

सूचना का संग्रह: फीडबैक प्राप्तकर्ता से जानकारी इकट्ठा करने का सबसे अच्छा तरीका है, अगर रिसीवर प्रेषक को सूचना (प्रतिक्रिया) का संदेश नहीं भेजता है, तो उसके पास जानकारी एकत्र करने का कोई वास्तविक तरीका नहीं है। इस प्रकार, फीडबैक संगठन (प्रेषक) को विशिष्ट एरिक–नंसे (रिसीवर) से जानकारी इकट्ठा करने में मदद करता है।

(b) **Completion of Entire Communication Process:** Feedback is the last and critical stride of communication procedure. Through feedback, the sender can take in the response or reaction of the receiver. It is a key stride of communication without which communication procedure is inadequate. In this way, in two-way communication feedback is compulsory.

संपूर्ण संचार प्रक्रिया: प्रतिक्रिया संचार प्रक्रिया की अंतिम और महत्वपूर्ण प्रगति है। प्रतिक्रिया के माध्यम से, प्रेषक रिसीवर की प्रतिक्रिया या प्रतिक्रिया में ले जा सकता है। यह कम्यूनिकेशन की एक प्रमुख प्रगति है, जिसके बिना संचार प्रक्रिया अपर्याप्त है। इस तरह, दो–तरफा संचार प्रतिक्रिया में अनिवार्य है।

(c) **Measuring the Effectiveness of Communication:** Feedback is the best way to get the reaction or response of the receiver. From it, the sender knows how well his message is comprehended and how it will be utilized by the receiver. By examining the response, positive or negative, the sender of the message can quantify to what degree communication is powerful and what are the confinements with it. In this way, in two-way communication feedback is considered to be the best way to survey the accomplishment of communication.

कम्यूनिकेशन की प्रभावशीलता को मापना: फीडबैक–रिएक्शन या रिसीवर की प्रतिक्रिया प्राप्त करने का सबसे अच्छा तरीका है। इससे, प्रेषक जानता है कि उसके संदेश को कितनी अच्छी तरह से समझा गया है और इसे रिसीवर द्वारा कैसे उपयोग किया जाएगा। प्रतिक्रिया, पॉसीटिव या नेगेटिव की जांच करके, संदेश भेजने वाला यह निर्धारित कर सकता है कि संचार किस डिग्री तक शक्तिशाली है और इसके साथ क्या–क्या कारावास हैं। इस तरह, दो–तरफा संचार में संचार की उपलब्धि का सर्वेक्षण करने का सबसे अच्छा तरीका माना जाता है।

(d) **Improving Labor-Management Relationship:** A great work administration relationship is an absolute necessity for smooth working of organizational exercises. In the event that administration trusts in two-way communication framework and grants the workers to express their sentiments, responses and conclusions on different matters, they will be highly fulfilled. In this way, management should look for feedback from representatives on diverse issues and in the meantime they should give feedback to workers. This practice will assist administration with creating a friendly climate in the organization that is fundamental for organizational achievement. In this way, feedback sets up a sound work administration relationship in the organization.

श्रम–प्रबंध्न संबंध में सुधर: संगठनात्मक अभ्यासों को सुचारू रूप से चलाने के लिए एक महान कार्य प्रशासन संबंध एक परम आवश्यकता है। इस घटना में कि प्रशासन दो–तरफा कम्युनिकेशन ढांचे में भरोसा करता है और श्रमिकों को विभिन्न मामलों पर अपनी भावनाओं, प्रतिक्रियाओं और निष्कर्षों को व्यक्त करने के लिए अनुदान देता है, वे अत्यधिक पूर्ण होंगे। इस तरह, प्रबंधन को विभिन्न मुद्दों पर प्रतिनिधियों से प्रतिक्रिया की तलाश करनी चाहिए और इस

बीच उन्हें श्रमिकों को प्रतिक्रिया देनी चाहिए। इस अभ्यास से प्रशासन बनाने में सहायता मिलेगी। संगठन में अनुकूल जलवायु जो संगठनात्मक उपलब्धि के लिए मजेदार है। इस तरह, फीडबैक ऑर्गनाइजेशन–टियोन में एक ध्वनि कार्य प्रशासन संबंध स्थापित करता है।

(e) **Measuring the Effectiveness of Media:** We utilize distinctive kind of media to transmit messages. The receiver gets the message by the media and comprehends its significance. In the event that receiver sends his feedback to the sender, it implies that the media are fitting. Inappropriate media can't achieve the message to the receiver and in this way neglects to create any feedback. Along these lines, Feedback can be utilized as a standard of effectiveness of media.

मीडिया की प्रभावशीलता को मापने: हम संदेशों को प्रसारित करने के लिए विशिष्ट प्रकार के मीडिया का उपयोग करते हैं। रिसीवर को मीडिया द्वारा संदेश मिलता है और इसके महत्व को समझा जाता है। इस घटना में कि रिसीवर प्रेषक को अपनी प्रतिक्रिया भेजता है, इसका मतलब है कि मीडिया फिटिंग कर रहा है। अनुचित मीडिया रिसीवर को संदेश प्राप्त नहीं कर सकता है और इस तरह से किसी भी प्रतिक्रिया को बनाने के लिए उपेक्षा करता है। इन पंक्तियों के साथ, मीडिया के प्रभावी–नेस के मानक के रूप में फीड–बैक का उपयोग किया जा सकता है।

(f) **Taking Legitimate Decision:** Feedback helps the sender to take appropriate choice. On the off chance that the receiver does not send his response or reaction on certain issue, the sender can't settle on it. For instance, here and there director sends arrangements and choice or approaches to the subordinates for their examination. On the off chance that the subordinates send their choices, recommendation, grumblings, response to the directors, they can take better choices. Along these lines, feedback helps the chiefs to take legitimate and quality choices.

वैध निर्णय लेना: प्रतिक्रिया प्रेषक को उचित विकल्प लेने में मदद करती है। बंद होने की संभावना है कि रिसीवर अपनी प्रतिक्रिया या प्रतिक्रिया कुछ विशेष मुद्दे पर नहीं भेजता है, प्रेषक उस पर व्यवस्थित नहीं हो सकता है। उदाहरण के लिए, यहां और वहां निदेशक अपनी परीक्षा के लिए अधीनस्थों को व्यवस्था और पसंद या दृष्टिकोण भेजते हैं। इस अवसर पर कि उप–रात्रिभोज अपनी पसंद, सिफारिश, ग्रंबलिंग, निदेशकों की प्रतिक्रिया भेजते हैं, वे बेहतर विकल्प ले सकते हैं। इन पंक्तियों के साथ, प्रतिक्रिया प्रमुखों को वैध और गुणवत्ता वाले विकल्प लेने में मदद करती है।

(g) **Problem Solving:** Different sorts of issues may emerge in an organization that must be explained appropriately and opportune. Twoway communication addresses the issue and give answer for the issue. For example, if workers of an organization call for strike from the day after tomorrow it their due pay is not paid by tomorrow. Subsequent to getting the message, administration of the organization chooses to take care of their demand however does not illuminate the workers. Issue will choose to take care of their demand however does not illuminate the workers. Issue will stay, as the feedback of the administration could not reach to the representatives.

समस्या का समाधान: एक संगठन में विभिन्न प्रकार के मुद्दे उभर सकते हैं जिन्हें उचित और उपयुक्त रूप से समझाया जाना चाहिए। दो–तरफा संचार समस्या को संबोधित करता है और समस्या के लिए उत्तर देता है। उदाहरण के लिए, यदि किसी संगठन के कार्यकर्ता कल के बाद से हड़ताल का आह्वान करते हैं तो उनका देय भुगतान कल तक नहीं किया जाता है। संदेश प्राप्त करने के बाद, संगठन का प्रशासन उनकी मांग का ध्यान रखना चुनता है, हालांकि श्रमिकों को रोशन नहीं करता है। मुद्दा उनकी मांग का ध्यान रखना चाहेगा, लेकिन श्रमिकों को रोशन नहीं करेगा। मुद्दा बना रहेगा, क्योंकि प्रशासन की प्रतिक्रिया प्रतिनिधियों तक नहीं पहुंच सकती है।

(h) **Coordination among Various Departments:** There are numerous offices working in an organization to accomplish the super-ordinate objectives of the organization. For the smooth working of the exercises, these divisions must arrange and coordinate with one another. For coordination, every office must contact with other and send back reaction to any inquiry of different offices. In this way, feedback is basically required for bringing coordination among divisions.

विभिन्न विभागों के बीच समन्वय: संगठन के सुपर–ऑर्डिनेट उद्देश्यों को पूरा करने के लिए एक संगठन में कई कार्यालय काम कर रहे हैं। अभ्यासों के सुचारू संचालन के लिए, इन विभाजनों को एक दूसरे के साथ व्यवस्थित और समन्वय करना होगा। समन्वय के लिए, हर कार्यालय को दूसरे से संपर्क करना चाहिए और विभिन्न कार्यालयों की किसी भी जांच के लिए प्रतिक्रिया भेजनी चाहिए। इस तरह, डिवीजनों के बीच समन्वय लाने के लिए फीडबैक बेसि–सेली है।

(i) **Getting the Reactions of Receiver:** Through feedback the sender can get the reactions or responses of the receiver of his message. From the reaction, the sender reactions, the sender can evaluate how well the receiver has comprehended his message and if there is any illumination to be made.

प्राप्तकर्ता की प्रतिक्रियाएं प्राप्त करना: प्रतिक्रिया के माध्यम से प्रेषक अपने संदेश के रिसीवर की प्रतिक्रिया या प्रतिक्रिया प्राप्त कर सकता है। प्रतिक्रिया से, प्रेषक प्रतिक्रियाएं, प्रेषक मूल्यांकन कर सकता है कि रिसीवर ने अपने संदेश को कितनी अच्छी तरह से प्रचलित किया है।

From the above discussion, we can say that feedback assumes an essential part in two-way business communication. It is vital for the finishing of entire communication framework. In genuine sense, it is the substance of two-way communication. Things being what they are, what is Feedback? Feedback is unavoidable for fruitful communication. Its significance can never be disregarded or undermined.

उपरोक्त चर्चा से, हम यह कह सकते हैं कि प्रतिक्रिया दो–तरफा व्यावसायिक संचार में एक आवश्यक हिस्सा मानती है। यह संपूर्ण संचार ढांचे के फिनिशइंग के लिए महत्वपूर्ण है। जेनु–इन अर्थों में, यह दो–तरफा संचार का पदार्थ है। चीजें जो वे हैं, फीडबैक क्या है? फलदायी संचार के लिए प्रतिक्रिया अपरिहार्य है। इसके महत्व को कभी भी अनदेखा या कम नहीं किया जा सकता है।

6.22 Barriers to Communication (कम्युनिकेशन के लिए मध्यस्थ)

There are numerous reasons why interpersonal communications may come up short. In numerous communications, the message (what is said) may not be received precisely the way the sender proposed. It is, along these lines, imperative that the communicator looks for feedback to watch that their message is unmistakably caught on.

पारस्परिक संचार कम होने के कई कारण हो सकते हैं। संख्यात्मक–संचार में, संदेश (जो कहा गया है) ठीक नहीं प्राप्त हो सकता है जिस तरह से प्रेषक ने प्रस्तावित किया है। इन पंक्तियों के साथ, यह आवश्यक है कि संचारक यह देखने के लिए प्रतिक्रिया के लिए देखता है कि उनका संदेश अनैतिक रूप से पकड़ा गया है।

The abilities of Active Listening, Clarification and Reflection may help however the gifted communicator additionally should know about the hindrances to successful communication and how to stay away from or overcome them.

सक्रिय श्रवण, स्पष्टता और चिंतन की क्षमताओं को मदद मिल सकती है, लेकिन उपहार में दिए गए कॉम–मुनिकेटर को अतिरिक्त रूप से सफल संचार के लिए बाधाओं के बारे में जानना चाहिए और उन्हें दूर या दूर कैसे रहना चाहिए।

There are numerous hindrances to communication and these may happen at any stage in the communication process. Hindrances may prompt your message getting to be contorted and you along these lines danger squandering both time and/or cash by bringing on perplexity and misconception. Powerful communication includes defeating these hindrances and passing on a reasonable and concise message.

कम्युनिकेशन के लिए कई बाधाएं हैं और ये संचार प्रक्रिया के किसी भी चरण में हो सकते हैं। हिंड्रैंस आपके संदेश के विपरीत होने का संकेत दे सकते हैं और आप इन रेखाओं के साथ–साथ समय और ध् या नकदी दोनों को खतरे में डालते हैं, जिससे अनिष्टता और गलत धारणा का जन्म होता है। शक्तिशाली संचार में इन बाधाओं को पराजित करना और एक उचित और संक्षिप्त संदेश पर पारित करना शामिल है।

6.22.1 Communication Barriers Between People (लोगों के बीच कम्युनिकेशन बाधाएं)

When you communicate something specific, you expect to impart meaning, however the message itself doesn't contain meaning. The importance exists in your brain and in the psyche of your receiver. To comprehend each other, you and your receiver must have comparative implications for words, motions, manner of speaking, and different images.

जब आप कुछ विशिष्ट संचार करते हैं, तो आप अर्थ प्रदान करने की अपेक्षा करते हैं, हालाँकि संदेश में स्वयं अर्थ नहीं होता है। महत्व आपके मस्तिष्क में और आपके रिसीवर के मानस में मौजूद है। एक–दूसरे को समझने के लिए, आपके और आपके रिसीवर के पास शब्दों, गतियों, बोलने के तरीके और अलग–अलग छवियों के लिए तुलनात्मक अंदाजा होना चाहिए।

Differences in Perception (धारणा में अंतर)

The world always shells us with information: sights, sounds, fragrances, etc. Our psyches sort out this surge of sensation into a mental guide that speaks to our observation or reality. For no situation is the impression of someone in particular the same as the world itself, and no two maps are indistinguishable. As you view the world, your brain retains your encounters in one of a kind and individual way. Since your discernments are special, the thoughts you need to express contrast from other individuals' Even when two individuals have encountered the same occasion, their mental pictures of that occasion won't be indistinguishable. As senders, we pick the points of interest that appear to be vital and center our consideration on the most pertinent and general, a procedure known as particular observation. As receivers, we attempt to fit new points of interest into our current example. On the off chance that a point of interest doesn't exactly fit, we are slanted to misshape the information as opposed to revamp the example.

दुनिया हमेशा हमें जानकारी के साथ खोलती हैः जगहें, आवाज, सुगंध, आदि। हमारे स्तोत्र संवेदना के इस उछाल को एक मानसिक मार्गदर्शक में बदल देते हैं जो हमारे अवलोकन या वास्तविकता को बयां करता है। किसी भी स्थिति के लिए कण–कण में किसी की छाप दुनिया के समान नहीं है, और कोई भी दो नक्शे अप्रभेद्य नहीं हैं। जैसा कि आप दुनिया को देखते हैं, आपका मस्तिष्क एक तरह से और व्यक्तिगत तरीके से अपने मुठभेड़ों को बरकरार रखता है। चूँकि आपके विचार–समूह विशेष हैं, इसलिए जिन विचारों के लिए आपको अन्य व्यक्तियों से विपरीत व्यक्त करने की आवश्यकता होती है श्यहां तक कि जब दो व्यक्तियों ने एक ही अवसर का सामना किया है, तो उस अवसर की उनकी मानसिक तस्वीरें अप्रभेद्य नहीं होंगी। प्रेषकों के रूप में, हम रुचि के बिंदुओं को चुनते हैं

जो महत्वपूर्ण प्रतीत होते हैं और हमारे विचार को सबसे प्रासंगिक और सामान्य पर केंद्रित करते हैं, एक प्रक्रिया जिसे विशेष अवलोकन के रूप में जाना जाता है। रिसीवर के रूप में, हम अपने मौजूदा उदाहरण में ब्याज के नए बिंदुओं को फिट करने का प्रयास करते हैं। इस मौके पर कि ब्याज का एक बिंदु बिल्कुल फिट नहीं है, हम उदाहरण को फिर से शुरू करने के लिए जानकारी को गलत करने के लिए स्लान्टेड हैं।

Incorrect filtering (गलत फिल्टरिंग)

Sifting is screening through before a message is gone on to another person. In business, the channels in the middle of you and your receiver are numerous; secretaries, aides, receptionists, voice-mail, and so on. Those same guards might likewise "interpret" your receiver's thoughts and reactions before passing them on to you. To overcome separating boundaries, attempt to set up more than one communication channel, wipe out whatever number middle people as could reasonably be expected, and diminish twisting by gathering message information to the minimum necessities.

संदेश को किसी अन्य व्यक्ति के पास जाने से पहले भेजना स्क्रीनिंग है। व्यवसाय में, आपके और आपके रिसीवर के बीच में चैनल कई हैं: सचिव, सहयोगी, रिसेप्शनिस्ट, वॉइस–मेल इत्यादि। वही गार्ड आपके पास आने से पहले आपके रिसीवर के विचारों और प्रतिक्रियाओं की "व्याख्या" कर सकते हैं। सीमाओं को अलग–अलग करने के लिए, एक से अधिक संचार चैनल स्थापित करने का प्रयास, जो भी संख्या मध्यम लोगों को तर्क–योग्य रूप से अपेक्षित हो मिटा सकते हैं, और न्यूनतम आवश्यकताओं के लिए संदेश–जानकारी संदेश द्वारा घुमा–घुमाकर कम कर सकते हैं।

Language problems (लैंग्वेज की समस्याएंए)

When you pick the words for your message, you flag that you are an individual from a specific society or subculture and that you know the code. The way of your code forces its own boundaries on your message. Boundaries likewise exist in light of the fact that words can be translated in more than restricted. Dialect is a subjective code that relies on upon shared definitions, yet there's a cutoff to how totally any of us have the same significance for a given word. To overcome dialect boundaries, utilize the most particular and precise words conceivable. Continuously attempt to utilize words your crowd will get it. Build the precision of your messages by utilizing dialect that depicts as opposed to assesses and by exhibiting detectable certainties, occasions, and circumstances.

जब आप अपने संदेश के लिए शब्द चुनते हैं, तो आप झंडा लगाते हैं कि आप एक विशिष्ट समाज या उपसंस्कृति के व्यक्ति हैं और आपको कोड पता है। आपके कोड का तरीका आपके संदेश पर अपनी सीमाओं को बाध्य करता है। इसी तरह सीमाएं इस तथ्य के प्रकाश में मौजूद हैं कि शब्दों को प्रतिबंधित से अधिक में अनुवादित किया जा सकता है। बोली एक व्यक्तिपरक कोड है जो साझा परिभाषाओं पर निर्भर करता है, फिर भी एक कटऑफ है कि हम में से किसी भी एक शब्द के लिए पूरी तरह से समान महत्व कैसे है। डिया–लेक्चर की सीमाओं को दूर करने के लिए, सबसे विशेष और सटीक शब्दों का उपयोग करना। लगातार शब्दों का उपयोग करने का प्रयास आपकी भीड़ को मिल जाएगा। बोली का उपयोग करके अपने संदेशों की सटीकता का निर्माण करें जो कि आकलन के विपरीत और प्रदर्शन–पता लगाने योग्य निश्चितताओं, अवसरों और सरकमस्टान्सेस द्वारा दर्शाया गया है।

Poor listening (पुअर लिसनिंग)

May be the most widely recognized boundary to gathering is essentially an absence of consideration on the receiver's part. We all let our brains meander from time to time; paying little respect to how hard we attempt to focus. Individuals are basically prone to float off when they are compelled to listen to information that is hard to comprehend or that has minimal direct bearing all alone lives. Excessively few of us basically don't listen well! To overcome hindrances, rework what you have comprehended, attempt to see the circumstance through the eyes of different speakers and oppose forming a hasty opinion. Elucidate importance by asking non-debilitating inquiries, and listen without interfering.

एकत्रित होने के लिए सबसे व्यापक रूप से मान्यता प्राप्त सीमा हो सकती है, अनिवार्य रूप से रिसीवर के हिस्से पर विचार–परमाणु की अनुपस्थिति है। हम सभी समय–समय पर अपने दिमाग को शांत करते हैंय ध्यान केंद्रित करने के लिए हम कितना कठिन प्रयास करते हैं, इसका थोड़ा सम्मान करें। हम में से बहुत कम लोग मूल रूप से अच्छी तरह से नहीं सुनते हैं! अड़चनों को दूर करने के लिए, आपने जो कुछ भी समझा है, उसे पुनः प्राप्त करें, विभिन्न वक्ताओं की आंखों के माध्यम से सिर–सहवास देखने का प्रयास करें और जल्दबाजी में राय बनाने का विरोध करें। गैर–दुर्बल पूछताछ पूछकर महत्व को कम करें, और हस्तक्षेप किए बिना सुनें।

Differing emotional states (विभिन्न भावनात्मक अवस्थाएँ)

Each message contains both a substance importance, which manages the subject of the message, and a relationship significance, which recommends the way of the connection in the middle of sender and receiver. Communication can separate when the receiver responds contrarily to both of these implications. You may need to manage individuals when they are steamed or when you are. An annoyed individual has a tendency to disregard or contort what the other individual is stating and is regularly not able to present sentiments and thoughts adequately. This is not to say that you should keep away from all communication when you are sincerely included, yet you should be aware of the more noteworthy potential for misconception that goes with stirred feelings. To overcome enthusiastic obstructions, know about the emotions that emerge in yourself and in others as you impart, and endeavor to control them. Most imperative, be aware of the more noteworthy potential for misconception that goes with passionate messages.

प्रत्येक संदेश में एक पदार्थ अशुद्धि दोनों होता है, जो संदेश के विषय का प्रबंधन करता है, और एक संबंध महत्व, जो कनेक्शन के तरीके की सिफारिश करता है प्रेषक और रिसीवर के मध्य। जब संचार इन दोनों निहितार्थों के प्रति त्रिकोणीय प्रतिक्रिया करता है तो संचार अलग हो सकता है। आपको व्यक्तियों को प्रबंधित करने की आवश्यकता हो सकती है जब वे धमाकेदार होते हैं या जब आप होते हैं। एक नाराज व्यक्ति के पास यह अवहेलना या विरोध करने की प्रवृत्ति होती है कि दूसरा व्यक्ति क्या कह रहा है और नियमित रूप से भावनाओं और विचारों को स्वीकार करने में सक्षम नहीं है। यह कहने के लिए नहीं है कि आपको ईमानदारी से शामिल होने पर सभी संचार से दूर रखना चाहिए, फिर भी आपको गलतफहमी के लिए अधिक उल्लेखनीय क्षमता के बारे में पता होना चाहिए जो हड़कंप मच गया भावनाओं के साथ। अस्तु–सियाटिक अवरोधों को दूर करने के लिए, उन भावनाओं के बारे में जानें जो आप अपने आप में और दूसरों में, जो आप प्रदान करते हैं, और उन्हें नियंत्रित करने का प्रयास करते हैं। सबसे जरूरी है, जो गलतफहमी के लिए अधिक उल्लेखनीय क्षमता के बारे में जानते हैं, जो भावुक उमेंहमे के साथ जाता है।

Differing backgrounds (अलग पृष्ठभूमि)

Contrasts in foundation can be one of the hardest communication boundaries to succeed. Age, instruction, societal position, monetary position, social foundation, disposition, well being, magnificence, fame, religion, political conviction, even a passing inclination can all different one individual from another and make understanding troublesome. To conquer the boundaries connected with contrasting foundations, abstain from anticipating your own particular foundation or society onto others. Clear up your own particular and comprehend the foundation of others, circles of information, identities and recognitions and don't expect that sure practices mean the same thing to everybody.

नींव में विरोधाभास सफल होने के लिए सबसे कठिन संचार सीमाओं में से एक हो सकता है। आयु, निर्देश, सामाजिक स्थिति, मौद्रिक स्थिति, सामाजिक नींव, स्वभाव, कल्याण, धर्म, राजनीतिक विश्वास, यहां तक कि एक उत्थान सभी एक व्यक्ति को दूसरे से अलग कर सकता है और समझ को परेशान कर सकता है। विरोधाभासी नींव के साथ सीमाओं को जीतने के लिए, दूसरों पर अपनी खुद की विशेष नींव या समाज का अनुमान लगाने से परहेज करें। अपने स्वयं के विशेष को साफ करें और दूसरों की नींव को समझें, सूचनाओं, पहचानों और पहचानों के हलकों और यह उम्मीद न करें कि यह सुनिश्चित करें कि प्रथाओं का मतलब सभी के लिए समान हो।

6.22.2 Communication Barriers within Organizations (संगठनों के भीतर संचार बाधाएं)

During the time spent communication there can be generous contrast between the information that is really planned to be passed on by the originator of communication and its beneficiary. Some piece of the information may get not achieve the beneficiary by any means, and whatever compasses may be misshaped, and may be translated by the receiver in a way not planned by the sender of information. Communication boundary is the aggregate name given to the reasons for this misfortune and bending of information amid the procedure of communication.

संचार के दौरान सूचना के बीच उदार विपरीत हो सकता है जो वास्तव में संचार के मूल–प्रवर्तक और इसके लाभार्थी द्वारा पारित किए जाने की योजना है। जानकारी का कुछ टुकड़ा किसी भी तरह से लाभार्थी को प्राप्त नहीं हो सकता है, और क्या–कभी कम्पास को मिस किया जा सकता है, और जानकारी के प्रेषक द्वारा योजनाबद्ध तरीके से रिसीवर द्वारा अनुवाद नहीं किया जा सकता है। संचार सीमा, इस दुर्भाग्य के लिए रीबूट को दिया गया समग्र नाम है और संचार की प्रक्रिया के बीच इंफॉर्म–टियोन का झुकना है।

There are numerous sorts of communication obstructions in an organization. Significant ones of these are depicted beneath.

एक संगठन में कई तरह के संचार अवरोध होते हैं। इनमें से महत्वपूर्ण को नीचे दर्शाया गया है।

(a) **Lack of Planning:** What should be conveyed, how, and when is not legitimately thoroughly considered and arranged.

नियोजन का अभावः क्या संदेश दिया जाना चाहिए, कैसे, और कब कानूनी रूप से पूरी तरह से विचार और व्यवस्था नहीं की जाती है।

(b) **Un-clarified Assumptions:** Leaving out applicable points of interest in the communication expecting that receiver is as of now mindful of it.

गैर–स्पष्ट अनुमानः संचार में रुचि के एप्लीकेबल बिंदुओं को छोड़कर यह उम्मीद करना कि रिसीवर अब इसके बारे में विचारशील है।

(c) **Semantic Distortion:** Same word or expression deciphered in distinctive way.

शब्दार्थ भेदः समान शब्द या एक्सप्रेशन विशिष्ट तरीके से व्याख्या करता है।

Poor Expression of Messages (संदेशों की खराब अभिव्यक्ति)

(a) **Communication Barriers in International Environment:** The obstructions as a consequence of distinctive dialects, society, and so on. Such boundaries can exist inside of a nation moreover.

अंतर्राष्ट्रीय पर्यावरण में संचार बाधाएं: विशिष्ट बोलियों, समाज, और इसी तरह की एक शंकु–क्वेंस के रूप में बाधाएं। ऐसी सीमाएँ देश के अंदर मौजूद हो सकती हैं।

(b) **Poor Listening and Premature Evaluation:** The receiver may not ingest or rationally get the all information sent. One of the real explanations behind poor listening is propensity of individuals to begin assessing the information received even as the other individual is talking.

पुअर लिसनिंग और समय से पहले मूल्यांकन: रिसीवर निगलना या तर्कसंगत रूप से पूरी जानकारी नहीं भेज सकता है। खराब सुनने के पीछे की वास्तविक व्याख्याओं में से एक है, अन्य व्यक्तियों की तरह यहां तक कि प्राप्त किए गए इन्फोर–मैशन का आकलन करने के लिए व्यक्तियों की प्रोपेन–सीटी है।

(c) **Too Much Impersonal Communication:** Frequently communications come up short in light of the fact that the speaker can't set up individual security with the audience.

बहुत अधिक अवैयक्तिक संचार: स्वतंत्र रूप से संचार इस तथ्य के प्रकाश में कम आता है कि स्पीकर दर्शकों के साथ व्यक्तिगत सुरक्षा स्थापित नहीं कर सकता है।

(d) **Distrust, Threat and Fear:** Communication is a two-way prepare, one gives information and additionally gets information. On the off chance that a man is questioned or dreaded, individuals will abstain from giving him an excess of or right information. Likewise they will have less validity in information given by him.

डिसटर्स्ट, थ्रेट एंड पिफयर: कम्युनिकेशन दो तरह से तैयार है, एक जानकारी देता है और इसके अलावा जानकारी मिलती है। बंद मौके पर कि किसी व्यक्ति से पूछताछ की जाती है या उसे डर लगता है, व्यक्ति उसे अतिरिक्त या सही जानकारी देने से परहेज करेंगे। इसी तरह उनके द्वारा दी गई जानकारी में उनकी वैधता कम होगी।

(e) **Information Overload:** Too quite a bit of information additionally brings about poor communication. Helpful information blended with extra information requires extra push to discrete the two. Likewise, right information can get stirred up with comparative wrong information and reason disarray and blunders.

सूचना अधिभार: बहुत अधिक जानकारी इसके अलावा खराब संचार के बारे में बहुत कुछ बताती है। अतिरिक्त जानकारी के साथ मिश्रित मददगार जानकारी को दोनों को अलग करने के लिए अतिरिक्त पुश की आवश्यकता होती है। इसी तरह, सही जानकारी तुलनात्मक गलत सूचना और कारण अव्यवस्था और भूलों से हड़कंप मचा सकती है।

(f) **Other Communication Barriers:** These incorporate discernment, which makes people rationally shift through and twist information received. The recognition itself is influenced by any variables, for example, states of mind and feelings.

अन्य कम्युनिकेशन बैरियर: इनमें विचार–विमर्श शामिल है, जो लोगों को तर्कसंगत रूप से बदलाव और सूचनाओं को मोड़ने में सक्षम बनाता है प्राप्त किया। मान्यता स्वयं किसी भी चर से प्रभावित होती है, उदाहरण के लिए, मन और भावनाओं की स्थिति।

Contrasts in status and power likewise influence readiness of the people to impart and the way of information conveyed.

स्थिति और शक्ति में विरोधाभास लोगों को प्रभावित करने और जानकारी के तरीके को प्रभावित करने की प्रभावित–तत्परता की तरह है।

Channel Selection (चैनल चयन)

To decide the fitting communication channel, distinguish the general population you need to correspond with, exploration how they get information, consider the multifaceted nature of the message you need to convey, figure the expense of imparting and choose whether you need the communication to be intelligent. The decision of channel is not straightforward; for a mind-boggling communication program, you may need to work with experts, for example, advertising or promoting communication specialists has described in following steps:

फिटिंग संचार चैनल को तय करने के लिए, उन सामान्य लोगों को पहचानें, जिनके साथ आपको पत्र–व्यवहार करने की आवश्यकता है, अन्वेषण करें कि उन्हें कैसे जानकारी मिलती है, संदेश के बहुमुखी प्रकृति पर विचार करें, जिसे आपको संप्रेषित करने की आवश्यकता है, यह पता लगाने का खर्च समझें और चुनें कि क्या आपको बुद्धिमान होने के लिए संचार की आवश्यकता है। चैनल का निर्णय सीधा नहीं है मनमौजी संचार कार्यक्रम के लिए, आपको विशेषज्ञों के साथ काम करने की आवश्यकता हो सकती है, उदाहरण के लिए, विशेष चरणों में विज्ञापन–प्रसार या संचार को बढ़ावा देना, निम्नलिखित चरणों में वर्णित है:

Step 1 (चरण 1)

Recognize your intended interest group. Figure out the occupation titles of the general population who settle on or impact choices about acquiring the sort of items you supply. Survey the media information packs of magazines and daily papers that claim to achieve your intended interest group. Draw up a shortlist of productions you could use for publicizing or article scope. Inquire as to whether they meet the key leaders up close and personal. In the event that they do, you can utilize the business power to impart information. Consider how you could utilize your site to correspond with the crowd. Organizations utilize the Internet to assemble preparatory information when they are considering a buy.

अपने इच्छित ब्याज समूह को पहचानें। सामान्य आबादी के व्यवसाय के शीर्षक का पता लगाएं, जो आपके द्वारा आपूर्ति की जाने वाली वस्तुओं के प्रकार को प्राप्त करने या प्रभावित करने के विकल्पों पर निर्भर करता है। पत्रिकाओं और दैनिक पत्रों के मीडिया सूचना पैक का सर्वेक्षण करें जो आपके इच्छित ब्याज समूह को प्राप्त करने का दावा करते हैं। उन प्रस्तुतियों की एक शॉर्टलिस्ट तैयार करें जिन्हें आप प्रचार या लेख के दायरे के लिए उपयोग कर सकते हैं। पूछताछ करें कि क्या वे प्रमुख

नेताओं से करीबी और व्यक्तिगत मुलाकात करते हैं। इस घटना में कि वे क्या करते हैं, आप जानकारी प्रदान करने के लिए व्यावसायिक शक्ति का उपयोग कर सकते हैं। गौर कीजिए कि आप अपनी साइट का उपयोग भीड़ के साथ कोर–स्पोंड में कैसे कर सकते हैं। संगठन इंटरनेट का उपयोग तैयारी की जानकारी इकट्ठा करने के लिए करते हैं जब वे खरीद पर विचार कर रहे होते हैं।

Step 2 (चरण 2)

Break down the message you need to impart. Use channels, for example, ads, e-mail or short messages on online networking, for example, twitter to convey a basic message, for example, a value change or new item declaration. Select a channel that permits you to treat a theme in more profundity on the off chance that you need to clarify the advantages of another item or a key change in your organization. Consider component articles in magazines read by your intended interest group, itemized specialized papers accessible from your site or talking opportunities at industry gatherings went to by your intended interest group.

उस संदेश को तोड़ दें जिसे आपको प्रदान करने की आवश्यकता है। चैनल का उपयोग करें, उदाहरण के लिए, ऑनलाइन नेटवर्किंग पर विज्ञापन, ई–मेल या लघु संदेश, उदाहरण के लिए, एक मूल संदेश बताने के लिए ट्विटर, उदाहरण के लिए, एक मूल्य परिवर्तन या नई आइटम घोषणा। एक चैनल का चयन करें जो आपको बंद अवसर पर अधिक निपुणता में एक विषय का इलाज करने की अनुमति देता है जिसे आपको किसी अन्य आइटम के फायदे या अपने संगठन में एक महत्वपूर्ण बदलाव को स्पष्ट करने की आवश्यकता है। अपने इच्छित ब्याज समूह द्वारा पढ़ी जाने वाली पत्रिकाओं में घटक लेखों पर विचार करें, आपकी साइट से सुलभ विशेषीकृत कागजात या उद्योग सभाओं में बात करने के अवसर आपके इच्छित ब्याज समूह द्वारा गए थे।

Step 3 (चरण 3)

Figure the expense of imparting through the channels you have recognized. Acquire promoting rates from media distributors, approach creators and printers for quotes on delivering printed records, for example, specialized papers and compute the expense of direct deals approaches key chiefs.

जिन चैनल को आपने पहचाना है, उनके माध्यम से प्रदान करने के खर्च का आंकड़ा। मीडिया डिस्ट्रीब्यूटर्स से प्रमोशन–इंग रेट्स हासिल करें, प्रिंटेड रिकॉर्ड देने के लिए उद्धरणों के लिए बतम–जवते और प्रिंटर का उपयोग करें, उदाहरण के लिए, विशेष कागजात और प्रत्यक्ष सौदों के खर्च की गणना प्रमुख प्रमुखों से करते हैं।

Step 4 (चरण 4)

Pick intuitive channels on the off chance that you need to get feedback or screen assessments of your organization and your items. Set up a gathering or item survey page on your site to urge guests to share their perspectives. Screen online networking for material that identifies with your organization. React to remarks to construct dialog and ensure your notoriety.

बंद मौका है कि आप अपने संगठन और अपने आइटम की प्रतिक्रिया या स्क्रीन आकलन प्राप्त करने की आवश्यकता पर सहज ज्ञान युक्त चैनल चुनें। मेहमानों को उनके दृष्टिकोण को साझा करने के लिए आग्रह करने के लिए अपनी साइट पर एक गैदरिंग या आइटम सर्वेक्षण पृष्ठ सेट करें। आपके संगठन के साथ पहचान करने वाली सामग्री के लिए स्क्रीन ऑनलाइन नेटवर्किंग। संवाद का निर्माण करने और अपनी कुख्याति सुनिश्चित करने के लिए टिप्पणियों पर प्रतिक्रिया दें।

Step 5 (चरण 5)

Work with communications experts to create and execute your communication system. Delegate an advertising expert to handle relations with the media guaranteeing that official statements show up in the right productions and increasing article scope in powerful media. Select a showcasing firm or publicizing organization to make suggestions on communication channels and strategy.

अपने संचार प्रणाली को बनाने और निष्पादित करने के लिए संचार विशेषज्ञों के साथ काम करें। मीडिया के साथ संबंधों को संभालने के लिए एक विज्ञापन विशेषज्ञ को प्रतिनिधि बनाएं जो गारंटी देता है कि आधिकारिक बयान सही प्रस्तुतियों और शक्तिशाली मीडिया में लेख के दायरे को बढ़ाते हैं। संचार चौनलों और रणनीति पर सुझाव देने के लिए एक प्रदर्शनकारी फर्म या प्रचार संगठन का चयन करें।

Physical Barriers (वास्तविक बाधाएं)

There are a large group of physical variables that can keep people from having a powerful communication. Physical boundaries identify with aggravation in the quick milieu, which can meddle over the span of a viable communication.

फिजिकल वैरिएबल का एक बड़ा समूह है जो लोगों को एक शक्तिशाली संचार रखने से रोक सकता है। भौतिक सीमाएँ त्वरित मील में वृद्धि के साथ पहचान करती हैं, जो व्यवहार्य संचार की अवधि में बाधा डाल सकती हैं।

(a) **Environment:** A few obstructions are because of the current environment. On the off chance that you are remaining in antagonistic climate conditions, your discussion would be hampered, in light of the fact that you would not have the capacity to give careful consideration to what the other individual is stating.

वातावरण: कुछ बाधाएँ वर्तमान परिवेश के कारण हैं। इस अवसर पर कि आप विरोधी जलवायु स्थितियों में शेष हैं, आपकी चर्चा में बाधा उत्पन्न होगी, इस तथ्य के प्रकाश में कि आपके पास अन्य व्यक्ति के बारे में ध्यान देने की क्षमता नहीं होगी।

The feeling in which you are having a discussion additionally has vital impact in the nature of a discussion. On the off chance that the spot is excessively boisterous, or two swarmed, you will most likely be unable to plainly listen to the speaker.

जिस भावना के साथ आप एक चर्चा कर रहे हैं अतिरिक्त रूप से एक चर्चा की प्रकृति पर महत्वपूर्ण प्रभाव पड़ता है। इस मौके पर कि स्पॉट अत्यधिक उबाऊ है, या दो झुंड हैं, आप सबसे अधिक स्पष्ट रूप से स्पीकर को सुनने में असमर्थ होंगे।

For instance, in the event that you are having a discussion with somebody along the roadside, the commotion of the passing vehicles can make it troublesome for you to focus on what you are stating, aside from meddling in powerful tuning in. Correspondingly, on the off chance that you are conversing with somebody in singing warmth, then the physical uneasiness can without much of a stretch make you unengaged in the discussion.

उदाहरण के लिए, इस घटना में कि आप सड़क के किनारे किसी के साथ चर्चा कर रहे हैं, गुजरते वाहनों का हंगामा आपके लिए यह मुश्किल कर सकता है कि आप किस चीज पर ध्यान केंद्रित कर रहे हैं, एक तरफ शक्तिशाली ट्यूनिंग में ध्यान लगाने से अलग। इसके विपरीत, इस बंद मौका पर कि आप किसी के साथ गर्मजोशी से बातचीत कर रहे हैं, तो शारीरिक बेचैनी बहुत ज्यादा हो सकती है एक खिंचाव से आप में बिना किसी बाधा के चलते हैं।

(b) **Distance:** Separation likewise has vital influence in deciding the course of a discussion. For instance, if the staff in an organization is made to sit in diverse structures or distinctive floors, they may need to substitute up close and personal communication with telephone calls or messages.

दूरी: इसी तरह एक चर्चा के दौरान निर्णय लेने पर पृथक्करण का महत्वपूर्ण प्रभाव है। उदाहरण के लिए, यदि किसी संगठन के कर्मचारियों को विविध संरचनाओं या विशिष्ट मंजिलों में बैठने के लिए बनाया गया है, तो उन्हें टेलीफोन कॉल या संदेशों के साथ करीबी और व्यक्तिगत संचार को स्थानापन्न करने की आवश्यकता हो सकती है।

This keeps the representatives to have compelling communication with one another. For instance, if a supervisor and his subordinate are situated at diverse structures of an organization, then the chief may need to give out guidelines via telephone or over the e-mail, which can in some cases lead to an absence of compelling communication.

यह प्रतिनिधियों को एक दूसरे के साथ संचार के लिए रखता है। उदाहरण के लिए, यदि कोई पर्यवेक्षक और उसका अधीनस्थ किसी संगठन की विविध संरचनाओं में स्थित हैं, तो प्रमुख को टेलीफोन या ई–मेल के माध्यम से दिशानिर्देश देने की आवश्यकता हो सकती है, जो कुछ मामलों में मजबूर संचार की अनुपस्थिति का कारण बन सकता है।

(c) **Ignorance of Medium:** Communication likewise incorporates utilizing signs and images to pass on an inclination or an idea. In any case, if there is an absence of lack of awareness about the medium in which sender is sending the message, the discussion can be hampered.

माध्यम की अज्ञानता: संचार इसी तरह झुकाव और एक विचार पर पारित करने के लिए संकेतों और छवियों का उपयोग करना शामिल है। किसी भी मामले में, यदि प्रेषक संदेश भेजने वाले माध्यम के बारे में जागरूकता की कमी का अभाव है, तो चर्चा बाधित हो सकती है।

For instance, the utilization of signs to impart can be found in amusements like soccer and hockey, where players don't need the contradicting group to think about their arrangements and may banter through codes and signs. On the other hand, if an individual from a group is not familiar with these signs, it can prompt an absence of communication.

उदाहरण के लिए, इंपोर्ट करने के लिए संकेतों का उपयोग फुटबॉल और हॉकी जैसे मनोरंजनों में पाया जा सकता है, जहां खिलाड़ियों को अपनी व्यवस्था के बारे में सोचने के लिए विरोधाभास–समूह की आवश्यकता नहीं होती है और कोड और संकेतों के माध्यम से प्रतिबंध लगा सकते हैं। दूसरी ओर, यदि किसी समूह का कोई व्यक्ति इन संकेतों से परिचित नहीं है, तो यह संचार की अनुपस्थिति का संकेत दे सकता है।

(d) **Physical Disability (शारीरिक विकलांगता)**

- Physical handicap can likewise end up being a boundary for powerful communication.

  एक शारीरिक बाधा अंत में शक्तिशाली संचार के लिए एक सीमा हो सकती है।

- Individuals with physical handicaps for the most part are off guard with regards to picking up work.

  अधिकांश भाग के लिए शारीरिक विकलांग व्यक्तियों को काम लेने के संबंध में बंद कर दिया जाता है।

- They have been underestimated through ages, and this can make them have a low self-regard and social uneasiness.

  उन्हें उम्र के माध्यम से कम करके आंका गया है, और इससे उन्हें कम आत्म–सम्मान और सामाजिक बेचैनी हो सकती है।

- It can bring about a physically tested individual to have face troubles in self-exposure and can hamper his interpersonal abilities.

  यह एक शारीरिक रूप से परीक्षित व्यक्ति को आत्म–प्रदर्शन में परेशानी का सामना करने के लिए ला सकता है और उसकी पारस्परिक क्षमताओं में बाधा डाल सकता है।

Semantics (सेमांटिक्स)

There is dependably a plausibility of misconception the sentiments of the sender of the message or misunderstanding a significance of it. The receiver in the light of his experience, which makes far-fetched circumstances, clarifies the words, signs, and figures

utilized as a part of the communication. This happens in light of the fact that the information is not sent in basic dialect.
संदेश के प्रेषक की भावनाओं को गलत तरीके से समझने या इसके महत्व को समझने की गलतफहमी है। अपने अनुभव के प्रकाश में रिसीवर, जो दूर की परिस्थितियों को बनाता है, संचार के एक भाग के रूप में उपयोग किए गए शब्दों, संकेतों और आंकड़ों को स्पष्ट करता है। यह इस तथ्य के प्रकाश में होता है कि जानकारी मूल बोली में नहीं भेजी जाती है।

Perception of Reality (वास्तविकता की धारणा)

Discernment is comprehension of our general surroundings. Everyone sees the world in his own special way and deciphers what has been seen in yet another novel way and translates what has been seen in yet another one of a kind way. When we firmly dissent, we basically say "I am sad, our observations seem, by all accounts, to appear as something else".
विवेक हमारे सामान्य परिवेश की समझ है। हर कोई दुनिया को अपने तरीके से देखता है और जो अभी तक एक और उपन्यास तरीके से देखा गया है और जो अभी तक एक और एक तरह से देखा गया है, का अनुवाद करता है। जब हम दृढ़ता से असंतोष करते हैं, तो हम मूल रूप से कहते हैं "मैं दुखी हूं, हमारी टिप्पणियों को लगता है, सभी खातों द्वारा, कुछ और के रूप में प्रकट होने के लिए"।

Information Overload (बहुत ज्यादा जानकारी)

Information over-burden happens when the measure of data to a framework surpasses its preparing limit. Leaders have genuinely restricted intellectual handling limit. Hence, when information over-burden happens, it is likely that a diminishment in choice quality will happen.
सूचना का अधिक बोझ तब होता है जब किसी ढांचे में डेटा की माप इसकी तैयारी की सीमा को पार कर जाती है। नेताओं के पास बौद्धिक रूप से सीमित सीमा है। इसलिए, जब जानकारी अधिक बोझ होती है, तो यह संभावना है कि पसंद की गुणवत्ता में कमी होगी।

In the event that you get a message with a lot of information, you may tend to set up an obstruction on the grounds that the measure of information is coming so quick that you may experience issues easily interpreting that information. On the off chance that you are offering a thing with a quarter century elements, pick a few imperative elements to accentuate as opposed to overpowering your receiver (ho-murmur) with an information torrential slide.
इस घटना में कि आपको बहुत सी जानकारी के साथ एक संदेश मिलता है, आप इस आधार पर एक अवरोध स्थापित कर सकते हैं कि सूचना का माप इतनी जल्दी आ रहा है कि आप उस जानकारी की व्याख्या करने में आसानी से समस्याओं का अनुभव कर सकते हैं। बंद मौका पर कि आप एक चौथाई सदी के तत्वों के साथ एक चीज की पेशकश कर रहे हैं, कुछ अत्याचारी तत्वों को लेने के लिए एक सूचना मूसलाधार स्लाइड के साथ अपने रिसीवर (हो–मुरमुर) पर हावी होने का विरोध करें।

6.23 Improving Your Writing Skills (अपने लेखन कौशल को बढ़ाने के लिए)

Writing is a form of communication which allows people to put their feelings and ideas on paper, to organize their knowledge and beliefs into convincing arguments, and to convey meaning through well-constructed text.
लेखन संचार का एक रूप है जो लोगों को अपनी भावनाओं और विचारों को कागज पर रखने की अनुमति देता है, अपने ज्ञान और विश्वासों को ठोस तर्क में व्यवस्थित करने और अच्छी तरह से निर्मित पाठ के माध्यम से अर्थ व्यक्त करने की अनुमति देता है।

Writing skills are an important part of communication, as good writing skills allow you to communicate your message with clarity and ease to a far larger audience than through face-to-face or telephone conversations. You might be called upon to write a report, plan or strategy at work; write a grant application or press release within a volunteering role. A well written CV or résumé with no spelling or grammatical mistakes is essential if you want a new job.
लेखन कौशल संचार का एक महत्वपूर्ण हिस्सा है, क्योंकि अच्छा लेखन कौशल आपको अपने संदेश को स्पष्टता के साथ संवाद करने और आमने–सामने या टेलीफोन वार्तालापों की तुलना में कहीं अधिक बड़े दर्शकों तक आसानी से पहुंचाता है। आपको कार्यस्थल पर एक रिपोर्ट, योजना या रणनीति लिखने के लिए बुलाया जा सकता है; एक स्वैच्छिक भूमिका के भीतर अनुदान आवेदन या प्रेस विज्ञप्ति लिखें। यदि आप एक नई नौकरी चाहते हैं तो बिना किसी वर्तनी या व्याकरण की गलतियों के साथ एक अच्छी तरह से लिखा गया CV या रिज्यूमे आवश्यक है।

Poor writing skills create poor first impressions and many readers will have an immediate negative reaction if they spot a spelling or grammatical mistake. This section will teach you about writing - from grammar, spelling and punctuation, how to plan your writing, and the various processes and checks to go through before finalizing you writing.
खराब लेखन कौशल खराब प्रथम छापें पैदा करते हैं और कई पाठकों की तत्काल नकारात्मक प्रतिक्रिया होगी यदि वे वर्तनी या व्याकरण संबंधी गलती करते हैं। यह खंड आपको व्याकरण, वर्तनी और विराम चिह्न, आपके लेखन की योजना कैसे बना सकता है, और आपके लेखन को अंतिम रूप देने से पहले विभिन्न प्रक्रियाओं और जाँच से सीखेगा।

6.24 Resume (रिज्यूमे)

Resume sets out your skills and experience, it should demonstrate potential employer that why they should hire you above any of the other skilled candidates who have presented themselves for employment.
रिज्यूमे आपके कौशल और अनुभव को निर्धारित करता है, यह संभावित नियोक्ता को प्रदर्शित करना चाहिए कि वे आपको किसी अन्य कुशल

उम्मीदवार के ऊपर क्यों नियुक्त करें, जिन्होंने खुद को रोजगार के लिए प्रस्तुत किया है।

Resume is a detailed document which outline all of the life achievements, qualifications, associations, awards and skills. It's a concise document; an and focuses on specific skills and achievements, usually in relation and relevant to an employment opportunity.

एक फिर से शुरू एक विस्तृत दस्तावेज है जो सभी जीवन उपलब्धियों, योग्यता, संघों, पुरस्कारों और कौशल को रेखांकित करता है। यह एक संक्षिप्त दस्तावेज है; और विशिष्ट कौशल और उपलब्धियों पर केंद्रित है, आमतौर पर संबंध में और रोजगार के अवसर के लिए प्रासंगिक है।

Things to Do while Writing a Resume
रिज्यूम लिखते समय ध्यान करने वाली बातें

- Start with your name, address, phone number and email address.
  अपने नाम, पते, फोन नंबर और ईमेल पते के साथ शुरू करें।
- If your Resume runs to more than one page, then make sure you include an identifier on every page, probably as a header or footer, and page numbers.
  यदि आपका रिज्यूमे एक से अधिक पेज पर चलता है, तो सुनिश्चित करें कि आप हर पेज पर एक पहचानकर्ता, संभवतरू हेडर या फूटर और पेज नंबर के रूप में शामिल हैं।
- Include sections on Key Skills, Knowledge and Achievements, Work Experience, and Education.
  कुंजी कौशल, ज्ञान और उपलब्धियां, कार्य अनुभव और शिक्षा पर अनुभाग शामिल करें।
- Include everything relevant in "Work Experience" and "Education".
  ''कार्य अनुभव'' और ''शिक्षा'' में प्रासंगिक सब कुछ शामिल करें।
- Make sure that your spelling and grammar are all correct.
  सुनिश्चित करें कि आपकी वर्तनी और व्याकरण सभी सही हैं।
- Use a standard and professional-looking font such as Arial or Calibri, which is easy to read, and generally no smaller than 10 point for body text, larger for headings.
  एक मानक और पेशेवर–दिखने वाले फॉन्ट का उपयोग करें जैसे कि एरियल या कैलीबरी, जो पढ़ने में आसान है, और आमतौर शरीर पाठ के लिए 10 बिंदु से छोटा नहीं है, शीर्षकों के लिए बड़ा है।

Mistakes and Pitfalls to Avoid
गलतियों और नुकसान से बचने के लिए:

- Do not give any false information about yourself.
  अपने बारे में कोई झूठी जानकारी न दें।
- Avoid leaving gaps in your career history
  अपने करियर के इतिहास में अंतराल छोड़ने से बचें
- Do not start your CV with the dull bits
  अपने सीवी को सुस्त बिट्स के साथ शुरू न करें
- Do not include your hobbies and interests
  अपने शौक और रुचियों को शामिल न करें
- Don't make your CV too long
  आपका CV को बहुत लंबा नहीं करें।
- Do not use an unprofessional email address
  एक अव्यवसायिक ईमेल पते का उपयोग न करें

6.25 Letters (पत्र)

A business letter is typically a letter starting with one organization then onto the next, or between such organizations and their clients, customers and other outside gatherings. The general style of a letter relies on the relationship between the groups concerned. Business letters can have numerous sorts of contents, for example, to ask for direct information or activity from another party, to request supplies from a supplier, to point out a mistake by the letter's recipient, to answer straightforwardly to a request, to apologize for a wrong, or to pass on goodwill. A business letter is now and then helpful because it delivers a changeless composed record, and may be considered more important by the recipient than different types of communication.

एक व्यवसाय पत्र आम तौर पर एक पत्र होता है जो एक संगठन के साथ शुरू होता है, फिर अगले पर या ऐसे संगठनों और उनके ग्राहकों, और अन्य बाहरी समारोहों के बीच। एक पत्र की सामान्य शैली संबंधित समूहों के बीच संबंधों पर निर्भर करती है। व्यावसायिक पत्रों में कई प्रकार की सामग्री हो सकती है, उदाहरण के लिए, किसी अन्य पार्टी से प्रत्यक्ष जानकारी या गतिविधि के लिए पूछने के लिए, आपूर्तिकर्ता से आपूर्ति का अनुरोध करने के लिए, पत्र के प्राप्तकर्ता द्वारा एक गलती को इंगित करने के लिए, एक अनुरोध पर सीधे जवाब देने के लिए, अपोलो–किसी गलत काम के लिए, या सद्भावना को पारित करने के लिए। एक बिजनेस पत्र अब और फिर सहायक है क्योंकि यह एक परिवर्तनशील रचना रिकॉर्ड करता है, और प्राप्तकर्ता द्वारा विभिन्न प्रकार के संचार की तुलना में अधिक महत्वपूर्ण माना जा सकता है।

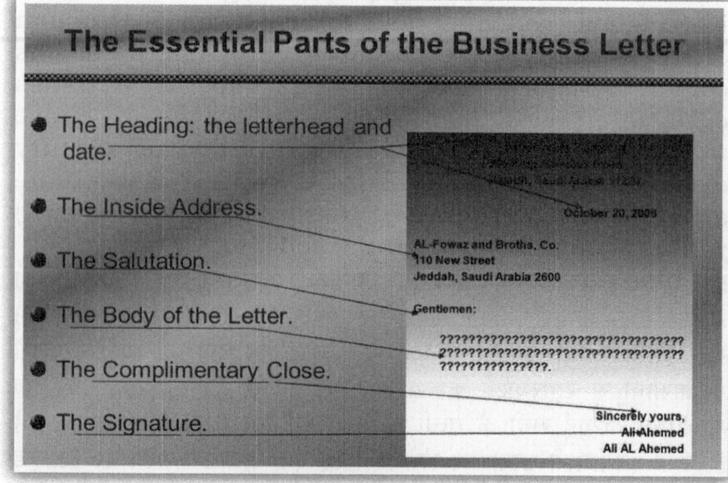

Figure 6.4: Letters (पत्रा)

Conventional Parts of Business Letters

व्यापार पत्रा के पारंपरिक भाग

- **Letterhead:** Organizations usually use printed-paper where heading or letterhead is primarily designed at the top of the sheet. It bears all the necessary information about the organization's identity.

  लेटरहेड–संगठन आमतौर पर मुद्रित–पेपर का उपयोग करते हैं जहां हेडिंग या लेटरहेड को मुख्य रूप से शीट के शीर्ष पर डिजाइन किया गया है। यह संगठन की पहचान के बारे में सभी आवश्यक जानकारी देता है।

- **The date of the letter:** Date of composing. The month ought to be completely delineated and the year composed with every one of the four digits October 20, 2006 (20 October 2006 – UK style). The date is adjusted to the arrival address. The quantity of the date is proclaimed as an ordinal figure, however, the endings st, nd, rd, th, are regularly excluded in composing. The article before the quantity of the day is proclaimed however not composed. In the body of the letter, in any case, the article is written when the name of the month is not specified with the day.

  पत्रा की तारीख रचना की तिथि–महीने को पूरी तरह से चित्रित किया जाना चाहिए और इस वर्ष की रचना हर चार में से एक के साथ होगी अंक 20 अक्टूबर, 2006 (20 अक्टूबर 2006 यूके शैली)। दिनांक को आगमन पते पर समायोजित किया जाता है। तिथि की मात्रा को क्रमिक आकृति के रूप में घोषित किया जाता है, हालांकि, एंडिंग सेंट, एनडी, आरडी, वें, को नियमित रूप से कंपोज–इंग में रखा जाता है। दिन की मात्रा से पहले का लेख घोषित किया गया है, लेकिन इसकी रचना नहीं की गई है। पत्र में, किसी भी मामले में, लेख तब लिखा जाता है जब महीने का नाम दिन के साथ निर्दिष्ट नहीं होता है।

- **The Inside Address:** In a business or formal letter, you should give the address of the recipient after your address. Include the recipient's name, company, address, and postal code. Add job title if appropriate. Separate the recipient's name and title with a comma. Double check that you have the correct spelling of the recipient's name. The Inside Address is always on the left margin. If an 8 1/2" x 11" paper is folded in thirds to fit in a standard 9" business envelope, the internal address can appear through the window in the envelope.

  इनसाइड एड्रेस–एक व्यावसायिक या औपचारिक पत्र में, आपको अपने पते के बाद प्राप्तकर्ता का पता देना चाहिए। रेस्पेंट का नाम, कंपनी, पता और पोस्टल कोड शामिल करें। यदि उचित हो तो नौकरी का शीर्षक जोड़ें। प्राप्तकर्ता के नाम और शीर्षक को अल्पविराम से अलग करें। दोहराएं कि आपके पास प्राप्तकर्ता के नाम का सही स्पेल–लिंग है। इनसाइड एड्रेस हमेशा लेफ्ट मार्जिन पर होता है। यदि एक 8 1/2 "x 11" पेपर एक मानक 9 "व्यापार लिफाफे में फिट करने के लिए तिहाई में मुड़ा हुआ है, तो आंतरिक पता लिफाफे में खिड़की के माध्यम से दिखाई दे सकता है।

- **The Greeting/Salutation:** Also called the salutation. The type of greeting depends on your relationship with the recipient. It starts with "Dear" and dependably incorporates the individual's last name. Utilize each asset conceivable to deliver your letter to a genuine person. On the off chance that you don't have a clue about the name of your collector address it to Dear Madam/Sir (or Dear Sales Manager or Dear Human Resources Director). When in doubt, the welcome in a business letter closures in a colon (US style). It is likewise satisfactory to utilize a comma (UK style).

  अभिवादन/अभिवादन को अभिवादन भी कहा जाता है। ग्रीटिंग का प्रकार प्राप्तकर्ता के साथ आपके रिश्ते पर निर्भर करता है। यह "Dear" से शुरू होता है और व्यक्ति के अंतिम नाम पर निर्भर करता है। एक वास्तविक व्यक्ति को अपना पत्र देने के लिए प्रत्येक संपत्ति का उपयोग करें। इस अवसर पर कि आपके पास अपने कलेक्टर के नाम के बारे में प्रिय महोदया/सर (या प्रिय बिक्री प्रबंधक या प्रिय मानव संसाधन निदेशक) को कोई सुराग नहीं है। जब संदेह होता है, तो एक व्यापारिक पत्र में स्वागत एक बृहदान्त्र (यूएस शैली) में बंद हो जाता है। इसी तरह अल्पविराम (यूके शैली) का उपयोग करना संतोषजनक है।

- **The Subject Line (optional):** Its inclusion can help the recipient in dealing successfully with the aims of your letter. The subject sentence is preceded by the word Subject: or Re: Subject line may be emphasized by underlining, using bold font, or all capital letters. It is placed one line below the greeting but alternatively can be located directly after the "internal address," before the "greeting".

  विषय पंक्ति ;वैकल्पिकद्ध–इसका समावेश प्राप्तकर्ता को आपके पत्र के उद्देश्यों से सफलतापूर्वक निपटने में मदद कर सकता है। विषय वाक्य से पहले शब्द सब्जेक्टः या रेः सब्जेक्ट लाइन को बोल्ड फॉन्ट या सभी कैपिटल अक्षरों का उपयोग करके रेखांकित किया जा सकता है। यह एक रखा गया है ग्रीटिंग के नीचे की रेखा लेकिन वैकल्पिक रूप से "ग्रीटिंग" से पहले सीधे "आंतरिक पते" के बाद स्थित हो सकती है।

- **The Body Paragraphs:** The body is the place you clarify why you are composing. It is the focal piece of the business letter. Ensure the beneficiary knows who you are and why you are writing yet attempt to abstain from beginning with "I." Use another section when you wish to present another thought or component into your letter. Contingent upon the letter style you pick, sections may be indented. Notwithstanding arrange, avoid a line between sections.

बॉडी परिच्छेद–बॉडी वह स्थान है जिसे आप स्पष्ट करते हैं कि आप क्यों रचना कर रहे हैं। यह व्यापार पत्र का केंद्रबिंदु है। सुनिश्चित करें कि लाभार्थी जानता है कि आप कौन हैं और आप अभी तक "आई" के साथ शुरुआत करने का प्रयास क्यों कर रहे हैं। जब आप अपने पत्र में किसी अन्य विचार या घटक को प्रस्तुत करना चाहते हैं तो दूसरे खंड का उपयोग करें। आपके द्वारा चुने गए पत्र शैली पर आकस्मिक, खंडों को इंडेंट किया जा सकता है। नहीं–समझ की व्यवस्था, वर्गों के बीच एक रेखा से बचें।

- **The Complimentary Close:** This short, wellmannered shutting dependably closes with a comma. It is either at the left edge, or its left side is on the inside, contingent upon the Business Letter Style that you utilize. It starts at the same section the heading does. The standard guideline of manners in Britain is that a formal letter is beginning "Dear Sir or Madam" must end "Yours dependably" while a letter is starting "Dear " must end "Yours truly". (Note: the second expression of the purpose is NOT promoted).

  कॉम्प्लिमेंटरी क्लोज्ड– यह लघु, अच्छी तरह से संचालित शटडाउन एक अल्पविराम के साथ निर्भर करता है। यह या तो बाएं किनारे पर है, या इसके बाईं ओर अंदर की तरफ है, जो कि आपके द्वारा उपयोग किए जाने वाले बिजी–नेस लेटर स्टाइल पर है। यह उसी सेक्शन पर शुरू होता है जो हेडिंग करता है। ब्रिटेन में शिष्टाचार की मानक दिशानिर्देश यह है कि एक औपचारिक पत्र "प्रिय महोदय या मैडम" शुरू हो रहा है, "आपका निर्भर होना चाहिए" जबकि पत्र के शुरू होने के बाद "प्रिय" को "आपका वास्तव में" समाप्त होना चाहिए। (नोटः उद्देश्य की दूसरी अभिव्यक्ति को बढ़ावा नहीं दिया गया है)।

- **Signature and Writer's identification:** The signature is the last some portion of the letter. You should be signing your first and last names. The signature line might incorporate a second line for a title if fitting. The signature ought to begin precisely over the first letter of the signature line in the space between the nearby and the signature line. Use blue or dark ink.

  हस्ताक्षर और लेखक की पहचान–हस्ताक्षर पत्र के अंतिम कुछ भाग हैं। आपको अपने पहले और आखिरी नामों पर हस्ताक्षर करने चाहिए। यदि फिटिंग हो तो हस्ताक्षर लाइन एक शीर्षक के लिए दूसरी पंक्ति को शामिल कर सकती है। हस्ताक्षर के पास और हस्ताक्षर लाइन के बीच की जगह में हस्ताक्षर लाइन के पहले अक्षर के ठीक ऊपर शुरू करना चाहिए। नीली या गहरी स्याही का प्रयोग करें।

- **Initials, Enclosures, Copies:** Initials are to be incorporated on the off chance that somebody other than the author sorts the letter. On the off chance that you include other material in the letter, put 'Fenced in an area', 'Enc.', or " Encs. ', as fitting, two lines underneath the last passage. cc implies a duplicate or duplicates are sent to another person.

  इनिशियल्स, एनक्लोजर, कॉपियाँ इनिशियल्स को इस मौके पर सम्मिलित किया जाना है कि लेखक के अलावा कोई और इस पत्र को छाँटे। इस अवसर पर कि आप पत्र में अन्य सामग्री को शामिल करते हैं, 'फेंस इन ए एरिया', 'एनकाउंटर', या ष्एनक्सष डालें, फिटिंग के रूप में, अंतिम पस–ऋषि के नीचे दो लाइनें हैं। cc एक डुप्लिकेट या डुप्लिकेट का अर्थ है। दूसरे व्यक्ति को भेजा जाता है।

Types of Business Letters (व्यापार पत्र के प्रकार)

The most critical component you have to guarantee in any business letter is exactness. One of the parts of composing a business letter that requires the most precision knows which kind of business letter you are writing. Some options are available for those looking to trade in business correspondence, and you will significantly increase your odds of getting a reply if you know the form you need to send.

किसी भी व्यावसायिक पत्र की गारंटी देने के लिए सबसे महत्वपूर्ण घटक सटीकता है। एक व्यावसायिक पत्र की रचना के कुछ हिस्सों में से एक को सबसे अधिक सटीक की आवश्यकता होती है, यह जानता है कि आप किस प्रकार का व्यावसायिक पत्र लिख रहे हैं। व्यापार पत्राचार में व्यापार करने की तलाश करने वालों के लिए कुछ विकल्प उपलब्ध हैं, और यदि आपको भेजने के लिए आवश्यक रूप पता है, तो आपको उत्तर प्राप्त करने की अपनी बाधाओं में काफी वृद्धि होगी।

(a) Letter of Complaint (शिकायत पत्र)

(b) Resume Cover Letter (कवर पत्र फिर से शुरू करें)

(c) Letter of Recommendation (सिफारिशी पत्र)

(d) Letter of Resignation (इस्तीफे का पत्र)

(e) Job Applicant Not Hired (नौकरी आवेदक किराए पर नहीं)

(f) Declining Dinner Invitation
डिनर निमंत्रण को अस्वीकार करना

(g) Reception of Gift (उपहार का स्वागत)

(h) Notification of Error (त्रुटि की सूचना)

(i) Thanks for Job Recommendation
(नौकरी की सिफारिश के लिए धन्यवाद

(j) Information Request (सुचना प्रार्थना)

6.26 Report (रिपोर्ट)

A report, by definition, is a "statement describing what has happened" or "describing a state of affairs". In business, there are many occasions when some form of "report" is required. It is supposed to be a detailed examination of a situation or problem, of action taken, or of the findings of an investigation. It is written in a clear, informative way, often drawing conclusions, making recommendations and suggesting courses of action. The purpose of such reports is usually to bring information to the attention of senior management authorities so that they can take any decision regarding the matters under review with full knowledge of the background, facts and circumstances. Reports can also be requested for action, or they can make suggestions to initiate action.

एक रिपोर्ट, परिभाषा के अनुसार, "क्या हुआ है" या "मामलों की स्थिति का वर्णन करने वाला विवरण" है। व्यवसाय में, ऐसे कई अवसर होते हैं जब "रिपोर्ट" के कुछ रूप की आवश्यकता होती है। किसी स्थिति या समस्या की विस्तृत जांच, कार्रवाई की गई, या किसी जांच के निष्कर्षों के बारे में बताया गया है। यह एक स्पष्ट, अनौपचारिक तरीके से लिखा जाता है, अक्सर निष्कर्ष निकालता है, पुनरावृत्ति करता है और कार्रवाई के पाठ्यक्रम का सुझाव देता है। ऐसी रिपोर्टों का उद्देश्य आमतौर पर वरिष्ठ प्रबंधन–मानसिक अधिकारियों के ध्यान में जानकारी लाना है ताकि वे पृष्ठभूमि, तथ्यों और परिस्थितियों की पूरी जानकारी के साथ समीक्षाधीन मामलों के बारे में कोई भी निर्णय ले सकें। कार्रवाई के लिए रिपोर्ट भी मांगी जा सकती है, या वे कार्रवाई शुरू करने के लिए सुझाव दे सकते हैं।

Business reports convey information from one person, group or company to another. According to West Virginia University, informal business reports are commonly sent through email, memos, letters or orally. Formal business reports are usually printed and might consist of one document submitted in a project or a series of reports.

व्यावसायिक रिपोर्टें एक व्यक्ति, समूह या कंपनी से दूसरे व्यक्ति को जानकारी देती हैं। वेस्ट वर्जीनिया यूनिवर्सिटी के अनुसार, अनौपचारिक व्यावसायिक रिपोर्ट आमतौर पर ईमेल, मेमो, पत्र या मौखिक रूप से भेजी जाती हैं। औपचारिक व्यावसायिक रिपोर्ट आमतौर पर मुद्रित की जाती हैं और इसमें परियोजना में प्रस्तुत एक दस्तावेज या रिपोर्टों की एक श्रृंखला शामिल हो सकती है।

Business Report Parts (व्यापार रिपोर्ट के भाग)

The contents of business reports differ dependent on the report's purpose. However, reports typically include four parts: introduction, summary, discussion and conclusions.

व्यवसाय रिपोर्ट की सामग्री रिपोर्ट के उद्देश्य पर निर्भर करती है। हालाँकि, रिपोर्ट्स टाइप–सी में चार भाग शामिल हैं: परिचय, सारांश, चर्चा और निष्कर्ष।

- The introduction is a short outline of the report's content. This might include a "Table of Contents" or merely state an overview.

  परिचय रिपोर्ट की सामग्री की एक छोटी रूपरेखा है। इसमें "टेबल ऑफ कॉन्टेंट्स" शामिल हो सकते हैं या केवल एक अवलोकन बता सकते हैं।

- The summary illustrates the opportunity or problem or summarizes the situation the report covers.

  सारांश अवसर या समस्या का चित्रण करता है या रिपोर्ट कवर की गई स्थिति को सारांशित करता है।

- The discussion includes descriptive details, such as methods used, results found and existing choices.

  चर्चा में वर्णनात्मक विवरण, जैसे उपयोग किए गए तरीके, परिणाम पाए गए और मौजूदा विकल्प शामिल हैं।

- The conclusion differs dependent on the reports, such as implications of each option for recommendation or analytical reports, evaluations for analytical reports, and explanations of why you think one options is best in recommendation reports.

  निष्कर्ष रिपोर्ट पर निर्भर करता है, जैसे कि एक सिफारिश या विश्लेषणात्मक रिपोर्ट के लिए प्रत्येक विकल्प के निहितार्थ, विश्लेषणात्मक रिपोर्ट के लिए मूल्यांकन, और क्यों आप सोचते हैं कि एक विकल्प सिफारिश की रिपोर्ट में सबसे अच्छा है।

Analytical Reports (विश्लेषणात्मक रिपोर्ट)

These types of business reports include information along with analysis or interpretation from the report's writer or in response to the person who requested the report.

इस प्रकार की व्यावसायिक रिपोर्टों में रिपोर्ट के लेखक से विश्लेषण या व्याख्या के साथ या रिपोर्ट का अनुरोध करने वाले व्यक्ति के जवाब में जानकारी शामिल होती है।

- A business uses analytical reports to make a decision or to work out a problem.

  एक व्यवसाय निर्णय लेने के लिए या किसी समस्या को हल करने के लिए विश्लेषणात्मक रिपोर्टों का उपयोग करता है।

- Examples of analytical reports include a progress report detailing what has occurred and the writer's analysis of it, or a sales report requested by the business owner as to why sales are falling in one location and not another.

  विश्लेषणात्मक रिपोर्ट के उदाहरणों में एक प्रगति रिपोर्ट शामिल है जो हुई है और लेखक के विश्लेषण, या एक बिक्री रिपोर्ट के रूप में व्यवसाय के मालिक द्वारा अनुरोध किया गया है कि बिक्री एक स्थान पर क्यों गिर रही है और दूसरी नहीं।

Informational Reports (सूचनात्मक रिपोर्ट)

- Informational reports contain information only and no commentary from the writer.

  सूचनात्मक रिपोर्टों में केवल जानकारी होती है और लेखक की कोई टिप्पणी नहीं होती है।

- This type of report includes data, facts and results about a specific subject in detail without any explanation or suggestions.

  इस प्रकार की रिपोर्ट में किसी विशेष विषय के बारे में डेटा, तथ्य और परिणाम शामिल होते हैं, किसी भी स्पष्टीकरण या सुझाव के साथ विस्तार से।

- This might be an informal report, such as a "minutes of meetings" report that contains actions and dialog of a meeting.

  यह एक अनौपचारिक रिपोर्ट हो सकती है, जैसे "मीटिंग्स ऑफ मिनट्स" रिपोर्ट जिसमें किसी मीटिंग की कार्रवाई और संवाद शामिल हैं।
- It might be a report on applicants for a new position requested by a company president, which might include names, experience, work record and other details pertinent to the job.

  यह कंपनी अध्यक्ष द्वारा अनुरोधित एक नई स्थिति के लिए आवेदकों पर एक रिपोर्ट हो सकती है, जिसमें नाम, अनुभव, कार्य रिकॉर्ड और नौकरी के लिए प्रासंगिक अन्य विवरण शामिल हो सकते हैं।

Recommendation and Research Reports
सिपफारिश और अनुसंधन रिपोर्ट

- A recommendation and research report includes information, the writer's examination of the information and the suitable action or actions the writer advises.

  एक सिफारिश और शोध रिपोर्ट में जानकारी शामिल होती है, लेखक की जानकारी की जांच और लेखक द्वारा उपयुक्त कार्रवाई या कार्रवाई की जाती है।
- These reports are based on research performed by a person or group in regard to a specific problem or subject.

  ये रिपोर्ट किसी व्यक्ति या समूह द्वारा किसी विशिष्ट समस्या या विषय के संबंध में किए गए शोध पर आधारित हैं।
- A common recommendation report is policy directives.

  एक सामान्य अनुशंसा रिपोर्ट नीति निर्देशक है।
- These reports detail the topic or problem using figures and significant facts, suggest various options and include detailed explanations of why one option is better than another option.

  ये रिपोर्ट आंकड़ों या महत्वगूर्ण तथ्यों का उगयोग करते हुए विषय या समस्या का विस्तार करते हैं, विभिन्न विकल्पों का सुझाव देते हैं और एक विकल्प को दूसरे विकल्प से बेहतर क्यों बताते हैं, की विस्तृत व्याख्या शामिल करते हैं।

Preparation before Writing Reports
(रिपोर्ट लिखने से पहले तैयारी)

Everything reports need to be clear, succinct and all around organized. The way to composing a viable report is to dispense time for arranging and readiness. With careful arranging, the written work of a report will be made much less demanding. The critical phases of effective report writing are depicted beneath. Consider to what extent every stage is prone to set aside and isolate the time before the due date between the distinct phases. Make sure to leave time for precise editing and checking.

सब कुछ रिपोर्ट को स्पष्ट, संक्षिप्त और संगठित होने की आवश्यकता है। व्यवहार्य रिपोर्ट की रचना करने का तरीका व्यवस्था और तत्परता के लिए समय निकालना है। सावधानीपूर्वक व्यवस्था के साथ, एक रिपोर्ट के लिखित कार्य को बहुत कम मांग–अंतर्ग्रहण बनाया जाएगा। प्रभावी रिपोर्ट लेखन के महत्वपूर्ण चरणों को नीचे दर्शाया गया है। इस बात पर विचार करें कि हर चरण अलग–अलग चरणों के बीच नियत तारीख से पहले समय को अलग करने और अलग करने के लिए प्रवण है। सटीक एड–इन और जाँच के लिए समय छोड़ना सुनिश्चित करें।

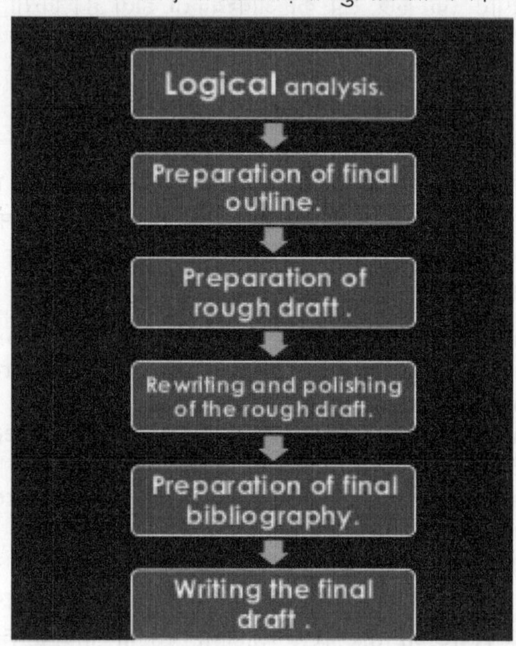

Figure 6.5: Writing Reports (रिपोर्ट लिखना)

Stage One: Understanding the report brief
स्टेज 1: रिपोर्ट को समझना

This first stage is the most essential. You should be sure that you comprehend the motivation behind your report as portrayed in your report brief or directions. Consider whom the report is for and why it is being composed. Watch that you see everyone of the directions or necessities, and inquire as to whether anything is misty.

यह पहला चरण सबसे आवश्यक है। आपको यह सुनिश्चित करना चाहिए कि आप अपनी रिपोर्ट के पीछे की प्रेरणा को अपनी रिपोर्ट में संक्षिप्त या दिशाओं में चित्रित करें। विचार करें कि रिपोर्ट किसके लिए है और इसकी रचना क्यों की जा रही है। देखें कि आप हर एक दिशा या आवश्यकता को देखते हैं, और पूछताछ करते हैं कि क्या कुछ भी गलत है।

Stage Two: Gathering and selecting information
स्टेज 2: जानकारी इकट्ठा करना और चयन करना

When you are clear about the reason for your report, you have to start to accumulate pertinent information. Your information might originate from an assortment of sources, yet the amount of information you will need will rely on upon the quantity of point of interest is required in the report. You might need to start by perusing pertinent writing to enlarge your comprehension of the point or issue before you go ahead to take a gander at different types of information, for example, polls, studies and so on. As you read and assemble information, you have to survey its importance to your report and select in like manner. Continue alluding to your report brief to offer you some assistance with deciding what is significant information.

जब आप अपनी रिपोर्ट के कारण के बारे में स्पष्ट हो जाते हैं, तो आपको प्रासंगिक जानकारी जमा करना शुरू करना होगा। आपकी जानकारी स्रोतों के वर्गीकरण से उत्पन्न हो सकती है, फिर भी आपको जितनी जानकारी की आवश्यकता होगी, उस पर निर्भर करेगा कि रिपोर्ट में ब्याज की मात्रा कितनी होनी चाहिए। उदाहरण के लिए, चुनाव, अध्ययन, और इसी तरह की विभिन्न प्रकार की सूचनाओं पर एक जेंडर लेने के लिए आगे बढ़ने से पहले, बिंदु या मुद्दे की अपनी समझ को बढ़ाने के लिए आपको निरंतर लेखन से शुरुआत करने की आवश्यकता हो सकती है। जैसा कि आप जानकारी पढ़ते हैं और इकट्ठा करते हैं, आपको अपनी रिपोर्ट में इसके महत्व का सर्वेक्षण करना होगा और इस तरह से चयन करना होगा। महत्वपूर्ण जानकारी क्या है, यह तय करने के लिए आपको कुछ सहायता प्रदान करने के लिए अपनी रिपोर्ट के लिए संक्षिप्त में जारी रखें।

Stage Three: Organizing your material

स्टेज 3: अपनी सामग्री का आयोजन

When you have assembled information you have to choose what will be incorporated and in what grouping it ought to be introduced. Start by gathering together focuses that are connected. These may frame segments or sections. Keep in mind to continue alluding to the report brief and be arranged to cut any information that is not specifically pertinent to the report. Pick a request for your material that is consistent and simple to take after.

जब आपने जानकारी इकट्ठी कर ली है तो आपको यह चुनना होगा कि क्या शामिल किया जाएगा और इसे किस समूह में पेश किया जाना चाहिए। एक साथ इकट्ठा करके शुरू करें जो केंद्रित हैं। ये खंडों या वर्गों को फ्रेम कर सकते हैं। रिपोर्ट संक्षिप्त करने के लिए जारी रखने के लिए ध्यान रखें और ऐसी किसी भी जानकारी को काटने की व्यवस्था करें जो विशेष रूप से रिपोर्ट के अनुसार नहीं है। अपनी सामग्री के लिए एक अनुरोध चुनें जो लगातार और सरल हो।

Stage Four: Analyzing your material

स्टेज 4: अपनी सामग्री का विश्लेषण

Before you start to compose your first draft of the report, set aside time to consider and make notes on the focuses you will make utilizing the actualities and proof you have assembled. What conclusions can be drawn from the material? What are the constraints or imperfections in the confirmation? Do individual bits of confirmation struggle with each other? It is insufficient just to present the information you have accumulated; you should relate it to the issue or issue portrayed in the report brief.

इससे पहले कि आप रिपोर्ट के अपने पहले मसौदे को तैयार करना शुरू करें, विचार करने के लिए अलग-अलग समय निर्धारित करें और उन फोकस पर नोट्स बनाएं जिनसे आप वास्तविकताओं और प्रमाणों का उपयोग करेंगे। सामग्री से क्या निष्कर्ष निकाला जा सकता है? पुष्टि में क्या अड़चनें या खामियां हैं? क्या एक-दूसरे के साथ व्यक्तिगत संघर्ष की पुष्टि होती है? यह केवल आपके द्वारा संचित जानकारी को प्रस्तुत करने के लिए अपर्याप्त हैय आपको इसे संक्षिप्त या रिपोर्ट में चित्रित की गई समस्या से संबंधित करना चाहिए।

Stage Five: Writing the Report

चरण 5: रिपोर्ट लिखना

Having sorted out your material into respective areas and headings, you can start to compose the first draft of your report. You might discover it less demanding to write the rundown and substance page toward the end when you know precisely what will be incorporated. Go for a composition style that is immediate and exact. Stay away from waffle and make your focuses obviously and succinctly. Parts, areas, and even individual passages ought to be composed with an unmistakable structure. The structure portrayed beneath can be adjusted and connected to parts, segments, and even passages.

अपनी सामग्री को संबंधित क्षेत्रों और शीर्षकों में क्रमबद्ध करने के बाद, आप अपनी रिपोर्ट का पहला मसौदा तैयार करना शुरू कर सकते हैं। आप यह जान सकते हैं कि जब आप जानते हैं कि क्या शामिल किया जाएगा, तो आप अंत में रुडाउन और उप-रुख पृष्ठ लिखने की मांग कर सकते हैं। एक ऐसी रचना शैली के लिए जाएं जो तत्काल और सटीक हो। वफल से दूर रहें और स्पष्ट रूप से और सफलतापूर्वक अपना ध्यान केंद्रित करें। भागों, क्षेत्रों और यहां तक कि अलग-अलग मार्गों को एक अचूक संरचना के साथ बनाया जाना चाहिए। नीचे की संरचना पोर-ट्रे को समायोजित और भागों, खंडों और यहां तक कि मार्ग से जोड़ा जा सकता है।

- Present the initial thought of the part/area/ section.

  भाग/ए-रीड/अनुभाग के प्रारंभिक विचार प्रस्तुत करें।

- Clarify and extend the thought, characterizing any key terms.

  किसी भी प्रमुख शब्दों को स्पष्ट करते हुए, विचार को स्पष्ट और विस्तारित करें।

- Present pertinent confirmation to bolster your point(s).

  अपनी बात को आगे बढ़ाने के लिए उचित पुष्टि प्रस्तुत करें।

- Remark on every bit of confirmation demonstrating how it identifies with your point(s).

यह पुष्टि करने के हर बिट पर टिप्पणी करें कि यह आपके बिंदु (नों) के साथ कैसे पहचान करता है।

- Finish up your part/segment/section by either demonstrating its essentialness to the report overall or making a connection to the following part/segment/passage.
  समग्र रूप से रिपोर्ट के लिए इसकी अनिवार्यता का प्रदर्शन करके या निम्नलिखित भाग/खंड/मार्ग से संबंध बनाने के द्वारा अपना हिस्सा/खंड/खंड समाप्त करें।

Stage Six: Reviewing and redrafting

चरण 6: समीक्षा करना और पुनरू प्रारूपण करना

In a perfect world, you ought to leave time to enjoy a reprieve before you audit your first draft. Be arranged to revise or modify areas in the light of your audit. Attempt to peruse the draft from the per user. Is it simple to take after with a logical structure that bodies well? Are the focuses succinctly yet unmistakably clarified and upheld by applicable proof? Composing on a word processor makes it less demanding to rework and improve areas or sections in your first draft. If you write your first draft by hand, have a go at writing every area on a different bit of paper to make redrafting less demanding.

एक आदर्श दुनिया में, आपको अपने पहले मसौदे का ऑडिट करने से पहले एक प्रतिनिधि का आनंद लेने के लिए समय निकालना चाहिए। अपने ऑडिट के प्रकाश में क्षेत्रों को संशोधित करने की व्यवस्था करें। प्रति उपयोगकर्ता से ड्राफ्ट को हटाने का प्रयास करें। क्या यह एक तार्किक संरचना के साथ लेने के लिए सरल है जो अच्छी तरह से बॉडी है? क्या साक्ष्य अभी तक स्पष्ट रूप से स्पष्ट रूप से स्पष्ट और लागू प्रमाण द्वारा बरकरार रखे गए हैं? वर्ड प्रोसेसर पर रचना करने से आपके पहले मसौदे में क्षेत्रों या वर्गों को फिर से बनाने और सुधारने की मांग कम हो जाती है। यदि आप अपना पहला ड्राफ्ट हाथ से लिखते हैं, तो कम मांग को कम करने के लिए अलग-अलग बिट पेपर पर हर क्षेत्र को लिखने पर जाएं।

Stage Seven: Presentation

स्टेज 7: प्रस्तुति

When you are fulfilled by the substance and structure of your redrafted report, you can turn your thoughtfulness regarding the presentation. Watch that the wording of every part/area/subheading is clear and precise. Watch that you have held fast to the directions in your report brief on design and presentation. Check for consistency in the numbering of parts, areas and informative supplements. Ensure that everyone of your sources is recognized and accurately referenced. You should edit your report for blunders of spelling or language structure. In the event that time permits, write more than once. Blunders in presentation or expression make a poor impression and can make the report hard to peruse.

जब आप अपनी रिड्राफ्ट की गई रिपोर्ट के पदार्थ और संरचना को पूरा करते हैं, तो आप प्रस्तुति के संबंध में अपनी विचारशीलता को बदल सकते हैं। देखें कि हर भाग / क्षेत्र / उप-शीर्षक का शब्दांकन स्पष्ट और सटीक है। देखें कि आपने अपनी रिपोर्ट में दिशाओं के लिए डिजाइन और प्रस्तुति पर संक्षिप्त जानकारी दी है। भागों, क्षेत्रों और सूचनात्मक पूरक की संख्या में स्थिरता के लिए जाँच करें। सुनिश्चित करें कि आपके प्रत्येक स्रोत को पहचाना और सटीक रूप से संदर्भित किया गया है। आपको वर्तनी या भाषा संरचना के दोषों के लिए अपनी रिपोर्ट संपादित करनी चाहिए। घटना में, वह समय अनुमति देता है, एक से अधिक बार लिखें। प्रस्तुति या अभिव्यक्ति में ब्लंडर खराब प्रभाव डालते हैं और रिपोर्ट को मुश्किल बना सकते हैं।

Main Parts of the Report (रिपोर्ट के मुख्य भाग)

Whether you are writing a short report in memorandum format, preparing your report for a verbal presentation at a meeting or constructing a formal printed report, it is likely to contain three main parts:

चाहे आप ज्ञापन प्रारूप में एक छोटी रिपोर्ट लिख रहे हों, एक बैठक में मौखिक प्रस्तुति के लिए अपनी रिपोर्ट तैयार कर रहे हों या एक औपचारिक मुद्रित रिपोर्ट का निर्माण कर रहे हों, इसमें तीन मुख्य भाग होने की संभावना हैः

- Summary (सारांश)
- Body (बॉडी)
- Conclusion (निष्कर्ष)

A formal report may also include a table of contents, index, appendices and bibliography. There are no absolute rules about the parts and their order in a report, but there are conventions.

एक औपचारिक रिपोर्ट में सामग्री, सूचकांक, परिशिष्ट और ग्रंथ सूची की तालिका भी शामिल हो सकती है। एक रिपोर्ट में भागों और उनके आदेश के बारे में कोई पूर्ण नियम नहीं हैं, लेकिन सम्मेलन हैं।

- Front cover (सामने का कवर)
- Title page (शीर्षक पेज)
- Foreword or covering letter (प्राक्कथन या आवरण पत्र)
- Contents (अंतर्वस्तु)
- Summary (सारांश)
- Body of the report: introduction, discussion, conclusion
  रिपोर्ट का मुख्य भागरू परिचय, चर्चा, निष्कर्ष
- Appendices (परिशिष्ट)
- Bibliography (ग्रन्थसूची)
- Index (सूची)

Summary (सारांश)

The summary may vary in content, depending on the nature of the report, but is usually no longer than one or two pages and contains:

सारांश रिपोर्ट की प्रकृति के आधार पर सामग्री में भिन्न हो सकता है, लेकिन आमतौर पर एक या दो पृष्ठों से अधिक नहीं होता है और इसमें शामिल होता है:

- A statement on the background to the report purpose, scope and the name of the person or organization requesting the report.

  रिपोर्ट उद्देश्य, कार्यक्षेत्र, और रिपोर्ट का अनुरोध करने वाले व्यक्ति या संगठन के नाम की पृष्ठभूमि पर एक बयान।

- A summary of the main findings of the report, usually in point forms.

  रिपोर्ट के मुख्य निष्कर्षों का सारांश, आमतौर पर बिंदु रूपों में।

Body (बॉडी)

The body of the report contains a complete discussion of all relevant issues.

रिपोर्ट के मुख्य भाग में सभी प्रासंगिक मुद्दों की पूरी चर्चा होती है।

- It may be structured chronologically (in order of date or time), logically (using patterns, such as cause and effect) or topically (divided according to key points or tasks).

  यह कालानुक्रमिक रूप से (तिथि या समय के क्रम में) संरचित हो सकता है, तार्किक रूप से (पैटर्न, जैसे कारण और प्रभाव का उपयोग करके) या शीर्ष रूप से (प्रमुख बिंदुओं या कार्यों के अनुसार विभाजित)।

- If the body of the report refers to the detailed supporting material, such as a survey used to collect information, this material is usually included as an appendix to the report.

  यदि रिपोर्ट का मुख्य भाग विस्तृत सहायक सामग्री को संदर्भित करता है, जैसे कि जानकारी इकट्ठा करने के लिए उपयोग किया जाने वाला सर्वेक्षण, तो यह सामग्री आमतौर पर रिपोर्ट में परिशिष्ट के रूप में शामिल होती है।

- Otherwise, all relevant graphs, tables and diagrams should be included in the body of the report.

  अन्यथा, सभी प्रासंगिक रेखांकन, तालिकाओं और दीया–ग्राम को रिपोर्ट के निकाय में शामिल किया जाना चाहिए।

Conclusion (निष्कर्ष)

Depending on the type of report, the conclusion is generally where the author interprets the research, reports on the findings or makes recommendations. No new information is included at this point, apart from opinion or interpretation.

रिपोर्ट के प्रकार के आधार पर, निष्कर्ष आम तौर पर होता है जहां लेखक शोध की व्याख्या करता है, निष्कर्षों पर रिपोर्ट करता है या फिर से पुनर्मूल्यांकन करता है। राय या व्याख्या के अलावा इस बिंदु पर कोई नई जानकारी शामिल नहीं है।

Text of the Report (रिपोर्ट का पाठ)

Report text is a text that describes something in general. Every text has a communicative purpose. Communicative purpose of report text is to present information about something in general.

रिपोर्ट टेक्स्ट एक ऐसा टेक्स्ट है जो सामान्य रूप से कुछ का वर्णन करता है। हर पाठ का एक संप्रेषणीय उद्देश्य होता है। रिपोर्ट टेक्स्ट का संप्रेषणीय उद्देश्य सामान्य रूप से किसी चीज के बारे में जानकारी दर्ज करना है।

- Report text has two generic structures.

  रिपोर्ट पाठ में दो सामान्य संरचनाएँ हैं।

- The first is general classification it is usually in the first paragraph of the text.

  पहला सामान्य वर्गीकरण है यह आमतौर पर पाठ के पहले पैराग्राफ में होता है।

- It can be a short description of the subject or it can be definitions from the subject that is described.

  यह विषय का संक्षिप्त विवरण हो सकता है या जिस विषय का वर्णन किया गया है उससे यह परिभाषा हो सकती है।

- The second is, description. In this part, we usually will describe the details of the topic or subject such as physical appearance, parts, qualities, habits or behavior.

  दूसरा है, वर्णन। इस भाग में, हम आमतौर पर विषय या विषय के विवरण का वर्णन करेंगे जैसे भौतिक रूप, भाग, गुण, आदतें या व्यवहार।

- Every paragraph in the part of description usually gives us information about one feature of the subject.

  विवरण के भाग में प्रत्येक अनुच्छेद आमतौर पर हमें विषय की एक विशेषता के बारे में जानकारी देता है।

6.27 What is Presentation? (प्रजेंटेशन में क्या है?)

A presentation is the process of presenting a topic to an audience. It is typically a demonstration, introduction, lecture, or speech meant to inform, persuade, or build good will. A presentation requires you to get a message across to the listeners and contain a 'persuasive' element.

एक प्रस्तुति किसी विषय को दर्शकों के सामने प्रस्तुत करने की प्रक्रिया है। यह आम तौर पर एक प्रदर्शन, परिचय, व्याख्यान, या भाषण के लिए सूचित करना, राजी करना या अच्छी इच्छा का निर्माण करना है। एक प्रस्तुति के लिए आपको श्रोताओं को एक संदेश प्राप्त करने और एक 'प्रेरक' तत्व शामिल करने की आवश्यकता होती है।

Presenting information clearly and effectively is a key skill to get your message or opinion. Whether you are a student, administrator or executive, if you wish to start up your own business, apply for a grant or stand for an elected position, you may very well be asked to make a presentation. This can be a very daunting prospect. Our guide is designed to help.

आपके संदेश या राय प्राप्त करने के लिए स्पष्ट और प्रभावी रूप से जानकारी प्रस्तुत करना एक महत्वपूर्ण कौशल है। चाहे आप एक छात्र, प्रशासक या कार्यकारी हों, यदि आप अपना खुद का बिजनेस शुरू करना चाहते हैं, तो अनुदान के लिए आवेदन करें या किसी निर्वाचित पद के लिए खड़े हों, आपको एक प्रस्तुति देने के लिए कहा जा सकता है। यह एक बहुत कठिन पेशेवरों–कीट हो सकता है। हमारी मार्गदर्शिका सहायता के लिए बनाई गई है।

6.28 How Important is Presentation Skills? (प्रेजेंटेशन स्किल्स कैसे महत्वपूर्ण है?)

Presentation skills are very important for you if you want to succeed professionally. In today's business environment, as the competition in the workplace is getting more competitive. It is no longer enough for you to have the necessary capability to do the job, you should also be able to talk - write well, and present yourself attractively to your superiors. You should be capable of presenting a great idea or a plan during a meeting.

यदि आप पेशेवर रूप से सफल होना चाहते हैं तो आपके लिए प्रस्तुति कौशल बहुत महत्वपूर्ण है। आज के कारोबारी माहौल में, चूंकि कार्यस्थल में प्रतिस्पर्धा अधिक प्रतिस्पर्धी हो रही है। आपके पास काम करने के लिए आवश्यक क्षमता होने के लिए पर्याप्त नहीं है, आपको बात करने में भी सक्षम होना चाहिए – अच्छी तरह से लिखना, और अपने आप को अपने वरिष्ठों के लिए आकर्षक रूप से प्रस्तुत करना। आपको एक बैठक के दौरान एक महान विचार या एक योजना बनाने में सक्षम होना चाहिए।

The most important element during a presentation is you, because you are the one that the audience is concentrating on. You convey who you are on the basis of your body language, your speech, and your overall mannerism. Every gesture, movement, facial expression you use reflects your personality. So it is important for you to know which gestures or movements you usually do and what should be avoided. You need to be comfortable during a presentation because it is then that you can perform at your best.

प्रेजेंटेशन के दौरान सबसे महत्वपूर्ण तत्व आप हैं, क्योंकि आप एक हैं जो ऑडी–एनस पर ध्यान केंद्रित कर रहे हैं। आप अपने बॉडी लैंग्वेज, अपनी स्पीच और अपने समग्र तौर–तरीके के आधार पर आपको बता देते हैं। आपके द्वारा उपयोग किए जाने वाले हर हावभाव, गति, चेहरे की अभिव्यक्ति आपके व्यक्तित्व को दर्शाती है। इसलिए आपके लिए यह जानना जरूरी है कि आमतौर पर आप कौन से इशारे या मूवमेंट करते हैं और किन चीजों से बचना चाहिए। आपको एक प्रस्तुति के दौरान आराम से सक्षम होने की आवश्यकता है क्योंकि यह तब है जब आप अपने सर्वश्रेष्ठ प्रदर्शन कर सकते हैं।

You should concentrate on is how you can communicate effectively with the listeners, because the key to have good presentation skills is not only though the transmission of the message but through the reception of the message as well.

आपको इस बात पर ध्यान केंद्रित करना चाहिए कि आप श्रोताओं के साथ प्रभावी ढंग से कैसे संवाद कर सकते हैं, क्योंकि अच्छी प्रस्तुति कौशल की कुंजी केवल संदेश के प्रसारण के साथ ही संदेश के स्वागत के माध्यम से नहीं है।

The whole content of your presentation should be centered on catching the attention of the audience and keeping it; they should be persuaded of the merits and the benefits of what you had presented.

आपकी प्रस्तुति की पूरी सामग्री ऑडी–एंस का ध्यान आकर्षित करने और इसे रखने पर केंद्रित होनी चाहिएय उन्हें गुण और आपके द्वारा प्रस्तुत किए गए लाभों के लिए राजी किया जाना चाहिए।

Content of your presentation is also essential. It does not matter if you are the most attractive person in the room with the personality to match it if the content of your presentation itself means nothing.

आपकी प्रस्तुति की सामग्री भी आवश्यक है। इससे कोई फर्क नहीं पड़ता कि आप व्यक्तित्व के साथ कमरे में सबसे आकर्षक प्रति–पुत्र हैं, इसे मिलान करने के लिए यदि आपकी प्रस्तुति की सामग्री का मतलब ही कुछ नहीं है।

You should have an objective for the presentation. This will determine the content and the structure of the entire presentation. It is also important to look at the audience so that the mode of presentation would be appropriate to the knowledge and interest.

आपके पास प्रेजेंटेशन के लिए एक उद्देश्य होना चाहिए। यह संपूर्ण प्रस्तुति की सामग्री और संरचना को निर्धारित करेगा। दर्शकों को देखना भी महत्वपूर्ण है ताकि प्रस्तुति का तरीका ज्ञान और रुचि के अनुकूल हो।

Developing presentation skills and giving an effective presentation is not an easy matter. It is said that some people are born with presentation skills but you should also remember that presentation skills can be learned. And take note that presentation skills can be developed further when it is being practiced regularly so develop your presentation skills and become an expert.

प्रस्तुति कौशल विकसित करना और एक प्रभावी प्रस्तुति देना कोई आसान बात नहीं है। यह कहा जाता है कि कुछ लोग प्रस्तुति कौशल के साथ पैदा होते हैं, लेकिन आपको यह भी याद रखना चाहिए कि प्रीसेन–टेशन कौशल सीखा जा सकता है। और ध्यान दें कि प्रस्तुति कौशल को और अधिक विकसित किया जा सकता है जब इसे नियमित रूप से अभ्यास किया जा रहा है, इसलिए अपनी प्रस्तुति कौशल विकसित करें और एक विशेषज्ञ बनें।

6.29 Basic Principles of Presentation Skills (प्रेजेंटेशन स्किल्स के मूल सिद्धांत)

When we watch celebrities, politicians, or business leaders speak on television or in public, they seem so at ease that we may wonder: are great speakers made, or are they just born that way? While it is true that some individuals are definitely born with this gift, the overwhelming majority of effective speakers have trained themselves to be so.

जब हम मशहूर हस्तियों, राजनेताओं, या बस–नेस के नेताओं को टेलीविजन पर या सार्वजनिक रूप से बोलते हैं, तो वे इतनी सहजता से प्रतीत होते हैं कि हम आश्चर्यचकित हो सकते हैं: क्या महान वक्ता बने हैं, या वे सिर्फ इस तरह से पैदा हुए हैं? हालांकि यह सच है कि कुछ लोग इस उपहार के साथ डिफी–नेटली पैदा हुए हैं, प्रभावी वक्ताओं के भारी बहुमत ने खुद को ऐसा करने के लिए प्रशिक्षित किया है।

Either they have received formal media training or they have delivered so many speeches that over time they have learned what works for them. So what is the true secret to effective public speaking?

या तो उन्होंने औपचारिक मीडिया प्रशिक्षण प्राप्त किया है या उन्होंने इतने भाषण दिए हैं कि समय के साथ उन्होंने सीखा है कि उनके लिए क्या काम करता है। तो प्रभावी सार्वजनिक बोलने का असली रहस्य क्या है?

Here are seven principles of public speaking which help you to presenting before a group.

यहां सार्वजनिक बोलने के सात सिद्धांत दिए गए हैं जो आपको एक समूह के सामने प्रस्तुत करने में मदद करते हैं।

(a) Stand erect distributing your weight on both the legs. Do not hold onto the mike or to the podium for support.
अपने दोनों पैरों पर अपना वजन बांटते हुए खड़े हों। समर्थन के लिए माइक या पोडियम पर न रखें।

(b) Have a good posture and appearance. Do not lean on the podium.
एक अच्छी मुद्रा और उपस्थिति है। पोडियम पर झुकना मत।

(c) Be confident, relaxed and energetic. Do not play with your clothes or fingers.
आत्मविश्वास, आराम और ऊर्जावान रहें। अपने कपड़े या उंगलियों से मत खेलो।

(d) Wear clothes that befit the occasion.
ऐसे कपड़े पहनें जो इस अवसर के हों।

(e) Convey sincerity, conviction and enthusiasm for the subject.
विषय के प्रति ईमानदारी, दृढ़ विश्वास और उत्साह।

(f) Begin the speech, after passing for a few seconds, looking over the audience.
भाषण शुरू करें, कुछ सेकंड के लिए गुजरने के बाद, दर्शकों की तलाश में।

(g) Open the speech with a striking, catchy introduction looking into the eyes of the audience.
श्रोताओं की आँखों में देखते हुए, एक आकर्षक, आकर्षक परिचय के साथ भाषण खोलें।

(h) Have a conversational tone.
एक संवादी स्वर है।

(i) Establish eye contact with the audience.
दर्शकों के साथ आंख से संपर्क स्थापित करें।

(j) Use gestures to emphasize and clarify your points.
अपनी बातों पर जोर देने और स्पष्ट करने के लिए इशारों का उपयोग करें।

(k) Allow your hands, to fall naturally to your sides, when not gesturing.
अपने हाथों को अनुमति दें, जब इशारे न करें, तो स्वाभाविक रूप से अपने पक्षों पर गिरें।

(l) Have enough voice projection.
पर्याप्त आवाज का प्रक्षेपण हो।

(m) Modulate your voice.
अपनी आवाज को मॉड्यूलेट करें।

(n) Speak at moderate speed. Do not rush through.
मध्यम गति से बोलें। के माध्यम से जल्दी मत करो।

(o) Pause before and after important ideas.
महत्वपूर्ण विचारों से पहले और बाद में रोकें।

(p) Have pleasant mannerisms.
सुखद तरीके हैं।

(q) Do not read your speech.
अपना भाषण न पढ़ें।

(r) Manage time.
समय प्रबंध करें।

(s) Close the speech with a striking, impressive, concluding remark.
एक हड़ताली, प्रभावशाली, समापन टिप्पणी के साथ भाषण बंद करें।

(t) Stop, while the audience is still eager to hear more.
बंद करो, जबकि दर्शकों को और अधिक सुनने के लिए अभी भी उत्सुक है।

6.29.1 Guidelines for an Effective Delivery of Speech (भाषण के प्रभावी वितरण के लिए दिशानिर्देश)

Even the greatest content/message will be ruined by a poor delivery. So often speakers work diligently on what they are going to say but they fail to connect because of how they are saying it. The following 10 Delivery Guidelines will help you use your delivery to deepen, rather than damage, your connection.

यहां तक कि सबसे बड़ी सामग्री ६ संदेश खराब वितरण से बर्बाद हो जाएगा। इसलिए अक्सर बोलने वाले धीमे–धीमे काम करते हैं, जो वे कहने जा रहे हैं, लेकिन वे इसे जोड़ने में विफल होते हैं क्योंकि वे इसे

कैसे कह रहे हैं। निम्नलिखित 10 डिलीवरी दिशानिर्देश आपके वितरण को गहरा करने में मदद करेंगे, न कि क्षति, आपके कनेक्शन के बजाय।

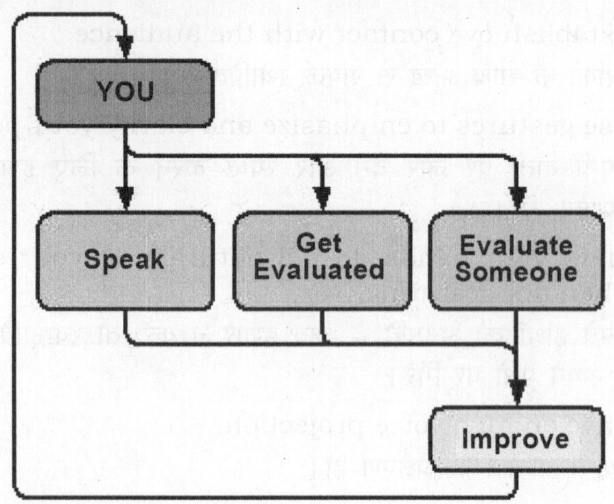

Figure 6.6: Delivery of Speech (भाषण की डिलीवरी)

(a) **Do not move all the time:** If you are continually moving then, no development will be necessary. Your audience will never realize what's imperative. Move with a reason. At the point when there is no motivation to move, don't.

हर समय हिलना डुलना नहीं: यदि आप लगातार आगे बढ़ रहे हैं, तो कोई भी अपवित्रता आवश्यक नहीं होगी। आपके दर्शकों को कभी महसूस नहीं होगा कि क्या जरूरी है। एक कारण के साथ आगे बढ़ें। इस बिंदु पर, जब ले जाने के लिए कोई मोटिव–टियोन नहीं है, तो न करें।

What's the primary reason for moving amid your speech?

आपके भाषण के बीच आगे बढ़ने का प्राथमिक कारण क्या है?

It is the activity in your story. Let the action in your story provoke your development in front of an audience. On the off chance that you have a story in which you move from the front room to the kitchen, demonstrate that development in front of an audience. That implies you more likely than not assigned spots for the kitchen and the family room on your stage. What's more, those places must stay there for the length of that specific story. Listen to what may happen on the off chance that they don't.

यह आपकी कहानी की गतिविधि है। अपनी कहानी में एक्शन को एक दर्शक के सामने अपने विकास को भड़काने दें। बंद मौके पर कि आपके पास एक कहानी है जिसमें आप सामने वाले कमरे से रसोई में जाते हैं, एक दर्शक के सामने उस रहस्योद्घाटन को प्रदर्शित करते हैं। इसका मतलब है कि आपके मंच पर रसोई और परिवार के कमरे के लिए असाइन किए गए स्पॉट की तुलना में अधिक संभावना नहीं है। क्या अधिक है, उन स्थानों को उस विशिष्ट कहानी की लंबाई के लिए वहाँ रहना चाहिए। सुनें कि उस बंद मौके पर क्या हो सकता है कि वे नहीं करते हैं।

(b) **Do not forget about your face:** Your outward appearances are more critical than all your arm and hand developments consolidated. The eyes are undoubtedly the windows to the spirit. What you do with them can represent the moment of truth your whole speech.

अपने चेहरे के बारे में मत भूलना: आपके बाहरी अंग आपके हाथ के विकास की तुलना में अधिक महत्वपूर्ण हैं। आँखें निस्संदेह आत्मा के लिए खिड़कियां हैं। आप उनके साथ क्या करते हैं, आपके पूरे भाषण में सच्चाई के क्षण का प्रतिनिधित्व कर सकते हैं।

(c) **Use your character's gestures:** Remember that talking includes using enrapturing stories to make your exceptional focuses. Every story has its particular characters and every character likely has his or her specific manner of signaling. When you tackle the part and persona of that character, you should utilize his or her Gestures. While practicing your speech, reliably ask yourself, "How might this character say this?" at the end of the day, each character should not to look and act like you. Every character should work in an unexpected way, in light of the fact that will offer us some assistance with seeing those characters with more prominent clarity. So once more, continue inquiring: How might this character say this?

अपने चरित्रा के इशारों का उपयोग करें: याद रखें कि बातचीत में आपके असाधारण फोकस बनाने के लिए एनर–ट्यूरिंग कहानियों का उपयोग करना शामिल है। हर कहानी के अपने खास किरदार होते हैं और हर किरदार की खासियत होती है उसके खास तरीके के संकेत। जब आप उस चरित्र के भाग और व्यक्तित्व से निपटते हैं, तो आपको उसके इशारों का उपयोग करना चाहिए। अपने भाषण का अभ्यास करते समय, मजबूती से अपने आप से पूछें, "यह चरित्र यह कैसे कह सकता है?" दिन के अंत में, प्रत्येक चरित्र को आपकी तरह दिखना और कार्य नहीं करना चाहिए। प्रत्येक चरित्र को अप्रत्याशित तरीके से काम करना चाहिए, इस तथ्य के प्रकाश में कि हमें उन पात्रों को और अधिक स्पष्टता के साथ देखने के साथ कुछ सहायता प्रदान करनी चाहिए। इसलिए एक बार और पूछताछ जारी रखें: यह चरित्र यह कैसे कह सकता है?

(d) **Let the emotions drive:** The feelings in your story and your point will turn your developments. On the off chance that you are inebriated with your feelings while telling your story or making your point, the fitting motions will come. It will be easy. Consider it. When you are truly furious at somebody or something, do you need to consider what Gestures to utilize? No, they come consequently. If you assemble the feeling, the Gestures will come.

भावनाओं को चलने दो: आपकी कहानी और आपकी बात के भाव आपके घटनाक्रम को बदल देंगे। इस मौके पर कि आप अपनी कहानी सुनाते समय अपनी भावनाओं से ओत–प्रोत हैं या अपनी बात मनवा रहे हैं, फिटिंग के काम आएंगे। यह आसान होगा। गौर

किजिए। जब आप वास्तव में उग्र होते हैं किसी न किसी तरह, क्या आपको यह विचार करने की आवश्यकता है कि क्या इशारों का उपयोग करना है? नहीं, वे फलस्वरूप आते हैं। यदि आप भावना को इकट्ठा करते हैं, तो इशारे आ जाएंगे।

(e) **Use Surround-Sense Gestures (360 Degrees):** Numerous speakers Gesture before them and possibly as an afterthought. The best speakers acknowledge there is a whole zone around them, and they use it. Don't hesitate to motion down for the lower measurement. For instance, when I talk about a blog visit my wife, and I took, I discuss the crocodiles that encompassed the vessel. By then I motion downwards with the open hand while taking a gander at where the water is assigned in front of an audience. At that point, I portray the trees that were hanging down as though they were attempting to take hold of us. By then I Gestures upwards to the upper measurement utilizing my hands to copy how the trees hung and influenced. On occasion, I indicate behind me the back of the stage or before me out into the audience. I may show my entitlement to mean the past and point to one side to connote the future as I utilize the stage as a timetable. The key is to go up, down, back, forward, and side to side with a particular end goal to paint an entire (encompass sense) scene for your audience keeping in mind the end goal to welcome them into it.

उनके सामने संभवतः सेंस–सेंस जेस्चर ;360 डिग्रीद्धः अनगिनत स्पीकर्स जेस्चर का उपयोग करें और संभवतः बाद में। सर्वश्रेष्ठ वक्ता स्वीकार करते हैं कि उनके आसपास एक पूरा क्षेत्र है, और वे इसका उपयोग करते हैं। निचले माप के लिए गति करने में संकोच न करें। उदाहरण के लिए, जब मैं अपनी पत्नी से मिलने जाने वाले ब्लॉग के बारे में बात करता हूं, और मैं ले जाता हूं, तो मैं उन मगरमच्छों के बारे में चर्चा करता हूं, जिन्होंने जहाज को घेर लिया था। तब तक मैं एक गैंडर लेते समय खुले हाथ से नीचे की ओर गति करता हूं, जहां एक दर्शक के सामने पानी सौंपा जाता है। उस बिंदु पर, मैं उन पेड़ों को चित्रित करता हूं जो नीचे लटक रहे थे जैसे कि वे हमें पकड़ने की कोशिश कर रहे थे। तब तक मैं ऊपर की ओर इशारा करता हूं कि ऊपरी माप मेरे हाथों का उपयोग करके यह बताता है कि पेड़ों को कैसे और प्रभावित किया गया। इस अवसर पर, मैं मंच के पीछे या मेरे सामने दर्शकों के सामने आने का संकेत देता हूं। मैं भूतकाल का अर्थ करने के लिए अपना हक दिखा सकता हूं और भविष्य को सांत्वना देने के लिए एक तरफ इंगित कर सकता हूं क्योंकि मैं समय सारिणी के रूप में मंच का उपयोग करता हूं। कुंजी ऊपर, नीचे, पीछे, आगे, और एक विशेष अंत लक्ष्य के साथ–साथ अपने दर्शकों के लिए एक संपूर्ण (चित्रण) दृश्य को चित्रित करने के लिए है, जो उन्हें इसमें आने के लिए अंतिम लक्ष्य को ध्यान में रखते हुए है।

(f) **Do not use the same gesture over and over again:** This is confirmation of a propensity and in all likelihood occupies from your presentation. Ask me how I know this?

बार–बार एक ही इशारे का प्रयोग न करें: यह एक प्रवृत्ति की पुष्टि करता है और आपकी प्रस्तुति से सभी संभावना में रहता है। मुझसे पूछें कि मुझे यह कैसे पता है?

(g) **Watch out for Your Resting Position:** This is the position your hands tumble to when you are not utilizing a Gesture. For instance, my hands used to fall together before me with my fingers interlocking. In the time, it got to be diverting. Unquestionably film your speeches once in a while to check whether you are falling into this propensity. It kills the sound and after that quick forward the video because, in case you're utilizing a resting point, it will turn out to be exceptionally clear.

अपने आराम की स्थिति से बाहर देखो: यह वह स्थिति है जब आप अपने हाथों को गेसचर का उपयोग नहीं कर रहे होते हैं। उदाहरण के लिए, मेरे हाथ मेरी उंगलियों को गूंथने से पहले एक साथ गिरते थे। कालान्तर में इसका विचलन होने लगा। निर्विवाद रूप से आपके भाषणों को एक बार फिल्माया जाए कि क्या आप इस बात की जाँच कर रहे हैं कि क्या आप इस प्रवृत्ति में हैं। यह ध्वनि को मारता है और इसके बाद वीडियो को त्वरित रूप से अग्रेषित करता है क्योंकि, यदि आप आराम बिंदु का उपयोग कर रहे हैं, तो यह असाधारण रूप से स्पष्ट हो जाएगा।

(h) **Use an open hand:** It is ideal to indicate your audience with an open hand instead of a pointer. It is not so much undermining but rather more welcoming. The free hand is additionally fortunate when getting back to back to spots on the floor as you return to the focused, characters, and stories you already utilized. A non-verbal communication master as of late let me know that palms up are a great deal more inviting than palms down as you convey your message and particularly when you indicate somebody in your audience. Clearly palms down can have a stopping impact.

एक खुले हाथ का उपयोग करें: अपने दर्शकों को सूचक के बजाय खुले हाथ से संकेत देना आदर्श है। यह इतना कम नहीं है, बल्कि अधिक welcoming है। जब आप पहले से ही उपयोग किए गए फोकस, वर्ण, और कहानियों पर वापस आते हैं, तो फ्री हैंड इसके अतिरिक्त सौभाग्यशाली होता है कि फर्श पर वापस आ जाता है। एक गैर–मौखिक संचार मास्टर के रूप में देर से मुझे पता है कि हथेलियों की तुलना में हथेलियों की तुलना में अधिक शानदार निमंत्रण हैं जैसे कि आप अपना संदेश देते हैं और खासकर जब आप अपने दर्शकों में किसी को इंगित करते हैं। स्पष्ट रूप से हथेलियों के नीचे एक रोक प्रभाव हो सकता है।

(i) **Use bigger gestures for bigger audiences:** Try not to cross the span of your audience with the measure of your Gestures. In case, you are talking at a Commencement Ceremony to 4,000 individuals, and you give the same estimated motions that you do before a Toastmasters Club, odds are your audience won't see them. At the point when the audience gets greater, you should get greater.

बड़े दर्शकों के लिए बड़े इशारों का उपयोग करें: अपने इशारों की माप के साथ अपने दर्शकों की अवधि को पार करने की कोशिश न करें। मामले में, आप 4,000 व्यक्तियों से एक समारोह में बात कर रहे हैं, और आप एक ही एस्टी–मीड गति देते हैं, जो आप टोस्टमस–टर्स क्लब से पहले करते हैं, ऑड्स आपके दर्शक हैं जो उन्हें नहीं देख पाएंगे। उस समय जब दर्शक अधिक हो जाते हैं, आपको अधिक से अधिक मिलना चाहिए।

Additionally, ensure you coordinate their vitality at first. For instance, if you have a laid back audience, you can not turn out shouting and energized, because they'll be searching for the closest exit. Rather, meet them on their vitality level and afterward, once you join with them there, they will tell you to your common vitality level. It is called Pacing and Leading. You should initially meet them where they are, not where you are.

इसके अतिरिक्त, सुनिश्चित करें कि आप पहली बार उनकी जीवन शक्ति का समन्वय करें। उदाहरण के लिए, यदि आपके पास एक रखी हुई ऑडियंस है, तो आप चिल्लाना और सक्रिय नहीं हो सकते, क्योंकि वे निकटतम निकास की खोज कर रहे होंगे। बल्कि, उनके जीवन स्तर और बाद में उनसे मिलें, एक बार जब आप उनके साथ वहां जुड़ेंगे, तो वे आपको आपके सामान्य जीवन स्तर के बारे में बताएंगे। इसे पेसिंग और लीडिंग कहा जाता है। आपको शुरू में उनसे मिलना चाहिए कि वे कहां हैं, न कि आप जहां हैं।

(j) **Smile:** Regularly the first thing to go when a speaker gets in front of an audience is his or her smile. That is grievous because the smile can unite you with your audience before you even say the single word. So smile when appropriate.

मुस्कुराओ: नियमित रूप से पहली बात जब एक वक्ता दर्शकों के सामने जाता है तो वह उसकी मुस्कान होती है। यह दुखद है क्योंकि मुस्कान आपको अपने दर्शकों के साथ एकजुट कर सकती है इससे पहले कि आप एक शब्द भी कहें। इसलिए जब उचित हो मुस्कुराएं।

6.30 Interview Skills (इंटरव्यूज स्किल्स)

The term "interview" has been derived from the French word "entree voir" that means "to glimpse" or "to see each other". By definition, it means a meeting for obtaining information by questioning a person or persons. In this way, an interview is a classic example of communication that takes place through the process by which meanings are exchanged between people through the use of a standard set of symbols.

शब्द "साक्षात्कार" फ्रांसीसी शब्द "एन्ट्री वेड" से लिया गया है जिसका अर्थ है "झलकना" या "एक दूसरे को देखना"। परिभाषा के अनुसार, इसका अर्थ है किसी व्यक्ति या व्यक्तियों से पूछताछ करके जानकारी प्राप्त करना। इस तरह, एक साक्षात्कार संचार का एक उत्कृष्ट उदाहरण है जो उस प्रक्रिया से होता है जिसके द्वारा प्रतीकों के एक मानक सेट के उपयोग के माध्यम से लोगों के बीच आदान–प्रदान किया जाता है।

An interview is a conversation between two or more people where questions are asked by the interviewer to elicit facts or statements from the interviewee. Interviews are a standard part of qualitative research. They are also used in journalism and media reporting and in various employment-related contexts. General guidelines for effective employment interview.

एक साक्षात्कार दो या दो से अधिक लोगों के बीच एक वार्तालाप होता है जहां साक्षात्कारकर्ता से साक्षात्कारकर्ता से तथ्यों या बयानों के बारे में प्रश्न पूछे जाते हैं। साक्षात्कार गुणात्मक अनुसंधान का एक मानक हिस्सा हैं। उनका उपयोग पत्रकारिता और मीडिया रिपोर्टिंग और विभिन्न रोजगार–संबंधित संदर्भों में भी किया जाता है। एक प्रभावी रोजगार साक्षात्कार के लिए सामान्य दिशानिर्देश।

- **Be prepared for the interview:** Just as the interviewer has to plan out the event in advance, so has the interviewee to be prepared for it. As he/she has no control over the event, he/she has to be more careful at every step. He/she has to face an interviewer or a board of interviewers. He/she must, therefore, be very clear about the purpose of the event. If it is going to be a job interview he/she has to be well prepared for questions on his/her area of interest, his/her present position, the position he/she has applied for, the nature of the organization, its history, its current activities etc. His/her knowledge on all such questions will impress the interviewers. However he/she must be prepared for the unexpected.

  साक्षात्कार के लिए तैयार रहें: जिस तरह साक्षात्कारकर्ता को पहले से घटना की योजना बनानी होती है, उसी प्रकार साक्षात्कारकर्ता को भी इसके लिए तैयार रहना चाहिए। चूंकि घटना पर उसका कोई नियंत्रण नहीं है, इसलिए उसे हर कदम पर अधिक सावधान रहना होगा। उसे साक्षात्कारकर्ता या साक्षात्कारकर्ताओं का सामना करना पड़ता है। इसलिए, उसे घटना के उद्देश्य के बारे में स्पष्ट होना चाहिए। यदि यह एक नौकरी के लिए साक्षात्कार होने वाला है, तो उसे अपने हित के क्षेत्र, उसकी वर्तमान स्थिति, उसके द्वारा लागू की गई स्थिति, संगठन की प्रकृति, उसके इतिहास के बारे में प्रश्नों के लिए अच्छी तरह से तैयार होना होगा। उसकी वर्तमान गतिविधियाँ आदि ऐसे सभी सवालों पर उसका ज्ञान साक्षात्कारकर्ताओं को प्रभावित करेगा। हालाँकि, उसे अप्रत्याशित के लिए तैयार रहना चाहिए।

- **Has a presentable appearance:** Everybody appreciates a pleasant personality. As in the case of a presentation, so in an interview, the concerned person's appearance is a part of the message. Since an interview is a formal occasion, the interviewee must be formally dressed. Anyone having conventional standards of neatness is likely to have a definite advantage over one casually dressed for an interview.

एक प्रस्तुत करने योग्य उपस्थिति है: हर कोई एक सुखद व्यक्तित्व की सराहना करता है। एक प्रस्तुति के मामले में, इसलिए एक साक्षात्कार में, संबंधित व्यक्ति की उपस्थिति संदेश का एक हिस्सा है। चूंकि एक साक्षात्कार एक औपचारिक अवसर है, इसलिए साक्षात्कारकर्ता को औपचारिक रूप से कपड़े पहनने चाहिए। किसी को भी नीरसता के पारंपरिक मानकों के लिए एक साक्षात्कार के लिए लापरवाही से तैयार किए गए एक से अधिक लाभ होने की संभावना है।

- **Be polite:** Politeness is indispensable in every situation.

  विनम्र रहें: हर स्थिति में विनम्रता अपरिहार्य है।

- **Show interest by making effective use of body language**: Keeping eye-to-eye contact with the interviewer at once shows that the interviewee is genuinely interested in the event and keen to participate in it. He/she should also sit in a correct, confident posture, straight, balanced and not stiff in the chair offered. The hands should be neatly locked on the lap or comfortably placed on the arms of the chair.

  बॉडी लैंग्वेज का प्रभावी उपयोग करके रुचि दिखाएं: एक बार में साक्षात्कारकर्ता के साथ आंखों का संपर्क बनाए रखना यह दर्शाता है कि साक्षात्कारकर्ता वास्तव में इस घटना में रुचि रखते हैं और इसमें भाग लेने के लिए उत्सुक हैं। उसे दी गई कुर्सी पर एक सही, आत्मविश्वास से भरा आसन, सीधा, संतुलित और कठोर नहीं बैठना चाहिए। हाथों को बड़े करीने से गोद में या आराम से कुर्सी की बाहों पर रखा जाना चाहिए।

- All the questions must be correctly and completely answered. Since the primary aim of an interview is to exchange information it should be done effectively.

  सभी प्रश्नों को सही ढंग से और कॉम–प्लीटली उत्तर दिया जाना चाहिए। चूंकि एक साक्षात्कार का प्राथमिक उद्देश्य जानकारी का आदान–प्रदान करना है, इसलिए इसे प्रभावी ढंग से किया जाना चाहिए।

- If the interviewee is not clear about a suitable answer to a question, there is no harm in admitting it. One must never try to bluff. Be honest.

  यदि साक्षात्कारकर्ता किसी प्रश्न के उपयुक्त उत्तर के बारे में स्पष्ट नहीं है, तो उसे स्वीकार करने में कोई बुराई नहीं है। किसी को कभी भी फूटने की कोशिश नहीं करनी चाहिए; ईमानदार हो।

- Avoid talking too much or making boastful statements. The interviewer is intelligent enough to find out the interview's intelligence and suitability for the job.

  बहुत अधिक बात करने या घिनौने बयान देने से बचें। साक्षात्कारकर्ता बुद्धिमान है जो नौकरी के लिए साक्षात्कार की खुफिया और उपयुक्तता का पता लगाने के लिए पर्याप्त है।

- Avoid criticism of the previous employer or anybody else. Negative statements are looked down upon.

  पिछले नियोक्ता या किसी और की आलोचना से बचें। नकारात्मक कथनों पर निगाह रखी जाती है।

- Do not forget to thank the interviewers for having spared time for you. Granting an interview is indeed a favour.

  साक्षात्कारकर्ताओं को धन्यवाद देने के लिए आपके लिए समय बिताने के लिए मत भूलना। एक अंतर–दृश्य प्रदान करना वास्तव में एक एहसान है।

- Do not hesitate to ask any questions to seek clarification regarding the company profile, service conditions etc. It will not only satisfy your curiosity but also give the interviewer an idea of your confidence and interest in the organization. But such questions should come only towards the end of the interview and when you feel you are likely to get the job.

  कंपनी प्रोफाइल, सेवा शर्तों आदि के बारे में स्पष्टीकरण मांगने के लिए किसी भी प्रश्न को पूछने में संकोच न करें। यह न केवल आपकी जिज्ञासा को पूरा करेगा बल्कि साक्षात्कारकर्ता को संगठन में आपके आत्मविश्वास और रुचि का विचार भी देगा। लेकिन ऐसे प्रश्न केवल साक्षात्कार के अंत की ओर आने चाहिए और जब आपको लगेगा कि आपको नौकरी मिलने की संभावना है।

A successful interview is one in which both the parties the interviewer and the interviewee actively participate. The interviewer asks certain vitally important questions arranged according to his plan. The interviewee, on his part, gives satisfactory answers to all of them. The interviewer seeks information, the interviewee gives information. At some stage in the process, most probably towards the end, the interviewer may also seek some information that the interviewee will gladly give. In this way the purpose of the interview, mutually understood, is fulfilled.

एक सफल साक्षात्कार वह है जिसमें साक्षात्कारकर्ता और साक्षात्कारकर्ता दोनों दल सक्रिय रूप से भाग लेते हैं। साक्षात्कारकर्ता अपनी योजना के अनुसार व्यवस्थित कुछ महत्वपूर्ण प्रश्न पूछता है। साक्षात्कारकर्ता, अपनी ओर से, उन सभी को सैटिस–फैक्ट्री उत्तर देता है। साक्षात्कारकर्ता सूचना मांगता है, साक्षात्कारकर्ता जानकारी देता है। इस प्रक्रिया में कुछ चरणों में, सबसे अंत में, साक्षात्कारकर्ता कुछ जानकारी भी मांग सकता है जो साक्षात्कारकर्ता खुशी से देगा। इस तरह, साक्षात्कार का उद्देश्य, पारस्परिक रूप से समझा जाता है, पूरा हुआ।

Moreover, both the parties must be unbiased, impartial and scientific in their approach to the entire event.

इसके अलावा, दोनों दलों को पूरे आयोजन के प्रति निष्पक्ष, निष्पक्ष और वैज्ञानिक होना चाहिए।

6.31 Tips for Successful Communication (सफल कम्युनिकेशन के लिए टिप्स)

There is a great deal of communication hindrances confronted nowadays by all. The receiver does not comprehend the message proposed by the sender in the same terms and sense and in this way communication breakdown happens. It is key to arrangement and adapt up to these communication hindrances to guarantee smooth and viable communication.

आजकल सभी से टकराव के लिए संचार हिंडेरान्स का एक बड़ा सौदा है। रिसीवर प्रेषक द्वारा प्रस्तावित संदेशों को समान शब्दों और अर्थों में समझ नहीं पाता है और इस तरह से संचार टूट जाता है। यह सुचारू और व्यवहार्य संचार की गारंटी के लिए इन कम्युनिकेशन बाधाओं को व्यवस्थित करने और अनुकूलित करने के लिए महत्वपूर्ण है।

(a) **Eliminating Contrasts in Observation:** The organization should guarantee that it is enrolling right people at work. It's the obligation of the questioner to guarantee that the interviewee has summoned over the composed and talked dialect. There should be appropriate Induction program so that the arrangements of the organization are clear to every one of the workers. There should be legitimate trainings led for required representatives (for example, Voice and Accent preparing).

अवलोकन में विरोधभासों को दूर करनाः संगठन को यह गारंटी देनी चाहिए कि यह काम पर सही लोगों का नामांकन है। प्रश्नकर्ता की यह बाध्यता है कि साक्षात्कारकर्ता ने कॉम–पीओएस और टॉक बोली पर समन किया है। उपयुक्त इंडक्शन कार्यक्रम होना चाहिए ताकि संगठन की व्यवस्था हर एक कार्यकर्ता के लिए स्पष्ट हो। आवश्यक मरम्मत–भेजी (उदाहरण के लिए, वॉयस और एक्सेंट पूर्व–पारिंग) के लिए वैध प्रशिक्षण का नेतृत्व किया जाना चाहिए।

(b) **Use of Simple Language:** Use of basic and clear words should be underlined. Utilization of questionable words and languages should be maintained a strategic distance from.

सरल भाषा का उपयोगः मूल और स्पष्ट शब्दों का उपयोग रेखांकित किया जाना चाहिए। संदिग्ध शब्दों और लैंग्वेज के उपयोग से एक रणनीतिक दूरी बनाए रखी जानी चाहिए।

(c) **Reduction and End of Commotion Levels:** Noise is the fundamental communication boundary which must be overcome on need premise. It is vital to recognize the wellspring of commotion and after that dispense with that source.

कम करना और भावना स्तरों का अंतः शोर मौलिक संचार सीमा है जिसे जरूरत के आधार पर दूर किया जाना चाहिए। यह महत्वपूर्ण है कि हंगामे के कुएं को पहचानना और उसके बाद उस स्रोत के साथ फैलाव।

(d) **Active Listening:** Listen mindfully and painstakingly. There is a contrast in the middle of "tuning in" and "hearing". Dynamic listening means hearing with legitimate comprehension of the message that is listened. By making inquiries the speaker can guarantee whether his/her message is comprehended or not by the receiver in the same terms as proposed by the speaker.

सक्रिय श्रवणः मन से सुनो और दर्द से ले रही है। "ट्यूनिंग" और "हियरिंग" के बीच में एक विपरीत है। डायनेमिक सुनने का अर्थ है उस संदेश की वैध समझ के साथ सुनवाई करना। पूछताछ करके स्पीकर यह गारंटी दे सकता है कि स्पीकर द्वारा प्रस्तावित किए गए शब्दों के अनुसार उसकी/उसके संदेश की प्राप्ति होती है या नहीं।

(e) **Emotional State:** During communication one should make successful utilization of nonverbal communication. He/she ought not demonstrate his/her feelings while communication as the receiver may misconstrue the message being conveyed. For instance, if the transport of the message is in an awful disposition then the receiver may feel that the information being conveyed is bad.

भावनात्मक स्थितिः संचार के दौरान व्यक्ति को गैर–मौखिक संचार का सफल उपयोग करना चाहिए। उसे/उसकी भावनाओं को प्रदर्शित नहीं करना चाहिए जबकि संचार के रूप में रिसीवर संदेश को गलत बता सकता है। उदाहरण के लिए, यदि संदेश का परिवहन एक भयावह स्थिति में है, तो रिसीवर को लग सकता है कि बताई जा रही जानकारी खराब है।

(f) **Simple Organizational Structure:** The organizational structure ought not be unpredictable. The quantity of progressive levels should be ideal. There should be a perfect compass of control inside of the organization. Less complex the organizational structure, more successful will be the communication.

सरल संगठनात्मक संरचनाः संगठनात्मक संरचना को अप्रत्याशित नहीं होना चाहिए। प्रगतिशील स्तरों की मात्रा आदर्श होनी चाहिए। संगठन के अंदर नियंत्रण का एक सही कम्पास होना चाहिए। कम complex संगठनात्मक संरचना, अधिक सुपाच्य संचार होगा।

(g) **Avoid Information Overload:** The supervisors should know how to organize their work. They ought not over-burden themselves with the work. They should invest quality energy with their subordinates and should listen to their issues and feedbacks effectively.

सूचना अधिभार से बचेंः पर्यवेक्षकों को पता होना चाहिए कि उनके काम को कैसे व्यवस्थित किया जाए। उन्हें काम के साथ खुद पर ज्यादा बोझ नहीं डालना चाहिए। उन्हें अपने अधीनस्थों के साथ गुणवत्ता ऊर्जा का निवेश करना चाहिए और उनके मुद्दों और प्रतिक्रियाओं को प्रभावी ढंग से सुनना चाहिए।

(h) **Give Constructive Feedback:** Avoid giving negative feedback. The substance of the feedback may be negative, however it should be conveyed valuably. Productive feedback will prompt successful communication between the predominant and subordinate.

रचनात्मक प्रतिक्रिया दें: नकारात्मक प्रतिक्रिया देने से बचें। फीड–बैक का पदार्थ नकारात्मक हो सकता है, हालांकि इसे मूल्यवान रूप से व्यक्त किया जाना चाहिए। उत्पादक प्रतिक्रिया प्रमुख और अधीनस्थ के बीच सफल संचार को प्रेरित करेगी।

(i) **Proper Media Selection:** The chiefs should legitimately select the medium of communication. Straightforward messages should be passed on orally, similar to eye-to-eye collaboration or gatherings. Utilization of composed method for communication should be empowered for conveying complex messages. For critical messages updates can be given by utilizing composed method for communication, for example, Memos, Notices and so forth.

उचित मीडिया चयन: प्रमुखों को वैध रूप से कम्यूनिकेशन के माध्यम का चयन करना चाहिए। आँख से आँख के सहयोग या सभाओं के समान, सीधे संदेश मौखिक रूप से पारित किए जाने चाहिए। संचार के लिए रचित विधि का उपयोग जटिल मेस–ऋषि को व्यक्त करने के लिए सशक्त होना चाहिए। महत्वपूर्ण संदेशों के लिए संचार के लिए मिश्रित विधि का उपयोग करके अपडेट दिया जा सकता है, उदाहरण के लिए, मेमो, नोटिस और इसके आगे।

(j) **Flexibility in Meeting the Objectives:** For powerful communication in an organization the chiefs should guarantee that the people are meeting their objectives convenient without skirting the formal channels of communication. There ought not be much weight on workers to meet their objectives.

उद्देश्यों को पूरा करने में लचीलापन: एक संगठन में शक्तिशाली संचार के लिए प्रमुखों को यह गारंटी देनी चाहिए कि संचार के औपचारिक चैनलों से छेड़छाड़ किए बिना लोग अपने उद्देश्यों को पूरा कर रहे हैं। अपने उद्देश्यों को पूरा करने के लिए श्रमिकों पर अधिक भार नहीं होना चाहिए।

6.32 Body Language (बॉडी लैंग्वेज)

Body language is a vital form of communication, which can make or break your presentation. It is an essential part of emotional intelligence, which can help you bond with another person. When your body language is deliberate, it shows that you are in control and that you are happy to be where you are, doing what you are doing.

शारीरिक भाषा संचार का एक महत्वपूर्ण रूप है, जो आपकी प्रस्तुति को बना या बिगाड़ सकती है। यह भावनात्मक बुद्धिमत्ता का एक अनिवार्य हिस्सा है, जो आपको किसी अन्य व्यक्ति के साथ संबंध बनाने में मदद कर सकता है। जब आपकी बॉडी लैंग्वेज जानबूझकर की जाती है, तो यह दर्शाता है कि आप नियंत्रण में हैं और आप जहां हैं, वहां खुश हैं, वही कर रहे हैं, जो आप कर रहे हैं।

By following the body language guidelines below, you will be able to strengthen the effectiveness of your oral presentation:

नीचे दिए गए बॉडी लैंग्वेज दिशानिर्देशों का पालन करके, आप अपनी मौखिक प्रस्तुति की पवित्रता को मजबूत कर पाएंगे:

Posture (आसन)

Posture conveys a lot about our level of confidence. Good posture gives the impression of authority and confidence. A natural, straight open-body position is best. Let your arms rest in a relaxed way at your sides, so you do not appear stiff or rigid. Remember, the audience members want you to behave normally; they do not want to see you uncomfortable or suffering, as it makes them uncomfortable too.

आसन हमारे आत्मविश्वास के स्तर के बारे में बहुत कुछ बताता है। अच्छा आसन प्राधिकरण और आत्मविश्वास की छाप देता है। एक प्राकृतिक, सीधे खुले शरीर की स्थिति सबसे अच्छी है। अपनी भुजाओं को आराम से अपने पक्षों पर रखें, ताकि आप कठोर या कठोर न दिखें। याद रखें, दर्शक सदस्य चाहते हैं कि आप सामान्य रूप से व्यवहार करेंय वे आपको असहज या पीड़ित नहीं देखना चाहते हैं, क्योंकि यह उन्हें असहज बनाता है।

Things to avoid: (अवॉइड करें:)

- arms folded across your chest, which may make you slouch, and makes you appear closed, disconnected from the audience.

  हाथ आपके सीने में मुड़े हुए होते हैं, जो आपको सुस्त बना सकते हैं, और आपको दर्शकों से दूर दिखाई देते हैं।

- arms clasped behind the back military style, which makes you appear too aloof.

  हाथ पीछे की सैन्य शैली के पीछे आ गए, जो आपको बहुत अलग दिखाई देते हैं।

- hands on hips, which makes you appear too matronly, like you are about to scold someone;

  कूल्हों पर हाथ, जो आपको बहुत परिपक्व दिखाई देता है, जैसे आप किसी को डांटने वाले हैं।

Gestures (इशारों)

From an open body position, your arms will be free to gesture as they would in normal conversation in order to support your words and emphasize certain points. In most professional presentations, you can add movement by simply pointing to the important features of your presentation.

एक खुले शरीर की स्थिति से, आपकी बाहें इशारे से मुक्त होंगी क्योंकि वे सामान्य शब्दों में आपके शब्दों और एम्पहा–आकार के बहुत अच्छे बिंदुओं

का समर्थन करने के लिए बातचीत करेंगे। अधिकांश पेशेवर प्रस्तुतियों में, आप अपने प्रीसेन-टेशन की महत्वपूर्ण विशेषताओं को इंगित करके आंदोलन को जोड़ सकते हैं।

Walking (चलना)

Controlled walking can add to the effectiveness of your message. If you stay glued to one spot, you might appear rigid, inexperienced or terrified. Your movement forces the audience to refocus its attention on you and creates interest. However, make sure you move about in a relaxed, natural way.

नियंत्रित चलना आपके संदेश की प्रभावशीलता को जोड़ सकता है। यदि आप एक स्थान पर चिपके रहते हैं, तो आप कठोर, अनुभवहीन या भयभीत दिखाई दे सकते हैं। आपका आंदोलन दर्शकों को आप पर ध्यान केंद्रित करने और रुचि पैदा करने के लिए मजबूर करता है। हालाँकि, सुनिश्चित करें कि आप आराम से, प्राकृतिक तरीके से घूमें।

REVIEW QUESTIONS WITH ANSWERS (रिव्यू प्रश्न और उत्तर)

A. Multiple Choice Questions (बहुविकल्पीय प्रश्न)

1. ________ is a relatively enduring pattern of thoughts, feelings, and behaviour which differentiate person from each other.
   a. Personality
   b. Personality development
   c. Social interaction
   d. Persona

   ________ विचारों, भावनाओं और व्यवहार का एक अपेक्षाकृत स्थायी स्वरूप है जो व्यक्ति को एक दूसरे से अलग करता है।
   क. पर्सनालिटी ख. पर्सनालिटि डेवलपमेंट
   ग. सामाजिक संपर्क घ. पसौना

2. Personality is derived from Latin word - "persona", meaning:
   a. Mask b. Mark
   c. Mesk d. Maek

   व्यक्तित्व लैटिन शब्द से लिया गया है–"व्यक्तित्व", जिसका अर्थ है:
   क. मुखौटा ख. निशान
   ग. डमो घ. डंमा

3. According to Davis, personality is a psychic phenomenon which is:
   a. Organic
   b. Social
   c. A mask
   d. Combination of organic and social

   डेविस के अनुसार, पर्सनालिटी एक साइकिल घटना है:
   क. कार्बनिक
   ख. सामाजिक
   ग. एक मुखौटा
   घ. जैविक और सामाजिक का संयोजन

4. ________ considers personality as a certain style which is peculiar to the individual and is determined by the characteristic organization of mental trends, complexes, emotions and sentiments.
   a. Psychological b. Sociology
   c. Attitude d. Value of person

   ________ व्यक्तित्व को एक निश्चित शैली के रूप में मानता है जो व्यक्ति के लिए अजीब है और मानसिक प्रवृत्तियों, जटिलताओं, भावनाओं के विशिष्ट संगठन द्वारा निर्धारित किया जाता है और भावनाओं को।
   क. मनोवैज्ञानिक ख. नागरिक सास्त्र
   ग. मनोवृत्ति घ. व्यक्ति का मूल्य

5. ________ considers personality in terms of the status of the person in the group, like how he/she consider his/her conception about his role in the group of which he/she is a member.
   a. Psychological b. Sociology
   c. Attitude d. Value of person

   ________ समूह में व्यक्ति की स्थिति के संदर्भ में व्यक्तित्व पर विचार करता है, जैसे कि वह समूह में अपनी भूमिका के बारे में अपनी/अपनी अवधारणा पर विचार करता है, जिसमें वह/वह एक सदस्य है।
   क. मनोवैज्ञानिक ख. नागरिक सास्त्र
   ग. मनोवृत्ति घ. व्यक्ति का मूल्य

B. State True or False for the following:
(निम्नलिखित कथन सही हैं या गलत)

1. Self-esteem reflects a person's overall subjective emotional evaluation of his or her own worth.

   आत्मसम्मान किसी व्यक्ति के अपने मूल्य के समग्र व्यक्तिपरक भावनात्मक मूल्यांकन को दर्शाता है।

2. Motivation is a theoretical construct which is used to explain the appearance of the person.

   प्रेरणा एक सैद्धांतिक निर्माण है जिसका उपयोग व्यक्ति की उपस्थिति को समझाने के लिए किया जाता है।

3. Body language or Posture, is a verbal form of communication.

   बॉडी लैंग्वेज या आसन संचार का एक मौखिक रूप है।

4. Hygiene is a set of practices which are performed for the preservation of health.

   स्वच्छता स्वास्थ्य के संरक्षण के लिए की जाने वाली प्रथाओं का एक समूह है।

5. Every person has a unique personality which characterizes an individual.
प्रत्येक व्यक्ति का एक विशिष्ट व्यक्तित्व होता है जो एक व्यक्ति की विशेषता रखता है।

C. Match the following: (निम्नलिखित का मिलान करें:)

1. Communication संचार	a. Level of confidence आत्मविश्वास का स्तर
2. Feedback प्रतिक्रिया	b. To share साझा करने के लिए
3. Message संदेश	c. Reaction or response प्रतिक्रिया या रिस्पांस
4. Conference सम्मेलन	d. Fundamental thought मौलिक विचार
5. Posture conveys पोस्टर कंवे	e. Forms of formal communication औपचारिक संचार के रूप

D. Fill in the blanks (रिक्त स्थान भरें)

1. Personality has existence only in relation to the ________.
व्यक्तित्व का अस्तित्व केवल ________ के संबंध में है।

2. ________ is the capacity that a person has to introspect, it includes gaining an understanding of and insight into one's strengths.
________ वह क्षमता है जिसे किसी व्यक्ति को आत्मनिरीक्षण करना होता है, इसमें किसी की ताकत के बारे में समझ और जानकारी हासिल करना शामिल है।

3. To understand our personality, we need to understand the ________.
हमारे व्यक्तित्व को समझने के लिए, हमें ________ को समझने की आवश्यकता है।

4. In social psychology, ________ is the process of looking at oneself to assess aspects which are important to one's identity.
सामाजिक मनोविज्ञान में, ________ उन पहलुओं को देखने के लिए स्वयं को देखने की प्रक्रिया है जो किसी की पहचान के लिए महत्वपूर्ण हैं।

5. ________ is a process of communication by which one person reveals information about himself or herself to another.
________ संचार की एक प्रक्रिया है जिसके द्वारा एक व्यक्ति स्वयं या दूसरे के बारे में जानकारी प्रकट करता है।

Answers (उत्तर)

A.	1. b	2. a	3. d	4. a	5. b
B.	1. T	2. F	3. F	4. T	5. T
C.	1. b	2. c	3. d	4. e	5. a
D.	1. External World	2. Self-Awareness	3. Nature of our mind	4. Self-Analysis	5. Self-Disclosure

SHORT ANSWER QUESTIONS (शॉर्ट प्रश्न और उत्तर)

1. Write short notes on the following:
निम्नलिखित पर नोट लिखें:
(a) Stress (स्ट्रेस)
(b) Attitude (मनोवृत्ति)
(c) Time management (टाइम मैनेजमेंट)

Ans. Stress is an emotional/bodily reaction to
(a) physical, psychological or emotional demands.
तनाव एक भावनात्मक/फिजिकल प्रतिक्रिया है। फिजिकल, मनोवैज्ञानिक या भावनात्मक मांगें।

(b) It is defined as response to people, place, things or events in life. Basically, a person's viewpoint, mind set and belief makes an attitude.
इसे जीवन में लोगों, जगह, चीजों या घटनाओं की प्रतिक्रिया के रूप में परिभाषित किया गया है। मूल रूप से, एक व्यक्ति का दृष्टिकोण, मानसिकता और विश्वास एक दृष्टिकोण बनाता है।

(c) Time management is a kind of planning and exercising conscious control over the amount of time spent on the specific activities, to increase effectiveness, efficiency or productivity.
टाइम मैनेजमेंट एक तरह की योजना है और प्रभावशीलता, दक्षता या उत्पादकता बढ़ाने के लिए विशिष्ट गतिविधियों पर खर्च किए गए समय की मात्रा पर सचेत नियंत्रण का उपयोग करता है।

2. What is Personality? (पर्सनालिटी क्या है?)

Ans. Personality is the constant pattern of thinking, feeling and acting. It may be considered as a combination of individual thought, characteristics, behaviours, attitude or it is the product of social interaction in group life as every person living in society has different traits such as skin, color, weight, etc.
व्यक्तित्व, सोचने, महसूस करने और अभिनय का निरंतर पैटर्न है। इसे व्यक्तिगत विचार, विशेषताओं, व्यवहार, दृष्टिकोण के संयोजन के रूप में माना जा सकता है या यह समूह जीवन में सामाजिक संपर्क का उत्पाद है क्योंकि समाज में रहने वाले प्रत्येक व्यक्ति की त्वचा, रंग, वजन आदि जैसे लक्षण हैं।

3. What do you mean by an Attitude?
तुम एक ऐटिट्यूड से क्या मतलब है?

Ans. Attitude is a psychological construct, or its a mental and emotional entity which inheres in, or characterizes a person. It is an acquired state through experiences. It is an individual's predisposed state of mind regarding a value and it is precipitated through a responsive expression toward a person, place, thing, or event which influences individual's thought and action. An attitude is a persistent tendency which is to feel and then behave in a particular way toward some object.

एटीट्यूड एक मनोवैज्ञानिक निर्माण है, या इसकी एक मानसिक और भावनात्मक इकाई है जो किसी व्यक्ति को विरासत में मिलती है या उसकी विशेषता है। यह अनुभवों के माध्यम से एक अधिग्रहीत अवस्था है। यह मूल्य के संबंध में एक व्यक्ति की पूर्वनिर्धारित स्थिति है और यह किसी व्यक्ति, स्थान, चीज या घटना के प्रति एक संवेदनशील अभिव्यक्ति के माध्यम से उपजी होती है जो व्यक्ति के विचार और कार्य को प्रभावित करती है। एक दृष्टिकोण एक निरंतर प्रवृत्ति है जिसे महसूस करना है और फिर किसी वस्तु की ओर एक विशेष तरीके से व्यवहार करना है।

4. Define Gestures. (इशारों को परिभाषित करें।)

Ans. It is a form of non-verbal communication in which body actions communicates a particular message, either with or without speech. Gestures includes the movement of the hands, face, or other parts of the body.

यह गैर–मौखिक संचार का एक रूप है जिसमें बॉडी की क्रियाएं किसी विशेष संदेश को या तो भाषण के साथ या बिना संवाद करती हैं। इशारों में हाथों, चेहरे या बॉडी के अन्य हिस्सों की गति शामिल है।

5. How will you develop a positive personality?
आप एक सकारात्मक व्यक्तित्व कैसे विकसित करेंगे?

Ans. To develop a positive personality:
एक सकारात्मक व्यक्तित्व विकसित करने के लिए:

- Have a Positive Outlook in Life.
  जीवन में एक सकारात्मक आउटलुक रखें।
- Entertain Positive Thoughts.
  सकारात्मक विचारों का मनोरंजन करें।
- Maintain a Positive Attitude.
  एक सकारात्मक दृष्टिकोण बनाए रखें।

EXERCISE (अभ्यास)

1. Write short note on the following:
   निम्नलिखित पर संक्षिप्त नोट लिखें:
   (a) Positive attitude (सकारात्मक रवैया)
   (b) Self-motivation (स्व प्रेरणा)
   (c) Stress management (तनाव प्रबंधन)
   (d) Etiquettes & Manner (शिष्टाचार)
   (e) Formal communication (औपचारिक संचार)
   (f) Resume (बायोडाटा)
   (g) Report (रिपोर्ट गुड)
2. What are the Determinants of personality?
   व्यक्तित्व के निर्धारक क्या हैं?
3. How a person can build a Positive Personality?
   एक व्यक्ति एक सकारात्मक व्यक्तित्व का निर्माण कैसे कर सकता है?
4. Define Self Esteem.
   आत्मसम्मान को परिभाषित करें।
5. From where does Self-Esteem come from?
   सेल्फ–एस्टीम कहाँ से आता है?

GLOSSARY
ग्लोसरी

Important Definitions and Terminologies
इम्पोर्टेन्ट डेफिनिशंस और टर्मिनोलॉजीज

8-bit, 16-bit, 32-bit (8-बिट, 16-बिट, 32-बिट)

The 8-bit, 16-bit and 32-bit specifications are the computer's internal word size, which is the amount of data the processor can hold in its registers and work on at the same time. Large-scale supercomputers hold 64 bits. All things being equal, a 16-bit computer works twice as fast as an 8-bit computer; however, this specification measures only one aspect of a computer performance.

8–बिट, 16–बिट और 32–बिट विनिर्देशों कंप्यूटर का आंतरिक शब्द आकार होता है, जो कि एक ही समय पर प्रोसेसर अपने रजिस्टर में काम कर सकता है। बड़े पैमाने पर सुपर कंप्यूटर 64 बिट्स धारण करते हैं। सभी चीजें बराबर होती हैं, एक 16–बिट कंप्यूटर 8–बिट कंप्यूटर के रूप में दो बार तेजी से काम करता हैय हालाँकि, यह विनिर्देश कंप्यूटर प्रदर्शन के केवल एक पहलू को मापता है।

5G

It is the fifth generation of wireless, popularly known as 5G.

यह वायरलेस की पांचवीं पीढ़ी है, जिसे लोकप्रिय रूप से 5G के रूप में जाना जाता है।

6LoWpan

6LoWPAN is an acronym of IPv6 over Low Power Wireless Personal Area Networks.

6LoWPAN कम पावर वायरलेस पर्सनल एरिया नेटवर्क पर IPv6 का एक संक्षिप्त रूप है।

Access Bus (एक्सेस बस)

Access bus is a new standard intended to connect relatively low-speed devices such as keyboards, mice, modems, and printers.

एक्सेस बस एक नया स्टैण्डर्ड है जो अपेक्षाकृत कम गति वाले उपकरणों जैसे कि कीबोर्ड, माउस, मॉडेम और प्रिंटर को जोड़ने के लिए है।

Access time (एक्सेस टाइम)

The time interval between the instant at which data is called from a storage device and the instant delivery begins.

इंस्टैंट के बीच का समय अंतराल जिस पर स्टोरेज डिवाइस से डेटा कहा जाता है और इंस्टेंट डिलीवरी शुरू होती है।

Acoustic sensors (एकॉस्टिक सेंसर)

Acoustic sensors measure sound levels and convert that information into digital or analog data signals.

एकॉस्टिक सेंसर ध्वनि स्तर मापते हैं और उस सूचना को डिजिटल या एनालॉग डेटा सिग्नल में परिवर्तित करते हैं।

Active Transducers (एक्टिव ट्रांसडड्यूसर)

In Active Transducers, the energy from the input is used as a control signal in the process of transferring energy from power supply to proportional output.

एक्टिव ट्रांसड्यूसर में, इनपुट से ऊर्जा का उपयोग बिजली की आपूर्ति से आनुपातिक आउटपुट में ऊर्जा स्थानांतरित करने की प्रक्रिया में नियंत्रण संकेत के रूप में किया जाता है।

Actuators (एक्चुएटर)

Actuators are devices which is a contrast to sensors. It transforms electrical signals into physical movements.

एक्चुएटर्स ऐसे उपकरण हैं जो सेंसर के विपरीत हैं। यह विद्युत संकेतों को फिजिकल मूवमेंट में बदल देता है।

Alphanumeric (अल्फान्यूमेरिक)

A combination of letters, digits, and special characters used to form an expression, such as a part number. An example of an alphanumeric expression follows:

PN A-10036-001

Notice that alphabetical, numeric, spaces, and punctuation characters may exist in an alphanumeric expression.

अक्षरों, अंकों और विशेष वर्णों का एक संयोजन एक अभिव्यक्ति बनाता था, जैसे कि एक भाग संख्या। अल्फान्यूमेरिक अभिव्यक्ति का एक उदाहरण इस प्रकार है:

PN A-10036-001

ध्यान दें कि वर्णमाला, संख्यात्मक, रिक्त स्थान, और विराम चिह्न वर्ण अल्फान्यूमेरिक अभिव्यक्ति में मौजूद हो सकते हैं।

ALU (Arithmetic Logic Unit)

(ALU (अरिथमेटिक लॉजिक यूनिट))

It is one of the components of the Central Processing Unit (CPU) of the computer which performs all mathematical and logical operations.

यह कंप्यूटर के सेंट्रल प्रोसेसिंग यूनिट (सीपीयू) के घटकों में से एक है जो सभी गणितीय और तार्किक संचालन करता है।

AMQP

Advanced Message Queuing Protocol (AMQP) is an open source published standard for asynchronous messaging by wire.

एडवांस्ड मैसेज केउंग प्रोटोकॉल (AMQP) तार द्वारा अतुल्यकालिक संदेश के लिए एक खुला स्रोत प्रकाशित मानक है।

Analog sensors (एनालॉग सेंसर)

Analog sensors produce an analog output i.e. a continuous output signal with respect to the quantity being measured and typically require analog-to-digital conversion.

एनालॉग सेंसर एक एनालॉग आउटपुट का उत्पादन करते हैं यानी कंटीन्यूअस आउटपुट सिग्नल मापा जाता है और आमतौर पर एनालॉग–टू–डिजिटल रूपांतरण की आवश्यकता होती है।

Analog transmission (एनालॉग ट्रांसमिशन)

A continuously varying electromagnetic wave that may be propagated over a variety of media.

एक कंटीन्यूअस बदलती इलेक्ट्रो मैग्नेटिक वेव्स जिसे विभिन्न प्रकार के मीडिया में प्रचारित किया जा सकता है।

Analytical Reports (एनालिटिकल रिपोर्ट)

These types of business reports include information along with analysis or interpretation from the report's writer or in response to the person who requested the report.

इस प्रकार की व्यावसायिक रिपोर्टों में रिपोर्ट के लेखक से विश्लेषण या व्याख्या के साथ या रिपोर्ट का अनुरोध करने वाले व्यक्ति के जवाब में जानकारी शामिल होती है।

Architecture (आर्किटेक्चर)

The overall design, construction, organization and interconnecting of the various components of a computer system. It refers particularly to the processor hardware and the size and ordering sequence of its bytes.

कंप्यूटर सिस्टम के विभिन्न घटकों का समग्र डिजाइन, निर्माण, संगठन और इंटरकनेक्टिंग। यह विशेष रूप से प्रोसेसर हार्डवेयर और इसके बाइट्स के आकार और ऑर्डरिंग अनुक्रम को संदर्भित करता है।

Arduino

Arduino first and foremost is an open-source computer hardware and software company.

Arduino सबसे पहला और सबसे महत्वपूर्ण ओपन–सोर्स कंप्यूटर हार्डवेयर और सॉफ्टवेयर कंपनी है।

Arduino Uno

The Arduino Uno is one kind of microcontroller board based on ATmega328.

Armeino Uno ATmega328 पर आधारित एक प्रकार का माइक्रोकंट्रोलर बोर्ड है।

ARM Microcontroller (ARM मिक्रोकंट्रोलर)

The ARM microcontroller stands for Advance Risk Machine; it is one of the extensive and most licensed processor cores in the world.

ARM मिक्रोकंट्रोलर है एडवांस रिस्क मशीन, यह दुनिया में व्यापक और सबसे अधिक लाइसेंस प्राप्त प्रोसेसर कोर में से एक है।

Artificial intelligence (AI) (आर्टिफीसियल इंटेलिजेंस (AI))

A branch of computer science that deals with computers that possess reasoning, learning, and thinking capabilities that resemble those of human beings.

कंप्यूटर विज्ञान की एक शाखा जो उन कंप्यूटरों से संबंधित है जो तर्क, सीखने और सोचने की क्षमता रखते हैं जो मनुष्यों के समान हैं।

ASCII (American Standard Code for Information Interchange) (ASCII (अमेरिकन स्टैण्डर्ड कोड फॉर इनफार्मेशन इंटरचेंज))

A standard coding system for computers. ASCII-7 is a 7-bit code and its extended version ASCII-8 is an 8-bit code.

एक स्टैण्डर्ड कोडन सिस्टम है कम्प्यूटर्स का। ASCII-7 एक 7–बिट कोड है, और इसका एक्सटेंडेड वर्शन ASCII-8 है, जो 8–बिट कोड है।

Attitude (ऐटिटूड)

Attitude is a psychological construct, or its a mental and emotional entity which inheres in, or characterizes a person.

ऐटिटूड एक मनोवैज्ञानिक निर्माण है, या इसकी एक मानसिक और भावनात्मक इकाई है जो विरासत में मिलती है, या एक व्यक्ति की विशेषता है।

Authorization (ऑथॉराइजेशन)

The process of determining what types of activities are permitted. Usually, authorization is in the context of authentication: once you have authenticated a user, they may be authorized different types of access or activity.

यह निर्धारित करने की प्रक्रिया कि किस प्रकार की गतिविधियों की अनुमति है। आमतौर पर, प्राधिकरण में है प्रमाणीकरण का संदर्भः एक बार जब आप एक उपयोगकर्ता को प्रमाणित कर लेते हैं, तो वे विभिन्न प्रकार की पहुंच या गतिविधि के लिए अधिकृत हो सकते हैं।

AVR microcontroller (AVR मिक्रोकंट्रोलर)

AVR microcontroller was developed in the year of 1996 by Atmel Corporation. The AVR microcontrollers are modified harvard RISC architecture with separate memories for data and program and speed of AVR is high when compare to 8051 and PIC.

AVR मिक्रोकंट्रोलर को 1996 में एटम कॉर्पोरेशन द्वारा विकसित किया गया था। एवीआर माइक्रोकंट्रोलर्स को 8051 और पीआईसी की तुलना में एवीआर के डेटा और प्रोग्राम और गति के लिए अलग–अलग मेमोरीज के साथ संशोधित कटनी आरआईएससी आर्किटेक्चर को संशोधित किया जाता है।

Bandwidth (बैंडविड्थ)

The range of frequencies available for data transmission. The wider the bandwidth of a communications system, the more data it can transmit in a given period of time. It is expressed in Kilobits per seconds. The bandwidth determines the rate at which information can be sent through a communication channel.
डेटा ट्रांसमिशन के लिए उपलब्ध आवृत्तियों की श्रेणी। कम्युनिकेशन सिस्टम की बैंडविड्थ जितनी अधिक होगी, उतने अधिक डेटा वह किसी निश्चित समय में संचारित कर सकता है। इसे प्रति सेकंड किलोबिट्स में व्यक्त किया जाता है। बैंडविड्थ उस दर को निर्धारित करता है जिस पर कम्युनिकेशन चौनल के माध्यम से जानकारी भेजी जा सकती है।

Bar Code (बार कोड)

A coding structure in which characters are represented by means of a series of parallel bars.
एक कोडिंग संरचना जिसमें वर्णों को समानांतर सलाखों की एक श्रृंखला के माध्यम से दर्शाया जाता है।

Baud (बॉड)

A unit for measuring data transmission speed. It is used to describe the capacity of a carrier. In general usage, baud is identical to bits per second.
डेटा ट्रांसमिशन गति को मापने के लिए एक इकाई। इसका उपयोग एक वाहक की क्षमता का वर्णन करने के लिए किया जाता है। सामान्य उपयोग में, बॉड प्रति सेकंड बिट्स के समान है।

Baud rate (बॉड रेट)

The speed of data transmission, usually in bits per second.
डेटा ट्रांसमिशन की गति, आमतौर पर प्रति सेकंड बिट्स में।

BCD (Binary Coded Decimal) (BCD (बाइनरी कोडेड डेसीमल))

One of the early coding systems used by computers which is based on the idea of converting each digit of a decimal number into its binary equivalent rather than converting the entire decimal value into a pure binary form.
कंप्यूटर द्वारा उपयोग की जाने वाली प्रारंभिक कोडिंग प्रणालियों में से एक, जो संपूर्ण दशमलव मान को शुद्ध बाइनरी रूप में परिवर्तित करने के बजाय दशमलव संख्या के प्रत्येक अंक को अपने बाइनरी समकक्ष में बदलने के विचार पर आधारित है।

Binary operators (बाइनरी ऑपरेटर्स)

Operators that act upon two operands are referred to as binary operators.
दो ऑपरेंड पर कार्य करने वाले ऑपरेटरों को बाइनरी ऑपरेटर के रूप में संदर्भित किया जाता है।

BIOS (Basic Input Output System) (BIOS (बेसिक इनपुट आउटपुट सिस्टम))

BIOS is responsible for handling the details of input/output operations including the task of relating a program's logical records to a peripheral device physical records.
BIOS इनपुट/आउटपुट संचालन के विवरण को संभालने के लिए जिम्मेदार है, जिसमें प्रोग्राम के लॉजिकल रिकॉर्ड को परिधीय डिवाइस भौतिक रिकॉर्ड से संबंधित करने का कार्य शामिल है।

Biosensor (बायोसेंसर)

A Biosensor is an analytical device that detects changes in Biological processes and converts them into an electrical signal.
बायोसेंसर एक एनालिटिकल डिवाइस है जो बायोलॉजिकल प्रोसेस में परिवर्तन का पता लगाता है और उन्हें विद्युत संकेत में परिवर्तित करता है।

Bit (बिट)

Stands for binary digit. The values are 1 or 0 (zero).
बाइनरी अंक है, जिसके वैल्यू 1 या 0 (शून्य) हैं।

BLE

BLE stands for Bluetooth Low Energy. Bluetooth Low Energy uses the same 2.4 GHz radio frequencies as classic Bluetooth but uses less power to transmit distance over a short distance.
BLE का मतलब ब्लूटूथ लो एनर्जी है। ब्लूटूथ कम ऊर्जा क्लासिक ब्लूटूथ के रूप में एक ही 2.4 GHz रेडियो आवृत्तियों का उपयोग करता है, लेकिन कम दूरी पर दूरी संचारित करने के लिए कम शक्ति का उपयोग करता है।

Blockchain (ब्लॉकचैन)

Blockchain is the technology of Digital Crypto-Currency Bitcoin.
ब्लॉकचौन एक टेक्नोलॉजी है, डिजिटल क्रिप्टो करेंसी बिटकॉइन की।

Bluetooth (ब्लूटूथ)

An open specification for short-range wireless transmission of voice and data that is currently under development. Bluetooth provides a simple, low-cost method of linking Personal Digital Assistants (PDAs), cellular phones, laptops, and other information appliances.
आवाज और डेटा की कम दूरी के वायरलेस ट्रांसमिशन के लिए एक खुला विनिर्देश जो वर्तमान में विकास के अधीन है। ब्लूटूथ पर्सनल डिजिटल असिस्टेंट्स (PDA), सेलुलर फोन, लैपटॉप और अन्य सूचना उपकरणों को जोड़ने की एक सरल, कम लागत वाली विधि प्रदान करता है।

Boolean (बूलियन)

Variables of this type can take only one of the two values, True or False.

इस प्रकार के वेरिएबल्स केवल दो वैल्यू में से एक ले सकते हैं, ट्रू या फाल्स।

Boolean Data Type (बूलियन डेटा प्रकार)

Comparisons in Python can generate only one of two possible responses: True or False. These data types are called booleans.

पायथन में तुलना केवल दो संभावित प्रतिक्रियाओं में से एक उत्पन्न कर सकती हैरू ट्रू या फालसे। इन डाटा टाइप के प्रकारों को बुलियन कहा जाता है।

Bootloader (बूटलोडर)

Bootloader, is basically the initial piece of code which runs whenever any micro-controller is powered up or resets.

बूटलोडर, मूल रूप से कोड का प्रारंभिक टुकड़ा है जो किसी भी माइक्रो–नियंत्रक द्वारा संचालित या रीसेट होने पर चलता है।

Bots (बॉट)

A bot short for "robot" and also called an Internet bot is an automated program that runs over the Internet.

"रोबोट" के लिए एक बॉट शॉर्ट और जिसे इंटरनेट बॉट भी कहा जाता है, एक स्वचालित प्रोग्राम है जो इंटरनेट पर चलता है।

Breadboard (ब्राडबोर्ड)

A breadboard is a circuit board that is used to make temporary circuits and prototyping.

ब्रेडबोर्ड एक सर्किट बोर्ड है जिसका उपयोग टेम्परेरी सर्किट और प्रोटोटाइप बनाने के लिए किया जाता है।

Brute force (ब्रूते फॉर्स)

A brute force attack (also known as brute force cracking) is an attempt to crack a password or username or find a hidden web page, or find the key used to encrypt a message, using a trial and error approach.

ब्रूट फोर्स अटैक (जिसे ब्रूट फोर्स क्रैकिंग के रूप में भी जाना जाता है) एक पासवर्ड या उपयोगकर्ता नाम को क्रैक करने या एक छिपे हुए वेब पेज को खोजने का प्रयास है, या परीक्षण और त्रुटि दृष्टिकोण का उपयोग करके किसी संदेश को एन्क्रिप्ट करने के लिए उपयोग की जाने वाली कुंजी ढूंढता है।

Bug (बग)

An error in a computer program that causes it to produce an incorrect or unexpected result.

कंप्यूटर प्रोग्राम में एक त्रुटि जिसके कारण यह गलत या अप्रत्याशित परिणाम उत्पन्न करता है।

Campus network (कैंपस नेटवर्क)

A set of LAN segments and building networks in a geographical area that is a few miles in diameter.

एक भौगोलिक क्षेत्र में लैन सेगमेंट और बिल्डिंग नेटवर्क का एक सेट जो व्यास में कुछ मील की दूरी पर है।

Capacitor (कपैसिटर)

A capacitor is a device that stores electrical energy in an electric field.

एक सधारित्र एक ऐसा उपकरण है जो विद्युत ऊर्जा को एक विद्युत क्षेत्र में संग्रहीत करता है।

CISC

CISC stands for complex instruction set computer. It allows the user to insert a single instruction as an alternative to many simple instructions.

बैळ काम्प्लेक्स इंस्ट्रक्शन सेट कंप्यूटर के लिए है। यह उपयोगकर्ता को कई सरल निर्देशों के विकल्प के रूप में एकल निर्देश सम्मिलित करने की अनुमति देता है।

Clock Pulse (क्लॉक पल्स)

A clock pulse is a signal that is used to synchronize the operations of an electronic system. Clock Pulses are continuous, precisely spaced changes in voltage.

एक क्लॉक पल्स एक संकेत है जिसका उपयोग इलेक्ट्रॉनिक सिस्टम के संचालन को सिंक्रनाइज करने के लिए किया जाता है। क्लॉक पल्स निरंतर हैं, वोल्टेज में ठीक–ठीक परिवर्तन हैं।

Clock rate (क्लॉक रेट)

Inverse of clock cycle time, usually measured in Mhz.

घड़ी चक्र समय का उलटा, आमतौर पर MHz में मापा जाता है।

Closed loop control system (क्लोज्ड लूप कण्ट्रोल सिस्टम)

Control system in which the output has an effect on the input quantity in such a manner that the input quantity will adjust itself based on the output generated is called closed loop control system

कण्ट्रोल सिस्टम जिसमें आउटपुट का इनपुट मात्रा पर इस तरह से प्रभाव पड़ता है कि उत्पन्न आउटपुट के आधार पर इनपुट मात्रा खुद को समायोजित कर लेगी, इसे क्लोज्ड लूप कण्ट्रोल सिस्टम कहा जाता है।

Cloud computing (क्लाउड कंप्यूटिंग)

Cloud computing or on-demand computing is an Internet-based computing service which involves the use of the network of remote servers rather than local server.

क्लाउड कंप्यूटिंग या ऑन–डिमांड कंप्यूटिंग एक इंटरनेट–आधारित कंप्यूटिंग सेवा है जिसमें स्थानीय सर्वर के बजाय दूरस्थ सर्वर के नेटवर्क का उपयोग शामिल है।

CoAP

CoAP is an internet-utility protocol created specifically for connecting devices with limited (constrained) resources such as a small memory or short battery life.

CoAP एक इंटरनेट–उपयोगिता प्रोटोकॉल है जो विशेष रूप से सीमित उपकरणों (सीमित) संसाधनों के साथ जोड़ने के लिए बनाया गया है जैसे कि एक छोटी मेमोरी या छोटी बैटरी जीवन।

COM1, COM2, COM3, COM4 or comm port

Serial ports used for connecting peripherals, such as, mouse, joystick etc.
सीरियल पोर्ट का उपयोग बाह्य उपकरणों को जोड़ने के लिए किया जाता है, जैसे कि, माउस, जॉयस्टिक आदि।

Comment (कमेंट)

Any text to the right of # symbol.
प्रतीक के दाईं ओर कोई भी पाठ।

Compiler (कम्पाइलर)

A system software package that converts a highlevel language program to machine language codes.
एक सिस्टम सॉफ्टवेयर पैकेज जो हाई लेवल लैंग्वेज प्रोग्राम को मशीन लैंग्वेज कोड में परिवर्तित करता है।

Compound statement (कंपाउंड स्टेटमेंट)

Group of statements.
ग्रुप ऑफ स्टेटमेंट्स।

Concatenation

Adds values on either side of the operator.
ऑपरेटर के दोनों ओर मान जोड़ता है।

Conditional Branching (कंडीशनल ब्रांचिंग)

It is the ability of a program to decide whether or not to execute code based on the value of an expression.
यह किसी प्रोग्राम की क्षमता है कि वह किसी एक्सप्रेशन के मूल्य के आध ार पर कोड निष्पादित कर सके या नहीं।

Conditional Transfer (कंडीशनल ट्रांसफर)

An instruction that may change the sequence of instructions being followed, depending upon the result of an operation.
एक निर्देश जो एक ऑपरेशन के परिणाम के आधार पर, निर्देशों के अनुक्रम को बदल सकता है।

Configuration (कॉन्फिगरेशन)

An initial set of system values, such as the number of buffers DOS will use, the number of simultaneously open files it will allow, and specific devices that will be supported.
सिस्टम मानों का एक प्रारंभिक सेट, जैसे कि बफर्स क्ै की संख्या का उपयोग करेगा, एक साथ खुली फाइलों की संख्या जो इसे अनुमति देगा, और विशिष्ट डिवाइस जो समर्थित होंगे।

Connector (कनेक्टर)

A symbol used to transfer flow between different pages of a lengthy flowchsart.
एक प्रतीक जो एक लंबे फ्लोचार्ट के विभिन्न पृष्ठों के बीच प्रवाह को स्थानांतरित करने के लिए उपयोग किया जाता है।

Constants (कोन्सटांत्स)

Fixed values in a program.
एक प्रोग्राम में निश्चित मान।

Control Registers (कण्ट्रोल रेगिस्टर्स)

CPU registers employed to control CPU operation. Most of these registers are not user-visible.
सीपीयू रजिस्टर, सीपीयू संचालन को नियंत्रित करने के लिए नियोजित करता है। इनमें से अधिकांश रजिस्टर उपयोगकर्ता–दृश्यमान नहीं हैं।

Counter (काउंटर)

A variable used to count something, usually initialized to zero and then incremented.
एक वेरिएबल का उपयोग कुछ गिनने के लिए किया जाता है, जिसे आमतौर पर शून्य से आरंभ किया जाता है और फिर बढ़ाया जाता है।

Cryptography (क्रिप्टोग्राफी)

A system of secret communications to improve the security of confidential computerized files.
गोपनीय कम्प्यूटरीकृत फाइलों की सुरक्षा में सुधार के लिए गुप्त संचार की एक प्रणाली।

Cycle time (साइकिल टाइम)

The time interval between the instant at which a read/write command is given to a memory and the instant when the next such instruction can be issued to the memory (also known as memory cycle time).
तत्काल के बीच का समय अंतराल जिस पर एक रीड/राइट कमांड मेमोरी और इंस्टेंट को दिया जाता है जब अगला ऐसा निर्देश मेमोरी को जारी किया जा सकता है (जिसे मेमोरी साइकिल टाइम भी कहा जाता है)।

Dashboard (डैशबोर्ड)

Dashboard displays information about the IoT ecosystem to users and enables them to control their IoT ecosystem.
डैशबोर्ड उपयोगकर्ताओं के लिए IoT पारिस्थितिकी तंत्र के बारे में जानकारी प्रदर्शित करता है और उन्हें अपने IoT पारिस्थितिकी तंत्र को नियंत्रित करने में सक्षम बनाता है।

Data-link layer (डाटा-लिंक लेयर)

Layer 2 of the OSI reference model. This layer provides reliable transit of data across a physical link. The data-link layer is concerned with physical addressing, network topology, line discipline, error notification, ordered delivery of frames, and flow control.

OSI रिफरेन्स मॉडल की परत 2। यह परत एक भौतिक लिंक पर डेटा का विश्वसनीय पारगमन प्रदान करती है। डेटा–लिंक परत भौतिक पते, नेटवर्क टोपोलॉजी, लाइन अनुशासन, त्रुटि सूचना, फरेम के वितरण, और प्रवाह नियंत्रण से संबंधित है।

Data type (डाटा टाइप)

The kind of data that a variable may hold in a programming language is called the data type.
प्रोग्रामिंग लैंग्वेज में एक वेरिएबल जिस तरह के डेटा को पकड़ सकता है, उसे डेटा टाइप कहा जाता है।

DDS

DDS (Data Distribution Service) is an IoT standard for real-time, scalable and high-performance machine-to-machine communication.
DDS (डाटा डिस्ट्रीब्यूशन सर्विस) वास्तविक समय, स्केलेबल और उच्च–प्रदर्शन मशीन–टू–मशीन संचार के लिए एक IoT मानक है।

Debugging (डिबगिंग)

A process of finding and removing the bugs from a computer program.
कंप्यूटर प्रोग्राम से बग्स को खोजने और निकालने की एक प्रक्रिया।

Definite Loops (डेफिनिट लूप्स)

The simplest kind of loop is called a definite loop. This is a loop that will execute a definite number of times.
सबसे सरल प्रकार के लूप को एक डेफिनिट लूप कहा जाता है। यह एक लूप है जो एक निश्चित संख्या को निष्पादित करेगा समय का।

Delimiter (डिलिमिटर)

A character or string used to indicate where a string should be split.
एक चरित्र या स्ट्रिंग को इंगित करने के लिए उपयोग किया जाता है जहां एक स्ट्रिंग विभाजित किया जाना चाहिए।

Denial of service attacks (डिनायल ऑफ सर्विस अटैक्स)

Denial of service attacks prevents the legal users of System from accessing or using the resources, information or capabilities of the system.
डिनायल ऑफ सर्विस अटैक्स सिस्टम के कानूनी उपयोगकर्ताओं को संसाधनों तक पहुँचने या उपयोग करने से रोकता है।

Digital sensors (डिजिटल सेंसर्स)

Digital sensors work with discrete or digital data that can be directly interfaced with the digital controller.
डिजिटल सेंसर असतत या डिजिटल डेटा के साथ काम करते हैं जो डिजिटल के साथ सीधे हस्तक्षेप कर सकते हैं।

Digital signal (डिजिटल सिग्नल)

A discrete or discontinuous signal, such as voltage pulses.
डिस्क्रीट या डिस्कन्टीन्यूस सिग्नल, जैसेः वोल्टेज पल्सेस।

Dumb terminal (डम्ब टर्मिनल)

A terminal that has no local processing capability.
एक टर्मिनल जिसमें कोई स्थानीय प्रसंस्करण क्षमता नहीं है।

Duplex (डुप्लेक्स)

A data communication facility on which data can be transmitted in two directions. A facility where information travels both ways.
डेटा संचार सुविधा जिस पर डेटा को दो दिशाओं में प्रेषित किया जा सकता है। एक सुविधा जहां सूचना दोनों तरीकों से यात्रा करती है।

Eavesdropping (ईवेस्ड्रोपिंग)

It refers to unauthorised access to another person's or organization's data while the data is on its way on the network.
यह किसी अन्य व्यक्ति या संगठन के डेटा तक अनधिकृत पहुंच को संदर्भित करता है जबकि डेटा नेटवर्क पर अपने रास्ते पर है।

Electronic mail (इलेक्ट्रॉनिक मेल)

A general term to describe the transmission of messages by the use of computing systems and telecommunications facilities.
कंप्यूटिंग सिस्टम और दूरसंचार सुविधाओं के उपयोग द्वारा संदेशों के प्रसारण का वर्णन करने के लिए एक सामान्य शब्द।

Embedded system (एम्बेडेड सिस्टम)

An Embedded system is a system that has computer hardware and software embedded to perform specific tasks.
एम्बेडेड सिस्टम एक ऐसी प्रणाली है जिसमें प्रदर्शन करने के लिए कंप्यूटर हार्डवेयर और सॉफ्टवेयर एम्बेडेड होते हैं

Encryption (एन्क्रिप्शने)

Converting stored or transmitted data to a coded form in order to prevent it from being read by unauthorized persons. Also application of a specific algorithm to alter the appearance of data, making it incomprehensible to those who are not authorized to see the information.
अनधिकृत व्यक्तियों द्वारा इसे पढ़ने से रोकने के लिए संग्रहीत या प्रेषित डेटा को एक कोडित रूप में परिवर्तित करना। साथ ही डेटा की उपस्थिति में परिवर्तन करने के लिए एक विशिष्ट एल्गोरिथ्म का अनुप्रयोग, इसे उन लोगों के लिए समझ से बाहर कर देता है जो जानकारी देखने के लिए अधिकृत नहीं हैं।

EPROM (Erasable Programmable Read Only Memory) (EPROM (इरेजेबल प्रोग्रामेबल रीड ओनली मेमोरी))

A semiconductor memory which allows the eraser of the information stored in it by exposure to ultraviolet light. Later new information can be stored in it.
सेमीकंडक्टर मेमोरी जो एक्सपोजर द्वारा इसमें संग्रहीत जानकारी के इरेजर को अनुमति देता है पराबैंगनी प्रकाश के लिए। बाद में इसमें नई जानकारी संग्रहीत की जा सकती है।

Ergonomics (अर्गोनोमिक्स)

The science that focuses on how machines and other things should be designed and arranged so that people can interact with them in a comfortable and efficient way.

विज्ञान जो इस बात पर ध्यान केंद्रित करता है कि मशीनों और अन्य चीजों को कैसे डिजाइन और व्यवस्थित किया जाना चाहिए यह लोग उनके साथ सहज और कुशल तरीके से बातचीत कर सकते हैं।

Error (एरर)

A procedure that leads to an incorrect result.

एक प्रक्रिया जो गलत परिणाम की ओर ले जाती है।

Error Message (एरर मैसेज)

A statement that appears on your screen when your computer is unable to continue processing. The message tells you what the problem is and how to solve it.

जब आपका कंप्यूटर प्रसंस्करण जारी रखने में असमर्थ होता है तो आपके स्क्रीन पर एक स्टेटमेंट दिखाई देता है। संदेश बताता है कि समस्या क्या है और इसे कैसे हल किया जाए।

Exceptions (एक्सेप्शन्स)

An exception is an error that occurs when a program is executed.

एक्सेप्शन एक एरर है जो तब होती है जब कोई प्रोग्राम निष्पादित होता है।

Executable file (एक्सेक्यूटबले फाइल)

Any "runnable" application program with a file extension of . COM, .EXE, or .BAT. The term is sometimes extended to include files that don't run by themselves but do contain program code, such as .OVL and .PIF files.

फाइल एक्सटेंशन के साथ कोई भी "रनने योग्य" एप्लिकेशन प्रोग्राम COM, .EXE, या .BAT। शब्द को कभी–कभी उन फाइलों को शामिल करने के लिए बढ़ाया जाता है जो स्वयं नहीं चलती हैं, लेकिन प्रोग्राम कोड होते हैं, जैसे .OVL और .PIF फाइलों के रूप में।

Execution time (एक्सेक्यूटिव टाइम)

The total time required to execute a program on a particular system is called its execution time for that computer system.

किसी विशेष सिस्टम पर किसी प्रोग्राम को निष्पादित करने के लिए आवश्यक कुल समय को उस कंप्यूटर सिस्टम के लिए एक्सेक्यूटिव टाइम कहा जाता है।

Expression (एक्सप्रेशन)

Any valid combination of operators, literals and variables.

ऑपरेटरों, शाब्दिक और वेरिएबल का कोई भी मान्य संयोजन।

Extended ASCII (एक्सटेंडेड ASCII)

Extended ASCII provides added capability by allowing for 128 additional characters, such as accented letters, graphics characters, and special symbols.

एक्सटेंडेड ASCII अतिरिक्त वर्णों जैसे उच्चारण अक्षर, ग्राफिक्स वर्ण और विशेष प्रतीकों के लिए अनुमति देकर अतिरिक्त क्षमता प्रदान करता है।

Fiber-optic cable (फाइबर ऑप्टिक केबल)

Physical medium capable of conducting modulated light transmission. Fiber-optic cable is not susceptible to electromagnetic interference, and is capable of high data rates. Also a data transmission medium made of tiny threads of glass or plastic that can transmit huge amount of information at the speed of light.

फिजिकल माध्यम प्रकाश संचरण संचालित करने में सक्षम। फाइबर–ऑप्टिक केबल विद्युत चुम्बकीय हस्तक्षेप के लिए अतिसंवेदनशील नहीं है, और उच्च डेटा दरों में सक्षम है। इसके अलावा एक डेटा संचरण मध्यम कांच या प्लास्टिक के छोटे धागों से बना होता है जो प्रकाश की गति से भारी मात्रा में सूचना प्रसारित कर सकता है।

File Transfer Protocol (फाइल ट्रांसफर प्रोटोकॉल)

Permits files to be transferred from one computer to another using a TCP connection. A related but less common file transfer protocol. Trivial File Transfer Protocol (TFTP), uses UDP rather than TCP to transfer file data.

टीसीपी कनेक्शन का उपयोग करके फाइलों को एक कंप्यूटर से दूसरे में स्थानांतरित करने की अनुमति देता है। एक संबंधित लेकिन कम आम फाइल स्थानांतरण प्रोटोकॉल। तुच्छ फाइल स्थानांतरण प्रोटोकॉल (TFTP), फाइल डेटा को स्थानांतरित करने के लिए TCP के बजाय न्क्च का उपयोग करता है।

Firewall (फायरवॉल)

Router or remote-access server (or several routers or access servers) designated as a buffer between connected networks. A firewall uses access lists and other methods to ensure the security of a network. Also a system or combination of systems that enforces a boundary between two or more networks.

राउटर या रिमोट–एक्सेस सर्वर (या कई राउटर या एक्सेस सर्वर) कनेक्टेड नेटवर्क के बीच बफर के रूप में नामित हैं। फायरवॉल नेटवर्क की सुरक्षा सुनिश्चित करने के लिए पहुँच सूचियों और अन्य तरीकों का उपयोग करता है। इसके अलावा एक सिस्टम का संयोजन जो दो या अधिक के बीच की सीमा में है नेटवर्क को लागू करता है।

float (फ्लोट)

Numbers with fractions or decimal points.

भिन्न या दशमलव बिंदुओं वाली संख्या।

Fog Computing (फोग कंप्यूटिंगे)

Fog computing is a type of network architecture that links cloud computing to the Internet of Things (IoT).
फॉग कंप्यूटिंग एक प्रकार का नेटवर्क आर्किटेक्चर है जो क्लाउड कंप्यूटिंग को इंटरनेट ऑफ थिंग्स (IoT) से जोड़ता है।

Function (फंक्शन)

A named sequence of statements.
कथनों का एक अनुक्रम।

Gestures (गेस्ट्रेस)

It is a form of non-verbal communication in which body actions communicates a particular message, either with or without speech.
यह गैर–मौखिक संचार का एक रूप है जिसमें शरीर की क्रियाएं एक विशेष संदेश का संचार करती हैं, या तो भाषण के साथ या बिना।

Global scope (ग्लोबल स्कोप)

A global scope refers to the objects available through the code execution since their inception.
ग्लोबल स्कोप कोड निष्पादन के माध्यम से उपलब्ध वस्तुओं को उनकी स्थापना के समय से संदर्भित करती है।

Half duplex (हाफ डुप्लेक्स)

Capability for data transmission in only one direction at a time between a sending station and a receiving station.
भेजने वाले स्टेशन और के बीच एक समय में केवल एक दिशा में डेटा ट्रांसमिशन के लिए क्षमता।

HTTP (ब)

Hypertext transport protocol, the Internet protocol that defines how a Web server responds to requests for files, made via anchors and URLs.
हाइपरटेक्स्ट ट्रांसपोर्ट प्रोटोकॉल, इंटरनेट प्रोटोकॉल जो परिभाषित करता है कि एक वेब सर्वर एंकर और यूआरएल के माध्यम से फाइलों के लिए अनुरोधों का जवाब कैसे देता है।

Hydraulic actuators (हाइड्रोलिक एक्टुएटर्स)

Hydraulic actuators consist of a cylinder or fluid motor that utilizes hydraulic power to facilitate mechanical process.
हाइड्रोलिक एक्ट्यूएटर्स में एक सिलेंडर या द्रव मोटर होता है जो हाइड्रोलिक पावर को सुविधाजनक बनाने के लिए उपयोग करता है।

I/O (Input/Output) (I/O (इनपुट/आउटपुट))

Pertaining to the techniques, media, and devices used for man-machine interaction
मैन–मशीन इंटरैक्शन के लिए उपयोग की जाने वाली तकनीकों, मीडिया और उपकरणों से संबंधित है

Identifiers (आइडेंटिफिएर)

Names given to program elements, such as variables, functions, and arrays.
प्रोग्राम तत्वों को दिए गए नाम, जैसे वेरिएबल, फंक्शन और सरणियाँ।

IDLE

An Integrated Development Environment. It is a basic editor and interpreter environment.
इंटीग्रेटेड डेवलपमेंट एनवायरनमेंट, यह एक बेसिक एडिटर और इंटरप्रेटर एनवायरनमेंट है।

IIoT

The Industrial Internet of Things (IIoT) is the use of Internet of Things (IoT) technologies in manufacturing.
इंडस्ट्रियल इंटरनेट ऑफ थिंग्स (IIoT) विनिर्माण में इंटरनेट ऑफ थिंग्स (IoT) प्रौद्योगिकियों का उपयोग है।

Incrementation (इंक्रेमेंटशन)

A process wherein numerical value added to the variable each time one goes round the loop.
एक ऐसी प्रक्रिया जिसमें संख्यात्मक मान को हर बार चर के साथ जोड़ा जाता है।

Infinite loop (इनफिनिट लूप)

A loop that never ends.
एक लूप जो कभी खत्म नहीं होता।

Infrared sensors (IR) (इंफ्रारेड सेंसर्स (IR))

An infrared sensor is a sensor which is used to sense certain characteristics of its surroundings by either emitting or detecting infrared radiation.
इन्फ्रारेड सेंसर एक ऐसा सेंसर होता है, जो इंफ्रारेड रेडिएशन का उत्सर्जन या पता लगाकर उसके परिवेश की कुछ विशेषताओं को समझने के लिए उपयोग किया जाता है।

int

Basic integer data type.
बेसिक इन्टिजर डाटा टाइप।

Interface (इंटरफेस)

The point at which independent systems or diverse groups interact. It consists of the devices, rules or conventions by which one component of a system communicates with another. It is also the point of communication between a person and a computer.
वह बिंदु जिस पर स्वतंत्र सिस्टम या विविध समूह आपस में बातचीत करते हैं। इसमें वे उपकरण, नियम या कन्वेंशन शामिल होते हैं जिनके द्वारा किसी सिस्टम का एक घटक दूसरे के साथ संचार करता है। यह एक व्यक्ति और कंप्यूटर के बीच संचार का बिंदु भी है।

Internet Protocol (IP) (इंटरनेट प्रोटोकॉल (आईपी))

A low-level protocol that routes packets of data across separate networks tied together by routers to form the Internet or an intranet. Data travels in packets called IP datagrams.

एक निम्न–स्तरीय प्रोटोकॉल जो इंटरनेट या इंट्रानेट बनाने के लिए राउटर द्वारा एक साथ बंधे हुए अलग–अलग नेटवर्क में डेटा के पैकेट को रूट करता है। IP डेटाग्राम नामक पैकेट में डेटा यात्रा करता है।

Interoperability (इंटरोऑपरेबिलिटी)

Interoperability is the ability of two or more systems or components to exchange data and use information.

इंटरऑपरेबिलिटी दो या दो से अधिक प्रणालियों या घटकों की क्षमता है जो डेटा और जानकारी का आदान–प्रदान करती है।

Interpreter (इंटरप्रेटर)

An interpreter is a program that translates one statement of a high-level language program in to machine codes and executes it and then translates and executes the next statement of the program and so forth.

इंटरप्रेटर एक प्रोग्राम है जो मशीन कोड में हाई लेवल लैंग्वेज प्रोग्राम के एक बयान का अनुवाद करता है और इसे निष्पादित करता है और फिर कार्यक्रम के अगले कथन का अनुवाद और निष्पादन करता है।

IoT

Internet of Things (IoT) is a system of interconnected objects, usually called smart devices, through the Internet.

इंटरनेट ऑफ थिंग्स (IoT) इंटरकनेक्टेड ऑब्जेक्ट्स की एक प्रणाली है, जिसे आमतौर पर इंटरनेट के माध्यम से स्मार्ट डिवाइस कहा जाता है।

IoT ecosystem (IoT इकोसिस्टम)

The IoT ecosystem is a connection of various kind of devices that sense and analyze the data and communicates with each other over the networks.

IoT इकोसिस्टम विभिन्न प्रकार के उपकरणों का एक कनेक्शन है जो डेटा का विश्लेषण करता है और नेटवर्क पर एक दूसरे के साथ संचार करता है।

IP Spoofing (IP स्पूफिंग)

An attack whereby a system attempts to illicitly impersonate another system by using its IP network address.

एक आक्रमण जिससे एक प्रणाली अपने आईपी नेटवर्क का उपयोग करके किसी अन्य प्रणाली को अवैध रूप से लागू करने का प्रयास करती है।

IPv6

IPv6 is the latest revision of the Internet Protocol (IP), the communications protocol that provides an identification and location system for computers on networks.

IPv6 इंटरनेट प्रोटोकॉल (IP) का नवीनतम संशोधन है, जो संचार प्रोटोकॉल प्रदान करता है, नेटवर्क पर कंप्यूटर के लिए एक पहचान और स्थान प्रणाली।

ISO

International Organization for Standardization. International organization that is responsible for a wide range of standards, including those relevant to networking. ISO developed the OSI reference model, a popular networking reference model.

इंटरनेशनल आर्गेनाइजेशन फॉर स्टैंडर्डजेशनः इंटरनेशनल आर्गेनाइजेशन जो नेटवर्किंग के लिए प्रासंगिक सहित स्टैण्डर्ड की एक विस्तृत श्रृंखला के लिए जिम्मेदार है। ISO ने OSI रेफरन्स विकसित किया गया मॉडल है, एक लोकप्रिय नेटवर्किंग संदर्भ मॉडल।

ISO protocol (ISO प्रोटोकॉल)

A communication protocol to interconnect geographically dispersed heterogeneous computers. This protocol has been standardized by the International Standards Organization (ISO).

रूप से विषम कंप्यूटरों को आपस में जोड़ने के लिए एक संचार प्रोटोकॉल। इस प्रोटोकॉल को अंतर्राष्ट्रीय मानक संगठन (OSI) द्वारा मानकीकृत किया गया है।

Iteration (ऐतेरातिओं)

A process of executing a statement or a set of statements repeatedly.

किसी कथन या कथनों को बार–बार निष्पादित करने की एक प्रक्रिया।

Jumper wires (जम्पर वायर्स)

Jumper wires are simply wires that have connector pins at each end, allowing them to be used to connect two points to each other without soldering.

जम्पर वायर्स बस तार होते हैं जिनमें प्रत्येक छोर पर कनेक्टर पिन होते हैं, जिससे उन्हें टांका लगाने के बिना एक दूसरे से दो बिंदुओं को जोड़ने के लिए उपयोग किया जा सकता है।

K (Kilo)

Used to represent 2^{10} = 1024 in computers only.

कंप्यूटरों में 2^{10} = 1024 का प्रतिनिधित्व करते थे।

Latency (लेटेंसी)

Delay between the time a device requests access to a network and the time it is granted permission to transmit.

उस समय के बीच देरी जब कोई डिवाइस किसी नेटवर्क तक पहुंच का अनुरोध करता है और उस समय की अनुमति दी जाती है।

LCD

(Liquid Crystal Display) is the technology used for displays in notebook and other smaller computers.

(लिक्विड क्रिस्टल डिस्प्ले) नोटबुक और अन्य छोटे कंप्यूटरों में डिस्प्ले के लिए इस्तेमाल की जाने वाली तकनीक है।

LED

Light Emitting Diode or simply LED is one of the most commonly used sources of light now-adays.

लाइट एमिटिंग डायोड या स्क्व अब प्रकाश के सबसे अधिक इस्तेमाल किए जाने वाले स्रोतों में से एक है।

Letterhead (लेटरहेड)

Organizations usually use printed-paper where heading or letterhead is primarily designed at the top of the sheet. It bears all the necessary information about the organization's identity.

संगठन आमतौर पर मुद्रित–पेपर का उपयोग करते हैं जहां शीर्षक या लेटरहेड को मुख्य रूप से डिजाइन किया गया है। यह संगठन की पहचान के बारे में सभी आवश्यक जानकारी देता है।

LiFi(Light Fidelity) (स्पथ्य (लाइट फिडेलिटी))

It is a new wireless technology that offers high speed data transmission based on Visible Light Communication (VLC) principle.

यह एक नई वायरलेस तकनीक है जो विजिबल लाइट कम्युनिकेशन (VLC) सिद्धांत पर आधारित हाई स्पीड डेटा ट्रांसमिशन प्रदान करती है।

Lilypad Arduino USB

The LilyPad Arduino USB is the perfect board for e-textiles and wearables projects.

The LilyPad Arduino USB ई–टेक्सटाइल्स और वियरब्रल्स प्रोजेक्ट्स के लिए एकदम सही बोर्ड है।

Local Area Network (LAN) (लोकल एरिया नेटवर्क (LAN))

Network that connects computers that are in the same building or campus, usually with cables.

नेटवर्क जो कंप्यूटर को एक ही इमारत या परिसर में जोड़ता है, आमतौर पर केबल के साथ।

Local scope (लोकल स्कोप)

A local scope refers to the local objects available in the current function.

लोकल स्कोप वर्तमान फंक्शन में उपलब्ध स्थानीय वस्तुओं को संदर्भित करता है।

Logical operators (लॉजिकल ऑपरेटर्स)

Symbols used to show a logical relationship between two data items.

प्रतीक दो डेटा आइटमों के बीच एक लॉजिकल रिलेशन दिखाते थे।

Loop (लूप)

A sequence of instructions that is executed repeatedly until a terminal condition occurs.

निर्देशों का एक क्रम जो टर्मिनल स्थिति होने तक बार–बार निष्पादित होता है।

Looping (लूपिंग)

A process of repeating a series of steps a certain number of times.

कई बार एक निश्चित चरणों की एक श्रृंखला को दोहराने की प्रक्रिया।

LoRaWAN

LoRaWAN is a newly developed long-range wide-area network wireless technology designed for IoT applications.

LoRaWAN एक नव विकसित लंबी दूरी की वाइड–एरिया नेटवर्क वायरलेस तकनीक है जिसे प्वज अनुप्रयोगों के लिए डिजाइन किया गया है।

LTE-A

LTE-A, or LTE Advanced, delivers an important upgrade to LTE technology by increasing not only its coverage, but also reducing its latency and raising its throughput.

LTE-A, or LTE एडवांस्ड न केवल बढ़ाकर LTE तकनीक के लिए एक महत्वपूर्ण अपग्रेड प्रदान करता हैय इसकी कवरेज, लेकिन इसकी विलंबता को कम करने और इसके थ्रूपुट को बढ़ाने के लिए भी।

Microcontroller (मिक्रोकंट्रोलर)

Microcontroller is like a mini computer with a CPU along with RAM, ROM, serial ports, timers, and IO peripherals all embedded on a single chip.

माइक्रोकंट्रोलर एक मिनी कंप्यूटर की तरह है जिसमें सीपीयू के साथ–साथ रैम, रॉम, सीरियल पोर्ट, टाइमर और IO पेरिफेरल्स सभी एक ही चिप पर लगे होते हैं।

Microcontroller 8051 (मिक्रोकंट्रोलर 8051)

8051 microcontroller is an 8-bit family of microcontroller is developed by the Intel in the year 1981. This is one of the popular families of microcontroller.

8051 मिक्रोकंट्रोलर, 8–बिट वर्ष 1981 में Intel द्वारा विकसित माइक्रोकंट्रोलर का 8–बिट परिवार है। यह माइक्रोकंट्रोलर के लोकप्रिय परिवारों में से एक है।

Microprocessor (माइक्रोप्रोसेसर)

A LSI chip which contains the entire CPU of a computer, except main memory.

एक LSI चिप जिसमें मुख्य मेमोरी को छोड़कर कंप्यूटर का पूरा सीपीयू होता है।

Millisecond (मिलीसेकंड)

One-thousandth of a second.

एक सेकंड का एक हजारवाँ हिस्सा।

Module (मॉडल)

A file containing definitions, i.e., functions and statements.

एक फाइल जिसमें परिभाषाएँ हैं, अर्थात, फंक्शंस और स्टेटमेंट।

Modulo operator(%) (मॉडलों ऑपरेटर (%))

The % operator finds the modulus of its first operand relative to the second.

% ऑपरेटर अपने पहले ऑपरेंड के मापांक को दूसरे के सापेक्ष पाता है।

MQTT

Message Queue Telemetry Transport (MQTT) is an open light-weight easy-to-implement messaging protocol for M2M communications.

मैसेज केओए टेलीमेट्री ट्रांसपोर्ट (MQTT) एम 2 एम संचार के लिए एक खुला प्रकाश–भार आसान–से–लागू संदेश प्रोटोकॉल है।

Network (नेटवर्क)

An inter-connection of computer systems and/or peripheral devices with carriers and data communications devices for the purpose of exchanging data and information.

डेटा और सूचनाओं के आदान–प्रदान के उद्देश्य से वाहक और डेटा संचार उपकरणों के साथ कंप्यूटर सिस्टम और ध् या परिधीय उपकरणों का एक अंतर–कनेक्शन।

NFC

NFC is a set of the communication-based protocol used for communication between two devices in the range of approximately 10 cm.

एनएफसी संचार आधारित प्रोटोकॉल का एक सेट है जिसका उपयोग दो उपकरणों के बीच संचार के लिए किया जाता है, लगभग 10 सेमी की सीमा।

Open-loop control system (ओपन-लूप कण्ट्रोल सिस्टम)

Open-loop control system is a control system where its control action only depends on input signal and does not depend on its output response.

ओपन–लूप कण्ट्रोल सिस्टम एक कंट्रोल सिस्टम है जहा इसकी नियंत्रण क्रिया केवल इनपुट सिग्नल पर निर्भर करती है और इसके आउटपुट प्रतिक्रिया पर निर्भर नहीं करती है।

OSI reference model (OSI रिफरेन्स मॉडल)

Open System Interconnection reference model. Network architectural model that consists of seven layers, each of which specifies particular network functions such as addressing, flow control, error control encapsulation, and reliable message transfer. The OSI reference model is used universally as a method for teaching and understanding network functionality.

ओपन सिस्टम इंटरकनेक्शन रिफरेन्स मॉडल। नेटवर्क आर्किटेक्चरल मॉडल जिसमें सात परतें होती हैं, जिनमें से प्रत्येक विशेष नेटवर्क फंक्शन को संबोधित करता है जैसे कि एड्रेसिंग, फ्लो कंट्रोल, त्रुटि नियंत्रण इनकैप्सुलेशन और विश्वसनीय संदेश स्थानांतरण। ओएसआई संदर्भ मॉडल को सार्वभौमिक रूप से नेटवर्क कार्यक्षमता को सिखाने और समझने के लिए एक विधि के रूप में उपयोग किया जाता है।

Passive Transducers (पैसिव ट्रान्सडूसर्स)

In Passive Transducers, the energy from the input is directly converted into the output. For example, a Thermocouple is a passive transducer.

पैसिव ट्रांसड्यूसर्स में, इनपुट से ऊर्जा सीधे आउटपुट में परिवर्तित हो जाती है। उदाहरण के लिए, एक थर्मोकपल एक निष्क्रिय ट्रांसड्यूसर है।

Password (पासवर्ड)

A code by which a user gains access to a computer system. It is used for security purposes.

एक कोड जिसके द्वारा उपयोगकर्ता कंप्यूटर सिस्टम तक पहुंच प्राप्त करता है। इसका उपयोग सुरक्षा उद्देश्यों के लिए किया जाता है।

Personality (पर्सनालिटी)

Personality is the constant pattern of thinking, feeling and acting.

पर्सनालिटी सोचने, महसूस करने और अभिनय करने का निरंतर पैटर्न है।

Phishing (फिशिंग)

It is an attempt of acquiring sensitive information such as usernames, passwords, and credit card details, by hacker in an electronic communication.

यह एक इलेक्ट्रॉनिक संचार में हैकर द्वारा संवेदनशील जानकारी जैसे कि उपयोगकर्ता नाम, पासवर्ड और क्रेडिट कार्ड विवरण प्राप्त करने का प्रयास है।

PIC Microcontroller (PIC मिक्रोकंट्रोलर)

Peripheral Interface Controller (PIC) is microcontroller developed by a Microchip, PIC microcontroller is fast and simple to implement program when you contrast other microcontrollers like 8051.

पेरीफेरल इंटरफेस कंट्रोलर (PIC) एक माइक्रोचिप द्वारा विकसित माइक्रोकंट्रोलर है, PIC माइक्रोकंट्रोलर प्रोग्राम को लागू करने के लिए तेज और सरल है जब आप 8051 जैसे अन्य माइक्रोकंट्रोलर के विपरीत होते हैं।

Potentiometer (पोटेंशमेंटेर)

A potentiometer is used to detect the position. It generally has various ranges of resistors connected to different poles of the switch.

पोटेंशमेंटेर पोजीशन को डिटेक्ट करता है।इसमें रेसिटर्स की बहुत सरे रांगेस होती है जो अलग अलग पोल स कनेक्ट होते हैं।

Proximity sensor (प्रोक्सिमिटी सेंसर)

A device that detects the presence or absence of a nearby object, or properties of that object, and converts it into signal which can be easily read by user or a simple electronic instrument without getting in contact with them.

एक उपकरण जो आस–पास की वस्तु, या उस वस्तु के गुणों की उपस्थिति या अनुपस्थिति का पता लगाता है, और इसे संकेत में परिवर्तित करता है जिसे आसानी से उपयोगकर्ता या एक साधारण इलेक्ट्रॉनिक उपकरण द्वारा उनके संपर्क में आए बिना पढ़ा जा सकता है।

Pseudocode (स्यूडोकोड)

A program analysis tool that is used for planning program logic. It is an imitation of actual computer instructions written in ordinary English language.

एक प्रोग्राम एनालिसिस टूल जिसका उपयोग प्रोग्राम लॉजिक की योजना बनाने के लिए किया जाता है। यह सामान्य अंग्रेजी भाषा में लिखे गए वास्तविक कंप्यूटर निर्देशों की नकल है।

Ransomware (रैंसमवेयर)

Ransomware is a type of malicious software that blocks access to a computer system or data, usually by encrypting it.

रैंसमवेयर एक प्रकार का दुर्भावनापूर्ण सॉफ्टवेयर है, जो आमतौर पर कंप्यूटर सिस्टम या डेटा तक पहुंच को अवरुद्ध करता है, इसे एन्क्रिप्ट करके।

Relational operators (रिलेशनल ऑपरेटर्स)

It compares the values of its operands.

यह अपने ऑपरेंड के वैल्यूज की तुलना करता है।

Renesas Microcontroller (रेनेसस माइक्रोकंट्रोलर)

Renesas is latest automotive microcontroller family that offers high performance feature with exceptionally low power consumption over a wide and versatile extend of items.

रेनेसा नवीनतम ऑटोमोटिव माइक्रोकंट्रोलर परिवार है जो वस्तुओं की एक विस्तृत और बहुमुखी विस्तार पर असाधारण कम बिजली की खपत के साथ उच्च प्रदर्शन की सुविधा प्रदान करता है।

Report (रिपोर्ट)

A report, by definition, is a "statement describing what has happened" or "describing a state of affairs".

एक रिपोर्ट, परिभाषा के अनुसार, "जो हुआ है उसका वर्णन" या "मामलों की स्थिति का वर्णन" है।.

Resistor (रेसिस्टर)

A resistor is an electrical component that limits or regulates the flow of electrical current in an electronic circuit.

रेसिस्टर एक विद्युत घटक है जो इलेक्ट्रॉनिक सर्किट में विद्युत प्रवाह के प्रवाह को सीमित या नियंत्रित करता है।

Resume (रिज्यूमे)

Resume sets out your skills and experience, it should demonstrate potential employer that why they should hire you above any of the other skilled candidates who have presented themselves for employment.

रिज्यूमे आपके कौशल और अनुभव को निर्धारित करता है, यह संभावित नियोक्ता को प्रदर्शित करना चाहिए कि क्यों उन्हें आपको अन्य कुशल उम्मीदवारों में से किसी एक से ऊपर रखना चाहिए, जिन्होंने खुद को प्रस्तुत किया है रोजगार के लिए।

RFID

RFID stands for Radio Frequency Identification. The acronym refers to small electronic devices that consist of a small chip and an antenna.

RFID का अर्थ है रेडियो फ्रीक्वेंसी आइडेंटिफिकेशन। संक्षिप्त नाम छोटे इलेक्ट्रॉनिक उपकरणों को संदर्भित करता है, जिसमें एक छोटी चिप और एक एंटीना होता है।

RISC

RISC stands for Reduced Instruction Set Computers. It reduces the operational time by shortening the clock cycle per instruction.

RISC का अर्थ है रेडूसेड इंस्ट्रक्शन सेट कम्प्यूटर्स यह प्रति निर्देश घड़ी चक्र को छोटा करके परिचालन समय को कम करता है।

Scope (स्कोप)

The scope of a variable determines the portion of the program where you can access a particular identifier.

एक वेरिएबल का दायरा कार्यक्रम के उस हिस्से को निर्धारित करता है जहां आप किसी विशेष का उपयोग कर सकते हैं।

Security (सिक्योरिटी)

The issues of protecting data from unauthorized use, tampering, or destruction are collectively referred to as security issues.

अनाधिकृत उपयोग, छेड़छाड़ या विनाश से डेटा की सुरक्षा के मुद्दों को सामूहिक रूप से सुरक्षा मुद्दों के रूप में जाना जाता है।

Self-motivation (सेल्फ-मोटिवेशन)

It is an ability to do what needs to be done, without the influence from other people or situations.

यह वह करने की क्षमता है जो अन्य लोगों या स्थितियों के प्रभाव के बिना किए जाने की आवश्यकता है।

Self esteem (सेल्फ एस्टीम)

Self esteem is crucial and is a cornerstone of a positive attitude towards living.

सेल्फ एस्टीम महत्वपूर्ण है और जीने के प्रति सकारात्मक दृष्टिकोण की आधारशिला है।

Sensors (सेंसर्स)

Sensors are a key component that helps you to collect live data from the surrounding environment.
सेंसर एक प्रमुख घटक है जो आपको आसपास के वातावरण से लाइव डेटा एकत्र करने में मदद करता है।

Serial port (सीरियल पोर्ट)

Connector on your computer that is used for connecting Modem for serial communication. You can also connect joystick, mouse and serial printers to a serial port.
आपके कंप्यूटर पर कनेक्टर जो सीरियल संचार के लिए मॉडेम को जोड़ने के लिए उपयोग किया जाता है। आप जॉयस्टिक, माउस और सीरियल प्रिंटर को सीरियल पोर्ट से भी जोड़ सकते हैं।

Server (सर्वर)

Node or software program that provides services to clients. Also the main high-capacity computer where all the information is stored. Also a system that shares resources with one or more workstations on a network.
नोड या सॉफ्टवेयर प्रोग्राम जो ग्राहकों को सेवाएं प्रदान करता है। साथ ही मुख्य उच्च क्षमता वाला कंप्यूटर जहां सभी जानकारी संग्रहीत होती है। साथ ही एक प्रणाली जो संसाधनों को एक या अधिक वर्कस्टेशन के साथ साझा करती है एक नेटवर्क पर।

Session layer (सेशन लेयर)

Layer 5 of the OSI reference model. This layer establishes, manages, and terminates sessions between applications and manages data exchange between presentation-layer entities.
OSI रिफरेन्स मॉडल की परत 5। यह परत अनुप्रयोगों के बीच सत्रों को स्थापित करती है, उनका प्रबंधन करती है और प्रस्तुति–परत संस्थाओं के बीच डेटा विनिमय का प्रबंधन करती है।

Sigfox

Sigfox is a cellular style system that enables remote devices to connect using ultra-narrow band, to provide low power low data rate, and low cost communications for remote connected devices.
सिगफॉक्स एक सेलुलर शैली प्रणाली है जो दूरस्थ उपकरणों को अल्ट्रा–संकीर्ण बैंड का उपयोग करके कनेक्ट करने में सक्षम बनाता है, जिससे कम बिजली की कम दर, और दूरदराज के जुड़े उपकरणों के लिए कम लागत के संचार की सुविधा मिलती है।

Snooping (स्नूपिंग)

Snooping refers to unauthorized access to someone else's data, email or computer activity.
स्नूपिंग किसी अन्य व्यक्ति के डेटा, ईमेल या कंप्यूटर गतिविधि तक अनधिकृत पहुंच को संदर्भित करता है।

Statement (स्टेटमेंट)

A unit of code. (कोड की एक इकाई।)

Stepper Motors (स्टेपर मोटर्स)

Stepper motors (DC motor) are electromechanical, converting a digital pulse into rotational movement or displacement.
स्टेपर मोटर्स (DC मोटर) इलेक्ट्रोमैकेनिकल होते हैं, जो डिजिटल पल्स को घूर्णी गति या विस्थापन में परिवर्तित करते हैं।

Strain Gauge (स्ट्रेन गेज)

A strain gauge is used to detect pressure when a load is applied. It works on the principle of resistance.
प्रेशर नापने का यंत्र दबाव का पता लगाने के लिए उपयोग किया जाता है जब एक लोड लागू किया जाता है। यह प्रतिरोध के सिद्धांत पर काम करता है।

Stress (स्ट्रेस)

Stress is an emotional/bodily reaction to physical, psychological or emotional demands.
फिजिकल, मनोवैज्ञानिक या भावनात्मक मांगों के लिए एक भावनात्मक/शारीरिक प्रतिक्रिया है।

String (स्ट्रिंग)

A string is an ordered sequence of characters.
एक स्ट्रिंग पात्रों का एक क्रमबद्ध क्रम है।

Substring (सुब्स्ट्रिंग)

A part or a subset of another string.
एक भाग या दूसरे तार का उपसमूह।

TCP/IP

A protocol stack, designed to connect different network on which the Internet is based. The suite includes protocols for remote login (Telnet), file transfer (FTP), E-mail (SMTP), etc. TCP/IP can work with any hardware or operating system.
प्रोटोकॉल स्टैक, जिसे विभिन्न नेटवर्क को जोड़ने के लिए डिजाइन किया गया है, जिस पर इंटरनेट आधारित है। सुइट में रिमोट लॉगिन (टेलनेट), फाइल स्थानांतरण (एफटीपी), ई–मेल (एसएमटीपी), आदि के लिए प्रोटोकॉल शामिल हैं। टीसीपी/आईपी किसी भी हार्डवेयर या ऑपरेटिंग सिस्टम के साथ काम कर सकते हैं।

Thermistor (थर्मिस्टर)

It is a temperature sensitive resistor that changes its physical resistance with the change in temperature.
यह एक तापमान संवेदनशील अवरोधक है जो तापमान में परिवर्तन के साथ अपने फिजिकल प्रतिरोध को बदलता है।

Thermocouple (थर्मोकोपले)

These are voltage devices that indicate temperature measuring with a change in voltage.
ये वोल्टेज उपकरण हैं जो वोल्टेज में बदलाव के साथ तापमान मापने का संकेत देते हैं।

Thread (थ्रेड)

A very new IP-based IPv6 networking protocol aimed at the home automation environment.
एक बहुत ही नया IP- आधारित IPv6 नेटवर्किंग प्रोटोकॉल जिसका उद्देश्य होम ऑटोमेशन वातावरण है।

Transducer (ट्रान्सडूसर)

A transducer is a device that converts one form of energy into another form of energy.
ट्रांसड्यूसर एक ऐसा उपकरण है जो ऊर्जा के एक रूप को ऊर्जा के दूसरे रूप में परिवर्तित करता है।

Unicode Strings (यूनिकोड स्ट्रिंग्स)

Unicode strings give us a consistent way to process character data from a variety of character encodings.
यूनिकोड स्ट्रिंग्स हमें विभिन्न प्रकार के चरित्र एन्कोडिंग से चरित्र डेटा को संसाधित करने का एक सुसंगत तरीका देते हैं।

Variable (वेरिएबल)

A variable is a programming construct that uses a certain part of memory to represent a specific item of data that we wish to keep track of in a program.
वेरिएबल एक प्रोग्रामिंग निर्माण है जो एक विशिष्ट आइटम का प्रतिनिधित्व करने के लिए मेमोरी के एक निश्चित हिस्से का उपयोग करता है, एक प्रोग्राम का ट्रैक रखना चाहते हैं।

Verify/Compile (वेरीफाई/कपिल)

It checks the errors present in your sketch and informs you about the memory space occupied by the variables in the console area.
यह आपके स्केच में मौजूद त्रुटियों की जांच करता है और आपको कंसोल क्षेत्र में चर द्वारा कब्जा की गई मेमोरी स्पेस के बारे में सूचित करता है।

Virus (वायरस)

A replicating code segment that attaches itself to a program or data file.
एक प्रतिकृति कोड खंड जो स्वयं को किसी प्रोग्राम या डेटा फाइल में संलग्न करता है।

void loop()

This function is the next important function in the Sketch. It consists of that part of the code that needs to be continuously executed in a loop over and over again.
यह फंक्शन स्केच में अगला महत्वपूर्ण कार्य है। इसमें कोड का वह हिस्सा होता है जिसे बार–बार एक लूप में निष्पादित करने की आवश्यकता होती है।

void setup()

This is the first routine that begins when the Arduino starts functioning.
यह पहली दिनचर्या है जो तब शुरू होती है जब अरुडिनो काम करना शुरू कर देता है।

while Loop (while लूप)

It evaluates a test expression before allowing entry into the loop.
यह लूप में प्रवेश करने से पहले एक परीक्षण अभिव्यक्ति का मूल्यांकन करता है।

Worm (वर्म)

Worm is a program made to replicate automatically. A worm replicates continuously until the entire hard disk space and memory are used up.
वर्म स्वचालित रूप से दोहराने के लिए बनाया गया एक कार्यक्रम है। एक कीड़ा लगातार प्रतिकृति बनाता है जब तक कि पूरे हार्ड डिस्क स्थान और मेमोरी का उपयोग नहीं किया जाता है।

WoT

Web of Things (WoT) is a computing concept that describes a future where everyday objects are fully integrated with the Web.
वेब ऑफ थिंग्स (WoT) एक कंप्यूटिंग कॉन्सेप्ट है जो एक ऐसे भविष्य के बारे में बताता है जहाँ रोजमर्रा की वस्तुएँ पूरी तरह से वेब के साथ एकीकृत होती हैं।

X-10

X-10 is a protocol for communication among IoT devices, mainly in the home automation sector.
X–10 IoT उपकरणों के बीच संचार के लिए एक प्रोटोकॉल है, मुख्यतः होम ऑटोमेशन क्षेत्र में।

XMPP

The Extensible Messaging and Presence Protocol (XMPP) is an open technology for real-time communication originally designed for chats and messages exchange applications.
एक्स्टेंसिबल मैसेजिंग एंड प्रेजेंस प्रोटोकॉल (एक्सएमपीपी) वास्तविक समय के संचार के लिए एक खुली तकनीक है, जिसे मूल रूप से चौट और संदेश विनिमय अनुप्रयोगों के लिए डिजाइन किया गया है।

Z-Wave

Z-Wave is a wireless network standard that consumes very low power and it is widely used for connecting smart devices in the Internet of Things (IoT).
Z-Wave एक वायरलेस नेटवर्क मानक है जो बहुत कम बिजली की खपत करता है और इसका उपयोग इंटरनेट ऑफ थिंग्स (IoT) में स्मार्ट उपकरणों को जोड़ने के लिए व्यापक रूप से किया जाता है।

Zigbee

Zigbee is a low powered, low cost standard on a wireless mesh network designed for batterypowered devices and cheaper alternative to Bluetooth.
Zigbee कम शक्ति वाला, कम शक्ति वाला मानक है जो बैटरी चालित के लिए डिजाइन किए गए वायरलेस मेष नेटवर्क पर होता है
ब्लूटूथ के लिए उपकरणों और सस्ता विकल्प।

Solved Sample Question Paper (सॉल्व्ड सैंपल प्रश्न पत्र)

Total Time: 3 Hours (कुल समयः 3 घंटे)

Total Marks 100 (कुल अंक 100)
(Part One - 40 Part Two - 60)
(भाग एक – 40 भाग दो – 60)

PART ONE (भाग एक)

A. Multiple Choice Questions:

1. Microcontroller used in Arduino UNO prototyping board is:
   a. ATmega328m b. ATmega328p
   c. ATmega2560 d. ATmega356p
   Arduino UNO प्रोटोटाइप बोर्ड में प्रयुक्त माइक्रोकंट्रोलर है:
   क. ATmega328m ख. ATmega328p
   ग. ATmega2560 घ. ATmega356p
2. Which of the following is not a main element of IoT?
   a. People b. Process
   c. Security d. Things
   निम्नलिखित में से कौन सा IoT का मुख्य तत्व नहीं है?
   क. लोग ख. प्रक्रिया ग. सुरक्षा घ. थिंग्स
3. To easily interface add-on modules with Arduino we can use:
   a. General PCB
   b. Connectivity circuit boards
   c. Arduino shields
   d. Other high-end Arduino boards
   आसानी से ऐड–ऑन मॉड्यूल विथ Arduino को इंटरफेस करने के लिए हम उपयोग कर सकते हैरू
   क. जनरल पीसीबी बोर्ड ख. कनेक्टिविटी सर्किट
   ग. Arduino शैलद घ. अन्य उच्च ।तकनपदव बोर्ड
4. Which symbol is used in Arduino to calculate Modulo?
   a. # b. $ c. % d. !
   मोडुलो की गणना करने के लिए अरडिनो में किस प्रतीक का उपयोग किया जाता है?
   क. # ख. $ ग. % घ. !
5. With respect to the body language, the handshake conveys the confidence is:
   a. Firm b. Limp
   c. Loose d. Incomplete
   शरीर की भाषा के संबंध में, हैंडशेक विश्वास व्यक्त करता है:
   क. दृढ़ ख. लिम्प ग. ढीला घ. अधूरा
6. A program written with the IDE for Arduino is called _________.
   a. IDE source b. Source code
   c. Sketch d. All of the above
   Arduino के लिए IDE के साथ लिखे गए एक प्रोग्राम को _________ कहा जाता है।
   क. आईडीई स्रोत ख. सोर्स कोड
   ग. स्केच घ. ऊपर के सभी
7. How many digital pins are there on the UNO board?
   a. 14 b. 12 c. 16 d. 20
   यूएनओ बोर्ड में कितने डिजिटल पिन हैं?
   क. 14 ख. 12 ग. 16 घ. 20
8. What is the use of Thermostat in Nest Thermostat E?
   a. Save energy
   b. Show the use of energy
   c. Supports in some devices only
   d. Won't work at some conditions
   नेस्ट थर्मोस्टैट E में थर्मोस्टैट का उपयोग क्या है?
   क. ऊर्जा बचाओ
   ख. ऊर्जा का उपयोग दिखाओ
   ग. केवल कुछ उपकरणों में समर्थन करता है
   घ. कुछ शर्तों पर काम नहीं करते
9. Which devices measures gases or liquid?
   a. Proximity sensor b. Pressure sensor
   c. Temperature sensor d. Touch sensor
   कौन से उपकरण गैस या तरल को मापते हैं?
   क. प्रोक्सिमिटी सेंसर ख. प्रेशर सेंसर
   ग. तापमान सेंसर घ. टच सेंसर
10. All code in an Arduino sketch is processed from:
    a. Top to bottom b. Bottom to top
    c. Any order d. None of these
    Arduino स्केच में सभी कोड से संसाधित किया जाता है:
    क. ऊपर से नीचे ख. नीचे से ऊपर
    ग. कोई आदेश घ. इनमें से कोई नहीं

B. State whether the following Statements are True or False. (निम्नलिखित कथन सही हैं या गलत।)

1. Arduino program statement for generating one second delay is delay(100);.
   एक सेकंड की देरी उत्पन्न करने के लिए Arduino प्रोग्राम स्टेटमेंट में देरी (100) है;
2. In ATmega328p, p stands for pico power.
   ATmega328p में, p पिको पावर है।

3. Mirai botnet attack was originated from IoT cameras.
   मिराई बॉटनेट हमले की शुरुआत IoT कैमरों से हुई थी।
4. M135 is one of the commonly used gas sensors in MQ sensor series.
   M135 MQ सेंसर श्रृंखला में आमतौर पर उपयोग किए जाने वाले गैस सेंसर में से एक है।
5. trim() removes all whitespace characters from a String.
   ट्रिम() एक स्ट्रिंग से सभी व्हाट्सएप पात्रों को हटा देता है।
6. Arduino provides IDE Environment
   Arduino IDE एनवायरनमेंट प्रदान करता है।
7. MQTT is created by Andy Stanford-Clark.
   MQTT एंडी स्टेनफोर्ड–क्लार्क द्वारा बनाया गया है।
8. IoT devices are naturally vulnerable to security threats.
   IoT डिवाइस सुरक्षा खतरों के लिए स्वाभाविक रूप से कमजोर हैं।
9. Arduino boards are a Microcontroller which is capable of reading input from sensors to controlling motors and etc.
   Arduino बोर्ड एक माइक्रोकंट्रोलर हैं जो सेंसर से लेकर मोटर्स और आदि को नियंत्रित करने के लिए इनपुट पढ़ने में सक्षम हैं।
10. Arduino IDE consists of two functions setup() and build().
    Arduino IDE में दो फंक्शन सेटअप() और बिल्ड() होते हैं।

C. Match the following (निम्नलिखित का मिलान करें):

1.	Default bootloader for Arduino Arduino के लिए डिफॉल्ट बूटलोडर	a.	sketch स्केच
2.	PWM pins in Arduino UNO Arduino UNO में PWM पिन	b.	0–255
3.	Informal Communication इनफॉर्मल कम्युनिकेशन	c.	Optiboot
4.	Analog Read method in Arduino UNO returns value range Arduino UNO में वैल्यू रीड रेंज वैल्यू रेंज देता है	d.	1999
5.	Open source Operating System ओपन सोर्स ऑपरेटिंग सिस्टम	e.	6
6.	Program written in Arduino IDE प्रोग्राम Arduino IDE में लिखा गया है	f.	setup()
7.	The term "IoT" was coined in शब्द "IoT" में कोइनेड किया गया था	g.	Grapevine
8.	Single line comment सिंगल लाइन कमेंट	h.	0–1023
9.	Analog Write method in Arduino UNO accepts value range Arduino UNO में एनालॉग लिखने की विधि मान श्रेणी को स्वीकार करती है	i.	//
10.	Function called once in Arduino program फंक्शन Arduino कार्यक्रम में एक बार कहा जाता है	j.	Windows विंडोज
		k.	Linux लिनक्स

D. Fill in the blanks (रिक्त स्थान भरें)

a. Thermocouple (थर्मोकपल), b. Massimo Banzi (मासिमो बांजी), c. Square (स्क्वायर), d. Self-Analysis (सेल्फ एनालिसिस), e. Exhaustive (एक्सहोस्टीवे), f. Security (सुरक्षा), g. Sheilds (शेलडस), h. M2M communication (M2M कम्युनिकेशन), i. Embedded Controller (एंबेडेड नियंत्रक), j. Self-Disclosure (सेल्फ डिस्क्लोसूरे)

1. ________ are pre built circuit boards that fit on top of Android.
   ________ पूर्व निर्मित सर्किट बोर्ड हैं जो एंड्रॉइड के शीर्ष पर फिट होते हैं।
2. MQTT is mainly used for ________.
   MQTT का उपयोग मुख्य रूप से ________ के लिए किया जाता है।
3. ________ is a process of communication by which one person reveals information about himself or herself to another.
   ________ संचार की एक प्रक्रिया है जिसके द्वारा एक व्यक्ति खुद के बारे में या खुद दूसरे के बारे में जानकारी प्रकट करता है।
4. ________ is the process of looking at oneself to assess aspects which are important to one's identity.
   ________ उन पहलुओं को आंकने की प्रक्रिया है जो किसी की पहचान के लिए महत्वपूर्ण हैं।
5. PWM is basically, a ________ wave with a varying high and low time.
   पीडब्लूएम मूल रूप से, एक ________ वेव है जिसमें एक उच्च और निम्न समय होता है।
6. The founder of Arduino project is ________.
   अर्डुइनो परियोजना का संस्थापक ________ है।
7. Another name for a microcontroller is ________.
   एक माइक्रोकंट्रोलर का दूसरा नाम ________ है।
8. A ________ converts thermal energy into electrical energy.
   A ________ थर्मल ऊर्जा को विद्युत ऊर्जा में परिवर्तित करता है।

9. The brute force attacks are known as an ________ key search.
क्रूर बल के हमलों को ________ प्रमुख खोज के रूप में जाना जाता है।

10. Passwords are used to improve the ________ of a network.
पासवर्ड का उपयोग किसी नेटवर्क के ________ को बेहतर बनाने के लिए किया जाता है।

उत्तर

A.	1. b	2. c	3. c	4. c	5. a
	6. c	7. a	8. a	9. b	10. a
B.	1. T	2. T	3. T	4. T	5. T
	6. T	7. T	8. T	9. T	10. F
C.	1. c	2. f	3. g	4. h	5. k
	6. a	7. d	8. i	9. b	10. e
D.	1. g	2. h	3. j	4. d	5. c
	6. b	7. i	8. a	9. e	10. f

PART TWO (भाग दो)

(Answer any four questions)
(किसी भी चार सवालों के जवाब दें)

5. a. What is Brute Force Attack?
ब्रूट फोर्स अटैक क्या है?

b. What is the role of setup method in an Arduino program?
Arduino प्रोग्राम में सेटअप विधि की भूमिका क्या है?

6. a. Discuss role of IoT in Home Automation.
होम ऑटोमेशन में IoT की भूमिका पर चर्चा करें।

b. What is Z-Wave? What are its advantages.
Z–वेव क्या है? इसके क्या फायदे हैं?

c. What is Internet of Things (IoT)? What is meant by Things in IoT?
इंटरनेट ऑफ थिंग्स (IoT) क्या है? IoT में चीजों का क्या मतलब है?

7. a. Write important characteristics for IOT Protocols.
IoT प्रोटोकॉल के लिए महत्वपूर्ण विशेषताओं को लिखें।

b. Why MQTT is considered better than HTTP in IoT?
IoT में MQTT को HTTP से बेहतर क्यों माना जाता है?

8. a. Write a program to interface LCD with Arduino board and display "Hello World" on it.
Arduino बोर्ड के साथ LCD इंटरफेस करने के लिए एक प्रोग्राम लिखें और उस पर "Hello World" प्रदर्शित करें।

b. Write a program for Sequential LED ONOFF.
अनुक्रमिक एलईडी ON/OFF के लिए एक कार्यक्रम लिखें।

9. Briefly explain the following:
संक्षेप में निम्नलिखित की व्याख्या करें:

a. Ransomware (रैंसमवेयर)
b. Control system (कण्ट्रोल सिस्टमी)
c. Microcontrollers (माइक्रोकंट्रोलर्स)
d. Presentation (प्रस्तुतीकरण)

Answers to Descriptive Type Questions
(वर्णनात्मक प्रकार के प्रश्नों के उत्तर)

5. a. A Brute Force Attack is the simplest method to gain access to a site or server (or anything that is password protected). It tries various combinations of usernames and passwords again and again until it gets in. The longer the password, the more combinations that will need to be tested. However, if the password is weak it could merely take seconds with hardly any effort.
ब्रूट फोर्स अटैक किसी साइट या सर्वर (या ऐसी कोई भी चीज जो पासवर्ड से सुरक्षित है) तक पहुँच प्राप्त करने की सबसे सरल विधि है। यह उपयोगकर्ता नाम और पासवर्ड के विभिन्न संयोजनों को बार–बार प्राप्त करने की कोशिश करता है। जब तक कि पासवर्ड नहीं मिलता है, तब तक अधिक संयोजनों का परीक्षण करना होगा। हालाँकि, यदि पासवर्ड कमजोर है, तो यह शायद ही किसी भी प्रयास के साथ सेकंड ले सकता है।

5. b. In the setup() function, you set initial conditions of variables when necessary, and run any preliminary code that you only want to run once.
setup() फंक्शन में, आप आवश्यक होने पर वेरिएबल की प्रारंभिक शर्तों को सेट करते हैं, और किसी भी प्रारंभिक कोड को चलाते हैं जिसे आप केवल एक बार चलाना चाहते हैं।

6. a. In smart homes, various sensors are deployed, which provide intelligent and automated services to the user. They help in automating daily tasks and help in maintaining a routine for individuals. They help in energy conservation by turning off lights and electronic gadgets automatically. For example, an application can automatically turn on the AC when the humidity rises. Or, when there is a gas leak, it can turn all the lights off. Smart home applications are really beneficial for ill people. Their health is monitored and relatives are informed immediately in case of emergencies.
स्मार्ट होम में, विभिन्न सेंसर तैनात किए जाते हैं, जो उपयोगकर्ता को बुद्धिमान और स्वचालित सेवाएं प्रदान करते हैं। वे दैनिक कार्यों को स्वचालित करने में मदद करते हैं और व्यक्तियों के लिए एक दिनचर्या बनाए रखने में मदद करते हैं। वे स्वचालित रूप से रोशनी और इलेक्ट्रॉनिक उपकरणों को बंद करके ऊर्जा संरक्षण में मदद करते हैं।

उदाहरण के लिए, एक अनुप्रयोग स्वचालित रूप से एसी चालू कर सकता है जब आर्द्रता बढ़ जाती है। या, जब गैस रिसाव होता है, तो यह सभी रोशनी को बंद कर सकता है। स्मार्ट होम एप्लिकेशन वास्तव में बीमार लोगों के लिए फायदेमंद हैं। उनके स्वास्थ्य की निगरानी की जाती है और आपात स्थिति के मामले में रिश्तेदारों को तुरंत सूचित किया जाता है।

6. b. Z-Wave is a wireless network standard that consumes very low power and it is widely used for connecting smart devices in the Internet of Things (IoT) like home automation, lighting controls, security systems, Energy saving etc.

Z-Wave एक वायरलेस नेटवर्क मानक है जो बहुत कम बिजली की खपत करता है और इसका उपयोग इंटरनेट ऑफ थिंग्स (IoT) में स्मार्ट उपकरणों को जोड़ने के लिए किया जाता है जैसे होम ऑटोमेशन, लाइटिंग कंट्रोल, सुरक्षा प्रणाली, ऊर्जा की बचत आदि।

Advantages of Z-wave are: (Z-Wave के लाभ हैं:)

(a) Easy to install the system.
सिस्टम को स्थापित करना आसान है।

(b) Uses low-energy radio waves to communicate.
संचार करने के लिए कम ऊर्जा वाली रेडियो तरंगों का उपयोग करता है।

(c) Uses a simpler protocol than some others, which can enable faster and simpler development.
कुछ अन्य की तुलना में एक सरल प्रोटोकॉल का उपयोग करता है, जो तेजी से और सरल विकास को सक्षम कर सकता है।

6. c. Internet of Things (IoT) means when things or objects are more connected to the Internet rather than people. The Things in IoT is defined as objects that can be the person or machine with a built-in sensor having IP addresses with the ability to collect and transfer the data over the Internet.

इंटरनेट ऑफ थिंग्स (IoT) का अर्थ है, जब चीजें या वस्तुएं लोगों के बजाय इंटरनेट से अधिक जुड़ी होती हैं। प्वज में चीजों को उन वस्तुओं के रूप में परिभाषित किया जाता है जो इंटरनेट पर डेटा एकत्र करने और स्थानांतरित करने की क्षमता वाले आईपी पते वाले एक अंतर्निहित सेंसर के साथ व्यक्ति या मशीन हो सकते हैं।

7. a. The important characteristics for IOT Protocols are:
IoT प्रोटोकॉल के लिए महत्वपूर्ण विशेषताएं हैं:

(a) Speed: Amount of data that can be transferred/ second.
स्पीडः हस्तांतरित किए जाने वाले डेटा की मात्रा /सेकंड।

(b) Latency: amount of time a message takes to be transferred.
लेटेंसीः संदेश को स्थानांतरित करने में लगने वाले समय की राशि।

(c) Power consumption. (बिजली की खपत।)

(d) Security (सुरक्षा)

(e) Availability of software stacks.
सॉफ्टवेयर स्टैक की उपलब्धता।

7. b. HTTP is the best known protocol that powers the Web (WWW). However because of the high protocol overhead HTTP is not likely to be a major IOT protocol. MQTT (Message Queuing Telemetry Transport) has emerged as the main IOT messaging protocol because it is lightweight and easy to use.

HTTP सबसे अच्छा ज्ञात प्रोटोकॉल है जो वेब (WWW) को अधिकार देता है। हालाँकि हाई प्रोटोकॉल के कारण HTTP एक प्रमुख IoT प्रोटोकॉल होने की संभावना नहीं है। MQTT (मैसेज क्यूइंग टेलीमेट्री ट्रांसपोर्ट) मुख्य IoT मैसेजिंग प्रोटोकॉल के रूप में उभरा है क्योंकि यह हल्का और उपयोग में आसान है।

8. a.

```
// Arduino Code to print "Hello World!"
message on the LCD.
// include the library code:
#include <LiquidCrystal.h>
// Creates an LCD object. Parameters:
(rs, enable, d4, d5, d6, d7)
LiquidCrystal lcd(12, 11, 5, 4, 3, 2);
void setup()
{
    // set up the LCD's number of col-
    umns and rows:lcd.begin(16, 2);
    // Clears the LCD screen and moves
    the cursor to the upper left corner.
    lcd.clear();
}
void loop()
{
    // Print a message to the LCD.
    lcd.print(" Hello world!");
    // set the cursor to column 0, line 1
    // (note: line 1 is the second row,
    since counting begins with 0):
    lcd.setCursor(0, 1);
    // Print a message to the LCD
    lcd.print(" Message printed");
}
```

8. b.

```
//Sketch for Sequential LED ON-OFF
void setup() {
   //set gpio pin {0,1,2,3} as output
   pinMode(0, OUTPUT);
   pinMode(1, OUTPUT);
   pinMode(2, OUTPUT);
   pinMode(3, OUTPUT);
}
void loop() {
   //turn LED ON one by one for (int i
   = 0; i < 4; i++) {
      digitalWrite(i, HIGH);
      delay(1000);
   }
   //turn LED OFF one by one
   for (int i = 3; i >= 0; i--) {
      digitalWrite(i, LOW);
      delay(1000);
   }
}
```

9. b. Ransomware is a form of malware that encrypts a victim's files. The attacker then demands a ransom from the victim to restore access to the data upon payment.
   रैंसमवेयर एक प्रकार का मैलवेयर है जो विक्टिम फाइल्स को एन्क्रिप्ट करता है। फिर हमलावर भुगतान पर डेटा तक पहुंच बहाल करने के लिए पीड़ित से फिरौती मांगता है।

b. A control system as a system responds to input signals from the plant (a system to be controlled) and/or an operator and causes the plant or equipment to operate in the desired manner. Control systems usually involve one or more input devices, a controller, one or more output devices, power supplies, and any associated information connections.
   एक प्रणाली के रूप में एक नियंत्रण प्रणाली संयंत्र (इनपुट नियंत्रित करने के लिए एक प्रणाली) और/या एक ऑपरेटर से इनपुट संकेतों का जवाब देती है और संयंत्र या उपकरण को वांछित तरीके से संचालित करने का कारण बनती है। नियंत्रण प्रणाली में आमतौर पर एक या एक से अधिक इनपुट डिवाइस, एक नियंत्रक, एक या अधिक आउटपुट डिवाइस, बिजली की आपूर्ति और किसी भी संबंधित जानकारी कनेक्शन शामिल होते हैं।

c. Microcontrollers (embedded processors) are processors (or specialized microprocessors) that have many peripherals to interact with real-world sensors and actuators. Microcontrollers are typically employed in scenarios that must have low power consumption, operate fan-less, thus must have low power dissipation. Also, often micro-controllers run relatively simpler set of instructions.
   माइक्रोकंट्रोलर (एम्बेडेड प्रोसेसर) प्रोसेसर (या विशेष माइक्रोप्रोसेसर) होते हैं जिनमें वास्तविक दुनिया सेंसर और एक्चुएटर्स के साथ बातचीत करने के लिए कई परिधीय होते हैं। माइक्रोकंट्रोलर आम तौर पर उन परिदृश्यों में नियोजित होते हैं जिनमें कम बिजली की खपत होती है, पंखे का संचालन होता है, इस प्रकार कम बिजली अपव्यय होना चाहिए। इसके अलावा, अक्सर माइक्रो–नियंत्रक निर्देशों का अपेक्षाकृत सरल सेट चलाते हैं।

d. A presentation is the process of presenting a topic to an audience. It is typically a demonstration, introduction, lecture, or speech meant to inform, persuade, or build good will. A presentation requires you to get a message across to the listeners and contain a 'persuasive' element.
   एक प्रस्तुति किसी विषय को दर्शकों के सामने प्रस्तुत करने की प्रक्रिया है। यह आम तौर पर एक प्रदर्शन, परिचय, व्याख्यान, या भाषण के लिए सूचित करना, राजी करना या अच्छी इच्छा का निर्माण करना है। एक प्रस्तुति से आपको श्रोताओं के बीच एक संदेश प्राप्त करने और एक 'प्रेरक' तत्व रखने की आवश्यकता होती है।

Unsolved Sample Question Paper (अनसॉल्व्ड सैंपल प्रश्न पत्र)

Total Time: 3 Hours (कुल समयः 3 घंटे)

Total Marks 100 (कुल अंक 100)
(Part One - 40 Part Two - 60)
(भाग एक – 40 भाग दो – 60)

PART ONE (भाग एक)

A. Multiple Choice Questions:

1. DHT11 is ________ sensor.
   a. Proximity sensor b. Humidity sensor
   c. Touch sensor d. Pressure sensor

   DHT11 ________ सेंसर है।
   क. प्रोक्सिमिटी सेंसर ख. हमीदित्य सेंसर
   ग. टच सेंसर घ. प्रेशर सेंसर

2. Resolution is expressed in ________
   a. Bytes b. Bits
   c. Word d. Nibble

   ________ में रेसोलुशन व्यक्त किया गया है
   क. बाइट्स ख. बिट्स
   ग. शब्द घ. निबल

3. Which of the following needs a clock?
   a. Only Asynchro nous b. Only synchronous
   c. Both synchronous and Asynchronous
   d. Sometimes Synchronous

   निम्नलिखित में से किसको क्लॉक की आवश्यकता है?
   क. केवल असिंक्रोनोस
   ख. केवल सिंक्रोनस
   ग. सिंक्रोनस और असिंक्रोनोस दोनों
   घ. कभी–कभी सिंक्रोनस

4. QoS stands for ________.
   a. Quality of storage
   b. Quality of service
   c. Quality of security
   d. Quality of swarms

   QoS का मतलब ________ है।
   क. क्वालिटी ऑफ स्टोरेज ख. क्वालिटी ऑफ सर्विस
   ग. क्वालिटी ऑफ सिक्योरिटी घ. क्वालिटी ऑफ स्वार्म्स

5. Which of the following is not a standard protocol used in IoT domain?
   a. Wifi b. Z-wave
   c. Zigbee d. LoMe

   IoT डोमेन में प्रयुक्त स्टैण्डर्ड प्रोटोकॉल निम्न में से कौन नहीं है?
   क. वाई–फाई ख. Z-wave
   ग. ZigBee घ. LoMe

6. Which layer is CoAP?
   a. Control layer b. Transport layer
   c. Service layer d. All of the above

   CoAP कौन सी परत है?
   क. कण्ट्रोल लेयर ख. ट्रांसपोर्ट लेयर
   ग. सर्विस लेयर घ. ऊपर के सभी

7. MQTT is mainly used for ________
   a. M2M communication
   b. Device communication
   c. Internet communication
   d. Wireless communication

   MQTT का उपयोग मुख्य रूप से ________ के लिए किया जाता है
   क. M2M कम्युनिकेशन ख. डिवाइस कम्युनिकेशन
   ग. इंटरनेट कम्युनिकेशन घ. वायरलेस कम्युनिकेशन

8. Full form of MQTT ____
   a. Message Queuing Telemetry Transport
   b. Message Queuing Telegram Transport
   c. Message Queue Telegram Transport
   d. Message Queue Telemetry Transport

   MQTT का पूर्ण रूप
   क. मैसेज क्वीयंग टेलीमेट्री ट्रांसपोर्ट
   ख. मैसेज क्वीयंग टेलीग्राम ट्रांसपोर्ट
   ग. मैसेज केउए टेलीग्राम ट्रांसपोर्ट
   घ. मैसेज केउए टेलीमेट्री ट्रांसपोर्ट

9. The handshake that conveys confidence is:
   a. Limp b. Loose
   c. Firm d. None of these

   हाथ मिलाने से आत्मविश्वास बढ़ता है:
   क. लिम्प ख. ढीला
   ग. दृढ़ घ. इनमें से कोई नहीं

10. Elements of Self Esteem are:
    a. Self-confidence b. Self-respect
    c. Self-acceptance d. All of the above

    सेल्फ एस्टीम के तत्व हैं:
    क. सेल्फ कॉन्फिडेंस ख. सेल्फ रेस्पेक्ट
    ग. सेल्फ अक्सेप्टस घ. ऊपर के सभी

B. State whether the following Statements are True or False. (निम्नलिखित कथन सही हैं या गलत।)

1. The total resistance of resistor is low when connected in series.
   सीरीज में जुड़े होने पर रेसिस्टर का कुल रेजिस्टेंस कम होता है।
2. Microprocessor has only processing capability, no serial interface or interrupts are available.
   माइक्रोप्रोसेसर में केवल प्रसंस्करण क्षमता है, कोई सीरियल इंटरफेस या इंटरप्ट उपलब्ध नहीं है।
3. Capacitor blocks AC and allows DC to pass through.
   संधारित्र एसी को ब्लॉक करता है और डीसी को गुजरने की अनुमति देता है।
4. Ohms law calculates the power consumed by an electrical appliance.
   ओम ला एक विद्युत उपकरण द्वारा खपत बिजली की गणना करता है।
5. IIoT targets applications related to health and fitness.
   आईआईओटी स्वास्थ्य और फिटनेस से संबंधित अनुप्रयोगों को लक्षित करता है।
6. Time management is primarily creating an environment conducive to effectiveness.
   समय प्रबंधन मुख्य रूप से प्रभावशीलता के लिए अनुकूल वातावरण तैयार कर रहा है।
7. Stress is an emotional reaction to physical and psychological demands.
   स्ट्रेस फिजिकल और मनोवैज्ञानिक मांगों के लिए एक भावनात्मक प्रतिक्रिया है।
8. Depression is Physical signs if you are suffering from chronic stress.
   यदि आप क्रोनिक स्ट्रेस से पीड़ित हैं तो डिप्रेशन का संकेत है।
9. Bots that operate on social media platforms are known as Malicious bots.
   बॉट्स जो सोशल मीडिया प्लेटफॉर्म पर काम करते हैं, उन्हें मालिसियस बॉट के रूप में जाना जाता है।
10. Blockchain was invented by a person using the name 'Satoshi Nakamoto' in 2008 to serve as the public transaction ledger of the cryptocurrency bitcoin.
    ब्लॉकचेन का आविष्कार 2008 में श्सातोशी नाकामोटोश से किया था, जो क्रिप्टोक्यूरेंसी बिटकॉइन के सार्वजनिक लेनदेन के रूप में काम करता है।

C. Match the following (निम्नलिखित का मिलान करें):

1. MQTT Arduino के लिए डिफॉल्ट बूटलोडर	a. temporary circuits and prototyping टेम्परारी सर्किट और प्रोटोटाइप
2. Attitude अत्तीतिदे	b. Message oriented मैसेज ओरिएंटेड
3. Bitcoin बिटकॉइन	c. Wearable e-textile technology पहनने योग्य ई–कपड़ा प्रौद्योगिकी
4. Internet of Things इंटरनेट ऑफ थिंग्स	d. Satoshi Nakamoto सतोषी नाकामोतो
5. Breadboard ब्रेडबोर्ड	e. Kevin Ashton केविन एश्टन
6. The Founder Arduino project Arduino परियोजना के संस्थापक	f. Mental and emo tional entity मानसिक और भावनात्मक इकाई
7. Resistor रेसिस्टर	g. Massimo Banzi मासिमो बांजी
8. Serial Plotter सीरियल प्लॉटर	h. Text editing program टेक्स्ट एडिटिंग प्रोग्राम
9. Arduino IDE	i. Real-time graph रियल टाइम ग्राफ
10. Lilypad Arduino लिलिपैड अरुडिनो	j. An electrical component इलेक्ट्रॉनिक कॉम्पोनेन्ट

D. Fill in the blanks (रिक्त स्थान भरें)

a. Crystal oscillator (क्रिस्टल ओस्किल्लातोर), b. GND, c. Automation (ऑटोमेशन), d. Self-esteem (सेल्फ एस्टीम), e. LEDs (एल ई डी), f. Smart meters (स्मार्ट मीटर), g. Posture (पोस्चर), h. Machine-to-Human (मशीन तो ह्यूमन), i. Network (नेटवर्क), j. Application Layer (एप्लीकेशन लेयर)

1. ________ reflects a person's overall subjective emotional evaluation of his or her own worth.
   ________ किसी व्यक्ति के अपने मूल्य के समग्र व्यक्तिपरक भावनात्मक मूल्यांकन को दर्शाता है।

2. ________ is a non-verbal form of communication which is showed through facial expressions, gestures, posture, and body movements.
________ संचार का एक नॉन–वर्बल रूप है जिसे चेहरे के भाव, हावभाव, मुद्रा और बॉडी मूवमेंट के माध्यम से दिखाया जाता है।
3. The ________ helps Arduino in dealing with time issues.
________ समय के मुद्दों से निपटने में Arduino की मदद करता है।
4. There are several ________ pins on the Arduino, any of which can be used to ground your circuit.
Arduino पर कई ________ पिन हैं, जिनमें से किसी का उपयोग आपके सर्किट को ग्राउंड करने के लिए किया जा सकता है।
5. ________ are small, powerful lights that are used in many different applications.
________ छोटे, शक्तिशाली लाइट हैं जो कई अलग–अलग अनुप्रयोगों में उपयोग किए जाते हैं।
6. ________ refers to a set of technologies that enable machines to interact with human beings.
________ से तात्पर्य ऐसी तकनीकों से है जो मशीनों को मनुष्य के साथ बातचीत करने में सक्षम बनाती हैं।
7. ________ means to manage everyday tasks without human intervention.
________ का अर्थ है मानव हस्तक्षेप के बिना रोजमर्रा के कार्यों का प्रबंधन करना।
8. ________ read and analyze consumption patterns of power at regular and peak load times.
________ नियमित और पीक लोड समय पर बिजली की खपत के पैटर्न को पढ़ते हैं और उनका विश्लेषण करते हैं।
9. The ________ layer is responsible for connecting to other smart things, network devices, and servers.
________ परत अन्य स्मार्ट चीजों, नेटवर्क उपकरणों और सर्वर से जुड़ने के लिए जिम्मेदार है।
10. ________ This layer is responsible for delivering application specific services to the user.
________ यह परत उपयोगकर्ता के लिए आवेदन विशिष्ट सेवाएं प्रदान करने के लिए जिम्मेदार है।

PART TWO (भाग दो)

(Answer any four questions)
(किसी भी चार सवालों के जवाब दें)

5. a. What is a sensor? Explain its working with example.
सेंसर क्या है? उदाहरण के साथ इसके कार्य की व्याख्या कीजिए।
b. What are the different communication modes available to connect things n an IoT domain?
IoT डोमेन में 'n' थिंग्स को जोड़ने के लिए विभिन्न संचार मोड क्या उपलब्ध हैं?
c. What is the role of setup() method in an Arduino program?
Arduino प्रोग्राम में setup() विधि की भूमिका क्या है?

6. a. Explain Five-layer-IoT Architecture with diagram.
आरेख के साथ पांच–लेयर–IoT आर्किटेक्चर की व्याख्या करें।
b. What is RFID? What are its advantages and disadvantags.
RFID क्या है? इसके फायदे और नुकसान क्या हैं।
c. How IPv6 is different from IPv4.
IPv6 IPv4 से कैसे भिन्न है।

7. a. What is an IOT? What is the difference between IOT devices and embedded devices?
IOT क्या है? IOT उपकरणों और एम्बेडेड उपकरणों के बीच अंतर क्या है?
b. What impacts will the Internet of Things (IoT) have on Agriculture Sector?
कृषि क्षेत्र पर इंटरनेट ऑफ थिंग्स (IoT) का क्या प्रभाव पड़ेगा?

8. a. Write a program to interface LEDs at pins 10, 11, 12, 13 and button 7. The press of button changes the pattern of LED glow. (Considering four pattern of LED glow.
10, 11, 12, 13 और बटन 7. पिन पर इंटरफेस एल ई डी के लिए एक कार्यक्रम लिखें। बटन का प्रेस एलईडी चमक के पैटर्न को बदलता है। (एलईडी चमक के चार पैटर्न को ध्यान में रखते हुए।
b. Write a program to interface LED and Buzzer with Arduino board, so that buzzer is put on whenever LED is on and Buzzer is put off when LED is off.
Arduino बोर्ड के साथ LED और उन्नमत को इंटरफेस करने के लिए एक प्रोग्राम लिखें, ताकि जब भी LED चालू हो तो बजर लगा दिया जाए और LED बंद होने पर Buzzer को बंद कर दिया जाए।

9. Briefly explain the following:
संक्षेप में निम्नलिखित की व्याख्या करें:
a. Microcontroller (मिक्रोकंट्रोलर)
b. OSI Model (OSI मॉडल)
c. Stress management (स्ट्रेस मैनेजमेंट)
d. Etiquettes & manners (एटिकेट्स और मैनर्स)

In Easy Steps Series

Want to master the latest technology, improve skills?
Then, In Easy Steps Series is ideal for Students.
It is easy to follow, having jargon-free content
for fast and productive learning.

Features of IN EASY STEP Books :

- Over **5 Million copies sold world-wide**.
- **Easy to follow** and written in simple English
- Fully **Illustrated** and Fantastic value for money
- Master the **essentials** in easy steps
- **Perfect companion** for fast and productive learning.
- Covering business, **professional skills** and all key areas of computing, internet and digital lifestyle, they offer **unbeatable value**.
- Each chapter takes you **step-by-step** through the functions and uses of a program.
- Every page is **packed with visual guides** so that what you see on your screen is exactly the same in the book – you simply **can't go wrong!**

Coding for Beginners

Python

C++ Programming

Java

Photoshop Tips, Tricks & Shortcuts

R for Data Analysis

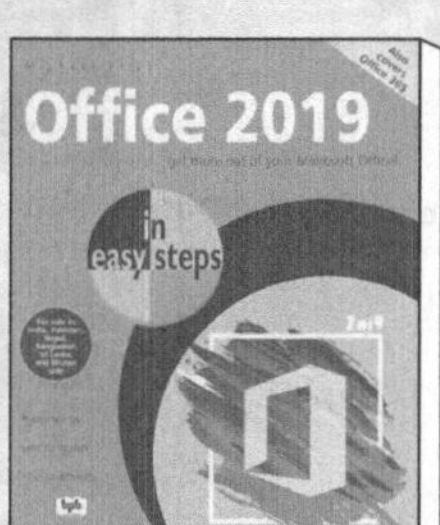

Office 2019

HTML5

PHP & MySQL

Office 2016

Windows 10

Excel 2019

Excel 2016

Scrum

Agile Project Management

Excel VBA

C# Programming

Linux

OTHER TITLES OF INTEREST

Hyperledger Fabric In-Depth
ISBN: 9789389328226

Undocumented Internals of the **Bitcoin, Ethereum and Blockchain**
ISBN: 9789386551306

Smart Contract Development with **Solidity and Ethereum**
ISBN: 9789388511919

Hands-on **Julia Programming**
ISBN: 9789391030889

Artificial Intelligence for **All**
ISBN: 9789389328509

Data Science for **Business Professionals**
ISBN: 9789389423280

Practical Data Science with **Jupyter**
ISBN: 9789389898064

Data Science Fundamentals and **Practical Approaches**
ISBN: 9789389845662

My Data My Privacy My Choice
ISBN: 9789389845181

Data Scientist Pocket Guide
ISBN: 9789390684977

Data Science and **Machine Learning** Interview Questions Using **R**
ISBN: 9789389845846

Data Science and **Machine Learning** Interview Questions using **Python**
ISBN: 9789389845785

Data Analysis with **Excel**
ISBN: 9789388176675

Data Structures and Algorithms Implementation **Through C**
ISBN: 9789386551948

Data Processing and **Modeling with Hadoop**
ISBN: 9789391392284

Hands-on **Data Virtualization** with **Polybase**
ISBN: 9789390684410

Python Data Visualization Essentials Guide
ISBN: 9789391030070

Data Analytics with **Google Cloud Platform**
ISBN: 9789389423631

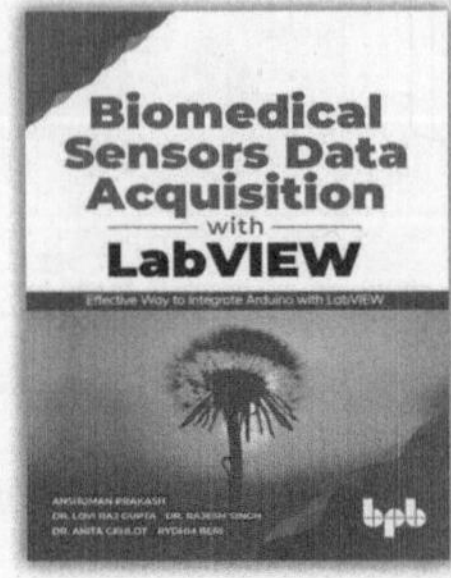

Biomedical Sensors Data Acquisition with **LabVIEW**
ISBN: 9789389845990

Hands-on **Data Analysis and Visualization** with **Pandas**
ISBN: 9789389845648